Finanzierung Erneuerbarer Energien

Markus Gerhard Thomas Rüschen
Armin Sandhövel (Hg.)

Finanzierung Erneuerbarer Energien

Frankfurt School Verlag

Bibliografische Information der Deutschen Nationalbibliothek
Die Deutsche Nationalbibliothek verzeichnet diese Publikation in der Deutschen Nationalbibliografie; detaillierte bibliografische Daten sind im Internet über http://dnb.d-nb.de abrufbar.

Besuchen Sie uns im Internet: http://www.frankfurt-school-verlag.de

Printed in Germany

ISBN 978-3-940913-24-1

Geleitwort des Bundesministers für Umwelt, Naturschutz und Reaktorsicherheit

Die Bundesregierung hat eine sowohl visionäre als auch realistische Strategie für den Weg ins Zeitalter der Erneuerbaren Energien beschlossen. Kern ist der sukzessive Ausstieg aus der Kernenergie, der massive Ausbau der Erneuerbaren Energien und eine signifikante Steigerung der Energieeffizienz. Diese Energiewende ist ein Meilenstein in der wirtschaftlichen und gesellschaftlichen Entwicklung unseres Landes. Sie ist ein Pionierprojekt für Wachstum und Wettbewerbsfähigkeit. Ich bin überzeugt: Die Energiewende ist *das* große Modernisierungs- und Innovationsprojekt unserer Wirtschaft zu Beginn des 21. Jahrhunderts!

Deutschland ist bei den Umwelt- und Energietechnologien führend. Deutsche Unternehmen haben heute mit 17% schon den relativ größten Weltmarktanteil an Umwelttechnologien. Und dieser Weltmarkt, der heute schon rund 2 Bio. USD umfasst, wird sich in den nächsten zehn Jahren noch einmal verdoppeln. Mit der Leistung unserer Ingenieure und Unternehmen haben wir schon viel erreicht: Der Anteil der Erneuerbaren Energien an der Stromversorgung hat sich innerhalb von gut zehn Jahren auf heute knapp 17% vervierfacht. Bis 2020 den Anteil der Erneuerbaren Energien an der Stromerzeugung auf mindestens 35% noch einmal zu verdoppeln ist bei dieser Dynamik machbar. Und ich bin überzeugt: Innerhalb einer Generation ist es gerade für ein Hochindustrieland wie Deutschland möglich, die Stromversorgung weitestgehend aus regenerativen Energien zu bestreiten. Das ist im Übrigen vor allem auch ein Gebot wirtschaftlicher Vernunft, denn wir stehen vor einem globalen Trend hin zu einer immer bedrohlicheren Knappheit an natürlichen Ressourcen und Rohstoffen. Die deutsche Wirtschaft ist überdurchschnittlich abhängig von Energieimporten. Dieser Abhängigkeit entkommen wir nur durch den Ausbau der regenerativen Energien.

Ohne Zweifel wird dieser Weg ins Zeitalter der Erneuerbaren Energien nicht zum Nulltarif zu haben sein. Wir werden viel investieren müssen – neben dem Ausbau der Erneuerbaren Energien auch in neue Hochspannungsleitungen und „Stromautobahnen" von Nord nach Süd, in neue Speichertechnologien, in „intelligente Netze", in ein besseres Netzmanagement und in ein echtes europäisches Stromnetz, um Strom aus Erneuerbaren Energiequellen innerhalb Europas reibungslos transportieren zu können. Um diese Investitionen zu leisten, wird der Ausbau der Erneuerbaren Energien auf vielfältige Weise staatlich gefördert, etwa durch das Erneuerbare-Energien-Gesetz (EEG), das Erneuerbare-Energien-Wärmegesetz (EEWärmeG) oder das Marktanreizprogramm (MAP). Unser Ziel: dass die Erneuerbaren Energien nicht dauerhaft auf Förderung angewiesen sind, sondern dass sie sich so schnell wie möglich im Markt integrieren, etwa durch gezielte Anreize wie die optionale Marktprämie. Entscheidend aber sind private Investitionen. Die Finanzwirtschaft hat hier passende Produkte entwickelt, die vom klassischen Darlehensvertrag über geschlossene Fonds und Projektfinanzierungsanleihen bis hin zur Mobilisierung von Venture Capital reichen. Alle Möglichkeiten müssen ausgeschöpft werden. Deshalb ist ein Handbuch zur Finanzierung der Erneuerbaren Energien so wichtig. Das Handbuch „Finanzierung Erneuerbarer Energien" leistet Pionierarbeit, denn es ist das erste umfassende und praxisorientierte Nachschlagewerk zur Finanzierung Erneuerbarer Energien im deutschsprachigen Raum. Ich kann alle Leserinnen und Leser nur ermuntern, mithilfe dieser vorzüglichen Pionierarbeit die Chance der Investition in die Erneuerbaren Energien zu nutzen, denn hier liegen die Märkte der Zukunft.

Berlin, im Juni 2011 DR. NORBERT RÖTTGEN

Geleitwort der Finanzwirtschaft

Für die Entwicklung der Erneuerbaren Energien spielt die Finanzwirtschaft eine Schlüsselrolle. Zum einen ist sie für den Erneuerbare-Energien-Sektor Fremd- und Eigenkapitalgeber und hat damit entsprechenden Anteil am enormen Wachstum in den letzten Jahren. Das Finanzierungsvolumen im Bereich Asset Finance hat sich seit 2005 (33 Mrd. USD) bis zum Jahr 2010 (133 Mrd. USD) vervierfacht. 2010 haben die Investitionen in Erneuerbare Energien zum ersten Mal diejenigen im Bereich der fossilen Energieträger übertroffen. Zum anderen bietet die Finanzwirtschaft auch Produkte an, die Projekte chancenreicher, profitabler oder risikoärmer werden lassen. Syndizierungen, Anleihen, Derivate, Versicherungen etc. können integraler Bestandteil für ein erfolgreiches Projekt sein.

Darüber hinaus stellt der Erneuerbare-Energien-Sektor Finanzinstitutionen aber auch vor besondere Herausforderungen, da seine Entwicklung stark von der Politik abhängt. Die Unterstützung durch öffentliche Förderbanken spielt eine wichtige Rolle, ebenso die Bereitstellung von Förderinstrumenten, wie etwa Einspeisevergütungen oder Steueranreize. Insofern ist die Verschränkung von privatem Kapital und öffentlicher Förderung zentral für die Entwicklung der Erneuerbaren Energien.

Im Lichte der Herausforderungen durch den politischen Willen zum Klimaschutz richten sich die Erwartungen auch zunehmend an die Finanzindustrie. Für die Zukunft werden gewaltige Investitionen privater Kapitalgeber erwartet. Der weitere Ausbau der Erneuerbaren Energien hat hohe politische Priorität. Die Frage, wie privates Kapital noch stärker eingebunden werden kann, ist hierbei zentral.

Dabei sind folgende Entwicklungen abzusehen:

- Zum Ersten werden sich die Märkte verändern. Die Wettbewerbsfähigkeit der Erneuerbaren Energien wird zunehmen, wenn sinkende Stückkosten in der Herstellung sowie höhere Marktpreise für fossile Energieträger die Richtung vorgeben.
- Zum Zweiten werden bestehende Risiken bei der Finanzierung von Erneuerbaren Energien sowohl in den zukünftigen Wachstumsmärkten als auch in den etablierten „alten Ökonomien“ weiter reduziert werden. Politische Rahmenbedingungen sollten zuverlässig und langfristig gesetzt sein. Kapitalgeber vertrauen darauf.
- Zum Dritten wird die Finanzindustrie ihre Erfahrungen bei der Finanzierung Erneuerbarer Energien weiter vertiefen und ihre Projektexpertise zur Verfügung stellen. Die Finanzinstitutionen werden ihre Fachleute in den relevanten Bereichen bestmöglich ausbilden und auf ihre Aufgaben in diesem Wachstumsfeld vorbereiten.

Das Handbuch „Finanzierung Erneuerbarer Energien“ soll all denjenigen in Lehre, Forschung und Praxis, die sich in das Thema einarbeiten möchten, als ein umfassendes Werk dienen, das eine Vielzahl von Aspekten der Finanzierung Erneuerbarer Energien abdeckt.

Langfristig wird Energie erneuerbar und nachhaltig sein müssen. Die Finanzindustrie wird diesen Weg mitgestalten.

München, Frankfurt am Main, im Juni 2011

DR. JOACHIM FABER
Vorstandsvorsitzender
der Allianz Global Investors AG/
Mitglied des Vorstandes der Allianz SE

CAIO KOCH-WESER
Vice Chairman Deutsche Bank Group

Inhaltsverzeichnis

Vorwort

Der Schutz des Klimas und die Sicherung der Energieversorgung sind Schlüsselthemen für die Entwicklung der Welt im 21. Jahrhundert. Die globale Energienachfrage steigt rasch an, insbesondere in den Entwicklungs- und Schwellenländern. Wird der bisherige Weg fortgesetzt und der wachsende Energiebedarf vornehmlich mit fossilen Energieträgern gedeckt, wird dies zu einer gefährlichen anthropogen verursachten Störung des Klimasystems führen. Ein unbegrenzter Klimawandel ginge mit hohen Folgekosten einher. Er würde das Wachstum der Weltwirtschaft signifikant beeinträchtigen und mithin zu massiven Wohlstandseinbußen führen. Gesucht ist folglich ein Energiesystem der Zukunft, das die Volkswirtschaften der Welt – in den Industrie- wie in den Schwellenländern – mit ausreichend und bezahlbarer Energie versorgt und andererseits einen Klimakollaps verhindert. Den Erneuerbaren Energien (EE) kommt in diesem Zusammenhang eine entscheidende Bedeutung zu.

In Deutschland hat der Gesetzgeber den politisch-rechtlichen Rahmen so gesetzt, dass Anreize für Investitionen in Erneuerbare-Energien-Technologien geschaffen werden. Insbesondere durch das Erneuerbare-Energien-Gesetz (EEG) ist es gelungen, dass Erneuerbare Energien in den vergangenen Jahren beträchtlich an Bedeutung gewonnen haben. Mit dem EEG wurden die Netzbetreiber verpflichtet, Strom aus Erneuerbaren Energien vorrangig abzunehmen und mit politisch definierten festen Sätzen zu vergüten. Im Jahr 2010 trugen Solarenergie, Wind- und Wasserkraft, Bioenergie und Geothermie bereits 11,0% zum gesamten Endenergieverbrauch bei. Beim Stromverbrauch haben die Erneuerbaren Energien 16,8% erreicht, bei der Wärmebereitstellung 9,8% und beim Kraftstoffverbrauch 5,8%.[1] Politisches Ziel ist es, den Anteil regenerativ erzeugter Energie an der Gesamtenergieversorgung der Bundesrepublik Deutschland in den nächsten Jahren weiter auszubauen. So soll der Anteil Erneuerbarer Energien an der Stromerzeugung bis 2020 auf mindestens 30% steigen. An der gesamten Wärmeversorgung soll der Anteil der Erneuerbaren Energien im Jahr 2020 14% betragen. Bis 2050 soll etwa die Hälfte des gesamten Energiebedarfs in Deutschland aus Erneuerbaren Energien gedeckt werden.

Doch nicht nur in Deutschland, sondern auch in vielen anderen Ländern der Welt geht der Ausbau der Erneuerbaren Energien rapide voran. Und es ist davon auszugehen, dass die Wachstumsraten bei den Erneuerbaren Energien auch langfristig hoch bleiben werden. Denn die unterliegenden Wachstumstreiber für Erneuerbare Energien sind weiter-

[1] Vgl. Bundesministerium für Umwelt, Naturschutz und Reaktorsicherheit (2011): Erneuerbare Energien 2010, 23. März, S. 3.

hin intakt: z.B. die internationalen und nationalen Klimaziele, der Wunsch nach Unabhängigkeit von Energieimporten oder die im Zuge der Atomkatastrophe von Fukushima sich ändernde Risikobewertung der Kernenergie.

Für Banken ist die Finanzierung von Erneuerbaren Energien in den letzten Jahren ein attraktives Geschäftsfeld geworden. Grund hierfür sind die durch die politische Regulierung relativ stabilen, wenig konjunktursensiblen Cashflows sowie das Wachstumspotenzial der Branche. Banken haben mittlerweile teils große Kreditportfolien aufgebaut und bauen ihre Mitarbeiterteams weiter aus. Im Erneuerbare-Energien-Bereich lässt sich grundsätzlich zwischen Finanzierungsformen auf Unternehmensebene (Projekteigentümer) und auf Ebene des Projektes (Stromerzeugungsanlage) unterscheiden.

Trotz der Bedeutung, die Finanzierungsfragen für den weiteren Ausbau der Erneuerbaren Energien zukommt, ist eine fundierte Auseinandersetzung mit den zahlreichen Facetten der Finanzierung Erneuerbarer Energien bislang weitgehend unterblieben. Zumindest im deutschsprachigen Raum gibt es bislang wenig Literatur zu diesem Thema. Während der Entwicklung des Weiterbildungsstudiengangs „Renewable Energy Finance" an der Frankfurt School of Finance & Management entstand daher die Idee, diese Lücke zu schließen und ein Buch zu den Finanzierungsaspekten der Erneuerbaren Energien zu veröffentlichen.

Mit dem vorliegenden Handbuch wird für den deutschsprachigen Raum erstmals ein umfassendes, praxisorientiertes Grundlagenwerk zur Finanzierung Erneuerbarer Energien aufgelegt. Das Themenspektrum, das in diesem Handbuch abgedeckt wird, reicht von der Analyse der Rahmenbedingungen und Marktperspektiven (Kapitel I) über die Erörterung technologischer Grundlagen Erneuerbarer Energien (Kapitel II) bis hin zur detaillierten Darstellung der Projektierung (Kapitel III) und – hier liegt der Schwerpunkt der Ausführungen – der Finanzierung von Erneuerbare-Energien-Vorhaben (Kapitel IV und V). Abschließend werden attraktive Auslandsmärkte analysiert und Besonderheiten der Projektierung und Finanzierung in ausgewählten Regionen der Welt vorgestellt (Kapitel VI). Um das umfassende Themenspektrum praxisnah darstellen zu können, war die Mitwirkung vieler Autoren mit ihren jeweiligen Spezialkenntnissen notwendig. Das Handbuch zur Finanzierung Erneuerbarer Energien führt Autoren unterschiedlicher Provenienz – aus Unternehmen des Erneuerbare-Energien-Sektors, aus Banken und Versicherungen, Rechtsanwaltskanzleien, Beratungsunternehmen sowie aus Wissenschaft und Forschung – zusammen.

Das Handbuch richtet sich vornehmlich an Praktiker, die in Banken, Versicherungen und anderen Finanzinstituten sowie in Unternehmen des Erneuerbare-Energien-Sektors arbeiten und sich – einführend oder vertiefend – mit den verschiedenen Aspekten der Finanzierung Erneuerbarer Energien auseinandersetzen wollen. Darüber hinaus ist es aber auch für Studenten geeignet, sich im Rahmen ihres Studiums dem Thema zu nähern.

So wird das Handbuch auch im Rahmen des berufsbegleitenden Zertifikatsstudiengangs „Renewable Energy Finance“ an der Frankfurt School of Finance & Management als Lehrbuch eingesetzt werden; das Handbuch ist dabei eng an das Curriculum des Studiengangs angelehnt.

Die Märkte für Erneuerbare Energien werden sich ebenso wie ihre politischen Rahmenbedingungen und Fördertatbestände ständig weiterentwickeln. Darauf kann das Format eines Handbuchs naturgemäß nur bedingt reagieren. Gleichwohl ist die Kenntnis des „Handwerkszeugs“ der Finanzierung Erneuerbarer Energien unabhängig von tagesaktuellen Geschehnissen und unabdingbare Voraussetzung, den Chancen und Risiken Erneuerbarer-Energien-Projekte zu begegnen.

Bei der Abfassung dieses Handbuchs hat eine Vielzahl von Beteiligten mitgewirkt. Zunächst sei allen Autoren für ihre engagierte und ehrenamtliche Mitarbeit bei der Erstellung der einzelnen Beiträge gedankt. Ohne ihre bereitwillige Mitarbeit hätte dieses Handbuch nicht erstellt werden können. Die Herausgeber danken ferner dem Frankfurt School Verlag, insbesondere Frau Dr. Kirsten Reimers und Frau Miriam Hofacker, für die tatkräftige Unterstützung bei der Erstellung des Buches.

München, Frankfurt am Main, im September 2011

Dr. Markus Gerhard
Dr. Thomas Rüschen
Dr. Armin Sandhövel

Herausgeber

Dr. Markus Gerhard ist Programmdirektor an der Frankfurt School of Finance & Management, Frankfurt am Main, und verantwortet dort u.a. den Studiengang Renewable Energy Finance.

Dr. Thomas Rüschen ist in der Geschäftsleitung der DWS Investment GmbH weltweit verantwortlich für das Key Account Management, er leitet den Vertrieb in Europa und verantwortet das Geschäft der DWS rund um physische Wirtschaftsgüter wie Immobilien und nachhaltige Energien.

Dr. Armin Sandhövel ist Vorsitzender der Geschäftsführung der Allianz Climate Solutions GmbH, einem Tochterunternehmen der Allianz SE an der Schnittstelle von Investment, Finanzierung und Versicherung.

Autorenverzeichnis

Dr. Christof Aha	Partner, BEITEN BURKHARDT, Frankfurt am Main
Andreas Ahlmann	Geschäftsführer, Hannover Leasing GmbH & Co. KG, Pullach
Jan G. Andreas	Senior Project Manager, Frankfurt School of Finance & Management, Frankfurt am Main
Dr. Josef Auer	Senior Economist, Deutsche Bank AG, Frankfurt am Main
Martin Billhardt	CEO, PNE WIND AG, Cuxhaven
Dr. Alexis Bonneschky	Department Head Economics and Energy Efficiency, Lahmeyer International GmbH, Bad Vilbel
Dr. Barbara Breitschopf	Senior Wissenschaftlerin im Competence Center Energiepolitik und Energiesysteme, Fraunhofer Institut für System- und Innovationsforschung, Karlsruhe
Prof. Dr. Heinrich Brakelmann	Fachgebiet Elektrische Energieübertragung, Universität Duisburg-Essen, Duisburg
Birgit Brinda	Vice President, Deutsche Bank AG, Frankfurt am Main
Dr. Hans Bünting	Chief Financial Officer, RWE Innogy GmbH, Essen
Paul Clements-Hunt	Head, UNEP Finance Initiative, Genf
Dario Danelutti	Head of Insurance Services, Allianz Climate Solutions GmbH, München
Dr. Jochen Diekmann	Stellvertretender Leiter der Abteilung Energie, Verkehr, Umwelt, Deutsches Institut für Wirtschaftsforschung (DIW Berlin), Berlin

Alexander von Dobschütz	Bankdirektor, Bereichsleiter Structured Finance, BayernLB, München
Jan Eden	Prokurist Erneuerbare Energien/Projektfinanzierungen, Bremer Landesbank, Oldenburg
Dr. Svenja Espenhorst	Senior Project Manager, First Climate (Switzerland) AG, Zürich
Carl Martin Ewald	Investment Manager, Allianz Climate Solutions GmbH, München
Dr. Tobias Faber	Rechtsanwalt, Hogan Lovells International LLP, Frankfurt am Main
Sebastian Fenk	Assistant Vice President, KFW IPEX Bank GmbH, Frankfurt am Main
Christian Fingerhut	Rechtsanwalt und Steuerberater, Partner, Curtis, Mallet-Proevost, Colt & Mosle LLP, Frankfurt am Main
Jörg-Uwe Fischer	Fachbereichsleiter Erneuerbare Energien, Deutsche Kreditbank AG, Berlin
Remco Fischer	Programme Officer – Klimawandel, UNEP Finance Initiative, Genf
Stephan Franz	Mitarbeiter im Bereich Regenerative Energien, Deutsche Energie-Agentur GmbH (dena), Berlin
Dr. Jan-Philipp Gillmann	Managing Director, Head of Renewable Energies, Commerzbank AG, Hamburg
Berthold Goeke	Leiter der Unterabteilung KI III Erneuerbare Energien, Bundesministerium für Umwelt, Naturschutz und Reaktorsicherheit, Berlin
Dr. Stephan Heimerl	Abteilungsleiter Wasserkraft und Technischer Leiter der Niederlassung Türkei, Fichtner GmbH & Co. KG, Stuttgart

Thomas Hollenhorst	Rechtsanwalt, Partner, Watson, Farley & Williams LLP, Hamburg
Prof. Dr. Dr. Peter Höppe	Bereichsleiter Geo Risks Research/Corporate Climate Centre, Munich Re, München
Thomas Hüsgen	Head of Tax, Accounts and Treasury, RWE Innogy GmbH, Essen
Markus Hüwener	Vorstandsvorsitzender, First Climate AG, Bad Vilbel
Sebastian Janczik	Wissenschaftlicher Mitarbeiter, Institut für Umwelttechnik und Energiewirtschaft, Technische Universität Hamburg-Harburg
Fred Jung	Vorstand, juwi Holding AG, Wörrstadt
Prof. Dr. Martin Kaltschmitt	Institutsleiter, Institut für Umwelttechnik und Energiewirtschaft, Technische Universität Hamburg-Harburg
Gerhard Klein	Business Area Manager Renewables, TÜV SÜD Industry Division, München
Nils Kock	Wissenschaftlicher Mitarbeiter, Institut für Umwelttechnik und Energiewirtschaft, Technische Universität Hamburg-Harburg
Dr. Holger Kraft	Rechtsanwalt, Partner, Rechtsanwälte CMS Hasche Sigle, Hamburg
Jürgen H. Lange	Leiter Energy, HSH Nordbank AG, Hamburg
Gero Maas	Leiter Rechnungsprüfungsamt, Universitäts- und Hansestadt Greifswald
Dr. Frank J. Matzen	Senior Manager, Ernst & Young GmbH Wirtschaftsprüfungsgesellschaft, Eschborn/Frankfurt am Main

Prof. Dr. Ulf Moslener	Wissenschaftlicher Leiter des UNEP Collaborating Centre for Climate and Sustainable Energy Finance an der Frankfurt School; Senior Energy Economist, KfW Entwicklungsbank, Frankfurt am Main
Christian Nath	Vice President, Germanischer Lloyd Industrial Services GmbH, Hamburg
Uwe Ohls	Direktor der KfW, Bereichsleiter Europa und Asien, KfW Bankengruppe, Frankfurt am Main
Dr. Thomas Ostendorf	Chefvolkswirt, Leiter Vorstandsbüro, Oldenburgische Landesbank AG, Oldenburg
Dr. Wolfram Pazur	Leiter Technische Versicherungen, Allianz Vers. AG, München
Dr. Helge B. Petersen	Geschäftsführender Gesellschafter, Petersen, Waldheim & Cie. GmbH, Frankfurt am Main
Dr. Marc Riede	Rechtsanwalt, Partner, Rechtsanwälte CMS Hasche Sigle, Hamburg
Dr. Corinna Ritz	Bundesanstalt für Finanzdienstleistungsaufsicht, Frankfurt am Main
Klaus Roeder	Projektleiter Alternative Investments, Hannover Leasing GmbH & Co. KG, Pullach
Frank Roland	Wissenschaftlicher Mitarbeiter, Fachgebiet Wasserbau und Wasserwirtschaft, Universität Kassel
Dr. Florian Ropohl	Senior Manager Transaction Tax, Ernst & Young GmbH Wirtschaftsprüfungsgesellschaft, Hamburg
Dr. Karsten Sach	Leiter der Unterabteilung Internationale Angelegenheiten, Bundesministerium für Umwelt, Naturschutz und Reaktorsicherheit, Berlin

Prof. Dr. Christoph Schalast	Rechtsanwalt und Notar, Professor für Mergers & Acquisitions, Wirtschaftsrecht und Europarecht, Frankfurt School of Finance & Management, Frankfurt am Main
Dr. Peter Schinzing	Stellvertretender Sprecher des Vorstands, Oldenburgische Landesbank AG, Oldenburg
Kai Schlegelmilch	Stellvertretender Referatsleiter, Bundesministerium für Umwelt, Naturschutz und Reaktorsicherheit, Berlin
Peter Schneidewind	CSO, Mitglied des Bereichsvorstandes, Executive Vice President (SE/ES), Bosch Solar Energy AG, Arnstadt
Stefanie Scholz	Managing Director, Head of Portfolio Management Structured Finance Americas, Norddeutsche Landesbank Girozentrale, New York Branch
Achim Schreider	Energy System Planner, Lahmeyer International GmbH, Bad Vilbel
Dietmar Schütz	Präsident des Bundesverbandes Erneuerbare Energie e.V., Berlin
Uwe Seifen	Geschäftsführer, GeoEnergy GmbH, Karlsruhe
Annika Seiler	Energy Economist, Lahmeyer International GmbH, Bad Vilbel
Paul van Son	CEO Dii GmbH (Desertec Consortium), München
Prof. Dr. Stephan Theobald	Institutsleiter, Fachgebiet Wasserbau und Wasserwirtschaft, Universität Kassel
Dr. Dominik Thumfart	Managing Director, Deutsche Bank AG, London
Dr. Thomas Vahlenkamp	Director, McKinsey & Company, Inc., Düsseldorf
Claudia Vogel	Leiterin des Bereichs Regenerative Energien, Deutsche Energie-Agentur GmbH (dena), Berlin

Dr. Thorsten Voß	Rechtsanwalt, Partner, SchulteRiesenkampff, Frankfurt am Main
Dr. Aloys Wobben	Geschäftsführender Gesellschafter, ENERCON GmbH, Aurich
Dr. Beda Wortmann	Rechtsanwalt, Partner, Clifford Chance Partnerschaftsgesellschaft von Rechtsanwälten, Wirtschaftsprüfern, Steuerberatern und Solicitors, Frankfurt am Main
Carolin Zerger	Referat Internationaler Klimaschutz, Bundesministerium für Umwelt, Naturschutz und Reaktorsicherheit, Berlin

I
Rahmenbedingungen und Märkte

Naturwissenschaftliche Grundlagen des Klimawandels

Peter Höppe

1 Veränderungen bei den wetterbedingten Naturkatastrophen

Munich Re ist in einem Teil ihres Kerngeschäfts, nämlich der Versicherung von Schäden, die durch Naturkatastrophen entstehen, direkt durch den Klimawandel betroffen. Bereits in den 1970er Jahren wurde begonnen, systematisch Daten zu Naturkatastrophen und deren Schäden zu recherchieren und zu dokumentieren. Daraus ist die weltweit umfassendste Datenbank, die Munich Re NatCatSERVICE Datenbank, entstanden. Heute enthält die Datenbank bereits mehr als 29.000 Einzelereignisse.

Analysen dieser Daten zeigen sehr klar, dass die Anzahl der Naturkatastrophen in den letzten Jahrzehnten sehr stark zugenommen hat. Diese Anstiege sind in allen Kontinenten zu erkennen. Besonders stark ausgeprägt sind sie in Asien und in Nordamerika, gefolgt von Europa. Auch in Deutschland ist die Anzahl der schadenrelevanten Naturereignisse angestiegen. Seit 1970 ergibt sich annähernd eine Verdreifachung von etwa 10 Ereignissen auf nun ca. 30 schadenrelevante Ereignisse pro Jahr.

Die Trends der Anzahlen von schadenrelevanten Naturereignissen, die durch Wetterextreme hervorgerufen werden, z.B. Stürme oder Starkniederschlagsereignisse, unterscheiden sich in relevanter Weise von den Trends der geophysikalischen Ereignisse, wie z.B. Erdbeben, Tsunamis und Vulkanausbrüche (Abbildung 1). Während man bei den wetterbedingten Ereignissen einen drastischen Anstieg in den letzten 30 Jahren erkennt, bei den Überschwemmungen z.B. eine mehr als Verdreifachung der Ereignisse, sieht man bei den geophysikalischen Ereignissen nur einen sehr geringen Anstieg, den man durch soziodemographische und sozioökonomische Faktoren erklären kann. Dieser Anstieg ist vor allem dadurch bedingt, dass heute mehr Menschen in Risikogebieten leben und damit z.B. ein kleineres Erdbeben heute zu einem schadenrelevanten Ereignis wird, das vor einigen Jahrzehnten noch nicht als solches klassifiziert worden wäre. Solche Faktoren spielen sicher auch bei den wetterbedingten Naturkatastrophen eine Rolle. Da aber der Anstieg bei den wetterbedingten Naturkatastrophen weit stärker ist als bei den geophysikalischen Naturkatastrophen, gilt die Annahme, dass dieser Anstieg nicht allein durch Bevölkerungswachstum oder Wertewachstum zu erklären ist, sondern auch die veränderte Gefährdungssituation, d.h., dass die veränderten Frequenzen und Intensitäten von Wetterextremen hierbei eine Rolle spielen. Und da es sich um wetterbedingte atmosphärische Naturgefahren handelt, liegt die Annahme nahe, dass der Klimawandel hier bereits eine Rolle spielt.

Diese Annahme wird auch durch den Weltklimarat (Intergovernmental Panel on Climate Change, IPCC) gestützt, der in seinem vierten Sachstandsbericht[1] eine Tabelle publiziert hat, in der Wahrscheinlichkeiten dafür angegeben sind, dass es bereits heute Trends bei Wetterextremen gibt. Aus dieser Tabelle ist z.B. zu entnehmen, dass es bereits als wahrscheinlich angesehen wird (Wahrscheinlichkeit über 66%), dass bereits in den letzten Jahrzehnten ein Trend zu beobachten war zu mehr Hitzewellen und auch mehr Extremniederschlägen und dass es zukünftig im Verlauf dieses Jahreshunderts sogar als sehr wahrscheinlich (Wahrscheinlichkeit über 90%) angesehen wird, dass dieser Trend sich fortsetzt.

Abbildung 1: Schadenrelevante Naturereignisse für die unterschiedlichen Naturgefahrenarten im Zeitraum von 1980 bis 2010 mit berechneten Trendlinien

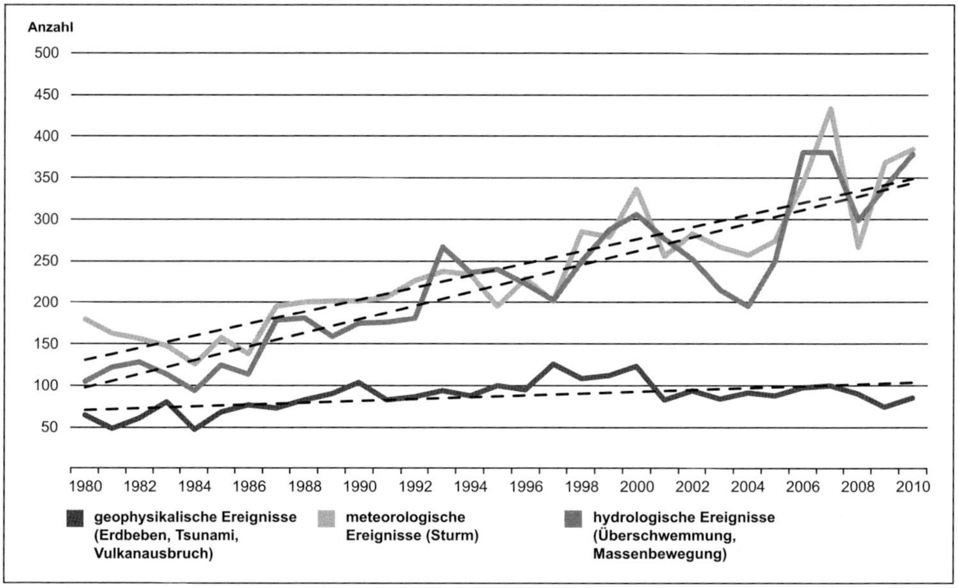

Quelle: Münchener Rückversicherungs-Gesellschaft, GeoRisikoForschung, NatCatSERVICE – Stand Januar 2011

Es gibt folglich viele Indizien, dass der Klimawandel bereits heute einen Einfluss auf die Häufung und Intensivierung von Wetterextremen hat. In Zukunft ist mit großer Wahrscheinlichkeit mit einer Verstärkung dieses Einflusses zu rechnen.

[1] IPCC (2007 b).

2 Die Grundlagen des Treibhauseffekts

Die große Mehrheit der Klimaforscher und damit auch der Weltklimarat (IPCC)[2] gehen davon aus, dass der globale Klimawandel durch den vom Menschen verstärkten Treibhauseffekt verursacht wird. Als Treibhauseffekt wird ein Prozess bezeichnet, der zur Erwärmung der unteren Atmosphäre (Troposphäre) führt. Der Begriff leitet sich von Gewächshäusern – auch Treibhäuser genannt – ab, die sich dadurch auszeichnen, dass ihre Umschließungsflächen – die Wände und das Dach – aus Glas oder ähnlichen Materialien sind. Glas hat die Eigenschaft, dass es für die kurzwellige Sonnenstrahlung (Wellenlängen zwischen 0,3 und 3 μm) nahezu transparent ist, während es die von irdischen Oberflächen, wie z.B. auch vom Boden und den Pflanzen im Treibhaus, ausgesendete Wärmestrahlung (Wellenlängen zwischen 3 und 100 μm) fast vollständig absorbiert. Dies führt dazu, dass die langwellige Wärmestrahlung das Treibhaus nicht verlassen kann. Die Glasflächen absorbieren die Wärmestrahlung und emittieren sie zu etwa der Hälfte wieder in das Treibhaus zurück. Das führt zu einem zusätzlichen Energieangebot innerhalb des Treibhauses, was aufgrund des ersten Hauptsatzes der Wärmelehre zu einer Erwärmung des Treibhausinneren führen muss.

Wenn man dieses Prinzip nun auf die Atmosphäre überträgt, dann sind die sogenannten Treibhausgase jene Gase, die ähnliche Eigenschaften wie das Glas im Treibhaus haben. Sie sind transparent, d.h. durchlässig für die Sonnenstrahlung, absorbieren jedoch große Teile der Wärmestrahlung, die von der Erdoberfläche ausgesendet wird und sonst in das Weltall entweichen würde. Auch hier handelt es sich um einen zusätzlichen Strahlungsfluss, denn diese Treibhausgase absorbieren nicht nur die Wärmestrahlung, sondern sie emittieren diese auch nach allen Richtungen und damit auch zurück zur Erdoberfläche. So gibt es wieder einen zusätzlichen Fluss von Wärmestrahlung und damit mehr Energie in der unteren Atmosphäre, in der sich die Treibhausgase vor allem befinden. Dieses zusätzliche Energieangebot führt zu einer Erwärmung der unteren Atmosphäre. Da Treibhausgase auch natürlicherweise in der Atmosphäre vorkommen, gibt es einen natürlichen Treibhauseffekt, der zu einer Erwärmung der unteren Erdatmosphäre um ca. 33° Celsius führt. Ohne diesen natürlichen Treibhauseffekt wäre die Erde für uns Menschen unbewohnbar. Seit Beginn der Industrialisierung jedoch gelangen zusätzliche Treibhausgase in die Atmosphäre, die den vom Menschen gemachten – oder auch anthropogenen – Treibhauseffekt verursachen. Dieser anthropogene Treibhauseffekt hat bisher zu einer Erhöhung der globalen bodennahen Jahresmitteltemperatur der Luft um ca. 0,8° Celsius geführt.

[2] IPCC (2007 b).

Die wesentlichen Treibhausgase sind Kohlendioxid (CO_2), Methan (CH_4), Lachgas (N_2O), unterschiedliche Chlorfluorkohlenwasserstoffe (häufig mit CFK abgekürzt), Schwefelhexafluorid (SF_6) und Wasserdampf. Den größten Anteil am anthropogenen Treibhauseffekt hat mit 60% das Kohlendioxid. Seit Beginn der Industrialisierung im späten 19. Jahrhundert ist die Kohlendioxidkonzentration um ca. 40%, von 280 ppm (parts per million) auf 390 ppm gestiegen. CO_2 hat eine mittlere Verweilzeit in der Atmosphäre vom mehr als 100 Jahren. Dadurch reichert es sich in der Atmosphäre an und verbreitet sich global nahezu gleichförmig in der unteren Atmosphäre. Die Kohlendioxidkonzentrationen würden wegen der langen Verweilzeit auch weiter steigen, wenn die Emissionen auf einem konstanten Niveau gehalten werden könnten.

Das zweitwichtigste Treibhausgas ist Methan, welches einen Anteil von 20% am anthropogenen Treibhauseffekt hat. Die Verweildauer von Methan in der Atmosphäre ist jedoch sehr viel kürzer. Sie liegt in einer Größenordnung von etwa zehn Jahren. D.h., wenn es gelänge, die Methanemissionen signifikant zu reduzieren, dann würde die Methankonzentration in der Atmosphäre sehr rasch zurückgehen.

Die drittwichtigste Gruppe von Treibhausgasen sind die Chlorfluorkohlenwasserstoffe. Das sind jene Stoffe, die früher als Treibgase in Spraydosen oder als Kühlmittel in Kühlschränken verwendet wurden. Sie haben eine sehr lange Verweilzeit in der Atmosphäre von teilweise mehreren Hundert Jahren. Durch eine strikte weltweite Beschränkung der Produktion dieser Gase (Protokoll von Montreal 1987) sind deren Emissionen jedoch sehr stark zurückgegangen.

Die heutige Kohlendioxidkonzentration in der Atmosphäre ist bei Weitem höher, als sie dies jemals in den letzten 650.000 Jahren war. Man kann dies belegen, weil es ein sehr gutes Archiv für die Kohlendioxidkonzentrationen der letzten Hunderte von Tausenden Jahren gibt. Dieses Archiv befindet sich in den Eisschichten der Antarktis. Wenn man in dieses Eis bohrt, erreicht man Schichten, die vor Hunderten von Tausenden Jahren in Form von fallendem Schnee angelegt wurden. In diesem Eis befinden sich Luftbläschen, die exakt die CO_2-Konzentration der damaligen Zeit enthalten. Wenn man nun schichtenweise in diesem Eis die Luftblasen analysiert, kann man den Verlauf der CO_2-Konzentrationen in der Umwelt rekonstruieren.

Abbildung 2 zeigt den Verlauf der CO_2-Konzentrationen in der unteren Atmosphäre in den letzten 650.000 Jahren. Man sieht sehr deutlich, dass es schon immer Schwankungen der CO_2-Konzentrationen gab. Der natürliche Schwankungsbereich liegt in etwa zwischen 180 und 300 ppm. Der heutige Wert von 390 ppm liegt bei Weitem außerhalb dieses natürlichen Schwankungsbereichs und ist allein durch die Emissionen von CO_2 durch menschliche Aktivitäten, durch das Verbrennen von fossilen Energieträgern wie Öl, Kohle und Erdgas sowie die Brandrodung von Wäldern zu erklären.

Die natürlichen Variationen der CO_2-Konzentrationen in der Atmosphäre sind sehr eng mit Veränderungen der Temperatur assoziiert. Man sieht sehr deutlich ausgeprägt die Eis- und Warmzeiten der Erdgeschichte der letzten 650.000 Jahre, das Ende der letzten Eiszeit vor etwa 11.000 Jahren und in etwa alle 100.000 Jahre eine solche Eiszeit. Immer, wenn es auf der Erde sehr kalt war, waren die CO_2-Konzentrationen in der Atmosphäre sehr gering, wenn es warm war, waren sie hoch.

Abbildung 2: CO_2-Konzentration in der Atmosphäre in den letzen 650.000 Jahren. Daten aus Analysen von antarktischen Eisbohrkernen

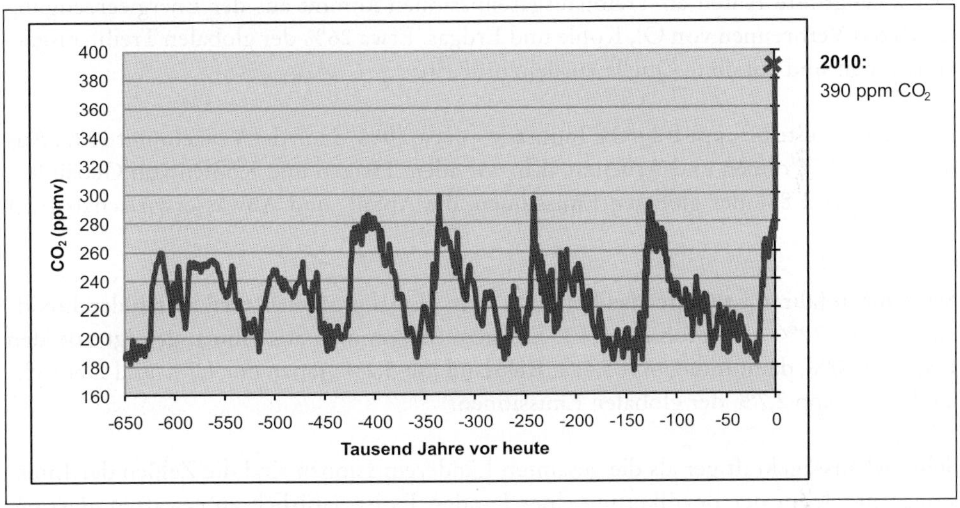

Quelle: Siegenthaler u. a. (2005)

In diesen historischen Schwankungen waren aber wohl nicht Veränderungen der CO_2-Konzentrationen die Auslöser von Temperaturveränderungen, sondern der Prozess verlief genau umgekehrt. Es waren vor allem astronomisch bedingte (Veränderungen der Erdachse und Erdbahn) Temperaturveränderungen, die den CO_2-Gehalt der Atmosphäre beeinflusst haben. Wenn es auf der Erde kalt ist, und auch die Weltmeere sehr kühl sind, können diese sehr viel mehr CO_2 aufnehmen, als dies bei höheren Meerestemperaturen der Fall ist. D.h., während der Eiszeiten wird ein Teil des atmosphärischen CO_2 in den Meeren aufgenommen. Auch die permanent gefrorenen Böden entlassen sehr viel weniger CO_2, als dies in den Warmzeiten der Fall ist. Dies ist nach dem heutigen Stand des Wissens die natürliche Ursache der Fluktuationen der CO_2-Konzentrationen in der Geschichte. Heute steigt durch die vom Menschen verursachten Emissionen von CO_2 die globale Lufttemperatur an, was dazu führt, dass auch die Meerestemperaturen steigen. Die Meere können so immer weniger CO_2 aufnehmen. Das Auftauen von Permafrostböden setzt zusätzlich CO_2, aber auch das Treibhausgas Methan frei. Wir haben es hier mit einem sich selbst verstärkenden Effekt zu tun: Durch die zunehmenden anthropogenen Emissionen von CO_2 und die damit verbundene globale Erwärmung gelangt noch weiteres CO_2 aus den Weltmeeren und aus den Böden in die Atmosphäre und verstärkt den Treibhauseffekt.

Ungefähr 30% der globalen Emissionen von Treibhausgasen stammen aus der Land- und Forstwirtschaft und sind durch Veränderungen der Landnutzung begründet. Hier ist es vor allem das Abbrennen von tropischen Regenwäldern, was zu diesem hohen Anteil an den Treibhausgasemissionen führt.

Der zweitgrößte Anteil an Treibhausgasemissionen kommt aus der Energieerzeugung durch das Verbrennen von Öl, Kohle und Erdgas. Etwa 26% der globalen Treibhausgasemissionen sind auf diese Quelle zurückzuführen.

Als nächstgrößte Gruppe folgt die Industrie mit ca. 19%, dann der Verkehr mit 13%. Aus dem Bereich Wohnen und Arbeiten, d.h. vor allem Heizen und Kühlen von Gebäuden, stammen etwa 8% der globalen Emissionen, die Abfall- und Abwasserwirtschaft trägt etwa 3% bei.

Seit einigen Jahren ist China das Land mit dem global größten Anteil an Kohlendioxidemissionen. 22% aller globalen CO_2-Emissionen kommen aus China, gefolgt von den USA mit 20%, dann Indien mit 5,4%, Russland mit 5,2%, Japan mit 4,2% und Deutschland mit knapp 2,7% der globalen Emissionen.[3]

Sehr viel aussagekräftiger als die gesamten Länderemissionen sind die Zahlen der Emissionen pro Kopf der Bevölkerung eines Landes. Es ist natürlich zu erwarten, dass ein Land wie China mit einer Bevölkerung von 1,3 Mrd. Menschen mehr Emissionen in die Atmosphäre entlässt als ein Land wie z.B. Deutschland mit 82 Mio. Einwohnern. Betrachtet man die Pro-Kopf-Emissionen in den unterschiedlichen Ländern, so ergibt sich ein ganz anderes Bild. China ist hier mit 4,9 Tonnen CO_2 pro Kopf am unteren Rand der Emissionen von sich schnell entwickelnden Ländern oder auch Industrieländern. Die USA dagegen liegen mit knapp 19,1 Tonnen CO_2 am oberen Ende der relevanten Länder, Australien und Kanada haben Pro-Kopf-Emissionen in ähnlicher Größenordnung. Die europäischen Staaten liegen in einem Bereich von etwa 10 Tonnen CO_2 pro Kopf.[4]

---

[3] CDIAC (2010).

[4] CDIAC (2010).

3 Die globale Erwärmung

Nach Analysen, die im vierten Sachstandsbericht des Weltklimarats dargestellt sind, ist die globale Jahresmitteltemperatur in der Nähe der Erdoberfläche in den letzten 100 Jahren um 0,74° Celsius angestiegen.[5]

Es gibt vier anerkannte Institutionen, die routinemäßig die Temperaturmessungen der nationalen Wetterdienste analysieren und zu einer kontinentalen oder auch globalen Mitteltemperatur zusammenführen. Dies ist der US-amerikanische Wetterdienst NOAA, die NASA in den USA, das Hadley Centre des UK Meteorological Office und die Japanese Meteorological Agency. Die Analysen aller dieser vier Institutionen zeigen sehr deutlich, dass in den letzten Jahrzehnten ein deutlicher Anstieg der globalen Temperaturen festzustellen war. Die zehn wärmsten Jahre seit Beginn dieser routinemäßigen Messungen im Jahr 1880 liegen alle innerhalb der letzten 13 Jahre. Das Jahr 2010 war nach den Analysen von NOAA und NASA global gesehen das wärmste (gleichauf mit 2005), nach den anderen beiden Instituten das zweitwärmste der letzten 130 Jahre.

In allen Kontinenten findet man signifikante Anstiege der Jahresmitteltemperaturen innerhalb der letzten 100 Jahre. Am deutlichsten ausgeprägt sind diese Anstiege in Asien, aber auch in Europa, etwas weniger stark ausgeprägt in der südlichen Hemisphäre.

[5] IPCC (2007 a).

Abbildung 3: Temperaturverläufe in den verschiedenen Kontinenten und deren Erwartungsbereiche bei Modellierung mit nur natürlichen und zusätzlich anthropogenen Antrieben

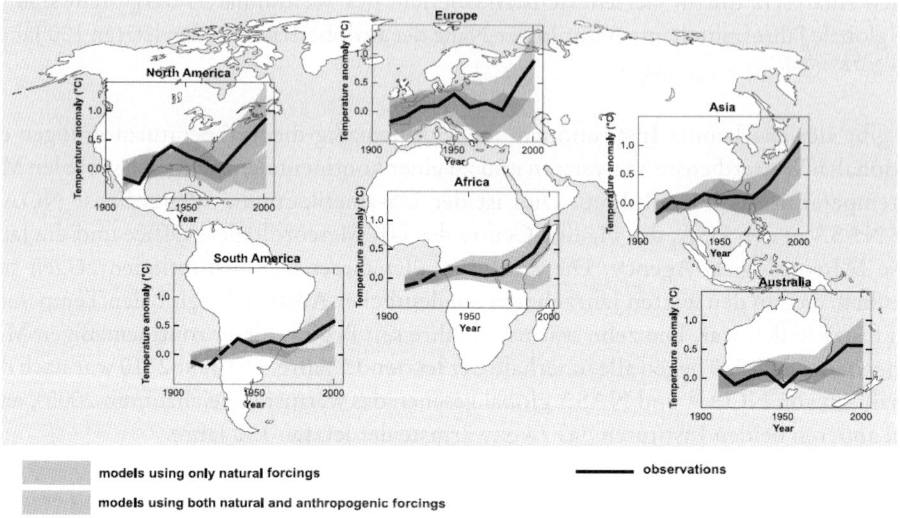

- schwarze Linien: dekadische aus Messwerten berechnete Mittelwerte
- blaues Band: 5-95% Bereich von 19 Simulationen mit 5 Klimamodellen, nur bei Berücksichtigung von natürlichen Faktoren
- rotes Band: 5-95% Bereich für 58 Simulationen mit 14 Klimamodellen, bei Berücksichtigung von natürlichen sowie anthropogenen Faktoren

Quelle: IPCC (2007 a)

In Abbildung 3 sind die Verläufe der dekadischen Mittelwerte der aus Messwerten berechneten Jahresmitteltemperaturen dargestellt (schwarze Linien). Daneben sind jene Bereiche blau eingefärbt, in denen man den Verlauf der Temperatur erwarten würde, wenn man ihn mit Klimamodellen modelliert, die nur natürliche Faktoren, wie z.B. die zyklischen Veränderungen der Sonnenstrahlungsintensität oder auch Vulkanausbrüche, berücksichtigt.

Wenn man zusätzlich in diese Klimamodelle noch den anthropogenen Treibhauseffekt einbaut, dann gelangt man in die rot markierten Bereiche. Aus der Abbildung wird sehr klar, dass in allen Kontinenten die realen Temperaturverläufe im roten Bereich liegen und sich signifikant aus dem blauen Bereich herausbewegt haben. D.h., man kann den Temperaturverlauf der letzten Jahrzehnte nicht mehr mit bekannten natürlichen Faktoren, man kann ihn aber sehr gut mit der Hypothese des Treibhauseffekts erklären. Es gibt bis heute keine andere plausible Hypothese, mit der man die Temperaturveränderungen der letzten Jahrzehnte auf einem physikalisch basierten Modell erklären könnte. Dieser Befund stellte die Grundlage zur Aussage des Weltklimarats dar, dass mit hoher Sicherheit der Klimawandel durch menschliche Aktivitäten verursacht ist.

Es gibt unterschiedliche Methoden, mit denen man die historischen Temperaturverläufe vor Beginn von Routinemessungen rekonstruieren kann. Es sind dies Methoden, die z.B. auf der Analyse von Baumringen basieren oder auf der Analyse von Sedimenten, die einen Aufschluss über die Temperaturen jener Zeiten geben. Aus den so rekonstruierten Temperaturreihen geht ganz klar hervor, dass es mit großer Wahrscheinlichkeit in keiner Phase innerhalb der letzten 1.000 Jahre wärmer war, als es dies heute ist. Die Schwankungsbreite der Jahresmitteltemperaturen auf der Erde in den letzten 1.000 Jahren liegt in einem Bereich von weniger als 1° Celsius.

Auch viele Sekundäreffekte liefern indirekte Belege für die globale Erwärmung. Dies sind zum einen die Rückgänge der Gletschermassen in den meisten Regionen dieser Erde, aber auch die nahezu von Jahr zu Jahr kleiner werdende Eisbedeckung des Nordpolarmeeres in den Sommermonaten. 2007 bis 2010 waren jene Jahre mit der bisher geringsten Eisbedeckung seit Beginn der Erfassung im Jahr 1978 (Minimum 2007, gefolgt von 2008, 2010 und 2009).

Auch in mehreren phänologischen Studien, d.h. Studien, die den Eintritt von Vegetationsphasen bei Pflanzen dokumentieren, wird deutlich, dass sich die Vegetationsphasen bereits in großen Teilen Europas verändert haben. Der Blühbeginn von Apfelbäumen erfolgt beispielsweise um einige Wochen früher, als das noch vor einigen Jahrzehnten der Fall war, die Vegetationsphasen haben sich signifikant verlängert.

4 Projektionen des Klimawandels

Um abschätzen zu können, wie der Klimawandel fortschreiten wird, müssen gewisse Annahmen gemacht werden. Ganz wesentlich für die Geschwindigkeit und die Intensität des Klimawandels sind die Emissionen von Treibhausgasen. Hierzu hat der Weltklimarat sogenannte Emissionsszenarien definiert, die einen weiten Bereich von Möglichkeiten umschließen. So gibt es Emissionsszenarien, die davon ausgehen, dass die Weltwirtschaft sich sehr schnell auf emissionsarme Energietechnologien, insbesondere Erneuerbare Energien, umstellt und dadurch die Emissionen von CO_2 bereits in den nächsten Jahrzehnten sehr rasch sinken werden. Es gibt aber auch Szenarien, die von einem weiter ansteigenden Ausstoß von CO_2 und anderen Treibhausgasen ausgehen. Je nach Szenario gelangen die Klimamodellrechnungen dann zu Einschätzungen der zu erwartenden Erwärmung, der zu erwartenden Veränderungen der Niederschlagsmuster, aber auch der zu erwartenden Veränderungen des Meeresspiegels. Der mögliche Bereich der Temperaturerhöhungen der globalen Jahresmitteltemperatur in diesem Jahrhundert liegt zwischen 1,1° und 6,4° Celsius, je nach angenommenem Emissionsszenario.

Abbildung 4: Projektionen der Veränderungen der regionalen Jahresmitteltemperaturen im Vergleich zum Mittelwert 1980-1999 für drei unterschiedliche Emissionsszenarien

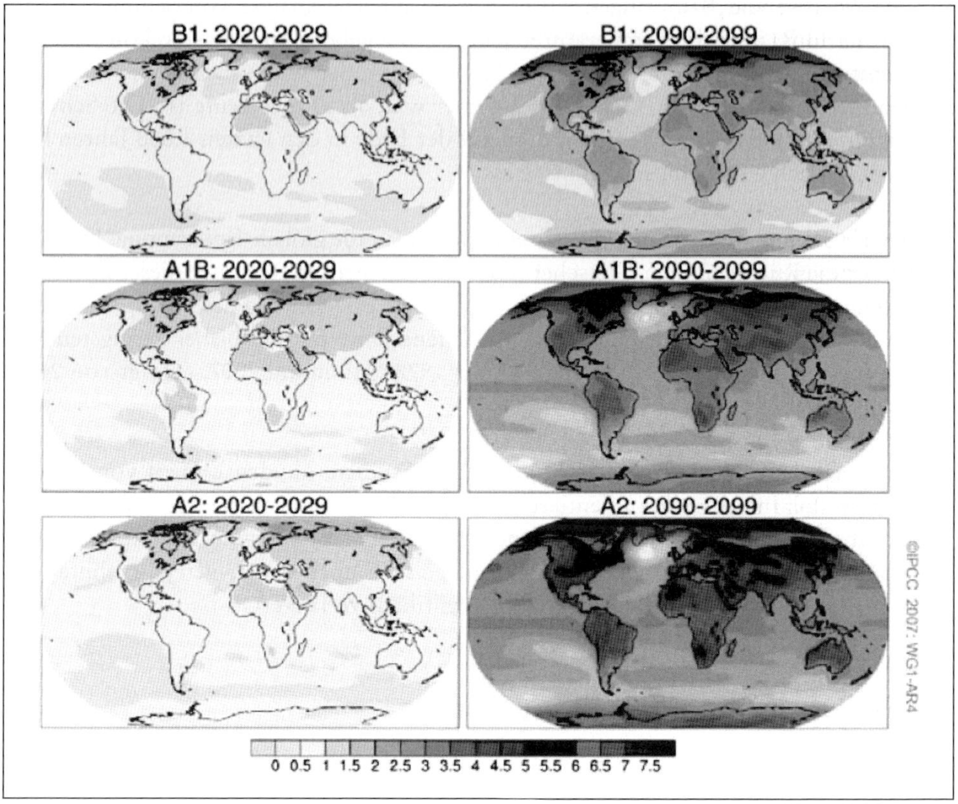

Quelle: IPCC (2007 a)

In Abbildung 4 ist für drei unterschiedliche Emissionsszenarien und für zwei unterschiedliche Zeiträume gezeigt, wie sich die Jahresmitteltemperaturen verändern könnten. Auf der linken Seite sind die Erwartungen für die nächsten 20 Jahre dargestellt, auf der rechten Seite die bis zum Ende dieses Jahrhunderts. Das oberste Szenario B1 geht von einer schnellen Reduktion der CO_2-Emissionen aus, das A2-Szenario ganz unten ist ein sogenanntes „Business as usual"-Szenario mit weiter ansteigenden CO_2-Emissionen, das A1B-Szenario liegt zwischen diesen beiden Extremszenarien. Für die nächsten 20 Jahre erwartet der Weltklimarat danach z.B. für Mitteleuropa eine Erhöhung der Jahresmitteltemperatur um weitere 0,5° bis 11° Celsius. Die Temperaturprojektionen zeigen nahezu keinen Unterschied zwischen den verschiedenen Emissionsszenarien. Der Klimawandel für die nächsten 20 Jahre ist demnach bereits durch die Emission der zurückliegenden Jahrzehnte vorbestimmt und kann selbst mit den ambitioniertesten Reduktionsmaßnahmen für diesen Zeitraum nicht mehr gebremst werden. Wir müssen uns daher an die zu erwartenden Veränderungen anpassen. Bis zum Ende dieses Jahrhunderts haben wir jedoch noch große Möglichkeiten, die globale Temperaturerhöhung zu beeinflussen. Sie variiert – wie hier dargestellt wieder am Beispiel von Mitteleuropa – im günstigsten Emissionsszenario B1 zwischen etwa 2,0° bis 2,5° Celsius Erhöhung bis zu – wie im Emissionsszenario A2 dargestellt – etwa 5° Celsius Temperaturerhöhung. D. h., die emissionsreduzierenden Maßnahmen der nächsten Jahre und Jahrzehnte werden sich vor allem in der zweiten Hälfte dieses Jahrhunderts auswirken.

In der Verantwortung für die nächsten Generationen müssen aber ambitionierte Reduktionen der Treibhausgasemissionen vorgenommen werden, um einen Anstieg der globalen Mitteltemperatur über 2° Celsius möglichst zu vermeiden. Wird diese Schwelle überschritten, steigt die Wahrscheinlichkeit sehr rasch an, dass neben den eher linearen Effekten der globalen Erwärmung auch abrupte Veränderungen des Klimasystems eintreten, dass sogenannte Kipppunkte (Tipping Points) erreicht werden. Zu diesen Kipppunkten zählt man z. B. Veränderungen von Meeresströmungen, wie beispielsweise des Golfstroms. Es gibt eine plausible Hypothese, dass bei einer sehr starken globalen Erwärmung durch das Abschmelzen von großen Eismassen in Grönland der Salzgehalt des nördlichen Polarmeeres geringer wird und damit der Antrieb für den Golfstrom verloren gehen kann. Weitere Kipppunkte liegen in den Monsunsystemen in Asien und Afrika, die sich stark verändern könnten, in Veränderungen des Klimasystems im Amazonasregenwald, in Veränderungen der südpazifischen Oszillation des El-Niño- und La-Niña-Systems sowie auch in Instabilitäten der Eisschilde in Grönland und in der Antarktis.

Die globale Erwärmung führt aber nicht nur zu höheren Lufttemperaturen, sondern sie verändert auch die regionalen Niederschlagsmuster. In Abbildung 5 sind die zu erwartenden relativen Veränderungen der Niederschläge im nordhemisphärischen Winter (Dezember, Januar, Februar) auf der linken Seite und im Sommer (Juni, Juli, August) auf der rechten Seite dargestellt. Es sind jeweils die prozentualen Veränderungen gezeigt, wie sie für das mittlere Emissionsszenario A1B im Verlauf von ca. 100 Jahren erwartet werden. Man sieht aus dieser Darstellung sehr deutlich, dass vor allem der Mittelmeerraum und Nordafrika sowohl im Sommer als auch im Winter mit erheblich weniger Niederschlag rechnen müssen. Dagegen sieht man, dass in den nördlichen Breiten der Niederschlag in beiden Jahreszeiten zum Teil sogar sehr stark zunehmen wird. Für Deutschland werden im Sommer etwas geringere Niederschläge, dafür im Winter etwas mehr Niederschläge erwartet. Viele Klimamodelle sehen in Mitteleuropa kaum Veränderungen des Jahresniederschlages, jedoch eine Veränderung in der saisonalen Verteilung.

Abbildung 5: Projektionen der Niederschlagsveränderungen im Winter (links) und Sommer (rechts) am Ende dieses Jahrhunderts im Vergleich zum Mittelwert des Zeitraums 1980-1999

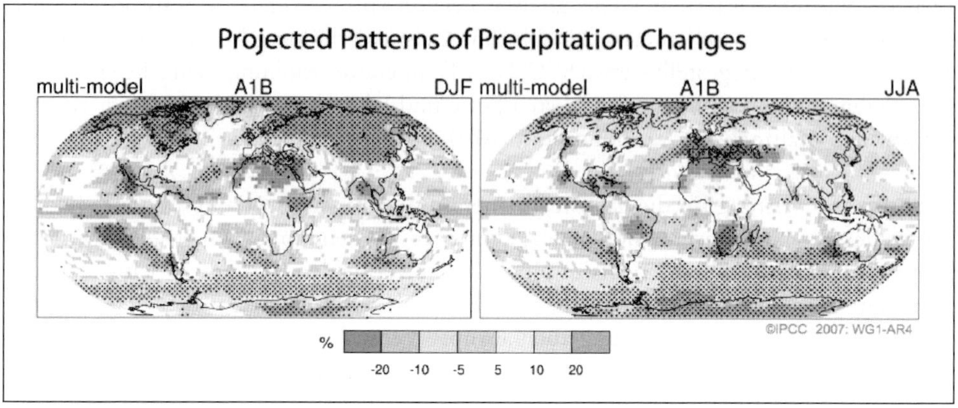

Quelle: IPCC (2007 a)

Eine weitere Sekundärwirkung der globalen Erwärmung ist der Anstieg des Meeresspiegels. In den letzten 100 Jahren ist der Meeresspiegel im globalen Mittel bereits um ca. 20 cm angestiegen. Vermeers und Rahmstorf haben den weiteren Anstieg für unterschiedliche Emissionsszenarien modelliert.[6] Aus dieser aktuellen Studie geht hervor, dass im Mittel mit einem Anstieg des Meeresspiegels um etwa einen Meter bis zum Ende dieses Jahrhunderts gerechnet werden muss. Dieser Anstieg wird zu weitreichenden Konsequenzen führen, nicht nur für kleine Inselstaaten in der Südsee, sondern auch für sehr viele niedrig liegende Küstenbereiche in Europa, Asien, Amerika, aber auch Afrika. Sehr viele Megacitys werden von diesem Meeresspiegelanstieg betroffen sein. Beispiele dafür sind Schanghai, Mumbai, aber auch London. Der bisher größte Teil des Anstiegs des Meeresspiegels wird durch die thermische Ausdehnung des Meerwassers verursacht. Neben der Lufttemperatur haben sich auch bereits die Weltmeere erwärmt. Messungen zeigen, dass in allen relevanten Ozeanbecken die mittlere Meeresoberflächentemperatur bereits in einer Größenordnung von 0,5° Celsius angestiegen ist.[7] Dieses sich erwärmende Wasser dehnt sich aus, und das alleine führt schon zu einem Anstieg des Meeresspiegels.

Die Erwärmung der Meeresoberflächen hat aber auch noch weitreichendere Auswirkungen, denn sie steuert die Verdunstung von Wasser von den Meeresoberflächen. Die Verdunstung nimmt exponentiell mit der Oberflächentemperatur der Meere zu, d.h., je wärmer nun diese Oberflächen werden, umso mehr Wasserdampf gelangt in die Atmosphäre. Dieser Wasserdampf stellt ein großes Energiepotenzial für Stürme dar. Die Energie wird

[6] Vermeers/Rahmstorf (2009).

[7] UK MetOffice (2009).

dann freigesetzt, wenn die wasserdampfhaltige Luft durch das Aufsteigen von Luftmassen in größere Höhen gelangt, sich dabei abkühlt und der Wasserdampf kondensiert. Der in der Atmosphäre enthaltene Wasserdampf ist die Energiequelle z.B. für tropische Wirbelstürme wie Hurrikane oder auch Taifune. Zum anderen stellen aber die erhöhte Verdunstungsmenge und die größere Kapazität der wärmeren Luft, Wasserdampf aufzunehmen, auch ein erhöhtes Potenzial für Starkniederschläge dar. Es gibt mittlerweile viele meteorologische Datenreihen aus Asien, Europa, aber auch aus Amerika, die klar belegen, dass die Anzahl von Tagen mit Starkniederschlagsereignissen bereits signifikant zugenommen hat.

Ein anderer, von Erwärmungsprozessen unabhängiger Nebeneffekt der erhöhten CO_2-Konzentration in der Atmosphäre ist der steigende Säuregehalt der Weltmeere. Ein Teil des zusätzlich in die Atmosphäre gelangenden CO_2 wird im Meerwasser gelöst und führt dort zu einem höheren Säuregehalt. Dieser wiederum wirkt sich bereits negativ auf kalkhaltige Schalentiere aus.

Für Deutschland hat die Deutsche Meteorologische Gesellschaft (DMG) in einer Publikation aus dem Jahr 2007 die durch den Klimawandel bis zum Jahr 2040 zu erwartenden Veränderungen zusammengefasst. Es wird erwartet, dass im Jahr 2040 die Jahresmitteltemperatur in Deutschland um etwa 1,7° Celsius wärmer sein wird als zu Beginn des letzten Jahrhunderts, dass es häufigere und intensivere Hitzeperioden, mehr Dürrephasen, stärkere Gewitter mit mehr Blitzen sowie mehr Tornados geben wird. Insgesamt werden trockenere Sommer erwartet und etwas niederschlagreichere Winter. Es wird eine Tendenz zu intensiveren Winterstürmen geben, wenn auch deren Anzahl etwas geringer werden könnte.

5 Kritik an der Klimawissenschaft und am Weltklimarat

Wenn man die Ergebnisse der bisher vier im Abstand von ca. sechs Jahren erschienenen Sachstandsberichte des Weltklimarates in chronologischer Folge betrachtet, so sieht man, dass die einzelnen Berichte jeweils die weiteren Entwicklungen unterschätzt haben. In jedem Folgebericht wurde die erwartete Veränderung des Klimas nach oben korrigiert. Dies liegt zum einen daran, dass verbesserte Klimamodelle hier neue Informationen geliefert haben, aber auch daran, dass die bereits erfolgten Emissionen von Treibhausgasen höher ausgefallen sind, als dies zu den Zeiten der Publikation der einzelnen Sachstandsberichte noch erwartet wurde.

Im Vorfeld und auch nach der Weltklimatagung COP14 im Dezember 2009 in Kopenhagen gab es viel Kritik an der Klimawissenschaft und am Weltklimarat, die von den Medien sehr intensiv aufgegriffen wurde. Die Welle der Kritik begann mit der Veröffentlichung von mehr als eintausend privaten E-Mails von Klimawissenschaftlern. Hacker waren in ein Rechnersystem der Climate Research Unit der Universität von East Anglia eingedrungen. Man warf den Klimawissenschaftlern vor, dass aus diesen E-Mails hervorgehen würde, dass sie in konspirativer Weise Daten verfälscht und Skeptikern Informationen des Klimawandels vorenthalten hätten. Mittlerweile wurden diese E-Mails sowohl in England als auch in den USA von unabhängigen Gremien bewertet. Die Gremien kamen zu dem Befund, dass es keinen Hinweis gibt, dass die Klimawissenschaftler in irgendeiner Weise hier konspirativ tätig waren oder Daten verfälscht hätten. Es gab lediglich Kritik, dass die Wissenschaftler ihre Daten freizügiger der Öffentlichkeit zugänglich machen hätten sollen.

Nach dem Weltklimagipfel in Kopenhagen gab es spezielle Kritik am Weltklimarat, weil man diesem einige Fehler in seinem vierten Sachstandsbericht nachgewiesen hatte. Es waren folgende Fehler: Der erste Fehler betraf das Abschmelzen der Gletscher im Himalaya. In der Publikation der Arbeitsgruppe 2,[8] welche sich mit den Auswirkungen des Klimawandels befasst, steht geschrieben, dass 80% der Himalayagletscher bis 2035 abgeschmolzen sein werden. Dies ist ein offensichtlicher Fehler, der wohl auf einem Zahlendreher beruht. Man wollte hier 2350 schreiben.

Der zweite Fehler bezieht sich auf die Fläche der Niederlande, die unter dem Meeresspiegel liegt. Im Bericht der Arbeitsgruppe 2 steht zu lesen, dass 55% der niederländischen Landfläche unter dem Meeresniveau liegen. Richtig ist, dass dies nur 26% sind. Man hat hier irrtümlicherweise auch jene Flächen noch addiert, die nicht durch Meeresüberschwemmungen, sondern durch Flussüberschwemmungen gefährdet sind.

Ein weiterer Vorwurf wurde dem Weltklimarat gemacht, weil er einen Aufsatz verwendet hat, der kein Peer-Review-Verfahren durchlaufen hatte. Dieser Aufsatz war auf einem wissenschaftlichen Workshop im Jahr 2006 vorgestellt worden, kurz vor Aufnahmeschluss von wissenschaftlichen Publikationen für den vierten Sachstandsbericht. Der Weltklimarat hielt dieses Papier für so wichtig, dass er es trotz des fehlenden Peer-Review-Verfahrens noch mitberücksichtigt hat. In diesem Papier war zu lesen, dass die normalisierten Schäden aus den Naturkatastrophen global seit 1970 um etwa 2% pro Jahr angestiegen sind. Mittlerweile wurde dieses Papier in einem Buch, welches ein Peer-Review-Verfahren durchlaufen hat, publiziert. Weiterhin ist in diesem Papier zu lesen, dass diese 2% pro Jahr Bestand haben, wenn auch der Autor das Ergebnis vorsichtiger als im ersten Entwurf interpretiert.

[8] IPCC (2007 b).

Ein weiterer Vorwurf wurde gemacht, dass im IPCC-Bericht behauptet wird, dass bis zu 40% des Regenwaldes im Amazonasgebiet durch geringer werdende Niederschläge in ihrer Existenz bedroht werden könnten. Der Vorwurf lag vor allem darin, dass man hier einen Bericht des WWF zitiert hatte und keinen wissenschaftlichen Aufsatz aus einer wissenschaftlichen Zeitschrift. In der Zwischenzeit wurde die Validität dieser Aussage jedoch bestätigt. Die WWF-Aussage basierte auf einer Studie, die in einer wissenschaftlichen Zeitschrift publiziert worden war, nur das entsprechende Zitat fehlte.

Fasst man diese Fehler des Weltklimarats, die natürlich nicht hätten passieren dürfen, und die darauf basierenden Vorwürfe zusammen, so wird klar, dass sich alle nur auf den Bericht der Arbeitsgruppe 2[9] beziehen. Kein einziger Fehler wurde der Arbeitsgruppe 1 nachgewiesen, die die physikalischen Prozesse des Klimawandels beschreibt. D.h., in Konsequenz gibt es trotz der Fehler keinen Anlass, daran zu zweifeln, dass der Klimawandel stattfindet und weiter rasch voranschreitet und dass die Emissionen von Treibhausgasen durch den Menschen mit großer Wahrscheinlichkeit die Ursache sind. Die in letzter Zeit geäußerte Kritik an der Klimaforschung stellt daher die grundsätzlichen Aussagen des Weltklimarats nicht in Frage.

Nach einer Studie des Weltwirtschaftsforums[10] ist der Klimawandel eines der größten Risiken für die Menschheit. Der Schlüssel zum Klimaschutz liegt in der Reduktion der Emission der Treibhausgase, insbesondere von CO_2. Wenn man CO_2-Emissionen signifikant verringern möchte, muss die Energiewirtschaft umgestellt werden, von der Nutzung fossiler Energieträger hin zu Erneuerbaren Energien. Erneuerbare Energien haben ein nahezu unerschöpfliches Potenzial. Allein die Sonne strahlt auf die Kontinente dieser Erde ungefähr zweitausendmal so viel Energie, wie zurzeit an Primärenergie global verbraucht wird. Wir müssen nur dieses große Potenzial der Erneuerbaren Energien nutzen. Die Technologien dafür stehen bereits zur Verfügung. Es gilt nun, die Rahmenbedingungen zu schaffen, sodass sich Investitionen in diese neuen Technologien lohnen.

Literatur

Carbon Dioxide Information Analysis Center (CDIAC) (2010): Fossil-Fuel CO_2 Emissions by Nations, Oak Ridge National Laboratory, http://cdiac.ornl.gov/pns/current_ghg.html

9 IPCC (2007 b).

10 World Economic Forum (2011).

Deutsche Meteorologische Gesellschaft (DMG) (2007): Klimastatement vom 09.10.2007, www.dmg-ev.de/gesellschaft/stellungnahmen/Klimastatement_dmg_2007_09_10_c2.pdf

Intergovernmental Panel on Climate Change (IPCC) (2007 a): Climate Change 2007: The Physical Science Basis. Contribution of Working Group I to the Fourth Assessment Report of the Intergovernmental Panel on Climate Change, Cambridge (UK) and New York (USA)

Intergovernmental Panel on Climate Change (IPCC) (2007 b): Climate Change 2007: Impacts, Adaptation and Vulnerability. Contribution of Working Group II to the Fourth Assessment Report of the Intergovernmental Panel on Climate Change, Cambridge (UK) and New York (USA)

Siegenthaler Urs u.a. (2005): Stable carbon cycle-climate relationship during the late pleistocene, in: Science 310, S. 1.313-1.317

Simmon, Robert (2011): NASA Earth Observatory, Global surface temperatures, http://www.giss.nasa.gov/research/news/20110113/

UK Met Office (2009): Gridded SST anomaly data, http://www.metoffice.gov.uk/hadobs/hadsst2/

Vermeers, M./Rahmstorf, S. (2009): Global sea level linked to global temperature, in: Proc. Natl. Acad. Sci. USA, 106, S. 21.527-21.532

World Economic Forum (2011): Global Risk Landscape 2011, http://riskreport.weforum.org

Perspektiven der internationalen Klimapolitik

Karsten Sach/Carolin Zerger

1 Einleitung

Der globale Klimawandel ist längst mehr als ein reines Schreckensszenario der Naturwissenschaftler.[1] Nicht, dass die Warnungen der Klimaforscher abgeflaut seien, im Gegenteil: Seine Folgen – Hitzewellen, Dürren, Überschwemmungen, schwere Niederschläge, der steigende Meeresspiegel und das Abschmelzen von Gletschern und Polen – entwickeln sich entlang der pessimistischsten Szenarien – Grund zur Entwarnung gibt es keinen. Dennoch setzt sich zunehmend eine zweite Sichtweise durch: die Wahrnehmung von Klimaschutz als Chance, als erfolgversprechendes Geschäftsmodell.

Zunächst verursacht der Klimawandel erhebliche Kosten: Sir Nicholas Stern, der frühere Chefökonom der Weltbank, hat für die britische Regierung eine umfassende volkswirtschaftliche Analyse erstellt. Ein unbegrenzter Klimawandel, so Stern, verringere die wirtschaftlichen Wachstumschancen und führe zu massiven Wohlstandseinbußen. Seine negativen Folgen könnten bis zu 20% der weltweiten jährlichen Wirtschaftsleistung betragen. Doch die Bekämpfung des Klimawandels kann gleichzeitig zur ökonomischen Chance werden: Klimaschutz ist eine Zukunftsfrage der Weltwirtschaft, eine wachstumsfreundliche, keine wachstumsfeindliche Strategie, mit großen Möglichkeiten für Innovation und technischen Fortschritt. Zirka 1% der weltweiten jährlichen Wirtschaftsleistung ist erforderlich, um die katastrophale Entwicklung abzuwenden, so Stern. Effektiver Klimaschutz – im Einklang mit der von Klimaforschern empfohlenen Begrenzung der globalen Erwärmung auf unter 2 Grad Celsius – erfordert eine grundlegende Umstrukturierung hin zu einer Niedrigemissionswirtschaft („low carbon economy"). Wenn sich diese Erkenntnis weltweit durchsetzt, verändert dies fundamental die Bedingungen, die den Erfolg von Unternehmen bestimmen. Wer das zuerst versteht, hat gegenüber Wettbewerbern einen Vorteil: Umwelttechnologien, insbesondere innovative Energietechnologien sind zentrale Wachstumsmärkte und die Leitmärkte der Zukunft. Die Unternehmensberatung Roland Berger prognostiziert, dass allein in Deutschland ihr Umsatz von 150 Mrd. EUR im Jahr 2005 auf 1.000 Mrd. EUR im Jahr 2030 anwächst. Damit werden diese Branchen traditionelle Industriezweige wie Fahrzeugbau und Maschinenbau weit hinter sich lassen.

Für Investoren eröffnen sich damit neue Möglichkeiten: Allein in Deutschland werden zur Erreichung der Klimaschutzziele bis 2020 Investitionen in Höhe von 400 Mrd. EUR veranschlagt. Um das EU-Klimaziel einer Reduktion von 20% gegenüber 1990 bis 2020 zu erreichen, müssen etwa 2,9 Bio. EUR investiert werden, so die Unternehmensberatung Accenture und die Barclays Bank. Die EU-Kommission schätzt in ihrer Roadmap

[1] Der Beitrag gibt ausschließlich die persönliche Auffassung der Verfasser wieder, die sich nicht mit der Meinung des Bundesumweltministeriums decken muss.

2050, dass bis 2050 jährlich etwa 270 Mrd. EUR investiert werden müssen, um ihre langfristigen Klimaschutzziele zu erreichen. Den globalen Investitionsbedarf schätzt die Internationale Energieagentur allein im Anlagenbereich bis 2030 auf jährlich 770 Mrd. EUR. Um dieses Investitionsvolumen zu mobilisieren, erwarten die Akteure der Finanzwirtschaft von der Politik klare Signale – „long, loud and legal", langfristige, eindeutige und rechtsverbindliche politische Vorgaben werden gefordert.

Der UN-Klimaprozess ist prädestiniert, solche Signale auszusenden – beraten hier doch 194 Staaten über die langfristige Strategie der globalen Klimapolitik und ihre kurzfristige Umsetzung. Längst sind die jährlichen Klimagipfel zu Weltwirtschaftsgipfeln geworden, von denen sich Öffentlichkeit und Unternehmer Signale über die Ausgestaltung nationaler Politiken und Maßnahmen erwarten, die globale Investitionsströme beeinflussen. Inwieweit vom UN-Klimaprozess in den nächsten Jahren solche Signale zu erwarten sind und welcher ergänzenden Initiativen es bedarf, um sie zu schaffen, soll im Folgenden beleuchtet werden.

2 Der UN-Klimaprozess von Rio bis Kopenhagen

Um die derzeitigen Möglichkeiten und Grenzen des UN-Klimaprozesses aufzuzeigen, lohnt es sich, einen Blick zurückzuwerfen. Der UN-Klimaprozess, der auf dem Weltgipfel in Rio im Jahr 1992 mit der Verabschiedung der Klimarahmenkonvention ins Leben gerufen wurde, kann auf eine wechselhafte Geschichte zurückblicken. In Lehrbüchern zur internationalen Politik galt er lange als Musterbeispiel eines erfolgreichen globalen Umweltregimes. Doch seit Anfang des 21. Jahrhunderts gestalteten sich die Verhandlungen zunehmend schwieriger. Auf dem Klimagipfel in Kopenhagen im Dezember 2009 waren über 100 Staats- und Regierungschefs nicht in der Lage, sich auf eine gemeinsame Abschlusserklärung zu einigen. Dies rief Kritiker auf den Plan, die die Sinnhaftigkeit des Prozesses in Frage stellten. Ein Jahr lang hatte der UN-Prozess mit diesen Vorwürfen zu kämpfen, bis die internationale Gemeinschaft ihre Handlungsfähigkeit im globalen Klimaschutz wiedererlangte: Im Dezember 2010 ist es in Cancún gelungen, den Grundstein zu legen für die zukünftige internationale Klimapolitik – und gleichzeitig neue Parameter festzuschreiben, die den Charakter des Prozesses verändern.

2.1 Ein vielversprechender Start

Die Ziele und Grundsätze des UN-Klimaprozesses sind in der Klimarahmenkonvention (United Nations Framework Convention on Climate Change, UNFCCC) aus dem Jahr 1992 festgelegt, die auf dem UN-Gipfel über Umwelt und Entwicklung in Rio zur Zeichnung aufgelegt wurde. Erklärtes gemeinsames Ziel ist es, „die Stabilisierung der Treibhausgaskonzentrationen in der Atmosphäre auf einem Niveau zu erreichen, auf dem eine gefährliche anthropogene Störung des Klimasystems verhindert wird“ (Artikel 2 UNFCCC). Als wichtigste Grundsätze wurden das Prinzip der „Gerechtigkeit“ („equity“) und der „gemeinsamen, aber unterschiedlichen Verantwortlichkeiten und Fähigkeiten“ festgelegt, in dessen Folge sich die entwickelten Länder verpflichten, beim Klimaschutz eine Führungsrolle zu übernehmen. Weiterhin erkannten die Vertragsparteien an, dass klimapolitische Maßnahmen nicht deshalb aufgeschoben werden dürften, weil noch nicht über alle Aspekte des Klimawandels vollständige wissenschaftliche Gewissheit bestehe. Die zu treffenden Maßnahmen sollten möglichst kostengünstig und umfassend sein, d.h. alle wichtigen Quellen, Senken und Speicher von Treibhausgasen und die Anpassungsmaßnahmen erfassen und alle Wirtschaftsbereiche einschließen (Artikel 3 UNFCCC). Mit ihren Zielen und Prinzipien setzt die Klimarahmenkonvention den Rahmen des UN-Klimaprozesses. Mit 195 Vertragsparteien erfährt sie mittlerweile praktisch universelle Unterstützung.

Das Kyoto-Protokoll, das von der dritten Vertragsstaatenkonferenz der Klimarahmenkonvention (Conference of the Parties, COP) im Jahr 1997 verabschiedet wurde, gestaltet den durch die UNFCCC vorgegebenen Rahmen aus:

- Erstmals verpflichteten sich die in der Klimarahmenkonvention als „Annex I“ klassifizierten Staaten, also die Industriestaaten, ihre Emissionen von 2008 bis 2012 um insgesamt 5,2 Prozent gegenüber 1990 zu verringern. Jedes Industrieland erklärte sich bereit, in dieser Verpflichtungsperiode seine Treibhausgasemissionen auf eine genau festgelegte Zielgröße zu reduzieren. Ein gemeinsames System zur Erfassung der Emissionen, zur Berichterstattung und zur Kontrolle derselben wurde eingerichtet und mit einem Mechanismus zur Erfüllungskontrolle versehen.
- Erstmals wurde eine UN-weite Regulierung getroffen, die breite Segmente einer Volkswirtschaft betrifft: Fossile Brennstoffe, Hauptquelle für den Ausstoß von Klimagasen, sind das Grundnahrungsmittel unserer Volkswirtschaften. Die Kyoto-Klimaziele ziehen somit Konsequenzen nach sich, die die Gesamtstruktur unserer Volkswirtschaften, ihre Energie-, Agrar-, Verkehrs-, und Infrastrukturpolitik betreffen. Die Umstellung einer Volkswirtschaft zu einer Niedrigemissionswirtschaft erfordert eine Umstrukturierung ihrer Wirtschaftsweise, die – wenn auch volkswirtschaftlich vorteilhaft – für wichtige Einzelakteure mit erheblichen Kosten verbunden ist.
- Mit den „flexiblen Mechanismen“, dem internationalen Emissionshandel sowie den projektbasierten Mechanismen „Joint Implementation“ und „Clean Development Mechanism“ wurde ein UN-weites System eingeführt, das den Ausstoß einer Tonne CO_2 – ein bis dahin kostenloses Gut – mit einem Preis versieht.
- Die nationale Umsetzung der Ziele erfolgt nach gemeinsamen, international verhandelten und detailliert beschriebenen Regeln. Die im Kyoto-Protokoll rechtsverbindlich festgeschriebenen Reduktionsziele und die damit verbundenen Anrechnungs-

regeln wurden bis zur 2001 in Marrakesch stattfindenden Vertragsstaatenkonferenz näher ausgestaltet. Sie wurden dort als die sogenannten „Marrakesh Accords" beschlossen. Dieses umfassende Regelwerk legt fest, welche Gase nach welcher Metrik angerechnet werden können, welche Quellen und Senken anerkannt werden und wie Emissionsreduktionen, die in Drittländern erbracht wurden, auf die eigene Zielerreichung angerechnet werden können. Diese Regeln sind für alle Betroffenen gleichermaßen gültig und mit einem differenzierten System der Erfüllungskontrolle versehen (Compliance-Mechanismus).

Ein solch weitreichendes, völkerrechtlich verbindliches System gab dem UN-Klimaprozess einen herausragenden Status unter den multilateralen Umweltabkommen. Diesem Prädikat tat auch die Entscheidung des US-Präsidenten George W. Bush keinen Abbruch, der sich 2001 vom Kyoto-Protokoll lossagte und die Ratifizierungsbemühungen einstellte. Im Gegenteil: Die offene Gegnerschaft des größten weltweiten Emittenten schweißte die Kyoto-Gemeinde eher zusammen, als dass sie sie schwächte. Am 16.02.2005 konnte das Kyoto-Protokoll schließlich in Kraft treten, nach der Ratifizierung Russlands, die nicht zuletzt aufgrund intensiver diplomatischer Bemühungen der Europäischen Union (EU) im November 2004 erfolgt war.

2.2 Verhandlungen unter erschwerten Bedingungen

Doch vor einigen Jahren kam der UN-Klimaprozess ins Stocken. Das Auslaufen der ersten Verpflichtungsperiode des Kyoto-Protokolls im Jahr 2012 geriet in den Blick und mit ihm die Frage, wie eine zukünftige Klimaarchitektur ausgestaltet werden sollte. Trotz seiner für Völkerrechtsabkommen exzellenten Bilanz – alle verpflichteten Staaten bis auf Kanada sind heute auf Zielerfüllungspfad – gestalteten sich die Diskussionen über den globalen Rahmen für die Zeit nach 2012 zunehmend konfliktreich. Nach Aufnahme der Verhandlungen über die zukünftigen Verpflichtungen der Industrieländer unter dem Kyoto-Protokoll (Ad Hoc Working Group on Further Commitments for Annex I Parties under the Kyoto Protocol, AWG-KP) im Jahr 2005 in Montreal wurden die Probleme offensichtlich. Die Entwicklungsländer forderten eine Weiterführung des Kyoto-Protokolls mit ehrgeizigeren Verpflichtungen für Industrieländer. Aufgrund des rasanten Wachstums der Volkswirtschaften wichtiger Schwellenländer und des Ausscherens der USA hielten es die meisten Industrieländer jedoch nicht für sinnvoll, eine zweite Verpflichtungsperiode im Kyoto-Protokoll einzugehen ohne angemessene Verpflichtungen dieser Staaten. Die Entwicklungsländer wollten sich ihrerseits (noch) nicht zu quantifizierten Minderungsmaßnahmen verpflichten und pochten auf die „historische Verantwortung" der Industrieländer.

Die Verhandlungen unter der AWG-KP kamen zunächst nur schleppend voran, bis dann auf der UN-Klimakonferenz COP13 2007 auf Bali mit der „Bali roadmap“ ein prozeduraler Durchbruch gelang: Die „Bali roadmap“ sah nicht nur den Abschluss der Verhandlungen über eine zweite Verpflichtungsperiode im Kyoto-Protokoll für das Jahr 2009 vor, sondern gründete im „Bali Plan of Action“ auch eine zweite Verhandlungsgruppe unter der Klimarahmenkonvention, unter der über die Verpflichtungen aller Staaten, also auch die der USA und der Schwellenländer, verhandelt werden sollte, die „Ad Hoc Working Group on Long-term Cooperative Action under the Convention“ (AWG-LCA). Auch die AWG-LCA sah ein Ende der Verhandlungen für das Jahr 2009 vor. Bali läutete damit zwei intensive Verhandlungsjahre ein, an deren Ende der Gipfel in Kopenhagen als krönender Abschluss stehen sollte.

Was führte dann dazu, dass die auf Bali nach dramatischen Verhandlungen mit stehenden Ovationen verabschiedete „roadmap“ in die Krise von Kopenhagen führte, in der der UN-Klimaprozess von vielen grundsätzlich in Frage gestellt wurde? Dafür gibt es vier Hauptgründe:

1. *Ein neues Kräfteverhältnis in der globalen Politik*: Die Klimawelt ist seit Kyoto komplexer und konfliktträchtiger geworden. Das globale Kräfteverhältnis hat sich wesentlich verschoben. Neben den USA tritt heute China als zweite Supermacht auf – inzwischen auch als weltgrößter Emittent von Treibhausgasen, dessen Bedeutung in den nächsten Jahren wachsen wird. Nach Zahlen des World Ressource Institute stoßen diese beiden Staaten zusammen fast 40% der globalen Treibhausgasemissionen aus. Eine bloße Weiterführung der Kyoto-Protokolls (KP) wäre daher auch aus Gründen der ökologischen Effektivität fragwürdig: Die im KP zu Reduktionszielen verpflichteten Staaten sind heute nur noch für 27% der globalen Treibhausgasmissionen verantwortlich, Tendenz fallend.

2. *Skepsis der zwei wichtigsten Akteure gegenüber strikten UN-Regelungen*: Mit China und den USA haben sich zudem zwei klimapolitische Schwergewichte gefunden, die sich einem UN-Prozess weniger stark verpflichtet fühlen als die meisten anderen Staaten – insbesondere wenn dieser mit völkerrechtlichen „Top-down“-Regulierungen verbunden ist, die ihre nationale Entscheidungsfreiheit rechtsverbindlichen internationalen Regeln unterwirft. Ein internationaler Prozess mit verhandelten Zielfestlegungen passt nach chinesischer Auffassung schlecht zu dem nationalen – auf Fünfjahresplänen beruhenden – Planungsablauf. In den USA stellt das Erfordernis einer Zweidrittelmehrheit bei der Ratifizierung eines internationalen Klimaabkommens eine schwer zu überwindende Hürde dar. Eine weitverbreitete UN-Skepsis in dem Land kommt hinzu.

3. *Klimapolitik im Scheinwerferlicht – gesteigerte politische und öffentliche Aufmerksamkeit*: Eines der Ereignisse, zu dem im ersten Jahrzehnt des 21. Jahrhunderts die meisten Staats- und Regierungschefs an einem Ort zusammen kamen, war der UN-Klimagipfel im Dezember 2009 in Kopenhagen. Dies zeigt, wie stark die politische und mediale Aufmerksamkeit für das Thema Klimaschutz gestiegen ist. Die gesteigerte politische Aufmerksamkeit hat Licht- und Schattenseiten. Einerseits wäre die Einigung von Bali nicht möglich gewesen ohne das vorangegangene „Superklimajahr“ 2007. In 2007 schufen der vierte Sachstandsbericht des Intergovernmental Panel on Climate Change (IPCC), der darauf folgende Nobelpreis, der publikumswirksame Kinofilm „An inconvenient truth“ und – zumindest in Europa – die von der EU unter deutscher Präsidentschaft beschlossenen Klimaschutzziele ein politisches und öffentliches Klima, in dem das Thema Klimawandel ganz oben auf die Agenda von Staats- und Regierungschefs, Medien und Öffentlichkeit rückte. Auf der anderen Seite haben der Charakter eines internationalen „Mega-Events“ und der damit einhergehende Erwartungsdruck, der auf dem Kopenhagener Gipfel lastete, dazu beigetragen, eine Einigung zu erschweren. Der Erfolgsdruck und die öffentliche Aufmerksamkeit waren so hoch, dass sie politische Zugeständnisse aller Seiten, wie sie für eine Kompromisslösung erforderlich gewesen wären, erschwerten statt erleichterten. Hinzu kam, dass die Wahrnehmung wirtschaftlicher Konkurrenzsituationen aufgrund der Finanz- und Wirtschaftskrise besonders groß war und die politischen Schwerpunkte verschob.

4. *Gesteigerte Komplexität der Verhandlungen*: Mit der gesteigerten politischen Aufmerksamkeit wird klar, dass die Klimapolitik weit über das Politikfeld der Umweltpolitik hinausgeht. Die Erkenntnis, dass Klimapolitik alle Bereiche der Wirtschaftspolitik eines Landes betrifft und dabei einschneidende Veränderungen – mit Chancen und Risiken – erfordert, verursachte in vielen Vorreiterländern zunehmend innenpolitischen Druck durch Akteure, die von einer aktiven Klimapolitik mehr zu verlieren als zu gewinnen hatten. Trafen in Kyoto meist noch die Umweltminister die Entscheidungen, ist heute eine Vielzahl von Ministerien aktiv an der Positionsfindung und den Verhandlungen beteiligt. Dafür ist nicht zuletzt die Ausweitung des Spektrums der im Rahmen der Klimaverhandlungen diskutierten Themen verantwortlich, das u.a. im Bali-Aktionsplan seinen Ausdruck fand: Während es in Kyoto im Kern um Minderungsziele für Industrieländer ging, sind heute entwicklungspolitische Fragestellungen, die Anpassung an die Folgen des Klimawandel, die Finanzierung von Klimaschutzmaßnahmen in Entwicklungsländern und der damit einhergehende Technologietransfer beinahe genauso wichtig – für viele Entwicklungsländer sogar der eigentliche Kern der Verhandlungen.

2.3 Die Ergebnisse von Kopenhagen: Krise des Prozesses …

Die oben genannten Faktoren haben dazu beigetragen, dass der UN-Klimaprozess mit dem Megagipfel von Kopenhagen Ende 2009 in eine Krise geriet – trotz inhaltlicher Fortschritte. Die Gründe für das Scheitern des Gipfels sind vielfältig. Zu den oben genannten Faktoren kamen prozedurale Schwierigkeiten hinzu:

- In Kopenhagen ist es so nicht gelungen, ausreichend Vertrauen aufzubauen, um in kleineren Verhandlungsgruppen den Boden zu bereiten für Fortschritte im Plenum. Der Versuch der dänischen COP-Präsidentschaft, in einer Gruppe von dreißig ausgewählten Staaten einen Kompromisstext zu erarbeiten, löste bei nicht eingeladenen Verhandlungspartnern das Gefühl aus, nicht ausreichend beteiligt zu werden. Der Prozess wurde als intransparent und von einigen Staaten als ungerecht empfunden.
- Die Gruppe der kapitalismuskritischen Staaten der bolivarischen Allianz ALBA – vor allem Venezuela, Bolivien, Kuba, unterstützt von einer Reihe kapitalismus- und damit insbesondere industrielandkritischer Nord-Süd-NGOs – nutzte die Öffentlichkeit, um ihre Systemkritik publikumswirksam an den Mann zu bringen und sorgte für eine Atmosphäre von Misstrauen innerhalb der Entwicklungsländer (Gruppe der 77, G77). Insgesamt wurden die Differenzen innerhalb der G77 in Kopenhagen sichtbarer als je zuvor und erschwerten es, legitime Interessenvertreter zu finden, die für die Gruppe oder einzelne Untergruppen sprechen konnten.
- Durch die Anwesenheit der Staats- und Regierungschefs gab es erstmals eine dritte Verhandlungsebene, zusätzlich zu dem auf COPs üblichen zweistufigen Verhandlungsprozess (Fachebene und Minister). Die Vorstellung der Präsidentschaft, die Mehrzahl der technischen Fragen auf Arbeitsebene zu klären, politischere Fragen auf Ministerebene und erst die wichtigsten drei bis vier Punkte auf Ebene der Staatschefs auszuhandeln, ist nicht aufgegangen. Aus mangelndem Vertrauen in einen Prozess, der am Ende ein faires Paket liefern sollte, hat kaum ein Staat ernsthaft versucht, kleinere Fragen zum Abschluss zu bringen – jeder hoffte darauf, auf Ebene der Staatschefs ein für sich besseres Ergebnis zu erzielen.
- Einer der wichtigsten Gründe für den mangelnden Erfolg des Kopenhagener Klimagipfels war jedoch der Anspruch, dort alle wichtigen Fragen der internationalen Klimapolitik auf einmal zu lösen. Mit einem „big bang“ sollte ein neues Klimaregime aus der Taufe gehoben werden. In diesem sollten nicht nur die Minderungsziele für Industriestaaten festgeschrieben werden, sondern auch die Minderungsbeiträge von Schwellenländern, die Höhe der Finanzierung von Klimaschutz in Entwicklungsländern, die institutionelle Ausgestaltung der Unterstützung von Anpassungsmaßnahmen und von Technologiekooperation – kurz: alle großen politischen Fragen gelöst werden, mit denen sich der UN-Klimaprozess in den letzten zehn Jahren beschäftigt hatte. An der Komplexität dieser Aufgabe ist der Kopenhagener Klimagipfel letztendlich gescheitert.

Am Ende konnte kein Konsens über den „Copenhagen Accord", eine von einer Gruppe von dreißig Staaten ausgehandelte politische Erklärung, erzielt werden. Die COP nahm diesen nur zur Kenntnis. Dies veranlasste Kritiker des UN-Prozesses, sich in ihrer Auffassung bestätigt zu sehen, dass das Konsensprinzip des UN-Prozesses ausreichende Fortschritte verhindere. Progressive Staaten wurden aufgefordert, den UN-Prozess aufzugeben und sich in „Koalitionen der Willigen" oder in regionalen Bündnissen zusammenzuschließen.

Der verbreiteten öffentlichen Wahrnehmung von Kopenhagen als gescheitertem Gipfel tat auch die Tatsache keinen Abbruch, dass sich im Nachgang 140 Staaten mit dem „Copenhagen Accord" assoziierten und die Unterstützerstaaten für über 80% der weltweiten Treibhausgasemissionen verantwortlich sind.

2.4 … aber inhaltliche Weiterentwicklung

Auch wenn Kopenhagen vielfach als gescheitert angesehen wird, hat der Gipfel zur inhaltlichen Weiterentwicklung der internationalen Klimapolitik beigetragen.

Zum einen haben der öffentliche Druck und die mediale Aufmerksamkeit schon im Vorfeld des Gipfels dafür gesorgt, dass erstmals alle großen und zahlreiche kleinere Emittenten Minderungsziele und -maßnahmen für die Zeit bis 2020 verkündeten. Als erste hat die Europäische Union im März 2007 ihre Klimaschutzziele festgelegt: Der Europäische Rat beschloss, unabhängig von den internationalen Entwicklungen die Treibhausgasemissionen der EU bis 2020 um 20% gegenüber 1990 zu senken. Für den Fall, dass auch andere Industrieländer vergleichbare Ziele eingehen und Schwellenländer angemessene Beiträge liefern, erklärten sich die EU-Staaten bereit, ihre Emissionen im gleichen Zeitraum um 30% zu senken. Auf diese Ankündigung der EU folgten Ankündigungen aller anderen Industrieländer: Norwegen setzte sich ein Ziel einer Reduktion von 30-40%, Japan bekannte sich zur Reduktion von 25%, Russland von 15-25%, die Schweiz von 20-30%, die Ukraine von 20%, Neuseeland von 10-20%, jeweils von 1990 bis 2020. Australien setzte sich das Ziel, seine Emissionen bis 2020 um 5-25% gegenüber 2000 zu reduzieren, Kanada um 17% gegenüber 2005. Kurz vor Kopenhagen bekannten sich selbst die USA, trotz ihres seinerzeit schon stockenden nationalen Gesetzgebungsverfahrens, zu einer Reduktion von 17% gegenüber 2005 bis 2020.

Eine neue Qualität hatten die im Vorfeld von Kopenhagen eingehenden Ankündigungen der großen Schwellenländer, ihr Emissionswachstum zu regulieren. Noch wenige Jahre zuvor galt es als undenkbar, dass sich China, Indien, Südafrika und Brasilien zu wirtschaftsweiten Reduktionsmaßnahmen bekennen würden – in Kopenhagen wiesen diese Länder solche Pläne vor. China kündigte eine Reduktion seiner Emissionen um 40-45% pro Einheit Bruttosozialprodukt bis 2020 im Vergleich zu 2005 an, Indien im gleichen

Zeitraum um 20-25%. Brasilien und Südafrika erklärten, ihre Emissionen bis 2020 um 36,1-38,9% beziehungsweise um 34% gegenüber dem Referenzszenario (business-as-usual) zu senken. Mehrere kleine, progressive Staaten unter den Entwicklungsländern kündigten eigene, ehrgeizige Ziele an. So erklärte zum Beispiel Costa Rica, bis 2021 kohlenstoffneutral wirtschaften zu wollen, die Malediven verfolgen das gleiche Ziel für das Jahr 2020.

Die von den Staaten nach dem Gipfel an die UN gemeldeten Ziele wurden ohne internationale Prüfung in einen Anhang aufgenommen – mit ihren unterschiedlichen Basisjahren, Konditionalitäten und Annahmen darüber, was zur Zielerreichung angerechnet werden kann und was nicht. Manche sehen daher im „Copenhagen Accord" den Grundstein für einen Systemwechsel in der internationalen Klimapolitik, den Wechsel zu einem „Pledge-and-review"-System zur Festlegung von Minderungszielen und -maßnahmen. Begründet wird dies damit, dass es zu keinem Zeitpunkt Verhandlungen über die Höhe und Angemessenheit dieser Ziele gab, wie dies in Kyoto der Fall gewesen sei.

Einer der strittigsten Punkte von Kopenhagen war der Aufbau eines Systems zur Messung, Berichterstattung und Überprüfung von Minderungsmaßnahmen (Measuring, Reporting, Verification, MRV). Hier wurde eine Lösung gefunden, die vor allem einen Kompromiss zwischen den Interessen der USA und denen Chinas darstellt: Industrieländer wurden aufgefordert, ein „rigides, robustes und transparentes Anrechnungssystem" zu entwickeln. Für Entwicklungsländer sieht der „Copenhagen Accord" ein System für die nationale Überprüfung national finanzierter Maßnahmen vor, eine internationale Überprüfung internationaler Maßnahmen und einen Prozess zur „Internationalen Beratung und Analyse" für die Gesamtheit der Maßnahmen.

Eine weitere inhaltliche Weiterentwicklung war die Annäherung der Positionen im Bereich Finanzierung. Vor Kopenhagen lagen die Vorstellungen über eine angemessene Höhe für die internationale Klimafinanzierung noch deutlich auseinander: Vertreter der G77 forderten Industrieländer auf, zwischen 0,5 und 4% (Forderung Boliviens) ihres Bruttosozialprodukts zusätzlich zur offiziellen Entwicklungshilfe für die Klimafinanzierung zur Verfügung zu stellen. Industrieländer gingen von einem globalen Finanzbedarf für Klimaschutzmaßnahmen (Minderung und Anpassung) in Entwicklungsländern von circa 100 Mrd. EUR im Jahr 2020 aus, davon circa 22-50 Mrd. EUR aus öffentlicher Hand. Die Einigung im „Copenhagen Accord", dass Industrieländer im Jahr 2020 100 Mrd. USD für den Klimaschutz in Entwicklungsländern mobilisieren sollen, gibt der Diskussion um Klimafinanzierung einen akzeptierten Rahmen. Zudem wurde die Einrichtung eines „Climate Fund" vereinbart, der Aktivitäten in den Bereichen Minderung, Waldschutz, Anpassung, Technologiekooperation und Kapazitätsaufbau unterstützen soll.

In den Bereichen Anpassung an den Klimawandel, Technologiekooperation und Waldschutz (Reducing Emissions from Deforestation and Forest Degradation in Developing countries, REDD) skizzierte der „Copenhagen Accord“ den zukünftigen institutionellen Rahmen: Ein Mechanismus für Technologiekooperationen und für den Waldschutz und ein Rahmenwerk für Anpassung wurden in Kopenhagen ins Leben gerufen – auch diese jedoch nicht mit einem Prozess zu deren Ausgestaltung versehen.

Viele Beteiligte, insbesondere die kleinen Inselstaaten, zahlreiche afrikanische und lateinamerikanische Länder sowie die EU, hätten sich von Kopenhagen auch inhaltlich ein wesentlich ehrgeizigeres Ergebnis erwünscht. Kopenhagen erschien als verpasste Chance. Rückblickend erscheint der „Copenhagen Accord“ jedoch als ein Schritt voran.

3 Die „Cancún Agreements"

3.1 „Lessons learned" aus Kopenhagen

Aus dem Fehlschlag von Kopenhagen hat die Staatengemeinschaft und insbesondere die mexikanische COP-Präsidentschaft, die seit Anfang 2010 die UN-Klimakonferenz in Cancún vorbereitete, eine Reihe von Lektionen gelernt.

Dazu gehörte zum einen ein vernünftiges Erwartungsmanagement: Anders als im Jahr zuvor ließ die mexikanische COP-Präsidentschaft keinen Zweifel daran, dass sie sich nicht scheuen würde, wichtige politische Fragen in Cancún auszuklammern. Dies gilt zum Beispiel für die Rechtsform eines zukünftigen Klimaregimes und für die Angemessenheit der vorgeschlagenen Ziele und Maßnahmen.

Ein weiteres Mittel, das die COP-Präsidentschaft und mit ihr zahlreiche andere Staaten wirkungsvoll einsetzten, war das ständige Mahnen, in Cancún stehe die Glaubwürdigkeit des UN-Prozesses auf dem Spiel. Auch in den Medien wurde suggeriert, dass Cancún der Lackmustest für die internationale Klimapolitik, wenn nicht sogar für den UN-Prozess als solchen sei. Würde hier keine Einigung gefunden, hätte sich das Konsensprinzip der UN endgültig als überholt erwiesen. Dies mag in einer Reihe von Staaten dazu geführt haben, eine größere Kompromissbereitschaft zu zeigen, um nicht am Ende als „Totengräber des UN-Prozesses“ dazustehen.

Die vielleicht offensichtlichste Lektion, die die mexikanische Präsidentschaft aus Kopenhagen mitgenommen hat, ist die Wichtigkeit eines transparenten Vorgehens und der Einbeziehung aller Akteure. Zu jedem Zeitpunkt im Jahr ihrer Präsidentschaft hat sich Mexiko bemüht, als fairer Vermittler aufzutreten, der alle Beteiligten konsultiert und keine geschlossenen Zirkel schafft. Atmosphärisch mag zudem eine wichtige Rolle gespielt haben, dass an vorderster Front der Verhandlungen in Cancún mit COP-Präsidentin Espinoza, UNFCCC-Exekutivsekretärin Figueres und AWG-LCA Vorsitzenden Mukahanana-Sangarwe drei Frauen aus Entwicklungsländern standen, die das Vertrauen aller Verhandlungsparteien genossen, da sie nicht den Eindruck erweckten, eine eigene Agenda bzw. eine Agenda der Industrieländer zu verfolgen. Auch die Einbindung der in Kopenhagen rebellischen ALBA-Gruppe ist Mexiko gelungen – mit Ausnahme Boliviens, das bis zuletzt gegen das Vorgehen der Präsidentschaft opponierte. So konnte die COP-Präsidentin Espinoza im Abschlussplenum Konsens über die von ihr vorgelegten „Cancún Agreements" feststellen, obwohl sie die Gegenposition der bolivianischen Delegation zur Kenntnis genommen hatte.

Als Erfolgsrezept hat sich zudem die Vorgehensweise bewährt, die auch die japanische Präsidentschaft auf der kurz vor Cancún erfolgreich zu Ende gegangenen Biodiversitätskonferenz (COP10 der Biodiversitätskonvention vom 18.-29.10.2010 in Nagoya) angewandt hatte: nach intensiven Konsultationen in letzter Minute einen Text vorzulegen, der nur als Gesamtpaket angenommen oder abgelehnt werden konnte. In diesem Vorgehen hielt die mexikanische Präsidentschaft – anders als der „Copenhagen Accord" – formal die für Entwicklungsländer so wichtige Parallelität der zwei Verhandlungsstränge unter dem Kyoto-Protokoll und unter der Konvention aufrecht. Indem die „Cancún Agreements" jedoch nur als Paket verabschiedet werden konnten, wagte sie zugleich erstmals ein Verbinden der beiden Verhandlungsstränge.

Unterstützt wurden die Bemühungen der mexikanischen Präsidentschaft von einer im Laufe des Jahres 2010 neu gegründeten informellen Gruppe, den Staaten des „Cartagena Dialogs". Im „Cartagena Dialog" fanden sich progressive Staaten verschiedenster Verhandlungsgruppen zusammen, kleine Inselstaaten, afrikanische und lateinamerikanische Ländern sowie progressive Industrieländer wie Norwegen und einige EU-Staaten. In den regelmäßigen Treffen zwischen und während der Verhandlungen tauschten sich diese Staaten über mögliche Kompromisse aus und arbeiteten an gemeinsamen Textentwürfen. Dies führte dazu, das ein größeres Verständnis aufgebaut werden konnte für die gegenseitigen Sensitivitäten und die progressiven Staaten innerhalb der Gruppe der G77 ein stärkeres Gewicht erlangten, da sie mit einer gemeinsamen Stimme sprechen konnten.

3.2 Die Ergebnisse von Cancún

In der letzten Nacht des Kopenhagen-Gipfels stand vielen Verhandlern tiefe Enttäuschung ins Gesicht geschrieben – nach Cancún dagegen grandiose Erleichterung, begleitet von euphorischem Applaus mit stehenden Ovationen für die Präsidentschaft. Was machte den Unterschied?

- *Größere Verbindlichkeit:* Der offensichtlichste Fortschritt ist die größere Geltungskraft. Anders als der „Copenhagen Accord“ wurden die „Cancún Agreements“ im regulären UN-Prozess offiziell verabschiedet. Damit haben sie nicht nur politischen Charakter, sondern sind als UN-Entscheidungen verbindlich.
- *Konkretisierung und Aufsetzen von Prozessen zur weiteren Ausgestaltung der Beschlüsse*: Der zweite große Unterschied besteht darin, dass die „Cancún Agreements“ zwar die Kernaussagen des „Copenhagen Accords“ übernehmen, diese aber ergänzen, konkretisieren und mit den UNFCCC-Verhandlungen verbinden. Zudem wurden Prozesse beschlossen, um die Details der in den Agreements beschlossenen Vorgaben umzusetzen. Anders als im „Copenhagen Accord“ benennen die „Cancún Agreements“ jeweils Zuständige (zum Beispiel den Subsidiary Body for Implementation, das „Transitional Commitee“ zur Aufsetzung des „Green Fund“, das UNFCCC-Sekretariat) und konkrete Fristen, in vielen Fällen die nächste COP in Durban/Südafrika.

In den gut dreißigseitigen Entscheidungstexten von Cancún gelang es zudem – anders als in den knapp drei Seiten des „Copenhagen Accords“ –, konkrete Regelungen zur zukünftigen Klimapolitik zu treffen und somit das Fundament für eine zukünftige Klimaarchitektur zu legen:

- *Festlegung des 2-Grad-Ziels*: In Cancún wurde das Ziel verabschiedet, die globale Erwärmung auf unter 2 Grad Celsius gegenüber vorindustriellem Niveau zu begrenzen. Es wurde zudem ein Verfahren vereinbart, nach dem bis zum Jahr 2015 überprüft werden soll, welche zusätzlichen Maßnahmen zur Einhaltung des 2-Grad-Ziels erforderlich sind und ob neue wissenschaftliche Erkenntnisse ehrgeizigere Ziele für den Temperaturanstieg erforderlich machen, zum Beispiel eine Begrenzung auf 1,5 Grad Celsius. Damit wurde eine wichtige Architekturentscheidung getroffen. Die zunächst im „Copenhagen Accord“ freiwillig und „bottom up“ eingereichten Ziele und Verpflichtungen sollen anhand der gemeinsam – und aufgrund wissenschaftlicher Risikoabschätzungen – vereinbarten Messlatte überprüft werden. Bottom-up- und Top-Down-Ansatz wurden also miteinander verknüpft.
- *Aufbau einer Architektur für transparente Minderungsziele und -maßnahmen*: Es wurde beschlossen, die im „Copenhagen Accord“ enthaltenen Minderungsziele der Industrieländer und die Minderungsmaßnahmen der Entwicklungsländer in zwei offiziellen Dokumenten zusammenzustellen. Da viele Zusagen noch Bedingungen enthalten, wurde ein Prozess vereinbart, in dem die hinter den Zielen liegenden Annahmen geklärt werden sollen. Die Ziele und Maßnahmen sollen zudem einem transparenten System der Messung, Berichterstattung und Überprüfung unterzogen werden. Die Minderungszusagen von Industrieländern sollen einem „rigiden, robusten und transparenten Anrechnungssystem“ unterworfen werden. Eine zentrale Frage ist es, welche Teile des Anrechnungs- und Überprüfungsrahmens von Kyoto weiterbenutzt werden bzw. was neu verhandelt wird. Entwicklungsländer verpflichteten sich, alle

zwei Jahre in Inventaren über ihre Emissionsentwicklung und im Rahmen ihrer Nationalberichte über durchgeführte und geplante „national angemessene Minderungsmaßnahmen“ (Nationally Appropriate Mitigation Actions, NAMAs) zu berichten. Von den Entwicklungsländern selbst finanzierte NAMAs sollen einem inländischen System der Messung, Berichterstattung und Überprüfung unterworfen werden, extern finanzierte NAMAs international überprüft werden. Damit würden erstmals die Emissionen und Maßnahmen von Entwicklungsländern systematisch und regelmäßig erfasst. Vereinbart wurde zudem ein System zur „Internationalen Beratung und Analyse“ (International Consultation and Analysis, ICA) über die von Entwicklungsländern in ihren Nationalberichten enthaltenen NAMAs. Für die Ausgestaltung der Regelungen für Industrie- und Entwicklungsländer wurden Prozesse aufgesetzt, in denen bis zur nächsten COP Richtlinien für die Umsetzung der Beschlüsse erarbeitet werden sollen.

- *Erarbeitung von „Low Carbon Development Strategies“*: Vergleichsweise wenig Beachtung erfuhr die in Cancún getroffene Vereinbarung, gesamtwirtschaftliche „Low Carbon Development Strategies“ zu erarbeiten. Industriestaaten müssen dies tun, Entwicklungsländer werden dazu ermutigt. Diese Idee geht auf einen Vorschlag der EU zurück und bietet die Chance, im UN-Klimaprozess nicht nur über kurzfristige Minderungsziele, sondern auch über langfristige, wirtschaftsweite Entwicklungspläne zu diskutieren.
- *Aufbau einer Architektur für die Unterstützung von Klimaschutz in Entwicklungsländern*: In den „Cancún Agreements“ wird die Aussage, dass Industrieländer im Jahr 2020 100 Mrd. USD für Klimaschutz in Entwicklungsländern mobilisieren sollen, bestätigt. Zudem wurde ein „Green Climate Fund“ aus der Taufe gehoben, mit konkreten prozeduralen Vorgaben zu seiner Ausgestaltung. In den Bereichen Anpassung und Technologie wurden durch die Einrichtung dreier Institutionen, dem „Adaptation Committee“, dem „Technology Committee“ und den „Technology Centres and Networks“, vor allem auf institutioneller Ebene Fortschritte erzielt. Hier wurden Institutionen geschaffen, die Staaten in ihren nationalen Anstrengungen unterstützen sollen.
- *Review der Klimaarchitektur für das Jahr 2015 vorgesehen*: In Cancún wurden einige wichtige politische Fragestellungen ausgeklammert, so z.B. die Frage der Angemessenheit der vorgelegten Minderungsziele und die Frage, ob die „Cancún Agreements“ zu einem späteren Zeitpunkt in ein rechtsverbindliches Abkommen überführt werden sollen. Es wurde jedoch gleichzeitig eine Überprüfung der in Cancún eingegangenen Verpflichtungen, d.h. der Reduktionsziele und -maßnahmen, der Architektur und der Rechtsform des neuen Klimaregimes, vereinbart. Dieser Prozess soll im Jahr 2015 abgeschlossen werden.

4 Internationale Klimapolitik nach Cancún: Möglichkeiten und Grenzen des UN-Prozesses

Die Ergebnisse von Cancún zeigen die Möglichkeiten, aber auch die Grenzen des UN-Klimaprozesses unter den derzeitigen politischen Bedingungen auf.

Zu den Möglichkeiten:

- Cancún hat gezeigt, dass der UN-Klimaprozess weiterhin das Potenzial hat, den globalen Rahmen für die internationalen Klimaschutzbemühungen zu setzen. Mit der Verabschiedung der 2-Grad-Obergrenze gelang es, das in der Klimarahmenkonvention festgeschriebene Ziel der „Stabilisierung der Treibhausgaskonzentrationen in der Atmosphäre auf einem Niveau, auf dem eine gefährliche anthropogene Störung des Klimasystems verhindert wird“, fassbar zu machen. Von der 2-Grad-Begrenzung können vergleichsweise konkrete globale Emissionsbudgets und globale Reduktionspfade für die Jahre 2020, 2050 und darüber hinaus abgeleitet werden. Damit ist der Rahmen gesetzt für eine spätere Diskussion über die Angemessenheit der Minderungsziele und -maßnahmen.
- In Cancún gelang es zudem, das Fundament einer zukünftigen gemeinsamen Klimaarchitektur zu legen. Ein Kernelement ist dabei die neu geschaffene Minderungsarchitektur mit gemeinsamen Regeln zur Messung, Berichterstattung und Überprüfung von Minderungsmaßnahmen und dem System der „Internationalen Beratung und Analyse“. Die nach Cancún nun offiziell im UN-Prozess anerkannten nationalen Minderungsziele und -maßnahmen werden in diese Architektur, deren Hauptzweck es ist, gegenseitig Transparenz über geplante und getroffene Maßnahmen zu schaffen, eingeordnet werden. Der in Cancún aufgesetzte Prozess zur Erklärung der hinter den Minderungszielen und -maßnahmen stehenden Annahmen wird darüber hinaus dazu beitragen, diese Selbstverpflichtungen der Staaten zu konkretisieren und ihnen eine höhere Verbindlichkeit zu verleihen.
- In Cancún wurde erstmals eine umfassende Architektur für die Unterstützung von Klimaschutzmaßnahmen in Entwicklungsländern aufgesetzt. Damit sind diese Themen endgültig im UN-Prozess verankert. Mit dem Anpassungsrahmenwerk und seinem Anpassungskomitee, dem „Green Climate Fund“, dem Technologiemechanismus und dem Mechanismus für Waldschutz wurden Institutionen ins Leben gerufen, mit denen die Unterstützung von Klimaschutzmaßnahmen zukünftig stärker koordiniert und gebündelt werden kann.

Gleichzeitig zeigten sich in Cancún jedoch die derzeitigen Grenzen des UN-Klimaprozesses: Das Auslösen eines globalen wirtschaftlichen Transformationsprozesses, wie ihn das Erreichen des 2-Grad-Ziels erfordern würde, scheint im UN-Kontext allein zurzeit nicht durchsetzbar.

- Die bisher auf den Tisch gelegten Minderungsziele und -maßnahmen reichen bei Weitem nicht aus, um die internationale Gemeinschaft auf einen Reduktionspfad zu setzen, der mit dem 2-Grad-Ziel vereinbar ist. Der in Cancún in einem ersten Schritt verfolgte Ansatz des „pledge and review" zur Festlegung von Minderungszielen und -maßnahmen, bei dem sich Staaten zu nationalen Maßnahmen verpflichten, die dann international gemeldet und überprüft, deren Höhe aber nicht international verhandelt wird, führte noch nicht zum erwünschten Ergebnis. Die Reduktionsziele der Industrieländer summieren sich auf eine Reduktion von 12-17% (die Zahlen könnten sich bei einer Einbeziehung der Landnutzungsaktivitäten noch verringern) gegenüber 1990 bis 2020 – wesentlich weniger als die vom IPCC mit dem 2-Grad-Ziel assoziierten 25-40%. Die Maßnahmen einiger Schwellenländer gehen zwar über die von IPCC-Wissenschaftlern für das 2-Grad-Ziel als notwendig erachteten 15-30% Abweichung von „business-as-usual" bis 2020 hinaus, aufgrund der Unklarheit der Annahmen ist jedoch fraglich, ob man die gleiche Messlatte zugrunde legt und damit die angestrebte Abweichung in der Summe tatsächlich erreicht wird. Wie groß die Lücke zwischen den vorgelegten Maßnahmen und dem Erreichen des 2-Grad-Ziels ist, hängt also von den jeweiligen Annahmen ab und ist unsicher. Sie wird in einer Studie im Auftrag von UNEP auf eine Größenordnung von ca. 5-12 Mrd. Tonnen CO_2-äquivalent pro Jahr bis 2020 geschätzt.
- Zudem ist das von der EU und anderen progressiven Staaten für das UN-Klimaregime vorgeschlagene Instrument – ein umfassendes neues Rechtsabkommen, das das Kyoto-Protokoll aufnimmt und ergänzt – international zurzeit nicht konsensfähig. Aufgrund der Unwilligkeit der zwei wichtigsten Player, der Volksrepublik China und der USA, sich einem rechtverbindlichen Instrument zu unterwerfen, scheint ein solches auch für die im Dezember 2011 in Durban stattfindende Klimakonferenz als sehr ambitioniertes und nicht unbedingt realistisches Ziel. Allerdings könnten dort wesentliche Grundlagen für ein später zu verabschiedendes, rechtlich verbindliches Abkommen geregelt werden. Die Spezifizierung der bisher eingereichten Verpflichtungen sowie eine Konkretisierung der Einigung auf den künftigen Anrechungs- und Überprüfungsrahmen für Industrie- und Schwellenländer wären hier zentrale Bausteine.

Doch diese derzeitigen Grenzen sind nicht in Stein gemeißelt: Wie die bewegte Geschichte des UN-Klimaprozesses zeigt, können innerhalb weniger Jahre durch veränderte Rahmenbedingungen die Grenzen des politisch Möglichen verschoben werden. Positiv ist daher, dass schon in Cancún eine Überprüfung der dort eingegangenen Verpflichtungen, d.h. der Reduktionsziele und -maßnahmen, der Architektur und der Rechtsform des neuen Klimaregimes, angelegt wurde. Dieser Prozess soll im Jahr 2015 abgeschlossen werden. Spätestens hier hat die internationale Gemeinschaft die Gelegenheit, die bisherigen Grenzen des Prozesses zu überwinden und seine Möglichkeiten besser zu nutzen. Dabei sollte angestrebt werden, eine der Stärken eines UN-Prozesses stärker auszunutzen: die internationalen Verhandlungen zum „Hochschaukeln" der nationalen Handlungsziele zu nutzen, sodass sich Länder gemeinsam zu wesentlich mehr verpflichten, als sie es unilateral bereit gewesen wären.

Warum aber sollten die Staaten 2013-15 bereit sein, sich zu mehr zu verpflichten als heute? Eine Reihe von dynamisierenden Elementen könnte diese Bereitschaft erzeugen:

- Die Umsetzung der in Cancún vereinbarten „Low Carbon Development Strategies", ergänzt um für spezifische Regionen maßgeschneiderte „green economy roadmaps", die beim Rio plus 20 Gipfel in Brasilien (2012) beschlossen werden sollen, könnten zusätzliche Dynamik und Vertrauen von Investoren in die Langfristigkeit der Umbaubemühungen erzeugen. Auch die Umsetzung der beschlossenen Pakete zum Regenwaldschutz sowie zur Anpassung können Vertrauen aufbauen und Dynamik erzeugen.
- Eine Konkretisierung, wie die bis 2020 zugesagten 100 Mrd. USD pro Jahr an öffentlichen und privaten Geldern für Klimaschutz und Anpassung in Entwicklungs- und Schwellenländern organisiert werden, könnte – gemeinsam mit den dadurch mitfinanzierten politischen Rahmensetzungen vor Ort – eine erhebliche Investitionsdynamik auslösen.
- Die Welt schaut insbesondere darauf, ob die EU und China sich über ihre Verpflichtungen von Kopenhagen bzw. Cancún hinausbewegen. Für die EU wird hier die Debatte, das Reduktionsziel zu erhöhen, eine wichtige Rolle spielen. In China sind im 2011 beschlossenen Fünfjahresplan zahlreiche Maßnahmen enthalten, die es als wahrscheinlich erscheinen lassen, dass die gesetzten Ziele tatsächlich erreicht werden. Im Bereich der Erneuerbaren Energien deutet sich an, dass die in Kopenhagen gesetzten Ziele deutlich überschritten werden. Einige Akteure bringen die Idee eines Entwicklungs-, Schwellen- und Industrieländer umfassenden „Low Carbon Clubs" ins Spiel, der beim Handeln als auch beim Verhandeln neue Dynamik entfaltet.
- Angesichts einer sich weiter zuspitzenden Gefährdungslage durch den internationalen Klimawandel ist damit zu rechnen, dass der nächste IPCC-Bericht (2014) den wissenschaftlichen Druck in Richtung Dringlichkeit des Handelns weiter erhöhen wird.

5 Klimainitiativen zur Unterstützung des UN-Prozesses

5.1 UN-Prozess gerettet – Klima noch nicht

Mit den „Cancún Agreements" wurde der Weiterbestand des UN-Klimaprozesses gesichert und der politische Rahmen für den internationalen Klimaschutz gesetzt. Um diesen Rahmen auszufüllen, bedarf es jedoch ergänzender Initiativen. Staaten werden erst dann bereit sein, sich zu weitergehenden Maßnahmen zu verpflichten, wenn sie überzeugt sind, dass dies nicht nur moralisch richtig, sondern auch machbar und ökonomisch vorteilhaft ist. Die Ebene des Verhandelns muss daher ergänzt werden durch das konkrete Handeln – national und international. Verhandeln, Handeln und Koalitionen sind der Dreiklang, den wir im Klimaschutz brauchen.

In den UN-Klimaverhandlungen selbst hat sich die informelle Diskussion außerhalb der offiziellen UN-Foren als hilfreich erwiesen. Dies gilt nicht nur für den oben beschriebenen „Cartagena Dialog", sondern auch für das von den USA initiierte „Major Economies Forum" und die Dialoge, die die größten Volkswirtschaften auf Ebene der Staats- und Regierungschefs zusammenführen: die Gruppe der Acht (G8) beziehungsweise 20 (G20).

Doch auch diese Foren sind von der Ebene des konkreten Handelns noch relativ weit entfernt. Sie müssen ergänzt werden durch Initiativen, die den Austausch von Praktiken befördern, das gegenseitige voneinander Lernen und die Zusammenarbeit in Projekten. Zu diesem Zweck wurden im Mai 2010 auf dem von Bundesumweltminister Dr. Röttgen und seinem mexikanischen Amtskollegen Juan Elvira Quesada initiierten „Petersberger Klimadialog" zwei thematische Partnerschaften lanciert, zur Minderung und zur Anpassung an den Klimawandel. Auf internationaler Ebene hat sich zudem die Zusammenarbeit und der Erfahrungsaustausch anhand technologiespezifischer Initiativen bewährt – ein prominentes Beispiel hierfür ist die Internationale Energieagentur. Aus diesem Gedanken heraus wurde 2009 die Internationale Agentur für Erneuerbare Energien (IRENA) gegründet. Ziel von IRENA ist es, die nachhaltige Nutzung Erneuerbarer Energien weltweit zu beschleunigen und damit die Lücke zwischen dem großen Potenzial und dem relativ geringen Marktanteil Erneuerbarer Energien so schnell wie möglich zu schließen.

Diese konkreten internationalen Initiativen können nur fruchten, wenn sie auf fruchtbaren Boden fallen: Die tatsächliche Umsetzung von Klimapolitik erfolgt weiterhin größtenteils auf nationaler Ebene. Um aufzuzeigen, dass der Übergang zu einer „Low Carbon Economy" funktionieren kann, braucht es daher neben den internationalen Initiativen ehrgeizige Pionierstaaten, die national eine effektive Klimapolitik umsetzen und in Vorreiterkoalitionen zusammenarbeiten.

5.2 Informelle politische Dialoge

Schon zur Vorbereitung von Kopenhagen, noch intensiver vor Cancún haben sich die informellen Verhandlungsgremien bewährt, in denen außerhalb der teilweise starren UN-Abläufe Ideen getestet und Kompromisse vorbereitet werden konnten. So lud die mexikanische Präsidentschaft in regelmäßigen Abständen wechselnde Verhandler zu thematischen Workshops ein, die US-Regierung führte ihr „Major Economies Forum", in dem die 16 größten Volkswirtschaften zusammenkommen, weiter. Viele der Regelungen, die zu technisch für die Staats- und Regierungschefs in Kopenhagen, aber zu politisch für die auf den UN-Klimarunden vertretenen Verhandler waren, wurden auf solchen Sitzungen vorbereitet. Dies gilt zum Beispiel für den Kompromiss zum Thema Messung, Berichterstattung und Überprüfung von Minderungsverpflichtungen, der auf einen Vorschlag des indischen Umweltministers Ramesh bei einem solchen Treffen zurückgeht. Auch in Zukunft bieten solche Dialoge die Chance, den Boden zu bereiten für Entscheidungen im UN-Prozess.

Eine Gelegenheit zur Kompromissentwicklung bei politisch noch weiter reichenden Fragen bieten die Foren der Staats- und Regierungschefs wie die G8 und G20. Dies zeigt das Beispiel des G8-Gipfels der Staats- und Regierungschefs in Heiligendamm im Sommer 2007. Dieser hat entscheidend beigetragen zur Vorbereitung der UN-Klimakonferenz auf Bali, da dort die Grundlage für ein Langfristziel gelegt und der Staatengemeinschaft ein Fahrplan zur Erreichung dieses Ziels vorgeschlagen wurde. Das gegenüber den G8 immer wichtiger werdende Forum der G20 hat im Jahr 2010 begonnen, sich mit klimapolitischen Fragen auseinanderzusetzen. Hier gibt es noch viel Potenzial für eine weitergehende Zusammenarbeit, insbesondere in den für die G20 klassischen Fragestellungen mit Bezug zur internationalen Finanzierung.

Gleichzeitig können solche Dialoge den UN-Prozess nicht ersetzen. Die Initiativen sind dann hilfreich, wenn sie einen Beitrag leisten, um das gemeinsame Ziel zu erreichen und sich in den Verhandlungsprozess der Vereinten Nationen einfügen. Nur dieser Prozess schafft die Legitimation für weltweites Handeln.

5.3 Initiativen zur konkreten Zusammenarbeit

5.3.1 Die Partnerschaften des „Petersberger Klimadialogs"

Die im Mai 2010 ins Leben gerufenen Initiativen des „Petersberger Klimadialogs" fördern den regelmäßigen Austausch über „best practices" und „lessons learned" bei der Formulierung und Umsetzung nationaler Klimaschutz- und Anpassungsmaßnahmen. Im Bereich Minderung wurde von Deutschland, Südafrika und Südkorea ein Erfahrungsaustausch zum Aufbau von Systemen zur Messung, Berichterstattung und Überprüfung (MRV) von Emissionen und zur Entwicklung von „Low Carbon Development Strategies" (LCDS) initiiert. Die Diskussionen in der Initiative führten bereits 2011 dazu, die Vorteile und Chancen der Erstellung von LCDS und MRV-Systemen stärker in den Vordergrund zu rücken und Vorurteile abzubauen. Die Initiative bietet zudem eine Plattform für das „Matching" zwischen Entwicklungsländern, die für ihre Aktivitäten im Bereich LCDS und MRV Unterstützung benötigen, und unterstützungswilligen Industrieländern sowie für die Koordination von Geberstaaten in diesen Bereichen.

5.3.2 Internationale Technologieinitiativen, Beispiel IRENA

Die 2009 ins Leben gerufene Internationale Agentur für Erneuerbare Energien, IRENA, ist die erste internationale Organisation, die sich ausschließlich auf Erneuerbare Energien konzentriert. Schwerpunkt der Arbeit ist die Beratung ihrer Mitgliedsstaaten, die richtigen Rahmenbedingungen zu schaffen, Kompetenzen aufzubauen sowie Finanzierung und Technologie- und Wissenstransfer für Erneuerbare Energien zu verbessern. Beim Kompetenzaufbau soll IRENA als Moderator und Katalysator wirken und Hilfestellungen für nationale Regierungen sowie die Privatwirtschaft leisten. Der Kapazitätsaufbau wird im Empfängerland möglichst gemeinsam mit lokal ansässigen Institutionen erfolgen. Dass die Agentur einen wichtigen Beitrag zur Klima- und Entwicklungspolitik sowie zur Außen- und Sicherheitspolitik leisten kann, zeigt auch das erhebliche Interesse an Mitgliedschaft: Die Zahl der Mitglieder von IRENA hat sich seit ihrer Gründung im Januar 2009 in nur zwei Jahren auf fast 150 Staaten verdoppelt.

5.4 Pionierstaaten und Koalitionen von Vorreitern

Nichts ist überzeugender im Werben für eine Umstrukturierung zu einer Niedrigemissionswirtschaft als Vorbilder, die diesen Übergang gemeistert und dabei gesamtwirtschaftlich profitiert haben. Die Europäische Union nimmt für sich in Anspruch, in Bezug auf Klimaschutz und sichere Energieversorgung eine solche globale Vorreiter- und Führungsrolle einzunehmen. Mittelfristig soll dies zum Markenzeichen Europas werden: Die Rolle des mengenmäßig größten Exporteurs mag zunehmend an die Schwellenländer in Asien übergehen, die militärische Vormachtstellung liegt längst bei den USA, doch Europa soll der energieeffizienteste Wirtschaftsraum der Welt werden – ein Schritt, mit dem die EU drei Ziele erreichen will: Sie will sich weltweit eine Rolle als auf Interessenausgleich bedachte „soft power" sichern, zugleich ihre derzeit immer noch wachsende Rohstoffabhängigkeit verringern sowie sich eine wichtige Stellung auf dem zukunftsträchtigen Wachstumsmarkt der Umwelttechnologien sichern.

Mit dem Beschluss ihrer Klimaschutzziele im Jahr 2007 (minus 20 beziehungsweise minus 30% Reduktion bis 2020 gegenüber 1990) hat die EU einen wichtigen Schritt getan, um die gegenseitige Blockade auf internationaler Ebene aufzuheben, was dazu führte, dass bis Kopenhagen alle wichtigen Emittenten eigene Klimaschutzziele vorlegten. Umgesetzt werden sollen die EU-Ziele durch eine rasante Steigerung der Energieeffizienz und durch den Ausbau der Erneuerbaren Energien: Eine Steigerung der Energieeffizienz bis 2020 um 20% und eine Erhöhung des Anteils Erneuerbarer Energien an der Energieversorgung bis 2020 auf 20% sind anvisiert. Im Frühjahr 2011 diskutierte die Europäische Union über die langfristige Ausrichtung ihrer Klimapolitik. Dabei galt es, insbesondere das vom Europäischen Rat im Oktober 2009 gesetzte Ziel, bis 2050 die CO_2 Emissionen der EU um 80 bis 95% zu reduzieren, durch Zwischenziele und konkrete Maßnahmen in der Energie-, Verkehrs- und Infrastrukturpolitik zu hinterlegen.

Deutschland kommt bei dieser Transformation als wirtschaftlich stärkstem und traditionell CO_2-intensiv wirtschaftendem Mitgliedsstaat eine besondere Rolle zu: Deutschland will Schrittmacher und Innovationstreiber sein und verspricht sich davon Vorteile im internationalen Wettbewerb. Viele Akteure weltweit schauen darauf, ob der Umbauprozess zu einem neuen Wohlstandsmodell in diesem Industrie- und traditionellen Kohleland gelingen kann.

Seit dem Integrierten Energie- und Klimaschutzprogramm aus dem Jahr 2007 verfügt die Bundesregierung über ein umfassendes Klimaschutzkonzept bis zum Jahr 2020. Mit den im Energiekonzept 2010 festgelegten ehrgeizigen Klimaschutzzielen wird dem Konzept ein langfristiger Rahmen gegeben: Bis 2020 sollen die Treibhausgasemissionen um 40%, mit Zwischenschritten bis 2050 um 80-95%, jeweils gegenüber 1990, reduziert werden – ohne Konditionalitäten. Dies sind politische Signale, die so langfristig, eindeutig und rechtsverbindlich sind, wie sie von Investoren gefordert werden.

Damit ist Deutschland auf dem Weg, im Klimaschutz ein Pionierstaat zu werden, der den Übergang von einer kohlenstoffintensiven Wirtschaft zu einer „Low Carbon Economy" meistert und davon gesamtwirtschaftlich erheblich profitiert. Die Umwelttechnologien haben sich zu einem echten Beschäftigungsmotor entwickelt, der immer schneller läuft. Bis zum Beginn der weltweiten Finanz- und Wirtschaftskrise stieg die Zahl der Arbeitsplätze in der Umweltbranche jährlich im zweistelligen Prozentbereich. Wenn die Maßnahmen des Energiekonzepts effizient umgesetzt werden, werden sie im Jahr 2020 bis zu 500.000 zusätzliche Jobs schaffen. Gleichzeitig wird die Bundesrepublik über 20 Mrd. EUR weniger für Energieimporte ausgeben müssen. Deutschland ist aus der Finanzkrise wirtschaftlich gestärkt herausgekommen. Dies beruht auch auf seiner Stärke beim Export moderner Energie- und Umwelttechnologien. In der Krise konnten sich die grünen Leitmärkte besser behaupten als andere Branchen.

Der Weltmarkt für Umweltschutzgüter wird in den nächsten Jahren noch an Dynamik zulegen. Nach Schätzung der Unternehmensberatung Roland Berger könnte sich das Weltmarktvolumen für Umwelttechnologien schon bis 2020 mehr als verdoppeln, auf 3.100 Mrd. EUR. Deutschland kann davon erheblich profitieren: Allein hier kann der Umsatz von Umwelttechnologien von 150 Mrd. EUR im Jahr 2005 auf 1.000 Mrd. EUR im Jahr 2030 anwachsen und damit die traditionellen Industriezweige wie Fahrzeugbau und Maschinenbau deutlich überholen. Es gibt eine Reihe von Branchen, die von dieser Entwicklung profitieren.

Die Entwicklungen in Deutschland und anderen Pionierländern im Klimaschutz werden im Ausland aufmerksam verfolgt, und immer mehr Länder, auch Schwellen- und Entwicklungsländer, erkennen im Klimaschutz eine intelligente Wachstumsstrategie und sind bereit, dafür ehrgeizige Klimaschutzmaßnahmen zu ergreifen. Sie beginnen, ihre Wirtschaft auf einen Strukturwandel einzustellen – darunter auch Länder, die im UN-Prozess bisher nicht zu den Vorreitern zählen. So hat zum Beispiel China in seinem im März 2011 verabschiedeten neuen Fünfjahresplan einige wichtige Festlegungen auf dem Weg in eine kohlenstoffärmere Wirtschaft getroffen und mit konkreten Maßnahmen hinterlegt. Insgesamt soll die Energieintensität um 40-45% pro Einheit Bruttoinlandsprodukt bis zum Jahr 2020 gegenüber dem Jahr 2005 verringert werden. Fortschrittliche Länder wie Südkorea, Südafrika und Mexiko entwickeln gesamtwirtschaftliche, langfristige „Low Carbon Development Strategies“ und sind damit vielen Industrieländern voraus.

Diese Entwicklung hat für Deutschlands Stellung als Pionierland im Klimaschutz Vor- und Nachteile. Einerseits wachsen die potenziellen Absatzmärkte schnell, andererseits treten neue Konkurrenten auf den Plan: Rund 35% aller hiesigen Unternehmen in der Umweltbranche produzieren heute überwiegend für das Ausland, diese Unternehmen wachsen schneller und sind profitabler als ihre rein inländisch orientierten Konkurrenten. Viele deutsche Hersteller machen inzwischen mehr als die Hälfte ihres Umsatzes im Ausland. Bei der Windenergie lag die Exportquote sogar bei über 80%. Doch in Zukunft werden diese Branchen zunehmend starkem Wettbewerb ausgesetzt sein, Deutschland seine Stellung als „Exportweltmeister für Umwelttechnologie“ aktiv verteidigen müssen. Vor allem China entwickelt sich als großer Konkurrent auf dem Gebiet der Erneuerbaren Energien, wo die Volksrepublik die selbst gesetzten Ausbauziele schon mehrmals übertroffen hat: So ist zum Beispiel das Ausbauziel für Solarenergie für das Jahr 2020 inzwischen fünfmal nach oben korrigiert worden. Im Bereich Windenergie macht sich China zunehmend unabhängig von europäischer Technik. Gleiches gilt für Indien, dessen Regierung im Rahmen der „National Solar Mission“ beschlossen hat, das Land zu einer globalen Führungsrolle im Bereich der Solarenergie zu führen. Der Vorsprung eines Pionierlandes kann nur dann aufrechterhalten werden, wenn es sich seine Innovationsfähigkeit erhält. Aus deutscher Sicht stimmt daher optimistisch, dass sich deutsche Unternehmen weltweit 23% aller neu erteilten Patente im Umwelt- und Energiesektor sichern konnten, bei Windkraft und Solarthermie sogar mehr als 30%.

6 Fazit

Die langfristigen, eindeutigen und rechtsverbindlichen Signale, auf die Investoren warten, um in Klimaschutztechnologien zu investieren, werden in den kommenden Jahren nur schrittweise und von verschiedenen Ebenen kommen.

Der UN-Klimaprozess ist ein wichtiger Motor, kann die erforderlichen Impulse aber allein nicht geben. Kopenhagen und Cancún haben mit der Verabschiedung des 2-Grad-Ziels eine Messlatte gesetzt. Die in Cancún beschlossene Erarbeitung nationaler Klimaschutzpläne („Low Carbon Development Strategies“) wird die dafür einzuschlagenden Pfade konkretisieren. Der UN-Prozess wird in den nächsten Jahren Schritt für Schritt die bestehende internationale Klimaschutzarchitektur ausbauen, z.B. durch die Schaffung von Standards und Leitlinien für die Messung, Berichterstattung und Überprüfung von Emissionen und Reduktionsbeiträgen. Er wird Klimafinanzmittel mobilisieren und international anerkannte Kooperationsinstrumente bereitstellen, z.B. die Mechanismen des Kohlenstoffmarktes oder einen Mechanismus für den Waldschutz in Entwicklungsländern. Die Erarbeitung dieser Kernelemente und Instrumente ist Voraussetzung dafür, ein internationales Klimaschutzabkommen zu verabschieden. Dieses Ziel sollte nicht aus den Augen verloren werden, denn nur ein klarer Rechtsrahmen kann dauerhaft Chancengleichheit und Fairness auf dem Weg zu einer klimaverträglichen Welt gewährleisten.

Damit sich der internationale Klimaschutz bis dahin nicht auf einen relativ kleinen Nenner erschöpft, ist es essenziell, bi- und plurilaterale Vorreiterkoalitionen aufzubauen. Der Zusammenarbeit zwischen der EU und China kommt hierbei ebenso eine Schlüsselrolle zu. Im UN-Prozess und darüber hinaus müssen Institutionen geschaffen und gestärkt werden, die Länder bei der Formulierung und Umsetzung von Klimaschutz und Anpassungsmaßnahmen unterstützen, den Austausch und ein Voneinander-Lernen erleichtern. Gleichzeitig braucht es eine Gruppe von Ländern und Akteuren, die offensiv für ambitionierten Klimaschutz eintritt und beispielgebend deutlich macht, dass die Transformation zu einer Niedrig-Emissions-Gesellschaft möglich und lohnenswert ist. Die Kombination dieser drei Elemente – Handeln, Verhandeln und Kooperieren – wird den Klimaschutz zum Erfolg führen.

Politik zur Förderung der Erneuerbaren Energien in Deutschland

Berthold Goeke

1 Einleitung

Die Erneuerbaren Energien haben in Deutschland in den vergangenen zwei Jahrzehnten eine überaus bemerkenswerte Entwicklung genommen. Zwischen 1990 und 2010 hat sich ihr Anteil an der Energiebereitstellung von 2% auf 11% des Endenergieverbrauchs mehr als verfünffacht. Waren es ursprünglich vornehmlich die Wasserkraft im Strombereich und die eher traditionelle Holznutzung im Wärmebereich, so finden sich heute in allen Anwendungsbereichen hoch entwickelte Technologien. Im Strombereich haben Windkraft-, Biomasse-, und Photovoltaik-Anlagen deutlich zugelegt. Hinzu kommen die Potenziale der Geothermie. Im Wärmebereich ergänzen moderne Pelletheizungen, effiziente Biomasse-Heizwerke, Biomasse-(Block-)Heizkraftwerke, geothermische Heizwerke und solarthermische Anlagen zunehmend die traditionellen Nutzungen. Biokraftstoffe leisten einen Beitrag zur Reduktion der Treibhausgasemissionen im Transportsektor.

Abbildung 1: Entwicklung der Anteile der Erneuerbaren Energien am Strom- und Energiemix seit 1991

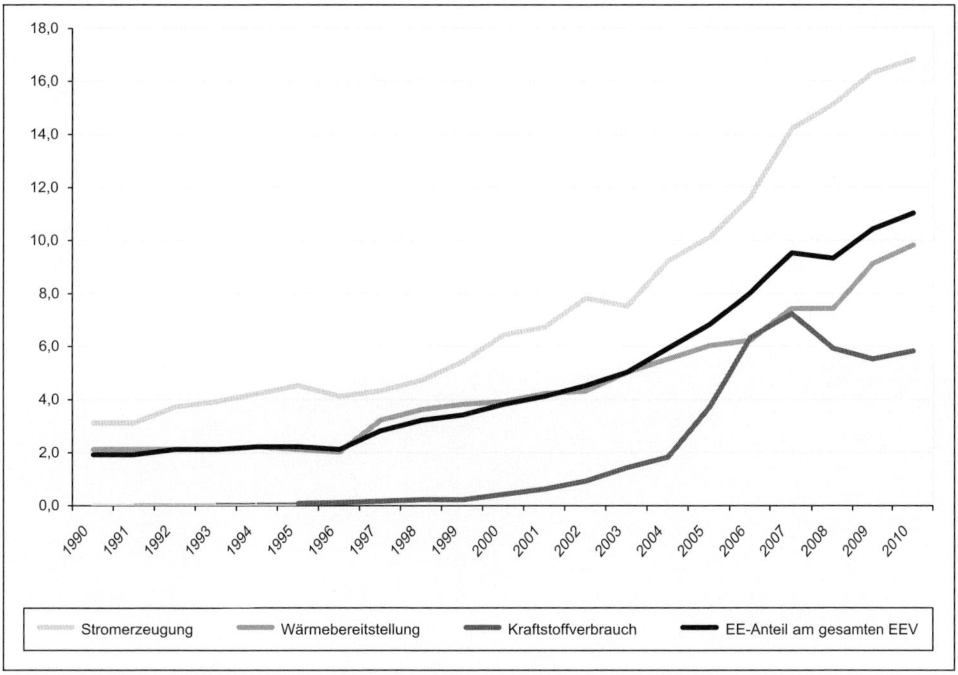

Quelle: BMU 2011 a

Vor allem der kontinuierliche Ausbau der Erneuerbaren Energien im Strombereich hat zu dieser positiven Entwicklung beigetragen. Im Jahr des Inkrafttretens des Stromeinspeisungsgesetzes (StromEinspG) 1991 lag der Anteil der Erneuerbaren Energien an der Stromversorgung bei rund 3%. Bis zum Jahr 2000 stieg dieser Anteil insbesondere aufgrund des ausgelösten Wachstums der Windenergie auf 6,4% an. Seit dem Jahr 2000 konnte der Anteil an der Stromerzeugung nahezu verdreifacht werden und lag im Jahr 2010 bei fast 17%.

Abbildung 2: Beitrag der Erneuerbaren Energien zur Stromerzeugung in Deutschland

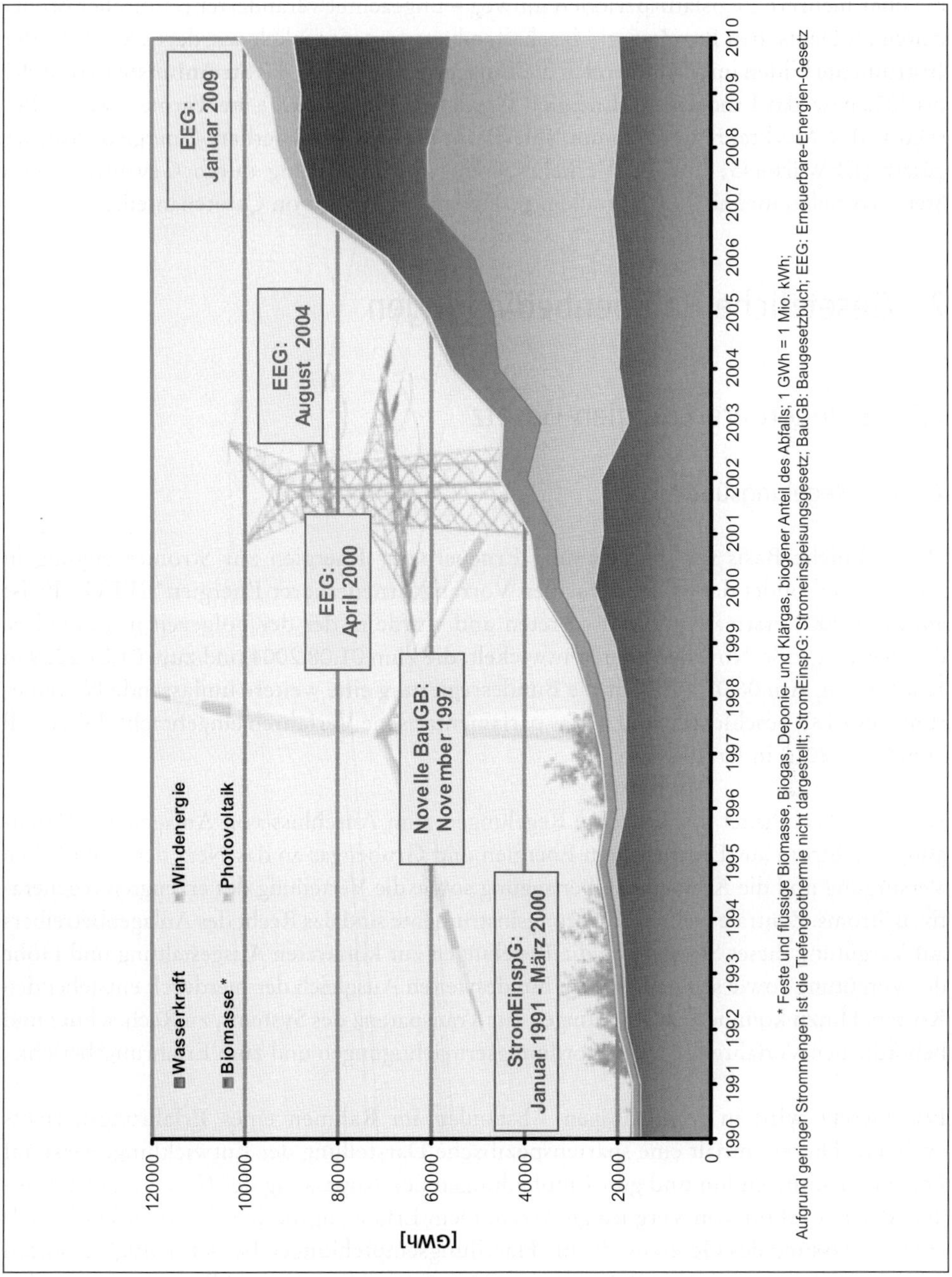

Quelle: BMU nach der Arbeitsgruppe Erneuerbare Energien-Statistik (AGEE-Stat); Bild: BMU/Christoph Edelhoff; Stand: März 2011; Angaben vorläufig

Diese Entwicklung wurde getragen von verlässlichen politischen Rahmenbedingungen, die über mehrere Legislaturperioden hinweg – ungeachtet veränderter politischer Mehrheiten im Deutschen Bundestag – geschaffen bzw. fortentwickelt wurden. Den Kern der Instrumente bilden im Strombereich die Einspeisetarife (über das StromEinspG von 1991 bis 2000 bzw. das Erneuerbare-Energien-Gesetz [EEG] seit 2000), im Wärme- bzw. Kältesektor das Marktanreizprogramm (MAP) sowie das Erneuerbare-Energien-Wärmegesetz (EEWärmeG) und im Verkehrsbereich die Förderung durch Gewährung von Steuervorteilen und ab 2007 vor allem gesetzliche Vorgabe von Quotenanteilen.

2 Gesetzliche Rahmenbedingungen

2.1 Erneuerbare-Energien-Gesetz

2.1.1 Regelungsübersicht

Die rechtliche Basis für die Nutzung Erneuerbarer Energien zur Stromerzeugung in Deutschland bildet das „Gesetz für den Vorrang Erneuerbarer Energien" (EEG). Es ist am 01.04.2000 erstmals in Kraft getreten und wurde in der der Folgezeit insbesondere durch zwei große Novellen weiterentwickelt, die zum 01.08.2004 und zum 01.01.2009 in Kraft traten. Am 06.07.2011 hat die Bundesregierung eine weitere umfassende Novellierung des EEG beschlossen und in das parlamentarische Verfahren eingebracht. Diese soll zum 01.01.2012 in Kraft treten.

Das EEG beeinhaltet insbesondere Regelungen zum Anschluss von Anlagen zur Erzeugung von Strom aus Erneuerbaren Energien und Grubengas an das Netz der öffentlichen Versorgung und die Abnahme, Übertragung sowie die Verteilung des erzeugten regenerativen Stroms. Zentrale weitere Steuerungsinstrumente sind das Recht des Anlagenbetreibers auf Vergütung dieses Stroms und die Regelungen zur konkreten Ausgestaltung und Höhe der Vergütung sowie schließlich zum bundesweiten Ausgleich der hierdurch entstehenden Kosten. Hinzu kommen Bestimmungen zur Transparenz des Systems, zu Rechtschutz und behördlichen Verfahren sowie Verordnungsermächtigungen und zum Erfahrungsbericht.

Das Gesetz wird in regelmäßigen Abständen im Rahmen eines Erfahrungsberichts evaluiert. Dieser enthält eine spartenspezifische Darstellung der Entwicklung, weist auf Fehlentwicklungen hin und gibt Empfehlungen zur Anpassung des Gesetzes, insbesondere der Korrektur von Vergütungssätzen. Dem Erfahrungsbericht folgte bisher jeweils eine Neufassung des Gesetzes, die die Handlungsempfehlungen berücksichtigt. Insofern erfolgen Zielanpassungen in Rahmen von Gesetzesneufassungen auf Basis der regelmäßig erstellten EEG-Erfahrungsberichte.

2.1.2 Zielvorgaben

Das EEG enthält in § 1 Abs. 2 der geltenden Fassung die Zielvorgabe, dass der Anteil Erneuerbarer Energien an der Stromversorgung bis zum Jahr 2020 auf mindestens 30% und danach kontinuierlich weiter zu erhöhen ist. Dabei hat der Gesetzgeber sich auf diese quatitative Größe beschränkt. Das Ziel ist weder technologie- noch jahresspezifisch differenziert. Die Bundesregierung schafft die für die Zielerreichung notwendigen Rahmenbedingungen und ergreift entsprechende Maßnahmen.

2.1.3 Einspeisevorrang

Zentrales Steuerungsinstrument des EEG ist der sogenannte Einspeisevorrang. Danach sind die Netzbetreiber verpflichtet, den gesamten Strom aus Erneuerbaren Energien und aus Grubengas unverzüglich vorrangig abzunehmen. Betreiber von Erneuerbare-Energien-Anlagen haben daher das Recht, vorrangig vor fossilen Kraftwerken das Stromnetz zu nutzen, und Netzbetreiber dürfen die Abnahme des regenerativ erzeugten Stroms nur in eng umgrenzten und transparent ausgestalteten Ausnahmefällen, insbesondere zur Aufrechterhaltung der Netzstabilität bei Netzengpässen, verweigern (sogenanntes Einspeisemanagement). Dieser Vorrang gegenüber Strom aus konventioneller Erzeugung hat ganz entscheidend zum Erfolg der Erneuerbaren Energien beigetragen, denn er bietet für Investoren und Kreditgeber ein hohes Maß an Sicherheit.

2.1.4 Vergütung

Ein Höchstmaß an Investitionssicherheit bieten auch die Regelungen zur Einspeisevergütung. In der jeweils geltenden Fassung des Erneuerbare-Energien-Gesetz sind spartenspezifische Tarife für in das Netz der öffentlichen Versorgung eingespeisten Strom aus Biomasse, Geothermie, Windenergie, solare Strahlungsenergie, Wasserkraft sowie Deponie-, Klär- und Grubengas festgeschrieben. Die Höhe der Vergütung folgt dem Prinzip der kostendeckenden Vergütung und ist an den spezifischen Stromgestehungskosten der Einzelsparten orientiert.

Die Einspeisevergütung wird in unveränderter Höhe über einen Zeitraum von 20 Jahren (15 Jahre für große Wasserkraftanlagen) plus Inbetriebnahmejahr gewährt. Eine Obergrenze für das Gesamtvolumen der jährlichen Stromproduktion oder der installierten Kapazität, für das der Tarif in Anspruch genommen werden kann, gibt es nicht. Die Vergütungssätze in vielen Sparten unterliegen einer Degression, die aber nur für die Neuanlagen wirksam wird, die jeweils nach Inkrafttreten einer neuen Degressionsstufe (meistens zum Jahreswechsel) in Betrieb genommen werden. Im Bereich der solaren Strahlungsenergie hat der Gesetzgeber im Jahre 2010 vor dem Hintergrund signifikanter Ausbauzahlen einen Zielkorridor von 3.500 Megawatt (MW) pro Jahr definiert. Ein

Überschreiten dieser Zielgröße führt im Interesse einer verstärkten Kosteneffizienz zu einer entsprechenden Erhöhung der Degression (und ein Unterschreiten zu einer entsprechenden Absenkung der Degression).

Die Einspeisevergütung erhält der Anlagenbetreiber vom Netzbetreiber, in dessen Stromnetz er einspeist. Über einen bundesweiten Wälzungsmechanismus werden die Vergütungszahlungen gleichmäßig auf alle Netzbetreiber verteilt und von diesen wiederum an die Stromkunden weitergegeben. Besonders stromintensive Unternehmen sind hiervon weitgehend ausgenommen.

Besonderheiten gibt es im Bereich der Biomasse. So knüpft die Biomassestrom-Nachhaltigkeitsverordnung (BioSt-NachV) in Umsetzung EU-rechtlicher Vorgaben seit dem 01.01.2011 die Vergütung für Strom aus flüssiger Biomasse an die Erfüllung bestimmter Nachhaltigkeitsanforderungen. Auf diese Weise soll vermieden werden, dass die Erzeugung von nachwachsenden Rohstoffen und die Erschließung neuer Anbauflächen zum Verlust wertvoller Ökosysteme führen. Flüssige Biomasse muss nunmehr ein Treibhausgas-Minderungspotenzial von mindestens 35% gegenüber fossilen Energieträgern aufweisen, zudem darf die eingesetzte Biomasse nicht von bestimmten schützenswerten Flächen wie etwa Regenwäldern, Feuchtgebieten oder Torfmooren stammen. Zur Nachweisführung wurde ein Zertifizierungssystem aufgebaut, welches durch die zuständige Bundesanstalt für Landwirtschaft und Ernährung anerkannt und überwacht wird.

2.1.5 Vollzug des EEG

Für die Gewährung der Einspeisevergütung gemäß EEG gibt es keine Vollzugsstelle im eigentlichen Sinne. Das Gesetz stellt vielmehr ein Regelwerk für Geschäftsbeziehungen auf privatwirtschaftlicher Ebene dar. Netzanschluss und Vergütungszahlung werden über die Netzbetreiber abgewickelt, ebenso wie der bundesweite Ausgleich der Vergütungszahlungen und Strommengen.

Nach der auf der Grundlage des EEG erlassenen Ausgleichsmechanismusverordnung (AusglMechV) müssen die Übertragungsnetzbetreiber den Strom, den sie von den EEG-Anlagenbetreibern abgenommen haben, bestmöglich am Spotmarkt der European Energy Exchange (EEX) verkaufen. Die hierbei erzielten Einnahmen verrechnen sie gegen die Vergütungen, die sie an die Anlagenbetreiber zahlen. Die hierbei verbleibende Differenz wird bundesweit auf die Stromverbraucher umgelegt. Durch diese Neuregelung, die zum 01.01.2010 wirksam wurde, wurde das EEG-Gesamtsystem deutlich effizienter für Netzbetreiber und Vertriebe und damit auch volkswirtschaftlich günstiger. Zuvor wurde der nach dem EEG vergütete Strom physisch an die Energievertriebsunternehmen weitergegeben und von diesen dann an die Verbraucher weitergeleitet. Seit dem 01.01.2010 entfällt die physische Weitergabe der EEG-Strommengen an die Vertriebsunternehmen, stattdessen erfolgt ein rein finanzieller Ausgleich.

2.2 Erneuerbare-Energien-Wärmegesetz

Auch für den Wärmebereich hat die Bundesregierung mit dem Erneuerbare-Energien-Wärmegesetz (EEWärmeG) die Weichen für einen weiteren Ausbau der Erneuerbaren Energien gestellt. Das Gesetz ist zum 01.01.2009 in Kraft getreten. Es schreibt vor, dass Eigentümer neuer Gebäude einen Teil ihres Wärmebedarfs aus Erneuerbaren Energien decken müssen. Um diese Nutzungspflicht zu erfüllen, können die unterschiedlichsten Energiequellen wie Bioenergie, Solarthermie, Geothermie oder Umweltwärme zum Einsatz kommen. Ersatzweise können Maßnahmen ergriffen werden, die ähnlich klimaschonend wirken. Dazu zählen Kraft-Wärme-Kopplung, also die Erzeugung von Strom bei gleichzeitiger Wärmenutzung, Dämmmaßnahmen, die Nutzung von Wärme aus Nah- oder Fernwärmenetzen sowie die Nutzung von Abwärme. Bei der Ausgestaltung des Gesetzes wurde darauf geachtet, dass es jedem Gebäudeeigentümer möglich ist, eine individuelle, maßgeschneiderte und kostengünstige Lösung zu finden. Analog zum EEG wird die Bundesregierung einen Erfahrungsbericht zum Wärmegesetz vorlegen. Auf dieser Grundlage soll eine Novelle des EEWärmeG zum 01.01.2013 in Kraft treten.

Mit einer Änderung des EEWärmeG, die im Mai 2011 in Kraft getreten ist, wird die Pflicht zur Nutzung Erneuerbarer Energien auch auf bestehende öffentliche Gebäude erstreckt, wenn diese grundlegend renoviert werden. Hierdurch wird sichergestellt, dass die öffentliche Hand eine Vorbildfunktion für die Nutzung Erneuerbarer Energien zur Wärme- und Kälteversorgung übernimmt und damit einen Multiplikatoreffekt auslöst, sodass auch verstärkt in bestehenden Privathaushalten „Erneuerbare Wärme“ eingesetzt wird. Diese Vorbildfunktion ist von der EU vorgegeben worden.

2.3 Regelungen zu Biokraftstoffen

Im Verkehrssektor wird nachhaltigen Biokraftstoffen insbesondere über die Quotenregelung im Bundes-Immissionsschutzgesetz (BImSchG) ein bestimmter Marktanteil garantiert; zudem werden steuerliche Vorteile über das Energiesteuergesetz (EnergieStG) gewährleistet. Eine wichtige Rolle spielt auch im Verkehrssektor die Einhaltung der Nachhaltigkeitskriterien für Biokraftstoffe. Parallel zur Regelung im Bereich der Stromerzeugung aus Biomasse sind diese Anforderungen auf der Basis entsprechender EU-rechtlicher Vorgaben durch die Biokraftstoff-Nachhaltigkeitsverordnung (Biokraft-NachV) umgesetzt worden.

2.4 Energieleitungsausbaugesetz (EnLAG)

Das im Jahre 2009 verabschiedete Energieleitungsausbaugesetz (EnLAG) unterstützt ebenfalls den weiteren Ausbau der Erneuerbaren Energien. Mit der Strommarktliberalisierung, der Entflechtung von Erzeugung und Netzbetrieb sowie den veränderten Erzeugungsstrukturen ist im Bereich der Stromversorgung ein grundlegender Wandel eingetreten. Der weitere Ausbau der Erneuerbaren Energien, die Planungen konventioneller Kraftwerke an den deutschen Küsten und der wachsende Stromhandel machen die Erweiterung der Netzkapazitäten auf allen Netzebenen erforderlich. Mit diesem Gesetz werden die Planungs- und Genehmigungsverfahren für 24 vordringliche Leitungsbauvorhaben im Höchstspannungs-Übertragungsnetz (380 Kilovolt, kV) beschleunigt. Dabei wird auch im Rahmen von vier Pilotprojekten die Erdverkabelung von 380kV-Leitungen getestet. Auf 110kV-Ebene werden Erdkabel nach Wirtschaftlichkeitskriterien gestattet. Ferner enthält das Gesetz Regelungen zur Verstärkung und Optimierung bestehender Leitungen sowie zum Einsatz neuer Technologien wie der Hochspannungs-Gleichstromübertragung (HGÜ).

3 Finanzielle Förderung

3.1 Strombereich

Wesentliches Element der finanziellen Unterstützung sind die Einspeisevergütungen des EEG. Allein im Jahr 2010 dürften sie nach Angaben der Übertragungsnetzbereiber gut 12 Mrd. EUR betragen haben.

Darüber hinaus gibt es die Möglichkeit der zinsverbilligten Darlehen über KfW-Förderprogramme, insbesondere des Förderprogramms „Erneuerbare Energien“ Programmteil „Standard“. Das Programm richtet sich an Privatpersonen und gemeinnützige Organisationen, die den erzeugten Strom einspeisen, sowie an in- und ausländische Unternehmen (die sich mehrheitlich in Privatbesitz befinden), Unternehmen, an denen Kommunen, Kirchen oder karitative Organisationen beteiligt sind, freiberuflich Tätige und Landwirte. Die zinsverbilligten Darlehen können für Investitionen in Anlagen zur Stromerzeugung gemäß dem EEG, KWK-Anlagen sowie für Kleinanlagen zur Wärmeerzeugung (außerhalb der Förderung des Programmteils „Premium“) genutzt werden. Im Bereich der Stromerzeugung aus Erneuerbaren Energien sind dies im Einzelnen Strom aus Sonnenenergie (Photovoltaik), fester Biomasse bis 5 MW Feuerungswärmeleistung, Biogas, Windkraft, Wasserkraft, Geothermie und einer oder mehreren Arten der Erneuerbaren Energien mit Energiespeichern oder Lastmanagement (Verbundvorhaben). Gefördert wird die Errichtung, der Erwerb oder die Erweiterung solcher Anlagen. Nicht gefördert wird der Erwerb gebrauchter Anlagen.

3.2 Wärmeerzeugung

Die Bundesregierung hat bereits im Jahr 1999 mit dem Marktanreizprogramm (MAP) ein Förderinstrument für Erneuerbare Energien im Wärmemarkt eingeführt und dieses kontinuierlich fortgeführt. Das MAP ist als Bestandteil des neuen EEWärmeG gesetzlich abgesichert und mindestens bis zum Jahr 2012 dort verankert. Es unterstützt insbesondere die Eigentümer bestehender Gebäude beim Einstieg in die Nutzung von Wärme aus Erneuerbaren Energien. Es stellt weiterhin das wichtigste Instrument zur Steigerung des Einsatzes Erneuerbarer Energien für die Wärme- und Kälteerzeugung dar und adressiert den für das Erreichen der Klimaziele besonders wichtigen Gebäudebestand. So wurden z.B. im Jahr 2010 an Privatpersonen mehr als 145.000 Investitionszuschüsse für Solarkollektoren, Biomasseheizkessel und Wärmepumpen mit einem Gesamtvolumen von 235 Mio. EUR vergeben. Zusammen mit über 2.250 neuen Darlehenszusagen im KfW-Programm Erneuerbare Energien, Programmteil „Premium", hat das MAP in 2010 mit Fördermitteln von insgesamt rund 346 Mio. EUR ein Investitionsvolumen von mehr als 2,15 Mrd. EUR ausgelöst.

Abbildung 3: MAP-Förderung und ausgelöste Investitionsvolumina 2005 bis 2010

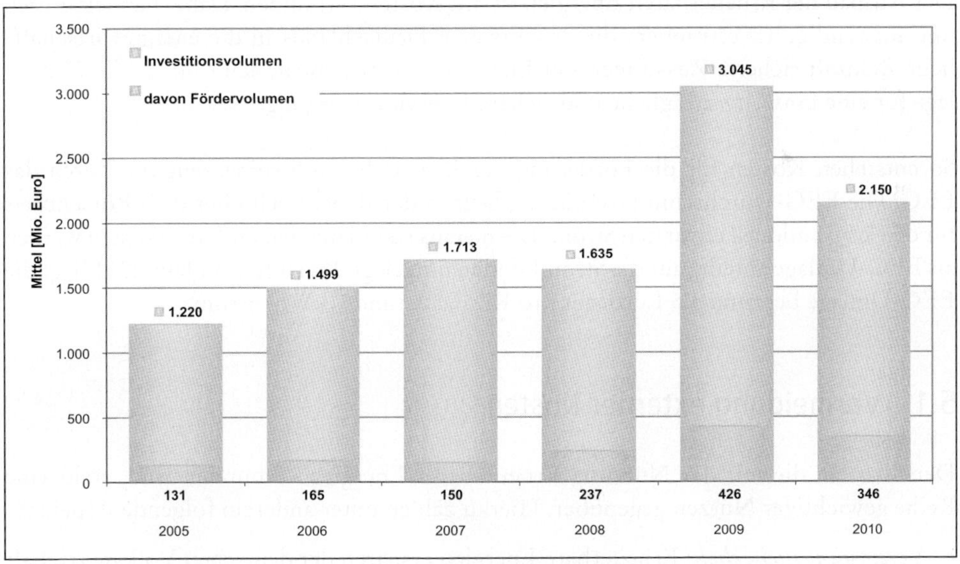

Quelle: BMU; Stand: März 2011; Angaben vorläufig

4 Beitrag der Erneuerbaren Energien zum Klimaschutz

Der Ausbau der Erneuerbaren Energien ist eine tragende Säule der Klimapolitik der Bundesregierung. In den letzten Jahren hat vor allem der zunehmende Anteil Erneuerbarer Energien wesentlich zur Erreichung der Treibhausgas-Minderungsziele beigetragen.

Insgesamt konnte im Jahr 2010 der Ausstoß von rund 120 Mio. Tonnen Kohlenstoffdioxid-Äquivalenten vermieden werden. Auf den Stromsektor entfielen 76 Mio. Tonnen vermiedene Treibhausgase, davon sind rund 58 Mio. Tonnen der im Rahmen des EEG vergüteten Strommenge zuzuordnen. Im Wärmebereich wurden etwa 38 Mio. Tonnen und im Kraftstoffbereich ca. 5 Mio. Tonnen vermieden. Betrachtet man Kohlenstoffdioxid (CO_2), so betrug die Vermeidung im Jahr 2010 rund 117 Mio. Tonnen.

5 Ökonomische Wirkungen des Ausbaus Erneuerbarer Energien

Der Ausbau der Erneuerbaren Energien ist mit Kosten verbunden. Dabei handelt es sich um notwendige Investitionen, die den Einstieg Deutschlands in die energiewirtschaftliche Zukunft sichern. Zusammen mit Energieeffizienzmaßnahmen sind sie die Grundlage für eine umweltverträgliche und sichere Energieversorgung.

So entstehen Kosten für die Förderung der Erneuerbaren Stromerzeugung durch das EEG. Die EEG-Durchschnittsvergütung liegt in der Regel noch über dem Börsenpreis für den konventionell erzeugten Strom. Die hieraus resultierenden Differenzkosten werden als EEG-Umlage anteilig auf die Stromkunden umgelegt. Im laufenden Jahr 2011 liegt die EEG-Umlage bei rund 3,5 Eurocent pro Kilowattstunde (kWh) Strom.

5.1 Vermeidung externer Kosten

Den Kosten, die mit der Nutzung Erneuerbarer Energien verbunden sind, steht eine Reihe gewichtiger Nutzen gegenüber. Hierzu zählen unter anderem folgende Aspekte:

- *Versorgungssicherheit*: Erneuerbare Energien ersparen der deutschen Volkswirtschaft alljährlich milliardenschwere Energieimporte und senken auch die Beschaffungsrisiken (z.B. im Vergleich zu Erdgasimporten).

- *Reduzierung externer Kosten*: Maßgeblichen Einfluss auf die gesamtwirtschaftliche Kosten-Nutzen-Bilanz der Erneuerbaren haben auch die hierdurch vermiedenen Klima- und Umweltschäden durch fossile Energieträger, beispielsweise im Rahmen der Ölförderung, die bislang ganz überwiegend noch nicht verursachergerecht angelastet werden. Eine aktuelle Studie[1] für das BMU hat ermittelt, dass der Einsatz Erneuerbarer Energien im Strom- und Wärmesektor im Jahr 2009 Umweltschäden von rund 7,8 Mrd. EUR vermieden hat. Hierzu trägt die Stromerzeugung aus EE ca. 5,7 Mrd. EUR und die Wärmeerzeugung aus EE ca. 2,1 Mrd. EUR bei.

5.2 Investitions- und Arbeitsmarkteffekte

Wesentlich sind auch industrie- und arbeitsmarktpolitische Aspekte, denn der Ausbau der Erneuerbaren Energien in Deutschland wurde auch dank stabiler Rahmenbedingungen durch das EEG von einem stetigen Anstieg der Investitionen und Beschäftigungszahlen in den beteiligten Sektoren begleitet.

Tabelle 1: Investitionsvolumen in Mrd. Euro:

Jahr	2005	2006	2007	2008	2009	2010
Investition in EE	10,6	12,0	13,6	16,0	20,7	26,6
EEG-induziert	8,4	8,6	10,7	11,9	17,3	23,7

Tabelle 2: Arbeitsplätze in der EE-Branche:

Jahr	2005	2006	2007	2008	2009	2010
Arbeitsplätze	170.000	235.000	250.000	280.000	340.000	370.000

Der EE-Sektor beschäftigte im Jahr 2010 rund 370.000 Menschen auf Arbeitsplätzen, die direkt und indirekt der Branche zugerechnet werden können. Hierzu zählen insbesondere Arbeitsplätze für die Herstellung von Anlagen zur Nutzung Erneuerbarer Energien einschließlich Exporten, für den Betrieb dieser Anlagen sowie für die Bereitstellung von Biomasse und Biokraftstoffen einschließlich der diesen Bereichen vorgelagerten Wertschöpfungsketten.

[1] IZES, Fraunhofer ISI, DIW Berlin und GWS (2010).

6 Herausforderung: Transformation der Energieversorgung

6.1 Energie- und Klimaziele

Der Ausbau der Erneuerbaren Energien in Deutschland wird in den kommenden Jahren weiter verstärkt. Dazu hat nicht nur eine Neubewertung der Risiken der Kernenergie nach den Ereignissen in Japan im Frühjahr 2011 beigetragen. Zentrale Weichen auf dem Weg in das regenerative Zeitalter wurden bereits durch das von der Bundesregierung im Herbst 2010 beschlossene Energiekonzept und die dort beschriebenen Ziele für die Klima- und Energiepolitik gestellt. So sollen die klimaschädlichen Treibhausgase bis zum Jahr 2020 im Vergleich zu 1990 um 40% und schrittweise bis 2050 um 80 bis 95% gemindert werden.

Der Anteil der Erneuerbaren Energien am Endenergieverbrauch soll bis 2020 18% betragen und bis 2050 auf 60% steigen. Dazu soll der Strombereich auch künftig einen überdurchschnittlichen Beitrag leisten. Hier wird bis 2020 ein EE-Anteil von 35% angestrebt, der bis 2050 auf 80% ansteigen soll.

6.2 Strukturelemente einer künftigen Energieversorgung

Diese Zahlen machen deutlich: Langfristig wird die Energie- und Stromversorgung in Deutschland überwiegend auf Erneuerbaren Energien basieren. Dies erfordert eine Transformation der gesamten Energieversorgung – eine Veränderung, die Politik, Wirtschaft und Gesellschaft vor große Herausforderungen stellt. Angesichts des weiter steigenden Anteils insbesondere von Wind- und Solarenergie an der Stromerzeugung stellen sich neue Anforderungen an die System- und Marktintegration der Erneuerbaren Energien.

Dies gilt vor allem für die Netze. Dem Ausbau und der Optimierung von Strom- und Wärmenetzen kommt eine besondere Bedeutung zu. Es kommt deshalb darauf an, die rechtlichen Rahmenbedingungen weiterzuentwickeln, um den effizienten Netzbetrieb mit innovativen Technologien möglich zu machen und „intelligente Netze“ voranzubringen. Weitere erforderliche Maßnahmen umfassen die Erschließung von Potenzialen beim Lastmanagement sowie die Entwicklung und den Einsatz von Speichertechnologien, damit auch bei fluktuierender Energieerzeugung langfristig eine bedarfsgerechte Versorgung sichergestellt werden kann.

Zugleich müssen ökonomische Rahmenbedingungen entwickelt werden, die dazu beitragen, die Kreativität der Marktteilnehmer stärker zu mobilisieren. Das unter dem Begriff „optionale Marktprämie" diskutierte Modell bietet einen interessanten Ansatzpunkt, um Preissignale des Marktes auch bei den Erneuerbaren Energien aufzunehmen und die Kosteneffizienz im Zusammenspiel von Stromerzeugung und Verbrauch zu verbessern.

Voraussetzung für eine rasche Transformation des Energiesystems ist nicht zuletzt die gesellschaftliche Akzeptanz. Umfragen zeigen einen gesamtgesellschaftlichen Wunsch nach stärkerer Nutzung Erneuerbarer Energien. Dieser Zuspruch ändert aber nichts daran, dass EE-Vorhaben oder etwa der notwendige Ausbau von Stromnetzen regional auf Widerstände stoßen. Damit Widerstände vor Ort Investitionsvorhaben nicht verzögern, muss für mehr Akzeptanz für Neubauprojekte im Energiesektor geworben werden. Hierzu ist es wichtig, Entscheidungsträger unterschiedlicher politischer Ebenen, Bürgerinitiativen, Verbände, Interessengruppen und Unternehmen möglichst früh in den Planungsprozess einzubeziehen. Dies bindet auch die für die Raumplanung zuständigen Länder sowie Kommunen mit in die Verantwortung ein.

Unverzichtbarer Bestandteil einer Gesamtoptimierung der Energieversorgung bleibt zudem eine anspruchsvolle und kontinuierliche Verbesserung der Energieeffizienz.

Literatur

Bundesministerium für Umwelt-, Naturschutz und Reaktorsicherheit (BMU) (2010): Umweltbericht. Umweltpolitik ist Zukunftspolitik.
www.bmu.de/files/pdfs/allgemein/application/pdf/umweltbericht_2010.pdf

Bundesministerium für Umwelt-, Naturschutz und Reaktorsicherheit (BMU) (2011 a): Zeitreihen zur Entwicklung der Erneuerbaren Energien in Deutschland. Stand März 2011. Arbeitsgruppe Erneuerbare-Energien-Statistik (AGEE-Stat).
www.erneuerbare-energien.de/inhalt/45919/

Bundesministerium für Umwelt-, Naturschutz und Reaktorsicherheit (BMU) (2011 b): Entwicklung der erneuerbaren Energien in Deutschland im Jahr 2010. Stand März 2011. Arbeitsgruppe Erneuerbare Energien-Statistik (AGEE-Stat).
www.erneuerbare-energien.de/inhalt/42038/

Bundesministerium für Umwelt-, Naturschutz und Reaktorsicherheit (BMU) (2011 c): Erneuerbare Energien 2010. Daten des Bundesministeriums für Umwelt, Naturschutz und Reaktorsicherheit zur Entwicklung der erneuerbaren Energien in Deutschland im Jahr 2010 auf der Grundlage der Angaben der Arbeitsgruppe Erneuerbare Energien-Statistik (AGEE-Stat). www.erneuerbare-energien.de/inhalt/47121/4590/

Bundesrepublik Deutschland (2010): Nationaler Aktionsplan für Erneuerbare Energie gemäß der Richtlinie 2009/28/EG zur Förderung der Nutzung von Energie aus erneuerbaren Quellen. www.erneuerbare-energien.de/inhalt/46202/

IZES, Fraunhofer ISI, DIW Berlin und GWS (2010): Einzel- und gesamtwirtschaftliche Analyse von Kosten- und Nutzenwirkungen des Ausbaus Erneuerbarer Energien im deutschen Strom- und Wärmemarkt. www.erneuerbare-energien.de/inhalt/45801/40870/

Die Rolle von Förder- und Entwicklungsbanken beim Ausbau Erneuerbarer Energien

Uwe Ohls/Ulf Moslener

1 Öffentliche Banken zum Ausbau Erneuerbarer Energie?

Dieser Beitrag[1] beleuchtet die Rolle der öffentlichen Finanzierungsinstitutionen, einschließlich der national und international tätigen Entwicklungs- und Förderbanken, beim Ausbau Erneuerbarer Energien (EE). Mit ihrem Engagement sollten diese komplementär zum privaten Bankensystem einen Beitrag dazu leisten, dass für die Gesellschaft vorteilhafte Investitionen getätigt werden können, die im derzeitigen Umfeld aus privatwirtschaftlicher Sicht nicht attraktiv sind.

Bei aller Uneinigkeit der einzelnen Staaten in der internationalen Klimapolitik gibt es einige Punkte, bezüglich derer weitestgehend Konsens besteht. Einer davon ist das 2-Grad-Ziel, das auf der UN-Klimakonferenz in Cancún im Dezember 2010 erstmals offiziell anerkannt wurde. Einigkeit innerhalb der Staatengemeinschaft herrscht auch hinsichtlich der Notwendigkeit massiver Investitionen in ein kohlenstoffarmes Energiesystem und eines erheblichen Finanztransfers von den OECD-Staaten in die Entwicklungs- und Schwellenländer.

Eine unmittelbare Konsequenz des 2-Grad-Ziels ist ein umfassender weltweiter Strukturwandel von Energieumwandlung und Nutzung. Dieser wird massive Investitionen in Erneuerbare Energien und Energieeffizienz erfordern, die von den öffentlichen Haushalten allein weder geleistet werden können noch geleistet werden sollten. Da aber der private Bankensektor die Finanzierung von begrenzt kommerziell rentablen und risikobehafteten Investitionen nicht ohne Weiteres leisten wird, liegt es nahe, dass – neben anderen Mechanismen wie z.B. den internationalen Emissionshandelsmärkten – den ergänzend tätigen Entwicklungs- und Förderbanken eine bedeutende Rolle zufallen wird. Sie verhelfen im Fall von Marktversagen bzw. in Ländern mit unzureichenden Rahmenbedingungen volkswirtschaftlich sinnvollen Investitionen zum Durchbruch.

Abbildung 1 bietet einen Überblick über die jährlichen Gesamtinvestitionen in Erneuerbare Energien in den einzelnen Weltregionen. Während in Europa die Neuinvestitionen in der Vergangenheit stets am höchsten waren und seit 2007 eher stagnieren, wachsen die Investitionen in Asien in den letzten sechs Jahren unbeeindruckt von der Finanzkrise stetig an und dürften in der näheren Zukunft die Investitionen in den anderen Weltregionen deutlich überflügeln.

[1] Wir danken zahlreichen Kollegen für Informationen, konstruktive Diskussion und hilfreiche Kommentare. Insbesondere: Barbara Schnell, Henrike Koschel, Tatjana Bruns und Karol Kempa. Dieser Beitrag spiegelt die Auffassung der Autoren wider und nicht notwendigerweise die Position der Institutionen, mit denen sie verbunden sind.

Die Investitionen der multilateralen Entwicklungsbanken machen eher einen kleinen Teil der gesamten globalen Neuinvestitionen von rund 120 Mrd. USD aus. Schaut man jedoch auf einzelne Akteure, so sind die Entwicklungs- und Förderbanken oft die größten Financiers. Hinzu kommt, dass erstens die Finanzierungszusagen eines Jahres die tatsächlichen Investitionen aktuell deutlich übersteigen und zweitens auch im nationalen Kontext Förderbanken mitunter eine wichtige Rolle spielen. Die Kreditanstalt für Wiederaufbau (KfW) hat etwa in Deutschland in 2009 mit Darlehen von 5,3 Mrd. EUR Investitionen von insgesamt 7 Mrd. EUR ausgelöst und damit rund ein Drittel der gesamten Investitionen des Landes in Erneuerbare Energie.[2]

Im folgenden Abschnitt werden wir typische Charakteristika des Investitionsumfelds und der Investitionsbarrieren für Erneuerbare Energie genauer betrachten und analysieren, wie ein zielführendes Engagement einer Förderbank in Abgrenzung zu staatlicher Regulierung im Allgemeinen aussehen könnte. Daran anschließend betrachten wir die unterschiedlichen Typen von Entwicklungs- und Förderbanken sowie das Portfolio ihrer Finanzierungs- und Förderinstrumente. Es wird sich zeigen, dass ein Erfolgsfaktor für zukünftige Förderstrategien im konstruktiven Zusammenwirken von öffentlichen und privaten Financiers liegt.

Abbildung 1: Neuinvestitionen in EE nach Regionen in Mrd. USD

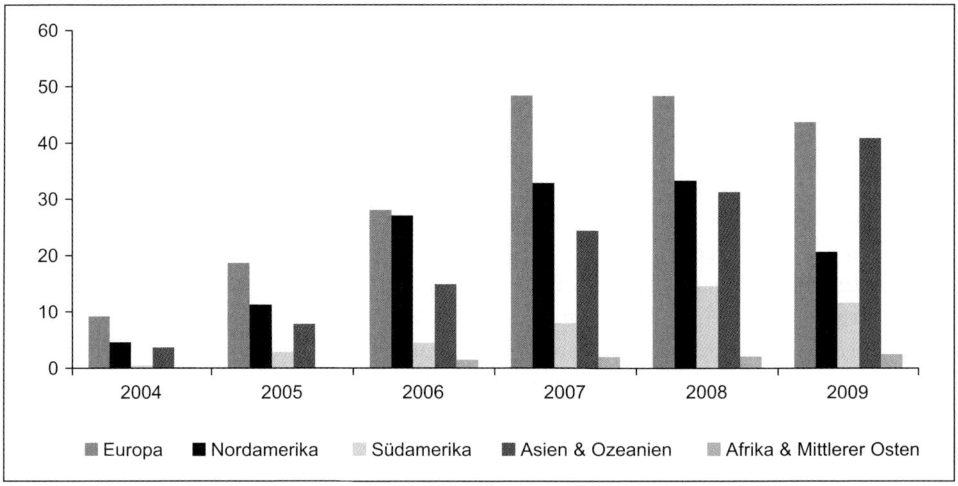

Quelle: UNEP (2010 a)

[2] Vgl. Bickel/Kelm (2010).

2 Investitionsbarrieren für Erneuerbare Energie

Über die Notwendigkeit massiver Investitionen in Technologien zur Nutzung Erneuerbarer Energien besteht weltweit Einigkeit. Wie kommt es dennoch dazu, dass die tatsächlichen Investitionen (noch) weit hinter den Erfordernissen zurückliegen? Dieser Abschnitt beschäftigt sich mit den Gründen hierfür. Ein ganz zentraler Aspekt ist die unzureichende Internalisierung der externen Kosten der konventionellen Energieerzeugung in das Preissystem. Diese fehlende Berücksichtigung der sozialen Kosten beispielsweise von Kohlendioxidemissionen oder der Endlagerung von Kernbrennstoffen in den Marktpreisen sorgt dafür, dass viele Projekte im Bereich der Erneuerbaren Energien, welche aus volkswirtschaftlicher Sicht sinnvoll wären, bei aktuellen Marktpreisen für den Investor – also aus privatwirtschaftlicher Sicht – nicht attraktiv sind. An dieser Stelle beschäftigen wir uns jedoch weniger mit der Ausgestaltung der Regulierung, sondern wir konzentrieren uns vielmehr auf technologie- und regionenspezifische Investitionshemmnisse, zu deren Beseitigung öffentliche Finanzierungsinstitutionen erheblich beitragen können.

Die sogenannten Investitionshemmnisse sind vielschichtig. Es muss an dieser Stelle jedoch betont werden, dass nicht alle Investitionshemmnisse das Ergebnis von Marktunvollkommenheiten sind. Anders ausgedrückt: Es kann nicht die Aufgabe einer öffentlichen Bank sein, über Interventionen alle Investitionshemmnisse überwinden zu helfen. Es gilt vielmehr, diejenigen Hemmnisse zu beseitigen, welche bei den gegebenen regulatorischen Rahmenbedingungen volkswirtschaftlich erwünschte Investitionen behindern. In manche Technologien wird (aus welchen Gründen auch immer) „zu Recht“ nicht investiert – möglicherweise wird ebenso in manche Projekte „zu Unrecht“ investiert. Es ist mit die anspruchsvollste Aufgabe der Entwicklungs- und Förderbanken, zwischen diesen Fällen zu unterscheiden. Deswegen ist es wichtig, sich über die potenziellen Investitionshemmnisse ein genaueres Bild zu verschaffen, bevor Leitplanken für die Identifikation gerechtfertigter Eingriffe im Einzelfall entwickelt werden können.

Abbildung 2: Barrieren bei der Investition in Erneuerbare Energien

Neue und nicht erprobte Technologien

- projektspezifische Risiken (Finanzierungsrisiken, operative Risiken, Projektperformance)
- unbekanntes Rendite-Risiko-Profil
- wenige Vorbildinvestitionen (fehlende F&E-Lerneffekte)
- Unwissenheit über „public finance mechanisms"
- hohe Kosten der Umsetzung
- fehlende Fachexpertise in lokalen Finanzindustrien und im öffentlichen Sektor
- Netzwerk-Externalitäten (z.B. Erneuerbare und Netzstabilität, Tankstellen für Wasserstoff)

Skaleneffekte

- hohe Projekt- und Transaktionskosten – besonders bei kleineren Projekten (Erneuerbare Energien oft dezentral)
- manche Maßnahmen der Natur nach kleinteilig (Erneuerbare Energie auf der Ebene von Privathaushalten hat kaum Projektcharakter)
- ausreichend Potenzial, schnell große Summen zu investieren (Mindestgröße des Investments, sonst lohnt sich z.B. für große Asset-Finance-Gesellschaften kein Aufbau von Kompetenz)

Politisches Regulierungsrisiko

- keine unabhängige Regulierungsbehörde
- Bleiben die Subventionen erhalten? (Staat könnte die Vergünstigungen mittelfristig aufheben)
- Verlässlichkeit der Einspeisevergütung, Sicherheit des garantierten Absatzpreises
- institutioneller Rahmen für CDM
- institutioneller Rahmen/Durchsetzbarkeit eines Erneuerbaren-Quotenhandels („Grüne Zertifikate")

Unvollkommenheiten auf den Finanzmärkten

- Märkte für bestimmte Risiken oder Langfristkapital fehlen
- unvollständiger Wettbewerb auf Kreditmärkten (Wettbewerb auf Kreditmärkten de facto schwierig: Langfristig etablierter Kunde [gutes Risiko] könnte einer anderen Bank vollkommen unbekannt [schlechtes Risiko] sein)
- Monitoring-Externalität (Bereitschaft eines Investors, Kapital zu geben ist ein positives Signal für weitere Investitionen)

Rahmenbedingungen in Entwicklungs- und Schwellenländern

- politische Stabilität und Länderrisiko
- stabile gesetzliche Rahmenbedingungen, Bürokratie (Genehmigungsverfahren, Planungssicherheit, Standortwahl)
- gesellschaftspolitischer Rahmen (lokales Know-how; Geschäftsgebaren, Kultur Verhandlungsweise, Umsetzungsgeschwindigkeit); Unruhen, Korruption
- Wechselkursstabilität/Inflation
- Repatriierung von Gewinnen und Zinsen, Verkaufserlöse, Transferrisiko
- Doppelbesteuerung
- fehlende öffentliche Infrastruktur
- Bildungsniveau lokaler Arbeitnehmer, Verfügbarkeit von Arbeitskräften

Beim Ausbau von Erneuerbaren Energien stellen sich dem potenziellen Investor mitunter zahlreiche Barrieren in den Weg. Viele davon sind typisch für Investitionen in Erneuerbare Energie, wenige jedoch sind wirklich charakteristisch in dem Sinn, dass sie nur oder fast nur bei diesen Technologien auftreten. Im Folgenden unterscheiden wir fünf Kategorien von Investitionsbarrieren (siehe hierzu Abbildung 2). Zunächst betrachten wir Barrieren, die mit der Anwendung neuer und nicht erprobter Technologien zusammenhängen, dann Hemmnisse aufgrund von Skaleneffekten, politische Regulierungsrisiken und danach Unvollkommenheiten auf den Finanzmärkten. Daran anschließend behandeln wir die große Gruppe der länderspezifischen Investitionsbarrieren, welche durch besondere Rahmenbedingungen in Entwicklungs- und Schwellenländern erzeugt werden. Diese Barrieren bremsen in der Regel nicht nur notwendige Investitionen in

Erneuerbare Energien, sondern führen auch in anderen Investitionsbereichen zu einem suboptimalen Niveau. Für Investitionen in Erneuerbare Energien ist dieses Umfeld jedoch von Bedeutung, da in diesen Regionen große Teile der Investitionen stattfinden müssen. Im Folgenden werden die fünf Gruppen eingehender erläutert. Man beachte dabei, dass die Liste der Barrieren weder einen Anspruch auf Vollständigkeit erheben noch die Abgrenzung der Kategorien gegeneinander vollkommen trennscharf sein kann.

2.1 Neue und unbekannte Technologien

Eine Barriere, von welcher die neuen Erneuerbaren Energien stärker als traditionelle Formen der Stromerzeugung betroffen sind, liegt in der Tatsache begründet, dass es sich hier oft um technologisches und oftmals auch finanztechnisches Neuland handelt.

Dieser Umstand hat für den Financier zahlreiche Folgen. Zum einen fehlt oft die notwendige Fachexpertise in den lokalen Finanzindustrien, um das entsprechende Kreditrisiko zu beurteilen. In ähnlicher Weise sind technologie- und projektspezifische Risiken auf der operativen Seite schwieriger zu bewerten. Das Rendite-Risiko-Profil ist unscharf, es gibt kaum Vorgänger-Investitionen, an denen man sich orientieren könnte. Schließlich ist eine gute Kenntnis der verfügbaren Förderinstrumente erforderlich, um diese für die Projektfinanzierung in optimaler Weise nutzen zu können. Während Windkraftanlagen aufgrund der Entwicklungen in den letzten zehn Jahren heute vielfach auch ohne Förderung nahezu wettbewerbsfähig sind, ist das beispielsweise bei der solarthermischen Stromerzeugung oder der Photovoltaik – auch von Investitionsrisiken abgesehen – (noch) nicht der Fall. Als Konsequenz steht kommerzielle Finanzierung eher bei Technologien zur Verfügung, die aus sich selbst heraus oder aufgrund staatlicher Regulierung rentabel sind.

Die noch fehlende Ausschöpfung von Lernkurveneffekten auf der Kostenseite benachteiligt damit systematisch die neuen gegenüber den etablierten Technologien.

2.2 Skaleneffekte

Eine Klasse von weiteren Hürden, die Investitionsprojekte für EE häufiger überspringen müssen als konventionelle Energietechnologien, resultiert aus der Tatsache, dass diese häufig ihrer Natur nach eher kleinere und dezentrale Formen der Erzeugung darstellen. Große Wasserkraftfinanzierungen, große solarthermische Kraftwerke oder auch Offshore-Windparks stellen hier eher die Ausnahmen dar. Typische Beispiele für kleinere und dezentrale Projekte sind Windanlagen, Kleinwasserkraft, kleinere Biomasse, Photovoltaik und auch solare Warmwasserbereitung für Gebäude. Positive Skaleneffekte lassen sich hier tendenziell schwerer erschließen, zudem liegen aus der Sicht des Investors bei solchen kleinen Projekten die Transaktionskosten häufig erheblich über dem Durchschnitt großer Projekte.

Viele – gerade auch institutionelle – Investoren beziehen darüber hinaus bestimmte Projekttypen erst dann in die nähere Betrachtung ein, wenn sie es für gesichert halten, dass dort relativ kurzfristig größere Summen investiert werden können. Die Größenordnungen liegen hier sehr leicht bei einigen 10 Mio. EUR. Dieser Aspekt zusammen mit den Unsicherheiten hinsichtlich des zukünftigen technischen Entwicklungs- und Marktpotenzials Erneuerbarer-Energien-Technologien hält oftmals risikoaverse Investoren von einem Engagement ab.

2.3 Politisches Regulierungsrisiko

Beim Regulierungsrisiko handelt es sich zwar grundsätzlich auch um ein politisches Risiko, jedoch nicht aufgrund der allgemeinen regionalen Bedingungen, sondern vielmehr aufgrund der energie- und klimapolitischen Rahmenbedingungen in einem Land. Der Ausbau der Erneuerbaren Energien ist, zumindest anfangs, in der Regel nicht allein aus sich heraus tragfähig, sondern setzt ein gesellschaftliches Interesse und gezielte staatliche Regulierung zur Förderung voraus. Letztere können Vergünstigungen der EE sein – etwa in Form von direkten Subventionen oder auch von Einspeisetarifen –, es kann sich aber auch um eine Verteuerung der herkömmlichen fossilen Energieträger handeln – etwa durch die Einführung einer Emissionssteuer oder des Emissionshandels. Letztere verbessern über eine Internalisierung der externen Kosten der Energieerzeugung die relative Wirtschaftlichkeit der EE. Dies ist zwar aus theoretischer Sicht ein effizienter Weg, jedoch oft ohne international koordinierte Vorgehensweise nicht politisch durchsetzbar. Steigen unilateral die Energiekosten der Volkswirtschaft, läuft diese in Gefahr, die Wettbewerbsfähigkeit bestimmter Industrien zu verlieren. Energieintensive Investitionen könnten in andere Länder verlagert werden, wo betriebswirtschaftlich günstiger produziert werden kann.

Damit hängt die Wettbewerbsfähigkeit von Erneuerbaren Energien aus einzelwirtschaftlicher Perspektive stark von der klimapolitisch motivierten Regulierung eines Landes ab. Da der Zeithorizont von Investitionen in der Energieerzeugung leicht in die Größenordnung von Jahrzehnten reicht, ist die Rentabilität der Investitionen auf diese gesamte Zeit gesehen stark von der Existenz einer mehr oder weniger stabilen und gleichzeitig ambitionierten (Klima-)Politik abhängig. Hierzu gehören die nationale Politik, etwa die Existenz einer unabhängigen Regulierungsbehörde, aber auch der Rahmen und die Instrumente der internationalen Klimapolitik wie der Clean Development Mechanism (CDM). Die Glaubwürdigkeit einer langfristigen Politik überträgt sich direkt auf das Investitionsrisiko.

Im Gegensatz zum allgemeinen Länderrisiko ist dieses Risiko eine spezielle Eigenschaft vieler Investitionen im Bereich der Erneuerbaren Energie. Zumindest solange diese Technologien noch nicht aus sich heraus wettbewerbsfähig sind. Zwar unterliegen alle Investitionen einem gewissen Regulierungsrisiko, jedoch ist in diesem Fall oftmals die klimabzw. energiepolitische Rahmensetzung in Form von Internalisierungs- bzw. Förderstrategien ausschlaggebend für die wirtschaftliche Existenz der Projekte. Diese Projekte sind gleichsam das Produkt der Korrektur des Marktversagens. Hierin unterscheiden sie sich von vielen anderen Projekten.

Da die Internalisierung externer Kosten aus Wettbewerbsgründen nicht konsequent umgesetzt wird, weicht die Politik häufig auf einen Portfolioansatz aus, d.h., durch eine politische Zielsetzung wird ein bestimmter Anteil an Erneuerbarer Energie festgeschrieben und über entsprechende Regulierung durchgesetzt.

2.4 Unvollkommenheiten auf den Finanzmärkten

Eine Gruppe von Investitionsbarrieren wird nur selten explizit betrachtet: Barrieren aufgrund von Unvollkommenheiten auf den Finanzmärkten. Viele dieser Barrieren beeinflussen eher indirekt die Investitionsentscheidung. Oftmals zeigt sich auch fehlende Umweltregulierung – etwa die unzureichende Internalisierung der Umweltexternalitäten – über den (erschwerten) Zugang zu Finanzierung. Sie benachteiligt in der Tendenz systematisch Projekte zum Ausbau der Erneuerbaren Energie, da deren relative Vorteile in Form geringerer Treibhausgase nicht adäquat eingepreist werden.[3] Da sich dieser Beitrag mit der (Förder-)Bankenperspektive beschäftigt, sind diese Hemmnisse in unserem Zusammenhang besonders wichtig und werden hier entsprechende Aufmerksamkeit erhalten.

Finanzmärkte sollen Investitionskapital möglichst effizient der „besten“ Verwendung zur Verfügung stellen. Märkte erledigen diese Zuteilung unter bestimmten Voraussetzungen sehr gut. In Bezug auf Erneuerbare Energien fallen jedoch verschiedene Aspekte auf, in denen der Markt seiner Allokationsfunktion nicht optimal nachkommt. Zum einen ist die Vollständigkeit der Märkte eine wichtige Voraussetzung. Es fehlen jedoch für manche Aspekte, die besonders für Investitionen in Erneuerbare Energien relevant sind, die Märkte in Teilen oder ganz. Ein Beispiel ist ein fehlender Markt für langfristiges Kapital, welches für größere Investitionen in kapitalintensive Erneuerbare-Energien-Technologien notwendig ist. Darüber hinaus gibt es für viele Risiken – insbesondere die Länder betreffend – keine Versicherungsmärkte. Beide Probleme erschweren die Projektfinanzierung von Erneuerbaren Energien stärker als die Finanzierung konventioneller Stromerzeugung, besonders falls diese über die Bilanz finanziert wird.

Auch eine weitere zentrale Annahme für Kreditmärkte ist zu hinterfragen: der vollständige Wettbewerb. Denn oft ist die Auswahl aus Sicht des Kreditnehmers – verglichen

[3] Ein Überblick über allgemeine Marktversagenstatbestände auf Finanzmärkten findet sich in Stiglitz u.a. (1993).

mit anderen Gütermärkten – stark eingeschränkt. Hat ein Kreditnehmer mit einer langen Geschäftsbeziehung zu seiner Hausbank den Status eines „guten Risikos“ erreicht, so ist er möglicherweise einer anderen Bank vollkommen unbekannt und würde damit (unbekannterweise) als ein deutlich höheres Risiko eingeschätzt. Sein Zugang zu Kapital wäre in diesem Fall teurer. Bei Technologien zur Erzeugung von Erneuerbarer Energie handelt es sich oft um neuere Technologien mit erhöhten Risiken und neuen Anbietern, welche weniger von langfristig etablierten Beziehungen profitieren können.

Selbst unter der Annahme, es gäbe einen vollständigen und auch funktionierenden Wettbewerb auf den Finanzmärkten, käme es in vielen Fällen nicht dazu, dass der Markt das Investitionskapital in geeigneter Weise zuteilt. Der Grund hierfür ist, dass gerade Projekte im Bereich der Erneuerbaren Energien nicht nur einen privaten, sondern auch einen gesellschaftlichen Nutzen (z.B. Emissionsminderung, Energiesicherheit, Innovationswirkung etc.) haben. Der Kreditgeber ist jedoch auf die private Rendite fixiert und nicht auf die soziale Rendite, die den gesellschaftlichen Nutzen mit einbezieht. So kann es dazu kommen, dass verschiedene Projekte mit hohem gesamtwirtschaftlichen Nutzen zuungunsten anderer keine Finanzierung erhalten. Dies gilt besonders in Bereichen, in denen eine Internalisierung von externen Effekte durch andere Politikmaßnahmen fehlt. Obwohl die fehlende Umweltregulierung kein Versagen der Finanzmärkte ist, kann eine Förderbank dieses Problem im Sinne einer „second-best“ Lösung mindern helfen.

Schlussendlich gibt es auch eine Externalität auf den Kreditmärkten, die sich auf neuere Technologien vergleichsweise stärker auswirkt: Der Signaleffekt einer Finanzierungsentscheidung eines Kapitalgebers informiert – soweit beobachtbar – automatisch andere potenzielle Financiers über die Gesamteinschätzung des Projekts. Ein solches Signal wird damit in der Tendenz die Kapitalsuche erleichtern. Dies gilt in ähnlicher Weise nicht allein auf der Ebene eines Projektes, sondern auch für eine gesamte Branche. In allgemeiner Form bezeichnet man diesen Effekt auch als „Monitoring-Externalität“.[4] In der Praxis bedeutet dies, dass das finanzielle Engagement eines Kapitalgebers tendenziell weitere Financiers anziehen kann. Auch hier können Förderbanken eine Vorreiterrolle übernehmen.

2.5 Investitionsrahmen in Entwicklungs- und Schwellenländern

Ein erheblicher Teil der weltweit notwendigen Investitionen wird in Entwicklungs- und Schwellenländern stattfinden. Grundsätzlich sind Investitionen in diesen Regionen aus der Perspektive des Investors jedoch mit höheren Risiken verbunden. Die in OECD-Ländern gewohnte politische Stabilität kann hier nicht immer vorausgesetzt werden. Ein

[4] Siehe Stiglitz u.a. (1993).

mitunter aufwendiger Behörden- und Bürokratieapparat kann rechtliche Unsicherheit erzeugen oder schlicht amtliche und für den Investor kritische Entscheidungen unberechenbar verzögern. In manchen Ländern ist ebenfalls die öffentliche Infrastruktur weniger ausgeprägt.

Auch aus dem allgemeinen gesellschaftspolitischen Rahmen können dem Investor Risiken erwachsen: Offensichtliche – teils auch in OECD-Staaten keineswegs unbekannte – Probleme können z.B. aus Korruption entstehen. Gesellschaftliche Unruhen können ebenso das Investitionsklima trüben wie eine ungewohnte lokale Geschäftskultur bzw. das gesamte Geschäftsgebaren. Letztere bezieht sich auf die Art und Weise, Verträge zu verhandeln und umzusetzen. Um Verträge durchzusetzen sind die rechtlichen Rahmenbedingungen und die Berechenbarkeit des jeweiligen Rechtssystems ausschlaggebend. Wichtige Aspekte sind hier die Möglichkeit von Schiedsgerichtsverfahren, die Wahl des Gerichtsstandortes oder des Rechtssystems, welches dem jeweiligen Vertrag zugrunde liegt. In ähnlicher Weise sind Planungssicherheit und die Projektstandortwahl wichtige Parameter, die einer eindeutigen gesetzlichen Regelung bedürfen.

Wendet man den Blick von den eher politischen auf die wirtschaftlichen Rahmenbedingungen, so entspricht oftmals die Ausbildung der lokalen Arbeitnehmer oder überhaupt die Verfügbarkeit von Arbeitskräften nicht den Standards, an die ausländische Investoren aus den Industrienationen gewohnt sein mögen. Ein ganz natürliches Problem im internationalen Geschäft sind Wechselkursschwankungen, die Währungsstabilität und das Transferrisiko im Allgemeinen. Besonders problematisch wird dies im Angesicht von höheren Inflationsrisiken am Investitionsstandort, da die Einnahmen in der Regel in lokaler Währung fließen, die Finanzierung aber Devisen erfordert.

Verglichen mit nationalen Finanzierungsvorhaben entsteht mit der Entscheidung für eine Investition im Ausland auch immer die Frage nach der gesicherten Repatriierung von Gewinnen, Zinsen oder Verkaufserlösen. Und scheinen diese gesichert, so besteht noch immer die Gefahr einer doppelten Besteuerung (im In- und Ausland).

Es sei wiederholt darauf hingewiesen, dass alle diese Tatbestände zwar die Investitionen in Erneuerbare Energie in Schwellen- und Entwicklungsländern erschweren und damit verteuern können, doch es handelt sich um Probleme, die nahezu in gleicher Weise auch bei anderen Auslandsinvestitionen zum Tragen kämen – die also nicht in der Natur der Erneuerbaren Energieträger oder den entsprechenden Technologien begründet liegen.

3 Entwicklungs- und Förderbanken – Institutionen und Instrumente

Wir haben nun ein breites Spektrum an potenziellen Hinderungsgründen für den Ausbau der Erneuerbaren Energie kennengelernt. Im Folgenden wollen wir kurz auf die Entscheidung des Staates eingehen, ob und wie genau er eingreifen sollte und welche Rolle er mit Blick auf Investitionsrisiken spielen könnte. Daran anschließend beleuchten wir ausführlicher die „Landschaft" der Entwicklungs- und Förderbanken und deren Instrumente. Die Institutionen und ihre individuellen Tätigkeitsschwerpunkte und Förderinstrumente sind vergleichsweise heterogen. Das liegt in erster Linie darin begründet, dass sie von unterschiedlichen Staaten und Staatengruppen und verschiedenen Umständen ins Leben gerufen wurden und ihrem Wesen nach grundsätzlich stark politisch geprägt sind.

3.1 Staatliche Regulierung und öffentliche Förderbank

Zunächst obliegt dem Staat die anspruchsvolle Aufgabe, zu entscheiden, ob und, falls ja, wie er eingreifen sollte. Dazu steht ihm eine breite Palette von Politikinstrumenten zur Verfügung: ordnungsrechtliche Maßnahmen, das Steuersystem oder andere Instrumente wie der Emissionshandel, verbindliche Einspeisetarife für Strom aus Erneuerbarer Energie (wie das Gesetz für den Vorrang Erneuerbarer Energien in Deutschland, kurz EEG) bis hin zu handelbaren Quoten für den Anteil Strom aus erneuerbaren Rohstoffen (sogenannte „grüne Zertifikate", wie sie auf EU-Ebene geplant sind).

Grundsätzlich kann eine „Energiewende" über die Regulierung des Sektors oder über das allgemeine Steuersystem herbeigeführt werden. Entsprechend gestaltet sich die Verteilung der Zusatzkosten. Abschreibungen oder direkte Subventionen aus dem Haushalt an den Investor belasten den Steuerzahler. Sektorale Ansätze, wie etwa eine Einspeisevergütung, hingegen belasten zunächst den Stromnutzer. Die Mehrkosten – induziert durch die Regulierung – werden über die Stromtarife an den Endkunden weitergegeben. Für welche Regulierung sich einzelne Staaten entscheiden, entscheidet sich daher in der Praxis sowohl auf Basis energiepolitischer und industriepolitischer Gesichtspunkte als auch aus fiskalpolitischen Erwägungen heraus (siehe Abschnitt 2.3).

Im Idealfall setzt ein Staat den regulatorischen Rahmen so, dass sich die Interessen der Allgemeinheit in den Investitionsentscheidungen widerspiegeln. Hierzu bedarf es eines Preissystems, welches zumindest die negativen externen Effekte der Energienutzung in ausreichendem Maße internalisiert. Offensichtlich, wie am Beispiel der Erneuerbaren Energien deutlich wird, lässt sich dieses jedoch in der Praxis kaum umsetzen. An dieser Stelle hat ein Staat die Möglichkeit, über öffentliche Finanzierungsinstitutionen komplementär sowohl zur Regulierung als auch zum kommerziellen Bankensystem zu agieren.

Im Zentrum der vorliegenden Analyse stehen Risikoübernahme und Subventionen, welche in der Regel über eine öffentliche Finanzierungsinstitution, also eine national oder international tätige Entwicklungs- oder Förderbank, an die Investoren weitergereicht werden. Subventionierte Investitionen stellen second-best Instrumente dar, wenn es darum geht, negative externe Effekte zu internalisieren. Sie sind jedoch first-best in Bezug auf die Internalisierung positiver externer Effekte Erneuerbarer Energien in Form von Innovation (Technologie-Spillover) oder die Beseitigung von Finanzierungsengpässen. Hier kann der Staat als Finanzintermediär aktiv werden und über eine öffentliche Förderbank mit staatlichen, am Gemeinwohl orientierten Zielen am Markt agieren. Da Entwicklungs- und Förderbanken grundsätzlich komplementär tätig sind, gilt: Je allgemeiner und geeigneter die Rahmenbedingungen gesetzt werden, desto weniger sind Interventionen über Förderbanken erforderlich. Jedoch können Subventionen über Förderbanken sehr effektiv gesteuert werden.

3.2 Der Umgang mit Risiken

Für eine ganze Reihe von Risiken bietet der private Sektor von sich aus bereits viele Lösungsansätze. Dazu gehören die Planungs-, Bau-, Konstruktions- und andere operationelle Risiken. In vielen anderen Fällen, beispielsweise bei Länderrisiken, fehlen jedoch die Mechanismen. Im Allgemeinen gilt der Grundsatz: Derjenige Akteur, der das Risiko verursacht, es am stärksten beeinflusst bzw. es am besten einschätzen kann, sollte es auch tragen. Allein die Tatsache, dass ein bestimmtes Risiko nicht versicherbar ist, bedeutet nicht zwingend, dass der Staat an dieser Stelle eingreifen sollte. Für den Staatseingriff sollte das Kriterium der notwendigen und Erfolg versprechenden „Marktverbesserung" im Vordergrund stehen.

Einen ersten Hinweis, ob ein Staatseingriff zu rechtfertigen ist, kann in unserem Bereich die Beantwortung von drei Fragen geben. Erstens: Werden Güter geschaffen, die nicht allein dem Investor Nutzen bringen, sondern auch gesellschaftlichen Nutzen stiften? Zweitens: Erzeugt die Aktivität einen positiven oder negativen externen Effekt? Und schließlich drittens: Verfügen die an der Finanzierung Beteiligten in ihren unterschiedlichen Rollen über sehr stark asymmetrische Information, und benachteiligt dies gegebenenfalls systematisch die Investitionen in Erneuerbare Energie? Jedes Ja rechtfertigt es grundsätzlich, einen staatlichen Eingriff näher in Betracht zu ziehen, dessen potenzielle Kosten (z.B. Mitnahmeeffekte) jedoch gegen den zusätzlichen Nutzen der „Marktverbesserung" abzuwägen sind. Der Staat kann den Entwicklungs- und Förderbanken hier eine Rolle zuweisen, die ihm eine direkte Regulierung erspart.

Im Folgenden werden unterschiedliche Ausprägungen von Entwicklungs- und Förderbanken, über die ein Staat oder eine Staatengruppe wirken können, und deren Instrumente überblicksartig vorgestellt.

3.3 Die „Landschaft" der Entwicklungs- und Förderbanken

Es gibt eine Vielzahl von unterschiedlichen – in der Regel staatlichen – Finanzierungsinstitutionen, die von ihrer jeweiligen Regierung das Mandat haben, den Ausbau der Erneuerbaren Energien zu fördern. Dieser Förderauftrag kann unterschiedlich gewichtete politische Ziele haben. Ein wichtiges Ziel ist es, den Ausbau einer klimafreundlichen Energieversorgung im eigenen Land voranzutreiben. Eng damit verknüpft, jedoch eher industriepolitischer und strategischer Natur, ist das Ziel, angesichts künftiger, deutlich ambitionierterer Klimaschutzziele die Wettbewerbsfähigkeit der heimischen Wirtschaft auf nationalen und internationalen Märkten zu erhalten und auszubauen. Ein staatlicher Förderauftrag kann zudem entwicklungspolitische Ziele in der klimafreundlichen Energieversorgung verfolgen.

Entsprechend der nationalen oder internationalen Ausrichtung und den dahinterstehenden steuernden politischen Institutionen werden wir im Folgenden nationale Förderbanken, bilaterale Entwicklungsbanken und Regionale-/Multilaterale Entwicklungsbanken unterscheiden.

3.3.1 Nationale Förderbanken

Nationale Förderbanken bzw. Inlandsförderbanken haben ein an der heimischen Wirtschaft orientiertes Zielsystem. Sie treten als staatlicher Akteur auf dem Kapitalmarkt auf und korrigieren Marktdefizite „von Hand" bzw. setzen politisch festgelegte Prioritäten in Finanzierungsangebote um. Förderbanken sollten grundsätzlich komplementär, d.h. nicht in Konkurrenz zu den privaten Banken, auftreten. Der Förderauftrag der Politik lässt sich besonders gut in Kooperation mit dem privaten Sektor umsetzen. Entweder als sogenannte „Apex"-Institution mit dem Banken-Durchleitungsprinzip oder als Finanzierungspartner, der seine speziellen Stärken und seine Risikotragfähigkeit einbringt und volkswirtschaftlich sinnvollen Investitionen zum Durchbruch verhilft.

In vielen Ländern beinhalten diese politischen Prioritäten auch den Ausbau der Erneuerbaren Energien. Die nationalen Förderbanken bedienen sich zur Förderung der heimischen Erneuerbaren Energien grundsätzlich aller Förderinstrumente nach Bedarf. Die Förderinstitutionen haben verschiedene Möglichkeiten, die Förderkomponente ihrer Instrumente – gemessen an Marktstandards – zu finanzieren. Zum einen sind in den nationalen Haushalten Mittel für bestimmte Förderzwecke oder Förderprogramme eingestellt. Diese Mittel können dann von der Förderbank entweder direkt vergeben oder aber zum Design anderer Förderinstrumente, z.B. zur Zinssubvention, eingesetzt werden. Die zweite Möglichkeit besteht darin, dass die Förderinstitution mit einer staatlichen Bürgschaft in Bezug auf ihre eigene Refinanzierung ausgestattet ist, die es ihr erlaubt, die eigene Refinanzierung günstiger zu gestalten. In diesem Fall können Anleihen am Markt platziert werden, deren Zinsdienst deutlich unter dem liegt, was eine private Institution ohne staatliche Garantie für die Verschuldung zahlen müsste. Eine dritte Möglichkeit besteht darin, dass der Staat für ausgereichte Darlehen oder andere Instrumente direkt die Rolle des Garanten einnimmt. Er würde dann – im Fall der Zahlungsunfähigkeit des Schuldners – selbst die Zahlungen leisten.

Die Steuerung der nationalen Förderbanken ist grundsätzlich stark von der nationalen Politik geprägt. Dabei ist für die Arbeit und die spezifische Ausrichtung einer Förderbank entscheidend, wie eng sich die Steuerung an tagespolitischen Strömungen zu orientieren hat. Ein häufiger politikinduzierter Wechsel der Förderprogramme und -prioritäten steht dabei grundsätzlich der Transparenz und der langfristigen Verlässlichkeit der Tätigkeit der Förderbank entgegen – letzterer Aspekt, nämlich das Gewähren von Investitionssicherheit, ist insbesondere für die Investitionsförderung von Erneuerbaren Energien wichtig. Grundsätzlich ist eine klare Trennung des operativen Geschäfts und dessen Verantwortung von der politischen Steuerung zu bevorzugen. Eine weitgehend unabhängige Förderbank mit klaren Verantwortlichkeiten und der Kompetenz, Förderprodukte zu entwickeln, hebt Effizienzen. Im Wesentlichen gilt dies sowohl für die nationalen Förderbanken als auch für die bilateralen Entwicklungsbanken. Auf der anderen Seite muss die Richtlinienkompetenz für die Förderprioritäten unbestritten im politischen Raum bleiben.

Beispiele für in der Förderung von EE tätige nationale Förderbanken sind die Industrial Development Bank of Turkey (TSKB), die Indian Renewable Energy Agency (IREDA) oder die Small Industries Development Bank of India (SIDBI), die brasilianische Entwicklungsbank Banco Nacional de Desarrollo Económico y Social (BNDES), die Entwicklungsbank für Südafrika Development Bank of Southern Africa (DBSA), die Japan Finance Corporation (JFC) oder die deutsche KfW Bankengruppe.

3.3.2 Bilaterale Finanzierungsinstitutionen

Eine gewisse Sonderrolle nehmen die sogenannten bilateralen Finanzierungsinstitutionen ein. Diese Finanzierungsinstitutionen handeln im Auftrag ihrer jeweiligen nationalen Regierungen, sind aber nicht im Inland selbst tätig, sondern im internationalen Entwicklungs- und Fördergeschäft. Eine wesentliche Aufgabe der bilateralen Finanzierungsinstitution ist die Umsetzung der finanziellen Zusammenarbeit (FZ) im Rahmen der allgemeinen Entwicklungszusammenarbeit eines Industrielandes. Beispiele sind etwa die französische Agence Française de Développement (AFD), die japanische Japan International Cooperation Agency (JICA) oder die deutsche KfW Entwicklungsbank.

Die FZ will Entwicklung beschleunigen, indem den Partnerländern günstige Kredite bzw. den ärmsten Länder auch nicht rückzahlbare Zuschüsse zur Verfügung gestellt werden. Die vorrangigen Ziele sind hier nachhaltige Entwicklung und Armutsbekämpfung. Oft stehen daneben weitere Ziele wie die Entwicklung der wirtschaftlichen Infrastruktur, die Stärkung des Finanzsektors, Friedenssicherung sowie der Umwelt-, Klima- und Ressourcenschutz. So sind heute einige der bilateralen Entwicklungsbanken mit die größten Financiers von Erneuerbaren Energien in Entwicklungs- und Schwellenländern. In ihrer Wirkungs- und Arbeitsweise ähneln die bilateralen Entwicklungsbanken den oft größeren multilateralen Entwicklungsbanken. Sie haben mit nur einer nationalen Regierung eine in der Tendenz etwas schlankere Steuerungsstruktur. In besonderen Einzelfällen (z.B. die KfW Entwicklungsbank als deutsche Entwicklungsbank Teil der KfW Bankengruppe) arbeiten die bilateralen Entwicklungsbanken als Teil der nationalen Förderinstitution. In diesem Fall kann die internationale Fördertätigkeit aus erster Hand von den Erfahrungen im Inland profitieren und so potenziell eine höhere Glaubwürdigkeit im jeweiligen Partnerland erfahren. Es ist ein Alleinstellungsmerkmal bilateraler Entwicklungsbanken, dass sie durch ihr Inlandsgeschäft über ein eigenes Profil und Erfahrung verfügen. Für viele Institutionen in Entwicklungs- und Schwellenländern werden sie damit zu einem natürlichen und begehrten Partner und können erheblich zum Capacity Development ihrer Partnerinstitutionen beitragen.

3.3.3 Multilaterale Entwicklungsbanken

Wie bereits der Name nahelegt, agieren die multilateralen Entwicklungsbanken im Auftrag einer größeren Anzahl von Mitgliedsstaaten. Die Staaten können sich einerseits global (Weltbank) oder regional organisieren. Damit stehen diese Institutionen nicht für einzelne nationale Regierungen. Sie müssen vielmehr komplexere Steuerungsstrukturen umsetzen, in denen die einzelnen nationalen Regierungen vertreten sind.

Beispiele solcher regionalen multilateralen Entwicklungsbanken sind die Afrikanische Entwicklungsbank (AfDB), die Interamerikanische Entwicklungsbank (IADB), die Asiatische Entwicklungsbank (ADB), die Europäische Bank für Wiederaufbau und Entwicklung (Osteuropabank, EBRD) oder die Europäische Investitionsbank (EIB), die aufgrund ihrer vielen Mandate im Auftrag der Europäischen Kommission mitunter auch Züge einer bilateralen Entwicklungsbank aufweist.

Eine herausgehobene Stellung unter den multilateralen Entwicklungsbanken hat die Weltbank. Mit ihrer Kapitalausstattung und ihrer Möglichkeit, Anleihen höchster Bonität am Kapitalmarkt zu emittieren, ist sie in der Lage, Kredite – etwa für Infrastrukturprojekte – im Milliardenvolumen herauszureichen. Mit der globalen Eigentümerstruktur ist die Weltbank auch Treuhänder für zahlreiche Fonds der internationalen Gemeinschaft. Ein Beispiel für einen solchen Treuhandfonds ist der größte derzeit operativ tätige Fonds für klimafreundliche Investitionen – der Clean Technology Fund. Das Fondsvolumen von rund 5 Mrd. USD soll in nur wenigen Jahren in Form unterschiedlichster Förderinstrumente (siehe folgenden Abschnitt) der Finanzierung von Erneuerbaren Energien und Energieeffizienz dienen.

Bei vielen internationalen Problemen fällt der Weltbank eine natürliche Vorreiterrolle zu, und sie mahnt zahlreiche Defizite an. Aufgrund ihrer heterogenen Eigentümerstruktur ist sie jedoch in ihrer Handlungsfähigkeit häufig gezwungen, sich am kleinsten gemeinsamen Nenner zu orientieren, um einen Interessenausgleich zwischen Geber- und Nehmerländern zu erreichen. Ähnliches kann auch für die regionalen Entwicklungsbanken gelten.

3.4 Instrumente der Entwicklungs- und Förderbanken

Im Folgenden geben wir einen groben Überblick über die typischen Finanzierungsinstrumente der Entwicklungs- und Förderbanken. Der steigende politische Stellenwert der Erneuerbaren Energien mobilisiert gleichzeitig steigende staatliche Mittel zu deren Förderung. Diese Förderung fließt zu wesentlichen Teilen in die Instrumente dieser Institutionen. Besonders im Bereich der Erneuerbaren Energie steht dabei immer stärker im Zentrum des Interesses, inwieweit die Instrumente geeignet sind, kommerzielle Finanzierung zu induzieren oder eben entsprechende Märkte zu etablieren. Damit verfolgen die Instrumente der öffentlichen Banken vor allem zwei Ziele: (i) verstärkter Ausbau der Erneuerbaren Energien und (ii) Etablierung von Märkten in diesen Bereichen, um es dem privaten Bankensektor zu erleichtern, tätig zu werden. Als Faustregel zur Anwendung der Instrumente gilt: Je direkter der Eingriff des staatlichen Marktakteurs ist, desto wichtiger sind fundierte Kenntnisse der technologischen Perspektiven und der regionalen Besonderheiten des betroffenen Sektors (z.B. Energiesektor).

3.4.1 Investitionszuschüsse

Das konzeptionell einfachste Instrument sind nicht rückzahlbare Zuschüsse. Diese können direkt in die Investition einfließen und damit die Kapitalbeschaffung verbilligen. Häufig werden die Zuschüsse gezielt zur Förderung von Technologien eingesetzt, die gerade an der Schwelle von Pilotvorhaben zur Serienreife stehen. In diesen Entwicklungsstadien sind die technologischen Risiken besonders hoch und potenzielle Projektentwickler im Allgemeinen sehr schwach kapitalisiert. Zuschüsse dienen dann auch dazu, Unterinvestitionen in Forschung und Entwicklung aufgrund von F&E-Externalitäten zu mindern. So werden beispielsweise Forschung und Entwicklung unterstützt, um Pilot- und Demonstrationsvorhaben aufzusetzen. Auch zur Vorbereitung von Projekten sind Zuschüsse wichtige Instrumente.

3.4.2 Vergünstigtes Fremdkapital

Zinsvergünstigte – damit konzessionäre – Darlehen haben unterschiedliche Ausprägungen. Zum einen können sie direkt in Projekte und Projektfinanzierung fließen und so die Kapitalkosten senken. Diese Form ist insbesondere dann sinnvoll, wenn die kommerziellen Finanzierungsinstitutionen, aus welchen Gründen auch immer, diesen Sektor nicht adressieren können, dies aber aus gesellschaftlicher Sicht tun sollten. Im Gegensatz zur einfachen Zuschussfinanzierung ist hier zu bedenken, dass ein Mindestmaß an politischer Stabilität und anderen rechtlichen (und finanzmarktlichen) Rahmenbedingungen notwendig ist. Schließlich müssen die Kreditverträge und die komplexen Vertragswerke rund um die Projektfinanzierung durchsetzbar sein. Hier fällt es den Entwicklungsbanken zu, die jeweiligen Regierungen bei der Verbesserung der Rahmenbedingungen zu beraten und zu unterstützen.

Abbildung 3: Das Hausbankenprinzip

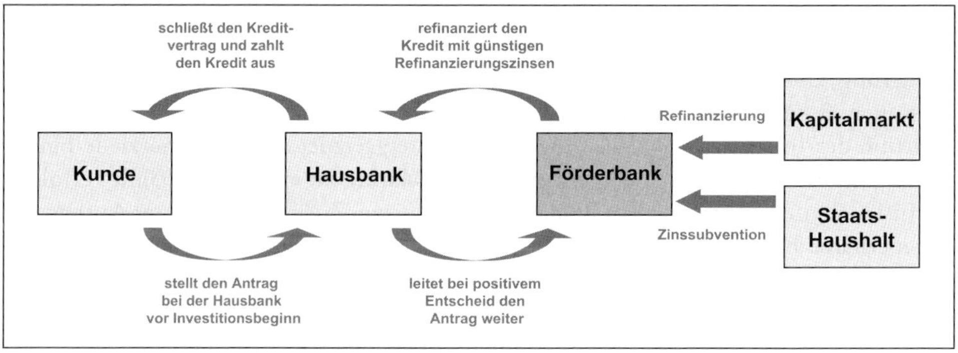

Eine verbreitete Form der Förderung über vergünstigte Darlehen ist die Durchleitung über kommerzielle Banken. In diesem Fall wird den Banken eine sogenannte Kreditlinie zu vergünstigten Konditionen (Laufzeit und Zinssatz) zur Verfügung gestellt. Die kommerzielle Bank reicht nun diese Mittel zu mehr oder minder standardisierten Konditionen für Erneuerbare-Energien-Projekte an die Endkunden heraus – das sogenannte Hausbankenprinzip. Dieses Prinzip stellt die Zusammenarbeit zwischen Förderbank und Hausbank des Kunden sicher. Eine übliche Arbeitsteilung ist: Die Entwicklungs- oder Förderbank stellt langfristige Finanzierung für einen bestimmten Zweck bereit; die Hausbank übernimmt die sonstige Finanzierung des Kunden, insbesondere die kurzfristigen Finanzierungen. Abbildung 3 stellt das Hausbankenprinzip und Bank-durchgeleitete Darlehen schematisch dar. Solche zinsverbilligten Darlehen können – in Verbindung mit Beratung und Erfahrungsaustausch – dazu beitragen, den Finanzsektor in seiner Erfahrung mit Investitionen in Erneuerbare Energie weiterzuentwickeln. Sie bieten die Chance auf einen graduellen Übergang von der reinen Zuschussfinanzierung hin zum nicht subventionierten, freien Finanzmarkt.

Günstiges Fremdkapital kann auch in Form von „Mezzaninfinanzierung“ oder „Nachrangkapital“ bereitgestellt werden. Dies ist häufig vorteilhaft, wenn das Volumen des Vorhabens das Besicherungspotenzial des Kreditnehmers überschreitet. In der Praxis ist dies bei sogenannten Sprunginvestitionen bei kleineren Unternehmen mit starken Wachstumsphasen der Fall. Hier wird das Instrument der Mezzaninfinanzierung oft mit längeren zinsfreien Perioden verbunden.

Im Fall eher größerer Endkreditnehmer oder auch für größere Kreditlinien, die über private Geschäftsbanken in Form von vielen kleineren Endkrediten herausgereicht werden, wird die Form von sogenanntem „Senior Debt“ gewählt, bei der die Förderbank an erster Rangstelle bei der Besicherung steht. Dieses Instrument kann bei knapper Kapitalausstattung der kommerziellen Banken – insbesondere mit Blick auf langfristiges Kapital – auch von Entwicklungsbanken bereitgestellt werden.

3.4.3 Eigenkapitalbasierte Förderinstrumente

Förderinstitutionen stellen jedoch nicht allein Fremdkapital (im Wesentlichen Darlehen) zur Verfügung, sondern auch Eigenkapital. Dieses Eigenkapital wird üblicherweise entweder über Fonds-Engagements oder über sogenanntes Risikokapital bereitgestellt. Ist der Kapitalmarkt in einer Region vergleichsweise funktionsfähig und gibt es trotzdem nur ein sehr schwaches Angebot an langfristigem Fremdkapital, so interveniert der Staat vielfach über Eigenkapitalfonds, um etwa größere, netzgebundene Investitionen zu ermöglichen. Typischerweise benötigen die Firmen Eigenkapital zur Neugründung oder auch zur Erweiterung ihres Geschäfts. Dabei bedeutet ein höherer Eigenkapitalanteil in der Finanzierung immer eine größere Sicherheit für den Fremdkapitalgeber und damit günstigere Finanzierung. Für diesen Fall gibt es auch international und bilateral spezielle Institutionen, wie etwa die International Finance Corporation (IFC) der Weltbank-Gruppe oder die Deutsche Investitions- und Entwicklungsgesellschaft (DEG) der deutschen KfW Bankengruppe, die hier ihren Beitrag zur Förderung von Investitionen und zum Aufbau von Märkten leisten.

Im Fall besonders neuer – aus der Sicht der Investoren mit höherem Risiko verbundenen – Technologien ist in fast allen Weltregionen das Risikokapital knapp. Der Staat kann hier gezielt Risikokapital bereitstellen, um den neuen Technologien eine erste Finanzierung/Anwendung zu ermöglichen. Die Realisierung von Lerneffekten kann wiederum weitere Investitionen anstoßen.

3.4.4 Garantien

Haben die regionalen Kapitalmärkte eine gewisse mittel- bis längerfristige Liquidität und schrecken kommerzielle Banken trotzdem davor zurück, Finanzierung bereitzustellen – weil sie sich beispielsweise nicht in der Lage sehen, die Risiken einzuschätzen –, so besteht die Möglichkeit, dass eine öffentliche Bank eine Garantie für die Rückzahlung eines Darlehens übernimmt. Wie bei allen Förderinstrumenten, so muss auch hier geprüft werden, welche Beweggründe die kommerziellen Finanzinstitutionen zu der Entscheidung veranlassen, keine Finanzierung bereitzustellen. Erscheint die mangelnde Finanzierung aus volkswirtschaftlicher Sicht nicht nachvollziehbar und entscheidet man sich, eine Garantie zu gewähren, so kann diese unterschiedlich ausgeprägt sein. Die Garantie dient dazu, das Kreditrisiko zu teilen. Um den kommerziellen Banken einen Anreiz dazu zu geben, die Darlehen verantwortlich auszureichen, deckt eine Garantie üblicherweise nicht das Volumen des vollen Darlehens ab, sondern beispielsweise lediglich 50%.

Über die Garantiefunktion der Entwicklungs- und Förderbanken hinaus, die auch mit Rückversicherungsunternehmen zusammenarbeiten können, gibt es die internationalen Exportkreditversicherungen der Industrieländer. Sie sichern gezielt die Aktivitäten der heimischen Exportwirtschaft ab und arbeiten im Rahmen der Berner Union zusammen. Das Pendant im internationalen Bereich ist die Exportversicherung der Weltbank, die Multilateral Investment Guarantee Agency (MIGA).

3.4.5 Kohlenstoffmärkte

Die Instrumente rund um den Kohlenstoffmarkt unterscheiden sich grundsätzlich von den bisher diskutierten Förderinstrumenten. Der Emissionshandel und der Clean Development Mechanism (CDM) des Kyoto-Protokolls sind ökonomische Instrumente der Klimapolitik. Sie erzeugen einen Preis für CO_2-Emissionen und tragen dazu bei, die Attraktivität CO_2-emissionsarmer Technologien zu steigern.

Emissionshandel und CDM gehören eher zum regulatorischen Rahmen als zum Instrumentarium öffentlicher Finanzierungsinstitutionen. Trotzdem fällt den Entwicklungs- und Förderbanken eine Vorreiterrolle zur Entwicklung entsprechender Märkte zu. So haben beispielsweise die Weltbank oder die KfW Bankengruppe vergleichsweise frühzeitig entsprechende Klimafonds etabliert, um über Kaufprogramme im Rahmen des Kyoto-Protokolls für industrielle Akteure in den Industriestaaten Emissionsrechte aus Minderungsprojekten in anderen Ländern bereitzustellen. Weitere Tätigkeiten der Entwicklungs- und Förderbanken helfen, die noch jungen internationalen Kohlenstoffmärkte weiter auszubauen. Hierzu gehören gezielte Transaktionen oder CDM-Kaufprogramme, die darauf abzielen, die Märkte in Entwicklungs- und Schwellenländern weiterzuentwickeln und in Teilen erst für den Privatsektor zu etablieren. Beispiele bieten etwa Kaufprogramme für CDM-Emissionsrechte jenseits der aktuellen völkerrechtlich verbindlichen Verpflichtungsperiode des Kyoto-Protokolls, also nach 2012, die Umsetzung erster sogenannter „Programmes of Activities“, mit denen eine große Anzahl kleiner Projekte gebündelt werden, um so die entsprechenden Projekttypen dem CDM überhaupt erst zugänglich zu machen. Schließlich gibt es auch Ansätze, ein anderes Marktversagen zu beheben: Die erwarteten Einnahmen aus den CDM-Emissionsminderungsgutschriften sind in aller Regel bei kommerziellen Banken kaum beleihbar und können damit auch nur begrenzt herangezogen werden, um zu einer Projektfinanzierung beizutragen. Entwicklungs- und Förderbanken überlegen hier, Förderinstrumente zu etablieren, mit denen zumindest für bestimmte Klassen von Projekten nach einem Standardverfahren Finanzierung gegen erwartete CDM-Erlöse bereitgestellt werden kann.

3.4.6 Strukturierte Fonds

Bei den strukturierten Fonds handelt es sich um ein neuartiges Förderinstrument mit verschiedenen klassischen Elementen. Ein strukturierter Fonds wird von seinen Anteilseignern gespeist und stellt normalerweise Eigenkapital zur Verfügung oder reicht Darlehen heraus. Von „klassischen" Fonds unterscheidet er sich durch seine „Wasserfallstruktur". Das bedeutet: Die Fondsanteile variieren hinsichtlich ihrer Rendite-Risiko-Struktur. Ein solcher Fonds kann beispielsweise aus drei Tranchen zusammengesetzt sein: einer Junior-, einer Mezzanin- und einer Senior-Tranche. Zentrales Element ist die Junior-Tranche, auch „First-loss-Tranche" genannt. In Fällen, in denen strukturierte Fonds marktvorbereitende Funktion haben, wird die First-loss-Tranche üblicherweise aus Mitteln des Staatshaushaltes finanziert; mit ihr sind nur geringe Zinseinnahmen und die größten Risiken verknüpft. Bei der zweiten, der Mezzanin-Tranche, sind in der Regel öffentliche Finanzierungsinstitutionen engagiert, hier ist der Zins etwas höher und das Risiko etwas geringer. Über die dritte (Senior-)Tranche sind private Investoren am Fonds beteiligt. Hier sind die Zinsversprechen marktnah und Verluste im Vergleich am unwahrscheinlichsten. Der staatliche Förderansatz besteht nun darin, dass die Junior-Tranche als potenzieller Verlustpuffer ausgestaltet ist („first loss piece"). Das bedeutet, dass mögliche Verluste aus Projekten, die in der Konsequenz so hoch ausfallen, dass die Zinszahlungen nicht vollständig bedient werden können, zuerst dazu führen, dass der Verlustpuffer für die Zahlungen genutzt wird. Damit bildet dieser Verlustpuffer ein Risikoschutzschild für das private Investitionskapital. Dieses Schutzschild antizipiert der Investor und ist bereit, seine Mittel dem Fonds zu marktgängigen Bedingungen zur Verfügung zu stellen. So können mit vergleichsweise beschränkten staatlichen Haushaltsmitteln erhebliche private Investitionsmittel mobilisiert werden. Darüber hinaus wird der Verlustpuffer im „Normalfall" nicht aufgebraucht. Es ist ebenso möglich, diesen Puffer mit einer geringen „Zinszahlung" zu versehen, die nicht ausgeschüttet wird. Damit kann sich der Fonds für einen möglichen Zahlungsausfall wappnen oder seinen Risikopuffer vergrößern. Abbildung 4 illustriert die Arbeitsweise eines solchen strukturierten Fonds, wie er in der Praxis beispielsweise in Form des sogenannten „Global Climate Partnership Fund" mit Mitteln der deutschen Bundesregierung umgesetzt wird.

Abbildung 4: Wasserfallstruktur in einem strukturierten Fonds

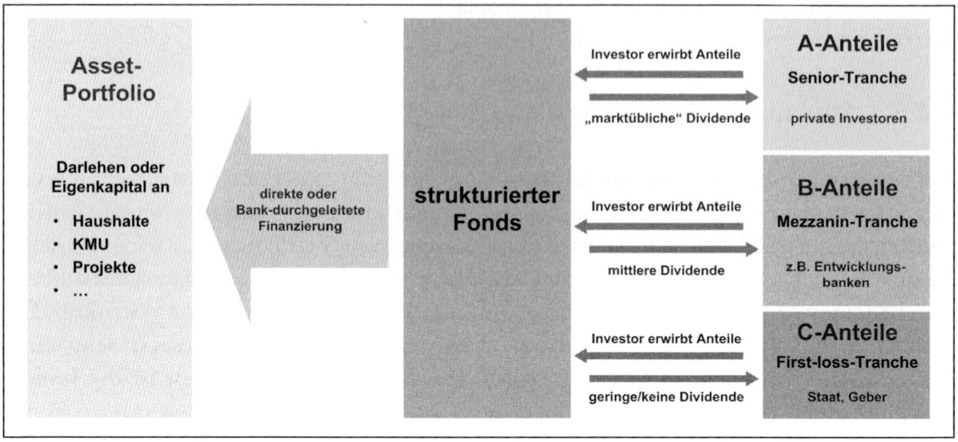

4 Öffentliche Banken und private Investitionen

Eine besondere Herausforderung in der erfolgreichen Tätigkeit der Entwicklungs- und Förderbanken besteht darin, dass sie gewissermaßen grundsätzlich das Ziel verfolgen, die eigene Tätigkeit langfristig bei Beseitigung des Marktversagens überflüssig zu machen. Wenn also Märkte etabliert sind oder innovative Technologien sich erfolgreich am Markt durchgesetzt haben – und für weitergehende Investitionen auch privates Kapital zu Verfügung steht –, dann sollte die Tätigkeit der öffentlichen Bank nicht dazu führen, diese privatwirtschaftlichen Investitionsmittel zu verdrängen (sogenanntes „Crowding-out"). Im Gegenteil muss es das Ziel sein, mit dem geeigneten Einsatz knapper öffentlicher Mittel möglichst effizient privatwirtschaftliche Investitionen im Bereich der Erneuerbaren Energien zu mobilisieren (sogenanntes „Crowding-in").

In dem Maße, in dem sich in den vergangenen Jahren die Notwendigkeit abzeichnete, dass Entwicklungs- und Förderbanken den massiven Strukturwandel des gesamten Energiesektors flankieren müssen, ist stärker als zuvor die Notwendigkeit des „Crowding-in" in den Vordergrund getreten. Ein zentraler Grund ist die schiere Größenordnung der sich abzeichnenden Investitionen. In den internationalen Klimaverhandlungen ist von einem Transfer von rund 100 Mrd. USD jährlich ab dem Jahr 2020 von der OECD an die Entwicklungs- und Schwellenländer die Rede. Die gesamten Investitionen zur Finanzierung der Energiewende betragen leicht ein Vielfaches dessen. Mit dieser Größenordnung wären nicht nur die öffentlichen Finanzen überfordert, sondern in erster Linie wäre es auch ökonomisch nicht sinnvoll, den Staat als Hauptakteur diese Investitionen tätigen zu lassen.

Die Beteiligung von Förder- oder Entwicklungsbanken kann in unterschiedlicher Weise helfen, das Engagement des Privatsektors zu maximieren. Klassische Instrumente wie ein zinsverbilligtes Darlehen können in der Kofinanzierung größerer Projekte helfen. Oft ist allein die Beteiligung oder Gegenwart einer staatlichen Finanzierungsinstitution eine Hilfe, besonders langfristige Finanzierungen zu erleichtern. Hier kann eine öffentliche Bank gleichsam „katalytische" Wirkung entfalten. Darüber hinaus erhalten modernere Finanzierungsinstrumente zunehmend Aufmerksamkeit und werden weiterentwickelt mit dem konkreten Ziel, private Investitionen zu mobilisieren. Ein Beispiel sind Garantien, die gezielt eingesetzt werden, um diejenigen Risiken der Investitionsvorhaben zu senken, für die kein Versicherungsmarkt existiert. Ein Problem hier – wie in allen Formen der komplexeren öffentlich-privaten Zusammenarbeit (PPP) – besteht darin, Mitnahmeeffekte zu verhindern, also den Investoren keine „unangemessen" hohe Renditen, gemessen am tatsächlichen Risiko, zuungunsten der Förderkosten für den Staat zuzugestehen.

Ein modernes und sicherlich aussichtsreiches Instrument, um privates Kapital mit begrenzten öffentlichen Mitteln zu sammeln, sind die sogenannten strukturierten Fonds. Die Funktionsweise über risikodifferenzierte Fondsanteile und Pufferfunktion der öffentlichen Mittel wurde bereits weiter oben erläutert. In der aktuellen Diskussion stellt sich unter anderem die Frage, inwieweit solche Strukturen künftig weiterentwickelt werden können, um einen Beitrag zu leisten, die großen Volumina an langfristigem Investitionskapital der Pensionsfonds und Lebensversicherer für langfristige Investitionen in die klimafreundliche Energieinfrastruktur zugänglich zu machen.

5 Fazit

Es ist zu erwarten, dass Entwicklungs- und Förderbanken auf lange Sicht ein wichtiger Bestandteil der Förderung und Flankierung des Ausbaus Erneuerbarer Energie bleiben. Gründe dafür sind zum einen die Größenordnung und Geschwindigkeit der Investitionsnotwendigkeit, zum anderen das große Potenzial erfahrener Entwicklungs- und Förderbanken, gezielt Ressourcen zum Aufbau eines regionalspezifischen Sektorwissens zu investieren. Eine fundierte Kenntnis der Rahmenbedingungen und nationalen Innovationssysteme ist zentral, um die geeignete Interventionstiefe abschätzen und einen Mix aus Förderinstrumenten so einsetzen zu können, dass vielversprechende Technologien die Chance erhalten, die nächste Innovationsstufe oder Marktetablierung zu erreichen. In diesem Sinne ist es wichtig, die Fördertätigkeit regelmäßig zu evaluieren und zu optimieren. Dies erfordert, dass, im Gegensatz zur klassischen Geschäftsbank, Förderbanken im überdurchschnittlichen Maße mit technischer, regionaler und sektoraler Kompetenz ausgestattet sein müssen. Des Weiteren müssen sie sich ständig an den Wandel und die Förderung von Neuerungen anpassen und sich gleichsam immer wieder neu erfinden.

In anderer Hinsicht könnten sich Entwicklungs- und Förderbanken und die privaten Geschäftsbanken aufeinander zu bewegen: Gemeinsame Finanzierungen von öffentlichen und privaten Banken dürften zunehmen. Hierbei wird es hilfreich sein, wenn die öffentlichen Banken zunehmend standardisierte Produkte anbieten, um zumindest das subjektive Risiko, welches mit den Investitionen in Erneuerbare Energie vielfach verbunden ist, abzufedern. In manchen Fällen – etwa in Deutschland – ist die Förderbank in ihrer komplementären Arbeitsweise heute sehr eng mit dem System der Geschäftsbanken verwoben. Das Design der Förderinstrumente muss dazu beitragen, ineffiziente Förderung – etwa durch Mitnahmeeffekte der privaten Investoren – zu minimieren. Mehr als in den meisten anderen Förderbereichen muss es im Bereich der Erneuerbaren Energien darum gehen, mit den knappen vorhandenen öffentlichen Mitteln möglichst viele Investitionen – vor allem private Investitionen – anzustoßen.

Literatur

Awerbuch, Shimon/Berger, Martin (2003): Applying Portfolio Theory to EU Electricity Planning and Policy-Making, IEA/EET Working Paper, Paris, Februar

Bickel, Peter/Kelm, Thomas (2010): Evaluierung der KfW-Förderung für Erneuerbare Energien im Inland in 2009, Gutachten im Auftrag der KfW, hg. vom Zentrum für Sonnenenergie- und Wasserstoff-Forschung Baden-Württemberg, Stuttgart

Stiglitz, Joseph E./Jaramillo-Vallejo, Jaime/Park, Yung Chal (1993): The role of the state in financial markets, in: World Bank Research Observer, Annual Conference on Development Economics Supplement, S. 19-61

UNEP (2008): Public Finance Mechanisms to Mobilise Investment in Climate Change Mitigation, Paris

UNEP (2010 a): Bilateral Finance Institutions and Climate Change. A Mapping of 2009 Climate Financial Flows to Developing Countries, Paris

UNEP (2010 b): Global Trends in Sustainable Energy Investment, New York

Entwicklung und Potenziale der Märkte für Erneuerbare Energien

Josef Auer

1 Bioenergie: Alleskönner mit guter Zukunft

Erneuerbare Energien sind globale Hoffnungsträger für das 21. Jahrhundert, denn sie bieten Lösungen für mindestens drei große Problemfelder, die in den letzten Dekaden an Bedeutung gewannen und die dieses Jahrhundert prägen werden. Erstens ist dies das fortgesetzte Wachstum der Weltbevölkerung, das zu einem merklichen Anstieg des Energiebedarfs führt. Zweitens, damit zusammenhängend, der strukturell aufwärtsgerichtete Preistrend bei den fossilen Energieträgern. Er erfordert eine Ergänzung des Energiemix und macht Alternativen kommerziell interessant. Drittens sind emissionsarme Energiequellen nötig, um den Klimawandel zu bändigen. Bereits in den letzten 40 Jahren trugen Biomasse und Wasserkraft zusammen bis zu 14% zum globalen Primärenergieverbrauch bei. Künftig wachsen auch die neuen Erneuerbaren sehr dynamisch.

Die Einsatzmöglichkeiten der Bioenergien sind weitaus vielfältiger als die der meisten anderen regenerativen Quellen. Denn während Wasserkraft, Windenergie und Photovoltaik (PV) nur der Stromerzeugung dienen, sind die nachwachsenden Rohstoffe darüber hinaus auch direkt für die Wärme- und Kraftstoffmärkte interessant.

Weltweit sind Bioenergien die mengenmäßig wichtigste erneuerbare Energiequelle. Der Bioanteil am Primärenergieverbrauch lag in den letzten 40 Jahren relativ stabil zwischen 10 und 12%. Da sich im Betrachtungszeitraum der Primärenergieverbrach mehr als verdoppelt hat, sind auch die Bioenergien ebenso stark gewachsen. Die Nummer zwei der Regenerativen, die Wasserkraft, kam in der Zeitspanne nicht über einen Weltanteil von 2% hinaus.

Aufgrund der bestehenden Nutzungskonkurrenz der landwirtschaftlichen Flächen für die Nahrungsmittelproduktion sowie der Tatsache, dass die Ackerfläche global nicht beliebig vermehrbar ist (trotz Fortschritte bei Düngung und Technik), können die Bioenergien nicht die Lösung aller Probleme sein. Gleichwohl zeichnet sich weiteres Wachstum ab. Die Internationale Energy Agency (IEA) erwartet in ihrem Hauptszenario „New Policies", das aktuelle Energiepolitiken und angekündigte Neuausrichtungen berücksichtigt, bis 2035 ein Wachstum des weltweiten Primärenergieverbrauchs um ein Drittel. Noch etwas stärker wachsen die Bioenergien, sodass ihr Anteil global wieder 12% erreicht nach 10% im Jahr 2008.[1]

[1] Vgl. IEA (2010).

1.1 Günstige Perspektiven in Deutschland

In Deutschland trugen die Erneuerbaren Energien 2009 immerhin rund 9% zum Primärenergieverbrach bei (1998: 2,6%). Biomasse ist auch in Deutschland die wichtigste erneuerbare Quelle; sie allein steuerte 2009 6,2% zum Energieverbrauch zu, wobei 2009 ein Rezessionsjahr in Deutschland war, sodass der Energieverbrauch generell abnahm. Interessanter ist deshalb die Entwicklung der Anteile. Hier zeigt sich, dass die Bioenergien ihr (relatives) Wachstum nicht in allen Nischen fortsetzen konnten. Voran kam die Bioenergie auf dem Wärmemarkt, wo der Anteil 2009 7,7% erreichte (2003: 3,8%), und in der Stromerzeugung (5,2% nach 1,2% in 2003). Im Gegensatz dazu führt die Besteuerung der Biokraftstoffe zu Anteilsverlusten; lag der Biokraftstoffanteil 2007 noch bei 7%, so erreichte er 2009 nur noch 5,5%.

Die Perspektiven der Bioenergien in Deutschland sind günstig. So winken im Wärmemarkt bei wieder deutlich höheren Preisen für fossil befeuerte Heizungen weitere Marktanteilsgewinne. In den kommenden zwei Dekaden dürfte sich der Biowärmeanteil verdoppeln. Ein Grund ist die Attraktivität von Pelletsanlagen. Auch der Boom der Biogasanlagen könnte sich fortsetzen, wenngleich nicht mehr ganz so stürmisch wie in den letzten Jahren. Bei den Biomasseheizkraftwerken und den Blockheizkraftwerken hängt sehr viel von den politischen Weichenstellungen ab. Noch wichtiger ist die Politik im Kraftstoffbereich. Hier hat in den letzten Jahren der politische Zickzackkurs für eine gewisse Verunsicherung der Investoren gesorgt. Mehr Sicherheit verspricht deshalb die Steuerung mittels Biokraftstoffquoten, die 2007 begann. Sollte die Entwicklung der zweiten Generation von Biokraftstoffen (also Sprit aus Abfällen bzw. Reststoffen) gelingen, könnte der Nutzungskonflikt gegenüber dem Nahrungsmittelsektor entschärft werden. Dies würde dem Biokraftstoffmarkt weiteres Marktpotenzial auch in Deutschland erschließen. Weltweit dominieren freilich auch weiterhin Brasilien und die USA aufgrund natürlicher Vorteile die Biokraftstoffmärkte.

2 Wasserkraft: mittelfristig weltweit die führende regenerative Stromquelle

Die Wasserkraft kommt in der öffentlichen Wahrnehmung im Vergleich zu den neuen erneuerbaren Energieträgern wie der Wind- oder der Sonnenenergie oft zu kurz. Dies überrascht, denn weltweit steuerte Wasserkraft 2008 etwa 16% zur Elektrizitätserzeugung bei, also weitaus mehr als die Windkraft, die auf 1% kam, und Photovoltaik (PV), deren Anteil nicht mehr als eine „schwarze Null" ergab. Theoretisch ließe sich mit Wasserkraft der Elektrizitätsbedarf der ganzen Welt decken. Dem stehen freilich die geografisch ungleiche Verteilung in den Weltregionen (rund 50% in Asien, 30% in Amerika, 10% in Afrika und 8% in Europa) sowie die ökonomische Rationalität entgegen, denn nicht alles, was theoretisch oder technisch möglich ist, ist auch wirtschaftlich sinnvoll. So setzen zum Beispiel die mangelnden kostengünstigen Speicher- und Transportmöglichkeiten von Strom wirtschaftliche Grenzen.

Das IEA-Hauptszenario erwartet bis 2035 einen Anstieg der globalen Stromproduktion um 75%. Die Wasserkraft bleibt unter den Erneuerbaren mit einem Anteil von 16% weiter führend vor der Windkraft (8%) und der Biomasse (4%). Die Solarenergie erreicht trotz hoher Zuwachsraten 2035 erst ein vergleichsweise niedriges Niveau (2%); dieses liegt aber immerhin doppelt so hoch wie das der Geothermie (1%).[2]

2.1 Vorzüge gegenüber neuen Regenerativen

Die Wasserkraft hat unter den erneuerbaren Elektrizitätsquellen die längste Tradition. Die ersten Wasserkraftwerke wurden schon Ende des 19. Jahrhunderts gebaut. Heute ist etwa die Hälfte der Kleinwasserkraftwerke in Europa über 60 Jahre und sogar zwei Drittel sind älter als 40 Jahre alt. Dank der langjährigen Erfahrung sind traditionelle Wasserkraftwerke technologisch weitgehend ausgereift.

Wasserkraft hat selbst gegenüber vielen neuen Erneuerbaren einige Vorzüge: So kommt die Wasserkraft auf Wirkungsgrade von bis zu 85%. Sie ist damit eine effizientere Form der Stromproduktion als Solarzellen und Windanlagen, wo Wirkungsgrade von einem bzw. zwei Fünfteln erreicht werden. Hinzu kommt, dass Wasserkraft in den meisten Fällen unabhängig vom Tagesrhythmus ist, d.h., nicht vom Scheinen der Sonne oder dem Windaufkommen bestimmt wird. Dies ermöglicht eine dauerhafte und kontinuierliche Stromerzeugung. Überdies sind einzelne Formen der Wasserkraft wie Speicherkraftwerke gut geeignet, temporäre Bedarfsspitzen flexibel auszugleichen.

Investitionen in Wasserkraft sind – ähnlich wie bei Wind- und Sonnenenergie – durch relativ hohe Anfangsausgaben gekennzeichnet, denen dann nur noch sehr geringe Betriebskosten (kleiner als 0,01 EUR pro Kilowattstunde) folgen. Dies ist ein großer Pluspunkt gegenüber den fossil befeuerten Kraftwerken, wo das Risiko steigender Inputkosten für Kohle, Gas oder Öl die Renditen gefährden kann. Überdies ebnen intelligent geplante Wasserkraftanlagen Wege für Mehrfachnutzungen. So sind Verbesserungen des Hochwasserschutzes und der Schifffahrtsverhältnisse integrierbar.

[2] Vgl. IEA (2010), S. 623.

2.2 Im europäischen Kraftwerkspark die Erneuerbare Nummer eins

In Europa erreicht der Anteil der Wasserkraft an den Stromerzeugungskapazitäten 15%. Damit rangiert sie im europäischen Kraftwerkspark ebenfalls noch klar vor der Windenergie und der Photovoltaik. Die jahrelang hohe Förderung für Wind- und Solarenergie sorgt allerdings dafür, dass die Abstände kleiner werden. So steuerte die Windkraft 2000 nur 2% zu den Stromkapazitäten bei, aber 2009 waren es bereits 9%. Ähnlich dynamisch ist die PV-Entwicklung, die 2000 noch keine Rolle spielte, 2009 aber schon knapp 2% erreichte.

Die Analyse des Kraftwerkparks von 2000 bis 2009 zeigt zwei große Trends: Erstens setzte die Elektrizitätswirtschaft laut European Wind Energy Association (EWEA) bei Investitionsentscheidungen immer weniger auf Kohle, Kernenergie und Erdöl. Für jede dieser Stromerzeugungsalternativen wurden mehr Kapazitäten vom Netz genommen als neue installiert. Die Netto-Veränderung der in der EU installierten Kapazitäten betrug im Falle der Kohlekraft –12 Gigawatt (GW), bei Kernenergie –7,2 GW und für die ölbasierte Stromproduktion –12,9 GW. Zweitens geht der Trend zu erneuerbaren Stromquellen, und damit auch zu Wasserkraft sowie Erdgas. Der Netto-Zuwachs betrug bei Erdgas +81 GW, bei Windkraft +65 GW, für PV +13 GW und für Wasserkraft +3 GW.

Bis zuletzt hält der Trend hin zu den erneuerbaren Stromquellen europaweit an. 2009 steuerten die Erneuerbaren 62% der neu installierten Kraftwerkskapazitäten bei. Wie schon im Jahr zuvor kam der größte Teil von der Windkraft, die mit einem Anteil von 39% klar vor Erdgas (25%) lag. Und auch die Zukunft der europäischen Stromerzeugung gehört vor allem den Regenerativen. Dafür sorgt die breite politische Unterstützung in Europa.[3]

2.3 Wasserkraftpotenziale in Europa

Die Wasserkraft spielt in großen und wichtigen europäischen Zukunftskonzepten eine tragende Rolle. So setzt die Offshore-Netzinitiative der Nordseeanrainer, die zusätzliche 100 GW sauberen Strom für Europa bringen soll, auch auf moderne Wasserkrafttechnologien wie Pumpspeicherkraftwerke in Norwegen. Diese helfen, die erratischen Windstromernten besser auszubalancieren.

[3] Z.B. European Climate Foundation (2010). Siehe auch die Vision von Umweltminister Röttgen von einem Regenerativen-Anteil an der Elektrizitätserzeugung von 100% in Deutschland bis 2050.

Das theoretisch nutzbare Wasserkraftpotenzial in Europa (in der Abgrenzung ohne Russland) beträgt insgesamt fast 2.600 Terawattstunden (TWh) pro Jahr. Das wirtschaftliche Potenzial (870 TWh/Jahr) wird gegenwärtig zu 64% ausgeschöpft. Daraus folgt, dass der alte Kontinent immerhin 36% des Wasserkraftpotenzials oder mehr als 300 TWh/Jahr ungenutzt lässt, obwohl die Stromerzeugung sich rechnen würde.[4]

Die Wasserkraftpotenziale sind dabei europaweit keineswegs gleich verteilt. Führend ist die EU-15, die nicht nur über das größte theoretische und technische Potenzial verfügt, sondern auch bereits auf 72% des wirtschaftlichen Potenzials zugreift. Die Region Südosteuropa verfügt zwar „nur" über halb so große technische Potenziale wie die EU-15. Gleichwohl ist die Region aus Investorensicht besonders interessant, denn die wirtschaftlich vorteilhaften Wasserkraftpotenziale werden erst zu 41% genutzt. Das nicht genutzte Potenzial in Südosteuropa von 145 TWh/Jahr übertrifft das der Region Zentral- und Osteuropas um mehr als das 20-Fache. Und es erreicht fast das Potenzial der EU-15 (165 TWh/Jahr).

Die Gründe für das bisherige Hinterherhinken Südosteuropas hinter Westeuropa sind vielfältig. Ein Grund ist die Bevorzugung von Großstrukturen in der Zeit des Eisernen Vorhangs. Erst in den letzten Jahren werden nun auch die Chancen von dezentralen Energieversorgungsstrukturen im Rahmen von Investitionsentscheidungen stärker gewichtet. Überdies dämpften die oftmals politisch motiviert niedrigen Strompreise die Investitionsneigung. Auch hier kehrt in den letzten Jahren mehr Rationalität ein. Summa summarum zählt die Wasserkraft in den kommenden Dekaden zu den Gewinnern im Kraftwerkssektor in Europa.

3 Windenergie: stürmisches Wachstum

Weltweit hat sich die installierte Windkapazität seit 2000 verachtfacht. Deutschland rangiert mit einem Anteil von 16% an der global installierten Windleistung auf Platz zwei hinter den USA, aber vor China, Spanien und Indien. Bis vor wenigen Jahren war Deutschland noch führend. Allein 2009 expandierten die globalen Windkraftkapazitäten um 31%. Die meisten neuen Kapazitäten wurden in China, den USA und Spanien aufgebaut. Der Anteil Europas an den Neuinstallationen sinkt; 2004 lag er noch bei drei Vierteln, 2009 kam er „nur noch" auf gut ein Viertel.

Deutschland ist die größte Manufaktur für Windanlagen. Die Exportquote ist in der letzten Dekade stark gestiegen. 2003 erreichte sie erst 58%, zuletzt waren es schon über 80%.

[4] Vgl. RWE Innogy (2010).

Neben der Installation neuer Anlagen an Land werden innovative Geschäftsfelder wie Repowering (also die Erneuerung von Altanlagen) sowie Offshoring (Installationen auf See) immer wichtiger. Für die deutsche Wirtschaft bergen diese globalen Wachstumssegmente große Entwicklungspotenziale. In Zukunft werden leistungsfähige Referenzanlagen vor der deutschen Küste und in heimischen Landen andere Länder zur Nachahmung motivieren. Die Politik hat dazu die Rahmenbedingungen in den letzten Jahren verbessert.

Die Marktstrukturen der Windbranche sind in Bewegung. Das hat damit zu tun, dass die Branche immer attraktiver wird. Die traditionellen Großkonzerne der Energiewirtschaft haben längst erste Engagements und Übernahmen getätigt; das ist aber erst ein Anfang. Für die Mobilisierung der erforderlichen Finanzmittel für die größeren Investitionen sind die neuen Strukturen hilfreich; sie dienen damit letztlich auch den Umweltzielen.

Windenergie spielt im Rahmen der Stromproduktion auf Basis regenerativer Energien sowie im globalen Stromerzeugungsmix eine immer größere Rolle. Sie ist zwar weniger vielseitig als das Multitalent Bioenergie und auch nicht so beliebt wie PV. Aber im Gegensatz zur Wasserkraft, die in modernen Industrieländern wie Deutschland kaum noch ausbaubar ist, sind die Potenziale der Windkraft noch keineswegs völlig erschlossen.

Die Windbranche bleibt mittel- und langfristig im Aufwind. Bis 2015 dürften die Kapazitäten im Durchschnitt um etwa 10% pro Jahr ausgebaut werden. Ein überdurchschnittliches Wachstum zeichnet sich dabei aufgrund politischer Unterstützung in China und Indien ab. Im Gegenteil dazu dürften die europäischen Länder, in denen schon ein gewisser Sättigungsgrad erreicht ist (nicht nur in Dänemark), unterdurchschnittlich abschneiden. Allerdings werden Frankreich und Großbritannien den EU-Durchschnitt schlagen. Der US-Windmarkt profitiert ab 2011 von der wieder günstigeren Liquiditätssituation. Dank des technischen Fortschritts wird die Windenergie immer wichtiger für die Stromversorgung in Europa und dem Rest der Welt. Dass in der EU-27 schon seit mehreren Jahren die Windenergie die Neuinstallationsstatistik anführt, ist ein starkes Zeichen.

4 Geothermie: immense Potenziale

Das Potenzial der Erde als Energiequelle ist gigantisch. Immerhin sind 99% unseres Planeten heißer als 1.000° Celsius. Und vom verbleibenden Rest sind immer noch 99% wärmer als 100° Celsius. Insofern trügt der Blick aus dem Weltall auf den blauen Planeten. Per Saldo strahlt die Erde Tag für Tag etwa das Zweieinhalbfache des weltweiten Energiebedarfs der Menschen ungenutzt in den Weltraum ab.[5]

[5] Vgl. z.B. Bußmann (2008), S. 2 f.

Grundsätzlich sind zwei Nutzungspfade möglich: erstens die direkte Nutzung der Erdwärme für die Versorgung mit Wärme bzw. Kälte; zweitens der indirekte Einsatz durch Transformation der thermischen Energie in Elektrizität. Als besonders effizient gilt die gekoppelte Wärme- und Stromversorgung mittels der Kraft-Wärme-Kopplung (KWK), da sie besonders hohe Wirkungsgrade erreicht.

Bei der direkten Nutzung der geothermalen Wärme führt Europa. Das gilt sowohl für die installierte Leistung, bei der Europa vor Amerika und Asien rangiert, als auch für die tatsächliche direkte Nutzung, wo Asien auf Platz zwei und Amerika auf Platz drei folgen. Im Unterschied dazu dominiert Amerika die direkte Nutzung der Erdwärme zur Stromerzeugung. Sowohl bei der installierten Kapazität als auch bei der Stromproduktion folgen Asien und Europa auf den Rängen.

Seit 1975 hat sich die globale geothermale Elektrizitätserzeugung um mehr als 600% erhöht. Derzeit produzieren 24 Länder Strom auf Basis der Geothermie. Gemessen an der installierten Leistung führen die USA vor den Philippinen, Indonesien, Mexiko und Italien. Bis 2020 dürften die Kapazitäten für die geothermale Stromerzeugung weltweit jährlich um 4% zulegen. Die direkte Geothermie wächst bis 2020 dank des leichteren Zugangs global etwas stärker. Wegen der steigenden Nachfrage nach Wärmepumpen ist bis 2020 sogar eine Verdoppelung der Kapazitäten möglich.

4.1 Nutzung in Europa, Potenziale in Deutschland

In Europa wird die Geothermie, abhängig von den geologischen Voraussetzungen, in praktisch allen Anwendungsbereichen genutzt. Dabei wird die geothermale Stromerzeugung europaweit klar dominiert von Italien und Island. Zusammen kommen beide Länder auf um die 90% der Kapazitäten und der tatsächlichen Erzeugung. Im Unterschied dazu wird die Erdwärme direkt in sehr viel mehr Ländern genutzt. Europaweit führend sind Schweden, Island und die Türkei, die summiert 50% der Kapazitäten vereinen. Deutschland liegt hier dank zuletzt starker Expansion auf einem respektablen Platz vier vor Ungarn, Italien, der Schweiz und Norwegen.

Die Erdwärme wird in Europa direkt zunehmend auch zu Heizzwecken eingesetzt. Mittlerweile hat dieser Nutzungszweig ungefähr das gleiche Gewicht wie das eher traditionelle Segment Baden und Schwimmen. Beide kommen zusammen auf 72%. Verbreitet sind auch die Nutzung in Gewächshäusern und Aquakulturen.

In Deutschland wächst die Geothermie rasch aus der Nische heraus, denn die Politik hilft an vielen Stellen (z.B. mittels Fördergesetzen), die Technologien noch attraktiver zu machen. Deshalb rechnen sich z.B. neue Erdwärmesysteme oft bereits nach wenigen Jahren gegenüber Öl- oder Gasheizungen. Die deutsche Bauwirtschaft sieht in der Geothermie ein zukunftsträchtiges Wachstumsfeld. Geothermische Kraftwerke allerdings werden auch 2020 noch kaum mehr als 1% zur Elektrizitätserzeugung beisteuern. In Deutschland ist hier noch viel mehr möglich.

5 Photovoltaik: anhaltender Boom

Das Potenzial der Sonne als Energiespender ist bekanntlich schier unendlich: Immerhin strahlt die Sonne jährlich das 15.000-Fache an Energie zur Erde wie alle Menschen zusammen verbrauchen.[6] Die Sonnenenergie hat die Pionierphase längst abgeschlossen. Die drei entscheidenden Produktinnovationen sind gemacht; dieses sind kristalline Solarzellen, Dünnschichttechnologie und die dritte Generation, also Photovoltaik (PV) auf Basis z.B. von Kunststoffen. Entscheidend für den Markterfolg sind künftig Prozessinnovationen rund um die eingesetzten Fertigungstechnologien und Materialien, da sie niedrigere Kosten ermöglichen.

PV-Strom lohnt sich in manchen netzfernen Gegenden, nicht nur in Äquatornähe, schon heute. In den vernetzten Industrieländern sind die betriebswirtschaftlichen Kosten oft noch zu hoch. Im Ongrid-Bereich entscheiden deshalb letztlich Fördermodelle über das Wohl und Wehe der PV-Hersteller. Wie erratisch diese freilich schwanken, zeigen die Beispiele Spanien, das die Förderung gegen Ende der vorigen Dekade drastisch reduzierte, und Italien, wo 2010 die Gesamtleistung der installierten Solaranlagen aufgrund hoher Einspeisevergütungen um etwa 6 GW expandierte. Damit stieg Italien 2010 in der globalen Liga der Hauptabsatzländer auf Platz zwei nach Deutschland auf. Beide Länder könnten auch 2011 vorn liegen.

Die Zukunft der PV-Branche in Deutschland dürfte zweigeteilt verlaufen. Auf der einen Seite kommen auf viele deutsche PV-Hersteller aufgrund des steigenden internationalen Wettbewerbs (z.B. vonseiten chinesischer Hersteller) und der Förderkürzung Strukturfragen zu, die zu beantworten sind. Auf der anderen Seite dürften die mittelständischen PV-Maschinenbauer am Standort Deutschland eine günstige Zukunft haben. Die PV-Ausrüster erhalten Impulse vom fortgesetzten Kapazitätsausbau rund um den Globus, insbesondere in den großen asiatischen Ländern. In der letzten Dekade hat sich eine Handvoll PV-Maschinenbauer als PV-Turnkey-Anbieter am Weltmarkt etabliert. Ohne diese Spezialisten wäre die Automation der PV-Branche nicht so schnell gelungen. Voraussetzung waren allerdings auch die hohen Subventionen, die erst große Stückzahlen und damit Massenproduktionsvorteile ermöglichten.

[6] Vgl. Solarpraxis (2009), S. 10.

5.1 Wachsender Weltmarkt

In den letzten 20 Jahren hat sich der PV-Weltmarkt rapide entwickelt. In der letzten Dekade expandierte die Zahl der Neuinstallationen um über 40% pro Jahr. Nach der EEG-Novelle 2004 wurde zunächst Deutschland das Hauptabsatzland. Starke Förderung machte Spanien 2008 zur Nummer eins, 2009 und 2010 lag Deutschland wieder vorn. 2011 und 2012 bleiben Solaranlagen in Deutschland wirtschaftlich interessant, da zwar die Förderung sinkt, aber gleichzeitig auch die Anlagenpreise unter Druck bleiben. 2011 und 2012 ist in Deutschland ein ähnlich hohes Installationsvolumen erreichbar wie in dem sehr guten Jahr 2010.

Auf der Angebotsseite bleibt China führend. Günstige Produktionskosten gepaart mit politischer Unterstützung sprechen dafür, dass China auf absehbare Zeit den Platz behauptet. Deutschland importiert seit Jahren mehr PV als es exportiert. Große Netto-Exporteure sind China, Japan und Taiwan. Der PV-Weltmarkt könnte bis 2020 um über 20% pro Jahr wachsen. Das ist zwar weniger als in der Dekade davor. Im Vergleich zu traditionellen Industriebranchen ist dies jedoch nach wie vor enorm.

6 Impulse für Solarthermie und CSP

Schon länger ist die Nutzung des Sonnenlichtes für die Zwecke der Solarthermie bekannt und erprobt. Im Kern fangen Kollektoren die Wärme der Sonne auf. Diese wird dann mittels Rohrsystemen an den Ort der Verwendung transportiert. In den warmen Zonen der Erde sind oft einfache Systeme auf Hausdächern installiert, die das Warmwasser für traditionelle Zwecke in Küche und Bad liefern.

Deutschland hält in Europa in der Nutzung von Solarthermie einen vorderen Platz, obwohl die Bedingungen in vielen südeuropäischen Ländern günstiger sind. In den kommenden Jahren profitiert die Solarthermie in Deutschland nicht zuletzt von dem neuen Wärmegesetz und ordnungspolitischen Vorgaben im Wohnungsbau.

Die PV ist nur eine Produktionsform für Solarstrom. Eine zweite Option ist die Concentrated Solar Power (CSP) Technologie. Während PV in der Regel eher dezentral eingesetzt wird, handelt es sich bei CSP um eine zentrale Stromerzeugung. Es gibt eine ganze Reihe von CSP-Verfahren. Besonders bewährt haben sich in einer mehr als 20-jährigen Praxis solarthermische Kraftwerke (Solarkraftwerke) mit Parabolrinnen-Technologie. Längst sind Anlagen in sonnigen Ländern wie Spanien aufgestellt und in Betrieb. Dennoch hat im Jahr 2010 CSP eine völlig neue Welle an Interesse ausgelöst. Der Grund heißt Desertec. Hierbei handelt es sich um eine Industrieinitiative, die sich zum Ziel gesetzt hat, Europa mit Energie aus den Wüsten Nordafrikas und des Nahen Ostens sicher, nachhaltig und klimafreundlich zu versorgen. Freilich wird sich Desertec auch gegenüber dem technischen Fortschritt in der dezentralen grünen Stromerzeugung behaupten müssen.

7 Erneuerbare Energien: ein Teil der Lösung

Angesichts der globalen Energie- und Klimaprobleme sind Fortschritte auf allen Ebenen nötig. Das Wachstum der Erneuerbaren aus der Nische ist zu begrüßen. Gleichzeitig müssen aber auch die Themen Energieeffizienz und Energiesparen sehr viel ernsthafter abgearbeitet werden als bisher, um nachhaltige Erfolge zu erzielen.

Literatur

International Energy Agency (2010): World Energy Outlook, Paris

European Climate Foundation (2010): Roadmap 2050 to a prosperous, zero-carbon Europe, www.roadmap2050.eu

RWE Innogy (2010): Factbook Renewable Energy

Bußmann, Werner (2008): Germany. The geothermal market is expanding, Powerpoint-Präsentation

Solarpraxis (2009): Engineering the solar age, Berlin

Gesamtwirtschaftliche Auswirkungen des Ausbaus Erneuerbarer Energien

Barbara Breitschopf/Jochen Diekmann

1 Einleitung

Der Ausbau Erneuerbarer Energien (EE) wird von einer intensiven Diskussion über das Für und Wider ihrer Förderung begleitet. Insbesondere stehen deren Auswirkungen auf Unternehmen, Haushalte und die gesamte Volkswirtschaft im Zusammenhang mit der stark steigenden Umlage der Kosten der Stromerzeugung mit EE im Zentrum der Diskussion. Hierbei findet vorrangig die Kostenseite große Aufmerksamkeit, während die mit dem EE-Ausbau verbundenen Nutzenaspekte häufig im Hintergrund bleiben.

In einer Reihe von Studien wurden bisher unterschiedliche Einzeleffekte untersucht, sie lassen sich jedoch nicht in einer Summe zusammenfassen, da sie teils unterschiedliche Wirkungstypen darstellen, in verschiedenen Wirkungsbereichen auftreten, die Wirtschaftsakteure ungleich betreffen und durch unterschiedliche Mechanismen wie Gesetze, Zielvorgaben, Förderungen etc. ausgelöst sind. Für eine gesamtwirtschaftliche Betrachtung des Ausbaus EE muss daher eine umfassende Gesamtschau der einzelnen Wirkungen erfolgen, die eine differenzierte Betrachtung der Wirkungsbereiche und -typen beinhaltet und den Gegenstand der Analyse klar ausweist. Daraus leiten sich für die Betrachtung der Kosten-Nutzen-Wirkungen des EE-Ausbaus folgende Fragestellungen ab:

- Welche Wirkungen sind auf den EE-Ausbau zurückzuführen (sachliche Abgrenzung)?
- Welche Wirkungen lassen sich gegenüberstellen bzw. zusammenfassen (Addition)?
- Welche methodischen Ansätze eignen sich zur Ermittlung dieser Wirkungen?
- Welche Mechanismen treiben den EE-Ausbau voran und sind somit Auslöser der betrachteten Wirkungen?
- Welcher Zeithorizont und welche räumliche Abgrenzung liegen den quantitativen Schätzungen zugrunde?

Nach einer kurzen Darstellung methodischer Grundlagen werden in diesem Beitrag Schätzansätze zu systemanalytischen Kosten und Nutzen, Verteilungs- und Preiswirkungen, makroökonomischen Effekten und weiteren Wirkungen erläutert. Den Abschluss bildet eine zusammenfassende Bilanzierung der analysierten Wirkungskategorien.

2 Methodische Grundlagen

Grundsätzlich ist für jede Kosten-Nutzen-Betrachtung der Horizont der Betrachtung räumlich, zeitlich und sachlich abzugrenzen. Darüber hinaus ist bei einer umfassenden Bilanzierung darauf zu achten, welche Wirkungstypen sich gegenüberstellen bzw. additiv zusammenfassen lassen.

2.1 Abgrenzungsfragen

Im Folgenden werden die wichtigsten Abgrenzungsfragen der Analyse kurz erläutert. Die räumliche Dimension definiert, auf welche Region sich die Analyse erstreckt, z.B. auf den nationalen oder den europäischen Bereich. Beispielsweise kann der Einfluss der deutschen EE-Politik auf die Volkswirtschaft in Deutschland analysiert werden oder – in einer erweiterten Betrachtung – auf die Volkswirtschaft aller EU-Länder. Andererseits lassen sich die Auswirkungen der EE-Politik auf EU-Ebene – sofern isolierbar von der deutschen Politik – in Deutschland oder der EU darstellen. In diesem Beitrag beziehen wir uns insbesondere auf die Wirkungen der deutschen Politik in Deutschland.

Die zeitliche Dimension legt den Zeitraum, den die Analyse umfassen soll, fest. Als Ausgangspunkt der Analyse kann die gegenwärtige Wirkung des bisherigen Ausbaus EE dienen oder die zukünftigen Wirkungen des gegenwärtigen Ausbaus. Zu beachten ist, dass nicht nur die Wirkungskette, sondern auch der Ausbau EE selbst einen dynamischen Prozess darstellt und eine jahrgangsweise Analyse erfordert. In diesem Beitrag analysieren wir die gegenwärtigen Folgen des bisherigen Ausbaus auf einer jährlichen Basis.

Die sachliche Dimension bezieht sich auf den Gegenstand der Analyse. Hier muss insbesondere klar differenziert werden, ob Wirkungen des EE-Ausbaus oder die Wirkungen der einzelnen Fördermaßnahmen im Strom- und Wärmebereich betrachtet werden (Abbildung 1).

Abbildung 1: Ansatzpunkte von Wirkungsanalysen des Ausbaus EE

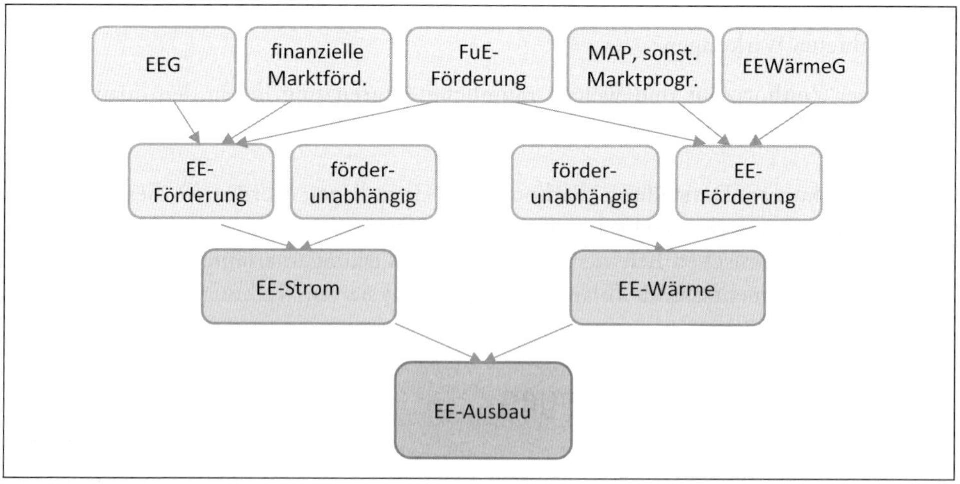

Der Ausbau EE wird durch verschiedene Mechanismen angetrieben, wobei derzeit – neben Forschung und Entwicklung – Maßnahmen zur finanziellen Förderung der Marktentwicklung dominieren. Während der Ausbau im Strombereich insbesondere durch Vorrang- und Vergütungsregelungen des Erneuerbare-Energien-Gesetzes (EEG) gefördert wird, stehen im Wärmebereich Finanzhilfen im Rahmen des Marktanreizprogramms (MAP) und ordnungsrechtliche Regelungen des Erneuerbare-Energien-Wärme-Gesetzes (EEWärmeG) im Vordergrund. Hinzu kommen in beiden Bereichen weitere Darlehen der KfW, die die Finanzierung von Investitionen deutlich erleichtern.

In diesem Beitrag betrachten wir die durch den EE-Ausbau insgesamt verursachten Wirkungen im Strom- und Wärmebereich. Dabei werden die mit dem EEG, dem EEWärmeG und dem Marktanreizprogramm verbundenen Wirkungen berücksichtigt.

2.2 Kategorien und Wirkungstypen

Die vielfältigen Wirkungen des Ausbaus EE betreffen verschiedene Akteure und unterschiedliche Ebenen einer Volkswirtschaft. Aus gesamtwirtschaftlicher Sicht sind gedanklich drei wichtige Fragestellungen zu unterscheiden: Wie effizient werden die vorhandenen Ressourcen genutzt (effiziente Allokation)? Welche Verteilungswirkungen rufen die politischen Maßnahmen hervor (Distribution)? Wie wirken sie sich auf das Wirtschaftswachstum aus (Wachstum und Stabilität)? In Anlehnung an diese Unterteilung unterscheiden wir drei Wirkungskategorien des Ausbaus EE. Diese umfassen 1.) Kosten und Nutzen des EE-Ausbaus, 2.) Be- und Entlastungen für Haushalte, Unternehmen und Staat sowie 3.) makroökonomische Wirkungen (Abbildung 2).

1. *Systemanalytische Kosten und Nutzen*: Systemanalytische Kosten umfassen alle direkten und indirekten Kosten des Ausbaus EE, denen ein unmittelbarer oder mittelbarer Ressourcenverbrauch gegenübersteht. Die direkten Kosten erfassen die zur Erstellung und zum Betrieb einer Anlage benötigten Ressourcen, während die indirekten Kosten Folgekosten der Anlagenerstellung oder des Anlagenbetriebs darstellen, insbesondere Infrastrukturkosten (Netze, Speicher) und Transaktionskosten. Systemanalytische Kosten werden unabhängig davon ermittelt, welche Akteure damit belastet werden. Sie lassen sich aggregiert in einer Größe erfassen und den Nutzen gegenüberstellen. Nutzenkomponenten ergeben sich aus der Ressourcenschonung und vermiedenen Umweltschäden. Die systemanalytischen Kosten und Nutzen Erneuerbarer Energien werden grundsätzlich im Vergleich zu einer Energieversorgung ohne forcierten Ausbau EE bilanziert. Die Systemdifferenzkosten und -nutzen spiegeln somit letztlich die Effizienz der gesamtwirtschaftlichen Ressourcenallokation wider.

2. *Verteilungs- und Preiseffekte*: Verteilungs- und Preiseffekte stellen für sich genommen keinen gesamtwirtschaftlichen Ressourcenverbrauch dar. Sie haben aber einen wesentlichen Einfluss auf die einzelwirtschaftlichen Kosten- und Nutzenwirkungen politi-

scher Maßnahmen zur Förderung Erneuerbarer Energien. Die Verteilungswirkungen können als Be- und Entlastungen einzelner Akteursgruppen bzw. des Staates dargestellt werden, sie lassen sich aber nicht ohne Weiteres zu einer Gesamtgröße zusammenfassen. Neben Verteilungswirkungen löst der Einsatz EE in der Strom- und Wärmeerzeugung Preiseffekte aus, die verschiedene Akteure unterschiedlich stark betreffen.

3. *Makroökonomische Effekte*: Makroökonomische Effekte umfassen gesamtwirtschaftliche Indikatoren wie Investitionen, Umsatz, Importe, Bruttoinlandsprodukt und Beschäftigung. Zur Abschätzung makroökonomischer Effekte des EE-Ausbaus sind neben Statistiken und Erhebungen bei Unternehmen gesamtwirtschaftliche Modelle nötig, welche die vielfältigen wirtschaftlichen Verflechtungen zwischen Akteuren und Wirtschaftszweigen möglichst umfassend abbilden sollen. Aufgrund der Komplexität muss dabei jedoch vereinfachend mehr oder weniger stark von der Realität abstrahiert werden, sodass nicht sämtliche Systemkostenänderungen bzw. Be- und Entlastungen einzelner Akteursgruppen vollständig erfasst werden können.

Abbildung 2: Wirkungskategorien und Wirkungstypen

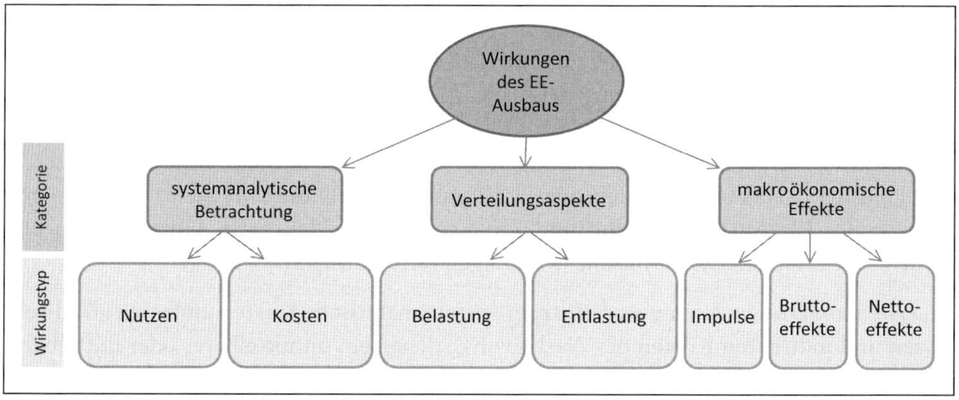

Eine Aufsummierung von Einzelwirkungen ist nur innerhalb der einzelnen Wirkungstypen möglich. In der systemanalytischen Betrachtung können (Differenz-)Kosten und Nutzen saldiert werden. Dagegen ist eine Saldierung von Be- und Entlastungen jeweils nur innerhalb einer Akteursgruppe sinnvoll (und setzt darüber hinaus voraus, dass sämtliche Be- und Entlastungen vollständig erfasst werden). Die makroökonomischen Wirkungen werden als gesamtwirtschaftliche Größen erfasst, wobei aber die einzelnen Indikatoren wie Investitionen und Umsätze oder Bruttoinlandsprodukt und Beschäftigung ebenfalls nicht addierbar sind. Es ist insbesondere zu betonen, dass es grundsätzlich nicht möglich ist, die Wirkungen der drei Kategorien zusammenzuzählen, da mit den Kategorien methodisch jeweils unterschiedliche Aspekte ökonomischer Wirkungen erfasst werden.

Im Folgenden werden die verschiedenen Wirkungen des Ausbaus EE in Deutschland anhand der dargestellten drei Kategorien systemanalytische Kosten und Nutzen, Verteilungs- und Preiseffekte sowie makroökonomische Effekte für den Strom- und Wärmebereich erläutert, wobei sich die Analyse auf die gegenwärtigen Wirkungen des bisherigen Ausbaus in Deutschland bezieht.[1] Im Rahmen dieser Analyse werden die Wirkungen des EE-Ausbaus im Vergleich zu einer (fiktiven) Situation betrachtet, bei der keine Förderung bzw. kein Ausbau EE erfolgt.

3 Systemanalytische Kosten und Nutzen

3.1 Wirkungen im Bereich Strom

Im Strombereich findet ein Ressourcenverbrauch durch Anlagenerstellung und Betrieb, durch den Ausbau der Infrastruktur, die Bereitstellung von Dienstleistungen zur Anpassung der Stromeinspeisung an den Bedarf und zur Prognose der Erneuerbaren Energien, durch Teilnahme an Marktprozessen und Erfüllung administrativer Erfordernisse sowie eine Ressourcenschonung durch vermiedene Umweltbelastungen statt.

3.1.1 Differenzkosten

Die (direkten) Differenzkosten beruhen auf einem Vergleich der Stromgestehungskosten für erneuerbare und andere Energieträger. Sie stellen den zusätzlichen Ressourcenverbrauch dar, der durch den Einsatz EE anfällt. Die Stromgestehungskosten umfassen jeweils die direkten Kosten der Anlagenerstellung, die jährlichen Betriebskosten, die Preise und Mengen für den jeweiligen Brennstoffeinsatz sowie eventuell CO_2-Zertifikatskosten pro Jahr.[2] Die Kosten der Anlagenerstellung werden als annuitätische Kapitalkosten zu den Betriebs- und Brennstoffkosten addiert.

Eine Gewichtung der unterschiedlichen konventionellen Stromgestehungskosten je Kilowattstunde (kWh) in Abhängigkeit von der Verdrängung der jeweiligen konventionell erzeugten Mengen ergibt einen mittleren Stromgestehungskostensatz. Diese Größe ist je

[1] Soweit nicht anders angeben, beziehen sich die Ergebnisse auf ISI u.a. (2010 a, 2010 b).

[2] Soweit CO_2-Zertifikatskosten bei den Differenzkosten angerechnet werden, müssen sie bei einer Bilanzierung mit vermiedenen externen Kosten wieder gegengerechnet werden, vgl. Breitschopf/Diekmann (2010).

nach EE-Technologie unterschiedlich hoch. Eine Gegenüberstellung der Gestehungskosten der EE-Technologien und der mittleren Gestehungskosten der konventionellen Technologien ergibt die Differenzkosten:

direkte $\text{Differenzkosten}_{EE} = \Sigma_i\,[(\text{spK}_i - \text{spvK}_i) \times \text{Strommenge}_i]$

spK:	*spezifische Gestehungskosten in EUR/MWh*
spvK:	*spK des verdrängten konventionellen Strommixes in EUR/MWh*
i:	*EE-Technologie*

In Deutschland wurde 2009 mit rund 95 Terawattstunden (TWh) ein Sechstel des gesamten Bruttostromverbrauchs (579 TWh) aus Erneuerbaren Energien erzeugt. Die direkten Differenzkosten hierfür betrugen 5,6 Mrd. EUR. Bezogen auf den EE-Strom waren dies durchschnittlich 5,9 Eurocent pro kWh, bezogen auf den gesamten Stromverbrauch knapp 1,0 Eurocent pro kWh.

3.1.2 Regel- und Ausgleichsenergiekosten

Die Bereitstellung von Strom aus EE erfordert Regel- und Ausgleichsenergie, da das Angebot von Strom aus Windenergie und Photovoltaik einen fluktuierenden Charakter aufweist und nur begrenzt vorhersagbar ist. In diesem Zusammenhang wird auch oft von Integrationskosten der EE in das Stromversorgungssystem gesprochen. Diese Kosten werden als indirekte systemanalytische Kosten betrachtet. Sie lassen sich bis 2009 in drei Kostenblöcke unterteilen:

- Kosten für die Banderstellung der fluktuierenden EE: Diese Kosten sind abhängig vom mittleren Einspeiseprofil. Der jahresdurchschnittliche Marktwert der Windeinspeisung lässt sich ermitteln, indem die stündliche Einspeisung der Windenergie mit dem jeweiligen Strompreis am Spotmarkt multipliziert und durch die eingespeiste Menge dividiert wird:

  $\text{Marktwert}_{Wind} = [\Sigma_t\,(E_t \times P_t)]\,/\,\Sigma_t E_t$

P:	*Spotmarktpreis in EUR/MWh*
E:	*Windstromeinspeisung in MWh*
t:	*Stunde im Jahr*

- Liegt der Marktwert für Windstrom unter dem mittleren Marktpreis an der EEX, so fallen für die Banderstellung Kosten in Höhe der Differenz zwischen Marktwert des Windes und dem mittleren Marktpreis an.

- Kosten für den Windprognosefehlerausgleich: Kosten entstehen durch den Bezug des Stroms auf dem Intraday-Strommarkt oder den Einsatz der Windreserve bzw. den Bezug von Ausgleichsenergie. Aufgrund fehlender Informationen zum Intraday-Strommarktpreis dienen häufig die Ausgleichsenergiepreise und Prognoseabweichungen als Basis für die Kostenschätzungen.
- Kosten für die Vorhaltung der Windreserve: Die Vorhaltung einer Windreserve, d.h. einer zusätzlichen Leistung, wird von zwei Netzbetreibern öffentlich ausgeschrieben. Auf Basis dessen lassen sich die Kosten der Leistungsvorhaltung ermitteln.

In Deutschland fielen die Kosten für die Regel- und Ausgleichsenergie im Jahr 2009 auf etwa 360 Mio. EUR von 595 Mio. EUR im Vorjahr.

Ab dem Jahr 2010 setzen sich die Kosten für Regel- und Ausgleichsenergie nur noch aus den Kosten für den Windprognosefehlerausgleich und der Vorhaltung der Windreserve zusammen, da nach dem neuen Ausgleichsmechanismus die physische Wälzung (Bandërstellung) des EEG-Stroms von Übertragungsnetzbetreibern auf Lieferanten entfällt.

3.1.3 Netzausbaukosten

Der regional konzentrierte Ausbau der Windenergie – überwiegend im Norden Deutschlands – führt die Netze mehr und mehr an die Grenze ihrer Belastbarkeit. Durch entsprechendes Erzeugungs- oder Lastmanagement können gegebenenfalls Netzengpässe reduziert, aber nicht vermieden werden. Es wird davon ausgegangen, dass in einem gewissen Umfang Erweiterungen bzw. Verstärkungen der vorhandenen Netze sowie neue Netzanschlüsse erforderlich sind. Während Netzanschlüsse im Onshore-Bereich den Anlageninvestitionen und damit den direkten Systemkosten zugerechnet werden, werden sie im Offshore-Bereich als indirekte Netzkosten erfasst. Im Rahmen der Dena-Netzstudien[3] werden die Netzausbaumaßnahmen (Trassenneubau, Netzverstärkung bestehender Trassen, Querregler, Blindleistungsbereitstellung etc.) im Zuge der steigenden Anteile an Windstromerzeugung detailliert untersucht und deren künftige Kosten abgeschätzt. Bisher sind allerdings nur geringe Netzausbaukosten von etwa 20 bis 40 Mio. EUR pro Jahr der Nutzung Erneuerbarer Energien zuzurechnen.

3.1.4 Transaktionskosten

Zu indirekten Kosten gehören auch Transaktionskosten. Sie umfassen alle Kosten, die im direkten Zusammenhang mit Transaktionen oder Verwaltungstätigkeiten entstehen, einschließlich Kosten für Suchen und Informationsbereitstellung, Verhandlungen und Ent-

[3] Vgl. Dena (2005), Dena (2010).

scheidungen sowie Überwachung und Durchsetzung. Durch das EEG fallen Transaktionskosten im Wesentlichen in zwei Bereichen an:

- bei Netzbetreibern und Lieferanten für die Umsetzung des EEG-Wälzungsmechanismus (Informations- und Datenbeschaffung, Übermittlung, -prüfung und Bereitstellung von Informationen, Berechnungen, Nachweise, Veröffentlichungen etc.). Diese Kosten lassen sich basierend auf Angaben des statistischen Bundesamtes zu den Bürokratiekosten des EEG grob abschätzen.
- bei staatlichen bzw. mit hoheitlichen Aufgaben betrauten Institutionen zur Umsetzung des EEG. Zur Abschätzung dieser Kosten sind Informationen zu Personalkosten der entsprechenden Einrichtungen erforderlich.

Die durch das EEG bedingten Transaktionskosten werden für 2009 auf 30 Mio. EUR geschätzt und sind somit im Vergleich zu anderen Kosten von untergeordneter Bedeutung.

3.1.5 Vermiedene Umweltschäden

Durch den Einsatz EE werden im Vergleich zu fossilen Energieträgern weniger Luftschadstoffe und Treibhausgase emittiert. Die vermiedenen Umweltschäden bilden eine wesentliche Nutzenkomponente des Ausbaus EE. Die Ermittlung der vermiedenen Umweltschäden erfolgt in drei Schritten:

- Ermittlung des Vermeidungsfaktors aus Substitutionsfaktoren einer EE-Technologie i und den entsprechenden Emissionsfaktoren der konventionellen Technologien j[4] und Subtraktion der Emission der EE-Technologie i:

  spezifischer $\text{Vermeidungsfaktor}_{ik}\ (\text{spVF}_{ik}) = \Sigma_j\, (\text{SF}_{ij} \times \text{EF}_{jk}) - \text{EF}_{ik}$

EF:	*Emissionsfaktor*
SF:	*Substitutionsfaktor*
i:	*Erneuerbare Energien*
j:	*fossile Energien*
k:	*Treibhausgas oder Luftschadstoff*

[4] UBA (2010).

- Ermittlung der vermiedenen Emissionen aus den vermiedenen spezifischen Emissionen einer EE-Technologie und der erzeugten Strommenge:[5]

  vermiedene Emissionen_{ik} $(VE_{ik}) = \Sigma_i (spVF_{ik} \times Q_i)$

  Q: *erzeugte Strommenge mit EE*

  spVF: *spezifischer Emissionsvermeindungsfaktor*

- Ermittlung der vermiedenen Umweltschäden aus vermiedenen Emissionen einer EE-Technologie und den entsprechenden Schadenskosten für Luftschadstoffe und Treibhausgase:[6]

  vermiedene $\text{Umweltschäden}_i = \Sigma_k (VE_{ik} \times SK_k)$

  SK: *Schadenskosten in EUR/t*

  VE: *vermiedene Emissionen*

Durch das Emissionshandelssystem (ETS) erfolgt eine (Teil-)Internalisierung der Schadenswirkung von CO_2-Emissionen. Diese Internalisierung, die überwiegend den Strombereich betrifft, ist bei einer Gesamtbilanzierung von den vermiedenen Umweltschäden abzuziehen, soweit sie bereits in den Systemdifferenzkosten berücksichtigt wird.[7]

Die Stromerzeugung aus Erneuerbaren Energien in Deutschland hat 2009 insgesamt Umweltschäden in Höhe von 5,7 Mrd. EUR vermieden. Bereinigt um die in den Systemkosten bereits erfassten CO_2-Zertifikatskosten waren es 4,8 Mrd. EUR.

3.2 Wirkungen im Bereich Wärme

Im Wärmebereich erfolgt ein Ressourcenverbrauch durch die Erstellung und den Betrieb der Wärmeerzeugungsanlagen, durch Maßnahmen im Bereich der Infrastruktur sowie durch administrative und marktwirtschaftliche Prozesse. Diesen Aufwendungen sind die Kosten für ein hypothetisches System ohne Wärme aus Erneuerbaren Energien gegenüberzustellen. Darüber hinaus sind die jeweiligen Umweltbelastungen zu berücksichtigen.

[5] BMU (2010 c).

[6] Vgl. ISI u.a. (2010 a).

[7] Vgl. Breitschopf/Diekmann (2010).

3.2.1 Differenzkosten

Die direkten Differenzkosten EE im Wärmebereich erfassen die Mehrkosten im Vergleich der Gestehungskosten erneuerbarer und konventioneller Erzeugungstechnologien. Wie bei der Berechnung der Differenzkosten im Strombereich werden die Gestehungskosten aus der Annuität der Investition, den jährlichen Betriebskosten und den Verbrauchskosten ermittelt. Die Berechnung der Gestehungskosten basiert hier allerdings auf Referenzgebäuden (Gebäudetypen für Einfamilien- und Mehrfamilienhäuser sowie für Nichtwohngebäude) und konventionellen Referenztechnologien (Brennwertkessel für Erdgas und Heizöl) sowie auf Technologien mit erneuerbaren Energieträgern (Solarkollektoren, Wärmepumpen, Feuerungsanlagen für feste Biomasse):

$$\text{Direkte Differenzkosten}_{EE} = \Sigma_g \, \Sigma_i \, [(spK_{ig} - spvK_{ig}) \times W_{ig}]$$

spK:	*spezifische Gestehungskosten in EUR/kWh*
spvK:	*spK des durch i verdrängten konventionellen Wärmeerzeugers*
i:	*EE-Technologie*
W:	*durch EE bereitgestellte Wärmemenge (nach Gebäudetypen)*
g:	*Gebäudetyp*

Die direkten Differenzkosten für die Nutzung Erneuerbarer Energien im Wärmebereich werden für 2009 auf 1,5 Mrd. EUR geschätzt.[8]

3.2.2 Wärmenetzausbau und Wärmespeicher

Die genannten Differenzkosten enthalten auch Kosten für Wärmenetze. Daher sind sie bei der Bilanzierung der bisherigen Kosten nicht gesondert aufgeführt. Zusätzliche Kosten könnten künftig vor allem durch Wärmespeicher entstehen, die die fluktuierende Bereitstellung von Wärme aus EE ausgleichen können.

3.2.3 Transaktionskosten

Im Wärmebereich fallen Transaktionskosten durch das EEWärmeG an. Diese umfassen Kosten der Umsetzung des EEWärmeG bei allen betroffenen Akteuren für Informationsbeschaffung und Datenübermittlung, bei staatlichen Einrichtungen oder mit hoheit-

[8] Hiervon entfällt rund ein Drittel auf Anlagen, die mit dem Marktanreizprogramm gefördert worden sind. Diese systemanalytischen Differenzkosten dürfen allerdings nicht mit der (geringeren) Höhe der Fördermittel verwechselt werden.

lichen Aufgaben betrauten Institutionen für Datenbereitstellung, -übermittlung, -prüfung, Nachweise etc. Zur Höhe dieser Kosten liegen bisher keine Schätzungen vor, sie dürften aber ähnlich wie im Strombereich von relativ geringer Bedeutung sein.

3.2.4 Umweltschäden

Die Berechnung der vermiedenen Umweltschäden im Wärmebereich beruht auf dem gleichen methodischen Ansatz wie im Strombereich. Die vermiedenen Umweltschäden durch Einsatz EE in der Wärmeerzeugung belaufen sich 2009 auf 2,1 Mrd. EUR. Diese sind überwiegend durch die Vermeidung von CO_2-Emissionen geprägt, jedoch spielen hier auch Luftschadstoffe sowie Nicht-CO_2-Treibhausgase eine etwas größere Rolle. Unter Berücksichtigung der Internalisierung von CO_2-Zertifikatskosten betragen die vermiedenen Umweltschäden 2,0 Mrd. EUR (2009).

4 Verteilungs- und Preiswirkungen

Durch staatliche Eingriffe wie finanzielle Förderung EE (MAP und KfW-Programme), Nutzungspflichten (EEWärmeG), Einspeisevergütungen und Abnahmeverpflichtungen (EEG) werden Verteilungs- und Preiswirkungen hervorgerufen, durch die einzelne Akteursgruppen unterschiedlich stark be- oder entlastet werden.

4.1 Wirkungen im Bereich Strom

Der Strombereich wird insbesondere durch das EEG geprägt, das verschiedene Wirtschaftssubjekte unterschiedlich stark be- bzw. entlastet. Hinzu kommen Darlehen der KfW. Darüber hinaus wirkt sich die zunehmende EE-Stromerzeugung unmittelbar auf die Erzeugerpreise aus.

4.1.1 Merit-Order-Effekt

Die Stromerzeugung aus EE erhöht das Gesamtangebot von Strom und verringert damit die Nachfrage nach Strom aus anderen Energieträgern. Dies führt zu einer Verschiebung der Angebotskurve nach rechts (siehe Abbildung 3). Je unelastischer (steiler) die Nachfragekurve ist, umso stärker führt die Erhöhung des Angebots zu einer Preissenkung am Großhandelsmarkt. Dieser Merit-Order-Effekt stellt einen Preis- und Verteilungseffekt dar, der die Einnahmen der Erzeuger (Anbieter) reduziert und die Kosten für Stromlieferanten (Nachfrager) senkt. Wie stark dieser Effekt an die Endverbraucher durchgereicht wird, hängt unter anderem von der Marktmacht der Stromlieferanten ab.

Abbildung 3: Merit-Order-Effekt der Stromerzeugung aus Erneuerbaren Energien

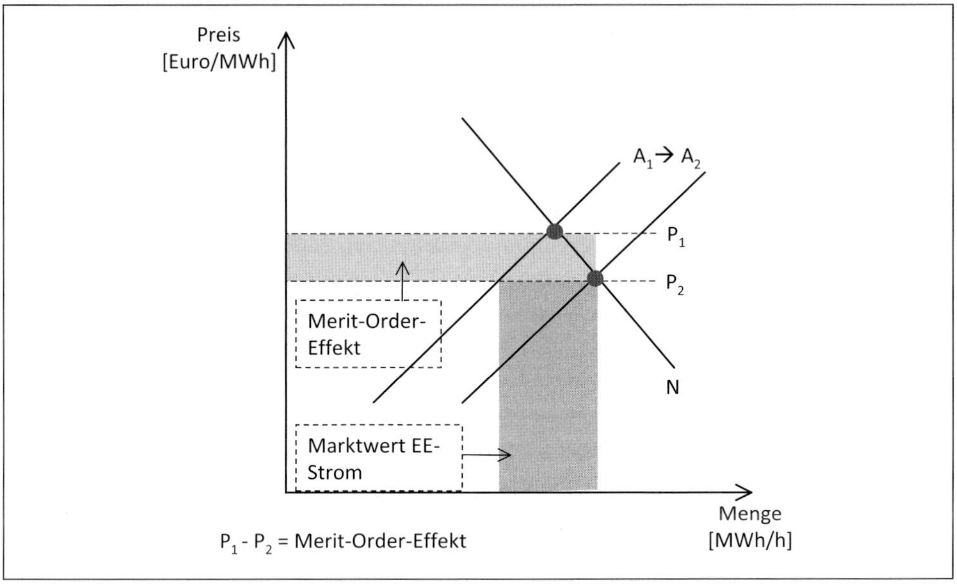

Quelle: eigene Darstellung

Die Abschätzung des Preiseffektes an der Börse basiert auf einem Vergleich der Strompreise mit und ohne EEG-Stromerzeugung. Hierbei werden die Strompreise auf stündlicher Basis verglichen und mit der jeweiligen Last multipliziert. Im Unterschied zu früheren Berechnungen werden zusätzliche konventionelle Kraftwerkskapazitäten im Fall ohne EEG-Strom unterstellt. Damit wird der Merit-Order-Effekt konservativ quantifiziert (d.h. eher unterschätzt).

Unter Berücksichtigung des unterstellten Kraftwerkszubaus im Szenario ohne EEG-Strom wird der Merit-Order-Effekt für 2009 auf 3,1 Mrd. EUR bzw. 0,6 Eurocent pro kWh geschätzt.[9]

4.1.2 Differenzkosten nach EEG

Die Differenzkosten nach dem EEG zeigen die Belastung der Lieferanten bzw. Endverbraucher durch die Einspeisevergütungen. Bis 2009 basierten sie auf der Differenz zwischen durchschnittlicher EEG-Vergütung und durchschnittlichen Strombezugskosten des jeweiligen Energieversorgungsunternehmens. Die Berechnung der Differenzkosten

[9] Sensfuß (2011).

ab 2010 ist in § 3 der Ausgleichsmechanismusverordnung festgelegt. Dabei werden den Einnahmen der Übertragungsnetzbetreiber insbesondere aus der Vermarktung der EEG-Mengen an der Börse die Ausgaben, hauptsächlich für EEG-Vergütungszahlungen, gegenübergestellt.

Die EEG-Differenzkosten betrugen im Jahr 2009 5,3 Mrd. EUR. Sie haben sich 2010 auf 8,2 Mrd. EUR erhöht. Nach der Prognose der Übertragungsnetzbetreiber (ÜNB) erreichen sie 2011 (einschließlich Nachholbetrag für 2010) 13,5 Mrd. EUR. Die EEG-Umlage ergibt sich im Wesentlichen aus den Differenzkosten, bezogen auf den nicht privilegierten Letztverbrauch. Auf Basis der ÜNB-Prognose ist die EEG-Umlage 2011 mit 3,53 Eurocent pro kWh erheblich gegenüber dem Vorjahr (2010: 2,05 Eurocent pro kWh) gestiegen. Dennoch ist mittelfristig (inflationsbereinigt) eher mit einer geringeren Höhe der EEG-Umlage zu rechnen.[10]

4.1.3 Besondere Ausgleichsregelung

Die besondere Ausgleichsregelung nach §§ 40 ff EEG 2009 zielt darauf ab, die internationale bzw. (hinsichtlich der Bahn) intermodale Wettbewerbsfähigkeit stromintensiver Unternehmen nicht zu schwächen. Sie bewirkt, dass die Umlage für privilegierten Verbrauch auf 0,05 Eurocent je kWh begrenzt wird. Hierfür müssen die Unternehmen bestimmte Kriterien wie Mindeststromkostenanteil an der Bruttowertschöpfung und Bezug einer Mindeststrommenge erfüllen. Im Hinblick auf die Verteilungswirkung erfahren die privilegierten Unternehmen eine Entlastung, während die nicht privilegierten Stromverbraucher (andere Unternehmen und private Haushalte) diese Vergünstigungen durch eine erhöhte Umlage kompensieren müssen.

Der Umverteilungseffekt durch die besondere Ausgleichsregelung betrug 2009 rund 660 Mio. EUR. Als Folge steigender EEG-Differenzkosten erhöhte sich der Effekt 2010 auf über 1,1 Mrd. EUR und 2011 auf 2,1 Mrd. EUR.[11]

4.1.4 Finanzielle Förderung

Sowohl Forschung und Entwicklung als auch Marktentwicklung Erneuerbarer Energien werden in Deutschland auf unterschiedlichen Ebenen (EU, Bund, Länder, Kommunen) finanziell gefördert. Eine vollständige Aufteilung der Fördermittel auf die Bereiche Strom und Wärme ist insbesondere bei der institutionellen Förderung nicht ohne Weite-

[10] Vgl. Traber/Kemfert/Diekmann (2011).

[11] BMU (2010 b).

res möglich. Während sich die finanzielle Förderung der Marktentwicklung aus öffentlichen Haushalten überwiegend auf den Wärmebereich bezieht,[12] dominiert in Forschung und Entwicklung der Strombereich.

Für die Förderung von Forschung und Entwicklung auf dem Gebiet Erneuerbarer Energien hat der Bund im Jahr 2009 insgesamt 277 Mio. EUR ausgegeben. Hinzu kommen Forschungsausgaben der Länder von etwa 61 Mio. EUR und anteilige Ausgaben der EU von rund 16 Mio. EUR (2007). Diese Mittel dienen künftigen Innovationen und können insofern nicht der gegenwärtigen Nutzung Erneuerbarer Energien in Deutschland zugerechnet werden.

4.1.5 Stromsteuer

Mit der ökologischen Steuerreform (1999) wurde eine Stromsteuer eingeführt, deren Regelsatz seit 2003 2,05 Eurocent je kWh beträgt. Dabei wird Strom aus Erneuerbaren Energien im Wesentlichen ebenso besteuert wie Strom aus fossilen und nuklearen Energien. Im Hinblick auf eine Internalisierung externer Effekte wäre eine Besteuerung von Strom aus Erneuerbaren Energien eigentlich nicht gerechtfertigt. Aufgrund der Sonderregelungen insbesondere für Unternehmen des produzierenden Gewerbes kann die effektive Besteuerung von Strom aus Erneuerbaren Energien nicht ohne Weiteres eindeutig ermittelt werden. Für 2009 wird der auf EE-Strom entfallende Teil der Stromsteuer auf 1,0 bis 1,1 Mrd. EUR geschätzt.

4.2 Wirkungen im Bereich Wärme

Im Wärmebereich ergeben sich Verteilungswirkungen zum einen durch Fördermaßnahmen im Rahmen des EEWärmeG, des MAP sowie weiterer Programme u.a. der KfW. Zum anderen führt die zunehmende EE-Wärme aufgrund der Substitution fossiler Energien auch zu Energiepreiseffekten.

4.2.1 Finanzielle Förderung

Im Wärmebereich besteht die finanzielle Förderung Erneuerbarer Energien überwiegend aus Mitteln für die Marktentwicklung in Form von Investitionszuschüssen, Tilgungszuschüssen und Zinssubventionen, wobei neben der Wärmeerzeugung auch Wärmenetze

[12] Eine Ausnahme bildet vor allem das 100.000-Dächer-Solarstrom-Programm, mit dem der Ausbau der Photovoltaik bis 2003 gefördert wurde. Im Jahr 2009 waren hierfür im Bundeshaushalt noch 24,5 Mio. EUR vorgesehen.

gefördert werden. Besondere Bedeutung hat der Haushaltstitel des BMU zur Förderung von Einzelmaßnahmen EE (2009: 466 Mio. EUR), der im Wesentlichen die Mittel für das Marktanreizprogramm (MAP) enthält. Im Rahmen des MAP sind 2009 Zuschüsse des Bundesamts für Wirtschaft und Ausfuhrkontrolle (BAFA) in Höhe von 374 Mio. EUR gezahlt worden. Hinzu kommen Darlehen im KfW-Programmteil „Premium". Darüber hinaus fördert das Wirtschaftsministerium den Export sowie die Beratung und das Landwirtschaftsministerium die Markteinführung nachwachsender Rohstoffe.

4.2.2 Einzelwirtschaftliche Differenzkosten

Die einzelwirtschaftlichen Differenzkosten zeigen, welche Zusatzkosten Anlagenbetreiber bzw. Wärmenutzer unter Berücksichtigung verschiedener Förderungen für den Einsatz Erneuerbarer Energien zur Wärmeerzeugung tragen. Als Fördermaßnahmen sind hierbei zu unterscheiden:

- das EEWärmeG, das für den Neubaubereich eine Nutzungspflicht EE vorschreibt bzw. entsprechende Ersatzmaßnahmen fordert,
- das MAP, das derzeit überwiegend Maßnahmen in bestehenden Gebäuden fördert sowie
- weitere Förderprogramme der KfW und anderer Einrichtungen, die finanzielle Förderungen für neue oder bestehende Gebäude bereitstellen.

Für die Berechnung der Differenzkosten sind deshalb für Neubauten und für bestehende Gebäude verschiedene Ansätze anzuwenden.

1. *Differenzkosten im Neubau*: Dieser Ansatz erfasst die Kosten für eine Wärmeerzeugung mit EE unter Berücksichtigung einer möglichen Programmförderung (z.B. KfW-Umweltprogramm) abzüglich der Kosten für die Wärmeerzeugung mit fossilen Energieträgern im Neubau (einschließlich Steuern und eventuellen CO_2-Zertifikatskosten). Die Berechnung basiert auf einem Vergleich der einzelwirtschaftlichen Kosten von Referenztechnologien für erneuerbare und fossile Energieträger in entsprechenden Referenzgebäuden. Bei Durchführung von Ersatzmaßnahmen müssen statt der Kosten für EE die Kosten für Ersatzmaßnahmen angelegt werden. Als Kosten werden die spezifischen Gestehungskosten aus Abschnitt 3.2.1 (hier aber grundsätzlich unter Berücksichtigung von Steuern etc.) um die spezifische Förderung (als Annuität) vermindert:

$$\text{Differenzkosten}_{\text{Neubau}} = \Sigma_g \Sigma_i [(\text{spK}_{ig} - \text{spF}_{ig} - \text{spvK}_{ig}) \times \text{EB}_{ig} \times \text{A}_{ig} \times \text{G}_g]$$

spK:	*spezifische Gestehungskosten in EUR/kWh*
spvK:	*spK des durch i verdrängten konventionellen Wärmeerzeugers*
spF:	*spezifische Förderung in EUR/kWh*
i:	*EE-Technologie*
g:	*(Referenz-) Gebäudetyp*
EB:	*Energiebedarf*
A:	*Gebäudeanteil der EE-Heiztechnologie*
G:	*Gebäudeanzahl*

2. *Differenzkosten in bestehenden Gebäuden*: Für bestehende Gebäude wird derzeit eine Förderung im Rahmen des MAP gewährt. Gegebenenfalls können sich über verschiedene Förderprogramme weitere finanzielle Unterstützungen ergeben. Der Ansatz zur Berechnung dieser Differenzkosten lehnt sich (wie im Fall 1) formal an die Berechnung der systemanalytischen Differenzkosten (Abschnitt 3.2.1) an, berücksichtigt hier aber die MAP-Förderung. Außerdem sind in der einzelwirtschaftlichen Betrachtung grundsätzlich neben eventuellen CO_2-Zertifikatskosten auch Steuern einzubeziehen. Leitgröße ist hierbei die in den jeweiligen Typen der Wohn- und Nichtwohngebäude erzeugte EE-Wärmemenge.

Umfassende Ergebnisse von Analysen der einzelwirtschaftlichen Differenzkosten liegen noch nicht vor.

4.2.3 Preiseffekte bei Brennstoffen

Ähnlich wie im Strombereich führt auch die Nutzung Erneuerbarer Energien im Wärmebereich zu einer verminderten Nachfrage nach fossilen Energien (hier vor allem Erdgas und Heizöl). Die durch den Nachfragerückgang bedingten Preisänderungen fossiler Energieträger dürften allerdings zumindest kurzfristig für sich genommen gering sein.

5 Makroökonomische Effekte

Auf makroökonomischer Ebene werden vor allem die Wirkungen auf Wachstum und Beschäftigung erfasst. Für eine umfassende Analyse müssen sowohl positive wie negative Effekte des EE-Ausbaus im Energiesektor und darüber hinaus in allen anderen Sektoren der Volkswirtschaft erfasst werden. Die hierfür verwendeten makroökonomischen Kenngrößen lassen sich hinsichtlich ihrer volkswirtschaftlichen Aussagekraft in drei Gruppen einteilen:

- Kennzahlen, die Impulse oder (Teil-)Wirkungen auf makroökonomischer Ebene darstellen, die jedoch weder die systemanalytischen Effekte und Verteilungswirkungen noch deren volkswirtschaftlichen Folgewirkungen vollständig erfassen können,
- makroökonomische Bruttoeffekte, die nur positive Wirkungen des EE-Ausbaus im EE-Sektor sowie in den vorgelagerten Sektoren – aber keine gesamtwirtschaftlichen Folgewirkungen – erfassen und dabei ebenfalls systemanalytische Kosten und Verteilungswirkungen nur teilweise einbeziehen,
- makroökonomische Nettoeffekte, die auf Basis eines Vergleichs von Szenarien (mit und ohne EE-Ausbau) sowohl positive als auch negative Effekte in allen Sektoren der Volkswirtschaft erfassen und dabei möglichst vollständig auch die Kosten- und Verteilungswirkungen einbeziehen.

5.1 Makroökonomische Impulse

Der Ausbau EE löst makroökonomische Impulse in Form von zusätzlichen Umsätzen und Investitionen sowie verminderten Importen aus. Diese Impulse stellen – meist auf Sektorebene – aggregierte Größen dar, die allerdings für sich genommen weder mögliche positive noch negative Folgewirkungen des EE-Ausbaus im gesamtwirtschaftlichen Zusammenhang erfassen:

- Die Investitionen bilden die Summe des innerhalb eines Jahres in Deutschland in EE-Anlagen investierten Kapitals ab. Die Angaben basieren auf den EE-Ausbauzahlen (Leistungszuwachs) nach Angaben der Arbeitsgruppe EE-Statistik (AGEE-Stat) und leistungsbezogenen Investitionsausgaben. Diese Investitionen betrugen 2009 insgesamt 20,2 Mrd. EUR.[13]
- Der Umsatz entspricht der in Deutschland wirksamen Nachfrage aus dem In- und Ausland. Im Jahr 2009 lag der Umsatz der in Deutschland ansässigen Hersteller von Anlagen zur Nutzung Erneuerbarer Energien schätzungsweise bei 16,8 Mrd. EUR.[14] Er umfasst die Summe der Investitionen in Anlagen zur Nutzung EE abzüglich der Anlagenimporte und zuzüglich der Anlagenexporte deutscher Hersteller. Einschließlich Export von Komponenten betrug der Umsatz 21,2 Mrd. EUR.[15]

---

13 GWS u.a. (2011), S. 85, Fußnote 1.

14 Ebenda, S. 86.

15 Ebenda, S. 87.

Die vermiedenen Energieimporte beziehen sich auf die durch den EE-Ausbau unmittelbar bewirkte Verminderung der Importe fossiler Energieträger wie Erdöl, Erdgas und Kohle innerhalb eines Jahres nach Deutschland. Die Berechnung basiert auf Abschätzungen des eingesparten Primärenergieverbrauchs, auf Substitutionsfaktoren und Importquoten:

$$\text{vermiedene Importe}_j = \Sigma_i(SF_{ij} \times PE_i) \times Im_j$$

SF:	*Substitutionsfaktor*
j:	*fossile Energieträger*
i:	*Erneuerbare Energieträger*
PE:	*Primärenergie erzeugt durch EE*
Im:	*Importquote für fossilen Energieträger*

Durch die Nutzung Erneuerbarer Energien wurden 2009 in Deutschland die Energieimporte um 5,7 Mrd. EUR vermindert, davon 2,2 Mrd. EUR durch Strom, 2,7 Mrd. EUR durch Wärme und 0,8 Mrd. EUR durch Kraftstoffe. Unter Berücksichtigung gestiegener biogener Brennstoffimporte waren es 5,1 Mrd. EUR.

5.2 Bruttoeffekte

Bruttoeffekte des EE-Ausbaus auf Beschäftigung und Wertschöpfung beschreiben die Wirkungen auf sektoraler Ebene, d.h. in allen Sektoren, die direkt oder über Vorleistungen (indirekt) zur Erstellung und zum Betrieb von EE-Anlagen bzw. zur Aufbereitung von Biomasse beitragen.[16] Die Bruttobeschäftigung ergibt sich aus der Summe der direkten und indirekten Beschäftigung:

- Die direkte Bruttobeschäftigung umfasst die Beschäftigten von Unternehmen, die sich auf die Herstellung von EE-Anlagen spezialisiert haben, wie Windanlagenhersteller, PV-Modulproduzenten sowie Beschäftigte in Unternehmen mit einer breiteren Produktpalette (welche auch Anlagen zur fossilen Brennstoffnutzung umfassen kann), soweit sie in der Produktion von EE-Anlagen wie Wärmepumpen beschäftigt sind. Die direkte inländische Beschäftigung schließt auch Arbeitnehmer ein, die in der Produktion von Anlagen für den Export beschäftigt sind. Des Weiteren sind alle Beschäf-

[16] In Einzelfällen werden in Analysen von Bruttoeffekten auch Einkommenswirkungen (gesamtwirtschaftliche Multiplikatoreffekte) einbezogen.

tigten einbezogen, die in Unternehmen der Planung und Entwicklung, dem Bau, Betrieb und der Wartung von EE-Anlagen sowie der Biomasseaufbereitung eingebunden sind.

- Die indirekte Bruttobeschäftigung umfasst die Beschäftigten von Unternehmen, die Vorlieferungen für die inländische Produktion von EE-Anlagen sowie für die Planung, den Bau, die Wartung und den Betrieb erbringen. Des Weiteren sind auch Vorleistungen für Unternehmen der Biomasseaufbereitung einbezogen. Beispielsweise beziehen Hersteller von Windanlagen ihre Vorlieferungen aus dem Maschinenbau, der Metallverarbeitung, dem Fahrzeugbau, der Messtechnik und dem Dienstleistungssektor.

Insgesamt ergibt sich für das Jahr 2009 in Deutschland durch Erneuerbare Energien eine Bruttobeschäftigung von 339.500 Personen.[17]

5.3 Nettoeffekte

Nettoeffekte vergleichen die gesamtwirtschaftlichen Wirkungen des EE-Ausbaus (EE-Ausbauszenario) mit einem fiktiven Szenario ohne EE-Ausbau. Die gesamtwirtschaftlichen Wirkungen erstrecken sich auf die gesamte Volkswirtschaft. Hierbei werden die positiven und negativen direkten wie auch indirekten Effekte berücksichtigt. Darüber hinaus gehen auch induzierte Effekte (Folgewirkungen) in die volkswirtschaftliche Nettorechnung ein:

- Positive direkte und indirekte Effekte umfassen Bruttowirkungen des EE-Ausbaus durch Biomassebereitstellung, Investitionen, Betrieb und Wartung im EE-Sektor (direkt) sowie in den vorgelagerten Bereichen (indirekt).
- Negative direkte und indirekte Effekte umfassen gegenläufige Effekte des EE-Ausbaus durch verminderte Bereitstellung fossiler Energieträger, verminderte Investitionen und verminderte Ausgaben für Betrieb und Wartung konventioneller Anlagen (direkt) sowie in deren vorgelagerten Bereichen (indirekt).
- Induzierte Effekte umfassen Einkommens- und Preiseffekte, z.B. positive Nachfragewirkungen über den Beschäftigungsanstieg im EE-Sektor auf andere Sektoren der Volkswirtschaft und negative Preiseffekte des EE-Ausbaus, die vor allem die Energiekosten von Unternehmen sowie die Energieausgaben von privaten Haushalten erhöhen und damit Realeinkommens- und Substitutionseffekte auslösen.

[17] GWS u.a. (2011).

Um die Nettowirkung auf die Beschäftigung möglichst umfassend abzuschätzen, sind sowohl alle positiven wie auch negativen Effekte zu berücksichtigen. Des Weiteren ist auf eine vollständige Erfassung sämtlicher Aktivitäten im Bereich der Anlagenherstellung und des Baus, des Betriebs und der Wartung, der Biomassebereitstellung und des internationalen Handels zu achten. Darüber hinaus sind gleichwohl auch die Veränderung der Produktivität im Laufe der Zeit, der „Multiplikator"-Effekt über mehrere Runden und gegebenenfalls der Merit-Order-Effekt einzubeziehen. Üblicherweise werden diese Effekte über ein Energiesektormodell, gekoppelt an ein makroökonomisches Modell, ermittelt. Nach einer Schätzung aus dem Jahr 2010 beträgt die Nettowirkung des bisherigen EE-Ausbaus gegenüber dem Null-Szenario (Basis 1995) in den Jahren 2009/2010 rund 70.000 bis 90.000 Beschäftigte.[18]

Mit dem weiteren Ausbau Erneuerbarer Energien werden die Bruttoeffekte künftig weiter zunehmen und bis 2030 auf 500.000 bis 600.00 Personen steigen. Der Nettoeffekt könnte dann (unter Berücksichtigung aller negativen Effekte und aller wirtschaftlichen Kreislaufeffekte) in der Größenordnung von mehr als 200.000 zusätzlichen Beschäftigten liegen.[19]

6 Weitere Wirkungen

Neben den aufgeführten Wirkungen ruft der EE-Ausbau weitere Effekte hervor, die aber bislang quantitativ kaum erfasst werden. Hierzu gehört insbesondere der Beitrag des verstärkten Ausbaus zu Innovationen und zur Versorgungssicherheit.

- Innovationswirkungen werden dadurch ausgelöst, dass die Förderung der Marktentwicklung über die verstärkte Nachfrage nach EE-Anlagen Kostendegressionen basierend auf Lerneffekten bei der Anlagenherstellung und beim Anlagenbetrieb anstößt und Impulse für die Einführung von neuen Produkten und Verfahren gibt.
- Die Sicherheit der Energieversorgung wird durch den EE-Ausbau insofern erhöht, als die Bedeutung von Risiken, die mit der Nutzung von nuklearen und fossilen Energien verbunden sind, vermindert wird. Hierzu gehören insbesondere auch Preis- und Mengenrisiken von importierten Energieträgern. In diesem Zusammenhang ist aber auch zu berücksichtigen, dass die Integration Erneuerbarer Energien künftig zunehmend vor der Herausforderung steht, Beeinträchtigungen der Zuverlässigkeit der Stromversorgung zu vermeiden.

---

18 BMU (2010 a), S. 32.

19 GWS u.a. (2011). Positive Wachstumseffekte werden auch in Simulationsrechnungen des DIW Berlin mit dem Modell SEEEM ermittelt. Für das Jahr 2030 werden in Abhängigkeit von Produktivitätseffekten Nettobeschäftigungswirkungen von 3.000 bis 270.000 Personen ermittelt, vgl. Blazejczak u.a. (2010).

7 Zusammenfassende Bilanzierung der Wirkungen

Mit dem Ausbau Erneuerbarer Energien sind unterschiedliche einzel- und gesamtwirtschaftliche Wirkungen verbunden, die für die energie- und umweltpolitische Diskussion von großer Bedeutung sind. Im Hinblick auf eine konsistente Bilanzierung dieser Wirkungen werden drei Kategorien unterschieden:

- systemanalytische Kosten und Nutzen,
- Verteilungs- und Preiswirkungen sowie
- makroökonomische Effekte.

Die quantifizierten Wirkungen des bisherigen Ausbaus Erneuerbarer Energien in Deutschland im Jahr 2009 werden in Tabelle 1 nach diesen Kategorien zusammengefasst, wobei zugleich – soweit möglich – eine Unterteilung nach den Bereichen Strom und Wärme erfolgt.

Tabelle 1: Zusammenfassung der quantifizierten Wirkungen des EE-Ausbaus in Deutschland 2009

		Strom (Mio. EUR)	**Wärme (Mio. EUR)**	**gesamt (Mio. EUR)**
system-analytische Wirkungen	Differenzkosten	5.590	1.472	7.062
	Regel-/Ausgleichsenergiekosten	360	-	360
	Netzausbaukosten	30		30
	Transaktionskosten	30	n.v.	30
	vermiedene Umweltschäden	5.700	2.100	7.800
Verteilungs- und Preis-wirkungen	Differenzkosten (einzelwirtschaftlich)	5.300	n.v.	5.300
	besondere Ausgleichsregelung (EEG)	660	-	660
	Preis- bzw. Merit-Order-Effekt	3.100	n.v.	3.100
	Stromsteuer	1.100	-	1.100
	Finanzielle Förderung			791
	Marktentwicklung			513
	FuE			277
makro-ökonomische Effekte	Umsatz			21.200
	Investitionen			20.200
	vermiedene Importe			5.700
	Bruttobeschäftigung (Personen)			339.500
	Nettobeschäftigung (Personen)			80.000

Quellen: ISI u.a. (2010 b), GWS u.a. (2011).

Aus systemanalytischer Sicht werden die gesamtwirtschaftlichen Kosten und Nutzen des Ausbaus Erneuerbarer Energien im Vergleich zu konventionellen Energien unabhängig davon betrachtet, bei wem diese Kosten und Nutzen jeweils anfallen. Ermittelt werden somit der zusätzliche Ressourcenverbrauch und die zusätzliche Ressourcenschonung. Die systemanalytischen Differenzkosten ergeben sich insbesondere daraus, dass die Strom- und Wärmeerzeugung aus Erneuerbaren Energien bisher noch relativ teuer ist. Im Jahr 2009 betrugen sie in Deutschland im Strombereich 5,6 Mrd. EUR. Hinzu kamen Kosten für Regel- und Ausgleichsenergie, für den Netzausbau und Transaktionskosten von zusammen rund 0,4 Mrd. EUR. Im Wärmebereich lagen die Differenzkosten 2009 bei 1,5 Mrd. EUR. Diesen zusätzlichen Kosten von insgesamt 7,1 Mrd. EUR stand ein Gesamtwert vermiedener Umweltschäden von 7,8 Mrd. EUR gegenüber, der überwiegend den globalen Klimawandel betrifft. Demzufolge war die systemanalytische Kosten-Nutzen-Bilanz ungefähr ausgeglichen.

Die verstärkte Nutzung Erneuerbarer Energien ist darüber hinaus mit zahlreichen Verteilungs- und Preiswirkungen verbunden, die vor allem durch die Ausgestaltung der Förderpolitik geprägt werden. Eine umfassende Analyse dieser Effekte, die alle einzelwirtschaftlichen Belastungen und Entlastungen der öffentlichen Haushalte, der Privathaushalte und der Unternehmen in ausreichender Differenzierung erfassen müsste, liegt nicht vor. Stattdessen sind in Tabelle 1 besonders wichtige Effekte aufgeführt, die allerdings nicht addiert werden dürfen, da jeweils unterschiedliche Wirtschaftsgruppen be- oder entlastet werden. Im Strombereich stehen dabei die EEG-Differenzkosten im Vordergrund, die im Wesentlichen aus der Differenz der Vergütungszahlungen und des Marktwertes von EEG-Strom resultieren und als Umlage auf die Stromverbraucher überwälzt werden. Im Jahr 2009 betrugen diese Differenzkosten 5,3 Mrd. EUR. Sie sind mittlerweile kräftig gestiegen, werden längerfristig mit zunehmender Konkurrenzfähigkeit Erneuerbarer Energien aber wieder abnehmen. Stromintensive Unternehmen werden bei der EEG-Umlage durch die besondere Ausgleichsregelung des EEG privilegiert. Dies führte 2009 zu einem Umverteilungseffekt von 660 Mio. EUR zu Lasten nicht privilegierter Unternehmen und Haushalte. Ferner ist zu beachten, dass die zunehmende Erzeugung von Strom aus Erneuerbaren Energien bewirkt, dass die Strompreise an der Börse und damit die Strombezugskosten der Lieferanten (zu Lasten der Stromerzeuger) sinken. Dieser sogenannte Merit-Order-Effekt wird für 2009 auf 3,1 Mrd. EUR geschätzt. Außerdem wird Strom aus Erneuerbaren Energien im Wesentlichen ebenso besteuert wie Strom aus fossilen und nuklearen Energien, obwohl dies im Hinblick auf eine Internalisierung externer Effekte eigentlich nicht gerechtfertigt ist. Im Jahr 2009 lag der hierauf entfallende Teil des gesamten Stromsteueraufkommens bei über 1 Mrd. EUR. Der Bundeshaushalt wurde durch die Fördermittel für Erneuerbare Energien mit etwa 0,8 Mrd. EUR belastet. Davon entfielen rund 0,5 Mrd. EUR auf die Marktentwicklung (insbesondere im Wärmebereich) und knapp 0,3 Mrd. EUR auf die Förderung von Forschung und Entwicklung.

Der Ausbau Erneuerbarer Energien zeigt in zunehmendem Maße auch Effekte, die makroökonomisch von Bedeutung sind. So betrugen die Anlageninvestitionen hierfür in Deutschland im Jahr 2009 bereits 20,2 Mrd. EUR. Der Umsatz der inländischen Hersteller von Anlagen und Komponenten lag einschließlich der Exporte bei 21,2 Mrd. EUR. Durch die Nutzung Erneuerbarer Energien sind zudem Energieimporte in Höhe von 5,7 Mrd. EUR vermieden worden. Direkt und indirekt waren in Deutschland 2009 rund 340.000 Personen im Bereich Erneuerbare Energien beschäftigt (Bruttobeschäftigungseffekt). Unter Berücksichtigung von positiven und negativen Folgeeffekten dürften 2009 (netto) etwa 80.000 Personen mehr beschäftigt gewesen sein als ohne den Ausbau Erneuerbarer Energien.

Die wirtschaftliche Rolle Erneuerbarer Energien wird künftig noch stark zunehmen. Für die langfristige Umstrukturierung der Energieversorgung werden dabei weitere wirtschaftliche Aspekte an Bedeutung gewinnen, die bislang kaum quantitativ erfasst werden. So lassen Innovationen und Lerneffekte im Bereich Erneuerbarer Energien noch wesentliche Effizienzverbesserungen und Kostensenkungen erwarten. Darüber hinaus trägt der verstärkte Ausbau Erneuerbarer Energien maßgeblich zur Sicherheit der Energieversorgung bei.

Literatur

Blazejczak, J./Braun, F. G./Edler, D./Schill, W. P. (2010): Ausbau erneuerbarer Energien erhöht Wirtschaftsleistung in Deutschland, in: Wochenbericht des DIW Berlin Nr. 50

BMU (2010 a): Erneuerbar beschäftigt! Kurz und langfristige Arbeitsplatzwirkungen des Ausbaus der Erneuerbaren Energien in Deutschland. Untersuchung im Auftrag des Bundesministeriums für Umwelt, Naturschutz und Reaktorsicherheit (BMU)

BMU (2010 b): Informationen zur Anwendung von § 40 ff. EEG (besondere Ausgleichsregelung) für das Jahr 2011. Stand: 15.12.2010

BMU (2010 c): Erneuerbare Energien in Zahlen – Nationale und internationale Entwicklung. Stand: Dezember 2010

Breitschopf, Barbara/Diekmann, Jochen (2010): Vermeidung externer Kosten durch Erneuerbare Energien. Methodischer Ansatz und Schätzung für 2009 (MEEEK). Untersuchung im Auftrag des BMU

Dena (2005): Energiewirtschaftliche Planung für die Netzintegration von Windenergie in Deutschland an Land und Offshore bis zum Jahr 2020. Studie im Auftrag der Deutschen Energie-Agentur GmbH (dena)

Dena (2010): dena-Netzstudie II. Integration erneuerbarer Energien in die deutsche Stromversorgung im Zeitraum 2015–2020 mit Ausblick 2025

GWS/DIW/DLR/ISI (2011): Kurz- und langfristige Auswirkungen des Ausbaus der erneuerbaren Energien auf den deutschen Arbeitsmarkt. Untersuchung im Auftrag des BMU

ISI/GWS/IZES/DIW (2010 a): Einzel- und gesamtwirtschaftliche Analyse von Kosten- und Nutzenwirkungen des Ausbaus Erneuerbarer Energien im deutschen Strom- und Wärmemarkt: Bestandsaufnahme und Bewertung vorliegender Ansätze zur Quantifizierung der Kosten-Nutzenwirkungen des Ausbaus Erneuerbarer Energien im Strom- und Wärmebereich. Untersuchung im Auftrag des BMU

ISI/GWS/IZES/DIW (2010 b): Einzel- und gesamtwirtschaftliche Analyse von Kosten- und Nutzenwirkungen des Ausbaus Erneuerbarer Energien im deutschen Strom- und Wärmemarkt: Kurzupdate der quantifizierten Kosten- und Nutzenwirkungen für 2009. Untersuchung im Auftrag des BMU

Sensfuß, Frank (2011): Analysen zum Merit-Order-Effekt Erneuerbarer Energien. Update für das Jahr 2009. Fh-ISI

Traber, Thure/Kemfert, Claudia/Diekmann, Jochen (2011): Strompreise: Künftig nur noch geringe Erhöhung durch erneuerbare Energien, in: Wochenbericht des DIW Berlin Nr. 6

UBA (2010): Emissionsbilanz Erneuerbarer Energieträger. Durch den Einsatz erneuerbarer Energien vermiedene Emissionen im Jahr 2009. Aktualisierte Anhänge 2 und 4 der Veröffentlichung „Climate Change 12/2009“ des Umweltbundesamtes

Transformation der europäischen Energiewirtschaft bis 2050 unter besonderer Berücksichtigung der Aussichten für Deutschland

Thomas Vahlenkamp

1 Einleitung

Dieser Beitrag fasst die wichtigsten Aspekte eines Berichts der Beratungsfirma McKinsey zusammen. Dieser Bericht wiederum umfasst die Ergebnisse einer Studie der möglichen Entwicklungen der europäischen Energiewirtschaft in der Zeit von 2020 bis 2050. Die Studie wurde von McKinsey & Company, Inc., durchgeführt und von einer Reihe akademischer Institute unterstützt.

Das Ziel dieses Beitrags besteht darin, Fakten zusammenzustellen, um ein Fundament für die Diskussion europäischer und nationaler energiepolitischer Rahmenpläne zu schaffen. Die Studie, auf der er basiert, ging von verschiedenen Szenarien aus und widmete sich zwei Fragen. Die erste betrifft die Bedingungen, unter denen die jüngst von der Europäischen Union vorgeschlagenen Emissionsminderungsziele erreicht werden können. Eines dieser Ziele lautet beispielsweise, die für den Treibhauseffekt verantwortlichen Emissionen in Europa bis 2050 um mindestens 80% der Werte von 1990 zu reduzieren. Die zweite Frage bezieht sich auf den Handlungsbedarf zur Steigerung des Anteils Erneuerbarer Energien in Europa auf 80% bis 2050. Für Europa und insbesondere für Deutschland werden zentrale Botschaften abgeleitet.

Der Report von McKinsey ist nicht dazu gedacht, Argumente im Sinne spezifischer politischer Leitlinien, Plattformen oder staatlicher Maßnahmen bereitzustellen. Vielmehr bietet er eine objektive, auf Fakten beruhende Analyse unter Zugrundelegung verschiedener Szenarien. Die Analyse soll als Anstoß für die Diskussion und für einvernehmliche Lösungen unter den Anspruchsgruppen dienen, die um den besten Weg für den Übergang der europäischen Energiewirtschaft auf eine kohlenstoffarme Energieerzeugung ringen.

Die in dem Bericht vorgestellten und hier zusammenfassend wiedergegebenen Befunde verstehen sich nicht als Empfehlungen, sondern vielmehr als Darstellung potenzieller künftiger Resultate unter jeweils spezifischen Annahmen (Stand: Januar 2011). Wir sind uns dessen bewusst, dass diese Annahmen – etwa bezüglich von Kraftwerkslaufzeiten oder der öffentlichen Akzeptanz bestimmter Technologien – im Lauf der kommenden Jahrzehnte immer wieder infrage gestellt werden müssen, und berücksichtigen folglich auch potenzielle Änderungen und Akzentverschiebungen im öffentlichen Bewusstsein. Sie sind herzlich eingeladen, mit uns in Kontakt zu treten, um Fragen zu klären oder tiefer gehende Diskussionen zu eröffnen.

2 Grundlegende Überlegungen zur Transformation des europäischen Energiewirtschaft

Die Transformation der europäischen Energieerzeugung ist in Gang gekommen und wird sich noch viele Jahre lang fortsetzen. Auf der Angebots- wie auf der Nachfrageseite vollziehen sich grundlegende Veränderungen. Ein in puncto Kosten optimaler Übergang erfordert allerdings ein europaweit abgestimmtes Handeln, und insbesondere Deutschland muss seine Optionen zur Transformation der Energiewirtschaft in einem europäischen Rahmen überdenken.

2.1 Transformationspfade bis 2050

Der Werdegang der europäischen[1] Energiewirtschaft bis 2020 ist durch die Selbstverpflichtung der Europäischen Union auf eine Reihe von Nachhaltigkeitszielen vorgezeichnet. Diese Ziele sind als „20-20-20-Ziele“ bekannt. Sie umfassen die Verringerung der Treibhausgasemissionen in der EU um mindestens 20% gegenüber 1990, einen Anteil Erneuerbarer Energien am EU-weiten Energieverbrauch von mindestens 20% sowie eine 20-prozentige Verringerung des Primärenergieverbrauchs im Verhältnis zu den prognostizierten Werten durch Steigerungen der Energieeffizienz. Angesichts der Fortschritte der EU-Mitgliedsstaaten in Bezug auf diese Ziele gehen wir davon aus, dass diese Ziele erreicht werden.

Die führenden Politiker der Europäischen Union und der G8-Staaten haben für 2050 das Ziel ausgerufen, den Ausstoß von Treibhausgasen gegenüber 1990 um mindestens 80% zu senken, sofern in anderen Teilen der Welt vergleichbare Anstrengungen unternommen werden. Der europäische Energiesektor müsste dazu im gesamtwirtschaftlichen Vergleich einen überdurchschnittlichen Beitrag leisten und seine Emissionen von Treibhausgasen um mindestens 95% des Niveaus von 1990 verringern. Rein technisch gesehen können die für 2050 angestrebten Ziele erreicht werden, sofern die europäische Energiewirtschaft einen grundlegenden Wandlungsprozess durchläuft. Damit die Anbieter wettbewerbsfähige Preise setzen können, muss die Transformation einem unter ökonomischen Gesichtspunkten bestmöglichen Pfad folgen.

Unser Anliegen ist, die wichtigsten Herausforderungen und Handlungsimperative deutlich zu machen, mit denen der europäische Energiesektor von 2020 bis 2050 konfrontiert sein wird. Deshalb haben wir unseren Einschätzungen drei Szenarien zugrunde gelegt,

[1] Wenn von Europa die Rede ist, meinen wir die Europäische Union zusammen mit Norwegen und der Schweiz (d.h. die EU-27 +2).

die auf der Annahme beruhen, dass europaweit die Investitionen in die Energieerzeugung und in die Hochspannungsübertragung zu minimalen Kosten erfolgen.[2] Im ersten Szenario gelingt es Europa, den Ausstoß von Treibhausgasen im Energiesektor bis 2050 gegenüber 1990 um 95% zu senken („sauberes“ Szenario). Im zweiten Szenario erreicht Europa bis 2050 zwei Ziele: Reduktion der Treibhausgasemissionen im Energiesektor um 95% sowie Steigerung des Beitrags erneuerbarer Energieträger zur Energieversorgung auf 80% („grünes“ Szenario). Zum Vergleich haben wir ein drittes Szenario definiert, das für die Zeit nach 2020 weder Zielvorgaben für Treibhausgasemissionen noch für den Beitrag erneuerbarer Energiequellen macht („schlankes“ Szenario).

Alle Szenarien basieren auf der Annahme minimaler Investitionskosten. Allerdings entspricht die Entwicklung der Strombranche in Europa diesem Optimierungsansatz nicht. Deshalb haben wir auch die Abweichungen zwischen unseren Minimalkosten-Szenarien und dem Pfad untersucht, der gegenwärtig auf der Grundlage der nationalen Aktionspläne zur Förderung Erneuerbarer Energien beschritten wird. Im Folgenden fassen wir die wichtigsten Resultate zusammen.

2.2 Der europäische Energiemarkt

Wenn Europa beide Klimaschutzziele – Emissionsminderung und Steigerung des Beitrags erneuerbarer Energiequellen – erreicht, wirkt sich dies spürbar auf die Entwicklung des europäischen Energiesektors aus. *Bis 2050 steigt der Strombedarf um 40%*. Zur Verwirklichung aggressiver Emissionsminderungsziele werden alle CO_2-Emittenten beträchtliche Anstrengungen unternehmen müssen (beispielsweise zur Effizienzsteigerung); viele werden von kohlenstoffhaltigen Primärenergieträgern auf elektrischen Strom übergehen müssen (etwa auf strombetriebene Fahrzeuge). Dies hat die European Climate Foundation in ihrem Report „Roadmap 2050. A Practical Guide to a Prosperous, Low-Carbon Europe“ gezeigt. Infolgedessen dürfte die europäische Stromnachfrage von 2020 bis 2050 um 40% (d.h. von 3.500 auf 4.900 Terawattstunden [TWh]) zunehmen. Das durch den Wechsel des Energieträgers und die Verbreitung neuer Technologien wie die Wärmepumpe bedingte Wachstum der Stromnachfrage dürfte den Nachfragerückgang aufgrund von Steigerungen der Energieeffizienz übertreffen. Dies gilt selbst dann, wenn die Effizienz des Energieeinsatzes jährlich um rund 2% zunimmt. Per saldo dürfte die Elektrizitätsnachfrage von 2020 bis 2050 pro Jahr um durchschnittlich 1,1% wachsen.

Erneuerbare Energien und möglicherweise auch Kernkraft werden im Lauf der Zeit Kohle und Erdgas verdrängen. Im „grünen“ und im „sauberen“ Szenario läuft die Erzeu-

[2] Investitionen in das Stromverteilnetz wurden im Rahmen dieser Studie nicht berücksichtigt.

gung von Energie in konventionellen Kraftwerken unter Einsatz von Kohle oder Gas mit der Zeit aus. An ihre Stelle treten Anlagen zur Nutzung erneuerbarer Energieträger (einschließlich Wasserkraft) sowie Atomkraftwerke.[3] Derzeit sind die Aktivitäten zur Errichtung neuer Nuklearanlagen beschränkt. Allerdings sind sie in einem „sauberen" Szenario sehr bedeutsam, um die Emissionsziele kostengünstig zu realisieren. Die CO_2-Abscheidung und -Lagerung spielt bestenfalls als Brückentechnologie in ausgewählten Segmenten des Energiemarktes eine Rolle.[4] Wasserkraft- sowie Gas-und-Dampfturbinen-Kraftwerke (GuD-Kraftwerke) sind als Speicher- und kostengünstige Reservekapazitäten von besonderer Bedeutung.

Angebot und Nachfrage werden räumlich auseinanderdriften. Wird der kostengünstigste Entwicklungspfad beschritten, so werden sich die Anlagen zur Energieerzeugung bei einem steigenden Anteil erneuerbarer Energiequellen zunehmend in den attraktivsten Regionen Süd- und Nordeuropas sowie des Nahen Ostens und Nordafrikas konzentrieren. Deshalb werden die gegenwärtigen Selbstversorger- oder Exportregionen mit energieintensiven Industriezweigen in Mitteleuropa (beispielsweise Deutschland) zunehmend auf Importe angewiesen sein.

Der derzeitige marktgesteuerte Preismechanismus wird fallen. Die zunehmende Präsenz des Angebots von Strom aus erneuerbaren Energiequellen wird zwei Effekte haben. Erstens werden die Strompreise deutlich stärker schwanken als bislang.[5] Zweitens werden die durchschnittlichen Betriebskosten der Kraftwerke und damit auch die Grenzkosten der Stromerzeugung abnehmen.[6] Die Grenzkosten dürften im Durchschnitt unter die Kosten bei Volllast sinken. Die Stromerzeuger werden dann ihre Kosten nicht mehr vollständig decken. Folglich werden sie ihre Investitionen einstellen, sofern nicht die derzeitigen Vergütungssysteme verändert werden.

---

[3] Wir legen Wert auf die Feststellung, dass die Sicherheit von Investitionen in Nuklearenergie nicht zu den Entscheidungskriterien eines makroökonomischen Optimierungskalküls zählt.

[4] Um bis 2050 das Ziel einer gesamtwirtschaftlichen Emissionsminderung um 80% zu erreichen, ist im industriellen Sektor angesichts beschränkter Möglichkeiten zur Effizienzsteigerung die Einführung von Abscheidungsverfahren erforderlich. In der Roadmap-2050-Studie wird angenommen, dass die Abscheidungs- und Lagerungstechnologie bis 2050 in 50% der Kapazitäten der europäischen Schwerindustrie (Zement, Chemie, Eisen und Stahl, Erdöl und Erdgas) zur Anwendung kommt, um dem Ziel der Minderung der Treibhausgasemissionen um 80% Genüge zu tun.

[5] Solange Strom aus erneuerbaren Energiequellen technisch bedingt im Moment seiner Erzeugung verbraucht werden muss, müsste der verbleibende Strombedarf aus klassischen, in der Regel fossilen Energiequellen bedient werden. Folglich würden die Betreiber der unter Einsatz fossiler Energieträger betriebenen Anlagen zu Grenzanbietern.

[6] Die „Grenzkosten der Stromerzeugung" entsprechen den kurzfristigen Betriebskosten der teuersten Anlageneinheit zu jedem gegebenen Zeitpunkt. Herkömmlicherweise hängt der Strompreis hauptsächlich von den so definierten Kosten ab.

2.3 Der derzeitige Transformationspfad in Europa

Die Senkung des Schadstoffausstoßes und die Steigerung des Anteils Erneuerbarer Energien werden die Systemkosten in die Höhe treiben. Wird der Übergang so kostengünstig bewerkstelligt wie möglich und konzentriert er sich auf den europäischen Energiesektor, werden die Gesamtkosten im „grünen" im Vergleich zum „schlanken" Szenario um etwa 15% höher ausfallen (siehe Abbildung 1). Allerdings unterscheidet sich der derzeit von Europa eingeschlagene Weg deutlich vom kostenoptimalen Pfad.

Gesamtkostensteigerungen von mindestens 15% im „grünen" Szenario. Gemessen am „schlanken" Szenario, dessen Kosten sich bis 2050 auf etwa 5.700 Mrd. EUR belaufen dürften, würde der Umstieg auf das „grüne" Szenario die Gesamtkosten der europäischen Energieerzeugung um rund 15% auf 6.600 Mrd. EUR erhöhen. Diese Differenz wird bestimmt durch die Verfolgung der das „grüne" Szenario kennzeichnenden Ziele. Auf die Verringerung der Emissionen entfallen schätzungsweise 500 bis 600 Mrd. EUR („sauberes" Szenario), auf die Realisierung des Zielanteils erneuerbarer Energiequellen weitere 300 bis 400 Mrd. EUR.

Abbildung 1: Im günstigsten Fall bringt die Schaffung eines zu 95% kohlenstofffreien Energiesektors zusätzliche Kosten von rund 525 Mrd. EUR oder 9% der gesamten Systemkosten mit sich.

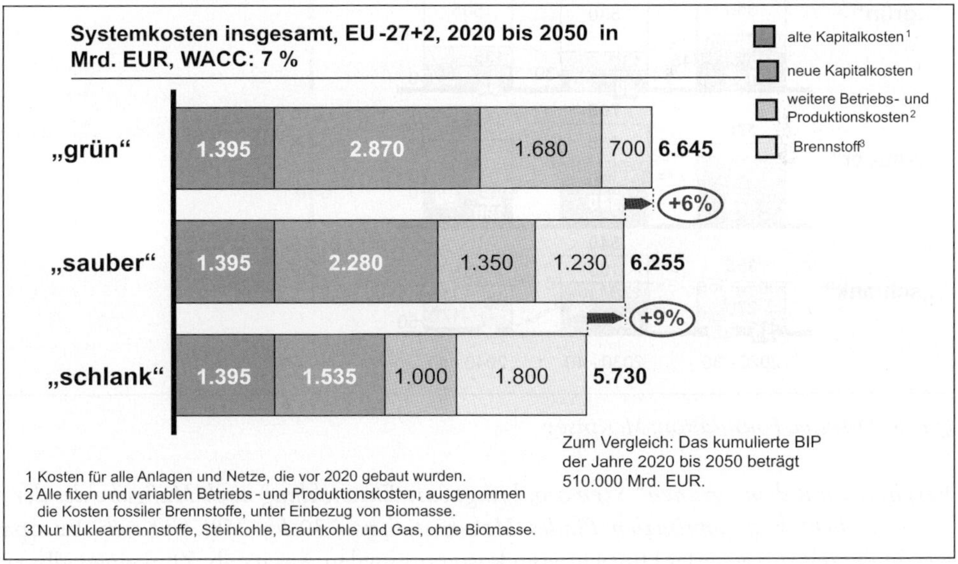

Quelle: Desertec Foundation; McKinsey

Bis 2050 werden die Jahresgesamtkosten, ausgehend vom „schlanken" Szenario, im „grünen" Szenario von durchschnittlich 200 Mrd. EUR auf 250 bis 300 Mrd. EUR steigen.

Man sollte nicht vergessen, dass nicht nur die Systemgesamtkosten steigen. Weit größere Veränderungen ergeben sich in der Struktur der Kosten der europäischen Stromerzeugung. Der sinkende Anteil von Kohle- und Gaskraftwerken bedeutet, dass die Brennstoffkosten sinken, die Investitionen in Erneuerbare Energie und Kernkraft hingegen steigen. Letztere sind kapitalintensiver als herkömmliche Kraftwerke. Im „grünen" Szenario dürften die Ausgaben für Investitionen in der Periode von 2020 bis 2050 zwischen 2.200 und 2.400 Mrd. EUR betragen, im „sauberen" sowie im „schlanken" Szenario hingegen 1.800 bis 2.000 Mrd. EUR beziehungsweise 1.100 bis 1.300 Mrd. EUR (Abbildung 2).

Abbildung 2: Die Nettoinvestitionskosten liegen im „grünen" Szenario um 460 Mrd. EUR höher als im „sauberen" Szenario.

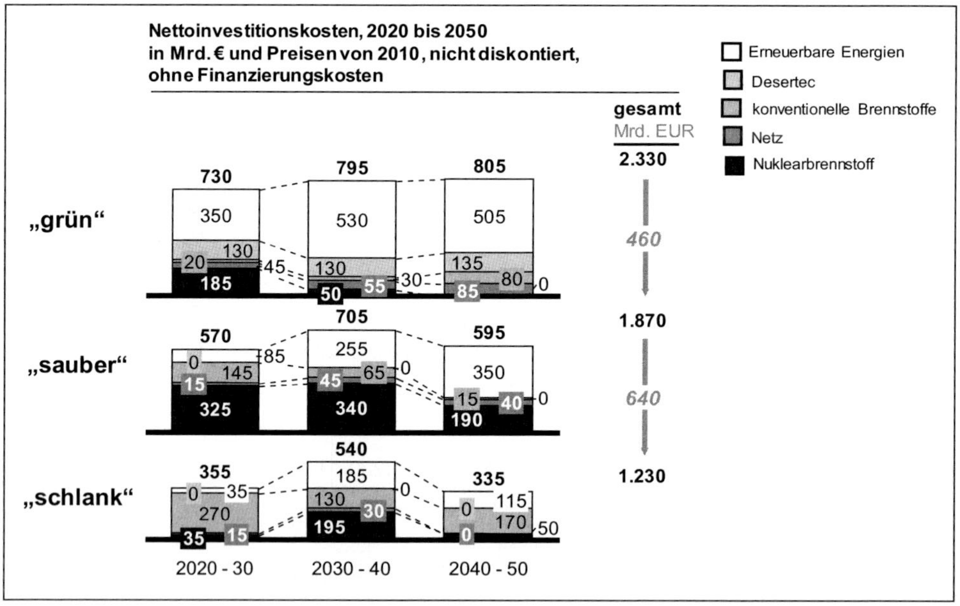

Quelle: Desertec Foundation; McKinsey

Verglichen mit dem „grünen" Szenario, bringt eine Entwicklung nach Maßgabe des derzeitigen, nicht kostenoptimalen Pfades Mehrkosten von 30 bis 35% mit sich. Europa weicht derzeit in zweierlei Hinsicht vom kostenoptimalen Ansatz ab. Zum einen gibt es keine gesamteuropäische Perspektive. Zweitens sehen die nationalen Aktionspläne zur Förderung erneuerbarer Energiequellen nicht durchgängig die kostengünstigsten erneuerbaren Energiequellen vor. Mit den derzeitigen Plänen steuert Europa auf Systemgesamtkosten zu, die im Verhältnis zu den geringsten Kosten im „grünen" Szenario um 30 bis 35%[7] höher ausfallen dürften und gegenüber dem „schlanken" Szenario um 50 bis 60%.

2.4 Erforderlich: koordiniertes europäisches Handeln

Eine kostenoptimale Transformation wie im „grünen" Szenario erfordert koordiniertes europäisches Handeln. Nur dann können kostengünstige Möglichkeiten der Nutzung erneuerbarer Energiequellen geschaffen und die entsprechenden Kapazitäten mittels des europäischen Übertragungsnetzes mit den Bedarfszentren verbunden werden. Zudem kann es nur im Rahmen eines europaweiten Ansatzes gelingen, den Bedarf an Reservekapazitäten, dessen Deckung in begrenztem Umfang den Rückgriff auf fossile Brennstoffe erfordert, zu vertretbaren Kosten bereitzustellen. Im „sauberen" Szenario erfordert die Realisierung einer kostengünstigen kohlenstoffarmen Lösung beträchtliche Investitionen in Kernkraftanlagen.

Soll der Anteil des Stroms aus erneuerbaren Energiequellen kostengünstig auf 80% hochgeschraubt werden, ist ein erheblicher Ausbau des Übertragungsnetzes erforderlich. Die Erzeugung von 80% des europäischen Stroms unter Einsatz Erneuerbarer Energien zu optimalen Kosten („grünes" Szenario) setzt voraus, dass die überregionalen Übertragungskapazitäten bis 2050 rasch ausgebaut werden. Sie müssen gegenüber heute verfünffacht werden. Da die besten Standorte zur Erzeugung von Energie aus Wind und Sonne in den Randregionen Europas liegen (Küstengebiete für Windkraft, südliche Regionen für Solarenergie), müssen Wind- und Sonnenenergie mithilfe von massiv erweiterten Stromleitungskapazitäten zu den mitteleuropäischen Bedarfsschwerpunkten transportiert werden. Selbst im „sauberen" Szenario (das einen Beitrag der erneuerbaren Energiequellen zur Stromerzeugung von 40 bis 45% unterstellt) müssen die Stromleitungskapazitäten bis 2050 nahezu vervierfacht werden. Der Bau dieser Kapazitäten ist bedeutend billiger als die Platzierung von „sauberen" Kraftwerken in der Nähe der Bedarfszentren, dafür aber an schlechteren Standorten. Ein kostengünstiger Umstieg macht schon bis 2020 die Verdoppelung der Leitungskapazitäten erforderlich. Die derzeitigen Pläne zum Ausbau der Übertragungskapazitäten decken allerdings nur die Hälfte dieses Bedarfs ab. Um die optimale Nutzung Erneuerbarer Energien zu ermöglichen, müssen 170 bis 200 Mrd. EUR in die überregionale Transmissionsinfrastruktur investiert werden.

---

[7] Die Schätzung basiert auf einer Extrapolation der deutschen Aktionspläne für den Energiesektor für 2020 sowie auf der vom Energiewirtschaftlichen Institut an der Universität zu Köln (EWI) im Jahr 2010 publizierten Studie „European RES-E Policy Analysis". Nicht berücksichtigt wurden die Verteilungskosten, sodass der Wert sogar noch höher ausfallen könnte.

Die nationalen Aktionspläne zur Förderung Erneuerbarer Energie müssen unter einem europäischen Blickwinkel aufeinander abgestimmt werden. Der kostenoptimale Ansatz für das „grüne" Szenario beruht auf der Nutzung der kostengünstigsten erneuerbaren Energieträger an den besten Standorten in Europa. Allerdings folgt die derzeitige Förderung der Nutzung erneuerbarer Energiequellen großenteils nationalen, auf europäischer Ebene ungenügend aufeinander abgestimmten Zielvorgaben. Um die europäischen Ziele möglichst kostengünstig zu erreichen, ist deshalb ein europäischer Aktionsplan zur Förderung Erneuerbarer Energien nötig.

Um erschwingliche Reservekapazitäten bereitstellen zu können, sind alte und neue Kraftwerke unter Einsatz fossiler Energieträger unverzichtbar. Die Aufrechterhaltung des Betriebs eines bestehenden Gaskraftwerks kostet lediglich ein Drittel vom Bau eines neuen Pumpspeicherkraftwerks. Der weitere Ausbau der Pumpspeicherkapazitäten wird durch die Verfügbarkeit geeigneter Standorte begrenzt, und andere mögliche Lösungen wie Druckluft- oder Wasserstoffspeicherung sind schätzungsweise noch aufwendiger. Da extreme Witterungsbedingungen mit der Folge einer starken Inanspruchnahme von Reservekapazitäten nur selten auftreten, sind die negativen Effekte der Nutzung fossiler Energieträger zur Deckung von Bedarfsspitzen beschränkt.[8] Dennoch müssten die Marktmechanismen angepasst werden, um die bestehenden Kapazitäten[9] aufrechtzuerhalten und mit der Zeit neue errichten zu können.

Kernkraft ist die kostengünstigste Option zur Bereitstellung von Energie. Im „sauberen" Szenario, das keinen Zielanteil erneuerbarer Energiequellen vorsieht, ist die Kernenergie die kostengünstigste Lösung zur Erreichung der Emissionsminderungsziele. Im Verhältnis zum „grünen" Szenario sind die Systemkosten um 300 bis 400 Mrd. EUR geringer. Im „sauberen" Szenario beläuft sich der Beitrag der Kernkraft im Jahr 2050 auf bis zu

---

8 Nach unseren Schätzungen dürften sich die entsprechenden CO_2-Emissionen auf höchstens 5 Mio. Megatonnen (Mt) pro Jahr (oder 0,5% der derzeitigen Emissionen) belaufen.

9 Im Rahmen der Studie wird angenommen, dass im Jahr 2020 die Kraftwerke auf der Basis fossiler Energieträger, die am Ende ihrer definierten Laufzeiten abgeschaltet würden (beispielsweise GuD-Kraftwerke nach 30 Jahren, Kohlekraftwerke nach 40 Jahren), am Netz bleiben, um Produktionsengpässe infolge von extremen Witterungsbedingungen (z.B. in längeren Perioden ohne Sonneneinstrahlung oder Wind) auszugleichen.

47%[10] der Stromerzeugung. Außerdem wird die Kernkraft dem Ausgleich der durch die Nutzung erneuerbarer Energiequellen bedingten Produktionsschwankungen dienen. Weitere 40 bis 45% der Stromerzeugung werden von erneuerbaren Energiequellen bestritten. Die Kernkraftkapazitäten dürften nur dann erweitert werden, wenn die dafür erforderlichen Investitionen abgesichert werden.

2.5 Optionen zur Umwandlung der deutschen Energiewirtschaft

Wir haben für Deutschland drei Optionen zur Transformation der Energiewirtschaft ausgemacht. Deutschland kann versuchen, einen koordinierten europäischen Ansatz voranzutreiben („volle Kooperation innerhalb der EU"), oder eine bestmögliche nationale Transformation („optimierte deutsche Autarkie") verfolgen. Die erstgenannte Option ist die kostengünstigste, doch die Chancen ihrer Realisierung dürften auf kurze und mittlere Sicht gering sein. Derzeit setzt Deutschland auf die zweite, teurere Option. Die dritte Option ist ein Kompromiss zwischen Anspruch und faktischen Möglichkeiten niedriger Systemkosten („bevorzugte Partnerschaften").

Option 1 („volle Kooperation innerhalb der EU") verlangt von Deutschland eine Vorbildrolle in Europa zu übernehmen und auf die Mitarbeit seiner Nachbarn zu bauen. Im „sauberen" und im „grünen" Szenario werden die Kapazitäten auf der Basis Erneuerbarer Energien europaweit an den attraktivsten Standorten geschaffen, um die Kosten zu minimieren, also größtenteils außerhalb von Deutschland. Zusätzlich wird angenommen, dass in Deutschland im Jahr 2050 keine Kernkraftwerke mehr betrieben werden. Beide Faktoren zusammen werden dazu führen, dass Deutschlands Stromversorgung zu fast 50% von Importen abhängt (Abbildung 3). Deutschland ist also im „sauberen" ebenso wie im „grünen" Szenario stark auf günstige europäische Entwicklungen angewiesen. Überdies muss es sicherstellen, dass überall in Europa nicht nur ausreichende Produktionskapazitäten in den Bereichen Nuklearenergie und erneuerbare Energiequellen geschaffen werden, sondern auch ausreichende Leitungskapazitäten.

[10] Bezüglich der Atomkraft gehen wir von dem in Deutschland geltenden Ausstiegsplan aus. Für Belgien haben wir aufgrund der 2009 beschlossenen Verschiebung des Ausstiegs eine gleichbleibende Atomstromerzeugung angenommen. Was Portugal, Irland, Österreich, Norwegen, Griechenland, Luxemburg, Malta, Zypern, Estland und Lettland betrifft, so beruht unsere Studie auf der Annahme, dass keine Möglichkeiten des Ausbaus der Energieerzeugung aus Kernkraft bestehen. Für alle übrigen Länder haben wir eine Maximalkapazität definiert. Das Ausbaupotenzial für diese Länder basiert auf Zahlen aus dem Nuclear Century Outlook der World Nuclear Association (WNA) und bemisst sich nach dem Durchschnitt aus den höchsten und niedrigsten Schätzwerten der WNA. Eine Neubewertung nach den Ereignissen von Fukushima haben wir in dem vorliegenden Bericht nicht vorgenommen.

Abbildung 3: Im „grünen" und im „sauberen" Szenario deckt Deutschland seinen Energieverbrauch zu mehr als 40% aus Importen.

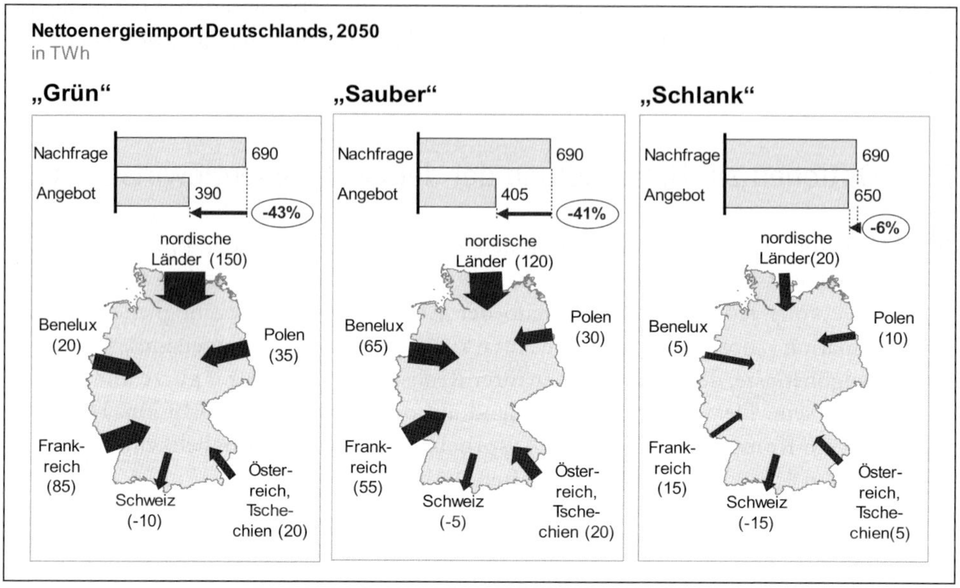

Quelle: McKinsey

Option 2 („optimierte deutsche Autarkie") erfordert einen umfassenden und ausgewogenen langfristigen Plan zur Kontrolle der Kosten des Übergangs. Ein „grünes" Szenario, das die Autarkie der Energieversorgung sichert (d.h. in dem die erneuerbaren Energiequellen 80% zur Versorgung beitragen) setzt voraus, dass Deutschland umfangreiche Möglichkeiten der Nutzung erneuerbarer Energiequellen an weniger attraktiven Standorten schafft. Der Nationale Aktionsplan für Erneuerbare Energie muss also im Rahmen von Option 2 angepasst und erweitert werden, um die Kosten der Energieversorgung zu senken. Außerdem muss Deutschland seine konventionellen Kraftwerke weiter betreiben, um die teuren Kapazitäten auf der Basis der intermittierenden erneuerbaren Energiequellen abzusichern. Die relativ geringe Attraktivität der Standorte in Deutschland wird in Kombination mit dem schrittweisen Ausstieg aus der Atomenergie und der beschränkten energietechnischen Verknüpfung Deutschlands mit anderen Regionen zu einem Gesamtkostennachteil von 15 bis 20% gegenüber dem europäischen „grünen" Szenario führen. Diese Mehrkosten gelten unter der Voraussetzung, dass die derzeitigen deutschen Pläne optimiert wurden. Wird der Nationale Aktionsplan in seiner aktuellen Form verfolgt und bis 2050 fortgeschrieben, dürften sich die zusätzlichen Kosten im Vergleich zum „grünen" Szenario sogar auf 30 bis 35% belaufen – nahezu das Doppelte dessen, was sich erreichen ließe.

Option 3 („bevorzugte Partnerschaften") könnte für Deutschland ein guter Kompromiss zwischen günstigen Kosten und Versorgungsautarkie sein. Im Rahmen dieser Option treibt Deutschland eine Kombination der wirtschaftlichsten erneuerbaren Energiequellen innerhalb des eigenen Landes voran und bahnt bevorzugte Partnerschaften mit anderen Regionen an, um an zusätzlichen Windkraft- und wirtschaftlich überlegene Solarkapazitäten zu partizipieren. Vorteilhafte Kooperationspartner wären beispielsweise Großbritannien (Entwicklung von Windkraftpotenzialen auf dem Festland und vor den Küsten), Frankreich (Entwicklung von Windenergieparks entlang der Atlantikküste), die südeuropäischen Länder (attraktive Sonnenenergiekapazitäten) und Norwegen (Weiterentwicklung der Nutzung großer Wasserspeicher zum Spitzenausgleich und eventuell für den Export). In all diesen Beispielen ist der Bau von Leitungsnetzen erforderlich, allerdings jeweils nur in direkter Zusammenarbeit mit der Partnerregion.

Keine der drei beschriebenen Optionen lässt sich leicht in die Tat umsetzen. Nichtsdestoweniger sind sie die Mühe wert. Setzt Deutschland seinen Weg auf dem derzeit maßgeblichen, im Nationalen Aktionsplan für Erneuerbare Energie vorgezeichneten Entwicklungspfad fort, so dürfte die Wende um 30 bis 35% (oder 300 bis 350 Mrd. EUR) teurer werden als im kostenoptimalen „grünen" Szenario. Klar ist also, dass Deutschland einen umfassenden Transformationsplan benötigt, der auf die Erfüllung der Emissionsziele und der Anteilsvorgaben für erneuerbare Energieträger gerichtet ist und dabei zugleich die Systemgesamtkosten unter Kontrolle hält. Zur kurzfristigen Steuerung des Übergangs sind vier Elemente als Teil eines umfassenden Energiekonzepts erforderlich: (1) weitreichender Ausbau der überregionalen Stromleitungskapazitäten, (2) Optimierung und Fortschreibung des Nationalen Aktionsplans für Erneuerbare Energie, (3) Ausbau der Förderung von Maßnahmen zur Steigerung der Energieeffizienz sowie (4) Weiterentwicklung des derzeitigen Vergütungssystems, um stärkere Anreize für Investitionen in neue Kraftwerke und für den Weiterbetrieb bestehender Kraftwerke als Reservelieferanten zu setzen.

3 Die Szenarien: Ergebnisse und Schlussfolgerungen

Um das Verständnis der kostenoptimalen Szenarien zu erhöhen, werden nun einige Resultate der auf ihnen beruhenden Modellrechnungen vorgestellt, ebenso die Schlüsse, die sich aus den Ergebnissen ziehen lassen. Beginnen wir mit der Schätzung des Übertragungsnetzes, das zur Verwirklichung des für 2020 vorgesehenen Energiemix notwendig ist und die Ausgangsbasis für alle Szenarien bildet. Für den Zeitraum 2020 bis 2050 wird die Entwicklung der europäischen Energiewirtschaft im Kontext der drei Szenarien, die im ersten Abschnitt definiert wurden, nachgezeichnet. Darüber hinaus werden die speziellen Ergebnisse für Deutschland vorgestellt.

Bis 2020 müssen die Leitungskapazitäten verdoppelt werden. Soll Europa den 20-20-20-Zielkomplex, insbesondere aber die Vorgabe von 36% für den Anteil erneuerbarer Quellen an der Energieerzeugung, zu möglichst geringen Kosten erreichen, muss das europäische Stromleitungsnetz bis 2020 über das Doppelte des 2010 geltenden Umfangs annehmen (Abbildung 4).

Abbildung 4: Alle Szenarien: Aufbau neuer Leitungskapazitäten bis 2020, Schwerpunkte Spanien – Frankreich, Westgrenze Deutschlands und Mitteleuropa – nordische Staaten

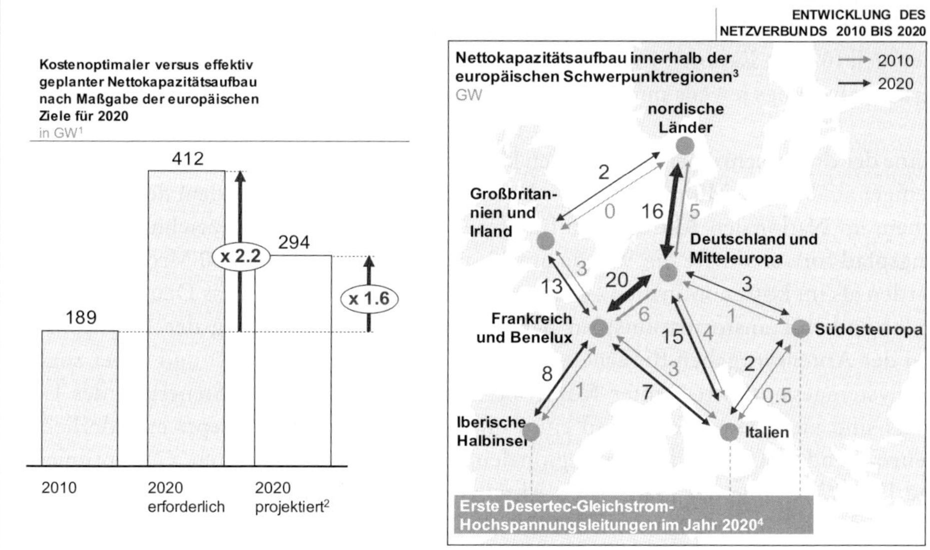

1 Absolute Zahlen nach Maßgabe der dieser Studie zugrunde gelegten geografischen Aufteilung.
2 Gemäß der derzeitigen, im *UCTE Transmission Development Plan* wiedergegebenen Planung.
3 56 Regionen, zusammengefasst in sieben Schwerpunktregionen.
4 Nur im „grünen" Szenario.

Quelle: UCTE Transmission Development Plan; McKinsey

Dieses Erfordernis haben wir mit dem Ausbau verglichen, der derzeit geplant oder schon betrieben wird, wobei wir uns auf den UCTE Transmission Development Plan[11] beziehen. Die Analyse zeigt, dass das Übertragungsnetz bis 2020 um den Faktor 1,6 wachsen dürfte. Der tastsächliche Ausbau erfolgt also nur halb so schnell wie nötig.

[11] Die UCTE ist die Union für die Koordinierung des Transports von Elektrizität (Union for the Coordination of Transmission of Electricity), ein Verbund von Übertragungsnetzbetreibern aus 22 Ländern.

Der Ausbau der Leitungskapazitäten muss insbesondere verstärkt werden

- entlang der westlichen Grenze Deutschlands, um Importe zu ermöglichen, die zur Absicherung des geplanten Ausstiegs aus der Atomenergie erforderlich sind;
- zwischen Spanien und Frankreich, um dem Wachstum der Nutzung erneuerbarer Energiequellen auf der Iberischen Halbinsel Rechnung tragen zu können;
- von Nord nach Süd, um das skandinavische Wasserkraftpotenzial vor dem Hintergrund zunehmender Schwankungen der Energieerzeugung besser nutzen zu können.

Barrieren. Die Verdoppelung der Übertragungsnetzkapazitäten dürfte etwa 50 Mrd. EUR kosten. Dieser Betrag entspricht rund 10% der für 2010 bis 2020 geschätzten Investitionsgesamtkosten der europäischen Energiewirtschaft.[12] Doch die schleppende und lediglich lückenhafte Erweiterung des Netzverbunds ist nicht primär eine Kostenfrage. Schwerer wiegen die Hindernisse in Gestalt mangelnder öffentlicher Akzeptanz, schwerfälliger Genehmigungsverfahren und spärlicher finanzieller Vergütungen.

Ein unzureichender Netzausbau stellt die regionalen Energieanbieter vor große Probleme, wenn es darum geht, die naturgegebenen Schwankungen der Energieerzeugung auf der Basis erneuerbarer Quellen zu bewältigen. Werden die überregionalen Übertragungskapazitäten hinreichend erweitert, so können leichter kontrollierbare Kapazitäten in anderen Regionen immer dann eingesetzt werden, wenn die erneuerbaren Quellen in einer gegebenen Region wenig hergeben.

Eine unzureichende Netzerweiterung behindert außerdem die Erzeugung von Energie aus erneuerbaren Quellen. In Perioden, in denen die Einspeisung von Strom aus erneuerbaren Quellen in einer gegebenen Region üppig ausfällt, ermöglicht eine adäquate Übertragungsinfrastruktur die Abgabe überschüssigen Stroms an benachbarte oder sogar weiter entfernte Regionen. Ohne angemessene Leitungs- und Speicherkapazitäten können hingegen Überschüsse vom System nicht aufgenommen und müssen demzufolge zurückgewiesen werden.

Für die folgenden Modellrechnungen gehen wir davon aus, dass der europäische Netzverbund so ausgebaut wird, dass er 2020 mit einem kostenoptimalen Energiesystem in Einklang steht.

---

12 Auf der Basis der derzeitigen Investitionspläne. Nach Schätzungen investiert der europäische Energiesektor jährlich etwa 45 bis 50 Mrd. EUR in die Energieversorgungsinfrastruktur.

3.1 Das „saubere" Szenario

In diesem Szenario erreicht der europäische Energiesektor bis 2050 eine Verminderung des Ausstoßes von Treibhausgasen um rund 95% gegenüber 1990. Die Erzeugungstechnologien konkurrieren miteinander und messen sich an den jeweils niedrigsten Systemkosten, um sicherzustellen, dass das kohlenstoffarme Energiesystem zu minimalen Kosten arbeitet. Auf Vorgaben zum Beitrag Erneuerbarer Energien wird verzichtet. Stattdessen wird die Energieerzeugung auf Basis erneuerbarer Quellen allein darauf ausgerichtet, die Systemgesamtkosten zu minimieren.

3.1.1 Ergebnisse für Europa

Im „sauberen" Szenario decken erneuerbare Energieträger und Kernkraft im Jahr 2050 europaweit 90% des Energieverbrauchs. Infolgedessen sinken die Treibhausgasemissionen des Energiesektors um 95% ihres Wertes von 1990. Die Gesamtkosten eines so gearteten kohlenstoffarmen Energiesystems dürften sich für die Zeit von 2020 bis 2050 auf 6.255 Mrd. EUR oder 1,2% des kumulierten gesamteuropäischen Bruttoinlandsprodukts belaufen. Der dem Szenario entsprechende Ausbau der energiewirtschaftlichen Infrastruktur (Erzeugung und Übertragung) erfordert Investitionen von 1.870 Mrd. EUR. Nach 2020 muss der Netzverbund auf das 1,8-Fache seiner Größe von 2020 wachsen (im Vergleich mit 2010 annähernd auf das Vierfache). Mitteleuropa wird bis 2050 zu einem bedeutenden Energieimporteur.

Im Jahr 2050 bestreiten erneuerbare Energieträger und Kernkraft 92% der Energieerzeugung. Abbildung 5 gibt die geschätzte Entwicklung des europäischen Energiemix von 2020 bis 2050 wieder. Während 2020 der Mix noch ausgewogen ist – erneuerbare Energiequellen (einschließlich Wasserkraft) steuern 36% zum Gesamtaufkommen bei, Atomkraft 27%, fossile Energieträger 37% –, verschieben sich die Gewichte bis 2050 derart, dass erneuerbare Energieträger und Kernkraft den Energiemix zu etwa gleichen Teilen dominieren. In der Summe bestreiten erneuerbare Energiequellen einschließlich Wasserkraft und Kernkraft im Jahr 2050 mehr als 90% der Energieerzeugung.

Auf die Windkraft entfällt im Jahr 2050 ein Anteil von 22%; Sonnenenergie und Biomasse liefern ungefähr 2% beziehungsweise 6%, geothermische und sonstige Quellen weitere 2%.

Von 2020 bis 2040 nimmt die Erzeugung von Energie aus erneuerbaren Quellen (unter Vernachlässigung der Wasserkraft) in bescheidenem Umfang zu – die jahresdurchschnittliche Wachstumsrate von 1,2% fällt vergleichbar hoch aus wie die Rate des Nachfragewachstums im gleichen Zeitraum. Ab 2040 beschleunigt sich das Wachstum auf 4,5% pro Jahr. Maßgeblich dafür ist die mit zunehmendem Erfahrungsschatz wachsende Wettbewerbsfähigkeit der entsprechenden Technologien relativ zu anderen „sauberen" Technologien.

Abbildung 5: Im „sauberen" Szenario tragen erneuerbare Energieträger 45% zur gesamten Energieerzeugung der EU-27+2 bei.

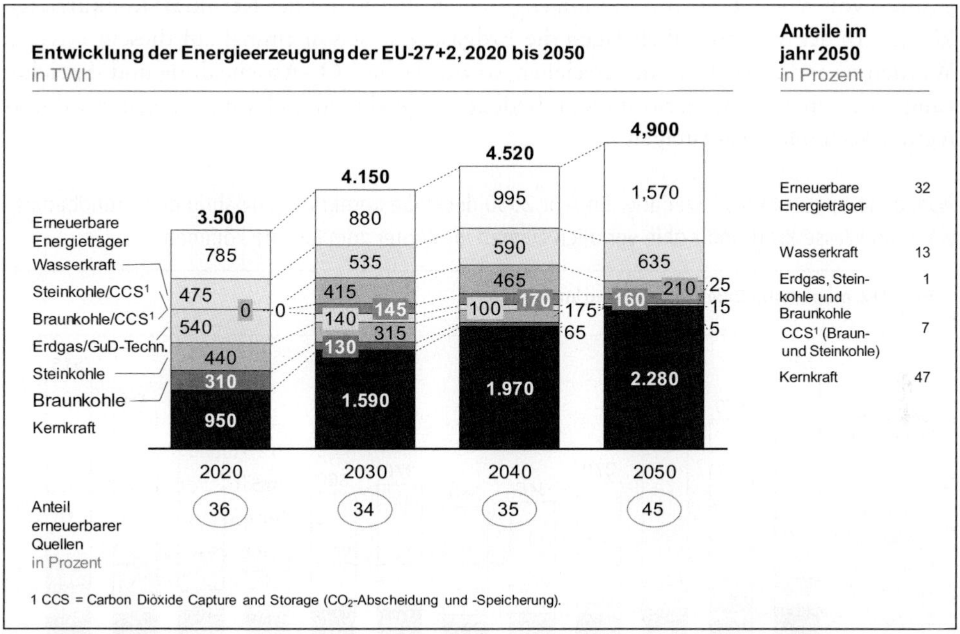

Quelle: McKinsey

Der Anteil der Kernkraft an der Energieerzeugung nimmt von 2020 bis 2030 von 27 auf 38%, bis 2040 auf 44% und bis 2050 schließlich auf 47% zu. Zur Berechnung des Energiemix wurde angenommen, dass der maximale Ausbau der Kernkraftpotenziale dem Durchschnitt aus den Werten entspricht, die die World Nuclear Association im „Nuclear Century Outlook" für ihre Szenarien „hoch" und „gering" angibt.

Da das Wachstum der Energieerzeugung aus Atomkraft beschränkt sein wird und da die Technologien auf der Basis erneuerbarer Energiequellen bis 2040 nur an den günstigsten Standorten wettbewerbsfähig sein dürften, kommt als alternative kohlenstoffarme Technologie zur Deckung des verbleibenden Energiebedarfs die konventionelle Energieerzeugung in Kombination mit der CO_2-Abscheidung und -Speicherung zum Einsatz.

Die Bedeutung der CO_2-Abscheidung und -Speicherung. Ausgehend von den derzeitigen Annahmen zur Entwicklung der Erdgaspreise des „World Energy Outlook 2009" (15 USD pro Million englische Kalorien im Jahr 2030), spielt die CO_2-Abscheidung und -Speicherung, insbesondere jene ausgehend von der Erdgasverbrennung, als Brückentechnologie im Energiesektor keine große Rolle, da die Atomkraft die kostengünstigste Option ist.

Allerdings ergibt sich aus einer Sensitivitätsanalyse der Erdgaspreise, dass die Stromerzeugung in Kombination mit der CO_2-Abscheidung und -Speicherung bei einem Erdgaspreis von rund 9 USD pro Million englische Kalorien mit der Kernkraft konkurrieren könnte. In der Vergangenheit lagen die Erdgaspreise schon einmal auf diesem Niveau. Würden sie es dauerhaft wieder erreichen, so würde die CO_2-Abscheidung und -Speicherung im „sauberen" Szenario stark an Bedeutung gewinnen und könnte sogar zur dominanten Technologie aufsteigen.

Abbildung 6: „Sauberes" Szenario: Im Jahr 2050 deckt die Kernkraft ganzjährig den Grundbedarf, während Wasserkraft und Kohle vor allen Dingen im Winter zum Einsatz kommen.

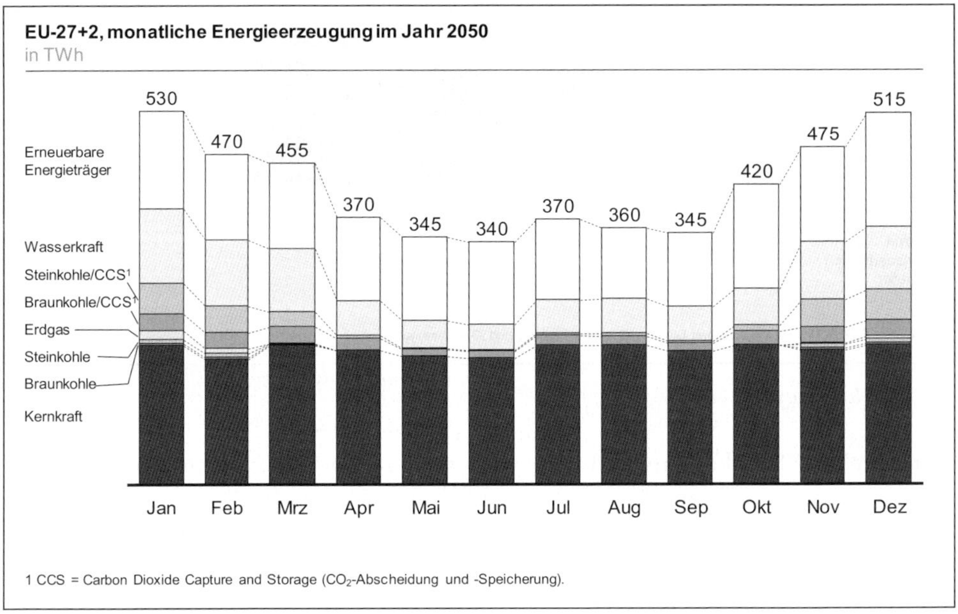

Quelle: McKinsey

Abbildung 6 zeigt die saisonalen Schwankungen von Energienachfrage und -angebot im Jahr 2050. Kernkraft wird im „sauberen" Szenario ganzjährig den „Grundbedarf" decken. Der Beitrag der Erneuerbaren Energien wird im Winter höher ausfallen, da die Energieerzeugung mithilfe von Windkraft in dieser Saison höher zu veranschlagen ist, ebenso wie der Einsatz von Biomasse. Dennoch wird diese Steigerung nicht ausreichen, um den Bedarfszuwachs im Winter zu decken. Im „sauberen" Szenario sind also Kraftwerke auf Basis von Wasserkraft sowie Steinkohle und Braunkohle (in Kombination mit CO_2-Abscheidung und -Speicherung) erforderlich.

Die saisonal schwankende Nachfrage wirkt sich auf die erwartete Rentabilität des Betriebs konventioneller Kraftwerke beträchtlich aus. Infolge der erhöhten Saisonabhängigkeit und des veränderten Energiemix werden im Jahr 2050 Steinkohlekraftwerke in Kombination mit CO_2-Abscheidung und -Speicherung – und erst recht verbliebene Altanlagen ohne CO_2-Filter – fast nur noch in den Wintermonaten betrieben. Rein gesamtwirtschaftlich betrachtet ist der Weiterbetrieb der konventionellen Kraftwerke selbst bei Nutzungsquoten von 4% optimal, da zur Bereithaltung der erforderlichen Kapazität nur die fixen Betriebskosten abgedeckt werden müssen.

Ein Energiemix, in dem erneuerbare Energiequellen und Kernkraft 92% ausmachen, wird im Mittel die Grenzkosten der Energieerzeugung senken. Die Grenzkosten der Energieerzeugung aus erneuerbaren Quellen, insbesondere aus Sonnenenergie und Windkraft, liegen nahe null. Für Nuklearanlagen gelten vergleichbare Kostenstrukturen; auch sie zeichnen sich durch hohe Investitionskosten und demgegenüber sehr geringe Brennstoff- und Betriebskosten aus. Wenn diese Technologien den „sauberen" Energiemix im Jahr 2050 dominieren, werden die gemittelten Grenzkosten bis 2050 unter die Durchschnittskosten fallen. Dieser Effekt dürfte in den Sommermonaten am stärksten zu Buche schlagen, da in dieser Zeit Anlagen auf der Basis von Kernkraft und erneuerbaren Energiequellen 97% zur gesamten Energieerzeugung beitragen.

Unter der Annahme, dass die derzeitigen Marktmechanismen bestehen bleiben, wäre die Kernkraft über weite Strecken des Sommers mit Grenzkosten von etwa 10 EUR pro Megawattstunde (MWh) diejenige Technologie, die die Preise auf der Angebotsseite bestimmt.

In den Wintermonaten, in denen Kernkraft und erneuerbare Energiequellen lediglich 85% des Energiebedarfs decken, würden häufig die weniger effizienten „alten" Anlagen, deren Grenzkosten annähernd 100 EUR/MWh betragen, maßgeblich für die Preissetzung. Die gemittelten jährlichen Erzeugungsgrenzkosten dürften auf 35 EUR/MWh fallen – d.h. unter die Vollkosten. Werden die gegenwärtigen Vergütungssysteme beibehalten, dürften die Einnahmen der Energieerzeuger nicht mehr sämtliche Kosten decken, sodass Investitionen ausbleiben.

Die Emissionen von Treibhausgasen sinken im Verhältnis zu ihrem Niveau von 1990 um 95%. Die Emissionen von Treibhausgasen dürften von 800 Mt CO_2 im Jahr 2020 auf 450 Mt im Jahr 2030, 255 Mt im Jahr 2040 sowie 60 Mt im Jahr 2050 sinken. Dies entspricht einer Verringerung des Ausstoßes von 1990 bis 2050 um mehr als 95%.

Die Gesamtkosten des kohlenstoffarmen Energiesystems belaufen sich von 2020 bis 2050 auf 6.255 Mrd. EUR. Im „sauberen" Szenario summieren sich die geschätzten Kosten der kohlenstoffarmen Energieerzeugung auf 6.255 Mrd. EUR. Dieser Wert entspricht 1,2% des kumulierten Bruttoinlandsprodukts der EU-27+2 im Zeitraum 2020 bis 2050.

- Die *Gesamtkosten* nehmen im Gleichschritt mit dem Wachstum der Energienachfrage zu. Im Jahr 2020 fließen europaweit 175 Mrd. EUR in die Energieerzeugung. Im Jahr 2030 betragen die Gesamtkosten 200 Mrd. EUR, 2040 dann 230 Mrd. EUR und 2050 schließlich 240 Mrd. EUR. Folgt die Entwicklung stets dem kostengünstigsten Pfad, machen die kapitalintensiven Nuklearanlagen den größten Teil der Gesamtkosten aus. Dabei nehmen die Investitionsausgaben einen steigenden Anteil ein, die Brennstoffkosten demgegenüber einen steil fallenden. Die jahresanteiligen Investitionskosten nehmen im Betrachtungszeitraum um 40% zu, d.h. von 100 Mrd. EUR im Jahr 2020 auf 140 Mrd. EUR im Jahr 2050. Die Ausgaben für konventionelle Brennstoffe[13] wachsen von 45 Mrd. EUR im Jahr 2020 auf 50 Mrd. EUR im Jahr 2030 an. Bis 2040 bleiben sie stabil, anschließend sinken sie bis 2050 auf 30 Mrd. EUR ab.

- *Das „saubere" Szenario setzt Investitionen von 1.870 Mrd. EUR in die Energieinfrastruktur voraus.* Die Nettoinvestitionen belaufen sich im Betrachtungszeitraum auf insgesamt 1.870 Mrd. EUR. Im ersten Drittel der Periode sind 570 Mrd. EUR erforderlich, von 2030 bis 2040 insgesamt 705 Mrd. EUR, im letzten Drittel 595 Mrd. EUR. Während in den beiden ersten Dekaden die Investitionen in Nuklearanlagen stark ins Gewicht fallen, werden in der letzten Dekade die Anlagen auf der Basis erneuerbarer Energiequellen mit Investitionen von insgesamt 350 Mrd. EUR in den Vordergrund treten.

Nach 2020 müssen die Übertragungskapazitäten nochmals – und zwar auf das 1,8-Fache – erweitert werden. Von 2020 bis 2030 ist lediglich ein moderates Wachstum der Leitungskapazitäten von 15% notwendig, da das Energiesystem nur in geringem Maß um Anlagen auf der Basis erneuerbarer Quellen ergänzt wird und da neue konventionelle Anlagen in enger Nachbarschaft zu den Bedarfszentren errichtet werden. In den beiden folgenden Dekaden werden Anlagenstandorte in größeren Entfernungen gewählt, sowohl für Erneuerbare Energien als auch für Kernkraft. Diese räumliche Entkoppelung von Produktion und Verbrauch ist durch zwei Faktoren bedingt. Erstens ist die Zahl der kostengünstigen Standorte für Anlagen auf der Basis Erneuerbarer Energien in der Nähe der Bedarfszentren beschränkt. Zweitens sind auch die Möglichkeiten der Atomenergieerzeugung begrenzt, sodass sie zunehmend in jene Länder verlagert wird, die zur Ausweitung ihrer Kernkraftkapazitäten bereit sind. Die räumliche Schwerpunktverlagerung der Produktion hat zur Konsequenz, dass in den beiden Jahrzehnten von 2030 bis 2050 der Netzverbund um jeweils 25% ausgebaut werden muss (Abbildung 7).

[13] Erdgas, Uran, Braunkohle und Steinkohle.

Bei der Ausweitung der Nutzung erneuerbarer Energiequellen wird zwischen 2030 und 2040 die Windkraft im Vordergrund stehen. Um diese Kapazitäten in das europäische Energiesystem zu integrieren und für die Verbraucher verfügbar zu machen, muss der Netzverbund insbesondere zwischen Mitteleuropa, Frankreich, den Beneluxländern und Großbritannien verstärkt werden.

Nach 2030 dürfte der Ausbau teils in der Installation von Gleichstrom-Hochspannungsleitungen bestehen. Es ist zu erwarten, dass im Jahr 2050 mindestens 35% der Nettoübertragungskapazität für die Leitung von Gleichstrom ausgelegt sein und dem Transport von Strom aus erneuerbaren Energiequellen und Atomkraft von den Produktionszentren (insbesondere Frankreich und Großbritannien) zu den mitteleuropäischen Bedarfszentren dienen werden.

Bis 2050 dürfte Mitteleuropa zu einer bedeutenden Energieimportregion werden. Der Ausbau der Übertragungsnetze wird seine Impulse großenteils von den wachsenden Ungleichgewichten zwischen Angebot und Nachfrage quer durch Europa erhalten. Zu erwarten ist, dass Mitteleuropa einschließlich Deutschland im Jahr 2050 im „sauberen Szenario“ ein Viertel seines Energiebedarfs von insgesamt 1.450 TWh importieren wird. Die Lücke zwischen Erzeugung und Bedarf in der Region wird vor allem eine Folge der deutschen Pläne zum Ausstieg aus der Atomenergie sowie der mangelnden Attraktivität Deutschlands als Standort für Wind-, Wasserkraft- und Solaranlagen sein. Der größte Teil der Importe wird aus Frankreich und den Beneluxländern stammen, die 285 TWh mehr erzeugen werden, als sie verbrauchen. Großbritannien und Irland werden im Jahr 2050 etwa 75 TWh exportieren, Skandinavien etwa 120 TWh. Italien wird netto etwa 170 TWh importieren, während Südosteuropa netto etwa 25 TWh ausführen wird. Spanien und Portugal werden via Frankreich 10 TWh in andere europäische Regionen exportieren.

Abbildung 7: „Sauberes" Szenario: Die Netzinfrastruktur wird sich nahezu vervierfachen, insbesondere zwischen Mittel- und Westeuropa wird sie stark ausgebaut.

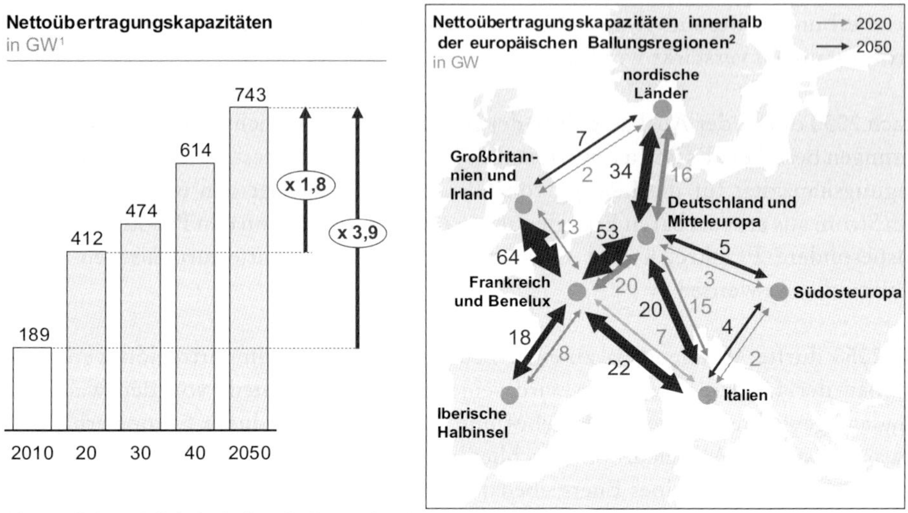

1 Absolute Zahlen nach Maßgabe der dieser Studie zugrunde gelegten geografischen Aufteilung.
2 56 Regionen, zusammengefasst in sieben Schwerpunktregionen.

Quelle: McKinsey

3.1.2 Ergebnisse für Deutschland

Auf einem kostenoptimalen Pfad müsste Deutschland Energie importieren und hätte daher ein großes Interesse an einer effektiven europäischen Zusammenarbeit sowie an einer Ausweitung des überregionalen Netzverbunds. In allen Szenarien wächst die Energienachfrage in Deutschland bis 2050 infolge des Nettoeffekts einer Steigerung der Energieeffizienz sowie des verstärkten Einsatzes von Elektrofahrzeugen und Wärmepumpen um rund 30%. Im „sauberen" Szenario deckt Deutschland im Jahr 2050 bis zu 41% seines Bedarfs durch Importe. Um die damit verbundenen angebotsseitigen Anforderungen zu erfüllen, müssen die Leitungen, die Deutschland mit anderen Ländern verbinden, auf das Vierfache ihrer Ausgangsgröße wachsen.

Im Jahr 2050 wird Deutschland bis zu 41% seines Elektrizitätsbedarfs durch Importe decken müssen. Angesichts der in Deutschland wirtschaftlich wenig attraktiven Standortbedingungen für die Nutzung erneuerbarer Energiequellen und des geplanten Ausstiegs aus der Kernenergie wird Deutschland im Lauf der Zeit immer mehr sauberen Strom aus benachbarten Regionen beziehen. Für das Jahr 2020 wird erwartet, dass das Angebot aus deutschen Kraftwerken sich mit der inländischen Nachfrage die Waage hält. Für 2030 und 2050 weisen die Ergebnisse des Szenarios allerdings eine Importquote von 8% beziehungsweise 41% aus. Erneuerbare Energiequellen dürften 2050 etwa 21% zur Energieversorgung beisteuern, konventionelle Kraftwerke 2%, solche mit CO_2-Abscheidung und -Speicherung 26%, die Kernenergie 0%.

Die internationale Übertragung von Energie muss sich verfünffachen. Die Elektrizitätsimporte werden zu mehr als 80% aus Schweden, Dänemark, Norwegen und Frankreich stammen. Der restliche importierte Strom wird vor allem von den Beneluxländern, Großbritannien, Irland und Polen bezogen, in geringem Umfang von der Iberischen Halbinsel und von Südosteuropa.

Um Deutschlands Strombezug aus anderen Ländern im genannten Umfang zu ermöglichen, muss der internationale Netzverbund erheblich verstärkt werden. Die Nettoübertragungskapazitäten müssen in den zehn Jahren bis 2020 verdreifacht werden, bis 2050 mehr als verfünffacht. Entlang der westlichen Grenze muss das Netz auf das Neunfache ausgebaut werden.

3.2 Das „grüne" Szenario

In diesem Szenario tritt zur Reduktion der Treibhausgasemissionen um 95% des Niveaus von 1990 die Realisierung eines Zielanteils erneuerbarer Energiequellen von 80% bis 2050 hinzu. Außerdem gelingt es Europa, im Nahen Osten und in Nordafrika bis 2050 eine Sonnenenergiekapazität von 100 Gigawatt (GW) aufzubauen (Desertec).

3.2.1 Ergebnisse für Europa

Im „grünen" Szenario tragen im Jahr 2050 das Desertec-Projekt 14% und die Wasserkraft 13% zum Energiemix bei; andere erneuerbare Energiequellen bestreiten 53%, die Kernenergie 13%. Der Ausstoß von Treibhausgasen sinkt um 95% des Niveaus von 1990. Die Gesamtkosten belaufen sich auf 6.645 Mrd. EUR. Das entspricht einer Quote von 1,3% des europäischen Bruttoinlandsprodukts über den gesamten Betrachtungszeitraum. Die Schaffung der Versorgungsinfrastruktur (Energieerzeugung und Übertragungsnetze) erfordert Investitionen von 2.330 Mrd. EUR. Von 2020 bis 2050 muss der Netzverbund auf das 2,5-Fache seines Ausgangswerts wachsen (von 2010 an gerechnet auf das 5,5-Fache). Im Jahr 2050 werden die südeuropäischen Regionen zu Exporteuren von Elektrizität, die teils aus dem Nahen Osten und Nordafrika stammt. Mitteleuropa wird zum größten Importeur.

Wasserkraft steuert 13%, Desertec-Kapazität 14% zum Energiemix bei; andere erneuerbare Energiequellen tragen 53% bei, Kernkraft 13%. Abbildung 8 gibt die Entwicklung des europäischen Energiemix von 2020 bis 2050 wieder. Während er 2020 noch eine relativ gleichmäßige Verteilung aufweist, gewinnen erneuerbare Energiequellen und Kernkraft im „grünen“ Szenario bis 2050 dominante Positionen. Beide zusammen bestreiten im Schlussjahr unserer Betrachtung 93% der gesamten Energieproduktion. Technologien auf der Basis fossiler Energieträger (d.h. Erdgas, Braunkohle und Steinkohle) werden im Jahr 2050 lediglich einen Anteil von 7% beisteuern. Technologien zur CO_2-Abscheidung und -Speicherung werden kaum eine Rolle spielen, und die entsprechenden Kraftwerke werden 2050 nur 190 TWh oder etwa 5% zur gesamten Energieerzeugung beitragen. Rein ökonomisch betrachtet ist es für Europa in vielen Fällen günstiger, in einer Region zusätzliche Kernkraftwerke zu errichten und die Übertragungskapazitäten zu erweitern, als in den Regionen, in denen die Möglichkeiten zum Ausbau der Kernenergie beschränkt sind, „saubere“ Kohlekraftwerke zu bauen.

Abbildung 8: Im „grünen" Szenario tragen erneuerbare Energieträger 80% zur gesamten Energieerzeugung der EU-27+2 bei.

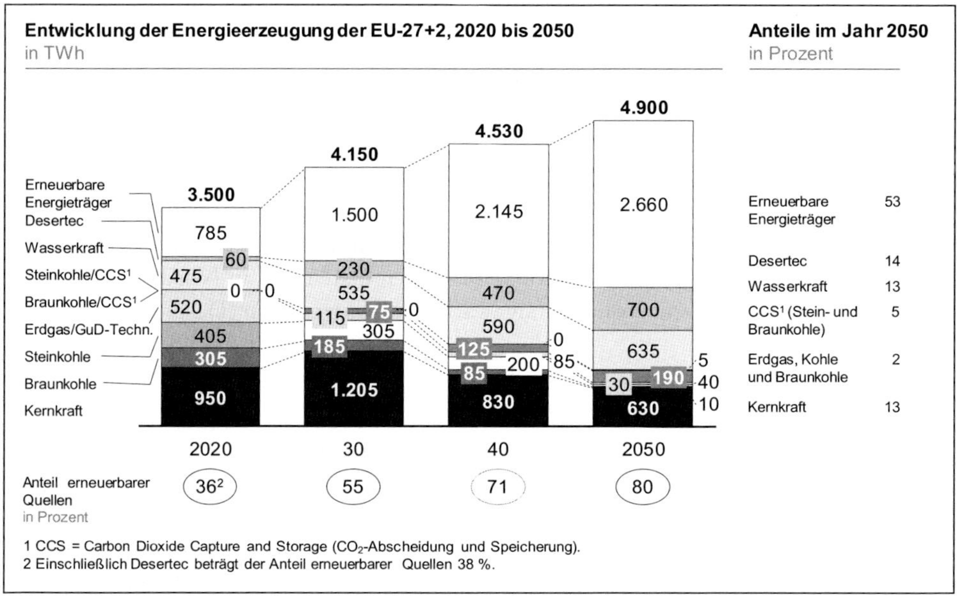

Quelle: Desertec Foundation; McKinsey

Die Erzeugung von Energie aus Atomkraft nimmt im „grünen“ Szenario von 2020 bis 2050 von 950 TWh auf 630 TWh ab. Im Kontext wachsender Nachfrage sinkt ihr Anteil an der Gesamterzeugung von 27% auf 13%. Von den erneuerbaren Energiequellen leistet die Windkraft 2050 mit 1.725 TWh den größten Beitrag. Quoten von 480 TWh beziehungsweise 385 TWh entfallen auf Solaranlagen (Photovoltaik und Sonnenkollektoren in Europa) und Biomassetechnologien. Weitere Verfahren wie die Erdwärmenutzung liefern zusätzliche 70 TWh.

Solaranlagen außerhalb Europas (Desertec) werden 2050 mit schätzungsweise 14% oder 700 TWh einen signifikanten Beitrag zur gesamten Energieversorgung leisten, sofern das Desertec-Projekt so wie im Weißbuch beschrieben realisiert wird.

Im Jahr 2050 werden Wind- und Sonnenenergie rund 2.200 TWh oder 40% zur gesamten Energieversorgung beitragen. Zur Absicherung gegen extreme Wetterereignisse wird eine Reservekapazität von etwa 730 GW aus kontrollierbaren Energiequellen erforderlich sein. Darin enthalten sind 200 GW, die vornehmlich als Reserve zum Ausgleich extremer Wetterbedingungen über einen längeren Zeitraum mit sehr schwacher Energieerzeugung aus erneuerbaren Quellen genutzt werden.[14] Der billigste Weg zur Bereitstellung von Reservekapazitäten jenseits der Kapazitäten, die zur laufenden Energieerzeugung genutzt werden, besteht im Weiterbetrieb der konventionellen Kraftwerke.

Abbildung 9: „Grünes" Szenario: Im Jahr 2050 stellen Kernkraft und Wasserkraft die Versorgung im Sommer sicher, während Stein- und Braunkohle in Verbindung mit CO_2-Abscheidung und -Speicherung nur im Winter zum Einsatz kommen.

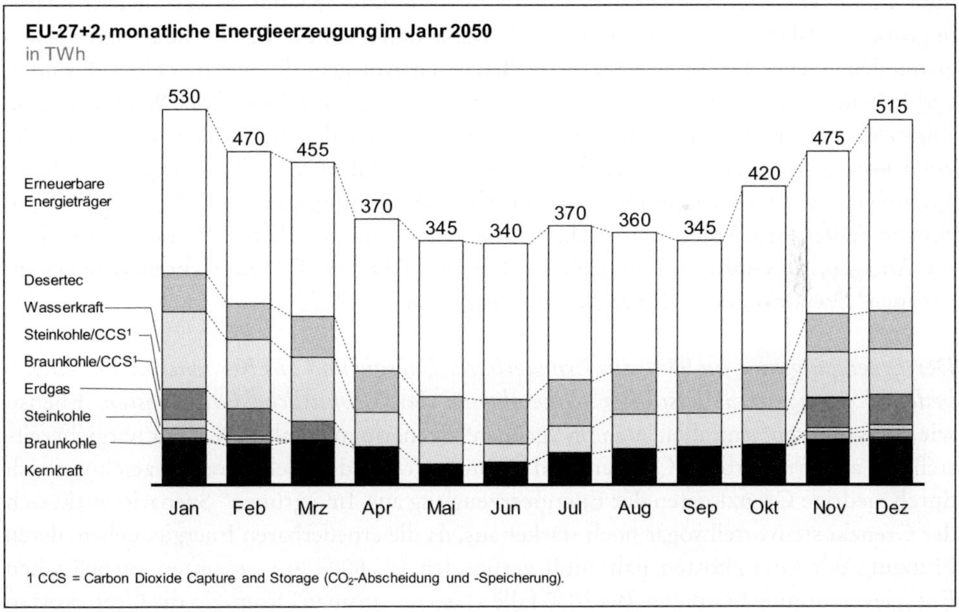

Quelle: McKinsey

[14] Ungeachtet der zusätzlichen Sicherheitsreserven wird die kontrollierte Stromerzeugung zu 270 GW von konventionellen Kraftwerken (Kernkraft, Steinkohle, Braunkohle und Erdgas) geleistet und zu 260 GW von kontrollierbaren erneuerbaren Energiequellen wie Wasserspeicher, Pumpspeicherkapazitäten und Biomasse.

Wie Abbildung 9 zeigt, wird im „grünen“ Szenario Energie ganzjährig aus Kernkraft und erneuerbaren Quellen erzeugt. In den Sommermonaten bei geringerer Nachfrage decken sie nahezu 100% des gesamten Bedarfs. Das Produktionsvolumen ist sogar groß genug, um den Anteil, den die Kernkraft beisteuert, zu verkleinern, sodass der Auslastungsgrad der Kernkraftwerke im Sommer sinkt und im Jahresdurchschnitt schätzungsweise bei 75% liegt.

Wasserkraft- und konventionelle Kraftwerke tragen zur Deckung des höheren Bedarfs in den Wintermonaten bei. Dies bedeutet im Vergleich mit den heutigen Gegebenheiten für konventionelle Kapazitäten sehr niedrige Auslastungsgrade.

Die Saisonabhängigkeit der Nachfrage wirkt sich auf die erwartete Rentabilität des Betriebs von Kraftwerken auf der Basis fossiler Energieträger beträchtlich aus. Da im „grünen“ Szenario dieselben Annahmen bezüglich der Nachfrage gelten wie im „sauberen“, führt die Saisonabhängigkeit der Nachfrage auch hier zu niedrigen Auslastungsgraden des größten Teils der konventionellen Kraftwerke. Allerdings wird abweichend vom „sauberen“ Szenario die kontrollierbare Kernkraftkapazität im „grünen“ Szenario in großem Umfang durch intermittierende Kapazitäten auf der Basis erneuerbarer Energiequellen ersetzt. Dadurch wächst der Bedarf an Anlagen, die nur in Zeiten des noch verbleibenden Spitzenbedarfs Energie liefern, insbesondere während der Wintermonate. Zusätzlich zu den oben erwähnten Reservekapazitäten werden die verbleibenden 100 GW, die in konventionellen Kraftwerken unter Verzicht auf die CO_2-Abscheidung und -Speicherung erzeugt werden, im Durchschnitt einen Auslastungsgrad von 10% bedeuten, in einigen Fällen sogar von nur 4%. Das Problem des kontinuierlichen Weiterbetriebs dieser Anlagen, obwohl er tendenziell die Rentabilitätsschwelle unterschreitet, wiegt im „grünen“ Szenario noch schwerer als im „sauberen“.

Der Erzeugungsmix, zu 93% aus Erneuerbarer Energie und aus Kernenergie bestehend, bedeutet geringere, aber stärker schwankende durchschnittliche Grenzkosten. Ebenso wie im „sauberen“ entfallen auch im „grünen“ Szenario mehr als 90% der Energiebereitstellung auf erneuerbare Quellen und Atomkraft. Beide Technologien zeichnen sich durch niedrige Grenzkosten der Energieerzeugung aus. Im „grünen“ Szenario wirkt sich der Grenzkostenvorteil sogar noch stärker aus, da die erneuerbaren Energiequellen, deren Nutzung mit Grenzkosten nahe null verbunden ist, 80% zur gesamten europäischen Energieversorgung beitragen. Bis 2050 fallen also im „grünen“ Szenario die Grenzkosten der Energieerzeugung auf einen Jahresdurchschnitt von etwa 15 EUR/MWh; das entspricht weniger als 30% der durchschnittlichen Vollkosten.

Ausgehend von ihrem Niveau von 1990 werden die Treibhausgasemissionen um 95% sinken. Die erwarteten CO_2-Emissionen des europäischen Energiesektors gehen im „grünen" Szenario von 800 Mt im Jahr 2020 auf 450 Mt im Jahr 2030, 255 Mt im Jahr 2040 und 60 Mt im letzten Jahr des Betrachtungszeitraums zurück. Das bedeutet, dass sie von 1990 bis 2050 um mehr als 95% sinken.

Die Gesamtkosten belaufen sich von 2020 bis 2050 auf 6.645 Mrd. EUR. Die Gesamtkosten eines Energiesystems, im Rahmen dessen 80% der Energie aus erneuerbaren Quellen gewonnen und die Treibhausgasemissionen um 95% gesenkt werden, betragen 6.645 Mrd. EUR. Dieser Wert entspricht 1,3% des aggregierten Bruttoinlandsprodukts der EU-27+2 von 2020 bis 2050.

- *Die Gesamtkosten steigen mit der Zeit.* Europa dürfte 2020 für sein Energiesystem 175 Mrd. EUR zahlen. Die jährlichen Kosten dürften bis 2030 auf 215 Mrd. EUR steigen, bis 2040 auf 245 Mrd. EUR und bis 2050 auf 260 Mrd. EUR. Die jahresanteiligen Investitionskosten würden sich im gleichen Zeitraum von 100 Mrd. EUR 2020 auf 170 Mrd. EUR 2050 nahezu verdoppeln. Andererseits werden die Ausgaben für konventionelle Brennstoffe bis 2050 auf schätzungsweise 10 Mrd. EUR, d.h. auf weniger als ein Viertel ihres Werts für 2020 fallen.
- *In die Energieinfrastruktur müssen 2.330 Mrd. EUR investiert werden.* Im „grünen" Szenario summieren sich die Nettoinvestitionen von 2020 bis 2050 auf 2.330 Mrd. EUR. In der ersten Dekade des Analysezeitraums sind Nettoinvestitionen von 730 Mrd. EUR erforderlich, im darauffolgenden Jahrzehnt von 795 Mrd. EUR, im dritten Jahrzehnt schließlich von 805 Mrd. EUR. Etwa 80% der Investitionen entfallen auf Technologien zur Energieerzeugung aus erneuerbaren Quellen einschließlich Desertec.

Nach 2020 muss der Netzverbund nochmals auf das 2,5-Fache seines Basiswerts wachsen. Die Übertragungskapazitäten müssen insgesamt im Vergleich mit 2010 auf das 5,5-Fache ihres Ausgangswerts ausgebaut werden, im Vergleich mit 2020 auf das 2,5-Fache (Abbildung 10). Die Erweiterung ist deshalb notwendig, weil die Energiegewinnung aus Windkraft und Sonneneinstrahlung größtenteils in den äußeren Regionen Europas stattfindet. Im Rahmen von Desertec werden 14% des europäischen Energiebedarfs durch Lieferungen von jenseits der südlichen Grenzen Europas gedeckt. Demgegenüber entfallen 32% der gesamteuropäischen Energienachfrage auf Mitteleuropa,[15] das allerdings nur 20% zur Produktion beisteuert. Der Grund für dieses Ungleichgewicht besteht darin, dass es in Mitteleuropa nur wenige attraktive Standorte zur Energiegewinnung aus erneuerbaren Quellen gibt und nur in einigen mitteleuropäischen Ländern die Nutzung der Atomenergie ausgeweitet wird.

[15] Deutschland, Schweiz, Österreich, Polen, Tschechische Republik, Slowakei, Slowenien und Ungarn.

In West- und Mitteleuropa erfordert es der großangelegte Ausbau der Übertragungskapazitäten, bis 2050 eine „Kupferplatinen-Konfiguration" zu entwickeln, die den überregionalen Transport großer Strommengen erlaubt.

Die Übertragungswege zwischen Südeuropa und West- sowie Mitteleuropa müssen um 45 GW erweitert werden (wobei bis 2020 eine Kapazität von 25 GW installiert sein muss). Davon werden 60% oder 40 GW aus Gleichstrom-Hochspannungsleitungen bestehen. Weitere Gleichstrom-Hochspannungsleitungen mit einer Kapazität von 100 GW werden den Anschluss der Solarparks im Nahen Osten und Nordafrika ans europäische Netz verkörpern. Die Nettoinvestitionen für diese Erweiterung der überregionalen Netzinfrastruktur belaufen sich auf 185 Mrd. EUR oder 8% der gesamten Investitionen. Die entsprechenden Kapitalkosten liegen im Jahr 2050 bei 15 Mrd. EUR oder 6% der jährlichen Systemgesamtkosten von 260 Mrd. EUR.

Abbildung 10: Im „grünen" Szenario ist zu erwarten, dass der Ausbau der Übertragungskapazitäten vor allem von Mittel- und Westeuropa ausgehen wird.

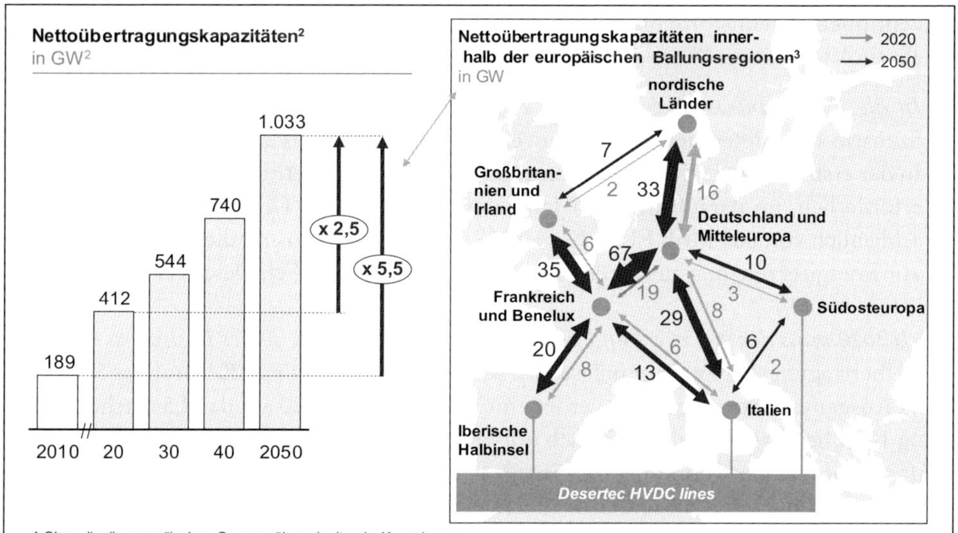

1 Ohne die die europäischen Grenzen überschreitende Koppelungen mit Desertec.
2 Absolute Zahlen nach Maßgabe der dieser Studie zugrunde gelegten geografischen Aufteilung.
3 56 Regionen, zusammengefasst in sieben Schwerpunktregionen.

Quelle: McKinsey

Im Jahr 2050 werden die südeuropäischen Regionen Energie exportieren, zum Teil gewonnen im Rahmen von Desertec. Mitteleuropa wird im „grünen" Szenario zum größten Importeur. Die in den Solarparks im Nahen Osten und Nordafrika erzeugte Energie wird über Südeuropa in die mitteleuropäischen Importregionen transportiert. Diese werden etwa 545 TWh oder 37% ihres Gesamtbedarfs durch die Importe decken.

Italien wird seine Energieeinfuhren aus dem Nahen Osten und Nordafrika von 260 TWh zur Deckung des eigenen Bedarfs einsetzen. Seine Import-Export-Bilanz im Verhältnis zu den restlichen europäischen Ländern wird nahezu ausgeglichen sein. Portugal und Spanien besitzen attraktivere Standorte zur Energieerzeugung aus erneuerbaren Quellen. Die beiden Länder werden infolgedessen auch größere Volumina selbst erzeugen als Italien und 300 TWh exportieren, während sie zugleich 260 TWh aus dem Nahen Osten und Nordafrika einführen.

Die Sonnenenergieimporte im Rahmen von Desertec werden also die Produktionsüberschüsse Frankreichs und der Beneluxländer auf 35 TWh und damit auf nur 12% der im „sauberen" Szenario anfallenden 285 TWh senken. Großbritannien und Irland sind auch im „grünen" Szenario Exportländer; die Überschüsse von 20 TWh werden vor allem aus Windenergie stammen. Skandinavien wird im Jahr 2050 145 TWh ausführen und so zu einer wichtigen Exportregion.

Die Bedeutung von Desertec. Beim Entwurf des „grünen" Szenarios wurde davon ausgegangen, dass das Desertec-Projekt erfolgreich durchgeführt wird und die Kosten und Mengen, die die Desertec Foundation in ihrem Weißbuch „Clean Power from Deserts" publiziert hat, zutreffen. Die Überprüfung der Kostenschätzungen sowie der Machbarkeit des Projekts lag außerhalb des Rahmens der in diesem Artikel vorgestellten Studie.

Zugleich hat die Analyse aber deutlich gemacht, dass es möglich ist, den angestrebten 80-prozentigen Beitrag erneuerbarer Energiequellen innerhalb von Europa zu realisieren – also auch ohne Desertec. In diesem Fall würden die fehlenden 700 TWh etwa zu gleichen Teilen unter Einsatz von Biomasse, Windkraft und Sonnenenergie erbracht.

Ein Ausfall von Desertec und entsprechende Ersatzquellen wirken sich allerdings merklich auf die Energieströme in Europa und auf die Systemgesamtkosten aus. Zugleich würden die Gesamtkosten des Energiesystems gegenüber ihrem Wert im „grünen" Szenario um rund 5% steigen, da die Technologien und Standorte, die Desertec ersetzen müssten, mit höheren Vollkosten einhergehen.

3.2.2 Ergebnisse für Deutschland

Im „grünen" Szenario bezieht Deutschland im Jahr 2050 bis zu 43% seines Strombedarfs aus dem Ausland. Die grenzüberschreitenden Transportverbindungen müssen auf das Zehnfache ihres Ausgangsvolumens ausgebaut werden. Im Sinne möglichst geringer Kosten hat Deutschland ein elementares Interesse an einem erfolgreichen Ausbau des Netzverbunds.

Deutschland bezieht im Jahr 2050 bis zu 43% seines Strombedarfs aus dem Ausland. Die wirtschaftlich weniger attraktiven Standorte für die Nutzung erneuerbarer Energiequellen in Deutschland sowie der geplante Ausstieg aus der Atomenergie werden dazu führen, dass Deutschland im Lauf der Zeit immer mehr sauberen Strom aus anderen Ländern bezieht. Im Jahr 2030 wird der Import 22% betragen, im Jahr 2040 dann 28% und im Jahr 2050 43%. Die im Inland erzeugte Energie wird der folgenden Kombination von Energiequellen entstammen: 45% erneuerbare Quellen (einschließlich Wasserkraft), 4% fossile Brennstoffe, 8% fossile Brennstoffe im Verbund mit CO_2-Abscheidung und -Speicherung, 0% Nuklearbrennstoffe.

Die grenzüberschreitenden Energietransportwege müssen auf das Zehnfache ihres Standes von 2010 ausgebaut werden. Die deutschen Stromimporte werden hauptsächlich aus den nordischen Ländern und aus Frankreich stammen. Für den Transport nach Deutschland müssen die überregionalen Netze erheblich verstärkt werden. Die Nettoübertragungskapazitäten entlang der deutschen Grenzen müssen bis 2020 verdreifacht und bis 2050 verzehnfacht werden. Entlang der westlichen Grenze müssen sie auf das Zwölffache ihres Niveaus von 2010 ausgebaut werden.

4 Fazit

Die Transformation des europäischen Energiesystems hat begonnen und wird noch viele Jahre in Anspruch nehmen. Sowohl auf der Angebots- als auch auf der Nachfrageseite sind grundlegende Veränderungen im Gang. Die derzeitigen Pläne für den Übergang bedingen unnötig hohe Kosten, für Europa ebenso wie für Deutschland. Eine kostengünstige Transformation setzt ein abgestimmtes europäisches Handeln voraus; insbesondere Deutschland muss seine Optionen zur Neuordnung seines Energiesektors im europäischen Rahmen überdenken.

Perspektiven für deutsche Erneuerbare-Energien-Unternehmen

Dietmar Schütz

1 Einleitung

Die Erneuerbaren Energien haben in Deutschland in den vergangenen 20 Jahren eine beeindruckende Erfolgsgeschichte geschrieben. Das gilt insbesondere für den Stromsektor. Dank einer mutigen politischen Vision und folgerichtigen gesetzgeberischen Maßnahmen wurde der Rahmen für Innovationen und Investitionen geschaffen. Vor allem mittelständisch geprägte Unternehmen haben diese Chance genutzt und technisches Know-how entwickelt, das bis heute als weltweit führend gilt. So konnten ehemalige Garagentüftler innerhalb kurzer Zeit zu Weltmarktführern aufsteigen und neue Technologien tauglich für den Massenmarkt werden. Die Vorteile dieser Entwicklung für den Standort Deutschland sind enorm. Inzwischen arbeiten rund 370.000 Menschen in der Branche der Erneuerbaren Energien. Bis 2020 können daraus ohne Weiteres 500.000 zukunftsfähige Jobs werden – die richtigen politischen Weichenstellungen vorausgesetzt.

Ein wesentlicher Grund für die positiven Effekte der Erneuerbaren auf den Arbeitsmarkt ist die veränderte Wertschöpfungskette. Während für die herkömmlichen Energieträger Öl, Kohle, Gas und Uran Jahr für Jahr Milliarden ins Ausland überwiesen werden, bedeutet die Nutzung von Sonne, Wind, Wasser, Biomasse sowie Erd- und Umweltwärme einen hohen Anteil heimischer Wertschöpfung. 2010 hat die Nutzung der Erneuerbaren in Deutschland insgesamt Energieimporte in Höhe von 7,4 Mrd. EUR vermieden. Stattdessen fließen Investitionen in dezentrale und vielfältige Anlagen und Technologien. Sie kommen beispielsweise dem Planungsbüro, dem Anlagenbauer, dem Bauunternehmer oder dem Handwerker aus der Region zugute.

Mit der Marktführerschaft in den Erneuerbaren-Technologien ist Deutschland für den internationalen Wettbewerb gut aufgestellt. Ob Windkraftanlagen, Solarzellen und Wechselrichter, Sonnenkollektoren, Biogasanlagen, Wärmepumpen oder Biodieselraffinerien: „Made in Germany" ist im Sektor der Erneuerbaren Energien ein begehrtes Qualitätssiegel. Inzwischen haben viele Länder, darunter die großen Wirtschaftsmächte USA, China und Indien, die Potenziale der Erneuerbaren Energien für sich entdeckt und steigen massiv in deren Ausbau ein. Deutsche Unternehmen können auf dem globalen Markt mit Niederlassungen im Ausland oder durch Kooperationen mit örtlichen Herstellern punkten.

Doch nicht nur die Ökonomie profitiert vom Ausbau der Erneuerbaren, sondern auch die Ökologie. Die regenerativen Energien ersetzen den Verbrauch fossiler Rohstoffe und reduzieren damit direkt den Treibhausgasausstoß. Allein im Jahr 2010 haben die Erneuerbaren Energien in Deutschland 116 Mio. Tonnen CO_2 eingespart und damit maßgeblich zum Erreichen der deutschen Klimaschutzziele beigetragen. Außerdem kommen die Erneuerbaren – anders als die herkömmlichen Energieerzeugungsarten – weitgehend ohne hoch problematische Rohstoffe und Abfälle aus. Folgekosten für Umwelt- und Gesundheitsschäden, die auf das Konto des Gemeinwesens verbucht werden, fallen daher anders als bei der fossil-atomare Energieerzeugung erst gar nicht an.

In der geringeren Abhängigkeit von knapper und teurer werdenden Rohstoffen liegt ein weiteres wichtiges Argument für den entschlossenen Ausbau der Erneuerbaren Energien in Deutschland und Europa. Denn viele Vorkommen an Öl, Kohle oder Erdgas liegen eben nicht in den Händen lupenreiner Demokratien. Vielmehr werden sie nicht selten auf Kosten der regionalen Bevölkerung und unter umweltzerstörenden Bedingungen ausgebeutet – zum finanziellen Vorteil einer kleinen Gruppe von Herrschenden, die durch ihre Rohstoffvorkommen ein starkes Faustpfand in der internationalen Politik haben. Regionale und internationale Konflikte, die auch militärische Auseinandersetzungen mit sich bringen, ranken sich allzu oft um die heiß begehrten Schmierstoffe der fossilen Weltwirtschaft.

Die Erneuerbaren Energien dagegen sind Grundlage für eine umweltverträgliche, gerechtere und langfristig tragfähige Weltwirtschaft. Denn nur mit den nach menschlichen Maßstäben unendlichen Quellen lässt sich knapper werdenden Ressourcen, problematischen Folgewirkungen der fossilen Energieerzeugung für Klima und Umwelt sowie starken Preisschwankungen wirksam entgegentreten. Die Notwendigkeit eines umfassenden Umbaus der Energieversorgung wird inzwischen weitgehend anerkannt. Freilich gehen die Vorstellungen darüber, in welchem Zeitrahmen und mit welcher Entschlossenheit der Umstieg auf die Erneuerbaren erfolgen soll, noch weit auseinander.

Wenn man das bisher Erreichte betrachtet, kann man vom einer gelungenen ersten Etappe sprechen: Die Erneuerbaren haben es aus der Nische zu einem standhaften und anerkannten Industriezweig geschafft, der bereits einen erklecklichen Teil unserer Energie liefert. In Deutschland stellen sie inzwischen gut 10% des Endenergieverbrauchs, wenn man Strom-, Wärme- und Kraftstoffverbrauch zusammen nimmt. In der EU-27 sind es bereits rund 12%.

Auf der nächsten Etappe geht es nun darum, die Erneuerbaren zum bestimmenden Element der Energieversorgung zu machen und einen Anteil von rund 50% am Energieverbrauch zu erreichen. Den ersten Schritt macht die Erneuerbare-Energien-Richtlinie der EU. Danach soll der Anteil der Erneuerbaren bis 2020 europaweit auf 20% steigen. Dies ist aus Sicht der Branche allerdings nur eine Mindestvorgabe, die durch kluge politische Rahmenbedingungen auf internationaler, nationaler und regionaler Ebene deutlich übertroffen werden könnte und sollte. Dann ist ein Anteil von 50% bis 2030 durchaus machbar. In der letzten Etappe der energiewirtschaftlichen Transformation wird es darum gehen, die Vollversorgung mit Erneuerbaren Energien zu erreichen. Zeithorizont hierfür ist das Jahr 2050.

Entscheidend für die weitere Entwicklung der Erneuerbaren Energien auf kommunaler, nationaler, europäischer und weltweiter Ebene sind die politischen und wirtschaftlichen Rahmenbedingungen: Setzt die Politik den begonnenen Ausbau der Erneuerbaren konsequent fort? Oder unterwirft sie sich den Beharrungskräften etablierter Wirtschaftsmodelle im Energiesektor? Werden Instrumente genutzt und weiterentwickelt, die für ausreichende Innovationen und Investitionen sorgen, ohne dabei ausufernde Kosten zu verursachen? Wie werden die Energiemärkte künftig ausgestaltet? Kann nationale und internationale Regulierung einen echten Wettbewerb gewährleisten, der möglichst große Transparenz und Kostenwahrheit zum Ziel hat? All das sind entscheidende Fragen, wenn es um die Perspektiven deutscher Unternehmen der Erneuerbaren-Branche geht.

Der folgende Beitrag wird sich also auf bestehende und zu erwartende Rahmenbedingungen im Energiesektor konzentrieren. Denn sie entscheiden im Wesentlichen über den weiteren Weg der vielen erfolgreichen Unternehmen der Erneuerbaren-Branche. Wichtig ist dabei, die Perspektive nicht auf den Stromsektor zu beschränken, sondern ebenso den Energieverbrauch im Wärme- und Verkehrsbereich im Auge zu haben. Gut die Hälfte der gesamten Energie wird allein zur industriellen und privaten Wärmeerzeugung verwendet, in den Verkehrssektor fließt knapp ein Drittel des Endenergieverbrauchs. Die häufig zu beobachtende Verengung der öffentlichen Diskussion auf den Stromsektor ist folglich nicht berechtigt.

2 Globale Rahmenbedingungen

Der Ausbau der Erneuerbaren Energien und die Perspektiven für die deutschen Unternehmen der Branche unterliegen einer Vielzahl externer Faktoren. Das sind einerseits gesetzliche Regularien und politische Vorgaben, die von der kommunalen bis zur internationalen Ebene reichen und je nach Region stark variieren. Das sind andererseits die wirtschaftlichen Faktoren wie Energiepreise, Infrastrukturkosten und Wettbewerbsbedingungen, die ebenfalls vom lokalen bis zum Weltmarkt differieren. Insgesamt betrachtet spricht eine ganz Reihe von Bedingungen und Entwicklungen für einen weltweiten zügigen Ausbau der Erneuerbaren Energien in den nächsten Jahrzehnten und damit für positive Aussichten für die Unternehmen der Branche.

2.1 Weltweit positives Klima für Erneuerbare

Auf internationaler Ebene sind es vor allem die Verhandlungen über verbindliche Klimaschutzziele, die einen wichtigen Rahmen für den mittel- bis langfristigen Ausbau der Erneuerbaren darstellen. Auch wenn der internationale Prozess hierzu zäh verläuft und bindende und ausreichende Klimaschutzziele noch nicht vereinbart sind, hat er doch entscheidende Wirkungen. Zum einen ist die Notwendigkeit des Klimaschutzes inzwischen im Bewusstsein von Regierungen und Wählenden angekommen. Zum anderen entscheiden sich immer mehr Länder oder Staatengemeinschaften, auch unabhängig von einer ausstehenden globalen Einigung in Sachen Klimaschutz voranzukommen, um einerseits die Abhängigkeit von teuren Energieimporten zu senken und andererseits von positiven wirtschaftlichen Effekten der sogenannten *green technologies* zu profitieren. Das gilt insbesondere für den Bereich der Erneuerbaren Energien, die neben der Energieeinsparung und der Steigerung der Energieeffizienz maßgeblicher Teil der Lösung für das weltweite Klimaproblem sind.

In diesem internationalen Umfeld sind die deutschen Unternehmen der Erneuerbaren Energien bisher gut aufgestellt. Denn durch die frühe und gezielte Förderung in Deutschland konnten sie einen erheblichen technologischen Vorsprung erzielen. Doch andere Länder holen schnell auf. Die deutschen Unternehmen müssen daher in den kommenden Jahren massiv in Forschung und Entwicklung investieren, um auch in Zukunft ihre führende Rolle im Markt der Erneuerbaren-Technologien zu behaupten.

Seit insbesondere China angesichts einer rasant wachsenden Wirtschaft die Bedeutung von Ressourcenschonung und dauerhaft unabhängiger Energieversorgung erkannt hat, werden hier mit großen Summen staatliche Programme zum Ausbau der Wind-, Wasser- und Solarenergie betrieben. Entsprechend gewinnen die dort ansässigen Unternehmen an Know-how und holen ihren technologischen Rückstand schnell auf. Bisher verhindern Zugangsbeschränkungen eine Präsenz deutscher Unternehmen in wichtigen Sparten. Hier ist die weitere Entwicklung für deutsche Unternehmen noch nicht absehbar, auch wenn es auf Regierungsebene zwischen Deutschland und China erste Vereinbarungen zur Zusammenarbeit im Bereich der Erneuerbaren Energien gibt.

Deutlich besser stellt sich die Lage in den USA und Kanada dar, wo erfolgreiche deutsche Unternehmen mit Tochtergesellschaften oder ausgelagerten Produktionsstandorten an dem dort einsetzenden Boom der Erneuerbaren partizipieren. Präsident Obama hat die positive Entwicklung in den USA nach entsprechenden Finanzzusagen im Rahmen der Wirtschaftsprogramme auch in seiner Rede an die Nation Anfang 2011 bekräftigt. Dort forderte er für die USA einen Anteil von 80% „CO_2-neutraler Energien“ bis 2035.[1]

Nach Angaben der Exportinitiative Erneuerbare Energien bestehen auch im großen Wachstumsmarkt Indien gute Investitionschancen für deutsche Unternehmen, da ausländische Direktinvestitionen ausdrücklich zugelassen sind und besonders in den Bereichen Windenergie und Photovoltaik eine hohe Wachstumsdynamik erreicht wird. Und selbst in den Ölstaaten der Golfregion beginnt gegenwärtig ein Umdenkprozess für die Zeit nach dem Öl. Die Vereinigten Arabischen Emirate übernehmen hierbei eine Vorreiterrolle. Sie sind bereits mit Pilotprojekten der Solarenergienutzung in die künftige Energietechnologie eingestiegen.[2]

[1] Remarks by the President in State of Union Address, Washington D. C., 25.01.2011.

[2] Länder- und Marktinformationen der Exportinitiative Erneuerbare Energien (http://www.exportinitiative.de/laender-und-marktinformationen.html).

2.2 EU definiert verbindliche Ausbauziele

In Europa ist die Entwicklung im Bereich der Erneuerbaren Energien bereits einen ganzen Schritt weiter. Am 25.06.2009 trat die EU-Richtlinie zur Förderung der Nutzung von Energie aus erneuerbaren Quellen zusammen mit dem Klima- und Energiepaket der EU in Kraft. Damit liegt erstmals ein europäisches Regelwerk vor, das einen verbindlichen Rechtsrahmen für den Ausbau der Erneuerbaren Energien in allen drei Sektoren – Strom, Wärme/Kälte, Verkehr – schafft. Die Zielvorgabe der Richtlinie lautet: Bis 2020 müssen in Europa mindestens 20% des Bruttoendenergieverbrauchs aus erneuerbaren Quellen stammen.

Um dieses Gesamtziel zu erreichen, erhalten die 27 Mitgliedsstaaten jeweils rechtlich bindende nationale Ziele. Für Deutschland bedeutet das einen Anteil von 18% Erneuerbarer Energie am Endenergieverbrauch bis 2020. Das entspricht einer annähernden Verdoppelung gegenüber heute: 2010 betrug der Anteil der Erneuerbaren am Endenergieverbrauch in Deutschland gut 10%. Wie die einzelnen Länder das Ziel über die verschiedenen Sektoren aufteilen, entscheiden sie dabei selbst. Nur im Verkehrssektor muss jeder Mitgliedsstaat 2020 mindestens einen Anteil von 10% aus Erneuerbaren Energien nachweisen.

Um dem Wunsch einiger Mitgliedsstaaten nach mehr Flexibilität beim Erreichen der nationalen Ziele zu entsprechen, erlaubt die Richtlinie eine Zusammenarbeit der Staaten untereinander. Im gegenseitigen Einverständnis können sie durch flexible Mechanismen wie statistische Transfers, gemeinsame Projekte oder gemeinsame Fördersysteme nationale Ziele auch im Rahmen von Kooperationen erreichen. Hierdurch können sich gerade für deutsche Unternehmen einige Chancen eröffnen.

Die EU wird die Fortschritte der Mitgliedsstaaten auf Basis nationaler Aktionspläne und Maßnahmenpakete evaluieren und gegebenenfalls nachsteuern. Aus den Erfahrungen mit der Richtlinie soll dann zur Mitte des Jahrzehnts das weitere Regularium für den Ausbau der Erneuerbaren in der EU erwachsen.

Auch der Europäische Emissionshandel ist für den Ausbau der Erneuerbaren Energien nicht unerheblich. Denn die nationalen Zusagen, den Treibhausgasausstoß um einen bestimmten Anteil zu verringern und Obergrenzen einzuhalten, sind zunächst geleistete Versprechen. Diese müssen durch konkrete Maßnahmen eingelöst werden. Allen voran gehört dazu der Ausbau der Erneuerbaren Energien.

Allerdings ist der Emissionshandel noch nicht ausreichend auf die positiven Effekte des Zuwachses an Erneuerbaren in allen Sektoren abgestimmt. Der Bundesverband Erneuerbare Energie (BEE) mahnt eine Korrektur schon seit Bestehen des europäischen Emissionshandels an. Um die beste Wirkung für den Klimaschutz in Europa zu erzielen, müssen die im Vorhinein für eine Handelsperiode von vier Jahren festgelegten Emissionsobergrenzen jeweils dynamisch um die Mengen reduziert werden, die aufgrund anderer Instrumente zusätzlich eingespart werden.

3 Chancen und Risiken in Deutschland

In Deutschland gestalten sich die gesetzlichen und politischen Rahmenbedingungen zum Ausbau der Erneuerbaren je nach Sektor höchst unterschiedlich: Während im Stromsektor das Stromeinspeisungsgesetz von 1991 und das im Jahr 2000 nachfolgende Erneuerbare-Energien-Gesetz (EEG) hervorragende und verlässliche Bedingungen für Investitionen in Forschung, Entwicklung und Kraftwerke auf Basis Erneuerbarer Energien garantiert, fehlt ein ähnlich wirksames Gesetz im Wärmesektor bis heute.

Das Erneuerbare-Energien-Wärmegesetz garantiert lediglich einen festen Anteil der Erneuerbaren an der Wärmeversorgung in zu errichtenden Neubauten. Der große und für Energieverbrauch und Klimaschutz entscheidende Gebäudebestand wird nicht erfasst. Hierfür kann allenfalls das Marktanreizprogramm (MAP) Impulse setzen, das den Einbau von regenerativen Heizungsanlagen finanziell fördert. Das MAP krankt allerdings an seiner Haushaltsabhängigkeit und unzureichender Ausstattung.

Im Verkehrssektor mangelt es auf Bundesebene an einer schlüssigen Strategie für den Umbau hin zu einem zukunftsfähigen Gesamtsystem. Kaum ein Bereich ist so abhängig vom Erdöl wie der Verkehr. Umso drängender bedarf es eines verlässlichen Pfades, wie mit Verkehrsvermeidung, Verkehrsverlagerung, Effizienzsteigerung und Umstieg auf Erneuerbare Energien der Weg in eine nachhaltige Zukunft beschritten werden kann.

3.1 Erneuerbare Energien im Stromsektor

Im Stromsektor hat sich der Anteil der Erneuerbaren Energien in den letzten zehn Jahren in Deutschland etwa verdreifacht: 2010 hat Strom aus Wind, Sonne, Wasser, Bioenergie sowie Erdwärme bereits über 17% des Verbrauchs gedeckt.[3] Entscheidend für diese Entwicklung waren das Stromeinspeisegesetz von 1991 und das darauf folgende EEG (2000). Diese Gesetze haben überhaupt erst den Eintritt neuer Akteure in den Strommarkt ermöglicht und nicht zuletzt als Anti-Monopol-Gesetze fungiert. In diesem Sinne schaffen die Erneuerbaren nach und nach Wettbewerb im Strommarkt und helfen dabei, Preissteigerungen zu bremsen. Das wird sich zunehmend positiv für die Verbraucher auswirken.

[3] Bundesverband Erneuerbare Energie (2011).

Nach Ansicht der Branche kann sich der Anteil der Erneuerbaren Energien im Stromsektor in Deutschland in den nächsten zehn Jahren noch einmal verdreifachen und bereits 2020 auf annähernd 50% steigen. Voraussetzung dafür ist allerdings, dass es bei den Grundsätzen des EEG bleibt. Zudem müssen technische Bedingungen wie Netzmanagement, -zugang und -ausbau, die Steuerung von Angebot und Nachfrage sowie die Nutzung bestehender und Erschließung neuer Stromspeicher verbessert werden.

Die Energiepolitik der schwarz-gelben Bundesregierung bleibt hinreichende Antworten auf die mit dem Umbau des Stromsektors verbundenen Herausforderungen schuldig. Vielmehr hat sie durch widersprüchliche Entscheidungen Verunsicherung und Investitionszurückhaltung in der Energiewirtschaft unnötig gefördert. Die zunächst gegen große Widerstände beschlossene Laufzeitverlängerung bremste den Umbau der Energieversorgung und schürte den Systemkonflikt zwischen inflexiblen Großkraftwerken auf der einen und dem weiteren Ausbau der Erneuerbaren Energien auf der anderen Seite. Die Infragestellung des energiepolitischen Kurses nach den Ereignissen in Japan war zwar folgerichtig. Doch wie dauerhaft und verlässlich die neuen Schlüsse darauf für die deutsche Energiepolitik sind, ist noch nicht abzusehen.

Der verlässlichen Ausgestaltung des EEG kommt daher eine besondere Bedeutung zu, sie entscheidet maßgeblich über den weiteren Ausbaupfad der Erneuerbaren im Stromsektor und über die Zukunft der hier tätigen Unternehmen. Wichtigstes Anliegen des BEE ist es daher, dass auch mit dem EEG 2012 der erfolgreiche Ausbau der Erneuerbaren Energien in Deutschland so effektiv und so effizient wie möglich fortgesetzt werden kann.

3.1.1 Das EEG und die anstehende Novelle

Das EEG wurde von engagierten Abgeordneten des Deutschen Bundestages über Parteigrenzen hinweg auf den Weg gebracht und trat im Jahr 2000 in Kraft. Es ermöglicht Landwirten und Familien ebenso wie Stadtwerken und Mittelständlern, zu Stromerzeugern zu werden – und zwar unabhängig von den großen Konzernen. Mit seinen verlässlichen Grundsätzen hat es dazu geführt, dass sich in Deutschland neue Technologien zur CO_2-freien Stromproduktion aus Erneuerbaren Energien schnell entwickelt haben und massenhaft zum Einsatz kamen. Das Gesetz hat dafür erhebliche Mengen privaten Kapitals mobilisiert und eine vorwiegend mittelständisch geprägte, dezentrale und vielfältig agierende Branche zum Leben erweckt. Die bewährten Grundsätze des EEG sind:

- der Vorrang Erneuerbarer Energien bei der Einspeisung ins Netz. Er garantiert den Absatz des erzeugten Stroms und damit die Vergütung.
- eine kostendeckende und technologiedifferenzierte Vergütung. Sie ermöglicht eine effiziente Entwicklung einer Vielzahl von Technologieoptionen.

- eine realistische Degression der Vergütung. Sie treibt Innovation und senkt Differenzkosten für die Verbraucher, indem Kostensenkung durch Marktwachstum an sie weitergegeben wird.
- Unabhängigkeit von den jährlichen Haushaltsberatungen. Das EEG braucht kein Steuergeld und bietet damit langfristige Investitionssicherheit.

Insbesondere der Vorrang und die feste Einspeisevergütung für Strom aus Erneuerbaren Energien sind es, die den Unternehmen in Deutschland eine klare Wachstumsperspektive bieten. Diese Prinzipien gilt es auch bei eventuell notwendigen Änderungen des EEG im Detail unbedingt zu erhalten.

Vor dem Hintergrund wachsender Strommengen aus Erneuerbare-Energien-Kraftwerken wird eine bloße Definition des Einspeisevorrangs für diesen Strom im Gesetz allerdings nicht mehr ausreichen, um ihn in der Praxis auch tatsächlich zu gewährleisten. Bei abzusehenden Überkapazitäten im Netz gilt es, auch den Nachrang der konventionellen Energieträger klar zu definieren. Das heißt konkret, dass im Falle eines Überangebotes an Strom zuerst Kohle- und Atomkraftwerke vom Netz gehen. Dies kann beispielsweise durch eine angepasste Kosten-Nutzen-Zuweisung im Ausgleichsmechanismus erreicht werden.

Die Erneuerbaren Energien werden mit weiter steigendem Anteil am Strommix zum prägenden Element der Stromversorgung. Sie werden immer mehr Aufgaben übernehmen, die heute noch überwiegend von konventionellen Kraftwerken erbracht werden. Hierzu gehört insbesondere die Wahrung der Systemstabilität. Daneben müssen die Erneuerbaren Energien stärker als in der Vergangenheit ihre Erzeugung mit dem aktuellen Verbrauch in Einklang bringen. Beides setzt Investitionen in vorhandene und noch zu entwickelnde Technologien voraus. Ein weiterentwickeltes EEG muss hierfür Anreize setzen und innovative Unternehmen belohnen. Nur so können und müssen schon jetzt wichtige Weichenstellungen erfolgen, die eine Vollversorgung mit Erneuerbaren Energien in absehbarer Zukunft erlauben.

3.1.2 Technologieentwicklung: moderne Netze und neue Speicher

Für ein weiteres Wachstum der Erneuerbaren Energien über das Jahr 2020 hinaus sind technologische Herausforderungen zu bewältigen. Ein hoher Anteil von Wind- und Solarstrom ist auf die optimale Nutzung der vorhandenen Netzinfrastruktur, deren Ergänzung und Erweiterung sowie die Erschließung von Speichertechnologien und steuerbaren Stromverbrauchern angewiesen, damit die Stromversorgung nicht nur klimafreundlich wird, sondern auch dauerhaft verlässlich bleibt.

Die Bundesregierung unter Angela Merkel hat daher in ihrem Koalitionsvertrag von 2009 angekündigt, einen „Stetigkeitsbonus“ mit dieser Zielsetzung einzuführen. Im Energiekonzept der Bundesregierung ist dies als Prüfauftrag enthalten. Entsprechende Anreize sind bisher jedoch nur für Biogasanlagen näher ausgeführt. Außerdem werden nicht weiter spezifizierte Zuschüsse zu Speichern genannt.

Der BEE bevorzugt eine technologieoffene Lösung, die auch Entwicklungen im Bereich der übrigen Erneuerbaren Energien sowie die Kombination verschiedener Erneuerbarer Energien unterstützt. Anstelle unsicherer Haushaltsmittel sollte auch für Technologieanreize das bewährte System der EEG-Finanzierung genutzt werden. So könnte ein Stetigkeitsanreiz entstehen, der verlässlich ausgestaltet ist und deutlich über die Schwankung des Börsenstrompreises hinausgeht.

Mit der Weiterentwicklung des Kombikraftwerksmodells könnten Investitionen ermöglicht werden, die eine besser an den Erfordernissen des Stromnetzes ausgerichtete Stromproduktion aus Erneuerbaren Energien anreizen. Das Modell vergütet regenerative Kombikraftwerke, die eine zeitliche Verlagerung und damit Verstetigung der Einspeisung aus EEG-Anlagen ermöglichen. Dieser Ansatz hat entscheidende Vorteile:

- er bietet einen ausreichend differenzierten Anreiz für eine breite Technologieentwicklung,
- er umfasst alle Arten neu errichteter Speicher (Biogas, mit Erneuerbare-Energien-Strom erzeugten Wasserstoff und Methan, Wärmespeicher an Wärmesenken von KWK-Anlagen, stationäre Batteriespeicher, mobile Batteriespeicher von Elektrofahrzeugen),
- der Anreiz wirkt sowohl im System der Mindestvergütung als auch bei Nutzung der Direktvermarktungsmöglichkeiten,
- das Modell enthält einen zusätzlichen Anreiz für die Optimierung neuer nicht oder nur eingeschränkt regelbarer Erneuerbare-Energien-Anlagen (Solar, Wind, Wasser) auf hohe Volllaststundenzahlen.

Um die bessere Netzintegration der Erneuerbaren Energien im Stromsektor zu erreichen, müssen aber nicht nur die Anlagen darauf hin optimiert werden, sondern auch das Stromnetz selbst. Dafür ist es notwendig, Netzbetrieb und Netzmanagement zu verbessern, mehr Kuppelstellen zum europäischen Ausland zu schaffen und verbleibende Netzengpässe durch Netzausbau zu beseitigen. Das bisherige Einspeisemanagement führt schon jetzt zur Abregelung von EEG-Anlagen im Falle von Netzengpässen. Das Ziel, eine möglichst hohe Produktion aus Erneuerbare-Energien-Kraftwerken in die Stromversorgung zu integrieren, wird damit konterkariert.

3.1.3 Regenerative Energien brauchen einen neuen Markt

Mehr als zehn Jahre nach Beginn der Liberalisierung des deutschen Strommarktes kann von einem fairen Wettbewerb nicht die Rede sein. Die vier größten Stromversorger bilden durch ihre hohen Anteile am Strommarkt noch immer ein Oligopol und dominieren das Marktgeschehen. Auch die Rücknahme der Laufzeitverlängerungen durch die Bundesregierung bricht dieses Oligopol nicht automatisch auf. Die großen Versorger haben weiterhin wenig Interesse an einem schnellen Ausbau der Erneuerbaren Energien, da diese ihren zum Teil hoch profitablen konventionellen Kraftwerkskapazitäten Konkurrenz machen.

Auch jenseits der Anbieterstruktur ist der heutige Strommarkt bei Weitem kein vollkommener Markt. Vielmehr versagt er in wesentlichen Punkten. Beispielsweise kennt er keine hinreichenden Preise für die versteckten Umwelt- und Folgekosten der konventionellen Energien. Zudem bietet er ohne eine komplexe Regulierung keine Anreize für ausreichende Investitionen in Erneuerbare Energien und kompatible Kraftwerke sowie Infrastrukturkomponenten. Dies muss sich mittelfristig grundsätzlich ändern. Dafür gehört das gesamte Energiemarktdesign auf den Prüfstand. Es stammt aus einer Zeit, als der Ausbau der Erneuerbaren Energien noch am Anfang stand. Dass die Erneuerbaren Energien einmal das prägende Element der Stromversorgung und damit auch der Prozesse auf den Energiemärkten sein würden, war damals noch nicht absehbar. Während in der jüngeren Vergangenheit viel über die Frage diskutiert wurde, wie die Erneuerbaren Energien fit für den bestehenden Markt gemacht werden könnten, ist zu selten darüber nachgedacht worden, wie der heutige Markt fit für die Erneuerbaren Energien wird.

Das derzeitige Modell, nach dem ein steigender Anteil des Stroms an der Leipziger Strombörse EEX gehandelt wird und der gesamte produzierte EEG-Strom am Spotmarkt (*Day-ahead* und *Intraday*) bestmöglich vermarktet werden muss, führt die Erneuerbaren Energien auf längere Sicht in die Sackgasse. Denn immer, wenn die Anlagen besonders viel Strom erzeugen und die Nachfrage nicht entsprechend hoch ist, kommt es zu einem rapiden Preisverfall an der EEX. Das bedeutet vereinfacht gesagt: je erfolgreicher die Erneuerbare-Energien-Kraftwerke, desto schlechter ihre wirtschaftliche Bilanz.

Am Phänomen der negativen Preise wurde auch für die Öffentlichkeit deutlich wahrnehmbar, dass die Erneuerbaren Energien zu einem Preisverfall am Spotmarkt der Strombörse führen – insbesondere wenn ein hohes Windangebot herrscht. Während der reale Wert des produzierten Stroms unverändert ist, wird er dort auf Dauer nicht den erforderlichen Preis erzielen, der ohne politische Flankierung einen rentablen Betrieb erlaubt.

Im Moment bewirkt dieser Mechanismus außerdem, dass die Differenzkosten und damit die Belastung der Verbraucher in Form der EEG-Umlage steigen, wenn die Erneuerbaren Energien viel Strom ins Netz einspeisen. Das ist paradox. Daher muss auch die

Zuweisung der Differenzkosten überarbeitet werden. Denn die EEG-Einspeisung senkt ja an der Strombörse das Preisniveau. Dieser Nutzen drückt sich aber in den Differenzkosten nicht aus, im Gegenteil: er erhöht sie noch.

Extrem niedrige und sogar negative Preise an der Börse hängen auch damit zusammen, dass konventionelle Kraftwerke über das zur Wahrung der Systemstabilität hinausgehende Maß am Netz bleiben. Die hohen Differenzkosten zu diesen Zeiten gehen also auf die konventionellen und nicht auf die Erneuerbaren Energien zurück. Dies muss bei der Berechnung der Umlage berücksichtigt werden.

In einem ersten Schritt muss die ausschließliche Vermarktung des EEG-Stroms über den Spotmarkt aufgehoben werden. So ist beispielsweise die Stromproduktion von Biomasse-, Geothermie- und Wasserkraftanlagen durchaus terminmarktfähig. Eine Ausweitung der Vermarktungszeiträume und -orte kann dazu beitragen, die ausgewiesenen Differenzkosten zu reduzieren. Denkbar ist auch die Öffnung anderer Marktsegmente, wie den Märkten für Regelenergie oder Vermarktungen außerhalb der Strombörse. Zudem sollte die Bildung von Anlagenpools zur Vermarktung zugelassen werden. So lassen sich fluktuierende Einspeisungen mehrerer Anlagen bereits innerhalb des Pools ausgleichen.

Derzeit ist unklar, wie ein Energiemarkt für eine von den Erneuerbaren Energien dominierte Energieversorgung aussehen kann, der ohne das Mindestvergütungssystem des EEG auskommt. In der wissenschaftlichen Diskussion um diese Frage wird beispielsweise die Einführung von Kapazitätsmärkten diskutiert. Auch die Bundesregierung kündigt in ihrem Energiekonzept weitere Arbeit an diesem Thema an. Das ist richtig und notwendig.

3.2 Erneuerbare Wärme

Mehr als 50% des gesamten deutschen Energieverbrauchs entfallen auf die Wärmeversorgung von Gebäuden und Industrie. In einem Wohngebäude werden sogar mehr als 80% des Energieverbrauchs für Heizung und Warmwasser benötigt. Gleichzeitig sind nur etwa 12% der Heizungen in Deutschland auf dem Stand der Technik. Damit ist die große Masse von Gebäuden und Heizungen aus energetischer Sicht hoffnungslos überaltert. Hohe Energieeffizienz ist aber eine wesentliche Voraussetzung dafür, dass der Einsatz Erneuerbarer Energien möglichst sinnvoll erfolgen kann und schnell maßgebliche Anteile an fossilen Ressourcen ersetzt werden können.

Doch die dringend notwendigen Effizienzfortschritte bei Wärmeerzeugung und -verbrauch finden in der Fläche nicht statt. Die bisherigen Förderprogramme und Kreditvergünstigungen reichen dafür offenbar nicht aus. Zudem stehen wechselhafte Preissignale bei den fossilen Brennstoffen und lange Amortisationszeiträume häufig einer weitblickenden Entscheidung für die richtigen Technologien im Wege. Bei langfristig steigenden Gas- und Ölpreisen ist die zügige energetische Sanierung der Wohngebäude jedoch insbesondere für finanziell schlecht ausgestattete Bevölkerungsschichten eine drängende Notwendigkeit. Andernfalls fressen die Heiznebenkosten einen immer größeren Teil des knappen Budgets auf.

Obwohl der Wärmesektor hinsichtlich Klimaschutz und Ressourcenschutz die größten Potenziale hat und damit auch vielen Unternehmen in der Erneuerbaren-Branche zu wirtschaftlichem Erfolg verhelfen könnte, kommt der Umstieg auf regenerative Energien viel zu langsam voran. 2010 hatten die Erneuerbaren Energien erst einen Anteil von knapp 9% an der Wärmeerzeugung.[4] Rund 90% wurden also aus den fossilen Brennstoffen Öl und Gas erzeugt. Geringere Öl- und Gasimporte bedeuten aber mehr Geld für vorwiegend heimische Wertschöpfung, den weiteren Ausbau einer regenerativen Heizungsindustrie sowie für Aufträge an das heimische Handwerk.

Eines der Haupthindernisse für Erneuerbare-Energien-Anlagen im Wärmesektor ist die Preisdifferenz bei der Investition in eine neue Anlage. Der Markt für regenerative Heizungen ist noch vergleichsweise jung und klein. Die sauberen Heizungen sind daher in der Anschaffung teurer als lange eingeführte fossile Technik. Obwohl sich die Regenerativheizungen aufgrund der geringeren oder entfallenden Brennstoffkosten mittelfristig rechnen, scheuen Hauseigentümer und Kreditgeber häufig die anfangs höhere Investition.

Ein weiterer entscheidender Grund für die verhaltene Entwicklung im Wärmebereich ist, dass anders als im Stromsektor ein wirksames und verlässliches Ausbauinstrument für die Nutzung der Erneuerbaren Energien fehlt. Das Erneuerbare-Energien-Wärmegesetz ist lediglich auf Neubauten beschränkt und sieht zudem mögliche Alternativen zur Nutzung regenerativer Energien vor. Für den immens wichtigen Gebäudebestand gibt es aus dem sogenannten Marktanreizprogramm Impulse zur Umrüstung von Heizungsanlagen. Dieses ist allerdings chronisch unterfinanziert und durch die Abhängigkeit vom jährlich neu verhandelten Bundeshaushalt kann es Gebäudebesitzern die notwendige Investitionssicherheit nicht bieten. Hier ist also ein neues Instrumentarium dringend erforderlich.

Die Tatsache, dass das Energiekonzept der Bundesregierung Merkel die Erneuerbaren im Wärmebereich nicht einmal als eigenes Thema wahrnimmt, sondern unter dem Stichpunkt „energetische Sanierung“ abhandelt, lässt die Aussichten allerdings nicht gerade hoffnungsvoll erscheinen. Die Notwendigkeit eines haushaltsunabhängigen Fördersystems für Erneuerbare im Wärmebereich aber scheint die Bundesregierung zumindest

[4] Bundesverband Erneuerbare Energie (2011).

erkannt zu haben – womit sie einer langjährigen Branchenforderung nahekommt. Um diese Diskussion zu befördern, haben die Verbände der Erneuerbaren Energien das Modell der Erneuerbaren-Wärmeprämie entwickelt.

3.2.1 Erneuerbare-Energien-Wärmegesetz greift zu kurz

Das Erneuerbare-Energien-Wärmegesetz schreibt seit Anfang 2009 den anteiligen Einsatz Erneuerbarer Energien zur Wärmeversorgung in Neubauten vor. Diese Pflicht kann entweder durch die Nutzung von Solarenergie (15%), Biomasse (30 bzw. 50%) oder Geothermie (50%) erfüllt werden. Allerdings sind auch Ersatzmaßnahmen wie die Wärmedämmung des Gebäudes, ein Anschluss an das Fernwärmenetz oder Kraft-Wärme-Kopplung möglich, wenn dadurch mindestens 50% des Wärmebedarfs gedeckt werden.

Das Gesetz ist ein erster Schritt in die richtige Richtung. Es wird im Neubausektor neue Impulse setzen und den Einsatz Erneuerbarer Energien voranbringen. Hiervon profitieren innovative Unternehmen in Deutschland, die beispielsweise Solarthermieanlagen, Pellet- und Holzhackschnitzelheizungen oder unterschiedliche Wärmepumpen vertreiben. Angesichts der enormen Herausforderungen im Wärmesektor greift das Erneuerbare-Energien-Wärmegesetz allerdings zu kurz, denn es lässt den riesigen Gebäudebestand außen vor: Den im Jahr 2009 neu errichteten rund 109.000 Wohn- und Nichtwohngebäuden in Deutschland stehen etwa 18 Millionen Bestandsgebäude gegenüber.

Weiter geht hier das Wärmegesetz in Baden-Württemberg. Es hat insofern Modellcharakter, als es neben Neubauten auch den Gebäudebestand erfasst. Seit Januar 2010 muss in allen Gebäuden, in denen eine Heizungsanlage ausgetauscht wird, anschließend mindestens 10% der Wärmeversorgung durch den Einsatz von Biomasse, Solarthermie, Wärmepumpe, Bioöl oder Biogas gedeckt werden. Von dieser Pflicht sind nur Gebäude ausgenommen, die den Standard der Energie-Einsparverordnung unterschreiten, an ein Wärmenetz angeschlossen sind oder Kraft-Wärme-Kopplung nutzen. Sollte der Bund in der Wärmestrategie nicht weiterkommen, besteht für die vielen Unternehmen in der Wärmebranche zumindest die Hoffnung, dass andere Bundesländer dem baden-württembergischen Beispiel folgen und so für eine verlässlichere Ausbauperspektive sorgen.

3.2.2 Marktanreizprogramm scheitert an Haushaltsabhängigkeit

Für den dominierenden Gebäudebestand steht bisher nur das Marktanreizprogramm (MAP) bereit. Es ist mit maximal bis zu 500 Mio. EUR pro Jahr ausgestattet und bietet Investitionszuschüsse beispielsweise für Solarthermieanlagen, Pelletheizungen und Wärmepumpen. Damit sollen die deutlich höheren Anfangsinvestitionen für regenerative gegenüber fossilen Heizungsanlagen wenigstens zu einem Teil ausgeglichen werden.

Dass die Förderung über das MAP unterm Strich einen großen wirtschaftlichen Effekt erzielt, zeigt ein Gutachten des Münchner Ifo-Instituts vom Juni 2010. Danach löst allein die Fördersumme von 115 Mio. EUR aus dem Marktanreizprogramm Investitionen in Höhe von 844 Mio. EUR aus. Dem Staat bringt diese Summe Steuereinnahmen in Höhe von 150 Mio. EUR und damit mehr als die ausgegebenen Fördermittel.[5]

Doch das MAP hat einen entscheidenden Haken: Seine Höhe und Bewilligung wird in oft schwierigen Verhandlungen über die Aufstellung des Bundeshaushaltes jedes Jahr neu festgelegt. Den Haus- und Immobilienbesitzern fehlt damit die verlässliche Grundlage für eine längerfristige Planung. Die zähe Diskussion um eine Haushaltssperre für das Programm im ersten Halbjahr 2010 und die wesentlich geringere Ausstattung im laufenden Bundeshaushalt zeigen, dass eine wirksame Breitenförderung auf Dauer mit diesem Instrument kaum zu bewerkstelligen ist.

Obwohl sich die Bundesregierung in ihrem Koalitionsvertrag auf das Ziel festgelegt hat, die Erneuerbaren Energien konsequent auszubauen, hatte das Finanzressort im Jahr 2010 aus Spargründen die MAP-Mittel zunächst mit einer Haushaltssperre belegt. Damit wurden viele potenzielle Antragsteller vor den Kopf gestoßen und von ihren Vorhaben abgebracht. Die negativen Auswirkungen auf die regenerative Heizungsbranche waren enorm. Erst nach langwierigen Debatten und großem Druck auf das Finanzministerium wurden die Mittel schließlich zur Mitte des Jahres teilweise wieder freigegeben.

Der Schaden durch die Verunsicherung blieb aber weiterhin erheblich. Bis heute leidet der Wärmemarkt unter einem hohen Attentismus. Verbraucher sind verunsichert über die weitere technologische Entwicklung, aber eben auch über die weitere Entwicklung der Rahmenbedingungen. Daher ist ein neues Instrument von Nöten, das klar signalisiert: Jetzt ist der richtige Zeitpunkt zur Investition in eine Heizungsanlage auf Basis Erneuerbarer Energien. Ein solches Instrument wäre die Erneuerbare-Wärme-Prämie.[6]

3.2.3 Starke Impulse durch Erneuerbare-Wärme-Prämie

Seit geraumer Zeit steht die Forderung nach einem verlässlichen und wirksamen Ausbauinstrument für Erneuerbare Energien zur Wärmeversorgung des Gebäudebestandes im Raum. Damit der Wärmemarkt die notwendigen Impulse und die Unternehmen der Branche ein Mindestmaß an Planungssicherheit erhalten, gelten folgende Kriterien für ein solches Instrument:

[5] Ifo (2010).

[6] Vorschlag des BEE für ein verlässliches Ausbauinstrument für Erneuerbare im Wärmesektor vom Juli 2010.

1. haushaltsunabhängige Mittelausstattung
2. mehrjährige Laufzeit
3. technologiespezifische Förderung
4. Degression
5. Einbettung in einen intelligenten Instrumentenmix

Der Branchenvorschlag einer Erneuerbare-Wärme-Prämie erfüllt diese Kriterien. Sie ist haushaltsunabhängig, da der Wärmesektor seinen Umbau künftig selbst finanziert. Und sie ist auf mehrere Jahre angelegt. Nur so sind Investitionssicherheit und Vertrauensschutz gewährleistet. Dies gilt sowohl für die Verbraucher, die nicht fürchten müssen, dass ein Antrag nicht mehr berücksichtigt wird, als auch für die herstellende Industrie, die von einem kalkulierbaren Markt ausgehen kann. Die Erneuerbare-Wärme-Prämie muss dabei schon aus industriepolitischen Gründen die Entwicklung einer ganzen Bandbreite von Technologien ermöglichen. Denn der Wärmemarkt ist vielschichtig und differenziert.

Nicht Steuerzahler oder vom Emissionshandel erfasste Unternehmen, sondern die Importeure fossiler Brennstoffe werden in diesem Modell zum Umbau des Wärmemarktes herangezogen. Sie zahlen pro verkaufter Einheit Öl und Gas (oder CO_2) eine Erneuerbare-Wärme-Prämie. Die so generierten Einnahmen werden zur Finanzierung des Umweltnutzens herangezogen, den diejenigen erwirtschaften, die in eine regenerative Heizung investieren. Die Zahlung läuft zum Beispiel über eine Verrechnungsstelle, Ansprüche werden über ein einfaches, unbürokratisches Verfahren realisiert.

Der Mittelbedarf ist vergleichsweise überschaubar. In der Spitze hält der BEE eine Ausstattung des Instruments mit jährlich einer Milliarde Euro für erforderlich. Die Erneuerbare-Wärme-Prämie auf importiertes Öl und Gas müsste dann maximal 0,12 Cent pro Kilowattstunde betragen. Dies ist nur ein Bruchteil der Preisunterschiede, die allein zwischen verschiedenen Öl- und Gasanbietern bestehen.

Über eine degressive Ausgestaltung der Zuschüsse kann eine starke Belebung des Wärmemarktes erreicht werden nach dem Prinzip: Wer früh investiert und einen besonders hohen Umweltnutzen erwirtschaftet, bekommt mehr als diejenigen, die noch warten. Die Kostendegression der Industrie wird damit beschleunigt, die Marktentwicklung verstetigt. Die Degression sollte jährlich einen bestimmten Prozentsatz ausmachen. Dieser Satz kann höher ausfallen, wenn das Ölpreisniveau schneller als erwartet steigt oder der Markt für regenerative Heizungen deutlich schneller wächst und die Anlagen deshalb schneller günstiger werden.

Ergänzt werden sollte die Erneuerbare-Wärme-Prämie durch einen intelligenten Instrumentenmix, um möglichst große Bewegungen am Markt auszulösen. Dazu gehören aus Sicht der Branche verbindliche Heizungschecks für ältere Anlagen durch das Fachhandwerk, die Wiedereinführung von Steuerabschreibungsmöglichkeiten für energetische Modernisierungen und vor allem Anpassungen im Mietrecht. Hier müssen Umlagemöglichkeiten so weiterentwickelt werden, dass Mieter und Eigentümer gleichermaßen von einer Verbesserung des energetischen Standards profitieren.

3.3 Verkehr und Erneuerbare Energie

Ein sehr hohes Einsparpotenzial bei der Nutzung fossiler Energieträger bietet noch immer der gesamte Verkehrssektor. Das Gros des Verkehrs findet nach wie vor auf der Straße statt. Hier ist die Abhängigkeit von fossilem Erdöl mit über 90% erdrückend. Ein Umsteuern ist daher dringend geboten. Doch ein schlüssiges Konzept für den Umbau des Verkehrs ist in den Ansätzen der Bundesregierung bislang nicht zu erkennen. Dabei liegen die Leitlinien für eine zukunftsfähige Mobilität seit Jahren auf dem Tisch:

Unnötige Transporte müssen vermieden, Fahrten auf umweltverträglichere Verkehrsmittel verlagert werden. Die Energieeffizienz aller Antriebsarten muss zügig erhöht werden. Durch die bessere Vernetzung der einzelnen Verkehrsträger und gezielte Vorgaben für den Einsatz energiesparender Technologien müssen zusätzliche Einsparpotenziale gehoben werden. Schließlich müssen alle Antriebsarten konsequent auf Erneuerbare Energien umgestellt werden.

Hierfür ist einerseits ein weiterer Ausbau nachhaltig produzierter Biokraftstoffe notwendig. Denn wenn fossiles Erdöl zügig durch umwelt- und klimaverträglichere Alternativen ersetzt werden soll, führt kein Weg an den markteingeführten Biokraftstoffen Biodiesel, Pflanzenölkraftstoff, Bioethanol und Biogas vorbei. Ein zweiter Strang der Erneuerbaren Mobilität besteht im zunehmenden Einsatz elektrischer Komponenten, die mit Strom aus Erneuerbare-Energien-Kraftwerken angetrieben werden. Die Verknüpfung dieser beiden Technologien ist sinnvoll und machbar.

Im Umbau des Verkehrssektors liegt ein gewaltiges Potenzial für Unternehmen, nicht nur aus dem Bereich der Erneuerbaren. Auch Vorreiter in der Effizienztechnik, IT-Unternehmen oder Spezialisten für Netz- und Verbrauchssteuerung könnten hier punkten – um nur einige wenige Beispiele zu nennen.

3.3.1 Nachhaltige Biokraftstoffe nutzen

In nennenswertem Ausmaß stehen für den Ersatz fossiler Treibstoffe bisher lediglich Biokraftstoffe zur Verfügung. Während sich insbesondere im Personenverkehr mit der Elektromobilität eine weitere Alternative entwickeln wird, werden beispielsweise der Flug- und Schwerlastverkehr dauerhaft auf nachhaltig produzierte Biokraftstoffe angewiesen sein. Die Rahmenbedingungen für deutsche Unternehmen der Biokraftstoffbranche sind dennoch alles andere als verlässlich.

Nachdem die deutsche Politik zunächst auf den massiven Ausbau der Biokraftstoffe gesetzt und diesen durch Steuerbefreiungen gefördert hatte, gab es 2006 – befeuert durch eine weitgehend verkürzt und unsachlich geführte „Tank-oder-Teller"-Diskussion – einen massiven Kurswechsel in der Förderpolitik, der insbesondere den heimischen Biokraftstoffmarkt erheblich beschädigt hat. Damit fiel der Anteil der Erneuerbaren Energien am Kraftstoffverbrauch von 7,1% im Jahr 2007 auf 5,7% im Jahr 2010.[7]

Um Klimaschutz, Versorgungssicherheit und Preisstabilität auch im Verkehrssektor zu verbessern und teurer und schmutziger werdendes Erdöl zu ersetzen, müssen die Rahmenbedingungen in Deutschland unbedingt wieder zugunsten einer verstärkten heimischen Produktion von nachhaltig erzeugten Biokraftstoffen verändert werden. Zumal die EU inzwischen im Rahmen ihres Klima- und Energiepaketes einen Anteil von 10% Erneuerbarer Energien am Gesamtenergieverbrauch im Verkehrssektor für das Jahr 2020 vorschreibt.

Ansonsten bleibt den deutschen Unternehmen der Branche nur die Hoffnung auf andere Länder. Denn weltweit zählt der Biokraftstoffmarkt zu den dynamischsten Märkten für Erneuerbare Energien. Insbesondere politische Zielvorgaben und Beimischungsverpflichtungen in vielen Staaten gelten als Motor des Marktwachstums. Die langjährige Erfahrung mit der Planung, dem Bau und Betrieb von Biodiesel- und Bioethanolanlagen unterschiedlicher Kapazität macht diesen Sektor zu einem starken Exportmarkt für den deutschen Anlagenbau – vorausgesetzt, bestehende Marktzugangsbeschränkungen und andere Exporthemmnisse werden durch eine politische Flankierung beseitigt oder zumindest verringert.

[7] Bundesverband Erneuerbare Energie (2011).

3.3.2 Erneuerbare Elektromobilität als Zukunftsperspektive

Elektrizität oder Wasserstoff aus Erneuerbaren Energien sind vielversprechende Optionen für die Mobilität der Zukunft. Elektrofahrzeuge machen heute allerdings erst einen winzigen Teil des Fahrzeugbestandes aus, und die Brennstoffzellentechnik ist im Fahrzeug über das Forschungsstadium noch nicht wesentlich hinausgekommen. Die Bundesregierung geht eher von einer langfristigen Entwicklung in diesem Bereich aus. Für das Jahr 2020 strebt sie eine Million Elektrofahrzeuge für Deutschland an – bei einem Fahrzeugbestand von dann rund 50 Millionen Pkw.

Die Branche der Erneuerbaren Energien sieht in der Elektromobilität jedoch ein großes Potenzial für den Ersatz fossiler Brennstoffe im Verkehr einerseits und die bessere Integration von Strom aus Wind- und Sonnenenergie andererseits. Erneuerbare Energien und Elektromobilität sind damit natürliche Partner und sollten Hand in Hand zügig ausgebaut werden. Je mehr Erneuerbarer Strom im Netz ist, desto geringer ist der CO_2-Ausstoß der Elektrofahrzeuge. Umgekehrt gilt: Je mehr Elektrofahrzeuge am Netz sind, desto größer wird ihr Beitrag zu einer besseren Netzintegration Erneuerbarer Energien. Übersteigt das Stromangebot aus Erneuerbaren Energien die aktuelle Stromnachfrage, können die Batterien der Elektrofahrzeuge dieses temporäre Überangebot aufnehmen.

So wie der Ausbau Erneuerbarer Energien eine neue mittelständisch geprägte Branche auf die Energiemärkte gebracht hat, wird der Ausbau Erneuerbarer Elektromobilität verfestigte Strukturen im Mobilitäts- und Automobilsektor beleben und für eine neue Marktdynamik sorgen. Das Ziel der Bundesregierung erscheint vor diesem Hintergrund nicht ambitioniert genug. Nach Ansicht der Erneuerbaren-Branche sollten 2020 bereits mindestens zwei Millionen Elektrofahrzeuge auf der Straße sein. Für eine weltweite Marktführerposition im Bereich Elektromobilität wäre sogar eine noch schnellere Markteinführung notwendig.

Zunächst bedarf es spezifischer Förderinstrumente, um die Investitionsmehrkosten gegenüber Fahrzeugen mit Verbrennungsmotoren auszugleichen und die Markteinführung zu beschleunigen. Je nach Entwicklung der Batteriekosten und des Ölpreises wird der Förderbedarf bis 2020 kumuliert zwischen 0,8 und 2,7 Mrd. EUR betragen.[8] Aufgrund der vielen Wechselwirkungen eignen sich nur Instrumente, die eine Differenzierung der Förderung nach (Batterie-)Größe bzw. Effizienz ermöglichen. Daneben sind Nutzervorteile für E-Fahrzeuge im Straßenverkehr geeignet, die Marktdurchdringung zu erhöhen. Hierzu gehören beispielsweise eine Null-Emissions-Plakette, die besondere Kennzeichnung von Parkplätzen mit Ladeeinrichtung oder Ausnahmen von Parkverboten oder Parkgebühren.

[8] Energie Impuls OWL e.V. (2010).

Der zusätzliche Strombedarf durch Elektromobilität ist überschaubar und kann mit einer minimalen Beschleunigung des Ausbaus Erneuerbarer Energien abgedeckt werden. Eine Million Elektroautos verbrauchen weniger als 1% der nach der Branchenprognose für 2020 zu erwartenden regenerativ erzeugten Strommenge. Das entspricht in etwa der Stromproduktion von 400 modernen Windkraftanlagen (2,5 Megawatt). Um bis 2020 eine Million Autos mit zusätzlichem Strom aus Erneuerbaren Energien zu versorgen, müssten pro Jahr also rechnerisch nur etwa 40 Windkraftanlagen mehr installiert werden.

4 Fazit

Die Erneuerbaren Energien haben riesige Potenziale. Sowohl Wind- und Solarenergie als auch die Wasserkraft, Bioenergie und Geothermie können ihren Beitrag in allen Bereichen der Energieversorgung noch erheblich steigern. Die Erneuerbaren verfügen über eine große Vielfalt von Einsatzmöglichkeiten, von Technologien und Standorteignungen. Gerade diese Vielfalt macht sie so erfolgreich. Denn einerseits bedeutet sie Konkurrenz und Wettbewerb, was Entwicklungen vorantreibt und kostensenkend wirkt. Andererseits ermöglicht sie die perfekte Ergänzung unterschiedlicher Eigenschaften: volatil und steuerbar, groß- und kleinräumig, technisch ausgereift und rasant entwicklungsfähig.

Die deutschen Erneuerbare-Energien-Unternehmen haben in Summe betrachtet gute Perspektiven. Dafür sorgen zum einen ein positives Klima für Erneuerbare in der Welt und konkrete Ausbauziele auf EU-Ebene. Zum anderen gibt es gerade in Deutschland positive Rahmenbedingungen für den Ausbau der Erneuerbaren. Diese sind allerdings nicht in allen Bereichen der Energieversorgung ausreichend – im Gegenteil. Insbesondere bei der Wärmeerzeugung und im Verkehrssektor fehlen bisher klare politische Weichenstellungen für mehr Energieeffizienz und den zügigen Ausbau der Erneuerbaren Energien.

Die Branche in Deutschland hat klare Ziele. Sie will bis 2020 weitere 160 Mrd. EUR in neue Kraftwerke, in Fertigungskapazitäten, in Service und Planung, in Forschung und Entwicklung investieren. Dann werden im Jahr 2020 schon mehr als 500.000 Menschen im Bereich der Erneuerbaren Energien arbeiten und zukunftsfeste Jobs haben.[9] Voraussetzung für eine derart positive Entwicklung ist allerdings, dass die Unternehmen auf einen verlässlichen Investitionsrahmen setzen können. Der BEE hat gemeinsam mit seinen Mitgliedern zahlreiche fundierte Vorschläge für die richtigen Rahmenbedingungen vorgelegt. Jetzt ist es an der Politik, diese aufzunehmen und in geeigneter Form umzusetzen.

[9] Prognos AG (2010).

Der Umbau unserer Energieversorgung kann nur mit einer breiten Akzeptanz der Bevölkerung erfolgen. Diese ist für die Erneuerbaren Energien vorhanden, eine breite Mehrheit spricht sich für ihren Einsatz aus – auch im eigenen Umfeld. Das ist ein großes Plus für die Branche und ein Vertrauensvorschuss für die Unternehmen, den es bei konkreten Projekten vor Ort durch Beteiligung und Transparenz einzulösen gilt. Die Mehrheit der Menschen will keine weiteren Jahrzehnte der Atomenergie, der klimaschädlichen Kohle und des schmutzigen Öls – die Menschen wollen den Aufbruch ins Regenerativzeitalter.

Literatur

Bundesverband Erneuerbare Energie (2011): Jahreszahlen Erneuerbare Energien 2010, 07.02.2011

Energie Impuls OWL e.V. (Hg.) (2010): Klimafreundliche Elektromobilität: Finanzielle Hürden zur Markteinführung bis 2020, Bielefeld

Institut für Wirtschaftsforschung (Ifo) (2010): Steuerliche Folgewirkungen eines Programmförderstopps im Rahmen des Marktanreizprogramms für erneuerbare Energien im Wärmemarkt. München, 04.06.2010

Prognos AG (2010): Investitionen durch den Ausbau erneuerbarer Energien in Deutschland, Berlin

Strategien von EVU im Bereich Erneuerbare Energien

Hans Bünting/Thomas Hüsgen

1 Gesellschaftlich-politischer Rahmen Erneuerbarer Energien

Die Erneuerbaren Energien nehmen im Zuge der Diskussionen um die Begrenzung der Erderwärmung – bedingt durch einen erhöhten Ausstoß von Treibhausgasen in die Atmosphäre – sowohl in der öffentlichen Diskussion als auch in der wirtschaftlichen Realität eine seit Jahren wachsende Rolle ein. Wurden die ersten, in den 1980er Jahren konzipierten und errichteten Anlagen zum Teil noch belächelt, so ist in Deutschland spätestens seit der im Rahmen der Einführung des Erneuerbare-Energien-Gesetzes (EEG) beschlossenen Förderung[1] des Einsatzes regenerativer Energieträger in der Strom- und Wärmeproduktion eine ernstzunehmende und volkswirtschaftlich zunehmend bedeutende Industrie entstanden. Das EEG löste das bis dahin existierende Stromeinspeisegesetz ab, welches bereits 1991 in Kraft trat. Seit 2007 existiert auch noch ein eigenes Gesetz zur Förderung von Erneuerbaren Energien im Wärmesektor, das Erneuerbare-Energien-Wärmegesetz (EEWärmeG).[2] Darüber hinaus wird eine Vielzahl von regionalen und lokalen Förderprogrammen angeboten. Dabei ist zu bemerken, dass Erneuerbare Energien keine neue Erfindung sind, sondern schon seit jeher vom Menschen eingesetzt wurden. So existiert schon zum Teil seit Jahrhunderten die Gewinnung von elektrischer oder Wärmeenergie durch die Verfeuerung von Biomasse (Holzhackschnitzel etc.) bzw. durch die Nutzung der Sonnenkraft (einfache solarthermische Wassererwärmungsanlagen). Neu ist allerdings der großflächige Einsatz Erneuerbarer Energieträger zur Substitution konventioneller, zumeist fossiler Brennstoffe.

1.1 Politische Zielsetzungen

Die politischen Zielsetzungen für den Einsatz Erneuerbarer Energien lassen sich grob in drei Bereiche gliedern: globale, supranationale und nationale Zielsetzungen:

Globale Zielsetzungen sind dabei naturgemäß die unverbindlichsten und auch am wenigsten konkretisierten Ziele. Die Erneuerbaren Energien spielen dabei zwar eine bedeutende Rolle, sind jedoch nur ein Baustein unter vielen. Die bedeutendste globale Initiative ist in diesem Zusammenhang die UN-Klimakonferenz. Auf der 16. Konferenz im mexikanischen Cancún im Dezember 2010 einigten sich die teilnehmenden Staaten nach einer ohne verbindliches Ergebnis beendeten Vorläuferkonferenz in Kopenhagen 2009 auf den generellen Konsens, die Erwärmung der Erde auf maximal 2° Celsius im Vergleich zum vorindustriellen Zeitalter zu begrenzen. Weitere Vereinbarungen betref-

---

[1] http://www.bmu.de/gesetze_verordnungen/bmu-downloads/doc/20099.php.

[2] http://www.bmu.de/gesetze_verordnungen/bmu-downloads/doc/20099.php.

fen die verbindliche Bestätigung von in Kopenhagen noch freiwilligen Zusagen der Industrieländer zur Reduktion des CO_2-Ausstoßes bis 2020 um mindestens 25 bis 40% im Vergleich zum Basisjahr 1990. Auch wurde das künftige Verhältnis zwischen Industrie- und Entwicklungsländern bei den Anstrengungen zur Erreichung des Klimaziels skizziert.[3] Als problematisch ist die bisherige Weigerung der USA, das Kyoto-Abkommen von 1997 zu ratifizieren, zu bewerten. Damit ist der weltweit größte Emittent von Treibhausgasen nicht an die Beschlüsse der Industrieländer gebunden. Auch China und Indien gelten trotz ihres starken Wirtschaftswachstums und stetig wachsenden Ausstoßes von Treibhausgasen durch industrielle Produktion nicht als Industrieländer.

Supranationale Zielsetzungen finden sich in Europa in den Vereinbarungen und Regelungen der EU zum Klimaschutz.[4] Leitbild ist dabei die sogenannte „20/20/20"-Zielsetzung. In der Richtlinie 2009/28/EG werden ein 20%iger Anteil Erneuerbarer Energien am EU-Endenergieverbrauch in 2020 bei einer gleichzeitigen Steigerung der Energieeffizienz um 20% und eine Senkung der Treibhausgasemissionen um 20% gegenüber dem Stand von 1990 festgeschrieben.[5] Diese Ziele sind allerdings nur für einige Sektoren weiter konkretisiert, so soll einheitlich ein Mindestanteil von 10% Erneuerbarer Energien am Energieverbrauch im Transportbereich erreicht werden. Weiterhin sind nationale Gesamtziele und die Erstellung nationaler Aktionspläne geregelt. Es bleibt jedem Mitgliedsland weitestgehend selbst überlassen, wie es seine individuellen Zielsetzungen erreicht. Flankiert werden diese Zielsetzungen durch das Europäische Emissionshandelssystem, das in der sogenannten zweiten Compliance-Periode 2008–2012 rund 50% der CO_2-Emissionen in den Mitgliedsländern erfasst. Dabei soll im Rahmen eines Systems handelbarer Zertifikate eine auch volkswirtschaftlich optimale Begrenzung von CO_2-Emissionen über definierte Handelsperioden erreicht werden.

Bei der *nationalen* Umsetzung der Klimaziele finden sich in den EU-Mitgliedsstaaten die unterschiedlichsten Ansätze. Gleich ist allen Plänen jedoch der Schwerpunkt der Reduktionen des Ausstoßes von Treibhausgasen bei der Erzeugung von Energie. Der Ausbau des Anteils Erneuerbarer Energien wird durch individuell ausgeprägte Fördersysteme unterstützt. Diese werden teilweise ergänzt durch verbindliche Quoten für die Beimischung Erneuerbarer Energien in den Versorgungsmix, wie in England im Renewable-Obligation-Certificate-System für Stromversorger, oder bei der Umsetzung der EU-Richtlinie 2009/30/EG. Diese verpflichtet alle Mitgliedsstaaten, Ottokraftstoff mit bis zu zehn Volumenprozent Kraftstoffethanol (Bioethanol) auf den Markt zu bringen. Das

[3] Zum weiteren Studium vgl. die Website der United Nations Framework Convention on Climate Change (UNFCCC): http://unfccc.int.

[4] Vgl. dazu die Veröffentlichungen der EU unter http://ec.europa.eu/energy/index_en.htm.

[5] Vgl. http://eur-lex.europa.eu/LexUriServ/LexUriServ.do?uri=OJ:L:2009:140:0016:01:DE:HTML.

von der deutschen Bundesregierung in 2010 verabschiedete Energiekonzept, das die Entwicklung der deutschen Energielandschaft bis 2050 anhand von fünf wesentlichen Eckpunkten skizziert, zielt auf eine weitgehende Dekarbonisierung der deutschen Wirtschaft: Es soll dort bis 2050

- eine Reduktion der Treibhausgase um 80-95%,
- ein Anteil Erneuerbarer Energien am Bruttoenergieverbrauch von 60%,
- ein Anteil Erneuerbarer Energien am Strombedarf von 80%,
- eine Reduktion des Stromverbrauchs um 25% durch erhöhte Energieeffizienz sowie
- eine Reduktion des Primärenergieverbrauchs um 50%

erreicht werden.[6] Die Erreichung dieser Ziele stellt einige Anforderungen an Energieversorgungsunternehmen und Politik, die nachfolgend kurz aufgezeigt werden.

1.2 Umstellung der deutschen und europäischen Energiewirtschaft zu einer dekarbonisierten Industrie

1.2.1 Herausforderungen für die Politik

Der Weg ist skizziert: Die europäische und in einer Vorreiterrolle die deutsche Energieerzeugung wird aus heutiger Sicht im Zuge der ersten Hälfte des 21. Jahrhunderts weitgehend CO_2-frei sein. Mit anderen Worten, konventionelle Kraftwerke auf Basis fossiler Energieträger werden entweder außer Betrieb genommen sein, oder das beim Verbrennungsprozess entstehende CO_2 wird im Rahmen eines *Carbon-Capturing-and-Storage*-Prozesses (CCS-Prozesses) abgeschieden, gefiltert und eingelagert, ohne in die Atmosphäre zu gelangen.[7] Da diese Potenziale allerdings beschränkt und die Kosten der CCS-Technologie nicht zu unterschätzen sind, wird die Bereitstellung von elektrischer und Wärmeenergie weitgehend durch CO_2-freie oder -neutrale Energieträger erfolgen müssen. Aus heutiger Sicht wird dies die gesamte Bandbreite Erneuerbarer Energien sein. Der Politik fällt dabei die Rolle eines gestaltenden Moderators zu. Erneuerbare Energien sind aktuell bis auf wenige Ausnahmen wie große Laufwasserkraftwerke aufgrund ihrer noch höheren Kosten gegenüber konventionellen Kraftwerken nicht konkurrenzfähig.

---

6 Einen Überblick über die jeweils aktuellen deutschen Initiativen im Bereich Erneuerbarer Energien gibt die Website des Bundesministeriums für Umwelt, Naturschutz und Reaktorsicherheit http://www.erneuerbare-energien.de.

7 Einen guten Überblick über Carbon Capturing and Storage gibt die Internationale Energieagentur (2008).

Mithin ist eine Inzentivierung durch Fördersysteme und eine Bevorzugung bei der Einspeisung der erzeugten Energie in das Strom- und Wärmenetz notwendig. In Deutschland ist mit dem oben erwähnten EEG der entsprechende gesetzliche Rahmen geschaffen worden, vergleichbare Fördersysteme sind in allen europäischen Mitgliedsstaaten etabliert. Darüber hinausgehende Unterstützung des Ausbaus der Erneuerbaren Energien ist z. B. bei der Beschleunigung von Genehmigungsverfahren etc. notwendig.

1.2.2 Herausforderungen an die Infrastruktur

Als drohender Hemmschuh hat sich der mit vermehrtem Aufkommen Erneuerbarer im Stromnetz notwendige Ausbau des deutschen und europäischen Stromübertragungsnetzes erwiesen. Traditionell befinden sich die Standorte der Erzeugung elektrischer Energie und die Verbrauchsschwerpunkte recht nah beieinander, so zum Beispiel die Braunkohlenkraftwerke des rheinischen Reviers und die Steinkohlenkraftwerke des Ruhrgebiets an den Industriestandorten an Rhein und Ruhr. Dies ist nunmehr immer weniger der Fall: Windenergie wird an Land schwerpunktmäßig in Nord- und Ostdeutschland erzeugt, da dort zumindest in Deutschland die besten Windbedingungen herrschen und entsprechende Standorte zur Verfügung stehen. Der Ausbau der Offshore-Windkraft in Nord- und Ostsee verstärkt den Trend der Energieerzeugung im deutschen Norden noch weiter. Gleichzeitig werden die traditionellen Kraftwerksstandorte im Westen und Süden Deutschlands sukzessive vom Netz genommen. Der hohe Dezentralisierungsgrad Erneuerbarer Energien wie Photovoltaik, deren Erzeugung ausschließlich in regionale bzw. lokale Netze niedriger Spannungsstufen eingespeist wird, stellt ebenfalls neue Herausforderungen an Netzausbau und -steuerung. Insgesamt entsteht die Notwendigkeit eines grundlegenden Aus- und Umbaus des Stromnetzes über alle Spannungsstufen durch die Energieversorgungsunternehmen (EVU) und die unabhängigen Stromnetzbetreiber. Die Deutsche Energie-Agentur dena hat in ihrer Netzstudie II diese Anforderungen für Deutschland ermittelt,[8] auf EU-Ebene gibt es im Energieressort gleichlaufende Initiativen und Untersuchungen.[9]

[8] Dena (2010). Die vollständige Studie kann heruntergeladen werden auf der Website www.dena.de („Projekte“ innerhalb des Menüpunktes „Regenerative Energien“; dort findet sich auch eine Zusammenfassung der Ergebnisse).

[9] Vgl. http://ec.europa.eu/energy/publications/doc/2011_energy_infrastructure_en.pdf.

2 Motivation für Investitionen in Erneuerbare Energien aus EVU-Sicht

2.1 Die Portfolio-Sicht

Ein EVU „klassischer Ausprägung" operiert in der Regel über mehrere Wertschöpfungsstufen, nämlich Erzeugung, Handel und Vertrieb. Zumeist kommt dazu noch der Besitz und Betrieb von Netzen, diese werden jedoch *unbundled* geführt und sind damit nicht direkter Teil der oben beschriebenen integrierten Wertschöpfungskette. Ein Erzeugungsportfolio setzt sich zumeist aus verschiedenen Kraftwerksarten zusammen, um den Charakteristika des Strommarktes entgegenzukommen. Strom ist – obwohl aufgrund seiner physikalischen Eigenschaft homogen – ein sehr komplexes Gut, da es nicht bzw. nur äußerst begrenzt und zu hohen Kosten speicherfähig ist und damit größtenteils im Moment seiner Erzeugung verbraucht werden muss. Durch diese Eigenschaft ist die Stromproduktion direkt vom jeweiligen Bedarf an Strom abhängig – und dieser ist von Sekunde zu Sekunde schwankend. Um dieser Eigenschaft gerecht zu werden, haben sich verschiedene Kraftwerksarten entwickelt. Für die Grundlast, also die Menge an Strom, die mit höchster Wahrscheinlichkeit durchgehend nachgefragt wird, sind Kraftwerke mit hoher Kapitalintensität, geringen variablen Kosten sowie eher geringer technischer Flexibilität charakteristisch. Dies sind neben der Kernenergie zum Beispiel in Deutschland Braunkohlen- und Laufwasserkraftwerke. Für den Mittellastbereich, das heißt in größeren Zeitblöcken von mehreren Stunden oder Tagen abgefragten Energiebedarf, sind Steinkohlenkraftwerke charakteristisch. Die Spitzenlast – also wenige Stunden und/oder kurzfristig abgefragte Regelenergie zur Stabilisierung des Netzes – stellen zumeist Gaskraftwerke oder Pumpspeicher.

EVU betreiben somit schon traditionell Erzeugungsportfolios, um physische, aber auch finanzielle Risiken wie Brennstoffpreise inklusive CO_2-Zertifikatspreise oder unterschiedliche Marktpreise für unterschiedliche Lastprofile bzw. Stunden und Wochentage auszugleichen. Die Ergänzung des Erzeugungsportfolios um Erneuerbare Energien stellt damit einen konsequenten Schritt zur Risikodiversifizierung im Erzeugungsbereich dar. Erneuerbare Energieträger stellen aus finanzieller Risikosicht einen Hedge dar gegen steigende Brennstoff- und insbesondere CO_2-Preise, die gegebenenfalls nicht in vollem Umfang durch Marktpreisanstiege ausgeglichen werden. Dies lässt sich am Beispiel CO_2 gut verdeutlichen: Die Kosten von CO_2 finden sich im Strompreis nur in dem Maße wieder, wie sie sich in den variablen Kosten des preissetzenden Grenzkraftwerkes wiederfinden. Verfügt man nun über einen Kraftwerkspark, der relativ mehr CO_2 pro erzeugter Einheit Strom verbraucht als das jeweils preissetzende Grenzkraftwerk, so wird man bei tendenziell ansteigenden CO_2-Preisen gegenüber den Wettbewerbern, deren Erzeugungsparks im Durchschnitt weniger CO_2 emittieren, weniger profitabel (und vice versa). Daher ist es einleuchtend, dass EVU schon allein aus Risikoerwägungen in CO_2-freie Erzeugungskapazität investieren. Dieser Hedge funktioniert natürlich am besten, wenn zumindest ein Element der erzielten Vergütung marktpreisbasiert ist. Ein Beispiel dafür ist das Vereinigte Königreich, dort erhält der Erzeuger Erneuerbarer Energie neben handelbaren Zertifikaten auch den (u.a. mit dem CO_2-Preis schwankenden) Marktpreis für Strom. Weiterhin geht der oben beschriebene Umbau der Energieversorgung ja nicht an den EVU vorüber – will man in der Zukunft noch in der Stromerzeugung aktiv sein, so führt auch deswegen kein Weg am Aufbau regenerativer Erzeugungskapazität vorbei.

2.2 „License to operate" und politische Akzeptanz: Investoren, Politik und andere Stakeholder

Vor dem Hintergrund des zunehmenden Bewusstseins von Bevölkerung und Politik für das Thema Erderwärmung und damit der Emission von Treibhausgasen, hat die Erzeugung von Energie durch Erneuerbare einen hohen gesellschaftlichen und politischen Stellenwert gewonnen. Gleichzeitig – und dies besonders in Europa – gerät die Energieerzeugung durch konventionelle fossile Brennstoffe sowie teilweise auch Kernenergie in der gesellschaftlichen und politischen Diskussion in die Defensive. Die eher negativen Aussichten für die konventionelle Energieerzeugung reflektieren auch die höheren Börsenbewertungen (Multiples) von Unternehmen mit einem hohen Anteil Erneuerbarer Erzeugungskapazität gegenüber durch fossile Energieträger dominierten Erzeugern. Dabei spielt weniger die Bewertung der aktuellen Vermögensgegenstände eine Rolle als vielmehr auch die unterstellten positiveren Zukunfts- und Wachstumsaussichten Erneuerbarer. Politisch werden Erneuerbare Energieträger nicht nur wie oben beschrieben finanziell gefördert, es existiert zumeist auch ein genereller Vorrang für die Einspeisung regenerativ erzeugten Stroms in das Netz. Das heißt, dass im Falle drohender Netzengpässe zuerst eine Rücksetzung konventioneller Erzeugungskapazität erfolgt. Aus strategischen Gründen ist es daher aus Sicht eines EVU notwendig, sich wegen der weiteren Ausrichtung des Unternehmens, aber auch des langfristigen Aufrechterhaltens der gesellschaftlich empfundenen „License to operate" ernsthaft mit dem Thema Erneuerbare zu befassen.

2.3 Politische Zielsetzungen: Beispiel Stadtwerke

Exemplarisch für auf EVU übertragene politische Zielsetzungen der Umgestaltung der Energiewirtschaft sind die zumeist mehrheitlich in kommunaler Hand befindlichen Stadtwerke. Dort findet sich oftmals eine explizite Strategie für die Erhöhung des Anteils Erneuerbarer im Erzeugungs- und Beschaffungsportfolio, die durch Beschlüsse der kommunalen Eigentümer initiiert wurden. Es werden die klimapolitischen Zielsetzungen der kommunalen Gremien in konkrete Unternehmenszielsetzungen transformiert. So haben sich zum Beispiel die Stadtwerke München die Zielsetzung gegeben, bis 2025 ausreichend Strom aus regenerativen Quellen in eigenen Anlagen zu produzieren, um den gesamten Münchner Strombedarf decken zu können.[10]

2.4 Versorgungssicherheit

Ein in der aktuellen Diskussion immer stärker in den Vordergrund rückender Faktor bei der Umgestaltung der europäischen Energielandschaft ist das Thema der Versorgungssicherheit. Vor dem Hintergrund knapper oder zumindest technisch immer aufwendiger zu fördernder konventioneller Brennstoffe mit zunehmendem Importanteil stellt sich die Option der brennstoffunabhängigen Erzeugung durch Erneuerbare als attraktiv dar. Drohenden künftigen Engpässen bei der Versorgung mit fossilen Brennstoffen soll mit dem Ausbau der Erneuerbaren Energien entgegengewirkt werden. So stellt die deutsche Bundesregierung in ihrem 2010 veröffentlichten Energiekonzept den langfristigen Umbau der deutschen Energielandschaft zu Erneuerbaren unter den Zielsetzungen der Umweltschonung, Zuverlässigkeit und Bezahlbarkeit dar.[11] Das Thema der Versorgungssicherheit muss jedoch auch von einer anderen Seite aus beleuchtet werden: Die meisten Erneuerbaren Energieträger stehen nicht jederzeit „auf Abruf" zur Verfügung, sondern müssen für den Fall der temporären Nichtverfügbarkeit bei Windflaute oder aufgrund fehlender Sonneneinstrahlung gegebenenfalls durch wetterunabhängige Erzeugungskapazität, geeignete Speicher oder Importe ersetzt werden. Auch hier findet sich der Portfolio-Gedanke wieder: Die Lieferfähigkeit eines Stromversorgers mit eigener Erzeugung sollte allein aus Risikoerwägungen durch ein entsprechendes Portfolio sichergestellt werden, wenn nicht in Zeiten der Energieknappheit bei Nichtverfügbarkeit der eigenen regenerativen Erzeugung zu dann vorhersehbar hohen Preisen an der Börse Ersatz beschafft werden muss. Hohe Preise stellen sich vorhersehbar immer dann ein, wenn auf breiter Front die Erzeugung aus regenerativen Quellen einmal nicht zur Verfügung steht. Schwachwindphasen sind beispielsweise in der Regel überregionale Phänomene und betreffen somit erhebliche Kapazitäten, nicht nur die eines einzelnen Erzeugers.

[10] Vgl. dazu die Statements zur sog. „Ausbauoffensive Erneuerbare Energien" der Stadtwerke München, http://www.swm.de/privatkunden/unternehmen/verantwortung/umwelt/ausbauoffensive-erneuerbare-energien.html.

[11] Vgl. Bundesregierung (2010).

3 Ansätze für die Ableitung der Erneuerbaren-Strategie für ein EVU

3.1 Einbindung in die Gesamtstrategie

Die Erneuerbaren-Strategie eines EVU lässt sich nicht vollständig separieren von der Gesamtstrategie. Wie bereits dargestellt sind die Erneuerbaren Energien im Bereich der Erzeugung als ein Baustein des gesamten Erzeugungsportfolios zu betrachten. Dies gilt umso mehr, je stärker die erneuerbaren Kapazitäten auch innerhalb des Portfolios, also am Markt ausgerichtet, betrieben werden und nicht im Rahmen eines festen Einspeisetarifs unabhängig von der Fahrweise des restlichen Kraftwerkparks sind. Auch weitere Gesichtspunkte wie die Einbettung der erzeugten regenerativen Energie in Vertriebskonzepte, der lokale Bezug zur Unterstützung der Beziehungen regionaler Stakeholder oder die Nutzung von Synergien mit anderen Unternehmensbereichen spielen eine Rolle bei der Ausrichtung der Strategie für die Erneuerbaren.

3.2 Risiko- und Renditegesichtspunkte

Erneuerbare Energien sind für ein EVU – obschon es auch übergeordnete Zielsetzungen gibt – kein Selbstzweck, sondern unterliegen insbesondere bei am Kapitalmarkt notierten Unternehmen denselben Risiko-Rendite-Erwägungen wie jede andere Investition auch. Die als angemessen betrachtete (Mindest-)Rendite orientiert sich einerseits an den Kapitalkosten des Unternehmens, üblicherweise ergänzt durch einen definierten Wertbeitrag, sowie andererseits an den erzielbaren Renditen. Während die Kapitalkosten von Unternehmen zu Unternehmen verschieden sind, sind die erzielbaren Renditen bei Erneuerbaren oftmals stark reguliert. Dies gilt insbesondere dann, wenn Festpreistarife wie im deutschen EEG existieren, die gegebenenfalls auch noch individuell auf die Ertragskraft der einzelnen Anlage angepasst werden.[12] Renditevorteile gegenüber der Referenzanlage lassen sich dann nur durch überdurchschnittlich erfolgreichen Anlagenbetrieb oder durch die Verhandlung besonders günstiger Anlagenpreise erzielen.

[12] So im deutschen EEG für Windkraftanlagen, wo die Dauer der festen Vergütung abhängig ist vom Windaufkommen oder im Offshore-Bereich von der Wassertiefe und der Entfernung zur Küste. Damit sollen für die Anlagenbetreiber standortspezifische Unterschiede nivelliert werden; vgl. §§ 29-31 des Erneuerbare-Energien-Gesetz (EEG) vom 31.10.2008 mit Änderungen vom 11.08.2010.

Anders sieht es aus, wenn die erzeugte Energie gänzlich oder teilweise einem Marktpreisrisiko unterliegt. Bei einem Prämientarif, bei dem auf den volatilen Großhandelspreis noch eine feste Prämie erstattet wird oder auch zusätzliche, separat gehandelte Zertifikate ausgestellt werden, müssen auch schwankende Marktpreise beachtet werden. In den letzteren Fällen ist zu entscheiden, inwieweit das Marktrisiko etwa durch Terminverkäufe für einen gewissen Zeitraum abgesichert werden kann. Da bei einer Festpreisvergütung keine Marktrisiken bestehen, wird die erzielbare Rendite unter diesen Systemen geringer sein als in marktpreisbasierten Fördersystemen.

Aufgrund des hohen Regulierungsgrads Erneuerbarer Energien stellt sich automatisch auch die Frage nach dem regulatorischen Risiko, d. h. dem Risiko einer vorzeitigen Beendigung oder Abänderung des Fördersystems und damit der Beeinträchtigung der Rendite einer Investition. Zwar ist zumeist von einem Bestandsschutz für bestehende Anlagen (sogenanntes *Grandfathering*) auszugehen, dennoch empfiehlt es sich auch hier, einen Portfolio-Ansatz zu verfolgen und zur Mitigation regulatorischer Risiken seine Investitionen über mehrere dieser Systeme zu diversifizieren.

Die Mitigation von Wetterrisiken, also Wind-, Wasser- und Sonnendargebot, kann durch eine regionale Diversifikation erreicht werden. Zwar wird sich beispielsweise das Windaufkommen für eine Windturbine über die gesamte Lebensdauer am langjährigen Durchschnitt für den Standort orientieren, es kann allerdings von Jahr zu Jahr zu erheblichen Schwankungen kommen (bis zu 30% Produktionsabweichung vom Mittel sind durchaus möglich). Eine Strategie der Diversifikation könnte daher sein, Windkraftanlagen in mehreren Kontinenten zu errichten oder auch in Süd- und Nordwesteuropa, da die jeweils regionalen Windaufkommen keine oder nur geringe Korrelation ausweisen. Auch der Einsatz mehrerer Technologien nebeneinander, also der gleichzeitige Betrieb von Wind-, Wasser- und Sonnenkraftwerken, wird einen solchen Diversifikationseffekt bewirken und das Portfolio robuster gestalten. Daneben bietet die Versicherungswirtschaft – hier vor allem große Rückversicherer – verstärkt Produkte zur Absicherung gegen Wetterrisiken an.

3.3 Finanzierungsaspekte von Investitionen in Erneuerbare Energien

Investitionen in Anlagen zur Erzeugung Erneuerbarer Energien weisen gegenüber anderen Investitionen im Energiesektor, abgesehen vielleicht vom stark regulierten Netzbereich, einige Charakteristika auf, die eine Überprüfung der Wahl der Finanzierungsart – aus der Bilanz oder projektfinanziert, *Limited Recourse* oder *Non-Recourse* – anraten. Diese Eigenschaften sind:

- regulierte Erträge im Rahmen staatlich garantierter Subventionsmechanismen,
- zumeist überschaubares Finanzierungsvolumen,
- erprobte Servicekonzepte.

Damit stellen Investitionen in Erneuerbare Energien eine eigenständige Asset-Klasse dar.

Subventionsmechanismen wie das deutsche EEG nehmen dem Anlagenbetreiber – und damit auch dem potenziellen Kreditgeber – das Risiko schwankender Erträge aufgrund von volatilen Marktpreisen. Auch das Kredit- oder Zahlungsausfallrisiko, das normalerweise mit dem Verkauf einer Ware einhergeht, entfällt bei einer staatlich garantierten Einspeisevergütung. Damit erhöht sich die Bereitschaft von Kreditgebern, eine hohe Finanzierungsquote zu akzeptieren, da im Falle der Insolvenz des Anlagenbetreibers ein relativ risikoarmes Asset als Sicherheit zur Verfügung steht. Somit ist für das EVU zu überprüfen, ob gegebenenfalls eine bilanzschonende projektgebundene Finanzierung infrage kommt.

Anlagen der Erneuerbaren Energien verfügen zumeist über *kleinere Größen*. Onshore-Windparks verfügen beispielsweise meist über eine Gesamtleistung zwischen 10 und 50 Megawatt, die zu finanzierenden Volumen bewegen sich dabei etwa zwischen 15 und 80 Mio. EUR. Auch Biogasanlagen werden in den wenigsten Fällen über 10 Mio. EUR Investitionsvolumen liegen. Anders verhält es sich allerdings bei den in letzter Zeit in den Vordergrund rückenden Offshore-Windparks, die aufgrund ihrer Größe (ab rund 200 Megawatt) und der wegen der Offshore-Bedingungen höheren spezifischen Kosten durchaus mit konventionellen Großkraftwerksprojekten vergleichbar sind. Die Investitionshöhen erreichen je nach Größe des Windparks leicht Beträge jenseits der Milliarden-Euro-Grenze. Für die erstgenannten kleineren Anlagen sind Bankfinanzierungen auch nur mit einer oder wenigen Banken zu bekommen, oft auch durch lokale Bankinstitute aus dem kommunalen Umfeld. Die Finanzierung von Offshore-Windparks dagegen stellt sich als ungleich komplexer dar, hier sind eine Vielzahl von Kreditgebern zu poolen, oftmals auch unter Einbeziehung von Förderbanken wie der Kreditanstalt für Wiederaufbau (KfW) oder der Europäischen Investitionsbank (EIB).

Risikominimierend bei den reiferen erneuerbaren Technologien wie Onshore-Windanlagen wirken aus Finanzierungssicht auch am Markt angebotene *Servicekonzepte* mit festen Kosten und gewissen Performance-Garantien wie Mindestverfügbarkeit der Anlagen. Davon profitieren EVU nicht besonders, da diese den Service in der Regel auch selbst durchführen könnten. Aus der Sicht von branchenfremden Investoren stellt dies jedoch einen klaren Vorteil auch im Hinblick auf die Finanzierungsfähigkeit dar.

Nachfolgend werden verschiedene Finanzierungsalternativen für Investitionen in Erneuerbare Energien aus der Sicht eines EVU betrachtet.

4 Allgemeine Strategien von EVU zur Finanzierung von Erneuerbaren Energien

4.1 Allgemeine Rahmenbedingungen

Waren zu Beginn des Einstiegs in die Erneuerbaren Energien zumeist mittelständische Unternehmen oder Fondsgesellschaften in diesem Bereich anzutreffen, so steigen seit einigen Jahren mehr und mehr die großen EVU in diesen Markt ein. Im Gegensatz zu den mittelständischen Unternehmen und insbesondere zu den Fondsgesellschaften, welche im Bereich der Finanzierung von Investitionen meist den „Leverage-Effekt" im Vordergrund haben, sind die großen EVU von anderen Treibern beeinflusst. Gelistete Unternehmen, die sich am Kapitalmarkt refinanzieren und deren Schuldnerqualität durch internationale Ratingagenturen (z.B. Moody's, Standard & Poor's oder Fitch) permanent analysiert wird, haben dagegen bei der Wahl der Finanzierung immer im Fokus, ein attraktives Rating zu behalten. Sie streben daher grundsätzlich eine bilanzschonende Finanzierung an, wobei die Konzernstruktur des EVU immer als Ganzes betrachtet wird.

4.2 Grundsatz der Corporate Finanzierung

Zur Erreichung der oben genannten Prämissen hat sich für die Finanzierung der einzelnen Konzerngesellschaften (Projektgesellschaften) innerhalb der Konzernstruktur eines EVU die Innenfinanzierung (Corporate Finanzierung) über die Muttergesellschaft als Standardfinanzierung etabliert.

Die Hauptgründe für die Wahl dieser Art der Finanzierung der Projektgesellschaft, bei der auf jegliche Kapitalzufuhr von außen verzichtet wird, sind das Erfordernis der jederzeitigen und kurzfristigen Bereitstellung ausreichender finanzieller Mittel für den laufenden Geschäftsbetrieb (Working Capital) als auch für weiteres Wachstum des EVU (Investitionen). Wesentliches Ziel der konzentrierten, innerhalb der Konzernstruktur bevorzugten internen Finanzierung, bei der alle im Konzern verfügbaren als auch zu beschaffenden Finanzmittel an einer Stelle gebündelt werden, ist die Erreichung der kostengünstigsten sowie risikoärmsten Lösung unter Berücksichtigung von bilanziellen als auch steuerlichen Aspekten. Der Zugang zum externen Kapitalmarkt obliegt nur der übergeordneten Muttergesellschaft (Holding), um mögliche Synergieeffekte vollumfänglich ausnutzen zu können.

4.2.1 Voraussetzungen

Ob eine Projektgesellschaft in den Genuss der Corporate Finanzierung kommt, hängt vom Beteiligungsgrad der Konzerngesellschaft ab. Partizipieren kann entweder eine 100%ige Beteiligung des EVU oder eine Mehr- oder Minderheitsbeteiligung, wenn der Mitgesellschafter ebenfalls in der Lage ist, seinen Anteil pro rata intern zu finanzieren. Der Grund für diese Einschränkungen bei Mehr- oder Minderheitsbeteiligungen ist die Vermeidung einer überquotalen Finanzierung aus Sicht des EVU. Würde der Mitgesellschafter eine Corporate Finanzierung nicht mittragen können, würde in diesem Fall das EVU rechtliche Risiken überquotal übernehmen (z.B. Baurisiko, Insolvenzrisiko der Gesellschaft). Diese wären aber aufgrund der rechtlichen Struktur eindeutig vom Mitgesellschafter mitzutragen.

4.2.2 Bilanzielle Auswirkungen

Die großen börsennotierten EVU stellen ihren Konzernabschluss nach den „International Financial Reporting Standards" (IRFS) auf. Dies bedeutet u.a., dass die Einzelabschlüsse der Konzerngesellschaften vereinheitlicht und in einem Summenabschluss zusammengeführt werden. Anschließend wird dieser Summenabschluss noch durch Konsolidierungsmaßnahmen um wirtschaftliche Beziehungen (somit auch Darlehensbeziehungen) zwischen den Konzerngesellschaften (z.B. Darlehen zwischen der Holding und der jeweiligen Projektgesellschaft) bereinigt. Damit soll erreicht werden, dass sich der Konzern als einheitliches Unternehmen darstellt. Für die letztendliche bilanzielle Auswirkung der Corporate Finanzierung im Konzernabschluss sind zwei Fälle zu unterscheiden.

4.2.2.1 Einbezug der Projektgesellschaft als vollkonsolidiertes Unternehmen in den Konzernabschluss des EVU

Wird die Projektgesellschaft als vollkonsolidiertes Unternehmen in den Konzernabschluss einbezogen, so bedeutet das bei der Corporate Finanzierung, dass die internen Darlehensbeziehungen zwischen der Holding und der jeweiligen Projektgesellschaft herauskonsolidiert (bereinigt) werden, sodass für die Unternehmensverschuldung lediglich das extern aufgenommene Kapital zählt. Bei der internen Finanzierung einer 100%igen Konzerngesellschaft wird somit das extern aufgenommene Kapital nur einmal zu 100% in die Unternehmensverschuldung einbezogen. Dies ist auch sachgerecht, da das EVU auch 100% des Investments hält.

Werden an einer vollkonsolidierten Projektgesellschaft nicht sämtliche Anteile gehalten und finanzieren alle Gesellschafter die Projektgesellschaft entsprechend ihrer Beteiligungsquote über eine interne Corporate Finanzierung, so führt dies zu den nachfolgend beschriebenen bilanziellen Auswirkungen. Im Rahmen des Konzernabschlusses wird in einem ersten Schritt die gesamte Verbindlichkeit der Projektgesellschaft mit einbezogen.

Anschließend wird der Konzernabschluss um die eigene interne Corporate Finanzierung des Konzerns bereinigt, um eine doppelte Erfassung der Verbindlichkeit zu vermeiden. Am Ende führt dies jedoch dazu, dass die gesamte Verbindlichkeit der Projektgesellschaft in den Konzernabschluss eingegangen ist, obwohl rechtlich weniger als 100% an der Gesellschaft gehalten werden. Auch dies ist im Rahmen der Vollkonsolidierung der Projektgesellschaft sachgerecht, da auch 100% des Ergebnisses der Projektgesellschaft im Rahmen des Konzernabschlusses einbezogen wird.

4.2.2.2 Einbezug der Projektgesellschaft als *At-equity*-Beteiligung in den Konzernabschluss des EVU

Liegen die Voraussetzungen für eine Vollkonsolidierung der Projektgesellschaft im Rahmen des Konzernabschlusses nicht vor (fehlt es z.B. am sogenannten „Control“ der Gesellschaft gemäß IFRS), so geht die Corporate Finanzierung lediglich in Höhe des ausgegebenen Anteils in die Unternehmensverschuldung ein. Auch dies ist konsequent, da lediglich das anteilige Beteiligungsergebnis in den Konzernabschluss einfließt.

4.2.3 Auswirkungen auf die Ratingeinstufung

Ratingagenturen gehen bei der Einordnung der Schuldnerqualität und somit der Einstufung bzw. des Erhalts eines attraktiven Ratings sehr restriktiv vor. Die im Rahmen der Vollkonsolidierung bilanzierten Verbindlichkeiten werden dementsprechend auch in voller Höhe von Ratingagenturen angerechnet.

Unsicher ist jedoch, wie Ratingagenturen im Falle der oben beschriebenen At-equity-Bilanzierung der Projektgesellschaft und damit der nur anteilig bilanzierten Verbindlichkeit umgehen. In jedem Fall wird das anteilig bilanzierte Darlehen angerechnet. Ob es darüber hinaus gegebenenfalls zu einer vollen Hinzurechnung der Verbindlichkeit kommen kann, hängt davon ab, ob die Ratingagenturen Zweifel daran haben, ob im Falle eines Liquiditätsproblems der Projektgesellschaft die Sponsoren die Gesellschaft, an der sie nur Anteile halten, in die Insolvenz gehen lassen würden. Sollte es Anhaltspunkte geben, dass ein Sponsor eventuell auch die Pflichten des anderen Sponsors mit übernehmen würde, um die Projektgesellschaft vor der Insolvenz zu retten, so kann hier im ungünstigsten Fall eine Zurechnung der vollen Verbindlichkeit für die Ratingeinstufung durch die Ratingagenturen erfolgen.

4.3 Grundsätze der Projektfinanzierung

Neben der internen Corporate Finanzierung werden unter bestimmten Voraussetzungen Investitionen von EVU direkt über externe Projektfinanzierungen realisiert. Häufigster Fall für eine solche Finanzierung ist, wenn das EVU nicht 100% an der Projektgesellschaft hält und der Mitgesellschafter selbst eine interne Finanzierung nicht mitträgt. Damit die zusätzlichen rechtlichen Risiken einer überquotalen Finanzierung nicht getragen werden müssen, wird in diesem Fall der Weg der externen Projektfinanzierung gewählt, auch wenn diese teilweise kostenintensiver und administrativ erheblich aufwendiger ist und somit einen erhöhten Zeitfaktor impliziert.

Eine externe Projektfinanzierung ist die Finanzierung eines Projektes, bei dem der Fremdkapitalgeber hauptsächlich auf die Cashflows und die Einnahmen aus dem Projekt selbst als Mittel zur Tilgung und auf die Wirtschaftsgüter des Projektes als Sicherheit für die Geldmittel abstellt. Dabei unterscheidet man zwischen der Limited-Recourse- und der Non-Recourse-Finanzierung.

4.3.1 Limited-Recourse-Finanzierung

Bei der Limited-Recourse-Finanzierung erhält der Fremdkapitalgeber neben dem Zugriff auf die Projektgesellschaft einen begrenzten Rückgriff auf den Gesellschafter (Sponsor). Die Haftung der Sponsoren ist somit nicht auf die von ihnen zu leistende Eigenkapitaleinlage in die Gesellschaft begrenzt. Für die zu leistenden Zins- und Tilgungszahlungen ist hier im ersten Schritt allein die Projektgesellschaft verantwortlich. Sollte sie diesen Verpflichtungen aber nicht mehr nachkommen können, stehen neben der Möglichkeit, die Wirtschaftsgüter der Projektgesellschaft als Haftungsgegenstände verwerten zu können, auch begrenzte Rückgriffsrechte auf den Sponsor zur Verfügung.

Dabei kann der Rückgriff von unterschiedlichster Natur sein. Bezogen auf das zu finanzierende Projekt kann er zeitlich, betraglich oder inhaltlich sein. Abgesichert wird der Rückgriff der Fremdkapitalgeber hierbei meistens durch eine Garantie oder Bürgschaft des Sponsors.

4.3.1.1 Bilanzielle Auswirkungen

Wie schon bei der Corporate Finanzierung ist auch hier für die abschließende bilanzielle Beurteilung auf die Art des Einbezugs in den Konzernabschluss des EVU abzustellen.

- *Einbezug der Projektgesellschaft als vollkonsolidiertes Unternehmen in den Konzernabschluss des EVU:* Handelt es sich bei der durch eine Limited-Recourse-Finanzierung finanzierte Projektgesellschaft um eine im Rahmen des Konzernabschlusses vollkonsolidierte Gesellschaft und hält das EVU 100% der Anteile an dieser Gesellschaft, so wird das extern aufgenommene Darlehen auch hier in logischer Konsequenz in voller Höhe als Verbindlichkeit in den Konzernabschluss einfließen. Es erfolgt darüber hinaus auch im Falle einer Limited-Recourse-Finanzierung eine komplette Anrechnung der Verschuldung, selbst wenn das EVU nicht alleiniger Anteilseigner ist, die Gesellschaftsstruktur aber derart gestaltet ist, dass die Projektgesellschaft vollkonsolidiert wird. Diese bilanzielle Vorgehensweise ist vor dem Hintergrund, dass eben nicht nur Teile, sondern das gesamte Ergebnis der Gesellschaft in den Konzernabschluss einfließen, ebenso äquivalent wie bei dem vorstehend beschriebenen 100%igen Anteilsbesitz.

- *Einbezug der Projektgesellschaft als At-equity-Beteiligung in den Konzernabschluss des EVU:* Liegen die Voraussetzungen für eine Vollkonsolidierung der Projektgesellschaft im Rahmen des Konzernabschlusses nicht vor, so findet die Limited-Recourse-Finanzierung überhaupt keine Berücksichtigung im Konzernabschluss des EVU. Man bezeichnet dies auch als Off-Balance-Finanzierung.

4.3.1.2 Auswirkungen auf die Ratingeinstufung

Wie schon erwähnt werden die im Rahmen der Vollkonsolidierung bilanzierten Verbindlichkeiten in voller Höhe von den Ratingagenturen als Verschuldung des EVU angerechnet. Daraus resultiert, dass die Limited-Recourse-Finanzierung keinen Vorteil zur Corporate Finanzierung bietet.

Es besteht erneut die Frage, wie die Ratingagenturen im Falle der oben beschriebenen At-equity-Bilanzierung der Projektgesellschaft und damit der nicht bilanzierten Verbindlichkeit im Konzernabschluss umgehen. Zwar ist dies auch hier grundsätzlich wieder entscheidend abhängig von der Struktur der gemeinschaftlichen Gesellschaft bzw. welcher Mitgesellschafter hier eingebunden ist, darüber hinaus gibt es aber einen weiteren wichtigen Punkt, der bei der Entscheidung der Ratingagenturen von Bedeutung ist. Bei der Limited-Recourse-Finanzierung besteht gerade nicht die Haftungsbeschränkung der Gesellschafter auf die zu leistende Eigenkapitaleinlage, sondern hier werden weitere Zugriffsrechte durch Stellung einer Garantie oder Bürgschaft dem Fremdkapitalgeber gewährt. Folglich ist eine Zurechnung der Verbindlichkeit zumindest in Höhe der Beteiligungsquote durch die Ratingagenturen sehr wahrscheinlich. Ob es darüber hinaus gegebenenfalls zu einer vollen Hinzurechnung der Verbindlichkeit kommen kann, hängt wiederum davon ab, ob die Ratingagenturen Zweifel daran haben, ob im Falle eines Liquiditätsproblems der Projektgesellschaft die Sponsoren die Gesellschaft, an der sie nur Anteile halten, in die Insolvenz gehen lassen würden. Sollte es Anhaltspunkte geben, dass ein Sponsor eventuell auch die Pflichten des anderen Sponsors mit übernehmen würde, um die Projektgesellschaft vor der Insolvenz zu retten, so kann auch hier im ungünstigsten Fall eine Zurechnung der vollen Verbindlichkeit für die Ratingeinstufung durch die Ratingagenturen erfolgen.

Die Folge wäre dann, dass der im Rahmen des Konzernabschlusses erreichte bilanzielle Vorteil der Off-Balance-Bilanzierung für die Ratingeinstufung und somit für die Beibehaltung eines attraktiven Ratings keine Berücksichtigung finden würde.

4.3.2 Non-Recourse-Finanzierung

Bei der Non-Recourse-Finanzierung ist die Haftung der Sponsoren auf die von ihnen zu leistende Eigenkapitaleinlage in die Gesellschaft begrenzt. Sollte die Projektgesellschaft ihren Verpflichtungen aus dem Darlehensvertrag nicht mehr nachkommen können, besteht folglich keinerlei Möglichkeit des Fremdkapitalgebers, auf die Sponsoren zurückzugreifen. Für die zu leistenden Zins- und Tilgungszahlungen ist allein die Projektgesellschaft verantwortlich. Lediglich die Wirtschaftsgüter der Projektgesellschaft dienen als Haftungsgegenstände bzw. als Sicherheit und können im Falle des Nichtbedienens des Darlehens verwertet werden. Damit das Risiko für den Fremdkapitalgeber gering ist, benötigt die Projektgesellschaft einen möglichst stabilen Cashflow in einer stabilen politischen und wirtschaftlichen Umgebung. Die wirklich reine Non-Recourse-Finanzierung ist daher in der Praxis eher selten umzusetzen und von sehr hohen Finanzierungskosten geprägt.

4.3.2.1 Bilanzielle Auswirkungen

Wie bei den anderen beiden Finanzierungsarten kommt es auch hier auf die Art des Einbezugs in den Konzernabschluss des EVU an.

- *Einbezug der Projektgesellschaft als vollkonsolidiertes Unternehmen in den Konzernabschluss des EVU*: Handelt es sich bei der durch eine Non-Recourse-Finanzierung finanzierten Projektgesellschaft um eine im Rahmen des Konzernabschlusses vollkonsolidierte Gesellschaft und hält das EVU alle Anteile dieser Gesellschaft, so wird das extern aufgenommene Darlehen auch hier zu 100% als Verbindlichkeit in den Konzernabschluss einfließen. Aber auch im Fall einer Non-Recourse-Finanzierung, bei der nicht alle Anteile an der Projektgesellschaft gehalten werden, es dennoch aber zu einer Vollkonsolidierung dieser Gesellschaft im Konzernabschluss kommt, fließt das externe Darlehen, wie schon bei den anderen Finanzierungsarten, zu 100% in den Konzernabschluss ein.
- *Einbezug der Projektgesellschaft als At-equity-Beteiligung in den Konzernabschluss des EVU:* Liegen die Voraussetzungen für eine Vollkonsolidierung der Konzerngesellschaft im Rahmen des Konzernabschlusses nicht vor, so findet auch die Non-Recourse-Finanzierung überhaupt keine Berücksichtigung im Konzernabschluss des EVU. Es liegt dann wiederum die sogenannte Off-Balance-Finanzierung vor.

4.3.2.2 Auswirkungen auf die Ratingeinstufung

Wie schon verdeutlicht, werden die im Rahmen der Vollkonsolidierung bilanzierten Verbindlichkeiten dem EVU in voller Höhe von den Ratingagenturen angerechnet. Somit besteht auch bei dieser Finanzierungsart kein Vorteil zur Corporate Finanzierung bzw. Limited-Recourse-Finanzierung.

Unsicher ist jedoch auch bei der Non-Recourse-Finanzierung, wie die Ratingagenturen im Falle der oben beschriebenen At-equity-Bilanzierung der Konzerngesellschaft und damit der nicht bilanzierten Verbindlichkeit im Konzernabschluss umgehen. Neben der bilanziellen Nichtberücksichtigung des Darlehens ist weiterhin bei dieser Finanzierungsart die Haftung des Sponsors auf die von ihm zu leistende Eigenkapitaleinlage begrenzt. Daher spricht vieles dafür, dass hier grundsätzlich keine Zurechnung der Non-Recourse-Finanzierung der Projektgesellschaft seitens der Ratingagenturen erfolgen sollte. Bedingt durch die extrem restriktive Vorgehensweise der Ratingagenturen ist deren Einschätzung und finale Bewertung davon abhängig, wie das gemeinsame Projekt strukturiert ist und welcher Mitgesellschafter eingebunden ist. Ob und in welcher Höhe dann dennoch eine Zurechnung erfolgt, hängt zudem davon ab, ob die Ratingagenturen Zweifel daran haben, ob im Falle eines Liquiditätsproblems der Projektgesellschaft die Sponsoren die Gesellschaft wirklich in die Insolvenz gehen lassen. Liegen Anhaltspunkte vor, dass die Sponsoren dies z.B. aus Reputationsgründen nicht zulassen, so kann es zumindest zu einer Zurechnung in Höhe der Beteiligungsquote kommen. Gibt es darüber hinaus Anhaltspunkte, dass ein Sponsor eventuell auch die Pflichten des anderen Sponsors mit übernehmen würde, um die Projektgesellschaft aus starkem Eigeninteresse vor der Insolvenz zu retten, so kann auch hier im ungünstigsten Fall eine Zurechnung der vollen Verbindlichkeit für die Ratingeinstufung durch die Ratingagenturen erfolgen.

Dies hätte dann wiederum zur Folge, dass der im Rahmen des Konzernabschlusses erreichte bilanzielle Vorteil der Off-Balance-Bilanzierung für die Ratingeinstufung und somit für die Beibehaltung eines attraktiven Ratings auch bei der Non-Recourse-Finanzierung keine Berücksichtigung finden würde.

4.4 Zusammenfassung der Finanzierungsalternativen

Es lässt sich nach Betrachtung und Abwägung der zuvor genannten Faktoren festhalten, dass bei Projektgesellschaften, an denen das EVU zu 100% beteiligt ist, die Corporate Finanzierung die eindeutig präferierte Finanzierungsvariante darstellt, da bei allen Finanzierungsvarianten das Darlehen sowohl bilanziell als auch aus Ratinggesichtspunkten voll der Verschuldung des Konzerns angerechnet wird. Die Corporate Finanzierung dient dabei zur Vermeidung von höheren (Strukturierungs-)Kosten und macht durch die geringere Komplexität und administrativen Aufwand zudem eine schnelle Finanzierung möglich.

Die Implementierung einer externen Finanzierung für Gesellschaften, an denen das EVU nur anteilig beteiligt ist, aber als vollkonsolidiertes Unternehmen in den Konzernabschluss eingeht, bietet zwar weder aus bilanzieller Betrachtung noch aus der Bewertung der Ratingagenturen einen Zugewinn, hat aber dennoch den Vorteil der Risikoverlagerung auf die Bank und ist bei der Hinzunahme von finanzschwachen Partnern zur Vermeidung einer überquotalen Finanzierung manchmal unumgänglich und folglich erstrebenswert.

Sowohl Limited-Recourse- als auch die Non-Recourse-Finanzierung als sogenannte Off-Balance-Finanzierungen sind für die Gesellschaften von Vorteil, an denen das EVU lediglich eine Minderheitsbeteiligung hat und diese nur at-equity-bilanziert. Ob der vermeintliche Vorteil auch Bestand in der Analyse und Bewertung der Ratingagenturen hinsichtlich der Anrechnung auf die Verschuldung des Konzerns hat, bleibt ein Unsicherheitsfaktor.

Literatur

Bundesregierung (2010): Energiekonzept für eine umweltschonende, zuverlässige und bezahlbare Energieversorgung, 28.09.2010 (http://www.bundesregierung.de/nsc_true/Content/DE/StatischeSeiten/Breg/Energiekonzept/energiekonzept-final,property=publicationFile.pdf/energiekonzept-final)

Dena (Hg.) (2010): dena-Netzstudie II. Integration erneuerbarer Energien in die deutsche Stromversorgung im Zeitraum 2015 – 2020 mit Ausblick 2025, Berlin (http://www.dena.de/fileadmin/user_upload/Download/Dokumente/Studien___Umfragen/Endbericht_dena-Netzstudie_II.PDF)

Internationale Energieagentur (Hg.): (2008) Co2 Capture and Storage. A key carbon abatement option, Paris (http://www.iea.org/textbase/nppdf/free/2008/CCS_2008.pdf)

Finanzierung Erneuerbarer Energien durch Emissionszertifikate

Svenja Espenhorst/Markus Hüwener

1 Einleitung

Erneuerbare Energien (EE) sind wesentlich für eine zukünftige globale, klimaverträgliche Wirtschaftsentwicklung. Denn sie ersetzen oder ergänzen herkömmliche Energietechnologien, die das Klima weitaus stärker belasten. Jedoch tragen sie sich nicht überall mit den traditionellen Instrumenten der Projektfinanzierung, welche normalerweise alleinig die wirtschaftliche Rendite würdigen.

Ein Mittel, das den Klimanutzen solcher EE in monetäre Werteinheiten übersetzt und somit zusätzliche Finanzierungsquellen für diese Projekte darstellt, sind Zertifikate je vermiedener oder reduzierter Einheit Treibhausgasemissionen. Für sie hat die internationale Politik Regularien entworfen, Bedarf kreiert und Märkte geschaffen.

Der folgende Beitrag bietet allen, die EE-Projekte finanzieren könnten, zunächst einen Überblick über die politischen Entwicklungen. Denn diese setzen die entscheidenden Rahmenbedingungen für solche neuen Märkte. Dann geht der Beitrag auf die Bedingungen und Prozesse zur Erlangung solcher Zertifikate sowie ihre Angebotsstruktur und die Nachfrageseite ein. Ziel des Beitrags ist es, auf diese zusätzliche Möglichkeit der Finanzierung von EE-Investitionen aufmerksam zu machen.

2 Der politische Rahmen

Angesichts eines drohenden globalen Klimawandels, verursacht durch anthropogene Treibhausgasemissionen,[1] beschloss die internationale Staatengemeinschaft auf der Konferenz für Umwelt und Entwicklung in Rio de Janeiro, Brasilien, 1992, die Treibhausgaskonzentration in der Atmosphäre auf einem vermutlich erträglichen Niveau zu stabilisieren, und zwar durch marktwirtschaftliche Mechanismen. Dieser Beschluss wird als Rahmenkonvention der Vereinten Nationen über Klimaänderungen (United Nations Framework Convention on Climate Change; UNFCCC), kurz: Klimarahmenkonvention bezeichnet. Sie ist ein historischer Meilenstein, denn noch nie zuvor hat die Staatengemeinschaft eine globale Klimaschutzpolitik vereinbart. Damals haben 154 Staaten das Abkommen unterschrieben, mittlerweile sind es 194 Staaten. 1994 trat es nach der Ratifizierung durch 50 Staaten in Kraft. Zugleich wurde ein dafür verantwortliches Sekretariat bei der UNFCCC eingerichtet.

---

[1] Für die Erläuterung des Treibhauseffekts wird – stellvertretend für viele Quellen – auf den Beitrag von Peter Höppe, „Naturwissenschaftliche Grundlagen des Klimawandels" in diesem Buch verwiesen.

Die Klimarahmenkonvention wurde durch nachfolgende Vertragsstaatenkonferenzen (Conferences of the Parties, COPs)[2] konkretisiert: Die bekannteste ist die Konferenz in Kyoto, Japan, 1997, die in das sogenannte Kyoto-Protokoll mündete.[3] Hervorzuheben sind zwei Sachverhalte: Erstens verpflichten sich die beteiligten Staaten aus den OECD-Ländern und aus Osteuropa zu einer Reduzierung der gemeinsamen Treibhausgasemissionen um mindestens 5,2% unter das Niveau von 1990 gemessen im Schnitt der Jahre 2008-2012, der ersten Kyoto Handels- und Verpflichtungsperiode, auch als *Commitment Period* 1 (CP 1) bezeichnet. Diese Länder werden im Annex B/Kyoto-Protokoll[4] aufgeführt und gelten gemeinhin als Industrieländer.

Zweitens definiert das Kyoto-Protokoll drei sogenannte flexible marktwirtschaftliche Mechanismen, die in ihren Grundzügen entscheidend für die heutige Projektfinanzierung mittels Erlösen aus Emissionsminderungen sind:

1. Internationaler Emissionshandel auf Staatenebene
2. Clean-Development-Mechanismus (CDM)
3. Joint-Implementation-Mechanismus (JI)

Das Protokoll wurde völkerrechtlich erst verbindlich, als es mindestens 55 Länder, die für mindestens 55% der globalen Kohlendioxidemissionen (eines der sechs vom Kyoto-Protokoll identifizierten Treibhausgase[5]) verantwortlich sind, ratifiziert hatten. Dafür bedurfte es insgesamt acht Jahre: Mit der Unterschrift Islands 2002 war die erste, mit der Unterschrift Russlands 2005 war schließlich auch die zweite Bedingung erfüllt.

Die Treffen in Durban, Südafrika, 2011, und zum 20. Jahrestag der Klimarahmenkonvention in Rio de Janeiro, Brasilien, 2012, setzen die Reihe der internationalen Konferenzen fort, welche die ursprüngliche Klimarahmenkonvention gestalten.

---

[2] Vertragsstaaten sind alle Staaten, die die Klimarahmenkonvention unterschrieben haben.

[3] Für den Originaltext des Kyoto-Protokolls siehe http://unfccc.int/resource/docs/convkp/kpeng.html.

[4] Die Aufgelisteten im Annex B des Kyoto-Protokolls sind fast identisch mit dem Annex I des UNFCCC, jedoch werden in verschiedenen Zusammenhängen entweder auf das eine oder das andere Bezug genommen. Im Annex I/UNFCCC sind die Vertragsstaaten aufgeführt, die 1992 OECD Mitglieder waren, zudem Transformationsländer, inklusive der Russischen Föderation, den Baltischen Staaten und einigen zentral- und osteuropäischen Ländern. In Annex B/Kyoto-Protokoll sind die Länder, die sich zu einer konkreten Emissionsreduktion verpflichtet haben, aufgeführt.

[5] Zu den sechs Treibhausgasen zählen Kohlendioxid (CO_2), Methan (CH_4), Lachgas (N_2O), vollfluorierte Kohlenwasserstoffe (FKW), teilfluorierende Kohlenwasserstoffe (HFKW) und Schwefelhexafluorid (SF_6).

3 Die Funktionsweisen der marktwirtschaftlichen Mechanismen

3.1 Der internationale Emissionshandel auf Staatenebene

Der internationale Emissionshandel (International Emission Trading [IET]) auf Staatenebene in CP1 beruht einerseits auf den individuell unterschiedlichen Emissionsobergrenzen (Caps) für die Annex-B-Länder (Kyoto-Protokoll), definiert durch die Minderungsverpflichtungen, die sie im Kyoto-Protokoll eingegangen sind. Zum anderen wird das IET dadurch ermöglicht, dass Treibhausgasemissionen global wirken: Emissionen in einem Land lassen sich durch Reduktionen in einem anderen Land kompensieren; ein Handel ist möglich. Das prägt den Ausdruck *Cap-and-Trade-System.*

Die dafür genutzte Währung zwischen den Staaten sind Assigned Amount Units (AAUs), Emissionsrechte, die wie Wertpapiere gehandelt werden können. Ein AAU entspricht einer metrischen Tonne CO_2 oder einer Tonne CO_{2e}. Denn alle sechs vom Kyoto-Protokoll identifizierten Treibhausgase tragen unterschiedlich stark zu dem Treibhauseffekt in der Atmosphäre bei; sie haben ein unterschiedlich starkes globales Erwärmungspotenzial (Global Warming Potential [GWP]). Um das abzubilden, werden die Gase je Tonne auf Tonnen CO_2-Äquivalente (CO_{2e}) umgerechnet. So wiegt eine Tonne Methan, die beispielsweise beim Reisanbau, bei der Viehzucht oder in Mülldeponien entsteht, 21 Tonnen CO_{2e} auf. Eine Tonne Lachgas, verursacht etwa durch Dünger oder chemische Prozesse, wird wiederum mit 310 Tonnen CO_{2e} verrechnet.[6]

Um am IET teilzunehmen, müssen die Annex-B-Länder (Kyoto-Protokoll) bestimmte Auswahlkriterien erfüllen. Dieser Voraussetzung sind bisher 36 der 38 Länder nachgekommen. Sie erhalten dann ein AAU-Emissionsbudget bis zu ihrem Cap zugewiesen und sind verpflichtet, Ende 2012 so viele AAUs abzugeben, wie es ihrem tatsächlichen Treibhausgasausstoß entspricht. Dazu stehen ihnen mehrere Strategien offen: Sie können AAU-Überschüsse verkaufen und bei Unterdeckung AAUs zukaufen. Zudem können sie Minderungen im eigenen Land realisieren oder im beschränkten Ausmaß Emissions-

[6] Die sechs Treibhausgase haben folgende GWP: CO_2 = 1; CH_4 = 21; N_2O = 310; FKW = 6.500; HFKW = 100–12.000; SF_6 = 23.900. Diese Angaben sind dem Intergovernmental Panel on Climate Change (IPCC), Third Assessment Report 2001, entnommen und entsprechen den offiziellen Regularien, die die Umsetzung des Kyoto-Protokolls begleiten. Neuere Daten sind bereits verfügbar, aber noch nicht in das Regelwerk aufgenommen. Der fünfte IPCC Report war bei Redaktionsschluss in Bearbeitung.

reduktionsprojekte in anderen Ländern unterstützen, indem sie die dadurch entstehenden Zertifikate kaufen. Letzteres ist dann attraktiv, wenn die Kosten für Emissionsreduktionen im Ausland geringer ausfallen als im Inland.

Vom Kyoto-Protokoll dafür vorgesehen sind sogenannte CDM- und JI-Projekte. Sie haben etliche Gemeinsamkeiten und mehrere, kleine Unterschiede, wie im Folgenden zu sehen ist.

3.2 Der Clean-Development-Mechanismus

Der Clean-Developement-Mechanismus hat laut Artikel 12 des Kyoto-Protokolls zum Ziel, „to assist Parties not included in Annex I [of the UNFCCC] in achieving sustainable development and in contributing to the ultimate objective of the [UNFCCC] Convention, and to assist Parties included in Annex I [of the UNFCCC] in achieving compliance with their quantified emission limitation and reduction commitments under Article 3.“

Das führt zu einem administrativen Prozess, der parallel zu einem fast normalen Investitionsvorhaben – auch im Bereich EE – abläuft, mit dem Ziel, Certified Emission Reductions (CERs) zu generieren. Ein CER entspricht dabei genauso wie ein AAU einer metrischen Tonne CO_{2e}, jedoch muss das Investitionsvorhaben mitsamt CDM

1. in einem Land stattfinden, das keine verbindlichen Emissionsreduktionsziele hat (Non-Annex-I-Länder/UNFCCC),
2. den Treibhausgasausstoß über das übliche Maß (Business-as-usual-Szenario) hinaus vermindern (Emissionsadditionalität),
3. ohne die finanziellen Zusatzeinkünfte durch den Verkauf der CERs nicht oder nicht in diesem Umfang realisierbar sein (Projektadditionalität),
4. von allen Parteien freiwillig durchgeführt werden.

Während die erste Voraussetzung leicht zu verifizieren ist – hier genügt ein Blick in die Non-Annex-I-Liste/UNFCCC[7] –, so ist die Überprüfung der anderen drei Voraussetzungen komplexer.

[7] Die vollständige Liste der Non-Annex-I-Staaten (UNFCCC): http://unfccc.int/parties_and_observers/parties/non_annex_i/items/2833.php.

Die Emissionsadditionalität wird durch einen Vergleich zwischen einem Business-as-usual-Szenario – auch als Baseline bezeichnet – und den erwarteten Emissionen, die durch Zertifikate (credits) entgolten werden, bestimmt (Baseline-credit-Prinzip). Dazu ist nach einer von der UNFCCC genehmigten Methodologie vorzugehen, die sich nach der zugrunde liegenden Technologie und Projektkonstellation richtet. Diese Methodologie existiert entweder bereits oder muss erst noch erarbeitet und genehmigt werden, was zumeist eine Verzögerung des Projektanfangs um etwa ein Jahr bedeutet. Die gesamten Methodologien sind bei der UNFCCC einsehbar.[8] Hilfestellung bei der Auswahl einer geeigneten Methodologie bieten zum Beispiel das UNFCCC Methodology Booklet[9] oder die Webseite des UNEP Risoe Center CD4CDM.[10]

Abbildung 1: Prozess einer Additionalitätsprüfung

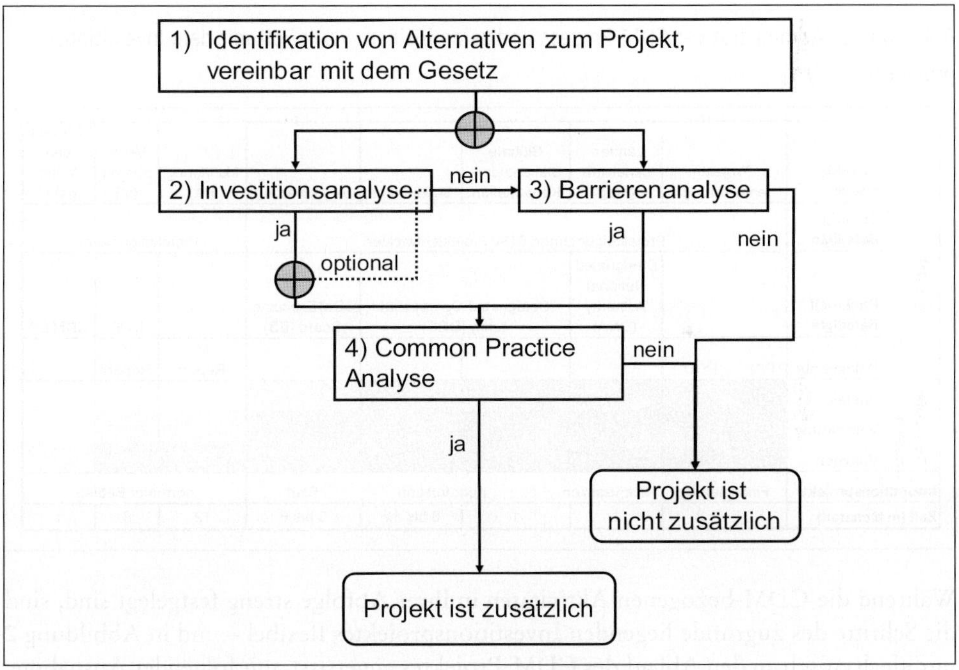

Quelle: verkürzte und übersetzte Darstellung basierend auf: http://cdm.unfccc.int/methodologies/PAmethodologies/tools/am-tool-01-v5.2.pdf

[8] Siehe UNFCCC: http://cdm.unfccc.int/methodologies/index.html.

[9] Siehe UNFCCC: http://cdm.unfccc.int/methodologies/documentation/index.html.

[10] Siehe http://www.cdm-meth.org/.

Die Projektadditionalität wird in einem mehrstufigen Prozess, aufgeführt in Abbildung 1, geprüft. In der Vergangenheit hat sich die Investitionsanalyse als wichtig und häufig angewendet gezeigt: Zwingend notwendig für ein CDM-Projekt ist der Nachweis, dass es der Einkünfte aus dem Verkauf von CERs bedarf, um finanziell rentabel zu sein. Für diese Überprüfung bietet das UNFCCC ebenfalls unterstützende Instrumente an.[11]

Die ersten drei Voraussetzungen werden in der ersten Phase der CDM-Projektentwicklung geprüft. Falls alle drei vorliegen – der Projektort in einem Non-Annex-I-Land (UNFCCC) ist, Emissionsadditionalität und Projektadditionalität nachgewiesen sind –, wird das CDM-Projekt nach dem Schema in Abbildung 2 fortgeführt. Die vierte Voraussetzung, die freiwillige Teilnahme aller Parteien, bezieht sich auf die beteiligten Länder und wird beim Einholen der Ländergenehmigungen geklärt.

Abbildung 2: Administrativer CDM-Prozess und seine Risiken, verknüpft mit dem Investitionsprojekt[12]

CDM	Projektzyklus	Projektentwicklung		Ländergenehmigung	Globale Stakeholder-Konsultation	Validierung	Registrierung	Monitoring (M.)	Verifizierung (V.)	CER Aus- und Weitergabe
CDM	Ständig Beteiligte	Projekteigentümer; CDM Projektentwickler						Projekteigentümer		
CDM	Punktuell Beteiligte			Designated National Authority (DNA)	Designated Operational Entity (DOE)		CDM Executive Board (EB)		DOE	CDM EB
CDM	Dokumente	PIN	PDD					M. Report	V. Report	
CER-Lieferrisiken	Ausfall									
CER-Lieferrisiken	Verspätung									
CER-Lieferrisiken	Volumen									
Investitionsprojekt		Finanzierung		Investition	Konstruktion		Start	normaler Betrieb		
Zeit (in Monaten)		1	3	1	1	8 bis 12	3 bis 6	12	6	1

Während die CDM-bezogenen Aktivitäten in ihrer Abfolge streng festgelegt sind, sind die Schritte des zugrunde liegenden Investitionsprojektes flexibel – und in Abbildung 2 nur idealtypisch an den Ablauf des CDM-Projektes angepasst, mit folgender Ausnahme: Für ein CER-wirksames Monitoring muss sowohl die Registrierung erfolgt sein als auch das Investitionsprojekt in Betrieb genommen worden sein. Das CER-wirksame Monitoring kann frühestens am Tag nach der Erfüllung dieser beiden Voraussetzungen beginnen.

[11] Siehe UNFCCC: http://cdm.unfccc.int/methodologies/PAmethodologies/tools/am-tool-01-v5.2.pdf.

[12] Die heller werdenden Grautöne indizieren abnehmende CER-Lieferrisiken.

Ein oder mehrere Käufer für CERs können bereits in der ersten Projektphase gefunden werden. Dazu wird ein Forward-Kaufvertrag – ein sogenanntes *Emission Reduction Purchase Agreement* (ERPA) – abgeschlossen, der die CER-Lieferrisiken zwischen Verkäufer und Käufer aufteilt. Diese CER-Lieferrisiken sind CDM-spezifisch, weil sie einerseits durch die Güte und Schnelligkeit des administrativen CDM-Prozesses determiniert werden. Andererseits sind sie auch der Durchführung des Investitionsvorhabens geschuldet.[13] Ein solches Forward-ERPA kann bei einer Kreditaufnahme für die weitere Projektfinanzierung unterstützen. Im Unterschied zu konventionellen EE-Projekten gibt es also mindestens einen weiteren unabhängigen Abnehmer neben z.B. dem lokalen Käufer von erzeugter Energie. Dies verteilt die Einkommensströme des Projektes auf unterschiedliche Quellen und diversifiziert somit das Counterparty-Risiko.

Findet sich erst ein Käufer in oder nach der letzten Projektphase, so sind zu diesem Zeitpunkt die Lieferrisiken nahezu nicht mehr vorhanden. Angesichts der unterschiedlichen Risiken spricht man bei ERPAs in den ersten Projektphasen auch von Zertifikaten aus dem Primärmarkt und bei ERPAs mit garantierter, eventuell sofortiger Lieferung von Zertifikaten aus dem Sekundärmarkt. Die Zertifikate werden nach dem Zeitpunkt der Ausschüttung auf die Registerkonten der Projektteilnehmer geliefert.[14]

Die Kosten des CDM-Prozesses sind in die allgemeine Kalkulation für das jeweilige Projekt mit einzubeziehen: Durch jeden Schritt bis einschließlich der Registrierung entstehen einmalige Ausgaben; das regelmäßige Monitoring, die Verifizierung in Intervallen und Ausschüttung der CERs verursachen Kosten über die gesamte Zeitspanne des CDM-Projektes.

Eine idealtypische Rechnung für ein EE-CDM-Projekt mit 100.000 CERs jährlich, das 2006/2007 erstellt wurde und für welches Zertifikate über fünf Jahre im Zeitraum 2008 bis 2012 ausgeschüttet werden, ist in Tabelle 1 dargestellt.[15]

---

[13] Risiken, die aus der herkömmlichen Finanzierung von Projekten in Schwellen- und Entwicklungsländern bekannt sind, greifen selbstverständlich ebenfalls.

[14] Transaktionen im Emissionshandel vollziehen sich weitgehend elektronisch. Jeder Marktteilnehmer im Europäische Emissionshandelssystem (EU ETS) – ob natürliche oder juristische Person – kann in einem nationalen Register ein Konto eröffnen. Die Emissionszertifikate, eindeutig durch ihre Seriennummer identifizierbar, können dann von Registerkonto zu Registerkonto elektronisch transferiert werden. Wird ein solcher Transfer länderübergreifend vollzogen, wird das sogenannte *community independent transaction log* (CITL) dazwischengeschaltet, das die unterschiedlichen nationalen Register miteinander verbindet. Das CITL hat zudem die Aufgabe, alle Bewegungen in nationalen Konten zu registrieren und zu prüfen, um Unregelmäßigkeiten zu verhindern.

[15] Hinzu kommen Kosten, verursacht durch die Übermittlung der Zertifikate zu einem Annex-I/ UNFCCC Konto: Bei jeder Transaktion gehen 2% der Zertifikate an den internationalen Adaptionsfonds (http://adaptation-fund.org/).

Tabelle 1: Beispielrechnung für Kosten, die durch den CDM-Prozess entstehen (EE-CDM-Projekt mit 100.000 CERs jährlich über eine Dauer von 5 Jahren)

in Euro			**2006/2007**
einmalig	PDD-Erstellung		35.000
	Validierung		25.000
	Registrierung (direkt abh. von den erw. CERs)		~ 14.400
jährlich wiederkehrend		**2008–2012**	**kumuliert**
	Monitoring	0	0
	(Daten aus Energiemanagementsystem ausgewertet)		
	Verifizierung	15.000	75.000
	Bearbeitungsgebühr	11.500	57.500
Gesamt			**206.900**

Jedoch variieren die Kosten je nach Projektgröße und Methodologie – je größer das Projekt und je komplexer die Methodologie, desto höher steigen die Kosten.

So kompliziert sich dieser Prozess auf den ersten Blick darstellt, so sehr sind die Schritte standardisiert, sodass sich beim ersten CDM-Projekt Erfahrungswerte sammeln lassen, die sich auf spätere CDM-Projekte in anderen Regionen – trotz regionaler Unterschiede, gegebenenfalls anderen Technologien und entsprechend anderen Methodologien – übertragen lassen können.[16]

3.3 Der Joint-Implementation-Mechanismus

Joint-Implementation-Projekte (JI-Projekte) unterscheiden sich von CDM-Projekten grundsätzlich durch ihre geographische Lage: Sie finden in Annex-I-Ländern (UNFCCC) mit verbindlichen Emissionsreduktionszielen, also in Industriestaaten, statt. Das bedingt weitere Unterschiede: Damit erstens keine Doppelzählungen auftreten, das Gastland und das investierende Land also nicht gleichzeitig die Reduktionen für sich reklamieren, muss das Gastland – sofern es vorher dem Projekt zugestimmt hat – von seinem AAU-Budget

[16] Eine Variante von CDM-Projekten sind Programmatic CDM-Projekte, auch Programmes of Activities genannt: Hier werden mehrere Projekte, die für sich allein die CDM-Transaktionskosten nicht tragen können, in einem Programm zusammen gefasst. Dabei wird zuerst mit einem Programm die Größe und Art von Projekten festgelegt; zudem muss mindestens ein Projekt zu Beginn existieren. Unbegrenzt viele können später hinzugefügt werden. Siehe dazu z.B. in: Kreditanstalt für Wiederaufbau (KfW), PoA Blueprint Book.

genauso viele AAUs abziehen wie sogenannte *Emission Reduction Units* (ERUs) durch das JI-Projekt entstehen. Auch hier entspricht ein ERU einer metrischen Tonne CO_{2e} und ist mit einem monetären Kurswert belegt. Diese ERUs überschreibt das Gastland nach erfolgreicher Verifizierung dem Käufer aus dem investierenden Land.

Zweitens kann die Verwaltung allein zwischen den beiden involvierten Ländern durchgeführt werden (Track 1). Nur wenn das Projektland nicht die von der UNFCCC definierten Genehmigungs- bzw. Anerkennungskriterien erfüllt, die sich auf das Management des nationalen Emissionskontingents und die Erfüllung der Berichtspflichten unter dem Kyoto-Protokoll beziehen, geschieht die Projektregistrierung durch das JI Supervisory Committee bei der UNFCCC (Track 2). Für beide Tracks ähnelt der administrative Prozess dem CDM-Ablauf, ist jedoch vereinfacht, bei Track 1 mehr noch als bei Track 2.

Die Ukraine, Russland und die meisten anderen osteuropäischen Länder führen JI-Projekte im Track-1-Modus durch.[17]

4 Das Angebot

Während im vorherigen Abschnitt die flexiblen Mechanismen grundsätzlich erläutert wurden, wird hier ein Eindruck vom Angebot vermittelt: Es stehen Menge, Größe und Art von EE-CDM/JI-Projekten sowie die generierten und erwarteten Zertifikate im Vordergrund. Grundsätzlich wird das Angebot auf der einen Seite bedingt durch administrative Engpässe – etwa bei den Methodologien, den Ländergenehmigungen, erteilt durch die Designated National Authorities (DNA), den CDM Executive Board (EB) Entscheidungen – und auf der anderen Seite durch die Nachfrage. Diese wird nachfolgend betrachtet.

4.1 CDM-Projekte

CDM-Projekte werden – wie oben angesprochen – qua Definition in den Non-Annex-I-Ländern (UNFCCC) ohne verbindliche Emissionsminderungsziele durchgeführt. Die ersten Projekte wurden 2001 begonnen. Seitdem wurden weltweit insgesamt 7.012 CDM-Projekte begonnen, durchgeführt oder abgebrochen, relativ wenige im Vergleich zu konventionellen Investitionsvorhaben, jedoch angesichts eines politisch kreierten, immer noch relativ jungen Marktes eine beachtliche Anzahl.

[17] Für mehr Informationen zu JI-Projekten siehe UNFCCC: http://ji.unfccc.int/index.html.

In geographischer Hinsicht werden CDM-Projekte – und so auch EE-CDM-Projekte – am häufigsten in den großen, aufstrebenden Schwellenländern geplant oder bereits realisiert. China führt die Rangliste an, gefolgt von Indien, Brasilien und Mexiko. Der Kontinent mit den wenigsten CDM-Projekten ist Afrika: Nur 154 Projekte sind hier geplant oder werden durchgeführt. So korreliert die CDM-Projektverteilung augenscheinlich mit der Wirtschaftskraft der Gastländer.

Technologieseitig überwiegen EE-CDM-Projekte – aufgeteilt in Solar, Gezeiten, Biomasse, Geothermie und Wind – mit insgesamt 3.678 Projekten (61%) (siehe Abbildung 3).

Abbildung 3: Prozentuale Verteilung der CDM-Projekte (im Validierungsstadium, Registrierung beantragt oder bereits registriert)

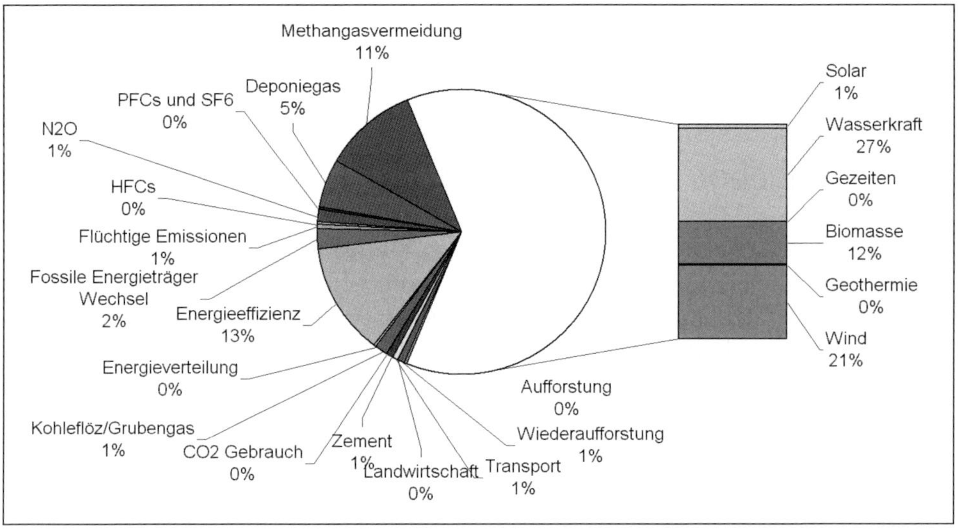

Quelle: UNEP Risoe CDM/JI Pipeline Analysis and Database, 01.03.2011

Dieses Bild verändert sich vor allem zugunsten von Industriegasprojekten (HFC 23, N_2O), betrachtet man die bis 2012 erwarteten, kumulierten Zertifikate aus den Technologietypen. Dann haben EE-CDM-Projekte nur noch einen Anteil von 34% (siehe Abbildung 4).

Abbildung 4: Prozentuale Verteilung der bis Ende 2012 erwarteten CERs (von Projekten im Validierungsstadium, Registrierung beantragt oder bereits registriert)

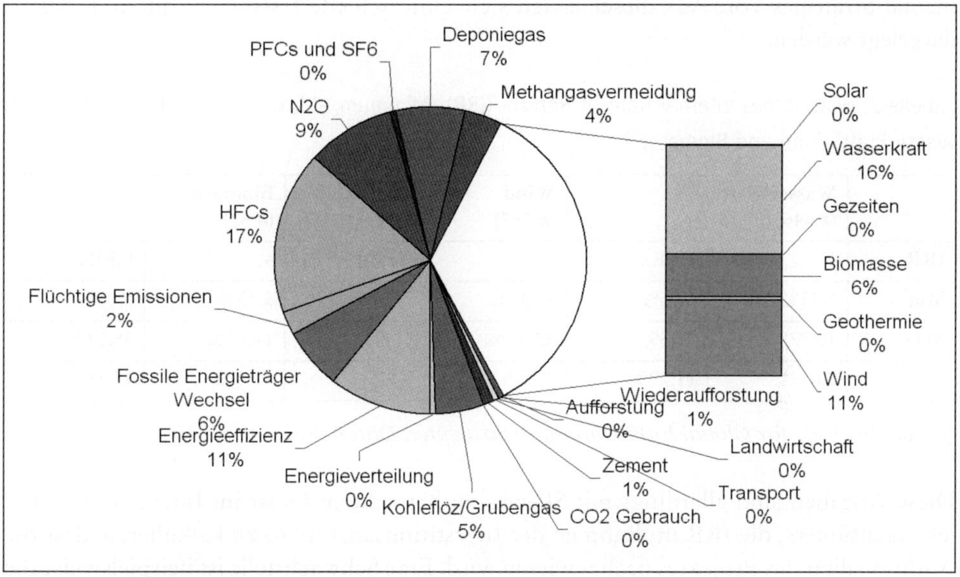

Quelle: UNEP Risoe CDM/JI Pipeline Analysis and Database, 01.03.2011

Gemessen an den Megawatt (MW) ist innerhalb eines EE-Technologietyps die durchschnittliche Projektgröße heterogen. Auch ist kein unmittelbarer Zusammenhang zwischen Projektgrößen je Technologie und Ländern erkennbar.

Die Internal Rate of Return (IRR) mit und ohne CERs lassen sich aus den Project Design Documents (PDDs) erschließen. EE-Projekte rangieren dabei grundsätzlich unter den Projekttypen, bei denen CERs im Vergleich zu anderen CDM-Projekten nur einen relativ kleinen Einfluss auf den internen Zinsfuß haben. So finanzieren sich bestimmte Industriegasprojekte oder Projekte mit dem Ziel des Abfackelns von Deponiegas, von Methan aus Gülle oder Abwasser oder von Stoffen in der Öl- und Gasindustrie alleinig durch den Verkauf von CERs. Eine Ausnahme bildet die Energiegewinnung aus Biomasse, bei der Methan vermieden wird. Dieser Projekttyp profitiert ebenfalls in beträchtlichem Maß vom CER-Verkauf, da ihm aufgrund des höheren GWP von Methan relativ viele CERs zugerechnet werden.

Für registrierte EE-CDM-Projekte, die eine Benchmark-Analyse in ihrer Investitionsanalyse vorgenommen haben, liegt eine Datensammlung vom Institute for Global Environmental Strategies vor. Aus dieser lassen sich Unterschiede feststellen, die in Tabelle 2 dargelegt werden.

Tabelle 2: Historisches Internal-Rate-of-Return- (IRR) -Minimum, -Maximum und -Durchschnitt für Wasserkraft, Wind und Biomasse[18]

	Wasserkraft (# 446)		**Wind (# 297)**		**Biomasse (# 52)**	
IRR	–	CERs	–	CERs	–	CERs
Min	2,33%	6,06%	-3,36%	-1,31%	5,73%	8,01%
Max	19,77%	20,59%	15,30%	21,59%	14,23%	38,04%
ø	7,64%	11,29%	7,17%	9,95%	7,30%	14,38%

Quelle: Institute for Global Environmental Strategies; Daten von Sept. 2010

Diese Angaben sind allerdings mit Skepsis zu betrachten: Es ist im Interesse des Projekteigentümers, die IRR im Rahmen der Investitionsanalyse so zu kalkulieren, dass die Additionalität des Projektes nachgewiesen wird. Eine Schwachstelle ist beispielsweise die Schätzung des Verkaufspreises von CERs über mehrere Jahre hinweg.

Dennoch zeigt diese Skizze des CDM-Angebots, dass Biomasseprojekte von den drei dominanten EE-Projekttypen zwar durchschnittlich die kleinsten Anlagen stellen, aber auch die geringste Abweichung zwischen Projektanteil und Zertifikateanteil haben und die Erwartungen hinsichtlich der IRR mit CERs am höchsten sind.

[18] Die mit CER bezeichneten Angaben sind die, bei denen die Einkünfte durch Emissionsreduktionszertifikate in die IRR mit eingerechnet werden.

4.2 JI-Projekte

JI-Projekte sind weitaus weniger zahlreich als CDM-Projekte, denn die ersten Projekte konnten aufgrund von Regularien erst 2008, acht Jahre später als im CDM, Zertifikate generieren. Auch bedurfte es staatlicher, institutioneller Strukturen, um solche Projekte zu realisieren. So sind bis Anfang 2011 insgesamt erst 392 JI-Projekte in beiden Tracks geplant oder realisiert, unter ihnen 98 EE-Projekte. Dabei existieren weder Solar- noch Gezeitenprojekte.

Abbildung 5: Prozentuale Verteilung der JI-Projekte (im Validierungsstadium, Registrierung beantragt oder bereits registriert)

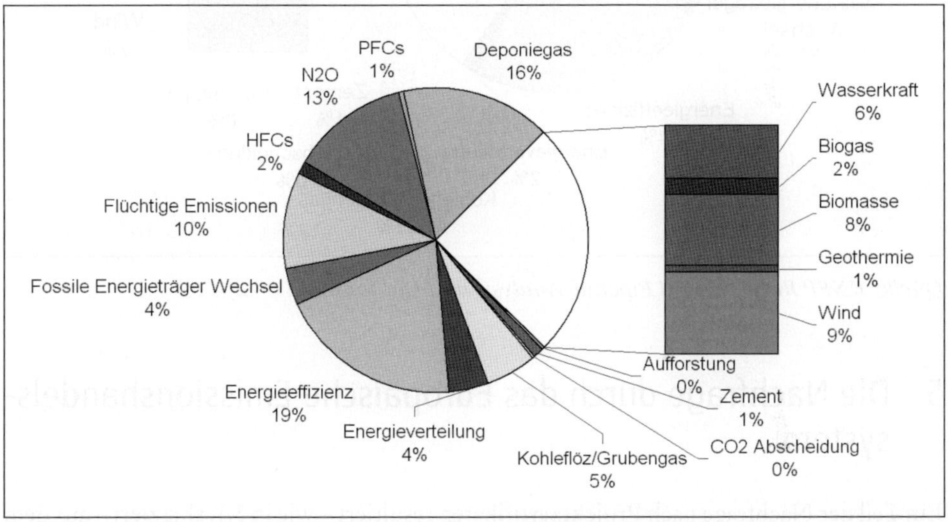

Quelle: UNEP Risoe CDM/JI Pipeline Analysis and Database, 01.03.2011

Angesichts der kleinen Anzahl ist die Divergenz zwischen Projektanzahl und bis 2012 erwarteten Zertifikaten stärker noch als bei CERs ersichtlich.

Abbildung 6: Prozentuale Verteilung der bis Ende 2012 erwarteten ERUs (von Projekten im Validierungsstadium, Registrierung beantragt oder bereits registriert)

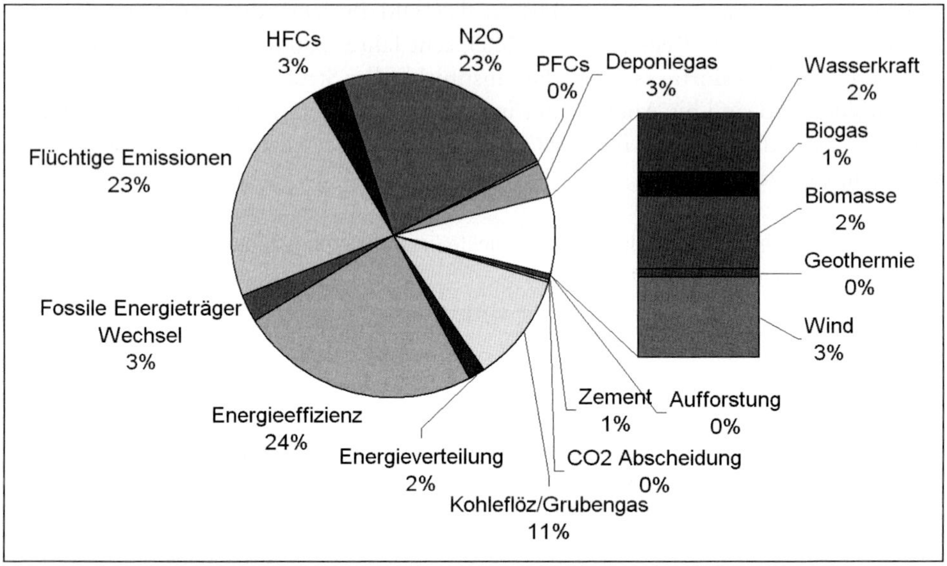

Quelle: UNEP Risoe CDM/JI Pipeline Analysis and Database, 01.03.2011

5 Die Nachfrage durch das Europäische Emissionshandelssystem

Ein Teil der Nachfrage nach Projektzertifikaten resultiert – wie in 3.1. skizziert – aus dem Bedarf der Staaten, ihren Kyoto-Verpflichtungen nachzukommen. Diese Nachfrage wird aber zunehmend durch den Handel in AAUs befriedigt, welche durch sogenannte *Green Investment Schemes* hinterlegt sind, in denen sich die Verkäuferstaaten verpflichten, die Erlöse in nationale Emissionsreduktionsprojekte zu reinvestieren.[19] Ein weiterer Teil entstammt dem größten Markt weltweit, dem europäischen Emissionshandelssystem (EU Emission Trading System [EU ETS]). Auf diesen wird im Folgenden eingegangen.

[19] Die Green Investment Schemes sind je nach rechtlicher und institutioneller Ausgestaltung auch für die EE-Projektfinanzierung geeignet, siehe z.B.: Tuerk et al.: Green Investment Schemes: First Experiences and lessons learned.

Nicht behandelt werden unterdessen der globale Freiwilligenmarkt sowie andere Märkte weltweit, auch wenn insbesondere der Freiwilligenmarkt unter anderem ebenfalls CERs kauft, die noch zusätzlichen Standards entsprechen.[20]

5.1 Die Funktionsweise

Grundsätzlich haben im Rahmen des Kyoto-Protokolls die Annex-I-Länder individuelle Emissionsoberziele erhalten. Jedoch hat die EU, damals bestehend aus 15 Staaten, sich zu einem gemeinsamen Reduktionsziel von 8% gegenüber 1990 bis Ende 2012 verpflichtet. Dieses Ziel wurde 1998 auf die Mitgliedsstaaten aufgeschlüsselt, eine Lastenteilung (Burden Sharing) aus Rücksicht auf die unterschiedliche Wirtschaftslage einzelner Länder. So hat sich Deutschland zu einer Reduktion um 21% verpflichtet;[21] weitere sieben Staaten müssen ebenfalls ihre Emissionen verringern. Zwei Staaten dürfen nicht mehr Treibhausgase ausstoßen als bisher. Fünf Staaten werden wiederum mehr Emissionen als 1990 zugestanden, allen voran Portugal mit + 27%.[22] Mit den EU-Erweiterungen 2004 (Beitritt von Estland, Lettland, Litauen, Polen, Tschechien, Slowakei, Ungarn, Slowenien, Malta und Zypern) und 2007 (Beitritt von Bulgarien und Rumänien) brachten die neuen Mitgliedsstaaten zum Teil eigene Kyoto-Verpflichtungen in die EU ein.

Wie die EU-Mitgliedsstaaten ihre Reduktionsziele erreichen, bleibt ihnen für etliche Bereiche, so etwa private Haushalte oder der Transportsektor, selbst überlassen. Für einen Teil der Industrie ab einer gewissen Anlagengröße und ab bestimmten Produktionsmengen jedoch, und zwar für:

- Strom- und Wärmeerzeugung mit fossilen Brennstoffen,
- Eisen- und Stahlverhüttung sowie Kokereien,
- Raffinerien und Cracker,
- Zement- und Kalkherstellung,
- Glas-, Keramik- und Ziegelindustrie,
- Papier- und Zelluloseproduktion,
- ab 2012: internationale Luftfahrt

[20] Für Informationen dazu sei auf die jährlich erscheinenden Publikationen „State and Trends of the Carbon Market“ der Weltbank sowie „State of the Voluntary Carbon Market“ von Ecosystem Market Place/New Carbon Finance verwiesen.

[21] Denn Deutschland stößt durch die Wiedervereinigung und die Umstrukturierung der Ost-Industrie und Energieversorgung schon quasi automatisch 18% weniger Treibhausgasemissionen aus als noch 1990 (auch als „wind fall profits“ bezeichnet).

[22] Siehe http://www.eea.europa.eu/data-and-maps/figures/kyoto-burden-sharing-targets-for-eu-15-countries.

hat die EU ein verpflichtendes Emissionshandelssystem, angelehnt an das IET, auf Ebene der betrieblichen Anlagen, kreiert, das alleinig auf die Reduktion von CO_2-Emissionen abzielt.[23] Es umschließt mittlerweile etwa 11.400 Anlagen, die für etwa 45% der CO_2-Emissionen der beteiligten Staaten – 2011: 27 EU Länder, Liechtenstein, Island und Norwegen[24] – verantwortlich sind. In Deutschland fallen 1.860 Anlagen darunter. Drei Phasen sind bisher geplant oder schon realisiert: Die Pilotphase von 2005-2007, die zweite Handelsperiode, die mit der CP1 übereinstimmt (2008-2012) und eine dritte Handelsperiode von 2013-2020.

Von seinen Prinzipien her lehnt sich das EU ETS an das IET mit seinem Cap-and-Trade an. Vor den ersten beiden Handelsperioden benennen die Regierungen gegenüber der EU Nationale Allokationspläne (NAPs), die auf Basis historischer Daten oder Schätzungen erst auf Sektoren-, dann auf Anlagenebene die Emissionsbudgets skizzieren. Nachdem die EU den NAPs zugestimmt hat, wandeln die Regierungen einen Teil ihres AAU-Emissionsbudgets in betriebliche Emissionsrechte (Emission Unit Allowances [EUAs]) im Verhältnis eins zu eins um und teilen sie zu Beginn jeden Jahres den Anlagen zu. Die Anlagenbetreiber sind dann dazu verpflichtet, spätestens zum 30.04. des Folgejahres Zertifikate entsprechend der Höhe ihrer tatsächlichen Emissionen wieder bei den Behörden einzureichen. Bei Nichterfüllung sind 100 EUR Strafe je fehlendem Zertifikat plus die Nachreichung dieser Zertifikate fällig. In Deutschland ist die Deutsche Emissionshandelsstelle (DEHSt), eine Unterbehörde der Umweltbundesamtes, für die Administration zuständig.

23 Rechtliche EU-Grundlagen dafür sind die Emissionshandelsrichtlinie (RP 2003/87/EC), die Europäische Verbindungsrichtlinie (RL 2004/101/EC) und die Registerverordnung (Nr. 2216/2004). Diese werden in nationales Recht umgesetzt. Für Deutschland entscheidend sind das Gesetz über den Handel mit Berechtigungen zur Emission von Treibhausgasen (Treibhausgasemissionshandelsgesetz, TEHG), das Gesetz über den nationalen Zuteilungsplan für Treibhausgas-Emissionsberechtigungen 2012 (Zuteilungsgesetz 2012, ZuG 2012) und das Projektmechanismen-Gesetz (ProMechG).

24 Im Gespräch ist eine Verknüpfung zwischen dem EU ETS und dem Schweizer Emissionshandelssystem.

Den Anlagenbetreibern stehen mehrere Strategien zum Portfoliomanagement zur Verfügung:

- eigenen CO_2-Ausstoß reduzieren,
- EUAs verkaufen bzw. zukaufen,
- „Banking“ und „Borrowing“[25] von Jahr zu Jahr innerhalb einer Handelsperiode betreiben,
- „Banking“ von EUAs von der zweiten auf die dritte Handelsperiode,
- Zukauf (oder Swaps) von CERs, ERUs (mit EUAs).

Die letzte Option hat zwei Limitationen: Erstens verbieten die EU und die einzelnen EU-Staaten die Verwendung einiger Projekttypen des Kyoto-Protokolls, etwa Projekte in den Bereichen Landnutzung, Landnutzungsänderung und Forstwirtschaft oder Nuklearprojekte sowie für CDM-Projekte, die ohne Annex-I-Staaten (UNFCCC) durchgeführt wurden. Zertifikate aus großen Wasserkraftprojekten werden nur akzeptiert, wenn die Projekte den Bestimmungen der World Commission on Dams entsprechen. Zweitens sind für die Nutzung von CERs und ERUs nationale Quoten festgelegt: So etwa können in Deutschland nur 22% des vorher zugeteilten Emissionsbudgets wieder als CER und/oder ERU eingereicht werden.

[25] Unter Banking wird das Sparen von EUAs, unter Borrowing das Leihen von EUAs aus dem Folgejahr verstanden.

5.2 Preis- und Volumenentwicklungen

Weltweit hat die EU mit dem ETS den größten Markt für Emissionszertifikate geschaffen. So sind von Abbildung 7 die EUAs ihm zuzurechnen, sowie ein Teil der AAU- und der CER/ERU-Geschäfte.

Abbildung 7: Weltweite Volumen- und Preisentwicklung 2005-2009

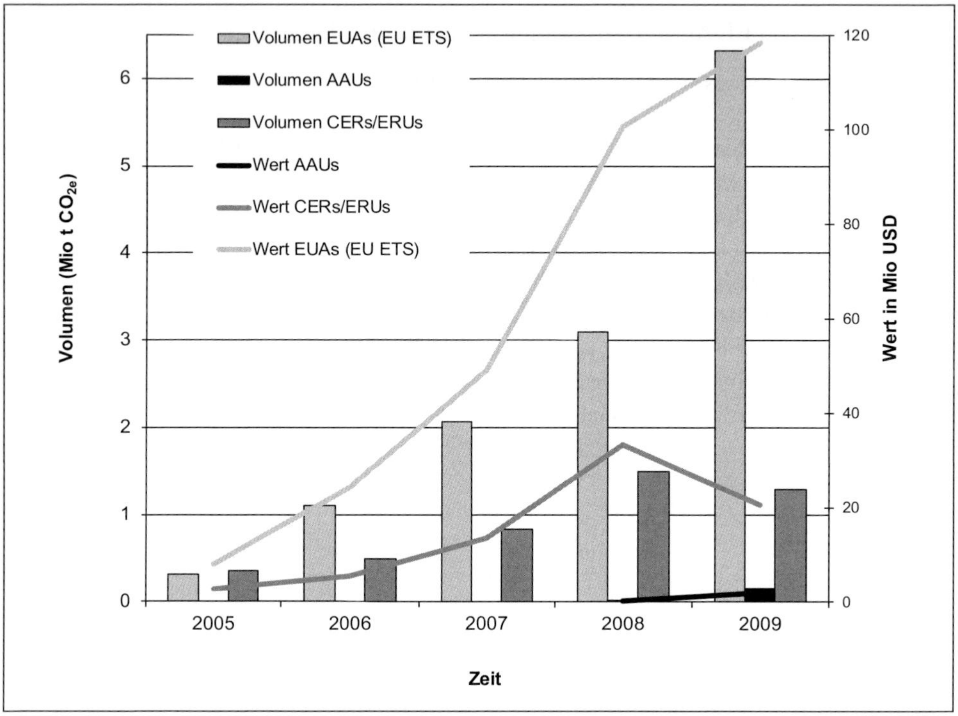

Quelle: eigene Darstellung basierend auf: State and Trends of the Carbon Market; Ausgaben der Jahre 2007-2010, World Bank

Die EUA-Preise haben sich im Vergleich zu der ersten Handelsperiode, als der EUA-Preis aufgrund von Überallokation gegen Ende auf null sank, seit Mitte 2009 auf einem Preisniveau zwischen 9 und 17 Euro mit ganz leichter Tendenz nach oben stabilisiert – tägliche Preise lassen sich bei verschiedenen Handelsplattformen abrufen, so etwa ECX oder Bluenext. Hauptsächliche Preiseinflussfaktoren sind die wirtschaftliche Entwicklung, Temperaturen sowie Gas-, Öl- und Kohlepreise.

Abbildung 8: Preisentwicklung im EU ETS

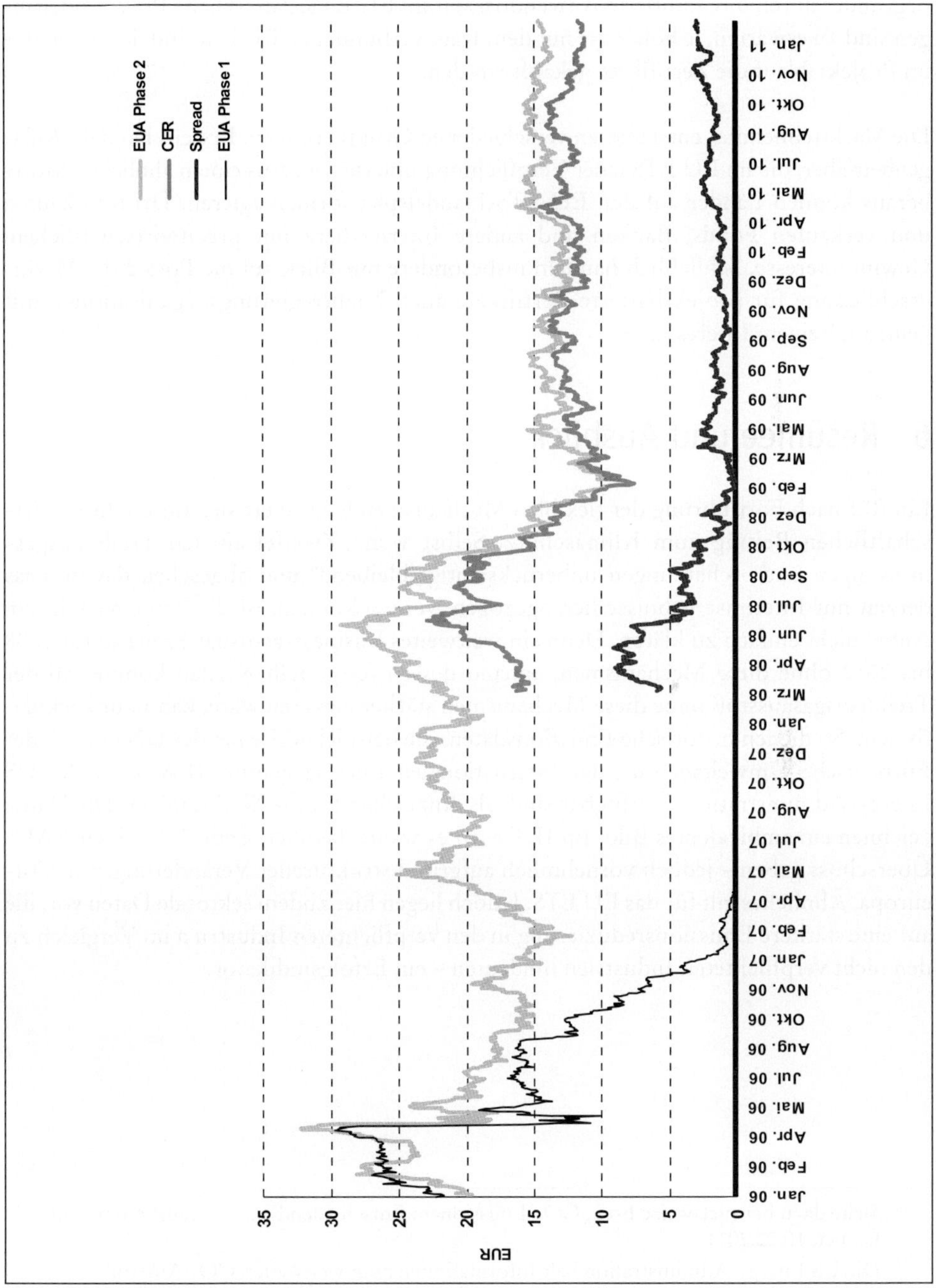

Quelle: eigene Darstellung

CERs und ERUs werden grundsätzlich mit leichten Preisabschlägen zu EUAs gehandelt, begründet durch ihre limitierte Anwendbarkeit im EU ETS. Zusätzliche Preisminderungen sind zu erwarten, je höher die mit dem Kauf verbundenen Risiken sind, je früher also im Projektablauf die Zertifikate gekauft werden.

Die Marktteilnehmer entstammen verschiedenen Gruppierungen: Erstens handeln Anlagenbetreiber, die im EU ETS einer Verpflichtung unterliegen. Aus einem ähnlichen Motiv heraus können Länder auf den EU-ETS-Handelsplattformen agieren. Drittens kaufen und verkaufen Fonds, Banken und andere Intermediäre mit privatwirtschaftlichem Gewinninteresse. Schließlich handeln insbesondere mit Blick auf die Post-2012-Markterschließung für projektbasierte Zertifikate auch Nichtregierungsorganisationen mit gemeinnützigem Interesse.

6 Resümee und Ausblick

Ein Ruf nach Fortführung der flexiblen Mechanismen legitimiert sich durch ihren wirtschaftlichen Beitrag zum Klimaschutz. Selbst wenn Zweifel an den Treibhausgasmessungen und -schätzungen unberücksichtigt bleiben,[26] und abgesehen davon, dass derzeit nur Interimsergebnisse herangezogen werden können, ist die Frage nach ihrem Anteil nicht einfach zu klären. Denn ein weltweites Business-as-usual-Szenario für 2008 bis 2012 ohne diese Mechanismen, anhand dessen festgestellt werden könnte, ob der Treibhausgasausstoß ohne diese Mechanismen stärker gewesen wäre, kann nur spekulativ sein. So dienen historische Emissionsdaten, die beispielsweise bei der UNFCCC, der Europäische Umweltagentur, der Internationalen Energieagentur (IEA) oder der US Energy Administration[27] verfügbar sind, als Anzeichen für die Wirksamkeit. Die Daten zeichnen ein ambivalentes Bild: Im IET wird es wahrscheinlich Ende 2012 einen AAU-Überschuss geben – jedoch vornehmlich aufgrund struktureller Veränderungen in Osteuropa. Ähnliches gilt für das EU ETS. Jedoch liegen hier zudem sektorale Daten vor, die auf eine stärkere Emissionsreduzierung in den verpflichteten Industrien im Vergleich zu den nicht verpflichteten Industrien hindeuten – ein Erfolgsindikator.

---

[26] Siehe dazu beispielsweise Frey, CO_2-Emissionen: Entscheidend ist, was rauskommt, auf faz.net, 10.02.2011.

[27] Die US Energy Administration hält Informationen zum weltweiten CO_2-Ausstoß durch Energiekonsum bereit: http://tonto.eia.doe.gov/cfapps/ipdbproject/IEDIndex3.cfm?tid=90&pid=44&aid=8.

Politischen und wirtschaftlichen Handlungsbedarf gibt es also weiterhin: Naturwissenschaftliche Erkenntnisse deuten darauf hin, dass die Fortschreibung der jetzigen Wirtschaftsweise zu deutlich größerer globaler Erwärmung als 2° Celsius mit entsprechenden Risiken führt. So lastet großer Druck auf den jährlich stattfindenden Vertragsstaatenkonferenzen, sich für die Zeit nach 2012 auf eine Strategie zu einigen. Zwei Wege werden hauptsächlich diskutiert: Erstens eine erneute Verpflichtung der Staaten auf Emissionsobergrenzen, also eine CP2, unter Beibehaltung des Kyoto-Protokolls. Bisher haben Industriestaaten im Nachgang zu der Konferenz in Kopenhagen 2009 nur unverbindliche Emissionsminderungsziele benannt. Sie sind zwar mitunter wenig ehrgeizig und lassen sich aufgrund der Verwendung verschiedener Basisjahre nicht vergleichen, bilden jedoch wiederum einen Baustein für weitere Verhandlungen. Analog dazu haben Schwellen- und Entwicklungsländer freiwillig Nationally Appropriate Mitigation Actions (NAMAs) unterschiedlichster Detailtiefe der UNFCCC gemeldet, um zum einen ihr Engagement zu signalisieren und um zum anderen internationale Finanzmittel dafür zu beantragen.

Zweitens ist eine gemeinsame Übereinkunft über ein – wie auch immer geartetes – Nachfolgeabkommen im Gespräch. Ob und welcher Weg eingeschlagen wird und wie die weitere Ausgestaltung sein wird – so etwa sind weitere CDM-Reformen und neue Mechanismen im Gespräch –, lässt sich nicht prophezeien, einzig: Angesichts der erfahrungsgemäß längeren Zeitspanne, bis internationale Beschlüsse ausreichend ratifiziert werden, ist mittlerweile in jedem Fall eine zeitliche Lücke zwischen CP1 und einer zweiten Periode zu erwarten.[28]

Unabhängig davon wird die EU das ETS mit einer dritten Handelsperiode von 2013 bis 2020 unter leicht veränderten Bedingungen fortführen. Die wesentlichen Veränderungen betreffen die Ausweitung des EU ETS,[29] die Umgestaltung der Zertifikateverteilung[30] und – in ihren Größenordnungen abhängig von der Existenz eines adäquaten Klimaschutzabkommens:

---

[28] Das International Institute for Sustainable Development veröffentlicht regelmäßig Newsletters über UNFCCC Entwicklungen (http://climate-l.iisd.org/).

[29] Zwei weitere Treibhausgase neben CO_2, nämlich Lachgas und perfluorierte Kohlenwasserstoffe, werden in das System einbezogen; das EU ETS wird auf weitere industrielle Tätigkeiten ausgedehnt.

[30] Ein EU-weiter Allokationsplan ersetzt die NAPs. Für stromerzeugende Anlagen wird es keine kostenfreie Zuteilung von Zertifikaten mehr geben; die Zertifikate werden zu 100% auktioniert. Ausnahmen sind für einige osteuropäische Staaten vorgesehen. Alle anderen Anlagen erhalten einen jährlich abnehmenden Anteil ihrer Zertifikate kostenlos – ermittelt anhand von EU-einheitlichen Benchmarks. Der Anteil an auktionierten Zertifikaten steigt bis 2020 von 20% auf 70%. Sonderregelungen existieren für Anlagen, bei denen die Gefahr droht, dass sie die Produktion aufgrund höherer Kosten für den Klimaschutz in Nicht-EU-Länder verlagern (Carbon Leakage).

- ein neues EU-ETS Klimaschutzziel: Ohne ein internationales Folgeabkommen wird eine Emissionsreduktion um 21% gegenüber 2005 bis 2020 angestrebt (wobei eine Erhöhung dieses Ziels immer wieder diskutiert wird); mit einem solchen zielt das EU ETS auf eine Reduktion um 31%. Dies wird durch eine jährliche Reduktion der EU-Emissionszuteilungen, derzeit um 1,74%, realisiert.
- Einschränkungen in der Anrechenbarkeit von Zertifikaten aus CDM/JI-Projekten:
  - quantitativ: Bei dem EU-ETS-Ziel von 21% dürfen CERs/ERUs nur bis zu etwa 1,4 Mio. Tonnen für die Verpflichtung eingesetzt werden. Erhöht sich das EU-ETS-Ziel, wird das Limit ausgeweitet, jedoch nicht über 50% des EU-ETS-Ziels.
  - geographisch: Grundsätzlich werden Zertifikate von allen Projekten akzeptiert, die vor 2013 als CDM registriert wurden. Darüber hinaus: Ohne ein genügendes internationales Abkommen werden für nach 2013 registrierte Projekte nur Zertifikate aus Least Developed Countries sowie aus Ländern akzeptiert, mit denen die EU ein bilaterales Abkommen abgeschlossen hat. Mit einem internationalen Abkommen werden Zertifikate nur von Ländern akzeptiert, die das Kyoto-Nachfolgeabkommen unterschrieben haben.
  - qualitativ: Die Einschränkungen aus der zweiten Handelsperiode werden übernommen (keine Zertifikate aus Forst- und Nuklearprojekten; Zertifikate aus Wasserkraftprojekten nur, wenn die Projekte den Regeln der World Commission on Dams entsprechen); zudem werden Zertifikate von HFC 23 und N_2O Adipinsäure ab 01.05.2013 verboten. Weitere Restriktionen können folgen, werden zum jetzigen Zeitpunkt jedoch nicht als besonders wahrscheinlich angesehen.

Da das EU ETS voraussichtlich auch nach 2012 mit Abstand der größte Absatzmarkt für Projektzertifikate weltweit sein wird, begrenzen die aufgezählten Punkte einerseits die Möglichkeiten, EE-Projekte zum Teil durch Zertifikate zu refinanzieren. Andererseits ist dieser Absatzmarkt politisch gesichert.

Für die Finanzierung von EE-Projekten mittels Emissionszertifikaten folgt mehreres: Solange kein Nachfolgeabkommen in Kraft getreten ist, wird das Kyoto-Protokoll weiter seine Gültigkeit behalten; CDM-Projekte können also weiter durchgeführt werden. Dabei jedoch muss auf die veränderten und sich verändernden Bestimmungen der Absatzmärkte, insbesondere des EU ETS, nach 2012 Rücksicht genommen werden.[31]

[31] Eine Informationsquelle für Post-2012-CERs stellt der monatliche CDM-Newsletter der Deutschen Gesellschaft für internationale Zusammenarbeit (GIZ) dar.

Hingegen sind JI-Projekte an die 2012 auslaufenden Zielvereinbarungen gebunden. Unmittelbar werden sie nach 2012 bislang keine Relevanz mehr haben. Jedoch besteht angesichts der verschiedenen Entwicklungen weltweit die Hoffnung, dass Lehren aus CDM- und JI-Projekten für weitere, ähnliche Projektarten gezogen werden können.

Literatur

Frey, Andreas (2011): CO_2-Emissionen: Entscheidend ist, was rauskommt, auf: www.faz.net, 10.02.2011

Kreditanstalt für Wiederaufbau (KfW): PoA Blueprint Book, 2. Ausgabe: http://www.jiko-bmu.de/files/inc/application/pdf/poa_blueprintbook_2edition.pdf

Traufetter, Gerald (2011): Versöhnungstagung: Der Klimakrieg kann weitergehen, auf: www.spiegel.de, 31.01.2011

Tuerk, Andreas/Frieden, Dorian/Sharmina, Maria/Schreiber/Ürge-Vorsatz, Diana (2010): Green Investment Schemes: First Experiences and lessons learned, Joanneum Research, Center for Climate Change and Sustainable Energy Policy, Central European University (http://www.joanneum.at/climate/Publications/Solutions/JoanneumResearch_GISWorkingPaper_April2010.pdf)

Besteuerung von Erneuerbare-Energien-Projekten in Deutschland

Florian Ropohl

1 Einleitung

Die steuerlichen Aspekte der Finanzierung von Windparks, Solarparks, Biogasanlagen sowie anderen Projekten im Bereich der Erneuerbaren Energien sind aus steuerlicher Sicht durchaus vergleichbar. Die wesentlichen Aspekte sind jeweils:

- Festlegung des richtigen Steuersatzes, insbesondere hinsichtlich der Aufteilung der Gewerbesteuer,
- Besteuerung des Erwerbs bzw. der Errichtung der Anlage,
- Auswirkungen auf die zukünftige Besteuerung, wie z.B. Aktivierung von Genehmigungen und Anlagen sowie zukünftige steuerwirksame Abschreibung,
- Geltendmachung von Finanzierungsaufwendungen (insbesondere 30%-EBITDA-Grenze bei Anwendung der sogenannten Zinsschranke),
- Vermeidung von Kapitalertragsteuer bei etwaigen Ausschüttungen ins Ausland,
- Nutzung von steuerlichen Verlusten und Verlustvorträgen und die Vermeidung eines Unterganges derselben,
- Umsatzsteuer bei Bau/Erwerb sowie bei Betrieb der Anlagen (Ist die Geltendmachung von Vorsteuer möglich?).

Einige der genannten Aspekte betreffen die Finanzierung des Baus bzw. des Erwerbs der Anlage, andere die allgemeinen Auswirkungen auf das Finanzmodell und damit mittelbar die Finanzierung. Die Praxis hat gezeigt, dass die Auswirkungen auf das Finanzmodell einen Schwerpunkt der steuerlichen Beratung im Bereich der Erneuerbaren Energien bilden. Dabei sind letztlich alle Aspekte von der Gründung bzw. dem Erwerb über den Betrieb bis hin zum Rückbau der Anlage zu berücksichtigen, soweit sich diese auf die Ergebnis- bzw. die Cashflow-Planung auswirken können. Nachfolgend werden die wesentlichen Aspekte im Einzelnen dargestellt.

2 Grundzüge der Besteuerung

Erneuerbare-Energien-Projekte unterliegen mit den Gewinnen aus der Stromeinspeisung grundsätzlich der deutschen Körperschaft-/Einkommensteuer und der Gewerbesteuer.[1] Seit Beginn des Jahres 2008 gilt das auch für Offshore-Windparks, die nicht auf

[1] Einführend zur Besteuerung unternehmerischer Tätigkeit in Deutschland z.B. Lüdicke/Teufel, in: Lüdicke/Sistermann (2008), §§ 1 ff.

dem deutschen Festland (und damit dem deutschen Staatsgebiet), sondern im Bereich der sogenannten Ausschließlichen Wirtschaftszone (AWZ) liegen, dazu nachfolgend mehr.

Das Entstehen von Einkommen- und Ertragsteuern setzt voraus, dass ein steuerpflichtiger Gewinn vorliegt. Gewinnmindernd können dabei im Bereich der Erneuerbaren Energien insbesondere die Finanzierungsaufwendungen, die gegebenenfalls hohen Abschreibungen der angeschafften Wirtschaftsgüter sowie sonstige Aufwendungen für den Betrieb der Anlagen wirken.

Ausgangspunkt ist jedoch zunächst die Festlegung des relevanten Steuersatzes. Unterschiede bestehen diesbezüglich insbesondere für die Gewerbesteuer.

2.1 Körperschaftsteuer

Die Körperschaftsteuer ist die Einkommensteuer der Körperschaften. Während also die eigentliche Einkommensteuer von natürlichen Personen gezahlt wird, betrifft die Körperschaftsteuer juristische Personen. Im Bereich der Einkunftsermittlung bestehen dabei viele Gemeinsamkeiten.

Der Körperschaftsteuersatz (KStG) wurde durch die Unternehmenssteuerreform 2008 gesenkt und beträgt nun 15%. Auf die berechnete Körperschaftsteuer wird zusätzlich der Solidaritätszuschlag erhoben. Dieser beträgt 5,5% der anfallenden Körperschaftsteuer. Inklusive Solidaritätszuschlag beträgt die Körperschaftsteuer daher 15,825% (15% zuzüglich 5,5% von 15%).

Unbeschränkt körperschaftsteuerpflichtig sind Körperschaften, die ihren Sitz oder ihre Geschäftsleitung im Inland haben, insbesondere also Gesellschaften mit beschränkter Haftung (GmbH), Aktiengesellschaften (AG) sowie Kommanditgesellschaften auf Aktien (KGaA). Wird mithin ein Projekt durch eine solche Gesellschaft betrieben, unterliegen die Einnahmen der Körperschaftsteuer.

Die Steuerpflicht der unbeschränkt körperschaftsteuerpflichtigen Gesellschaften erstreckt sich auf sämtliche Einkünfte, welche die Körperschaft erzielt, es gilt das sogenannte Welteinkunftsprinzip. Um eine etwaige Doppelbesteuerung sowohl mit deutscher Körperschaftsteuer als auch mit etwaiger ausländischer Steuer zu vermeiden, werden regelmäßig bilaterale Abkommen zur Vermeidung der Doppelbesteuerung (sogenannte Doppelbesteuerungsabkommen oder auch DBA) zwischen den Staaten abgeschlossen mit dem Ziel, jeweils einem der beteiligten Staaten das Besteuerungsrecht zuzuweisen oder aber eine Anrechnung der in dem einen Staat gezahlten Steuer in dem anderen Staat zu ermöglichen.

Dabei gilt der Grundsatz, dass eine Besteuerung auch dann im Inland (also in Deutschland) erfolgen kann, wenn z.B. die Kapitalgesellschaft in Deutschland keinen Satzungs- oder Verwaltungssitz hat, im Inland aber eine Betriebsstätte betreibt. Die ausländische Gesellschaft ist dann gemäß § 49 des Einkommensteuergesetzes (EStG) mit dieser Betriebsstätte in Deutschland beschränkt steuerpflichtig. Bei Vorliegen eines DBA macht es daher grundsätzlich keinen Unterschied, ob ein als Betriebsstätte in Deutschland belegenes Projekt von einer deutschen oder einer ausländischen Kapitalgesellschaft betrieben wird. Die durch das Projekt generierten Einkünfte unterliegen jeweils der Besteuerung mit deutscher Körperschaftsteuer.

2.2 Gewerbesteuer

Neben der Körperschaftsteuer zuzüglich Solidaritätszuschlag unterliegen Unternehmen (bzw. Betriebsstätten) in Deutschland auch der Gewerbesteuer. Auf die Gewerbesteuer wird kein Solidaritätszuschlag erhoben.

2.2.1 Steuersatz

Die Gewerbesteuer wird von den Gemeinden auf den Gewinn von Gesellschaften und Einzelunternehmen erhoben. Der Gewerbesteuer wird das für Zwecke der Körperschaftsteuer oder Einkommensteuer ermittelte Einkommen zugrunde gelegt, allerdings korrigiert um gewisse Hinzurechnungen und Kürzungen. So werden beispielsweise 25% der Zinsaufwendungen dem steuerlichen Einkommen wieder hinzugerechnet. Durch die Unternehmenssteuerreform 2008 wurde die Gewerbesteuermesszahl von vorher bis zu 5% auf nun einheitlich 3,5% reduziert. Multipliziert mit dem individuellen Hebesatz, der je nach Gemeinde 200% bis 490% (in Einzelfällen auch mehr) beträgt, ergibt sich damit ein effektiver Gewerbesteuersatz von 7% bis zu 17,15%, je nachdem, in welcher Gemeinde die Gesellschaft ihren Sitz hat. Im Gegensatz zur Körperschaftsteuer kann die Gewerbesteuer mithin stark variieren. Entscheidend ist dabei der jeweilige Hebesatz der hebeberechtigten Gemeinde (dazu nachfolgend).

2.2.2 Beginn der unternehmerischen Betätigung

Die Gewerbesteuer wird erst mit Aufnahme eines Gewerbebetriebs erhoben, also dem Beginn der unternehmerischen Betätigung. Vorbereitende Tätigkeiten unterliegen daher nicht der Gewerbesteuer, sodass auch die Aufwendungen für die Aufnahme des Betriebes nicht zu einem Verlustvortrag für gewerbesteuerliche Zwecke führen können. Die Ausgaben wären dann für die Gewerbesteuer nicht relevant, sie würden „ins Leere laufen“. In der Praxis wird von Vertretern der Finanzverwaltung teilweise die Ansicht vertreten, dass z.B. bei einem Windpark erst dann die gewerbliche Tätigkeit beginnt, wenn mit der

Stromeinspeisung begonnen wurde. Die Errichtung des Windparks selbst sei eine Vorbereitungshandlung. Diese Ansicht wird jedoch bisher weder durch entsprechende Rechtsprechung noch durch Verwaltungsanweisungen ausdrücklich gestützt.

Etwas anderes gilt jedoch, wenn die Ausgaben, die vor dem Zeitpunkt des Stromeinspeisens anfallen, bei der Anschaffung von Wirtschaftsgütern aktiviert werden könnten (als sogenannte Anschaffungsnebenkosten). Die aktivierten Ausgaben führen dann zu höheren Anschaffungskosten und entsprechend zu höherem Abschreibungsaufwand in der Zukunft. Auf diese Weise wären die Kosten zukünftig doch noch steuerlich zu berücksichtigen.

Die Frage, ob ein Gewerbebetrieb bereits aktiv aufgenommen wurde, spielt hingegen keine Rolle, wenn die Projektgesellschaft in der Rechtsform einer Kapitalgesellschaft gegründet wird. Kapitalgesellschaften (also etwa GmbHs oder AGs) gelten stets als gewerblich tätig. Auf die tatsächlich gewerbliche Betätigung kommt es mithin nicht an. Die zuvor dargestellte Abgrenzung betrifft daher nur den Betrieb von Anlagen in der Rechtsform eine Personengesellschaft (z.B. einer GmbH & Co. KG) oder unmittelbar durch natürliche Personen als Einzelunternehmer.

2.2.3 Aufteilung der Gewerbesteuer

Haben Gesellschaften Betriebsstätten in mehr als einer Gemeinde, wird der Gewerbesteuermessbetrag entsprechend der Arbeitslöhne und Gehälter aufgeteilt, die in den einzelnen Betriebsstätten angefallen sind. Die effektive Gewerbesteuerbelastung kann daher sowohl den Sitz der Gesellschaft bzw. durch den Arbeitsort der Arbeitnehmer bestimmt werden. Sofern dieser Zerlegungsmaßstab zu einem offenbar unbilligen Ergebnis führt, ist nach einem Maßstab zu zerlegen, der die tatsächlichen Verhältnisse besser berücksichtigt.

Durch das Jahrgangssteuergesetz 2009 wurde der Aufteilungsmaßstab in § 29 des Gewerbesteuergesetzes dahingehend geändert, dass bei Betrieben, die Anlagen zur Erzeugung von Windenergie betreiben, der Steuermessbetrag lediglich zu 30% dort anfällt, wo die Arbeitslöhne und Gehälter gezahlt werden, und zu 70% dort, wo die bilanzierten Werte des Anlagevermögens belegen sind (also der Windpark). Dies ist damit zu begründen, dass andernfalls die Gemeinde, in der der Windpark betrieben wird, keinen Zerlegungsanteil an der Gewerbesteuer erhalten würde, wenn nicht auch die Lohnsummen in ihrer Gemeinde anfallen. Es wäre dann möglich, den Windpark in einer Gemeinde mit hoher Gewerbesteuerbelastung anzusiedeln, den Geschäftssitz aber in eine Gemeinde mit niedrigem Hebesatz zu verlegen. Dies würde die Bereitschaft der Gemeinden, einen Windpark in ihrem Gemeindegebiet zu genehmigen, stark einschränken. Die Neuregelung im Jahrgangssteuergesetz 2009 ist auch vor diesem Hintergrund zu erklären. Umso bemerkenswerter ist die Tatsache, dass der zuvor dargestellte Aufteilungsmaßstab nur für Windanlagen gilt, nicht hingegen für Solarparks oder andere Anlagen im Bereich der

Erneuerbaren Energien. Anders ausgedrückt: Die Gemeinden haben für die Genehmigung von Windparks einen Anteil in Höhe von 70% der Gewerbesteuereinnahmen sicher, nicht aber für die Genehmigung von Photovoltaik-, Biogas- oder anderen Anlagen. Eine entsprechende Initiative der Vertreter der Photovoltaik-Industrie fand in 2010 nicht den Weg in das Jahressteuergesetz.

2.2.4 Aufteilung der Gewerbesteuer bei Offshore-Windparks

Besonderheiten ergeben sich in Bezug auf die Gewerbesteuer bei Offshore-Windanlagen. Wie bereits dargestellt, wird die Gewerbesteuer von den Gemeinden erhoben. Den Gewerbesteuerhebesatz zur Berechnung der Steuerlast legen die Gemeinden durch Satzung fest.

Für den Festlandsockel (also dem Teil der Nordsee, der als Ausschließliche Wirtschaftszone Deutschland zugeordnet wurde) gilt allerdings etwas Abweichendes, da es sich bei diesem naturgemäß um ein gemeindefreies Gebiet handelt. Die Landesregierungen dürfen grundsätzlich gemäß § 4 Abs. 2 Gewerbesteuergesetz (GewStG) bestimmen, wer die Erhebungs- und Ertragshoheit für solche gemeindefreien Gebiete ausübt. Die beiden Bundesländer, die derzeit Hoheitsbefugnisse in der Nordsee ausüben, sind Schleswig-Holstein und Niedersachsen. Bremen (inklusive Bremerhaven) oder etwa Hamburg machen derzeit noch keine entsprechenden Rechte geltend, es gibt aber dem Vernehmen nach erste Überlegungen, das nachzuholen. Schleswig-Holstein und Niedersachsen haben den Festlandsockel diesbezüglich untereinander aufgeteilt. Dies gilt derzeit (mangels abweichender Bestimmungen) auch für die Aufteilung der Besteuerungsrechte.

Beide Bundesländer haben von der Möglichkeit zur Besteuerung Gebrauch gemacht, allerdings durch höchst unterschiedliche Regelungen. So liegt für die gemeindefreien Gebiete des Landes Niedersachsen aufgrund der Regelung des § 1 Abs. 1 S. 2 der Niedersächsischen Küstengewässer-Gewerbe- und Grundsteuer-Erhebungs-Verordnung beim Land Niedersachsen selbst. Dieses legt in seinem Haushaltsgesetz (HG) den entsprechenden Hebesatz jährlich neu fest. Für das Jahr 2010 betrug dieser 418% (§ 11 Nds HG 2010), für 2011 wird er 412% betragen (§ 11 Nds HG 2011). Das Land Schleswig-Holstein hat demgegenüber die Hebeberechtigung der Gemeinde Helgoland zugeordnet. Diese erhob im Jahr 2010 die Gewerbesteuer mit einem Hebesatz von 350%.

Unklar ist, ob die derzeitige Aufteilung der Gewerbesteuer für Offshore-Windparks in dieser Form bestehen bleibt. Bis Ende 2010 war mit dem Testfeld Alpha Ventus (mit „nur" zwölf Anlagen) nur ein einziger Offshore-Windpark in der Ausschließlichen Wirtschaftszone fertiggestellt worden. Sollten weitere der über 40 geplanten Offshore-Windparks in der Nordsee (mit regelmäßig jeweils 80 Anlagen) errichtet werden, könnte die Frage der Aufteilung der Gewerbesteuer stärker in den Fokus der verantwortlichen Politiker gerückt und mithin erneut aufgegriffen werden. Dann könnte die derzeitige Regelung noch einmal neu gefasst werden, um z.B. einen einheitlichen Hebesatz zu gewährleisten.

Dies umso mehr, als die Gewerbesteuer unter anderem die Mehraufwendungen der Gemeinden für Erschließungsmaßnahmen und für die Bereitstellung von Infrastruktur ausgleichen soll. Beides ist aber in der Nordsee in der Ausschließlichen Wirtschaftszone naturgemäß nicht erforderlich. Die Netzanbindung erfolgt durch den Netzbetreiber, weitere Erschließungs- oder Infrastrukturmaßnahmen sind nicht ersichtlich. Möglich wäre vor diesem Hintergrund auch, die Gewerbesteuer nicht einer Gemeinde oder eben einem Bundesland, sondern dem Bund zuzuordnen und die Einnahmen aus den Offshore-Windparks der Förderung von Erneuerbaren Energien zukommen zu lassen.

2.3 Anschaffungskosten

Ausgaben, die mit dem Erwerb oder der Herstellung eines Vermögensgegenstandes (also z.B. einer Biogasanlage) im Zusammenhang stehen, werden als solche aktiviert und in der Bilanz ausgewiesen. Da die meisten Vermögensgegenstände (steuerlich: Wirtschaftsgüter) einer Abnutzung bzw. einem Wertverfall unterliegen, wird jährlich ein bestimmter Anteil abgeschrieben. Die Höhe der Abschreibung (steuerlich: Absetzung für Abnutzung [AfA]) ist abhängig von der Nutzungsdauer, sodass der Frage, welche Kosten oder Aufwendungen bei welchem Wirtschaftsgut zugeordnet und aktiviert werden, eine wesentliche Bedeutung zukommt. Werden z.B. Aufwendungen einem Windpark zugeordnet, beträgt die Abschreibungsdauer grundsätzlich 16 Jahre, werden sie hingegen der Genehmigung zugeordnet, beträgt die Abschreibungsdauer gegebenenfalls 20 bis 25 Jahre.

Aufwendungen für die notwendige Genehmigung eines Projektes sind jedoch nach derzeitiger Rechtsprechung als Herstellungskosten für die Anlage anzusehen und nicht eigenständig zu aktivieren. Die Kosten für die Genehmigung stehen nach einem Urteil des Finanzgerichts Niedersachsen vom 16.09.2009[2] in einem unmittelbaren und untrennbaren Zusammenhang mit der Errichtung der betreffenden Windkraftanlage. Diese dürfte ohne eine entsprechende Genehmigung nicht errichtet werden, die Genehmigungen sind somit für die konkrete Anlage erforderlich. Wer diese Genehmigungen einholt, ob sie beispielsweise mit der Windkraftanlage erworben werden, soll dabei keine Rolle spielen. Entsprechendes müsste dann auch für andere Erneuerbare-Energien-Anlagen gelten.

Neben der Aktivierung der direkten Anschaffungs- oder Herstellungskosten kommt auch die Aktivierung von sogenannten Bauzeitzinsen in Betracht. Bauzeitzinsen sind Zinsen für Fremdkapital, die während der Herstellungsphase eines Projektes anfallen und der Herstellung eindeutig zugeordnet werden können. Handelsrechtlich besteht ein Wahlrecht, diese Zinsen entweder als Aufwand zu behandeln oder aber wie Anschaf-

[2] FG Niedersachsen, Urteil vom 16.09.2009, Az. 2 K 495/05.

fungskosten zu aktivieren. Aufgrund der sogenannten Maßgeblichkeit der Handelsbilanz für die Steuerbilanz sowie in Ermangelung einer entgegenstehenden steuerlichen Regelung besteht dieses Wahlrecht auch für die steuerliche Behandlung. Voraussetzung für die Aktivierung von Bauzeitzinsen ist jedoch, dass Zinsen für die Überlassung von Fremdkapital vorliegen (also keine rein kalkulatorischen Zinsen), diese dem Herstellungsprozess eindeutig zuzuordnen sind und auch auf den Zeitraum der Herstellung entfallen. Durch die Aktivierung dieser Zinsaufwendungen bei dem betreffenden Wirtschaftsgut verlieren sie ihren Charakter als Zinsen. Statt sofortigem Zinsaufwand entsteht mithin zukünftiger Abschreibungsaufwand. Dies kann sich als vorteilhaft darstellen, wenn zum Beispiel der steuerliche Abzug von Zinsaufwendungen wegen der Anwendung der sogenannten Zinsschranke eingeschränkt ist (dazu nachfolgend).[3]

2.4 Abschreibung von Wirtschaftsgütern

2.4.1 Absetzung für Abnutzung

Wirtschaftsgüter wie Windkraft- oder Photovoltaik-Anlagen unterliegen mit den Jahren durch die Nutzung einem Wertverlust, der sogenannten Absetzung für Abnutzung (AfA). Die jährliche Höhe dieser AfA ergibt sich aus den zu aktivierenden Anschaffungs- oder Herstellungskosten einerseits und der voraussichtlichen Nutzungsdauer andererseits.

Die Abschreibungsdauer ist über die betriebsgewöhnliche Nutzungsdauer zu schätzen. Damit es hier nicht zu unterschiedlichen Ansätzen kommt, hat die Finanzverwaltung für einen Großteil aller bekannten Wirtschaftsgüter jeweils eine betriebsgewöhnliche Nutzungsdauer vorgegeben, sogenannte AfA-Tabellen. Diese AfA-Tabellen basieren auf den Erfahrungen aus Betriebsprüfungen. Bei begründeten Anhaltspunkten kann von den Vorgaben in den AfA-Tabellen auch abgewichen werden.

2.4.2 Abschreibung von Windkraftanlagen

Grundsätzlich werden die Anschaffungs-/Herstellungskosten von Wirtschaftsgütern des Anlagevermögens gleichmäßig über die Nutzungsdauer abgeschrieben. Wurde z.B. eine Biogasanlage für 700.000 EUR angeschafft und beträgt die gewöhnliche Nutzungsdauer zehn Jahre, würde die jährliche AfA 70.000 EUR betragen. Da die Anschaffung regelmäßig nicht zum 01.01. als dem Beginn des Wirtschaftsjahres erfolgt, würde im ersten Jahr der Abschreibung (und entsprechend auch im letzten) die Abschreibung nur anteilig erfolgen.

[3] Hierzu eingehend Haupt (2008), S. 1.814 ff.

Für bewegliche Wirtschaftsgüter des Anlagevermögens, die von dem 01.01.2011 angeschafft oder hergestellt wurden, durfte zwischenzeitlich wieder die sogenannte degressive Abschreibungsmethode angewendet werden. Hiernach können die beweglichen Wirtschaftsgüter mit fallenden Jahresbeträgen abgeschrieben werden. Ausgangspunkt dabei war der Gedanke, dass der Wertverlust in der Anfangszeit besonders hoch ist und dann proportional abnimmt. Der Prozentsatz durfte dabei nicht mehr als das 2,5-Fache des linearen AfA-Satzes und maximal bei 25% per annum (jeweils von dem noch bestehenden Restwert) betragen.

Für Windräder im Onshore-Bereich sieht die Finanzverwaltung in den AfA-Tabellen eine grundsätzliche Nutzungsdauer von 16 Jahren vor. Mangels anderer gesetzlicher Regelungen oder Verlautbarungen der Finanzverwaltung ist von einer entsprechenden Anwendung auch auf Windparks im Offshore-Bereich auszugehen.

Nach einer Entscheidung des Bundesfinanzhofes zur Abschreibung eines Onshore-Windparks besteht ein solcher Windpark aus mehreren selbstständigen Wirtschaftsgütern, deren betriebsgewöhnliche Nutzungsdauer grundsätzlich einheitlich zu schätzen ist. Jede Windkraftanlage, die in einem Windpark betrieben wird, stellt mit dem dazugehörigen Transformator nebst der verbindenden Verkabelung ein zusammengesetztes Wirtschaftsgut dar. Daneben ist die Verkabelung von den Transformatoren bis zum Stromnetz des Energieversorgers zusammen mit der Übergabestation als weiteres zusammengesetztes Wirtschaftsgut zu behandeln, soweit dadurch mehrere Windkraftanlagen miteinander verbunden werden. Auch die Zuwegung stellt ein eigenständiges Wirtschaftsgut dar. Wesentlich ist jedoch, dass alle Wirtschaftsgüter eines Windparks in Anlehnung an die betriebsgewöhnliche Nutzungsdauer der Windkraftanlagen grundsätzlich über denselben Zeitraum abzuschreiben sind, mithin über 16 Jahre.[4] Eine längere Nutzungsdauer, z.B. für die Verkabelung und den Transformator, kann nur in Betracht kommen, wenn bereits bei Anschaffung die Voraussetzung eines Repowering gegeben sind. Kann eine hinreichend sichere Prognose für ein Repowering nicht getroffen werden, soll die Nutzungsdauer aller Wirtschaftsgüter in Anlehnung an die Nutzungsdauer der Windkraftanlagen bestimmt werden.

2.4.3 Abschreibung von Photovoltaik- und anderen Anlagen

Für die Abschreibung von Photovoltaik- und anderen Erneuerbare-Energien-Anlagen gilt grundsätzlich das zu den Windanlagen ausgeführte entsprechend.

[4] BFH, Urteil vom 14.04.2011, Az. IV R 46/09.

Die AfA-Tabelle sieht für Photovoltaik-Anlagen eine betriebsgewöhnliche Nutzungsdauer von 20 Jahren vor. Das bedeutet, dass 5% der Anschaffungskosten per annum steuerlich als Aufwand geltend gemacht werden können. Im Jahr der Anschaffung ist wiederum nur eine anteilige Abschreibung möglich.

Für andere Anlagen der Gewinnung von Solarenergie (Solaranlagen) gilt eine Abschreibungsdauer von nur zehn Jahren. Dies betrifft dann offensichtlich auch Geothermieanlagen.

Bei anderen Anlagen im Bereich der Erneuerbaren Energien, wie z. B. Biogasanlagen, gibt es keine Vorgaben für die gewöhnliche Nutzungsdauer durch die AfA-Tabellen. Hier ist daher eine Nutzungsdauer auf Basis der Herstellerangaben zu schätzen.

2.5 Sonderabschreibungen

Für Unternehmen, die im Bereich der Erneuerbaren Energien in Deutschland tätig sind, bestehen grundsätzlich keine steuerlichen Fördermaßnahmen oder Anreize. Die Incentivierung erfolgt vielmehr über die Einspeisevergütungen des Erneuerbare-Energien-Gesetzes (EEG). Es gibt jedoch unterschiedliche steuerliche Regelungen, die bei der Konzeptionierung von Windenergieanlagen besonders genutzt werden können.

In der Praxis wird diesbezüglich häufig die Möglichkeit der Geltendmachung steuerlicher Sonderabschreibungen genutzt, insbesondere bei der Konzipierung von Windkraftanlagen: Neben der normalen AfA kann teilweise eine Sonderabschreibungen nach § 7g des Einkommensteuergesetzes geltend gemacht werden. Da eine Windkraftanlage als bewegliches Wirtschaftsgut qualifiziert ist, fällt sie unter den Anwendungsbereich dieser Vorschrift.[5] Für Solaranlagen gilt grundsätzlich Entsprechendes.

Diese Sonderabschreibung kann bis zur Höhe von 20% der Anschaffungs- oder Herstellungskosten geltend gemacht werden, und zwar entweder in voller Höhe im Jahr der Anschaffungs- bzw. Herstellung oder aber verteilt auf bis zu vier Jahre. Zudem wird die Sonderabschreibung zusätzlich zu der „normalen“ AfA gewährt. Die Geltendmachung der Sonder-AfA ist an gewisse Voraussetzungen gebunden. Insbesondere darf das Betriebsvermögen maximal 235.000 EUR betragen. Da diese Voraussetzungen jedoch im Vorjahr der Realisierung des Projektes erfüllt sein müssen, ist die Einhaltung der Größenkriterien regelmäßig unkritisch.

[5] Siehe hierzu auch Wischott/Krohn/Nogens (2009).

3 Steuerliche Verlustnutzung

3.1 Mindestbesteuerung

Verluste einer Gesellschaft können nach Maßgabe des deutschen Steuerrechts grundsätzlich zeitlich unbeschränkt vorgetragen und in zukünftigen Veranlagungszeiträumen mit etwaigen Gewinnen verrechnet werden. Eine Beschränkung dieser Verrechnungsmöglichkeit beinhaltet jedoch die sogenannte Mindestbesteuerung. Danach kann eine Verrechnung mit bestehenden Verlusten bis zum Betrag von 1 Mio. EUR unbeschränkt erfolgen, darüber hinaus jedoch nur noch zu 60%.

3.2 Verlustnutzungsbeschränkungen bei Kommanditisten

Bei der Gestaltung von Projekten im Bereich der Erneuerbaren Energien wird häufig die Rechtsform einer GmbH & Co. KG gewählt. Hintergrund ist, dass etwaige Verluste zu Beginn der Aktivitäten auf Ebene der Kommanditisten (steuerlich: Mitunternehmer) unter Umständen in der eigenen Einkommen- oder Körperschaftsteuererklärung geltend gemacht werden können.

Eine Geltendmachung ist jedoch nur insoweit möglich, als den Verlusten auch eine Einlage der jeweiligen Kommanditisten (Mitunternehmer) gegenübersteht, entweder in Form einer Pflichteinlage oder in Form der Übernahme einer Haftung durch Eintragung einer Haftsumme im Handelsregister.[6] Diese Einschränkungen betrifft mithin die Ebene der Anteilseigner.

3.3 Verlustnutzungsbeschränkung bei Körperschaften

Grundsätzlich können körperschaftsteuerliche und gewerbesteuerliche Verlustvorträge auf Ebene der Projektgesellschaft zeitlich und betragsmäßig unbegrenzt in die Zukunft vorgetragen und mit zukünftigen Gewinnen verrechnet werden. Darüber hinaus ist für körperschaftsteuerliche Zwecke in Höhe von maximal 511.500 EUR ein Verlustrücktrag in den unmittelbar vorhergehenden Veranlagungszeitraum möglich. Gewerbesteuerlich ist ein solcher Verlustrücktrag nicht möglich.

[6] Vgl. § 15a EStG.

Der Gesetzgeber hat die Nutzung von steuerlichen Verlusten eingeschränkt für den Fall, dass solche Verluste auf Ebene einer Körperschaft (z.B. einer GmbH) entstanden sind, wenn die Anteile an dieser Körperschaft übertragen werden, sogenannter Change of Ownership.[7] Nach § 8c des Körperschaftsteuergesetzes entfällt die Möglichkeit der Verlustnutzung bei Körperschaften daher ganz oder teilweise, wenn ein schädlicher Beteiligungserwerb vorliegt. Dieser ist gegeben, wenn

- innerhalb eines Fünfjahreszeitraums mittelbar oder unmittelbar
- mehr als 25% oder mehr als 50% der Anteile
- auf einen Erwerber, eine ihm nahestehende Person oder eine Erwerbergruppe mit gleichgerichteten Interessen übertragen wird oder
- ein vergleichbarer Sachverhalt vorliegt.

Werden auf einen Erwerber (oder eine Erwerbergruppe) mehr als 25%, aber nur bis zu 50% der Anteile unmittelbar oder mittelbar übertragen, geht der Verlustvortrag in entsprechendem Umfang (also nur anteilig) unter. Werden auf einen Erwerber (oder eine Erwerbergruppe) mehr als 50% der Anteile unmittelbar oder mittelbar übertragen, geht der Verlust in vollem Umfang unter. Dies gilt auch bei Vorliegen eines etwaigen Zinsvortrages (für Zinsschrankenzwecke, dazu nachfolgend). Betroffen ist der Verlustvortrag/Zinsvortrag, der in dem Zeitpunkt besteht, in dem die genannten Grenzen innerhalb des Fünfjahreszeitraumes überschritten sind. Daneben sind im gleichen Umfang auch laufende Verluste aus dem Jahr, in dem die schädliche Grenze überschritten wurde, bis zum Zeitpunkt der schädlichen Anteilsübertragung nicht abziehbar.

Von der allgemeinen Regelung gibt es derzeit verschiedene Ausnahmen wie z.B. die sogenannte Konzernklausel (Umstrukturierungen im Konzern), die sogenannte Stille-Reserven-Klausel (kein Wegfall der Verlustvorträge in Höhe der vorhandenen stillen Reserven) und die Sanierungsklausel (Übernahme zur Sanierung insolventer oder verschuldeter Unternehmen). Letztere könnte zeitnah wegen europarechtlicher Beschränkungen wieder abgeschafft werden.

Die zuvor dargestellten Verlustnutzungsbeschränkungen bei Kapitalgesellschaften betreffen auch etwaige gewebesteuerliche Verlustvorträge von Kapitalgesellschaften.

[7] Eingehend dazu Roser, in: Gosch (2009), § 8c KStG Rz. 1 ff.

3.4 Verlustnutzungsbeschränkung bei Personengesellschaften

Da Personengesellschaften (wie z.B. eine GmbH & Co KG) selbst nur der Besteuerung mit Gewerbesteuer unterliegen, betreffen die Regelungen zur Verlustnutzung auch nur die gewerbesteuerlichen Verlustvorträge.

Eine Übertragung der Beteiligung an einer Personengesellschaft führt grundsätzlich insoweit zum Wegfall von gewerbesteuerlichen Verlusten, als dadurch die Unternehmeridentität und die Unternehmensidentität wegfallen. Überträgt daher ein Kommanditist einer GmbH & Co. KG 10% seiner Kommanditanteile, so fallen grundsätzlich in Höhe von 10% vorhandene gewerbesteuerliche Verlustvorträge weg. Eine Ausnahmeregelung, wie zum Beispiel die zuvor genannte Stille-Reserven-Klausel, gibt es insofern nicht.

4 Besteuerung der Veräußerung von Anteilen

Die Veräußerung von bereits errichteten Anlagen zur Stromerzeugung im Bereich der Erneuerbaren Energien kann einer Gewinnbesteuerung unterliegen, wenn der erzielte Kaufpreis über den fortgeführten Anschaffungs- oder Herstellungskosten (also dem Buchwert) liegt (Capital Gains Tax). Dabei bestehen jedoch aus steuerlicher Sicht wesentliche Unterschiede, die sich aus der Rechtsform des Veräußerers sowie der Rechtsform der die Anlage betreibenden Gesellschaft ergeben.

4.1 Veräußerung von Anteilen an Kapitalgesellschaften

Wird die Anlage in der Rechtsform einer Kapitalgesellschaft betrieben (z.B. einer GmbH) und erfolgt die Veräußerung ebenfalls durch eine Kapitalgesellschaft, unterliegt die Veräußerung effektiv nur einer Besteuerung in Höhe von 5% (bei einem durchschnittlichen Steuersatz von rund 30% besteht mithin eine Effektivsteuerbelastung in Höhe von rund 1,5%).

Wird die Anlage in der Rechtsform einer Kapitalgesellschaft betrieben und erfolgt die Veräußerung durch eine natürliche Person (z.B. einen Einzelunternehmer), hängt die Besteuerung von der Höhe seiner Beteiligung ab. Ist er unter 1% beteiligt, gilt die sogenannte Abgeltungssteuer. Danach greift eine Pauschalbesteuerung in Höhe von rund 26,4% (inklusive Solidaritätszuschlag). Bei einer Beteiligung von über 1% oder einer Beteiligung im Betriebsvermögen kommt das sogenannte Teileinkünfteverfahren zur Anwendung, wonach 40% des Veräußerungsgewinns steuerbefreit sind, die restlichen 60% aber zu dem „normalen Steuersatz“ besteuert werden (2011 bis zu 42% bzw. ab 250.000 EUR 45%, die sogenannte Reichensteuer, jeweils zuzüglich Solidaritätszuschlag).

Es zeigt sich, dass die Veräußerung von Anteilen an Kapitalgesellschaften in allen dargestellten Varianten steuerlich begünstigt wird. Hintergrund ist, dass die Anlage selbst auf Ebene der Kapitalgesellschaft bereits der Besteuerung mit Körperschaftsteuer und Gewerbesteuer unterlegen hat. Ist daher eine zeitnahe Veräußerung eines Projektes avisiert, sollte das Projekt von vornherein in der Rechtsform einer Kapitalgesellschaft aufgesetzt werden. Das gilt allerdings nur insoweit, als auch ein Veräußerungsgewinn erzielt wird. Entsteht durch eine Veräußerung kein solcher Gewinn, da keine aufzudeckenden stillen Reserven und damit kein sogenanntes Step-up-Potenzial vorhanden sind, kommt es auf die Rechtsform bei der Veräußerung nicht an.

Zu bedenken ist weiterhin, dass die Aufdeckung von stillen Reserven für den Erwerber dann vorteilhaft sein kann, wenn diese bei ihm zu höheren Anschaffungskosten und mithin zukünftig zu einer höheren Abschreibung führen.

4.2 Veräußerung von Anteilen an Personengesellschaften

Anders stellt sich die Situation aus steuerlicher Sicht dar, wenn die Anlage nicht in der Rechtsform einer Kapitalgesellschaft, sondern einer Personengesellschaft (z.B. einer GmbH & Co. KG) betrieben wird und nunmehr Anteile an der Personengesellschaft (z.B. Kommanditanteile) übertragen werden. Aus steuerlicher Sicht ist die Personengesellschaft als sogenannte Mitunternehmerschaft teilweise transparent. Werden daher Kommanditanteile einer GmbH & Co. KG veräußert und übertragen und entsteht dadurch ein Veräußerungsgewinn, so unterliegt dieser

- auf Ebene des Kommanditisten der Einkommen- (bei natürlichen Personen) bzw. Körperschaftsteuer (bei Körperschaften) und
- auf Ebene der GmbH & Co. KG (also der Mitunternehmerschaft) selbst der Gewerbesteuer, soweit nicht natürliche Personen unmittelbar als Kommanditist beteiligt sind.

Aus steuerlicher Sicht kann der Erwerb von Mitunternehmeranteilen mithin mit einem Asset Deal verglichen werden: Während die Übertragung der Anteile bei Kapitalgesellschaften für die betreffende Projektgesellschaft selbst mithin grundsätzlich steuerlich neutral ist, entsteht bei der Übertragung von Anteilen an Personengesellschaften/Mitunternehmeranteilen ein sogenannter Step-up. Dieser führt beim Veräußerer, vergleichbar der Einzelübertragung von Wirtschaftsgütern, zu einer Besteuerung des Veräußerungsgewinns und beim Erwerber entsprechend zu höheren steuerlichen Anschaffungskosten und mithin zu höherem Abschreibungspotenzial. Für den Erwerber ist der Erwerb von Anteilen an Personengesellschaften/Mitunternehmerschaften daher steuerlich vorteilhaft.

4.3 Rechtsformwahl

Es hat sich gezeigt, dass die Übertragung von Anteilen an Kapitalgesellschaften für den Veräußerer steuerlich günstiger ist, während der Erwerb von Anteilen an Personengesellschaften (Mitunternehmeranteilen) wegen des erhöhten Abschreibungspotenzials steuerlich eher für den Erwerber begünstigt ist. Bei der Strukturierung von Erneuerbare-Energien-Projekten ist daher ein möglicher Exit in Form der Veräußerung der Projektanteile von vornherein zu berücksichtigen. Zu beachten ist, dass eine spätere Änderung der Rechtsform, z.B. durch einen Formwechsel, grundsätzlich steuerneutral möglich ist, es können sich jedoch Haltefristen ergeben. So führt z.B. bei einem Rechtsformwechsel von der Personen- zur Kapitalgesellschaft die Veräußerung der entsprechenden (steuerverhafteten) Anteile an der Kapitalgesellschaft innerhalb von sieben Jahren zu einer rückwirkenden Besteuerung. Die Schädlichkeit nimmt allerdings jeweils nach Ablauf eines vollen Jahres um ein Siebtel ab.

5 Nutzung von Finanzierungsaufwendungen

5.1 Zinsabzug

Wesentlich für die Finanzierung von Anlagen zur Erzeugung von Strom aus Erneuerbarer Energien ist die Frage, unter welcher Maßgabe Aufwendungen zur Finanzierung steuerlich geltend gemacht werden können. Dies betrifft sowohl die Berücksichtigung des Zinsaufwandes als auch etwaiger Bereitstellungsgebühren.

Die Geltendmachung von Zinsaufwendungen kommt naturgemäß nur in Betracht, wenn eine Anlage fremdfinanziert wurde, sei es im Wege einer Bankenfinanzierung oder durch Hingabe von Gesellschafterdarlehen. Werden Gesellschafterdarlehen gewährt, so kommt eine steuerliche Abzugsfähigkeit der Zinsaufwendungen nur insoweit in Betracht, als der Zinssatz dem Drittvergleich standhält, also „at arm's length" ist.

Grundsätzlich können Finanzierungsaufwendungen in Form von Zinsen steuerlich geltend gemacht werden, unabhängig davon, ob sie sofort fällig sind oder erst am Ende der Laufzeit gezahlt werden müssen. Einschränkungen ergeben sich jedoch durch die sogenannte Zinsschranke und die gewerbesteuerliche Hinzurechnung, dazu jeweils nachfolgend.

5.2 Zinsschranke

Durch die Unternehmenssteuerreform 2008 wurde die sogenannte Zinsschranke eingeführt, welche die Regelungen des bisherigen § 8a KStG alte Fassung ersetzte und ihren Niederschlag in § 4h EStG und § 8a KStG neue Fassung fand.[8] Die Regelung der Zinsschranke verhindert bei Vorliegen bestimmter Voraussetzungen den Abzug von Zinsen für Fremdkapital als steuerliche Betriebsausgaben. Zinsaufwendungen eines Betriebs sind danach grundsätzlich bis zur Höhe der Zinserträge voll steuerlich abzugsfähig. Der übersteigende Zinsaufwand, sogenannter Nettozinsaufwand, ist dann nur bis zur Höhe von 30% per annum eines steuerlichen EBITDA abziehbar.

Ausweislich der Gesetzesbegründung sollen mit der Zinsschranke Finanzierungsstrukturen verhindert werden, in denen durch die Aufbürdung von finanziellen Lasten der in Deutschland steuerpflichtige Gewinn unverhältnismäßig gemindert wird. Sinn der Escape-Klausel ist also, solche Fälle von der Anwendung der Zinsschranke auszunehmen, in denen diese Finanzierungsstrukturen gerade nicht vorliegen, da bei einer Gleichheit der Eigenkapitalquoten des Betriebes in Deutschland und des Konzerns insgesamt nicht von einem unzulässig hohen Fremdfinanzierungsgrad auf Seiten des deutschen Betriebs ausgegangen werden kann.

Eine wesentliche Änderung gegenüber der alten Rechtslage ergibt sich aus der Tatsache, dass die Zinsschranke nunmehr auch auf Personengesellschaften und Einzelunternehmen Anwendung findet. Anknüpfungspunkt ist nicht eine bestimmte Gesellschaftsform, sondern der Betrieb an sich. Nicht erfasst werden vermögensverwaltende Personengesellschaften, da diese über keinen Betrieb im Sinne der Zinsschranke verfügen. Da Anlagen zur Gewinnung von Strom als Betrieb anzusehen sind, unterliegen sie (unabhängig von der Rechtsform) den Regelungen der Zinsschranke.

5.2.1 Steuerliches EBITDA

Das steuerliche EBITDA ist der um Zinserträge verminderte und um Zinsaufwendungen und Abschreibungen im Sinne des EStG erhöhte steuerpflichtige Gewinn eines Unternehmens bzw. bei Körperschaften des Einkommens. Die maßgebliche Größe betrifft also den Gewinn/das Einkommen vor Zinsen, Steuern und Abschreibungen (earnings before interest, taxes, depreciation and amortization = EBITDA).

[8] Die Zinsschranke ist aufgrund ihrer Bedeutung in der Finanzplanung Gegenstand zahlreicher Veröffentlichungen, beispielhaft sei hingewiesen auf Rödder, in: Kessler/Kröner/Köhler (2008), § 10 Rz. 1 ff. mit weiteren Nachweisen.

Das steuerliche EBITDA kann dabei von dem entsprechenden handelsrechtlichen EBITDA erheblich abweichen, etwa weil der betreffende Betrieb steuerfreie Erträge aus Dividenden (in Deutschland grundsätzlich zu 95% steuerfrei, wenn durch Körperschaften erzielt), steuerfreie Erträge aus Betriebsstätten (die nach einem DBA nicht der Besteuerung in Deutschland unterliegen) oder durch anderweitige steuerbefreite Einkommensquellen erzielt hat.

Die die Zinserträge übersteigenden jährlichen Zinsaufwendungen, die 30% des steuerlichen EBITDA per annum übersteigen, sind grundsätzlich in dem betreffenden Jahr nicht abzugsfähig. Sie können aber gegebenenfalls in zukünftige Veranlagungszeiträume vorgetragen werden (siehe unten).

5.2.2 Nutzung der Freigrenze

Die Regelungen der Zinsschranke finden keine Anwendung, wenn die Nettozinsaufwendungen den Betrag von 3 Mio. EUR nicht überschreiten. Wird diese Summe überschritten, unterliegt der volle Nettozinsaufwand den Beschränkungen der Zinsschranke (Prinzip der Freigrenze). Mit Inkrafttreten des Wachstumsbeschleunigungsgesetzes 2010 vom 30.12.2009 gilt diese Freigrenze in Höhe von 3 Mio. EUR zeitlich unbeschränkt. Zunächst war bei Einführung der Zinsschranke eine Freigrenze in Höhe von 1 Mio. EUR eingeführt worden, die dann zunächst zeitlich beschränkt auf 3 Mio. EUR angehoben wurde.

5.2.3 Konzernklausel/Stand-alone-Klausel

Die weitere Ausnahme stellt die sogenannte Konzernklausel (auch Stand-alone-Klausel) dar, wonach die Zinsschranke keine Anwendung findet, sofern der Betrieb nicht oder nur anteilig zu einem Konzern gehört. Mit dieser Regelung sollten vor allem Unternehmen, die sich im Streubesitz befinden und keine weiteren Beteiligungen halten, von der Anwendbarkeit der Zinsschranke befreit werden. Auch wenn bei einem Joint Venture zwei Beteiligte jeweils mit 50% an einem Betrieb beteiligt sind und auch im Übrigen vergleichbare Gesellschafterrechte erhalten, die keinem der beiden Joint-Venture-Partner einen wesentlichen Einfluss ermöglichen, stellt der Joint-Venture-Betrieb kein Konzernunternehmen dar, sodass insofern die Regelungen der Zinsschranke keine Anwendung finden würden. Dasselbe gilt, wenn mehr als zwei Joint-Venture-Partner beteiligt sind und keiner von ihnen einen wesentlichen Einfluss ausüben kann.

Von der Konzernklausel gibt es jedoch eine wesentliche Rückausnahme. Die Anwendung der Zinsschranke entfällt nämlich nur dann, wenn zusätzlich zu der fehlenden Konzernzugehörigkeit keine schädliche Gesellschafter-Fremdfinanzierung im Sinne von § 8a Abs. 2 KStG vorliegt. Dazu dürfen maximal 10% der die Zinserträge übersteigenden

Zinsaufwendungen aus Vergütungen für Fremdkapital an einen zu mehr als einem Viertel unmittelbar oder mittelbar beteiligten Anteilseigner oder einer diesem nahestehende Person resultieren. Diesen Umstand muss die Gesellschaft nachweisen.

5.2.4 Escape-Klausel

Die dritte Ausnahme zur Anwendung der Zinsschranke stellt die sogenannte Escape-Klausel dar. Danach gelangt die Zinsschranke dann nicht zur Anwendung, wenn der Betrieb zwar Teil eines Konzerns ist, aber seine Eigenkapitalquote um nicht mehr als zwei Prozentpunkte unter der des Gesamtkonzerns (unter Einbeziehung des relevanten Betriebs) liegt. Maßgeblich sind dafür die Eigenkapitalquoten am Schluss des vorherigen Abschlussstichtages. Bei Einführung der Zinsschranke durch die Unternehmenssteuerreform 2008 galt noch eine Toleranzgrenze von nur einem Prozentpunkt. Durch das Wachstumsbeschleunigungsgesetz wurde diese jedoch auf die nun geltenden zwei Prozentpunkte erhöht, um Betrieben die Inanspruchnahme der Klausel „insbesondere in einem schwierigen konjunkturellen Umfeld zu erleichtern".

Die Eigenkapitalquote ist das Verhältnis des Eigenkapitals zur Bilanzsumme. Heranzuziehen sind auf Ebene des Konzerns der Konzernabschluss und auf Ebene des Betriebes der Einzelabschluss desselben. Eventuell bestehende Wahlrechte bei der Bilanzierung sind in beiden Abschlüssen einheitlich auszuüben.

Das Gesetz bestimmt jedoch, dass der Einzelabschluss des Betriebes bestimmten Modifikationen für die Zwecke des Eigenkapitalquotenvergleichs zu unterziehen ist. So ist z.B. dem bilanziellen Eigenkapital der auf den Betrieb entfallende Firmenwert hinzurechnen. Stimmrechtsloses Eigenkapital, wie Mezzaninkapital, missbräuchliche Einlagen innerhalb von sechs Monaten vor dem maßgeblichen Abschlussstichtag sowie Anteile an anderen Konzerngesellschaften sind herauszurechnen. Letzteres dient der Verhinderung des sogenannten Kaskadeneffektes, bei dem dasselbe Eigenkapital auf mehreren Ebenen des Konzerns mehrfach genutzt wird. Bei Organschaften gilt, dass der Organträger sowie die Organgesellschaft für Zwecke der Zinsschranke als ein Betrieb gelten. Eine Kürzung von Anteilen unter diesen Gesellschaften findet daher nicht statt. Auch bei der Escape-Klausel ist eine Rückausnahme in Form der oben beschriebenen schädlichen Gesellschafter-Fremdfinanzierung enthalten.

Die Escape-Klausel kann die Anwendung der Zinsschranke im Einzelfall verhindern. Der formale Aufwand zum Nachweis des Einhaltens der Escape-Klausel ist jedoch im Einzelfall hoch. In der Praxis hat sich gezeigt, dass die Escape-Klausel daher nur sehr zurückhaltend zur Anwendung kommt. Zudem sind viele Zweifelsfragen derzeit noch ungeklärt, da die entsprechenden Gestaltungen erst in den nächsten Jahren durch die Betriebsprüfungen untersucht werden.

5.2.5 Zins- und EBITDA-Vortrag

Sofern Zinsaufwendungen anfallen, die aufgrund der zuvor dargestellten Regelungen der Zinsschranke steuerlich nicht abgezogen werden dürfen, sind diese in die nächsten Wirtschaftsjahre vorzutragen. Vorgetragene Zinsaufwendungen erhöhen die Zinsaufwendungen der späteren Jahre, sie bleiben jedoch im Rahmen der 30-prozentigen Vergleichsgröße in Gestalt des steuerlichen EBITDA zur Bestimmung der abzugsfähigen Zinsen unberücksichtigt. Der Zinsvortrag kann genau wie ein Verlustvortrag gemäß § 8c KStG untergehen (dazu bereits oben).

Weiterhin wurde durch das Wachstumsbeschleunigungsgesetz der sogenannte EBITDA-Vortrag eingeführt. Dies bedeutet, dass ein Betrieb, der mit seinen Zinsaufwendungen den EBITDA-Abzugsrahmen nicht ausnutzt, den nicht ausgeschöpften Teil des Abzugsrahmens in die nächsten maximal fünf Wirtschaftsjahre vortragen darf. Die vorgetragenen Zinsaufwendungen können in den folgenden Wirtschaftsjahren bei Vorliegen der entsprechenden Voraussetzungen genutzt werden, um ein höheres EBITDA zu erreichen.

5.3 Gewerbesteuerliche Hinzurechnung

Zusätzlich zu der Beschränkung des Zinsabzugs für steuerliche Zwecke gilt für die Gewerbesteuer eine Hinzurechnung von 25% der grundsätzlich (also nach Anwendung der Zinsschranke) steuerlich abzugsfähigen Finanzierungsaufwendungen, sogenanntes Add-back. Für Zwecke der Gewerbesteuer sind mithin nur 75% der eigentlich steuerlich abzugsfähigen Zinsaufwendungen zu berücksichtigen.

5.4 Kapitalertragsteuer bei etwaigen Ausschüttungen ins Ausland

Ausschüttungen einer deutschen Kapitalgesellschaft an einen europäischen Anteilseigner unterliegen auf der Grundlage der sogenannten Mutter-Tochter-Richtlinie bei Beachtung bestimmter Voraussetzungen keiner Kapitalertragsteuer. Ohne diese Richtlinie würden in Deutschland rund 26,4% Kapitalertragsteuer anfallen können (inklusive Solidaritätszuschlag). Nach einer zusätzlichen Vorgabe im deutschen Einkommensteuerrecht (§ 50d Abs. 3 EStG) gelten für die Anwendung der Mutter-Tochter-Richtlinie jedoch zusätzliche Voraussetzungen, wonach der ausländische Anteilseigner ein Mindestmaß an „Substanz“ vorweisen können muss. So müssen z.B. mindestens 10% der Bruttoerträge des ausländischen Anteilseigners aus einer eigenen Wirtschaftstätigkeit resultieren; diese darf nicht in dem Halten von Beteiligungen (also der typischen Tätigkeit von Holdinggesellschaften) liegen, sondern muss eine originär eigene wirtschaftliche Betätigung darstellen.[9]

5.5 Steuerliche Konsolidierung durch Organschaft

Die Begründung einer ertragsteuerlichen Organschaft schafft im deutschen Steuerrecht die Möglichkeit, mehrere Gesellschaften auf einer konsolidierten Grundlage auf Ebene der Organmutter (Organträgerin) zu besteuern. Während in anderen Jurisdiktionen dafür häufig (bei Vorliegen einer bestimmten Mindestbeteiligung) ein Antrag ausreichend ist, sieht das deutsche Steuerrecht weitergehende Vorgaben vor.[10]

5.5.1 Voraussetzungen einer ertragsteuerlichen Organschaft

Als Organträger kommt grundsätzlich jede natürliche oder juristische Person in Betracht (neben Kapitalgesellschaften daher auch Personengesellschaften oder Einzelkaufleute), vorausgesetzt dass sie eine gewerbliche Tätigkeit im Sinne des Steuerrechts ausüben. Kapitalgesellschaften gelten dabei kraft Gesetzes als gewerblich tätig, diese können daher stets als Organträger fungieren. Organgesellschaften können im Gegensatz zum Organträger nur Kapitalgesellschaften sein. Diese müssen nach derzeitigem Recht ihren Sitz und ihre Geschäftsleitung im Inland haben. Dies schließt nach derzeitiger Rechtslage eine grenzüberschreitende Organschaft aus.

Weitere Voraussetzungen für die Begründung einer ertragsteuerlichen Organschaft sind nach §§ 14-17 KStG und § 2 GewStG die finanzielle Eingliederung der Organgesellschaft bei der Organträgerin und der Abschluss eines Ergebnisabführungsvertrages, dazu jeweils nachfolgend.

5.5.1.1 Finanzielle Eingliederung

Der Organträger muss an der Organgesellschaft von Beginn des Wirtschaftsjahres der Organgesellschaft an ununterbrochen beteiligt sein. Eine finanzielle Eingliederung erfordert weiterhin, dass dem Organträger die Mehrheit der Stimmrechte aus den Anteilen an der Organgesellschaft zusteht, also mindestens über 50%. Für die finanzielle Eingliederung genügt grundsätzlich auch eine mittelbare Beteiligung (sogenannte Klammerorganschaft).

[9] Allgemein hierzu Jacobs (2011), S. 911 ff.

[10] Eingehend zum System der Organschaft Dötsch, in: Kessler/Kröner/Köhler (2008), § 3 Rn. 125 ff.

5.5.1.2 Ergebnisabführungsvertrag

Eine Organschaft setzt den Abschluss eines Gewinn- bzw. Ergebnisabführungsvertrages (EAV) voraus. Inhalt des EAV ist im Wesentlichen die Verpflichtung zur Abführung des gesamten Jahresüberschusses auf Basis des § 291Abs. 1 Aktiengesetz (AktG). Zu seiner Wirksamkeit muss er in das Handelsregister der Organgesellschaft eingetragen werden.

Im Falle einer AG führt die unmittelbare Anwendung des § 302 Abs. 1 AktG dazu, dass neben der vereinbarten Gewinnabführung auch ein negatives Ergebnis an den Organträger „abzuführen“, also von diesem auszugleichen ist. Da das AktG nicht unmittelbar auf eine GmbH Anwendung findet, ist nach § 17 S. 2 Nr. 2 KStG ein Verweis auf die Vorschrift des § 302 AktG in den Ergebnisabführungsvertrag aufzunehmen, sodass auch eine Verlustübernahme in jedem Fall gewährleistet ist.

Der Ergebnisabführungsvertrag muss weiterhin für die Dauer von mindestens fünf Jahren geschlossen und auch tatsächlich durchgeführt werden. Eine Abweichung von der Verpflichtung zur Abführung des Gewinns oder zum Ausgleich von Verlusten führt steuerlich zu einer Nichtanerkennung der Organschaft, eine Kündigung aus einem wichtigen Grund ist jedoch grundsätzlich möglich. Der Fünfjahreszeitraum beginnt mit dem Anfang des ersten Wirtschaftsjahres, in dem der Ergebnisabführungsvertrag gültig ist.

5.5.2 Rechtsfolgen einer ertragsteuerlichen Organschaft

Durch die Begründung einer Organschaft wird das Einkommen der Organgesellschaften dem Organträger zugewiesen und auf dessen Ebene der Besteuerung unterworfen. Dadurch können z.B. laufende Verluste von Organgesellschaften mit den Gewinnen anderer Organgesellschaften direkt verrechnet werden. In Betracht kommt auch die Verrechnung von Gewinnen der Organgesellschaften mit Verlusten auf Ebene des Organträgers (etwa wegen Finanzierungsaufwendungen).

Nachteil der Begründung einer Organschaft ist ein gewisses Haftungsrisiko. Nach § 73 Satz 1 Abgabenordnung (AO) haftet jede Organgesellschaft sekundär für die betreffenden Steuern innerhalb des Organkreises.

6 Umsatzsteuer

Für die Entstehung der Umsatzsteuer ist im Gegensatz zur Körperschaft- und Gewerbesteuer (siehe oben) nicht der Sitz einer Gesellschaft relevant. Vielmehr ergibt sich die Steuerbarkeit durch den Leistungsort einer Lieferung oder sonstigen Leistung im Sinne des Umsatzsteuergesetzes.

Die Lieferung von Strom stellt eine steuerbare Leistung dar. Die Projektgesellschaft ist daher regelmäßig Unternehmerin im Sinne des Umsatzsteuerrechtes, sie kann daher bei Leistungen/Lieferungen mit Umsatzsteuer die entsprechende Vorsteuer geltend machen.

Besonderheiten bestehen für den Betrieb von Offshore-Windanlagen in der Ausschließlichen Wirtschaftszone. Soweit sonstige Leistungen im Zusammenhang mit dem Windpark stehen, gelten diese als grundstückbezogen, sodass die Leistung im Offshore-Gebiet erfolgt. Ob aber das deutsche Umsatzsteuergesetz auf das Offshore-Gebiet Anwendung finden kann, ist zweifelhaft. Eine Klärung dieser Rechtsfrage wird derzeit in Abstimmung mit der Finanzverwaltung und anderen Behörden angestrebt. Eine Verlautbarung ist aber soweit ersichtlich noch nicht erfolgt.

Bei Photovoltaik-Anlagen war zeitweise umstritten, ob ihr Betrieb eine unternehmerische Tätigkeit im Sinne der Umsatzsteuer darstellt. Die Umsatzsteuerrichtlinien gehen nunmehr jedoch von einer Unternehmereigenschaft des Betreibers einer Photovoltaik-Anlage aus.

Auch auf dem Gebiet des Umsatzsteuerrechts lässt sich eine Konsolidierung einzelner Konzerngesellschaften für Zwecke der Umsatzsteuer erreichen. Folge einer solchen Organschaft ist, dass Innenumsätze innerhalb des Organkreises ignoriert werden und mithin nicht zu einer Besteuerung mit Umsatzsteuer führen. Das Bestehen einer umsatzsteuerlichen Organschaft ist an drei Voraussetzungen gebunden: die finanzielle, wirtschaftliche und organisatorische Eingliederung der Organgesellschaft bei der Organträgerin. Anders als bei der ertragsteuerlichen Organschaft besteht dagegen kein Erfordernis zum Abschluss eines spezifischen Unternehmensvertrages.

7 Beispiele zur steuerlichen Strukturierung

Nachfolgend sollen zwei typische Gestaltungen für die steuerliche Strukturierung von Erneuerbare-Energien-Projekten dargestellt und kurz kommentiert werden.

Abbildung 1: Strukturierung als Personengesellschaften

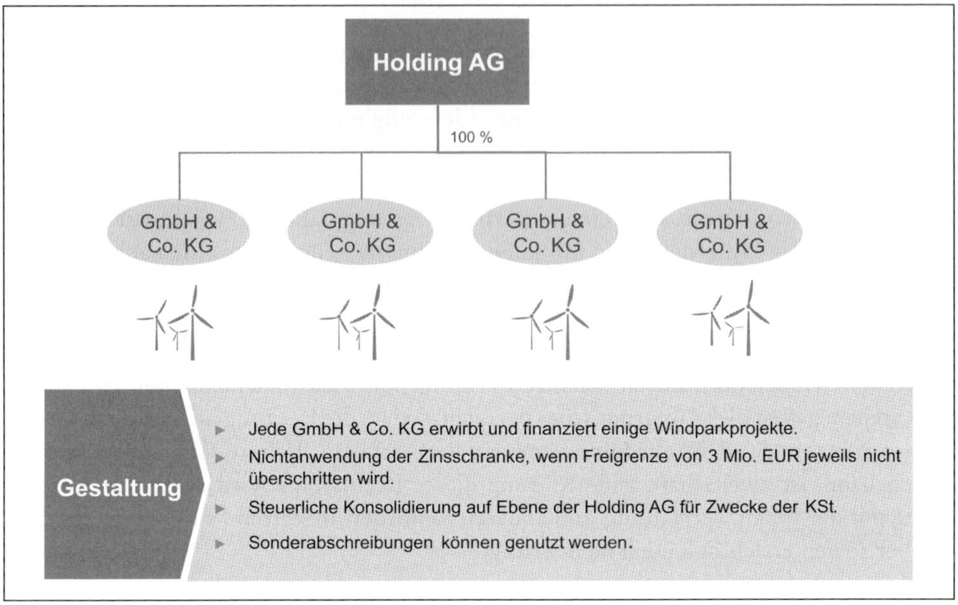

In Abbildung 1 sind mehrere Windparks in der Rechtsform von Personengesellschaften (steuerlich Mitunternehmerschaften), hier GmbH & Co. KGs, strukturiert worden (die jeweilige Komplementär-GmbH wurde aus Vereinfachungsgründen nicht dargestellt). Vorteil dieser Gestaltung ist, dass zum Beispiel die Zinsschranke für jede der Windparkgesellschaften getrennt Anwendung findet, sodass jeweils die Freigrenze in Höhe von 3 Mio. EUR ausgeschöpft werden kann. Bleiben die Vergütungen für die Zinsaufwendungen unterhalb der Grenze von 3 Mio. EUR, sind mithin alle Zinsaufwendungen steuerlich voll abzugsfähig.

Da die Kommanditgesellschaften nur Gewerbesteuersubjekt sind, die Körperschaftsteuer jedoch auf Ebene der Muttergesellschaft anfällt, können auf Ebene der Holding AG etwaige Gewinne und Verluste aus den einzelnen Projektgesellschaften für steuerliche Zwecke verrechnet (konsolidiert) werden. Dies gilt jedoch nicht für die Gewerbesteuer.

Sollte die Holding AG als Anteilseignerin ihren Sitz im Ausland haben, würden etwaige Auszahlungen nicht als Dividenden qualifizieren. Unabhängig von der Substanz der Holding AG würde daher bei Auszahlungen in Deutschland keine Kapitalertragsteuer anfallen.

Nachteil der Gestaltung ist, dass eine steuerliche Konsolidierung nur für Zwecke der Körperschaftsteuer, nicht jedoch der Gewerbesteuer möglich ist. Die Finanzierung auf Ebene der Projektgesellschaft ermöglicht zudem keine zusammenhängende Akquisitionsfinanzierung, wie sie insbesondere beim Erwerb eines Windparkportfolios intendiert ist.

Abbildung 2: Strukturierung als ertragsteuerliche Organschaft

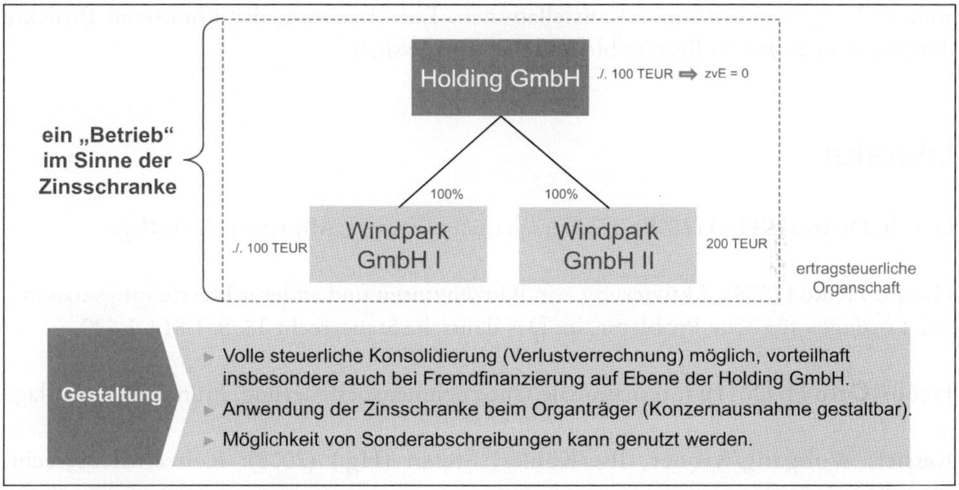

Die Einbeziehung sowohl der Anteilseignerin (Holding GmbH) als auch der Windparkgesellschaften in eine ertragsteuerliche Organschaft (Abbildung 2) ermöglicht eine uneingeschränkte steuerliche Konsolidierung. Das bedeutet, dass jährliche Gewinne und Verluste der Projektgesellschaften auf Ebene der Holding GmbH voll verrechnet werden können. Voraussetzungen dafür ist, dass die Windparkgesellschaften die Rechtsform einer Kapitalgesellschaft haben.

Ist an der Holding GmbH kein Anteilseigner wesentlich beteiligt oder über eine wesentliche Beherrschung aus, so ist die Holding GmbH die oberste Konsolidierungsebene im Sinne der Zinsschranke. Da wiederum die Organschaft als ein „Betrieb“ im Sinne der Zinsschranke qualifiziert ist, könnte vorliegend die Konzernklausel zur Anwendung kommen, wonach ein Betrieb dann nicht unter die Regelungen der Zinsschranke fällt, wenn er nicht zu einem Konzern gehört.

Die Veräußerung der Anteile an den Windparkgesellschaften durch die Holding GmbH wäre steuerlich begünstigt, nur effektiv 1,5% eines Veräußerungsgewinns würden besteuert.

8 Zusammenfassung und Ausblick

Die zuvor dargestellten steuerlichen Aspekte sind typischerweise bei der Gestaltung und Beurteilung von Erneuerbare-Energien-Projekten zu berücksichtigen. Die Ausführungen sind jedoch als vereinfachte Darstellungen zu verstehen. Im Einzelnen sind die Regelungen teilweise sehr viel komplexer, zudem bestehen häufig Ausnahmetatbestände bzw. weitere Vorgaben bei Sonderkonstellationen. Eine Beratung der konkreten Projekte durch den steuerlichen Berater bleibt daher unerlässlich.

Literatur

Gosch, Dietmar (Hg.) (2009): Körperschaftsteuergesetz, München, 2. Auflage

Haupt, Heiko (2008): Aktivierung von Bauzeitzinsen und anderer Herstellungskosten – alte Lösungen für neue Probleme, in: Das deutsche Steuerrecht 38, S. 1.814-1.820

Jacobs, Otto H. (2011): Internationale Unternehmensbesteuerung, München, 7. Auflage

Kessler, Wolfgang/Kröner, Ilse/Köhler, Stefan (Hg.) (2008): Konzernsteuerrecht, München, 2. Auflage

Lüdicke, Jochen/Sistermann, Christian (Hg.) (2008): Unternehmenssteuerrecht, München

Wischott, Frank/Krohn, Dirk/Nogens, Tim (2009): Steuerliche Risiken und Gestaltungsmöglichkeiten beim Erwerb und Betrieb von Windkraftanlagen, in: Das deutsche Steuerrecht 34, S. 1.737-1.740

II
Technologische Grundlagen Erneuerbarer Energien

Grundlagen der Windenergietechnik

Aloys Wobben

1 Einleitung

Die Windenergie stellt bei der Stromversorgung mittlerweile nach der Wasserkraft den größten Teil des weltweit erzeugten Regenerativstroms bereit und wächst darüber hinaus am schnellsten: Waren 1999 weltweit erst 14.000 Megawatt (MW) Windleistung installiert, so speisten zehn Jahre später bereits 160.000 MW Strom ins Netz.[1] Entwickelt sich die Windenergieanlagentechnik auch weiterhin so zügig weiter wie in den vergangenen zwei Jahrzehnten, so kann Wind künftig einen noch erheblicheren Anteil zur weltweiten Energiewende hin zu einer erneuerbaren Vollversorgung beitragen. Auch in Deutschland stellt die Windenergie mit rund 8% Anteil an der deutschen Stromversorgung den Löwenanteil erneuerbarer Erzeugungsleistung bereit – bisher fast ausschließlich an Land. 2010 sind in Deutschland wieder 1.551 MW Onshore-Windleistung neu installiert worden. Im Jahr 2020 erwartet die Erneuerbaren-Branche, dass fast die Hälfte der regenerativen Stromerzeugung aus Windenergie stammen wird – auch dann noch das meiste davon auf dem Festland. Um jährlich wie prognostiziert 112 Gigawattstunden (GWh) Onshore-Windstrom erzeugen zu können, soll die installierte Windleistung auf 45.000 MW und die Offshore-Leistung auf 10.000 MW anwachsen.

Der bisherige Erfolg liegt nicht nur in der schon seit fast 30 Jahren von innovativen Unternehmen vorangetriebenen technischen Fortentwicklung, die durch kluge politische Rahmenbedingungen flankiert wurde. Ein entscheidender Punkt – gerade im Rahmen einer Publikation zur Finanzierung Erneuerbarer Energien – ist auch die besonders vorteilhafte Kostenstruktur von Windstrom: Derzeit erhalten deutsche Windmüller für ihren eingespeisten Windstrom im Bundesdurchschnitt 8,8 Eurocent pro Kilowattstunde (kWh).

Zunächst erfolgt eine Darstellung der derzeit gängigen Anlagenkonzepte für Windenergieanlagen sowie ein Ausblick auf die sich hier abzeichnenden Neuentwicklungen. Daran schließt sich ein Überblick über weitere konstruktive Aspekte der Windenergietechnik wie Türme, Fundamente und Anlagengrößen an. Anschließend wird der Stand der Technik im für einen weiter wachsenden Windstromanteil entscheidenden Bereich der Netz- und Systemintegration von Windenergieanlagen gezeigt. Dem Stand der Technik folgt auch hier ein Ausblick auf verbleibende technische Herausforderungen.

---

[1] Global Wind Energy Council (2009).

2 Anlagenkonzepte in der Windindustrie

Der bei Weitem größte Teil heute betriebener Windenergieanlagen speist direkt ins Stromnetz ein, während nur wenige Anlagen innerhalb eines Inselbetriebes Strom erzeugen. Bis in die 1990er Jahre hinein waren Windenergieanlagen starr an die Netzfrequenz gebunden und hatten daher eine feste Drehzahl. Für eine optimale Leistung ist jedoch ein windgeführter Betrieb erforderlich – die Drehzahl muss also der aktuellen Windgeschwindigkeit angepasst werden. Dies wurde durch Entwicklungen auf dem Gebiet der Leistungselektronik möglich: Ab 1993 konnte Enercon die E-40 mit einem getriebelosen Synchronringgenerator mit Vollumrichter anbieten. Seither kann im Generator erzeugter Drehstrom von variabler Spannung und Frequenz über einen Umrichter in Gleichstrom umgewandelt werden und danach durch eine weitere Umwandlung wieder in Drehstrom, nun aber mit der erforderlichen Netzfrequenz von 50 Hertz (Hz).

Mittlerweile ist die Vollumrichtertechnik Standard in der gesamten Windindustrie. Diese Entwicklung wurde auch angesichts steigender Anforderungen der Netzbetreiber an Windenergieanlagen notwendig, da mit einem steigenden Anteil von Windstrom im Netz auch Windenergieanlagen zunehmend Kraftwerkseigenschaften aufweisen müssen, um überhaupt noch den Mindestanforderungen zum Netzanschluss zu entsprechen.

3 Antriebstechniken von Windenergieanlagen

Derzeit werden am Markt im Wesentlichen zwei Antriebstechniken angeboten: Windenergieanlagen mit und ohne Getriebe. Der entscheidende Unterschied ist, dass bei einer Stromerzeugung mit Getriebe die Bewegungsenergie des Rotors im Getriebe verdichtet und anschließend in Strom umgewandelt wird, während getriebelose Windenergieanlagen den Generator direkt mit dem drehenden Rotor verbunden haben und den Strom ohne Verdichtungsprozess erzeugen.

3.1 Windenergieanlagen mit Getriebe

Das Getriebe erhöht die Drehzahl zwischen Rotor und Arbeitsmaschine und somit das Drehmoment.[2] Die Drehzahl des Rotors ergibt sich aus der maximalen Geschwindigkeit der Blattspitze: Sie muss unterhalb der Schallgeschwindigkeit von 343 Meter pro Sekunde (m/s) liegen, da bei Erreichen der Schallgeschwindigkeit der Luftdruck erheblich ansteigt. Die Drehzahl der Rotoren sinkt daher mit wachsendem Rotordurchmesser und verändert

[2] Gasch/Twele (2005), S. 86.

dementsprechend die Drehzahl. Bei heute gängigen Windenergie-Anlagengrößen sind Stirnrad- und Planetengetriebe die am häufigsten eingesetzten Getriebearten.

Bei den Getriebeanlagen gibt es im konstruktiven Aufbau des Triebstranges zwei wesentliche Trends: einmal die integrierte Bauform, bei der die einzelnen Komponenten mehrere Funktionen erfüllen, und zum anderen die aufgelöste Bauform, bei der alle Komponenten einzeln auf dem Maschinenträger positioniert werden.[3] Vorteil der aufgelösten Bauform ist die gute Erreichbarkeit aller Bauteile und die Möglichkeit zu deren Austausch ohne Demontage des gesamten Maschinenträgers. Ein Getriebewechsel wird somit erleichtert. Dem steht als Nachteil eine höhere Wahrscheinlichkeit von Montagefehlern gegenüber, die zu Zusatzbelastungen und somit vorzeitigem Verschleiß der Anlage führen.

Abbildung 1: Windenergieanlage mit Getriebe

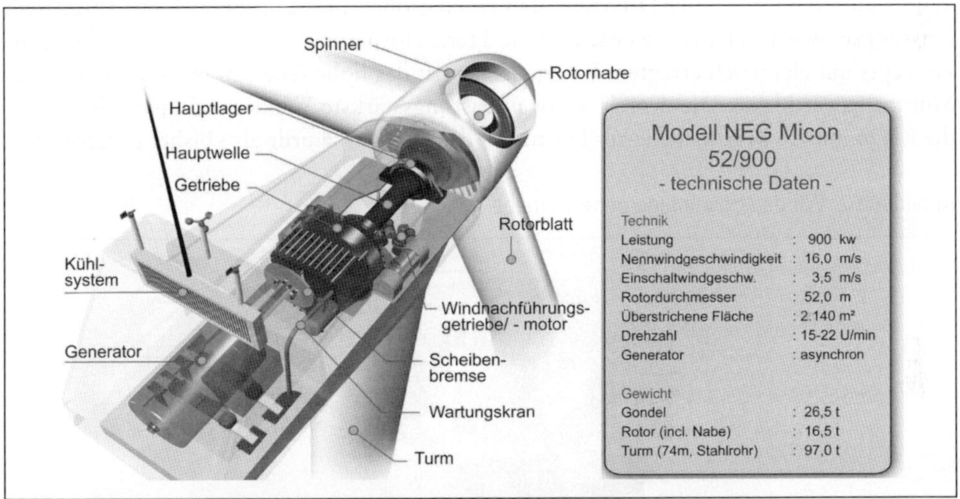

Quelle: Bundesverband Windenergie

3.2 Windenergieanlagen ohne Getriebe

Vorteil dieses Antriebs ist der Verzicht auf Getriebe, mechanische Bremse und Kupplung, sodass hier auch keine Defekte auftreten können. Der Rotor ist direkt mit dem Generator verbunden, sodass nur wenige verschleißanfällige drehende Bauteile erforderlich sind. Durch die geringe Drehzahl des Direktantriebes weist der gesamt Antriebsstrang darüber hinaus nur zwei langsam laufende Wälzlager auf.

[3] Gasch/Twele (2005), S. 77.

Bei den getriebelosen Windenergieanlagen sind zwei wesentliche Techniken zu unterscheiden: Generatoren mit permanent erregten Magneten und solche mit elektrisch erregten Magneten. Elektrisch erregte Magneten haben zwar durch den erforderlichen Erregerstrom einen geringfügig niedrigeren Winkungsgrad, dem aber eine Reihe von Vorteilen gegenüberstehen: So erfordern die sehr starken Permanentmagneten aufgrund ihrer starken Anziehungskraft während der Anlagenfertigung besondere Sicherheitsvorkehrungen. Außerdem befinden sich derzeit rund 97% der für die Magnetherstellung benötigten Vorkommen an Seltenen Erden in chinesischer Hand, sodass künftig Versorgungsengpässe oder zumindest erhebliche Preisanstiege zu befürchten sind. Elektrisch erregte Magneten bestehen vorwiegend aus Stahl. Einziger Anbieter dieses Systems ist derzeit Enercon. Hier ist der Rotor direkt mit dem Ringgenerator verbunden, einem hochpoligen Synchrongenerator ohne direkte Netzkopplung. Der Synchrongenerator wird über einen Umrichter mit einem Gleichstromzwischenkreis ans Netz geschaltet und kann dadurch mit variabler Drehzahl über einen großen Leistungsbereich mit optimalem Leistungsbeiwert gefahren werden.[4] Eine Herausforderung des getriebelosen Anlagenkonzepts mit elektrisch erregtem Ringgenerator ist das hohe Gewicht insbesondere in der Multimegawattklasse. Die derzeit weltweit leistungsstärkste Windenergieanlage ist jedoch die E-126 mit 7,5 MW installierter Leistung – das Problem wurde also bisher gemeistert.

Abbildung 2: Windenergieanlage ohne Getriebe

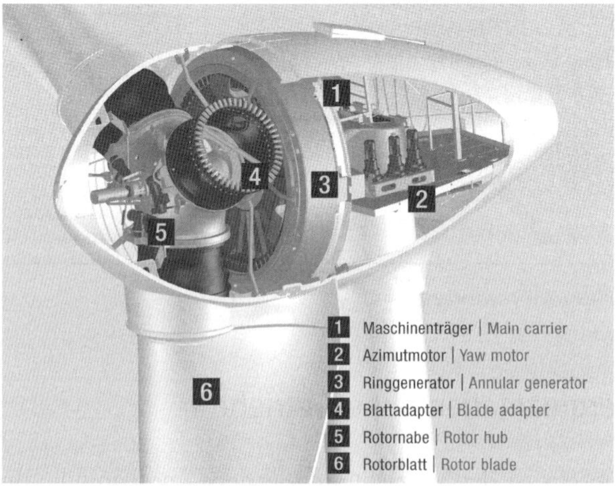

Quelle: Enercon

[4] Wird der Synchrongenerator direkt mit dem Netz verbunden, dreht er – genauso wie Asynchrongeneratoren – mit einer festen Drehzahl, die starr ist und von der Netzfrequenz und der Polpaarzahl abhängt. Dieses Prinzip der direkten Kopplung wurde bei sehr kleinen Windenergieanlagen bis 300 Kilowatt (kW) verwendet, wird aber heute nicht mehr benutzt.

Permanentmagneten werden mittlerweile hauptsächlich aus einer Legierung aus Neodym, Eisen und Bor gefertigt, da aus dieser Legierung bei vergleichsweise geringen Kosten die aktuell stärksten Dauermagneten gefertigt werden können. In den letzten Jahren hat sich – nachdem lange Zeit mit Enercon nur ein größerer Hersteller getriebelose Windenergieanlagen anbot – ein Trend zu getriebelosen Antrieben entwickelt. Eine Reihe von Herstellern fertigt daher mittlerweile getriebelose Windenergieanlagen, beispielsweise Vensys und Siemens.

4 Rotorkonzepte in der Windindustrie

Der Rotor wandelt die Windenergie in mechanische Strömungsenergie. In der Geschichte der Windenergienutzung finden sich sowohl Anlagen mit horizontalen als auch mit vertikalen Achsen, wobei heute die Horizontalachser dominieren. Bei Luvläufern ist der Rotor in Windrichtung vor dem Turm angeordnet, bei Leeläufern dahinter. Ein Vorteil der Leeläufer ist die Möglichkeit einer passiven Windnachführung, dem aber gewichtige Nachteile wie höhere statische Beanspruchung im Turmschatten und eine höhere Lärmentwicklung gegenüberstehen. Daher sind heute fast nur noch Luvläufer mit einer aktiven Windnachführung gebräuchlich.

Heute gängige Windenergieanlagen werden mit drei Rotorblättern konstruiert. Der relativ hohe Kostenanteil des Rotors an den Gesamtkosten führte zu einer Bauweise der Megawattanlagen der ersten Generation als Zweiblattrotoren, die mittlerweile allerdings nicht mehr üblich ist. Dreiblattrotoren sind aufgrund der gleichmäßigeren Verteilung der Massen- und Luftkräfte über die Rotorkreisfläche dynamisch ruhiger, sodass die Komponenten geringeren Lasten ausgesetzt sind.[5] Eine physikalische Festlegung für die Drehrichtung des Rotors gibt es übrigens nicht, sondern die Rotation im Uhrzeigersinn ist lediglich eine stillschweigende Konvention.

Für die Leistungsbegrenzung bei Starkwind werden zwei unterschiedliche aerodynamische Konzepte angewandt. Die Stallregelung nutzt den Strömungsabriss am Rotorblatt bei hohen Windgeschwindigkeiten. Dieses Prinzip ist zwar einfach, weist jedoch eine gewisse Trägheit auf, sodass der Zeitpunkt des Strömungsabrisses nicht genau prognostiziert werden kann. Daher kommt es bei kurzzeitigen Böen zu Drehmomentspitzen im Antriebsstrang und damit zu hohen mechanischen Belastungen.[6] Stallgeregelte Anlagen haben zudem den Nachteil, dass sie nur ganz aus- oder eingeschaltet werden können.

[5] Gasch/Twele (2005), S. 57.

[6] Gasch/Twele (2005), S. 58.

Mittlerweile sind die Anlagenbetreiber wegen des zögerlichen Netzausbaus jedoch verpflichtet, den Netzbetreibern in Zeiten hoher Windeinspeisung die Möglichkeit zum teilweisen oder ganzen Abregeln der Anlagen zu gewähren. Da bei stallgeregelten Anlagen nur eine vollständige Abregelung möglich ist, haben die Anlagen also nicht nur höhere Ertragseinbußen zu verzeichnen, sondern unterliegen darüber hinaus durch häufiges An- und Abschalten auch erheblichen Belastungen.

Abbildung 3: Anteil verschiedener Rotorgrößen an der jährlich installierten Windleistung

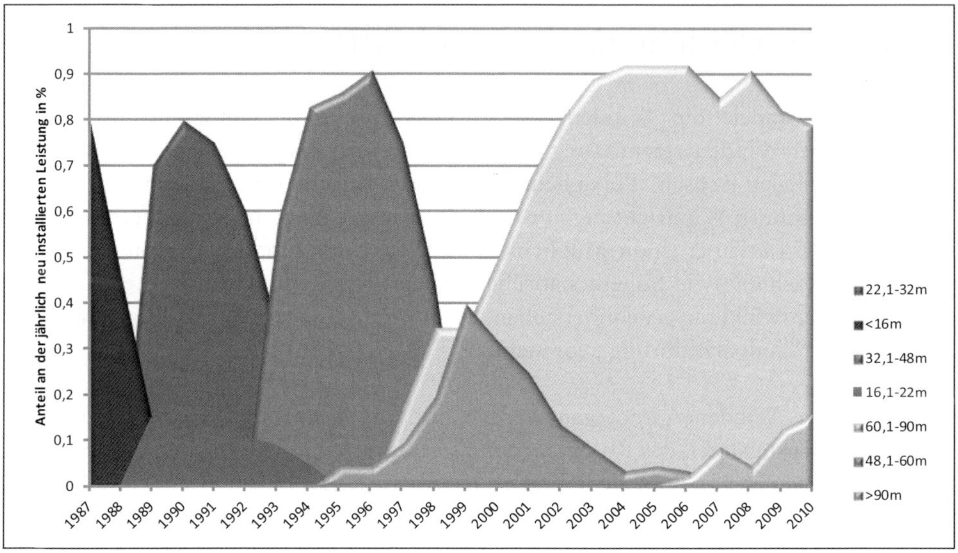

Quelle: Deutsches Windenergie Institut

Das mittlerweile übliche Konzept zur Leistungsbegrenzung ist ein Ausdrehen der Rotorblätter aus dem Wind, das sogenannte Pitchen. Dabei werden mithilfe eines hydraulischen Antriebs oder mittels Elektromotoren die auf einem Wälzlager ruhenden Rotorblätter aus dem Wind gedreht, wenn die Windgeschwindigkeit den Bereich von ca. 30 m/s überschreitet. Die Windenergieanlage schaltet sich dann automatisch aus und fährt erst wieder an, wenn der Wind um einige Meter pro Sekunde abgenommen hat. Enercon kann als einziger Hersteller eine variable Pitchregelung anbieten, die auch Zwischenstufen erlaubt, die sogenannte Sturmregelung. Sie verhindert bei böigem Wind ein häufiges An- und Abschalten der Anlage und mindert so nicht nur Belastungen des Antriebsstranges, sondern sorgt auch für einen um einige Prozent höheren Ertrag. Das Pitchen dient nicht nur der Leistungsbegrenzung, sondern auch als aerodynamische Bremse. Die Bremswirkung ist erheblich und es genügt sogar das Pitchen eines der drei Blätter, um den Rotor zügig vollständig zum Stillstand zu bringen.

Der Aufbau des Rotorblattes ist durch die verwendeten Flügelprofile, durch die äußere und innere Geometrie sowie die eingesetzten Materialien bestimmt. An der Blattwurzel treten die größten Belastungen auf und erfordern daher dort die größte Festigkeit.

Die Rotorblätter werden überwiegend aus glasfaser- und kohlefaserverstärkten Kunststoffen (GFK und CFK) laminiert. Kohlefasern sind zwar teurer, verfügen aber über eine bis zu dreifach höhere statische Festigkeit und höhere Dauerfestigkeit. Sie helfen daher, das Gewicht des Blattes zu begrenzen. Zur Fertigung der Rotorblattteile werden zwei Halbschalen – eine für die sogenannte Druckseite und die andere für die Saugseite – mit Fasergelegen ausgekleidet und danach mit einer Folie luftdicht abgeschlossen. Anschließend wird Luft aus dem abgedichteten Bereich abgesogen, sodass ein Vakuum entsteht, in das Expoxidharz nachfließt. Beim anschließenden Tempern, dem Aufheizen der GFK-Harz-Mischung, härten die Blattschalen aus und können dann zusammengefügt werden. Durch GFK-Stege werden die Blätter zusätzlich versteift. Ein Blatt setzt sich je nach Anlagentyp aus bis zu 20 GFK-Teilen zusammen, die mittels Klebeharz verbunden sind. Einige Hersteller, so auch Enercon, verwenden die sogenannte Sandwich-Bauweise, bei der zwischen den inneren und den äußeren Fasergelegen noch eine Schicht Balsaholz oder ein fester Spezialschaum liegt. Eine andere Möglichkeit zur Festigung des Blattes ist das Ausschäumen. Abschließend werden die Blätter lackiert, wobei die mittlerweile automatischen Lackieranlagen je nach Beanspruchung unterschiedlich dicke Lackschichten aufbringen.

Rotorblätter von Windenergieanlagen im Multimegawattbereich für die Errichtung an Land stoßen aufgrund ihrer Dimensionen beim Transport zunehmend an Grenzen. Teilweise werden große Rotorblätter daher in Segmente geteilt, zur Baustelle transportiert und erst vor Ort zusammengesetzt. Die Blätter der Enercon E-126 werden längs und quer geteilt und bestehen daher aus je zehn Bauteilen. Aus statischen Gründen sind sehr große Blätter nicht mehr vollständig aus GFK und CFK, sondern es kommen auch Materialien wie Stahl und Aluminium zum Einsatz.

Seit Entstehen der Windbranche erzielen die Anlagenhersteller immer wieder Zugewinne bei der Anlageneffizienz durch Optimierung der Komponenten und ihres Zusammenspiels. So erzielen Anlagen derselben Leistungsklasse durch technische Neuerungen einen erheblich höheren Ertrag als ihre Vorläufermodelle. Ein interessantes Beispiel dafür ist die Weiterentwicklung von Rotorblättern: 2004 führte Enercon ein neues Blattdesign ein, das den Wirkungsgrad von bis dahin 39% auf 52% steigerte und ihn damit wesentlich näher an die physikalische Grenze für die Windausbeute von 59% heranführte. Die gleiche Anlage erzielt also allein durch das neue Blattdesign 12 bis 15% mehr Windernte. Dies wird vor allem durch eine stärkere Nutzung der direkt an der Gondel vorbeistreichenden Luftströmung erzielt. Durch die neue Rotorblattgeometrie wurden auch Lasten und Schallemissionen erheblich verringert. Neben den hohen Naben tragen auch solche Weiterentwicklungen erheblich dazu bei, dass die Windenergie auch an mittleren Standorten im Binnenland wirtschaftlich betrieben werden kann.

5 Neue Wege in der Turmherstellung

Entscheidend für den Stromertrag einer Windenergieanlage sind die überstrichene Rotorfläche und die Nabenhöhe. Turbulenzen nehmen mit der Höhe ab und die Windgeschwindigkeit zu. An der Küste kommen aufgrund des schnell mit der Höhe zunehmenden Windes meist niedrigere Türme zur Anwendung. Um auch im Binnenland gute Erträge zu erzielen, brauchen die Windanlagen jedoch sehr hohe Türme, da so der Ertrag hoch und die Belastungen gering sind. Ein Meter mehr Nabenhöhe sorgt für bis zu 1% mehr Windernte sowie für eine gleichmäßigere Anströmung und damit Einspeisung ins Stromnetz.

5.1 Neue Materialien für Windenergieanlagen mit Kraftwerksdimensionen

Ein höherer Turm hat den Vorteil eines besseren Energieertrags, ist aber auch viel schwerer und teuer. Die Turmmasse eines typischen Stahlrohrturms steigt ungefähr mit dem Quadrat der Höhe: Ein 100-Meter-Turm wiegt beispielsweise im Schnitt 1,3 bis 2,6 Tonnen (t) pro Meter, während ein 50-Meter-Turm lediglich 0,6 bis 1,3 t pro Meter wiegt. Gittertürme kommen mit dem geringsten Material aus und benötigen, verglichen mit einem Stahlrohrturm, nur halb so viel Stahl. Allerdings werden sie mittlerweile aus Gründen des Landschaftsbildes sowie auch aus Kostengründen seltener gebaut. Die Fertigung lässt sich nämlich nicht so weitgehend automatisieren wie bei Stahlrohrtürmen, die auf 3-Rollen-Biegebänken und mit Schweißautomaten gefertigt werden. Der Lohnkostenanteil bei Gittertürmen ist daher wesentlich höher als bei Stahlrohrtürmen.[7]

Mittlerweile sind Turmhöhen bis zu 160 Metern im Angebot. Um so hohe Türme anbieten zu können, brauchen die Anlagenhersteller neue geeignete Materialien. Stahlrohrtürme werden in Segmente von je 20 bis 30 Metern Länge unterteilt, die dann beim Aufbau zusammengefügt werden. Die Segmente werden aus Stahlblechen von 20 bis 40 Millimeter Dicke gefertigt, die gerollt und dann verschweißt werden. Bei der möglichen Höhe stoßen Stahltürme jedoch an Grenzen, da Straßenbrücken mit ca. 4 Metern Höhe oft niedriger sind als der Durchmesser der unteren Segmente sehr hoher konischer Türme. Reine Stahltürme erreichen deshalb nur Höhen bis unter 100 Metern.

[7] Gasch/Twele (2005), S. 106.

Aus diesem Grunde sind in den letzten Jahren sind verstärkt Hybridtürme aus Stahl und Beton sowie reine Betontürme auf den Markt gekommen. Betontürme wurden zunächst üblicherweise direkt auf der Baustelle gegossen. Problematisch beim Turmbau mittels Kletterschalung mit Ortbeton ist jedoch die Qualitätskontrolle. Daher bieten die Hersteller mittlerweile Türme an, die aus vorgefertigten Segmenten vor Ort errichtet werden. Die Segmente werden in der Halle gegossen und unterliegen so durch die gleichmäßige Temperatur und Luftfeuchtigkeit geringeren Qualitätsschwankungen. Die Betontürme können nicht nur quer, sondern auch längs in Segmente geteilt werden. Mittels Spannlitzen aus Stahl, die in Hüllrohren durch die Betonturmwand verlaufen, werden die einzelnen Turmsegmente und das Fundament miteinander verspannt. Somit kann der Durchmesser am Turmfuß deutlich höher werden, und die Turmteile sind dennoch transportfähig. Enercons 138-Meter-Turm hat am Fuß einen Durchmesser von fast 13 Metern und ist gedrittelt. In Großserien ist dieses Verfahren zudem kostengünstiger als Ortbeton.[8]

Abbildung 4: Vorgefertigte Betonturmsegmente

Quelle: Enercon

[8] Gasch/Twele (2005), S. 107.

5.2 Öffentliche Akzeptanz großer Nabenhöhen durch geregelte Anlagenbefeuerung

Ein wesentliches Hindernis für die Genehmigung großer Nabenhöhen bei Windenergieanlagen ist die Pflicht zur Hindernisbefeuerung aus Gründen der Flugsicherheit: In Deutschland müssen Windenergieanlagen ab einer Gesamthöhe von 100 Metern am Tage entweder durch ein weißes Blitzlicht gekennzeichnet sein oder durch eine rote Markierung der Rotorblätter. Nachts ist eine blinkende rote Beleuchtung erforderlich. Diese Beleuchtung ist auch für Anwohner sichtbar und schränkt die Akzeptanz von Windprojekten wesentlich ein.

Deshalb suchen Hersteller und Behörden in Deutschland gemeinsam nach Wegen, die Befeuerung zu verringern. Eine Möglichkeit zur Reduzierung der Befeuerung ist die Nutzung von Transpondersignalen, die von Flugzeugen ausgesandt werden. Die Windparkregelung kann mit diesen Signalen die Hindernisbefeuerung immer dann aktivieren, wenn Flugzeuge in bestimmter Höhe sich den Windanlagen auf Sichtweite nähern. Eine zweite Möglichkeit wäre die Ausstattung von Windenergieanlagen mit Radarantennen. Anders als eine Transponderantenne sendet diese auch selbst Signale. Wo sie reflektiert werden, lässt sich auf ein Flugobjekt schließen. Ein Radar erfasst auch Flugzeuge, die nicht mit Transpondern ausgestattet sind. Dafür müssen in einem Windpark allerdings immer mehrere kleine Radaranlagen angebracht werden, die miteinander die Objekterfassung abstimmen.

Abbildung 5: Regelung zur Kennzeichnung von Windenergieanlagen

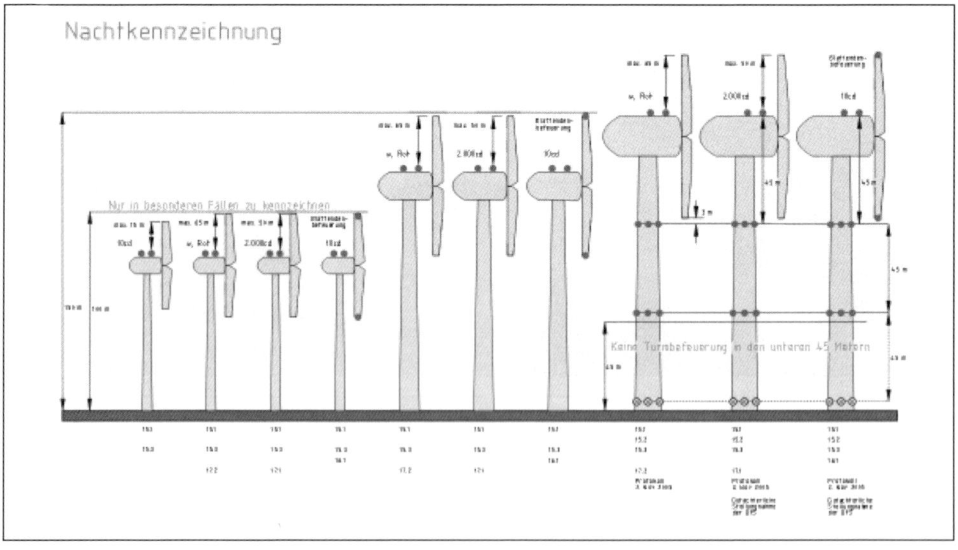

Quelle: Bundesverband Windenergie

Sowohl die Transponder- als auch die Radarlösung haben sich in Feldversuchen als machbar erwiesen – bis zu einer Umsetzung im Luftverkehr dürfte es aber noch dauern. Immerhin ist seit 2007 in Deutschland der Einsatz regelbarer Leuchtfeuer zulässig: Sie können mit einem Sichtweitenmessgerät gekoppelt werden und bei guter Sicht ihre maximale Leuchtkraft um bis zu 90% dimmen. Bis zu einer echten Neuregelung halten aber dennoch viele Regionen im deutschen Binnenland an der für die Effizienz der Windanlagen fatalen Höhenbegrenzung von 100 Metern fest.

6 Netzintegration von Windenergieanlagen

6.1 Kraftwerkseigenschaften als Bedingung für den Netzanschluss

Der Betrieb von Windenergieanlagen im elektrischen Verbundnetz stellt einerseits Anforderungen an die technische Ausstattung der Windenergieanlage für deren Anschluss ans Stromnetz, erfordert jedoch auch auf Seiten des Netzbetriebes Maßnahmen zur Systemintegration. Weltweit gibt es in den Ländern mit zunehmender Windenergieleistung im Stromnetz einen Trend zu technischen Anforderungen, die Windenergieanlagen erfüllen müssen, um die Zulassung für den Netzanschluss zu erhalten. Seit 2003 gelten beispielsweise in Deutschland neue Netzanschlussregeln, die im Gegensatz zu den vorhergehenden Regeln kein Abschalten der Windenergieanlage bei Netzfehlern verlangen, sondern von der Anlage im Gegenteil eine netzunterstützende Funktion bei Netzfehlern fordern. Hierbei wird nur das Verhalten des gesamten Windparks am Netzanschlusspunkt betrachtet, nicht das der einzelnen Anlage.[9] Diese sogenannten Grid Codes werden meist von den Netzbetreibern festgelegt. In den meisten Übertragungsnetzen weltweit dürfen sich Windenergieanlagen – wie auch andere Kraftwerke – bei netzfehlerbedingten Spannungseinbrüchen nicht mehr schnellstmöglich vom Netz trennen. Stattdessen müssen sie Netzfehler „durchfahren“ und auch bei erheblichen Spannungs- und Frequenzabweichungen ohne Leistungsreduktion und ohne zeitliche Limitierung in Betrieb bleiben. Schnelle Änderungen der Netzfrequenz dürfen ebenfalls nicht zum Abschalten der Windenergieanlage führen. Zudem sind Windkraftwerke zum Blindleistungsmanagement verpflichtet: Bei Bedarf müssen sie durch Abgabe oder Aufnahme von Blindleistung einen Beitrag zur Spannungserhaltung im Netz leisten können. Das deutsche Erneuerbare-Energien-Gesetz (EEG) legt solche Anforderungen ebenfalls fest, honoriert ihre Erfüllung aber mit einem Bonus. Er kommt auch schon bestehenden Wind-

[9] Gasch/Twele (2005), S. 490.

energieanlagen zugute, wenn sie nachgerüstet werden. Einige Hersteller haben mit den Anforderungen zum Erhalt des Bonus zwar mehr Mühe als andere – die Regelung trägt aber zum leichteren Netzmanagement der Netzbetreiber bei.

6.2 Inertia Emulation als Beispiel für künftige Herausforderungen der Systemintegration

Stabilität, Sicherheit und Zuverlässigkeit sind zu Recht zentrale Anforderungen an ein Energieversorgungssystem. Die Erneuerbaren Energien werden angesichts zu Neige gehender fossiler Energieträger und schon heute drängender Probleme durch die Klimaänderung künftig die einzigen Lieferanten unbegrenzt verfügbarer Energie sein. Deshalb müssen sie in Zukunft auch alle Aufgaben zur Netzstabilisierung übernehmen, die heute noch konventionelle Kraftwerke erbringen.

Ein Aspekt, der von den Übertragungsnetzbetreibern gern als Argument gegen die Erneuerbaren ins Feld geführt wird, ist der stabilisierende Effekt für die Netzfrequenz durch die Momentanreserve, die aus der Trägheit rotierender Massen konventioneller Kraftwerksgeneratoren und -turbinen bereitgestellt wird. Im Netz wird ein kurzfristig höherer Verbrauch elektrischer Leistung im Bereich von einigen Sekunden zunächst durch die Momentanreserve aus der Bewegungsenergie aller rotierenden Turbinen, Generatoren und Motoren gedeckt. Konventionelle Kraftwerke setzen Synchrongeneratoren ein, bei denen Drehzahl und elektrische Frequenz in einem festen Verhältnis zueinander stehen. Fällt ein Kraftwerk kurzzeitig aus oder steigt die Abnahme, so drehen sich die Generatoren – sind sie erst einmal in Bewegung – einfach weiter. Die kurzzeitig höhere Leistungsabnahme bei höherem Stromverbrauch verringert allerdings die Drehzahl der Turbinen in den Kraftwerken, was zu einem Abfallen der Netzfrequenz führt. Je höher die Momentanreserve in einem Netz ist, desto langsamer ändert sich die Netzfrequenz.

Ausgeregelt wird ein solcher Frequenzabfall in einem zweiten Schritt durch eine automatische aktive Regelung: Sie sorgt dafür, dass die Kraftwerksturbinen mehr Dampf oder Wasser bekommen, und verhindert so das weitere Absinken der Drehzahl und damit der Netzfrequenz. An dieser sogenannten „Primärregelung“ oder „Sekundenreserve“ sind Kraftwerke eines ganzen Verbundes beteiligt, da sich erst eine Vielzahl von Einzelbeiträgen zu einem Potenzial aufsummiert, mit dem auch der Ausfall eines großen Kraftwerks optimal aufgefangen werden kann. Je größer ein Verbund ist, umso mehr kann diese Primärregelung auf viele Kraftwerke verteilt werden. Die notwendige Zeit bis zum effektiven Erbringen der Primärregelleistung wird durch die Momentanreserve überbrückt.

Wird die Stromversorgung ausschließlich durch Erneuerbare Energien abgedeckt, so muss die Momentanreserve künftig natürlich auch vom regenerativen Kraftwerkspark erbracht werden. Erneuerbare Erzeugungsanlagen müssen also bei der Einspeisung die Netzfrequenz stabilisieren, wenn diese durch kurzfristige Schwankungen der Stromabnahme aus dem Lot zu geraten droht.

Einige Hersteller, so auch Enercon, konnten dank ihrer Leistungselektronik ihre Anlagen mit FACTS-Eigenschaften ausstatten und diese auch unabhängig zertifizieren lassen. Der Begriff FACTS (Flexible AC Transmission Systems) umfasst Technologien, die die Sicherheit, Kapazität und Flexibilität von Übertragungssystemen verbessern. FACTS-Lösungen können dem Netzbetreiber die Erhöhung der Anschluss- und Transportkapazitäten bei gleichzeitiger Erhaltung bzw. Verbesserung der Netzstabilität ermöglichen. Bei Enercons Vollumrichterkonzept ist der Synchrongenerator z.B. über einen Umrichter mit dem Stromnetz verbunden. Diese Technik erzielt eine Entkopplung des Generators vom Netz und ermöglicht den drehzahlvariablen Betrieb des Windenergieanlagen-Generators am Stromnetz. Frequenzänderungen wirken sich also nicht automatisch auf die Leistungsabgabe des Windenergieanlagen-Generators aus. Die in Rotor und Generator gespeicherte Bewegungsenergie kann aber dazu genutzt werden, die Massenträgheit konventioneller Kraftwerke zu ersetzen.

7 Künftige Anforderungen an die Systemintegration durch bedarfsgerechte Stromeinspeisung

Mit zunehmender Windstromeinspeisung entsteht die Anforderung, die fluktuierende Windleistung durch intelligente Kombination mit anderen flexiblen Stromerzeugern oder Abnehmern zu verstetigen. Die Erneuerbaren-Branche hatte in Deutschland mit einem Forschungsprojekt, dem regenerativen Kombikraftwerk,[10] bereits gezeigt, dass eine bedarfsgerechte Einspeisung durch die Kombination von Wind, Sonne und Biogas sowie einem Pumpspeicher möglich ist. Dabei wurde die deutsche Stromnachfrage mit einem Faktor von 1:10.000 unabhängig von der Wetterlage erneuerbar bereitgestellt. Die regelbaren erneuerbaren Energieträger – das Pumpspeicherkraftwerk Goldisthal und die involvierten Biogasanlagen – richteten ihre Einspeisung dabei nach dem aktuellen Angebot an Wind- und Sonnenstrom sowie nach der Nachfragekurve. Würde diese verstetigte Einspeisung schon heute genutzt, wäre die mögliche Einsparung bei den erforderlichen Netzkapazitäten erheblich: Eine Untersuchung im Auftrag des Bundesumweltministeriums ermittelte ein Einsparpotenzial an Netzkapazität von fast 2.000 MW.[11]

---

[10] World Wind Energy Association (2007), S. 241-242.

[11] ISET (2008), S. 12.

Mittlerweile wurde ein weiteres Forschungsprojekt zur kombinierten regenerativen Vollversorgung aufgelegt: das „Kombikraftwerk 2“. Auch hier werden wieder Wind- und Biogaskraftwerke sowie Solarstromanlagen in Modellen und Feldversuchen verknüpft und zentral gesteuert. Nun soll genauer untersucht werden, welchen Beitrag Erneuerbare Energien zur Versorgungsqualität leisten können. Zwar verfügen nicht nur Windenergieanlagen, sondern auch Solar- und Biogasanlagen über technische Eigenschaften, die zur Netzstabilität beitragen und bei Engpässen das Stromnetz entlasten können. Sie werden aber beim Netzbetrieb bei Weitem noch nicht alle genutzt, sodass die Systemdienstleistungen der erneuerbaren Stromerzeuger noch gar nicht zum Zuge kommen. Die Wirksamkeit dieser Dienstleistungen bei einer regenerativen Vollversorgung testet das „Kombikraftwerk 2“ unter realen Wetterbedingungen. Mit dem Fokus auf die System- und Netzintegration knüpft es an sein Vorgängerprojekt an.

Maßnahmen zur verstetigten Netzeinspeisung sind in naher Zukunft dringend erforderlich, da die mittlerweile erreichte installierte Leistung der erneuerbaren Stromerzeuger zwar noch bei Weitem nicht für eine Vollversorgung ausreicht, in Spitzenzeiten ohne eine abgestimmte Einspeisung aber die Nachfrage schon bald übersteigen könnte. So liegt die niedrigste Netzlast, also die Stromabnahme in Deutschland, in Winternächten – der Jahreszeit mit der höchsten Windstromerzeugung – nur bei rund 50.000 MW. Schon in den nächsten Jahren ist also ohne abgestimmten weiteren Zubau installierter erneuerbarer Erzeugungsleistung mit Abschaltungen zu rechnen, weil das Netz zu Spitzenzeiten den erneuerbaren Strom nicht mehr aufnehmen kann. Ein unnötiger Verlust wertvollen sauberen Stroms, der zudem die Wirtschaftlichkeit von neu installierten, aber auch bestehenden Erzeugungsanlagen bedroht.

Neben einer Regelung zur verstetigten Stromeinspeisung ist in naher Zukunft zudem ein Förderrahmen für den Zubau von Speicherkapazitäten notwendig. Schon heute gibt es nämlich eine Reihe von gut erforschten Speicherlösungen, die ihre technische Leistungsfähigkeit im Stromverbund aber erst noch unter Beweis stellen müssen.

Ihre Kosten hängen von der Häufigkeit der Befüllung und Entleerung ab, wie Abbildung 6 zeigt. Mit einem steigenden Anteil fluktuierender erneuerbarer Stromerzeugung werden die Speicher also rentabler, müssen aber schon heute gebaut werden, um in 15 bis 20 Jahren auch tatsächlich technisch erprobt zur Verfügung zu stehen, wenn wir der regenerativen Vollversorgung wieder ein Stück näher gekommen sind.

Abbildung 6: Kostenstruktur verschiedener Stromspeicher

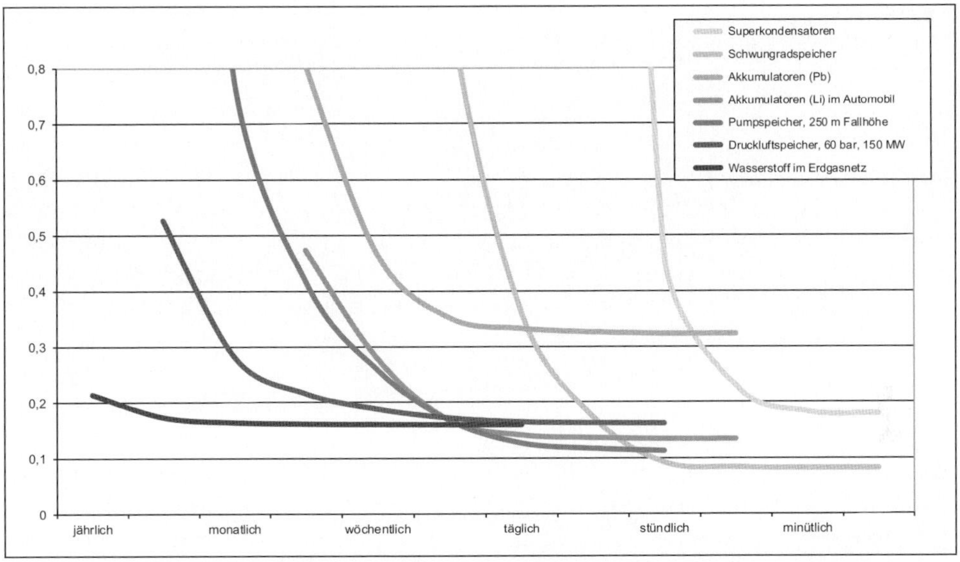

Literatur

Gasch, Robert/Twele, Jochen (2005): Windkraftanlagen. Grundlagen, Entwurf, Planung und Betrieb, Wiesbaden, 4. Auflage

Global Wind Energy Council (2009): Global Wind 2009 Report, Brüssel

Heuck, Klaus/Dettmann, Klaus-Dieter/Schulz, Detlef (2010): Elektrische Energieversorgung. Erzeugung, Übertragung und Verteilung elektrischer Energien für Studium und Praxis, Wiesbaden, 8. Auflage

Institut für Solare Energieversorgungstechnik (ISET) (2008): Verifikation des Integrations-Modells an Beispielen von Windpark-Biogasanlagen-Kombinationen, Studie im Auftrag des Bundesministeriums für Umwelt, Naturschutz und Reaktorsicherheit, Kassel

World Wind Energy Association (2007): Wind Energy International, Bonn

Technologische Grundlagen der Solarenergie

Gerhard Klein

1 Einleitung

Die Sonne ist die treibende Kraft allen Lebens und Grundlage fast aller Energieformen, denen wir auf der Erde begegnen: Die von ihr ausgehende und auf die Erde auftreffende Energie beläuft sich im Jahr auf die unglaubliche Größe von rund 10^{18} Kilowattstunden (kWh). Dies ist etwa das Zehntausendfache des Primärenergieverbrauchs der Weltbevölkerung oder anders gesagt: Jeden einzelnen Tag trifft bei Weitem mehr Energie in Form von Sonnenstrahlung auf die Erde, als in einem Jahr von der Menschheit verbraucht wird! Zur Nutzung dieser praktisch unerschöpflichen Energiequelle wurden in den vergangenen Jahrzehnten Photovoltaik und Solarthermie[1] entwickelt. Beide Technologien beruhen auf ganz verschiedenen Prinzipien, die im Folgenden näher erläutert werden. Ebenso wird auf die heutigen Möglichkeiten, künftige Entwicklungen und Potenziale der Verfahren eingegangen.

2 Photovoltaik

Der Name „Photovoltaik" hat zwei Wurzeln: „Photo" leitet sich vom griechischen Wort für Licht (φῶς) ab, „Voltaik" geht auf den italienischen Physiker Volta zurück, dem zu Ehren auch die elektrische Spannung als physikalische Größe die Bezeichnung Volt (abgekürzt „V") trägt. Photovoltaik ist also die Erzeugung von Spannung aus Licht. Dieser Vorgang verläuft in einem Festkörper, der Solarzelle. Man spricht daher auch vom „inneren photoelektrischen Effekt". Dabei werden Substanzen genutzt, die unter der Einwirkung von Sonnenlicht leicht freie Ladungsträger erzeugen. Die Zelle dient dann als Spannungsquelle, um damit Strom zu erzeugen. Das Prinzip kann an der technologisch wichtigsten Form erläutert werden, der Halbleitersolarzelle.

2.1 Solarzellen – Technologie und Entwicklungen

Im Unterschied zu Metallen (z.B. Kupfer oder Eisen) leiten Halbleiter (z.B. Silizium oder Germanium) den elektrischen Strom weniger gut, aber immer noch wesentlich besser als Isolatoren (z.B. Kohlenstoff in Diamantform). Die Ursache hierfür liegt an der elektronischen Struktur der jeweiligen Stoffe: Während in Metallen die Elektronen von den Atomen im Gitter sehr leicht abgegeben werden und ähnlich wie in einem Gas weitgehend frei beweglich sind, sind sie in Isolatoren praktisch fest an die Atome gebunden. In Halbleitern sind sie schon bei Raumtemperatur relativ leicht ablösbar, wenn auch in

[1] Solarthermie wird in diesem Beitrag nur hinsichtlich der Stromerzeugung betrachtet (vgl. Abschnitt 3).

weit geringerem Umfang als bei Metallen. Beispiele sind Silizium (Si) oder Germanium (Ge). Auch durch Einstrahlung von Licht kann die Leitfähigkeit erhöht werden. Dies wurde erstmalig beim Element Selen im Jahr 1876 entdeckt.

Die Leitfähigkeit kann durch die Zugabe von Fremdatomen („Dotierung") noch verbessert werden. Man setzt dazu entweder solche Elemente zu, die relativ leicht Elektronen abgeben („Donatoren", z.B. Phosphor) und erhält sogenannte n-Halbleiter („n" steht hier für „negativ"); oder man verwendet Elemente, die Elektronen abfangen („Akzeptoren", z.B. Bor). Die dem Wirtsgitter nun fehlenden Elektronen entsprechen „Löchern" im ursprünglichen Elektronengas, und die Elektronenfehlstellen oder Löcher verhalten sich effektiv wie vorhandene positive Ladungen. Man spricht daher von „Löcherleitung" und p-Halbleitern („p" für „positiv").

Bringt man nun einen p- und einen n-Halbleiter zusammen, verbinden sich Löcher und Elektronen teilweise, und es entsteht ein Übergangsbereich zwischen beiden Halbleitertypen, in dem die positiven bzw. negativen Atomrümpfe, fixiert im Gitter, zurückbleiben („Raumladungs-" oder „Übergangszone"). Da eine Seite des Übergangs positiv geladen ist, die andere negativ, liegt über dieser Zone ein elektrisches Feld an (Abbildung 1, links). Nach wie vor lassen sich in dieser Übergangszone Ladungsträger trennen, in der Solarzelle eben durch Licht (Abbildung 1, rechts; vereinfacht).

Abbildung 1: p- und n-Halbleiter (links) und die Situation in der Solarzelle (rechts)

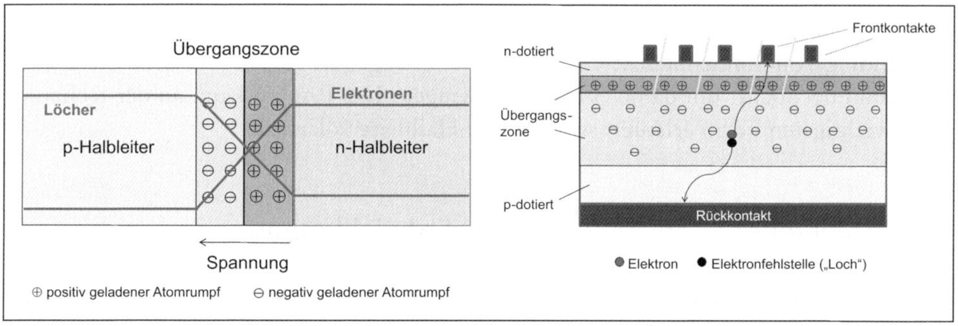

Grundsätzlich könnten sich entstehende Löcher und Elektronen gleich wieder unter Emission von Licht verbinden (Rekombination). In der Solarzelle überleben die Ladungsträger jedoch so lange, dass sie im elektrischen Feld der Raumladungszone getrennt werden können. Dazu werden am Halbleiter ein leitender Rückkontakt und ein transparenter Frontkontakt angebracht. Der Frontkontakt hat dabei die Form eines schmalen Gitters, da das Licht von dieser Seite einfällt und möglichst wenig Licht hier abgefangen werden soll.

In einer Solarzelle aus kristallinem Silizium (c-Si) ist die Ausdehnung des Übergangsbereichs ca. 1 Mikrometer (µm) groß, abhängig vom Dotierungsrad. Um möglichst viel Licht einzufangen, muss eine c-Si Zelle eine relativ dicke Absorberschicht von ca. 30 µm haben. In der Praxis wird eine bis zu 300 µm dicke p-dotierte c-Si-Schicht als Absorber in konventionellen c-Si Zellen eingesetzt. Die p-Dotierung wird gewählt, da Elektronen eine höhere Beweglichkeit als Löcher besitzen.

c-Si wird auch als monokristallin bezeichnet, da hier das Atomgitter weitestgehend ungestört vorliegt. Dies setzt ein sorgfältiges Produktionsverfahren voraus, wie es aus der Waferproduktion in der Halbleiterindustrie bekannt ist. Die Herstellung von c-Silizium ist deshalb ein relativ aufwendiger und teurer Prozess. Es gibt aber noch andere Formen, in denen Silizium auftreten und verwendet werden kann. Polykristallines Si (poly-Si) ist aus vielen makroskopisch sichtbaren Bereichen zusammengesetzt, die jeweils in sich ähnlich perfekte Gitter besitzen, aber nicht in so großer Ausdehnung wie c-Si. Poly-Si ist daher billiger zu produzieren. Durch einfache Abscheideverfahren (z.B. Plasma Enhanced Chemical Vapor Deposition, PECVD) kann eine noch billigere Form von Silizium zur Herstellung von Solarzellen verwendet werden, das sogenannte amorphe Silizium (a-Si). Der Name rührt daher, dass im Unterschied zu c-Si auch auf atomarer Ebene keine weitgehend homogene und geordnete Struktur vorliegt. Das bedeutet zugleich einen niedrigeren Wirkungsgrad als bei c-Si (siehe Tabelle 1), da die getrennten Ladungsträger bei a-Si sehr leicht an den zahlreichen Gitterdefekten rekombinieren können, die bei der Herstellung im a-Si entstehen. Es besteht aber die Möglichkeit, durch Wasserstoff (H) diese Rekombinationszentren zu reduzieren. Daher wird in der Photovoltaik a-Si:H („hydrogenisiertes amorphes Silizium“) eingesetzt. Dabei handelt es sich um in seiner Mikrostruktur optimiertes amorphes Silizium. Es wird bevorzugt zusammen mit mikrokristallinem Silizium (µ-Si) in Tandemzellen eingesetzt.

Weitere wichtige Verbindungsklassen, die Anwendung in der Photovoltaik finden, sind III-V- und II-VI-Verbindungshalbleiter. III-V-Halbleiter sind chemische Verbindungen von Materialien der chemischen Hauptgruppe III (Borgruppe) und V (Stickstoff-Phosphor-Gruppe). Das bekannteste Beispiel ist GaAs (Galliumarsenid). Allerdings sind sie sehr teuer in der Herstellung, ganz im Unterschied zu II-VI-Halbleitern, also Stoffen, die aus Elementen der zweiten Hauptgruppe (Erdalkalimetalle) bzw. der sechsten Hauptgruppe (Chalkogene) bestehen. Die bedeutendsten Vertreter sind CdTe (Cadmiumtellurid) und CdS (Cadmiumsulfid).

Weiterhin sind noch I-III-VI-Halbleiter-Solarzellen wie CIS- (Kupfer-Indium-Disulfid-) und CIGS- (Kupfer-Indium-Gallium-Diselenid-)Solarzellen zu nennen. Auch hier ist das Preisargument wichtig, da Gallium und Indium teure Grundstoffe sind.

Schließlich werden auch organische Solarzellen untersucht, die ebenfalls auf lichtinduzierter Generierung von Ladungsträgern beruhen. Der Mechanismus der Wechselwirkung auf molekularer bzw. atomarer Ebene ist allerdings verschieden, da hier sogenannte konjugierte Polymere und organische Moleküle als Elektronendonatoren bzw. -akzeptoren dienen. Wegen der relativ günstigen Materialien ist künftig eine sehr günstige Fertigung denkbar. Allerdings sind Wirkungsgrade und die Lebensdauer von unter einem Jahr derzeit noch nicht ausreichend.

Zur Verbesserung der Eigenschaften von Solarzellen werden aktuell eher Optimierungen an bestehenden Solarzellen diskutiert.[2] Zu nennen ist die Anwendung durchgehender Kontakte von der Front- zur Rückseite (MWT- oder Metal Wrap Through-Technologie) oder sogenannte „selektive Emitter“. Bei Letzteren wird die n-Dotierung unterhalb der Frontkontakte besonders erhöht, was zu Wirkungsgradverbesserungen führt. Um Rekombinationsverluste zu verringern, werden auch die Technik der Rückseitenpassivierung und n-Typ-Zellen untersucht. Im Gegensatz zu dem heute üblichem Aufbau (Abbildung 1 rechts) ist bei n-Typ-Zellen das Basismaterial nicht mehr p-dotiert, sondern n-dotiert.

Mit diesen Maßnahmen dürften künftig weitere Verbesserungen im Wirkungsgrad erreichbar sein (vgl. Tabelle 1 unten). Ein besonderer Fortschritt könnte auch durch Multi-Layer-Zellen erzielt werden. Das Prinzip zeigt Abbildung 2. Das von der Sonne ausgehende Licht zeigt eine bestimmte Verteilung (Spektrum), die sich beim Durchgang durch die Atmosphäre durch Absorption und Schwächung ändert. Abbildung 2 zeigt links das Spektrum AM 1,5, wie es bei Standard-Testbedingungen für Solarzellen verwendet wird. „AM“ steht dabei für Air Mass, die Luftmasse der Atmosphäre, die Lichtstrahlen durchlaufen müssen. „1,5“ bezeichnet das 1,5-Fache der mittleren Atmosphärenhöhe, weil das Licht unter verschiedenen Winkeln auf die Atmosphäre trifft. Dunkel markiert ist die von Silizium nutzbare Energie. Da die Energie zum Erzeugen von Ladungsträgern groß genug sein muss und umgekehrt proportional zur Wellenlänge ist, gibt es bei zu großen Wellenlängen keine Bildung von Ladungsträgern. Mit einer Kombination aus vielen Materialien lässt sich aber das zur Verfügung stehende Spektrum viel besser ausnutzen (Abbildung 2 rechts).

[2] Für einen guten Überblick siehe Fuhs (2010), S. 70.

Abbildung 2: Neue Entwicklungen in der Photovoltaik: Multi-Layer-Zellen

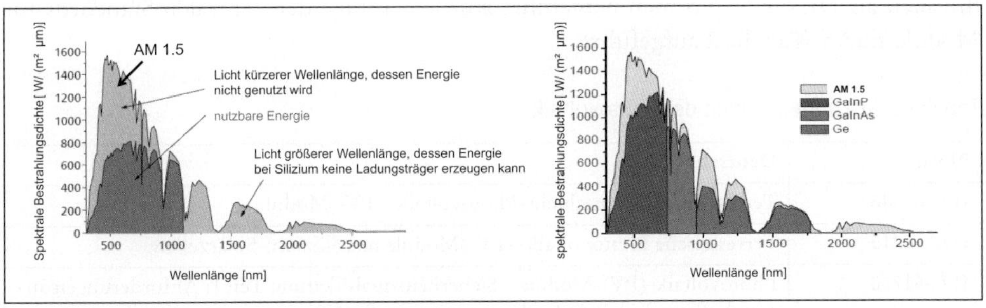

Quelle: Schlegl (2007), modifiziert

Diese Beispiele zeigen, dass die Entwicklung in der Photovoltaik noch lange nicht abgeschlossen ist – schließlich zeigen thermodynamische Überlegungen, dass der theoretische Wirkungsgrad von Solarzellen sogar bei etwa 85% liegt! Von diesem Wert sind reale Zellen allerdings noch sehr weit entfernt. Wie Tabelle 1 zeigt, werden in der Praxis bei kommerziellen Zellen eher Wirkungsgrade von bis zu 20% erreicht. Die angegebenen Lebensdauern basieren auf Herstellerangaben.

Tabelle 1: Charakteristische Eigenschaften von Solarzellen

Material	**Wirkungsgrad bei AM 1,5 (Potenzial 2020)**	**Lebens-dauer in Jahren**	**Preis Ende April 2011[a] EUR/Watt Peak**	**Preistrend seit Januar 2011[1]**	**Preistrend seit Januar 2010[1]**
c-Si Deutschland/ Europa	15-17% (20%)	> 25	1,61	-5,8%	-20,7%
c-Si China			1,32	-10,2%	-14,8%
c-Si Japan			1,54	-5,5%	-19,4%
a-Si/µ-Si	5-10%	< 20	0,94	-5,6%	-13,8%
CdS/CdTe	10% (15%)	> 20	1,19	-12,8%	-32,3%

[a] Daten nach SolarServer (2011).

Der allgemein bekannte und in Tabelle 1 mit aktuellen Werten unterlegte Preisverfall bei Moduln ist auf Marktüberkapazitäten und auf die vollintegrierte Produktion gerade der asiatischen Hersteller zurückzuführen, die den Markt praktisch vollständig dominieren. Der Preisdruck kann dazu führen, dass Modulpreise für c-Si-Zellen bis 2020 bei ca. 1 EUR nach heutigen Preisen liegen werden.

Zur Sicherstellung der Basisqualität von Moduln gibt es eine Reihe von Normen der IEC, die auch als DIN-EN-Normen eingeführt wurden. Einige der zentralen Standards für Module sind in Tabelle 2 aufgeführt.

Tabelle 2: Wichtige Normen der Photovoltaik

Norm	**Deutscher Titel**
IEC 61646	Terrestrische Dünnschicht-Photovoltaik- (PV-)Module
IEC 61215	Terrestrische Photovoltaik- (PV-)Module mit Silizium-Solarzellen
IEC 61730	Photovoltaik-(PV)-Module – Sicherheitsqualifikation; Teil 1: Anforderungen an den Aufbau; Teil 2: Anforderungen an die Prüfung
IEC 62108	Konzentrator-Photovoltaik- (CPV-)Module und -Anordnungen

Um eine zuverlässige Funktion einer Photovoltaik-Anlage sicherzustellen, sollten für die gewählten Module die entsprechenden Zertifizierungen vorliegen. Solche Zertifizierungen werden von entsprechenden Institutionen wie z.B. TÜV SÜD angeboten. Zertifikate sind aber nur eine Minimalanforderung und geben keine Gewähr über eine ausreichende Leistungsfähigkeit der Anlage über die ganze Laufzeit. So existieren zur Zeit keine allgemein anerkannten Testverfahren, die eine Prognose des Wirkungsgrads über viele Jahre erlauben, und der erfolgversprechende Betrieb einer Anlage über einen Zeitraum von 20 bis 25 Jahren lässt sich noch nicht absehen. Daher muss auf Herstelleraussagen zur Leistungsminderung („Degradation") vertraut werden.

2.2 Wechselrichter

Eine einzelne Solarzelle kann eine Gleichspannung von bis zu 50 Volt (V) erzeugen, in Reihe geschaltet („Strang" oder „String") können so mehrere 100 V anliegen. Um diese Spannung in ein Netz einspeisen zu können, sind sogenannte Wechselrichter (eng. Inverter) erforderlich, die aus der Gleichspannung eine nutzbare Wechselspannung erzeugen.

Dazu „zerhackt" der Wechselrichter die Gleichspannung bzw. den Gleichspannungsstrom aus der Solarzelle mit einer bestimmten Schaltfrequenz in einzelne Fragmente. Diese werden wiederum in richtiger Polarität zusammengesetzt. Da die Netzwechselspannung einen sehr glatten sinusförmigen Spannungsverlauf zeigt, müssen die Ecken und Kanten der Bruchstücke geglättet werden. Dies geschieht mit einer Drosselspule. Je höher die Schaltfrequenz, desto leichter kann die Ausgangsspannung an die Sinusform angepasst werden, desto größer sind aber auch die Schaltverluste. Der Wirkungsgrad dieser Umwandlung liegt heute bei vielen Modellen von Wechselrichtern ohne zusätzlichen Transformator schon über 98%, bei Modellen mit Transformatoren häufig über 96%.

Grundsätzlich lassen sich drei verschiedene Ausführungen in der elektrischen Verbindung Solarzelle/Wechselrichter unterscheiden: (1) Wechselrichter, bei denen ein Pol der Solarzelle mit dem Neutralleiter des Inverters verbunden ist, (2) Wechselrichter, bei denen dies gerade nicht der Fall ist (die Potenziale der Zelle also gegenüber Erdpotenzial festliegen), und (3) Wechselrichter, bei denen den Potenzialen gegenüber Erde eine Wechselspannungsanteil mit halber Netzspannung (230 V pro 50 Hertz [Hz]) überlagert ist. Welche sogenannte „Topologie" hier gewählt werden kann, muss letztlich vom Modulhersteller entschieden werden.

Solarzellen und Wechselrichter können verschiedenartig verbunden werden. So unterscheidet man Zentralwechselrichter für mehrere Strings, Stringwechselrichter für einzelne Strings und Modulwechselrichter für einzelne Module.

Jede Solarzelle besitzt einen Arbeitspunkt maximaler Leistung (Maximum Power Point, MPP), der u.a. von den Lichtverhältnissen (Schattenfall, Sonnenstand) abhängt. Moderne Wechselrichter stellen sich flexibel auf den MPP ein (MPP tracking) und können damit die maximale Energieausbeute realisieren. Der MPP-Wirkungsgrad beträgt bei guten Modellen mehr als 99,5%.

Mit dem weltweiten Ausbau der Photovoltaik stellt sich die Frage der geeigneten Integration der Anlagen in Netze. Dabei spielen Wechselrichter eine entscheidende Rolle und bestimmen deren künftige Entwicklungen. Anlagen, die in das Niederspannungsnetz einspeisen, müssen in Deutschland ab 2012 zwei wesentliche Anforderungen erfüllen: Wenn zu viel Leistung in das Netz eingespeist wird, wie dies in den Sommermonaten schon beim heutigen Ausbaustand in Deutschland sein kann, steigt die Netzfrequenz über 50 Hz. Wenn die Wechselrichter ab 50,2 Hz vom Netz gehen, wie bislang vorgesehen, kann das zum plötzlichen Abschalten des Solarstroms und damit zur Netzstörung führen. Daher müssen Wechselrichter künftig ihre Leistung abhängig von der Frequenz regulieren und stufenweise reduzieren können („Ausschleichen" genannt). Wechselrichter mit Nennleistungen über 3,86 kW müssen ferner mit zunehmender eingespeister Leistung zusätzlich sogenannte Blindleistung einspeisen. Dadurch lässt sich die Spannung auch im Niederspannungsnetz stabilisieren und die Netze können zudem mehr Solarstrom aufnehmen als bisher. Weitere Entwicklungen zielen auf die dynamische Netzstützung und Aufrechterhaltung der Netzqualität ab. Wechselrichter müssen also künftig insgesamt „intelligenter" werden.

Auch für Wechselrichter stehen Normen und Standards zur Verfügung, die im Wesentlichen die Sicherheit von Wechselrichtern zur Anwendung in photovoltaischen Energiesystemen betreffen (IEC 62109). Damit handelt es sich hier ebenfalls um Minimalanforderungen, die auf jeden Fall erfüllt sein müssen.

2.3 Solarparks

Der Markt der Photovoltaik-Anlagen (PV-Anlagen) in Deutschland wird bekanntlich durch viele kleinere und mittlere Anlagen mit Nennleistungen unter 1 Megawatt (MW) dominiert. Aus dieser dezentralisierten Kleinanlagenerzeugung resultieren verschiedene spezifische Probleme, wie sie in 2.2 angedeutet wurden.

Soll aber die Photovoltaik einen signifikanten Beitrag zur Bereitstellung elektrischer Energie liefern, müssen auch Anlagen über 1 MW realisiert werden. Diese Großprojekte bedeuten eine erhebliche Investition. Es ist daher anzuraten, die Konzeption und Ausführung der Anlagen auf der Grundlage belastbarer Qualitätskriterien zu überprüfen. Nachdem derzeit noch keine allgemeinen Standards vorliegen, haben Gutachterorganisationen wie TÜV SÜD Kriterien für eine Anlagenzertifizierung erstellt, mit der für Kunden aus der Projektfinanzierung oder für Generalunternehmer (GU) die wesentlichen Aspekte einer Anlagenbewertung erfasst werden. Damit werden zugleich die dominanten Risiken bei derartigen Anlagen adressiert, nämlich

- Risiken durch nicht zertifizierte Komponenten,
- Risiken durch schlechtes Design der Anlage,
- Risiken aus ungenügender Konstruktion,
- Risiken aus fehlenden/verspäteten Genehmigungen.

Die Risiken werden für jeden der folgenden drei Realisierungsschritte bewertet:

1. Standortbewertung und Evaluierung des Systemdesigns,
2. Bauüberwachung,
3. Abnahmemessungen und Wiederholungsprüfungen.

Standortbewertung und Evaluierung des Systemdesigns

Der erste Schritt muss stets eine erste Standortinspektion sein, bei der die Planungsgrundlagen mit der Situation vor Ort verglichen werden. Damit und mit den entsprechenden meteorologischen Daten kann dann eine realistische Ertragswertberechnung unter Berücksichtigung möglicher Einflussfaktoren wie Verschattung etc. vorgenommen werden. Zu den Standortbedingungen gehört auch eine Bewertung der geologischen Situation (wichtig etwa bei Erdbebenzonen), sodass zusammen mit den meteorologischen Randbedingungen die Lastannahmen für die Unterkonstruktion bewertet werden können. Mitunter sind abhängig vom Standort umfangreiche Standortbewertungen erforderlich und empfehlenswert, um eine verlässliche Aussage über eine wirtschaftliche Realisierung zu ermöglichen.

Von großer Bedeutung ist natürlich die Qualität der eingesetzten Komponenten. Wie Abbildung 3 zeigt, sind die Module heutzutage trotz des Preisverfalls immer noch der wichtigste Kostenfaktor, gefolgt vom mechanischen Teil der Anlage.

Abbildung 3: Kostenstruktur für Solarparks mit c-Si und CdTe

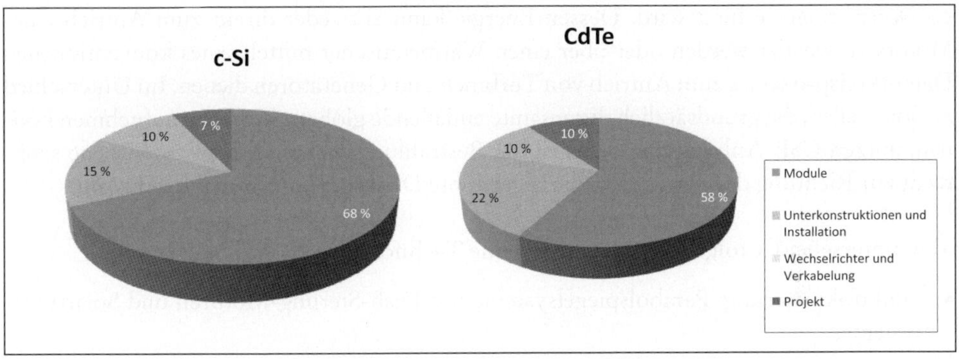

Ferner muss das Anlagendesign technisch und auf Sicherheit (im Sinne von „safety" und „security") überprüft werden. Neben technischen Aspekten spielen hier auch die jeweiligen Verträge mit den Zulieferern und deren Qualifikation eine wichtige Rolle. Schließlich müssen auch der Projektplan und die erforderliche Genehmigungssituation geklärt werden.

Bauüberwachung

Die Bauüberwachung muss abhängig von Anlagengröße, Projektplan und Projektfortschritt zu festen Meilensteinen durchgeführt werden. Dabei werden die Unterkonstruktionen und der Einbau der vertraglich vereinbarten Komponenten (post-shipment-inspection), die Verkabelung und die Einhaltung von Projekt- und Zahlungsplan von Bau- und Elektroingenieuren überprüft.

Abnahmemessungen und Wiederholungsprüfungen

Bei der Abnahmeprüfung wird die Konformität der Gesamtanlage mit den anzuwendenden Normen bestätigt, der Wirkungsgrad der Gesamtanlage sowie einzelner Strings gemessen und die korrekte Installation der Sicherheitssysteme verifiziert.

Mit dieser Vorgehensweise bei der Anlagenzertifizierung werden zum einen die Anforderungen der Normung (vgl. IEC 62446: Netzgekoppelte Photovoltaik-Systeme – Mindestanforderungen an Systemdokumentation, Inbetriebnahmeprüfung und wiederkehrende Prüfungen) erfüllt und darüber hinaus auch diejenigen Aspekte berücksichtigt, die für eine wirtschaftliche Realisierung des Projektes erforderlich sind.

3 CSP

Konzentrierende solarthermische Kraftwerke (Concentrating Solar Power, CSP) zur Erzeugung von Elektrizität arbeiten im Unterschied zu Photovoltaik-Anlagen indirekt: Die Sonnenstrahlung wird durch Spiegel auf einen Empfänger (Receiver) konzentriert,[3] in dem ein Wärmeträger erhitzt wird. Dessen Energie kann entweder direkt zum Antrieb eines Motors verwendet werden oder über einen Wärmetauscher mittels eines konventionellen Dampfkreisprozesses zum Antrieb von Turbinen und Generatoren dienen. Im Unterschied zu Solarzellen, die grundsätzlich die gesamte einfallende globale Strahlung aufnehmen können, nutzen CSP-Anlagen nur den Teil der Bestrahlungsdichte, der auf eine Ebene senkrecht zur Richtung der Sonne fällt, die sogenannte DNI (Direct Normal Irradiation).

Man unterscheidet folgende konzentrierende Technologien:

- Punktfokussierung: Parabolspiegelsysteme mit Dish-Sterling-Motoren und Solarturmsysteme,
- Linienfokussierung: Parabolrinnen und Fresnelkollektoren.

Diese Technologien besitzen unterschiedliche Reifegrade. Als sehr gut erprobt können Parabolrinnen- und Solarturmkraftwerke gelten, auf die im Folgenden daher näher eingegangen wird. In Dish-Sterling-Anlagen wird die thermische Energie mittels eines Stirling-Motors direkt in mechanische Energie zum Antrieb des Generators verwendet. Der Wirkungsgrad erreicht rund 30% (Spiegeldurchmesser etwa 12 Meter, Leistung 25 kW). Anlagen mit 1,5 MW wurden schon realisiert, in der Mojavewüste (USA) sollen auf rund 33 Quadratkilometern 34.000 Dish-Sterling-Anlagen zunächst 500 MW, später zusätzlich 350 MW erzeugen.

Die anderen genannten Lösungen unterscheiden sich lediglich in der Ausführung des Solarfelds bzw. der Receivertechnologie, die sie mit geeigneter Kraftwerkstechnologie kombinieren, wobei herkömmliche Dampfturbinen eingesetzt werden. Der Anlagenwirkungsgrad wird dann entscheidend von den eingesetzten Wärmeträgern und den mit ihnen erreichbaren Dampftemperaturen bestimmt.

Da Wärmeträger beispielsweise bei Durchzug von Wolken nicht sofort abkühlen, reagieren CSP-Anlagen wesentlich träger auf veränderte Einstrahlungsbedingungen als PV-Anlagen. Ein weiterer Vorteil ist, dass sich Wärme im Unterschied zur Elektrizität relativ leicht speichern lässt. Die Wärmespeicher für CSP-Kraftwerke werden bevorzugt mit

[3] Kaminkonstruktionen, die den Aufwind nutzen, werden hier aufgrund des enormen Platzbedarfs und der großen Dimensionen als Sonderlösungen betrachtet, auf die nicht weiter eingegangen wird.

Salztanks realisiert. Die verwendeten Substanzen müssen thermisch gut leiten, bei den anfallenden Temperaturen chemisch stabil und wenig aggressiv sowie möglichst billig sein.[4] Man konnte zeigen, dass die Wärmeverluste in Speichern über 24 Stunden kleiner als 1% bleiben.

Im Verbund mit Wärmespeichern können CSP-Anlagen daher sehr gut in bestehende Netzinfrastrukturen integriert werden und zur Deckung von Grund- und Spitzenlasten dienen. Andererseits ist der Wasserbedarf der Anlagen zur Kondensation des Dampfes ein Nachteil, da die Anlagen nicht nur in Gegenden hoher Einstrahlung liegen müssen, sondern auch in solchen mit geringer diffuser Strahlung, also in vorzugsweise wolkenfreien Regionen möglichst geringer Luftverschmutzung. In diesen Teilen der Welt ist üblicherweise Wasser eher ein knappes Gut. Dort werden Trockenkühler und sogenannte Heller-Kühltürme eingesetzt.

3.1 Parabolrinnenkraftwerke

Die Bündelung der Einstrahlung geschieht in Parabolrinnenkraftwerken über Parabolspiegel, die zur Sonne exakt ausgerichtet sein müssen, um eine Fokussierung in den Absorberröhren zu erreichen.

In den Absorberröhren kann als Wärmeträger entweder sogenanntes Thermoöl oder direkt Wasser verwendet werden. Thermoöl kann sich allerdings zersetzen, sodass der Temperaturbereich auf unter etwa 400° Celsius beschränkt bleibt und regelmäßiger Austausch des Fluids erfolgen muss. Der Dampfdruck des Thermoöls kann bis 100 bar betragen. Da eine Entzündung bei Austritt des Öls infolge Leckagen nicht ausgeschlossen ist, besteht bei dieser Technik auch ein gewisses Sicherheitsrisiko. Der über Wärmeträger erzeugte Frischdampf für die Turbine erreicht etwa 370 °C/100 bar.

Wasser kann auch direkt verwendet und verdampft werden, damit sind im Frischdampf 400-500 °C/110 bar und daher ein höherer thermischer Wirkungsgrad erreichbar. Dabei müssen jedoch ausreichender Wärmeübergang, genügende Rohrbenetzung und die Einhaltung der Rohrwandtemperaturen beachtet werden.

Je nach Einstrahlungsverhältnissen und Jahreszeit spielen verschiedene Verlustfaktoren eine Rolle: Einfallswinkel, optische Verluste, Wärmeverluste, Umwandlungsverluste. Der Eigenbedarf des Kraftwerks fällt demgegenüber nur gering ins Gewicht. Im Wesentlichen muss die Qualität des Materials der Spiegel, ihrer Montage und der Nachführung

[4] Eine bewährte Mischung ist Solar Salt (40% KNO_3 and 60% $NaNO_3$).

nach dem Sonnenstand (Tracking) gegeben sein. Die Absorberrohre mit dem Wärmeträger zur Aufnahme der Energie sind von einem Glasmantel umgeben. Im Mantel liegt zur Minderung der Absorptionsverluste Vakuum an.

3.2 CSP mit Fresnelkollektoren

Bei diesem Anlagentyp wird – vereinfacht gesagt – die Parabelform durch gerade Spiegel approximiert. Dadurch wird der Aufbau vereinfacht, ansonsten gelten analog die Anmerkungen über Parabolrinnenkraftwerke.

3.3 Solarturmkraftwerke

Bei Turmkraftwerken reflektieren flache Spiegel (Heliostate) das auffallende Licht auf den Receiver. Wie bei den linienfokussierenden Systemen müssen die Spiegel dem Sonnenstand folgen und nachgeführt werden. Aufgrund der Reflexionsgesetze und um gegenseitige Verschattung der Heliostate zu verhindern, liegt der Absorber, auf den alle Spiegel das Licht lenken, in einiger Höhe (ca. 50 bis 150 Meter, vgl. Abbildung 4).

Abbildung 4: Prinzip der Solarturmkraftwerke

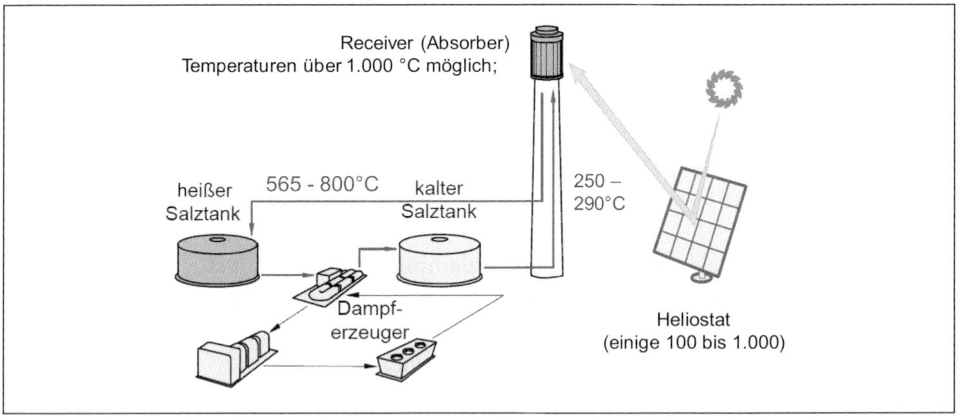

Die starke Konzentration der Energie in einem sehr kleinen Bereich führt dort zu starker Aufheizung des Wärmeträgers von bis zu 1.000 °C. Die hohen erreichbaren Temperaturen resultieren letztlich in entsprechend hohen thermischen Wirkungsgraden. Die Temperaturen im Absorber, aber auch in den Medienleitungen, bedeuten große Ansprüche an die verwendbaren Materialien. Derzeit werden 1,0 MW pro Quadratmeter im Receiver erreicht, längerfristig sollen 1,6 MW pro Quadratmeter möglich werden. Bei Oberflächen des Receivers von rund 100 Quadratmeter sind künftig Kraftwerke in der 100-MW-

Klasse und größer möglich. Um dieses Ziel zu erreichen, werden verschiedene Receivertechnologien und Medien untersucht: Bei Dampfreceivern wird gesättigter oder überhitzter Wasserdampf (525 °C/108 bar) erzeugt. Bei Salzreceivern ist geschmolzenes Salz nicht nur das Speichermedium, sondern auch der Wärmeträger, jedoch spielen hier korrosive Prozesse eine kritische Rolle (erreichbare Frischdampfparameter: 535 °C/100 bar). Schließlich werden derzeit auch (offene und geschlossene) Luftreceiver untersucht, aber noch nicht großtechnisch realisiert (angestrebte Frischdampfparameter: 565 °C/110 bar).

Zusammenfassend kann man sagen, dass bei CSP-Anlagen Effizienzsteigerungen durch neue Wärmeträger und Speichermethoden, Verbesserungen an Hauptkomponenten wie z.B. den Receivern und nicht zuletzt durch Skaleneffekte zu erzielen sein werden: Derzeit dominieren eher Anlagen der 50-MW-Klasse, bis 2015 könnten auch die noch jungen Anlagen vom Fresnel-Typ diese Klasse erreichen (derzeit etwa 15 MW), während typische Parabolrinnenkraftwerke bei 150 MW, Solartürme bei 100 MW liegen dürften. Dadurch werden auch die konventionellen Kraftwerkskosten je kWh sinken,[5] wie im abschließenden Abschnitt kurz diskutiert werden soll.

4 Wirtschaftliche Potenziale und Wettbewerbsfähigkeit der Solarenergie

Im Vergleich zur Photovoltaik ist der Ausbau der CSP noch gering. Mitte 2011 war weltweit eine Kapazität von ca. 1 GW bei CSP-Anlagen installiert, doch wird ein Ausbau bis 2015 von 11 GW prognostiziert.[6] Demgegenüber lagen Ende 2010 etwa 40 GW installierte Kapazität an PV-Anlagen vor, abhängig vom politischen Umfeld wird hier bis 2015 ein Potenzial von 131 bis 196 GW gesehen.[7]

Da aber in Ländern mit hoher DNI (vgl. Einleitung zu Abschnitt 3) – wie etwa in Nordafrika, dem Mittleren Osten, Australien oder Teilen der USA – üblicherweise hohe mittlere Temperaturen vorliegen, die zu Effizienzverlusten bei PV-Anlagen führen, sind dort optimale Bedingungen für CSP-Kraftwerke gegeben. In Gegenden mit hoher Einstrahlung dürfte die vollständige Wettbewerbsfähigkeit von CSP ohne Berücksichtigung der Speicherfähigkeit bis etwa 2025 gegeben sein.

Die manchmal behauptete Konkurrenz um die „beste“ Form der Nutzung der Solarenergie existiert also streng genommen nicht.

5 Gersdorf u.a. (2011).

6 Vgl. Kearney (2010).

7 EPIA (2011).

2011 liegen die Levelized costs of energy (LCOE) bei CSP-Anlagen mit Speicherung bei etwa 18 bis 25 Eurocent pro kWh,[8] ohne Speicherung bei rund 24 bis 30 Eurocent pro kWh. Bei Realisierung der in Abschnitt 3 beschriebenen Optimierungsmaßnahmen könnte daraus für CSP-Anlagen LCOE von 12 bis 14 Eurocent pro kWh bis 2015 resultieren. Für Photovoltaik-Anlagen betragen die LCOE gegenwärtig je nach Technologie zwischen ca. 10 bis 14 Eurocent pro kWh. Da aber PV-Anlagen ebenso wie Windkraftparks mehr als CSP-Anlagen von den konkreten Wetterverhältnissen abhängen, müssen für einen realistischen Vergleich auch Übertragungs- bzw. Speicherkosten mit einbezogen werden. Dann relativieren sich die zu erwartenden Unterschiede in den LCOE deutlich, sodass auch aus wirtschaftlichen Gesichtspunkten eine deutliche Solarkomponente im Energiemix selbst in Deutschland eine erhebliche Rolle spielen wird. Dies gilt besonders dann, wenn der Stromimport aus MENA-(Middle East & North Africa) Ländern als ernsthafte Option gesehen und realisiert wird.

Literatur

A. T. Kearney (2010): Solar Thermal Electricity 2025 – Clean electricity on demand: attractive STE cost stabilize energy production, ESTELA, Juni

EPIA (European Photovoltaic Industry Association) (2011): Global Market Outlook for Photovoltaics until 2015, Mai

Fuhs, Michael (2010): Die Evolution geht weiter, in: photovoltaik 11, S. 70-80

Gersdorf, Claudia/Fischer, Siegfried (2011): Konzentrierende solarthermische Kraftwerke – Neue Chancen am Weltmarkt, in: BWK, Bd. 63, Nr. 3, S. 30

Patnode, Angela (2006): Simulation and Performance Evaluation of Parabolic Trough Solar Power Plants, University of Wisconsin-Madison

Schlegl, Thomas (2007): Nutzung der Sonnenenergie – Technologien und Trends, Fraunhofer-Institut für Solare Energiesysteme ISE Freiburg, www.tfz.bayern.de/veranstaltungen/26361/linkurl_1.pdf

SolarServer (2011): Preisindex Photovoltaik, www.solarserver.de/service-tools/photovoltaik-preisindex.html

[8] Alle folgenden Angaben Stand Juni 2011.

Energiegewinnung aus Biomasse

Martin Kaltschmitt

1 Einleitung

Die energie- und umweltpolitischen Diskussionen in Deutschland werden seit mehr als drei Jahrzehnten durch die energiebedingten Umweltauswirkungen maßgeblich mitbestimmt. Derzeit fokussiert sich die öffentliche Diskussion u.a. auf die potenziellen Folgen des anthropogenen Treibhauseffekts. Zur Vermeidung oder zumindest zur Reduktion derartiger energiebedingter Umweltauswirkungen gelten von der Vielzahl der Möglichkeiten, die zu einer zukünftig umwelt- und klimaverträglicheren Energieversorgung beitragen können, regenerative Energien und hier insbesondere die Biomasse oft als „Hoffnungsträger". Dies gilt grundsätzlich für alle denkbaren Optionen einer Energiegewinnung aus Biomasse – und damit für eine Wärme-, Strom- und Kraftstofferzeugung aus organischen Stoffen; unter Kosten-Effizienz-Gesichtspunkten werden dabei diejenigen Biomasse-Ströme, die besonders kostengünstig verfügbar sind (d.h. Rückstände, Nebenprodukte und Abfälle), bevorzugt. Zunehmend gewinnen aber auch Energiepflanzen – und damit allein und ausschließlich zur energetischen Nutzung angebaute Pflanzen – immer mehr an Bedeutung.

Vor dem Hintergrund der stark volatilen Energiepreise ist in den letzten Jahren der Aspekt der Versorgungssicherheit in der energiepolitischen und -wirtschaftlichen Diskussion immer mehr in den Vordergrund getreten. Auch hierzu können regenerative Energien – und insbesondere die Biomasse – merklich beitragen, da beispielsweise Holz als Energieträger aus heimischen Wäldern oder Stroh als ein Nebenprodukt der deutschen Getreideproduktion mit vorhandener Technik gewonnen und problemlos so lange gelagert werden kann, bis eine entsprechende Energienachfrage gegeben ist.

Im Kontext dieses Gesamtzusammenhangs werden im Folgenden die verschiedenen technischen Möglichkeiten einer Wärme- und Strom- sowie einer Kraftstoffbereitstellung aus organischen Stoffen dargestellt und diskutiert. Dabei werden nur die Möglichkeiten näher betrachtet, die derzeit aus technisch-ökonomischer Sicht sinnvoll nach dem aktuellen Stand der Technik in der Bundesrepublik Deutschland einsetzbar sind bzw. einsetzbar sein könnten. Ausgehend davon werden Schlussfolgerungen gezogen und zur Diskussion gestellt.

2 Möglichkeiten einer Bioenergiegewinnung

Unter Biomasse werden Stoffe organischer Herkunft verstanden; Biomasse beinhaltet damit die in der Natur lebende Phyto- und Zoomasse (Pflanzen und Tiere) und die daraus resultierenden Rückstände, Nebenprodukte und Abfälle (z.B. Exkremente, Stroh, Schlachthofabfälle). Biomasse kann außer als Nahrungs- und Futtermittel auch stofflich – z.B. als Rohstoff für die Papierherstellung oder die chemische Industrie – wie auch energetisch – und damit zur Bereitstellung von Bioenergie – genutzt werden.

Biomasse ist eine begrenzte Ressource, deren nachhaltige Produktion aufgrund der a priori global und regional begrenzten Landflächen nicht beliebig ausgeweitet werden kann. Analysen des nachhaltig energetisch nutzbaren globalen Biomasseaufkommens haben aber gezeigt, dass die weltweite Biomassenutzung unter Einhaltung der derzeit diskutierten Nachhaltigkeitskriterien noch um den Faktor fünf bis zehn gesteigert werden könnte. Damit steht einer weiteren Ausweitung der energetischen Nutzung aus Sicht der insgesamt verfügbar zu machenden Biomasseressourcen nichts im Wege. Dies kann aber lokal anders sein; hier kann es durchaus zu regionalen Engpässen kommen, die aber durch einen entsprechenden Biomassehandel, wie er derzeit global im Entstehen begriffen ist, ausgeglichen werden können.

Biomasse, die für eine Energiebereitstellung nutzbar ist, wird im Allgemeinen unterteilt in Energiepflanzen, Ernterückstände, organische Nebenprodukte und organische Abfälle.

- Unter Energiepflanzen werden ausschließlich zur Energiegewinnung angebaute Pflanzen verstanden (z.B. Kurzumtriebspappeln, Ethanolgetreide, Raps für Biodiesel, Jatropha für Kerosin).
- Ernterückstände fallen bei der land- und forstwirtschaftlichen Primärproduktion von Rohstoffen an, die im Regelfall als Nahrungs- oder Futtermittel oder für die stoffliche Nutzung angebaut werden (d.h. Koppelprodukte der land- und forstwirtschaftlichen Produktion wie z.B. Stroh, Waldrestholz).
- Organische Nebenprodukte fallen bei der Weiterverarbeitung land- und forstwirtschaftlicher Primärprodukte zu höherwertigen bzw. veredelten Sekundärprodukten an (z.B. Gülle, Kappholz, Sägespäne).
- Unter organischen Abfällen werden Abfallstoffe organischer Herkunft wie z.B. Klärschlamm oder die organische Hausmüllfraktion zusammengefasst; dies inkludiert auch Organikabfälle aus der Lebensmittelbe- und -verarbeitung.

Diese Biomassen müssen für eine energetische Nutzung zunächst verfügbar gemacht werden (Abbildung 1). In den allermeisten Fällen ist dazu ein Ernte- und/oder Sammelprozess und im Regelfall auch ein Transportprozess notwendig. In vielen Fällen muss die Biomasse zusätzlich, bevor sie energetisch genutzt werden kann, mechanisch aufbereitet werden (u.a. Zerkleinerung, Verdichtung). Oft wird auch eine Lagerung realisiert, um einen Ausgleich zwischen dem jahreszeitlich schwankenden Biomasseanfall und der im Jahresverlauf unterschiedlichen Energienachfrage zu ermöglichen.

Abbildung 1: Nutzungsmöglichkeiten von Biomasse zur End-/Nutzenergiebereitstellung

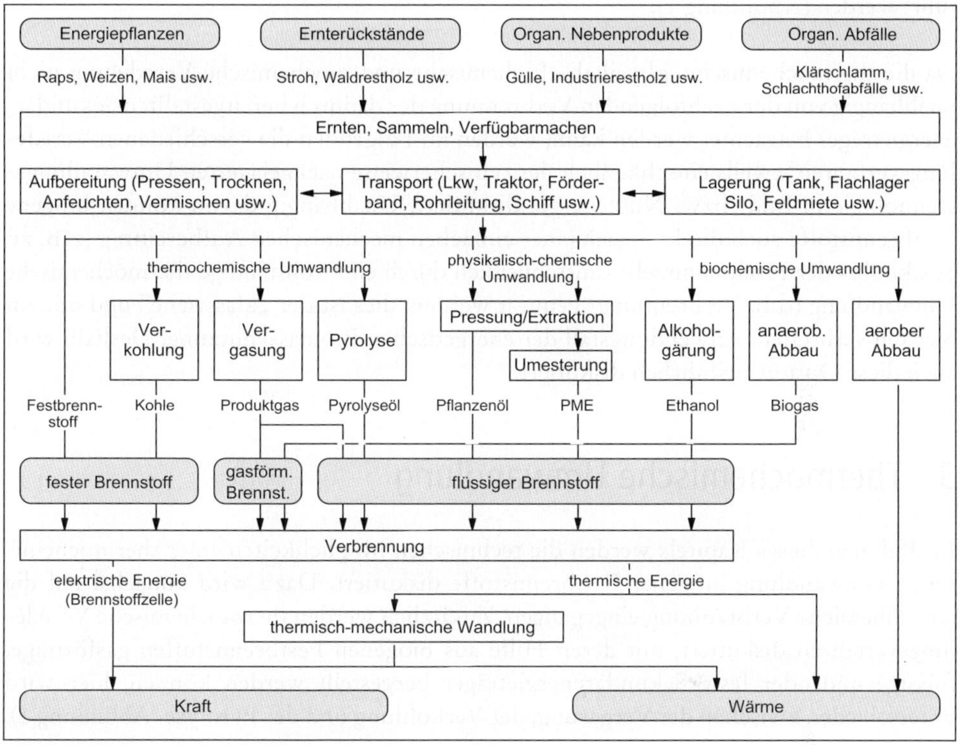

Quelle: Kaltschmitt/Hartmann/Hofbauer (2009), S. 4

Anschließend kann die Biomasse zur Wärme- und/oder Strombereitstellung bzw. zur Bereitstellung von Kraftstoffen genutzt werden. Dazu ist sie in einen festen, flüssigen oder gasförmigen Energieträger – oder eine Kombination daraus – zu überführen. Der oder die Energieträger können dann unter Energiefreisetzung verbrannt (d.h. primär zu Kohlenstoffdioxid und Wasser oxidiert) werden. Diese Bereitstellung der Bioenergieträger kann realisiert werden durch eine einfache mechanische Aufbereitung (z.B. aus Waldholz zu biogenen Festbrennstoffen wie beispielsweise Hackschnitzel oder Pellets) und/oder durch eine aufwendigere thermochemische, physikalisch-chemische bzw. biochemische Umwandlung (z.B. Bereitstellung eines Brenngases aus Holz, Produktion von Biodiesel aus Rapssaat, Herstellung von Biogas aus Gülle). Bei letzteren werden durch entsprechende Veredelungsprozesse die Eigenschaften der Bioenergieträger hinsichtlich z.B. der Energiedichte, der Handhabung, der Speicher- und Transportmöglichkeiten, der Umweltverträglichkeit der energetischen Nutzung und/oder dem Potenzial zur Substitution fossiler Energieträger verändert. Diese sogenannten Bioenergieträger können dann durch eine Verbrennung in entsprechenden Anlagen in die letztlich gewollte Wärme und/oder den gewünschten Strom bzw. in Kraft (z.B. für den Traktionsbereich) überführt werden (Abbildung 1).

Da die thermochemische, physikalisch-chemische und biochemische Veredelung nicht unabhängig von der nachfolgenden Verbrennung der dadurch bereitgestellten Sekundärenergieträger betrachtet werden kann, werden im Folgenden die verschiedenen Veredelungsverfahren jeweils einschließlich der typischerweise nachgelagerten Umwandlungstechnologie in End- bzw. Nutzenergie diskutiert. Unabhängig davon können biogene Festbrennstoffe auch direkt – nach einer einfachen mechanischen Aufbereitung (z.B. zu Stückholz oder Hackschnitzel) – ausschließlich durch eine vollständige thermochemische Umwandlung (d.h. Verbrennung) genutzt werden; dies ist der „klassische" und mit am meisten verbreitete Anwendungsfall der energetischen Biomassenutzung. Deshalb wird auch diese Option ausführlich diskutiert.

3 Thermochemische Umwandlung

Im Rahmen dieses Kapitels werden die technischen Möglichkeiten einer thermochemischen Umwandlung biogener Festbrennstoffe diskutiert. Dazu wird zunächst auf die ausschließliche Verbrennung eingegangen. Zusätzlich werden thermochemische Veredelungsverfahren diskutiert, mit deren Hilfe aus biogenen Festbrennstoffen gasförmige, flüssige und/oder feste Sekundärenergieträger hergestellt werden können; hier wird unterschieden zwischen der Vergasung, der Verkohlung und der Pyrolyse (Abbildung 1).

3.1 Ausschließliche Verbrennung

Bei der „klassischen" Verbrennung biogener Festbrennstoffe in entsprechenden Feuerungsanlagen wird im Allgemeinen unterschieden zwischen dem Einsatz in Kleinst-, Klein- und Großfeuerungsanlagen zur Wärme- und/oder Strombereitstellung. Dabei ist die Wärmebereitstellung aus Holzbrennstoffen in allen Leistungsbereichen seit Jahrzehnten im Einsatz und hat eine beachtliche Marktverbreitung gefunden. Abbildung 2 zeigt exemplarisch für die dafür einsetzbare Technik eine Unterschubfeuerung.

Bei einer derartigen Unterschubfeuerung wird der Brennstoff (d.h. das Hackgut) mit einer Förderschnecke von unten in die Feuermulde (Retorte) eingebracht. Ein Teil der Verbrennungsluft wird als Primärluft in die Retorte und damit durch den Brennstoff geführt. Dort erfolgen die Trocknung, die pyrolytische Zersetzung und die Vergasung des biogenen Festbrennstoffs. Um die den eigentlichen Verbrennungsherd verlassenden und noch brennbaren Gase vollständig zu oxidieren, wird ihnen vor dem Eintritt in die heiße Nachbrennkammer vorgewärmte Sekundärluft zugemischt; dadurch wird ein vollständiger Ausbrand sichergestellt und die Emissionen unerwünschter Schadstoffe minimiert. Anschließend geben die heißen Abgase im nachgeschalteten Wärmeübertrager ihre Wärme an ein Wärmeträgermedium (z.B. Wasser) ab, passieren den Zyklon als Trägheitsentstauber und gelangen durch das Kaminsystem in die Atmosphäre.

Feuerungsanlagen für Holzbrennstoffe – mit zum Teil sehr unterschiedlichen Feuerungstechnologien, die den unterschiedlichen Brennstoffformen (z.B. Stückholz, Hackgut, Pellets) adäquat Rechnung tragen – sind heute in nahezu allen nachgefragten thermischen Leistungsbereichen verfügbar. Damit können auch thermische Leistungen bereitgestellt werden, die eine ausschließliche Strom- und/oder gekoppelte Strom- und Wärmeerzeugung in Anlagen mit installierten elektrischen Leistungen ab dem mittleren bis oberen einstelligen Megawatt-Bereich mithilfe konventioneller Dampfprozesse (Turbine) ermöglichen. Abbildung 3 zeigt exemplarisch eine typische Rostfeuerung, wie sie beispielsweise in Betrieben der holzbe- und -verarbeitenden Industrie für die Verbrennung der anfallenden Rinde bzw. des verbleibenden Industrierestholzes zur Strom- und Wärmeerzeugung eingesetzt wird. In solchen Anlagen wird mit der durch die Verbrennung der Biomasse freigesetzten Wärme Wasserdampf erzeugt, der anschließend mithilfe eines konventionellen Dampfkreisprozesses – und damit mit gängiger Kraftwerkstechnik – in elektrische Energie gewandelt wird. Die dabei anfallende Abwärme kann beispielsweise zur Beheizung von Trockenkammern für Holz genutzt werden. Die bei der Verbrennung freigesetzten Abgase werden – zur Einhaltung der gesetzlichen Vorgaben – über einen Zyklon und einen Elektroabscheider vom Staub gereinigt, bevor sie an die Atmosphäre abgegeben werden. Die Asche wird am unteren Teil des Rostes abgezogen und im Regelfall deponiert.

Abbildung 2: Beispiel für eine Unterschubfeuerung

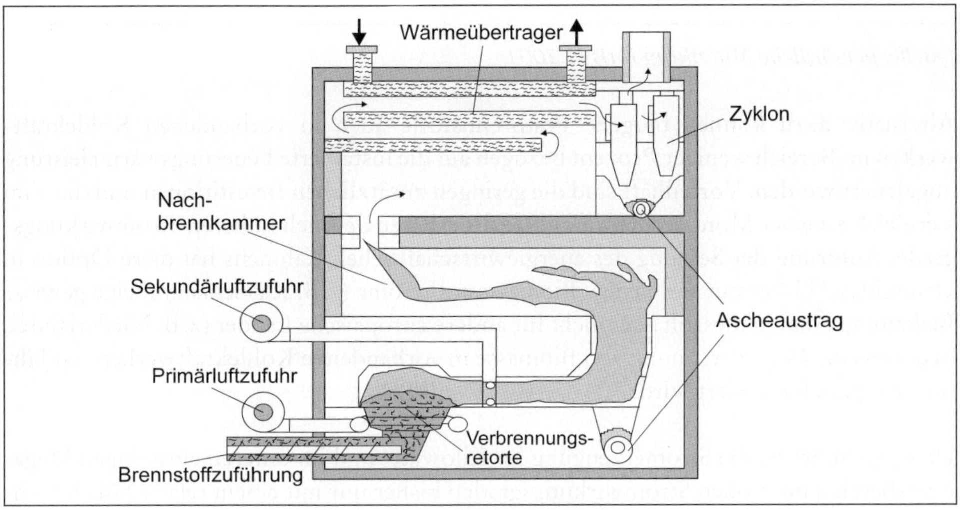

Quelle: Kaltschmitt/Hartmann/Hofbauer (2009), S. 503

In vergleichbaren Anlagen kann auch Altholz eingesetzt werden. Aufgrund der dann aber deutlich aufwendigeren Abgasreinigung sind derartige Anlagen aus ökonomischen Gründen meist durch deutlich höhere installierte thermische und elektrische Leistungen gekennzeichnet. Diese liegen in Deutschland aufgrund der energiewirtschaftlichen Rahmenvorgaben (d.h. Erneuerbare-Energien-Gesetz) oft bei 20 Megawatt (MW) elektrischer Leistung. Die Wirkungsgrade derartiger Anlagen können sich im Bereich von 30 bis 35% bewegen.

Abbildung 3: Anlage zur Verbrennung biogener Festbrennstoffe

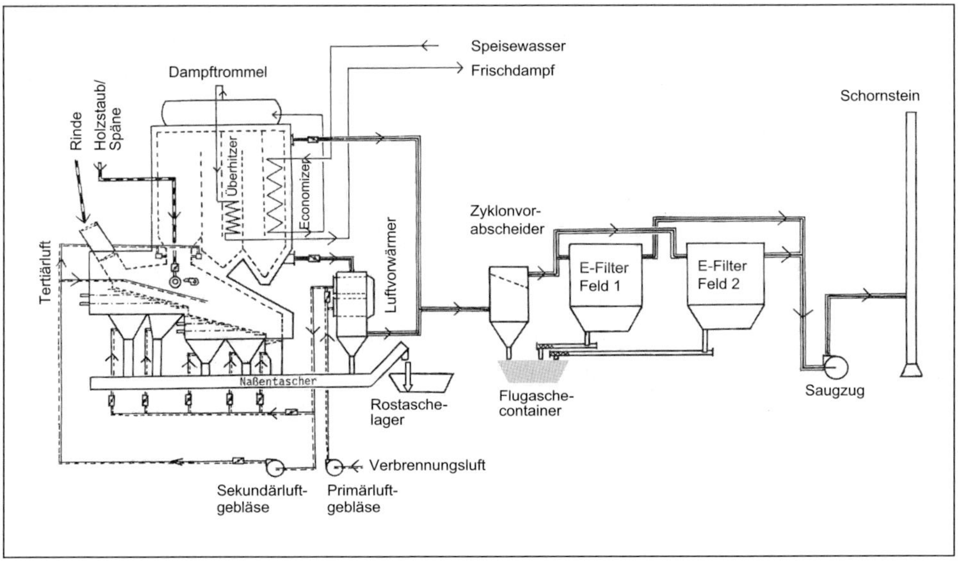

Quelle: persönliche Mitteilung EnBW, 2001

Alternativ dazu können biogene Festbrennstoffe auch in vorhandenen Kohlekraftwerken im Bereich weniger Prozent bezogen auf die installierte Feuerungswärmeleistung zugefeuert werden. Vorteilhaft sind die geringen zusätzlichen Investitionen und die – im Vergleich zu einer Monoverbrennung – realisierbaren deutlich höheren Stromwirkungsgrade. Aufgrund der Setzung des energiewirtschaftlichen Rahmens hat diese Option in Deutschland bisher nur für wenige Biomassestoffströme (z.B. Klärschlamm) eine gewisse Bedeutung erlangt; dies gilt aber nicht für andere europäische Länder (z.B. Niederlande), in denen eine Mitverbrennung von Biomasse in vorhandenen Kohlekraftwerken seit Jahren erfolgreich realisiert wird.

Demgegenüber ist die Stromerzeugung im Kilowatt- und im unteren einstelligen Megawatt-Bereich mit hohen Stromwirkungsgraden bisher nur mit einem relativ hohen technischen Aufwand – und damit hohen Kosten – realisierbar. In der Praxis kommen dafür derzeit Dampfmotoren und Organic-Rankine-Cycle-Prozesse zum Einsatz. In diesen Stromerzeugungsoptionen sind im Allgemeinen aber nur elektrische Wirkungsgrade von unter 20% möglich. Deshalb kommen derartige Techniken – aufgrund der daraus resultierenden ökonomischen Konsequenzen – im Allgemeinen nur dort zum Einsatz, wo primär die Wärmenachfrage gedeckt werden soll und die Stromerzeugung ein (gewünschter) Zusatzeffekt ist.

Demgegenüber ist die Verbrennung halmgutartiger Brennstoffe (z.B. Stroh, Landschaftspflegeheu) in derartigen Anlagen nur mit einem hohen zusätzlichen technischen Aufwand möglich. Halmgüter sind im Allgemeinen durch einen geringen Ascheerweichungspunkt und teilweise hohe Anteile unerwünschter Spurenelemente (z.B. Chlor, Kalium) gekennzeichnet. Deshalb ist ihre Verbrennung in heute marktgängigen Feuerungsanlagen – unabhängig von der installierten Anlagenleistung – oft problematisch (d.h. teuer). Deutlich einfacher ist demgegenüber eine Zufeuerung in vorhandenen Kohlekraftwerken mit Anteilen von wenigen Prozent bezogen auf die installierte Feuerungswärmeleistung, wie es beispielsweise in Dänemark realisiert wird.

3.2 Vergasung

Bei der thermochemischen Vergasung werden biogene Festbrennstoffe bei hohen Temperaturen möglichst vollständig in brennbare Gase umgewandelt. Dazu wird dem Prozess unterstöchiometrisch ein sauerstoffhaltiges Vergasungsmittel (z.B. Luft, Wasser) zugeführt. Dieser Sauerstoff wird benötigt, um die Biomasse über diverse Zwischenstufen in Kohlenstoffmonoxid (CO) und Wasserstoff (H_2) zu überführen (d.h. zu vergasen). Die dazu erforderliche Prozesswärme wird durch eine teilweise Verbrennung des Einsatzmaterials (d.h. der Biomasse) bereitgestellt. Für die technische Umsetzung dieses Prozesses steht eine Vielzahl unterschiedlichster Vergasungsverfahren zur Verfügung, die sich jedoch oft erst am Beginn der Markteinführung befinden und durch mehr oder weniger große Verbesserungs- und Optimierungspotenziale gekennzeichnet sind.

Das produzierte und technisch aufwendig von Staub, Teer und anderen unerwünschten Gasbegleitstoffen gereinigte Produktgas kann anschließend in Motoren, Turbinen oder gegebenenfalls in Brennstoffzellen zur Stromerzeugung eingesetzt werden oder zu gasförmigen (z.B. Biomethan, Wasserstoff) oder flüssigen Biokraftstoffen (z.B. Methanol, Fischer-Tropsch-Diesel) umgewandelt werden.

Abbildung 4 zeigt exemplarisch das Verfahrensfließbild der Vergasungsanlage in Güssing, die bisher weltweit die meisten Volllaststunden und damit das mit Abstand größte Erfahrungspotenzial aufweisen kann. Hier werden Strom und Wärme über die thermochemische Vergasung von Holzhackgut bereitgestellt. Dazu werden aus einem Tagesbunker die Hackschnitzel über einen Schubboden und ein Becherwerk in einen Zwischenbunker gefördert;

von hier wird der Brennstoff mit einer Bandwaage gewogen und über ein Zellradschleusen- und Schneckensystem in den Vergasungsreaktor eingebracht. Bei diesem handelt es sich um eine stationäre, mit Dampf fluidisierte Zweibett-Wirbelschicht. Das entstandene Produktgas (Gasgemisch u.a. aus CO, CO_2, CH_4, H_2) wird nach dem Vergaser gekühlt und mittels eines Gewebefilters vom Staub gereinigt. In einem nachgeschalteten Wäscher wird mit Biodiesel (RME) der im Vergaser entstandene Teer aus dem Rohgas entfernt. Das gereinigte Gas wird dann über ein Gebläse verdichtet und anschließend in einem Gasmotor verbrannt; die hierbei erzeugte mechanische Energie wird anschließend in einem Generator in die gewünschte elektrische Energie gewandelt. Die im Motor entstandenen Abgase werden zur Einhaltung der Emissionsgrenzwerte katalytisch nachbehandelt und abgekühlt. Das Bettmaterial und der bei der Vergasung aus der Biomasse entstandene Koks wandern über eine Rutsche in den Verbrennungsteil der Anlage (d.h. die Brennkammer). Dort verbrennt der Koks unter Luftzugabe in einer austragenden Wirbelschicht. In dieser wird auch das beladene Biodiesel aus dem Ölwäscher unter Freisetzung thermischer Energie verbrannt. Das dadurch erhitzte Bettmaterial wird vom Abgas getrennt und über einen Siphon in den Vergasungsreaktor zurückgeführt. Die im heißen Abgas der Verbrennung enthaltene thermische Energie wird zur Fernwärme- und Dampfproduktion genutzt.

Abbildung 4: Beispiel für eine Vergasungsanlage

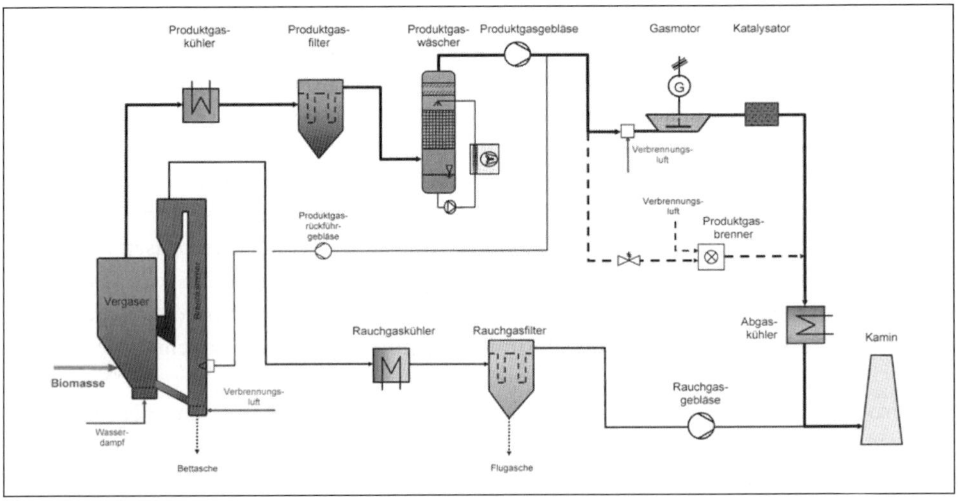

Quelle: persönliche Mitteilung TU Wien, 2008

Erste derartige Vergasungsanlagen mit installierten thermischen Leistungen im oberen einstelligen und unteren zweistelligen MW-Bereich mit dem Ziel der Kraft-Wärme-Kopplung sind insbesondere in Österreich in Betrieb bzw. im Bau; aber auch in Deutschland ist das Interesse an dieser Technologie hoch, und erste Anlagen sind auch hier im Bau. Damit kann diese vergleichsweise neue Technologie als am Markt verfügbar angesehen werden.

Das bereitgestellte Produktgas kann auch zu einem gasförmigen oder flüssigen Sekundärenergieträger (d.h. Biokraftstoff) umgewandelt werden. Bei der ersteren Variante ist dies u.a. mithilfe der Methanisierung mit dem Ziel der Biomethan- oder Bio-SNG-Erzeugung (SNG steht für Synthetic Natural Gas) oder der Wasser-Gas-Shift-Reaktion zur Wasserstofferzeugung möglich. Bei der letzteren Option ist dies beispielsweise über die Methanolsynthese zu Methanol oder die Fischer-Tropsch-Synthese zu FT-Diesel machbar. Für beide Varianten muss das im Vergaser produzierte Synthesegas aber sehr weitgehend gereinigt werden, damit z.B. die bei der Synthese eingesetzten Katalysatoren ihre Wirkung nicht verlieren. Hinzu kommt, dass bei der Herstellung flüssiger Bioenergieträger wie beispielsweise bei der Fischer-Tropsch-Synthese ein Produktspektrum aus unterschiedlichsten Kohlenwasserstoffen entsteht, das im Hinblick auf die vorgegebenen Produktspezifikationen z.B. in einer konventionellen Rohölraffinerie aufbereitet werden muss.

Derartige Varianten zur Synthese gasförmiger oder flüssiger Biokraftstoffe stehen noch vergleichsweise am Anfang der technischen Entwicklung; dies gilt hinsichtlich der sicheren verfahrenstechnischen Umsetzung der diesbezüglichen Optionen im kommerziellen Maßstab, im Hinblick auf die Optimierung der eingesetzten Verfahren und Techniken und auch hinsichtlich einer noch notwendigen Reduktion der damit verbundenen Kosten.

3.3 Verkohlung

Unter der Verkohlung wird hier eine Veredelung von fester Biomasse mit dem Ziel einer möglichst hohen Ausbeute an Festbrennstoff (Holzkohle) verstanden. Das organische Material wird dabei thermisch ohne externe Sauerstoffzufuhr zersetzt (d.h. langsame Pyrolyse), wobei die erforderliche Prozesswärme durch eine Teilverbrennung des Rohstoffs bereitgestellt wird. Die bei der Verkohlung ablaufenden thermochemischen Prozesse unterscheiden sich nicht grundsätzlich von denen der Vergasung; sie laufen nur unter anderen Rand- und Rahmenbedingungen ab und führen deshalb zu einem teilweise anderen Ergebnis (d.h. Holzkohle).

Die Verkohlung von holz- und – mit erheblichen Einschränkungen – halmgutartiger Biomasse im großtechnischen Maßstab wird in Deutschland derzeit fast ausschließlich zur stofflichen Nutzung der produzierten Holzkohle (z.B. Aktivkohle) oder – zu einem geringeren Anteil – zum Einsatz als Grillholzkohle realisiert. In industrialisierten Ländern wird Holzkohle als Energieträger kaum großtechnisch genutzt; vor dem Hintergrund der Dimensionen des deutschen Energiesystems hat dieser Energieträger keine praktische Bedeutung.

3.4 Pyrolyse

Bei der (schnellen) Pyrolyse wird (feste) Biomasse unmittelbar unter kurzfristiger Hitzeeinwirkung in eine Kombination – mit prozess- und verfahrensabhängigen Anteilen – aus gasförmigen, flüssigen und festen Sekundärenergieträgern umgewandelt, indem die organischen Makromoleküle, aus denen biogene Festbrennstoffe bestehen, wärmeinduziert aufgebrochen werden. Wird die flüssige Fraktion abgetrennt und anschließend aufbereitet, kann dieses sogenannte Bioöl oder Biorohöl – außer in Brennern zur Wärmebereitstellung – prinzipiell nach einer entsprechenden Aufbereitung auch in Motoren und/oder Turbinen zur Strom- und gegebenenfalls Wärmeerzeugung eingesetzt werden. Ein Einsatz im Verkehrssektor ist grundsätzlich ebenfalls denkbar.

Verfahren zur schnellen Pyrolyse fester Biomasse befinden sich – unabhängig vom eingesetzten Biobrennstoff – bisher noch weitgehend im Forschungs- und Entwicklungsstadium. Aus gegenwärtiger Sicht ist – aufgrund der nur eingeschränkt vorhandenen Technik und der relativ geringen Umwandlungswirkungsgrade in einen flüssigen Sekundärenergieträger – auch nicht davon auszugehen, dass die Pyrolyse zur Bereitstellung eines Endenergieträgers einen energiewirtschaftlich relevanten Beitrag zur Deckung der Energienachfrage in Deutschland kurz- bis mittelfristig wird leisten können.

4 Physikalisch-chemische Umwandlung

Die Gewinnung von Pflanzenöl beispielsweise aus Raps- oder Sonnenblumensaat (d.h. aus ölhaltigen Pflanzenkomponenten) erfolgt durch Pressung und/oder Extraktion des in den organischen Stoffen enthaltenen Öls.

- Beim Pressen der ölhaltigen Biomasse (d.h. der Saat) wird die flüssige Ölphase durch mechanische Prozesse von der festen Phase, dem sogenannten Presskuchen, getrennt.
- Bei der Extraktion der ölhaltigen Saat wird der Ölinhalt dagegen mit Hilfe eines Lösemittels abgetrennt; als Feststoff bleibt das sogenannte Extraktionsschrot zurück. Mithilfe der Extraktion können im Vergleich zur Pressung deutlich höhere Entölungsgrade erzielt werden; dies hat jedoch den Nachteil, dass das Lösemittel und das Öl anschließend wieder (aufwendig) getrennt werden müssen (Abbildung 5).

Die Entscheidung, ob eine Pressung und/oder eine Extraktion realisiert werden, hängt deshalb außer von den Eigenschaften der jeweiligen Ölsaat auch von der entsprechenden ökonomischen Prozessoptimierung ab. Daher wird beispielsweise bei der für Deutschland wichtigsten Ölsaat, dem Raps, häufig eine Kombination aus Pressung und (nachgeschalteter) Extraktion gewählt; Abbildung 5 zeigt exemplarisch ein entsprechendes Ablaufschema.

Das derart gewonnene Pflanzenöl kann in Reinform in Motoren und Heiz- bzw. Heizkraftwerken (d.h. Blockheizkraftwerke) als Brennstoff eingesetzt werden; problematisch ist jedoch die eingeschränkte Marktverfügbarkeit von pflanzenöltauglichen Motoren. Deshalb kann z.B. durch einen chemischen Umwandlungsprozess, wie z.B. die Umesterung, das gewonnene Pflanzenöl u.a. hinsichtlich Viskosität, Dichte und Zündwilligkeit an die Eigenschaften von konventionellem Dieselkraftstoff angepasst werden.

Der in Deutschland bekannteste Pflanzenölester ist Rapsölmethylester (RME, Biodiesel). Er wird durch Umesterung von Rapsöl mit Methanol produziert. Alternativ dazu ist auch eine Hydrierung des Pflanzenöls (sogenanntes HVO) oder eine Co-Raffination in vorhandenen Rohölraffinerien möglich; beide Optionen führen zu einem konventionellem Diesel vergleichbaren Kraftstoff. Biodiesel – bei einer entsprechenden Freigabe der Motorenhersteller – und hydriertes Pflanzenöl (HVO) können als Dieseler- bzw. -zusatz im Transportsektor genutzt werden. Alternativ ist auch ein Einsatz in Blockheizkraftwerken zur gekoppelten Wärme- und Strombereitstellung möglich.

Abbildung 5: Beispiel für die Herstellung von Pflanzenöl

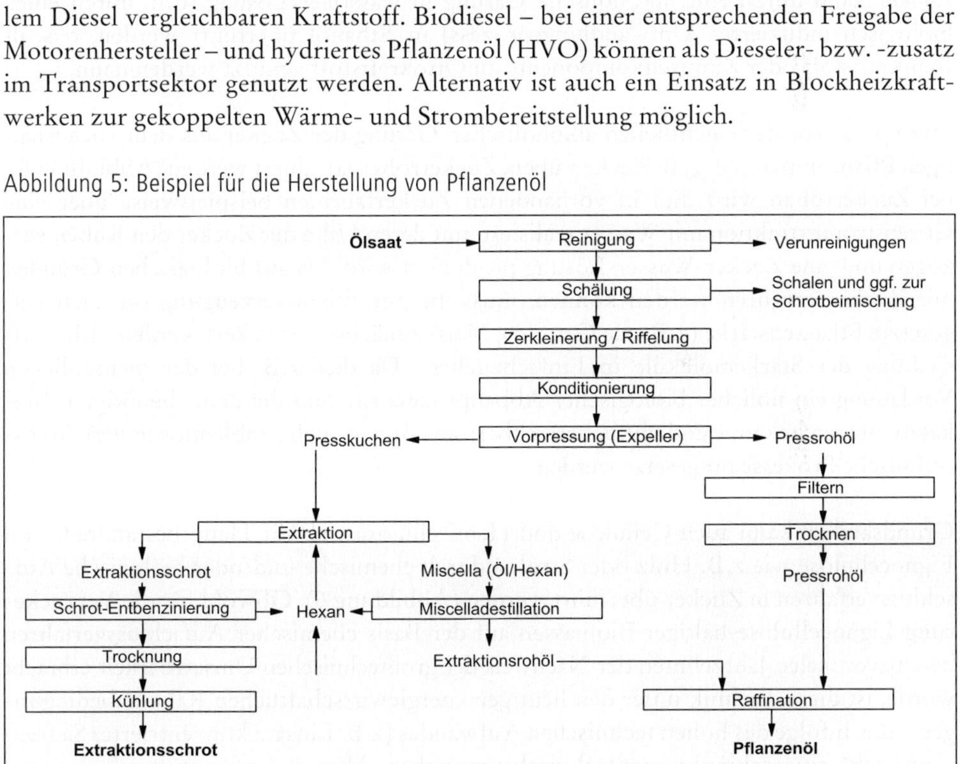

Quelle: Kaltschmitt/Hartmann/Hofbauer (2009), S. 713

5 Biochemische Umwandlung

Von den biochemischen Prozessen zur Biomassewandlung haben bisher aus energetischer Sicht nur die Alkoholgärung und die Biogaserzeugung Bedeutung erlangt (Abbildung 1); deshalb werden auch nur diese beiden Optionen nachfolgend detaillierter diskutiert.

5.1 Alkoholgärung

Zucker kann durch eine alkoholische Gärung in wässriger Lösung (d.h. durch einen biologisch induzierten Umwandlungsprozess) in Ethanol überführt werden, das als Reinkraftstoff oder Zumischkomponente zu Ottokraftstoff genutzt werden kann.

Dazu muss vor der eigentlichen alkoholischen Gärung der Zucker aus dem zuckerhaltigen Pflanzenmaterial (z.B. Zuckerrüben, Zuckerrohr) extrahiert werden (Abbildung 6); bei Zuckerrüben wird dies in vorhandenen Zuckerfabriken beispielsweise über eine Gegenstromextraktion mit Wasser realisiert, mit deren Hilfe der Zucker den Rüben entzogen und eine Zucker-Wasser-Lösung produziert wird. Da aus biologischen Gründen nur Zucker vergoren werden können, muss die zur Ethanolerzeugung oft auch eingesetzte Pflanzenstärke (z.B. aus Getreide, Mais) zunächst verzuckert werden (d.h. Aufspaltung der Stärkemoleküle in Einfachzucker). Da dies z.B. bei der menschlichen Verdauung ein üblicher biologischer Abbauprozess ist, sind die dafür benötigten Biokatalysatoren bekannt und gut beherrschbar; sie können auch problemlos in verfahrenstechnische Prozesse umgesetzt werden.

Grundsätzlich kann auch Cellulose und Hemicellulose – als die Hauptbestandteile von Lignocellulose wie z.B. Holz oder Stroh – durch chemische und/oder biologische Aufschlussverfahren in Zucker überführt werden (Abbildung 6). Obwohl für die Verzuckerung Lignocellulose-haltiger Biomassen auf der Basis chemischer Aufschlussverfahren bereits vor vielen Jahrzehnten der Nachweis der großtechnischen Umsetzbarkeit erbracht wurde, ist diese Technik unter den heutigen energiewirtschaftlichen Rahmenbedingungen – u.a. infolge des hohen technischen Aufwandes (z.B. Einsatz konzentrierter Säuren) – nur sehr eingeschränkt großtechnisch umsetzbar. Aber es laufen weltweit entsprechende Forschungsarbeiten, die das Ziel haben, derartige Prozesse zur kommerziellen Reife weiterzuentwickeln.

Abbildung 6: Prozesse zur Herstellung von Bioethanol

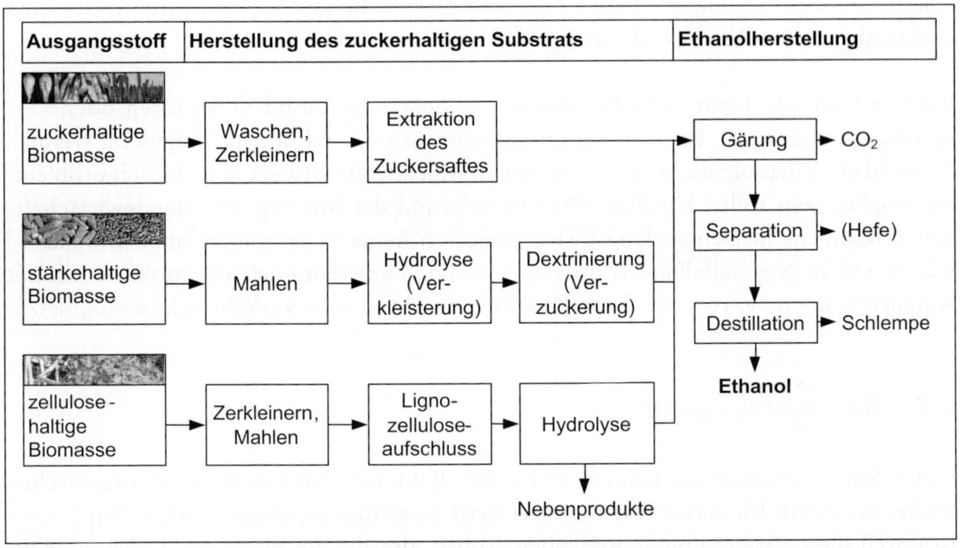

Quelle: persönliche Mitteilung TUHH, Hamburg, 2010

Anschließend wird im sogenannten Gärungsprozess die zuckerhaltige Lösung mithilfe von Hefen in Ethanol umgewandelt; für eine größtmögliche Ethanolausbeute ist es dabei wichtig, dass für die Mikroorganismen optimale Bedingungen (z.B. Temperatur, pH-Wert, Alkoholkonzentration) vorherrschen. Die anschließende Abtrennung des Alkohols aus der vergorenen Maische erfolgt durch eine Destillation bzw. Rektifikation. Dadurch kann eine Reinheit des gewonnenen Alkohols von maximal 97,2 Volumenprozent erreicht werden. Die für den motorischen Einsatz notwendigen Alkoholkonzentrationen von über 99,9% sind damit nicht möglich, da Wasser und Ethanol bei dieser Konzentration ein Azeotrop bilden (d.h., Dampf und flüssige Phase haben die gleiche Zusammensetzung, sodass eine weitere destillative Auftrennung nicht mehr möglich ist). Zur Gewinnung von Reinalkohol ist daher ein zusätzlicher Schritt, die sogenannte Absolutierung, notwendig (Abbildung 6). Dies kann entweder ermöglicht werden durch die Zumischung eines Schleppmittels (z.B. Cyclohexan) mit dem Ziel, den azeotropen Punkt des Wasser-Ethanol-Gemischs zu verschieben und so eine weitere destillative Auftrennung zu ermöglichen. Alternativ dazu ist beispielsweise auch eine Absolutierung mittels Molekularsieben möglich, die aufgrund eines deutlich geringeren Energiebedarfs zunehmend Verbreitung in der Praxis finden und die andere Option sukzessive ablösen.

Nach Abtrennung des Alkohols verbleibt rund das 9- bis 14-Fache des Ethanolvolumens als sogenannte Schlempe. Sie enthält bis auf die vergorenen Kohlenhydrate noch alle Inhaltsstoffe der ursprünglichen zuckerhaltigen Maische (d.h. Wasser, organische Stoffe, Mineralien) sowie Proteine der Hefen. Sie kann direkt, in aufkonzentrierter Form oder getrocknet als Futter- oder Düngemittel verwendet werden. Auch kann sie in Biogasanlagen anaerob zu Biogas umgesetzt und z.B. anschließend – nach einer (teilweisen oder vollständigen) Trocknung – als Düngemittel verwertet werden.

Ethanol kann als Treib- und Brennstoff stationär oder mobil in Motoren oder Verbrennungsanlagen zur Bereitstellung von Kraft, Strom und Wärme eingesetzt werden. Obwohl ein Ethanoleinsatz beispielsweise in Blockheizkraftwerken technisch problemlos möglich sein sollte, hat diese Option aufgrund der Setzung des energiewirtschaftlichen Rahmens in Deutschland bisher praktisch keine Bedeutung erlangt. Bioethanol wird heute im Normalfall aus Klimaschutzgründen konventionellem Ottokraftstoff mit Anteilen von 5 bzw. 10% (E5 bzw. E10) zugemischt und im Verkehrssektor eingesetzt.

5.2 Biogaserzeugung

Unter Sauerstoffabschluss kann mithilfe von Bakterien ein Großteil der organischen Stoffe, aus denen Biomasse besteht, unter Gasfreisetzung abgebaut werden. Nur Lignin ist durch diesen sogenannten anaeroben Abbau, der nur im wässrigen Milieu abläuft, nicht abbaubar; d.h., holzartige und stark verholzte halmgutartige Biomassen kommen nur sehr eingeschränkt als Biogassubstrat in Betracht.

Bei einem derartigen anaeroben Abbau organischer Stoffe beispielsweise in entsprechenden Reaktoren wird ein wasserdampfgesättigtes, brennbares Mischgas (Biogas) freigesetzt, das zur Hälfte bis zu maximal zwei Drittel aus Methan (CH_4) besteht. Als Substrate können organische Abfälle (z.B. organische Hausmüllfraktion, Abfälle aus der Lebensmittelbe- und -verarbeitung), Rückstände und Nebenprodukte (z.B. Gülle, Festmist, Stroh, Grasschnitt) sowie Energiepflanzen (u.a. Maissilage, Getreideganzpflanzensilage) in zum Teil aus verfahrens- und fördertechnischen Gründen mitbestimmten Kombinationen eingesetzt werden. Aus anlagentechnischer Sicht kann zwischen der sogenannten Nass- und der Trockenfermentation organischen Materials unterschieden werden.

- Bei ersterer wird das Substrat in einem pumpfähigen Zustand in den Reaktor eingebracht; dadurch ist sichergestellt, dass die Bakterienkulturen, die den anaeroben Abbau realisieren, jederzeit gute Wachstumsbedingungen vorfinden und dadurch ein möglichst weitgehender Biomasseabbau unterstützt wird. Damit dies sichergestellt werden kann, muss das Substrat zusätzlich beheizt werden, da die biologische Abbauaktivität temperaturabhängig ist und beispielsweise bei „klassischen" landwirtschaftlichen Substraten bei etwa 35 °Celsius ein technisch-ökonomisches Maximum erreicht. Zusätzlich muss das Substrat im Reaktor immer gut durchmischt werden, damit die Bakterien jederzeit gut mit Nahrung bzw. abbaubarem Substrat versorgt werden.
- Bei letzterer Variante wird das Substrat in einem stapelfähigen Zustand in einen beheizten „Garagen-Fermenter" eingebracht. Dort erfolgt ohne eine Umsetzung des

Materials der anaerobe Abbau. Teilweise wird aber der beim Biomasseabbau entstehende Sickersaft über das Substrat gerieselt (perkoliert), um den Bakterien eine bessere Mobilität zu ermöglichen und dadurch einen möglichst weitgehenden Biomasseabbau zu realisieren.

Die Nassfermentation ist – im Vergleich zur Trockenfermentation – technisch anspruchsvoller (d.h. teurer) und durch höhere Biomasseabbauraten (d.h. höherer spezifischer Methanertrag) gekennzeichnet. Die Entscheidung, welche Technik im konkreten Einzelfall zum Einsatz kommt, hängt wesentlich von den Substrateigenschaften und der ökonomischen Systemoptimierung ab.

Das durch den biologischen Abbauprozess freigesetzte Gas muss anschließend gereinigt werden. Dies inkludiert im Wesentlichen die Abtrennung von Schwefelverbindungen (insbesondere Schwefelwasserstoff) und gegebenenfalls anderen Spurengasen sowie die Trocknung des Gases. Je nach Anlagenlayout wird das Gas zusätzlich zwischengespeichert; dies kann sowohl im ungereinigten als auch im gereinigten Zustand realisiert werden. Das gereinigte Gas kann dann in Motoren-BHKWs zur gekoppelten Wärme- und Stromerzeugung genutzt werden; potenziell ist auch ein Einsatz in Gasturbinen bzw. Mikrogasturbinen und potenziell zukünftig in Brennstoffzellen möglich.

Alternativ dazu ist auch eine Aufbereitung des gereinigten Biogases auf Erdgasqualität möglich; dazu müssen weitere Gasbestandteile (z.B. Kohlenstoffdioxid) abgetrennt werden. Dies kann beispielsweise durch eine Aminwäsche, eine Druckwasserwäsche oder eine Druckwechseladsorption realisiert werden. Nach einer gegebenenfalls zusätzlich notwendigen Einstellung der heizwerttechnischen Eigenschaften kann das Gas danach – nach einer entsprechenden Verdichtung – in das vorhandene Erdgasnetz eingespeist und dort problemlos transportiert werden. Hier kann es an beliebiger Stelle entnommen und in Blockheizkraftwerken und/oder in Erdgasfahrzeugen genutzt werden.

Anlagen zur anaeroben Fermentation sind u.a. bei der Klärschlammstabilisation Stand der Technik. Auch die Technik für die Vergärung von landwirtschaftlichen Substraten und die anschließende Gasnutzung in Motoren mit gekoppelter Erzeugung von Strom und Wärme ist am Markt verfügbar. Zusätzlich wurden in den letzten Jahren erste Biogasanlagen meist auf der Basis landwirtschaftlicher Substrate zur Gaseinspeisung ins Erdgasnetz installiert und erfolgreich betrieben.

Abbildung 7: Beispiel für eine landwirtschaftliche Biogasanlage

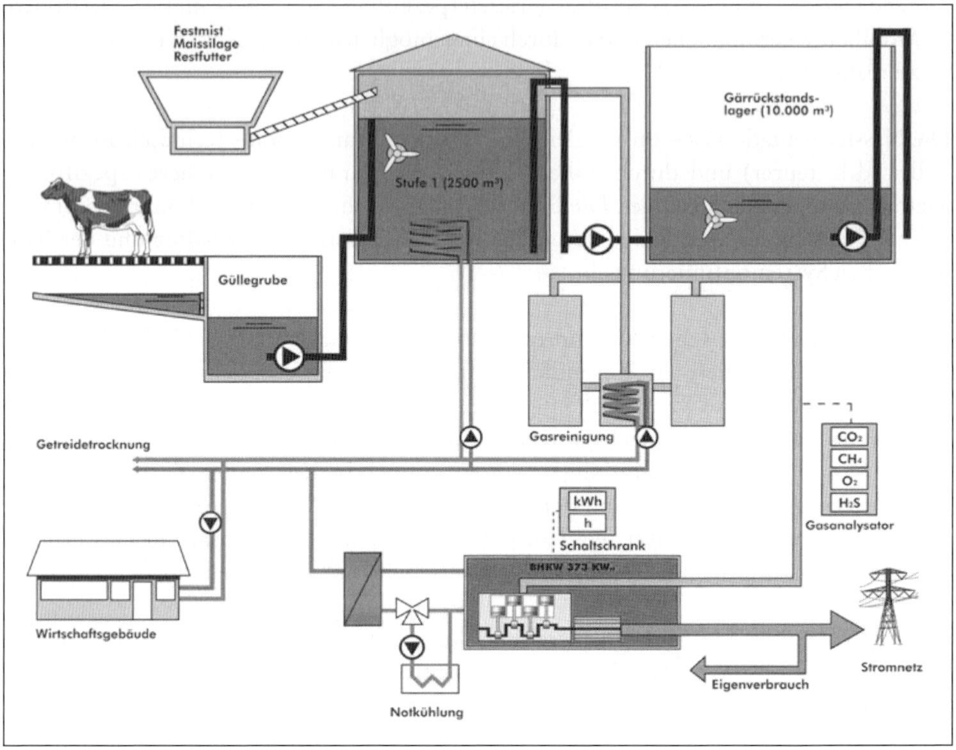

Quelle: persönliche Mitteilung FNR, Gülzow, 2006 (verändert)

Abbildung 7 zeigt exemplarisch eine kleintechnische Biogasanlage, wie sie typischerweise in der deutschen Landwirtschaft eingesetzt wird. Beim Durchflusssystem wird das Substrat dem Reaktor kontinuierlich oder in kurzen Zeitabständen (quasi-kontinuierlich) zugeführt und gleichzeitig ein entsprechendes Volumen an vergorenem Substrat abgezogen. Am häufigsten kommen im landwirtschaftlichen Bereich bei Durchflusssystemen Fermenter mit mechanischen, hydraulischen oder pneumatischen Rührwerken zum Einsatz. Abbildung 7 zeigt exemplarisch ein System zur Vergärung von tierischen Exkrementen (d.h. Gülle) und Energiepflanzen (d.h. Maissilage) mit einem stehenden Stahlfermenter und einem mechanischen Rührwerk. Bei dieser Bauform von Durchflusssystemen wird das aus der Stallung kommende Substrat zum Ausgleich zeitlicher Schwankungen zuerst in eine Vorgrube geleitet und von dort in den wärmegedämmten Fermenter gepumpt; Maissilage und andere Substrate können vom Lager mit einem Radlader zu der mechanischen Substrateinbringungseinrichtung transportiert und von dort in den Fermenter befördert werden. Die Heizung des Biogasfermenters kann über einen extern oder intern angebrachten Wärmeübertrager realisiert werden. Das ausgefaulte Substrat verlässt den Fermenter und wird schließlich in einer Nachgärkammer gelagert. Das entstandene Biogas wird am oberen Teil des Reaktors abgezogen und – nach einer entsprechenden in Abbildung 7 nicht dargestellten Reinigung – in einem BHKW verstromt. Die produzierte elektrische Energie wird ins Netz der öffentlichen Versorgung eingespeist; die dabei in Koppelproduktion anfallende Wärme wird zur Beheizung des Substrats bzw. zur Wärmeversorgung der umliegenden Gebäude verwendet.

6 Schlussbetrachtung

Biomasse soll aus Umwelt- und Klimaschutzgründen sowie aus Gründen der Verbesserung der Versorgungssicherheit zukünftig deutlich mehr als bisher zur Deckung der Wärme-, Strom- und Kraftstoffnachfrage beitragen. Vor diesem Hintergrund ist es das Ziel dieser Ausarbeitung, den technischen Stand einer energetischen Biomassenutzung darzustellen und zu diskutieren.

Die Ausführungen haben deutlich gemacht, dass unterschiedlichste Techniken und Verfahren zur Wärme-, Strom- und Kraftstofferzeugung für eine ganze Reihe verschiedenartigster Biomassen vorhanden und z.T. kommerziell verfügbar sind. Dies gilt bei der Nutzung von biogenen Festbrennstoffen insbesondere für eine Wärmebereitstellung über die Verbrennung. Eine Strombereitstellung aus fester Biomasse in konventionellen Verbrennungsanlagen mit einem auch in der Kraftwerkstechnik auf Basis fossiler Energieträger üblichen Dampfprozess ist ebenfalls Stand der Technik; dies gilt insbesondere auch für eine Zufeuerung (d.h. Mitverbrennung von Biomasse in konventionellen Kohlekraftwerken). Aber auch eine gekoppelte Strom- und Wärmeerzeugung aus Biogas ist marktgängig. Demgegenüber befindet sich die Stromerzeugung durch die thermochemische Vergasung fester Bioenergieträger und der Einsatz des Schwachgases in Verbrennungsmotoren oder Gasturbinen noch im Markteinführungsstadium und durch Pyrolyse noch weitgehend im (Grundlagen-)Forschungsstadium. Bei der Kraftstoffbereitstellung befinden sich die Pflanzenölmethylester (PME)-Erzeugung in Form von Biodiesel oder RME und die Pflanzenölhydrierung (HVO) bereits im großtechnischen Einsatz. Grundsätzlich gilt dies auch für eine großtechnische Produktion und Nutzung von (Bio-)Ethanol aus zucker- und stärkehaltiger Biomasse. Im Unterschied dazu ist die Ethanolproduktion aus lignocellulosehaltiger Biomasse noch im Demonstrationsstadium und die von gasförmigen und flüssigen synthetisierten Kraftstoffen noch in der Entwicklung.

Zusammengenommen erscheint damit aus technischer Sicht eine Wärme-, Strom- und Kraftbereitstellung aus Biomasse sehr vielversprechend. Dies gilt insbesondere auch vor dem Hintergrund der Tatsache, dass viele Optionen zur Biomassenutzung im Rahmen laufender und zukünftiger Forschungs- und Entwicklungsaktivitäten in den kommenden Jahren zunehmend günstigere technische – und damit im Allgemeinen auch bessere ökonomische und vielversprechendere ökologische – Rahmendaten aufweisen werden. Biomasse kann damit – gegebenenfalls auch in Kombination mit anderen regenerativen und fossilen Energieträgern – durchaus merklich zu einer zukünftig umwelt- und klimaverträglicheren – und letztlich auch sozial akzeptableren – Energieversorgung in Deutschland und Europa beitragen.

Literatur

Kaltschmitt, Martin (2009): Biomassenutzung in Deutschland – Stand und Perspektiven, in: T. Böhmer/C. Weißenborn (Hg.): Erneuerbare Energien – Perspektiven für die Stromerzeugung; EW Medien und Kongresse, Frankfurt, S. 103-134

Kaltschmitt, Martin/Andrée, Udo/Majer, Stefan (2010): Koraffination von Pflanzenöl in Mineralölraffinerien – Möglichkeiten und Grenzen, in: Erdöl – Erdgas – Kohle 126, 5, S. 203-210

Kaltschmitt, Martin/Hartmann, Hans/Hofbauer, Hermann (Hg.) (2009): Energie aus Biomasse; Springer, Berlin, Heidelberg, 2. Auflage

Kaltschmitt, Martin/Thrän, Daniela (2006): Bioenergie; in: H.-J. Bullinger (Hg.): Technologieführer – Grundlagen, Anwendungen, Trends; Springer, Berlin, Heidelberg

Kaltschmitt, Martin/Thrän, Daniela/Ponitka, Jens (2010): Holz als Energieträger. Möglichkeiten und Grenzen im Kontext von globalen Entwicklungen, in: Forst und Holz 65, 12, S. 18-25

Majer, Stefan/Müller-Langer, Franziska/Zeller, Vanessa/Kaltschmitt, Martin (2009): Implications of biodiesel pro-duction and utilisation on global climate – A literature review, in: European Journal of Lipid Science and Technology 111, S. 747-762

Rönsch, Stefan/Müller-Langer, Franziska/Kaltschmitt, Martin (2009): Produktion des Erdgassubstitutes Bio-SNG im Leistungsbereich um 30 MWBWL. Eine techno-ökonomische Analyse und Bewertung; in: Chemie Ingenieur Technik 81, 9, S. 1.417-1.428

Zinoviev, Sergey u.a. (2010): Next Generation Biofuels: Survey of Emerging Technologies and Sustainability Issues, in: ChemSusChem 3, S. 1.106-1.133

Technologische Grundlagen der Wasserkraft

Stephan Theobald/Frank Roland/Stephan Heimerl

1 Historische Entwicklung

Die Urform der Nutzung des Wasserkraftpotenzials, d.h. die Überführung der Wasserkraft in mechanische Arbeit, stellt das Wasserrad dar, das bereits um das Jahr 3000 v. Chr. im südlichen Mesopotamien (Sumer) nachgewiesen werden kann.

Von Anfang an gestattete das Wasserrad die Umsetzung von Wassergewicht, Wassergeschwindigkeit oder Wasserdruck in den Antrieb von Schöpfwerken, Transmissionen, Mühlsteinen, Hammerwerken, Sägen, Hebewerken etc. Dabei waren unterschiedliche Anordnungen gebräuchlich, die von stationären Mühlenbauten an Land mit einer Wasserzuführung durch Kanäle oder gar Rohre über Flussmühlen und Schiffsmühlen bis hin zu Gezeiten- bzw. Flutmühlen in tidebeeinflussten, meeresnahen Gebieten reichten. Des Weiteren waren Hebeeinrichtungen für Personen und Materialien sowie zur kontinuierlichen Wasserhaltung im Bergbau der Frühgeschichte von großer Bedeutung.

In der Neuzeit entstand dann mit der weiteren technischen Entwicklung insbesondere im 19. Jahrhundert aus dem Wasserrad die Wasserturbine mit all ihren unterschiedlichen Gestaltungsformen.

Eine besondere Dynamik erhielt die Entwicklung durch die Entdeckung des dynamoelektrischen Prinzips durch Werner von Siemens um 1866, der daraufhin den ersten elektrischen Generator entwickelte. Damit konnte schrittweise die zwangsweise notwendige enge räumliche Verknüpfung von Energieerzeugung in gewässernahen Wasserkraftwerken und deren Nutzung mit Maschinen unterschiedlichster Art über mechanische Transmissionen entkoppelt werden. Der Durchbruch für die Fernübertragung elektrischen Stromes erfolgte am 12. September 1891 mittels einer 25-Kilovolt-Drehstromübertragung vom 175 Kilometer entfernten Flusskraftwerk Lauffen/Neckar, als anlässlich einer internationalen Elektrizitätsausstellung in Frankfurt/Main 1.000 Glühbirnen zu leuchten und ein 10 Meter hoher künstlicher Wasserfall zu sprudeln begannen. Dank der daraufhin rasant zunehmenden Nutzung der Wasserkraft konnte um die folgende Jahrhundertwende vielerorts in Deutschland die Elektrifizierung eingeleitet und somit der Grundstein für das heutige Versorgungsnetz gelegt werden.

2 Aktuelle Bedeutung

Auch heute spielt die Wasserkraft nach wie vor eine wichtige Rolle für die Stromerzeugung. So ist eine gesicherte Stromversorgung nur dann gewährleistet, wenn die Erzeugung von elektrischer Energie auf möglichst vielen und unabhängigen Säulen basiert sowie auch die Bedarfsspitzen gut und zuverlässig bedient werden können. Hierzu leisten Wasserkraftanlagen einen wichtigen Beitrag, da sich diese Anlagen durch einige bemerkenswerte Eigenschaften auszeichnen, die innerhalb eines Verbundnetzes von großer Bedeutung sind:[1]

- Sie sind als Grund-, Mittel- und Spitzenlastkraftwerk einsetzbar.
- Sie zeichnet ein hoher Wirkungsgrad aus, sodass im Bestfall bis zu knapp 90% der Energie des fließenden Wassers in elektrische Energie umgewandelt werden können.
- Sie haben mit bis zu 5.500 bis 6.000 Stunden pro Jahr (Laufwasserkraft) eine hohe durchschnittliche Ausnutzungsdauer.
- Im Vergleich zu anderen Erzeugungsformen verursachen sie im jeweils gleichen Betrachtungszeitraum sehr geringe Emissionen (CO_2-Äquivalente, NO_x, SO_2 etc.).
- Sie besitzen mit einem Erntefaktor von ca. 100-200 ein äußerst hohes Verhältnis von gewonnener zu eingesetzter Energie.
- Die Energieeinspeisung in die Stromverteilnetze ist sehr gut vorhersagbar, sodass im Gegensatz zu unstet einspeisenden Energieträgern ein hoher Grad der Planerfüllung erreicht wird.
- Sie erbringen durch ihre hohe Regelfähigkeit (Frequenzhaltung, Spannungsregelung etc.) bedeutende Dienstleistungen für das Verbundnetz.
- Pumpspeicherkraftwerke sind die einzigen Anlagen, in denen sich elektrische Energie in größerem Umfang speichern lässt.
- Aufgrund ihrer langen Lebensdauer können sie langfristig gesehen trotz hoher Anfangsinvestitionen sehr kostengünstig Energie erzeugen.
- Die Technik der Wasserkraft ist infolge jahrzehntelanger Nutzung sehr weit ausgereift, wobei auch hier noch immer Steigerungen möglich sind.
- Häufig übernimmt die Wasserkraft zahlreiche Zusatzaufgaben (Hochwasserschutz, Gewässerregulierung, Sicherstellung der Schifffahrt, Schaffung von Freizeit- und Erholungsraum etc.).
- Der Kosten-Nutzen-Faktor ist bei einer umfassenden Betrachtung der externen Effekte – externer Kosten wie Nutzen gleichermaßen – äußerst günstig gegenüber allen anderen Energieerzeugungsformen.

[1] Heimerl (2009); Giesecke/Mosonyi/Heimerl (2009).

2.1 Wasserkraft weltweit

Weltweit gesehen betrug die elektrische Energieerzeugung aus Wasserkraft im Jahr 2005 etwa 2.900 Terawattstunden (TWh/a) bzw. 16% der gesamten Stromerzeugung. Bezogen auf die regenerative Stromerzeugung entspricht dies einem Anteil von ca. 90%. Somit stellt die Wasserkraftnutzung nach wie vor die weltweit bedeutendste erneuerbare elektrische Energiequelle dar. Die größten Laufwasserkraftwerke weisen Ausbauleistungen von 14.000 Megawatt (MW) im Kraftwerk Itaipu, das sich am Rio Parana an der Grenze zwischen Brasilien und Paraguay befindet, bzw. 18.200 MW im Kraftwerk des Drei-Schluchten-Damms am Jangtse in China auf. In einigen Ländern, wie z.B. Norwegen, wird nahezu 100% der Stromversorgung aus Wasserkraftanlagen sichergestellt. Auch im Alpenraum hat die Stromerzeugung aus Wasserkraft aufgrund der topographischen und hydrologischen Verhältnisse einen besonderen Stellenwert und einen Anteil von deutlich über 50% am Strommix.

2.2 Wasserkraft in Deutschland

In Deutschland werden ca. 7.400 Wasserkraftanlagen betrieben. Abbildung 1 zeigt im linken Teil die zeitliche Entwicklung der installierten Leistung für verschiedene regenerative Energieträger. Rechts ist die Stromerzeugung des Jahres 2009 dargestellt. Die in Wasserkraftanlagen installierte Leistung ist demnach seit Jahren weitgehend konstant und beläuft sich auf etwa 4.700 MW. Das damit verbundene Jahresarbeitsvermögen beträgt im langjährigen Mittel ca. 20 TWh/a bzw. 3,3% der Stromerzeugung. Hieraus errechnet sich eine mittlere Auslastung für alle Anlagen unabhängig von Größe und Betriebsweise von etwa 4.000 Stunden pro Jahr (h/a).

Abbildung 1: Die Bedeutung der Wasserkraftnutzung innerhalb der Stromerzeugung aus Erneuerbaren Energien in Deutschland

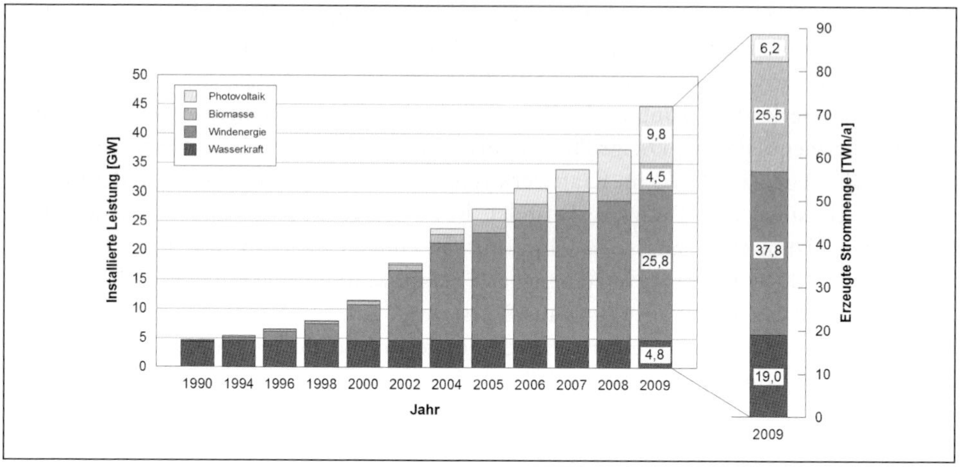

Quelle: Bundesministerium für Umwelt, Naturschutz und Reaktorsicherheit (2010 b), S. 14 f.

Eine Besonderheit der Wasserkraft ist die sehr große Spannbreite und Individualität der einzelnen Anlagen. Zur Verdeutlichung dieser Situation sind in Abbildung 2 drei Beispiele für typische Laufwasserkraftwerke an Fließgewässern in Deutschland dargestellt.

Abbildung 2: Beispiele für die große Spannbreite und Individualität der Laufwasserkraftanlagen in Deutschland

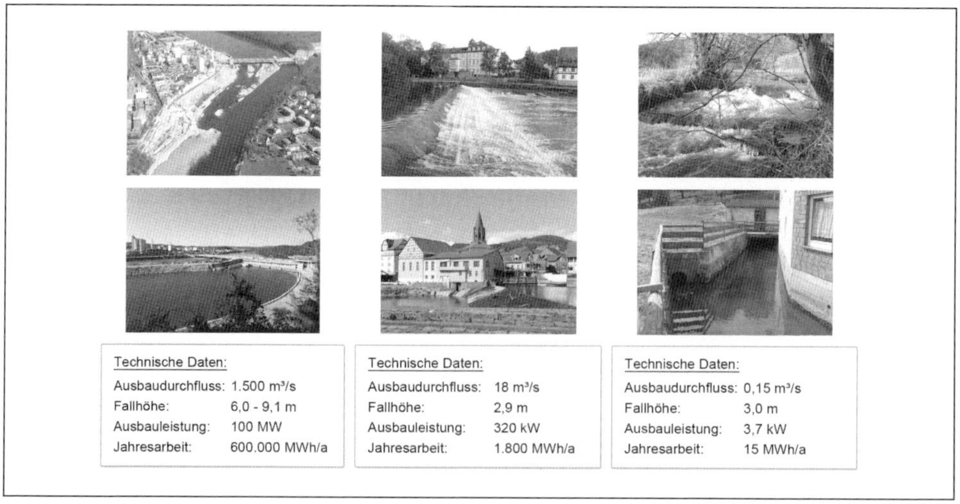

Quelle: Fachgebiet Wasserbau und Wasserwirtschaft/Theobald (2011 b)

Hieraus resultiert auch eine unterschiedliche energiewirtschaftliche Bedeutung. So verfügen beispielsweise in Hessen 2% der Wasserkraftanlagen über eine Ausbauleistung größer 1 MW und erzeugen etwa zwei Drittel des hessischen Wasserkraftstromes. Demgegenüber weisen ca. 88% der Standorte in Hessen eine Ausbauleistung von weniger als 100 Kilowatt (kW) auf und erzeugen etwa 12% des Stromes aus Wasserkraft in Hessen.[2] Diese Aufteilung zwischen großer und kleiner Wasserkraft kann durchaus als repräsentativ für das Verhältnis zwischen der Anzahl von großen und kleinen Wasserkraftanlagen in Deutschland und dem jeweiligen Arbeitsvermögen angesehen werden.

Von großer Bedeutung sind die Pumpspeicherkraftwerke, deren Stellenwert in den letzten Jahren aufgrund der Regelmöglichkeiten und der damit verbundenen Netzdienstleistungen deutlich zugenommen hat. Ein wesentlicher Grund dafür ist der große Zubau der Erneuerbaren Energien Windkraft und Photovoltaik und deren zum Teil stark fluktuierende Stromerzeugung. In Deutschland werden derzeit 31 Pumpspeicherkraftwerke betrieben, die installierte Leistung beträgt für den Turbinenbetrieb knapp 6.600 MW und für den Pumpbetrieb etwa 6.200 MW.[3]

3 Ausbaumöglichkeiten

3.1 Begriffsdefinition

Bei der Darstellung des Wasserkraftpotenzials wird zwischen verschiedenen Potenzialbegriffen unterschieden. So wird das theoretisch nutzbare Wasserkraftpotenzial entweder als Flächen- oder Linienpotenzial ausgedrückt. Dabei beschreibt das häufig verwendete Linienpotenzial die potenzielle Energie eines Gewässerabschnittes, die aus den mittleren Abflüssen und des innerhalb der betrachteten Strecke auftretenden Höhenunterschiedes berechnet wird. Der Begriff des technisch nutzbaren Potenzials wird verwendet, wenn darüber hinaus technische Einschränkungen zur Umwandlung des natürlichen Dargebots mittels technischer Einrichtungen berücksichtigt werden. Werden zusätzlich ökologische Anforderungen, wie z.B. der Erhalt von freien Fließstrecken oder das Belassen von Mindestwasser in den Gewässerläufen, in Ansatz gebracht, wird vom technisch-ökologischen Potenzial gesprochen. Beim wirtschaftlich nutzbaren Potenzial werden schließlich noch ökonomische Aspekte, wie z.B. die Rentabilität, beachtet. Unabhängig von diesen Begrifflichkeiten wird in der Regel zudem zwischen dem genutzten Potenzial und dem zusätzlichen Ausbaupotenzial unterschieden.

2 Fachgebiet Wasserbau und Wasserwirtschaft, Universität Kassel (2011 a).

3 Bundesministerium für Umwelt, Naturschutz und Reaktorsicherheit (2010 a), S. 29.

Entsprechende Untersuchungen werden je nach Fragestellung und Planungstiefe zum einen mithilfe der aufwendigen Standortmethode durchgeführt, bei der jeder Anlagenstandort separat betrachtet wird und wodurch eine große Genauigkeit erreicht werden kann. Alternativ wird das technische Potenzial gerade für größere Gebiete auch häufig auf Basis des Linienpotenzials durch entsprechende Abschläge bestimmt.

3.2 Ausbaumöglichkeiten in Deutschland und weltweit

Im Jahr 2010 wurden vom Bundesministerium für Umwelt, Naturschutz und Reaktorsicherheit (BMU) die Ergebnisse einer aktuellen Studie zum Wasserkraftpotenzial in Deutschland veröffentlicht.[4] Demnach liegt das gesamte technische Wasserkraftpotenzial in Deutschland zwischen 33,2 und 42,1 TWh. Dieser Wert wurde mithilfe der Linienpotenzialmethode ermittelt und stellt das maximal nutzbare Potenzial in Deutschland dar. Dabei wurde für die großen Flüsse ein Komplettausbau mit Kraftwerksketten angesetzt sowie für mittelgroße und kleine Fließgewässer ein Ausbau mit geringem Anteil an frei fließenden Strecken zugrunde gelegt. Im Vergleich zum genutzten Potenzial von etwa 20,9 TWh verbleibt ein ungenutztes technisches Potenzial von 12,3 bis 21,2 TWh. Dieses kann unter den heutigen Randbedingungen und ökologischen Anforderungen (Verbot der Verschlechterung des aktuellen gewässerökologischen Zustandes, Erhalt von freien Fließstrecken, keine zusätzliche Barrierewirkung für Fische und aquatische Lebewesen etc.) jedoch nicht erschlossen werden. Gemäß der Untersuchung des BMU verbleibt an den großen Flüssen in Deutschland ein als realisierbar eingeschätztes Zubaupotenzial von ca. 2,7 TWh. Das entspräche einer Steigerung des heute genutzten Potenzials an großen Gewässern um etwa 13%. Für mittelgroße bis kleine Fließgewässer wird das realisierbare Zubaupotenzial mit 0,63 bis 1,22 TWh angegeben.

Aus der Abbildung 3 kann die Größenordnung des weltweiten Wasserkraftpotenzials entnommen werden. Hieraus wird ersichtlich, dass insbesondere in Asien nennenswerte Ausbaupotenziale existieren, da trotz einer in absoluten Werten bereits großen Nutzung bisher nur ein Siebtel des technisch nutzbaren Wasserkraftpotenzials zur Energieerzeugung herangezogen wird. Aber auch in Afrika und Südamerika befinden sich noch umfassende Potenziale.

[4] Bundesministerium für Umwelt, Naturschutz und Reaktorsicherheit (2010 a).

Abbildung 3: Das Wasserkraftpotenzial weltweit (Stand: 2007)

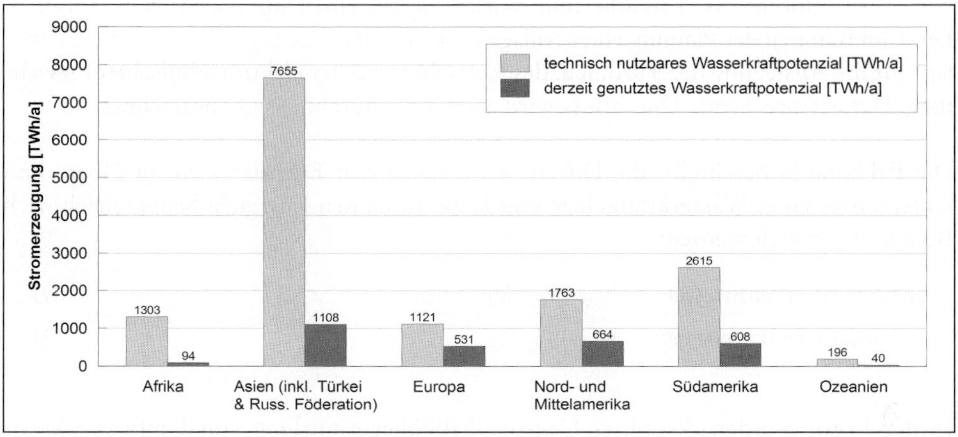

Quelle: Giesecke/Mosonyi/Heimerl (2009), S. 35

4 Physikalische Grundlagen

4.1 Leistung

Die Ermittlung der elektrischen Leistung P einer Wasserkraftanlage basiert auf folgendem Zusammenhang:

$$P = \rho \cdot g \cdot Q \cdot h_f \cdot \eta_{Ges} \quad (1)$$

mit:

P	elektrische Leistung [kW]
ρ	Dichte des Wassers [kg/m³] = 1.000 kg/m³
g	Erdbeschleunigung [m/s²] = 9,81 m/s²
Q	Durchfluss [m³/s]
h_f	Fallhöhe [m]
η_{Ges}	Gesamtwirkungsgrad [-]

Somit beschreibt die elektrische Leistung P den Zusammenhang zwischen dem nutzbaren Durchfluss Q, der vorhandenen Fallhöhe h_f und dem Wirkungsgrad η_{Ges} eines Anlagenstandortes. In der Praxis werden verschiedene Leistungsbegriffe verwendet, von denen die Ausbauleistung P_A die wichtigste Kenngröße darstellt. Sie repräsentiert die maximale Leistung einer Wasserkraftanlage, die erreicht wird, wenn die Kombination von Ausbaudurchfluss, Fallhöhe und Wirkungsgrad einen optimalen Wert aufweist. Diese im Rahmen der Planung einer Anlage zu ermittelnde Kenngröße bildet die Grundlage für die Auslegung der Turbinen, des Getriebes und der elektrotechnischen Einrichtung. Der entsprechende Durchfluss wird als Ausbaudurchfluss Q_A bezeichnet.

Die Fallhöhe h_f beschreibt die Differenz zwischen den Energiehöhen im Ober- und Unterwasser einer Wasserkraftanlage und kann durch den Energiehöhenvergleich nach Bernoulli ermittelt werden:

Energiehöhe im Oberwasser: $h_{OW} + v_{OW}^2/2g$ (2)

Energiehöhe im Unterwasser: $h_{UW} + v_{UW}^2/2g$ (3)

In der Praxis werden zur überschlägigen Fallhöhenermittlung von Laufwasserkraftanlagen die Geschwindigkeitshöhen $v_i^2/2g$ oft vernachlässigt und, wie in Abbildung 4 verdeutlicht, lediglich die geodätischen Höhen von Oberwasser- und Unterwasserspiegel in Ansatz gebracht:

$$h_f = h_{OW} - h_{UW} \tag{4}$$

Abzüglich der hydraulischen Verluste h_v, die beispielsweise von der Anströmung, dem Rechen, Querschnittsänderungen und dergleichen abhängig sind, resultiert die jeweils nutzbare Netto-Fallhöhe:

$$h_{netto} = h_f - h_v \tag{5}$$

In Gleichung (1) sind die hydraulischen Verluste der Wasserzuleitung über den Zusammenhang

$$\eta_{Zuleitung} = (h_f - h_v)/h_f \tag{6}$$

dem Gesamtwirkungsgrad η_{Ges} zugeordnet. Dieser umfasst darüber hinaus den Turbinenwirkungsgrad $\eta_{Turbine}$, der vom installierten Maschinentyp und deren Beaufschlagung abhängig ist, sowie die Energieeinbußen des Getriebes $\eta_{Getriebe}$, des Generators $\eta_{Generator}$ und der weiteren elektrotechnischen Einrichtung der Anlage.

Abbildung 4: Prinzipskizze zu den physikalischen Zusammenhängen an einem Laufwasserkraftwerk

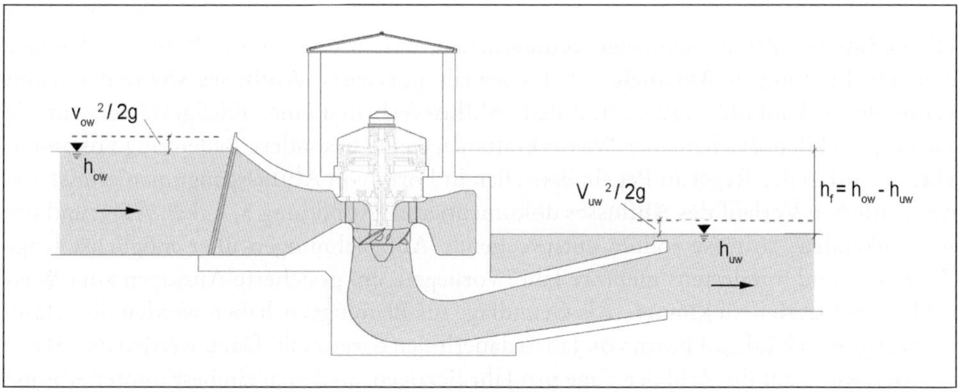

Quelle: Fachgebiet Wasserbau und Wasserwirtschaft/Theobald (2011 b)

Der Gesamtwirkungsgrad η_{Ges} liegt für moderne Wasserkraftanlagen zwischen 0,8 und 0,9 und wird häufig auch als Anlagenwirkungsgrad bezeichnet. Bei älteren Anlagen kann der Gesamtwirkungsgrad etwas kleiner sein und ungefähr mit 0,7 und 0,8 angenommen werden. Darüber hinaus liegen größere Anlagen üblicherweise am oberen Ende, kleinere eher am unteren Ende der angegebenen Spannweiten. Im Vergleich verschiedener Angaben zum Gesamt- bzw. Anlagenwirkungsgrad einer Wasserkraftanlage sollte stets hinterfragt werden, welche der genannten Einflussgrößen in der jeweiligen Angabe berücksichtigt sind, da neben der hier aufgezeigten Darstellungsform auch andere Schreibweisen üblich sind.

Eine weitere wichtige Kenngröße einer Wasserkraftanlage ist der Ausbaugrad f_a, der das Verhältnis von Ausbaudurchfluss Q_A zum mittleren Abfluss MQ darstellt:

$$f_a = Q_A/MQ \qquad (7)$$

mit:

f_a Ausbaugrad [-]

Q_A Ausbaudurchfluss [m^3/s]

MQ Mittelwasserabfluss [m^3/s]

Der Ausbaugrad einer Laufwasserkraftanlage ist insbesondere abhängig von der Abflusscharakteristik am Anlagenstandort (gleichmäßiger oder stark schwankender Abfluss), dem Kosten-Nutzen-Verhältnis sowie weiteren nutzungsbedingten und gewässerökologischen Randbedingungen (z.B. Hochwasserschutz, Schifffahrt, Restwasserabgaben). Vielfach dient in Deutschland bei Laufwasserkraftwerken ein Orientierungswert von $Q_A \approx 1{,}0$ MQ als erster Ansatz zur Auslegung.

4.2 Arbeitsvermögen

Die erläuterten Zusammenhänge verdeutlichen, dass die von einer Wasserkraftanlage erzeugte Leistung in Abhängigkeit des jeweils nutzbaren Abflusses sowie der damit verbundenen Fallhöhe variiert und dem Abflussverhalten eines Fließgewässers für die Planung und den Betrieb einer Wasserkraftanlage eine besondere Bedeutung zukommt. Dieses wird in der Regel an Pegelmessstellen in Form von Abflussganglinien erfasst, die den zeitlichen Verlauf des Abflusses dokumentieren (Abbildung 5, links). Aufgrund der schwankenden Abflüsse sollten entsprechende Aufzeichnungen über möglichst lange Zeiträume und mindestens mehrere Jahre vorliegen, um gesicherte Aussagen zum Wasserdargebot treffen zu können. Als Grundlage für Planungsvorhaben werden die erfassten Ganglinien häufig in Form von Jahresdauerlinien dargestellt. Dazu werden die erfassten Messwerte auf die Zahl der Tage pro Jahr bezogen, an denen ein bestimmter Abfluss unter- oder überschritten wird (Abbildung 5, rechts). Somit können aus der Jahresdauerlinie direkt Informationen über das zu erwartende Wasserdargebot, Niedrig- und Hochwasser sowie die mittleren Abflüsse abgelesen werden.

Abbildung 5: Zusammenhang zwischen einer Abflussganglinie (links) und der zugehörigen Dauerlinie (rechts)

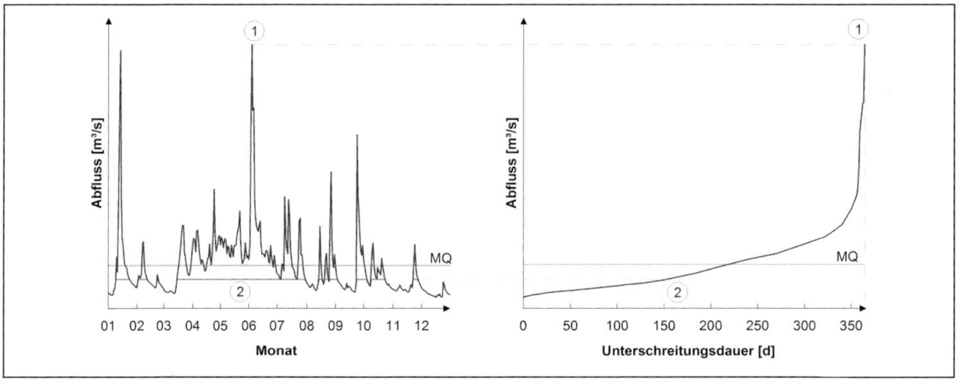

Quelle: Fachgebiet Wasserbau und Wasserwirtschaft/Theobald (2011 b)

Folglich repräsentiert die Leistung die Momentaufnahme einer ganz spezifischen Betriebssituation. Die in einem definierten Zeitraum t erzeugte elektrische Energie wird als Arbeitsvermögen E_A bezeichnet und ergibt sich aus:

$$E_A = \int P(t) \cdot \Delta t \qquad (8)$$

mit:

E_A Arbeitsvermögen [kWh]

t Zeit [h]

Die zentrale Kenngröße einer Wasserkraftanlage stellt das Jahresarbeitsvermögen dar. Hierfür wird die Leistung über den Zeitraum des jeweils betrachteten Jahres integriert. Das über eine Zeitspanne von mehreren Jahren zu erwartende mittlere Jahresarbeitsvermögen wird auch als Regelarbeitsvermögen bezeichnet und mithilfe von Leistungsplänen ermittelt. Hierbei handelt es sich um die Aufbereitung des Zusammenhanges zwischen Durchfluss, Fallhöhe und Leistung, wobei der Durchfluss in Form einer Jahresdauerlinie dargestellt wird (Abbildung 6).

Abbildung 6: Beispielhafter Leistungsplan

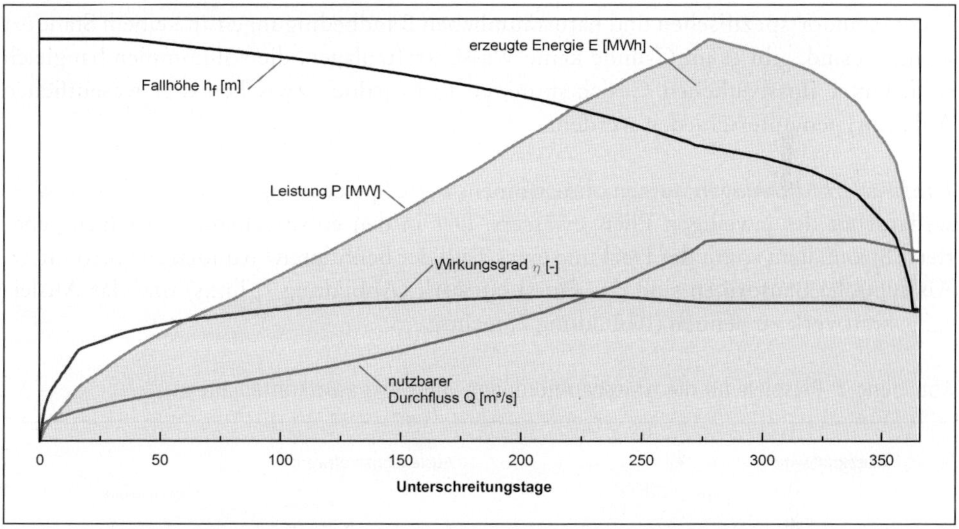

Quelle: Fachgebiet Wasserbau und Wasserwirtschaft/Theobald (2011 b)

Für überschlägige Abschätzungen bzw. als Kenngröße kann auch der theoretische Wert der Volllaststunden $t_{Volllast}$ herangezogen werden. Dabei repräsentiert die Anzahl der Volllaststunden die Zeitspanne eines Jahres, in der die Wasserkraftanlage die Ausbauleistung erzeugt:

$$E_A = P_A \cdot t_{Volllast} \tag{9}$$

mit:

P_A Ausbauleistung [kW]

$t_{Volllast}$ Volllaststunden [h]

Diese Größe stellt somit einen Orientierungswert für die Ausnutzung des natürlichen Dargebotes bezogen auf das Gesamtjahr mit 8.760 h dar und bewegt sich beispielsweise in Deutschland bei Laufwasserkraftanlagen zwischen ca. 4.000 und 6.000 h/a. Hierbei sind niedrigere Werte meist bei kleineren und älteren sowie größere bei neueren, optimal ausgelegten Anlagen anzutreffen.

5 Wesentliche Bestandteile einer Wasserkraftanlage

5.1 Anlagentypen

Da die standortspezifischen und naturräumlichen Randbedingungen an keinem Standort identisch sind, gibt es im Grunde keine Wasserkraftanlagen, die vollkommen baugleich sind. Unter flussbaulichen Gesichtspunkten kann jedoch zwischen drei wesentlichen Anlagentypen unterschieden werden:

Laufwasserkraftanlagen nutzen ohne nennenswerte Speicherung das schwankende Wasserdargebot des jeweiligen Fließgewässers. Der in den entsprechenden Anlagen generierte Strom dient somit der Deckung eines Teils der benötigten Grundlast im Stromnetz. Als typische Bauformen sind das Flusskraftwerk (Abbildung 7, links) und das Ausleitungskraftwerk zu nennen (Abbildung 7, rechts).

Abbildung 7: Beispiele für die typische Anordnung von Laufwasserkraftanlagen

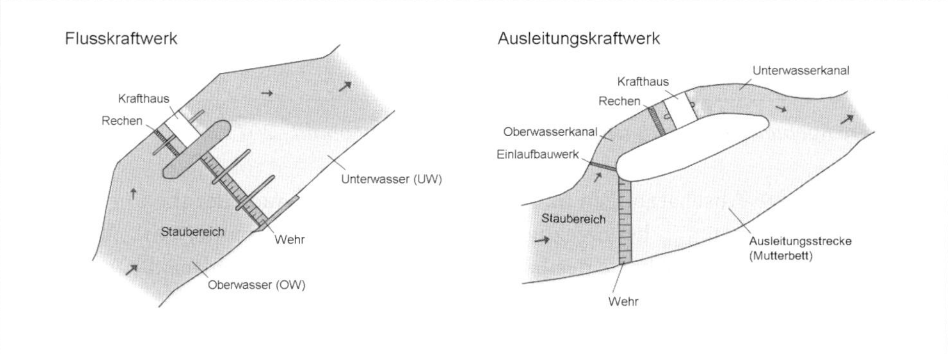

Quelle: Fachgebiet Wasserbau und Wasserwirtschaft/Theobald (2011 b)

Speicherkraftwerke nutzen Wasser aus einem höher gelegenen natürlichen See oder einer künstlichen Talsperre (Stausee, Speicherbecken) mit natürlichem Zufluss (Abbildung 8 links). Das zufließende Wasser wird gespeichert, bis die Energie benötigt und hierzu das Wasser abgelassen wird. Über Rohrleitungen fließt das Wasser in das tiefer gelegene Krafthaus zu den Turbinen, die wiederum Generatoren antreiben. Diese Kraftwerksart kann kurzfristig in Betrieb genommen werden und so auftretende Spitzen im Stromnetz abdecken.

Abbildung 8: Schematische Darstellung der Funktionsweise von Speicher- (links) und Pumpspeicherkraftwerken (rechts)

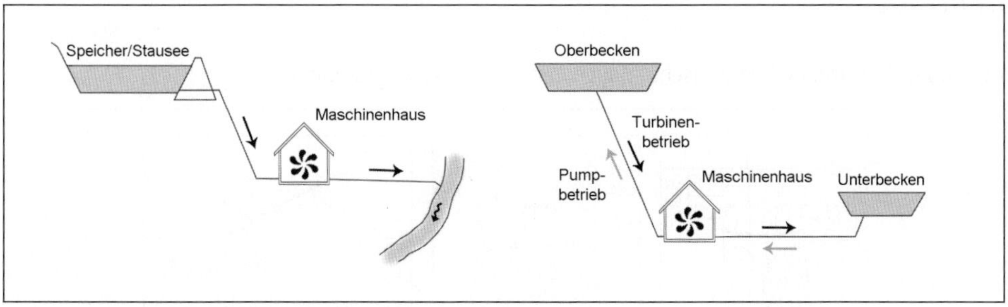

Quelle: Fachgebiet Wasserbau und Wasserwirtschaft/Theobald (2011 b)

Pumpspeicherkraftwerke werden eingesetzt, um Leistungsspitzen im Stromnetz zu decken – bei Bedarf sogar in Sekundenschnelle. In der Spitzenlastzeit wird das Wasser im Turbinenbetrieb aus dem Oberbecken über die Turbinen in das Unterbecken abgearbeitet und elektrischer Strom erzeugt. In einer Schwachlastzeit wird Wasser im Pumpbetrieb vom Unterbecken zurück ins Oberbecken gepumpt (Abbildung 8 rechts). Im Pumpbetrieb wird die aus Windkraft, Photovoltaik, aber auch aus thermischen Kraftwerken erzeugte, überschüssige Energie aus dem Stromnetz entnommen und in Form des höher transportierten Wassers zwischengespeichert. Diese Art der Speicherung stellt derzeit und bis auf Weiteres die einzige großtechnisch nutzbare Speichermöglichkeit für elektrische Energie in regionalen und überregionalen Stromversorgungsnetzen dar. Zusätzlich erfüllen diese Kraftwerke noch wichtige Regelungsaufgaben (Frequenz, Spannung etc.) im Netz, um die Versorgungsqualität auf hohem Niveau zu erhalten.

Zusätzlich zu den genannten Anlagentypen existieren noch *einige Sonderformen der Wasserkraftnutzung* v.a. im maritimen Bereich. Hierbei handelt es sich um die energetische Nutzung von Gezeiten, Wellen und Meeresströmungen. Diese neueren Nutzungsarten und die zugehörenden Techniken befinden sich jedoch noch im Entwicklungsstadium, sodass zum gegenwärtigen Zeitpunkt noch von keiner serienreifen Anwendung gesprochen werden kann.

5.2 Bauteile und gängige hydraulische Antriebsmaschinen

Neben dem Staubauwerk, den Wasserfassungen sowie den Vorrichtungen zur Zu- und Ableitung des Betriebswassers ist das Maschinen- oder Krafthaus der zentrale Bestandteil einer klassischen Wasserkraftanlage. Hier wird über eine hydraulische Maschine und ein gegebenenfalls erforderliches Getriebe ein Generator angetrieben. Zum Schutz vor Geschiebe und Treibgut der sich im Wasser befindlichen Bauteile dient ein vorgeschalteter Rechen.

Abbildung 9: Gängige hydraulische Maschinen für Wasserkraftanlagen

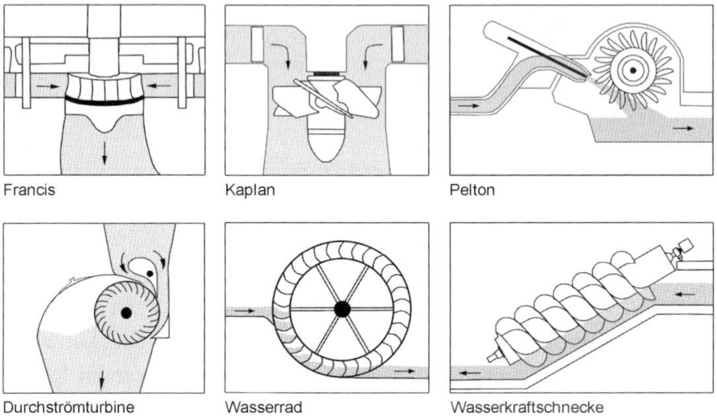

Quelle: Fachgebiet Wasserbau und Wasserwirtschaft/Theobald (2011 b)

In Abhängigkeit der natürlichen Randbedingungen und nutzungsbedingten Anforderungen kommen unterschiedliche hydraulische Maschinen zum Einsatz. Zu den gängigen Bauarten zählen neben den verschiedenen Turbinentypen gemäß Abbildung 9 auch Wasserräder und Wasserkraftschnecken, die vornehmlich bei Kleinstanlagen (<100 kW) zum Einsatz kommen. Deutlich weiter kann der Anwendungsbereich der Turbinen gefasst werden. Die wichtigsten Bauformen werden nachfolgend vorgestellt.

Die *Kaplan-Turbine* wird axial angeströmt und üblicherweise in vertikaler Anordnung in Laufwasserkraftanlagen bei Fallhöhen von bis zu ca. 65 m eingesetzt. Sie erreicht einen Wirkungsgrad von 80-95%. Das Laufrad ähnelt einem Schiffspropeller, durch dessen verstellbare Schaufeln das Wasser strömt und die Turbine antreibt. Senkrecht angeordnete jalousieartige Lamellen bilden den Leitapparat der Turbine. Die gleichmäßige Zuströmung des Wassers wird über eine um den Leitapparat führende Spirale gewährleistet. Die verstellbaren Schaufeln des Laufrades und die beweglichen Lamellen des Leitapparates können so eingestellt werden, dass in Abhängigkeit der jeweiligen Betriebssituation das zuströmende Wasser in einem optimalen Winkel auf die Schaufeln des Laufrades trifft und eine möglichst große Kraftübertragung erreicht wird.

Eine einfachere Form dieses Turbinentyps stellt die *Propeller-Turbine* dar, bei der die Laufradschaufeln nicht verstellbar sind. Dementsprechend wird diese Turbine nur bei geringer schwankenden Zuflüssen eingesetzt. Eine weitere weit verbreitete Sonderform ist die *Rohrturbine*, die horizontal eingebaut wird und vornehmlich bei geringeren Fallhöhenunterschieden Verwendung findet.

Francis-Turbinen sind universell einsetzbar, robust und deshalb sehr verbreitet. Sie werden in der Regel bei Fallhöhen von ca. 50 m bis etwa 700 m, im Bereich der Kleinwasserkraft auch bei Höhenunterschieden von wenigen Metern eingesetzt und erreichen einen Wirkungsgrad von bis zu 90%. Die Wasserzufuhr erfolgt wiederum über eine schneckenförmig gekrümmte Rohrspirale, die für eine gleichmäßige Zuführung des Wassers auf das Laufrad sorgt. Das Wasser wird anschließend durch die verstellbaren Lamellen des Leitapparats geführt, bevor es auf die gegenläufig gekrümmten und fest miteinander verbundenen Schaufeln des Laufrades trifft.

Die *Pelton-Turbine* ähnelt von allen Turbinenarten am stärksten dem klassischen Wasserrad. Diese Turbine wird bevorzugt in Kraftwerken mit großen Fallhöhen und geringen Durchflüssen eingesetzt. Ein Peltonrad hat je nach Größe 20 bis 40 becherförmige Schaufeln, auf die der Wasserstrahl aus einer oder mehreren regelbaren Düsen mit sehr hohem Druck trifft. Der Strahl wird dabei so gelenkt, dass er seine Energie fast vollständig an die Turbine abgibt. Der Wirkungsgrad einer Pelton-Turbine liegt zwischen 85 und 90%. Bei einer Fallhöhe von 1.000 m schießt beispielsweise der Wasserstrahl mit einer Geschwindigkeit von rund 500 Stundenkilometern (km/h) aus der Düse, bevor er auf die Becher trifft.

Die weiteren in Abbildung 9 dargestellten Bauweisen der *Durchströmturbine*, des *Wasserrades* und der *Wasserkraftschnecke* stellen einfache, robuste Maschinentypen dar, die in der Regel insbesondere im Bereich der geringeren Durchflüsse und der niedrigeren Fallhöhenunterschiede zum Einsatz gelangen.

Abbildung 10: Einsatzbereiche der unterschiedlichen hydraulischen Maschinen

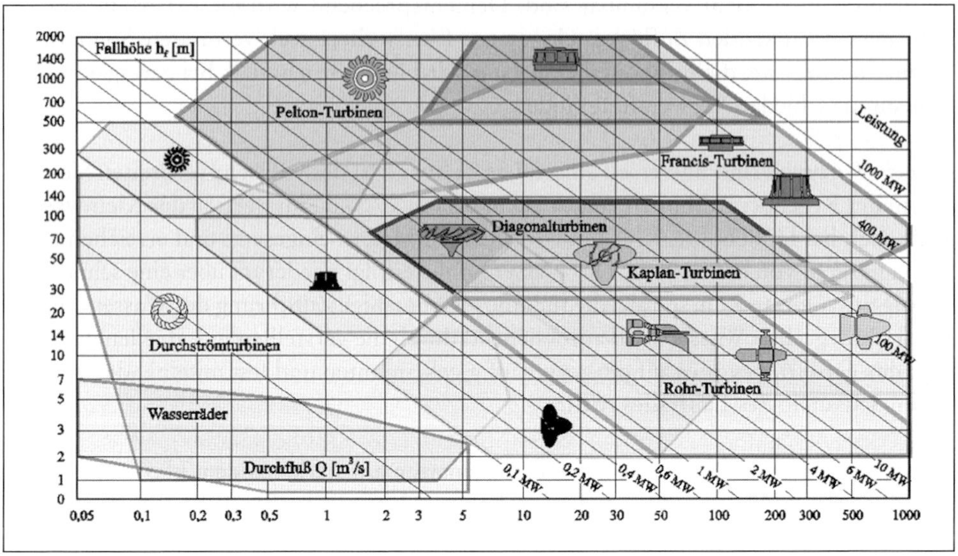

Quelle: Giesecke/Mosonyi/Heimerl (2009), S. 512

Zusammenfassend können Abbildung 10 die Einsatz- und Leistungsbereiche der genannten hydraulischen Maschinen und wichtiger Sonderformen entnommen werden.

6 Umweltauswirkungen und gewässerökologische Anforderungen

Die Wasserkraftnutzung hat Einfluss auf eine Vielzahl von Umweltbereichen. Dazu zählen neben der CO_2-Einsparung und dem damit verbundenen Klimaschutz durch die regenerative Stromerzeugung unter anderem das Abflussregime (Wasserstand und Abfluss), die Gewässergüte, die Gewässerstruktur und -ökologie, die Landschaftsstruktur und Raumnutzung oder auch die Nutzung des Gewässers selbst, z.B. für die Schifffahrt, den Hochwasserschutz oder zur Naherholung. In den letzten Jahren hat die Bewertung derartiger externer Nutzen und Kosten von Wasserkraftprojekten unter gesamtwirtschaftlichen, gesellschaftlichen und ökologischen Gesichtspunkten zunehmend an Bedeutung gewonnen. Aufgrund der bereits genannten großen Individualität und Heterogenität von Wasserkraftanlagen, der langen Standzeiten und der zahlreichen Nebeneffekte der entsprechenden Staubauwerke ist die Bewertung der Umweltauswirkungen von Wasserkraftanlagen immer eine Einzelfalluntersuchung. Dabei sind sowohl die Bau- und Betriebsphase als auch ein eventueller Rückbau zu berücksichtigen.

Wesentliche Vorteile der Wasserkraft liegen in der regenerativen Stromerzeugung und wurden bereits oben in Abschnitt 2 genannt. Als Nachteil ist demgegenüber insbesondere die negative Beeinflussung der Gewässermorphologie und -ökologie der Fließgewässer zu nennen (Abbildung 11). So unterbrechen oder erschweren zahlreiche Anlagenstandorte vor allem mit ihren Wehr- bzw. Stauanlagen die Durchgängigkeit sowohl für die lebensraumtypischen Fischarten als auch für sonstige wassergebundene Kleinorganismen. Zudem verursachen sie eine Veränderung des Abflussregimes, wodurch die Eignung der entsprechenden Gewässerabschnitte als Lebensraum und Laichhabitat eingeschränkt wird.

Unabhängig von bzw. gerade wegen der zahlreichen positiven Eigenschaften der Wasserkraft müssen die genannten negativen Auswirkungen auf das Ökosystem Fließgewässer beim Bau, der Modernisierung und dem Betrieb von entsprechenden Anlagen so weit wie möglich reduziert werden. Aufgrund der damit verbundenen besonderen Bedeutung für die Wasserkraft und auch deren Wahrnehmung in der Öffentlichkeit wird im Folgenden losgelöst von den anderen Umweltaspekten der Fokus auf die gewässerökologischen Anforderungen bzw. die daraus resultierenden Maßnahmen gelegt. Die diesbezüglichen Randbedingungen werden durch die europäische Wasserrahmenrichtlinie, das Wasserhaushaltsgesetz des Bundes und die Wassergesetze der einzelnen Länder vorgegeben. Demnach sind die negativen Beeinträchtigungen der Wasserkraftnutzung auf die Fließgewässer u.a. durch die nachfolgend beschriebenen Maßnahmen zu minimieren. Dabei sind die Wahl und Kombination der erforderlichen Einzelmaßnahmen sowie deren jeweilige Priorität und Ausgestaltung von der individuellen Situation vor Ort abhängig.

Abbildung 11: Schematische Darstellung der gewässerökologischen Umweltauswirkungen von Wasserkraftanlagen

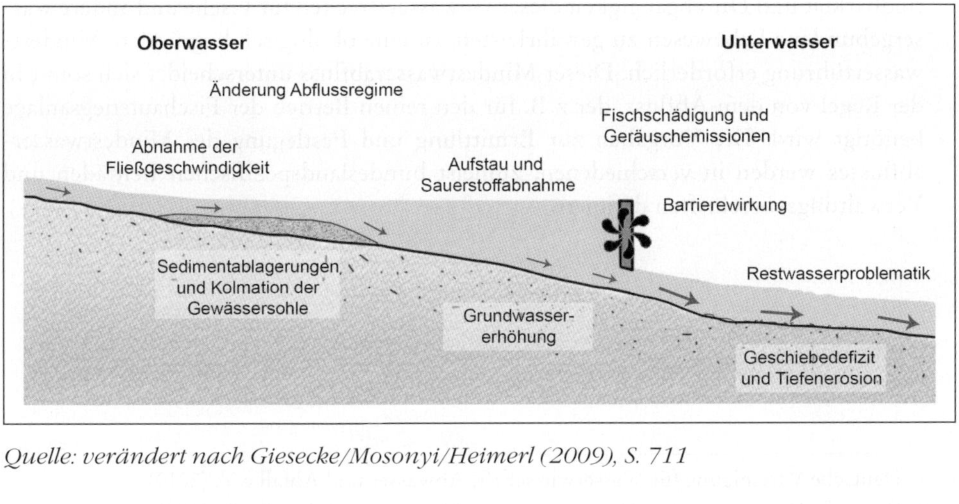

Quelle: verändert nach Giesecke/Mosonyi/Heimerl (2009), S. 711

- *Bau von Fischaufstiegsanlagen:* Die artspezifischen aufwärts gerichteten Wanderungen der jeweiligen naturraumtypischen Gewässerorganismen sollen im Bereich von Staubauwerken und Wehren durch Fischaufstiegsanlagen ermöglicht werden. Dazu ist sowohl die groß- und kleinräumige Auffindbarkeit der entsprechenden Anlagen als auch deren Passierbarkeit sicherzustellen. Um dies zu gewährleisten, sind neben der Anordnung der Fischaufstiegsanlage im Gewässer zahlreiche Parameter wie der Durchfluss, die Fließgeschwindigkeit, die Größe der einzelnen Becken, die Energiedichte etc. zu bemessen. Die diesbezüglichen allgemein anerkannten Regeln der Technik sind in einem entsprechenden Regelwerk[5] zusammengestellt und werden kontinuierlich weiterentwickelt.

- *Maßnahmen zum Fischschutz und Fischabstieg:* Bei abwärts gerichteten Wanderungen können aquatische Lebewesen im Bereich von Wasserkraftanlagen insbesondere durch die direkte Passage der Turbinen, die hydraulische Situation am vorgeschalteten Rechen und die großen Höhendifferenzen zwischen Ober- und Unterwasser geschädigt werden. Diese Gefährdungen sind durch die entsprechende Dimensionierung und Gestaltung von Rechen und Bypasssystemen auszuschließen oder zu minimieren. Auch hierzu existieren verschiedene technische Verfahren,[6] wobei es aufgrund der großen örtlichen Individualität jedoch keine „Standardlösungen" gibt. Zudem besteht an der Schnittstelle zwischen fischereibiologisch begründeten Anforderungen und den speziell darauf abgestimmten technischen Lösungen weiterer Forschungsbedarf.

- *Gewährleistung eines Mindestwasserabflusses in Ausleitungsstrecken:* Bei Ausleitungskraftwerken sind die unterhalb des Staubauwerkes gelegenen Gewässerabschnitte bis zur Wiedereinmündung des Betriebsgrabens systembedingt häufig von signifikanten Wasserentnahmen betroffen. Um in diesen Ausleitungsstrecken die standorttypischen Lebensgemeinschaften zu erhalten bzw. wiederherstellen zu können sowie die Auffindbarkeit und Durchgängigkeit dieser Gewässerstrecken für Fische und andere wassergebundene Lebewesen zu gewährleisten, ist eine ökologisch begründete Mindestwasserführung erforderlich. Dieser Mindestwasserabfluss unterscheidet sich somit in der Regel von dem Abfluss, der z.B. für den reinen Betrieb der Fischaufstiegsanlage benötigt wird. Die Vorgaben zur Ermittlung und Festlegung des Mindestwasserabflusses werden in verschiedenen, zumeist bundeslandspezifischen Leitfäden und Verwaltungsvorschriften definiert.

[5] Deutsche Vereinigung für Wasserwirtschaft, Abwasser und Abfall e.V. (2010).

[6] Deutsche Vereinigung für Wasserwirtschaft, Abwasser und Abfall e.V. (2005).

- *Stauraum- und Geschiebemanagement:* Unter diesem Begriff werden Maßnahmen verstanden, die sowohl auf die Verbesserung der Hydromorphologie im Bereich der Stauhaltungen als auch auf die Bewirtschaftung von Geschiebe, organischem Schwemmgut und Totholz abzielen. Hierbei kann es sich um unterschiedlichste Maßnahmen handeln, die auf eine Verbesserung der gewässerökologischen Beschaffenheit im Nahbereich einer Wasserkraftanlage abzielen.
- *Individuelle Maßnahmenfestlegung:* Die detaillierte Ausgestaltung der vorgenannten Maßnahmen bleibt in der Praxis sowohl bei Neuanlagen als auch bei Modernisierungen den einzelnen Genehmigungsverfahren vorbehalten. Nach Möglichkeit sollten hierbei die gewässerökologischen, wasserwirtschaftlichen und nutzungsbezogenen Anforderungen gleichermaßen berücksichtigt werden. Hierzu sind eine größtmögliche Transparenz im Planungsprozess und der konstruktive Dialog zwischen den einzelnen Interessen sehr hilfreich.

Literatur

Bundesministerium für Umwelt, Naturschutz und Reaktorsicherheit (Hg.) (2010 a): Potenzialermittlung für den Ausbau der Wasserkraftnutzung in Deutschland als Grundlage für die Entwicklung einer geeigneten Ausbaustrategie, Berlin

Bundesministerium für Umwelt, Naturschutz und Reaktorsicherheit (Hg.) (2010 b): Erneuerbare Energien in Zahlen – Nationale und internationale Entwicklung, Stand: Juni, Berlin

Deutsche Vereinigung für Wasserwirtschaft, Abwasser und Abfall e.V. (Hg.) (2010): Fischaufstiegsanlagen und fischpassierbare Bauwerke – Gestaltung, Bemessung, Qualitätssicherung, Entwurf: Februar, Hennef

Deutsche Vereinigung für Wasserwirtschaft, Abwasser und Abfall e.V. (Hg.) (2005): Fischschutz- und Fischabstiegsanlagen – Bemessung, Gestaltung, Funktionskontrolle, Hennef

Fachgebiet Wasserbau und Wasserwirtschaft, Universität Kassel/Theobald, Stephan (Hg.) (2011 a): Analyse der hessischen Wasserkraftnutzung und Entwicklung eines Planungswerkzeuges „WKA-Aspekte“, Projektbericht im Auftrag des Hessischen Ministeriums für Umwelt, Energie, Landwirtschaft und Verbraucherschutz, Kassel

Fachgebiet Wasserbau und Wasserwirtschaft, Universität Kassel/Theobald, Stephan (Hg.) (2011 b): Unterlagen zur Vorlesung Wasserkraftanlagen, Stand: Wintersemester 2010/2011, unveröffentlicht

Giesecke, Jürgen/Mosonyi, Emil/Heimerl, Stephan (2009): Wasserkraftanlagen – Planung, Bau und Betrieb, Berlin, Heidelberg, New York, 5. Auflage

Heimerl, Stephan (2009): Wasserkraft – Der Klassiker der Erneuerbaren Energien, in: Böhmer, Till/Weißenborn, Christoph (Hrsg.): Erneuerbare Energien – Perspektiven für die Stromerzeugung, Energie im Dialog, Band 3, Frankfurt/Main, 2. Auflage, S. 71-102

Roland, Frank/Theobald, Stephan (2011): Das Wasserkraftpotenzial in Hessen, in: WasserWirtschaft 101, Heft 7/8

Theobald, Stephan/Roland, Frank (2011): Wasserkraftnutzung in Hessen, in: WasserWirtschaft 101, Heft 7/8

Geothermische Stromerzeugung

Sebastian Janczik/Martin Kaltschmitt/Nils Kock

1 Einleitung

Mit dem Ziel, einen Beitrag zum Klimaschutz und zur Verbesserung der Versorgungssicherheit zu leisten, gewinnen Erneuerbare Energien nicht nur in Deutschland immer mehr an energiewirtschaftlicher Bedeutung. Um die Markteinführung – und damit die technische Weiterentwicklung – zu forcieren, werden sie durch vielfältige legislative Instrumente unterstützt. In Deutschland ist dies bei der Stromerzeugung beispielsweise das Erneuerbare-Energien-Gesetz (EEG), bei der Wärmebereitstellung das Erneuerbare-Energien-Wärme-Gesetz (EEWG) und bei den Kraftstoffen das Biokraftstoffquotengesetz.

Von allen Erneuerbaren Energien sind aus Systemsicht die Optionen, die grundlastfähig sind und damit die gegebene Nachfrage bedarfsorientiert decken können, von besonderer Bedeutung. Dies ist bei der Biomasse und der Geothermie der Fall. Davon ist die Nutzung der tiefen Geothermie prädestiniert zur gekoppelten Strom- und Wärmeerzeugung, da mit der Biomasse – als bisher einziger marktverfügbarer Option – auch Kraftstoffe für den Verkehrssektor bereitgestellt werden können. Vor diesem Hintergrund beschränken sich die nachfolgenden Ausführungen ausschließlich auf die Möglichkeiten einer alleinigen oder mit einer Wärmebereitstellung gekoppelten geothermischen Stromerzeugung.

Abbildung 1: Begriffsabgrenzung Geothermie

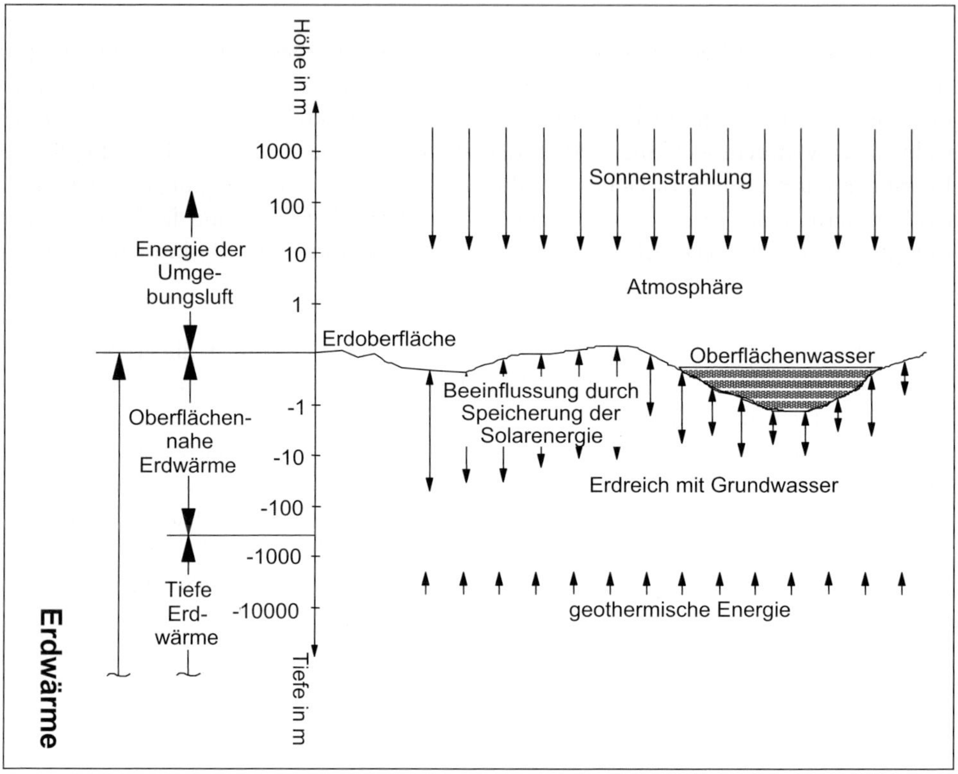

Quelle: Kaltschmitt/Streicher/Wiese (2006), S. 395

Die Energie des tiefen Untergrundes kann durch eine Vielzahl unterschiedlichster Wege nutzbar gemacht werden. Bevor diese veranschaulicht werden, werden zunächst die oberflächennahe und die tiefe Geothermie voneinander abgegrenzt. Abbildung 1 stellt die entsprechenden Unterschiede dar. Demnach stammt bei der oberflächennahen Geothermie die nutzbare Energie wesentlich auch aus der solaren Einstrahlung (d.h. indirekte Nutzung der Sonnenenergie). Damit unterliegt sie – je nach Tiefe – einem Tages- und einem ausgeprägten Jahresgang. Die Energie der tiefen Erdschichten hingegen entzieht sich dem Einfluss der Solarenergie. Sie ist somit unabhängig von tages- und jahreszeitlichen Schwankungen und kann damit nachfrageorientiert genutzt werden.

In den weiteren Ausführungen werden im Kontext der in Deutschland vorliegenden geologischen Bedingungen die Techniken und Verfahren beschrieben, die im Bereich der tiefen Geothermie angewendet werden, um heiße Tiefenwässer zutage zu fördern und diese zur Strom- und gegebenenfalls gekoppelten Wärmebereitstellung nutzbar zu machen.

2 Geologische Grundlagen

Die in der Erde gespeicherte Energie (d.h. Erdwärme) stellt, neben der von der Sonne kommenden und der aus der Wechselwirkung von Planetengravitation und -bewegung resultierenden Energie, eine der drei Quellen des der Menschheit verfügbaren regenerativen Energieangebots dar. Dabei wird der aus dem Erdinneren kommende Energiestrom aus verschiedenen Quellen gespeist; diese werden nachfolgend zunächst diskutiert. Danach wird ein Einblick in den Aufbau der obersten Erdschichten und die in Deutschland vorliegenden geologischen Randbedingungen gegeben.

2.1 Grundlagen

Die aus dem Erdinneren an die Erdoberfläche dringende Wärme speist sich aus unterschiedlichen Quellen. Zum einen ist noch immer eine bestimmte aus der Erdentstehung (d.h. Ursprungswärme) bzw. von davor resultierende Restwärme vorhanden. Zum anderen wurde im Verlauf erdgeschichtlicher Zeiträume und wird immer noch infolge des Zerfalls natürlicher radioaktiver Isotope in der Erdkruste Wärme freigesetzt, die zum Teil noch im tiefen Untergrund vorhanden ist. Zu den Isotopen, die Wärme freisetzen, gehören Uran (U^{238}, U^{235}), Thorium (Th^{232}) und Kalium (K^{40}); beispielsweise beträgt die daraus resultierende radiogene Wärmeleistung im Granit ca. 2,5 Mikrowatt pro Kubikmeter (µW)/m^3 und im Basalt rund 0,5 µW/m^3.

In der Summe dieser unterschiedlichen Wärmequellen ergibt sich ein geothermischer Wärmestrom von durchschnittlich 65 Milliwatt pro Quadratmeter (mW/m^2), der jedoch – je nach den lokalen geologischen Bedingungen – erheblichen Schwankungen unterworfen sein kann. Ausgehend davon resultiert daraus ein mittlerer Temperaturanstieg mit zunehmender Tiefe (d.h. geothermischer Temperaturgradient) von durchschnittlich 30° Celsius pro Kilometer bzw. 3° Celsius pro 100 Meter. Auch hier sind lokal erhebliche Unterschiede gegeben; beispielsweise werden in alten Kontinentalgebieten (z.B. Kanada, Indien) relativ kleine Temperaturgradienten um die 10° Celsius/km gemessen, während in tektonisch aktiven Gebieten (z.B. Island, Philippinen) die Gradienten mit bis zu 200° Celsius/km weitaus größer sein können. Auch in Deutschland kann der Temperaturanstieg mit zunehmender Tiefe regional stark vom globalen Mittel abweichen. Abbildung 2 zeigt deshalb exemplarisch die Temperaturverteilung in einer Tiefe von 2.000 m. Deutlich zu erkennen sind die höheren Temperaturen infolge geologischer Anomalien im Oberrheingraben, in der Schwäbischen Alb südlich von Stuttgart und im norddeutsch-polnischen Becken.

Abbildung 2: Temperaturverteilung in der Bundesrepublik Deutschland in 2.000 m Tiefe

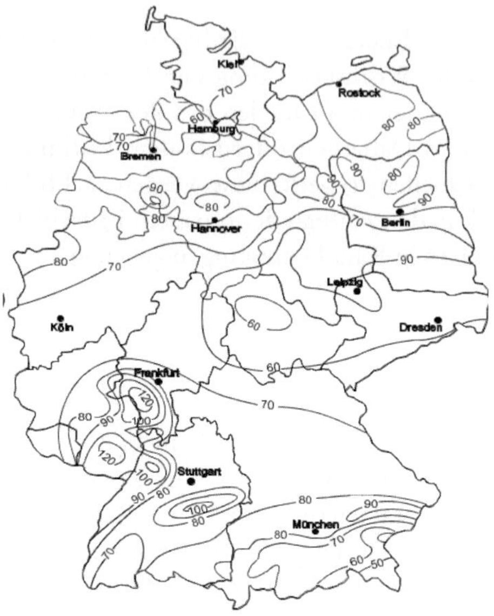

Quelle: Kaltschmitt/Streicher/Wiese (2006), S. 112

2.2 Aufbau des tiefen Untergrunds

Aufgrund technisch-ökonomischer Restriktionen ist der tiefe Untergrund derzeit nur bis in eine Teufe von rund 7.000 bis maximal 10.000 m erschließbar. In dieser Tiefe werden die Möglichkeiten einer Erdwärmenutzung außer von dem geothermischen Gradienten ganz wesentlich auch vom Aufbau des Untergrunds bestimmt. Dies liegt darin begründet, dass die im tiefen Untergrund vorhandene Wärmeenergie (mit der heute verfügbaren Technik) nach Übertage transportiert werden muss, damit sie zur Strom- und gegebenenfalls damit gekoppelten Wärmeerzeugung genutzt werden kann. Dieser Wärmetransport wird im Normalfall mithilfe von Wasser als Wärmeträgermedium realisiert.

Ein derartiges Vorgehen ist dann aus technischer Sicht nahezu problemlos realisierbar, wenn im Untergrund bereits natürlicherweise ausreichend Tiefenwässer vorhanden sind und diese in ausreichender Menge gefördert – und wieder in den Untergrund verpresst – werden können (d.h., der Untergrund ist porös und permeabel, also durchlässig). Im Unterschied dazu ist es technisch deutlich aufwendiger (und damit teurer), wenn der Untergrund erst aufgebrochen werden muss, damit Wasser von Übertage nach Untertage verpresst, im Untergrund zirkuliert und dann im erwärmten Zustand wieder nach Übertage gefördert werden kann.

In Deutschland kann der Untergrund in den Tiefen, die für eine geothermische Strom- und gegebenenfalls damit gekoppelten Wärmeerzeugung infrage kommen (ca. 3.000 bis 5.000 m), sehr unterschiedlich beschaffen sein. Nachfolgend werden zwei wesentliche in Deutschland vorkommende Möglichkeiten diskutiert.

- *Kristalliner Untergrund*: Besteht der Untergrund aus Gesteinen vulkanischen Ursprungs (z.B. Basalt), sind im Allgemeinen keine Poren im Gestein vorhanden. Der Untergrund ist vergleichsweise „trocken". Aber derartige kristalline Gesteine kommen nur in sehr seltenen Fällen in den geothermisch genutzten Tiefen als ein großer Monolith (d.h. als ein geschlossener Gesteinskörper) vor. Meist sind sie aufgrund tektonischer Ereignisse in der Vergangenheit teilweise stark aufgebrochen bzw. geklüftet. Die dadurch entstandenen Risse und Hohlräume sind, wenn sie durch eine nachträgliche Mineralisation nicht wieder verschlossen wurden, mit Poreninhaltsstoffen (z.B. Wasser) gefüllt. An diesen Bruchstellen bzw. -zonen kann – je nach den lokalen geologischen Gegebenheiten mehr oder weniger – der Untergrund dann durchlässig sein.
- *Sedimente*: Der tiefe Untergrund kann auch aus Sedimenten bestehen. Darunter sind durch Sekundärprozesse mehr oder weniger verfestigte Gesteinstrümmer zu verstehen. Derartige Gesteinsbruchstücke entstehen z.B. aus kristallinen Gesteinen infolge einer natürlichen Zerstörung u.a. durch Verwitterung, durch Frost-Tau-Zyklen und durch Fließgewässer. Die Gesteinsbruchstücke können dann durch Bäche und Flüsse transportiert und dabei weiter zerkleinert werden. Sie lagern sich letztlich in fließberuhigten Zonen von Gewässern ab. Sinken diese Ablagerungen dann in geologischen Zeiträumen in tiefere Erdschichten ab, kommt es zu einer erneuten Verfestigung; ein typisches Beispiel ist der Sandstein, der aus Sandablagerungen entstanden ist. Je nach Tiefe, Zusammensetzung, Genese u.a. sind derartige Sedimente – mehr oder weniger – porös und permeabel; dabei nimmt im Allgemeinen aufgrund des auflastenden Gebirgsdrucks die Porosität und Permeabilität mit zunehmender Tiefe ab. Die Gesteinsporen sind gefüllt; dies ist in den meisten Fällen Wasser mit unterschiedlichen Zusätzen (z.B. Salze), das in erdgeschichtlichen Zeiträumen durch andere flüssige (z.B. Erdöl) und/oder gasförmige Stoffe (z.B. Erdgas, Kohlenstoffdioxid) (teilweise) ersetzt werden kann. Deshalb spricht man bei Sedimenten oft von „nassen" Gesteinen. Auch bei Sedimenten kann die Durchlässigkeit durch Bruchstellen bzw. Klüfte, die durch tektonische Aktivitäten entstanden sind, signifikant verbessert werden.

Für die technischen Möglichkeiten zur Nutzbarmachung der Energie des Untergrunds ist dieser Aufbau von besonderer Bedeutung. Da die Wärmeenergie aus der Tiefe nach Übertage mittels eines Wärmeträgermediums transportiert werden muss, bietet sich eine geothermische Energiegewinnung insbesondere in Sedimenten an. Aufgrund der hier zu erwartenden Porosität und Permeabilität kann die im Gestein – und damit auch in den Poreninhaltsstoffen – gespeicherte Wärmeenergie – in der Theorie – mit dem im Gestein vorhandenen Poreninhalten (d.h. Wasser) relativ einfach gefördert werden. Und das abgekühlte Tiefenwasser kann anschließend erneut in den Untergrund verpresst werden.

Vom Grundsatz her ist dies auch bei kristallinem Untergrund dort möglich, wo die Gesteine infolge geologischer Vorgänge sehr stark aufgebrochen wurden (d.h. Störungszonen) und dadurch miteinander verbundene Fließwege entstanden sind.

In Deutschland sind Sedimentstrukturen im Norddeutschen Becken, im Oberrheingraben und im Süddeutschen Molassebecken zu finden (Abbildung 3). Die für die geothermische Nutzung relevanten Eigenschaften jeweils geeigneter Schichten im Untergrund zeigt Tabelle 1. Die potenziell höchsten Förderraten – bei jedoch nur moderaten Temperaturen – sind demnach im süddeutschen Molassebecken zwischen Donau und Alpen zu erwarten. Hier können die sehr gering mineralisierten Wässer des Malms, einer geologischen Schicht mit kalkigen Gesteinen des oberen Juras, genutzt werden. Die deutschlandweit höchsten Temperaturen sind im Oberrheingraben – bei allerdings potenziell nur moderaten Förderraten – zu finden. Das Norddeutsche Becken bietet im Allgemeinen moderate Temperaturen bei ebenfalls relativ geringen Förderraten.

Abbildung 3: Aufbau des Untergrundes in Deutschland

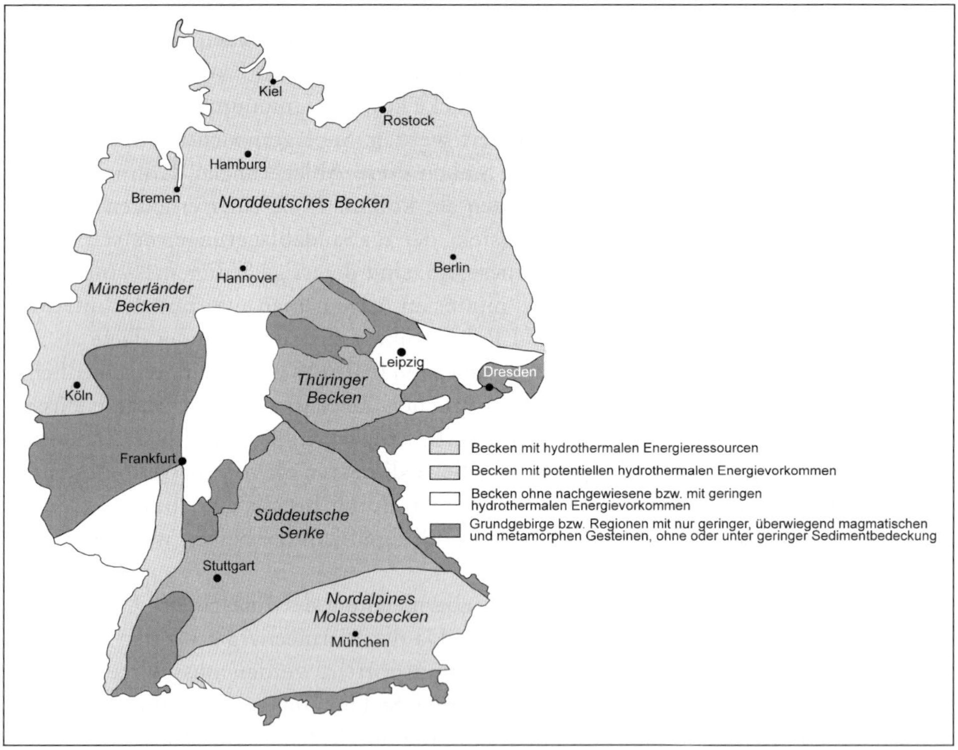

Quelle: Kaltschmitt/Streicher/Wiese (2006), S. 113

In der Praxis sind aber – auch in den genannten Sedimentbecken – die Porositäten und Permeabilitäten in den Tiefen, die ein zur Stromerzeugung sinnvoll nutzbares Temperaturniveau erwarten lassen, oft so gering, dass unter Wirtschaftlichkeitsgesichtspunkten eine geothermische Strom- und gegebenenfalls damit gekoppelte Wärmeerzeugung nur in Ausnahmefällen möglich ist. Hinzu kommt, dass die Bandbreite, innerhalb der die Eigenschaften des Untergrunds schwanken können, bereits im Sub-Meter-Bereich beachtlich sein können. Auch können die Eigenschaften des Tiefengesteins von Übertage selbst mit den modernsten Verfahren nicht exakt vorhergesagt werden. Deshalb ist immer ein gewisses Risiko gegeben, an einer potenziellen Bohrungslokation nicht die aus Wirtschaftlichkeitserwägungen benötigten Fließraten (sie werden durch die Porosität und Permeabilität des Untergrunds bestimmt) zu erzielen.

3 Exploration eines geothermischen Reservoirs

Das Ziel der Exploration einer geothermischen Lagerstätte ist es, ein möglichst detailliertes Wissen über die Struktur des Untergrunds zu gewinnen. Dies wird im Allgemeinen mit der Seismik realisiert. Darunter ist ein geophysikalisches Verfahren zu verstehen, bei dem gezielt Schallwellen in den Untergrund eingeleitet werden, wie sie beispielsweise mit Rüttelfahrzeugen oder gegebenenfalls Sprengungen erzeugt werden können. Diese Schallwellen werden dann von unterschiedlichen Schichten, aus denen der tiefere Untergrund aufgebaut ist, verschiedenartig reflektiert. Diese Echos werden nun entlang einer Messlinie mit im Boden verankerten Geophonen aufgezeichnet.

Tabelle 1: Geothermiehöffige Regionen in Deutschland

Tiefe	Temperaturdurchschnitt	Temperatur maximal	Förderrate
in m	in °Celsius	in °Celsius	in m^3/h
Norddeutsches Becken			
2.000-5.000	130-140	140-160	50-110
Oberrheingraben			
1.000-4.200	100-160	160-190	80-250
Süddeutsches Molassebecken			
3.000-4.500	100-130	130-140	350-600

Für die Durchführung einer derartigen seismischen Messung müssen zunächst die behördlichen Genehmigungen (u.a. Bergamt, Straßenbehörden, Betretungserlaubnis der Grundbesitzer) eingeholt und die Messungen konkret geplant werden; beispielsweise werden die Linienführung und die Messparameter (Punktabstände, Energie, Aufnehmerkanäle usw.) anhand von Karten und Geländebegehungen festgelegt. Im Anschluss daran erfolgt die praktische Umsetzung dieser Planungen. Das Ergebnis ist eine Vielzahl von Messwerten, die anschließend rechnergestützt ausgewertet werden, mit dem Ziel, ein detailliertes zwei- und gegebenenfalls auch dreidimensionales Abbild des Aufbaus des Untergrunds (d.h. Struktur- und Blockmodelle) zu erstellen.

Aufbauend auf dieser „Karte" des Untergrunds können Gesteinsschichten identifiziert werden, die aus Sicht einer Geothermienutzung potenziell vielversprechend sind. Dazu werden zusätzlich weitere Daten und Informationen verwendet, wie sie gegebenenfalls mit anderen geophysikalischen Verfahren gemessen werden können und/oder beispielsweise aus Erdöl- oder Erdgasbohrungen bereits vorliegen. Ziel ist es, für die abzuteufenden Geothermiebohrungen einen möglichst konkreten Zielkorridor im tiefen Untergrund zu identifizieren, der die für einen wirtschaftlichen Anlagenbetrieb geforderten geologischen Kenngrößen (u.a. Temperatur, Porosität, Permeabilität, Anschluss an eine Störungszone) verspricht. Dabei muss u.a. auch ein potenzieller hydraulischer Kurzschluss im Untergrund möglichst weitgehend vermieden werden (d.h. keine Vermischung des reinjizierten mit dem zu fördernden Wasser und eine dadurch bedingte Temperaturabsenkung).

4 Aufschluss des tiefen Untergrunds

Der Aufschluss des tiefen Untergrundes erfolgt durch mindestens zwei Bohrungen, die abgeteuft und gesichert (d.h. komplettiert) werden müssen. Durch eine gegebenenfalls anschließende Stimulation können die Eigenschaften des bohrtechnisch erschlossenen Reservoirs verbessert werden.

4.1 Bohrtechnischer Aufschluss

Die Bohrung wird in der Regel mit dem auch in der Erdöl-, Erdgas- und Wassergewinnung eingesetzten Rotary-Bohrverfahren abgeteuft.[1]

[1] In Anlehnung an Kaltschmitt/Huenges/Wolff (1999), Kapitel 4.

4.1.1 Tiefbohranlage

Zu den Hauptkomponenten einer Tiefbohranlage zählen Bohrmast, Hebesystem, Drehtisch, Spülungskreislauf einschließlich Spülungspumpen sowie Blow Out Preventer.

- Bei Tiefbohrungen werden Masthöhen von bis zu 40 m bevorzugt. Sie erlauben es, beim Roundtrip drei Bohrstangen à 9 m Länge in einem Stück zu ziehen, zu entschrauben und im Turm abzustellen. Das Bohrgerüst steht auf einem 12 bis 14 m hohen Unterbau.
- Das Hebesystem besteht aus Hebewerk, Kronenblock, Flaschenzug und dem Bohrhaken. Es ist so dimensioniert, dass es die maximalen Hakenlasten beim Einbau der schwersten Verrohrungstour bewältigen kann. Die Leistung des Hebesystemantriebes steigt mit zunehmender Tiefe. Der Antrieb erfolgt dieselelektrisch oder über Dieselaggregate.
- Der Drehtisch wird durch Elektromotoren angetrieben und überträgt diese Drehbewegung über eine Vierkantstange (Kelly) auf den Bohrstrang. Damit wird der Bohrstrang gedreht.
- Eine Kolben- oder Spülungspumpe drückt die Spülung stetig durch Steigleitung und Rotary-Schlauch über den Spülkopf in den als Hohlbohrstange ausgelegten Bohrstrang zum Meißel, wo sie durch mehrere Düsen mit hoher Geschwindigkeit austritt und das gelöste Gestein von der Bohrlochsohle abfördert. Die mit Bohrklein beladene Spülung steigt in dem Ringraum außerhalb des Bohrgestänges zur Oberfläche, wo das Bohrklein durch Siebe, Desander und Desilter von der Spülung abgetrennt wird, bevor sie dann in den Untergrund verpresst und dadurch der Spülungskreislauf geschlossen wird.
- Der Blow Out Preventer stellt den Abschluss der untertägigen Einrichtungen dar. Er soll ein unkontrolliertes Austreten von Lagerstätteninhalt sicher verhindern. Er besteht als Ring- und Backen-Preventer aus einem System von mindestens drei Schließorganen.

4.1.2 Bohrstrangsystem und Bohrwerkzeug

Das Bohrstrangsystem wird durch Bohrstrang und Bohrwerkzeug bestimmt. Der eigentliche Bohrstrang besteht dabei aus Mitnehmerstange (Kelly), Bohrgestänge, Schwerstangen und gegebenenfalls weiteren Bohrstrangelementen (u. a. Stabilisatoren, Stoßdämpfer). Dabei wird der überwiegende Teil des Bohrstranges von dem Bohrgestänge gebildet; es besteht aus etwa 9 m langen miteinander verschraubten Einzel-Stahlhohlrohren. Die oberste Stange ist die Mitnehmerstange (Kelly) mit etwa 12 m Länge und quadratischem Querschnitt. Sie wird durch den Drehtisch formschlüssig in Rotation versetzt und überträgt das Drehmoment über den Bohrstrang auf das Bohrwerkzeug. Im unteren Teil des Bohrstrangs sind dickwandige Bohrstangen als Schwerstangen installiert, um durch ein hohes Gewicht am Strangende den darüber befindlichen Strangteil in Zugspannung zu halten und eine definierte Auflast auf den Bohrmeißel zu geben. Alle übrigen Bohrstrangelemente (u.a. Stabilisatoren, Räumer, Stoßdämpfer, Mess- und Steuerelemente, Bohrlochsohlenantriebe) werden im Schwerstangenteil untergebracht.

Da das Bohrwerkzeug ein Verschleißteil mit Standzeiten von durchschnittlich 30 bis 100 Stunden ist, muss der Meißel u.a. auf die Gesteinsbeschaffenheiten und die Bohrlochsohlentemperaturen abgestimmt werden. Dabei wird entsprechend der Arbeitsweise und der konstruktiven Besonderheiten zwischen Rollen- und Diamantmeißel unterschieden.

Rollenmeißel werden überwiegend als 3-Kegel-Rollenmeißel mit gehärteten Stahlzähnen oder mit Wolframkarbideinsätzen als Warzenmeißel in weichen bis mittelharten Formationen eingesetzt. Während der Drehung des Bohrstranges laufen die Kegelrollen selbstständig auf der Bohrlochsohle ab. Dabei brechen die Zähne Gesteinsteilchen aus dem Gebirgsverband heraus; es werden Druck- und Scherkräfte wirksam. Die Einsatzgrenze liegt bei rund 200 bis 250 °Celsius.

Diamantbohrwerkzeuge können bis etwa 500 °Celsius in mittelharten bis sehr harten Gesteinen eingesetzt werden. Die Anpassung der Diamantmeißel an die zu bohrende Formation erfolgt u.a. durch die Form, die Anordnung und den Querschnitt der Wasserwege, den Überstand der Diamanten (Exposure) sowie die Qualität und Größe der Diamanten. Vorteile gegenüber Rollenmeißeln liegen in der längeren Standzeit und der möglichen höheren Drehzahl.

4.1.3 Alternative Meißelantriebe

Die bohrtechnische Herausforderung, ein Drehmoment über eine mehrere 1.000 m lange Welle zu übertragen, hat zur Entwicklung von Bohrturbinen und Verdrängermotoren geführt. Derartige Meißeldirektantriebe werden unmittelbar über dem Bohrmeißel angeordnet und mit der umlaufenden Spülung angetrieben. Dabei bleibt der gesamte Bohrstrang in Ruhe oder rotiert nur langsam; er überträgt aber kein Drehmoment. Dadurch werden Reibungsverluste zwischen Bohrstrang und Gebirge, die beim Rotary-Bohren vor allem in tiefen Bohrungen auftreten, vermieden.

- Die Bohrturbine besteht aus vielen, in Stufen hintereinander liegenden Leit- und Laufrädern. Die Laufräder befinden sich auf einer Welle, während die Leiträder am Turbinengehäuse fixiert sind. Durch die hindurch strömende Spülung wird die Welle angetrieben und dadurch ein Drehmoment auf das Bohrwerkzeug übertragen.

- Der Verdrängermotor, der nach dem Moineau-Pumpenprinzip arbeitet, hat eine Gummiauskleidung mit spiralförmigen Vertiefungen, in denen ein spiralförmiger Vollstahlrotor in elliptischen Bahnen bewegt wird. Die Bohrspülung wird durch die von Rotor und Stator gebildeten Kammern gedrängt und erzeugt, da der Stator selbst fest gelagert ist, das an der Antriebswelle vorhandene Drehmoment. Der Verbinder zwischen Motor und Meißel ist das einzige äußerlich rotierende Teil im Bohrstrang.

4.1.4 Gerichtetes Bohren

Seit Beginn der 1990er Jahre zählen steuerbare Meißeldirektantriebe zur besseren Krafterzeugung und -übertragung sowie für gerichtetes Bohren z.B. zur Erstellung von Kurvensektionen, Tangenten und Horizontalen zum Bohrstandard. Mit dem Begriff Meißeldirektantrieb wird dabei das Gesamtsystem mit Motorsektion zur Leistungserzeugung, Gelenkwelle zur Leistungsabführung aus der Motorsektion mit geradem oder gewinkeltem Gehäuse, Lagersektion zur Führung der Meißelantriebswelle und Meißel bezeichnet. Durch die Steuerung der Meißeldirektantriebe können die Abweichungen des realen vom geplanten Bohrlochverlauf minimiert und somit ein genau vorgegebenes Zielgebiet im Reservoir getroffen werden.

4.1.5 Bohrspülungen

Der Aufgabenbereich der Spülung umfasst die nachfolgend zusammengefassten Aufgaben:

- Reinigen der Bohrlochsohle und Abtransport des Bohrkleins über den Ringraum zur Oberfläche. Spülungen weisen in der Regel thixotrope Eigenschaften auf (d.h., sie verhalten sich im Zustand der Bewegung wie eine Flüssigkeit und im Zustand der Ruhe wie ein Gel). Diese Gelbildung verhindert bei stehender Spülung ein Absinken des Bohrkleins;
- Kühlung und Schmierung des Bohrwerkzeuges und des Bohrstranges;
- Abdichtung und Abstützen nicht standfester Gesteine an der Bohrlochwand durch Bildung eines millimeterstarken Wandbelages (sogenannter Filterkuchen), um Spülungsverluste bzw. Einströmen von Formationswasser in das Bohrloch zu verhindern. Die Filterkuchenbildung setzt einen Druckgradienten vom Bohrloch zur Formation voraus;
- Beherrschung des Lagerstättendrucks durch den hydrostatischen Druck der Spülungssäule;
- hydraulische oder pneumatische Kraftübertragung.

4.2 Verrohrung und Komplettierung

Die Verrohrung (d.h. das Setzen von Futterrohren [Casings] mit anschließender Zementation) ist für geothermale Bohrungen wegen der hohen Temperaturen bzw. Temperaturunterschiede und des Chemismus des Fördermediums ausschlaggebend für die technische Lebensdauer.[2]

4.2.1 Verrohrung

Die Verrohrung stützt die Bohrlochwand, dichtet das Bohrloch gegen flüssigkeitsführende Schichten ab, verhindert Gesteinsnachfall und bietet später die Möglichkeit, technische Hilfsgeräte für die Förderung einfacher einzubauen. Sie wird zum Teil schon während der Herstellung des Bohrloches eingebracht, um freie Bohrlochstrecken zu schützen. Sie kann entweder bis übertage geführt und abgesetzt oder als sogenannter Liner in einem bereits abgesetzten Rohrstrang im Bohrloch eingehängt werden. Genormte Casingrohre sind von 4,5 Zoll bis 20 Zoll Außendurchmesser verfügbar.

Der geforderte Enddurchmesser einer Bohrung bestimmt die Dimensionierung der Bohrlochkonstruktion und damit die Durchmesser der einzelnen einzubauenden Rohrtouren. Den einzelnen Rohrtouren (Abbildung 4) sind bestimmte Bezeichnungen zugeordnet.

- Das Standrohr hat die Aufgabe, die unterhalb der Erdoberfläche meist lockeren und verwitterten Schichten abzudecken und damit den oberen Teil des Bohrlochs zu stabilisieren. Bei sehr tiefem Grundwasserstand wird das Standrohr bis etwa 30 m und mehr eingebaut.
- Danach folgt die Leitrohr- oder Ankerrohrtour. Diese muss den Sondenkopfarmaturen eine zuverlässige Befestigungsmöglichkeit geben.
- Nun schließt sich die „technische" Rohrtour an. Mit ihr werden Schichten mit vergleichbaren geologischen Eigenschaften der fluiden Medien in deren Porenräumen von solchen Bereichen getrennt, die abweichende Eigenschaften aufweisen. Bei Bedarf kann eine weitere Rohrtour (Zwischenrohrtour) bis zur Endteufe eingebracht werden.

[2] In Anlehnung an Kaltschmitt/Huenges/Wolff (1999), Kapitel 4.

Abbildung 4: Verrohrungsschema

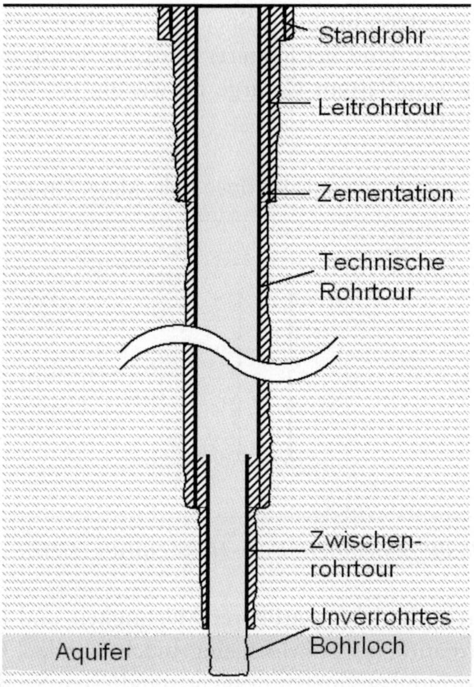

Quelle: Kaltschmitt/Streicher/Wiese (2006), S. 460

Durch ein gleichmäßiges und lückenloses Einbringen von Zement zwischen Verrohrung und Bohrlochwand wird sichergestellt, dass die Verrohrung fest mit dem Gebirge verbunden ist. Weiterhin nimmt diese Zementation die axialen und radialen Lasten auf, die auf die Rohrtour wirken. Außerdem isoliert sie durchlässige Formationen voneinander, um den Fluss zwischen diesen Formationen zu verhindern.

4.2.2 Komplettierung

Unter Komplettierung ist der Ausbau des Bohrloches sowie dessen Ausrüstung mit allen zur Instandhaltung und zur Förderung nötigen technischen Installationen zu verstehen (wie u.a. der Verrohrung einschließlich der Zementation, dem Förderrohrstrang [Tubing], der Bohrlochsohlausrüstung und den Erschließungstechniken in der Lagerstätte).

Um die Bohrung im unmittelbaren Speicherbereich für die Förderung bzw. Injektion herzurichten, gibt es zwei Verfahren, die Open-Hole- und die Cased-Hole-Komplettierung (Abbildung 5). Bei ersterer bleibt der Speicherbereich unverrohrt; dies setzt aber ein standfestes Gebirge voraus. Und bei letzterer wird die Sonde im Speicherbereich verrohrt, wie es bei nicht standfestem Gebirge notwendig ist; danach werden künstlich erneut Fließwege geschaffen.

Abbildung 5: Komplettierungsvarianten (links: Open Hole; Mitte: Cased Hole; rechts: Gravel-Pack)

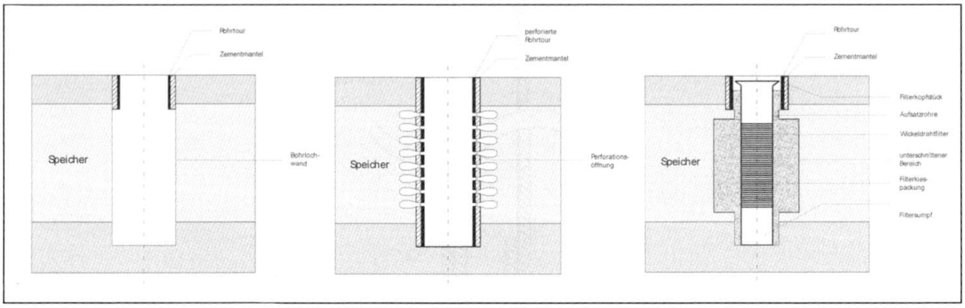

Quelle: persönliche Mitteilung Geothermische Heizzentrale (GHZ), Neubrandenburg, 2008

Bei wenig konsolidierten Schichten größerer Mächtigkeit und bei hohen Förderraten kann Sand aus der Formation ins Bohrloch eingebracht werden. Um dieses „Absanden“ und gegebenenfalls Kornumlagerungen in nicht standfesten Sandsteinschichten zu verhindern, muss der Träger im Sondenbereich stabilisiert werden. Hierzu ist der Einbau eines Filterrohres mit Kiesschüttung, das Verpressen von Kies in die Speicherschicht mit dem gleichzeitigen Auffracen des Gebirges und die Injektion eines Kies-Kunstharz-Gemisches auf der Basis eines Epoxidharz/Härter-Systems möglich. Standardmäßig wird das Gravel-Pack-Verfahren eingesetzt (d.h. Einbau eines Filterrohres mit Kiesschüttung). Dazu wird der Speicherbereich unterschnitten und gereinigt; danach erfolgt der Einbau des Filterrohres und das Einbringen des Filterkieses.

In Geothermiesonden wird meist ein Steigrohrstrang (Tubing) eingehängt. Über diesen Strang wird das heiße Wasser an die Oberfläche gefördert, ohne die Futterrohre zu beschädigen. Zwischen Steigrohr-Außenwand und Futterrohr-Innenwand kann eine Dämmschicht eingebracht werden, die Wärmeverluste verhindert.

4.3 Speicherstimulation

Aufgrund der erheblichen Unterschiede, durch welche die Eigenschaften des Untergrunds gekennzeichnet sein können, werden in einer speziellen Bohrung nicht zwingend die erwarteten Lagerstättenparameter erreicht. Deshalb sind Techniken und Verfahren verfügbar, mit denen die Durchlässigkeit (d. h. Permeabilität) des Untergrunds verbessert werden kann, damit eine höhere Produktionsrate erzielt werden kann. Kommen derartige Stimulationsmaßnahmen zum Einsatz, spricht man anschließend von sogenannten *Enhanced Geothermal Systems* (EGS).

Bei der hydraulischen Stimulation werden sehr große Mengen an Wasser unter einem sehr hohen Druck in das Bohrloch und damit in das Gebirge verpresst. Übersteigt der Flüssigkeitsdruck im Gebirge einen kritischen gesteinsspezifischen Wert, reißt das Gestein auf und die Permeabilität vergrößert sich. Um die Risse offen zu halten, können zusätzlich Stützmittel (z. B. Sand, Keramikkügelchen) mit verpresst werden. Trotz beachtlicher technischer Fortschritte in den letzten Jahren kann aber der Erfolg einer derartigen Maßnahme nicht garantiert werden; im Allgemeinen wird aber eine (deutliche) Verbesserung der Reservoireigenschaften erzielt.

5 Geothermische Kraft- und Heizkraftwerke

Neben dem Thermalwasserkreislauf und der eigentlichen Konversionsanlage bei geothermischen Kraftwerken werden für geothermische Heizkraftwerke weitere Systemkomponenten benötigt. Die entsprechenden Elemente werden nachfolgend diskutiert.

5.1 Thermalwasserkreislauf

Bindeglied zwischen dem im tiefen Untergrund vorhandenen Wärmepotenzial und der Wärmesenke (d. h. dem Kraftwerk) bildet der Thermalwasserkreislauf. Dieser muss den folgenden Anforderungen gerecht werden: Thermalwasserförderung und -transport, Wärmeübertragung an einen Sekundärkreislauf (d. h. Konversionskreislauf), Thermalwasseraufbereitung zur Sicherstellung der Injektionsqualität, gegebenenfalls Druckerhöhung vor der Injektion, Injektion der abgekühlten Tiefenwässer und Gewährleistung der Verfahrenssicherheit.

Für einen diesen Anforderungen Rechnung tragenden Thermalwasserkreislauf werden die in Abbildung 6 dargestellten Systemelemente benötigt. Dabei dominieren insbesondere die Thermalwassereigenschaften die Auslegung der jeweiligen Systemelemente.[3] Nachfolgend werden für wichtige Bauteile bzw. Bauteilgruppen spezifische Aspekte dargelegt.

[3] Vgl. Kaltschmitt/Streicher/Wiese (2006), Kapitel 9.

Abbildung 6: Systemelemente des Thermalwasserkreislaufs

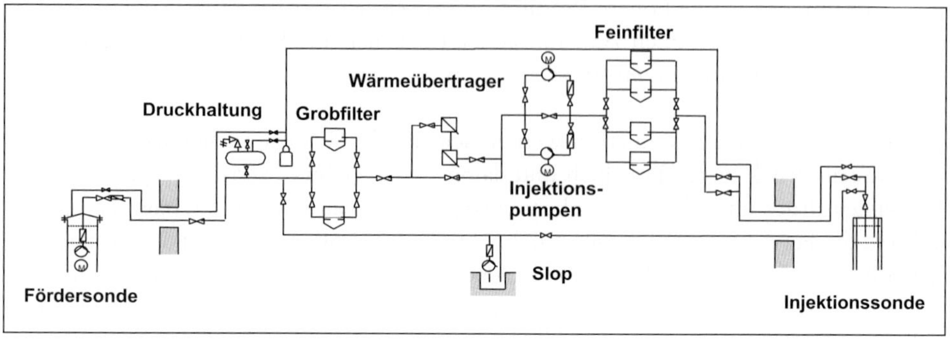

Quelle: Kaltschmitt/Streicher/Wiese (2006), S. 463

- *Thermalwasserförderung*: In der Regel müssen unter deutschen geologischen Bedingungen die heißen Tiefenwässer mithilfe von Tiefpumpen gefördert werden. Hier können Gestängepumpen (mit offener oder geschlossener Ölschmierung, mit Wasserschmierung), elektrische Tauchpumpen (mit großen Motoren oder Tandemmotoren) oder Tauchpumpen mit hydraulischem Antrieb unterschieden werden. Die meist eingesetzte elektrische Tauchpumpe besteht aus den Hauptbaugruppen Pumpe, Protektor und Motor und wird an einer im Bohrlochkopf abgehängten Steigleitung unterhalb des Thermalwasserspiegels installiert. Die elektrische Energie wird über ein im Ringraum zwischen der zementierten Rohrtour und der Pumpensteigleitung eingebauten Kabel dem Motor zugeführt.

- *Rohrleitungen*: Der Transport der Thermalwässer zwischen der Förderbohrung, dem Wärmeübertrager und der Verpressbohrung erfolgt größtenteils über erdverlegte, wärmegedämmte Rohrleitungen. Nur selten wird ein übertägiger Thermalwassertransport gewählt, da dieser das Landschaftsbild visuell beeinflusst und die Rohrleitungen ungewünschten Umweltflüssen und mechanischen Beschädigungen ausgesetzt werden. Mit dem Ziel eines sicheren, umweltfreundlichen, akzeptierbaren und wirtschaftlichen Betriebes müssen – bedingt durch die gegebenenfalls hochmineralisierten Thermalwässer – korrosive Wandungsdurchbrüche bei den verwendeten Rohren sicher verhindert werden. Dafür haben sich in der Vergangenheit u.a. glasfaserverstärkte Kunststoffmantelrohre (GFK) und beschichtete metallische Werkstoffe bewährt.

- *Filter*: Für einen sicheren Betrieb werden obertägig Filter im Thermalwasserkreislauf angeordnet. Um die Anlagen beispielsweise vor Sedimentation in Bauteilen zu schützen, werden Filteranlagen bereits unmittelbar nach der Fördersonde installiert. Die hier abgeschiedenen Partikel stammen aus dem Förderhorizont oder aus vorgelagerten Anlagenkomponenten (d.h. Korrosionspartikel aus Pumpen oder Verrohrung). Zusätzlich werden feinmaschige Filter vor der Thermalwasser-Reinjektion installiert. Diese sollen den Eintrag feinster Partikel aus dem Förderhorizont sowie chemischer Fällungsprodukte z.B. infolge der Abkühlung im Wärmeübertrager in die Injektionssonde vermeiden. Dadurch soll eine Verschlechterung der Verpresseigenschaften vermieden bzw. verzögert und somit eine langfristige Nutzung des Aquifers sichergestellt werden.

- *Slopsystem*: Aufgabe des Slopsystems ist es, die außerhalb der Rohrleitungen anfallenden Thermalwässer aufzunehmen, aufzubereiten und abschließend in den Kreislauf zurückzuführen. Slopwässer können beispielsweise freigesetzt werden bei der Kraftwerksinbetriebnahme oder nach längerem Stillstand beim Spülen der Förderbohrungen sowie des thermalwasserführenden Rohrleitungssystems, beim Filterwechsel bzw. bei Reparaturen, beim Entleeren des Leitungssystems und bei Undichtheiten im System. In der Regel befindet sich der Hauptslopbehälter an der Verpressbohrung. Nachdem mögliche Schwebstoffe abgeschieden wurden, werden die aufgefangenen Tiefenwässer dem Injektionsstrom beigemischt.
- *Inertgasbeaufschlagungssystem*: Um einen Sauerstoffeintrag und somit einer Bildung von Oxidations- und Korrosionsprodukten entgegenzuwirken, werden Bohrungsringräume und Speicherbehälter mit Inertgas (z.B. Stickstoff) beaufschlagt. Zusätzlich werden regelmäßig die Sauerstoffgehalte der Injektionswässer erfasst. Dadurch kann einer Reduktion der Durchlässigkeit im bohrlochnahen Bereich der Injektionssonde vorgebeugt werden.

5.2 Konversionskreislauf

Unter deutschen geologischen Bedingungen (siehe Abschnitt 2.2) kommen ausschließlich binäre Kraftwerke zum Einsatz. Hier wird die geothermische Energie über entsprechende Wärmeübertrager (d.h. Vorwärmer und Verdampfer) auf ein zweites Medium übertragen, das, entsprechend der geringen Temperaturen der Tiefenwässer, tiefsiedend sein muss. Unter diesen Restriktionen ist nur der Rankine-Prozess mit organischen Arbeitsmitteln (d.h. ORC) und der Kalina-Prozess einsetzbar.

5.2.1 Organic Rankine Cycle

Der ORC-Prozess (Organic Rankine Cycle) unterscheidet sich nur unwesentlich vom konventionellen Rankine-Prozess für Wasserdampf. Lediglich das eingesetzte Arbeitsmittel – und damit die entsprechenden Dampfparameter (d.h. Druck und Temperatur) – werden verändert. Analog zu klassischen Kraftwerken wird auch das Wärmeträgermedium (hier: das organische Arbeitsmittel) verdampft, entspannt, gegebenenfalls in einem Rekuperator enthitzt und kondensiert. Danach wird es durch eine Pumpe auf Verdampferdruck gebracht (Abbildung 7).

Als Kreislaufmedium werden in der Regel Kohlenwasserstoffe (z.B. n-Pentan, Iso-Butan) eingesetzt. Daraus resultieren allerdings anlagentechnische Herausforderungen. Bedingt durch differierende Molekulargewichte und geringere spezifische Wärmekapazitäten der Arbeitsmittel unterscheiden sich beispielsweise die Turbinen von denen für Wasser. Außerdem müssen besondere Vorkehrungen gegen eine erhöhte Korrosivität an Turbine und Wärmeübertrager getroffen werden.[4]

Abbildung 7: Organic Rankine Cycle

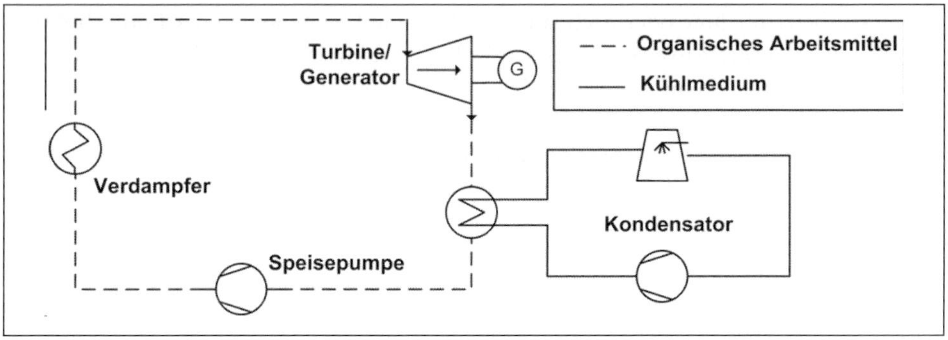

Quelle: eigene Darstellung

5.2.2 Kalina Cycle

Auch der Kalina-Prozess nutzt ein niedrig siedendes Arbeitsmittel, das in einem vom Thermalfluid abgeschlossenen sekundären Kreislauf zirkuliert. Als Arbeitsmedium dient hier aber ein Zweistoffgemisch aus Ammoniak und Wasser. Im Unterschied zum ORC-Prozess können gleitende Temperaturen realisiert werden. Dadurch können die mittlere Temperaturdifferenz zwischen beiden Stoffströmen und somit die Verluste an dem Wärmeübertrager reduziert werden. Dies hat eine Verbesserung des Carnot-Wirkungsgrades des Prozesses (d.h. des theoretisch maximalen Wirkungsgrades) zur Folge. Zusätzlich können aufgrund der Ähnlichkeit der Stoffeigenschaften von Wasser und Ammoniak für die Entspannung konventionelle Wasserdampfturbinen eingesetzt werden. Allerdings sind die, aufgrund der geringeren Temperaturdifferenzen in dem Wärmeübertrager, deutlich größer auszulegenden Apparate nachteilig. Auch gibt es wegen der weltweit wenig gebauten Anlagen bisher kaum Betriebserfahrungen.[5] Abbildung 8 zeigt den Prozess in seiner einfachsten Form. Dieses Zweistoffgemisch wird zunächst vorgewärmt und verdampft. Dabei entstehen ein ammoniakreicher Dampf und eine ammoniakarme Flüs-

[4] Vgl. Kaltschmitt/Streicher/Wiese (2006), Kapitel 9.

[5] Vgl. Kaltschmitt/Streicher (2009), Kapitel 8.

sigkeit, welche anschließend separiert werden. Der Dampf wird einer Turbine zugeführt und unter Abgabe von Arbeit entspannt. Anschließend werden Dampf- und Flüssigphase wieder zusammengeführt und zum Kondensator geleitet. Hier wird das Stoffgemisch wieder verflüssigt und abschließend auf den Verdampferdruck gebracht.

Abbildung 8: Kalina Cycle

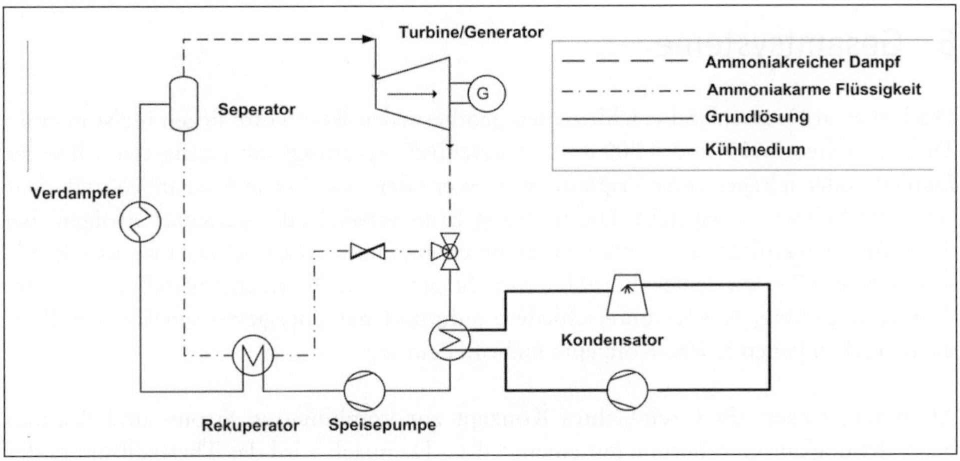

Quelle: eigene Darstellung

5.3 Zusätzliche Komponenten für Heizkraftwerke

Für eine kombinierte Strom- und Wärmebereitstellung sind die nachfolgend genannten zusätzlichen Systemkomponenten notwendig.

- *Wärmeübertrager*: Je nach Systemkonfiguration des geothermischen Heizkraftwerks kann ein oder mehrere zusätzliche Wärmeübertrager benötigt werden, durch den thermische Energie vom Thermalwasser auf das im Wärmverteilnetz zirkulierende Wärmeträgermedium übertragen wird.

- *Nah-/Fernwärmenetz*: Die Nah- bzw. Fernwärme wird über ein Rohrleitungsnetz mit Hilfe von Pumpen verteilt. Oft werden dazu wasserbetriebene Zweileiternetze mit Vorlauftemperaturen von bis zu 110 °Celsius eingesetzt. Alternativ dazu sind auch – je nach Nachfragestruktur – Niedertemperaturnetze möglich. Das Rohrnetz kann als Freileitung, in Kabelbauweise oder kanalfrei als Mantelrohr verlegt werden. Letztgenannte bestehen aus einem Mediumrohr aus Stahl oder Kunststoff, einer Wärmedämmung und sind in einem Mantel aus Kunststoff oder Stahl eingebettet. Bindeglied zwischen Wärmenetz und Hausanlage stellen die Übergabestationen dar.

- *Spitzenlastanlage*: Zur Gewährung einer sicheren Wärmeversorgung auch bei einem Ausfall der Geothermieanlage sowie zur Deckung saisonal- und tageszeitlich bedingter Leistungsspitzen werden in geothermischen KWK-Anlagen zusätzlich Spitzenlastaggregate installiert. Diese Wärmeerzeuger können z.B. mit Heizöl, Erdgas oder Hackgut betrieben werden.

6 Gesamtsysteme

Die bisher in Deutschland erschlossenen geothermalen Reservoire liegen meist in einer Tiefe zwischen 2.000 und 4.500 m. Die Erschließung erfolgt am häufigsten mit einer Dublette oder seltener einer Triplette, was einer oder zwei Förderbohrungen und einer Injektionsbohrung entspricht. Die Bohrung kann vertikal oder gerichtet erfolgen. Bei den möglichen Anlagenkonzepten zur Stromerzeugung wird zwischen einer ausschließlichen Strom- sowie einer kombinierten Strom- und Wärmebereitstellung (Kraft-Wärme-Kopplung, KWK) unterschieden; aufgrund der energiewirtschaftlichen Rahmenvorgaben haben KWK-Konzepte mehr Bedeutung.

Abbildung 9 zeigt ein vereinfachtes Konzept zur kombinierten Strom- und Wärmebereitstellung aus Geothermie mit einem ORC. Demnach wird das Thermalfluid in der Förderbohrung aus dem tiefen Untergrund gefördert und im Thermalwasserkreislauf aufbereitet. Es durchläuft dann unter Wärmeabgabe an den binären Kreislauf (d.h. ORC) einen oder mehrere Wärmeübertrager. Dabei wird das organische Arbeitsmittel des ORC vorgewärmt und verdampft. Es wird dann unter Abgabe von Arbeit in der Turbine entspannt, im Rekuperator enthitzt und im Kondensator wieder verflüssigt. Um den Kreislauf zu schließen, wird es wieder auf den Verdampferdruck gebracht. Die nach der Wärmeabgabe im Thermalwasser noch enthaltene Wärme wird über einen Wärmeübertrager an ein Nah- bzw. Fernwärmenetz abgegeben. Abschließend werden die abgekühlten Tiefenwässer über die Injektionsbohrung wieder in die Tiefe verpresst.

Die erreichbaren Wirkungsgrade derartiger Anlagen sind entsprechend der unterschiedlichen Thermalwasserparameter einer großen Bandbreite unterworfen. Beispielsweise liegen sie grob zwischen 5 und 10% bei einer ausschließlichen Strombereitstellung. Wird eine kombinierte Strom- und Wärmebereitstellung realisiert, können diese aber deutlich höher liegen. Derzeit werden in Deutschland durchschnittlich elektrische Leistungen von ca. 1 bis knapp 5 MW pro Anlage und thermische Leistungen von 5 bis ca. 30 MW installiert.

Abbildung 9: Gesamtkonzept einer kombinierten geothermischen Strom- und Wärmebereitstellung mit einem Organic Rankine Cycle

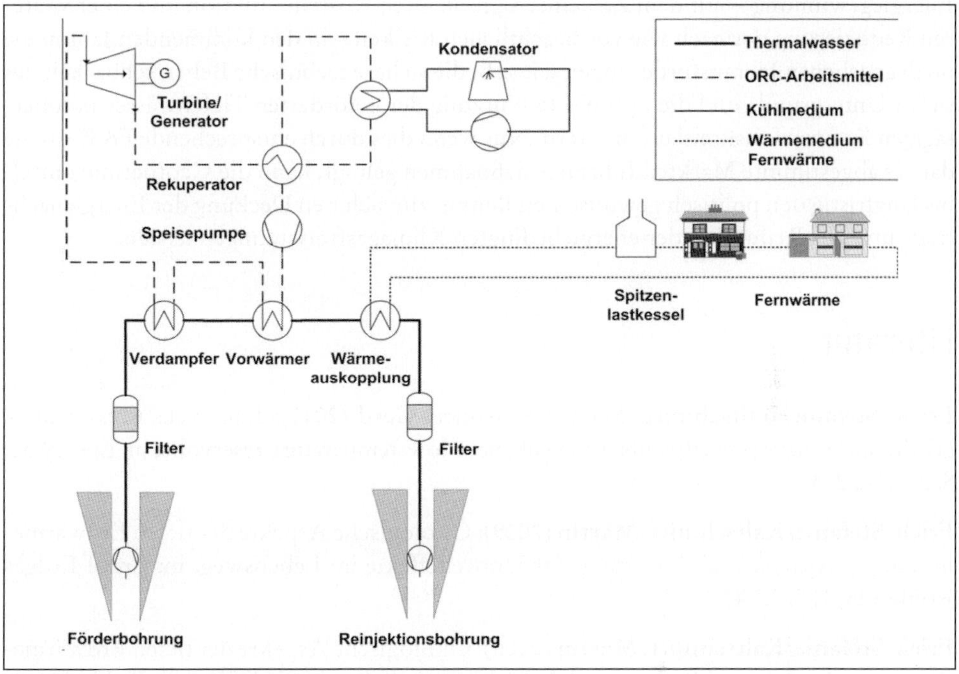

Quelle: eigene Darstellung

7 Schlussbetrachtung

Mit dem Ziel, zur Reduzierung der Klimagasemissionen und zur Versorgungssicherheit beizutragen, gewinnen Erneuerbare Energien in Deutschland zunehmend an energiewirtschaftlicher Bedeutung. Hier stellt die geothermische Strom- bzw. kombinierte Strom- und Wärmebereitstellung aufgrund ihrer beträchtlichen Potenziale und der jüngst realisierten technischen Weiterentwicklungen eine interessante Option dar. Deshalb ist es das Ziel dieser Ausarbeitung, den technischen Stand der geothermischen Strom- und Wärmebereitstellung zu diskutieren.

Dabei zeigt sich, dass die unterschiedlichen Techniken und Verfahren zur Nutzbarmachung der Energie des tiefen Untergrundes einen hohen technischen Stand erreicht haben. Auch haben die in den letzten Jahren realisierten Anlagen zur kombinierten Bereitstellung von Strom und Wärme bewiesen, dass die Nutzung des tiefen Untergrundes technisch machbar ist. Ausschlaggebend dafür sind allerdings immer die am jeweiligen Standort verfügbaren geologischen Parameter. Trotzdem befindet sich die tiefe Geothermie nach wie vor in der Markteinführung, die durch eine wohlwollende Setzung des energiewirtschaftlichen Rahmens unterstützt wird. Deshalb muss die geothermische Energiegewinnung – mit dem Ziel einer signifikanten Kostenreduktion und einer weiteren Reduzierung der nach wie vor beachtlichen Risiken – in den kommenden Jahren die noch gegebenen Herausforderungen wie z.B. die sichere technische Beherrschbarkeit des tiefen Untergrunds und die optimierte Nutzung der geförderten Tiefenwässer im obertägigen Konversionskreislauf meistern. Nur wenn dies durch entsprechende F&E- sowie daraus abgestimmte Markteinführungsmaßnahmen gelingt, kann die Geothermie mittel- bis langfristig den politisch gewünschten Beitrag zur sicheren Deckung der Energienachfrage und zur Reduktion der energiebedingten Klimagasfreisetzungen leisten.

Literatur

Frick, Stefanie/Kaltschmitt, Martin/Schröder, Gerd (2010): Life cycle assessment of geothermal binary power plants using enhanced low-temperature reservoirs, in: Energy 35, S. 2.281-2.294

Frick, Stefanie/Kaltschmitt, Martin (2009): Ökologische Aspekte der tiefen Erdwärmenutzung – Analyse und Bewertung der Umwelteffekte im Lebensweg, in: Erdöl Erdgas Kohle 125, 1, S. 37-43

Frick, Stefanie/Kaltschmitt, Martin (2008): Ökologische Aspekte der tiefen Erdwärmenutzung – Analyse und Bewertung lokaler Umwelteffekte, in: Erdöl Erdgas Kohle 124, 7/8, S. 323-328

Janczik, Sebastian/Kaltschmitt, Martin/Rüter, Horst (2010): Anthropogen induzierte seismische Aktivitäten bei Nutzung des tiefen Untergrunds, in: Energiewirtschaftliche Tagesfragen 60, 8, S. 34-39

Janczik, Sebastian/Kaltschmitt, Martin (2010): Statusreport 2010: Nutzung der tiefen Geothermie, in: Erdöl – Erdgas – Kohle 126, 7/8, S. 285-289

Kaltschmitt, Martin/Huenges, Ernst/Wolff, Helmut (Hg.) (1999): Energie aus Erdwärme, Stuttgart

Kaltschmitt, Martin/Streicher, Wolfgang/Wiese, Andreas (Hg.) (2006): Erneuerbare Energien: Systemtechnik, Wirtschaftlichkeit, Umweltaspekte, Berlin, Heidelberg, 4. Auflage

Kaltschmitt, Martin/Streicher, Wolfgang (Hg.) (2009): Regenerative Energien in Österreich: Grundlagen, Systemtechnik, Umweltaspekte, Kostenanalyse, Potenziale, Nutzung, Wiesbaden

Netzinfrastruktur für Erneuerbare Energien

Kai Schlegelmilch/István Erlich/Heinrich Brakelmann

1 Einleitung

Derzeit gibt es mehrere Engpässe beim von der Bundesregierung beschlossenen Ausbau der Erneuerbaren Energien: Neben der ausreichenden Anzahl und Qualifizierung von Arbeitskräften sind es insbesondere die Finanzierung der Erneuerbaren Energien und die erforderliche Netzinfrastruktur. Im Folgenden wird nur auf den letzten Aspekt eingegangen. Dazu werden zum einen die neuen politischen Rahmenbedingungen dargestellt, die die Bundesregierung mit ihrem am 28.09.2010 verabschiedeten Energiekonzept beschlossen hat.[1] Zum anderen werden konkrete technische Notwendigkeiten und Alternativen diskutiert, die Anwendung finden sollten. Der nukleare Unfall in Fukushima, Japan, hat die Dringlichkeit der Umsetzung, jedoch bei Verkürzung des Einsatzes von Kernenergie, drastisch vor Augen geführt.

2 Politische Rahmenbedingungen

2.1 Energiepolitische Herausforderungen

Die Sicherstellung einer zuverlässigen, wirtschaftlichen und umweltverträglichen Energieversorgung ist eine der größten Herausforderungen des 21. Jahrhunderts. Es wird dabei vor allem um die Umsetzung eines zentralen politischen Ziels für unser Energiesystem der Zukunft gehen: Deutschland soll in Zukunft bei wettbewerbsfähigen Energiepreisen und hohem Wohlstandsniveau eine der energieeffizientesten und umweltschonendsten Volkswirtschaften der Welt werden. Ein hohes Maß an Versorgungssicherheit, ein wirksamer Klima- und Umweltschutz sowie eine wirtschaftlich tragfähige Energieversorgung sind zugleich zentrale Voraussetzungen, dass Deutschland auch langfristig ein wettbewerbsfähiger Industriestandort bleibt. Die Bundesregierung will den Wettbewerb und eine marktwirtschaftliche Orientierung auf den Energiemärkten stärken. Damit sichert die Bundesregierung nachhaltige wirtschaftliche Prosperität, zukunftsfeste Arbeitsplätze, Innovationen und die Modernisierung unseres Landes.

Die Herausforderungen einer nachhaltigen Energieversorgung ergeben sich auch aus den langfristigen globalen Trends. Die weltweit steigende Energienachfrage wird langfristig zu deutlich steigenden Energiepreisen führen. Zudem würde die Abhängigkeit unseres Landes von Energieimporten kontinuierlich steigen. Derzeit verursacht der Energieverbrauch 80%

[1] Bundesministerium für Wirtschaft und Technologie (BMWi)/Bundesministerium für Umwelt, Naturschutz und Reaktorsicherheit (BMU) (2010). Da sich die Darstellung sehr eng am Energiekonzept orientiert, wird auf eine weitere explizite Zitierung verzichtet.

der Treibhausgasemissionen. Die heutigen Energieversorgungsstrukturen müssen deshalb mittel- bis langfristig grundlegend umgebaut werden, damit will die Bundesregierung Versorgungssicherheit, Preiswürdigkeit sowie die klimaschutzpolitischen Ziele erreichen. Sie wird die Weichen so stellen, dass die großen Potenziale für Innovation, Wachstum und Beschäftigung beim Umbau unseres Energiesystems erschlossen werden.

2.2 Langfristige Strategie für die künftige Energieversorgung

Mit dem Energiekonzept formuliert die Bundesregierung Leitlinien für eine umweltschonende, zuverlässige und bezahlbare Energieversorgung und beschreibt erstmalig den Weg in das Zeitalter der Erneuerbaren Energien. Es geht um die Entwicklung und Umsetzung einer langfristigen, bis 2050 reichenden Gesamtstrategie. Damit will die Bundesregierung langfristige Orientierung geben, wahrt aber zugleich die notwendige Flexibilität für neue technische und wirtschaftliche Entwicklungen. Beim Energiemix der Zukunft sollen die Erneuerbaren Energien den Hauptanteil übernehmen. Auf diesem Weg werden in einem dynamischen Energiemix die konventionellen Energieträger kontinuierlich durch Erneuerbare Energien ersetzt. Die Kernenergie ist eine Brückentechnologie auf dem Weg dorthin, deren Einsatz nach dem nuklearen Unfall in Japan jedoch so kurz wie möglich gehalten werden muss. Dabei setzt die Bundesregierung auf eine ideologiefreie, technologieoffene und marktorientierte Energiepolitik. Dies umfasst alle Nutzungspfade Strom, Wärme und Verkehr.

Entscheidend kommt es darauf an, eine integrierte Gesamtstrategie zu formulieren. So muss beispielsweise im Strombereich der Ausbau der Erneuerbaren Energien zusammen mit der Steigerung der Energieeffizienz, dem Ausbau der Stromnetze und dem Bau neuer Speicher angegangen werden. Auch im Gebäudebereich hat insbesondere der Einsatz von Effizienzmaßnahmen ein enormes Potenzial. Erst wenn das ausgeschöpft wird, kann der Einsatz Erneuerbarer Energien für die Wärmeversorgung seine volle Wirkung entfalten. Bei einem steigenden Anteil der Erneuerbaren Energien hängt die Entwicklung der Energiekosten wesentlich davon ab, dass der Ausbau kosteneffizient erfolgt. Vor diesem Hintergrund besteht das Ziel der Bundesregierung darin, einerseits die Ausbauziele für Erneuerbare Energien zu realisieren und andererseits den Druck auf Innovationen und Kostensenkungen weiter zu verstärken. Nur so bleiben die entsprechenden Branchen international wettbewerbsfähig und die Kosten für die Verbraucher im Rahmen. Unter Berücksichtigung der wissenschaftlichen Ergebnisse der Energieszenarien und auf der Basis ihrer Ziele legt die Bundesregierung das Energiekonzept vor. Die Bundesregierung zeigt damit auf, was in allen wichtigen Handlungsfeldern getan werden muss, um eine wirtschaftliche, sichere und umweltschonende Energieversorgung für Wirtschaft und Verbraucher in Deutschland sicherzustellen. Die dargelegten Maßnahmen werden in einem kontinuierlichen Prozess zügig umgesetzt. Damit leistet die Bundesregierung einen wichtigen Beitrag, um für Wirtschaft und Verbraucher klare und verlässliche Rahmenbedingungen zu schaffen.

2.3 Klimaschutzziele

Damit die oben skizzierte langfristige Strategie umgesetzt und die Ziele der Bundesregierung realisiert werden, braucht es einen Entwicklungspfad, an dem sich alle Beteiligten orientieren können. Damit soll nicht eine Punktlandung angestrebt werden. Das wäre mit den erwartbaren vielfältigen wirtschaftlichen und technischen Entwicklungen nicht zu vereinbaren. Vielmehr gibt der Entwicklungspfad allgemein und in den verschiedenen Sektoren Auskunft darüber, ob im Verlauf der tatsächlichen Entwicklung die Ziele erreicht werden.

Entsprechend der Koalitionsvereinbarung sollen bis 2020 die Treibhausgasemissionen um 40% und entsprechend der Zielformulierung der Industriestaaten bis 2050 um mindestens 80% – jeweils gegenüber 1990 – reduziert werden. Dies bedeutet folgenden Entwicklungspfad bei der Minderung der Treibhausgasemission bis 2050: minus 55% bis 2030, minus 70% bis 2040, minus 80% bis 95% bis 2050. Bis 2020 soll der Anteil der Erneuerbarer Energien am Bruttoendenergieverbrauch 18% betragen. Danach strebt die Bundesregierung folgende Entwicklung des Anteils Erneuerbarer Energien am Bruttoendenergieverbrauch an: 30% bis 2030, 45% bis 2040, 60% bis 2050.

Bis 2020 soll der Anteil der Stromerzeugung aus Erneuerbaren Energien am Bruttostromverbrauch 35% betragen. Danach strebt die Bundesregierung folgende Entwicklung des Anteils der Stromerzeugung aus Erneuerbaren Energien am Bruttostromverbrauch an: 50% bis 2030, 65% bis 2040, 80% bis 2050. Bis 2020 soll der Primärenergieverbrauch gegenüber 2008 um 20% und bis 2050 um 50% sinken. Das erfordert pro Jahr eine Steigerung der Energieproduktivität um durchschnittlich 2,1% bezogen auf den Endenergieverbrauch. Die Bundesregierung strebt an, bis 2020 den Stromverbrauch gegenüber 2008 in einer Größenordnung von 10% und bis 2050 von 25% zu vermindern. Die Sanierungsrate für Gebäude soll von derzeit jährlich weniger als 1% auf 2% des gesamten Gebäudebestands verdoppelt werden. Im Verkehrsbereich soll der Endenergieverbrauch bis 2020 um rund 10% und bis 2050 um rund 40% gegenüber 2005 zurückgehen.

Die Bundesregierung wird auf der Grundlage eines wissenschaftlich fundierten Monitoring ermitteln, ob sich der tatsächliche Fortschritt im Korridor des oben beschriebenen Entwicklungspfads bewegt und inwieweit Handlungsbedarf besteht. Das alle drei Jahre im Auftrag der Bundesregierung durchzuführende Monitoring soll in einem noch festzulegenden transparenten Verfahren durchgeführt und die Ergebnisse mit allen Beteiligten diskutiert werden. Mit dem zu entwickelnden Konzept für ein Monitoring soll ermittelt werden, inwieweit die Ziele erreicht werden. Dabei werden die Aspekte der Wirtschaftlichkeit und Kosteneffizienz mit berücksichtigt. Darüber hinaus sollen bestehende Hemmnisse und veränderte Rahmenbedingungen festgestellt und gegebenenfalls dargestellt werden, welche zusätzlichen Maßnahmen erforderlich sind. Die Ergebnisse des Monitoring werden veröffentlicht.

3 Leistungsfähige Netzinfrastruktur für Strom und Integration Erneuerbarer Energien

Der kontinuierliche Ausbau der Erneuerbaren erfordert die ständige Optimierung des Zusammenspiels mit den konventionellen Energien. Dabei spielen die Netzinfrastruktur und Speichertechnologien eine Schlüsselrolle. Zur Integration gehört auch, die Erneuerbaren schrittweise an das Marktgeschehen heranzuführen und zunehmend Anreize zur bedarfsgerechten Stromerzeugung zu schaffen.

3.1 Ausbau der Netzinfrastruktur

Das heutige Stromnetz ist durch historisch gewachsene Erzeugungsstrukturen geprägt. Die Stromerzeugung liegt relativ nah an den Verbrauchszentren. In Zukunft wird die Stromerzeugung auf See und in den Küstenregionen deutlich zunehmen. Zusätzlich werden viele dezentrale Erzeugungsanlagen, etwa Photovoltaik und Biomasse, Strom in das Netz einspeisen. Darüber hinaus wird Deutschland aufgrund seiner geographischen Lage zunehmend am Stromaustausch in Europa teilnehmen. Der massive Ausbau der Erneuerbaren Energien im Strombereich (insbesondere offshore) macht die Planung eines deutschen Overlay-Netzes („Stromautobahnen“) erforderlich, das in einen europäischen Verbund integriert wird. Aufbauend auf dem bestehenden Netz und den im Energieleitungsausbaugesetz geplanten Neubaustrecken geht es darum, mit innovativen Technologien Strom über weite Strecken verlustarm zu transportieren. Besonders dringlich ist der Bau von Nord-Süd-Trassen, die den Strom aus den Windparks im Norden in die Verbrauchszentren im Westen und Süden leiten und kurzfristig als eine Art „Bypass“ kritischen Situationen im Netz vorbeugen. Der bisherige schrittweise Ausbau des Netzes bleibt wichtig, er muss allerdings deutlich beschleunigt werden. Zudem wird die Bundesregierung ein Konzept für die bundesweite strategische Planung eines Zielnetzes 2050 entwickeln.

3.1.1 Beschleunigter Netzausbau

Ein modernes und leistungsfähiges Stromnetz ist die entscheidende Voraussetzung für eine Stromversorgung mit weiter wachsendem Anteil Erneuerbarer Energien. Die Bundesregierung wird deshalb prüfen, ob und wie der Ausbau der deutschen Netzinfrastruktur durch wirtschaftliche Anreize und planerische Instrumente deutlich beschleunigt werden kann.

Die Bundesregierung wird mit Blick auf leistungsfähige Stromnetze den Dialog mit den wichtigsten Akteuren (insbesondere den Netzbetreibern und Ländern) suchen und die beim Bundesministerium für Wirtschaft und Technologie (BMWi) zum Thema Netze eingerichtete Plattform als ein permanentes Forum weiterentwickeln, auf dem sich die wichtigsten Interessenträger austauschen und Konzepte zur Bewältigung der Herausforderungen im Netzausbau entwickelt werden.

Die Bundesregierung wird aufbauend auf dem Bestandsnetz und dem im Energieleitungsausbaugesetz definierten Ausbaubedarf ein Konzept für ein „Zielnetz 2050" entwickeln, um daraus den Bedarf für die zukünftig erforderliche Infrastruktur abzuleiten. Das Zielnetz sollte alle wesentlichen Bereiche umfassen, insbesondere

- die weitere Entwicklung des Bestandsnetzes,
- die Planung für ein Overlay-Netz und mögliche Pilotstrecken,
- Nordseenetz und Clusteranbindung für Offshore,
- die Integration des deutschen Netzes in den europäischen Verbund.

Die Bundesregierung schafft die Rahmenbedingungen für einen zügigen Ausbau der Netzinfrastruktur, der zur Integration der Erneuerbaren Energien erforderlich ist.

- Um Verständnis und Akzeptanz für den Leitungsausbau zu stärken, wird die Bundesregierung eine Informationsoffensive „Netze für eine umweltschonende Energieversorgung" starten.
- Für den zügigen und bedarfsgerechten Netzausbau muss es eine kohärente Netzausbauplanung der Übertragungsnetzbetreiber geben. Eine deutschlandweite Netzausbauplanung soll zukünftig durch einen zwischen allen Netzbetreibern abgestimmten zehnjährigen Netzausbauplan sichergestellt werden, der von den Netzbetreibern jährlich vorzulegen ist. Ein solcher verbindlicher Netzplan wird im Rahmen der geplanten Energiewirtschaftsgesetz-Novelle zur Umsetzung der Vorgaben aus dem Dritten Binnenmarktpaket 2011 gesetzlich festgeschrieben.
- Auf der Grundlage des zwischen den Netzbetreibern abgestimmten zehnjährigen Netzausbauplans wird die Bundesregierung im Rahmen einer Bundesfachplanung für das Übertragungsnetz einen Bundesnetzplan vorlegen. Wie bereits im Energieleitungsausbaugesetz geregelt, sollen für die Planungsträger in den Ländern verbindlich der prioritäre energiewirtschaftliche Bedarf festgelegt und darüber hinausgehend die Ausbautrassen gesichert werden. Die Länder und die anderen Beteiligten sind in einem gesetzlich geregelten und transparenten Verfahren frühzeitig zu beteiligen.
- Die Bundesregierung wird die Planungs- und Genehmigungsverfahren im Leitungsausbau weiter beschleunigen. Dies umfasst insbesondere Musterplanungsleitlinien für das Planfeststellungsverfahren im Energieleitungsbau, die durch eine Bund-Länder-Arbeitsgruppe entwickelt werden sollen. Damit soll eine konsistente Genehmigungspraxis der Länder gesichert sowie die Transparenz des Planungs- und Genehmigungsverfahrens erhöht werden (z.B. durch die Auslegung von Planungsunterlagen im Internet).

Die Bundesregierung wird unter Berücksichtigung der Auswirkungen auf die Netzentgelte prüfen, ob und inwieweit der Regulierungsrahmen für den Netzausbau modernisiert und novelliert werden muss. Investitionen in die Modernisierung und den Ausbau des deutschen Stromnetzes müssen wirtschaftlich attraktiv sein, damit die Netzbetreiber und andere Investoren das notwendige Kapital bereitstellen. Gegenstand einer umfassenden Prüfung wird insbesondere sein:

- eine unmittelbare Anrechnung der Kosten für den Netzausbau,
- eine verbesserte Rendite für die Errichtung eines Overlay-Netzes und den Einsatz innovativer Technologien,
- eine Festlegung von Qualitätskriterien und Sanktionsmechanismen, die innovativen Netzausbau belohnen und unterlassenen Netzausbau voranbringen,
- eine Aufnahme von Nord-Süd-Trassen als erste Bestandteile eines Overlay-Netzes in den Bedarfsplan im Rahmen einer Novelle des Energieleitungsausbaugesetzes (EnLAG). Ein erster Schritt sollte dabei die Ausschreibung von zwei Pilottrassen zur Erprobung neuer Technologien für „Overlay-Leitungen“ sein.

Die Prüfung der genannten Maßnahmen umfasst insbesondere auch die Frage der Wirtschaftlichkeit und ihre Auswirkungen auf die Netzentgelte als auch den sicheren Betrieb und die Versorgungssicherheit insgesamt.

3.1.2 Intelligente Netze

Über nachfrageseitiges Lastmanagement soll sich in Zukunft die Energienachfrage stärker an das Angebot anpassen. Dafür werden moderne, intelligente Netze und geeignete Anreize in den Stromtarifen benötigt. Diese sogenannten *Smart Grids* werden zukünftig Stromerzeuger, Speicher, Verbraucher und das Stromnetz mit moderner Informationstechnik steuern. Für den Aufbau intelligenter Stromnetze wird die Bundesregierung die rechtlichen Grundlagen zur Einführung von intelligenten Zählern (Smart Metern) sowie für die kommunikative Vernetzung und Steuerung von Stromerzeugern, Speichern, Verbrauchern und Netzbetriebsmitteln schaffen. Bisher fehlen den Kunden in erster Linie intelligente Stromzähler als erforderliche Infrastruktur. Lastvariable Tarife müssen ab 2011 angeboten werden. Diese sind so auszugestalten, dass sie von den Stromabnehmern auch angenommen werden. Ergänzend sollen Pilotprojekte zum effizienten Einsatz von Kommunikationstechnologien gefördert werden.

- Die Bundesregierung wird unter Berücksichtigung der wirtschaftlichen und technischen Rahmenbedingungen im Energiewirtschaftsrecht die Anforderungen für den schrittweisen flächendeckenden Einsatz intelligenter Zähler konkretisieren. So sollen in Zukunft beim Austausch alter Geräte moderne Zähler eingebaut werden.

- Die Bundesregierung wird nach Konsultationen mit den Beteiligten die Messzugangsverordnung (MessZV) novellieren und die Definition von Mindeststandards und Schnittstellen für intelligente Stromzähler durch die Bundesnetzagentur festlegen lassen.
- Im Rahmen der Modernisierung des Regulierungsrahmens für den Netzausbau (Novelle StromNEV und ARegV) wird die Bundesregierung prüfen, ob die Investitionskosten für intelligente Zähler voll anerkannt werden.

3.1.3 Netzanbindung für Offshore-Wind

Die Bundesregierung verfolgt gemeinsam mit Nordseeanrainern die Idee eines Offshore-Netzes in der Nordsee. Angestrebt wird eine stärker koordinierte Weiterentwicklung der Strominfrastruktur durch Schaffung geeigneter politischer, technischer und rechtlicher Rahmenbedingungen. Die Bundesregierung wird die rechtlichen Voraussetzungen für die Clusteranbindung von Offshore-Parks in der Nord- und Ostsee schaffen.

3.2 Schrittweise Markt- und Systemintegration der Erneuerbaren Energien

Mit wachsendem Anteil fluktuierender Energieträger wie Windenergie und Photovoltaik ist ein deutlich flexibleres Stromversorgungssystem erforderlich, um die Schwankungen von Wind und Sonne jederzeit ausgleichen zu können. Dafür sind neben dem Ausbau der Netzinfrastruktur folgende Schritte erforderlich:

- Die Bundesregierung wird die Erneuerbaren Energien schrittweise an den Markt heranführen, wachsende Anteile aus der EEG-Förderung in das Marktgeschehen überführen und Anreize zur bedarfsgerechten Stromerzeugung schaffen. Dazu wird sie im Kontext der EEG-Novelle und auf Basis des EEG-Erfahrungsberichts ab 2012 die Einführung einer optionalen Marktprämie prüfen. Der Grundgedanke einer solchen optionalen Marktprämie besteht darin, dass die Anlagenbetreiber dann entweder die feste EEG-Vergütung in Anspruch nehmen oder den Strom direkt verkaufen können. Im letzteren Fall erhalten sie statt der festen EEG-Vergütung zusätzlich zu den Markterlösen eine Marktprämie.
- Darüber hinaus wird die Bundesregierung prüfen, die Ausgleichsmechanismusverordnung (Vermarktung durch Übertragungsnetzbetreiber) und das „Grünstromprivileg" so weiter zu entwickeln, dass Anreize für marktgerechtes Verhalten gesetzt werden, die EEG-Umlage dadurch aber nicht dauerhaft erhöht wird.
- Darüber hinaus wird die Bundesregierung die bestehenden Zugangsschwellen für die Teilnahme der Erneuerbaren Energien an den Regel- und Ausgleichsenergiemärkten abbauen. Gegenwärtig schreiben die Übertragungsnetzbetreiber nach den Vorgaben

der Bundesnetzagentur die Regelenergieleistungen vier Wochen vor dem Bedarf aus. Für fluktuierende Erneuerbare Energien ist dieser Zeitraum zu lang, um sich am Markt zu beteiligen.

- Auf der Nachfrageseite müssen die Voraussetzungen für ein effektives Lastmanagement verbessert werden. Zu diesem Zweck wird die Bundesnetzagentur 2011 prüfen, ob die Zugangsbedingungen insbesondere für stromintensive Industrien an den Regel- und Ausgleichsenergiemärkten erleichtert werden können, damit stromintensive Verbraucher ihren Energieverbrauch so weit wie möglich an Lastschwankungen anpassen können.
- Mit zunehmendem Anteil Erneuerbarer Energien muss geprüft werden, inwieweit künftig die EE-Betreiber über die reine Stromproduktion hinausgehende Systemdienstleistungen für eine bedarfsgerechte Einspeisung erbringen können.
- Darüber hinaus wird die Bundesregierung prüfen, inwieweit auch der Strommarkt weiterentwickelt werden soll. Im derzeitigen Marktdesign können künftig möglicherweise die Strompreise nicht genügend Anreize zum Bau von Anlagen zur Leistungsabsicherung geben. Das könnte zum Beispiel auch für den Bau von flexiblen Gas- oder Kohlekraftwerken gelten, die künftig zunehmend zu diesem Zweck vorgehalten werden müssen. Gleiches gilt für Energiespeicher. Ähnliche Probleme könnten sich auch für die Erneuerbaren Energien stellen. Vor diesem Hintergrund ist zu prüfen, ob und wie in Zukunft die Bereitstellung von Kapazitäten behandelt wird (sogenannte „Kapazitätsmärkte"). In diesem Zusammenhang ist zu klären, welche Kosten entstehen, wie diese minimiert und wie sie verteilt werden. Die wissenschaftliche Diskussion steht hier jedoch noch ganz am Anfang.

In einem umfassenden Forschungsprojekt sollen deshalb alle relevanten Fragen untersucht und Vorschläge für ein zukunftsfähiges Marktdesign entwickelt werden. Hierbei sind die Möglichkeiten für eine weitere Stärkung des Wettbewerbs zu berücksichtigen.

3.3 Ausbau der Speicherkapazitäten

Langfristig ist der Ausbau von Speicherkapazitäten wichtig und geboten. Angesichts der deutlich zunehmenden fluktuierenden Stromerzeugung aus Erneuerbaren Energien sind verschiedene Wege erforderlich, um jederzeit die Versorgungssicherheit zu gewährleisten. Daraus ergeben sich vier zentrale Handlungsfelder:

- Die Bundesregierung will mittelfristig die verfügbaren deutschen Potenziale für Pumpspeicherkraftwerke im Rahmen der technischen und wirtschaftlichen Möglichkeiten erschließen.

- Langfristig werden diese Potenziale allein aber nicht ausreichen. Deshalb ist die Nutzung ausländischer Pumpspeicher für Deutschland von großer Bedeutung. In Norwegen gibt es dafür ganz erhebliche Potenziale, aber auch in den Alpen lassen sich weitere Potenziale erschließen.
- Die Bundesregierung will zügig Investitionsanreize prüfen, damit Strom aus Biomasse gezielt zum Ausgleich der Fluktuationen von Wind und Sonne erzeugt und eingespeist wird.
- Die Bundesregierung will die Forschung in neue Speichertechnologien deutlich intensivieren und zur Marktreife führen (z.B. Druckluftspeicher, Wasserstoffspeicher und aus Wasserstoff hergestelltes Methan, Batterien für Elektrofahrzeuge).

Als nächste Schritte wird die Bundesregierung:

- das Energiewirtschaftsgesetz novellieren und neue Speicherkraftwerke, insbesondere Pumpspeicherkraftwerke und andere Stromspeicher, für einen längeren Zeitraum als bisher von den Entgelten für den Netzzugang freistellen,
- im Rahmen der EEG-Novelle sicherstellen, dass ausreichende Anreize für Biogasanlagen bestehen, Biogas in Starkwindzeiten zwischenzuspeichern oder ins Erdgasnetz einzuspeisen und die Stromerzeugung auf diesem Wege in schwache Windphasen zu verschieben und die dazu notwendigen technischen Voraussetzungen zu schaffen. Ergänzend wird die Bundesregierung eine Förderung für bestehende Biogasanlagen prüfen, damit Anlagen mit zusätzlichen Gasspeichern, Generatoren und Wärmespeichern ausgestattet werden.
- Energiespeicher für den Regelenergiemarkt zulassen.

3.4 Forschung

Die Bundesregierung wird ein umfassendes Energieforschungsprogramm für die Zeit bis 2020, und in Eckpunkten darüber hinaus, vorlegen. Schwerpunkte des Energieforschungsprogramms werden sein:

- Erneuerbare Energien,
- Energieeffizienz,
- Energiespeichertechnologien und Netztechnik,
- Integration der Erneuerbaren Energien in die Energieversorgung und
- das Zusammenwirken von diesen Energietechnologien.

In einem ersten Schritt wird die Bundesregierung eine gemeinsame Förderinitiative „Netze und Energiespeicher“ und eine gemeinsame Förderinitiative „Solares Bauen – energieeffiziente Stadt“ (z.B. Fassaden-Photovoltaik) entwickeln und umsetzen.

Im europäischen Kontext wird die Bundesregierung deutsche Antragsteller bei der Mitwirkung und erfolgreichen Umsetzung des Strategischen Energietechnologieplans (SET-Plan) unterstützen. Priorität haben dabei Projekte mit einer klaren europäischen Dimension; dazu gehören vor allem die Forschungsthemen Stromnetze, Erneuerbare Energien, Speichertechnologien, Effizienz und CCS.

3.5 Europaweiter Netzausbau

Das EU-Verbundnetz ist das Rückgrat des Energiebinnenmarktes; der europaweite Netzausbau ist der Taktgeber zur Integration der Energiemärkte. Deshalb wird sich die Bundesregierung auf europäischer Ebene für den Auf- und Ausbau eines europaweiten Netzverbunds einsetzen. Damit sind folgende Maßnahmen erforderlich:

- Die Novelle des Energiewirtschaftsgesetzes (EnWG) 2011 setzt die Vorschriften des Dritten EU-Binnenmarktpakets um. Damit werden die Wettbewerbsbedingungen auf dem deutschen Strommarkt und die Integration der nationalen Märkte weiter verbessert und die Liberalisierung des Binnenmarkts forciert.
- Die Bundesregierung will eine Initiative zur Planung eines europäischen Netzverbundes und die Entwicklung gemeinsamer technischer Netzstandards weiterentwickeln.
- Sie wird die Ausgestaltung des Infrastrukturpakets der EU aktiv begleiten und prüfen, inwieweit eine Verbesserung des europäischen Rechtsrahmens zum Ausbau des europäischen Verbundnetzes dort erfolgen kann, wo der marktgetriebene Netzausbau, etwa von Grenzkuppelstellen, nicht ausreicht.
- Sie wird im Zielnetz 2050 auch die Weiterentwicklung zum europäischen Verbundnetz beschreiben, damit Grenzkuppelausbau und nationaler Netzausbau ineinandergreifen (s.o.).
- Die Bundesregierung wird im pentalateralen Energieforum die Zusammenarbeit mit Frankreich und den BeNeLux-Staaten weiter intensivieren, mit dem Ziel, Netzengpässe zu vermeiden. Mit dem Ziel, weitere regionale liquide Strommärkte zu entwickeln, wird die Bundesregierung mit unseren mittel-ost-europäischen Nachbarn weiter zusammenarbeiten.

Die Bundesregierung wird unter Beteiligung der Unternehmen Gespräche mit Norwegen und den Alpenländern aufnehmen, um eine langfristige Kooperation mit den europäischen Partnerländern in der Stromversorgung, insbesondere bei der Schaffung und Nutzung von Speicherkapazitäten zu erreichen.

3.6 Transparenz und Akzeptanz

Der Umbau zu einer nachhaltigen Energieversorgung sowie die dafür erforderlichen Infrastrukturmaßnahmen, z.B. der notwendige Ausbau der Stromnetze, können nur gelingen, wenn die künftige Energiepolitik für die Bürgerinnen und Bürger verständlich und nachvollziehbar ist. Für diese gesamtgesellschaftliche Aufgabe sind Wirtschaft und Politik gleichermaßen gefordert. Dazu gehört ganz wesentlich, dass die langfristigen Ziele wie auch die Maßnahmen zu ihrer Umsetzung nachvollziehbar begründet werden. Dazu gehört insbesondere auch, dass die relevanten Zahlen und Fakten, auf deren Grundlage staatliche Entscheidungen getroffen werden, in einer verständlichen Form der Öffentlichkeit zugänglich gemacht werden.

Die Bundesregierung wird im Internet eine Informationsplattform wie auch ein Dialogforum „nachhaltige Energieversorgung“ einrichten. In der Informationsplattform werden die für die zukünftige Energiepolitik wichtigen aktuell verfügbaren Daten und Fakten sowie Prognosen, Analysen und Bewertungen in verständlicher Form aufbereitet und dargestellt.

Im Dialogforum für eine „nachhaltige Energieversorgung“ soll ein offener Dialog über die die Bürgerinnen und Bürger interessierenden Fragen geführt werden, beispielsweise über

- Chancen und Risiken neuer Technologien,
- Wege für eine umweltschonende Energieversorgung,
- Vorgehensweise zum Ausbau der Strom- und Gasnetze,
- Strategie zum Ausbau der Erneuerbaren Energien,
- die Notwendigkeit neuer Kraftwerke oder
- die Zusammensetzung des Energiemix.

Eine erfolgreiche Energiepolitik braucht auch ein Mindestmaß an Kontinuität. Investitionen in Kraftwerke und Netze bestimmen auf Jahrzehnte die Struktur der Energieversorgung.

Trotz der kontroversen Debatten um energiepolitische Themen wird die Bundesregierung mit den Wirtschafts- und Umweltverbänden und mit allen interessierten gesellschaftlichen Gruppen nach Wegen suchen, wie der energiepolitische Konsens über die zukünftige Energiepolitik verbreitert werden kann.

4 Technische Aspekte der Netzinfrastruktur

Die drohenden Kapazitätsprobleme im deutschen Transportnetz könnten durch den Bau einiger leistungsfähiger Nord-Süd-Verbindungen zumindest teilweise entschärft werden. Wählt man dafür eine höhere Spannungsebene als die bisher benutzten 400 kV (Kilovolt) oder Gleichstrom statt Wechselstrom, wie heute der Fall, würde ein neues Netz entstehen, das aufgrund seiner Ausdehnung und Leistungsfähigkeit als Overlay-Netz bezeichnet werden könnte. Welche technische Lösung hierfür am geeignetsten ist, wird gegenwärtig untersucht. Zu beachten ist dabei, dass aufgrund der zum Teil fehlenden Akzeptanz von Freileitungen in Deutschland das neue Netz zumindest teilweise erdverlegt werden muss. Erdkabel und die damit verbundenen Verlegekosten sind jedoch in der Regel höher als die Errichtungskosten von Freileitungen. Bei der Entscheidung für Freileitung oder Kabel müssen jedoch nicht nur die Kosten für die technischen Einrichtungen berücksichtigt werden, sondern auch Aspekte wie der beschleunigte Netzausbau und der Einfluss auf die gefühlte Lebensqualität der anliegenden Bevölkerung.

Die meisten Erzeuger auf der Basis von erneuerbaren Energiequellen sind heute nicht direkt an das Transportnetz, sondern an die Verteilnetze angeschlossen. Die Vielzahl der Photovoltaik-Anlagen z.B. speist in das Niederspannungsnetz. Es wird deshalb nicht ausreichend sein, nur ein Overlay-Netz zu schaffen, es müssen vielmehr auch die darunterliegenden Netze niedrigerer Spannung verstärkt werden.

Eine besondere Herausforderung stellt die Errichtung von Offshore-Netzen für die Abführung der dort installierten Windenergie dar.

4.1 Netzinfrastruktur

In den folgenden Jahren werden große Windparks von mehreren Tausend Megawatt Leistung in der Nord- und Ostsee entstehen. Außerdem befinden sich in Norddeutschland bereits jetzt große Erzeugerkapazitäten, die ins elektrische Netz integriert werden müssen. Die Verbraucher für die im Norden erzeugte Leistung sind dagegen überwiegend in der Mitte bzw. im Süden Deutschlands angesiedelt. Die Notwendigkeit einer Verstärkung der Nord-Süd-Leitungskapazitäten ist deshalb offenkundig. Um das Problem aus der volatilen Einspeisung der Windenergie beherrschen zu können, werden außerdem leistungsfähigere Kuppelleitungen zu den Nachbarnetzen benötigt. In der Zukunft müssen auch wesentlich größere Energiemengen zwischengespeichert werden. Der Standort der existierenden bzw. geplanten großen zentralen Speicherkraftwerke spielt bei der Konzipierung des zukünftigen Netzes ebenfalls eine wichtige Rolle.

Ein europaweites Overlay-Netz stellt einen möglichen Ansatz zur Lösung der anstehenden Transportaufgaben dar. Die Errichtung eines derartigen Netzes erfordert aber das koordinierte Vorgehen aller beteiligten Staaten. Zunächst muss die geeignetste Technologie ausgewählt werden. Gegenwärtig stehen noch verschiedene Alternativen zur Auswahl, die es auf ihre Eignung umfassend zu untersuchen gilt. Danach müssen auch die einzelnen Ausbauschritte abgestimmt erfolgen.

Die Verteilnetze wiesen in der Vergangenheit in der Regel eine unidirektionale Energieflussrichtung von der Hochspannung zu den Verbrauchern auf niedrigerer Spannungsebene auf. Die Netze wurden hierfür konzipiert und sind entsprechend betrieben worden. Die Situation ändert sich mit der verstärkten Nutzung dezentraler Erzeuger und erneuerbarer Energiequellen. Die Energieflussrichtung kann nun auch umkehren, was Konsequenzen für Netzschutz, Spannungshaltung und Netzsicherheit nach sich zieht. In vielen Fällen erreichen die Leitungen die Grenze ihrer Übertragungskapazität, sodass eine Verstärkung durch Bau neuer Verbindungen unumgänglich wird. Steigt man in den 110-kV-Netzen und in der Mittelspannung außerdem im großen Stil auf Erdkabel um, so ist die bisher angewandte Resonanzsternpunkterdung aufgrund des enorm steigenden Kompensationsbedarfs in Frage zu stellen. Die alternative niederohmige Sternpunkterdung erfordert dagegen nicht nur die Umstellung des Netzschutzes, sondern auch eine andere vermaschte Netzstruktur mit weiteren zusätzlichen Leitungen. Das Problem der Sternpunkterdung und die damit verbundenen zusätzlichen Kosten bei einem Umstieg von Freileitungen auf Erdkabel müssen deshalb im Verteilnetzbereich beachtet werden, was bisher jedoch oftmals nicht in der öffentlichen Diskussion geschieht. Im 400-kV-Netz spielt dieser Faktor nicht mehr eine Rolle, da dort von Anfang an eine wirksame starre Sternpunkterdung realisiert wurde.

4.2 Übertragungstechnologien

4.2.1 Konventionelle Drehstrom-Übertragungstechnik

Drehstrom-Übertragungssysteme sind für alle Spannungsebenen bis zu 1.200 kV verfügbar (High Voltage Alternating Current, HVAC) und haben sich über viele Jahrzehnte bewährt. In allen Bereichen existieren ausgereifte Komponenten wie Schalter, Transformatoren, Kompensationsdrosseln etc. Die meisten dieser Netze sind mit Freileitungen aufgebaut, aber auch zuverlässige VPE Kunststofferdkabel bis zu 400 kV stehen zur Verfügung. Die Stromtragfähigkeit (thermische Grenzleistung) ist hoch, da die Stromwärmeverluste der Leiterseile leicht an die umgebende Luft abgeführt werden können. Die Isolatoren mit ihren Armaturen sind so ausgelegt, dass sie auf der Leitung sich ausbreitenden Überspannungen bis zu bestimmten, international vereinbarten Pegeln standhalten bzw. darüber hinausgehende Spannungen durch kurzzeitige Überschläge entlang ihrer Oberflächen begrenzen, ohne dass ein bleibender Schaden entsteht. Der bei höchster Seiltemperatur auftretende maximale Seildurchhang ist durch entsprechende Sicherheitsabstände zum Boden festgelegt.

Der weiträumige und grenzüberschreitende Transfer großer elektrischer Leistungen geschieht in Europa mit Hilfe des europäischen 380-kV-Verbundnetzes, das nahezu ausschließlich mit Freileitungen realisiert ist. Auch weltweit stellen in das Höchstspannungsnetz eingefügte Kabelstrecken bisher seltene Ausnahmen dar (u.a. Berlin, Wien, London, Amsterdam, Dänemark, Italien, Spanien, Japan). Die Gründe für diese Dominanz der Freileitung liegen in ihrem einfachen Aufbau, ihrem robusten Betriebsverhalten und vor allem in den verhältnismäßig geringen Errichtungskosten. Wesentliche Nachteile der Freileitungen im Vergleich zu unterirdischen Übertragungssystemen resultieren aus ihrer Exponiertheit gegenüber Natureinflüssen mit Schäden durch Blitzschlag, Sturm, Schnee- und Eisbehang oder zivilisatorischen Einwirkungen wie Flugkörper, Sabotage etc.

In den letzten Jahren hat sich der Widerstand der Bevölkerung gegen Freileitungen sehr verstärkt. Die wesentlichen, in den Genehmigungsverfahren ins Feld geführten Gründe sind u.a. die Beeinträchtigung des Landschaftsbildes, Entwertung von Grundstücken, Schädigung der Vogelwelt sowie Gefährdung von Organismen durch das elektrische und magnetische Feld. Mit fünf bis zehn Jahren ist die Dauer eines Genehmigungsverfahrens heutzutage noch niedrig angesetzt – einen positiven Abschluss voraussetzend. Obwohl 380-kV-Kabelstrecken drei- bis siebenmal mehr kosten können als Freileitungen, hofft man durch Teilverkabelung kritischer Abschnitte eine Beschleunigung des Verfahrens zu erreichen. Gegenwärtig werden in Deutschland Pilotstrecken für 380-kV-Kabel errichtet, die Auskunft über die tatsächlichen Kosten und technischen Herausforderungen geben sollen. 380-kV-Kabel haben eine wesentlich höhere kapazitive Ladeleistung als Freileitungen. Deshalb müssen sie in 50- bis 100-Kilometer-Abschnitten durch quer zum Kabel geschaltete Drosselspulen kompensiert werden. Auf der Verteilnetzebene sind die Unterschiede in den Kosten zwischen Freileitung und Kabel geringer, die Kosten des Kabels nähern sich denen der Freileitung an.

Die Errichtung eines AC-Overlay-Netzes in Deutschland für den Transport von Erneuerbaren Energien wäre durchaus vorstellbar. Dieses Netz könnte eine Spannung von 380 kV, 500 kV oder 800 kV aufweisen, jedoch stehen Kabel nur bis 500 kV zur Verfügung. Bei Leitungslängen über 400 bis 500 km wäre allerdings eine kapazitive Längskompensation erforderlich. Heute baut man derartige Kompensationseinrichtungen in der geregelten Ausführung als Thyristor Controlled Series Capacitor (TCSC), womit eine sehr schnelle dynamische Kompensation möglich wird. Der Vorteil der Drehstromtechnik wäre neben der hohen Verfügbarkeit, dass man in mehreren Netzknoten leicht Verbindungen zum existierenden Netz ohne aufwendige Umrichter schaffen könnte. Um den Lastfluss zu steuern, müssten wahrscheinlich auch weitere Querregler (Phase Shifting Transformer) im Netz installiert werden. Trotz Netzverstärkung würde bei der Drehstromtechnik der Nord-Süd-Spannungsfall zunehmen mit negativen Auswirkungen auf die Netzstabilität. Wieweit dieser Effekt entscheidend ist, muss durch Netzstudien überprüft werden.

4.2.2 High-Voltage-Direct-Current-(HVDC)-Übertragungen

Diese Technologie wird genutzt, wenn es um sehr große Übertragungslängen (mehrere Hundert Kilometer) oder um die Kopplung von Netzen mit unterschiedlichen Frequenzen oder Leistungs-Frequenzregelungen geht. Für die Einbindung von Offshore-Windparks kommt HVDC ab ca. 100 km in Frage, da die AC-Technologie durch die hohe kapazitive Ladeleistung der Kabel nicht mehr einsetzbar ist. Bei Gleichstrom sind der Widerstand und somit die Verluste der Leitung aufgrund des fehlenden Skineffektes geringer als bei AC, allerdings müssen hier auch die zusätzlich entstehenden Umrichterverluste berücksichtigt werden. Die geringeren Übertragungsverluste kompensieren aber erst bei mehreren Hundert Kilometern die Umrichterverluste, woraus sich die bevorzugte Anwendung auf dem Land zum Teil ableiten lässt. Für die Übertragung bei HVDC kommen sowohl Freileitungen als auch Kabel infrage. Da je Übertragungssystem nur zwei Leiter erforderlich sind, fallen Freileitungsmasten schmaler aus als bei Drehstromsystemen. Allerdings werden die Isolatorketten bei HVDC spezifisch länger als bei HVAC.

Die klassische HVDC-Technologie (HVDC Classic) basiert auf Thyristoren, die durch die Regelung gezielt gezündet werden. Das Unterbrechen des Stromes erfolgt dann erst im nächsten Stromnulldurchgang der Sinuswelle. Man bezeichnet diese Umrichter auch als netzgeführt, weil der Strom durch das Netz vorgegeben wird. Sie benötigt deshalb an beiden Seiten stabile AC-Netze. Netzgeführte HVDC-Verbindungen werden seit Jahrzehnten eingesetzt. Sie sind heute mit Leistungen bis zu 6.000 MW pro Übertragungsstrecke bei einer Gleichspannung von bis zu +/- 800 kV verfügbar. Der Aufbau eines vermaschten Netzes mit dieser Technologie ist aber nicht möglich. Sie kann nur als Punkt-zu-Punkt-Verbindung ausgeführt werden. Auf der AC-Seite benötigen die Umrichter an den beiden Enden eine beträchtliche Filterleistung, um die erzeugten Oberschwingungen herauszufiltern. Je Umrichter entstehen außerdem ca. 0,6% Verluste. Realisierungen der höchsten Spannungen von über 500 kV können wegen fehlender Kabel nur mit Freileitungen erreicht werden. Da bei diesem Umrichtertyp rasche Spannungsumpolungen auftreten können, kommen nur Kabel mit ölgetränkten Papierbandisolierungen infrage, entweder mit zähflüssigem Öl getränkte, sogenannte Massekabel oder Niederdruck-Ölkabel, bei denen die elektrische Isolierung mit dünnflüssigem Öl getränkt ist, das unter einem Betriebsdruck von einigen Bar gehalten wird.

Bei der selbstgeführten Gleichrichtertechnik, Voltage-Source-Converter-HVDC (VSC-HVDC) werden anstelle der Thyristoren Leistungstransistoren auf IGBT-Basis (IGBT: insulated-gate bipolar transistor) eingesetzt. Diese können in jedem beliebigen Augenblick ein- und ausgeschaltet werden, wodurch sich grundsätzlich von der Netzfrequenz unabhängige Schaltfrequenzen realisieren lassen. Dadurch wird es möglich, eine Pulsweitenmodulation (PWM) zur Nachbildung der Wechselspannung einzusetzen. Die benötigte Filterleistung ist wesentlich geringer als bei der klassischen HVDC und man kann sowohl kapazitive als auch induktive Blindleistung zur Einspeisung ins AC-Netz durch die Umrichter erzeugen. Grundsätzlich gibt es bei der Ausgestaltung der selbstgeführten HVDC-Umrichter unterschiedliche Konzepte (die beiden in Europa bedeutenden Anbieter sind ABB mit HVDC Light und Siemens mit HVDC Plus). Diese Technologie wird heute bis zu 320 kV und 1.100 MW angeboten. Die obere Spannungsgrenze von 320 kV ist durch das heute zur Verfügung stehende VPE-Gleichstrom-Kunststoffkabel gegeben. Bei der Realisierung mit Freileitung wäre auch eine höhere Spannung möglich. VSC-HVDC eignet sich sehr gut für den Aufbau eines vermaschten Netzes, allerdings sind die hierfür benötigten Gleichstromschalter noch nicht entwickelt worden. Die Verluste mit 1,0 bis 1,5% pro Umrichter sind höher als bei der klassischen HVDC. Für die Verbindung von Offshore-Windparks kommt nur die selbstgeführte VSC-HVDC-Technologie in Frage.

4.2.3 Alternative Technologien

Gasisolierte Übertragungsleitungen, sogenannte GIL oder SF_6-Rohrleiter, wären theoretisch ebenfalls einsetzbar in der 380-kV-Ebene. Die GIL-Technologie weist zwar durchaus einige bemerkenswerte physikalische Eigenschaften wie hohe Belastbarkeit, geringere kapazitive Ladeleistung als Erdkabel auf, ist allerdings extrem raum- und materialfordernd, was sich in hohen resultierenden Kosten niederschlägt. Gegenüber dem Kabel muss mit einem Kostenfaktor von zwei oder mehr gerechnet werden.

AC-Übertragung mit reduzierter Frequenz stellt eine Alternative zur HVDC dar. Für die Erzeugung und Umformung auf 50 Hertz (Hz) werden zwar auch hier Umrichter benötigt, die Übertragung könnte aber über bewährte AC-Technik erfolgen. Das Problem des fehlenden DC-Leistungsschalters sowie die Begrenzung der Kabelspannung auf 320 kV bei DC wären bei reduzierter Frequenz durch AC-Spannung und -Strom praktisch gelöst. Die mögliche Übertragungslänge würde ungefähr proportional zur Frequenzreduktion gegenüber 50 Hz zunehmen. Gegenwärtig wird diese Technologie jedoch von dem potenziellen Hersteller nicht priorisiert.

4.3 Netzkonformität

Die verschiedenen technischen Möglichkeiten für neue Leitungen müssen auch unter dem Gesichtspunkt ihrer Netzkonformität bewertet werden. Dabei spielen folgende Fragen eine Rolle:

- Welche Last übernimmt die Leitung tatsächlich als Teil des Netzes in Normalbetrieb (Beitrag zur Netzverstärkung)?
- Welche Möglichkeiten gibt es für die Steuerung des Leistungsflusses?
- Wie wird das Verhalten des Gesamtsystems bei netzseitigen Fehlern, Kurzschlüssen beeinflusst (Netzstabilität)?
- Wie ist die Verfügbarkeit und Störanfälligkeit der Leitung inklusive der eventuell vorhandenen leistungselektronischen Komponenten?

Alle HVAC-Verbindungen übernehmen im Normalbetrieb eine Last, die geringer ist als ihre maximale Übertragungskapazität. Der Grund hierfür liegt darin, dass die Aufteilung der Last auf die parallel liegenden Strompfade entsprechend den Impedanzverhältnissen (Wechselstromwiderstandverhältnisse) und nicht den maximalen Übertragungskapazitäten erfolgt. Um die Lastübernahme zu erhöhen, können sogenannte Querregler (Phase Shifting Transformer) an geeigneten Stellen im Netz platziert werden. Dadurch entstehen ein erzwungener Leistungsfluss mit höheren Spannungsfällen und Winkeldifferenzen zwischen den Endknoten. Letzteres beeinflusst aber die Netzstabilität negativ. Durch geregelte Längskompensation (TCSC) kann die Reaktanz (Blindwiderstand) der Leitung dynamisch geändert, reduziert oder erhöht werden, wodurch eine schnelle dynamische Leistungsflusssteuerung möglich wird. Die Technik der Längskompensation ist verhältnismäßig einfach und ausgereift. Sie stellt auch für Deutschland und Europa eine realistische Alternative dar. Beim Einsatz von HVAC-Leitungen über Entfernungen von 400 bis 500 km wird die Längskompensation in jedem Fall erforderlich sein. Wahrscheinlich müssten auch zusätzliche Querregler ins Netz eingebaut werden.

Gleichstromverbindungen können aus der Sicht des Netzes als eine Leistungsentnahme in einem bestimmten Knoten und die Einspeisung der nahezu gleichen Leistung in einen anderen, entfernten Knoten aufgefasst werden. Wird z.B. 3.000 MW Windleistung über HVDC in den Süden transportiert, so wirkt dies, als wäre die Windeinspeisung im Süden. Das vorhandene unterlagerte Drehstromnetz wird dadurch nicht beeinflusst. In vermaschten HVDC-Netzen ist der Leistungsfluss mit den Umrichtern sehr flexibel und schnell einstellbar, sodass in den Verbindungsknoten mit dem AC-Netz gezielt eine bestimmte Leistung eingeprägt bzw. entnommen werden kann.

HVAC-Freileitungen sind aufgrund ihrer robusten Konstruktion zu nahezu 100% verfügbar. Seltene, wartungsbedingte Abschaltungen sind lange im Voraus planbar. Extreme Wetterbedingungen wie sehr starker Wind oder Eislast können allerdings zu Schäden und somit zu Unterbrechungen führen. Die Reparatur dauert dann einige Tage oder sogar Wochen. Drehstromkabel sind Wettereinflüssen weniger ausgesetzt. Die elektrische Beanspruchung des Kabels, der Muffen und Endverschlüsse ist jedoch bei Nennspannungen von 380 kV und darüber sehr hoch, sodass hier mit statistisch bedingten Fehlern zu rechnen ist. Mit zunehmenden Erfahrungen bei der Fertigung und Montage von Kabel und Zubehör werden diese Probleme jedoch abnehmen. Auch unbeabsichtigte mechanische Beschädigung des Kabels kann, abgesehen von der Tunnelverlegung, nicht völlig ausgeschlossen werden.

Für die HVDC geben die Hersteller für beide Technologien eine Verfügbarkeit von 98,5% an. Dies bedeutet, dass die Anlagen über eine Dauer von fast einer Woche pro Jahr nicht zur Verfügung stehen. Die HVDC enthält viele leistungselektronische Komponenten und ist dadurch grundsätzlich störanfälliger als z.B. eine Freileitung oder ein Kabel. Reparaturen von Kernkomponenten können dann auch nur vom Hersteller durchgeführt werden. Über die tatsächliche Verfügbarkeit von HVDC-VSC liegen zur Zeit noch keine gesicherten Informationen vor.

Bei Ausfall eines Elements im Netz wird in der Praxis oft die temporäre Überlastbarkeit der verbleibenden Leitungen genutzt. Deshalb sind die Fragen, wie hoch und wie lange bestimmte Leitungen überlastet werden können und welche Rolle dabei die Umweltbedingungen (Außentemperatur, Wind etc.) spielen, wichtig für den Netzbetrieb. Freileitungen sind nur kurzzeitig überlastbar, da sie nach einer Dauer von wenigen Minuten (ca. 15 bis 30 min) ihre höchstzulässige Endtemperatur erreicht haben. Da die normgemäße Auslegung an sehr hohen Außentemperaturen und extrem niedrigen Windgeschwindigkeiten orientiert ist, stehen in vielen Fehlersituationen aufgrund geringerer Außentemperaturen und höherer Windgeschwindigkeiten erhebliche Belastbarkeitsreserven zur Verfügung. Voraussetzung hierfür ist ein Monitoring der Umgebungsbedingungen. Kabel weisen demgegenüber eine wesentlich höhere thermische Trägheit auf. Je nach Ausgangssituation kann eine Überlast über mehrere Stunden bis hin zu mehreren Tagen übernommen werden. HVDC kann praktisch nur die Nennleistung, wofür sie ausgelegt wurde, übertragen. Sie verfügt über keinerlei Reserve in dieser Hinsicht. Die Regelung der HVDC sorgt dafür, dass der Stromgrenzwert unter allen Umständen eingehalten wird.

Um bei Ausfall einzelner Betriebsmittel die Versorgung weiterhin, wenigstens in einem eingeschränkten Umfang, aufrechtzuerhalten, können Verbraucher und/oder Lasten gezielt abgeschaltet werden. Wenn in der Zukunft das Netz näher an der Grenze seiner natürlichen Stabilität betrieben wird und Betriebsmittel mit einer geringeren Verfügbarkeit zum Einsatz kommen, wird der verstärkte Einsatz derartiger Schutzmaßnahmen unerlässlich.

Durch die Nutzung moderner Steuer- und Regelungsverfahren mit Hilfe weiträumiger Informations- und Kommunikationstechnologien ließe sich die Verschlechterung der Systemzuverlässigkeit jedoch bis zu einem gewissen Grad kompensieren.

5 Schlussfolgerungen

Die Herausforderungen zum Ausbau der Erneuerbaren Energien sind sehr groß und erfordern letztlich den kompletten Umbau des Energiesystems. Dazu bildet das Stromnetz das Rückgrat, das entsprechend gerade auch mittels innovativer Technologien optimiert und ausgebaut werden muss. Die Bundesregierung hat dazu mit dem Energiekonzept grundsätzlich die Weichenstellung eingeleitet. Jetzt muss die Umsetzung durch die zahlreichen Maßnahmen in Angriff genommen werden, um bis 2050 den Anteil der Erneuerbaren Energien auf 80%, wie im Energiekonzept beschlossen, zu steigern.

Die Bundesregierung sollte letztlich jedoch bereits 2050 eine 100-prozentige Stromerzeugung aus Erneuerbaren Energien anstreben, denn das ist dauerhaft die einzig zukunftsfähige Art der Stromversorgung. Nur so können letztlich alle externen Umweltschadenskosten voll internalisiert werden. Dieses Ziel ist auch erreichbar und sogar auf verschiedenen Wegen machbar, wie ein Gutachten des Sachverständigenrats für Umweltfragen vom Januar 2011 aufzeigt.[2] Und nicht nur für Deutschland ist das realisierbar. Auch Dänemark hat im Februar 2011 einen Beschluss gefasst, bis 2050 komplett auf 100% Erneuerbare Energien umzusteigen und nicht mehr von fossilen Energieträgern abhängig zu sein.[3] Der nukleare Unfall in Fukushima, Japan, hat gezeigt, wie dringlich und angemessen ein schneller Ausstieg aus der Kernenergie bei gleichzeitig forcierter Umsetzung der anderen Teile des Energiekonzepts in Deutschland ist.

Die Nutzung der Erneuerbaren Energien zur Stromerzeugung erfordert einen Umbau des elektrischen Übertragungsnetzes. Zusätzliche Nord-Süd-Leitungen sowie stärkere Verbindungen zwischen Nachbarnetzen müssen errichtet werden, um den Anforderungen des zunehmenden Stromtransports gerecht zu werden. Alte, aber auch neue Technologien wie Freileitungen bis 1.200 kV, AC-Erdkabel bis 500 kV, klassische und VSC-HVDC-Übertragung und DC-Erdkabel bis 320kV sowie FACTS (Flexible AC Transmission Systems) wie TCSC (Thyristor Controlled Series Capacitor) stehen hierfür bereit. Ein europaweites Overlay-Netz stellt eine visionäre, aber technisch mögliche Alternative dar.

[2] Sachverständigenrat für Umweltfragen (2011).

[3] Klima- og Energiministeriet (2011).

Literatur

Bundesministerium für Wirtschaft und Technologie (BMWi)/Bundesministerium für Umwelt, Naturschutz und Reaktorsicherheit (BMU) (2010): Energiekonzept für eine umweltschonende, zuverlässige und bezahlbare Energieversorgung, 28.09.2010, www.erneuerbare-energien.de/files/pdfs/allgemein/application/pdf/energiekonzept_bundesregierung.pdf

Sachverständigenrat für Umweltfragen (2011): Wege zur 100% erneuerbaren Stromversorgung, Sondergutachten, Berlin 26.01.2011, www.umweltrat.de/cln_135/SharedDocs/Downloads/DE/02_Sondergutachten/2011_Sondergutachten_100Prozent_Erneuerbare.html

Klima- og Energiministeriet (2011): energistrategi 2050 – fra kul, olie og gas til grøn energi, København 24.02.2011, www.kemin.dk/en-US/climateandenergypolicy/dkpolicy/EnergyStrategy2050/Sider/Forside.aspx

Zertifizierung

Christian Nath

1 Einleitung

„Seit einigen Jahrzehnten wissen wir, dass der Klimawandel, den wir dem 21. Jahrhundert bescheren, von vergleichbarer Größenordnung ist wie der am Ende der letzten Eiszeit, nur dass er dreißigmal schneller erfolgt. Wir wissen, dass der Golfstrom mindestens dreimal am Ende der letzten Eiszeit versiegte, dass der Meeresspiegel um mindestens 100 m stieg und die Biosphäre der Erde gründlich umorganisiert wurde; und wir wissen, dass vor dem langen Sommer, der vor 10.000 Jahren begann, Landwirtschaft unmöglich war. Es gibt also wenig Grund dafür, dass wir die Augen verschließen, außer vielleicht, dass wir nicht bereit sind, solchem Horror ins Gesicht zu blicken und zu sagen ‚Du bist meine Schöpfung'."[1]

Seit Beginn der kommerziellen Einführung regenerativer Energieerzeugung wurde die Zertifizierung dieser Energie und der dazugehörigen Energieerzeugungsanlagen etabliert. Mit dem fortschreitenden Wachstum der Branche wurde der Zertifizierung eine immer größere Rolle zugemessen. Wenn heute Finanzierungen für Projekte gewährt werden, sind fast immer technische Zertifikate die Basis für den Abschluss des Kreditvertrages bzw. für den Transfer des Geldes.

Im Folgenden werden, wie in der Technik üblich, zuerst die Grundlagen in zwei Abschnitten aufgelistet. Daran anschließend erfolgt die Beschreibung der Zertifizierung der verschiedenen Anlagen zur Umsetzung Erneuerbarer Energien aus technischer Sicht. Den Abschluss des Beitrags bilden die Abschnitte über Qualitätskennzeichen einschließlich der dazugehörigen Zertifizierung.

2 Voraussetzungen und Nutzen

2.1 Voraussetzungen

Zertifikate werden im Allgemeinen von akkreditierten Zertifizierungsstellen erstellt. Bei der Akkreditierung unterziehen sich die Zertifizierungsstellen einem Prüf- und Bewertungsprozess gemäß der jeweils gültigen Akkreditierungsnorm. Die Akkreditierung bescheinigt die Kompetenz zur Konformitätsbewertung und wird durch die jeweilige nationale Akkreditierungsstelle (in Deutschland die Deutsche Akkreditierungsstelle, DAkkS) erteilt.

---

1 Flannery (2006), S. 238.

Messungen, die im Rahmen einer Zertifizierung notwendig werden, sollen durch ein ebenso qualifiziertes, akkreditiertes Messlabor durchgeführt werden. Wenn das Messlabor nicht akkreditiert ist, muss sich die Zertifizierungsstelle selbst von der Qualität der Messungen überzeugen.

2.2 Nutzen

Die Zertifizierung ist die Bestätigung der Konformität durch einen unabhängigen Dritten, dass ein Produkt oder eine Dienstleistung den Anforderungen einer Norm oder eines normativen Dokumentes entspricht (DIN EN 45020, DIN EN ISO/IEC 17000). Bei Produkten, die einer Typenzertifizierung, Typenprüfung oder Bauartzulassung unterzogen werden, ist jeweils ein Abgleich zu führen, ob die Bedingungen aus der Norm die Standortbedingungen abdecken.

Es ist daher unumgänglich, dass beispielsweise für eine Windenergieanlage nicht nur die Zertifizierung nach einer Norm oder Richtlinie (IEC 61400-22 mit IEC 61400-1) gefordert wird, sondern dass darüber hinaus angegeben wird, welche Typenklasse die Anlage erfüllen muss oder für welche Umgebungsbedingungen (Windgeschwindigkeiten) die Anlage ausgelegt sein muss.

Es ist daher notwendig, dass bereits im frühen Stadium der Konstruktion die Umgebungsbedingungen an den möglichen Aufstellorten bekannt sind. Erwerber und Finanziers benötigen diese Informationen, damit bereits bei der Ausschreibung und der Finanzierung das richtige Zertifikat gefordert wird. Das „richtige“ Zertifikat für die gegebenen Umgebungsbedingungen ist eine der Stützen bei der Risikobewertung eines Projektes.

3 Normen und Richtlinien

3.1 Windenergieanlagen

3.1.1 Normen

Seit 1988 gibt es bei der Internationalen Elektrotechnischen Kommission (IEC) ein Technisches Komitee, das TC 88, das sich mit der Normung für Windenergieanlagen (WEA) befasst. Für die Behandlung der internationalen Belange wurden in den mitarbeitenden Ländern nationale Spiegelgremien eingerichtet. In der Bundesrepublik Deutschland ist dies das K383, das 1993 bei der Deutschen Elektrotechnischen Kommission (DKE) gegründet wurde. 1995 hat die Europäische Kommission der europäischen elektrotechnischen Normungsorganisation CENELEC ein Mandat zur Erarbeitung harmonisierter Normen für WEA erteilt. Diese Aufgabe wird von einer sogenannten „Task Force“ des „Technical Boards“ der CENELEC, der BTTF 83-2, wahrgenommen.

Die erste internationale Norm des TC 88 wurde im Dezember 1994 als IEC 1400-1 veröffentlicht und trägt den Titel „Sicherheitsanforderungen“. Eine ganze Reihe weiterer Normen unter anderem für kleine und Offshore-WEA, für die Messung des Leistungsverhaltens und des Schalls und andere Themen wurden inzwischen veröffentlicht.

Die europäischen Normen, die im Rahmen des Mandates an die CENELEC entstehen, sollen weitestgehend auf den relevanten Normen der IEC basieren und müssen die Belange der anzuwendenden europäischen Richtlinien (Niederspannung,[2] elektromagnetische Verträglichkeit,[3] Maschinen[4] und Bauprodukte[5]) berücksichtigen (siehe auch Abschnitt 9). Es wird deshalb eine frühzeitige Abstimmung bei der Erarbeitung der IEC-Normen angestrebt, um die Unterschiede zwischen IEC- und CENELEC-Normen möglichst gering zu halten. Entsprechend der Abstimmung der Nummerierung von Normen zwischen der ISO und der IEC trägt die Normenreihe für Windenergie seit 1996 die Nummer 61400.

Das TC 88 hat bereits eine Reihe von Normen, technischen Spezifikationen und technischen Berichten herausgegeben. Weitere befinden sich im Abstimmungszyklus. Die meisten nationalen Normen und Richtlinien werden und wurden auf Basis der Normen der IEC-Normenreihe 61400 erarbeitet. In Deutschland werden die IEC-Normen nach der parallelen Abstimmung in der CENELEC als DIN-EN-Normen herausgegeben. Die gültigen Normen dieser Reihe findet man auf den Internetseiten des Beuth Verlages (www.beuth.de) oder IEC (www.iec.ch).

---

[2] Richtlinie 2006/95/EG des Europäischen Parlaments und des Rates vom 12. Dezember 2006 zur Angleichung der Rechtsvorschriften der Mitgliedstaaten betreffend elektrische Betriebsmittel zur Verwendung innerhalb bestimmter Spannungsgrenzen (veröffentlicht als Verordnung im Rahmen des Gerätesicherheitsgesetzes).

[3] Richtlinie 2004/108/EG des Europäischen Parlaments und des Rates vom 15. Dezember 2004 zur Angleichung der Rechtsvorschriften der Mitgliedstaaten über die elektromagnetische Verträglichkeit und zur Aufhebung der Richtlinie 89/336/EWG (veröffentlicht als Gesetz über elektromagnetische Verträglichkeit).

[4] Richtlinie 98/37/EG des Europäischen Parlaments und des Rates vom 22. Juni 1998 zur Angleichung der Rechts- und Verwaltungsvorschriften der Mitgliedstaaten für Maschinen (veröffentlicht im Rahmen des Gerätesicherheitsgesetzes).

[5] Richtlinie 89/106/EWG des Rates vom 21. Dezember 1988 zur Angleichung der Rechts- und Verwaltungsvorschriften der Mitgliedstaaten über Bauprodukte und anderer Rechtsakte der Europäischen Gemeinschaften (veröffentlicht als Bauproduktengesetz).

3.1.2 Richtlinien

Neben dem sehr umfangreichen Normenwerk gibt es eine Reihe von nationalen Richtlinien, wie zum Beispiel in Dänemark, Deutschland, den Niederlanden und Indien, und die Richtlinien der Zertifizierungsgesellschaften DNV und GL.

3.2 Meeresenergiewandler

Für die Normung im Bereich Meeresenergiewandler wurde bei der IEC das Technische Komitee TC 114 gegründet. Das TC 114 wird die von Melanie Nadeau[6] beschriebenen Normen der Reihe IEC 62600 erarbeiten.

Schon jetzt verfügbar sind die Richtlinien der Zertifizierungsstellen DNV und GL:

- DNV 2005 Guidelines on design and operation of wave energy converters,
- GL 2008 Guideline for the Certification of Ocean Energy Converters Part 1: Ocean Current Turbined.

3.3 Sonnenenergiewandlung

3.3.1 Thermische Solaranlagen

Thermische Solaranlagen werden auf der Basis der Normen der Reihen DIN EN 12975 und 12976 „Thermische Solaranlagen und ihre Bauteile" geprüft und zertifiziert.

3.3.2 Photovoltaik-Anlagen

Photovoltaik-Anlagen werden auf der Basis der Normen der Reihen DIN EN 61215 (2006-02) „Terrestrische kristalline Silizium-Photovoltaik- (PV-)Module" und DIN EN 61646 (2009-03) „Terrestrische Dünnschicht Photovoltaik (PV-)Module" geprüft und zertifiziert. Dabei werden die Umwelteinflüsse nach DIN EN 60068 ermittelt.

[6] Nadeau (2010).

Darüber hinaus gibt es von der Deutschen Elektrotechnischen Kommission eine Aufstellung der Normen, Entwürfe und Spezifikationen, die speziell für PV-Anwendungen entwickelt wurden.[7]

3.4 Managementsysteme

Für die Zertifizierung von Managementsystemen gibt es eine ganze Reihe von Normen und Richtlinien, von denen hier nur die übergeordneten Erwähnung finden sollen:

- DIN EN ISO 9001 (2008-12) Qualitätsmanagementsysteme,
- DIN EN ISO 14001 (2009-11) Umweltmanagementsysteme,
- BS OHSAS 18001 (2007-07) Arbeits- und Gesundheitsschutzmanagementsysteme.

4 Zertifizierung von Windenergieanlagen

Bei der Zertifizierung von Windenergieanlagen (WEA) wird unterschieden zwischen der Typenzertifizierung und der Projektzertifizierung. Über diese beiden Zertifizierungsformen hinaus gibt es die Komponentenzertifizierung und nationale Anforderungen, die teils niedrigere, teils höhere Anforderungen erheben. Vor der Typenzertifizierung lässt eine Reihe von Herstellern ihren Prototypen zertifizieren. Bei der Prototypenzertifizierung wird die Anlage in einem geringeren Umfang im Wesentlichen auf Plausibilität geprüft. Diese reduzierte Form der Prüfung einer Einzelanlage wird im Folgenden nicht beschrieben, weil es immer nur diese Einzelanlage betrifft und in der Regel nach dem Prototypenstadium eine Typenzertifizierung erfolgt.

4.1 Typenzertifizierung

Die Typenzertifizierung umfasst mehre Module, die jedes für sich mit einer Konformitätsbescheinigung abgeschlossen werden. Wenn alle Module erfolgreich abgeschlossen wurden, kann das Typenzertifikat ausgestellt werden (Abbildung 1).

[7] Deutsche Kommission Elektrotechnik Elektronik Informationstechnik im DIN und VDE (o. J.).

Die Typenzertifizierung beginnt mit der Prüfung der Konstruktionsunterlagen, die im Allgemeinen in zwei Schritten durchgeführt wird. Im ersten Schritt werden Sicherheitskonzept und Lasten geprüft. Im Anschluss werden die Komponenten vom Rotorblatt bis zum Fundament auf Grundlage der zuvor geprüften Lasten analysiert. Die Unterlagen werden stichprobenweise und/oder durch Parallelrechnungen geprüft. Der erfolgreiche Anschluss wird mit der Konformitätsbescheinigung für die Prüfung der Konstruktionsunterlagen (Statement of Compliance for Design Assessment) bestätigt. Es gibt drei verschiedene Abschlüsse: C-Design Assessment für Prototypen (neben der Lastenprüfung erfolgen nur Plausibilitätsprüfungen der Komponenten), B-Design Assessment (Abschluss, bei dem es noch offene, nicht sicherheitsrelevante Punkte gibt) und das A-Design Assessment (komplette Prüfung).

Die Bewertung des Herstellungsprozesses erfolgt ebenfalls in zwei Schritten: Bestätigung des Qualitätsmanagementsystems durch eine ISO-9001-Zertifizierung und die Bestätigung der Implementierung der Konstruktionsanforderungen bei Produktion und Errichtung (IPE) durch einmalige Inspektionen der Fertigungsvorgänge der wesentlichen Komponenten der Anlage.

Das vierte Modul der Typenzertifizierung umfasst die Prototypentests, d.h. die Messungen zur Validierung der Entwurfsberechnungen, die Untersuchungen zur Optimierung der Betriebsführung, des Leistungsverhaltens, der Geräusche und der Netzverträglichkeit sowie die Verifizierung der Funktionen der Betriebsführungs- und Sicherheitssysteme. Die Messungen werden auf der Basis der relevanten IEC-Normen und Richtlinien von Messinstituten ausgeführt, die nach ISO/IEC 17025 akkreditiert sind.

Abbildung 1: Module der Typenzertifizierung

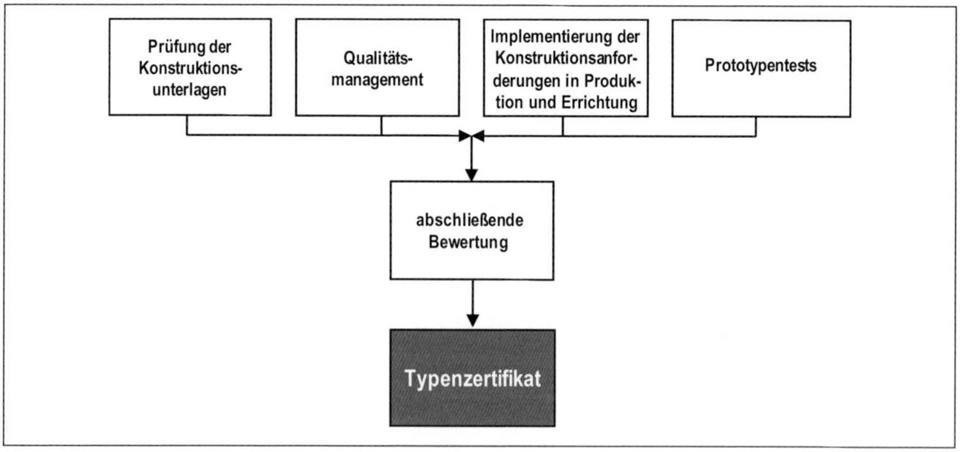

4.2 Projektzertifizierung

Die Projektzertifizierung erstreckt sich über den gesamten Lebenszyklus einer WEA ausgehend von der Typenzertifizierung über Inspektionen von Materialien, der Fertigung und des Aufbaues bis zur Abnahme und wiederkehrenden Prüfungen während des Betriebes. Abbildung 2 gibt die Module der Projektzertifizierung wieder.

Abbildung 2: Module der Projektzertifizierung

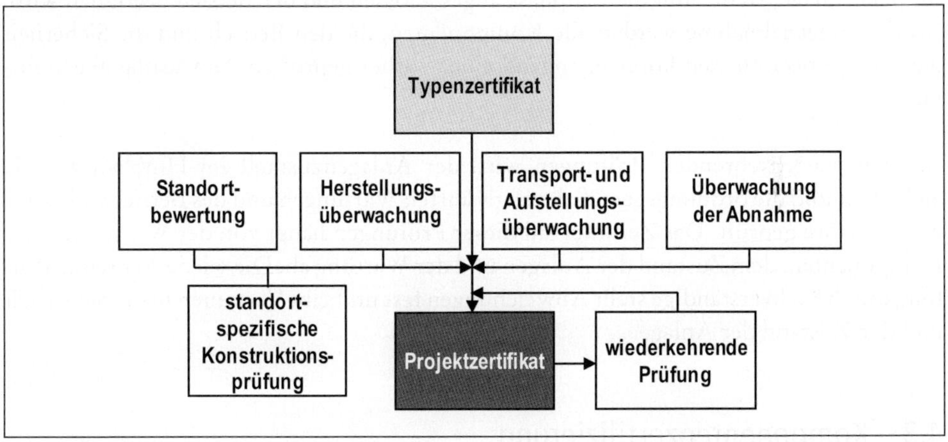

Die Bewertung des Standortes erfolgt z.B. auf der Basis der IEC 61400-1, Kapitel 11. Dabei werden Umweltbedingungen, Windverhältnisse, elektrische und Bodeneigenschaften untersucht und mit den bei der Prüfung der Konstruktionsunterlagen festgestellten Anlageneigenschaften abgeglichen.

Sollten die Standortbedingungen anspruchsvoller als die in der Typenzertifizierung angenommenen Bedingungen sein, so erfolgt eine standortspezifische Konstruktionsprüfung, die gegebenenfalls auch die Prüfung von standortbedingten Modifikationen enthält. Nur mit einer solchen Untersuchung, in der alle Anforderungen des Standortes betrachtet werden, kann ermittelt werden, ob die Anlage den Anforderungen des Standortes gewachsen ist.

Das Überwachungsprogramm beginnt mit den Materialabnahmen und den Zulassungen von Fertigungsbetrieben für die Herstellung von Stahlbauteilen und faserverstärkten Kunststoffen. Bei diesen Zulassungen werden sowohl die Verfahren als auch das Personal geprüft. Die Inspektionen der Herstellung werden in den Fertigungsbetrieben und auf der Baustelle durchgeführt. Der Umfang der Inspektionen hängt zum großen Teil von der relativen Wichtigkeit, vom verwendeten Material und vom Herstellverfahren der jeweiligen Komponenten ab. Die Inspektionen erfolgen in der Regel stichprobenweise.

Wichtige Schritte in der Herstellung und Abnahmetests werden grundsätzlich überwacht. Die Inspektionen auf der Baustelle beschränken sich auf grundlegende Arbeiten bei der Fundamentierung und der Aufstellung der Anlagen. Eine Identifizierung und Überprüfung von Komponenten, Baugruppen, Vor-Ort-Arbeiten und Installationen wird vor der Inbetriebnahme vorgenommen.

Die Überwachung der Inbetriebnahme ist integraler Bestandteil der Zertifizierung, bei der Typenzertifizierung exemplarisch für den Anlagentyp, bei der Projektzertifizierung für jede Anlage, weil damit die Bauphase abgeschlossen und der Betrieb begonnen wird. Bei der Inbetriebnahme werden alle Komponenten, die den Betrieb und die Sicherheit der Anlage beeinflussen können, anhand einer vorher geprüften Anweisung abgenommen.

Bei den wiederkehrenden Prüfungen wird der Anlagenzustand im Hinblick auf die Sicherheit und die ordnungsgemäß durchgeführten Wartungen und des Betriebs alle zwei bis vier Jahre geprüft. Das Zeitintervall dieser Prüfungen hängt von der Wichtigkeit der Komponenten, dem Zustand der Anlagen und der Wartung ab. Die wiederkehrende Prüfung durch Sachverständige stellt Abweichungen fest und gibt Vertrauen in die Sicherheit und den Zustand der Anlage.

4.3 Komponentenzertifizierung

In der Regel wird bei der Komponentenzertifizierung nur die Prüfung der Konstruktionsunterlagen durchgeführt, da im Rahmen der Prüfung der ganzen Anlage die Typenzertifizierung erfolgt. Selbst die Prüfung der Lastannahmen erfolgt nicht in jedem Falle, sondern gegebenenfalls nur eine Plausibilisierung. Die Komponentenzertifizierung erfolgt in der gleichen Reihenfolge und anhand der gleichen Module. Daher wird hier auf eine ausführliche Beschreibung verzichtet.

5 Zertifizierung von Meeresenergiewandlern

Ebenso wie in der Windenergie entwickelten die Hersteller von Meeresenergiewandlern in den letzten Jahren eine zunehmende Nachfrage nach Dienstleistungen in den Bereichen Konstruktion, Beratung und Zertifizierung. Dabei geht es auch hier um Funktion, Sicherheit, Ertrag und Verfügbarkeit. Der Ablauf einer Zertifizierung und die möglichen Module sind in Abbildung 3 dargestellt.

5.1 Machbarkeit

Da die Technik der Meeresenergiewandler noch sehr jung ist, werden in der Regel vor der eigentlichen Konstruktion Machbarkeitsstudien angefertigt. Die Prüfung und Bewertung dieses frühen Konzeptstadiums dient dem Vertrauensgewinn in das Projekt. Es werden dabei die Konzepte der Leistungserzeugung, der Sicherheitssysteme und der Struktur untersucht.

Die Auslegung von Meeresenergiewandlern ist ebenfalls in großem Maße von den Umgebungsbedingungen am Aufstellort und den anzuwenden Analysemethoden sowie der Normen und Richtlinien abhängig. Diese Informationen werden in der sogenannten Design Basis zusammengestellt und im Rahmen der Zertifizierung mitgeprüft. Eine gut formulierte und vollständig aufgestellte Design Basis führt zu einer Anlage, die solide konstruiert werden kann.

Abbildung 3: Module der Zertifizierung von Meeresenergiewandlern

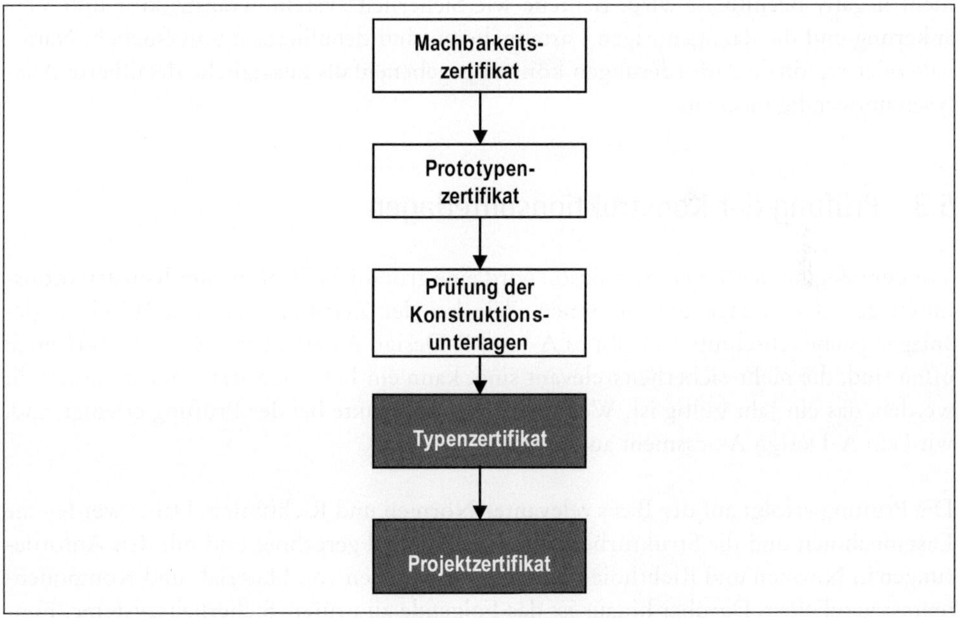

5.2 Prototypenzertifikat

Bei Meeresenergiewandlern hat die Prototypenzertifizierung eine größere Bedeutung als in der Windenergie, weil die Technik noch in den Kinderschuhen steckt und noch keine Anlagen in Serie gebaut werden. Das Prototypenzertifikat wird erstellt, um den Probebetrieb von Meeresenergiewandlern zu ermöglichen. Es basiert im Wesentlichen auf Konstruktionsprüfungen. Während des Prototypenbetriebes werden im Allgemeinen mindestens der Energieertrag und die Beanspruchungen gemessen. Das Prototypenzertifikat ist standortspezifisch und gilt für drei Jahre. Es wird ausgestellt nach erfolgreicher Durchführung der Prototypenkonstruktionsprüfung, der Prototypenbauüberwachung, der Abnahme der Inbetriebnahmeprozedur und der jährlichen Inspektionen.

Bei der Prototypenkonstruktionsprüfung (C-Design Assessment) können nicht-sicherheitsrelevante Themen mit vereinfachten Methoden betrachtet werden. Die Konstruktionsprüfung wird generell als Plausibilitätsprüfung von Lasten, Strukturen und Maschinenbau ausgeführt. Modifikationen sind im Allgemeinen zulässig, solange die Sicherheit nicht negativ beeinflusst wird. Bauteile wie Sicherheitssystem, Tragstruktur und Verankerung und die dazugehörigen Lastannahmen sind detailliert zu untersuchen. Nationale oder regionale Anforderungen können gegebenenfalls zusätzliche detaillierte Analysen notwendig machen.

5.3 Prüfung der Konstruktionsunterlagen

Vor dem Beginn der Serienproduktion wird eine gründliche Prüfung der Konstruktionsunterlagen der Anlage unternommen. Wie bei der Zertifizierung von Windenergieanlagen (siehe Abschnitt 4.1) gibt es A- und B-Design Assessments. Wenn Punkte noch offen sind, die nicht-sicherheitsrelevant sind, kann ein B-Design Assessment ausgestellt werden, das ein Jahr gültig ist. Wenn alle offenen Punkte bei der Prüfung erledigt sind, wird ein A-Design Assessment ausgestellt.

Die Prüfung erfolgt auf der Basis relevanter Normen und Richtlinien. Dabei werden die Lastannahmen und die Strukturberechnungen parallel gerechnet und mit den Anforderungen in Normen und Richtlinien und den Ergebnissen von Material- und Komponententest verglichen. Darüber hinaus ist das Folgende zu prüfen: Sicherheitssysteme, Fundamentierung und Verankerung, mechanische und elektrische Systeme, Betriebs- und Wartungsverfahren etc.

Im Allgemeinen erfolgt die Prüfung in zwei Schritten. Im ersten Schritt werden die Sicherheits- und Betriebsführungssysteme sowie die Lastannahmen und Lastberechnungen geprüft. Danach erfolgt die Prüfung aller Komponenten der Anlage auf der Basis der zuvor geprüften Lasten und der anzuwendenden Normen und Richtlinien. Zum Abschluss werden die Verfahren und die Handbücher für Aufstellung, Inbetriebnahme, Betrieb und Wartung auf Eignung, Vollständigkeit und Einhaltung der Anforderungen aus der Konstruktion geprüft. Geforderte Tests der Komponenten (z.B. Rotorblätter, Getriebe) sind integraler Bestandteil der Konstruktionsprüfung.

5.4 Typen-, Projekt- und Komponentenzertifizierung

Die Typen- und Projektzertifizierung von Meeresenergiewandlern erfolgt in gleicher Weise wie bei Windenergieanlagen. Es wird deshalb hier nur auf die Abschnitte 4.1 bis 4.3 verwiesen.

6 Zertifizierung von Sonnenenergiewandlern

6.1 Thermische Solaranlagen

Der Sonnenkollektor, der die Sonnenenergie in nutzbare Wärme umwandelt, ist die wesentliche Komponente einer thermischen Solaranlage. Es gibt hier eine große Zahl von Flach- und Vakuumröhrenkollektoren verschiedenster Bauweisen.[8]

Die DIN-Geprüft-Zertifizierung von Sonnenkollektoren bietet dem Hersteller von Sonnenkollektoren die Möglichkeit, seinen Kunden die Qualität seiner Produkte darzulegen und ihm so beim Kauf objektive Kriterien an die Hand zu geben. Bei den Zertifizierungs- und Gütezeichen wird die Übersicht immer schwieriger, da diese sich in den Prüf- und Überwachungskriterien stark unterscheiden (siehe Abschnitt 10).

Das Zertifizierungsprogramm für solarthermische Produkte wurde unter Beteiligung von Herstellern, Prüflaboratorien, Zertifizierungsstellen sowie der europäischen Solarindustrie-Vereinigung (European Solar Thermal Industry, ESTIF) erstellt. Mit dem Zertifikat und dem Zertifizierungszeichen Solar Keymark wird dokumentiert, dass der Hersteller seine Produkte freiwillig durch neutrale, unabhängige und kompetente Stellen nach einheitlichen europäischen Qualitätskriterien prüfen und überwachen lässt.

Für die Vergabe des Zertifizierungszeichen Solar Keymark in Verbindung mit dem DIN-Geprüft-Zertifizierungszeichen sind die in Abschnitt 3.3.2 aufgeführten Europäischen Normen die Prüfgrundlage. In diesen Normen werden die Anforderungen und Prüf-

[8] TÜV Rheinland (o. J. a).

verfahren für Sonnenkollektoren und vorgefertigte thermische Solaranlagen bezüglich Gebrauchstauglichkeit, Sicherheit und Zuverlässigkeit sowie zur Ermittlung der thermischen Leistungsfähigkeit des Kollektors bzw. der Anlage definiert.

Folgende Qualitätskriterien sind z.B. Gegenstand der Prüfung von Sonnenkollektoren: Innendruckbeständigkeit, mechanische Belastung, Beständigkeit gegen hohe Temperaturen, Beständigkeit gegen interne und externe thermische Schocks, Exposition, Regendichtigkeit, Schlagfestigkeit, Wärmeleistung.

Zusätzlich werden bei den vorgefertigten thermischen Solaranlagen folgende Eigenschaften geprüft: Eignung für Trinkwasser, Frostbeständigkeit, Übertemperaturschutz, Rücklaufschutz, Druckbeständigkeit, Sicherheitsausrüstung.

Darüber hinaus muss der Hersteller in beiden Fällen eine produktbezogene Herstellungskontrolle unter Berücksichtigung der Elemente der Norm DIN EN ISO 9001 durchführen.

Das Zertifizierungszeichen Solar Keymark in Verbindung mit dem DIN-Geprüft-Zeichen erhalten Produkte, die ihre Übereinstimmung mit den Normen durch eine erfolgreich bestandene Prüfung in einem anerkannten Prüflaboratorium und anschließender neutraler Bewertung unter Beweis gestellt haben. Nach positiver Bewertung kann ein Zertifikat erteilt werden, das fünf Jahre gültig ist. Es kann auf Antrag um weitere fünf Jahre verlängert werden, sofern eine jährliche Überprüfung der Produktion sowie eine Kontrollprüfung der Produkte alle zwei Jahre im Werk („Physical Inspection") erfolgreich durchgeführt wurde.

6.2 Photovoltaik-Anlagen (PV-Module)

Die Zertifizierung von kristallinen PV-Modulen wird auf der Basis der Normen der Reihe IEC 60068 durchgeführt.[9] Für die speziellen Prüfverfahren für PV-Module wurde die Norm IEC 61215 entwickelt, die in Deutschland als DIN EN 61215 herausgegeben wird und die Basis für die Zertifizierung von kristallinen PV-Modulen ist. Die IEC 61215 umfasst die Betrachtung aller Einflussgrößen, die die Alterung von PV-Modulen beeinflussen.

[9] TÜV Rheinland (o. J. b).

Eine vergleichbare Norm für Dünnschichtmodule ist die DIN EN 61646, die die Eigenschaften unterschiedlicher Dünnschichttechnologien berücksichtigt. Die Norm ist in weiten Teilen identisch zur IEC 61215, berücksichtigt aber die besonderen Eigenschaften der Dünnschichttechnologien durch entsprechende Testverfahren.

Die Messungen und Prüfungen umfassen unter anderem: Bestimmung der Leistung und Isolationsfestigkeit, Dauertest und Hot-Spot-Prüfung, UV-Alterungstest, Belastung durch Feuchte, Wärme, Hagel, mechanische Lasten und Frost.

Das Prüfzertifikat nach DIN EN 61215 oder DIN EN 61646 wurde in den vergangenen Jahren zunehmend als Qualitätsindikator für die PV-Module von Photovoltaik-Anlagen anerkannt. Inzwischen wird dieses Zertifikat auch bei der Förderung von vielen nationalen und internationalen Bewilligungsstellen gefordert.

Das Prüfzertifikat nach DIN EN 61215 oder DIN EN 61646 gilt immer für die Modulbauart, die den Prüfungen zugrunde lag. Eine Nutzung dieses Zertifikates ist nur für Module der gleichen Bauart gestattet, wenn diese die folgenden Kriterien erfüllen:

- identische Materialien und Komponenten,
- bei der Schaltung dürfen nicht mehr Zellen durch eine Bypassdiode gebrückt werden,
- Modulgröße und Nennleistung dürfen die Werte des geprüften Modultyps um maximal 10% überschreiten.

PV-Module, die diese Anforderungen erfüllen, werden zu einer Typenfamilie zusammengefasst. Bei Veränderungen der Modulkonstruktion kann das Zertifikat auf der Basis des Prüfzertifikates nach DIN EN 61215 oder DIN EN 61646 durch Wiederholung einzelner relevanter Tests erweitert werden.

7 Zertifizierung von elektrischen Eigenschaften

Wegen der deutlich gestiegenen Einspeiseleistungen aus Windenergie wurde das Betriebs- und Fehlerverhalten von regenerativen Energieerzeugungseinheiten überdacht. Beispielsweise sollen bei Kurzschlüssen im Übertragungsnetz diese Anlagen zur Netzstützung eingesetzt werden. Sie dürfen sich nicht mehr automatisch vom Netz trennen. Die Netzbetreiber haben deshalb ihre Anschlussbedingungen, die sogenannten Netzanschlussregeln (NAR), überarbeitet und höhere Anforderungen an die Anlagen gestellt. Das elektrische Verhalten der Anlagen soll dadurch an die Eigenschaften von konventionell betriebenen Kraftwerken mit direkt netzgekoppelten Synchrongeneratoren angepasst werden. Zudem werden die regenerativen Energieerzeugungseinheiten aktiv in das Netzmanagement des Netzbetreibers eingebunden.

Die genauen Bedingungen, die die einzelnen Netzbetreiber dabei stellen, sind von den Netzverhältnissen des jeweiligen Netzgebietes abhängig. So entstand eine Fülle verschiedener NAR, die sich teils mehrmals pro Jahr änderten. Physikalische, geographische, historische und vertragsrechtliche Gründe zwingen eine Reihe von Netzbetreibern zur Formulierung eigener NAR, die von denen der anderen Netzbetreiber abweichen. Die Hersteller von Energieerzeugungseinheiten haben damit verständlicherweise ein großes Problem. Anders als bei Herstellern von konventionellen Kraftwerken sind diese Anlagen Serienprodukte, welche weltweit einsetzbar sein sollen.

Gemäß den Netzanschlussrichtlinien der Netzbetreiber ist für jede Erzeugungseinheit ein typspezifisches Einheitenzertifikat erforderlich. In diesem Einheitenzertifikat werden die elektrischen Eigenschaften der Erzeugungseinheit ausgewiesen, um die Konformität der Erzeugungseinheit mit den Anforderungen der vorliegenden Richtlinie nachzuweisen. Ein Einheitenzertifikat kann auch ausgestellt werden, wenn Erzeugungseinheiten die Anforderungen der Richtlinie nicht in allen Punkten erfüllen. Dann müssen die von den Anforderungen abweichenden elektrischen Eigenschaften im Einheitenzertifikat angegeben werden. Die Vermessung der Erzeugungseinheit erfolgt nach FGW TR3.[10]

Darüber hinaus sind dem Netzbetreiber für dessen Netzanschlussprüfung die elektrischen Eigenschaften der gesamten Erzeugungsanlage am Netzanschlusspunkt durch ein Anlagenzertifikat nachzuweisen. Hierin sind die projektspezifischen elektrischen Eigenschaften und das richtlinienkonforme Verhalten aller am Netzanschlusspunkt angeschlossenen Erzeugungseinheiten einschließlich der Anschlussleitungen zum Netzanschlusspunkt (also der kompletten Anschlussanlage) von einer Zertifizierungsstelle zu bestätigen. Der Netzbetreiber stellt zur Erarbeitung des Anlagenzertifikates die Netzdaten des Netzanschlusspunktes zur Verfugung.

7.1 Typenzertifikat/Einheitenzertifikat

In Abbildung 4 ist der Ablauf zur Erlangung eines Typenzertifikats, in der deutschen Gesetzgebung[11] Einheitenzertifikat genannt, wiedergegeben. Für die Erstellung eines Testplanes wird der Umfang der Messungen anhand eines Vergleiches der verschiedenen internationalen Netzanforderungen (International Grid Code Comparison) festgelegt. Dieser Testplan bildet die Basis für die durchzuführenden Tests und Messungen, die von einem nach DIN EN 17025 akkreditierten Messlabor durchzuführen sind. Die Zertifizie-

[10] FGW: Technische Richtlinien für Erzeugungseinheiten, TR3 – Bestimmung der elektrischen Eigenschaften von Erzeugungseinheiten am MS-, HS- und HöS-Netz.

[11] Verordnung zu Systemdienstleistungen durch Windenergieanlagen (Systemdienstleistungsverordnung SDLWindV), amtliche Fassung vom 03.07.2009.

rungsstelle bewertet den Messbericht und prüft, ob die Anforderungen aller festgelegten Netzanschlussbedingungen eingehalten wurden. Bei erfolgreicher Prüfung wird ein Typen-/Einheitenzertifikat für die Netzanschlusseigenschaften (Grid Code Compliance) ausgestellt.

Abbildung 4: Ablauf der Typenzertifizierung für Netzanschlusseigenschaften

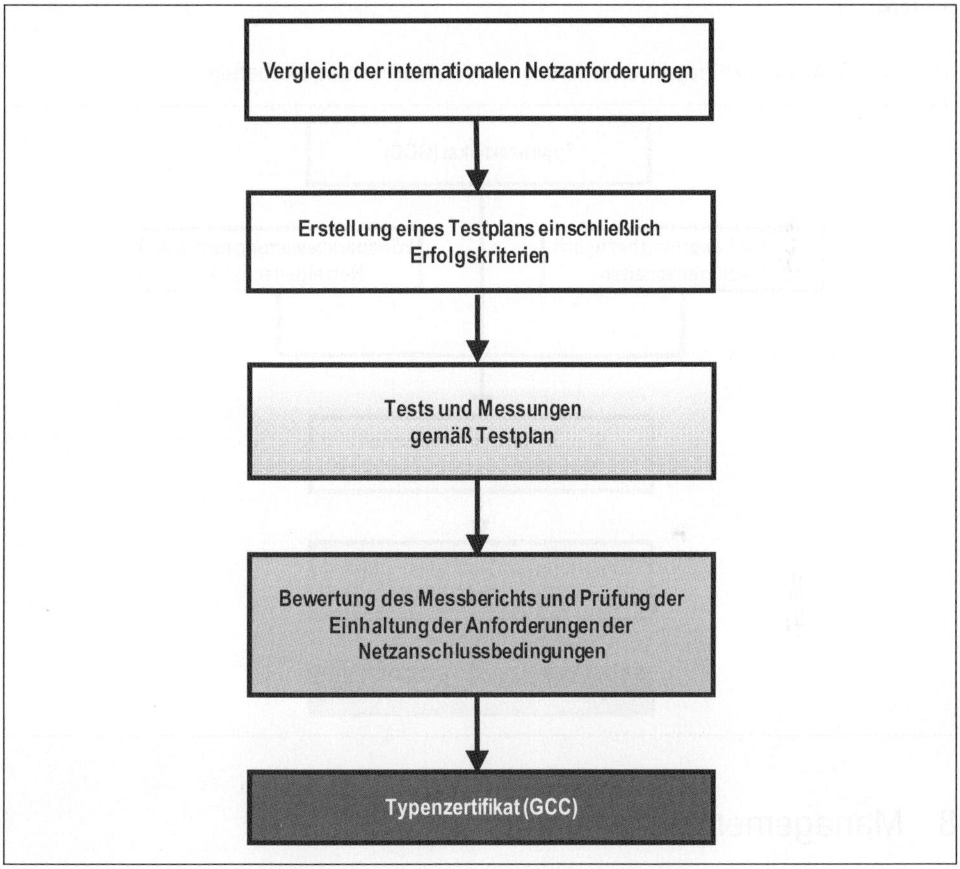

7.2 Projektzertifikat/Anlagenzertifikat

In Abbildung 5 ist der Ablauf zur Erlangung eines Projektzertifikats, in der deutschen Gesetzgebung Anlagenzertifikat genannt, wiedergegeben.

Ausgehend vom Typenzertifikat, das im vorhergehenden Abschnitt beschrieben wurde, muss zur Erlangung des Projektzertifikates zuerst der Standort und der Windpark bezüglich der jeweiligen Netzeigenschaften bewertet werden. Mit diesen Daten und den Ergebnissen des Typenzertifikates werden die elektrischen Eigenschaften des Windparks simuliert. Für die Ausstellung des Projektzertifikates sind die Ergebnisse der Simulation zu bewerten und auf Einhaltung der Anforderungen der Netzanschlussbedingungen zu prüfen.

Abbildung 5: Ablauf der Projektzertifizierung für Netzanschlusseigenschaften

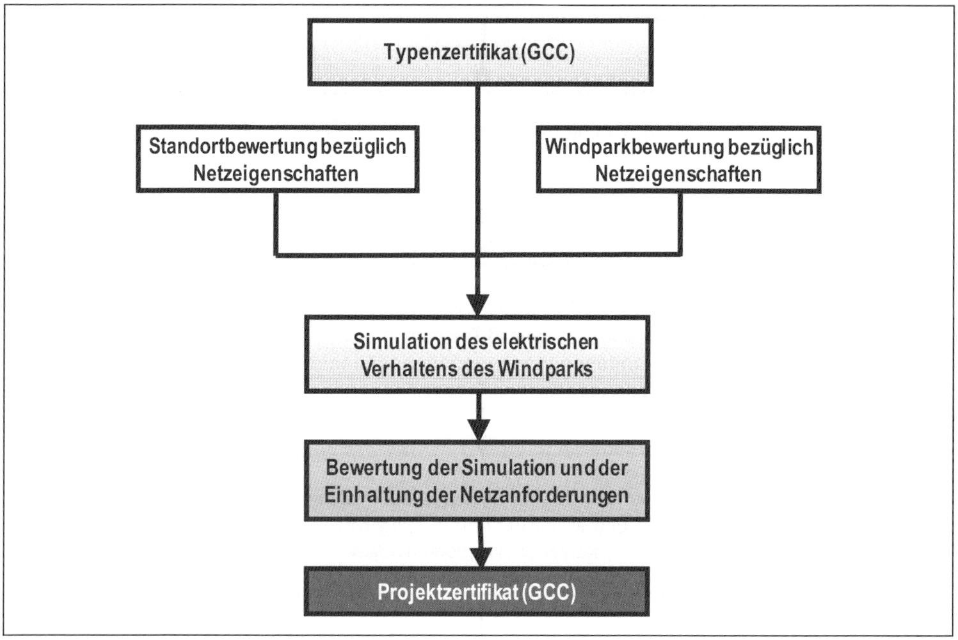

8 Managementsysteme

Immer mehr Firmen kombinieren heute in ihrem Managementsystem alle wesentlichen Anforderungen bezüglich Qualität, Gesundheit und Sicherheit und nennen dies häufig integriertes Managementsystem. Dieses Managementsystem muss den kontinuierlichen Verbesserungsprozess einfordern und leiten. Die Zertifizierung eines solchen Systems scheint heute eine Selbstverständlichkeit zu sein, es gibt jedoch eine Reihe von Gründen für die Zertifizierung: Vertriebsanforderungen, Anforderungen des Marktes, behördliche Forderungen, Verbesserung der Prozesse und nicht zuletzt auch die Compliance-Anforderungen der heutigen Geschäftswelt. Dabei kann man davon ausgehen, dass die Zertifizierungsstelle akkreditiert ist.

Für die Zertifizierung von Managementsystemen hat sich die folgende Vorgehensweise als vorteilhaft herausgestellt:

- Auswahl der Norm(en) und Standard(s), deren Anforderungen erfüllt werden sollen,
- Einführung des Systems mit den entsprechenden Unterlagen,
- Vorgespräch mit der Zertifizierungsstelle,
- Durchsicht und Kommentierung der Dokumente,
- vorbereitender Besuch zur Prüfung der Implementierung des Managementsystems in Bezug auf das durchzuführende Zertifizierungsaudit,
- Zertifizierungsaudit mit Informations- und Prüfungsgesprächen und Prüfung des kompletten Managementsystems. Dabei wird die Erfüllung der Anforderungen der normativen Dokumente geprüft und bewertet.

Ein positiver Auditbericht führt in der Regel zur Ausstellung des Zertifikates, das drei Jahre gilt. Innerhalb der Laufzeit des Zertifikates finden mindestens jährlich wiederkehrende Audits statt, in denen die Konformität zu bestätigen ist. Zum Ablauf der Gültigkeit des Zertifikates wird die Re-Zertifizierung in Form eines Audits durchgeführt.

Betrachtet man den Aufwand für die Einführung und Aufrechterhaltung von Managementsystemen, empfiehlt es sich, zu den integrierten Managementsystemen überzugehen und so den Einsatz für die Tätigkeiten und die Audits zu reduzieren. Außerdem hat ein integriertes System den Vorteil, durch weniger Schnittstellen effektiver zu sein.

9 CE-Kennzeichnung

Die europäischen Anforderungen werden in Form von Richtlinien der Europäischen Kommission dargestellt. Diese Richtlinien sind innerhalb eines vorgegebenen Zeitraumes von den Mitgliedsstaaten in nationale Gesetze umzusetzen. Die Einhaltung der europäischen Richtlinien ist in Deutschland in weiten Bereichen durch das Geräte- und Produktsicherheitsgesetz (GPSG) umgesetzt. Dies dient nicht nur der funktionalen Sicherheit der Produkte, sondern auch der Minimierung von gegebenenfalls verursachten Sach- und Personenschäden. Hieraus resultiert für die Beteiligten Qualitätssicherheit sowie Sicherheit gegen Haftungsrisiken.

Windenergieanlagen zum Beispiel unterliegen wie viele andere technische Geräte der Richtlinie für allgemeine Produktsicherheit 2001/95/EG[12] (in Deutschland: Geräte- und Produktsicherheitsgesetz[13]) Richtlinie 85/374/EWG[14] über die Haftung für fehlerhafte Produkte (in Deutschland: Produkthaftungsgesetz[15]), Richtlinie 89/391/EWG[16] über die Durchführung von Maßnahmen zur Verbesserung der Sicherheit und des Gesundheitsschutzes der Arbeitnehmer bei der Arbeit (in Deutschland: Arbeitsschutzgesetz[17]) sowie den in Abschnitt 3.1.1 genannten Richtlinien. Diese Richtlinien erfordern eine Kennzeichnung der Windenergieanlagen mit dem CE-Kennzeichen (Abbildung 6).

Zwischen der Zertifizierung von Windenergieanlagen und den Anforderungen des Produktsicherheitsrechtes gibt es eine Reihe von Überlappungen. Mit der Zertifizierung allein ist eine Rechtskonformität des Produktes mit dem Produktsicherheitsrecht nicht erreicht. Die Überwachung dieser Rechtskonformität obliegt jedoch nicht den zertifizierenden Stellen, sondern den nationalen Marktaufsichtsbehörden.

Abbildung 6: CE-Kennzeichen

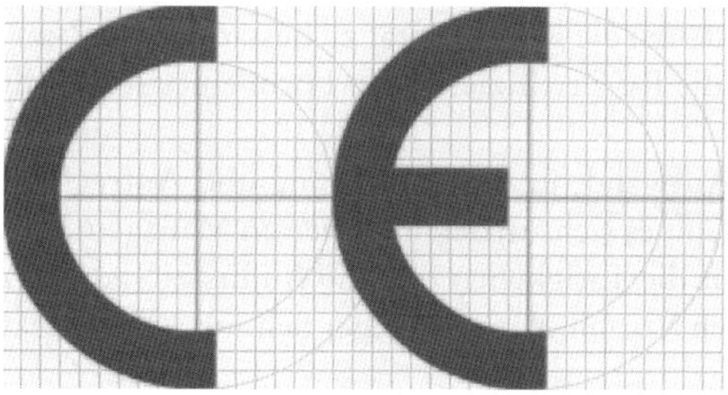

Die Rechtskonformität im Sinne des Produktsicherheitsrechts geht in vielen Fällen über die CE-Konformität hinaus. So wird davon ausgegangen, dass beispielsweise für Windenergieanlagen mit der Erfüllung der in Abschnitt 3.1.1 genannten Richtlinien, der „Stand der Technik“ erreicht ist und das Produkt im europäischen Wirtschaftsraum in den Verkehr

[12] Europäisches Parlament/Europäischer Rat (2001).

[13] Geräte- und Produktsicherheitsgesetz (GPSG) vom 06.01.2004 (BGBl. I S. 2 [219]), zuletzt geändert durch Artikel 3 Abs. 33 des Gesetzes vom 07.07.2005 (BGBl. I S. 1970).

[14] Europäisches Parlament/Europäischer Rat (1999).

[15] Gesetz über die Haftung für fehlerhafte Produkte (Produktsicherheitsgesetz – ProdHaftG): Produkthaftungsgesetz vom 15.12.1989 (BGBI. I S. 2198), das zuletzt durch Artikel 9 Absatz 3 des Gesetzbuches vom 19.07.2002 (BGBI. I S. 2674) geändert worden ist.

[16] Europäisches Parlament/Europäischer Rat (1989).

[17] Bundestag mit Zustimmung des Bundesrates (1996).

gebracht werden darf. Darüber hinaus ist der Hersteller im Rahmen des Produktsicherheitsrechts aber auch zur Erfüllung des „Standes von Wissenschaft und Technik“, soweit wirtschaftlich zumutbar, verpflichtet.

Unter das Produkthaftungsgesetz fallen Produktfehler. Ein Produkt ist fehlerhaft, wenn es nicht so sicher ist, wie der Produktnutzer, aber auch Passanten dies erwarten dürfen. Dies erstreckt sich z.B. auf den Informationsgehalt der Benutzerinformationen wie Aufstellanleitungen, Inbetriebnahmeunterlagen, Wartungshandbücher sowie Bedienungsanleitungen. Um Produktfehler und daraus resultierende Risiken frühzeitig im Entwicklungsprozess erkennen und minimieren zu können, ist während des CE-Konformitätsprozesses eine Risikobeurteilung durchzuführen. In der Risikobeurteilung sind mögliche Risiken, auch aus vorhersehbarer Fehlanwendung, für alle Lebensphasen eines Produktes zu dokumentieren und zu bewerten. Diese Risikobeurteilung ist begleitend zum Entwicklungsprozess zu führen und ist ein wesentlicher Bestandteil der Dokumentation des CE-Konformitätsprozesses.

Zusammengefasst sind für die Bewertung der CE-Konformität die folgenden Schritte durchzuführen:

- Analyse des Produktes und seiner Komponenten,
- Identifikation der anzuwendenden europäischen Richtlinien und Anforderungen,
- Ermittlung der anzuwendenden Normen und Richtlinien,
- Risikobewertung und -reduzierung,
- Erstellung der technischen Dokumentation,
- EG-Konformitätserklärung and CE-Kennzeichnung.

Die CE-Kennzeichnung muss gut sichtbar, leserlich, unverwechselbar und dauerhaft auf dem Produkt oder am daran befestigten Schild angebracht werden. Die Größe muss mindestens 5 Millimeter betragen; bei Verkleinerung oder Vergrößerung der CE-Kennzeichnung müssen die Proportionen gemäß Abbildung 6 eingehalten werden.

10 Gütesiegel

Unter Gütesiegel werden hier Prüfzeichen, Gütezeichen oder Qualitätssiegel verstanden. Sie werden als grafische oder schriftliche Markierungen an Produkten angebracht und sollen eine qualitative Aussage geben. Oft haben sie einen besonderen Bekanntheitsgrad. Häufig werden sie auch als Prüfplakette oder Prüfsiegel bezeichnet. Es gibt keine festgelegte Nomenklatur, jedoch sollen Güte- oder Qualitätszeichen eine besondere Gebrauchsqualität oder Komfort repräsentieren, während Prüfzeichen eher auf die Prüfung und

Einhaltung von sicherheitsrelevanten Eigenschaften hindeuten. Bei den Zertifizierungs- und Gütezeichen wird die Übersicht immer schwieriger, da diese sich auch in den Prüf- und Überwachungskriterien stark unterscheiden. Es wird deshalb im Folgenden nur exemplarisch auf zwei Prüfzeichen eingegangen.

Abbildung 7: Prüfzeichen Keymark und DIN-Geprüft

Die Anwendung der in Abbildung 7 dargestellten Prüfzeichen Keymark und DIN-Geprüft wurde im Abschnitt 6.1 beschrieben. Mit diesen Prüfzeichen hat der Hersteller von Sonnenkollektoren die Möglichkeit, seinen Kunden die Erfüllung von Mindestanforderungen und damit die Qualität seiner Produkte darzustellen.

Mit dem Prüfzeichen geprüfte Sicherheit (GS-Zeichen) (Abbildung 8) wird bescheinigt, dass das Produkt mit dem Prüfzeichen den Anforderungen des Geräte- und Produktsicherheitsgesetz (GPSG) entspricht, die beispielsweise in Unfallvorschriften der Berufsgenossenschaften, Normen oder anderen anerkannten Regeln der Technik konkretisiert sind. Die Zertifizierung soll den Benutzer und Dritte bei bestimmungsgemäßer Verwendung, aber auch bei vorhersehbarer Fehlanwendung vor Schaden sichern.

Abbildung 8: Prüfzeichen geprüfte Sicherheit

Die GS- und CE-Zeichen (siehe Abschnitt 9) sind die einzigen gesetzlich geregelten Prüfzeichen für Produktsicherheit in Europa. Andere Zeichen wie VDE, TÜV, BG sind private Zeichen einzelner Prüf- oder Zertifizierungsstellen oder Vereinbarungen zwischen Prüfstellen.

Literatur

Bundestag mit Zustimmung des Bundesrates (1996): Gesetz über die Durchführung von Maßnahmen zur Verbesserung der Sicherheit und des Gesundheitsschutzes der Arbeitnehmer bei der Arbeit (Arbeitsschutzgesetz, ArbSchG). Arbeitsschutzgesetz vom 7. August 1996 (BGBL. I S. 1246)

Deutsche Kommission Elektrotechnik Elektronik Informationstechnik im DIN und VDE (o. J.): Aufstellung der Normen, Entwürfe und Spezifikationen, die speziell für PV Anwendungen entwickelt wurden, http://www.dke.de/de/DKE-Arbeit/Mitteilungen-zurNormungsarbeit/Documents/Aufstellung der Normen, Entwürfe und Spezifikationen, die speziell für PV Anwendungen entwickelt wurden.pdf

Europäisches Parlament/Europäischer Rat (1989): Richtlinie 89/391/EWG des Rates vom 12. Juni 1989 über die Durchführung von Maßnahmen zur Verbesserung der Sicherheit und des Gesundheitsschutzes der Arbeitnehmer bei der Arbeit. Amtsblatt der Europäischen Gemeinschaften Nr. L 183, S. 1

Europäisches Parlament/Europäischer Rat (1999): Richtlinie 85/374/EWG des Europäischen Parlaments und des Rates vom 10. Mai 1999 zur Angleichung der Rechts- und Verwaltungsvorschriften der Mitgliedsstaaten über die Haftung für fehlerhafte Produkte. Amtsblatt der Europäischen Gemeinschaften Nr. L 141/20 vom 4. Juni 1999

Europäisches Parlament/Europäischer Rat (2001): Richtlinie 2001/95/EG des Europäischen Parlaments und des Rates vom 3. Dezember 2001 über die allgemeine Produktsicherheit. Amtsblatt der Europäischen Gemeinschaften Nr. L 011/1 vom 15. Januar 2002

Flannery, Tim (2006): Wir Wettermacher, Frankfurt

Nadeau, Melanie (2010): IEC TC 114 – Developing Standards for a Global Industry, http://www.globalmarinerenewable.com/images/stories/2010Presentaions/nadeau.pdf

TÜV Rheinland (o. J. a): Thermische Solaranlagen und Sonnenkollektoren: http://www.tuv.com/dincertco/de/thermische_solaranlagen_und_sonnenkollektoren_solar_keymark.html

TÜV Rheinland (o. J. b): Bauartzertifizierung von PV-Modulen, http://www.renewable-energy-concepts.com/fileadmin/user_upload/download-infos/Bauartzertifizierung_IEC_61215_61646.pdf

III
Projektierung von Erneuerbare-Energien-Vorhaben

Projektierung von Windenergieanlagen

Martin Billhardt

1 Einleitung

Die Nutzung der Windenergie auf verschiedenste Arten geht mehrere Tausend Jahre zurück.[1] Neben dem Antrieb für Segelschiffe, Nutzung von Windmühlen zum Mahlen von Getreide und zum Pumpen von Wasser gab es Ende des 19. und Anfang des 20. Jahrhunderts erste Versuche, die Windenergie zur Gewinnung von Elektrizität einzusetzen. Anfang der 1980er Jahre wurde in Deutschland die erste große Windenergieanlage („Growian") mit 3 Megawatt (MW)[2] installiert und aufgrund technischer Probleme wenige Jahre später wieder vom Netz genommen. Danach folgte zunächst die Herstellung kleinerer Anlagen von wenigen kW, deren Leistung sich bis heute stetig steigerte. Gegenwärtig sind am Markt Windenergieanlagen mit einer Nennleistung von wenigen Watt bis hin zu 7,5 MW erhältlich. Planungen für weitere Leistungssteigerungen sind bereits angekündigt. Derzeit werden jedoch für klassische Windparks Windenergieanlagen von jeweils 2 bis 3,6 MW verwendet.[3]

Die Windenergiebranche hat in den vergangenen Jahren aufgrund der globalen Rahmenbedingungen wie Ressourcenknappheit, Klimawandel, Energiesicherheit sowie wachsendem Energiebedarf und damit verbundenen politischen Zielen ein starkes Wachstum erfahren. Inzwischen sind 175.000 MW weltweit,[4] in Europa (EU 27) zum 31.12.2010 84.278 MW[5] und in Deutschland per 31.12.2010 insgesamt 27.215 MW[6] in Betrieb genommen worden. Im Vorjahr 2009 hatte die Windenergie einen Beitrag von 6,5% zur Strombereitstellung in Deutschland beigetragen.[7] Allein in Deutschland beschäftigt die Windenergiebranche 102.100 Menschen[8] und hat 2009 einen Beitrag in Höhe von 6,05 Mrd. EUR zur Wertschöpfung aus Investitionen und Betrieb[9] beigetragen. Dadurch ist – und das wird auch in absehbarer Zukunft so bleiben – die Windenergie das „Zugpferd der Erneuerbaren Energien".

---

[1] Der Autor dankt seinem Assistenten Herrn Henning Prigge als Co-Autor für seine wesentliche und wertvolle Mitarbeit.

[2] 1 MW = 1.000 Kilowatt (kW). Um einen Eindruck für die Größenordnungen zu bekommen: Wenn eine 2-MW-Windenergieanlage eine Stunde lang unter Volllast, d. h., bei ausreichender Windgeschwindigkeit in Höhe ihrer Nennleistung betrieben wird, so können damit zeitgleich 40.000 Glühbirnen mit jeweils 50 Watt zum Leuchten gebracht werden (ohne Übertragungsverluste o. Ä.).

[3] Eine gute Übersicht gibt die jährlich erscheinende „BWE-Marktübersicht, Jahrbuch der Windenergie (2010), Ihr Einblick in Technik, Märkte & Anlagenservice" vom Bundesverband WindEnergie e. V., Berlin.

[4] WWEA (2010).

[5] EWEA 2011.

[6] DEWI, Pressemitteilung „Status der Windnutzung in Deutschland", 26.01.2011.

[7] BMU (2010 a), S. 10 und S. 13.

[8] BMU (2010 b), S. 17.

[9] BMU (2010 a), S. 26.

2 Grundlagen und Rahmenbedingungen

2.1 Wind

Ohne Wind geht dem „Zugpferd" jedoch im wahrsten Sinne des Wortes „die Puste aus". Daher sind ausreichende Windgeschwindigkeiten eine grundlegende Voraussetzung für die Nutzung der Windenergie zur Gewinnung von Elektrizität. Einer Studie der amerikanischen Harvard-Universität zufolge könnte die global erzielbare Windenergie das 40-Fache des derzeitigen weltweiten Bedarfs an Elektrizität decken.[10]

Die Erde empfängt von der Sonne Energie in Form von Licht und Wärme. Die Energie ist aufgrund der Kugelform der Erde, der unterschiedlichen Wärmekapazität des Bodens, der Topografie der Erdoberfläche, der Tageszeit, des Wetters sowie der Luftfeuchtigkeit sehr ungleich verteilt. Durch diese verschiedenen regionalen Gegebenheiten entstehen Druckunterschiede, die nach Gleichheit streben, wodurch Wind entsteht. Neben weiteren weltweiten Einflussfaktoren, wie dem Corioliseffekt[11] oder dem globalen Windsystem (z.B. Hadley- und Rosby-Zirkulation, Passatwinde), sind insbesondere lokale Ausgleichswinde (z.B. See-Land-Wind, Berg-Tal-Windsystem, Fallwinde) von größerer Bedeutung bei der Projektierung von Windenergieanlagen. Für die Analyse des Windpotenzials gibt es entsprechende Karten (sogenannte Windatlanten), anhand derer eine erste Abschätzung erfolgen kann. Hierbei ist jedoch zu beachten, dass diese die Windgeschwindigkeit immer unter bestimmten Bedingungen angeben (z.B. Höhe), die aufgrund örtlicher Begebenheiten (Orografie,[12] Geländerauigkeit, Hindernisse, Windparkeffekte,[13] Turbulenzen und Böen) stark abweichen können.

Für die Charakterisierung des Windes sind die Beaufort-Skala und die IEC-Windklassen[14] zweckdienlich. Die zwölfteilige Beaufort-Skala teilt den Wind in zwölf Stärken ein, von „windstill" bis hin zu „Orkan". Wichtiger in der Windenergiebranche ist jedoch die

---

[10] Vgl. Lu u.a. (2009).

[11] Die Corioliskraft wirkt bei massehaltigen Körpern, dessen Bewegung in einem rotierendem Bezugssystem (hier: Erde) beschrieben wird.

[12] Spezialgebiet der Geowissenschaften, welches sich mit Höhenstrukturen auf der natürlichen Erdoberfläche beschäftigt.

[13] Als Windparkeffekt werden die Einflüsse von Windenergieanlagen in einem oder von benachbarten Windparks bezeichnet. Stehen bspw. zwei Windenergieanlagen in Windrichtung direkt hintereinander, hat die hintere, die sogenannte leeseitige Anlage in der Regel aufgrund der Nachlaufströmung der ersten Anlage einen geringeren Energieertrag („Abschattung"). In der Praxis sind Parkwirkungsgrade von 90 bis 95% üblich.

[14] IEC: International Electrotechnical Commission.

Unterteilung in IEC-Windklassen, nach denen sich auch die Auslegung von Windenergieanlagen richtet. Im Gegensatz zur Beaufort-Skala gibt sie den Wind nicht zu einer bestimmten Zeit an, sondern beschreibt das Windpotenzial eines Standortes, z.B. die Windklasse „IEC I" für die deutsche Nordseeküste.

Für die Messung und Beurteilung der Windgeschwindigkeit und Windrichtung vor Ort können Windatlanten, Windzonen,[15] benachbarte Windparks, meteorologische Messstationen, Windindizes sowie Schalen- oder Ultraschallanemometer, SODAR,[16] LIDAR,[17] Windfahnen, Radiosondendaten (Wetterballons), klassische Messmasten oder Kombinationen eingesetzt werden. Mit einer erfolgreichen Messdatenaufzeichnung wird die Weibullverteilung[18] analysiert, mit deren Hilfe u.a. auch die Auswahl der richtigen Windenergieanlage durch den Abgleich der Leistungskennlinie für den jeweiligen Standort getroffen wird. Um die Abschattungsverluste der Windenergieanlagen untereinander zu minimieren, ist die Auswertung von verschiedenen sogenannten Windrosen nützlich, um das Windparklayout zu optimieren. Die kreisrunde Windrose wird in der Regel in zwölf verschiedene Felder zu je 30 Grad eingeteilt, aus der dann je nach Windrosenart die Häufigkeitsverteilung von z.B. Windgeschwindigkeit grafisch abzulesen ist.

Zur Auswertung und Szenarienanalyse gibt es verschiedene Softwareprodukte, mit denen unterschiedliche Methoden und Werkzeuge angewendet werden können, um eine Optimierung des Windparks zu erzielen.

2.2 Windenergieanlage

Inzwischen gibt es zahlreiche verschiedene Technologien und Ansätze, aus der Bewegungsenergie der Luft – dem Wind – Elektrizität zu gewinnen. Grundsätzlich lassen sich drei Bauformen unterscheiden: die klassischen Horizontalachsen-Rotoren (siehe Abbildung 1), Rotoren mit vertikaler Drehachse (z.B. Savonius-Rotor, Darrieus-Rotor, H-Rotor) sowie Windenergie-Konzentratoren, die jedoch derzeit keine praktische Bedeutung haben. Eine weitere Unterscheidung kann nach Luv- und Leeläufern vorgenommen werden. Aufgrund verschiedener Vorteile haben sich die Horizontalachsen-Rotoren mit drei Rotorblättern als Luvläufer am Markt durchgesetzt. Diese lassen sich je nach Hersteller wieder

[15] Vgl. Deutsches Institut für Bautechnik (DIBt) in Verbindung mit der DIN 1055-4.

[16] SODAR ist ein akustisches Fernmessverfahren (Sonic Detecting and Ranging).

[17] LIDAR ist eine Methode zur optischen Abstands- und Geschwindigkeitsmessung sowie zur Fernmessung atmosphärischer Parameter mit Hilfe von Laserstrahlen (Light Detection and Ranging).

[18] Mit der Weibullverteilung werden die zeitlichen Häufigkeiten verschiedener Windgeschwindigkeiten mathematisch beschrieben und können grafisch dargestellt werden.

in verschiedene technische Besonderheiten unterteilen und können die gesamte Windenergieanlage umfassen: vom Rotorblattdesign über die Generatorenkonzepte, die Getriebe (bzw. getriebelos) bis hin zu den Türmen und den damit verbundenen Fundamenten. Eine klassische Windenergieanlage und ihre Bestandteile sind in Abbildung 1 dargestellt.

Abbildung 1: Windenergieanlage und ihre Komponenten

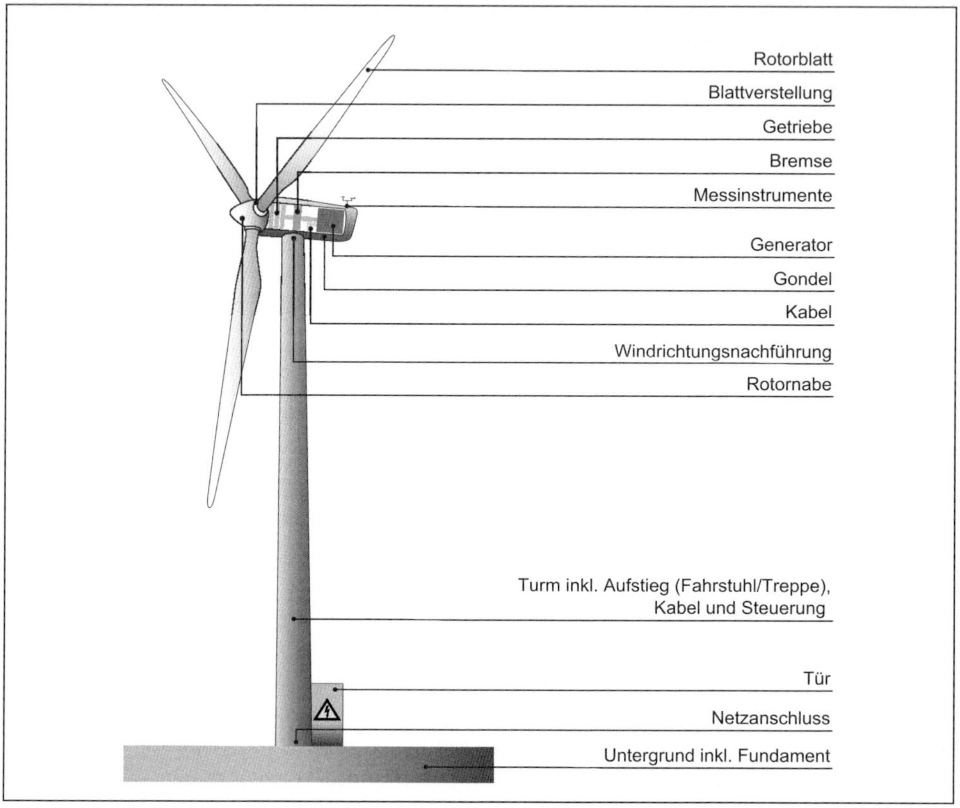

Quelle: eigene Darstellung

Mithilfe der Rotorblätter wird die bewegte Energie der Luft (Wind) in mechanische Energie überführt. Im Generator werden dann die mechanischen Drehbewegungen in Elektrizität gewandelt. An der Rotornabe sind die drei Rotorblätter befestigt. Die Blattverstellung dient dazu, die Leistungsabgabe der Windenergieanlage an die aktuelle Windgeschwindigkeit optimal anzupassen. Hierbei lassen sich pitch- und stallgeregelte Anlagen unterscheiden. Bei stallgeregelten Anlagen erfolgt die Reduzierung der Leistung bei zu hohen Windgeschwindigkeiten über den Strömungsabriss an den feststehenden Rotorblättern. Bei der neueren Generation von Windenergieanlagen, die pitchgeregelt sind, lassen sich die Winkel der Rotorblätter regeln, sodass sie immer optimal Wind und Windenergieanlagenleistung in Einklang bringen können. Die Gondel beinhaltet den Generator, das Getriebe und die Bremse. Die Messinstrumente auf der Gondel sorgen u.a. für die optimale Windrichtungsnachführung, damit der Wind immer im rechten Winkel auf die Rotorblätter auftrifft. Der Turm besteht entweder aus Stahl, Fertigteilbeton (alternativ und eher selten: Ortbeton), Gittermasten oder Hybridlösungen. Im Inneren der Türme erfolgt bei modernen Windenergieanlagen der Aufstieg mit einem Fahrstuhl. Das Fundament muss dem Turm und den örtlichen Bodengegebenheiten, wie z.B. felsiger Untergrund oder Sandböden, angepasst werden.

2.3 Weitere Rahmenbedingungen

Neben einem ausreichenden Wind und dem passenden Windenergieanlagentyp sind weitere Rahmenbedingungen notwendig, um einen Windpark erfolgreich projektieren zu können. Zuverlässige politische, rechtliche und wirtschaftliche Gegebenheiten sind unerlässlich, die sich in Deutschland u.a. im „Gesetz für den Vorrang von Erneuerbarer Energien" (kurz: Erneuerbare-Energien-Gesetz, EEG) mit einer garantierten Einspeisevergütung für einen klar definierten Zeitraum widerspiegeln. In Deutschland und in anderen Ländern wird die zwangsläufig notwendige Netzanbindung von Windparks immer wieder rege diskutiert. Hintergrund ist der Netzausbau, der teilweise aufgrund des steigenden Anteils an fluktuierender Energieerzeugung aus den Erneuerbaren Energien nötig wird. Parallel zu den technischen und rechtlichen Parametern muss die Cashflow-Rechnung aufgestellt sowie mit den beteiligten Banken ein Investitions- und Finanzierungsplan erstellt werden. Die (Projekt-) Finanzierung hängt fast immer mit dem Typus des Endinvestors (z.B. Energieversorgerunternehmen oder Fonds) zusammen. Bis vor einigen Jahren sind Windparks in erheblichem Umfang über geschlossene Fonds vermarktet worden. Hintergrund bei dieser Konzeption waren steuerliche Anreize, die inzwischen entfallen sind. Mittlerweile ist das Interesse von nationalen und internationalen institutionellen Investoren, Investment- und Pensionsfonds, Energieversorgerunternehmen (EVU) und Stadtwerken an Onshore- (Windenergienutzung an Land) und Offshore- (Windenergienutzung auf hoher See) Windparks signifikant angestiegen. In Abhängigkeit von wirtschaftlichen, rechtlichen und technischen Parametern beträgt das Gesamtinvestitionsvolumen etwa zwischen 1,5 und 1,7 Mio. EUR pro MW für Onshore-Windparks und das Zwei- bis Dreifache für Offshore-Windparks. Für einen Onshore-Windpark mit fünf Anlagen mit jeweils 2 MW Nennleistung werden somit ca. 15-17 Mio. EUR in Form von Eigen- und Fremdkapital benötigt. Für einen deutschen Offshore-Windpark mit 80 Windenergieanlagen und einer Nennleistung von 5 MW kann das Gesamtinvestitionsvolumen für die insgesamt 400 MW bei einer Annahme von 3,7 Mio. EUR pro MW rund 1,5 Mrd. EUR betragen.

3 Onshore

3.1 Projektentwicklung

Bevor das Windparkprojekt umgesetzt werden kann, muss zunächst der Projektansatz zu Beginn der Projektentwicklung die verschiedenen Projektphasen durchlaufen. Die zum Teil ineinandergreifenden Phasen sind von Interdependenzen geprägt und können unterschiedlich stark untergliedert werden. Grundsätzlich lässt sich jedes Projekt in die drei Phasen – Planung, Errichtung, Betrieb – einteilen. An dieser Stelle soll jedoch das detailliertere Phasenmodell Verwendung finden, das in Abbildung 2 dargestellt ist.

Abbildung 2: Wertschöpfungskette

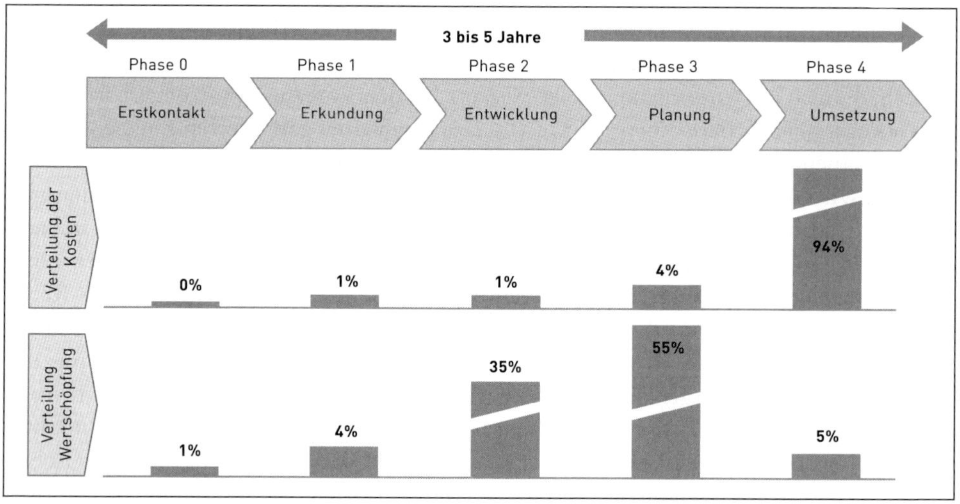

Quelle: eigene Darstellung

Die Projektentwicklung von Windparks ist ein komplexer Prozess, bei dem stufenweise vorgegangen werden sollte, da mit jeder weiteren Phase die zeitlichen und finanziellen Aufwendungen steigen. Auch wenn die Projektentwicklungskosten für ein einzelnes Projekt im Hinblick auf den gesamten Investitionsbedarf relativ gering sind, so können diese Ausgaben für einen Projektentwickler mit einer größeren Projektpipeline insgesamt sehr hoch sein. Mit jeder weiteren Phase steigt die Wertschöpfung, da immer mehr Informationen zusammengesucht, Unterlagen erstellt, Studien durchgeführt, Angebote eingeholt und Verträge abgeschlossen werden müssen. Trotz steigender Wertschöpfung kann ein frühzeitiger Projektabbruch sinnvoll sein, wenn eine angemessene Rentabilität nicht gegeben ist oder die Realisierungswahrscheinlichkeit nicht höher wird.

Im Folgenden wird der idealtypische Projektierungsprozess dargestellt. Im Laufe der Projektentwicklung kommen aber oft neue Aspekte, veränderte Rahmenbedingungen und Optimierungspotenzial für die 20-jährige Laufzeit hinzu, sodass die ursprüngliche Planung im Sinne eines „Iterationsprozesses“[19] modifiziert werden muss.

3.1.1 Phase 0: Erstkontakt

Die Projektidee beginnt mit der Suche nach einem potenziellen Standort, der in dieser Phase einige grundsätzliche Kriterien wie ausreichende Flächen, wirtschaftlich darstellbarer Netzanschluss, ausreichende Windgeschwindigkeit und die rechtliche Zulässigkeit erfüllen muss. Das Baugesetzbuch regelt im § 35 Abs. 1 Nr. 5 BauGB die sogenannte planungsrechtliche Zulässigkeit von Windenergieanlagen im Außenbereich, d. h. außerhalb der im Zusammenhang bebauten Ortsteile. Grundsätzlich sind Windenergieanlagen im Außenbereich privilegiert, es sei denn, es gibt entgegenstehende öffentliche Belange.[20] Um eine geordnete räumliche Entwicklung zu gewährleisten, ist es in vielen Planungsregionen Deutschlands mittlerweile üblich, sogenannte Konzentrationszonen zur Windenergienutzung mit entsprechender Ausschlusswirkung im übrigen Gebiet der Planungsregion auszuweisen. Ist dies der Fall, ist ein Windpark üblicherweise nur dann zulässig, wenn sich das geplante Vorhaben innerhalb einer Konzentrationszone befindet. Dazu muss ein entsprechendes Windeignungsgebiet regionalplanerisch im Raumordnungsprogramm (RROP) ausgewiesen werden und im Flächennutzungsplan (FNP) der Stadt bzw. Gemeinde als „Sondergebietsfläche Windenergienutzung“ berücksichtigt sein.[21] Die örtliche Kommune kann einen Bebauungsplan aufstellen, in dem sogar die einzelnen Flurstücke ausgewiesen sind.

Bereits zu einem sehr frühen Zeitpunkt sollte der erste Kontakt zu den Grundeigentümern innerhalb dieser Eignungsgebiete hergestellt werden, um Pacht- oder Gestattungsverträge für Flächen abzuschließen bzw. Optionen auf die Flächen zu sichern, auf denen der Windpark später gebaut werden könnte. Wenn die erste Überblicksbetrachtung der

19 Die Änderung eines Windenergieanlagentyps in einer späteren Phase kann viele Änderungen mit sich bringen – Pachtverträge, Gutachten, Abstände, Windparklayout etc. – und stellt somit eine schrittweise Annäherung an eine machbare Umsetzung dar.

20 Vgl. § 35 Abs. 3 Satz 3 BauGB.

21 Alternativ kann eine sogenannte Weißflächenkartierung durchgeführt werden, d. h., Flächen, die sich eignen könnten, werden anhand bestimmter Ausschluss- und Restriktionskriterien identifiziert und in Abstimmung mit den zuständigen Behörden in die entsprechenden Verfahren eingebracht, um in den genannten Plänen als Standorte ausgewiesen zu werden.

wesentlichen Aspekte eine ausreichende Realisierungswahrscheinlichkeit aufweist und eine ausreichende Anzahl an Flächen[22] erfolgreich gesichert wurde, kann das Projekt den Status „Phase 1" erhalten.

3.1.2 Phase 1: Erkundung

Im weiteren Projektverlauf werden ein Grobkonzept unter Berücksichtigung von potenziellen Windenergieanlagenstandorten und Windenergieanlagentypen, ausreichenden Windgeschwindigkeiten, aktueller Flächenverfügbarkeit, Infrastruktur, Mindestabständen (Bebauung, Natura-2000-Gebiete, Infrastrukturbauten etc.) und eine erste Wirtschaftlichkeitsabschätzung erstellt sowie gegebenenfalls Windmessungen durchgeführt.

In dieser Phase findet auch nach Ermittlung der Windzone die Auswahl der theoretisch möglichen Windenergieanlagen mit Typenprüfung[23] für diesen spezifischen Standort unter Berücksichtigung der Leistungskurve[24] statt. Diese wird dann zu einem späteren Zeitpunkt beim Hersteller unter Vorbehalt des Erhalts der Bundes-Immissionsschutzgesetz-(BImSchG-) Genehmigung bestellt. Unberücksichtigt von Verfügbarkeit, Preisen und sonstigen Lieferbedingungen kann als „Faustformel" festgehalten werden, dass Anlagen mit großer Rotorfläche bei relativ gesehener kleiner Nennleistung für windschwächere Standorte im Binnenland konzipiert sind. Für Starkwindstandorte gilt die „umgekehrte Faustformel": gleiche oder kleinere Rotorfläche bei größerer Nennleistung.

Zu diesem Zeitpunkt wird auch ein erster grober Projektablaufplan mit entsprechender Planungssoftware erstellt, um die weiteren Phasen und Aufgaben zeitlich und inhaltlich aufzugliedern. Bei einer positiven Prognose für das Grobkonzept wird das Projekt in die Entwicklungsphase übergeben.

3.1.3 Phase 2: Entwicklung

Um das erstellte Grobkonzept weiter zu verfeinern, werden Windgutachten eingeholt, die voraussichtlichen Netzanbindungsmöglichkeiten und -kosten ermittelt und die Flächensicherung fortgeführt. Weiterhin muss die planungsrechtliche Umsetzungsmöglich-

[22] Vereinfacht kann von einem Flächenbedarf in Abhängigkeit von Mindestabständen der Windenergieanlagen untereinander und erforderlichen Abstandsbaulasten von ca. 10-20 Hektar je Windenergieanlage ausgegangen werden.

[23] Notwendiges Zertifikat mit folgendem Inhalt: technische Unterlagen der Windenergieanlage, Fundament inklusive Auflagen für Bauausführung und Betrieb.

[24] Die Leistungskurve stellt einen Parameter zur Optimierung des Stromertrages dar: der Zusammenhang zwischen aktueller Windgeschwindigkeit und Leistungsabgabe der Windenergieanlage.

keit des Standortes gegeben sein. Dies geschieht durch Ausweisung als Vorrangstandort in einem Regionalplan und/oder kommunalen Bauleitplan. Des Weiteren werden naturschutzfachliche Belange geklärt und eine differenzierte Projektkalkulation erstellt.

Im Rahmen des Micrositings und der Vorbereitung des notwendigen Genehmigungsantrages (BImSchG-Genehmigung) für den Bau und Betrieb von Windenergieanlagen werden verschiedene Analysen durchgeführt und Unterlagen erstellt, die in der nächsten Phase bei der zuständigen Behörde eingereicht werden. Dazu gehören die Vorhabenbeschreibung, Angaben zum Windenergieanlagentyp und Arbeits- sowie Maschinensicherheit, Baugrunduntersuchungen und statische Berechnungen, Beschreibungen zu den Eingriffen in Natur (z.B. Gutachten zu Fledermäusen oder zur Avifauna[25]) und Landschaft und deren Kompensation, gegebenenfalls in Abhängigkeit der Vorhabengröße eine Umweltverträglichkeitsstudie (UVS), Angaben zu anfallenden Abfällen und wassergefährdenden Stoffen sowie Angaben zu den Rohbau- und Investitionskosten und nach Baurecht erforderliche Angaben und Nachweise.

Ferner werden auch die Schallemmissionen und die Schalleistungspegel untersucht, die gesetzliche Dezibelgrenzen einhalten müssen. Weitere Emissionen von Windenergieanlagen sind Lichtreflexionen („Diskoeffekt") und Schattenwurf, wozu ebenfalls Gutachten eingeholt werden müssen. Es gibt zwar baurechtliche Vorgaben und die Möglichkeit, Windenergieanlagen bei störenden Lichtreflexionen abzuschalten oder bei störenden Schallemissionen in einen geräuschoptimierten Betriebsmodus zu wechseln, jedoch geht dies mit Ertragseinbußen einher und sollte nach Möglichkeit vermieden werden. Im Laufe dieser Phase werden die einzelnen Windenergieanlagenstandorte für ein effizientes Windparklayout in einem iterativen Prozess unter Berücksichtigung der örtlichen Gegebenheiten wie Flächenverfügbarkeit, Grundstücksgrenzen, Abstandsvorschriften sowie damit verbundenen Auflagen,[26] windparkinternen und gegebenenfalls -externen Kabeltrassen für Strom und Kommunikation, Baugrundbeschaffenheit, Baulastradien,[27] Netzverknüpfungspunkten und Umspannwerken, vorhandenen Wege sowie Möglichkeiten des Ausbaus etc. optimiert.

Bei einer weiterhin erfolgversprechenden Beurteilung der Unterlagen kann das Projekt in der Phase 3 im Detail geplant werden.

[25] Gesamtheit der in einer Region vorkommenden Vogelarten.

[26] Wenn Windenergieanlagen nicht genügend Abstände untereinander haben, können sich aufgrund der Windschatten und dabei entstehenden Verwirbelungen andere Lasten auf die leeseitig stehenden Anlagen ergeben, sodass ein gesonderter Standsicherheitsnachweis zu erbringen ist.

[27] Der Baulastradius geht über das Fundament der Windenergieanlage hinaus und ist abhängig von der Höhe und dem Rotordurchmesser; bauordnungsrechtlich sind nachbarschaftliche Zustimmungen erforderlich.

3.1.4 Phase 3: Planung

In Abhängigkeit von der Größe des Windparks ist der Genehmigungsantrag zu erarbeiten und bei der zuständigen Behörde einzureichen. Die rechtliche Basis für den Verfahrensablauf bildet das BImSchG, die damit verbundenen Bundesimmissionsschutzverordnungen (BImSchV) und unter Umständen das Umweltverträglichkeitsprüfungsgesetz (UVPG). Der Erhalt der BImSchG-Genehmigung ist unerlässlich für die weitere Entwicklung und die Umsetzung des Windparks.

Abbildung 3: Genehmigungsverfahren

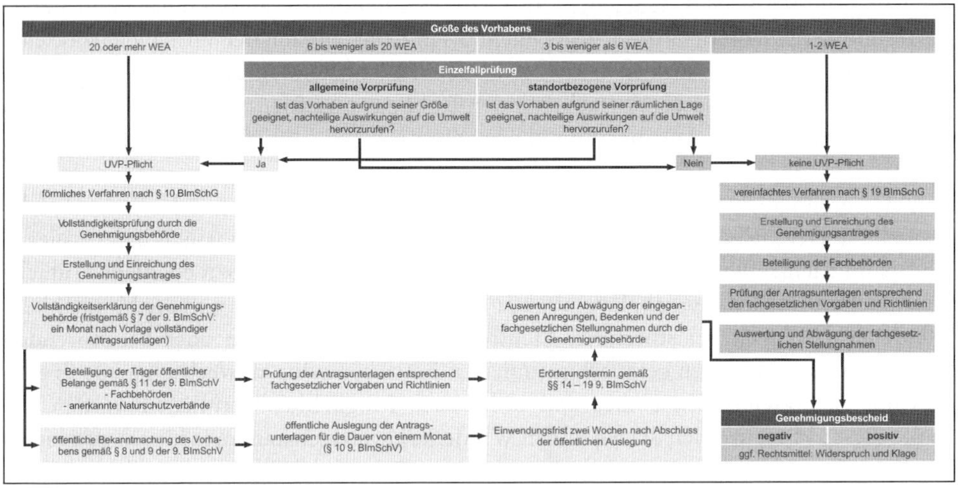

Quelle: eigene Darstellung

Die Genehmigung erteilende Behörde ist von Bundesland zu Bundesland unterschiedlich. In der Regel liegen die Zuständigkeiten bei den Kreisverwaltungen oder den Landverwaltungsämtern. Diese haben die Unterlagen innerhalb bestimmter Fristen zu prüfen und alle Träger öffentlicher Belange (TöB)[28] einzubeziehen und eine Genehmigungsentscheidung herbeizuführen. Die jeweiligen Behörden bestimmen auch den Inhalt und den Umfang der für die BImSchG-Genehmigung notwendigen Dokumente.

Im Rahmen des Genehmigungsverfahrens ist es auch möglich, einen vorzeitigen Baubeginn nach § 8a BImSchG (beispielsweise bei Wunsch nach frühzeitigem Beginn der Tiefbauarbeiten) zu beantragen. Aufbauend auf eine bestehende Genehmigung kann

[28] Für TöB gibt es keine allgemeingültige Auflistung, in der Regel gehören dazu die Fachbehörden, Verbände, Institutionen, gemeinnützige Vereine und sonstige in den eigenen Rechten betroffene Dritte.

noch ein Änderungsantrag nach § 16 BImSchG (z.B. bei Veränderung des Windenergieanlagentyps, die dann die Aktualisierung von Gutachten etc. nach sich zieht) gestellt werden. Besonders vorteilhaft ist die sogenannte Konzentrationswirkung, d.h., alle erforderlichen sonstigen Genehmigungen sind im BImSchG-Bescheid integriert. Die einzige Ausnahme bezieht sich auf eventuell einzuholende wasserrechtliche Erlaubnisse bei den unteren Wasserbehörden.

In der Planungsphase wird die Windsituation abschließend durch weitere – meist zwei bis drei – Windgutachten ausgewertet. Unter 5,5 Meter pro Sekunde in Nabenhöhe ist besondere Vorsicht geboten, da in der Regel davon ausgegangen werden kann, dass der nach dem EEG geforderte 60-Prozent-Referenzertrag[29] nicht nachgewiesen werden kann.

Parallel sind die Netzberechnungen bzw. -simulationen durchzuführen, die Netzanschlusszusage vom Netzbetreiber sowie ein Netzanschlusskostenangebot einzuholen. Die Flächensicherung muss zu diesem Zeitpunkt vollständig abgeschlossen und alle Grundstücksangelegenheiten geklärt sein.

Mit den bisherigen Unterlagen werden die für die Finanzierung notwendigen Dokumente erstellt und an die Bank weitergeleitet, um Finanzierungsangebote einzuholen, die Fremdkapitalbereitstellung sicherzustellen und eine Finanzierungszusage zu erhalten. Zu diesem Zeitpunkt kommt auch zwangsläufig die Frage nach der Herkunft des Eigenkapitals auf, für die es, wie bereits im Abschnitt 2.3 erwähnt, verschiedene Investorengruppen gibt. Auch eine vorläufige Eigenkapitalvorfinanzierung durch das projektierende Unternehmen ist möglich, sodass die Eigenkapitaleinwerbung auch noch in der kommenden Phase sichergestellt werden kann.

Die Finanzierung hängt direkt mit der Bestellung der Windenergieanlagen zusammen. In Abhängigkeit vom Projekt und den Partnern kann eine Zwischenfinanzierung für die Bauphase erforderlich sein. Fast sämtliche Hersteller verlangen eine Anzahlung sowie gegebenenfalls eine Bankbürgschaft. Die weiteren Zahlungszeitpunkte sind an den Projektentwicklungs- bzw. Baufortschritt gekoppelt. Mit vorher definierten Milestones (z.B. Anlieferung Fundamenteinbauteile oder vollständige Errichtung) sind weitere Zahlungen fällig, die schrittweise die Bürgschaft ablösen bzw. direkt in die Langfristfinanzierung überleiten.

[29] Um eine Vergütung nach dem EEG zu erhalten, müssen technische Anforderungen erfüllt werden sowie der 60-Prozent-Referenzertragsnachweis (Referenz: idealisierter Standort) an den Netzbetreiber übermittelt werden (Vgl. § 29 Abs. 3 EEG 2009). Die 60-Prozent-Untergrenze soll die Errichtung von Windenergieanlagen an bes. windschwachen Standorten einschränken.

Während dieser Phase werden Ausschreibungen durchgeführt und die Angebote für die Gewerke verhandelt. Zu den Gewerken zählen die Wege- und Kranstellflächen, windparkinternen und -externen Kabeltrassen (Strom und Kommunikation), Fundamente, Windenergieanlagen sowie unter Umständen Ausgleichsmaßnahmen.[30]

Um das Projekt auf ein rechtlich eigenständiges Fundament zu stellen, wird eine Projektgesellschaft[31] gegründet. Damit lassen sich Chancen und Risiken der Kreditgeber und Unternehmen auf dieses Projekt eingrenzen und leichter für den Verkauf an Dritte aus dem projektierenden Unternehmen herauslösen. Das Beziehungsgeflecht ist in Abbildung 4 dargestellt.

Abbildung 4: Rechtsbeziehungen beteiligter Partner

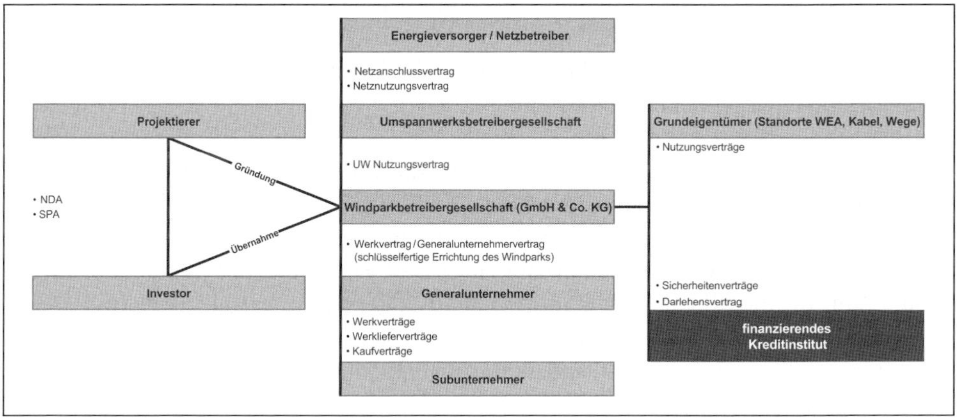

Quelle: eigene Darstellung

Die Wahrscheinlichkeit der Projektrealisierung ist stark angestiegen, und bei vollständigem Vorliegen der in dieser Phase erstellten Dokumente und beauftragten Gutachten kann das Projekt in die Umsetzungsphase übergeben werden.

---

[30] Ausgleichsmaßnahmen sind sehr projektindividuell und sollen einen Ausgleich bei nichtvermeidbaren Eingriffen in Natur und Landschaft darstellen.

[31] Auch Zweckgesellschaft oder SPV-Gesellschaft (Special Purpose Vehicle) genannt.

3.1.5 Phase 4: Umsetzung

Vor der finalen Umsetzung muss die Herkunft des Eigenkapitals für den Windpark sichergestellt werden. Grundsätzlich kann dies bei Energieversorgern, Stadtwerken, Infrastruktur- und Pensionsfonds oder – eher seltener – Privatpersonen[32] eingeworben werden. Bei ausreichender Kapitalausstattung kann der Projektentwickler das Eigenkapital auch selbst einbringen und zu einem späteren Zeitpunkt entscheiden, ob das Projekt verkauft werden soll oder im Eigenbestand[33] bleiben soll.

Nach Klärung offener Fragen vorheriger Phasen und nach dem Erhalt der BImSchG-Genehmigung (unter Umständen mit Auflagen, Bedingungen und Hinweisen) kann mit der Umsetzungsphase begonnen werden. Die angefragten Produkte und Dienstleistungen können nun verbindlich beauftragt werden: Anzahlung und Bankbürgschaft für bestellte Windenergieanlagen, Ausreichen von Rückbaubürgschaften, verbindliche Beauftragung der Netzanbindung inklusive gegebenenfalls Umspannwerksneubau und verbindliche Beauftragung der Infrastruktur. Danach kann die bauliche Errichtung des Windparks beginnen.

Die Bauphase wird in der Regel von einem Generalunternehmer (alternativ: Multicontracting[34]) und dem Windenergieanlagenhersteller dominiert. Die Baustellenüberwachung bis zur schlüsselfertigen Übergabe wird üblicherweise vom Projektierer oder einem externen Sachverständigen übernommen, der dann auch die Dokumentation und die erforderlichen Prüfberichte erstellt. Eine fortlaufende Dokumentation und Qualitätsprüfung ist wichtig für spätere Gewährleistungsfragen. Einige Punkte wie z.B. die korrekte Montage der Bewehrungsstähle, die Einhaltung der Betonrezeptur und die ausreichende Tiefe von verlegten Kabeln kann später nur schwer geprüft werden.

Die Errichtung von parkinternen Wegen zu den Windenergieanlagen und den Kranstellfächen, die beide aufgrund der hohen Gewichte der Komponenten wie Gondel, Turmsegmente und Rotorblätter in Abhängigkeit der Bodenbeschaffenheit bestimmten bautechnischen Anforderungen (Breite, Tiefe, Geogitter,[35] Körnung des Schotters etc.) unterliegen, kennzeichnen den Baubeginn. Parallel zum Bau von Kabeltrassen für Kommunikation und Strom mittels Pflugschwert oder Horizontalbohrmaschine kann mit

[32] Bei einem Zusammenschluss von Privatpersonen wird auch von Bürgerwindparks gesprochen, wenn die in der Nähe des Windparks wohnenden Bürger sich an der Konzeptionierung, Finanzierung oder/und Organisation beteiligt haben.

[33] Wenn das Projekt im Eigenbestand bleibt, tritt der Projektentwickler als IPP (Independent Power Producer) auf.

[34] Vergabe der unterschiedlichen Gewerke an verschiedene Firmen.

[35] Geogitter sind aus Polymeren hergestellte und auf Rollen angelieferte Gitter, die der Stabilisierung des Untergrundes dienen. Dadurch können statische Lasten großflächig auf den Untergrund verteilt werden.

dem Bau der Fundamentkörper[36] auf der sogenannten Sauberkeitsschicht begonnen werden, der sich ebenfalls über mehrere Wochen hinziehen kann. Die Verbindung zwischen dem mehrere Hundert Tonnen schweren Fundament und dem Turm wird über das sogenannte Fundamenteinbauteil des Windenergieanlagenherstellers hergestellt, das mit dem Bewehrungskorb des Fundaments verbunden wird und als Auflager für das unterste Turmsegment dient.

Die Anlieferung der Windenergieanlagenkomponenten erfolgt zumeist über den Landweg. Gerade beim Landtransport per Lkw muss im Vorfeld die Strecke im Detail auf die Abmessungen der Fahrzeuge mit Beladung untersucht werden und die notwendigen Genehmigungen für Schwertransporter mit Überbreiten eingeholt werden. Auch wenn der Transport durch ein Speditionsunternehmen erfolgen kann, wird sowohl der Transport als auch die Montage üblicherweise vom Hersteller durchgeführt.

Wenn der Beton des Fundamentes ausgehärtet ist und die Windenergieanlagenkomponenten angeliefert wurden, kann mit der Errichtung des Turmes begonnen werden. Hierfür werden entweder mobile Autokräne der 500- bis 650-Tonnen-Klasse oder Raupenkräne der 1.000-Tonnen-Klasse, die erst am Aufstellort zusammengebaut werden, verwendet. Je nach Bauart dauert die Turmerrichtung wenige Tage (Stahlrohrturm mit drei bis fünf Segmenten) bis zu mehreren Wochen (Betonturm). Für die Gondelmontage gibt es zwei unterschiedliche Konzepte. Entweder wird die komplett vormontierte Gondel auf den Turm aufgesetzt, oder die Gondel muss aufgrund der Begebenheiten aufgeteilt werden, sodass ein Teil der Montage in der Höhe stattfinden muss. Auch bei den Rotorblättern gibt es zwei unterschiedliche Montagearten: Einzelblattmontage in der Höhe oder Sternmontage auf dem Boden. Bei der ersten Variante werden die Nabe und die Blätter einzeln hochgezogen und angeflanscht. Bei sehr großen Windenergieanlagen werden sogar inzwischen die Rotorblätter in zwei Teilen montiert. Die Sternmontage ist geprägt von einem Zusammenbau von Nabe und Rotorblättern am Boden, in dessen Anschluss der „Stern" hochgezogen wird. Die Installation der Nabe dauert je nach Witterungsverhältnissen nur sehr wenige Tage. Nach dem Aufbau müssen noch Kabel verlegt und der Anschluss – gegebenenfalls an das gebaute Umspannwerk – hergestellt werden. Nach einem üblicherweise zehntätigen Probebetrieb kann die Anlage bzw. der Windpark von einem unabhängigen Sachverständigen überprüft werden. Das zu erstellende Übergabeprotokoll ist relevant für die Dokumentation möglicher Mängel und damit verbundenen Gewährleistungs- und Garantiezeiträumen. Kleinere Mängel werden in der Regel direkt vor Ort ausgebessert, z.B. Transportschäden (Kratzer) an Rotorblättern.

[36] Flachgründung mit eher kleinerer Fläche für tragfähige Böden, großflächigere Flachgründung für weniger tragfähige Böden und eine Pfahlgründung bei eher weichen Böden.

Nach der erfolgreichen Inbetriebnahme und Übergabe an den Eigentümer, wird der Windpark im Regelbetrieb in die Betriebsführung übergeben, bei Bedarf müssen noch Ausgleichsmaßnahmen durchgeführt werden. Nach der zumeist 20-jährigen Betriebsphase kann der Windpark dann repowert werden. Die Betriebs- als auch Repoweringphase werden im Folgenden ausführlich erläutert.

3.1.6 Weitere relevante Aspekte

Im Kapitel „Projektentwicklung“ sind die unterschiedlichen Phasen von der Projektidee bis hin zur Übergabe des schlüsselfertigen Windparks dargestellt worden. Weitere zu berücksichtigende Aspekte im Rahmen der Projektierung sind die Flugsicherheit und die damit einhergehenden Auflagen zur Kennzeichnung von Windenergieanlagen. Eng mit dieser Thematik verbunden sind die Auswirkungen auf militärische Radaranlagen zu beachten und Kompromisslösungen mit den zuständigen Stellen zu finden. In Abhängigkeit von den Witterungsverhältnissen der Region sind die Temperaturen zu berücksichtigen. Für besonders warme oder kalte Regionen sind unter Umständen Anlagenmodifikationen vom Hersteller vorzunehmen, so sind beispielsweise in kalten Gebieten Maßnahmen gegen Eisansatz an Rotorblättern wie z.B. Eisdetektoren, entsprechende Anlagensteuerung und Rotorblattheizung möglich. Wenn es im Genehmigungsbescheid als Auflage aufgenommen wurde, muss nach Inbetriebnahme des Windparks eine Abnahmemessung der Schallemissionen durchgeführt werden.

Im Rahmen der Projektierung ist auch der Rückbau der Windenergieanlagen sicherzustellen, was in der Regel durch zweckgebundene Bankbürgschaften („Rückbaubürgschaften“) sichergestellt wird.

Ein professionelles Projekt kennzeichnet klare Strukturen, eine attraktive Rendite in einer Größenordnung von 7 bis 9% und eine hohe Qualität in der Projektierung und im Betrieb. Neben der notwendigen rein fachlichen Kompetenz ist es mit einer einfühlsamen Vorgehensweise für die Akzeptanz der Windenergie und weitere Projekte in der Region wichtig, bei Anwohnern und lokalen Politikern Befürchtungen zu minimieren, Interessen zu berücksichtigen, emotionale Diskussionen mit Gegnern zu vermeiden und die sachlichen Vorteile allen Beteiligten zu verdeutlichen.

Das Projektrecht hat in Abhängigkeit von den Windverhältnissen am Projektstandort einen derzeitigen Marktwert von durchschnittlich ca. 150.000 EUR pro MW. Hiervon sind die Kosten für die Projektentwicklung abzuziehen. Neben internen Kosten für Personal, Büro und Reisen fallen insbesondere während der Planungsphase Ausgaben für

Gutachten (Wind, Schall, Schatten etc.), Baugrunduntersuchungen, Vermessungen, Gebühren (Genehmigungen), Eintragungen und gegebenenfalls Grundstücke (Kauf, Pacht) an. Während der Errichtungsphase dominieren die Kosten für die Windenergieanlagen, die Infrastruktur (Wege- und Kranstellflächenbau, Fundamente, Fernüberwachung, Ausgleichsmaßnahmen) und die Finanzierungskosten (Avale, Gebühren, Zinsen für Zwischenfinanzierungen).[37]

3.1.7 Betriebsführung

Nach der erfolgreichen Projektierung, dem Bau und der Übergabe des Windparks an den Endinvestor mit den jeweils involvierten Projektparteien wird der Windpark in die Betriebsführung übergeben.

Ziel der Betriebsführung ist es, den Windpark mit einer möglichst hohen technischen und energetischen Verfügbarkeit bei minimalen Kosten zu betreiben, um eine attraktive Rendite zu erzielen. Da Windenergieanlagen für den automatischen Betrieb ohne Personal ausgelegt sind, kommt der Fernüberwachung und der Betriebsführung eine besondere Rolle zu.

Die Betriebsführung lässt sich in die technische und die kaufmännische Betriebsführung untergliedern, auch wenn es immer wieder Abstimmungen untereinander bei z.B. der wirtschaftlichen Bewertung von (vorbeugenden) Reparaturmaßnahmen geben muss. Die technische und kaufmännische Betriebsführung übernimmt in der Regel der Projektierer, wobei – und das ist die Abgrenzung zum Service des Windenergieanlagenherstellers – die technischen Arbeiten vor Ort im Windpark, wie Wartung und Reparatur, vom Windenergieanlagenhersteller vorgenommen werden. Kaum jemand kennt die Anlagen besser als der Hersteller und kann entsprechend professionell die Arbeiten an der Windenergieanlage durchführen. Ein typisches Schnittstellenbeispiel ist die Auslösung einer Fehlermeldung an einer Windenergieanlage und die folgende Entscheidung über die Notwendigkeit einer Weiterleitung an den Hersteller und Betreiber, die beim Projektierer liegt, der die technische Betriebsführung übernommen hat. Gemeinsam wird dann über den Zeitpunkt, die Art und den Umfang der erforderlichen Maßnahmen (z.B. Reparatur und Ersatzteilbeschaffung) entschieden.

[37] Für Details der Finanzierung wird an dieser Stelle auf die Beiträge „Finanzierung von Windprojekten: Risikomanagement und Finanzierungsstrukturierung“ von Ostendorf/Schinzing bzw. „Finanzierung von Offshore-Windparks“ von Aha im vorliegenden Buch verwiesen.

Die Leistungen der technischen Betriebsführung umfassen folgende Aspekte:

- *Onlinefernüberwachung:* Die Onlinebetriebskontrolle wird mehrmals täglich an sieben Tagen in der Woche durchgeführt. Neben dem Betriebszustand der Anlage, der Leistungsabgabe und der Windstärke werden auch die Anlagentemperatur, die Ausgangsspannung und die Hydraulik-Druckwerte überprüft. Ferner übersendet die Anlage sämtliche Störungen und Ausfälle der Software des Windenergieanlagenherstellers über die Schnittstelle an die Datenbank des Betriebsführers. Im Rahmen des Online Condition Monitorings wird eine Früherkennung der Verschleißentwicklung der überwachten Aggregate (zumeist Triebstrang und deren Komponenten wie Hauptlager, Getriebe, Generator) erreicht. Der Verschleißzustand soll mithilfe von Körperschallmessungen objektiv beurteilt werden, sodass die Verfügbarkeit der überwachten Maschinen erhöht, die Wartung der Anlagen geplant und Instandhaltungskosten eingespart werden können.
- *Berichtswesen:* Das Berichtswesen umfasst das gesamte Reporting zu einer definierten Windenergieanlage. In Tages- und Monatsstatistiken wird nicht nur die Leistungskurve überwacht, sondern auch die Ertragsdaten in Arbeitswerten (kWh) und monetären Werten (EUR) aufbereitet und mit den Prognosen abgeglichen. Im gleichen Rhythmus werden Statusdaten mit Informationen zu Fehlermeldungen und Abschaltungen sowie deren Gründe (z.B. betriebsbedingte Abschaltung, externe Spannungsfehler wie Blitzeinschlag oder Netzfehler, Wartung, Reparatur, Windstille etc.) ausgewertet, um Regelmäßigkeiten und Ursachen zu erkennen.
- *Versicherungswesen:* Im Schadensfall gehört es zur Aufgabe der Betriebsführung, den Schadensfall aufzunehmen, eine Ausfallbestätigung beim Wartungsunternehmen anzufordern und eine Schadensmeldung zu verfassen. Ferner kann der Betriebsführer die Schadensbehebung organisieren und überwachen sowie die Koordination von Gutachtern, Versicherung und Dritten übernehmen.
- *Durchführung und Prüfung der zustandsorientierten Instandhaltung:* Hintergrund der zustandsorientierten Prüfung (ZOP) bzw. Instandhaltung ist, dass Windparks mit sehr unterschiedlichen Standards im technischen Management betrieben werden. Die zustandsorientierte Instandhaltung ist vorbeugend und orientiert sich am festgestellten Zustand einer Windenergieanlage bzw. deren Komponenten.
- *Qualitätskonzepte:* Bei der Qualitätssichtkontrolle (ohne Aufstieg) wird der Windpark, dessen Infrastruktur, Trafo-/Übergabestationen sowie die Windenergieanlage vom Boden aus kontrolliert. Zwei- bis viermal pro Jahr sollte die Kontrolle mit Aufstieg stattfinden, die dann die Bereiche Fundament, Turm, Fahrstuhl, Gondel, Antriebsstrang, Bremsen, Schmiereinrichtungen, Rotor, Kabel und Leitungen, Steuerungen sowie Schalteinrichtungen, Trafo-/Übergabestationen und Rotorblätter umfasst.

- *Sicherheits- und Notfallkonzepte:* Der Betreiber ist verantwortlich für die Sicherheit des gesamten Windparks, der Besucher und der dort tätigen Servicetechniker. Für ein professionelles Sicherheits- und Notfallkonzept sind folgende Punkte zu berücksichtigen und regelmäßig zu prüfen: Lage- und Zufahrtspläne, Parkbeschilderung, Einweisung Rettungsleitstelle und Feuerwehr, Feuerlöscheinrichtungen, Verbandskästen und die verschiedensten Rettungsgeräte (Abseilvorrichtungen, Gurte, Winden, Leitern etc.).
- *Trafowartung und Messungen:* Die Betreiber von elektrischen Betriebsmitteln sind nach der „Berufsgenossenschaftlichen Vorschrift“ (BGV A 3) verpflichtet, ortsfeste elektrische Anlagen und Betriebsmittel alle vier Jahre auf „ordnungsgemäßen Zustand“ zu überprüfen. Hersteller und Betreiber von Schalteinrichtungen verlangen jedoch in der Regel kurzfristigere Kontrollintervalle.
- *Vor-Ort-Betreuung:* Eine Vor-Ort-Betreuung kann durch einen Parkwächter (und/ oder Schaltwart), der kleinere Arbeiten und Schalthandlungen im Windpark sehr zeitnahe durchführen kann, sichergestellt werden.

Die technische Betriebsführung wird durch die kaufmännische Betriebsführung begleitet und gliedert sich in zwei Teilbereiche:

- *Buchhaltung:* Die Buchhaltung ist zuständig für die Aufstellung des Jahresabschlusses in Form von Bilanz, Gewinn- und Verlustrechnung sowie dem Anhang gemäß International Financial Reporting Standards (IFRS)/ Handelsgesetzbuch (HGB). Zu den Aufgaben gehören daher die vollständige und chronologische Aufbereitung sowie die kontenabhängige Verbuchung aller während einer Geschäftsperiode anfallenden Vorgänge in quantitativer und wertmäßiger Art.
- *Kommanditistenverwaltung:* Die Kommanditistenverwaltung ist in einer Zeit entstanden, in der Windparks über geschlossene Publikumsfonds finanziert wurden. Mit der Beteiligung an einem dieser damaligen Fonds ist der Anleger automatisch Kommanditist in der Windparkgesellschaft geworden. Die mit der Finanzierung über einen Publikumsfonds verbundenen Aufgaben übernimmt die Kommanditistenverwaltung im Rahmen der kaufmännischen Betriebsführung:
  - Betreuung von Kommanditisten, Pflege der Gesellschaftsakten und Stammdaten,
  - Anforderung und Weiterleitung von Sonderbetriebsausgaben,
  - Organisation und Durchführung von Gesellschafterversammlungen,
  - Unterstützung bei Handelsregisteranmeldungen.

Seit dem Wegfall der Verrechnungsmöglichkeit von Verlusten aus anderen Einkunftsarten im Jahre 2005 sind neue Vertriebsmodelle entwickelt worden, sodass sich zukünftig die Bedeutung der klassischen Kommanditistenverwaltung weiter verringern wird.

Auf der Einnahmenseite sind für die Betriebsführung im operativen Geschäft die Erträge aus der Einspeisevergütung von essenzieller Bedeutung. Diese können durch weitere Einnahmen ergänzt werden, wenn die Windenergieanlagentürme z.B. als Mobilfunkmasten doppelt genutzt werden können. Auf der Ausgabenseite sind Pachten, Strombezug für die Windenergieanlagen, Netznutzungskosten, Versicherungen, Kosten für die Betriebsführung, Wartungen und Reparaturen, Avalprovisionen, Darlehensverpflichtungen und Steuern zu verzeichnen.

3.2 Repowering

Repowering bedeutet, dass ältere Windenergieanlagen durch eine neue Generation von Windenergieanlagen ersetzt werden. Mit einem gesonderten Vergütungs-Bonus[38] sind im EEG finanzielle Anreize gesetzt worden, einzelne oder mehrere Altanlagen abzubauen und leistungsstärkere Windenergieanlagen mit höheren technischen Anforderungen im gleichen oder benachbarten Landkreis zu installieren. Für das Repowering muss die gesamte alte Anlage abgebaut werden und eine neue Projektierung mit neuen Anlagen erfolgen. Die alten Anlagen können je nach Zustand in das Ausland verkauft werden, als Ersatzteillager dienen oder verschrottet bzw. recycelt werden.

In den vergangenen Jahren hat die technologische Entwicklung der Windenergie große Fortschritte erzielt. Zu Beginn der 1990er Jahre wurden in der Regel 250-kW-Anlagen mit 50 Meter Nabenhöhe, einem Rotordurchmesser von 30 Metern, 29-39 Umdrehungen pro Minute und einem Gesamtgewicht von ca. 40-50 Tonnen installiert. Die heutzutage handelsüblichen Anlagen verfügen über die 10-fache Nennleistung, mehr als die doppelte Nabenhöhe, weniger als die Hälfte der Umdrehungen und einem über dreifachen Rotordurchmesser.

Ziele des Repowerings sind eine effiziente Nutzung und Optimierung der verfügbaren Standorte sowie eine Erhöhung der installierten Nennleistung bei gleichzeitiger Reduktion der Anlagenanzahl und eine deutliche Steigerung des Ertrages. Ferner entsprechen die neuen Windenergieanlagen den aktuellen technischen Standards, was sich in einer geringeren Anzahl an Umdrehungen pro Minute, geringeren Geräuschemissionen und besserer Stromnetzverträglichkeit („Systemdienstleistungen“) bemerkbar macht.

[38] Vgl. § 30 EEG, 2009.

Ein Repowering-Projekt kann von folgendem Ablauf geprägt sein:

1. Projektidentifikation im Rahmen der Akquise (Potenzial für neuen Windpark sowie Identifikation von Altanlagen im gleichen oder benachbarten Landkreis),
2. Zusammenstellung der notwendigen Informationen (z.B. Eigentümer Altanlagen),
3. Klärung der Repowering-Bereitschaft sowie Ankaufspreis und weitere Verwendung der Altanlage, gegebenenfalls über spezialisierte Händler,
4. parallel: Entwicklung und Umsetzung des neuen Windparks mit neuen Anlagen, neuen Standorten etc. (vgl. Abschnitt 3.1),
5. parallel: vollständiger Rückbau der Altanlage, d.h., das Grundstück muss in den ursprünglichen Zustand „zurückgebaut" werden,
6. Übertragung des Repowering-Bonus auf das neue Projekt.

Wichtig ist, dass die zeitliche Reihenfolge abgestimmt ist, dass erst die Altanlage abgeschaltet/abgebaut wird und dann die neue Anlage in Betrieb genommen wird. Hier ist eine enge Abstimmung mit dem Netzbetreiber notwendig.

Ein wesentlicher Unterschied zu einem klassischen Erstprojekt ist, dass Altanlagen gesucht werden müssen und Einigungen mit dem Eigentümer über den Kaufpreis sowie über weitere Rahmenbedingungen erzielt werden müssen. Für die Kaufpreisermittlung einer alten Windenergieanlage hat sich die Berücksichtigung folgender Parameter als sinnvoll ergeben:

- Ertragsprognose auf Basis von historischen Mittelwertdaten bis zum Ende der Laufzeit (zumeist 20 Jahre [EEG], gegebenenfalls Wertansatz darüber hinaus [z. B. Schrott-/Wiederverwertungswert]);
- Subtraktion der laufenden Kosten wie Service, Wartung, technische und kaufmännische Betriebsführung, gegebenenfalls Rückstellungen für größere Komponenten;
- Abzinsung der Zahlungsreihen (mit z.B. 6%);
- Berücksichtigung der Auswirkung von Marktpreisen (Angebot/Nachfrage, unter Umständen bei spezialisierten Händlern für alte Windenergieanlagen anfragen);
- weitere Faktoren wie bspw. technischer Zustand der alten Windenergieanlage, Dokumentationsqualität von Wartungen, Gutachten, Ölanalysen, Turmhöhe, Turmbauart, Hersteller, noch bestehende Darlehen etc.

Es empfiehlt sich, den Kaufvertrag der Altanlage erst zu unterzeichnen, wenn die weitere Verwendung bereits festgelegt ist.

Um eine Windenergieanlage gemäß EEG (2009) zu repowern, muss die neue Anlage mindestens die zweifache und maximal die fünffache Nennleistung der zu ersetzenden Anlagen haben. Die Altanlage muss des Weiteren mindestens zehn Jahre in Betrieb gewesen sein. Da per 31.12.2000 in Deutschland 9.359 Windenergieanlagen mit 6.095 MW installiert gewesen sind,[39] können diese Zahlen das derzeitige theoretische Repoweringpotenzial unterstreichen. Die starke Entwicklung der Windenergiebranche nach 2000 und die derzeitigen Ausbauziele der Bundesregierung unterstreichen die stetig steigende Bedeutung des Repowerings[40] in den kommenden Jahren.

4 Offshore – Windenergie auf hoher See

Im Januar 2002 veröffentlichte die Regierung unter Beteiligung mehrerer Ministerien und der Deutschen Energieagentur GmbH (dena) die „Strategie der Bundesregierung zur Windenergienutzung auf See – im Rahmen der Nachhaltigkeitsstrategie der Bundesregierung". Ziel sollte sein, die Rahmenbedingungen dafür zu schaffen, „dass die erheblichen Potenziale von Offshore-Windparks möglichst schnell erschlossen werden können".[41] Seitdem sind verschiedene Maßnahmen, wie die Gründung der Stiftung Offshore-Windenergie (2005), verschiedene Novellen von Gesetzen (z.B. EEG [2004, 2008], Infrastrukturplanungsbeschleunigungsgesetz [2006], Bundes-Naturschutzgesetz [2009]) und Verordnungen (z.B. SeeanlagenVO [2009], RaumordnungsVO für die Ausschließliche Wirtschaftszone [AWZ][42] [2009]), ergriffen worden, um den Weg für den Ausbau der Offshore-Windenergie zu bereiten.

Die Nutzung der Offshore-Windenergie steht in Deutschland jedoch erst am Anfang. Das Ziel der Bundesregierung sind bis zu 25.000 MW im Jahre 2030,[43] mit dem Zwischenziel 10.000 MW bis 2020. Die European Wind Energy Association (EWEA) prognostiziert für das Jahr 2020 in Europa 40.000 MW und 150.000 MW in 2030.[44] Im Jahre 2010

[39] Rehfeldt/Stand/DEWI (2000).

[40] Für weitere Informationen siehe BWE (2009).

[41] BMU (2002), S. 7.

[42] Als AWZ wird nach dem Seerechtsübereinkommen der Vereinten Nationen das Gebiet jenseits des Küstenmeeres bis zu einer Erstreckung von 200 Seemeilen ab der Basislinie (Niedrigwasserlinie entlang der Küste) bezeichnet.

[43] BMU (2002), S. 8.

[44] EWEA (2010), S. 13.

hat die Offshore-Windenergie bereits ein starkes Wachstum erfahren: 883 MW installierte Offshore-Kapazität entsprechen einem Zuwachs im Vergleich zum Vorjahr von 51%.[45] In einigen europäischen Ländern gibt es jedoch schon seit einigen Jahren Offshore-Windparks, die jedoch maximal 15 km von der Küste entfernt sind und in flacheren Gewässern (bis 12 Meter Tiefe) installiert sind. Die Offshore-Windparks in Deutschland liegen außerhalb der 12-Meilen-Zone über 20 km vor der Küste in der AWZ und werden in Wassertiefen von 20-35 Metern installiert werden. 2011 sind in Europa 2.964 MW Offshore- bzw. Nearshore-Kapazität installiert.[46] In Asien[47] und Deutschland[48] gibt es bisher eher kleine Demonstrationsobjekte, die sich ebenfalls in ihrer Größe, den technischen Herausforderungen, den Kosten, ihrer Entfernung von der Küste, der Wassertiefe und zeitlichen Faktoren von den geplanten kommerziellen Parks mit zumeist 80 Windenergieanlagen – und damit kraftwerksähnlichen Größenordnungen – unterscheiden.

Für die Genehmigung der Offshore-Windparks in der AWZ der Bundesrepublik Deutschland ist das Bundesamt für Seeschifffahrt und Hydrographie (BSH) in Hamburg zuständig. Um Projektentwicklern eine Orientierungshilfe zu geben und die Genehmigungspraxis zu vereinheitlichen, sind vom BSH drei Standards entwickelt worden:

1. Standard – Untersuchung der Auswirkungen von Offshore-Windenergieanlagen auf die Meeresumwelt (StUK 3);
2. Standard – Baugrunderkundung für Offshore-Windenergieparks;
3. Standard – Konstruktive Ausführung von Offshore Windenergieanlagen.

Ferner ist eine „Risikoanalyse zur Sicherheit und Leichtigkeit des Seeverkehrs“ zu erstellen, und je nach Bedarf sind weitere Behörden wie beispielsweise das Bundesamt für Naturschutz (BfN), Wasser- und Schifffahrtsbehörden sowie Landes- und Kommunalstellen einzubinden.

Der Genehmigungsprozess mit dem BSH ist in Abbildung 5 schematisch dargestellt.

[45] Vgl. EWEA (2011), S. 6.

[46] EWEA, Pressemitteilung vom 20.01.2011.

[47] China, Offshore Windpark Donghai Bridge.

[48] Deutschland, Einzelanlagen in direkter Küstennähe sowie Alpha Ventus (www.alpha-ventus.de).

Abbildung 5: Genehmigungsprozess von Offshore-Windparks

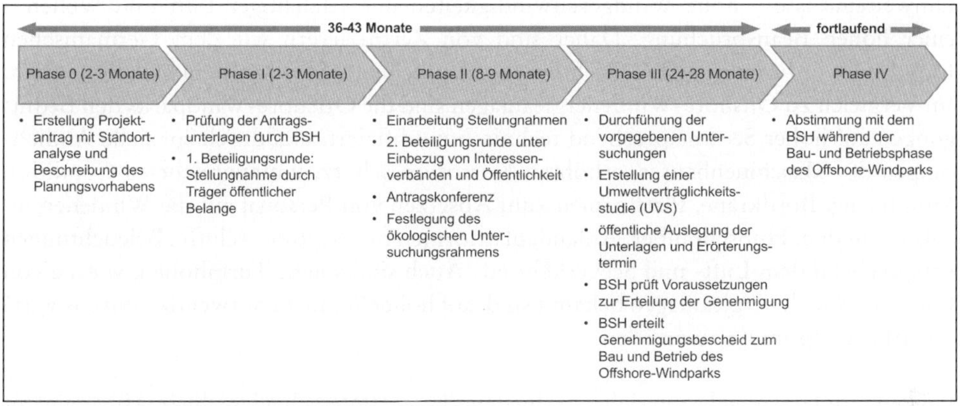

Quelle: eigene Darstellung

Abbildung 6: Projektentwicklung von Offshore-Windparks

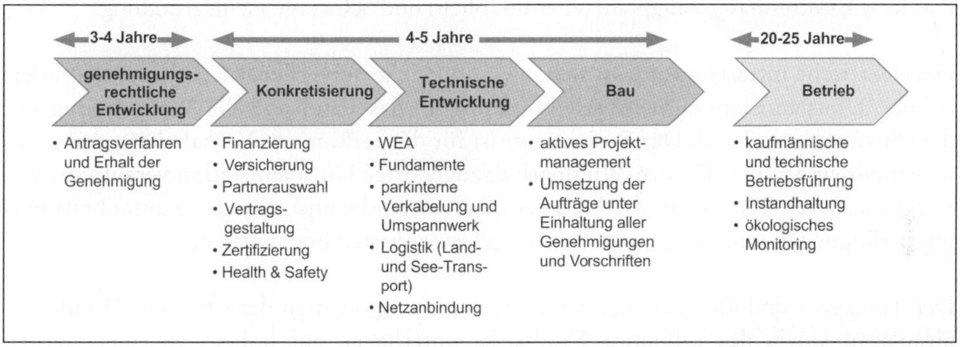

Quelle: eigene Darstellung

Neben dem reinen Genehmigungsprozess sind jedoch noch weitere Aufgaben vom Projektierer zu erfüllen bzw. können von diesem übernommen werden. Diese sind dargestellt in Abbildung 6.

Aufgrund der hohen Kosten der Projektentwicklung von Offshore-Windparks müssen die Kriterien zur Standortwahl eindeutig fixiert werden. Hierzu sollte eine Lage innerhalb der AWZ gehören, möglichst geringe Wassertiefe, ausreichende Küstenentfernung, aber auch Hafennähe, eine Lage außerhalb der Hauptfahrwasser der Seeschifffahrt, außerhalb von anderen Offshore-Windparkplanungen und ausgewiesenen Naturschutzgebieten. Im weiteren Verlauf sind ökologische Untersuchungen durchzuführen und konkurrierende Nutzungen (z.B. Fischerei, Bodenschätze, militärische Belange, Flugsicherheit, Kabel) detaillierter zu untersuchen.

Die Windenergieanlagen und ihre Fundamente unterliegen auf hoher See durch die Umwelteinflüsse – hohe Windgeschwindigkeiten mit salzhaltiger Luft und Wellen – einer hohen Beanspruchung. Daher sind von Zertifizierern wie dem Germanischen Lloyd oder in Form von IEC-Richtlinien entsprechende Standards entwickelt worden. Im Vergleich zu Onshore-Windenergieanlagen sind die Offshore-Windparks den Bedingungen auf hoher See entsprechend technisch modifiziert, u.a. durch spezielle Abdichtungen des Maschinenhauses, erhöhten Korrosionsschutz, umfangreicheres Condition Monitoring, Bordkräne, Plattformen zum Absetzen von Personal auf die Windenergieanlage mit dem Hubschrauber, Anlandeplattformen für Wartungsschiffe, Beleuchtungen entsprechend dem Luft- und Seeverkehr etc. Auch sind solche Turmhöhen, wie sie von Onshore-Windenergieanlagen bekannt sind, auf hoher See nicht notwendig, um das wirtschaftliche Optimum zu erzielen.

Bei den Fundamenten lassen sich verschiedene Typen unterscheiden, die in Abhängigkeit von Wassertiefe, Meeresgrundbeschaffenheit und Größe der Windenergieanlage verwendet werden können: Monopile (ein Pfahl), Tripod (drei Pfähle) bzw. Tripile (ebenfalls drei Pfähle, allerdings das zusammenführende Kreuz über der Wasseroberfläche), Jacket (vier Pfähle, wie Gittermast), Saugpfahl (eher unüblich) und Schwergewichtsgründung.

Die elektrische Infrastruktur lässt sich in vier Bereiche untergliedern: parkinterne Verkabelung, Umspannstation, Seekabelverbindung an das Land und die Verknüpfung mit dem Stromnetz an Land. Der Projektierer ist für die parkinterne Verkabelung und gegebenenfalls eine zum Offshore-Windpark dazugehörige Umspannstation verantwortlich. Für die weiteren Bereiche ist der Netzbetreiber zuständig und muss diese unter bestimmten Bedingungen innerhalb gesetzlich festgelegter Fristen bereitstellen.

Der Transport und die Montage der einzelnen Komponenten der Offshore-Windenergieanlagen sowie des Offshore-Windparks unterliegen auf hoher See einer starken Abhängigkeit vom Wetter. Verzögerungen und damit einhergehendes Vorhalten von Personal, Bevorratung und Lagerung von Komponenten können einen großen Einfluss auf die Kosten haben.

Im laufenden Betrieb wird die Wartung, Reparatur und Instandhaltung von Entfernungen zu Servicezentren, der örtlichen Verfügbarkeit von entsprechenden Schiffen und insbesondere den Witterungsbedingungen geprägt. Auch wenn für die technische Umsetzung sicherlich Anregungen aus der mit Offshore-Plattformen seit Langem vertrauten Öl- und Gasindustrie verwendet werden können, so ist die Darstellung eines wirtschaftlichen Betriebskonzeptes von entscheidender Bedeutung für die finanzielle Attraktivität des Projektes. Geringe Ausfallzeiten bei technischen Störungen, schnelle Reaktionszeiten, frühzeitige Fehlererkennung, vorbeugende Wartung, intensives Condition Monitoring, Fernwirksysteme, wie man sie aus der unbemannten Raumfahrt kennt, Leistungsgarantien und Versicherungen können in dieser Phase die Sicherheit erhöhen.

Im Hinblick auf die deutschen Offshore-Ziele und einer angenommenen Investitionsspannbreite von 3-4 Mio. EUR pro MW sind bis zum Jahre 2030 75-100 Mrd. EUR zu investieren. Dies impliziert eine besondere Herausforderung an die Eigen- und Fremdkapitalbereitstellung. Neben dem allgemeinen Projektentwicklungs- und Genehmigungsrisiko des Projektierers liegen gerade für den Endinvestor wenige inländische Erfahrungswerte aus der Vergangenheit für die Investitions- und Betriebskosten vor. Genauso wie bei den immer besser werdenden Windprognosen und Erfahrungen bei der Technik werden auch bei den Versicherungen immer mehr Erfahrungen gesammelt. Mithilfe eines professionellen Risikomanagements und entsprechenden Risikoinstrumenten[49] und einem fachkundigen Projektkoordinator können auch Endinvestoren für Offshore-Windenergieprojekte gewonnen und adäquate Renditen erwirtschaftet werden.[50]

5 Zusammenfassung und Ausblick

Auf den vorherigen Seiten wurden Fakten zur Windenergiebranche aufgeführt, die Projektentwicklung von Onshore- und Offshore-Windparks in Deutschland erläutert und spezielle Themen wie Betriebsführung und Repowering ausführlicher dargestellt. Bei der Projektierung von Windenergie im Ausland sind die jeweils länderspezifischen Unterschiede der Projektierung zu beachten. In relativ jungen Märkten zeigt sich sehr deutlich, wie viel Potenzial noch in der Strukturierung von Planungsprozessen vorhanden ist. Eine Zusammenarbeit mit erfahrenen Partnern vor Ort ist ein großer Vorteil bei der erfolgreichen Projektierung von Windparks.

In den kommenden Jahren werden die Themen Offshore, Repowering und Internationalisierung sowie deren rechtliche, technische, (lokal-) politische und wirtschaftliche Ausgestaltung bei allen beteiligten Stakeholdern dominieren. Diese Themen, bei denen in Zukunft sicherlich Skaleneffekte genutzt werden können, werden begleitet von einer weiteren Netz- und Marktintegration von Windenergie. Damit verbunden sind Zukunftsthemen[51] wie

[49] Beispiele: realistische Zeitplanung mit Reserven, Vereinbarungen bei Kostenüberschreitungen, Performance-Garantien, Versicherungen, Condition Monitoring etc.

[50] Als weitere Informationsquellen sind insbesondere die Windenergie-Agentur Bremerhaven/Bremen e.V. (www.windenergie-agentur.de), die Offshore-Themenseite der dena (www.offshore-wind.de), die Stiftung Offshore-Windenergie (www.offshore-stiftung.com) sowie das Begleitbuch zum ersten deutschen Offshore-Windpark Alpha Ventus (Könemann/Jensen, 2010, vgl. auch www.alpha-ventus.de) zu empfehlen.

[51] Wie die Energiewirtschaft der Zukunft aussieht, zeigt das vom BMWi und BMU geförderte und in Kooperation mit Unternehmen der Branche realisierte Projekt E-Energy. Eine anschauliche Animation findet sich unter www.e-energy.de.

Smart Grids,[52] Demand Side Management,[53] Speichertechnologien inklusive Elektromobilität, Kombikraftwerke[54] und die Direktvermarktung von Windstrom an der Strombandelsbörse Leipzig, der EEX. Diese Schlagwörter der Zukunft lassen sich auch im „Energiekonzept der Bundesregierung“[55] wiederfinden.

Internationale Initiativen wie „Desertec“, „Friends of the Supergrid“ oder die „Renewables Grid Initiative“ werden von Großkonzernen, NGOs und Netzbetreibern gegründet bzw. unterstützt, um das Wachstum der Erneuerbare Energien besser organisieren zu können und den wachsenden Anteil insbesondere aus Wind erzeugter regenerative Elektrizität in das staatenverbindende Stromnetz integrieren zu können.

Die anfangs erwähnten globalen Rahmenbedingungen werden für ein weiteres Wachstum der Windenergie sorgen. In Deutschland werden für das Jahr 2020 55.000 MW[56] installierte Windenergie prognostiziert, 45.000 MW davon Onshore. In der EU werden von der EWEA für 2020 insgesamt 230.000 MW installierte Kapazität gesehen, davon 40.000 MW Offshore.[57] Die WWEA sieht weltweit für das gleiche Jahr 1.900.000 MW installierte Windenergie.[58] Hinter diesen beeindruckenden Zahlen wird ein herausfordernder Wandel in der Energiewirtschaft stehen. Dieses sehr große Potenzial an umweltfreundlicher, friedlicher, unabhängiger, günstiger und lokaler Energieerzeugung mit vielen weiteren positiven Effekten, wie der Schaffung von Arbeitsplätzen, steht dank des nahezu überall verfügbaren Windes unendlich zur Verfügung.

52 Intelligente Stromnetze: ganzheitliche Organisation der modernen Stromnetze zur Steuerung, (Lasten-) Verteilung, Speicherung und Erzeugung elektrischer Energie.

53 Nachfragemanagement: Einrichtung von variablen Leistungsentgelten, um Nachfrage und Netzauslastung besser in Einklang bringen zu können.

54 100% Erneuerbare-Energien-Konzepte: intelligente Steuerung und Zusammenschaltung von Wasserkraft-, Biomasse-, Solar- und Windkraftanlagen mit dem Ziel, Grundlast darzustellen. Die Funktionsweise ist unter www.kombikraftwerk.de textlich und per Videoanimation dargestellt.

55 BMWi/BMU (2010), S. 7 ff.

56 BEE (2009), S. 10.

57 EWEA (2010), S. 13.

58 WWEA (2010), S. 15.

Literatur

Bundesministerium für Umwelt, Naturschutz und Reaktorsicherheit (BMU) (Hrsg.) (2002): Strategie der Bundesregierung zur Windenergienutzung auf See – im Rahmen der Nachhaltigkeitsstrategie der Bundesregierung, Berlin, Januar

Bundesministerium für Umwelt, Naturschutz und Reaktorsicherheit (BMU) (Hrsg.) (2010 a): Erneuerbare Energien in Zahlen – nationale und internationale Entwicklung, Berlin, Juni

Bundesministerium für Umwelt, Naturschutz und Reaktorsicherheit (BMU) (Hrsg.) (2010 b) Erneuerbar beschäftigt! Kurz- und langfristige Arbeitsplatzwirkungen des Ausbaus der erneuerbaren Energien in Deutschland, Berlin, September

Bundesministerium für Umwelt, Naturschutz und Reaktorsicherheit (BMU)/Bundesministerium für Wirtschaft und Technologie (BMWi) (2010): Energiekonzept für eine umweltschonende, zuverlässige und bezahlbare Energieversorgung, Berlin September

Bundesverband Erneuerbare Energie (BEE) (2009): Stromversorgung 2020. Wege in eine moderne Energiewirtschaft, Berlin, Januar

Bundesverband WindEnergie (BWE) (2009): Repowering von Windenergieanlagen. Effizienz, Klimaschutz, regionale Wertschöpfung, Berlin, Juni

European Wind Energy Association (EWEA) (2010): A breath of fresh air. Annual Report 2009, April

European Wind Energy Association (EWEA) (2011): Wind in Power. 2010 European statistics, Brüssel

Könemann, Detlef/Jensen, Dierk (2010): Alpha Ventus – Unternehmen Offshore, Bielefeld

Lu, Xi/McElroy, Michael B/Kiviluoma, Juha (2009): Global potential for wind-generated electricity, in: PNAS 27, S. 10.933-10.938

Rehfeldt, Knud/Stand, Christian/DEWI (2000): Windenergienutzung in der Bundesrepublik Deutschland, in: DEWI Magazin Nr. 18, Februar, S. 53-63

World Wind Energy Association (WWEA) (2010): World Wind Energy Report 2009, März

Als weiterführende Informationsquellen für die hier angesprochenen Aspekte der Windenergie sind zu empfehlen: die unterschiedlichen Branchenverbände (der Bundesverband Erneuerbare Energie e.V. [www.bee-ev.de] sowie dessen Mitgliedsverbände), (nebenberufliche) Studiengänge (für den ersten Einstieg z.B. www.studium-erneuerbare-energien.de), die entsprechenden Gesetze (z.B. EEG, BImSchG) und Verordnungen sowie folgende Literatur:

Gasch, Robert/Twele, Jochen (2009): Windkraftanlagen: Grundlagen, Entwurf, Planung und Betrieb, Wiesbaden, 6. Auflage

Hau, Erich (2008): Windkraftanlagen: Grundlagen, Technik, Einsatz, Wirtschaftlichkeit, Berlin/Heidelberg, 4. Auflage

Heier, Siegfried (2010): Nutzung der Windenergie, Stuttgart, 5. Auflage

Projektierung von Photovoltaik-Kraftwerken

Peter Schneidewind

1 Solar Energy als Geschäftsbereich der Bosch-Gruppe

Die Bosch-Gruppe ist ein international führendes Technologie- und Dienstleistungsunternehmen.[1] Mit Kraftfahrzeug- und Industrietechnik sowie Gebrauchsgütern und Gebäudetechnik erwirtschafteten rund 283.500 Mitarbeiter im Geschäftsjahr 2010 nach vorläufigen Zahlen einen Umsatz von 47,3 Mrd. EUR. Das Unternehmen feiert in 2011 sein 125-jähriges Bestehen. Der Geschäftsbereich Solar Energy ist seit der Übernahme der damaligen ersol Solar AG 2008 durch die Robert Bosch GmbH Teil der Bosch-Gruppe. Bosch Solar Energy steht für das Ziel, der Photovoltaik zu einem wesentlichen Anteil im Energiemix der Zukunft zu verhelfen.

Bosch Solar Energy beherrscht auf der Produktionsseite den größten Teil der solaren Wertschöpfungskette. Im Bereich kristalliner Module reicht dies vom Ziehen der Ingots über die Herstellung von Solarzellen bis zur Montage von Modulen. Zusätzlich fertigt das Unternehmen siliziumbasierte (mikromorphe) Dünnschicht-Module und siliziumfreie CIS-Dünnschicht-Module auf Basis von Kupfer, Indium, Gallium, Schwefel und Selen. Für private und institutionelle Investoren erstellt Bosch Solar Energy weltweit schlüsselfertige solare Großprojekte und bietet dabei auch Produkte anderer Bosch-Geschäftsbereiche (z.B. Sicherheitstechnik, Aufständerungen) an. Das Leistungsspektrum reicht von der Planung über die Realisierung bis zur Überwachung von netzgebundenen oder autarken (sogenannten off-grid) Solarkraftwerken.

Abbildung 1: Wertschöpfungsanteile Projektgeschäft

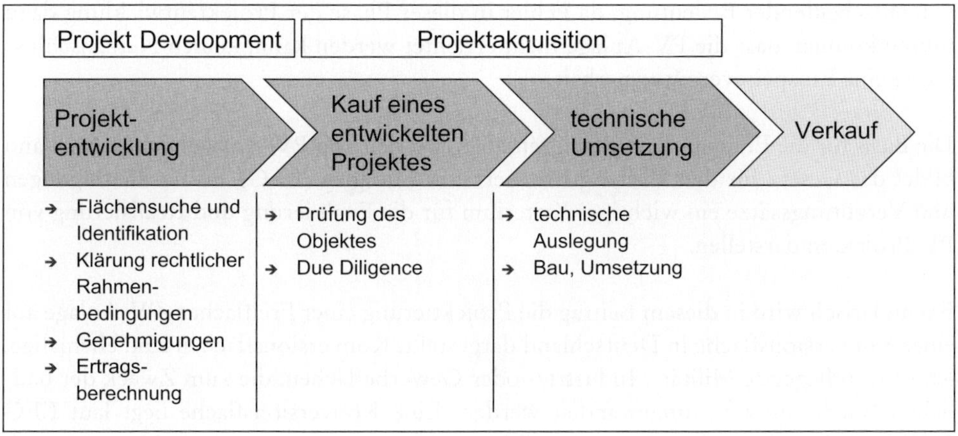

[1] Der Autor dankt Volker Behrends, Armin Fischer, Elena Lechner und Meiko Pohl für ihre Unterstützung bei der Erstellung dieses Beitrags.

Je nach der Tiefe der Wertschöpfung unterscheiden wir in „Projektakquisition“ und „Project Development“. Projektakquisition bedeutet, dass die Erschließung eines Projektes (Flächensuche, Baugenehmigung etc.) bereits vorliegt. Hier agieren wir als Generalunternehmer und übernehmen die komplette technische Auslegung und Fertigstellung der Anlage. Alternativ erwirbt Bosch Solar Energy die Rechte an einem baureif entwickelten Projekt und errichtet es in Eigenverantwortung. Nach Fertigstellung wird das komplette Projekt weiterverkauft. Dabei wird im Vorfeld eine komplette Due Diligence durchgeführt. Im Project Development agieren wir als Projektentwickler. Auswahl geeigneter Grundstücke oder Flächen, rechtliche Prüfungen, Anträge und Genehmigungen und die Berechnung der Ertragsmöglichkeiten liegen bei uns. Nach Fertigstellung wird der komplette Park an einen Betreiber oder Investor verkauft. Die Phasen sind in Abbildung 1 dargestellt.

2 Projektierung von PV-Freiflächenanlagen

2.1 Übersicht

Ein Photovoltaik- (PV-) Projekt umfasst alle Genehmigungen, Grundstücksrechte und -nutzungsmöglichkeiten, die notwendig sind, um eine PV-Anlage errichten zu können sowie für den erzeugten und eingespeisten Strom eine Einspeisevergütung zu erhalten. Die sorgfältige Planung und Einholung aller Genehmigungen ist für den Projekterfolg von entscheidender Bedeutung, da Fehler in dieser Phase der Projektentwicklung dazu führen können, dass die PV-Anlage nicht errichtet werden kann, keinen Netzanschluss oder keine Einspeisevergütung erhält.

Die Basis für die Errichtung und den rentablen Betrieb von PV-Anlagen in Deutschland bildet das Gesetz für den Vorrang Erneuerbarer Energien (EEG), dessen Bedingungen und Vergütungssätze ein wichtiges Kriterium für die Evaluierung und Realisierung von PV-Projekten darstellen.

Exemplarisch wird in diesem Beitrag die Projektierung einer Freiflächen-PV-Anlage auf einer Konversionsfläche in Deutschland dargestellt. Konversionsflächen sind ehemalige, jetzt brach liegende Militär-, Industrie- oder Gewerbeflächen, die zum Zweck der baulichen Wiedernutzung umgewandelt werden. Eine Konversionsfläche liegt laut EEG 2009, § 32, Abs. 3 nur dann vor, wenn die Auswirkungen der vormaligen Nutzung noch fortwirken.[2]

---

[2] Vgl. www.photovoltaik-web.de.

2.2 Schritte der Projektierung

2.2.1 Region

Die Auswahl der geeigneten Region spiegelt das Gleichgewicht der technischen und finanziellen Notwendigkeiten wider. Ziel ist es, das beste Verhältnis zwischen Ertrag und Kosten zu erzielen. In den folgenden Punkten gehen wir auf die wichtigsten Faktoren näher ein.

2.2.1.1 Einstrahlung

Bei der Einstrahlung unterscheidet man die globale Einstrahlung (gemessen in Kilowattstunde pro Quadratmeter [kWh/m^2]) – also die zur Verfügung stehende Sonneneinstrahlung – sowie den spezifischen Jahresertrag des Solarkraftwerks (gemessen in Kilowattstunde pro Kilowatt Peak [kWh/kWp]). Die allgemein verwendeten Einstrahlungsdaten beruhen auf Messungen der vergangenen 20 Jahre, wobei in den letzten fünf Jahren eine sukzessive Intensivierung der Einstrahlung festzustellen ist. Eine höhere Einstrahlung ermöglicht grundsätzlich einen höheren Ertrag.

Mit zunehmender Einstrahlung kann die Oberflächentemperatur der PV-Module jedoch steigen und damit zu einer Ertragsminderung führen. Ausgedrückt wird der Grad der Ertragsminderung durch den Temperaturkoeffizienten. Dieser beschreibt die relative Änderung einer Materialeigenschaft oder eines Bauteils in Abhängigkeit von der Änderung der Temperatur gegenüber einer festgelegten Referenztemperatur. Bei steigender Temperatur sinkt somit die Leistung in dem angegebenen Verhältnis. In Deutschland spielt dies aufgrund der gemäßigten Temperaturen lediglich eine unterordnete Rolle.

2.2.1.2 Flächenkosten

Die Kosten der Fläche werden in erster Linie durch die Lage und damit durch die Eignung für alternative Investitionen (Gewerbeflächen) sowie durch die gegebenen Voraussetzungen für ein Solarkraftwerk bestimmt. So steigen die Pachtkosten bei sehr gut für eine PV-Anlage geeigneten Flächen, z.B. durch günstige Geländeneigung, gute Erreichbarkeit und nahe liegendem Netzanschluss.

Steigende Pachtkosten können durch höhere Erträge der Anlage kompensiert werden, z.B. durch Einsatz von Technologie mit höherer Effektivität (kristallin statt Dünnschicht) bzw. Eigenverschattung (siehe unter 2.2.1.5). Für die entsprechende Renditeerwartung des Investors ist ein Pachtzins von ca. 2% der Einspeiseerlöse pro Jahr anzustreben.

2.2.1.3 Netzanschluss und „Voranfrage"

Der Netzanschluss markiert den Zugang zum Netz des Übertragungsnetzbetreibers, dieser Anschluss muss zwingend zur Realisierung einer PV-Anlage vorliegen. Ein geeigneter Einspeisepunkt zur Evakuierung der erzeugten Energie zeichnet sich durch die ausreichende Leistungsaufnahme und gute Erreichbarkeit aus.

Bis zu einer installierten Leistung von maximal 15 Megawatt Peak (MWp) eignet sich ein Mittelspannungsanschluss. Bei größeren Anlagen wird auf ein Hochspannungsnetz zurückgegriffen. Grundsätzlich sollte die PV-Anlage so nah wie möglich an einem geeigneten Anschluss liegen, damit die Kosten für die entsprechenden Stromtrassen so gering wie möglich gehalten werden können. Für eine erste Evaluierung ist die positive Beantwortung der Voranfrage durch den Übertragungsnetzbetreiber von Bedeutung.

2.2.1.4 Bodenbeschaffenheit

Die Boden- und Felsklassen werden nach DIN18300 bewertet, um hierüber eine Aussage zur Qualität des Baugrundes und zur möglichen Art der Gründung zu erhalten. Für die Gründung des Montagesystems (Fixierung im Boden) hat sich in Deutschland das Rammen von Sigmapfosten durchgesetzt. Dabei kann auf die Zulieferindustrie für den Straßenbau zurückgegriffen werden. Ein weiterer Vorteil dieser Methode ist die – im Gegensatz zum Einsatz von Betonfundamenten – relativ geringe Versiegelung der Fläche von rund 1% des Areals. Um eine ausreichende Festigkeit und damit Statik der Montagesysteme zu erreichen, muss der Boden entsprechend beschaffen sein. Er muss die Lasten der gewählten Konstruktion in der Art aufnehmen können, dass eine mindestens 20-jährige Standfestigkeit gewährleistet ist.

Bei einem zu „weichen" Boden können alternativ sogenannte Verpressanker eingesetzt werden. Bei zu „festen" Böden hat sich das Vorbohren oder Verschrauben bewährt. Die benötigte Festigkeit ergibt sich durch das Gewicht der Module, der Unterkonstruktion, des Anstellwinkels sowie der Schnee- und Windlasten gemäß DIN EN 1991-1-3 (2010-12) und DIN1055-4.

2.2.1.5 Umgebung

Für den Bau und den Betrieb eines PV-Kraftwerks ist die Umfeldanalyse zwingend erforderlich. Dabei werden die Voraussetzungen für die Errichtung und den anschließenden Betrieb der Anlage geprüft. Ein wichtiges Kriterium ist die gute Erreichbarkeit des Grundstücks mit Lastkraftwagen sowie die Unterbringung der Mitarbeiter.

Für den Betrieb der Anlage ist die Vegetation und somit mögliche späte Verschattung durch wachsende Bäume zu bewerten. Weiterhin sind angrenzende Erhebungen wie Berge, Halden oder Häuser zu beachten. Folgende Verschattungsarten können unterschieden werden:

- *temporäre Verschattungen:* Beeinträchtigungen durch Schmutz (Laub, Vogelkot) oder Umwelteinflüsse (Schnee). Diese Verschattungen sollten nicht vernachlässigt werden, insbesondere in der Nähe von Wäldern oder Industriegebieten. Hierdurch können Leistungseinbußen bis zu 10% verursacht werden. Um die Verschmutzung möglichst gering zu halten, sollten die Solarmodule eine hohe Selbstreinigungskraft besitzen (Abwaschen von Schmutz und Dreck bei Regen). Dieser Effekt wird bei entsprechender Oberflächenbeschaffenheit bereits ab einem Neigungswinkel der Module von 15 Grad erzielt.
- *standortbedingte Schatten:* Schatten aufgrund des Standortes können von Gebäuden oder Bäumen verursacht werden. Auch Stromleitungen können Schatten werfen. Allgemein sollte versucht werden, alle Schatten, soweit wirtschaftlich sinnvoll und bautechnisch möglich, zu eliminieren. Bei Bäumen ist zu beachten, dass ab einer bestimmten Größe häufig eine Fällgenehmigung der Stadt notwendig ist, sollten diese gerodet werden müssen.
- *Eigenverschattungen:* Diese können auftreten, wenn die Reihenabstände zwischen fest aufgeständerten PV-Modulen zu gering gewählt werden und sich die Module gegenseitig verschatten. Durch eine optimierte Auslegung (Neigungswinkel, angemessene Reihenabstände) kann diese Verschattung vermieden werden.

Falls die Verschattung nicht behoben werden kann, sind die Module parallel zu schalten oder mit einer Bypass-Diode zu versehen. Dadurch wirkt sich der Stromabfall eines Solarmoduls nicht auf die anderen Module aus. Ein Nachteil sind aber die dadurch entstehenden hohen Ströme. In jedem Fall sollte aber versucht werden, alle verschatteten Module, soweit möglich, in einem Strang zusammenzuschalten. Dadurch wird bei Verschattung nur die Leistung eines Stranges beeinträchtigt und nicht die Leistung von größeren Teilen der PV-Anlage.

2.2.2 Grundstückssicherung

2.2.2.1 Pacht- oder Kaufvertrag

Um eine Photovoltaik-Anlage auf einer Freifläche zu bauen, pachtet der spätere Betreiber das benötigte Grundstück. Ein Grundstückskauf wird von den meisten Investoren nicht präferiert, da die weitere Verwendung des Grundstücks nach einem Rückbau der Anlage unklar ist.

2.2.2.2 Grunddienstbarkeiten

Diese liegen vor, wenn ein Grundstück in der Weise belastet werden kann, dass es in einzelnen Beziehungen genutzt werden darf, beispielsweise die auf dem Grundstück errichteten Anlagen, Wege- und Leitungsrechte.

- *Nutzungsrechte:* Im Pachtvertrag wird die Nutzung des Pachtgegenstandes definiert. Dabei ist es wichtig, dass der Betreiber der Anlage bzw. Pächter auch Eigentümer an der Sache (PV-Anlage) bleibt, falls der Eigentümer des Grundstückes wechselt. Damit die Nutzung im Grundbuch ersichtlich ist, ist diese als Dienstbarkeit einzutragen.
- *Leitungsrechte:* Ein Leitungsrecht räumt das Recht ein, die Versorgungsleitungen für Strom, Gas, Wasser sowie Telefon auf fremdem Grundstück zu verlegen. Hinsichtlich der Errichtung von PV-Anlagen sind die Leitungsrechte für Hoch- und Mittelspannungstrassen von großer Bedeutung. Für die Einräumung dieser Rechte wird üblicherweise dem Eigentümer des belasteten Grundstücks eine einmalige Entschädigung gewährt.
- *Wegerechte:* Durch das eingeräumte Wegerecht wird einem anderen Eigentümer das Recht zugestanden, Teile des Grundstückes zu begehen oder zu befahren, um beispielsweise das eigene Grundstück zu erreichen.[3] Wegerechte sind meistens als Recht ohne zeitliche Begrenzung gegen eine einmalige Zahlung ausgelegt; alternativ kann es auf einen festen Zeitraum, z.B. auf Dauer der Betriebsführung, vereinbart werden. Gegen eine einmalige Zahlung werden die Wertminderung des belasteten Grundstücks sowie andere eventuelle Beeinträchtigungen ausgeglichen.

Privatrechtlich werden die Wege- und Leitungsrechte entweder durch eine Grunddienstbarkeit abgesichert, die im Grundbuch eingetragen wird, oder durch eine schuldrechtliche Vereinbarung ausgestaltet, die personenbezogen ist und keine Eintragung im Grundbuch voraussetzt, dann aber auch keinen Schutz gegenüber Dritten bietet. Öffentlich-rechtlich ist die Grunddienstbarkeit eine Baulast, die gegenüber der Baubehörde erklärt wird.

2.2.3 Bau- und Planungsrecht

PV-Anlagen sind bauliche Anlagen im Sinne der Bauordnungen. Bei der Errichtung einer Photovoltaik-Anlage auf einer Freifläche müssen alle baurechtlichen Vorschriften sowohl des Bundes als auch des jeweiligen Bundeslandes beachtet werden. Abbildung 2 veranschaulicht, dass das Baurecht – bezogen auf PV-Anlagen – in zwei Anforderungsbereiche gegliedert wird. Die formellrechtlichen Anforderungen umfassen die Baugenehmigung und die verwendeten Bauprodukte bzw. Bauarten. Die materiellrechtlichen Anforderun-

[3] vgl. http://www.immobilien-wissen.de/baurecht/wegerecht.

gen umfassen das Bauplanungsrecht, das Bauordnungsrecht und unter Umständen das Denkmalschutzrecht.[4]

2.2.3.1 Baugenehmigung

PV-Anlagen auf Freiflächen sind genehmigungspflichtig und unterliegen baurechtlich einem herkömmlichen Baugenehmigungsverfahren. Die Baugenehmigung wird bei der zuständigen Bauaufsichtsbehörde beantragt. Der Bauantrag und alle erforderlichen bzw. dazugehörigen Unterlagen werden im Hinblick auf bauordnungsrechtliche Vorschriften geprüft. Die Einzelheiten des Genehmigungsverfahrens werden in dem jeweiligen Landesrecht geregelt. Bei Einhaltung aller Vorschriften wird eine Baugenehmigung erteilt. Eine Baugenehmigung kann auch unter Bedingungen und Vorbehalt des Widerrufs oder Ergänzung einer Auflage sowie befristet erteilt werden. Da der Bescheid über die Erteilung einer Baugenehmigung kostenpflichtig ist, hat der Antragsteller die Kosten des Verfahrens zu tragen. Für die Baugenehmigung ist ein Bebauungsplan erforderlich.

Abbildung 2: Rechtliche Anforderungen beim Bau einer Photovoltaik-Anlage

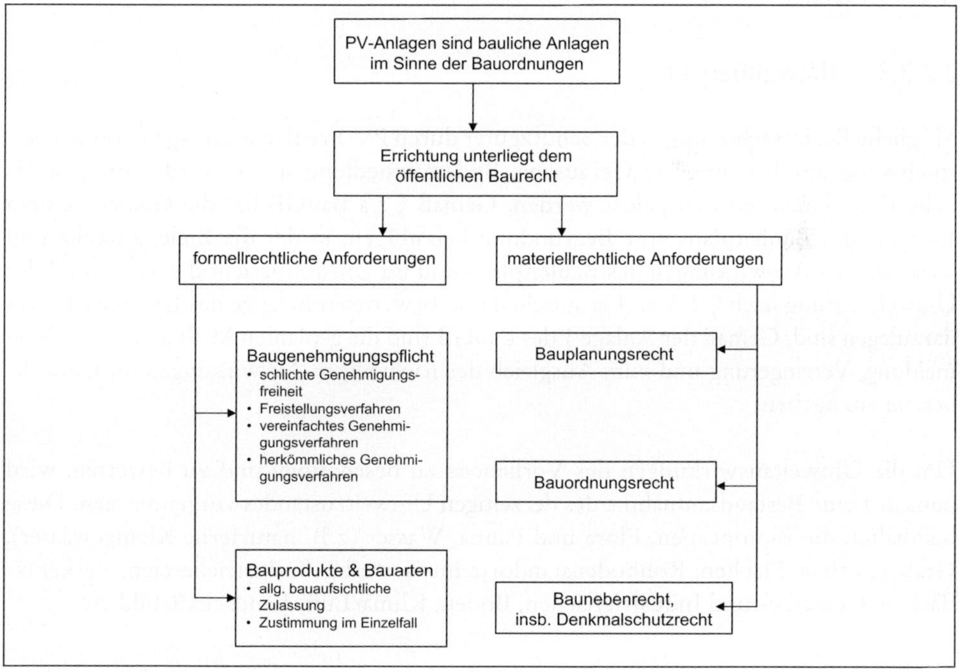

Quelle: Solarenergieförderverein Bayern e.V. (2003)

[4] Vgl. Solarenergieförderverein Bayern e.V. (2003).

2.2.3.2 Bebauungsplan

Nach dem Baugesetzbuch (BauGB) sind die Gemeinden verpflichtet, Bauleitpläne aufzustellen, sobald und soweit es für die städtebauliche Entwicklung und Ordnung erforderlich ist. Diese sollen eine dem Wohl der Allgemeinheit dienende sozialgerechte Bodennutzung gewährleisten und dazu beitragen, eine menschenwürdige Umwelt sowie die natürlichen Lebensgrundlagen zu schützen. Die Bauleitpläne sind den Zielen der Raumordnung anzupassen, und die Belange des Umweltschutzes sind zu berücksichtigen.[5] Im § 1 BauGB wird zwischen zwei Arten von Bauleitplänen unterschieden: dem Flächennutzungsplan (vorbereitender Bauleitplan), der das gesamte Gemeindegebiet umfasst, und dem Bebauungsplan (verbindlicher Bauleitplan), der aus dem Flächennutzungsplan entwickelt wird und sich auf Teile des Gemeindegebiets beschränkt. Er enthält verbindliche Festsetzungen, wie die Grundstücke bebaut werden können.

Auf einen Bebauungsplan beruft sich auch das EEG. Wenn die Anlage beispielsweise nicht im Geltungsbereich eines Bebauungsplans im Sinne des § 30 BauGB errichtet worden ist, ist ein Netzbetreiber nicht verpflichtet, die Einspeisevergütung für den Solarstrom zu zahlen.

2.2.3.3 Umweltbericht

Mögliche Beeinträchtigungen der Schutzgüter durch PV-Freiflächenanlagen können beispielsweise durch temporäre Geräusche, Bodenversiedlung sowie -verdichtung, stoffliche Emissionen usw. ausgelöst werden. Gemäß § 2 a BauGB hat die Gemeinde dem Entwurf des Bauleitplans eine Begründung beizufügen, in der die Ziele, Zwecke und wesentlichen Auswirkungen des Bauleitplans und im Umweltbericht die auf Grund der Umweltprüfung nach § 2 Abs. 4 ermittelten und bewerteten Belange des Umweltschutzes darzulegen sind. Gemäß der Anlage 1 des BauGB sind die geplanten Maßnahmen zur Vermeidung, Verringerung und zum Ausgleich der nachteiligen Auswirkungen im Umweltbericht anzugeben.

Um die Umweltauswirkungen des Vorhabens zu beschreiben und zu bewerten, wird zunächst eine Bestandsaufnahme des derzeitigen Umweltzustandes vorgenommen. Diese beinhaltet: die Biotoptypen, Flora und Fauna, Wasser (z.B. naturferne Kleingewässer), Gräben, offene Flächen, Rohbodenstandorte im Gewerbe-/Industriebereich, Verkehrsflächen, Gewerbe- und Industrieflächen, Boden, Klima/Luft, Landschaftsbild etc.

[5] Vgl. BauGB 2009, § 1 Abs. 1-6.

Des Weiteren beinhaltet der B-Plan eine Status-quo-Prognose, d.h. die voraussichtliche Entwicklung des Plangebietes ohne Durchführung des Bauvorhabens sowie eine Konfliktanalyse, die analog der Bestandsbeschreibung erfolgt, also die Prognose der Auswirkungen des Bebauungsplanes. Anschließend werden die durchzuführenden Ausgleichsmaßnahmen zur Bewältigung unvermeidbarer erheblicher Beeinträchtigungen von Naturhaushalt und Landschaftsbild beschrieben.

2.2.4 Technische Planung

Die technische Planung einer PV-Freiflächenanlage beinhaltet mehrere Phasen mit unterschiedlichen Detaillierungsgraden, beginnend mit einer sogenannten Kapazitätsplanung, die häufig auch als Grobplanung oder Auslegungsplanung bezeichnet wird.

Hierbei wird das Gelände mittels eines geeigneten grafischen Werkzeugs hinsichtlich des vorherrschenden Höhenverlaufs modelliert. Beschreibende Formate können durch Vermessung gewonnene Höhenliniendiagramme sein, die qualitative und quantitative Informationen über den Geländeverlauf liefern. In den meisten Anwendungsfällen eignen sich zur Verifikation von den in zugrunde liegenden Katasterauszügen enthaltenen Flächenangaben auch internetbasierte Datendienste, um eventuelle Unstimmigkeiten bei der Flächenermittlung zu klären.

Bei der Erstellung des Auslegungsplanes wird auf Basis der Modulgeometrien, des Modulneigungswinkels und der Aufständerung ein zwei- oder dreidimensionales Modell der Anlage erstellt. Dabei werden sämtliche geographischen und geometrischen Kenngrößen berücksichtigt, so auch beispielsweise die Wendepunkte der Sonneneinfallswinkeln (nördliche Hemisphäre: 21. Dezember). Das Ergebnis ist ein maßstabsgetreuer Bauplan. Aus diesem Plan geht insbesondere die optimierte Lage der Module bzw. Modulreihen hervor. Damit ist auch die Kapazität der zu installierenden gesamten Modulnennleistung unmittelbar festgelegt.

In diesem Planungsstadium muss bereits eine Verifikation der Zug- und Druckkräfte der (häufig) eingesetzten Sigmapfosten erfolgen, um eine zulässige Art der Gründung festzulegen und bei unzureichenden statischen Verhältnissen Alternativen einzuplanen, deren Einsatz allerdings mit höheren Kosten einhergehen kann. Des Weiteren müssen auch örtliche Bauvorschriften und Auflagen der zuständigen Umweltbehörden in die Erstellung der Grobplanung einfließen, die beispielsweise den Einsatz bestimmter elektrischer Betriebsmittel wie Trockentransformatoren statt Öltransformatoren vorschreibt. Auch müssen in diesem Planungsstadium bereits Entscheidungen hinsichtlich des Wechselrichterkonzeptes vorliegen, da hier möglicherweise unterschiedliche Anforderungen an die Zuwege innerhalb und außerhalb der Anlage bestehen und entsprechend zu berücksichtigen sind. Gelegentlich kann es während des Komponenten-Beschaffungsprozesses dazu kommen, dass einige Komponenten wie Module oder Wechselrichter nicht in der entsprechenden Zeit lieferbar sind. Häufig werden dann Umplanungsarbeiten erforderlich, die wiederum Planung und Ertrag beeinflussen.

Die Auslegungsplanung ist aufgrund dieser Besonderheiten somit häufig ein iterativer Prozess, der mit Vorgängen des Procurements (Beschaffungswesen), den Vorschriften des Baurechts sowie des Energierechts und weiteren Regelwerken eng verzahnt ist und interdisziplinär ausgearbeitet werden muss.

Eine anschließende Planungsarbeit ist die Erstellung des Stringplanes, der die gruppenmäßige Verschaltung von Modulen zum Wechselrichter beschreibt. Dieser Planung kommt hinsichtlich der zu erwarteten Leistung der Anlage eine besondere Bedeutung zu, insbesondere wenn Teilverschattungen als zulässig erachtet worden sind (siehe oben Abschnitt 2.2.1.5). Darüber hinaus sind im Rahmen einer Kabelverlustberechnung die notwendigen Kabelquerschnitte festzulegen, wobei ein wirtschaftliches Optimum zwischen Rohstoffpreisen und elektrischen Verlusten über den veranschlagten Gesamtbetriebszeitraum zu bilden ist. Weitere Planungsschritte sind die Erstellung geeigneter Nieder- und Mittelspannungsdiagramme, Erdungspläne sowie Kommunikationspläne.

2.2.5 Einspeisung/Vergütung

2.2.5.1 Erneuerbare-Energien-Gesetz

Die Vergütung der erzeugten Energie erfolgt auf Grundlage des Gesetzes über den Vorrang Erneuerbarer Energien (Erneuerbare-Energien-Gesetz, EEG). Vergütet wird nach einem zum Zeitpunkt des Netzanschlusses festgesetzten/gültigen Tarif (EUR/kWh), der 20 Jahre zuzüglich des Restjahres der Inbetriebnahme der Anlage bindend ist.

Vergütet wird nicht die ins Netz eingespeiste, sondern die erzeugte Energie. Wird im Falle einer Netzüberlastung der PV-Generator durch den Übertragungsnetzbetreiber abgeschaltet, ist dieser dennoch verpflichtet, die erzeugte und nicht eingespeiste Energie zu vergüten. Daher werden normalerweise Einstrahlungssensoren zur Berechnung eingesetzt. Voraussetzung für die Anerkennung der Vergütungsfähigkeit auf einer Konversionsfläche ist, dass diese durch den Übertragungsnetzbetreiber auch als Konversionsfläche anerkannt wird.

2.3 Ertragsanalyse

Da große Freiflächenanlagen in Deutschland derzeit fast ausschließlich als Investitionsobjekt dienen, ist die vorherige Analyse der mit der PV-Anlage zu erzielenden Erträge eine wichtige Grundlage vor der Projektentscheidung. Im Rahmen einer Rentabilitätsberechnung werden folgende Parameter berücksichtigt:

- *Einnahmen:* Einspeisevergütungen gemäß aktuellem EEG;
- *Investitionsausgaben:* Kaufpreis der PV-Anlage (Turnkey); eventuelle Grundstückskosten (Kaufpreis); Kosten für behördliche Genehmigungen, Rechtsanwälte etc.;
- *laufende Ausgaben:* eventuelle Grundstückspacht (Pachtzins); Kosten der kaufmännischen und technischen Betriebsführung; Versicherungskosten; Zählermiete; Finanzierungskosten (Zinsen); Kosten für Wirtschaftsprüfer/Steuerberater;
- *sonstige Faktoren:* Nennleistung der PV-Anlage; Degradation der PV-Module; Inflationserwartungen hinsichtlich laufender Kostenfaktoren; Zinssatz für Fremdkapitaleinsatz; Höhe des Fremdkapitaleinsatzes; Dauer der Zahlung von Einspeisevergütung; Zeitpunkt der Inbetriebnahme; spezifische Sonneneinstrahlung.

Mithilfe der vorgenannten Prämissen wird eine Renditeberechnung erstellt, mit der üblicherweise der interne Zinsfuß der Investition (Internal Rate of Return, IRR) im Rahmen einer dynamischen Investitionsrechnung ermittelt wird. Hiermit kann die Wirtschaftlichkeit der Investition beurteilt und ein Vergleich mit dem Kalkulationszinsfuß angestellt werden. Ist der interne Zinsfuß größer als der Kalkulationszinsfuß (bzw. ist die Rendite größer als die Kapitalzinsen plus Risikoaufschlag), ist die Investition über die Gesamtlaufzeit berechnet wirtschaftlich.

Daneben lässt sich mit den so erhaltenen Ergebnissen die Investition mit alternativen Anlagemöglichkeiten vergleichen. Die Investition in eine PV-Anlage konkurriert hierbei vor allem mit den klassischen Anlageformen wie z.B. Anleihen, Aktien oder Bundeswertpapieren. Der große Vorteil einer PV-Anlage in Deutschland ist die Förderung über das EEG, mit dem die Einspeisevergütung über einen Zeitraum von 20 Jahren staatlich garantiert ist. Somit liegt die PV-Anlage vom kaufmännischen Risikogehalt des Investments auf dem Niveau einer Bundesanleihe, die im derzeitigen Zinsumfeld jedoch eine deutlich geringere Rendite erwirtschaftet. Durchschnittliche Renditen einer PV-Anlage bewegen sich derzeit zwischen 4 und 6% nach Steuern bei 100-prozentigem Eigenkapitaleinsatz. Die Verwendung von zinsgünstigem Fremdkapital bewirkt aufgrund des Leverage-Effekts eine nochmalige Verbesserung der Eigenkapitalverzinsung zumeist in eine Region von 7 bis 9% nach Steuern. Eine exemplarische Rentabilitätsberechnung ist in Abbildung 3 enthalten.

Abbildung 3: Rentabilitätsberechnung PV-Kraftwerk

Daten der Anlage					
Investor					
Anlagentyp	Freifläche				
Ort					
Art der Module	µm-Si				
Nennleistung	7.000,00	kWp			
Anlagekosten (Turnkey)	2,05 €	EUR/Wp			
Stromproduktion	960,00	kWh/kWp * a			
Investitionskosten	14.350.000,00	EUR netto			
Systemverluste (Leitung, WR etc.)	0,00	%			
Vertragsdaten					
Strompreisvergütung	0,220766	EUR/kWh			
Jahresvergütung	1.483.547,52	EUR			
Beginn der Einspeisung	31.08.2011				
Vertragsdauer	20	Jahre + Anfangsjahr anteilig			
AfA-Zeit	20	Jahre			
Finanzierungsdaten					
Höhe Eigenkapital (EK)	14.350.000,00	EUR			
Anteil an Gesamtfinanzierung	100,00	%			
Tilgungsart	keine				
Laufzeit	20	Jahre			
fester Zins	0	%			
Höhe Fremdkapital (FK)	0,00	EUR			
Anteil an Gesamtfinanzierung	0,00	%			
Tilgungsart	linear				
Zinssatz	5,00	%			
Laufzeit	20	Jahre			
tilgungsfreie Jahre	0	Jahre			
Turnus Zins- und Tilgungszahlung	vierteljährlich				
Sonstige Kosten					
Vollwartung	0,50	% p.a. von Gesamtinv.	=	71.750,00	EUR p.a. absolut
Flächenmiete	2,00	% p.a. von Einspeiseverg.	=	29.670,95	EUR p.a. absolut
Zählermiete	0,00	% p.a.	=	0,00	EUR p.a. absolut
Versicherung	0,00	% p.a.	=	0,00	EUR p.a. absolut
sonstige Kosten	0,00	% p.a.	=	0,00	EUR p.a. absolut
Einmalkosten	0,00	EUR			
Steuersatz	30,00	%			
Jährliche Anpassungen					
Degradation/Stromverkauf	-0,25	% p.a.			
Voll-Wartung	2,00	% p.a.			
Flächenmiete	0,00	% p.a.			
Zählermiete	0,00	% p.a.			
Versicherung	0,00	% p.a.			
Kapital-/Kalkulationszinssatz	**0,00%**	**p.a.**			
Eigenkapitalrendite (IRR) vor Steuern	**6,40%**	**p.a.**			
Eigenkapitalrendite (IRR) nach Steuern	**4,83%**	**p.a.**			
Kapitalwert Projekt vor Steuern	**12.600.784,67**	**EUR**			
Kapitalwert Projekt nach Steuern	**9.035.799,27**	**EUR**			

3 Ausblick: Realisierung

Nachdem die Projektentscheidung getroffen und das PV-Projekt baureif entwickelt wurde, kann mit der baulichen Realisierung begonnen werden.

3.1 Komponenten

Diesbezüglich müssen die zum Einsatz kommenden Komponenten und Leistungen bestellt bzw. beauftragt werden. Typischerweise kommen folgende Komponenten bzw. Leistungen zum Einsatz:

- *Kernkomponenten*: PV-Module; Gestelle (Unterkonstruktion); Wechselrichter; String-Monitore;
- *weitere Komponenten*: Verkabelung; Übergabestation; Umzäunung; eventuell Betonfundamente; Generatoranschlusskästen;
- *Leistungen*: Montagearbeiten; Erdarbeiten.

In der Praxis werden die Arbeiten durch den Investor häufig an einen Generalunternehmer vergeben, der die bauliche Realisierung inklusive Beschaffung der PV-Module übernimmt. Für den Investor ergeben sich daraus wesentliche Vorteile wie ein deutlich geringerer Überwachungsaufwand während der Bauphase und die Übernahme des Projektcontrollings durch den Vertragspartner.

3.2 Projektcontrolling

Um die vorgenannten Arbeiten termin- und qualitätsgerecht erbringen zu können, bedarf es eines wirksamen Projektcontrollings. Dies beginnt bereits mit Erstellung eines detaillierten Projektplans, in dem alle Schritte aufeinander abgestimmt sind und auch die Lieferfähigkeit bzw. Liefertermine von Komponenten einfließen. Ziel ist die termingerechte Inbetriebnahme der PV-Anlage, da mit verzögerter Inbetriebnahme die Gefahr besteht, dass die Einspeisevergütung gesenkt wird und die PV-Anlage nicht mehr rentabel zu betreiben ist.

Im Rahmen des kaufmännischen Projektcontrollings werden u.a. die Istkosten fortlaufend mit den Sollkosten abgeglichen, um Kostenüberschreitungen rechtzeitig erkennen und Gegenmaßnahmen ergreifen zu können. Daneben ist die rechtzeitige Bestellung aller Leistungen und Komponenten sowie die Einhaltung der entsprechenden Zahlungsziele zu gewährleisten bzw. zu monitoren. Auch sind alle Transaktionen regelmäßig mit den der Errichtung zugrunde liegenden Verträgen abzugleichen. Das kaufmännische Projektcontrolling hat somit die Aufgabe, die Sicherung der kommerziellen Rahmenbedingungen der Anlage zu überwachen.

Dem gegenüber steht das technische Projektcontrolling, das die bauliche Realisierung der Anlage überwacht. Hierzu werden im Vorfeld Meilensteine definiert, die den geplanten Baufortschritt definieren und die Nachverfolgbarkeit sicherstellen. Wird ein Meilenstein nicht erreicht, müssen entsprechende Maßnahmen festgelegt werden, damit das Projekt wieder in den ursprünglichen Zeitplan geführt werden kann.

Die Verfolgung des Baufortschritts erfolgt u.a. mithilfe regelmäßiger, verbindlicher Treffen des Projektteams. In der Regel findet ein solcher „Jour fixe" vor Ort, d.h. auf der Baustelle, statt. Die Projektbeteiligten sind handlungsbefugte Mitarbeiter des Auftragnehmers, gegebenenfalls des Generalunternehmens sowie der Subunternehmen. Sie beobachten die Bauarbeiten, beurteilen deren Fortschritte, legen die nächsten Schritte fest, treffen Entscheidungen bezüglich der Mängelbeseitigung bzw. Verbesserungsmaßnahmen. Alle Abläufe werden protokolliert und damit dokumentiert. In den Protokollen sind alle vereinbarten Maßnahmen und deren Ausführungstermine fixiert. Neben den Maßnahmen werden Priorität, Status, Verantwortliche (Unternehmen/Person) und Datum benannt.

3.3 Inbetriebnahme: Übergabe, Abnahme, Netzanschluss

Zentraler Termin und somit auch Meilenstein für die Errichtung einer PV-Anlage ist die Inbetriebnahme bzw. das Inbetriebnahmedatum, da hiermit über die Höhe der zur Anrechnung kommenden Einspeisevergütungen entschieden wird. Im EEG ist die Inbetriebnahme unter § 3 Nr. 5 beschrieben als „erstmalige Inbetriebsetzung einer Anlage nach Herstellung ihrer technischen Betriebsbereitschaft".

Diese Formulierung führte in der Vergangenheit häufig zu Irritationen bei der Errichtung, sofern eine Anlage rechtzeitig vor der nächsten Kürzung der Einspeisevergütung in Betrieb genommen werden sollte. Diesbezüglich hat die Clearingstelle EEG in 2010 erklärt, dass die PV-Anlage im Sinne des EEG als „in Betrieb gesetzt gilt", sobald die Anlage erstmals Strom erzeugt und dieser außerhalb der Anlage umgewandelt oder verbraucht wird. Diese Inbetriebnahme ist für den Nachweis gegenüber dem Netzbetreiber sehr genau zu definieren. Wichtig ist also: Entscheidend für die Inbetriebnahme und die Sicherung des Einspeisetarifs ist nicht der baulich hergestellte Netzanschluss, sondern der Nachweis, dass die Anlage imstande ist, Strom erzeugen zu können. Daneben hat eine Anmeldung bei der Bundesnetzagentur zu erfolgen.

Während der Betriebsphase der PV-Anlage ist jedoch der Netzanschluss eine Grundvoraussetzung, um die erzeugte Energie einspeisen zu können und hierfür entsprechende Einspeisevergütungen zu erhalten.

Literatur

Solarenergieförderverein Bayern e. V. (2003): Genehmigung für Photovoltaik-Anlagen: Ein Leitfaden zum Baurecht, München

ARGE Monitoring PV-Anlagen (2007): Leitfaden zur Berücksichtigung von Umweltbelangen bei der Planung von PV-Freiflächenanlagen, Hannover, 28.11.2007

Projektierung von Bioenergievorhaben

Fred Jung

1 Motivation und Kapitelaufbau

Bei der rein regenerativen Energieversorgung ist vor allem der Mix aus allen Erneuerbaren Energien von zentraler Bedeutung. Dabei ergänzen sich die Erneuerbaren Energieformen und gleichen gegenseitig die Schwankungen der einzelnen Energien aus. Durch intelligente Kombikraftwerke, die alle Vorteile der regenerativen Energien vereinen, kann zunehmend der gesamte Bedarf an elektrischer und thermischer Energie von Deutschland gedeckt werden. Zu diesem Mix leistet die Bioenergie einen erheblichen Beitrag. Wind und Solar sind fluktuierende Energieformen; sie stellen – sofern man sie nicht durch Speichertechnologien bindet – nur Energie zur Verfügung, wenn der Wind weht bzw. die Sonne scheint. Der Vorteil der Bioenergie hingegen ist, dass die Energie bereits in der Biomasse gespeichert ist. Biomasse kann bevorratet werden, wodurch Bioenergieanlagen imstande sind, kontinuierlich und gleichbleibend Energie zu erzeugen. Ein weiterer positiver Aspekt der Bioenergie ist das breite Nutzungsfeld. Neben Strom lassen sich aus Bioenergie auch Gas, Wärme und Kraftstoffe erzeugen. Bioenergie lieferte im Jahr 2010, unter den Erneuerbaren Energien den größten Anteil am deutschen Endenergieverbrauch (siehe Abbildung 1).

Abbildung 1: Anteil der Bioenergie am deutschen Endenergieverbrauch 2010

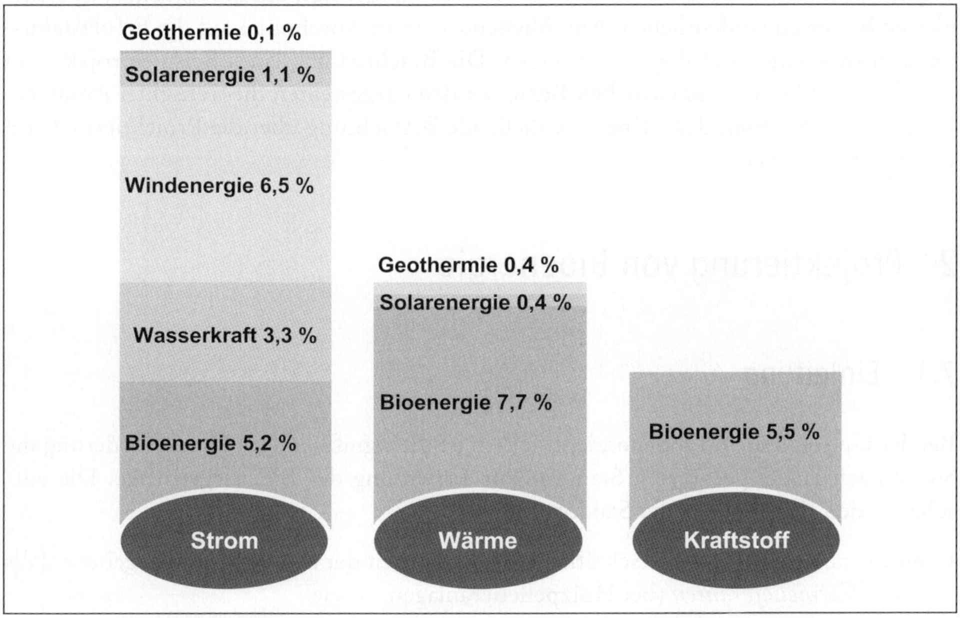

Quelle: nach Bundesverband Erneuerbare Energie e.V.: Jahreszahlen Erneuerbare Energien 2010

Zur Vertiefung der verschiedenen Bioenergieformen und deren Verwendungen wird auf den Beitrag „Energiegewinnung aus Biomasse“ von Martin Kaltschmitt in diesem Buch verwiesen.

Neben den genannten Vorteilen birgt die Umsetzung von Bioenergieprojekten jedoch im Vergleich zur Projektierung von Wind- oder Solaranlagen eine hohe Komplexität, die in diesem Kapitel aufgezeigt wird. Aufgrund dieser Komplexität und Vielfältigkeit der Bioenergie bezieht sich der vorliegende Beitrag nur auf die Projektierung von Biogasanlagen, Holzpelletieranlagen und Biomasseheizkraftwerke. Eine allgemeine Beschreibung der Projektierung über das gesamte Spektrum der Bioenergie wäre für den Rahmen dieses Beitrags zu umfangreich.

Die komplexen Herausforderungen bei Bioenergievorhaben erschweren die Risikobewertung der Projekte und wirken sich damit auch auf deren Finanzierungsfähigkeit aus. Diese Hürden lassen sich jedoch durch eine detaillierte Projektierung in ihrem Spektrum eingrenzen. Deshalb ist es für Finanzierungsfachleute von Bedeutung, diese Zusammenhänge zu kennen, um sie besser bewerten zu können. Dazu wird nachfolgend die gesamte Prozesskette der Projektierung von Bioenergievorhaben – von der Projektidee bis zur betriebsbereiten Anlage – allgemein beschrieben (Abschnitt 2.1). Bei diesem allgemeinen Ansatz wird ein idealisierter Prozess aufgezeigt, um die einzelnen Projektphasen besser zu verdeutlichen. Anschließend wird in Abschnitt 3 auf die Erfolgsfaktoren von Bioenergievorhaben eingegangen. Die Beschreibung eines Beispielprojektes in Abschnitt 4 gibt einen praxisnahen Bezug zu den dargestellten theoretischen Ansätzen. In Abschnitt 5 erfolgt dann eine abschließende Betrachtung über die Projektierung von Bioenergievorhaben.

2 Projektierung von Bioenergie

2.1 Einleitung

Bei der Umsetzung von Bioenergieprojekten ist die signifikanteste Herausforderung die Suche nach einem geeigneten Standort zur Errichtung der Bioenergieanlage. Die entscheidenden Kriterien bei der Sandortwahl sind:

- die grundlegende und wirtschaftliche Verfügbarkeit der *Rohstoffe* und gegebenenfalls eines *Wärmelieferanten* (bei Holzpelletieranlagen) sowie
- eine ausreichende *Nachfrage* für die Produkte (z.B. Wärme und Brennstoffe wie Holzpellets).

Rohstoffverfügbarkeit und Wärmelieferung

Bei Wind- und Solarenergieprojekten stellt die Natur die Einsatzstoffe (Wind und Sonnenstrahlung) in direkter Form und kostenlos zur Verfügung. Dies ist grundsätzlich auch bei der Bioenergie der Fall. Jedoch müssen für Bioenergieanlagen die Einsatzstoffe transportiert und aufbereitet bzw. von darauf spezialisierten Firmen zugekauft werden. Wegen der Transportkosten sollten die Anlagen grundsätzlich in räumlicher Nähe zu den Einsatzsubstraten errichtet werden. Ein zu langer Transportweg beeinflusst die Wirtschaftlichkeit und erzeugt zusätzliche Emissionen, die unter dem Gesichtspunkt der Nachhaltigkeit nur in einem gewissen Maße vertretbar sind. Diese Substrate sind landwirtschaftliche und forstwirtschaftliche Erzeugnisse bzw. Reststoffe.

Holzpelletieranlagen benötigen zusätzlich zum Rohstoff auch Strom und Wärme für die Produktion. Dazu muss sich die Wärmequelle in der näheren Umgebung der Anlage befinden, da sonst die Wärmeverluste und die Investitionen für den Wärmetransport zu hoch werden. Idealerweise muss ein Biomasseheizkraftwerk zur Wärmeversorgung gefunden oder gebaut werden, das über das Jahr verteilt möglichst gleichbleibend Wärme bereitstellen kann.

Produktnachfrage

Je nach Technologie werden bei Bioenergieanlagen entweder Strom, Wärme oder Brennstoffe (z.B. Holzpellets) produziert. Diese unterschiedlichen Produkte haben jeweils eigene Absatzmärkte mit ihren spezifischen Herausforderungen.

Wenn Strom erzeugt wird, kann dieser in das Stromnetz eingespeist und dadurch zum Verbraucher transportiert werden. Die Stromproduktion hat keinen entscheidenden Einfluss auf die Standortwahl und hat eine relativ große Planungsflexibilität. Zusätzlich wird der eingespeiste Strom, wie bei allen Erneuerbaren Energien, nach dem Erneuerbare-Energien-Gesetz (EEG) vorrangig abgenommen und nach festen Preisen vergütet. Dies stellt für das Produkt Strom eine erhebliche Planungssicherheit dar.

Anders ist das bei Wärme und Holzpellets. Diese müssen in der Nähe der Produktionsstätte abgesetzt bzw. verwendet werden. Des Weiteren sind es Produkte, die abseits der sicheren EEG-Vergütung auf dem freien Markt – mit ausgeprägten Wettbewerbsstrukturen – gehandelt werden. Damit muss bei der Standortwahl darauf geachtet werden, dass ein langfristiger regionaler Absatzmarkt für die Produkte vorhanden ist. Dies erschwert die Standortsuche und stellt für Bioenergieprojekte, verglichen mit z.B. Solar- und Windenergieprojekten, ein höheres Risiko dar.

Um Bioenergievorhaben wirtschaftlich umzusetzen, müssen die genannten Kriterien – Substratverfügbarkeit, Wärmelieferung bzw. Wärmeabnahme und Produktnachfrage – über die gesamte Laufzeit der Anlagen berücksichtigt werden. Des Weiteren unterliegen Bioenergieanlagen betriebs- und wartungsintensiven technischen Prozessen. Das macht die Betriebsführung zu einer anspruchsvolleren Aufgabe, die bereits in der Projektierungsphase planerisch bedacht werden muss.

2.2 Projektphasen eines Bioenergievorhabens

Dieser Abschnitt beschreibt die allgemeine Projektierung von Bioenergieanlagen von der Projektidee bis zur betriebsbereiten Anlage, dabei wird von einem idealisierten Projekt ausgegangen und die Projektphasen aufeinanderfolgend beschrieben. In der Praxis laufen die Projektphasen in der Regel teils parallel ab.

Die Projektierung von Bioenergievorhaben lässt sich in vier Phasen gliedern:

1. *Projektentstehung:* Die Projektentstehung beinhaltet die ersten groben technischen sowie wirtschaftlichen Betrachtungen und die vertraglichen Absicherungen (siehe Abschnitt 2.2.1).
2. *Planung & Entwicklung:* In der Planungs- und Entwicklungsphase wird das technische Konzept ausgearbeitet, die Genehmigungen werden eingeholt, das Vorhaben wird vertraglich fixiert, und es wird eine finale Wirtschaftlichkeitsberechnung durchgeführt (siehe Abschnitt 2.2.2).
3. *Finanzierung:* Die Finanzierungsphase beinhaltet die finanzielle Absicherung und die damit verbundene Suche nach Investoren für das Projekt (siehe Abschnitt 2.2.3).
4. *Realisierung:* Die Realisierungsphase beinhaltet das Ausschreibungsverfahren, die Beauftragung und Überwachung der Ausführung sowie den Leistungstest (siehe Abschnitt 2.2.4).

Das Ende der einzelnen Projektphasen wird jeweils durch einen Meilenstein gekennzeichnet.

Abbildung 2: Phasen der Projektentwicklung mit Meilensteinen

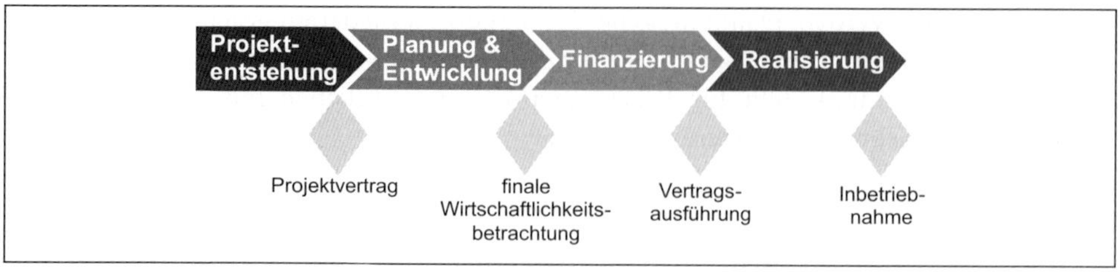

2.2.1 Projektentstehung

2.2.1.1 Arten der Projektentstehung

Kundenanfrage

Bei einer Kundenanfrage kommt eine Privatperson oder ein Unternehmen auf einen Projektentwickler zu. Entweder, weil sie Grundstücke oder Einsatzsubstrate anbieten können, wie z.B. land- oder forstwirtschaftliche Betriebe, oder weil das Unternehmen seinen Energiebedarf mit Bioenergie abdecken möchte. Es kann sich auch um reine Investoren handeln, die ihr Geld in Bioenergieanlagen anlegen möchten.

Ein positiver Aspekt in der Kundenanfrage bildet das bereits vorhandene Interesse an einer nachhaltigen Lösung durch den Einsatz der Bioenergie. Auch die Konkurrenzsituation gestaltet sich relativ positiv, da der Kunde Kontakt zu den Anbietern aufnimmt und somit nur bedingt ein öffentlicher Wettbewerb stattfindet. Die Projektidee des Kunden ist häufig von einer gewissen Euphorie getragen und beruht nicht auf einer objektiven Einschätzung, was zu einer gewissen Verzerrung oder Unsicherheit in der Bewertung der Ausgangslage führen kann. Deshalb ist es wichtig, dass der Projektplaner alle für die Wirtschaftlichkeit einer Anlage relevanten Parameter gründlich überprüft.

Potenzialsuche

Bei der Potenzialsuche wird die Projektidee durch einen Projektentwickler angestoßen, indem er geeignete Standorte findet, die die eingangs beschriebene Ausgewogenheit zwischen verfügbaren Einsatzsubstraten und vorhandenen Produktabnehmern (Wärmeabnehmern oder Brennstoffabnehmern) vereinen.

Der positive Aspekt bei der Potenzialsuche ist die bereits vorhandene Attraktivität des möglichen Standorts. Auch die Konkurrenzsituation bleibt übersichtlich, da der Projektentwickler in der Regel (zunächst) der Einzige ist, der den Standort selektiert und analysiert hat. Allerdings ist für die Standortsuche ein nicht unerheblicher Aufwand nötig, der auch für Orte anfällt, die über kein ausreichendes Potenzial verfügen.

Teilnahme an Ausschreibungen

Eine Kombination aus Kundenanfrage und Potenzialsuche ist die Teilnahme an Ausschreibungen durch Kommunen oder Unternehmen. Dabei handelt es sich im Prinzip um eine Kundenanfrage, die allerdings durch stärkeren Wettbewerb und mehr Vorarbeit gekennzeichnet ist. Das bedeutet für einen Projektentwickler, dass er aktiv Ausschreibungen verfolgt und sich an diesen beteiligt.

Bei der Teilnahme an einem Ausschreibungsverfahren gelten objektive Entscheidungskriterien, auch der Zeitpunkt der Auftragsvergabe liegt in einem definierten Zeitfenster. Hieraus resultiert eine hohe Planungssicherheit. Allerdings muss eine erhebliche Vorarbeit geleistet werden, auch mit der Gefahr, den Auftrag nicht zu erhalten.

Insolvenzmassen

Ein Spezialfall der Projektentstehung, der bei Bioenergieanlagen gelegentlich auftritt, sind Insolvenzanlagen. Diese können entweder einem Projektentwickler von Insolvenzverwaltern angeboten werden, oder der Projektentwickler sucht aktiv nach insolventen Bioenergieanlagen, um diese zu ertüchtigen.

Ein positives Hauptmerkmal dieser Form ist das verringerte Risiko aufgrund der bereits erfolgten Realisierung der Anlage. Die Hürden der Genehmigungen und der Bauphase sind in der Regel bereits überwunden. Aus Sicht der Projektentstehung sind jedoch auch die kritischen Faktoren zu bewerten, die zur Insolvenz führten, um diese in der Folge zu vermeiden.

2.2.1.2 Erste wirtschaftliche Betrachtung

Wenn die Projektidee feststeht, folgt die Ergänzung und Verfeinerung aller notwendigen Basisdaten. Anhand der Basisdaten werden die möglichen Anlagentypen und die damit verbundenen Anlagenleistungen definiert. Diese werden unter Berücksichtigung der Rahmenbedingungen wirtschaftlich bewertet. Zu den Rahmenbedingungen zählen u.a. die regionale Standortsituation, die örtlichen Gegebenheiten, die vorhandene Infra- und Versorgungsstruktur sowie allgemeine gesetzliche und spezielle kommunale Rahmenbedingungen. Die regionale Standortsituation beinhaltet die Frage, ob es sich um eine land- oder fortwirtschaftlich geprägte Region handelt. Die örtlichen Gegebenheiten beziehen sich einerseits auf den lokalen Standort, also ob es ein urbaner bzw. zentraler oder dezentraler Standort (außerhalb einer Gemeinde) ist, bzw. wie weit die nächste Wohnbebauung entfernt ist. Anderseits wird bei der Begutachtung der örtlichen Gegebenheiten der verfügbare Platzbedarf z.B. für Brennstofflager beurteilt.

Anhand dieser Auswertung wird ein technisches Konzept erstellt, das den ansetzbaren Wärmepreis, die Rohstoffpreise, die Erlöse durch die EEG-Vergütung bzw. den Verkaufserlöse der Produkte und einen ersten Zeitplan enthält. Dem anschließend wird eine

Erstabschätzung der Investitionskosten durch Erfahrungswerte bzw. durch die Interpolation aus Standardannahmen vorgenommen. Anhand dieser Erstbewertung fällt die Entscheidung, ob das Projekt weiterentwickelt wird.

Als nächster Schritt folgen die Vorplanung und die erste Wirtschaftlichkeitsberechnung, durch die die interne Verzinsung ermittelt wird. Im Zuge dieser Grobplanung wird die generelle Genehmigungsfähigkeit geprüft und eine technische Plausibilitätsprüfung sowie Marktanalysen durchgeführt.[1]

2.2.1.3 Vertragliche Absicherung

Fällt anhand der ersten wirtschaftlichen Betrachtung und der Standortanalyse der Entschluss, die bisherige Projektidee zu einem Projekt auszuweiten, folgt die vertragliche Absicherung. Dies dient der Planungssicherheit, da für die weitere Planung und Entwicklung Kosten entstehen, die rückwirkend durch das Projekt getragen werden müssen. Für die vertragliche Absicherung werden diverse Vorverträge verhandelt und abgeschlossen. Die wichtigsten Verträge sind Substrat- bzw. Brennstofflieferverträge, Grundstücks- und Pachtverträge sowie Abnahmeverträge, wenn z. B. Wärme anfällt oder Holzpellets produziert werden. Wichtig sind auch vertragliche Vereinbarungen, die dem Projektentwickler eine Exklusivität an dem Projekt sichern.

2.2.1.4 Meilenstein

Nachdem eine Projektidee grob geplant, wirtschaftlich bewertet und durch Vereinbarungen gesichert wurde, wird mit dem Auftraggeber ein Projektvertrag geschlossen. Damit ist das Projekt gesichert und befindet sich in einem Planungszustand mit einer Genauigkeit von plus/minus 10% bezüglich der Investitionen und der Zeitplanung. Das größte Restrisiko ist zu diesem Zeitpunkt die Genehmigung, was wiederum die Schwankungsbreite der Kosten- und Zeitplanung bedingt. Wenn nicht im direkten Auftrag eines Kunden gehandelt wird, sondern erst nachträglich ein Investor gesucht wird, gilt ein Bioenergieprojekt allgemein als gesichert, wenn mindestens 75% der Rohstoffe akquiriert sind.

Die Phase der Projektentstehung dauert je nach Projektgröße und -struktur fünf bis 18 Monate. Danach folgt die Planungs- und Entwicklungsphase, die im Abschnitt 2.2.2 dargestellt wird.

[1] Die für Bioenergieanlagen relevanten Genehmigungen ergeben sich aus der vierten Verordnung zur Durchführung des Bundes-Immissionsschutzgesetzes (4. BImSchV) oder der jeweiligen Landesbauordnung.

2.2.2 Planung und Entwicklung

2.2.2.1 Planerische Ausfertigung

Die nachfolgend beschriebenen Planungsphasen orientieren sich an der Einteilung der Leistungsphasen nach der Honorarordnung für Architekten und Ingenieure (HOAI).[2] Bei der nachfolgenden Beschreibung handelt es sich allerdings nicht um feste, vorgeschriebene Inhalte, sondern um Erfahrungswerte aus der Praxis. Die zu erbringenden Leistungen werden in individuellen Verträgen zwischen den jeweiligen Vertragspartnern geregelt. Es soll ein Überblick über die planerischen Aufgaben bei Bioenergievorhaben vermittelt werden, um deren Komplexität aufzuzeigen.

Entwurfsplanung

Die Entwurfsplanung bildet die Grundlage für die Genehmigung der Bioenergieanlage. Deshalb ist sie auch der arbeitsintensivste Teil der Planungsphase. Je detaillierter die Entwurfsplanung ausgearbeitet ist, desto schneller und einfacher lassen sich die Folgeplanungen realisieren.

Die Entwurfsplanung beinhaltet die Erarbeitung eines realisierbaren Konzepts, das alle projektspezifischen Problemstellungen berücksichtigt. Dazu wird zunächst die Einbindung des Projekts in den Flächennutzungsplan und den Bebauungsplan geprüft und gegebenenfalls ein Änderungsantrag gestellt. Danach wird die vorangegangene Grobplanung weiter detailliert und ausgearbeitet. Für diese weitere Ausarbeitung werden Fließbilder, Massenbilanzen und alle nötigen Pläne, wie z.B. ein Lageplan, eine grobe maschinentechnische Aufstellung, Grundrisse, Ansichten usw., erstellt. Anhand der Unterlagen werden alle nötigen Gutachten wie Schall-, Geruchs- und Brandschutzgutachten eingeholt. Sollten die Gutachten Grenzwertüberschreitungen ausweisen, muss die Entwurfsplanung überarbeitet und anschließend neu begutachtet werden, bis alle gesetzlich geltenden Grenzwerte und Bestimmungen eingehalten sind. Neben der planerischen Ausarbeitung müssen für die Entwurfsplanung auch die Investitionskosten für die Anlage ermittelt werden. Diese soll eine Genauigkeit von plus/minus 10% aufweisen.

Die Entwurfsplanung kann je nach Anlagentyp und Anlagengröße bis zu drei Monate in Anspruch nehmen. Erarbeitet wird die Entwurfsplanung von Architekten und Ingenieuren.

2 Verordnung über die Honorare für Architekten- und Ingenieurleistungen, Fundstellennachweis (FNA): 402-24-8-1-1.

Genehmigungsplanung

Die Genehmigungsplanung beinhaltet die Zusammenstellung aller nötigen Unterlagen für den Genehmigungsantrag. Dazu müssen, neben den Unterlagen der Entwurfsplanung, z.B. eine Umweltverträglichkeitsprüfung durchgeführt sowie die Antragsformulare ausgefüllt und weitere Ausarbeitungen wie z.B. ein Konzept zur Arbeitssicherheit erstellt werden. Während der Genehmigungsplanung findet eine erste Abstimmung mit den Behörden statt. Bei diesem sogenannten Scoping-Termin werden die Verfahrensdurchführung und die Antragsstellung besprochen. Sind alle Unterlagen eingeholt bzw. erarbeitet, werden diese mit einer ausführlichen Anlagen- und Betriebsbeschreibung der Genehmigungsbehörde als Antrag vorgelegt.

Bei Unstimmigkeiten oder einer zu ungenauen Ausführung des Genehmigungsantrags kann es zu Nachforderungen seitens der Behörde kommen. Die Genehmigungsphase dauert fünf bis acht Monate. Davon entfallen ca. zwei Monate auf die Ausarbeitung der Genehmigungsunterlagen, drei bis sechs Monate entfallen auf die Prüfung der Unterlagen und die Genehmigung des Antrages durch die Genehmigungsbehörde. Wenn eine Anlage nach dem vereinfachten Verfahren genehmigt wird, hat die Genehmigungsbehörde, nach Vollständigkeit der Unterlagen, drei Monate Zeit, diese zu prüfen. Bei einer Genehmigung nach dem öffentlichen Verfahren dauert die Prüfung der Behörde sechs Monate. Damit ist die Genehmigungsplanung der zeitaufwendigste Teil der Planungsphase. Ein Genehmigungsantrag muss von einem Bauvorlageberechtigtem unterzeichnet und bei der Genehmigungsbehörde eingereicht werden; dies sind in der Regel Architekten oder Bauingenieure. Nach der Genehmigungsplanung hat das Projekt eine Genauigkeit von plus/minus 5% bezüglich der Investitionskosten und der Zeitplanung.

Ausführungsplanung

Bei der Ausführungsplanung wird die Genehmigungsplanung bis in das kleinste Detail ausgearbeitet, sodass die Anlage nach diesen Plänen realisiert werden kann. Dazu werden in Abstimmung mit Herstellern bzw. Zulieferern Werkpläne in größeren Maßstäben erstellt, die alle für den Bau relevanten Angaben, wie z.B. Maße, Beschaffenheit und Materialqualität, beinhalten.

Die Ausführungsplanung kann bis zu drei Monate in Anspruch nehmen. Dabei ist die benötigte Zeit einerseits von der Größe der geplanten Anlage sowie von der Menge an Nachforderungen durch die Genehmigungsbehörde abhängig und andererseits davon, wie stark der Anlagentyp bereits standardisiert ist.

Erarbeitet wird die Ausführungsplanung von Architekten, Bauingenieuren oder Fachingenieuren, oftmals wird diese Planungsphase auch durch Generalunternehmer übernommen.

2.2.2.2 Vertragliche Fixierung

In der Praxis folgt die vertragliche Fixierung nach Erhalt der Genehmigung, die meist Bedingung der Vorvereinbarung ist. Dies dient der Planungssicherheit, um weitere Kosten für die Ausführungsplanung zu rechtfertigen.

Bei der vertraglichen Fixierung werden die Vorvereinbarungen, die zur Sicherung des Projektes geschlossen wurden (Grundstück, Substrate, Absatz, Projektvertrag), gegebenenfalls überarbeitet und dann rechtsverbindlich unterzeichnet. Am wichtigsten ist dabei die Vereinbarung eines Gestattungsvertrages mit den Grundstückseigentümern, der einen Scheinbestand der Bioenergieanlage herbeiführt.[3] Zusätzlich muss im Grundbuch eine beschränkt persönliche Dienstbarkeit erwirkt werden.[4] Beides schützt die Bioenergieanlage bzw. das Pachtrecht bei einer Insolvenz des Grundstückseigentümers.

Neben diesen Vereinbarungen werden weitere Verträge wie Netzeinspeiseverträge sowie Generalunternehmer- und Generalübernehmerverträge geschlossen. Zusätzlich muss noch die Betriebsführung vertraglich geregelt werden.

2.2.2.3 Finale Wirtschaftlichkeitsbetrachtung

Die Posten der vertraglichen Fixierungen – wie Absatz- oder Liefermengen, Einkaufs- oder Verkaufspreise der Einsatzsubstrate bzw. der Absatzprodukte sowie Investitionskosten für Maschinen und Anlagenbauteile – fließen in die finale Wirtschaftlichkeitsbetrachtung des Projektes ein. Diese bildet die Grundlage für die Finanzierungsverhandlungen. Erarbeitet wird die Wirtschaftlichkeitsbetrachtung als Abschluss der Ausführungsplanung.

2.2.2.4 Meilenstein

Die finale Wirtschaftlichkeitsbetrachtung definiert den Abschluss der Planungs- und Entwicklungsphase. Zu diesem Zeitpunkt darf das Projekt nur noch minimale Ungenauigkeiten bezüglich der Investitionskosten und des Zeitplans aufweisen. D.h., die Bio-

---

3 Scheinbestandteil einer Anlage nach § 95 Abs. 1 S. 1 Bürgerliches Gesetzbuch (BGB): Werden z.B. Bioenergieanlagen nur zu einem vorübergehenden Zweck errichtet, werden sie nicht Bestandteil des Grundstückes und gehen somit nicht in den Besitz der Grundstückseigentümers über. Damit ist der Eigentümer der Anlage unabhängig vom Grundstückseigentümer.

4 Beschränkt persönliche Dienstbarkeit (bpD) nach § 1090 bis 1992 BGB: Die bpD berechtigt eine natürliche oder juristische Personen dazu, ein Grundstück für einen bestimmten Zweck zu nutzen. Die bpD ist ohne Gestattung des Nutzers nicht übertragbar. Das sichert das Nutzungsrecht auch im Falle eines Grundstückverkaufs.

energieanlage wird nach diesen kalkulierten Investitionskosten verkauft. Jede mögliche Ungenauigkeit wirkt sich damit auf die Marge des Projektentwicklers aus.

Die gesamte Planungs- und Entwicklungsphase, von der Entwurfsplanung bis zum Meilenstein, kann je nach Genehmigungsverfahren 13 bis 16 Monate dauern, wobei 11 bzw. 14 Monate auf die planerische Ausfertigung entfallen und zwei Monate auf die vertragliche Fixierung und die finale Wirtschaftlichkeitsberechnung.

2.2.3 Finanzierung

2.2.3.1 Einleitung

Dieses Kapitel stellt die Finanzierung eines Bioenergieprojektes nur in Auszügen dar, da andere Beiträge in diesem Buch dieses Thema bereits ausführlich behandeln.

Die reine Projektfinanzierung ist eine sich selbst tragende Finanzierung, bei der die Zinsen und Tilgungszahlungen allein durch die Erlöse refinanziert werden. Womit die Notwendigkeit von Bürgschaften vermieden wird, was aber vor allem für die Banken ein höheres Risiko darstellt. Aufgrund der besonderen Anforderungen der Bioenergieanlagen (dauerhafte Betriebsführung und „EEG-freie" Produkte) tendiert die Finanzierung von Bioenergieprojekten eher in die Richtung einer Unternehmensfinanzierung, bei der die Investoren eine beschränkte Mithaftung für die Anlage übernehmen.

Um die spezifischen Finanzierungsansprüche von Bioenergievorhaben darzustellen, werden nachfolgend die Aufgaben dieser Projektphase erläutert. Dazu wird eine Einteilung nach dem klassischen Bankenwesen in den Bereich Markt und Marktfolge vorgenommen. Diese werden in den nachfolgenden Abschnitten 2.2.3.2 und 2.2.3.3 beschrieben.

2.2.3.2 Markt

Die Hauptaufgabe des Bereiches „Markt" ist die Suche nach Investoren als Eigenkapitalgeber und Banken als Fremdkapitalgeber. Dazu werden die Projektunterlagen für die Banken- und Investorenansprache aufgearbeitet. Es wird ein Businessplan erarbeitet, der eine Investitionskostenaufstellung, eine Gewinn- und Verlustrechnung sowie eine Kapitalwertberechnung und eine Kurzbeschreibung des Projektes beinhaltet. Der Bank werden alle Unterlagen zur Verfügung gestellt. Besonders wichtig sind dabei die Verträge zur Grundstücks-, Rohstoff- und Absatzsicherung sowie der Genehmigungsbescheid. Diese stellen neben den eventuellen EEG-Vergütungen die wesentliche Sicherheit für Bioenergieprojekte dar, weshalb es besonders wichtig ist, möglichst langfristige Verträge zu schließen. Diese Projektsicherheit ist sowohl für die Banken als auch für Investoren von

Bedeutung. Sind interessierte Banken und Investoren gefunden, werden die Eigenkapital- und Fremdkapitalanteile sowie die Auszahlungskonditionen (Laufzeit und Zins) verhandelt. Als Meilenstein der Markaktivitäten folgt nach den Verhandlungen die Unterzeichnung der Finanzierungsverträge.

2.2.3.3 Marktfolge

Der Bereich der Marktfolge beinhaltet die Erfüllung der Auszahlungsvoraussetzungen, also die Durchführung des Finanzierungsvertrages. Dazu werden Sicherheitsübereignungen des Projekts und der EEG-Erlöse bzw. der Verkaufserlöse mit der Bank geschlossen. Weiter werden im Grundbuch eine Grundschuld und Dienstbarkeiten eingetragen. Der Meilenstein der Markfolge ist erreicht, wenn diese Vorrausetzungen alle erfüllt sind. Damit wird die gesamte Finanzierungsphase abgeschlossen.

Die Finanzierungsphase nimmt insgesamt ca. sechs Monate in Anspruch. Jeweils drei Monate entfallen auf die Aufgaben des Markts und auf die Marktfolge.

2.2.4 Realisierung

2.2.4.1 Ausschreibung der Ausführung

Nachdem die Planungs- und Entwicklungsphase sowie die Finanzierung erfolgreich abgeschlossen sind, startet die Realisierung des Projektes. Die erste Aufgabe besteht darin, die Ausführungsarbeiten an entsprechende Unternehmen und Lieferanten zu vergeben. Für jeden zu vergebenden Auftrag wird ein Leistungsverzeichnis aufgestellt, das den vollständigen Leistungs- und Lieferumfang beinhaltet. Das Leistungsverzeichnis dient dazu, die geforderten baulichen Leistungen klar zu definieren.

2.2.4.2 Beauftragung und Bau

Zur Absicherung der Vergabe einer Ausführungsleistung wird ein Bauvertrag aufgesetzt. Das erstellte und verhandelte Leistungsverzeichnis ist ein wesentlicher Bestandteil dieses Vertrages. Anhand des Bauvertrages und dem darin enthaltenen Leistungsverzeichnis kann der Auftraggeber die erbrachten Leistungen messen und diese nach Erbringung der Leistung korrekt abrechnen. Nach der vertraglichen Regelung erfolgt der Bau der Bioenergieanlage in einer logischen Reihenfolge entsprechend dem Bauzeitplan. Sind alle Bauleistungen abgeschlossen und im Einzelnen durch den Bauherrn und das Bauamt abgenommen, folgen der Leistungstest und der Probebetrieb.

2.2.4.3 Leistungstest/Probebetrieb

Vor der endgültigen Abnahme werden die Maschinen einem Leistungstest unterzogen, bei dem im Dauerbetrieb die vertraglich zugesicherte Leistung der Maschinen und Anlagen auf die Probe gestellt wird. Anschließend folgt der Probebetrieb, bei dem der reibungslose Ablauf der gesamten Anlage getestet wird. Nach dem erfolgreichen Abschluss dieser Tests erfolgt die Generalabnahme der gesamten Anlage durch den Bauherrn und die Bauaufsichtsbehörde.

2.2.4.4 Meilenstein

Nach der ordnungsgemäßen Objektübergabe durch die Bauunternehmen und der Abnahme durch den Bauherrn wird die Anlage in Betrieb genommen und der Betriebsführung mit allen relevanten Unterlagen übergeben. Damit ist der finale Meilenstein erreicht und das Projekt abgeschlossen.

Die Realisierungsphase kann sieben bis 21 Monate in Anspruch nehmen. Davon entfallen ca. zwei Monate auf die Ausschreibung und die Beauftragung der Ausführung und ca. ein Monat auf den Leistungstest und den Probebetrieb. Für die reine Bauzeit ist je nach Anlagentyp mit vier bis 18 Monaten zu rechnen. Kleine bis mittlere Biogasanlagen haben eine Bauzeit von ca. vier Monaten, größere Einspeise-Biogasanlagen und Holzpelletieranlagen etwa acht bis neun Monate. Die Bauzeit für Biomasseheizkraftwerke beträgt bis zu 18 Monate.

2.2.5 Umsetzungsdauer von Bioenergievorhaben

Unterstellt man die lineare Abfolge der einzelnen Projektphasen, wie in diesem allgemeinen Teil beschrieben, dauert die gesamte Umsetzungszeit für Bioenergieprojekte von der Projektidee bis zur Inbetriebnahme der Anlage zwischen zweieinhalb und fünf Jahren (siehe Abbildung 3). Die große Zeitspanne ergibt sich sowohl aus der Phase der Projektentstehung, für die die Spanne zwischen fünf und 18 Monaten liegt, als auch aus der Realisierungsphase, bei der sieben bis 21 Monate eingeplant werden müssen. Diese Unterschiede ergeben sich aus dem jeweiligen Anlagentyp, der Anlagengröße und der projektspezifischen Anforderungen der einzelnen Bioenergieprojekte. An dieser Zeitangabe werden einerseits noch einmal die Komplexität und die Vielfältigkeit der Bioenergieprojekte deutlich. Anderseits zeigt sie auch die Notwendigkeit, diese Umsetzungszeit durch eine gut strukturierte, parallele Bearbeitung der Projektphasen zu reduzieren.

Da die Praxis nie einem idealisierten Projekt entspricht, werden im folgenden Abschnitt die Herausforderungen und Problemstellungen bei der Umsetzung von Bioenergievorhaben aufgezeigt und der Umgang damit erläutert.

Abbildung 3: Minimale und maximale Umsetzungsdauer von Bioenergievorhaben

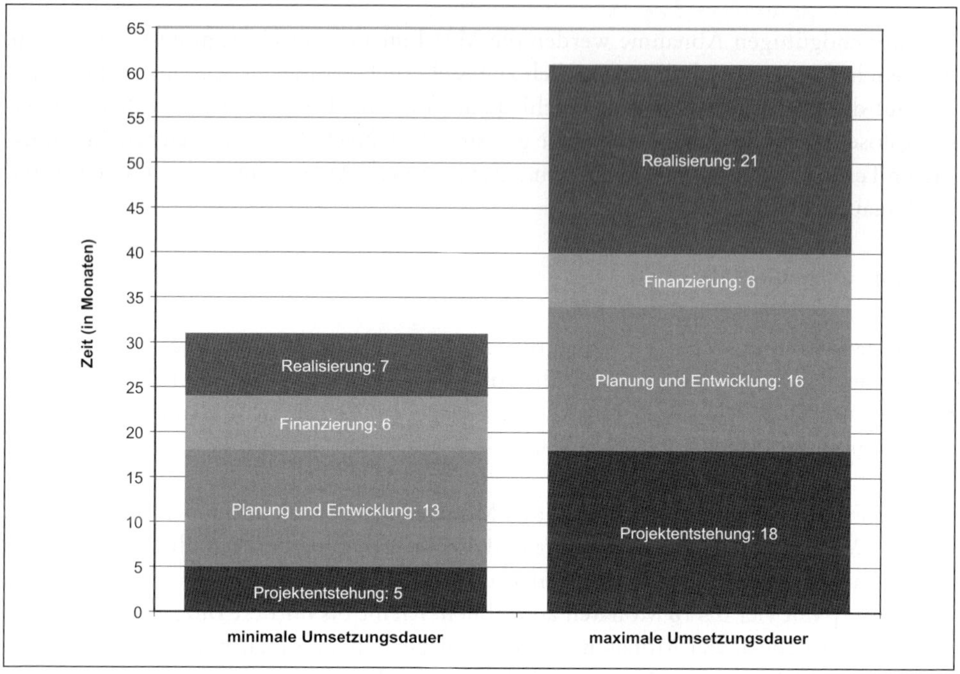

3 Erfolgsfaktoren von Bioenergievorhaben

Der Erfolg eines Projektes hängt von vielen Faktoren ab, die erkannt, priorisiert und bewertet werden müssen. Nachfolgend werden die wichtigsten Erfolgsfaktoren aufgezeigt und beschrieben:

- Kommunikation
- technisches Konzept
- Aufwendungen
- Erlöse

Die *Kommunikation* ist der Dreh- und Angelpunkt für einen erfolgreichen Projektverlauf. Die meisten Schwierigkeiten bei der Planung und Umsetzung von Bioenergieprojekten lassen sich durch eine gute Kommunikation mit externen, aber auch internen Beteiligten klären.

Die externe Kommunikation betrifft alle direkten oder indirekten Projektbeteiligten: Grundstückseigentümer, deren Nachbarn, Rohstofflieferanten, Abnehmer der Wärme oder von Gärresten, die Gemeinde, Bürger und von ihnen gegründete Initiativen. Neue

Anlagen bedeuten Veränderungen, die den Betroffenen vorab erklärt werden müssen. Die meisten Befürchtungen und Vorurteile beziehen sich auf Belästigung durch Lärm, Geruch oder zusätzliches Verkehrsaufkommen. Hierbei handelt es sich um sensible Themen, zu denen sich die Betroffenen äußern und vor allem gehört werden wollen. Durch umfassende Informationen und Aufklärung über das geplante Projekt lassen sich mangelnde oder Fehlinformation, Misstrauen und Vorurteile nachhaltig ausräumen. Dabei ist es wichtig, die Kommunikation und den Informationsfluss zu den Betroffenen im gesamten Projektzeitraum und auch während der Laufzeit der Anlage zu pflegen.

Eine weitere Gruppe, mit der die Kommunikation sehr wichtig ist, sind die Genehmigungsbehörden. Dies bezieht sich auf verschiedene Faktoren. Zum einen sind Bauvorschriften oft Auslegungssache. Des Weiteren können unkoordinierte Rückfragen zu einer Verzögerung des gesamten Genehmigungsverfahrens führen. Darüber hinaus muss seitens des Projektentwicklers Überzeugungsarbeit geleistet werden, damit ein Projekt realisiert werden kann, da der Behördenvertreter nicht Entscheidungsträger ist und seinerseits Argumente benötiget, um sein Anliegen in den Bauausschüssen überzeugend vertreten zu können.

Aufgrund des erheblichen Kapitalbedarfs, der bereits in den ersten Phasen vor der Inbetriebnahme entsteht, spielt der Umgang mit potenziellen Investoren und Banken eine entscheidende Rolle für den Erfolg eines Bioenergieprojektes. Deshalb ist es unablässig, gemeinsame Gespräche mit allen Parteien zu führen, in denen u.a. der Eigenkapitalanteil und die Sicherheiten besprochen und schließlich verhandelt werden.

Für einen positiven Projektverlauf ist die interne Kommunikation im Projektteam von großer Bedeutung. An einem Projekt sind viele Mitarbeiter in den verschiedenen Projektphasen beteiligt, weshalb eine gute phasenübergreifende Kommunikation für die Gewährleistung des Informationsflusses entscheidend ist.

Ein weiterer wichtiger Erfolgsfaktor für Bioenergieanlagen ist das *technische Konzept*. Einerseits sollen die Anlagen kostengünstig sein, anderseits muss ein reibungsloser Betrieb ohne Störungen gewährleistet werden. Dazu muss ein Planungskonzept erarbeitet werden, das sowohl in sich stimmig ist als auch eine Abwägung der Investitionskosten beinhaltet. Die Herausforderung dabei ist, alle Anlagenkomponenten von den unterschiedlichsten Anbietern zu einer funktionierenden Einheit zusammenzufügen. Dabei können Schwierigkeiten entstehen, wenn nur unvollständige bzw. ungenaue Daten vorliegen. Sehr häufig müssen Annahmen getroffen werden. Diese sind immer mit Unsicherheiten behaftet.

Ein Bioenergieprojekt kann, wie jedes andere Projekt auch, erst als erfolgreich eingestuft werden, wenn es über die gesamte Laufzeit die kalkulierte Wirtschaftlichkeit erzielt. Ein entscheidender Faktor auf die Wirtschaftlichkeit sind, wie bei allen Anlagen bzw. Unternehmen, die *Aufwendungen* für den Betrieb. Bei Bioenergieanlagen betrifft das vor allem die Einsatzsubstrate, da diese mit 50 bis 60% den größten Anteil an den jährlichen

Betriebskosten ausmachen. Um die Einsatzsubstrate zu sichern, werden meist mit mehreren Lieferenten Substratlieferverträge geschlossen. Diese Verträge sollten möglichst langfristig sein und fest vereinbarte Preise enthalten. Das ist allerdings schwierig, da vor allem die Preise von landwirtschaftlichen Produkten stark schwanken. Langfristige Substratlieferverträge können allerdings sowohl für den Projektentwickler als auch für die Landwirte eine Planungssicherheit bieten, die es für beide Seiten z.B. durch Preisanpassungsklauseln gewinnbringend zu gestalten gilt.

Neben den Aufwendungen haben dementsprechend auch die *Erlöse* einen Einfluss auf die Wirtschaftlichkeit. Die Erlöse besitzen, wie bereits einführend erwähnt, einerseits eine gesetzliche Abhängigkeit, bezogen auf die Stromvergütung, und anderseits sind sie von dynamischen Marktentwicklungen abhängig, die wiederum den Absatz der Produkte beeinflussen.

Die vier grundsätzlichen Erfolgsfaktoren Kommunikation, technisches Konzept, Aufwendungen und Erlöse werden im folgenden Beispielprojekt anhand der markanten Details eines Bioenergievorhabens noch einmal verdeutlicht.

4 Beispielprojekt

Das Beispielprojekt beschreibt eine Biogasanlage (BGA) mit einer elektrischen Leistung von 500 Kilowatt (kW), die 2006 in Betrieb genommen wurde.

Die Projektidee entstand durch eine Kundenanfrage von zwei Landwirten mit einem ackerbaulichen Gemeinschaftsbetrieb. Die Landwirte wollten sowohl die Rohstoffe liefern sowie die Betriebsführung übernehmen und sich auch als Kapitalgeber an der Anlage beteiligen.

Eine Besonderheit der Planungs- und Entwicklungsphase war, dass die Biogasanlage ohne den Einsatz von Gülle konzipiert wurde, da nicht ausreichend Gülle in der näheren Region vorhanden war. Zusätzlich wurde nach dem damals gültigen EEG von 2004 noch ein Trockenfermentationsbonus gewährt, was eine Verbesserung der Wirtschaftlichkeit bedeutete. Des Weiteren hatte es logistische Vorteile, keine Gülle einzusetzen. Der Gülletransport ist aufgrund des hohen Wassergehalts grundsätzlich über weitere Strecken unwirtschaftlich, da im Verhältnis zu den Nährstoffen (die man eigentlich transportieren möchte) zu viel unnötiges Wasser transportiert werden muss.

In der Planung und Entwicklungsphase wurde nach einem Wärmeabnehmer gesucht. Als geeigneter Abnehmer wurde eine Mälzerei ermittelt. Danach wurde der Standort geographisch optimal zwischen den Feldern der Landwirte und 400 m von der Mälzerei entfernt gewählt, was eine kurze Wärmeleitung ermöglichte. Leider kam es in dieser Phase auch zu Schwierigkeiten und Verzögerungen, da sich eine Nachbarschaftsinitiative gegründet hatte, die wegen einer befürchteten Geruchsbelästigung bei der Genehmigungsbehörde Einspruch gegen die Anlage einlegte. Durch Verhandlungen mit der Gemeinde und der Bürgerinitiative konnte diese Hürde überwunden werden, indem nachträglich eine gasdichte Abdeckung des Gärrestlagers eingeplant wurde. Um die Bürgervereinigung nachhaltig zu überzeugen, wurde zusätzlich ein zweites Geruchsgutachten in Auftrag gegeben. Dieses Gutachten bescheinigte, dass von der Biogasanlage keine zusätzliche Geruchsimmission zu erwarten war.

Durch die Art der Projektentstehung war bereits geklärt, dass die Landwirte sich mit 20% an der Anlage beteiligen. Weitere 20% wurden durch die Projektgesellschaft selbst gedeckt. Zusätzlich konnte der Wärmeabnehmer als Kapitalgeber gewonnen werden, der auch 20% Eigenkapital einbrachte. Damit wies die Anlage einen hohen Eigenkapitalanteil auf, was die Beschaffung des Fremdkapitals erleichterte.

Die Realisierungsphase lief ohne Schwierigkeiten genau nach Plan. Allerdings traten zu Beginn der Betriebsführung einige Schwierigkeiten auf. Eine davon betraf die kaufmännische Betriebsführung, da es zu Unstimmigkeiten über die Auslegung der rechtlichen Rahmenbedingungen zwischen dem Anlagenbetreiber und dem Stromnetzbetreiber kam. Das EEG gewährte zur Zeit der Inbetriebnahme zwar den Trockenfermentationsbonus, regelte ihn aber nicht eindeutig. Weshalb der Stromnetzbetreiber, der die Vergütung zahlt, den Bonus zunächst verweigerte. Deshalb musste durch ein Umweltgutachten nachgewiesen werden, dass die BGA alle Anforderung für den Bonus erfüllt, womit der Stromabnehmer dann auch den Bonus zahlen musste.

Die anderen Schwierigkeiten betrafen die technische Betriebsführung – diese waren vorher nicht in dem Ausmaß abzusehen und sind typisch für die Eigendynamik von Bioenergievorhaben. Das erste halbe Jahr produzierte die Anlage nur die Hälfte der installierten Leistung. Dies ließ sich nach einer Begutachtung auf unzureichende biologische Prozesse (durch die das Biogas entsteht) zurückführen. Aufgrund der fehlenden Gülle entstand ein Nährstoffmangel bei den Biogas produzierenden Mikroorganismen, was noch durch eine außergewöhnlich nährstoffarme Ernte der Einsatzsubstrate verstärkt wurde. Durch den Einsatz von Spurennährstoffen konnte dieser Mangel prozessbiologisch optimiert werden.

Auch bei der Wärmelieferung an die Mälzerei gab es anfänglich Schwierigkeiten. Letztendlich war das Wasser, das als Wärmeträger diente, zu kalkhaltig. Durch die Kalkablagerungen verringerte sich der Durchleistungsquerschnitt, weshalb nicht mehr ausreichend Wasser und damit Wärme übertragen werden konnte. Dieses kleine Planungsdetail sorgte dafür, dass im ersten Jahr nur ein Drittel der Wärmemenge übertragen werden konnte. Das Hindernis ließ sich jedoch durch einen Entkalker einfach ausräumen. Die technischen Probleme hatten auch entsprechende finanzielle Auswirkungen. Diese glichen sich erst aus, als durch die Novellierung des EEG im Jahr 2009 der NawaRo-Bonus erhöht wurde.[5] Zum Vorteil der Biogasanlage wurde dieser Bonus auch für Bestandsanlagen gewährt. Seit der Überwindung der anfänglichen Schwierigkeiten läuft die Anlage mit einer hohen technischen Auslastung und kann damit wirtschaftlich betrieben werden.

Der größte Erfolgsfaktor der BGA ist, dass die Landwirte sowohl Investoren als auch Substratlieferanten und Betreiber der Anlage sind. Dadurch haben sie ein großes Eigeninteresse und sind entsprechend motiviert, die Anlage wirtschaftlich zu betreiben. Ein weiterer Vorteil der Anlage ist, dass auch der Wärmeabnehmer in die BGA investiert hat, was dessen Engagement deutlich erhöht und die Kooperation verbessert.

5 Fazit

Die Projektierung von Bioenergievorhaben zielt darauf ab, Bioenergieprojekte so zu planen, zu entwickeln und zu realisieren, dass sie kostengünstig, zuverlässig, wirtschaftlich und nachhaltig sind. Ausgehend von der in Abschnitt 2.2 beschriebenen Gliederung zur Umsetzung eines Bioenergievorhabens ergeben sich die vier Phasen der Projektierung: Entstehung, Planung und Entwicklung, Finanzierung sowie Realisierung. Die Entstehung eines Projekts erfolgt auf diversen Wegen, von der Kundenanfrage über die Potenzialsuche bis hin zur Übernahme einer Insolvenzmasse. In der anschließenden Phase der Planung und Entwicklung liegt der Fokus dann auf der Harmonisierung der technischen und wirtschaftlichen Aspekte. Die darauf folgende Phase der Finanzierung beinhaltet die Konzeption eines wirtschaftlichen Finanzierungsmodells von Eigen- und Fremdkapital unter den spezifischen Anforderungen eines Bioenergievorhabens. Ist die Finanzierung abgeschlossen, folgt die Realisierung des Projekts. Diese Phase bezieht sich auf die Koordination der verschiedenen Auftragnehmer zur letztendlichen Realisierung und Inbetriebnahme einer Bioenergieanlage. Obwohl die Betriebsführung nicht in der klassischen Projektierung einzuordnen ist, bildet sie dennoch eine der Grundlagen zum Aufbau der Erfahrungswerte zur Optimierung der vorgelagerten Phasen. Als Besonderheit stehen hier die Komplexität der Prozesse und die direkte Wechselwirkung zum wirtschaftlichen Erfolg im Vordergrund.

Aufgrund ihrer Komplexität stellen die Bioenergievorhaben große Anforderung an die Projektumsetzung. Das macht die Projektierung von Bioenergievorhaben zu einer herausfordernden Disziplin, die aufgrund des stetigen Ausbaus aller Erneuerbarer Energien in der zukünftigen Energielandschaft weiter an Bedeutung gewinnt.

[5] NawaRo-Bonus: Dieser Bonus wird nach Anlage 2 Abs. I Satz 1 des EEG für Anlagen gewährt, die aus nachwachsenden Rohstoffen (NawaRo) Strom erzeugen.

Projektierung von Wasserkraftvorhaben

Stephan Heimerl

1 Grundlegende Aspekte der Wasserkraftprojektierung

1.1 Anlässe für Vorhabensprojektierungen

Wasserkraftanlagen waren in der frühen Entwicklung der Elektrizitätswirtschaft an der Wende ins 20. Jahrhundert oftmals die einzige Möglichkeit zur Erzeugung von elektrischem Strom sowie der Versorgung der Bevölkerung und Industrie mit diesem Energieträger.[1] Entsprechend wurden einerseits Standorte mit einer ehemals mechanischen Nutzung der Wasserenergie in Form von Mühlen etc. umgebaut und andererseits neue erschlossen. Wurden anfangs die Wasserkraftanlagen aufgrund der Gefahren infolge vor allem der naturgegebenen Hochwasserereignisse sowie der beschränkten technischen Möglichkeiten im Trockenen neben dem Gewässer errichtet, so konnten in der ersten Hälfte des 20. Jahrhunderts mit der Entwicklung der Bautechniken und Gerätschaften zunehmend auch größere Gewässer durch Krafthausbauten in denselben besser genutzt werden. Dies führte in vielen Industrieländern, darunter Deutschland, dazu, dass die verfügbaren Wasserkraftstandorte heute zu einem Großteil bereits genutzt werden. Mit einer gewissen zeitlichen Verzögerung wurden in den letzten Jahrzehnten bzw. werden derzeit weltweit viele mögliche Standorte einer Nutzung zugeführt, da die natürliche, regenerative Ressource Wasserkraft oftmals die einzige Möglichkeit darstellt, unabhängig von Rohstoffimporten elektrischen Strom in größerem Umfang zu erzeugen.

Infolge dieser Ausgangssituation gibt es unterschiedliche Vorhabensanlässe, die eine Projektierung in der Wasserkraft direkt oder indirekt auslösen. Hierzu zählen insbesondere folgende Anlässe:

1. Neubauprojekte:
   - an bisher ungenutzten Standorten, d.h. Vorhaben „auf der grünen Wiese" („greenfield project"), oder
   - an vorhandenen Bauwerken mit anderweitigen Aufgabenstellungen, wie beispielsweise Stauanlagen zur Wasserspeicherung von Trink- oder Brauchwasser oder zum Hochwasserrückhalt oder Stauhaltungen von Schifffahrtswegen.
2. Rehabilitation stillgelegter Anlagen;
3. Modernisierung und/oder Erweitung von in Betrieb befindlichen Wasserkraftanlagen;

[1] Vgl. den Beitrag „Technologische Grundlagen der Wasserkraft" von Theobald/Roland/Heimerl im vorliegenden Buch.

4. Statusänderungen, die vielfach eine Projektierung auslösen, wie vor allem:

- die Veränderungen der wasserrechtlichen Verhältnisse infolge des Ablaufs der wasserrechtlichen Gestattung oder aufgrund einer geänderten Rechtssituation oder
- der Änderung der Besitz- oder Beteiligungsverhältnisse.

In Verbindung mit der Vielfalt der Nutzungsmöglichkeiten und der naturräumlichen Ansprüche sowie der einsetzbaren Techniken und Bauweisen ergeben sich bei sämtlichen Wasserkraftvorhaben vom Neubau über die Reaktivierung bis hin zur Modernisierung mannigfaltige Anforderungen, die nicht nur aus der Nutzung selbst, sondern auch aus den übergeordneten wesentlichen Zielvorstellungen herrühren (Abbildung 1). Berücksichtigt werden muss dabei stets, dass Wasserkraftvorhaben immer einen verhältnismäßig hohen Grad von individuellen Ansprüchen aufweisen und daher nur Teillösungen bieten und letztlich nie komplette Ausführungslösungen von einem Standort auf einen anderen übertragen werden können.

Abbildung 1: Zieldreieck der Wasserkraftnutzung

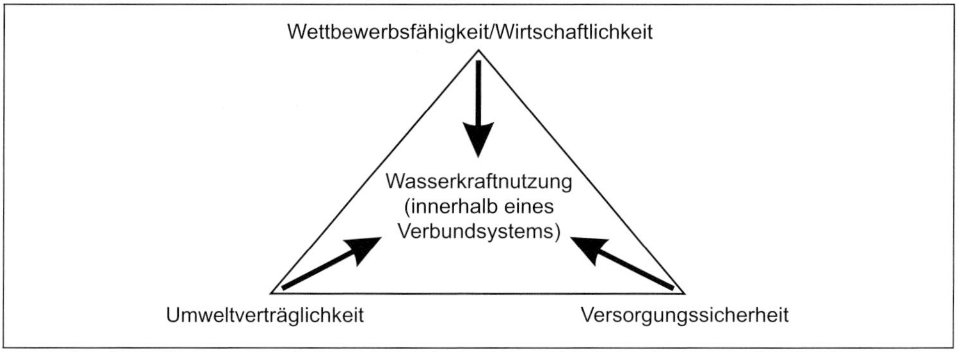

Quelle: Heimerl (2002), S. 1

Der federführende Projektentwickler bzw. Planer muss sich daher der wirtschaftlichen Verantwortung für den Vorhabensträger bewusst sein, ein Höchstmaß an Planungsqualität liefern und damit die Grundlagen für sämtliche Beurteilungsfragestellungen durch den Vorhabensträger von der absoluten über die relative Vorteilhaftigkeit bis hin zum optimalen Investitionszeitpunkt liefern. Dies betrifft sämtliche Planungsaspekte, die entweder Kosten verursachen – wie beispielsweise die Wasserbautechnik oder Maßnahmen der Umweltförderung – oder einen Nutzen erbringen, der z.B. aus dem Stromverkauf infolge einer gesicherten Erzeugungsprognose bzw. aus der Einsparung von anderweitigem Strombezug resultiert. Zusätzlich müssen die die gesamte Gesellschaft betreffenden positiven und gegebenenfalls auch negativen Wirkungen aus den meist vorhandenen Mehrzweckaufgaben von Wasserkraftanlagen, beispielsweise hinsichtlich des Hochwasserschutzes, der Sicherstellung der Schiffbarkeit eines Gewässers oder der

Stromversorgung innerhalb des Energieverbundnetzes, beachtet und adäquat in der Gesamtbewertung des jeweiligen Vorhabens berücksichtigt werden.

Schließlich muss noch das politische und kulturelle Umfeld erwähnt werden, das die Projektierung stets maßgeblich beeinflusst. So dominieren in Deutschland heute beispielsweise trotz des Zieles des Ausbaus der Nutzung Erneuerbarer Energieträger die Anforderungen des Umweltschutzes vielfach die Vorhaben und lassen diese im Extremfall scheitern. In Ländern mit einem starken Entwicklungspotenzial bzw. dem grundlegenden Bedarf nach elektrischer Energie vor allem aus heimischen Ressourcen, wie beispielsweise in der Türkei oder den Ländern Afrikas und Asiens, werden hingegen in den gesamtgesellschaftlichen Betrachtungen die Prioritäten anders gesetzt und Wasserkraftvorhaben häufig der Vorzug gegeben.

1.2 Akteure bei der Projektierung

Bei der Entwicklung und Realisierung von Wasserkraftvorhaben sind in der Regel eine größere Anzahl unterschiedlicher Projektbeteiligter eingebunden, die in verschiedenartigen Konstellationen und Rollen mit zum Teil fließenden Übergängen ihre jeweiligen Interessen und Zielsetzungen verfolgen. Hier sind vor allem folgende Parteien zu nennen:

- Vorhabensträger, wie beispielsweise Energieversorgungsunternehmen sowie private und institutionelle Investoren,
  - mit Mehrheits- oder Minderheitsbeteiligung,
  - mit der Zielsetzung des Eigenbetriebes oder der Vergabe des Betriebes an Dritte sowie
  - mit weiteren Zielvorgaben.
- Finanzierungsinstitutionen als Fremdkapitalgeber;
- Genehmigungsbehörden einschließlich der unterschiedlichen einzubindenden Fachbehörden;
- einzubeziehende Dritte:
  - direkt betroffene Dritte, wie z.B. vorgelagerte Netzbetreiber oder anderweitige Gewässernutzer, mit denen privatrechtliche Vereinbarungen geschlossen werden müssen;
  - indirekt betroffene Dritte, die z.B. durch ein verändertes Landschaftsbild berührt werden oder deren Freizeitverhalten betroffen ist.
- Projektentwickler bzw. Planer;
- Lieferanten (Baufirma, Anlagenhersteller etc.).

2 Phasen der Wasserkraftprojektierung

Die Projektierung und Realisierung von Vorhaben bei Wasserkraftanlagen lässt sich im Wesentlichen in sechs zum Teil parallel ablaufende bzw. bearbeitbare Phasen unterteilen (Abbildung 2).[2] Dabei spielen prinzipiell weder Anlagengröße und -typ noch der Projektierungsanlass gemäß Abschnitt 1.1 beim Projektierungsablauf eine Rolle.

Abbildung 2: Typischer Projektzeitplan mit Kostenverlauf

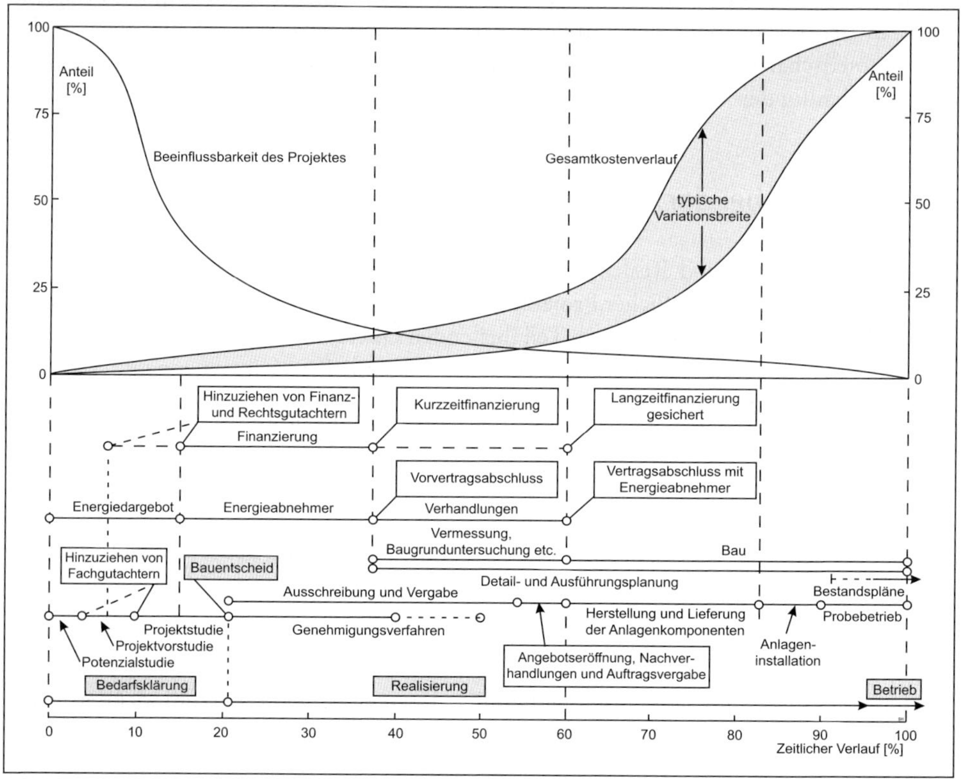

Quelle: Giesecke/Mosonyi/Heimerl (2009), S. 43 (modifiziert)

Die Dauer einer Projektierung von der Ideenphase einschließlich der Bedarfsklärung über die Planung, die Genehmigung, den Baubeginn bis hin zur Inbetriebnahme beträgt üblicherweise – je nach Aufwand der Vorplanung und dem Genehmigungsverlauf bei den Behörden – bei kleineren Vorhaben ein bis vier Jahre, bei größeren Vorhaben bis zu

[2] Heimerl (2002); Giesecke/Mosonyi/Heimerl (2009).

zehn Jahre oder gar mehr. Dies bedeutet, dass die Bearbeitungstiefe bzw. der (finanzielle) Aufwand naheliegenderweise direkt mit der Projektgröße und dem daraus resultierenden, durch die Projektierung zu minimierenden Projektrisiko zusammenhängt.

2.1 Potenzialstudie

Im Rahmen der Potenzialstudie (Masterplan) werden ausgehend von einer Betrachtung eines Gewässerabschnittes oder größeren Gewässereinzugsgebietes die Grundlagen für ein beabsichtigtes Wasserkraftvorhaben ermittelt. Hierzu zählen die Bestimmung des insgesamt vorhandenen Wasserkraftpotenzials und die Lokalisierung der sich anbietenden Standorte in der untersuchten Region. Derartige Studien werden in der Regel ohne Vor-Ort-Untersuchungen durchgeführt und basieren auf verfügbaren Daten (topografische Daten u.a. aus Geoinformationssystemen [GIS], hydrologische Daten etc.). Bei den üblichen Investitionsschätzungen ist in dieser Planungsphase eine Kostenungenauigkeit von etwa plus/minus 30% anzusetzen.

2.2 Projektvorstudie

Die Vorstudie (Pre-feasibility Study) dient dazu, kritische Punkte eines spezifischen Vorhabensstandortes herauszufinden sowie eine Bedarfsklärung und eine überschlägige Wirtschaftlichkeitsuntersuchung durchzuführen. Bei Letzterer greift man normalerweise auf Zahlenwerte zurück, die für andere, in den wesentlichen Aspekten vergleichbare Projekte erfasst wurden, und ermittelt so überschlägig die Bauelementkosten (Stauanlage, Triebwasserzuführung, Krafthaus, Maschinengruppen, Umspannanlage etc.), deren Ungenauigkeit noch bei plus/minus 20 bis 25% liegen.

2.3 Projekt- bzw. Machbarkeitsstudie

Im Rahmen der Projekt-, Machbarkeits- oder Durchführungsstudie (Feasibility Study) soll abschließend festgestellt werden, ob und in welcher Form ein Vorhaben wirtschaftlich sinnvoll ist. Hierzu werden die in den bisherigen Vorstudien beschafften Grundlagen (Hydrologie, Topografie, Geologie, Baugrund, Baukonzeption, Jahresarbeitsvermögen, Marktverhältnisse etc.) vertieft, überprüft und erforderlichenfalls noch detaillierter durch gezielte Vor-Ort-Untersuchungen, beispielsweise geologische Aufschlüsse durch Bohrkampagnen oder zusätzliche hydrologische Messungen, erfasst.

Die daraus ermittelten Projekt- und Bauwerksalternativen werden dann einer betriebswirtschaftlichen und einer gesamtgesellschaftlichen Evaluierung unterzogen, wobei durchaus noch Teiloptimierungen der Lösungsvarianten sinnvoll sein können. Bei der Wirtschaftlichkeits- und Nutzen-Kosten-Rechnung in diesem Planungsstadium sollte die Ermittlungsunsicherheit nicht mehr höher als plus/minus 15% bis maximal plus/minus 20% liegen.

Bis zum Abschluss der Projektstudien und der Planungsarbeiten ist auch bei kleineren Anlagen mit mindestens einem Jahr zu rechnen, bei größeren Projekten sind normalerweise etwa 5 Jahre, oftmals auch mehr anzusetzen. Der Detaillierungsgrad der bis zu diesem Zeitpunkt gewonnenen Erkenntnisse muss sowohl den prinzipiellen Bau- und Ausführungsentscheid hin zur Realisierung des Projektes als auch die anschließende Erstellung der Genehmigungs- und Ausschreibungsunterlagen ermöglichen.

2.4 Genehmigungsverfahren, Ausschreibung und Vergabe sowie Finanzierung

2.4.1 Genehmigungsverfahren

Da der Genehmigung eines Vorhabens die Schlüsselrolle hin zur Realisierung zukommt, ist es zwingend erforderlich, den jeweiligen landesspezifischen Rechtsrahmen in Form von Gesetzen sowie Verordnungen zu kennen und diesen frühzeitig in die Projektentwicklung einzubeziehen.

Am Beispiel Deutschlands sollen nachfolgend die wesentlichen Aspekte des wasserrechtlichen Gestattungsverfahrens zur Erlangung einer wasserrechtlichen Entscheidung für den Bau und Betrieb einer Wasserkraftanlage kurz stichwortartig aufgezeigt werden:

- Es basiert auf folgendem prinzipiellen Rechtsrahmen:
  - dem bundesweit gültigen Wasserhaushaltsgesetz (WHG),
  - dem Landeswassergesetz des jeweiligen Bundeslandes sowie
  - den landesspezifischen Ausführungsverordnungen in Form von Verwaltungsvorschriften, Richtlinien und Erlassen.
- Es umfasst möglicherweise verschiedene Schritte:
  - Raumordnungs- und/oder Planfeststellungsverfahren bei größeren, komplexeren Vorhaben und
  - stets das eigentliche wasserrechtliche Verfahren zur Erlangung von Erlaubnis, gehobener Erlaubnis und Bewilligung nach dem derzeit gültigen WHG.

- Es bezieht einige unselbstständige Verfahrensbestandteile automatisch mit ein:
  - eine Prüfung der Umweltwirkungen gemäß dem Gesetz über die Umweltverträglichkeitsprüfung (UVPG) in Verbindung mit der europäischen Flora-Fauna-Habitat-Richtlinie (FFH-RL) mit dem Natura-2000-Schutzgebietssystem, den Vogelschutzgebieten und anderen schützenswerten Gebieten gemäß Bundesnaturschutzgesetz sowie Vorgaben aus den Fischerei- und Tierschutzgesetzen etc.;
  - eine bauplanungsrechtliche und bauordnungsrechtliche Genehmigung, die sogenannte Baugenehmigung.
- Es nimmt direkt oder indirekt Bezug auf weitere Regelungsbereiche wie z.B.:
  - Gewerbeordnung,
  - Unfallverhütungs- und Arbeitssicherheitsvorschriften vor allem der Berufsgenossenschaften,
  - anerkannte Regeln der Technik wie beispielsweise national und international gültige Normen (DIN, EC, ISO etc.) oder technische Regelwerke von Verbänden (VDE, IEC, DWA etc.).

Die Vielzahl der nicht nur in Deutschland, sondern in analoger Weise auch im Grunde in allen anderen Staaten zu berücksichtigenden Regelungen macht deutlich, dass ein derartiges Verfahren einen bedeutenden zeitlichen und finanziellen Aufwand bedeuten kann. Es muss daher angestrebt werden, im Rahmen der Projektierung diesen Aufwand zu optimieren und durch ein zielorientiertes Vorgehen Risiken zu minimieren. Hierbei ist in der Regel eine enge Abstimmung mit der zuständigen Behörde bis hin zu einer offiziellen Voranfrage bei dieser sehr hilfreich, um alle Randbedingungen der Genehmigung in Erfahrung zu bringen und nach Möglichkeit den Verfahrensablauf weitestgehend einvernehmlich festzulegen.

2.4.2 Ausschreibung und Vergabe

Spätestens nach dem erfolgreich abgeschlossenen Genehmigungsverfahren kann entweder sofort auf der Basis der zuvor erarbeiteten Unterlagen oder während der Detail- und Ausführungsplanung eine Ausschreibung erfolgen. Bestehen gegen das Vorhaben an sich keine absehbaren grundsätzlichen Genehmigungshindernisse, so wird in den meisten Fällen bereits während des noch laufenden Genehmigungsverfahrens mit den nächsten Schritten begonnen.

Bei der Ausschreibung selbst ist von besonderer Bedeutung, dass bei den hierzu gehörenden Unterlagen auf eine sehr umfassende und detaillierte Beschreibung des Projektes einschließlich der einzelnen Baulose und Teillieferungen geachtet wird. Mit diesen Dokumenten stehen damit einerseits potenziellen Anbietern der verschiedenartigen

Leistungen gute Kalkulationsgrundlagen zur Verfügung, und andererseits ermöglichen diese Vorgaben dem Auftraggeber einen relativ guten Vergleich der abgegebenen Angebote.

Darüber hinaus tragen derartig umfangreiche Unterlagen zur Vermeidung von späteren Problemen, beispielsweise bei der Umsetzung von Genehmigungsvorgaben oder der Nachverfolgung von Bau- und Lieferleistungen, bei. Schließlich sollte durch diese Vorgaben der zu erbringende Leistungsumfang im Sinne einer Ausführungsvorschrift beschrieben und festgelegt werden, da diese meistens mit der Auftragserteilung Bestandteil des Vertrages zwischen Auftragnehmer und Auftraggeber wird.

Des Weiteren muss darauf hingewiesen werden, dass der Auftraggeber in der Regel in etlichen Punkten entsprechend der geltenden technischen Regelwerke die Verantwortung für die von ihm gemachten Angaben – bei Wasserkraftvorhaben z.B. die topografischen Angaben einschließlich der zur Verfügung stehenden Fallhöhe oder die verfügbaren Abflussgrößen etc. – übernimmt und somit die gebührende Sorgfalt aus Eigeninteresse zwingend erforderlich ist.

Bereits vor der Ausschreibung muss sich der Auftraggeber grundsätzliche Gedanken darüber machen, ob er das Projekt an einen Generalunternehmer vergeben und dann als sogenanntes „schlüsselfertiges" Objekt übernehmen will oder ob er die einzelnen Baulose unterschiedlichen Auftragnehmern überträgt und damit auch die Frage der hiervon unabhängigen Bauleitung und Bauüberwachung (Koordination der Schnittstellen zwischen den Einzellosen, Qualitätskontrolle, Rechnungsprüfung und anderes mehr) klären muss, d.h. Ingenieurbüro, Consulting-Unternehmen, Eigenregie o.Ä. Bei Erneuerungs- und Modernisierungsarbeiten von bestehenden maschinellen Ausrüstungen oder elektrischen Anlagenteilen wird in der Regel der Auftrag direkt an einen Hersteller vergeben.

Häufig erfolgt eine Vorauswahl bzw. Präqualifikation der Anbieter, die dann die eigentlichen Ausschreibungsunterlagen erhalten. Bei dieser sogenannten beschränkten Ausschreibung soll zum einen die Fachkompetenz der potenziellen Auftragnehmer sichergestellt und zum zweiten der zeitliche Ablauf gestrafft werden.

Aus den eingereichten Angeboten wird nach deren Überprüfung sowie eventueller Nachverhandlungen hinsichtlich technischer Ausführungsdetails sowie Kosten abschließend ein Auftragnehmer ausgewählt. Die eingereichten Angebote werden dabei sinnvollerweise nicht nur unter finanziellen Gesichtspunkten begutachtet, vielmehr sollten dabei auch die Erfahrung des Unternehmens mit vergleichbaren Vorhaben, die Kompetenz des vorgesehenen Kernbearbeitungsteams, die im Angebot möglicherweise zusätzlich unterbreiteten (technischen) Ausführungsvorschläge sowie weitere, zweckmäßigerweise im Zusammenhang mit der Ausschreibungserstellung festgelegte Kriterien eine wichtige Rolle spielen.

Des Weiteren kommt der Ausgestaltung des Bau- und Liefervertrages unter Einbeziehung der jeweils gültigen Bauvorschriften, Normen und spezieller Vertragsbedingungen etc. eine besondere Stellung zu. Es bietet sich hierbei an, auf allgemein anerkannte Vertragsgrundlagen je nach Ausführungsart zurückzugreifen, wie beispielsweise die Vergabe- und Vertragsordnung für Bauleistungen (VOB) in Deutschland, die Verträge der Internationalen Vereinigung Beratender Ingenieure (FIDIC) oder der Weltbank. Diese werden dann üblicherweise durch spezielle Bedingungen unter Berücksichtigung der projektspezifischen Besonderheiten ergänzt. Diese Vorgehensweise schafft für alle Vertragsparteien die notwendige Sicherheit, kann doch im Streitfall auf geeignete Schlichtungsverfahren sowie eine umfangreiche Rechtsprechung zurückgegriffen werden.

2.4.3 Finanzierung

Um die Realisierung eines Vorhabens schlussendlich sicherzustellen, ist neben allen planerischen Aktivitäten die Finanzierung desselben entscheidend, wozu möglichst frühzeitig Gespräche mit Banken und Versicherern aufgenommen werden sollten.

Neben der Ermittlung des Investitionsvolumens (CAPEX) ist hierzu auch die Kenntnis vor allem der Kosten für Betrieb und Unterhalt (OPEX), der zeitlichen Abläufe der Investition und von eventuellen Unterhaltungsmaßnahmen, der Finanzierungskosten, der steuerlichen und versicherungstechnischen Verhältnisse, der verschiedenartigen vertraglichen Verpflichtungen sowie die Art der Finanzierung selbst (Eigenfinanzierung, Projektfinanzierung etc.) notwendig. Je nach Größe des Vorhabens kann es ratsam sein, sich unabhängiger, nicht erfolgsorientiert handelnder Finanz- sowie Rechtsberater zu bedienen, um ein langfristig sicheres Finanzierungskonzept einschließlich der dabei notwendigen Verträge zu erarbeiten.

2.5 Detail- und Ausführungsplanung

Da Wasserkraftvorhaben grundsätzlich individuelle Planungen beinhalten, die die verschiedenartigen natürlichen und örtlichen Gegebenheiten berücksichtigen müssen, und dabei allenfalls auf anderweitig verwendete Elemente zurückgegriffen werden kann, müssen im Rahmen der Detail- und Ausführungsplanung die detaillierten Baupläne für die Bauausführung ausgearbeitet werden. Hierbei werden neben den Vorgaben aus den Ausschreibungsunterlagen auch die in den jeweiligen Teilangeboten unterbreiteten und nun beauftragten Ausführungsarten sowie Spezifikationen zusammengeführt.

Nachdem bei Wasserkraftanlagen vielfach komplexe Strömungs- und Stofftransportprozesse auftreten, kann es sinnvoll sein, spätestens während dieses Projektierungsschrittes einzelne Bauwerksteile oder Gewässerabschnitte in physikalischen Modellversuchen, mathematisch-numerischen Modellen oder einer Kombination beider (sogenannte hydrodynamisch-numerische Modelle) zu untersuchen und die Ergebnisse dann in die Planung einfließen zu lassen. Dies gilt sowohl für kleinere als auch größere Anlagen, um im dauerhaften Betrieb energetische Verluste durch z.B. ungünstige An- und Abströmungen oder Betriebsstörungen beispielsweise durch Sedimentablagerungen zu vermeiden.

2.6 Bauausführung mit Inbetriebnahme und Abnahme

Normalerweise ist jeder Vorhabensträger bestrebt, zeitnah nach der Erteilung der Genehmigung mit der eigentlichen Realisierung des Bauvorhabens zu beginnen. Daher läuft die Ausführungsphase häufig parallel zur Detail- und Ausführungsplanung direkt nach der Auftragsvergabe an und kann je nach Größe des Vorhabens von einigen Monaten – bei Modernisierungen – bis zu fünf und mehr Jahren – bei großen Neubauvorhaben – dauern. Im Extremfall, der eine gute Koordination aller Projektbeteiligten voraussetzt, wird die Detailplanung nur wenige Tage oder Wochen vor der tatsächlichen Ausführung fertiggestellt und an die Bauleitung vor Ort übergeben (daher auch als „design as you go“ bezeichnet).

Während der eigentlichen Bauausführung steht die qualitativ hochwertige und gleichzeitig kostenoptimierte Umsetzung der Planung im Vordergrund. Entsprechend ist eine durchgehende Überwachung und Koordination der Arbeiten der unterschiedlichen Gewerke einschließlich der Schnittstellen zwingend notwendig. Sofern der Vorhabensträger nicht selbst über eigenes, kompetentes Personal verfügt, sollte unbedingt eine fachlich qualifizierte Bauleitung zur Übernahme dieser qualitätssichernden und koordinierenden Leistungen hinzugezogen werden (siehe hierzu Abschnitt 2.4.2).

Mit dem Abschluss der Bau- und Montagearbeiten erfolgt die Inbetriebnahmephase der Anlage, die sich aus einem Probebetrieb, eventuellen Nacharbeiten und der Abnahme durch den Vorhabensträger zusammensetzt. Hierbei wird durch Begehungen, zum Teil mit Abnahmeversuchen und -messungen, geprüft, ob insbesondere

- der vertraglich fixierte Liefer- und Leistungsumfang bei allen Gewerken entsprechend der Vorgaben erbracht wurde,
- sämtliche Komponenten einwandfrei und zuverlässig funktionieren und
- die (dauerhafte) Betriebssicherheit gewährleistet ist.

Von Bedeutung ist, dass mit der Abnahme von Leistungen bzw. Gewerken die vertraglich fixierte Gewährleistung mit der Verjährungsfrist beginnt. Eventuelle Ansprüche sind in der weiteren Folge vor dem Ablauf dieser Verjährung geltend zu machen, sodass der

Vorhabensträger sinnvollerweise rechtzeitig vor deren Ablauf eine eingehende Inspektion seiner Anlage gegebenenfalls im Beisein des Lieferanten durchführen sollte, um Mängelansprüche geltend machen zu können.

Die Abschlussarbeiten beinhalten schließlich die Erstellung der endgültigen Konstruktions- und Baupläne, der sogenannten Bestandspläne, in die alle ausführungsnotwendigen Änderungen eingetragen werden, sowie der Montage- und Wartungspläne.

3 Ergänzende Gesichtspunkte bei der Projektierung unterschiedlicher Wasserkraftvorhaben

3.1 Grundlagen für die Auswahl und Weiterentwicklung von Wasserkraftstandorten

Bei der Projektierung von Wasserkraftvorhaben ist stets eine Vielzahl von naturgegebenen und örtlichen Aspekten zu betrachten, auf die hier nicht im Detail eingegangen werden kann.[3] Nachfolgend sollen daher die wesentlichen Gesichtspunkte nur stichwortartig aufgeführt werden, um einen Überblick über die Vielfalt und die komplexen Verhältnisse zu geben:

- wassermengenwirtschaftliche Größen:
  - verfügbares Wasserdargebot und dessen jahreszeitliche Verteilung des betrachteten Gewässers bzw. Gewässerabschnittes oder Einzugsgebietes einschließlich eventueller Beileitungen, Trends infolge potenzieller Klimaänderungen etc.;
  - Anordnung im System bereits bestehender Wasserkraftanlagen oder Wasserbauwerke mit Auswirkungen auf das Wasserdargebot sowie die möglichen Betriebseinflüsse etc.;
- Topografie mit:
  - Darstellung des Geländes mit der Lage der einzelnen Bauwerksteile sowie daraus resultierend insbesondere der verfügbaren Fallhöhe;
  - Siedlungs- und Verkehrsverhältnissen (Betriebs- und Wohngebäude, Bau- und Verkehrswege etc.);

[3] Vgl. Theobald/Roland/Heimerl (2011) sowie Giesecke/Mosonyi/Heimerl (2009).

  - Gelände zur vorübergehenden Nutzung für Baustelleneinrichtungen (Gebäude, Lagerflächen, Deponien für Aushub etc.);
  - Lage der Wasserkraftanlage in Bezug auf das Stromversorgungsnetz und Lage relativ zum Einspeisepunkt sowie Verlauf der Netzanbindung;
- geologische Situation und damit Baugrundbeschaffenheit;
- technische und bauliche Gesichtspunkte:
  - Randbedingungen für die Ausbildung der verschiedenen Bauwerke von der Wasserentnahme über die Triebwasserführung bis hin zum Krafthaus mit der anschließenden Rückgabe des Triebwassers ins Gewässer;
  - natürliche und betriebliche Vorgaben zur Wahl der hydraulischen und elektrotechnischen Maschinenkomponenten;
  - abwicklungstechnische Einflüsse (jahreszeitlich variierende Witterungsverhältnisse, Hochwassergefährdung, Sicherheit etc.);
- Aspekte des Schutzes der Umwelt (Fischaufstiegsanlagen, Fischschutz- und Fischabstiegseinrichtungen, Mindestwasserabgaben etc.) sowie des sozialen Umfeldes (Landschaftsschutz, Freizeit- und Erholungsräume, Aspekte der Mehrzwecknutzung);
- Energieerzeugung auf der Basis vorgenannter Punkte sowie zusätzlichen energiewirtschaftlichen Einflüssen u.a. der Stromnetzeinspeisung und des Marktes;
- Einflüsse auf die Wirtschaftlichkeit der Anlage (OPEX, CAPEX, Erträge, Zeitpläne zur Realisierung sowie zu Wartungs- und Unterhaltungsarbeiten, Sensitivitätsanalysen u.a. aus Variantenuntersuchungen, der Substitution anderer Erzeugungsformen sowie Preisentwicklungsszenarien etc.).

3.2 Gesichtspunkte bei Reaktivierung, Modernisierung und Erweiterung

Bei der Reaktivierung von Wasserkraftanlagen müssen heute prinzipiell die gleichen Anforderungen einschließlich einer Genehmigung wie bei bisher ungenutzten Standorten erfüllt werden. Dabei können derartige Vorhaben aus gesellschaftspolitischen Gesichtspunkten eine gewisse Unterstützung erfahren, indem durch diese Maßnahme zusätzliche Umweltnutzen, wie z.B. die Wiederherstellung der Durchgängigkeit der Fließgewässer für Fische an vorhandenen undurchgängigen und nun wieder genutzten Wehren, generiert werden. In derartigen Fällen können sowohl das Genehmigungsverfahren vereinfacht als auch zusätzliche finanzielle Förderungen bzw. Planungssicherheiten erschlossen werden, wie sie beispielsweise durch das Erneuerbare-Energien-Gesetz (EEG) in Deutschland vorgesehen sind.

Nachdem z.B. in Deutschland aufgrund der technischen, ökonomischen, ökologischen und gesellschaftspolitischen Randbedingungen an nur noch sehr wenigen bisher komplett ungenutzten Standorten neue Wasserkraftvorhaben realisiert werden können, sind neben der Reaktivierung die Modernisierung und Erweiterung von existierenden Standorten ein wichtiger Baustein zur verstärkten Nutzung der Wasserkraft.[4] Auch aus Gründen des Umweltschutzes kann ein derartiges Vorhaben angebracht sein, allerdings nur dann, wenn die daraus folgenden Maßnahmen in ihrer summarischen Umweltbeeinträchtigung nicht deren Nutzen überwiegen.

Grundlage zur Aufrechterhaltung der gewünschten Verfügbarkeit, Leistungsabgabe und Lebensdauer einer bestehenden, in Betrieb befindlichen Wasserkraftanlage ist die Durchführung regelmäßiger, über die normale Anlagenüberwachung hinausgehender Inspektionen aller Komponenten der Anlage, die vom Betriebspersonal in Zusammenarbeit mit dem jeweiligen Komponentenhersteller oder einem hinzugezogenen Sachverständigen in bestimmten, in der Regel festgelegten Intervallen vorgenommen werden sollten. Dabei sollte auch stets die vorhandene Bau- und Anlagensubstanz auf ihre Beschaffenheit, Werkstoffqualität und Standsicherheit überprüft werden.

Die Projektierung notwendiger Modernisierungsmaßnahmen und einer gegebenenfalls möglichen Erweiterung wird auf der Basis der während des Betriebes oder bei gezielten Untersuchungen gewonnenen Erkenntnisse geplant und durchgeführt. Vor allem folgende Aspekte können den Überlegungen insbesondere mit der Erhöhung der Wirtschaftlichkeit zugrunde liegen:[5]

- Erneuerung bestehender Wassernutzungsrechte;
- Austausch alter Anlagenteile (Turbine, Generator, Lager, Verschlüsse etc.) oder ganzer Komponentengruppen gegen neue mit einem höheren Wirkungsgrad;
- Erhöhung des nutzbaren Abflusses (Bemessungsabfluss) sowie eventuell der Fallhöhe zur Erzielung einer größeren Energieausbeute je nach den hydrologischen, energiewirtschaftlichen und ökologischen Gegebenheiten, wobei im Falle von Ausleitungskraftwerken eventuell erhöhte Mindestwasserabflussauflagen etc. zu beachten sind;
- Ausbau bzw. Erweiterung der Anlage (Einbau einer weiteren Turbine, Erneuerung einer Freispiegelleitung, Ersatz der Freispiegelleitung durch einen direkt geführten Druckstollen etc.) für eine größere Energieausbeute;

[4] Anderer/Dumont/Heimerl/Ruprecht/Wolf-Schumann (2010); Heimerl (2009).

[5] Giesecke/Mosonyi/Heimerl (2009).

- Umrüstung bestehender Anlagen auf den neuesten Stand von Maschinentechnik, Regelung, Steuerung und Automatisierung für einen wartungsarmen und damit wirtschaftlicheren Betrieb;
- Personalreduzierung aus wirtschaftlichen Gründen nach Durchführung von Automatisierungsmaßnahmen (Fernüberwachung etc.);
- Optimierung der hydraulischen Auslegung (Anströmung des Einlaufbauwerkes, der Rechenanlage oder der Turbinen; Reduzierung der Kavitationsgefahr, Abströmverhältnisse im Turbinenauslauf und Unterwasser, Strömungslenkung im Triebwasserweg etc.);
- Verbesserung der Einbindung in die umgebende Landschaft, Wiederherstellung eines Gewässerkontinuums etc.;
- Nutzung von staatlichen Fördermaßnahmen (Investitionshilfen, steuerliche Anreize etc.);
- Anpassungen an erweiterte bzw. geänderte rechtliche Anforderungen (Umweltgesetze, Arbeitssicherheit, Arbeitsstättenverordnungen, Denkmalschutz etc.);
- Möglichkeit der Verknüpfung mit weiteren Aufgabenstellungen, wie z.B. Netzdienstleistungen in Form von Frequenzsteuerung, Leistungs- und Spannungsregelung etc.;
- Nutzung von noch vorhandenen Energiereserven vor Ort und damit Substitution anderer Energiequellen (z.B. Gebirgshütten, Einsiedlerhöfe etc.).

3.3 Bewertungsaufgaben bei verschiedenartigen Vorhabensanlässen

3.3.1 Bewertungsfragestellungen in den Projektierungsphasen

Vor allem in den ersten drei Planungsphasen bis einschließlich der Projektstudie wird eine schrittweise Optimierung der Anlage sowohl in hydraulischer als auch in konstruktiver und wirtschaftlicher Hinsicht verfolgt. Hierzu sind zunächst die wesentlichen Rahmenbedingungen hinsichtlich der:[6]

- Standortbedingungen (Topografie und verfügbare Fallhöhe, geologische Situation, Baugrundbeschaffenheit, Anordnung in Bezug auf weitere Wasserkraftanlagen, ökologisch und gesellschaftspolitisch relevante Bereiche etc.),

[6] Heimerl (2002).

- wassermengenwirtschaftlichen Vorgaben (Abflussverhalten des zur Verfügung stehenden Einzugsgebietes und daraus resultierendes nutzbares Energiepotenzial, relevante Wasserabgaben einschließlich Mindestwasserregelungen etc.) und
- energiewirtschaftlichen Konditionen (Einbindung der Wasserkraftanlage in das lokale, regionale oder überregionale Versorgungsnetz, Vorgaben für die Betriebsweise, Bedarfsermittlung etc.)

zu ermitteln.

In einem frühen Projektierungsstadium sind dabei die ersten Festlegungen zu treffen. Darunter kommt der Vorentscheidung für den Turbinentyp eine besondere Rolle zu, da etliche Teile der Gesamtanlagenausführung, wie beispielsweise die Wasserführung, die Krafthausdimensionen oder die Zusatzbauwerke, direkt an den jeweiligen Typ gekoppelt sind und alle weiteren, für den Betrieb notwendigen Komponenten entsprechend abgestimmt werden müssen.

Bei der Beurteilung über die am besten geeignete Ausführungsweise wird das Zusammenwirken der Einzelkomponenten einer Anlage als Ganzes insbesondere im Hinblick auf folgende Gesichtspunkte betrachtet:

- die Energieerzeugung und damit den Ertrag,
- den bau-, maschinen- und elektrotechnischen Aufwand (CAPEX und OPEX) und die Finanzierungsüberlegungen,
- die zeitlichen Auswirkungen auf die Realisierbarkeit (Lieferzeiten, Aufwand für die Bauausführung etc.),
- die Umweltwechselwirkungen einschließlich der sich daraus ergebenden Kosten und Nutzen sowie
- anlagenspezifischer Vorgaben und Risiken.

Unter Berücksichtigung dieser Gesichtspunkte handelt es sich damit also um einen iterativen Entscheidungsprozess innerhalb der Projektierungsphasen, der in Abbildung 3 zusammenfassend dargestellt ist.

Kann die hierbei notwendige Bewertung noch auf der Basis einfacher betriebswirtschaftlicher Verfahren bzw. Wirtschaftlichkeitsuntersuchungen vorgenommen werden, so stoßen diese dann an ihre Grenzen, wenn noch übergeordnete Aspekte z.B. aus den Anforderungen des Energieverbundsystems oder aus gesellschaftspolitischen Ansprüchen hinzukommen. Derartige Aufgaben können nur unter Zuhilfenahme von komplexen Beurteilungsmodellen bewältigt werden, die beispielsweise für die Planung von energiewirtschaftlichen Verbundsystemen existieren.

Abbildung 3: Iterativer Planungsprozess eines Bauvorhabens

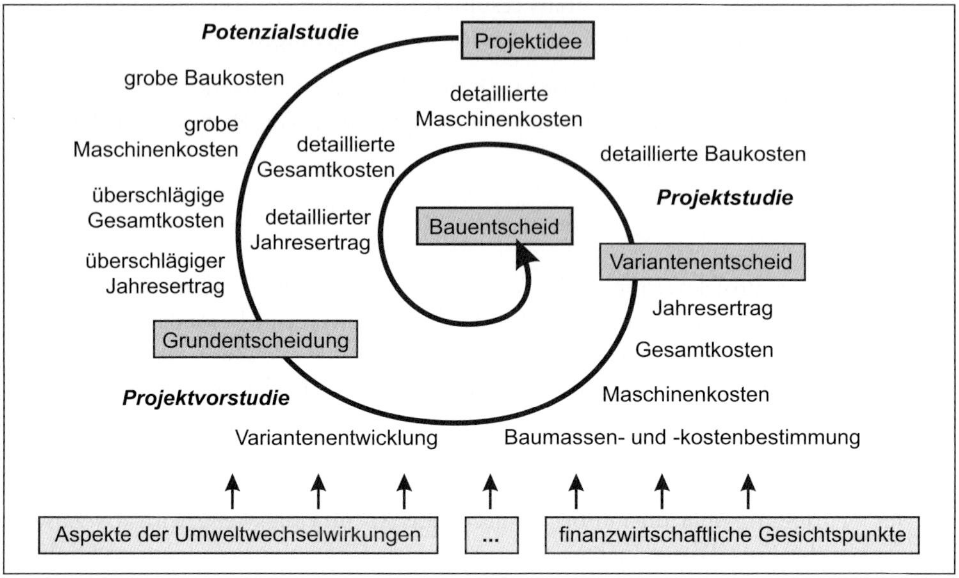

Quelle: Heimerl (2002), S. 71

3.3.2 Begutachtung und Due Diligence bei Wasserkraftvorhaben

Neben der Bewertung von Neubauprojekten und aus Anlass von Wiederinbetriebnahmevorhaben stillgelegter Anlagen, von anstehenden Modernisierungs- bzw. Erneuerungsmaßnahmen sowie der Veränderung der wasserrechtlichen Verhältnisse (siehe Abschnitt 1.1) spielt auch die Beurteilung von projektierten Vorhaben oder in Betrieb befindlichen Anlagen heute eine bedeutende Rolle. Anlass hierfür ist primär eine mögliche Änderung der Besitz- oder Beteiligungsverhältnisse, worunter auch der Sonderfall des Auslaufens einer wasserrechtlichen Gestattung ohne Verlängerung mit anschließendem Heimfall an den Verleiher der Gestattung, in der Regel das Land, fällt.

Das Hauptziel einer Begutachtung von Kraftwerksunternehmungen ist die Ermittlung eines bestimmten Wertes der jeweiligen Anlage zu einem festgelegten Zeitpunkt, wobei die hierfür notwendigen Grundlagen, Rechenmethoden und Ziele im Wesentlichen denen eines Neubau- oder Rehabilitationsprojektes entsprechen. Hierzu werden in der Regel zwei wesentliche Kennwerte herangezogen:[7]

[7] Heimerl (2002).

- der *Substanz-, Sach- oder Reproduktionswert*, der sich aus den jeweiligen Teilwerten der einzelnen Anlagen- und Vermögensteile zu einem bestimmten Zeitpunkt ergibt. Je nach Anlass können zweierlei Ansätze verwendet werden:
  - der Wiederbeschaffungswert für sämtliche betriebsnotwendigen Anlage- und Umlaufvermögensteile oder
  - der sogenannte Liquidationswert, d.h. der Veräußerungswert bei der Auflösung der einzelnen Anlage- und Umlaufvermögensbestandteile.
- Bei der Substanzwertermittlung einer Unternehmenseinheit werden in einigen Fällen auch beide Bewertungsansätze kombiniert, indem einerseits für das betriebsnotwendige Anlage- und Umlaufvermögen der Wiederbeschaffungswert und andererseits für das nicht betriebsnotwendige der Liquidationswert ermittelt werden.
- der *Ertragswert*, der sich aus der Summe der Barwerte der künftigen Erträge ergibt. Zur Risikominimierung bei der Prognose künftiger Werte sollten, soweit verfügbar, sowohl die Erträge der Vergangenheit als auch die entsprechenden Planungsansätze – unter Berücksichtigung früherer Rahmenbedingungen und daraus gegebenenfalls resultierender Modifikationen – herangezogen werden. Von Vorteil bei dieser Methode ist, dass bei ihr mögliche Risiken besser berücksichtigt werden können und bei der Wertermittlung der bedeutende Faktor Zeit im Gegensatz zur Substanzwertermittlung mit einfließt.

Häufig werden auch beide Werte zum *Unternehmenswert* kombiniert, in den Substanz- und Ertragswert gleich gewichtet eingehen. In einigen Fällen wird dem Ertragswert auch eine höhere Bedeutung beigemessen, indem dieser doppelt einfließt.

Der schließlich im Immobilienbereich noch gängige *Vergleichswert* kann bei Wasserkraftprojekten nur in wenigen Fällen mit einer hinreichenden Genauigkeit herangezogen werden, da die Übereinstimmung der Vorhaben bzw. Anlagen nur selten ausreichend genau ist.

In einer frühen Bewertungsphase werden von erfahrenen Sachverständigen oft auch empirisch ermittelte Vergleichswerte, sogenannte Benchmark-Werte, oder Überschlagsformeln für eine erste Wertermittlung einer Wasserkraftanlage eingesetzt, die sich z.B. auf die installierte Leistung oder die Jahresenergieerzeugung beziehen. Als Entscheidungsgrundlage für eine Investition sind die damit ermittelten Werte jedoch unzureichend.

Als Grundlage für derartige Wertermittlungen ist einerseits eine umfassende Zustandsermittlung der Anlagenkomponenten einschließlich der Unterhaltungs- und Betriebsstrategie sowie des Personalaufwands und andererseits eine Betrachtung der finanzwirtschaftlichen und rechtlichen Unternehmenssituation notwendig.

Bei umfassenden Untersuchungen insbesondere bei größeren Wasserkraftvorhaben wird eine derartig umfassende, mit „gebührender Sorgfalt" vorgenommene Analyse, Prüfung und Bewertung durchgeführt, die heute auch als *Due Diligence* bezeichnet wird.

Bei diesen Begutachtungen werden generell Stärken und Schwächen eines Vorhabens bzw. Objekts sowie die Risiken des Kaufs analysiert und bewertet. Je nach Größe und damit Risiko des potenziellen Kaufobjektes werden dabei verschiedene Gesichtspunkte detailliert analysiert, wie vor allem:[8]

- die rechtliche Situation (Legal Due Diligence),
- die steuerliche Situation (Tax Due Diligence),
- der Versicherungsschutz (Insurance Due Diligence),
- die finanzwirtschaftliche Situation (Financial Due Diligence),
- Markt, Branche und Strategie (Market/Commercial Due Diligence),
- die Umweltverträglichkeit (Environmental Due Diligence),
- die Technik (Technical Due Diligence),
- die Mitarbeitersituation (Human Resources Due Diligence).

Diese Vielfalt macht offensichtlich, dass zur Durchführung einer derartigen Due Diligence ein Team von Fachleuten mit spezifischen Kenntnissen notwendig ist, das gerade bei Wasserkraftvorhaben neben Anwälten und Wirtschaftsprüfern auch zahlreiche weitere Spezialisten aus den Bereichen des Wasserbaus, der Maschinen- und Elektrotechnik, des Umweltschutzes sowie weiteren Feldern umfassen kann. Somit sind je nach Größe des Vorhabens Teams mit 20 und mehr Mitgliedern durchaus üblich.

Derartige Prüfungen werden basierend auf einer Absichtserklärung der beteiligten Parteien innerhalb eines vorgegebenen, angemessenen Zeitraums durchgeführt, der von wenigen Wochen bis hin zu einigen Monaten dauern kann und durchaus nicht nur die Phase bis zum Vertragsabschluss, sondern auch den Zeitraum danach mit der kompletten Übernahme des Projektes und der strategischen Planung umfasst.

Bereits während der Prüfung vor Vertragsabschluss und definitiv nach demselben werden dabei mögliche Maßnahmen zur Ertragssteigerung oder Aufwandsminimierung untersucht und damit die ersten Schritte der Projektierung eingeleitet.

[8] Heimerl/Haselsteiner/Kohler (2010).

3.3.3 Berücksichtigung der Umweltaspekte

Neben den rein technischen Gesichtspunkten spielen bei allen Anlässen der Projektierung und Bewertung heute die Umweltaspekte eine bedeutende Rolle und müssen entsprechend berücksichtigt werden. Hierbei ist je nach Projektierungsanlass zwischen zweierlei Gruppen von Vorgaben zu unterscheiden:

- Die *nationalen Vorgaben* in Gesetzen, Richtlinien und Ausführungsverordnungen (siehe hierzu Abschnitt 2.4.1), in denen vielfach dezidierte Richt-, Grenz- und Bemessungswerte für die unterschiedlichsten Umweltaspekte enthalten sind.[9]
- Die *international gültigen Leitlinien* von insbesondere Finanzierungsinstituten und Verbänden wie beispielsweise:
  - die Umweltstrategie der Weltbank (World Bank, Environment Strategy, www.worldbank.com),
  - die Sozialstandards des Internationalen Finanzinstituts, einer Tochtergesellschaft der Weltbank (International Finance Corporation [IFC], www.ifc.org),
  - die Umweltleitlinien der Europäischen Bank für Wiederaufbau und Entwicklung (European Bank for Reconstruction and Development [EBRD], www.ebrd.com),
  - die Umweltleitlinien der Europäischen Investitionsbank (European Investment Bank [EIB], www.eib.org),
  - die Äquatorprinzipien zahlreicher Banken (Equator Principles, www.equator-principles.com),
  - die Leitlinien zur Nachhaltigkeit der Internationalen Wasserkraftvereinigung (International Hydropower Assiciation [IHA], Sustainability Guidelines & Hydropower Sustainability Assessment Protocol, www.hydropower.org).

Exemplarisch sollen kurz die Äquatorprinzipien erläutert werden, da diese zwar ein freiwilliges Regelwerk zur Einhaltung von Umwelt- und Sozialstandards im Bereich der Projektfinanzierungen darstellen, durch die Selbstverpflichtung der teilnehmenden Banken jedoch automatisch die Basis für deren Vorhabensbewertung und in der Folge Vorhabensfinanzierung bilden. Dabei gelangen diese Prinzipien vielfach auch dann zur Geltung, wenn zwar die direkt finanzierende Bank sich nicht selbst zur Teilnahme verpflichtet hat, im Rahmen der üblichen Risikominimierung die Vorhabensfinanzierung aber von dieser Bank bei anderen Banken teilweise rückfinanziert wird und diese Banken sich wiederum zur Einhaltung der Äquatorprinzipien verpflichtet haben.

[9] Vgl. den Beitrag „Technologische Grundlagen der Wasserkraft" von Theobald/Roland/Heimerl im vorliegenden Buch.

Dieses Regelwerk baut auf den Umweltstandards der Weltbank sowie den Sozialstandards der IFC auf und gilt eigentlich für Projekte ab einem Finanzierungsvolumen von 10 Mio. USD, wobei es mittlerweile aber auch für kleinere Projektvolumen angewendet wird. Die hierbei geltenden Bedingungen umfassen zehn Prinzipien:[10]

1. Die Überprüfung und Kategorisierung des Vorhabens vor allem nach Art, Ort, Größe sowie Umfang seiner möglichen ökologischen und sozialen Auswirkungen ist notwendig.
2. Eine Sozial- und eine Umweltverträglichkeitsprüfung auf der Basis nationaler und internationaler Standards müssen durchgeführt werden.
3. Die anwendbaren Sozial- und Umweltstandards müssen erfüllt werden.
4. Ein Umweltmanagementplan zum Umgang mit den ökologischen und sozialen Risiken muss erstellt und implementiert werden.
5. Eine Konsultation der betroffenen Kreise und eine Offenlegung der Planung muss erfolgen.
6. Ein Beschwerdemechanismus als Teil des Managementsystems mit beispielsweise Ombudsleuten muss eingerichtet werden.
7. Eine unabhängige Überprüfung muss durch einen unabhängigen Experten erfolgen.
8. Durch Kreditvereinbarungsklauseln muss sich der Kreditnehmer zur Einhaltung der nationalen Umweltgesetze sowie der anderweitigen Vorgaben der Äquatorprinzipien verpflichten und hierüber periodisch Bericht erstatten.
9. Für eine unabhängige Überwachung und Berichterstattung muss ein unabhängiger Experte benannt werden.
10. Im Rahmen einer Eigenverpflichtung berichten teilnehmende Finanzinstitutionen mindestens einmal pro Jahr öffentlich über die Erfahrungen und Umsetzungsprozesse in Verbindung mit den Prinzipien.

[10] Quelle: www.equator-principles.com.

Literatur

Anderer, Pia/Dumont, Ulrich/Heimerl, Stephan/Ruprecht, Albert/Wolf-Schumann, Ulrich (2010): Das Wasserkraftpotenzial in Deutschland, in: WasserWirtschaft 100, Heft 9, S. 12-16

Giesecke, Jürgen/Mosonyi, Emil/Heimerl, Stephan (2009): Wasserkraftanlagen: Planung, Bau und Betrieb, Berlin, Heidelberg, New York, 5. Auflage

Heimerl, Stephan (2002): Systematische Beurteilung von Wasserkraftprojekten, in: Mitteilungen des Institutes für Wasserbau der Universität Stuttgart, Heft 112

Heimerl, Stephan (2009): Wasserkraft – Der Klassiker der Erneuerbaren Energien, in: Böhmer, Till/Weißenborn, Christoph (Hrsg.): Erneuerbare Energien – Perspektiven für die Stromerzeugung, in: Energie im Dialog Band 3, Frankfurt am Main, 2. Auflage, S. 71-102

Heimerl, Stephan/Haselsteiner, Ronald/Kohler, Beate (2010): Technical Due Diligence of Hydropower Projects in Turkey, in: 16th International Energy and Environment Fair and Conference (ICCI), Conference Proceedings, Istanbul/Turkey, 12.-14. Mai, S. 264-266

Projektierung von Vorhaben der Geothermie

Helge B. Petersen/Uwe Seifen

1 Einleitung

Die Projektierung von Geothermievorhaben ist deshalb relativ komplex, weil Aktivitäten aus ganz unterschiedlichen Arbeitsgebieten miteinander geplant, synchronisiert und dann realisiert werden müssen. Dies betrifft insbesondere folgende Arbeitsgebiete:

1. bergrechtliche Genehmigungen: Die Voraussetzung aller Arbeit ist das Erlangen von bergrechtlichen Aufsuchungserlaubnissen;
2. baurechtliche Genehmigungen;
3. Kauf eines geeigneten Grundstücks;
4. Sicherung einer Projektfinanzierung, gegebenenfalls mit der Voraussetzung der Versicherung der Bohrrisiken.

Diese vier Projektstränge sind die Arbeitsfelder, die sich im Projektverlauf in den drei Phasen des Projektvorlaufs, des Baus und des Betriebs inhaltlich stark ändern: Bei der bergrechtlichen Genehmigung steht zunächst die geologische Exploration im Vordergrund, die dann zu den Genehmigungen des Bohrplatzbaus und der Bohrung führt. Gleichzeitig muss ein Grundstück gesucht werden, das einerseits erlaubt, per Bohrung das hydrothermale Klüftesystem zu erreichen und das eine Chance auf eine Baugenehmigung für den oberirdischen Teil des Geothermiekraftwerks hat. Dieses Grundstück muss auch einen verkaufswilligen Eigentümer haben. Gleichzeitig müssen die notwendigen finanziellen Mittel bereitgestellt werden, wiederum eine völlig andersartige Tätigkeit als die oben genannten. Alle Tätigkeiten führen zu umfangreichen geologischen und technischen Dokumentationen und Verträgen und unterliegen detaillierten Vorschriften des öffentlichen Rechts.

Die verschiedenen Arbeitsstränge haben ihren ersten Knoten in dem, was man „bohrfertig“ nennen kann; das ist in der Regel der Fall, wenn

1. die bergrechtlichen Genehmigungen für das Bohren und den Bohrplatzbau vorliegen,
2. ein positiver Bescheid auf eine Bauvoranfrage erteilt ist,
3. ein Grundstück durch einen Kaufvertrag oder durch ein Erbbaurecht gesichert ist,
4. eine belastbare Finanzierungszusage eines zuverlässigen Finanzpartners gesichert ist,
5. eine Versicherungsdeckung des Bohrrisikos als Voraussetzung für Projektfinanzierung besteht.

Erst dann startet die Bauphase. Vor der Bohrung sind gegebenenfalls einzelne kleinere Aktivitäten schon angelaufen, wie z.B. das Bohren von Grundwasserbrunnen für das Monitoring des Grundwasserrisikos oder Bestandsaufnahmen an Gebäuden für etwaige Bergschäden.

Das Bohrprojekt im engeren Sinn ist vergleichbar mit denen aus der Öl- und Gasindustrie. Während der Bohrphase gilt die Devise „Zeit ist Geld“, weil alle Dienstleister, inklusive des Betriebs, der den Bohrturm bereitstellt, im Prinzip nach Betriebsstunden oder Tagen abrechnen. Das oberirdische Kraftwerk wird dagegen im Allgemeinen von einem Hersteller im Rahmen eines Werkvertrags erstellt. Bohr- und Bauphase enden mit dem zweiten „Knoten“: der Endabnahme des Kraftwerks.

Nach Abnahme des Kraftwerks erfolgt dann die Betriebsphase – wiederum auf der Basis von bergrechtlichen Betriebsgenehmigungen und in enger Aufsicht von den Finanzpartnern.

Es ist damit unmittelbar einsichtig, dass Projekte der Geothermie nicht nur wegen ihrer Größenordnung von z.B. 50 Mio. EUR nicht nur oftmals größer sind als z.B. Biogasprojekte oder Solar- und Windprojekte – mit Ausnahme der Großprojekte –, sondern auch durch die ganz unterschiedlichen Disziplinen, die zusammenarbeiten müssen, komplexe Projekte darstellen.

Geothermieprojekte weisen auch eine besondere Risikostruktur auf, indem erst nach der ersten (und endgültig nach der zweiten) Bohrung erwiesen ist, ob überhaupt das Projekt „fündig“ ist. Bei aller Vorarbeit verbleibt also ein Restrisiko; zum Zeitpunkt dieser Erkenntnis sind jedoch schon etwa 65% aller Ausgaben getätigt und bis zu vier Jahre seit Erteilung der Aufsuchungserlaubnis vergangen (Abbildung 1).

Abbildung 1: Kostenverteilung eines Geothermieprojekts

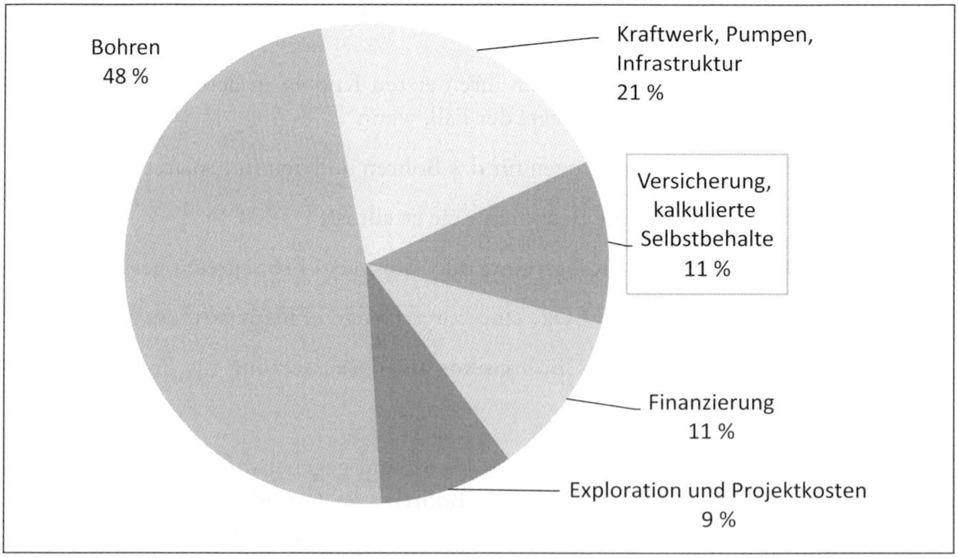

Quelle: GeoEnergy GmbH

Im Folgenden werden die Projektierungsarbeiten in den Phasen des Projektvorlaufs, des Baus und des Betriebs dargestellt.

2 Projektvorlauf (Permitting)

Geothermieunternehmen in Deutschland unterscheiden sich grundsätzlich voneinander: Es gibt Gesellschaften der örtlichen kommunalen Energieversorger, die für Zwecke der Stromerzeugung oder der Nahwärmeversorgung Geothermie an ihrem Standort oder in unmittelbarer Standortnähe suchen, vor allen im bayerischen Molassegebiet; am anderen Ende des Spektrums befinden sich Firmen, deren Geschäftsmodell es ist, mehrere Projekte gleichzeitig zu planen und zu realisieren und so Skalierungsvorteile zu haben, sodass eine Lernkurve in der Kosten- und Risikodegression erzielt werden kann. Es sind wahrscheinlich diese beiden Gruppen, die in Zukunft als Inhaber von Erlaubnisfeldern übrig bleiben. Nicht zu diesen beiden Gruppen gehörende Feldinhaber haben dagegen weder den Vorteil der lokalen Anbindung in die Versorgungsinfrastruktur und in die lokale Politik, noch haben sie die Vorteile des Serienansatzes der Firmen, die eine Mehrzahl von Projekten verfolgen. Daneben gibt es Unternehmen wie z.B. die Münchener Stadtwerke, die in ihrem größeren Einzugsgebiet eine Mehrzahl von Projekten realisieren.

2.1 Bergrechtliche Aufsuchungserlaubnis

Die bergrechtliche Aufsuchungserlaubnis bezieht sich auf ein „Feld", also ein umrissenes Stück der Erdoberfläche in der Größenordnung von z.B. 50 Quadratkilometer.

Die Aufsuchungserlaubnis ist ein bergrechtliches gebietsbezogenes Monopol, in diesem Gebiet unter Ausschluss von Dritten geologische Exploration zur Aufsuchung der bezeichneten Bodenschätze, z.B. eben der Erdwärme, Kohlenwasserstoffe oder beiden Bodenschätzen, zu betreiben. Diese Rechte werden auf Zeit, z.B. drei oder vier Jahre, vergeben. Die Voraussetzungen für die Erteilung an einen Bewerber sind technische Kompetenz und finanzielle Mittel zur Durchführung des im Antrag vorgelegten und genehmigten Aufsuchungsprogramms. Während es bis ca. 2006 noch relativ leicht war, ein bislang nicht vergebenes Feld zu erhalten, haben in den späteren Jahren insbesondere die Bergämter in München, Mainz und Freiburg die Erteilungskriterien verschärft, wie sie auch detailliert darauf achten, dass tatsächlich eine Exploration stattfindet. Dies ist berechtigt, da letztlich ein öffentliches Gut durch den Feldinhaber blockiert sein würde, wenn er nicht tatsächlich die Entwicklung wie vorgegeben vorantreibt.

Im Allgemeinen sind Vorerkundungen über die veröffentlichten oder relativ leicht verfügbaren geologischen Daten bereits abgeschlossen, um den Antrag für das Feld zu substantiieren.

2.2 Geologische Exploration

Das Explorationsziel der hydrothermalen Geothermieprojekte insbesondere im Oberrheingraben ist das Aufschließen von natürlich vorhandenen heißthermalen Wässern in natürlich vorhandenen Störungs- und Bruchsystemen. Wesentliche geologische Voraussetzung hierfür ist das Vorhandensein von:

- divergent rezent aktiven Störungssystemen, bevorzugt im Zusammenhang mit Horizontal-/Blattverschiebungen,
- bruchkompetenten Gesteinen („Reservoirgesteine"),
- Gesteinen in Tiefen, in denen Temperaturen über 130° Celsius vorherrschen (Voraussetzung für eine wirtschaftliche Stromerzeugung),
- Störungszonen einer Größe, die Ergiebigkeiten von mehr als 80 Liter pro Sekunde prognostizieren lassen (Abbildung 2).

Abbildung 2: Dreidimensionale Darstellung des Muschelkalks in 2.300 m Tiefe in der Region Steinfeld, Bergzabern

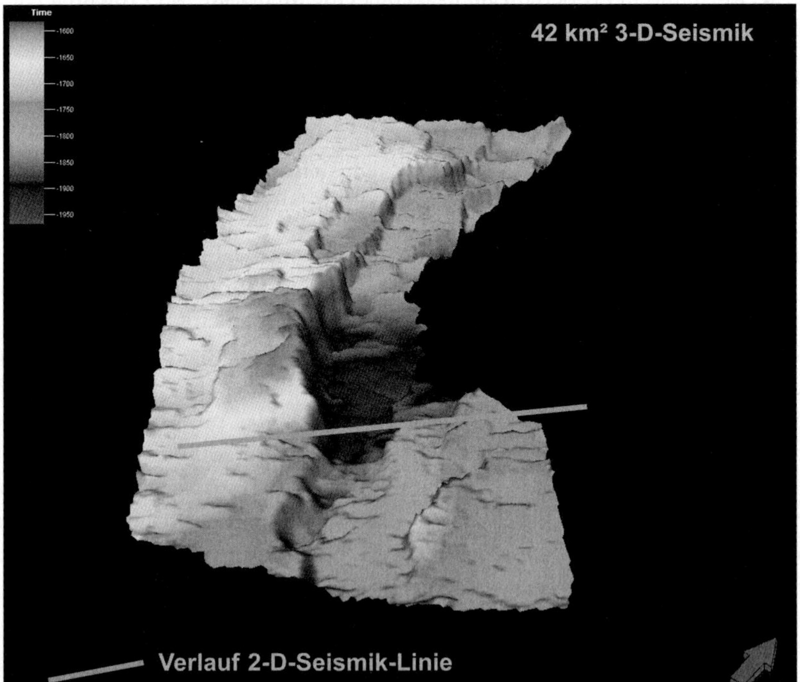

Quelle: GeoEnergy GmbH

Normalerweise werden zu diesem Zweck im Wesentlichen 2-D-Seismik-Linien so über das Feld gelegt, dass die wahrscheinlichen Klüftsysteme angeschnitten werden, was ohne Weiteres bedeuten kann, dass 100 Kilometer 2-D-Seismik ausgeführt und interpretiert werden müssen. Inzwischen ist es Stand der Technik und Voraussetzung für die Versicherungsfähigkeit, dass ein Standort mit einer 3-D-Seismik „ausgeleuchtet" wird. Nicht nur ist hieraus eine wesentlich bessere Prognose für die Fündigkeit abzuleiten, sondern eine 3-D-Seismik dient auch der Optimierung des Bohrpfades. Eine feldweite 2-D-Seismik kann ohne Weiteres bei 50 Kilometern 550.000 EUR kosten. Eine 3-D-Seismik mit z.B. 40 Quadratkilometern Aufnahmefläche kostet ca. 1 Mio. EUR.

Aus diesen Aufgaben ergibt sich, dass dieser Aufgabenbereich der geologischen Exploration hohe und differenzierte Ansprüche an die professionelle Qualität des Teams stellt. Es ist Stand der Technik, dass ein hoch qualifiziertes Team von Geologen, Geophysikern und Hydrogeologen ergänzt wird durch externe Berater z.B. für die gemeinsame Auswertung der 3-D-Seismik oder für Sonderuntersuchungen. Diese Verbindung von eigener und externer Expertise ist notwendig, um sicherzustellen, dass eine kritische Sicht auf die geologischen Gegebenheiten stattfindet. Es ist wichtig, sich weder von externen Beratern in dem Urteil der Fündigkeitswahrscheinlichkeit abhängig zu machen noch alleine von einem internen Team. Das ist eine wichtige Forderung des Risikomanagements.

2.3 Standortsuche

Während die Erlangung der Aufsuchungserlaubnis und sicherlich auch der Beginn der Exploration sich über das gesamte Feld erstrecken, um dort zu erkunden, an welchen Stellen es mögliche Standorte geben könnte, ist ab der Festlegung von bestimmten Zielgebieten ein geologischer Standort definiert. Dieser geologische Standort befindet sich jedoch in ca. 2.500-4.000 Metern Tiefe, kann also durch verschiedene oberirdische Grundstücke erschlossen werden.

Damit erhöht sich die Komplexität: War es bislang eine Frage der Geologie, wo Zielkoordinaten zu finden wären, wird es nun zusätzlich eine praktische Frage des Baurechts und der Verfügbarkeit eines konkreten Grundstücks, wie an die Zielkoordinaten in der Tiefe durch die Bohrung heranzukommen ist. Eine Zielkoordinate im Abseits eines Naturschutzgebiets ohne Wegezugang nutzt nichts (nach heutiger Genehmigungspraxis). Noch nachteiliger wäre es jedoch, wenn ein gewünschtes Grundstück, auf dem z.B. ein Heizkraftwerk durch eine geothermische Anlage ersetzt werden soll, durch eine entsprechende Bewertung zu positiv beurteilt wird.

Vorzugsweise versucht man ein Grundstück im Gewerbegebiet in der Nähe einer Ortschaft zu finden. Baurechtlich hat das den Vorteil, dass kein Planungsverfahren, das mindestens zwei Jahre dauert, angeschoben werden muss.

Darüber hinaus ist in einem Gewerbegebiet im Allgemeinen eine gute Infrastruktur vorhanden, um in der Bauphase die Erschließung für den Lastverkehr zu unterhalten, wie auch für den Kraftwerksbetrieb einen nahen Anschluss an das Mittelstromnetz zu haben.

Bei der konkreten Standortauswahl werden dann Zielkonflikte offenbar. Das Baurecht möchte Anlagen wie ein Geothermiekraftwerk möglichst nahe an der Ortschaft legen, um die Landschaft nicht zu zersiedeln, dasselbe möchte auch der Betreiber. Die Bewohner ihrerseits möchten wie in fast allen Infrastrukturprojekten solche Anlagen möglichst weit entfernt von ihren Häusern haben, weil sie negative Auswirkungen wie Geräuschbelästigung, Geruchsbelästigung (z.B. in der Phase des Zirkulationstests), Seismizität usw. befürchten. Also beginnt schon in einem recht frühen Projektstadium die lokale Öffentlichkeit Interesse zu zeigen. Während bis ca. 2009 die positive Einstellung zur Geothermie überwog, sind die lokalen Öffentlichkeiten nach den Vorkommnissen in Landau/Pfalz (seismische Ereignisse der Stärken 2,7 bzw. 2,4 auf der Richterskala im Spätsommer 2009) inzwischen meist negativ eingestellt.

Die Einstellung der lokalen Öffentlichkeit und ihrer politischen Repräsentanzen, also Bürgermeister und Gemeinderäte, kann zu einer andauernden Blockade führen, wenn das Baurecht ein Zielabweichungsverfahren, Änderungen des Flächennutzungsplans oder einen neuen Bebauungsplan fordert. Zum Teil gibt es auch Druck kleinerer Kommunen auf die Inhaber von geeigneten Grundstücken, ihr Grundstück nicht zu verkaufen. Das 2011 in Rheinland-Pfalz praktizierte Mediationsverfahren mit Bürgerinitiativen ist für Projektierer nicht unproblematisch, da eine Einigung keine Verbindlichkeit hat. Rechtssicherheit ist aber bei Geothermieprojekten essenziell.

2.4 Bergrechtliche Genehmigungen: Betriebsplan Bohrplatzbau und Betriebsplan Bohren

Die Genehmigungen für den Betriebsplan Bohrplatzbau und den Betriebsplan Bohren sind die Voraussetzungen, um mit dem Bohrplatzbau, der etwa zwei bis drei Monate dauert, zu beginnen. Der Bohrplatz selbst ist komplex und umfasst insbesondere den Bohrkeller mit einem Betonfundament in der Größenordnung von 20 mal 30 Metern in einer Tiefe von ca. 1,50 Metern, um das Bohrrigg zu tragen, sowie das 30 Meter lange Becken zum Auffangen der geförderten Sole für die Fündigkeitstests nach der ersten Bohrung. Weiterhin werden in dieser Phase vor dem eigentlichen Bohren auch die Kontrollinstrumente für Messungen von Seismizität und gegebenenfalls Grundwasser installiert. Der Bohrplatz selbst wird, soweit er nicht für das Kraftwerk verwendet werden kann, nach der Bohrung zurückgebaut.

Die Bohrgenehmigung selbst beschreibt und regelt im Detail insbesondere folgende Sachverhalte:

- Standortsituation,
- allgemeine Angaben zu beteiligten Unternehmen,
- Bohrgrundlagen (Ausführung der Bohrung, geologische Arbeitsprogramm, Testprogramm),
- Beschreibung der Maßnahmen zum Umweltschutz und zur ordnungsgemäßen Abfallentsorgung,
- Betriebsorganisation zur Durchführung der Bohrung,
- Umgang mit brennbaren und sonstigen wassergefährdenden Stoffen,
- Umgang mit Gefahrstoffen,
- Wasser/Abwasser,
- Energieversorgung,
- Genehmigung der Bohranlage,
- Instandhaltung der technischen Einrichtungen,
- Sicherheit und Gesundheitsschutzdokument,
- Sanitäre- und Erste-Hilfe-Einrichtungen,
- Alarm- und Gefahrenabwehrplan,
- Immissionsschutz.

Die Genehmigung für das Bohren enthält auch die relevanten Genehmigungen der anderen Träger von öffentlichen Belangen, z.B. zum Wasserrecht.

Auf Seiten des Betreibers ist in diesem Zusammenhang unbedingt mit höchster Sorgfalt zu arbeiten, da die Bergbehörden mit kompetenten Fachleuten besetzt sind und mit gutem Recht die präzise Ausführung im Rahmen der Genehmigung erwarten und über etwaige Abweichungen sofort informiert werden wollen.

2.5 Baurechtliche Genehmigungen

Der genehmigungstechnisch einfachste Fall ist die Planung, in einem Gewerbegebiet zu bohren und das Kraftwerk zu errichten. Hier kann in relativ einfacher Form eine verbindliche Bauvoranfrage eingeholt werden. Die endgültige Baugenehmigung kann noch nicht beantragt werden, weil das Kraftwerk entsprechend der Fündigkeit der Bohrungen dimensioniert wird. Dies kann erst nach Abschluss der Bohrungen festgelegt werden. Insbesondere die Zahl der Lüfter, die den größten Teil des Bauvolumens ausmachen, beeinflusst die Größe der für das Kraftwerk erforderlichen Grundstücksfläche.

Wesentlich komplexer und auch zeitaufwendiger wird es, wenn ein Zielabweichungsverfahren oder die Änderung eines Flächennutzungsplans erforderlich ist oder ein völlig neuer Bebauungsplan aufgestellt werden muss. Hier kann es erforderlich werden, weitere z.B. naturschutzfachliche Gutachten zu erstellen, die ihrerseits nicht nur Geld, sondern auch Zeit kosten. Dabei gibt es breite Ermessensräume der zuständigen Behörden, deren Interesse wesentlich stärker auf das eigene Arbeitsgebiet fokussiert ist als vielleicht ein allgemeines, wohlwollendes Interesse einer Landesregierung an Erneuerbaren Energien. Insgesamt können an einem solchen Genehmigungsprozess durchaus bis zu fünfzehn verschiedene Institutionen wie Ämter, Behörden, Bürgermeister, Stadträte usw. beteiligt sein mit zum Teil ganz unterschiedlichen Beurteilungen von Geothermieprojekten. Insofern ist der baurechtliche Genehmigungsstrang sehr viel pluralistischer als der auf Ermöglichung ausgerichtete Genehmigungsstrang des Bergrechts.

2.6 Versicherung des Bohrrisikos

Bei aller guten Vorbereitung durch die Vorexploration, die 2-D- und 3-D-Seismik, die sonstigen Datenauswertungen, des Genehmigungsprozesses und der sonstigen Fachdiskussion verbleibt ein Restrisiko hinsichtlich der erfolgreichen Erstellung des Projektes. Ein Restrisiko wird gemessen an der gewinnbaren Energie, die sich aus der „Schüttung“, das heißt Menge einer heißen Sole, z.B. 60 Liter pro Sekunde, multipliziert mit der entnehmbaren Wärmemenge zwischen z.B. 150° geförderter Sole und 65° reinjizierter Sole ergibt. Diese Werte würden beispielsweise ausreichen, um ein Geothermiekraftwerk wirtschaftlich zu betreiben.

- Die in der Zielkoordinate zu erwartende Temperatur ist relativ genau vorhersehbar durch die Interpretation von Wärmegradienten und vorherigen gemessenen Wärmepunkten bei verschiedenen Bohrungen der Öl- und Gasindustrie.
- Die Temperatur, auf die abgekühlt werden kann, ist im Wesentlichen Ergebnis der chemischen Analyse der in der Sole gelösten Mineralien, insbesondere Kochsalz. Um Ausfälle zu vermeiden, muss im gesamten Kreislauf ein bestimmter Druck (z.B. 20 bar) und eine Mindesttemperatur erhalten bleiben. Damit ist ein maximales „delta-T“ zwischen den beiden Temperaturpunkten vorgegeben.
- Schwierig vorherzusagen ist die Schüttung, d.h. die Menge an Sole, die man mit einer definierten Absenkung und der damit verbundenen Pumpleistung entnehmen kann. Insofern konzentriert sich die Diskussion im Allgemeinen auf diesen Punkt.

Grundsätzlich sind die Risiken der Fündigkeit und des Bohrens versicherbar. Auch wenn das Fündigkeitsrisiko bei unter 10% gesehen wird (Wahrscheinlichkeit), ist der Verlust, wenn diese Wahrscheinlichkeit eintritt, mit über 5 Mio. EUR sehr hoch. Wir haben es also mit einem echten Versicherungsfall des „high risk – low probability" zu tun.

Beim eigentlichen Bohrrisiko handelt es sich um typische, mit dem Bohren selbst verbundene Schadensfälle, z.B. Verlust des Bohrkopfs. Es sind also die Risiken auf dem Weg zur Zielkoordinate.

Es ist eine Frage der Risikophilosophie eines Unternehmens, ob es bereit ist, ein Trockenbohrrisiko von jenen 15-20 Mio. EUR auf sich zu nehmen, auch wenn die Höhe der Versicherungsprämie von 25% gemessen an der Versicherungssumme bei 10% Selbstbehalt als sehr hoch erscheinen mag. Für eine Versicherung spricht, dass man diese Kosten in die Vorkalkulation einfügen kann. Der Selbstbehalt von 10% kann in die Vorkalkulation mit dem Wahrscheinlichkeitswert eingesetzt werden.

Für Unternehmen, die Projekte skalieren können, hat die Versicherungsdeckung hohe Relevanz. Allerdings sollte der Versicherungsvertrag so ausgestaltet sein, dass jeweils eine Gruppe von Projekten zu einer Risikopopulation zusammengefasst wird, sodass aus Sicht der Versicherung bei zu hohen Schäden die Folgeprämie sich erhöht oder bei gutem Schadensverlauf die Prämien geringer werden. Diese Vorgehensweise ist den Unternehmen, die nur ein einziges Projekt versichern, natürlich nicht möglich.

Die Eindeckung der Versicherung selbst ist ein anspruchsvoller Prozess, in dem detaillierte Explorationsergebnisse erstellt und eingereicht werden.

2.7 Projektfinanzierung

Grundsätzlich sind Geothermieprojekte in eigenen Objektgesellschaften rechtlich organisiert. Das heißt, eine einzelne GmbH & Co. KG oder GmbH als Inhaberin aller Rechte zum Bau und Betrieb der Geothermieanlage wird Eigentümerin der Anlage selbst, Vertragspartner des Energieeinspeiseprozesses und auf der anderen Seite Schuldner der Projektfinanzierung. Im Jahr 2011 gilt ein Kaufpreis an einer Geothermieanlage in Höhe von 10 Mio. EUR pro installierten MWel (Megawatt elektrisch) als eine akzeptable Größenordnung. Damit lassen sich Gesamtkapitalrenditen von ca. 12-18% je nach Größe der Anlage und Art der Wärmeauskopplung erzielen. Entsprechend wird man spätestens bei Betrieb der Anlage eine möglichst hohe Fremdkapitalfinanzierung für dieses Projekt einrichten wollen.

In der Vergangenheit galten typischerweise folgende Parameter für die Finanzierung:

- 30% Eigenkapitalunterlegung,
- 15 Jahre Laufzeit,
- verschiedene Bedingungen wie z.B. der Faktor 1,3 als Debt Service Coverage Ratio.

Seit der Finanzkrise 2008 ist es schwieriger geworden, für Geothermieprojekte Fremdkapital in echter Form zu erhalten. Echtes Projektfremdkapital ist dadurch gekennzeichnet, dass der Gläubiger, also in der Regel eine Bank, keinen Rückgriff auf den Eigentümer bzw. Gesellschafter der Objektgesellschaft nimmt („non-recourse"). Was die Finanzierung der Baufinanzierung weiterhin erschwert, ist, dass vorab während der Bohrphase die Größenordnung der Investitionen schwer zu definieren ist: Eine Doublette im Oberrheingraben kann zwischen 3 und 7 MWel an Leistung erzielen, obwohl sich die Explorationskosten überhaupt nicht, auch die Bohrkosten nicht und die Kraftwerkskosten nur graduell unterscheiden. So gibt es bei einem Transferpreis von 10 Mio. EUR pro MWel erhebliche Risiken für den Ersteller der Anlage, wenn dieser einen Werkvertrag mit der Objektgesellschaft zu einem Fixpreis pro MWel hat. Für die Objektgesellschaft ist zwar die Kapitalrendite durch diesen variablen Kaufpreis einigermaßen gesichert, jedoch ist die Größenordnung der Investition stark variabel.

Das Eigenkapital muss vom Gesellschafter in der vom Fremdkapitalgeber geforderten Höhe bereitgestellt werden. In der Vergangenheit forderten die Banken, dass das Eigenkapital das gesamte Risiko während der Bohrphase abdeckt, auch dann, wenn dieses Risiko versichert ist.

3 Bau

Die beiden wesentlichen physischen Tätigkeiten in der Bauphase, nämlich das Bohren und der Bau des oberirdischen Kraftwerks, erfolgen im Wesentlichen sequenziell.

3.1 Bohren

Die Bohrphase wird nicht alleine von der Firma bestritten, die das Bohrrigg betreibt, sondern von einer Reihe von weiteren Dienstleistern, die für diesen Auftrag für eine unbestimmte Dauer verpflichtet werden müssen (Abbildung 3). Die Verfügbarkeit dieser Dienstleister wie auch deren Preise bzw. Honorare variieren sehr stark, je nachdem wie die Öl- und Gasindustrie in Europa ausgelastet ist und welche Bohrriggs damit zur Verfügung stehen. Es gibt nur wenige qualifizierte Anbieter von Bohrriggs für den Bereich Westeuropa, die in den Tiefen zwischen 2.500 und 4.500 Meter bohren können. Diese

Bohrriggs sind allesamt mittelschwere und schwere Geräte nach den Maßstäben der Öl- und Gasindustrie, die im Allgemeinen nicht so tief bohrt wie die Tiefengeothermie. Weiterhin wird mit großen Rohrdurchmessern von anfänglich 24 Zoll gebohrt, was auch über die üblichen Maße der Öl- und Gasindustrie hinausgeht.

Abbildung 3: Kostenverteilung der Bohrtechnik ohne Bohrplatzbau

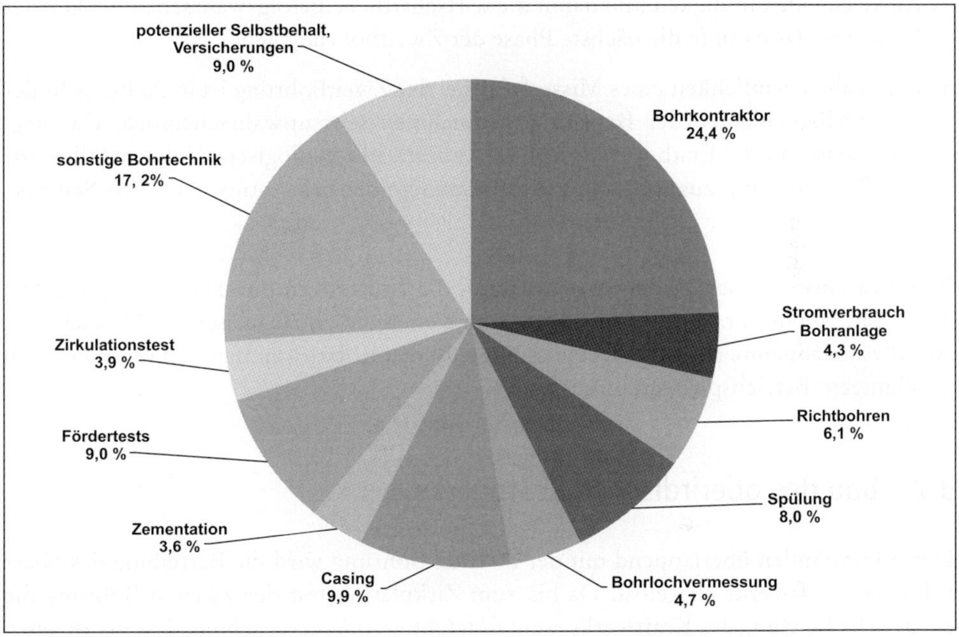

Die Bohrtätigkeit erfolgt unter der Aufsicht des Bergamts, der Versicherung und der Kapitalgeber und wird nach den verschiedenen vertraglichen und behördlichen Auflagen detailliert dokumentiert; Störungen sind unverzüglich anzuzeigen.

Auf der Seite der Gesellschaft ist ein Projektführungsteam mit sogenannten „Companymen" tätig, das 24 Stunden, sieben Tage in der Woche über jene zweimal drei Monate Bohrzeit, die zwei Bohrungen in Anspruch nehmen, verfügbar sein muss. Die Companymen sind die entscheidungsfähigen Ansprechpartner für die Bohr- und Servicefirmen vor Ort. Die Ansprüche an ein technisch und kaufmännisch effektiv aufgestelltes Projektmanagement mit erfahrenen Mitarbeitern sind sehr hoch.

Die Bohrphase hat im Prinzip fünf Ergebnismöglichkeiten:

1. Die Bohrung wird abgebrochen, weil die Schwierigkeiten auf dem Weg zur Zielkoordinate zu groß sind (gegebenenfalls für das eingesetzte Gerät). Das bedeutet das Ende des Projekts und den Vollverlust des bis dahin entstandenen Aufwands von 5-15 Mio. EUR.

2. Schwierigkeiten während der Bohrphase (z.B. Verlust des Bohrkopfes oder Notwendigkeit eines Sidetracks), die aber dazu führen, dass am Schluss die Zielkoordinate erreicht wird, jedoch mit einem höheren Aufwand als geplant.
3. Bei Erreichung der Zielkoordinate keine oder zu geringe Fündigkeit: Aufgabe des Projektes, Verlust des bis dahin aufgelaufenen Aufwands von bis 15-20 Mio. EUR.
4. Ausreichende Fündigkeit und damit die wirtschaftliche Erfolgswahrscheinlichkeit des Projektes, das dann in die nächste Phase der Zweitbohrung geht.
5. Die Wahrscheinlichkeit eines Misserfolgs bei der Zweitbohrung ist in Anbetracht der vielen Möglichkeiten der Besserungsmaßnahmen sehr unwahrscheinlich. Das liegt daran, dass mit der Erstbohrung sehr viele zusätzliche geologische Daten anfallen, die der Zweitbohrung zugutekommen, insbesondere die Erkenntnisse aus den Seismikdaten.

Besserungsmaßnahmen beziehen sich darauf, die Klüftungen durchlässiger zu machen durch Säuern oder Fracen und umfassen auch weitere mögliche technische Maßnahmen. Alle diese Maßnahmen sind im Detail mit dem Bergamt abzustimmen und von diesem zu genehmigen (Betriebsplanverfahren).

3.2 Bau des oberirdischen Kraftwerks

Unter Umständen überlappend mit der zweiten Bohrung wird die Bestellung des oberirdischen Kraftwerks ausgelöst. Da bis zum Zirkulationstest der zweiten Bohrung die elektrische Leistung des Kraftwerks nicht feststeht, ist darauf zu achten, dass bis zu jenen Zirkulationstests auch noch eine möglichst große Flexibilität der Leistungsauslegung besteht.

Darauf zu achten ist, dass nicht unnötige Wartezeiten zwischen Bohrtätigkeit und dem Anlauf des Kraftwerks entstehen, die die Opportunitätskosten in die Höhe treiben. Es liegt deshalb auf der Hand, nach Lösungen mit den Kraftwerksherstellern zu suchen, die entweder darauf hinauslaufen, ein leicht unter den Erwartungen liegendes Kraftwerk frühzeitig zu erstellen und dann ohne Verzug einzubauen, um es schließlich gegen das endkonfigurierte Kraftwerk auszutauschen oder zumindest die Vorlaufzeiten durch andere Maßnahmen des Kraftwerkherstellers zu verkürzen.

Aufgrund des verstärkten Einsatzes der ORC-Technologien (Organic Rankine Cycle), nicht nur in der Geothermie, sondern auch auf anderen Gebieten der Erneuerbaren Energien, die im Vergleich zur klassischen Kraftwerkstechnik wenig heiße Wärmequellen bieten, hat sich auch die Zahl der Anbieter von ORC-Anlagen erhöht, was den Wettbewerb verstärkt und die Verhandlungssituation der Projektierer verbessert.

3.3 Förderpumpen

Im Gegensatz zu den Kraftwerken, die man im Wesentlichen wegen der geringen Temperatur- und Druckansprüche als „mid-tech" bezeichnen kann, sind die Förderpumpen, die in ca. 400 bis 600 Metern Tiefe im Bohrloch montiert (Tauchpumpen) oder über ebenso lange Schäfte mit den oberirdischen Motoren verbunden sind (Wellenpumpen), Hightechgeräte mit einem sehr hohen Energieumsatz. Inzwischen hat sich die Pumpentechnologie so weit entwickelt, dass die technische Verfügbarkeit im Sinne von Jahresstunden wie auch der Verschleiß als befriedigend bezeichnet werden können.

Diese Förderpumpen sowie die Pumpen innerhalb des Kraftwerks verschlingen leicht ca. 20%-25% der Bruttoenergieproduktion, sind also nicht nur in der Investition, sondern auch im Verbrauch ein erheblicher Faktor.

3.4 Endabnahme

Wie üblich im Anlagenbau erfolgt eine Endabnahme an den Auftraggeber, in diesem Fall die Objektgesellschaft, die sorgfältig geplant, in Verträgen fixiert und dokumentiert wird. Teil dieser Endabnahme ist auch der genehmigte Betriebsplan zur Gewinnung als Teil des Bergrechts. Diese Genehmigung wird nur auf Zeit ausgesprochen, jedoch grundsätzlich verlängert, wenn keine neuen negativen Erkenntnisse vorliegen. Gegebenenfalls sind Fördermaßnahmen anzupassen (siehe unten). Mit der Endabnahme sind in vertraglich bestimmter Weise dann die Schlusszahlungen fällig und Gewährleistungsansprüche zu regeln.

3.5 Versicherung

Die Versicherung begleitet die Bohrphase intensiv. Risiken und Schäden sind der Versicherung zu melden, und es ist gegebenenfalls mit der Versicherung zu beraten, wie Abhilfe geschaffen werden kann. Die Versicherung wird dann die Kosten der Abhilfe (z.B. das Fischen des Bohrkopfes) nach dem Selbstbehalt des Unternehmens tragen. Voraussetzung ist jedoch eine unverzügliche Meldung an die Versicherung und Beratung mit ihr. Weiterhin kann die Versicherung dann bestimmte Maßnahmen vorschreiben, die aber in einem Mehraufwand von ihr zu tragen ist.

Bei der *Bohrrisikoversicherung* ist es nicht immer ganz einfach, zwischen versicherten Schadensereignissen („Events") und unversicherten Abweichungen zu unterscheiden, was aber letztlich für die Industrieversicherung ein normaler Sachverhalt ist.

Die *Fündigkeitsversicherung* ist klar in ihrem Anspruch vom Grunde und der Höhe her. Grundsätzlich besteht ein Anspruch gegen die Versicherung bei mangelnder Fündigkeit definiert als Wärmeangebot der versicherten Bohrung. Von der Höhe her ist aller bis zu jenem Zeitpunkt entstandene Aufwand von der Versicherung zu erstatten (harte und weiche Kosten), soweit diese durch die Versicherungssumme abgedeckt sind. Alles dies versteht sich wiederum nach Selbstbehalt des Unternehmens. Die Feststellung der Fündigkeit während des Fündigkeits- und Zirkulationstests ist ein relativ klar dokumentierbarer Sachverhalt und hat zum Gegenstand, ob die versicherte Fördermenge nun tatsächlich z.B. 60 Liter pro Sekunde über- oder unterschreitet.

Als Schnittstelle zur Versicherung empfiehlt sich eine qualifizierte kaufmännische Projektleitung, gegebenenfalls die Beteiligung eines Maklers sowie eine rechtliche Beratung.

3.6 Finanzierung

Während der Bauphase ist die Finanzierung gekennzeichnet durch meist monatliche Zahlungstermine nach dem ersten größeren Auszahlungstermin zur Anzahlung der verschiedenen Gewerke. Typischerweise beauftragen die Banken Fachingenieurfirmen, wie z.B. TÜV Süd, um den Projektfortschritt technisch zu prüfen, und unterhalten Fachabteilungen, um die Auszahlung vorzunehmen und den Verwendungsnachweis des in den vergangenen Monaten bereitgestellten Geldes zu überprüfen.

4 Betrieb

Nach der Endabnahme und während und nach der Gewährleistungsfrist beginnt nun der operative Teil des Projekts. Der Bohrturm ist abgebaut, der Bohrkeller entfernt, die Becken unter Umständen noch für einige Zeit vorgehalten, um auch ihrerseits zurückgebaut zu werden. Gegebenenfalls wird in der Nähe nach Wärmeabnehmern gesucht, z.B. in Form von Nahheiznetzen oder industriellen Wärmeabnehmern (z.B. Holztrocknungsanlagen, Treibhäuser), die im Laufe der Folgejahre den Nutzen der Anlage erhöhen.

4.1 Operativer Betreiber

Da die Objektgesellschaft kein eigenes Personal und nur dieses eine Kraftwerk hat, ist sie darauf angewiesen, einen operativen Betreiber für das Kraftwerk zu beauftragen. Die Verträge hierfür sehen im Prinzip drei Arten von Leistungen vor:

- *Abdeckung der bergrechtlichen Belange:* Auch nach Inbetriebnahme gibt es immer wieder wichtige Kontakte mit dem Bergamt, die tief in den Betrieb eingreifen können. Ebenfalls gilt es, den Einzugsbereich der Bohrungen von möglichen negativen neuen Bohrungen anderer Firmen freizuhalten. Diese Seite erfordert also ein eingespieltes, geologisches und mit dem Bergrecht vertrautes Team.
- *Technische Betreuung:* Dies ist im Wesentlichen eine „Hausmeisterfunktion", für die von der Betreibergesellschaft Fachfirmen beauftragt und abgerechnet werden, die z.B. Schäden am ORC-Kraftwerk oder an den Pumpen beheben sollen.
- *Kaufmännische Abwicklung:* Hier geht es einerseits um die Funktionen Buchhaltung/ Rechnungswesen im engeren Sinne, dann aber auch um die Abrechnung mit den wärme- und stromabnehmenden Firmen, der Einspeisevergütung entsprechend dem EEG sowie die verschiedenen Monats-/Jahresabschlüsse, Berichte und Steuererklärungen.

Da diese Betreuung über 20 Jahre und länger dauern soll, ist darauf zu achten, dass die Betreuungsfirma ein Unternehmen ist, das dauerhaft im Interesse der Projektfirma seine Entscheidungen trifft, also technische und kaufmännische Kompetenz mit einer der Objektgesellschaft angepassten Motivation vereinigt. Vor allem bei Kraftwerken im Besitz von nicht technisch versierten Gesellschaftern (z.B. Fonds, Finanzinvestoren) ist dem Betreiberrisiko besondere Aufmerksamkeit zu widmen.

4.2 Bergrechtlicher Genehmigungsstatus

Mit den Erkenntnissen aus dem Zirkulationstest und dem Probebetrieb werden die Betriebsparameter für die Anlage festgelegt und der Betriebsplan „Bewilligung" auf Antrag der Projektgesellschaft seitens des Bergamtes genehmigt. Mit der Bewilligung entsteht ein eigenständiges Feld (Bewilligungsfeld), indem dieses aus dem ursprünglichen Aufsuchungsfeld „herausgeschnitten" wird und somit als eigenständiges Recht der Projektgesellschaft für die Gewinnung des Bodenschatzes dient. Mit der Bewilligung wird auch die wasserrechtliche Genehmigung beantragt und erteilt. Üblicherweise liegen die Genehmigungslaufzeiten beider Genehmigungen bei etwa 20 bis 30 Jahren und können auf Antrag verlängert werden. Während dieser Laufzeiten müssen die bergrechtlichen Genehmigungsvoraussetzungen wie technische (geologische) Kompetenz und wirtschaftliche Leistungsfähigkeit dem Bergamt turnusmäßig nachgewiesen werden. Die Reservoir-Bewirtschaftung ist gegenüber dem Bergamt zu dokumentieren.

4.3 Finanzierung

Die erste Betriebsphase ist im Prinzip die Zeit der Rückzahlung des Fremdkapitals und umfasst im Allgemeinen 15 Jahre. Diese Frist von 15 Jahren ist wesentlich kürzer als die Restlaufzeit nach dem Erneuerbare-Energien-Gesetz (EEG), insofern besteht eine Preissicherheit. Die für den Umsatz notwendige Strommenge wird gegebenenfalls negativ beeinträchtigt durch die oben erläuterten möglichen Einschränkungen der bergrechtlichen Genehmigungen oder eine geringere Jahresstundenleistung des Kraftwerks als geplant. Entsprechend kann es dazu kommen, dass Projekte notleidend werden und die Finanzierung restrukturiert werden muss.

Ein weiteres Risiko besteht darin, dass es zu größerem Reparaturaufwand kommen kann, der über den jährlichen Cashflow oder über die bisherige Ansparleistung der Reparaturrücklagen hinausgeht.

Andererseits entstehen aus der Erfahrung auch oftmals positive Entwicklungen, sodass beispielsweise ein erfolgreicher Standort weitere Bohrungen und damit Kapazitätsausbau nach sich zieht und weiterhin einen erhöhten Wärmeverkauf aus Abwärme oder Primärwärme entsteht. Auch das kann mit erheblichen Investitionen verbunden sein, was wiederum eine Neuverhandlung im Gesellschafterkreis wie mit den Fremdkapitalgebern nach sich zieht. Hierfür sollte bereits in den Finanzierungsverträgen Sorge getragen werden, sodass z.B. eine neue Finanzierung auf bestehende Finanzierungen nachrangig aufgesattelt werden kann.

Die Projektverträge eines Erneuerbare-Energien-Kraftwerksvorhabens

Holger Kraft

1 Einleitung

Zu den wichtigsten Projektverträgen im Zusammenhang mit der Realisierung eines Kraftwerks im Bereich der Erneuerbaren Energien gehören der Errichtungsvertrag, der die Lieferung und Herstellung des Kraftwerks regelt, und der Instandhaltungsvertrag, der die Instandhaltung des Kraftwerks in der Betriebsphase zum Gegenstand hat. Neben den Instandhaltungsvertrag treten in der Betriebsphase teilweise auch Verträge über die kaufmännische oder technische Betriebsführung.

Daneben gibt es eine Reihe von Projektverträgen, die sicherstellen, dass das Kraftwerk legal auf einem bestimmten Grundstück errichtet werden kann und in das Stromnetz einspeisen darf. Dazu zählen der Netzanschluss-, der Einspeise- und – sofern mehrere Projekte gemeinsam ein Umspannwerk nutzen – zumeist der Umspannwerknutzungsvertrag. Zusammen mit den erforderlichen Genehmigungen werden diese Verträge häufig auch als „Projektrechte“ bezeichnet.

Die Projektverträge spielen in allen Phasen der Entwicklung und Umsetzung eines Erneuerbare-Energien-Projektes eine zentrale Rolle. Bereits in der Projektierungsphase bestimmen sie die Rahmenbedingungen der Projektgestaltung und noch nach Abschluss der Projektverwirklichung sind sie der rechtliche Maßstab für nachlaufende Rechte und Pflichten der Parteien. Der Inhalt der Projektverträge ist insofern von wesentlicher Bedeutung für eine Risikobewertung des Projektes durch den Investor selbst, insbesondere aber auch durch eine finanzierende Bank.

Die Risikoaffinität von Eigen- und Fremdkapitalgebern ist unterschiedlich ausgeprägt. Während Eigenkapital bereitstellende Investoren tendenziell eher renditeorientiert sind und hierfür auch gewisse Risiken in Kauf nehmen, drängen finanzierende Banken in der Regel darauf, durch entsprechende vertragliche Regelungen und Sicherungsmechanismen die Projektrisiken des Investors (und damit die eigenen Finanzierungsrisiken) weitestmöglich zu reduzieren. Sie werden gegebenenfalls vom Investor auch verlangen, zusätzliche Kosten in Kauf zu nehmen, um eine weitergehende Absicherung des Projekts zu erzielen. In den Vertragsverhandlungen ist es oft eine besondere Herausforderung, diese Interessen mit denen des jeweiligen Vertragspartners in für alle akzeptabler Weise zu verbinden. Manchmal scheitern Verhandlungen daran, dass sich zwar Investor und Vertragspartner in rechtlicher wie wirtschaftlicher Hinsicht einig sind, die Verhandlungsergebnisse von den finanzierenden Banken jedoch nicht akzeptiert werden (können). Dem jeweiligen Vertrag und damit dem gesamten Projekt fehlt dann die sogenannte Bankability.

Schwerpunkt dieses Beitrags sind insoweit die maßgeblichen Regelungsaspekte des Errichtungs- und des Instandhaltungsvertrages mit besonderem Blick darauf, welche Vertragsinhalte zur Erzielung einer Bankability des Projektes erforderlich sind. Unter dem Errichtungsvertrag wird hierbei in diesem Beitrag ein Vertrag verstanden, mit dem sich der Auftragnehmer zur Lieferung und Errichtung des Erneuerbare-Energien-Kraftwerks oder jedenfalls der wesentlichen Kraftwerkskomponenten (wie etwa der Windenergieanlagen) verpflichtet. Die übrigen Projektverträge werden in ihren Grundstrukturen vorgestellt.

Der Errichtungs- und der Instandhaltungsvertrag können nicht isoliert betrachtet und bewertet werden. Sie müssen vielmehr in ihrem Zusammenspiel mit und in ihrem Spannungsverhältnis zu den übrigen Projektrechten und in vielen Transaktionen insbesondere auch zum Vertrag über den Erwerb des Projektes (Anteilskaufvertrag, Sale and Purchase Agreement, SPA) verstanden und eingeordnet werden.

Letzteres ist insbesondere relevant, wenn der Verkäufer des Gesamtprojektes der für die Kraftwerkserrichtung verantwortliche Auftragnehmer ist. Dann können nämlich die relevanten Regelungsaspekte zu den Projektrechten und auch weitere maßgebliche Regelungen, etwa zur Gewährleistung oder zu Leistungsgarantien, sowohl im SPA als auch im Errichtungsvertrag geregelt werden. Insoweit bedarf es einer genauen inhaltlichen Abstimmung beider Verträge im Sinne eines schlüssigen Regelungskonzeptes. Beide Verträge sind dann bei der Beurteilung der Bankability als ein gemeinsames Regelungswerk zu betrachten und zu bewerten.

Nachfolgend werden zunächst die maßgeblichen Regelungsinhalte des Errichtungs- und des Instandhaltungsvertrages dargestellt (Abschnitte 2 und 3). Danach erfolgt eine Schilderung der maßgeblichen Aspekte weiterer Projektverträge und Projektrechte (Abschnitt 4), abschließend werden die typischen Mechanismen zur Absicherung von finanzierenden Banken im Rahmen von Projektverträgen behandelt (Abschnitt 5).

Die Darstellung dieses Kapitels konzentriert sich exemplarisch auf die Bereiche Wind- und Solarenergie, die in Deutschland und auch in ausländischen Märkten angesichts ihres Geschäftsvolumens und der Zahl der Projekte besonders bedeutsam sind. Die in diesem Bereich relevanten Strukturen lassen sich zu großen Teilen auf die übrigen Bereiche der Erneuerbaren Energien übertragen. Zwar gibt es durchaus Besonderheiten (wie etwa die Beschaffungsverträge bei Biomasseprojekten), jedoch würde es die Darstellung überfrachten und den klaren Blick auf die wesentlichen Strukturen verstellen, die spezifischen Aspekte aller Sparten der Erneuerbaren Energien in der dann gebotenen Breite zu erörtern.

Die Darstellung erfolgt unter Zugrundelegung des deutschen Rechts. Gleichwohl sind die nachfolgend geschilderten Erkenntnisse zum Errichtungs- und zum Instandhaltungsvertrag zum ganz überwiegenden Teil auch auf andere Rechtsordnungen übertragbar, da diese Verträge die wesentlichen Regelungsaussagen typischerweise weitgehend ohne Rückgriff auf die zugrunde liegende Rechtsordnung selbst treffen. Hinsichtlich Grundstücksrechten, Netzanschluss, Genehmigungsverfahren, Einspeisetarifen und anderen öffentlich-rechtlichen Vorschriften gibt es hingegen viele lokale Besonderheiten und teils zwingende gesetzliche Vorschriften.

Zu beobachten ist ein genereller Trend zu differenzierten und ausführlichen Verträgen. Die „Goldgräberzeiten", in denen die Eckdaten eines Vertrages auf einem Bierdeckel notiert wurden, sind vorbei. Es ist zudem eine verstärkte Internationalisierung zu beobachten, weswegen international anerkannte Vertragsmuster, insbesondere das sogenannte „Yellow Book" und das „Silver Book" der Fédération Internationale des Ingénieurs Conseils (FIDIC) verstärkt Verbreitung finden.

2 Der Errichtungsvertrag

2.1 Multicontracting versus Generalunternehmervertrag

Im Vorfeld der Vorbereitung und Verhandlung der Errichtungsverträge hat der Auftraggeber zunächst grundlegend zu entscheiden, ob das Kraftwerk im Wege des Multicontractings oder durch Beauftragung eines Generalunternehmers errichtet werden soll.

Beim *Multicontracting* schließt der Auftraggeber hinsichtlich der verschiedenen für die Errichtung des Kraftwerks erforderlichen Teilleistungen unmittelbar Einzelverträge mit verschiedenen Auftragnehmern, deren Verantwortlichkeit sich auf die jeweils von ihnen geschuldete Teilleistung beschränkt. Es ist Sache des Auftraggebers, die Leistungen der einzelnen Auftragnehmer zusammenzufügen und die Erstellung des Kraftwerks unter Einbeziehung aller Auftragnehmer zu koordinieren. Insbesondere hat er sicherzustellen, dass alle Aufgaben in Schnittstellenbereichen einem der Auftragnehmer klar zugewiesen sind und dass diese ordnungsgemäß zusammenarbeiten. Hierfür ist es aus Auftraggeber- und Bankensicht empfehlenswert, in einer Mehr-Parteien-Vereinbarung die wesentlichen Auftragnehmer zu frühzeitigem Informationsaustausch, zur Abstimmung ihrer Arbeiten und zur Einhaltung eines gemeinsamen Terminplans zu verpflichten. In der Praxis werden die Auftragnehmer aber häufig nicht bereit sein, den Auftraggeber aus seiner Koordinierungspflicht zu entlassen und damit eine weitergehende eigene Haftung zu begründen. In diesen Fällen ist es für die Bankability wichtig, in den jeweiligen Projektverträgen entsprechende Kooperationspflichten aufzunehmen und vorzusehen, dass Übergaben durch gemeinsame Besichtigungen dokumentiert werden.

Die Last der Projektkoordination kann die Kräfte von Auftraggebern, die nicht über genügend eigene technische Erfahrung und personelle Ressourcen verfügen (z.B. Finanzinvestoren) überspannen. Zudem ist das Risiko einer unzureichenden Aufgabenzuweisung oder einer mangelnden Zusammenarbeit der Auftragnehmer im Schnittstellenbereich (Schnittstellenrisiko) bei komplexen Projekten erheblich. Die Alternative zum Multicontracting besteht darin, anstelle verschiedener Auftragnehmer nur einen *Generalunternehmer* mit der vollständigen, d.h., der schlüsselfertigen und betriebsbereiten Errichtung des gesamten Kraftwerks mit allen Komponenten in alleiniger Verantwortung zu beauftragen (Generalunternehmervertrag oder Turnkey Contract). Der Generalunternehmer bedient sich, soweit er Leistungen nicht selbst erbringt,[1] von ihm beauftragter, koordinierter und bezahlter Subunternehmer. Die von den Subunternehmern erbrachten Leistungen gelten als solche des Generalunternehmers, für die er wie für eigene Arbeiten einzustehen hat. Der Generalunternehmer übernimmt insofern das Schnittstellenrisiko und haftet dem Auftraggeber alleinverantwortlich und umfassend für die gesamte Projektverwirklichung. Nachteil der Beauftragung eines Generalunternehmers sind allerdings die regelmäßig höheren Gesamtkosten, da dieser den Koordinationsaufwand und das Schnittstellenrisiko nur gegen entsprechende Vergütung übernimmt. Zudem ist der Auftraggeber dem Risiko einer Insolvenz des Generalunternehmers ausgeliefert, während beim Multicontracting dieses Risiko durch die Beauftragung verschiedener Auftragnehmer gestreut werden kann. Schließlich vermindert sich mit der Zuweisung der umfassenden Verantwortung für die Projektverwirklichung zum Generalunternehmer die Möglichkeit des Auftraggebers, auf das Projekt Einfluss zu nehmen.

Die Erfahrungen aus der Praxis zeigen, dass die meisten Investoren und Banken in der Regel die Beauftragung eines Generalunternehmers favorisieren. Allerdings sind (noch) nicht für alle Arten von Erneuerbare-Energien-Projekten Generalunternehmerlösungen zu akzeptablen Preisen verfügbar. Dies gilt insbesondere für den Offshore-Windbereich, in dem teilweise noch technische Pionierarbeit geleistet wird und viele Schnittstellen mit den daraus resultierenden Risiken existieren. Auch ist die Logistik weitaus aufwendiger und kostenträchtiger, weil sehr teure Spezialschiffe beschafft und betrieben werden müssen. Zu beobachten ist insofern, dass im Offshore-Windbereich vermehrt zwischen Multicontracting und Generalunternehmer-Beauftragung anzusiedelnde Verträge geschlossen werden. So werden häufig zumindest mehrere Teilleistungen zusammengefasst und so die Zahl der Auftragnehmer und Schnittstellen gegenüber dem klassischen Multicontracting reduziert. Auch kommt es vor, dass zwar die einzelnen Komponenten im Wege des Multicontractings bestellt werden, anschließend jedoch nur ein Auftragnehmer die Offshore-Installation aller Komponenten übernimmt. Es ist zu erwarten, dass die Industrie zunächst im Wege des Multicontractings ein gewisses Maß an Erfahrungen gewinnen will, bevor dann gegebenenfalls in einiger Zeit auch Turnkey-Lösungen angeboten werden.

[1] Neben dem Generalunternehmer (GU) gibt es den sogenannten Generalübernehmer. Dieser unterscheidet sich vom GU dadurch, dass er keine Bauleistungen selbst erbringt, sondern vollständig von Subunternehmern ausführen lässt. Die Unterscheidung spielt allerdings in der Vertragsgestaltung keine Rolle.

2.2 Wichtige vertragliche Regelungsinhalte

2.2.1 Leistungsinhalt und Risikoverteilung

Zentraler Regelungsgegenstand des Vertrages sind der Inhalt der vom Auftragnehmer zu erbringenden Leistungen und die Risikoverteilung in Bezug auf die Rahmenbedingungen des Projekts (wie z.B. die Bodenbeschaffenheit oder die notwendigen öffentlich-rechtlichen Genehmigungen). Um kosten- und verzögerungsträchtigen Streitigkeiten während der Vertragsausführung vorzubeugen, bedarf es einer klaren und unzweideutigen Festlegung der Leistungspflichten des Auftragnehmers (Spezifikation). Die besonders wichtigen Leistungspflichten sollten im Vertrag selbst benannt werden. Die technischen Details werden üblicherweise in technische Spezifikationen als Anlage zum Vertrag genommen. Neben der Spezifikation gibt es in der Regel eine Vielzahl von Bestimmungen, die dazu dienen, den Leistungsinhalt näher zu bestimmen und die Risiken der Projektrealisierung zu verteilen. Nachfolgend werden spezielle, besonders wichtige Themenstellungen bei der Bestimmung des Leistungsinhaltes und der Risikoverteilung näher ausgeführt.

2.2.1.1 Planung und Design

Der Errichtungsvertrag sollte regeln, inwieweit der Auftragnehmer nicht nur für die reine Lieferung von Komponenten und bestimmte Bauleistungen, sondern auch für die Planung und Design des Kraftwerks verantwortlich ist. Bei Turnkey-Projekten werden Planung und Design in der Regel vom Auftragnehmer übernommen. Beim Multicontracting (wie etwa im Offshore-Windbereich) hat der jeweilige Auftragnehmer in der Regel Planung und Design für sein eigenes Gewerk zu verantworten. Die Gesamtverantwortung trägt der Auftraggeber. In Schnittstellenbereichen sind gegebenenfalls Sonderregelungen erforderlich, wie etwa im Falle der gemeinsamen Lastenkalkulation des Fundament- und des Windenergieanlagenherstellers bei Offshore-Windprojekten.

Damit eng verbunden ist die Frage, wie der Auftragnehmer die vom Auftraggeber beigebrachte Design Basis, Planungsunterlagen, Gutachten, technische Dokumentationen usw. nachzuprüfen hat. Fehler in den Unterlagen können sich erheblich nachteilig auf die Errichtung und die Funktionsfähigkeit des Kraftwerks auswirken. Der Auftragnehmer will seine Prüfungspflicht daher verständlicherweise auf ein Minimum beschränken, um eine nachteilige Risikoverschiebung in Bezug auf die Planungsgrundlagen zu vermeiden. Aus Bankensicht ist hingegen eine möglichst weitgehende Prüfungspflicht wünschenswert. Der Aufwand einer solchen Überprüfung kann erheblich sein, so können z.B. umfangreiche Bodengutachten erforderlich werden. Häufig werden daher Kompromisse verhandelt, z.B. eine Pflicht zur Überprüfung der vorhandenen Unterlagen nur auf offensichtliche Fehler oder Lücken mit entsprechender Mitteilungspflicht.

2.2.1.2 Beibringung der Projektrechte

Der Auftragnehmer wird sich häufig zur Absatzförderung selbst Projektrechte sichern und mit dem Errichtungsvertrag an den Investor veräußern. Der Auftragnehmer wird für den Bestand dieser Rechte in einem gewissen Maß einstehen müssen. Dies ist bei der Ausgestaltung des Gewährleistungs- und des Haftungsregimes zu berücksichtigen.

2.2.1.3 Bodenrisiko

Der Errichtungsvertrag sollte regeln, wer für die Tauglichkeit des Baugrundstücks (bzw. des Seegebietes oder der Dachfläche bei Photovoltaik-Dachprojekten) einzustehen hat. Ungeachtet einer gründlichen vorherigen Untersuchung des Grundstücks können Umstände eintreten, die die Realisierung des Kraftwerks verzögern bzw. erhebliche zusätzliche Kosten verursachen, z.B. Altlasten, explosives Kriegsmaterial und schutzwürdige Denkmäler. In aller Regel ist der Auftraggeber für die Tauglichkeit des Baugrundstücks verantwortlich. Anders ist dies, wenn der Auftragnehmer als Projektentwickler selbst das Grundstück in das Projekt einbringt oder wenn die Vertragsstruktur generell auf dem Ansatz einer sehr viel stärkeren Verantwortlichkeit des Auftragnehmers basiert (z.B. entsprechend FIDIC Silver Book). In einem solchen Fall ist dann eine vollständige Due Diligence der Bodenverhältnisse durch den Auftragnehmer erforderlich. In deutschen Erneuerbare-Energien-Projekten ist eine solche Verantwortlichkeit des Auftragnehmers bisher eher unüblich, wird aber vermehrt von Investoren und Banken angestrebt. Dies gilt insbesondere für Auslandsprojekte. Eine differenzierte Regelung kann dadurch erfolgen, dass der Auftraggeber grundsätzlich für die Tauglichkeit des Grundstücks verantwortlich ist, der Auftragnehmer diese jedoch in gewissem Umfang noch einmal nachzuprüfen hat. Erfolgt diese Nachprüfung nur unzureichend, kann die Folge ein Ausschluss bzw. eine Minderung der Ansprüche der anderen Partei sein.

2.2.1.4 Einhaltung von Genehmigungen und gesetzlichen Vorgaben

Der Auftraggeber wird vernünftigerweise darauf bestehen müssen, dass sich der Auftragnehmer dazu verpflichtet, seine Arbeiten stets im Einklang mit den öffentlich-rechtlichen Genehmigungen (vgl. unten Abschnitt 4.5) und den anderen öffentlich-rechtlichen Vorschriften auszuführen. Andererseits ist der Auftragnehmer auch verpflichtet, seine Leistungen entsprechend den Anforderungen des Vertrages samt Anlagen zu erfüllen. Geraten Vertrag und öffentlich-rechtliche Vorschriften in Widerspruch zueinander, etwa weil sich Genehmigungsanforderungen oder Gesetze verschärfen, so sollte der Vertrag regeln, dass der Auftragnehmer dann den öffentlich-rechtlichen Vorschriften zu folgen und seine Arbeiten entsprechend anzupassen hat. Es besteht sonst die Gefahr, dass die Behörde wegen Verstoßes gegen die öffentlich-rechtlichen Vorschriften den Betrieb des Kraftwerks einschränkt, untersagt oder gar dessen Rückbau verlangt. In der Regel kann der Auftragnehmer jedoch für den zusätzlichen Aufwand gegenüber der ursprünglichen

Planung auf Basis der vertraglichen Regelungen Kostenersatz und eine Bauzeitverlängerung verlangen (vgl. unten Abschnitt 2.2.5). Aufgrund dieser Folgen sollte allein der Auftraggeber berechtigt sein, in den genannten Fällen eine Anpassung der bisherigen Planung und deren Umsetzung anzuordnen.

Kein Anspruch auf Kostenerstattung und Bauzeitverlängerung steht dem Auftragnehmer allerdings zu, wenn er selbst für die Beschaffung der relevanten Genehmigung zuständig oder ihm das Risiko der Änderung öffentlich-rechtlicher Vorschriften nach dem Ansatz des Vertrages anderweitig zugewiesen war (so etwa das FIDIC Silver Book). Er hat dann für eine Verschärfung der Genehmigungsanforderungen und sonstige Probleme im Zusammenhang mit den von ihm zu beschaffenden bzw. seinem Risikobereich zugewiesenen Genehmigungen einzustehen.

Bei einer klassischen Aufteilung der Beschaffungspflichten hat der Auftraggeber in der Regel die eigentliche Kraftwerksgenehmigung (z.B. Baugenehmigung, immissionsschutzrechtliche Genehmigung, Anlagengenehmigung des Bundesamtes für Seeschifffahrt und Hydrographie (BSH-Genehmigung) bei Offshore-Windenergieanlagen) zu beschaffen, während der Auftragnehmer für die Beschaffung der für die Ausführung seiner Arbeiten notwendigen Genehmigungen zuständig ist. Ist der Auftragnehmer auch der ursprüngliche Projektentwickler oder gleichzeitig Verkäufer des gesamten Kraftwerks auf Turnkey-Basis, so hat er üblicherweise auch die projektspezifischen Genehmigungen mit beizubringen.

Wichtig ist, dass die Beschaffungspflicht hinsichtlich aller notwendigen Genehmigungen klar zugewiesen ist. Häufig wird daher die Beschaffungspflicht einer Partei genau spezifiziert, während die andere Partei alle übrigen Genehmigungen beizubringen hat. Diese Partei trägt dann das Risiko für Genehmigungen, die zwar erforderlich sind, bei der Vertragsgestaltung aber nicht im Blick der Parteien waren und daher bei der Zuweisung unberücksichtigt geblieben sind.

2.2.1.5 Einhaltung technischer Standards

Weiterer Regelungsgegenstand ist, welchen technischen Standards und Qualitätsanforderungen der Auftragnehmer zu entsprechen hat. Häufig werden hierbei der „Stand der Technik“ (state of the art) oder die „anerkannten Regeln der Technik“ vereinbart. Unter dem „Stand der Technik“ wird ein sehr hoher Entwicklungsgrad für technische Lösungen verstanden, die nach den bestehenden theoretischen Erkenntnissen möglich, wenn auch in der Praxis noch nicht bewährt und insbesondere nicht (notwendig) allgemein anerkannt sind.[2] Die Anforderungen an Bauweisen nach dem „Stand der Technik“ sind

2 Ganten/Jagenburg/Motzke (2008), § 4 Nr. 2, Rn. 75.

also höher, weil sie den erreichten und technisch umsetzbaren Kenntnisstand ausschöpfen sollen.[3] Die Parteien geben sich daher häufig mit den „anerkannten Regeln der Technik“ zufrieden. Dies sind die Regeln für die Ausführung baulicher Leistungen, die sich nach der Meinung der Mehrheit der maßgeblichen Fachleute in der Praxis bewährt haben oder deren Eignung von ihnen als nachgewiesen angesehen wird.[4] Verlangt wird also nicht der neueste Entwicklungsstand, sondern solch einer, der zwar gleichfalls auf einem hohen Niveau ist, sich aber über einen gewissen Zeitraum in dem jeweiligen Bereich durch praktische Übung als herrschend durchgesetzt hat. Hinsichtlich der Qualitätsanforderungen wird zunehmend der Branchenmaßstab zum Vergleich herangezogen, etwa wenn bestimmt wird, dass der Auftragnehmer seine Leistungen im Einklang mit „good wind industry practice“ zu erfüllen hat. Ändert sich dieser Branchenmaßstab, sollte der Auftraggeber (nicht der Auftragnehmer selbst!) berechtigt sein, gegen Anpassung der Vergütung (Abschnitt 2.2.3) und Bauzeitverlängerung (Abschnitt 2.2.5) eine entsprechende Anpassung der Leistung des Auftragnehmers anzuordnen (vgl. Abschnitt 2.2.6).

2.2.2 Garantien des Auftragnehmers

Wie bei jeder anderen Investition ist auch im Bereich der Erneuerbaren Energien die zu erwartende Rendite maßgebliches Kriterium für die Attraktivität des Projektes. Gleichermaßen bedeutsam ist die zu erwartende Rendite auch für die Kreditentscheidung der finanzierenden Banken, denn nur ein ausreichender Cashflow und eine auskömmliche Renditeerwartung stellen sicher, dass Zins und Tilgung aus den laufenden Einnahmen bestritten werden können. Es ist daher ein positives Finanzierungskriterium, wenn der Auftragnehmer das Vorliegen bestimmter für die Rendite bedeutsamer Parameter garantiert und so das wirtschaftliche Risiko übernimmt.

Der Auftraggeber und die Banken werden daher beispielsweise bei Verhandlungen über Windenergieanlagen darauf hinwirken, dass der Auftragnehmer deren Leistungsfähigkeit durch Zusicherung bestimmter Energieerträge bei bestimmten Windstärken garantiert (Leistungskurve, Power Curve). Bei Photovoltaik verlangen Auftraggeber und Banken zunehmend die Garantie eines bestimmten Energieertrages bei einer bestimmten Sonneneinstrahlung (Performance Ratio). Werden diese garantierten Leistungswerte nicht erreicht, so sollte der Auftragnehmer zunächst verpflichtet sein, auf eigene Kosten Nachbesserungsmaßnahmen zu ergreifen, um – gegebenenfalls auch durch Austausch von Teilen (z.B. Solarmodulen) – die Leistungsfähigkeit des Kraftwerks auf das geforderte Niveau zu heben. Lässt sich der zur verminderten Leistung führende Mangel nicht beseitigen, sollte der Auftragnehmer zu Ausgleichszahlungen bzw. zur Rückzahlung eines bestimmten Teils der

[3] Ganten/Jagenburg/Motzke (2008).

[4] Koenen in Jansen/Preussner (2010), § 13 Nr. 1, Rn. 19, mit weiteren Nachweisen.

Vergütung an den Auftraggeber verpflichtet werden, um den durch die verminderte Leistung verursachten wirtschaftlichen Nachteil zu kompensieren. In der Praxis ist es allerdings schwierig, unbeschränkte Leistungsgarantien durchzusetzen. Häufig muss sich der Auftraggeber hier auf bestimmte Haftungshöchstgrenzen einlassen. In solchen Fällen werden die finanzierenden Banken darauf drängen, dass der Auftraggeber bei Erreichen der Höchstgrenze als Ultima Ratio zum (Teil-)Rücktritt vom Vertrag berechtigt ist.

Weiter ist für den Cashflow des Projektes die Verfügbarkeit des Kraftwerks maßgeblich. Diese bringt zum Ausdruck, wie hoch der prozentuale Anteil der Zeit, in der das Kraftwerk ordnungsgemäß funktionstüchtig zur Energieerzeugung bereitsteht, zur Gesamtzeit ist. Vom Auftragnehmer wird eine bestimmte Verfügbarkeit insoweit üblicherweise in Form eines Prozentsatzes garantiert. Die absolute Höhe dieses Prozentsatzes sagt allein jedoch noch nichts über den Wert der Verfügbarkeitsgarantie aus. Entscheidend ist, wie die zu Entschädigungszahlungen führende Downtime definiert ist. Hierbei kommt es auf jedes Detail an. Häufig ist festgelegt, dass bestimmte, zur Funktionsuntüchtigkeit des Kraftwerks führende Sachverhalte gleichwohl nicht als Downtime gelten. In Betracht kommen insbesondere reguläre Wartungs- oder Stillstandszeiten, die auf höhere Gewalt – wie etwa schlechtes Wetter – zurückzuführen sind. Indem solche Ereignisse aus der Downtime herausgenommen werden, wird für den entsprechenden Zeitraum die Verfügbarkeit des Kraftwerks unterstellt, sodass sich diese (fiktiv) erhöht. Für die Banken ist es wichtig, dass das der Finanzierung zugrunde gelegte Financial Model belastbar ist. Sie werden daher bestrebt sein, die zur Unsicherheit führenden fingierten Verfügbarkeiten in engen Grenzen zu halten. Rechtsfolge der Verletzung der Verfügbarkeitsgarantie wird in der Regel die Zahlung eines finanziellen Ausgleichs sein. Auf diese Weise übernimmt der Auftragnehmer einen erheblichen Teil des Betriebsrisikos des Kraftwerks. Er wird zu derartig weitreichenden Verpflichtungen zumeist aber nur dann bereit sein, wenn über einen langfristigen Instandhaltungsvertrag sichergestellt ist, dass die Anlage während des Garantiezeitraums allein in seinem Einflussbereich steht. Dementsprechend bieten Auftragnehmer die Verfügbarkeitsgarantien üblicherweise lediglich im Rahmen des Instandhaltungs-, nicht aber des Errichtungsvertrages an.

Häufig „garantiert" der Auftragnehmer auch für einen gewissen Zeitraum die Haltbarkeit der von ihm gelieferten Komponenten, jedoch zumeist unter der Bedingung, dass der Auftragnehmer während dieses Zeitraums auch mit der Instandhaltung des Kraftwerks beauftragt wird. Die rechtliche Bewertung ist abhängig vom genauen Wortlaut der Regelung und dem Parteienwillen. Es kann eine bloße Beschaffenheitsvereinbarung, eine Beschaffenheitsgarantie nach § 639 des Bürgerlichen Gesetzbuchs (BGB) oder eine selbstständige Garantie außerhalb von § 639 BGB vorliegen.[5] Relevant ist dies insbesondere für

[5] Vgl. de Vasconcellos (2003), 121, 125 f.; Voit in Jansen/Preussner (2010), § 634, Rn. 14; § 639, Rn. 17.

den Beginn der Verjährungsfrist.[6] Im Interesse des Auftraggebers und der Banken läge zwar eine echte Beschaffenheitsgarantie im Sinne des § 639 BGB, der Auftragnehmer wird dazu aber nur selten bereit sein. Häufig wird daher lediglich eine Beschaffenheitsvereinbarung getroffen, die dann zwar einen Maßstab für die Sollbeschaffenheit „Lebensdauer" begründet, aber keine über die Gewährleistung hinausgehende zusätzlichen Garantiehaftung.

Zunehmend wird auch die Zusicherung des Auftragnehmers verlangt, dass sich das Kraftwerk bei Fertigstellung in einem Zustand „fit for purpose" befindet. Diese Formulierung aus dem angloamerikanischen Rechtskreis besagt, dass sich das Kraftwerk für die vorgesehene Verwendung eignen muss.[7] Dies kann – je nach genauer Ausgestaltung – eine sehr umfassende Verantwortlichkeit des Auftragnehmers für die Tauglichkeit des Bauwerks beinhalten.[8] Auftragnehmerseitig wird vielfach befürchtet, dass mit einer solchen Zusicherung auch ein unbeabsichtigtes Einstehen für den wirtschaftlichen Erfolg, d.h. die Rentabilität des Projektes, verbunden sein könnte. Von Auftragnehmern wird eine derartig weitgehende Generalklausel daher häufig nicht akzeptiert. Sinnvollerweise ist hier eine Konkretisierung vorzunehmen.

Die Garantien werden in der Regel vom Auftragnehmer gewährt. Ist dessen Bonität nicht hinreichend belastbar ist oder der Auftragnehmer zur Übernahme einer eigenen Haftung nicht bereit, gewinnt die Abtretung von Gewährleistungs- und Garantieansprüchen gegen die Hersteller maßgeblicher Komponenten (wie etwa im Solarbereich der Ansprüche unter der Herstellergarantie des Modulherstellers) für die Bankability des Projekts entscheidende Bedeutung.

2.2.3 Vergütung

Üblicherweise wird vereinbart, dass der Auftragnehmer die vertraglichen Leistungen zum Festpreis zu erbringen hat. Allerdings können Leistungsänderungen während der Projektrealisierung Mehrkosten auf Seiten des Auftragnehmers bewirken. Daher ist im Rahmen von Leistungsänderungen in der Regel auch eine Anpassung der Vergütung vorzunehmen. Weiter können Mehrkosten durch unerwartete Umstände wie Behinderungen des Auftragnehmers durch den Auftraggeber, höhere Gewalt oder anderweitige Verzögerungen entstehen. Diese werden vertraglich regelmäßig dadurch berücksichtigt, dass der Auftragnehmer in solchen Fällen Kostenerstattung und gegebenenfalls eine zusätzliche Marge verlangen kann. Welche Umstände zu einer solchen Kostenerstattung

---

[6] Vgl. hierzu Grützner/Schmidl (2007), S. 3.610 ff.

[7] Vgl. Hök (2005), 332, 340; Huse (2002), Rn. 9-02.

[8] Huse (2002), Rn. 8-14.

berechtigen sollen, ist häufig Gegenstand langwieriger Verhandlungen, da hiermit letztlich immer auch eine Zuweisung wirtschaftlicher Risiken erfolgt.

Nach deutschem Werkvertragsrecht ist die Vergütung erst mit der Abnahme des Werkes, d.h. mit Fertigstellung, zahlbar. Eine derartige Struktur ist aus Investoren- und Bankensicht optimal. Häufig jedoch ist der Auftragnehmer nicht gewillt oder schlicht nicht in der Lage, die Erstellung des Kraftwerks aus Eigen- oder Fremdmitteln vorzufinanzieren. In der Praxis werden daher vielfach eine Anzahlung und ein am Baufortschritt, d.h. am Erreichen sogenannter Meilensteine (vgl. Abschnitt 2.2.5) ausgerichteter Zahlungsplan vereinbart. Für die Absicherung der Banken ist dann wichtig, dass Zahlungs- und Bauzeitenplan so abgestimmt werden, dass ungesicherte Vorleistungen des Auftraggebers möglichst vermieden werden. Insofern ist auf eine konsistente Regelung von Zahlungsplan, Bauzeitenplan, Sicherheitenregime und Übereignungsregelung zu achten.

2.2.4 Sicherheiten

Die Errichtung eines Erneuerbare-Energien-Kraftwerks ist eine Investition im Volumen von vielen Millionen Euro, bei Offshore-Wind teilweise sogar im Milliardenbereich. Entsprechend groß ist das Bedürfnis der Vertragsparteien, die verschiedenen sich aus dem Vertrag ergebenden Risiken weitestmöglich zu reduzieren. Die hinreichende Absicherung der Ansprüche des Auftraggebers ist insbesondere auch für die finanzierenden Banken neben einem für Zins und Tilgung hinreichenden Cashflow ein zentrales Kriterium für die Kreditentscheidung.

In der Praxis erfolgt die Absicherung der beidseitigen Verpflichtungen häufig durch die Stellung von Bürgschaften, alternativ auch durch Garantien, Letter of Credit oder ähnliche Sicherungsmittel Die nachfolgenden Ausführungen beschränken sich darauf, die Funktion solcher Sicherheiten in Erneuerbare-Energien-Projekten dazustellen und auf die Frage, wie die Sicherheiten in den relevanten Projektvertrag einzubetten sind. Exemplarisch werden Bürgschaften behandelt, weil diese Form der Sicherheit besonders häufig verwendet wird. Vielfach werden in der Praxis neben oder zusammen mit Bank- auch Konzernbürgschaften eingesetzt. Dies kommt vor allem dann in Betracht, wenn hinter den jeweiligen Parteien große Konzerne mit ausreichendem Rating stehen. In diesen Fällen ist es für die zur Beschaffung der Sicherheit verpflichtete Partei in der Regel billiger, eine Konzernbürgschaft zu beauftragen.

Aus Investoren- und Bankensicht sollte darauf hingewirkt werden, dass die Bürgschaften unbefristet gestellt werden. Allerdings ist dies insbesondere in internationalen Projekten nicht immer durchsetzbar. Dann sollten Investoren und Banken darauf achten, dass die Befristung substanziell über den relevanten Fertigstellungzeitpunkt hinausreicht und der Auftragnehmer zudem verpflichtet ist, die Bürgschaft zu verlängern oder eine Barsicherheit in entsprechender Höhe zu stellen, falls der Sicherungszweck (z.B. Absicherung der

Gewährleistungsansprüche des Auftraggebers bis zum Auslaufen der Gewährleistung) zum Zeitpunkt des Fristablaufs noch fortbesteht. Der Anspruch auf Stellung einer Barsicherheit muss auch durch die Bürgschaften gesichert werden, damit dem Auftraggeber im Falle der Verweigerung einer Verlängerung der Bürgschaft ein fälliger, durch die relevante Bürgschaft gesicherter Zahlungsanspruch zusteht.

2.2.4.1 Bürgschaften zugunsten des Auftraggebers

Der Zahlungsplan sieht üblicherweise vor, dass der Auftraggeber noch vor Beginn der Arbeiten eine Anzahlung in substanzieller Höhe zu leisten hat. Dieser Anzahlung steht noch keine Leistung des Auftragnehmers gegenüber, sie wird insofern in Vorleistung erbracht. Aus Sicht des Auftraggebers besteht nun insbesondere die Gefahr, dass in dem Fall, dass es nicht zu einer Leistungserbringung durch den Auftragnehmer kommt, keine Rückzahlung der Anzahlung erfolgt, entweder weil der Auftragnehmer diese verweigert oder weil er zwischenzeitlich sogar insolvent geworden ist. Im letzteren Fall hätte sich der Auftraggeber dann als Insolvenzgläubiger mit der Quote zu begnügen, der ganz überwiegende Teil der Anzahlung wäre endgültig verloren. Es ist daher üblich, dass die Rückzahlung der Anzahlung durch eine Anzahlungsbürgschaft in Höhe des Anzahlungsbetrages abgesichert wird. Diese ist in der Regel auf erstes Anfordern zahlbar.

Weiterhin ist für den Auftraggeber eine Absicherung seiner Leistungs- und gegebenenfalls auch Schadensersatzansprüche von Bedeutung. Auch diesbezüglich hat der Auftragnehmer vielfach eine entsprechende Bankbürgschaft zu stellen. Häufig ist umstritten, ob auch eine solche Erfüllungsbürgschaft auf erstes Anfordern zahlbar sein soll. Fast immer sehr umstritten ist auch die Höhe der Erfüllungsbürgschaft. Regelmäßig wird diese auf einen bestimmten Prozentsatz der vereinbarten Vergütung beschränkt. Die Erfüllungsbürgschaft sollte nicht zurückgegeben werden müssen, bevor nicht der Auftragnehmer eine Gewährleistungsbürgschaft (vgl. unten) gestellt hat.

Für den Auftraggeber sind seine Gewährleistungsansprüche von besonderer Bedeutung, da hierdurch die ordnungsgemäße Funktionstüchtigkeit des Kraftwerks als Voraussetzung für die Erzielung laufender Erträge sichergestellt wird. Insofern werden häufig auch diese Ansprüche durch eine Gewährleistungsbürgschaft abgesichert, wobei auch hier die Frage der Zahlbarkeit auf erstes Anfordern regelmäßig umstritten ist. Auch die Gewährleistungsbürgschaft beschränkt sich regelmäßig auf einen bestimmten Prozentsatz der Vergütung.

2.2.4.2 Zahlungsbürgschaft zugunsten des Auftragnehmers

Dem Auftragnehmer seinerseits ist es wichtig, sicherzustellen, dass ihm die vereinbarte Vergütung bei ordnungsgemäßer Vertragserfüllung in jedem Fall zufließt. Mögliche Gefahr ist diesbezüglich neben einer schlichten Zahlungsverweigerung insbesondere die Insolvenz des

Auftraggebers. Insoweit wird der Auftraggeber seinerseits darauf drängen, dass der Auftraggeber zu seinen Gunsten eine Zahlungsbürgschaft zu stellen verpflichtet wird.

2.2.5 Bauzeit und Verzug

Bei allen Kraftwerksprojekten ist die rechtzeitige Fertigstellung bedeutsam, da jede Verzögerung Kosten verursacht. Es ist daher üblich, vertragliche Mechanismen zur effektiven Kontrolle des Baufortschritts zu implementieren und zugleich Regelungen für den Fall zu treffen, dass dessen ungeachtet Verzögerungen eintreten. Zweckmäßig ist hierbei insbesondere die Vereinbarung eines Bauzeitenprogramms mit an bestimmte Daten oder Fristen geknüpften Meilensteinen. Bleibt der Baufortschritt hinter der Planung zurück, sehen die vertraglichen Regelungen üblicherweise vor, dass der Auftragnehmer unter bestimmten Voraussetzungen Geldzahlungen an den Auftraggeber zu leisten hat. Diese sollen die verzögerungsbedingten Nachteile des Auftraggebers, insbesondere in Form eines ausbleibenden Cashflows aus dem Verkauf des erzeugten Stroms, zusätzlicher Finanzierungskosten und gegebenenfalls dauerhaft verminderter Vergütungen nach den Bestimmungen des „Gesetzes über den Vorrang Erneuerbarer Energien" (EEG) aufgrund der Verschiebung der Inbetriebnahme des Kraftwerks in die nächste Degressionsstufe (vgl. unten), ausgleichen. Beim Multicontracting können auch noch Mehrkosten im Zusammenhang mit den anderen Gewerken auftreten, die ihre Arbeiten zeitlich anzupassen haben.

Zur Gestaltung dieser Zahlungspflicht stehen zwei grundsätzliche Wege zur Auswahl: Nach dem in Deutschland eher verbreiteten Regelungsmodell bedeutet jedes Zurückbleiben des Baufortschritts hinter der ursprünglichen Zeitplanung, d.h. den ursprünglich festgelegten Meilensteinen, eine Verzögerung. Der Auftragnehmer ist jedoch nur insoweit zur Zahlung verpflichtet, wie er die Verzögerung schuldhaft verursacht hat (sodass Verzug vorliegt). Nach dem anderen möglichen Regelungsmodell, dem insbesondere die Vertragsmuster der FIDIC zugrunde liegen, führt grundsätzlich jede Überschreitung eines pönalisierten Termins zur Zahlungspflicht. Die Frage des Verschuldens wird insoweit verlagert, als dass der Auftragnehmer für eine Reihe von Fallumständen, die Verzögerungen zur Folge haben, eine Verlängerung der Bauzeit (d.h. eine Verschiebung des Fertigstellungszeitpunkts und der Meilensteintermine) verlangen kann, soweit dies aufgrund der Verzögerung erforderlich ist. Dies bewirkt, dass aus rechtlicher Sicht bereits keine Verzögerung eintritt und daher auch keine Zahlungspflicht des Auftragnehmers entsteht. Die Zahlungspflicht des Auftragnehmers kann als pauschalierter Schadensersatz (liquidated Damages) oder als Vertragsstrafe (Penalty) ausgestaltet werden. Während die Vertragsstrafe eine echte Strafe für den Verzug des Auftragnehmers sein soll, handelt es sich bei den liquidated Damages um eine pauschal berechnete Schadensersatzpflicht ohne Strafcharakter.[9]

[9] Hök (2006), S. 107.

Maßgeblicher Unterschied ist weiter, dass sich die Höhe der liquidated Damages von vornherein an dem zu erwartenden Schaden zu orientieren hat und dass dem Auftragnehmer der Nachweis eines niedrigeren tatsächlichen Schadens aufseiten des Auftraggebers grundsätzlich unbenommen bleibt.[10] Die Höhe der Vertragsstrafe hingegen können die Parteien (außer in allgemeinen Geschäftsbedingungen) grundsätzlich frei bestimmen. Aus Bankensicht ist die Vereinbarung einer Vertragsstrafe vorteilhafter, da die Höhe der tatsächlichen Zahlungen von vornherein feststeht und nicht durch den Nachweis eines niedrigen tatsächlichen Schadens reduziert werden kann.

Üblich ist, die Zahlungsverpflichtung der Höhe nach auf einen bestimmten Prozentsatz des Vertragspreises zu begrenzen. Ist diese Höchstgrenze erreicht, wäre aus Investoren- und Bankensicht sicherzustellen, dass dem Auftraggeber für diesen Fall ein Recht zur Beendigung des Vertrages zusteht. Der Verzug könnte sich ansonsten unbegrenzt weiter hinziehen, ohne dass der Auftragnehmer hierfür Zahlungen zu leisten oder Konsequenzen zu befürchten hätte. Der Auftraggeber wird allerdings angesichts der drohenden wirtschaftlichen Folgen der vorzeitigen Vertragsbeendigung dieses Kündigungsrecht in aller Regel nur als Ultima Ratio tatsächlich ausüben. Es dient in erster Linie insoweit als Druckmittel, um den Auftragnehmer zur Beschleunigung der Arbeiten bzw. zur freiwilligen Weiterzahlung der liquidated Damages bzw. der Vertragsstrafe zu bewegen. Umstritten ist, ob der Auftraggeber berechtigt sein soll, über die Zahlungsverpflichtung hinausgehende Verzugsschäden geltend zu machen oder ob diese Zahlungen abschließend sein sollen. Letzteres ist in der Praxis der Regelfall. Allerdings werden Auftraggeber darauf drängen, diesen Grundsatz zu durchbrechen, falls es wegen der Verzögerung zu einer Beendigung des Vertrages kommt. In fast allen Vertragsverhandlungen ist streitig, welche Verzögerungsursachen kein Verschulden des Auftragnehmers begründen bzw. ihn zu einer Bauzeitverlängerung berechtigen sollen. Üblicherweise sind dies zumindest Ursachen aus dem Risikobereich des Auftraggebers. Zu einer Verlängerung der Bauzeit berechtigen in der Regel auch Umstände, die keinem der beiden Risikobereiche zugewiesen werden können, d.h. insbesondere Fälle höherer Gewalt (Force majeure). Ein gewisser Ausgleich zugunsten des Auftraggebers erfolgt in den Fällen von Force majeure häufig dadurch, dass dem Auftragnehmer in diesen Fällen (entgegen dem Grundsatz, vgl. Abschnitt 2.2.3) kein Anspruch auf Ersatz der zusätzlichen Kosten zugestanden wird. Sehr verzögerungsträchtig und daher zumeist sehr umstritten ist die rechtliche Behandlung schlechten Wetters. Dies gilt insbesondere, aber nicht nur, für Offshore-Windprojekte, bei denen ab bestimmten Wellenhöhen und Windstärken die Durchführung der Errichtungsarbeiten zeitweilig unmöglich sein kann. Die vertraglichen Regelungen sehen hierzu zumeist entweder vor, dass eine Partei (zumeist der Auftragnehmer) das Wetterrisiko komplett übernimmt und dies bei der Vergütung entsprechend (d.h. mit erheblichen Risikozuschlägen) berücksichtigt wird oder dass die Übernahme des Wetterrisikos

[10] BGH NJW 2006, S. 1.056; Hök (2008), S. 1.187.

auf ein bestimmtes Zeitkontingent begrenzt wird, nach dessen Ausschöpfung das Risiko wieder auf die andere Partei (d.h. zumeist den Auftraggeber) zurückfällt. Im Offshore-Windbereich praktisch bedeutsam ist auch die Regelung des Beschaffungsrisikos für das Errichtungsschiff. Dieses ist sehr teuer und wird zumeist nur für den Zeitraum eingechartert, in dem nach dem ursprünglichen Bauzeitenprogramm die Offshore-Installation erfolgen soll. Kommt es zu Verzögerungen im Baufortschritt, kann die Situation eintreten, dass die Charter vor der Beendigung der Installation endet und das Schiff somit nicht mehr verfügbar ist. Es muss dann unter erheblichen Kosten und mit einer erheblichen Verzögerung ein neues Schiff beschafft und ausgerüstet werden. Wie diese Kosten und Verzögerungen zwischen den Parteien aufzuteilen sind, ist fast immer umstritten, es bedarf insofern in der Regel einer differenzierten und detaillierten Regelung.

Ergänzend zu der allen Bauprojekten immanenten allgemeinen Problematik von Verzögerungen kommt bei Erneuerbare-Energien-Projekten in Deutschland (und einigen anderen Ländern) eine weitere besondere Komponente hinzu: Strom aus Erneuerbaren Energien wird nach den Bestimmungen des EEG über den gesamten Förderungszeitraum mit einem bestimmten Vergütungssatz je Kilowattstunde (kWh) vergütet. Allerdings sinkt dieser Eingangssatz für neu in Betrieb genommene Anlagen in vielen Fällen mit jedem Kalenderjahr um einen gewissen Prozentsatz ab (die sogenannte Degression, vgl. § 20 EEG). Maßgeblich für die Höhe der Vergütung ist insoweit das Jahr der Inbetriebnahme. Wird ein Kraftwerk nicht gemäß Planung, sondern – verspätet – erst nach dem für die Degression maßgeblichen Stichtag in Betrieb genommen, wird der in diesem Kraftwerk erzeugte Strom über den gesamten Förderungszeitraum nur mit einem reduzierten Satz vergütet. Dies führt zwangsläufig zu einer verminderten Rentabilität und kann das Projekt im Worst Case auch gänzlich unwirtschaftlich machen. Für solche Fälle bedarf es aus Investoren- und Bankensicht vertraglicher Regelungen. Häufig wird diesbezüglich zur Sicherstellung der Bankability eine entsprechende Minderung der Vergütung des Auftragnehmers vereinbart, um die Verbindlichkeiten des Projektes entsprechend der Degression zu reduzieren.

2.2.6 Leistungsänderungen

Der vertragliche Leistungsinhalt ist immer Abbild der Planung zum Zeitpunkt des Vertragsschlusses. Im weiteren Projektverlauf können jedoch Umstände eintreten, die bewirken, dass der vereinbarte Leistungsinhalt den tatsächlichen Gegebenheiten nicht mehr entspricht. So können sich die Bedürfnisse des Auftraggebers wandeln, rechtliche Anforderungen ändern, der relevante Qualitätsstandard fortentwickeln oder sonstige unvorhergesehene Umstände mit entsprechendem Effekt eintreten. In allen Fällen kann es erforderlich sein, Anpassungen der Leistungsinhalte vorzunehmen. Errichtungsverträge enthalten daher in der Regel detaillierte Regelungen zu Voraussetzungen und Rechtsfolgen von Leistungsänderungen (Variations).

Die Errichtungsverträge bestimmen zumeist, dass nur der Auftraggeber berechtigt ist, Leistungsänderungen anzuordnen (allerdings nur, soweit dies für den Auftragnehmer machbar und zumutbar ist). Dem Auftragnehmer wird üblicherweise das Recht eingeräumt, Modifikationen vorzuschlagen, die ihm eine höherwertige oder kostengünstigere und damit effizientere Erfüllung seiner vertraglichen Pflichten ermöglichen (Value Engineering). In diesem Zusammenhang ist häufig Verhandlungsgegenstand, inwieweit der Auftragnehmer in den Fällen einer erfolgreichen Realisierung der vorgeschlagenen Modifikation am erzielten Vorteil beteiligt werden soll.

Leistungsänderungen führen in vielen Fällen zu längeren Bauzeiten und damit zu einer Verzögerung des Fertigstellungstermins sowie zu höheren Kosten. Es ist daher zu regeln, inwieweit der Auftragnehmer zur Ausführung der vom Auftraggeber angeordneten Leistungsänderung verpflichtet sein soll, wenn noch keine Entscheidung über die Anpassung der Vergütung erfolgt ist. Der Auftragnehmer ist hieran nicht interessiert, da er befürchten muss, den Zusatzaufwand nicht adäquat vergütet zu bekommen. Aus Sicht des Auftraggebers ist eine solche Verpflichtung jedoch wichtig, um Verzögerungen durch eine Unterbrechung der Arbeiten bis zur Kostenentscheidung zu vermeiden. Kompromiss kann hierbei sein, dass der Auftragnehmer zur Umsetzung verpflichtet ist, wenn der Auftraggeber eine Sicherheit für den streitigen Betrag stellt.

2.2.7 Abnahme

Nach deutschem Werkvertragsrecht hat der Auftraggeber das Werk nach der Fertigstellung abzunehmen, sofern es mangelfrei ist (oder die Mängel nur ganz unwesentlich sind). Der Auftraggeber billigt das Werk hierdurch als im Wesentlichen vertragsgemäß. Rechtsfolgen der Abnahme sind nach dem Gesetz, dass die Gefahr des zufälligen Untergangs und der zufälligen Beschädigung des Werkes auf den Auftraggeber übergeht (Gefahrenübergang) und dass die Gewährleistungsfrist zu laufen beginnt. Auch die Beweislast für Mängel geht auf den Auftraggeber über, zudem verliert er seine Gewährleistungsansprüche bezüglich solcher Mängel, die er bei Abnahme kannte. Im Rahmen der Abnahme festgestellte und vorbehaltene Mängel sind jedoch weiterhin vom Auftragnehmer kostenfrei abzustellen.

Bei Erneuerbare-Energien-Projekten wird das Abnahmeregime fast immer eigenständig geregelt. Ist das Kraftwerk fertiggestellt, finden üblicherweise Abnahmetests (tests on completion) statt, um zu prüfen, ob dieses vertragsgemäß, d.h. insbesondere frei von Mängeln, errichtet wurde. Es handelt sich hierbei zumeist um einen mehrstufigen, detailliert geregelten Prozess, der üblicherweise von einer Begehung und genauen Begutachtung über eine erste Inbetriebnahme mit anschließendem Probebetrieb bis zu einer abschließenden Kontrolle reicht.

Für diese Tests wird in der Regel ein Anschluss des Kraftwerks an das Stromnetz benötigt, da nur dann die Anlagen ordnungsgemäß unter Normalbedingungen getestet werden können. Ein solcher Anschluss existiert nicht immer schon, wenn die Anlagen baulich fertig errichtet sind. Es kann vorkommen, dass zwar der Netzanschluss vorhanden ist, aber noch andere Arbeiten auszuführen sind, bevor die Abnahmetests durchgeführt werden können.

Nach dem Gesetz würde der Auftragnehmer bis dahin weiter die Gefahr des zufälligen Untergangs und der zufälligen Beschädigung des Kraftwerks tragen, obwohl er seine Leistungspflichten im Wesentlichen erfüllt hat. Dies ist für den Auftragnehmer vielfach nicht akzeptabel, sodass teilweise ein Gefahrübergang bereits nach baulicher Fertigstellung der Anlage vereinbart wird. Besteht das Kraftwerk aus mehreren Teilen (z. B. Windpark mit einer Vielzahl einzelner Windenergieanlagen), so kann der Gefahrübergang beispielsweise bereits mit der baulichen Fertigstellung jeder einzelnen dieser Anlagen, mit der Fertigstellung einer bestimmten Anzahl von Windenergieanlagen, die zu einer Gruppe zusammengefasst sind, oder auch erst mit der baulichen Fertigstellung des gesamten Windparks erfolgen.

Gleiches gilt im Vorfeld bereits für die Abnahmetests. Auch diese können, sofern die technischen Voraussetzungen vorliegen, für jede einzelne Windenergieanlage gesondert, gruppenweise oder erst mit Fertigstellung des gesamten Windparks durchgeführt werden.

Der Beginn der Gewährleistungsfrist wird üblicherweise mit der Abnahme verknüpft, allerdings ist es bei Kraftwerksprojekten mit langer Bauzeit und vielen Einzelabnahmen regelmäßig Gegenstand der Vertragsverhandlungen, an welches Ereignis (letzte Teilabnahme, Teilabnahme des jeweiligen Gruppe etc.) angeknüpft werden soll.

2.2.8 Eigentumsübergang

Das Eigentum an dem Kraftwerk stellt einen erheblichen wirtschaftlichen Wert dar. Der Auftragnehmer ist insoweit interessiert, dieses Eigentum so spät wie möglich an den Auftraggeber zu übertragen, um seinen Vergütungsanspruch bestmöglich abzusichern. Der Auftraggeber wiederum möchte so schnell wie möglich, spätestens jedoch mit Zahlung der Vergütung, Eigentümer werden. Die finanzierenden Banken wiederum haben ein berechtigtes Interesse daran, entsprechend der Valutierung der Kreditmittel Sicherungseigentum am Kraftwerk zu erlangen. Da bei Abnahme des Kraftwerks in der Regel ein Großteil der Vergütung schon bezahlt ist und auch häufig die tatsächliche Übergabe des Kraftwerks erfolgt, wird die Übereignung in vielen Fällen mit der Abnahme verbunden. Mehr Sicherheit verschafft es dem Auftraggeber und den finanzierenden Banken allerdings, wenn die Übereignung der einzelnen Teile des Kraftwerks schon dann erfolgt, wenn diese geliefert werden und die jeweilige Teilvergütung gezahlt wird.

Eine besondere eigentumsrechtliche Problematik stellt sich im Zusammenhang mit Offshore-Windprojekten in der Ausschließlichen Wirtschaftszone (AWZ).[11] Der sachenrechtliche Grundsatz, wonach für die Übereignung einer Sache das Recht des Staates gilt, in dem sich diese zum Zeitpunkt der Übereignung befindet (lex rei sitae), hilft nur begrenzt weiter, soweit die Übereignung in der AWZ stattfindet. Die Seegebiete der AWZ in der Nord- und Ostsee sind nach den Bestimmungen des Seerechtsübereinkommens (SRÜ) nicht Teil des deutschen Staatsgebietes, sodass die sachenrechtlichen Bestimmungen des BGB nicht automatisch anwendbar sind.

Inwieweit das deutsche Sachenrecht gleichwohl wenigstens entsprechend Anwendung findet, ist umstritten.[12] Dafür könnte sprechen, dass Deutschland in der AZW zumindest über „ausschließliche Hoheitsbefugnisse zur Errichtung künstlicher Inseln, Anlagen und Bauwerke“ verfügt,[13] sodass ein rechtliches und tatsächliches Bedürfnis nach Eigentumsregelungen für solche Bauwerke besteht. Andererseits hat der Gesetzgeber hinsichtlich einer Reihe von Gesetzen ausdrücklich bestimmt, dass diese auch in der AWZ anwendbar sein sollen (z.B. Raumordnungsgesetz, EEG), nicht jedoch hinsichtlich des BGB.[14] Es verbleibt also eine Unsicherheit, die der Gesetzgeber sinnvollerweise baldmöglichst beseitigen sollte.

Höchstrichterliche Rechtsprechung gibt es zu dieser Frage ebenfalls nicht.[15] Konsequenz ist, dass eine Vereinbarung des Eigentumsübergangs erst mit Abnahme (zu einem Zeitpunkt also, zu dem sich das Kraftwerk schon in der AWZ befindet!) auf einer etwas unsicheren rechtlichen Grundlage steht. Die Praxis löst das Problem dadurch, dass die Übereignung schon zu einem Zeitpunkt vorgenommen wird, zu dem sich das Kraftwerk bzw. seine Komponenten noch an Land, d.h. im Verschiffungshafen, oder noch an Bord eines deutschen Schiffes befinden.

Auf einen solchen unbedingten Eigentumsübergang zu diesem frühen Zeitpunkt wird sich der Auftragnehmer jedoch nicht ohne Weiteres einlassen, da er hiermit ein wirksames Mittel zur Absicherung seines Vergütungsanspruches aus der Hand geben würde. Lösung kann hier sein, dass der Auftraggeber dieses Risiko durch entsprechende Sicherheiten abdeckt. In der juristischen Literatur wird teilweise vorgeschlagen, zwar die für die Übereignung erforderlichen Willens- und Realhandlungen bereits auf deutschem Hoheitsgebiet vorzunehmen, die Einigung über den Eigentumsübergang jedoch unter den Vorbehalt der Erfüllung bestimmter Anforderungen, etwa der vollständigen Zahlung der geschuldeten

[11] Instruktiv Müller-Helle/Theilmann(2010), S. 369 ff.

[12] Vgl. Müller-Helle/Theilmann (2010), S. 369, 370, mit weiteren Nachweisen.

[13] Art. 56 Abs. 1 lit. b, 60 Abs. 2 SRÜ.

[14] Vgl. Müller-Helle/Theilmann (2010), S. 369, 370.

[15] Müller-Helle/Theilmann (2010).

Vergütung, zu stellen.[16] Angesichts der unklaren Rechtslage zu Übereignungen in der AWZ erscheint diese Eigentumsvorbehaltskonstruktion nicht ohne jedes Risiko.

2.2.9 Gewährleistung

Hauptpflicht des Auftragnehmers ist es, das Kraftwerk mangelfrei zu errichten. Geschieht dies nicht, kann der Auftraggeber die nachfolgend beschriebenen Gewährleistungsrechte ausüben.

2.2.9.1 Inhaltliche Ausgestaltung der Mängelgewährleistung

Der Auftraggeber wird in der Regel auf einer unbeschränkten Verpflichtung des Auftragnehmers zur Mängelbeseitigung bestehen, denn dieses Recht tritt durch die Abnahme an die Stelle des ursprünglichen Erfüllungsanspruchs und ist damit von zentraler Bedeutung für den Vertrag.

Liegt ein Mangel vor, muss der Auftraggeber dem Auftragnehmer nach dem Gesetz zunächst Gelegenheit geben, diesen innerhalb einer angemessenen Frist zu beseitigen (Nacherfüllung). Angemessen ist die Frist dann, wenn sie eine letzte Gelegenheit zur Erbringung der Leistung eröffnet, ohne jedoch so großzügig bemessen sein zu müssen, dass der Auftragnehmer eine überhaupt noch nicht begonnene Leistung erst noch anfangen und fertigstellen kann.[17]

Scheitert die Nacherfüllung innerhalb der angemessenen Frist, so ist der Auftraggeber in der Regel berechtigt, einen Dritten auf Kosten des Auftragnehmers mit der Mängelbeseitigung zu beauftragen (Ersatzvornahme). Umstritten ist in diesem Zusammenhang fast immer, inwieweit der Auftragnehmer dann weiter für die ordnungsgemäße Funktionstüchtigkeit des Kraftwerks verantwortlich bleiben soll. Der Auftragnehmer argumentiert regelmäßig, dies sei ihm unzumutbar, da er auf die Ersatzvornahme keinen Einfluss habe. Der Auftraggeber entgegnet üblicherweise, dass erst die mangelhafte Leistungserfüllung durch den Auftragnehmer die Ersatzvornahme überhaupt erforderlich mache. Eine Verantwortlichkeit des Auftragnehmers für das Kraftwerk sei insofern nur angemessen. Kompromiss kann sein, dass der Auftragnehmer für das Kraftwerk verantwortlich bleibt, sofern der mit der Ersatzvornahme beauftragte Dritte vom Auftraggeber sorgfältig ausgewählt und verpflichtet wurde, die gleichen Qualitätsanforderungen zu erfüllen, denen der Auftragnehmer selbst nach dem Vertrag zu entsprechen hat (vgl. Abschnitt 2.2.1.5).

---

[16] So Müller-Helle/Theilmann (2010), S. 369, 371 ff.

[17] BGH NJW 1985, 855, 857; OLG Düsseldorf, NJW-RR 1992, 951; Grüneberg in Palandt (2011), § 323, Rn. 14, mit weiteren Nachweisen.

Nach dem Gesetz steht dem Auftraggeber bei Scheitern der Nacherfüllung zudem ein Recht zur Minderung der Vergütung zu. Dieses Recht wird jedoch vielfach vertraglich ausgeschlossen. Das Recht zum Rücktritt mit der Folge der kompletten Rückabwicklung der erbrachten Leistungen ist (vgl. unten den Abschnitt „Rücktritt" unter Punkt 2.2.11.2) häufig gleichfalls erheblich eingeschränkt oder sogar ausgeschlossen.

Schließlich stehen den Parteien grundsätzlich auch Schadensersatzansprüche zu, die jedoch zumeist gesonderten Einschränkungen unterliegen (vgl. Abschnitt 2.2.10). Wichtig ist hierbei, dass Schäden, die durch die Mangelhaftigkeit einer geschuldeten Leistung an einer anderen Sache – also auch an einem anderen unbeeinträchtigten Teil des Kraftwerks – oder einem sonstigen Rechtsgut entstehen (sogenannte Mangelfolgeschäden), nach deutschem Recht keinen Nachbesserungs-, sondern einen Schadensersatzanspruch begründen.[18] Es ist daher aus Investoren- und Bankensicht essenziell, dass diese Ansprüche auf Ersatz der Mangelfolgeschäden nicht durch pauschale vertragliche Ausschlüsse von Schadensersatzansprüchen und/oder die Feststellung, dass die im Vertrag normierten Schadensersatzansprüche abschließend sein sollen (sole remedy), ausgeschlossen werden. Insofern sind insbesondere explizite Rückausnahmen (jedenfalls für Sach- und Personenschäden) vom oft vereinbarten grundsätzlichen Haftungsausschluss vorzusehen.

2.2.9.2 Gewährleistungsfrist

Die Gewährleistungsfrist, d.h. die Frist, innerhalb derer ein Mangel auftreten und angezeigt werden muss, damit der Auftragnehmer zur kostenlosen Mängelbeseitigung verpflichtet ist, beginnt nach dem Gesetz mit der Abnahme des Kraftwerks. Erfolgt die Abnahme zeitlich versetzt in mehreren Teilen (z.B. bei einem Windpark gesondert für jede Windenergieanlage), ist es verhandlungsabhängig, ob dann (1) auch die Gewährleistungsfrist gesondert für jeden Teil mit der jeweiligen Abnahme beginnen und auch zeitversetzt enden soll, (2) zwar zeitversetzt beginnen, aber für alle Teile einheitlich nach Ablauf der Gewährleistungsfrist für den zuletzt abgenommenen Teil enden oder (3) erst mit der Abnahme des letzten Teils für alle Teile gleichzeitig beginnen und auch gleichzeitig enden soll. Wird die dritte Variante gewählt, sollte klargestellt werden, dass der Auftragnehmer auch schon zwischen der jeweiligen Abnahme und dem einheitlichen Beginn der Gewährleistungsfrist mangelgewährleistungsgleiche Leistungen zu erbringen hat, sodass sich die dritte und die zweite Variante im Ergebnis entsprechen. Aus Sicht des Auftraggebers und auch der finanzierenden Banken sind die beiden letztgenannten Varianten attraktiver, da die Gewährleistungsfrist für alle Teile bis auf den zuletzt abgenommenen über den vereinbarten Zeitraum ausgedehnt wird.

18 Vgl. Ernst in Säcker/Rixecker (2007), § 280, Rn. 79.

Bei Erneuerbare-Energien-Kraftwerken werden häufig Gewährleistungsfristen von zwei Jahren[19] oder von fünf Jahren[20] diskutiert. Die tatsächlich vereinbarte Gewährleistungsfrist ist dann zum einen Ausdruck des Verhandlungsgeschicks der Parteien, zum anderen aber auch davon abhängig, ob zugleich zwischen den Parteien auch ein Instandhaltungsvertrag über das Kraftwerk geschlossen wird (vgl. Abschnitt 3.1). Die Frage, ob es sich bei Windenergie- und Solaranlagen um bewegliche Sachen[21] oder um Bauwerke[22] handelt, wird relevant, wenn die Gewährleistungsfrist durch Allgemeine Geschäftsbedingungen bestimmt wird, denn nach § 309 Nr. 8 b ff BGB ist eine Verkürzung der Gewährleistungsfrist für Bauwerke auf weniger als fünf Jahre auf diese Weise nicht zulässig. Dies gilt über § 310 Abs. 1 BGB grundsätzlich auch bei Verträgen zwischen Unternehmern.[23] Da allerdings die allermeisten Errichtungsverträge auch hinsichtlich der Gewährleistungsfrist individuell verhandelt werden ist, ist die praktische Bedeutung der Diskussion beschränkt. Sie kann allerdings in Bezug auf standardisierte Lieferverträge Bedeutung gewinnen.

Wichtiger Regelungspunkt ist weiterhin, wie die Gewährleistungsfrist für Ersatzteile ausgestaltet sein soll, die im Rahmen der Gewährleistung neu in das bestehende Kraftwerk eingebaut werden. Nach der herrschenden Rechtsprechung bewirkt der Einbau der Ersatzteile, dass hinsichtlich ihrer die Gewährleistung neu in vollem Umfang zu laufen beginnt (Kettengewährleistung).[24] Dies ist für den Auftragnehmer häufig nicht akzeptabel. Vielfach wird insoweit als Kompromiss vereinbart, dass die Gewährleistungsfrist für die Ersatzteile zwar grundsätzlich in voller Länge neu zu laufen beginnt, jedoch gegebenenfalls dadurch schon vorzeitig beendet wird, dass ein sogenanntes „long stop date" bestimmt wird, mit dessen Ablauf *alle* Gewährleistungsansprüche verjähren.

2.2.9.3 Funktionstests nach Abnahme

Grundsätzlich sollte das Kraftwerk vor der Abnahme getestet werden. Dies ist jedoch insbesondere beim Multicontracting hinsichtlich solcher Komponenten schwierig, deren Mangelfreiheit für sich allein nur schwer zu beurteilen ist. Inwieweit z.B. bei einem Offshore-Windpark die Fundamente tatsächlich geeignet sind, die – gesondert gelieferten – Windenergieanlagen sicher zu tragen, kann erst dann beurteilt werden, wenn die Fundamente nach der Montage der Windenergieanlagen (und damit nach der Abnahme der Fundamente) der vollen Belastung ausgesetzt sind. Zugleich kann auch die Leistungs-

[19] Gesetzliche Gewährleistungsfrist für bewegliche Sachen, § 634a Abs. 1 Nr. 1 BGB.

[20] Gesetzliche Gewährleistungsfrist für Bauwerke, § 634a Abs. 1 Nr. 2 BGB.

[21] OLG Schleswig, BauR 2006, 358.

[22] OLG Hamm, BeckRS 2005, 11042; LG Hannover, Urteil v. 22.01.2010, 2 O 302/07 (nicht rechtskräftig); Anmerkungen hierzu von Grabe (2011), S. 209.

[23] Grüneberg in Palandt (2011), § 309, Rn. 84, mit weiteren Nachweisen.

[24] BGH NJW 2006, S. 47; OLG Celle, NJW 2006, S. 2.643.

fähigkeit des Kraftwerks erst dann überprüft werden, wenn nach der Inbetriebnahme längerfristige Leistungstests unternommen werden können. Es ist daher nicht unüblich, im Errichtungsvertrag ein genaues Prozedere für nachlaufende Funktionstests (z.B. die Vermessung der Leistungskurve einer Windenergieanlage) festzulegen.

2.2.10 Haftung

Die Haftung für Schäden ist das wohl heikelste und meistumkämpfte Thema bei der Verhandlung von Errichtungsverträgen. Die Ausgestaltung des Haftungsregimes hat unmittelbare Auswirkungen auf die Höhe der Risiken der Parteien und ist damit von fundamentaler wirtschaftlicher Bedeutung. Insoweit sagt das Verhandlungsergebnis häufig viel über das Kräfteverhältnis und die wirtschaftliche Position der Parteien aus und folgt nicht immer der theoretischen Überlegung, dass jeweils diejenige Partei ein bestimmtes Risiko übernehmen sollte, die den Schaden am besten verhindern und das Risiko und seine Folgen am kostengünstigsten tragen kann.

Wesentliche Fragestellung ist, für welche Umstände überhaupt gehaftet werden soll bzw. umgekehrt, für welche Ansprüche die Haftung ausgeschlossen sein soll. Unstrittig ist im Ergebnis fast immer, dass ein Ausschluss der Haftung des Auftragnehmers für reine Sachschäden (an Rechtsgütern des Auftraggebers einschließlich des Kraftwerks selbst) oder für Personenschäden nicht erfolgt. Die Ersatzfähigkeit von Vermögensschäden wird hingegen sehr häufig grundsätzlich ausgeschlossen. Hintergrund ist, dass die Gewinnmarge des Auftragnehmers das hohe Schadenspotenzial (Ertragsausfall, Wegfall der EEG-Vergütung) häufig nicht adäquat abbildet und der Auftragnehmer daher zum Schutz seines Unternehmens gezwungen ist, auf einem weitgehenden Haftungsausschluss für finanzielle Folgeschäden zu bestehen. Dieses Bedürfnis des Auftragnehmers ist im Grundsatz allgemein anerkannt. Der Streit ist insoweit jedoch auf die Frage verlagert, auf welche spezifischen Vermögensschäden sich ein solcher Ausschluss wiederum doch nicht erstrecken soll, d.h. inwieweit Rückausnahmen vorzunehmen sind. Zunächst muss es Rückausnahmen für solche Vermögensschäden geben, deren Ersatzfähigkeit im Vertrag selbst ausdrücklich normiert ist, wie z.B. für Ansprüche im Falle des Verzuges (liquidated Damages/Vertragsstrafe). Ausnahmen gelten häufig auch für Fälle der Verletzung immaterieller Rechtsgüter sowie für Freihalteansprüche des Auftraggebers im Falle einer Inanspruchnahme durch Dritte (Indemnities). Zwar handelt es sich in beiden Fällen um indirekte Vermögensschäden. Die Haftung für die Verletzung immaterieller Rechtsgüter ist jedoch weiterzugeben, weil zur Primärpflicht des Auftragnehmers auch gehört, das Kraftwerk frei von Rechtsmängeln zu errichten, die die Gebrauchsmöglichkeit einschränken (d.h. zum Beispiel ohne Verstoß gegen Patente Dritter). Es wäre unbillig, den Schaden (auch den Ertragsausfall), den exemplarisch eine solche Patentverletzung hervorruft, beim Auftraggeber zu belassen. Hinsichtlich der Indemnities gilt, dass Schäden Dritter billigerweise von demjenigen zu bezahlen sind, der sie verursacht hat. Streitpunkt in Verhandlungen ist zumeist auch, inwieweit kündigungs-/rücktrittsbedingte Vermögensschäden ausnahmeweise doch ersatzfähig sein sollen.

Weitere wesentliche Fragestellung ist, inwieweit die Haftung der Höhe nach auf einen bestimmten Prozentsatz der vereinbarten Vergütung beschränkt sein soll und welche Ansprüche von dieser Beschränkung wiederum ausgenommen sein (und damit weiter uneingeschränkt zum Schadensersatz verpflichten) sollen. Beide Aspekte stehen hierbei in unmittelbarer Wechselwirkung zueinander. Gibt es keine oder nur sehr eng begrenzte Rückausnahmen, besteht ein starkes Bedürfnis nach einer hohen Haftungshöchstgrenze. Umgekehrt kann diese niedriger liegen, wenn wesentliche Ansprüche dem Haftungslimit überhaupt nicht unterworfen sind. Dass die Haftung des Auftragnehmers Höchstgrenzen unterworfen wird, ist im Grundsatz allgemein anerkannt. Die Begrenzung ist notwendig, da ansonsten der Auftragnehmer (und auch jeder Mitbewerber) alle potenziellen Risiken bei der Preiskalkulation berücksichtigen müsste und die gewünschten Leistungen nicht zu akzeptablen Preisen anbieten könnte. Für finanzierende Banken sind Haftungsbegrenzungen problematisch, werden aber in der Regel in gewissem Umfang als marktüblich hingenommen. Die Haftungsbegrenzungen sollten grundsätzlich so bemessen sein, dass der schadensbedingt ausbleibende Cashflow zumindest so weit substituiert wird, dass die Finanzierung nicht notleidend wird. Bei dieser Bewertung sind selbstverständlich alle relevanten Ausgleichsmechanismen – also z.B. auch Ansprüche des Auftraggebers unter dem Instandhaltungsvertrag oder unter den maßgeblichen Versicherungsverträgen – zu berücksichtigen.

Üblich sind Haftungsbegrenzungen zum einen bezüglich einzelner Ansprüche, z.B. der Haftung für Verzug, und bezüglich bestimmter Leistungsgarantien, wie z.B. der Leistungskurve. Umstritten ist häufig, ob das vollständige Ausschöpfen der jeweiligen Haftungshöchstgrenze den Auftraggeber zum Rücktritt bzw. zur Kündigung des Vertrages berechtigen soll. Teilweise wird diesbezüglich vereinbart, dass der Auftragnehmer die Haftungsgrenzen freiwillig erhöhen kann, um eine Vertragsbeendigung durch den Auftraggeber zu verhindern. Fast immer gibt es zudem eine Gesamthaftungsbegrenzung, die die Haftung des Auftragnehmers insgesamt auf einen bestimmten Prozentsatz der Vergütung beschränkt. Häufig vereinbaren die Parteien, dass Primäransprüche des Auftraggebers auf Errichtung des Kraftwerks einer solchen Haftungshöchstgrenze richtigerweise nicht unterworfen sein können. Keine andere Bewertung kann dann im Ergebnis auch für den Nachbesserungsanspruch des Auftraggebers und dessen Ansprüche auf Kostenersatz aus Ersatzvornahme gelten, da diese letztlich Ausfluss und besondere Ausformung der genannten Primärleistungspflicht des Auftragnehmers sind, ein mangelfreies Kraftwerk zu errichten. Häufig sind zudem die oben genannten Ansprüche wegen der Verletzung immaterieller Rechtsgüter sowie Freihalteansprüche auch vom Gesamtlimit ausgenommen. Zu berücksichtigen ist auch, dass die Haftung für vorsätzlich verursachte Schäden schon von Gesetzes wegen nicht wirksam beschränkt werden kann (§ 276 Abs. 3 BGB).

2.2.11 Rücktritt und Kündigung

2.2.11.1 Freie Kündigung

Auch bei ordnungsgemäßer Vertragserfüllung durch den Auftragnehmer kann es – insbesondere bei längeren Vertragslaufzeiten – vorkommen, dass der Auftraggeber den Vertrag vorzeitig beenden möchte, weil seine Interessen sich verändert haben. In diesem Sinne ist der Auftraggeber nach § 649 BGB jederzeit zur freien Kündigung, d.h. zur frühzeitigen Beendigung des Werkvertrages unter Beibehaltung der bereits erbrachten Leistungen, berechtigt. Der Auftragnehmer kann dann die vereinbarte Vergütung verlangen, muss sich jedoch anrechnen lassen, was er in Folge der Kündigung einspart oder durch anderweitige Verwendung seiner Arbeitskraft erwirbt bzw. böswillig zu erwerben unterlässt. Inwieweit ein solches freies Kündigungsrecht angemessen und für den Auftragnehmer akzeptabel ist, ist sehr häufig streitiger Verhandlungsgegenstand. Vielfach wird das Kündigungsrecht im Ergebnis ausgeschlossen oder modifiziert.

2.2.11.2 Außerordentliche Vertragsbeendigung

Folge einer vorzeitigen Vertragsbeendigung sind fast immer erhebliche wirtschaftliche Schäden. Das Projekt scheitert oder wird mit zumeist erheblicher Verzögerung durch einen Dritten, der sich erst in das Projekt einarbeiten muss, fertiggestellt. Ein Recht zur außerordentlichen Beendigung des Vertrages kann daher vernünftigerweise nur in engen Grenzen zulässig sein.

Rücktritt

Aus diesem Grunde ist das Recht zum Rücktritt vom Vertrag wegen nicht ordnungsgemäßer Vertragserfüllung mit der Folge einer kompletten Rückabwicklung aller Leistungen häufig weitestgehend ausgeschlossen. Für den Zeitraum vor Fertigstellung werden häufig Rücktrittsrechte für den Fall vorgesehen, dass dauerhafter Verzug das Projekt bedroht. Für den Zeitraum nach Fertigstellung kommen Rücktrittsrechte in den Fällen in Betracht, in denen erhebliche Mängel den wirtschaftlichen Zweck des Projekts gefährden.

Kündigung aus wichtigem Grund

Rücktrittsunabhängig können die Parteien eine außerordentliche Vertragsbeendigung auch durch eine Kündigung aus wichtigem Grund bewirken. Ein Recht hierzu ergibt sich aus § 314 BGB.

Hiernach können Dauerschuldverhältnisse fristlos gekündigt werden, wenn dem kündigenden Teil unter Berücksichtigung aller Einzelfallumstände und unter Abwägung der beiderseitigen Interessen die Fortsetzung des Vertragsverhältnisses bis zur vereinbarten Beendigung oder bis zum Ablauf einer Kündigungsfrist nicht zuzumuten ist. Dies soll entsprechend auch für Werkverträge gelten, wenn die Leistungserbringung (wie bei Anlagenbauverträgen) über einen langen Zeitraum gestreckt ist.[25] Das außerordentliche Kündigungsrecht kann zwar individualvertraglich eingeschränkt, nicht jedoch völlig ausgeschlossen werden.[26] Es empfiehlt sich daher, die zur Kündigung berechtigenden Gründe explizit und vom Grundsatz abschließend zu regeln.

Üblich ist, dass jede der Parteien zur Kündigung berechtigt ist, wenn über das Vermögen der anderen Partei ein Insolvenzverfahren eingeleitet oder dies beantragt wird, die Partei unter Zwangsverwaltung gestellt wird oder ähnlich gravierende, genau benannte Umstände eintreten. Zu beachten ist in diesem Zusammenhang für den Insolvenzfall allerdings das Wahlrecht des Insolvenzverwalters aus § 103 Insolvenzordnung (InsO), ob er die vertraglichen Verpflichtungen der insolventen Partei erfüllen will. Inwieweit dieses Wahlrecht zu einer Unwirksamkeit des Kündigungsrechts der anderen Partei gemäß § 119 InsO führt, ist umstritten.[27] Weiterhin kommen die oben erwähnten Fälle der dauerhaften Nichtleistung oder gravierenden Schlechtleistung selbstverständlich auch als Kündigungsgründe des Auftraggebers in Betracht.

Der Auftragnehmer darf kündigen, wenn der Auftraggeber auch nach Mahnung mit seinen Zahlungspflichten substanziell in Verzug ist. Zumeist strebt der Auftragnehmer zudem ein Kündigungsrecht für den Fall an, dass der Auftraggeber wesentliche Vertragspflichten verletzt. Dies betrifft insbesondere die beharrliche Verweigerung erforderlicher Mitwirkungshandlungen und die Verletzung von Nebenpflichten nach § 241 Abs. 2 BGB. Dies kann der Auftragnehmer nicht immer durchsetzen. Ein Kündigungsrecht wird dem Auftragnehmer meist auch für den Fall langfristigen Unterbrechung der Vertragsausführung wegen Force majeure gewährt.

Vertragliche Regelung der Rechtsfolgen

Angesichts der zumeist detaillierten vertraglichen Regelungen wird der grundsätzlich erhebliche Unterschied der Rechtsfolgen von Rücktritt und Kündigung (komplette Rückabwicklung/Beendigung für die Zukunft unter Beibehaltung der erbrachten Leistungen) in der Praxis stark abgeschwächt. Regelungsbedürftig ist jedenfalls, wie die bis zur Beendigung erbrachten und verwendbaren Leistungen zu bewerten und zu vergüten sind. Im Falle einer außerordentlichen Kündigung durch den Auftraggeber sollte aus

25 Instruktiv Busche in Säcker/Rixecker (2009), § 649, Rn. 31 ff.

26 Grüneberg in Palandt (2011), § 314, Rn. 3.

27 Vgl. hierzu Huber in Kirchhof/Lwowski/Stürner (2008), § 119, Rn. 27 ff.

Investoren- und Bankensicht zudem ein möglichst weitgehender Schadensersatzanspruch bestehen, der in jedem Fall die Kosten der Beauftragung eines Dritten mit der Fertigstellung des Kraftwerks umfassen sollte. Sehr kontrovers diskutiert wird fast immer, inwieweit auch sonstige Vermögensschäden (hierbei insbesondere der entgangene Gewinn) im Falle einer außerordentlichen Kündigung des Auftraggebers ersatzfähig sein sollen. Investoren und Banken haben hieran ein natürliches Interesse.

2.2.12 Versicherungen

Der Errichtungsvertrag wird eine Versicherungsklausel enthalten, die festlegt, welche Partei welche Versicherungen abzuschließen hat und was passiert, wenn dieser Verpflichtung nicht nachgekommen wird. In bankfinanzierten Projekten wird in der Regel der Auftraggeber verpflichtet sein, für das Projekt eine Versicherung einzukaufen, die alle Gefahren der Herstellungsphase abdeckt (Allgefahrendeckung, Construction All Risk). Der Auftragnehmer wird häufig ergänzend zum Abschluss einer Haftpflichtversicherung verpflichtet sein. Verletzt eine Partei ihre Beschaffungspflicht, sollte die andere Partei berechtigt sein, entsprechend Versicherungsschutz einzukaufen und die Kosten an die vertragsbrüchige Partei weiterzubelasten.

3 Grundstrukturen des Instandhaltungsvertrages

3.1 Einführung

In der an die Errichtungsphase anschließenden Betriebsphase kommt es darauf an, dass das Kraftwerk tatsächlich verfügbar ist und die erwarteten Erträge erwirtschaftet. Hierbei wird zunächst der Errichtungsvertrag noch eine erhebliche Rolle spielen, da er in der Regel den Rahmen für die klassischen Mängelgewährleistungsrechte wie Nachbesserung oder Ersatzvornahme und bestimmte Leistungsgarantien darstellt. Da die Betriebsbereitschaft des Kraftwerks aber nicht allein über Gewährleistungsansprüche abzusichern ist, wird in der Regel zeitgleich mit dem Errichtungs- ein Instandhaltungsvertrag (Operation-and-Maintenance-Vertrag) abgeschlossen. Dieser regelt die Wartung und Instandsetzung des Kraftwerks, häufig wird er zudem die vorstehend dargestellte Verfügbarkeitsgarantie enthalten. Beide Verträge werden ergänzt durch eine Reihe von Versicherungsverträgen, die das Projekt gegen typische Gefahren wie Naturereignisse oder Einwirkungen Dritter absichern.

Kommt innovative Technik zum Einsatz, wird der Auftraggeber häufig nur dann den Errichtungsvertrag abschließen, wenn der Auftragnehmer bereit ist, sich neben der Errichtung und Lieferung auch selbst langfristig im Rahmen eines Instandhaltungsvertrages zu binden. Für die Beauftragung des Auftragnehmers unter dem Errichtungsvertrag spricht zunächst, dass der Errichter häufig als Hersteller der maßgeblicher Komponenten für die Wartung und Instandhaltung besonders qualifiziert ist. Die Verhandlungen über die Dauer der Gewährleistung unter dem Errichtungsvertrag sind zumeist eng mit der Instandhaltung und Wartung verbunden (vgl. Abschnitt 2.2.9.2). Die Finanzierung eines Kraftwerksprojekts ist häufig nur möglich, wenn über Instandhaltungsvertrag und Verfügbarkeitsgarantie ein großer Teil des Betriebsrisikos langfristig auf den Errichter des Kraftwerks bzw. den Hersteller der maßgeblichen Kraftwerkskomponenten zurückverlagert werden kann. Übernimmt der Auftragnehmer die Verpflichtung, das Kraftwerk zu festen Kosten so zu warten und instandzuhalten, dass stets eines bestimmte Verfügbarkeit gewährleistet ist, ist zugunsten der Investoren und finanzierenden Banken das technische Risiko, das mit dem Kraftwerksprojekt verbunden ist, erheblich reduziert.

Investoren und Banken werden darauf achten, dass neben technischen Risiken auch sonstige Ereignisse, die zu einem Betriebsausfall und damit zu einer Unterbrechung des Cashflows führen können (z.B. höhere Gewalt, Einwirkungen Dritter) abgesichert sind. Der Auftraggeber wird daher entsprechende Sach- und Betriebsunterbrechungsversicherungen abschließen. Die Versicherer sind zunehmend bereit, auch Schäden zu versichern, die nicht auf die Einwirkung einer Naturgewalt oder einer Person zurückzuführen sind, sodass Mangelfolgeschäden durchaus versichert sein können. Dagegen ist es nach wie vor schwer, den eigentlichen Mangel, also die Schlechtleistung des Auftragnehmers unter dem Errichtungsvertrag, über eine Sach- und Betriebsunterbrechungsversicherung abzudecken. Der Instandhaltungsvertrag sollte so gestaltet werden, dass es einerseits nicht zu Deckungslücken kommt, dass aber auch andererseits das Projekt nicht mit den Kosten einer doppelten Absicherung (durch Versicherung und Instandhaltungsvertrag) belastet wird.

3.2 Wichtige vertragliche Regelungsinhalte

3.2.1 Leistungsinhalt

3.2.1.1 Instandhaltung

Der Leistungsinhalt umfasst regelmäßig Wartung[28] (regelmäßige Kontrolle und gegebenenfalls Austausch von Verschleißteilen), Inspektion[29] (Überwachung des Kraftwerks

[28] DIN 31051:2003-06: Maßnahmen zur Verzögerung des Abbaus des vorhandenen Abnutzungsvorrats.

[29] DIN 31051:2003-06: Feststellung und Beurteilung des Ist-Zustandes einer Betrachtungseinheit einschließlich der Bestimmung der Ursachen der Abnutzung und dem Ableiten der notwendigen Konsequenzen für eine künftige Nutzung.

und Fehleranalyse), Instandsetzung[30] (Reparatur) und Verbesserung[31] (Maßnahmen zur Optimierung des Kraftwerks). Der Umfang der Wartungspflichten des Auftragnehmers sollte in einer Art Wartungsheft detailliert definiert werden. Aus Sicht des Auftraggebers ist darauf zu achten, dass der Auftragnehmer zur Einhaltung bestimmter Qualitätsstandards verpflichtet wird.

Die Inspektion erfolgt in der Regel über ein Fernüberwachungssystem. Treten Fehlfunktionen auf, hat der Auftragnehmer im Rahmen der vertraglichen Verpflichtungen den Auftraggeber zu informieren und gegebenenfalls sogleich Instandsetzungsmaßnahmen zu veranlassen. Der Auftraggeber sollte darauf drängen, dass der Auftragnehmer zur Einhaltung bestimmter Reaktionszeiten verpflichtet ist, innerhalb derer nach der Fehlererkennung die notwendigen Maßnahmen einzuleiten hat.

Die Instandhaltungspflichten des Auftragnehmers sollten umfassend sein. Für den wirtschaftlichen Erfolg des Projekts ist es essenziell, dass das Kraftwerk unverzüglich repariert wird, wenn es durch Mängel oder Schäden die Betriebsbereitschaft einbüßt. Bei der Regelung der Instandhaltungspflicht und der Kalkulation der entsprechenden Kosten ist zu beachten, dass jedenfalls in den ersten Betriebsjahren ein Großteil des Reparaturrisikos bereits über die Gewährleistung unter dem Errichtungsvertrag abgedeckt wird. Ist das Kraftwerk mangelbedingt defekt, schuldet der Auftragnehmer bereits unter dem Errichtungsvertrag Nachbesserung. Die Instandhaltungspflicht könnte daher insoweit eingeschränkt werden, wie Gewährleistungsansprüche unter dem Errichtungsvertrag bestehen. In der Praxis wird allerdings häufig ein anderer Weg gewählt. Der Auftragnehmer verpflichtet sich unter dem Instandhaltungsvertrag umfassend und ursachenunabhängig zur Instandhaltung. Dem Umstand, dass der Auftraggeber bereits unter dem Errichtungsvertrag für die Gewährleistung bezahlt hat, wird dadurch Rechnung getragen, dass die unter dem Instandhaltungsvertrag zu zahlende Vergütung entsprechend reduziert wird. Auf diese Weise werden Schnittstellenrisiken zwischen Errichtungs- und Instandhaltungsvertrag minimiert. Es ist dann unerheblich, ob für den Defekt Verschleiß, mangelhafte Herstellung oder mangelhafte Wartung ursächlich waren. Die Notwendigkeit zur Instandhaltung besteht auch dann, wenn das Kraftwerk durch Ereignisse beschädigt oder zerstört wird, die klassischerweise in den Anwendungsbereich einer Versicherung fallen, wie etwa Blitzschlag oder Feuer. In diesem Fall werden die Kosten der Instandhaltung in der Regel über die Versicherungsverträge abgesichert sein. Dementsprechend sehen Instandhaltungsverträge häufig eine Regelung vor, wonach der Auftrag-

[30] DIN 31051:2003-06: Maßnahmen zur Rückführung einer Betrachtungseinheit in den funktionsfähigen Zustand, mit Ausnahme von Verbesserungen.

[31] DIN 31051:2003-06: Kombination aller technischen und administrativen Maßnahmen sowie Maßnahmen des Managements zur Steigerung der Funktionssicherheit einer Betrachtungseinheit, ohne die von ihr geforderte Funktion zu ändern.

nehmer zwar auch in diesen Fällen zur Instandhaltung verpflichtet ist, die entsprechenden Kosten aber nicht von der pauschalen Vergütung, die der Auftraggeber zu zahlen hat, abgedeckt sind. Der Auftragnehmer muss also den Schaden beseitigen. Er erhält dafür aber eine gesonderte Vergütung, die dann aus den Versicherungsleistungen finanziert wird.

Während die Instandhaltung auf die Wiederherstellung des bestehenden Zustands abzielt, geht es bei der „Verbesserung“ darum, sicherzustellen, dass der Auftraggeber berechtigt ist, vom Auftragnehmer Modifizierungen des Kraftwerks zu verlangen. Während der Bauphase sichert das Variation-Regime (vgl. Abschnitt 2.2.6) die Möglichkeit des Auftraggebers ab, Änderungen verlangen zu können. Dieses Bedürfnis endet allerdings nicht mit der Fertigstellung des Kraftwerks. Der Instandhaltungsvertrag sollte daher möglichst regeln, unter welchen Voraussetzungen und zu welchen Konditionen der Auftragnehmer zu Optimierungen des Kraftwerks verpflichtet ist.

3.2.1.2 Verfügbarkeitsgarantie/Zusicherung bestimmter Reaktionszeiten

Wie bereits geschildert, mindert jeder Zeitraum fehlender Betriebsbereitschaft die Höhe der erzielbaren Erträge und hat damit unmittelbar negative Auswirkungen auf Rendite und Cashflow. Zum typischen Leistungsinhalt eines Instandhaltungsvertrages gehört es daher auch, dass der Auftragnehmer entweder eine bestimmte Verfügbarkeit des Kraftwerks garantiert oder alternativ die Einhaltung bestimmter Reaktionszeiten zur Einleitung von Instandhaltungsmaßnahmen zusichert. Zielsetzung ist einerseits, vorbeugend auf möglichst kurze Stillstandszeiten hinzuwirken. Bedeutsamer ist jedoch, dass die Verfügbarkeitsgarantie bzw. die Zusicherung bestimmter Reaktionszeiten üblicherweise durch Schadensersatzpflichten des Auftragnehmers sanktioniert werden. Die Vereinbarung der Garantie bzw. der Zusicherung dient insofern insbesondere auch der Sicherstellung einer finanziellen Kompensation der stillstandsbedingt vom Auftraggeber erlittenen wirtschaftlichen Nachteile und damit – aus Bankensicht – insbesondere auch der Sicherstellung eines für Zins und Tilgung hinreichenden Cashflows. Entsprechende Garantien bzw. Zusicherungen sind insofern klassische Bankability-Themen.

Die Absicherung der Verfügbarkeit des Kraftwerks ist nur dann belastbar, wenn das zu Schadensersatz oder Kompensationszahlungen führende Haftungsregime nicht zu löchrig ist. Wird die Absicherung über Reaktionszeiten geregelt, stellt sich die Frage, ob der Auftragnehmer für deren Einhaltung der Reaktionszeiten verschuldensunabhängig einzustehen hat oder ob es – in der Praxis häufiger – darauf ankommen soll, dass der Auftragnehmer die Überschreitung der Frist auch zu vertreten hat. Im Falle der Regelung über eine Verfügbarkeitsgarantie ist insbesondere relevant, wann Ausfallzeiten als schadensersatzpflichtige Downtime tatsächlich in die Berechnung eingehen bzw. wann diese Zeiten als „verfügbar“ gelten und bei der Berechnung unberücksichtigt bleiben sollen. Es liegt in der Natur der Sache, dass der Auftragnehmer versuchen wird, den Anwendungsbereich der „fingierten Verfügbarkeit" möglichst weit zu gestalten (vgl. Abschnitt 2.2.2). Ungeachtet der Bezeichnung als Verfügbarkeitsgarantie können daher die Unterschiede zu einer verschuldensabhängigen Schadensersatzpflicht für Reaktionszeiten je nach konkreter Ausgestaltung der regelmäßig sehr detaillierten Klauseln verschwimmen.

Es darf nicht verkannt werden, dass eine schadensersatzbewehrte Verfügbarkeitsgarantie oder eine vergleichbare Reaktionszeitenregelung das Risiko für Ertragsausfälle zu einem erheblichen Teil auf den Auftragnehmer verlagert. Wenngleich hierfür gute Gründe sprechen, so muss doch das Risiko des Auftragnehmers in einem Verhältnis zu den Margen stehen, die er unter dem Errichtungs- und dem Instandhaltungsvertrag zu erwarten hat. Dementsprechend sind die Kompensationszahlungen für mangelnde Verfügbarkeit üblicherweise der Höhe nach begrenzt. Häufig gibt es im Instandhaltungsvertrag einerseits eine Haftungshöchstgrenze, die jeweils für einen bestimmten Zeitraum (z.B. für ein Jahr) gilt, und daneben ein (höheres) Gesamthaftungslimit, das sich auf die gesamte Vertragslaufzeit bezieht. Bei der Verhandlung derartiger Regelungen wird das Haftungsregime des Errichtungsvertrages zu berücksichtigen sein. Häufig werden unter dem Errichtungsvertrag alle Ansprüche des Auftraggebers wegen Ertragsausfalls und sonstigen Vermögensschäden ausgeschlossen sein. In diesem Fall wird es keine Anspruchskonkurrenz geben. Sollte es allerdings ausnahmsweise so sein, dass es unter dem Errichtungsvertrag ebenfalls Schadensersatzansprüche wegen Betriebsausfalls gibt, wird man dies bei der Verhandlung der Haftungshöchstgrenzen unter dem Instandhaltungsvertrag berücksichtigen müssen.

Als Gegenstück zur Schadensersatzpflicht kann ergänzend vorgesehen werden, dass dem Auftragnehmer bestimmte Bonuszahlungen zustehen, wenn die tatsächliche die garantierte Verfügbarkeit übersteigt bzw. die Reaktionszeiten wesentlich kürzer sind als zugesichert. Dies wäre ein weiterer Anreiz für den Auftragnehmer, sich diesbezüglich besonders zu bemühen.

3.2.1.3 Ersatzteile

Das Thema Ersatzteile ist im Zusammenhang mit dem Betrieb des Kraftwerks von erheblicher Bedeutung. Der Auftraggeber muss sicherstellen, dass für die angenommene Betriebsdauer tatsächlich Ersatzteile zur Verfügung stehen werden. Es empfiehlt sich, bereits im Errichtungsvertrag den Auftragnehmer zu verpflichten, auch über den Gewährleistungszeitraum hinaus für die angenommene Lebensdauer des Kraftwerks die Verfügbarkeit von Ersatzteilen sicherzustellen. Deutsche Erneuerbare-Energien-Projekte sind entsprechend der Förderungsdauer gemäß EEG in der Regel auf mindestens 20 Jahre ausgelegt. Daher sollte auch die Lebensdauer des Kraftwerks mindestens ebenso lang sein. Auftragnehmer werden sich schwertun, eine entsprechende Verpflichtung zu übernehmen, da sie ihrerseits nicht sicher sein können, von ihren Sublieferanten entsprechende Zusicherungen zu bekommen. In der Praxis wird es daher häufig eine Kompromisslösung geben, wonach der Auftragnehmer jedenfalls für einen bestimmten Zeitraum Ersatzteile vorzuhalten und im Anschluss daran sicherzustellen hat, dass der Auftraggeber gegebenenfalls die nötigen Informationen erhält, um direkt an die Sublieferanten heranzutreten.

Die Verfügbarkeit von Ersatzteilen wirkt sich auf die Reaktionszeiten des Auftragnehmers bei der Instandhaltung und damit auf die Stillstandzeiten des Kraftwerks selbst aus. Die Parteien vereinbaren daher zumeist, dass zu Beginn der Betriebszeit ein Ersatzteillager angelegt wird, auf das der Auftragnehmer während der Gewährleistungs- und Instandhaltungszeit zugreift. Zu klären ist, welche Partei für die Anschaffungskosten einzustehen hat. Häufig wird der Auftragnehmer nicht in der Lage sein, ein umfangreiches Ersatzteillager vorzufinanzieren. Sollte der Auftraggeber in Vorleistung treten, ist es wichtig, dass ihm die Ersatzteile auch übereignet werden. Zu regeln ist auch, dass der Auftragnehmer, sofern er sich zur Erfüllung seiner Gewährleistungs- oder bereits vergüteten Instandhaltungspflichten des Lagers bedient, dieses auf seine Kosten wieder aufzufüllen hat.

Ein klassischer Streitpunkt in diesem Zusammenhang sind die Gewährleistungsfristen für vorgehaltene Ersatzteile. Aus Auftraggeber- und Bankensicht sollte die Gewährleistungsfrist möglichst lang sein und erst mit dem Einbau des Ersatzteils in das Kraftwerk beginnen. Dies ist allerdings für den Auftragnehmer problematisch, da er bestrebt sein wird, einen Gleichlauf mit der Gewährleistungsfrist gegenüber seinen Sublieferanten herzustellen Diese aber wird bereits mit der Lieferung zu laufen beginnen.

3.2.2 Laufzeit und Vergütung

Aus Vorgenanntem ergibt sich, dass der Instandhaltungsvertrag u.a. die Funktion hat, einen Teil des Betriebsrisikos beim Errichter bzw. beim Hersteller des Kraftwerks zu platzieren. Er dient ferner dazu, die Kosten der Betriebsführung kalkulierbar zu machen und sicherzustellen, dass es in einem gewissen Umfang Ausgleichszahlungen gibt, wenn die Betriebsbereitschaft des Kraftwerks nicht besteht. Es liegt auf der Hand, dass der Auftraggeber und die finanzierenden Banken ein großes Interesse daran haben, dass derartige Verträge über eine möglichst lange Laufzeit verfügen. In der Praxis gibt es Verträge, die eine Laufzeit von zehn oder gar 15 Jahren vorsehen.

Eine solche erhebliche Laufzeit der Instandhaltungsverträge bringt es mit sich, dass der Auftragnehmer in der Regel darauf bestehen wird, dass sein Vergütungsanspruch über eine Preisanpassungsklausel in adäquater Form an die allgemeine Preisentwicklung angepasst wird. Abgesehen von derartigen, generell für Dauerschuldverhältnisse typischen Regelungen besteht im Bereich der Erneuerbaren Energien in einigen Bereichen die Besonderheit, dass innovative neue Technik zum Einsatz kommt. Das Fehlen von Erfahrungswerten führt dazu, dass es dem Auftragnehmer schwerfallen wird, die Instandhaltungskosten für zehn oder gar 15 Jahre hinreichend genau zu kalkulieren. Er wird daher versuchen, über den Inflationsausgleich hinaus bestimmte Öffnungsmechanismen in den

Vertrag zu verhandeln. Diesem Bestreben steht das Interesse der Banken entgegen, eine verlässliche Kalkulationsgrundlage zu erhalten und Öffnungsklauseln zu vermeiden. Dementsprechend ist der Spielraum für derartige Öffnungsmechanismen bei projektfinanzierten Projekten geringer. Das Vergütungsregime ist in der Regel so ausgestaltet, dass für Wartung, Inspektion und einen bestimmten Teil der Instandsetzung ein festes Entgelt vereinbart wird. In Bezug auf die Instandsetzung sind häufig die typischerweise versicherten Kosten ausgeklammert (sodass z.B. die Reparatur nach einem Blitzschlag gesondert zu vergüten wäre).[32]

3.2.3 Gewährleistung

Der Auftragnehmer erbringt unter dem Instandhaltungsvertrag gegebenenfalls erhebliche Reparaturleistungen, für die er gewährleistungspflichtig ist. Während der Vertragslaufzeit sind gesonderte Regelungen hierzu wenig relevant, da schon die allgemeine Instandhaltungspflicht solche Gewährleistungspflichten mit erfasst. Relevant wird das Gewährleistungsregime jedoch zum Ende der Laufzeit des Instandhaltungsvertrages, da dann die vertraglichen Instandhaltungsverpflichtungen enden, während die Gewährleistungsfrist für eingebaute Produkte möglicherweise noch nicht erschöpft ist. Es bedarf insofern gesonderter Regelungen. Üblicherweise werden daher der Neubeginn einer regulären Gewährleistungsfrist (z.B. zwei Jahre) und ein „long stop date“ vereinbart, um sicherzustellen, dass das an dem Vertrag hängende Gewährleistungsrisiko irgendwann endet und es nicht zu einer Kettengewährleistung kommt.

3.2.4 Haftung

Das Haftungsrisiko des Auftragnehmers ist insbesondere bei langen Vertragslaufzeiten erheblich. Er wird daher versuchen, sein Haftungsrisiko in Relation zur Vergütung zu begrenzen. Dies gilt für die Schadensersatzpflichten wegen fehlender Verfügbarkeit bzw. zu langer Reaktionszeiten, aber auch für sonstige Schadensersatzansprüche. Der Vertrag wird daher eine Gesamthaftungsbegrenzung vorsehen. Auch diesbezüglich ist es wichtig, ausdrücklich im Vertrag zu regeln, ob die Primärpflichten des Auftragnehmers, insbesondere die Instandsetzungspflichten, gegen ein solches Cap laufen sollen. Der Vertrag wird weiter Regelungen zu den klassischen Themen wie dem Ausschluss von Vermögensschäden, den Freihalteverpflichtungen, der Verletzung von Schutzrechten, der Gefahrtragung, der Force majeure und der Versicherung vorsehen. Insoweit wird grundsätzlich auf die Ausführungen zum Errichtungsvertrag verwiesen.

[32] Zur Herabsetzung der Vergütung in der Anfangszeit bei parallel laufender Gewährleistung vgl. Abschnitt 3.2.1.1.

4 Weitere Projektverträge und Projektrechte

4.1 Nutzungsrechte an Grundstücken

Im Sinne eine langfristigen Betriebs- und Finanzierungsperspektive ist es aus Investoren- und Bankensicht wichtig, dem Investor die Nutzungsrechte an dem Grundstück, auf dem das Kraftwerk errichtet werden soll, dauerhaft zu sichern. Dies gilt auch für Grundstücke, die für ergänzende Infrastruktur (z.B. Kabeltrassen, Trafostationen, Überfahrten) benötigt werden. Tauchen hier rechtliche Probleme auf, bedrohen diese das gesamte Projekt inklusive Finanzierung. Die nächstliegende und rechtlich sicherste Lösung wäre der Erwerb des Grundstückseigentums. Dies ist jedoch oftmals zu kostspielig, ähnlich wie die Bestellung von Erbbaurechten. Üblich sind daher Nutzungsverträge über die Grundstücke mit den jeweiligen Eigentümern. Die schuldrechtlichen Nutzungsrechte werden zusätzlich durch beschränkt persönliche Dienstbarkeiten dinglich abgesichert. Dies soll verhindern, dass die auf den Grundstücken errichteten Anlagen bzw. die Infrastruktur in das Eigentum des Grundstückseigentümers übergehen. Damit das Projekt bankable wird, sollten die Nutzungsverträge Eintrittsrechte zugunsten der finanzierenden Banken vorsehen, die ebenfalls regelmäßig dinglich zu sichern sind.

4.1.1 Nutzungsverträge

Die Nutzungsverträge bilden das Kernstück der grundstücksbezogenen Rechte eines jeden Onshore-Projekts. Obwohl häufig als Pachtverträge bezeichnet, sind sie rechtlich in der Regel als Mietverträge zu qualifizieren.[33] Im Nutzungsvertrag gestattet der Grundstückseigentümer dem Anlagenbetreiber, das Grundstück zu einem bestimmten Zweck zu nutzen. Dieser Zweck sollte möglichst umfassend definiert werden. Neben dem Recht, die Anlage zu errichten, zu betreiben und zu unterhalten, sollte auch die Erneuerung bzw. der Ersatz der Anlage durch eine andere, leistungsstärkere Anlage erlaubt sein (relevant insbesondere für das sogenannte Repowering von Windenergieanlagen). Hat der Grundstückseigentümer das Grundstück bereits anderweitig verpachtet, ist er zu verpflichten, die Zustimmung des anderen Pächters zur Anlagennutzung einzuholen.

Für die Einräumung dieser Nutzungsrechte erhält der Grundstückseigentümer regelmäßig ein Entgelt und häufig zusätzlich auch eine Entschädigung für die ihm in der Bauphase entstehenden Nachteile (z.B. Ernteausfälle). Entgelthöhe und Zahlungsmodali-

[33] Es fehlt das dem Pachtvertrag eigene Recht des Pächters zur Fruchtziehung (§ 581 Abs. 1 BGB). Wind und Sonne sind keine Früchte des Grundstücks (Holch in Säcker/Rixecker (2006), § 99, Rn. 5).

täten können in der Regel frei vereinbart werden. Während Nutzungsverträgen über Grundstücke, auf denen Kabel verlegt werden sollen, regelmäßig nur eine (niedrige) Einmalzahlung vorsehen, sind insbesondere für Grundstücke, auf denen Windenergieanlagen errichtet werden, häufig wiederkehrende Zahlungen zu leisten, deren Höhe von den im gleichen Zeitraum erzielten Einspeiseerlösen abhängig ist.

Zur Planungssicherung werden die Nutzungsverträge meist für einen festen Zeitraum von mindestens 20 Jahren (zuzüglich Optionszeiträumen) abgeschlossen. Jedoch können auch langfristige Verträge vorzeitig gekündigt werden, wenn sie die gesetzliche Schriftform nicht wahren (§§ 550, 126, 578 Abs. 1, 581 Abs. 2 BGB). Diese ist nur gewahrt, wenn alle Regelungen in Bezug auf das Nutzungsverhältnis in einer von beiden Parteien unterzeichneten einheitlichen Urkunde (gegebenenfalls mit Anlagen) niedergelegt werden. Idealerweise sollten die einzelnen Seiten des Vertrages und seiner Anlagen zudem fest miteinander verbunden werden (z.B. durch Nietung wie bei einer notariellen Urkunde). Eventuelle Nachträge müssen klar und eindeutig auf den Nutzungsvertrag und eventuelle frühere Nachträge verweisen. Zudem sollte eine sogenannte Schriftformheilungsklausel im Vertrag vorgesehen werden, mit der sich die Parteien zum Verzicht auf Kündigungen wegen Schriftformmängeln und zu deren Heilung verpflichten.

Zu achten ist auch auf ein mögliches Widerrufsrecht des Grundstückseigentümers. Ist dieser Verbraucher, kann der Abschluss des Nutzungsvertrages ein Haustürgeschäft im Sinne des § 312 BGB sein. Der Eigentümer ist dann nach Jahren noch zum Widerruf des Vertrages berechtigt, falls er bei Vertragsschluss nicht ordnungsgemäß über sein Widerrufsrecht belehrt wurde. Verbraucher kann der Eigentümer auch sein, wenn er das betroffene Grundstück nicht selbst zu betrieblichen oder landwirtschaftlichen Zwecken nutzt. Im Zweifel sollte immer eine ordnungsgemäße Widerrufsbelehrung erfolgen.

4.1.2 Dingliche Sicherung

Der Grundstückseigentümer sollte sich im Nutzungsvertrag verpflichten, dem Anlagenbetreiber eine beschränkt persönliche Dienstbarkeit im Umfang des Nutzungsrechts zu bestellen. Angesichts der nur eingeschränkten Übertragbarkeit auf Dritte sollte der Grundstückseigentümer bei Bestellung der Dienstbarkeit ausdrücklich gestatten, dass diese auch durch Dritte ausgeübt werden kann.[34] Damit die Dienstbarkeit ihre Schutzfunktion im Falle von Schriftformmängeln oder einer Insolvenz des Grundstückseigentümers entfalten kann, darf der Anlagenbetreiber zudem nicht bei jeder Beendigung des Nutzungsvertrages die Löschung der Dienstbarkeit verlangen können. Eine Löschungspflicht sollte nur im Falle der Beendigung des Nutzungsvertrages durch Zeitablauf, ein-

[34] Zur Frage der Übertragung von Anlagendienstbarkeiten ausführlich Keller (2011), S. 99 ff.

vernehmliche Aufhebung oder Kündigung des Anlagenbetreibers bestehen. Kündigt der Grundstückseigentümer, sollte ein Lösungsanspruch nur bestehen, wenn der Anlagenbetreiber die Kündigung durch schwerwiegende Vertragsverstöße verschuldet hat. Die Bestellung einer beschränkt persönlichen Dienstbarkeit soll verhindern, dass das auf dem Grundstück errichtete Kraftwerk in das Eigentum des Grundstückseigentümers übergeht (vgl. Abschnitt 4.1.3), und zudem das Nutzungsrecht auch dinglich absichern. Letzteres ist erforderlich, weil auch ein langlaufender Nutzungsvertrag unter bestimmten Voraussetzungen vorzeitig gekündigt werden kann. Ein gesetzliches Kündigungsrecht steht insbesondere dem Erwerber eines vermieteten Grundstücks durch Zwangsversteigerung oder aus der Insolvenz des (ursprünglichen) Grundstückseigentümers zu. Die Bestellung einer Dienstbarkeit schließt diese Kündigungsrechte zwar nicht aus, macht aber eine Kündigung für den (neuen) Grundstückseigentümer unattraktiv. Damit die Dienstbarkeit ihre Schutzwirkung entfalten kann, muss sie im Grundbuch im Rang vor den Wert der Dienstbarkeit mindernden Rechten eingetragen werden. Dies sind insbesondere Grundschulden, Hypotheken, Auflassungsvormerkungen und Altenteilsrechte. Sind bereits andere Dienstbarkeiten oder Kabel- und Wegerechte im Grundbuch eingetragen, sollte im Einzelfall geprüft werden, ob diese mit dem geplanten Vorhaben in Konflikt geraten können.

4.1.3 Eigentum an den verbauten Anlagen

Bei der Errichtung baulicher Anlagen auf fremden Grundstücken besteht stets die Gefahr, dass diese kraft Gesetzes in das Eigentum des Grundstückseigentümers übergehen (§§ 946, 94 BGB). Anders ist dies allerdings, falls die Anlage von vornherein nur vorübergehend (nämlich für die Dauer des Nutzungsvertrages) errichtet sein soll. In einem solchen Fall gilt eine Anlage nur als Scheinbestandteil (§ 95 BGB), der nicht Eigentum des Grundstückseigentümers wird. Um auch für ein Gericht einen solchen nur vorübergehenden Zweck deutlich zu machen, sollte der Anlagenbetreiber im Nutzungsvertrag klar und ohne Vorbedingungen verpflichtet werden, die Anlage nach Vertragsende wieder abzubauen und zu entfernen. Zudem sollte die Festlaufzeit des Nutzungsvertrages (einschließlich Optionszeiträumen) die Lebensdauer der Anlage nicht überschreiten.[35] Weiter sollte der Nutzungsvertrag ausdrücklich klarstellen, dass die verbaute Anlage Eigentum des Anlagenbetreibers bleiben soll und dieser berechtigt ist, die Anlage gegebenenfalls einem Dritten als Sicherheit zu übereignen. Der sicherste Weg zur Sicherung des Eigentums des Anlagenbetreibers ist ein Baubeginn nach Eintragung der beschränkt persönlichen Dienstbarkeit im Grundbuch. Die Anlage wird „in Ausübung eines [dinglichen] Rechts" an dem Grundstück errichtet und ist schon von daher Scheinbestandteil im Sinne des § 95 Abs. 1 S. 2 BGB. Von einigen Gerichten wird es auch als ausreichend angesehen, wenn die Eintragung der Dienstbarkeit zum Zeitpunkt des Baubeginns wirk-

[35] Siehe Reymann (2010), S. 84, 91, mit weiteren Nachweisen.

sam beantragt bzw. nur bewilligt war.[36] Streitig ist, ob eine verbaute Anlage nachträglich noch zum Scheinbestandteil werden kann, beispielsweise durch eine entsprechende Vereinbarung zwischen Grundstückseigentümer und Anlagenbetreiber oder nachträgliche Bestellung einer Dienstbarkeit.[37] Solch eine Konstellation sollte daher unter allen Umständen vermieden werden.

4.1.4 Sicherungsrechte zugunsten der finanzierenden Banken

Damit die Banken bei Zahlungsausfall Zugriff auf die gesamte Projektinfrastruktur haben, fordern sie regelmäßig auch in Bezug auf die Grundstücke (insbesondere die Standorte der eigentlichen energieerzeugenden Anlagen sowie des Umspannwerks) umfangreiche Eintritts- und Sicherungsrechte. Erfahrungsgemäß haben sie diesbezüglich meist sehr konkrete Vorstellungen und verlangen teilweise auch, dass für Dienstbarkeiten und/oder Nutzungsverträge ihre Muster verwendet werden. Daher sollten bereits im Vorfeld die Anforderungen der Banken an Nutzungsverträge und Dienstbarkeiten geklärt werden. Erfahrungsgemäß verlangen die Banken, im Sicherungsfall selbst in den Nutzungsvertrag eintreten oder hierfür einen Dritten benennen zu dürfen. Dies soll meist auch bei fristloser Kündigung des Nutzungsvertrages durch den Grundstückseigentümers wegen gravierender Pflichtverstöße des Anlagenbetreibers gelten. Weiter soll sich der Grundstückseigentümer im Nutzungsvertrag verpflichten, auf Verlangen der Banken zugunsten dieser oder eines von ihnen benannten Vertragsübernehmers eine beschränkte persönliche Dienstbarkeit im Grundbuch einzutragen. Dieser Eintragungsanspruch ist dann durch eine Vormerkung dinglich zu sichern. Für Investoren ist es ratsam, den Grundstückseigentümer zur Zustimmung zu Änderungen des Nutzungsvertrages zu verpflichten, falls diese auf berechtigten Interessen der Bank beruhen und den Grundstückseigentümer nicht unbillig benachteiligen. Oft nämlich stehen die Banken und damit die von ihr geforderten Sicherungsrechte bei Abschluss des Nutzungsvertrages noch nicht fest.

4.2 Netzanschluss und Netzanschlussvertrag

Ein Kraftwerk kann in der Regel nur Einnahmen erzielen, wenn es an das öffentliche Stromnetz angeschlossen ist. In Deutschland ist der Netzanschluss umfassend gesetzlich geregelt, sodass der Spielraum, aber auch die Notwendigkeit einer vertraglichen Regelung gering ist.

[36] Siehe z.B. OLG Schleswig, Urt. v. 26.8.2005, Az. 14 U 9/05; ZfIR 2006, 62,65, juris-Rz. 59; weitere Nachweise bei Reymann (2010), S. 84, 94.

[37] Kritisch Reymann, (2010), S. 84, 92 ff., mit weiteren Nachweisen.

4.2.1 Gesetzliche Lage nach dem EEG

Nach § 5 Abs. 1 EEG sind die Betreiber der Übertragungsnetze (Netzbetreiber) verpflichtet, Erneuerbare-Energien-Kraftwerke unverzüglich und vorrangig an ihr Übertragungsnetz anzuschließen. Die notwendigen Aufwendungen hat nach § 13 Abs. 1 EEG der Anlagenbetreiber zu tragen (Ausnahme: Offshore-Windenergie, vgl. unten). Damit das Übertragungsnetz den gesamten von dem Kraftwerk erzeugten Strom aufnehmen kann, muss es über ausreichende Leitungskapazitäten verfügen. Gerade in strukturschwachen Gegenden mit vielen Windenergie- bzw. Photovoltaik-Kraftwerken besteht diesbezüglich das Risiko unzureichend ausgebauter Netze. Zwar entbindet fehlende Netzkapazität den Netzbetreiber nicht von seiner Anschlusspflicht (§ 5 Abs. 4 EEG), allerdings wird hierdurch die Abnahme des erzeugten Stroms technisch schlicht unmöglich. Der Netzbetreiber ist daher auf Verlangen des Anlagenbetreibers verpflichtet, sein Netz unverzüglich auf eigene Kosten auszubauen (§ 9 Abs. 1, 14 EEG). Bei schuldhafter Verzögerung des Netzausbaus kann der Anlagenbetreiber Ersatz des hieraus resultierenden Schadens verlangen (§ 10 Abs. 1 EEG). Hierbei handelt es sich allerdings nicht um einen leicht zu realisierenden „Selbstgänger“: Zwar wird gemäß § 10 Abs. 1 S. 2 EEG ein Verschulden des Netzbetreibers grundsätzlich vermutet und insofern die Beweislast umgekehrt. Allerdings dürfte bereits eine objektive Pflichtverletzung des Netzbetreibers (d.h. eine objektive Verzögerung der Prüfung, Planung und Ausführung des Netzausbaus) im Einzelfall nur schwer nachzuweisen sein.

4.2.2 Netzanschluss im Offshore-Windbereich

Der Netzanschluss im Offshore-Windbereich ist abweichend vom Vorgenannten ausgestaltet.[38] Nach § 17 Abs. 2 a Energiewirtschaftsgesetz (EnWG) hat der zuständige Netzbetreiber auf eigene Kosten „die Leitungen von dem Umspannwerk der Offshore-Anlagen bis zu dem technisch und wirtschaftlich günstigsten Verknüpfungspunkt des nächsten Übertragungs- oder Verteilernetzes zu errichten und zu betreiben; die Netzanbindungen müssen zu dem Zeitpunkt der Herstellung der technischen Betriebsbereitschaft der Offshore-Anlagen errichtet sein“. Allerdings gilt diese Regelung nur für Anlagen mit Baubeginn vor Ende 2015 (§ 118 Abs. 3 EnWG).

Die Verpflichtung zur Herstellung des Netzanschlusses auf eigene Kosten bedeutet für den Netzbetreiber Investitionen in erheblicher Höhe. Hierzu ist er regelmäßig nur bereit, wenn die hinreichende Wahrscheinlichkeit besteht, dass der jeweilige Windpark tatsächlich errichtet und in Betrieb genommen wird. Der Netzbetreiber wird sich also zurückhalten, eine verbindliche Netzanschlusszusage herauszugeben, bevor nicht der zukünf-

[38] Instruktiv hierzu auch Kersting (2011), S. 57, 59 f.

tige Betreiber des Windparks hinreichend nachgewiesen hat, dass er in nennenswertem Umfang in das Projekt investiert hat. Umgekehrt werden sich die Investoren schwertun, verbindliche Verträge über die Lieferung und Errichtung des Windparks im Wert von mehreren Hundert Millionen Euro abzuschließen, bevor eine verbindliche Aussage des Netzbetreibers vorliegt, ob und wann der Offshore-Netzanschluss verfügbar sein wird. Es stellt sich insofern eine „Henne-Ei-Problematik".

Zu deren Abmilderung hat die Bundesnetzagentur mit einem Positionspapier vom 14.10.2009[39] Kriterien für eine angemessene Risikoverteilung veröffentlicht, die sie nunmehr ihrer eigenen Entscheidungsfindung darüber zugrunde legt, ob der Netzbetreiber seine Kosten des Netzanschlusses nach § 17 Abs. 2 a S. 4 EnWG auf alle deutschen Netzbetreiber umlegen kann.[40] Ausweislich dieser Anbindungskriterien soll die Pflicht des Netzbetreibers zur Herstellung des Netzanschlusses dann bestehen, wenn der Anlagenbetreiber aufgrund objektiver Kriterien die hinreichende Wahrscheinlichkeit der Projektrealisierung darlegen kann. Explizit benannt[41] sind hierbei u.a. der verbindliche Abschluss eines Liefervertrages über die Windenergieanlagen und ein Nachweis der Finanzierung derjenigen Windenergieanlagen, die laut Bauzeitenplan im ersten Realisierungsjahr errichtet werden sollen. Alternativ zur Finanzierungszusage sollen Reservierungsvereinbarungen über die Lieferung „wesentlicher Großkomponenten" wie der Fundamente ausreichend sein. Hinsichtlich der Finanzierungszusage ist explizit vorgesehen, dass diese unter dem Vorbehalt der Netzzusage erfolgen kann.[42] Insoweit ist die „Henne-Ei-Problematik" gelöst. Anders ist dies jedoch hinsichtlich des Windenergieanlagen-Liefervertrages und der Großkomponentenreservierung. Hier ist die Möglichkeit eines solchen Vorbehaltes nicht vorgesehen. Der Investor hat insofern dem Wortlaut nach den Windenergieanlagen-Liefervertrag bzw. die Reservierungsvereinbarung ohne Gewissheit über die Netzanbindung „verbindlich" zu schließen. Für ihn ist die Situation insoweit unverändert unbefriedigend. Es darf allerdings nicht übersehen werden, dass das Positionspapier keine Gesetzesqualität hat und der Netzbetreiber nach § 17 Abs. 2a EnWG verpflichtet bleibt, den Netzanschluss zur Verfügung zu stellen, wenn der Windpark wie geplant errichtet wird.[43] Unter Berücksichtigung dieses Umstands und in Anbetracht der politischen Rahmenbedingungen besteht die Hoffnung, dass Netzbetreiber und Bundesnetzagentur hier eine gewisse Flexibilität an den Tag legen und auch Liefer- bzw. Errichtungsverträge akzeptieren werden, die Rücktrittsrechte für den Fall vorsehen, dass die verbindliche Netzanschlusszusage für einen passenden Zeitraum ausbleiben sollte.

---

[39] Siehe hierzu www.bundesnetzagentur.de/cae/servlet/contentblob/133800/publicationFile/1598/PositionspapierId17392pdf.pdf.

[40] Siehe auch Kersting (2011).

[41] Positionspapier der BNA, S. 5 ff.

[42] Positionspapier der BNA, S. 5.

[43] Vgl. Hinsch (2009), S. 333 ff.

4.2.3 Regelungsinhalte von Netzanschlussverträgen

Angesichts der umfassenden gesetzlichen Regelung ist es für den Anlagenbetreiber nicht erforderlich, einen Netzanschlussvertrag mit dem zuständigen Netzbetreiber zu schließen. Gleichwohl kann es sich im Einzelfall empfehlen, in einem Netzanschlussvertrag ergänzende Regelungen zu treffen, etwa zu technischen Anschlussbedingungen, der Einzelheiten des Netzanschlusses und anderen Details (z.B. Grundstücksbenutzung). Regelungsgegenstand kann auch sein, eine klare Eigentumsgrenze bezüglich der Netzanschlusskomponenten zu definieren.

4.3 Einspeisevertrag

Die Frage der Einspeisung (insbesondere die Höhe der Vergütung) ist von herausragender Bedeutung. Auch wenn der technische Fortschritt in Bezug auf die Erneuerbaren Energien sehr vielversprechend ist, so besteht doch noch die Notwendigkeit, die wirtschaftliche Tragfähigkeit des Projekts über einen gegenüber den Strommarktpreisen erhöhten Abnahmetarif abzusichern. In Deutschland erfolgt dies dadurch, dass der Netzbetreiber gemäß § 8 Abs. 1 EEG gesetzlich verpflichtet ist, die gesamte produzierte Energie unverzüglich und vorrangig abzunehmen und nach den gesetzlichen Vergütungssätzen[44] zu vergüten, sofern bestimmte Voraussetzungen[45] erfüllt sind. Angesichts dieses gesetzlichen Abnahme- und Vergütungsanspruchs ist der Abschluss eines Einspeisevertrages weder zwingend erforderlich, noch kann er vom Netzbetreiber verlangt werden (§ 4 Abs. 1 EEG). Erfolgt die Stromeinspeisung allerdings über ein von einem Dritten betriebenes Umspannwerk, ist es gleichwohl empfehlenswert, zur Klarstellung der Rechtsbeziehungen einen Einspeisevertrag mit dem Netzbetreiber abzuschließen. Gleiches gilt, sofern bei Auslandsprojekten das dort anwendbare Recht keinen gesetzlichen Abnahme- und Vergütungsanspruch vorsieht. Der Abschluss eines Einspeisevertrages kann auch sinnvoll sein, um bestimmte Sachthemen zu regeln, z.B. technische Regelungen für einen störungsfreien Anlagenbetrieb, Bestimmungen zu Messrechten[46] und die Einzelheiten der Vergütungsabrechnung. Wichtiges und in der Regel auch umstrittenes Thema ist die Begrenzung der Haftung von Anlagen- und Netzbetreiber. Der Netzbetreiber versucht vielfach, seine Haftung gegenüber dem Anlagenbetreiber durch den pauschalen Verweis auf § 18 Niederspannungsanschlussverordnung (NAV) in dem Netzanschlussvertrag zu begrenzen. Diese weitgehende Haftungsbegrenzung findet grundsätzlich nur gegenüber dem Letztverbraucher Anwendung. Die Verträge verweisen häu-

[44] Vgl. § 23 ff. EEG.

[45] Vgl. § 11 EEG.

[46] Vgl. § 7 Abs. 1 EEG.

figer pauschal darauf, dass die NAV „entsprechend“ Anwendung finden soll. Angesichts des gesetzlichen Abnahme- und Vergütungsanspruchs gibt es für den Anlagenbetreiber jedoch keine Notwendigkeit, sich auf eine solche Haftungsbeschränkung einzulassen.

4.4 Verträge zur Nutzung des Umspannwerk

Die Stromeinspeisung erfolgt häufig über ein Umspannwerk. Dieses kann gegebenenfalls im Eigentum eines Dritten stehen, insbesondere, wenn sich mehrere Kraftwerke ein Umspannwerk teilen. In einem solchen Fall sollte das Nutzungsrecht des Anlagenbetreibers am Umspannwerk nebst Nebenanlagen (Netzinfrastruktur, Kabel etc.) durch Abschluss eines Umspannwerknutzungsvertrages sichergestellt und zusätzlich gegebenenfalls dinglich abgesichert werden.[47] Der Nutzungsvertrag wird weiterhin Vorschriften zur Instandhaltung und Versicherung des Umspannwerks enthalten. Sind mehrere Kraftwerke an dasselbe Umspannwerk angeschlossen (dies ist der Regelfall, wenn das Umspannwerk im Eigentum eines Dritten ist; häufig ist der Dritte eine Gesellschaft, die den Kraftwerksbetreibern gemeinschaftlich gehört), ist darauf zu achten, dass die Verteilung der Einspeiseerlöse gerecht geregelt wird. Dabei muss es normalerweise auf das Verhältnis der tatsächlichen Einspeiseleistungen und nicht auf das Verhältnis der Nennleistungen ankommen. Die Zwischenschaltung des von einem Dritten betriebenen Umspannwerks führt dazu, dass der Netzanschlussvertrag in der Regel zwischen dem Netzbetreiber und dem Betreiber des Umspannwerks abgeschlossen wird. Hinsichtlich des Einspeisevertrages ist es aus Bankensicht wünschenswert, dass dieser nach Möglichkeit direkt zwischen Netzbetreiber und Anlagenbetreiber abgeschlossen wird, um eine direkte Zahlung der Einspeisevergütung vom Netz- an den Anlagenbetreiber ohne Umweg über den Umspannwerkbetreiber zu erreichen. Andernfalls müsste der Anlagenbetreiber das Risiko der Insolvenz des Umspannwerkbetreibers tragen.

4.5 Genehmigungen und städtebauliche Verträge

Von wesentlicher Bedeutung für die Realisierung eines Erneuerbare-Energien-Projektes ist, dass die erforderlichen öffentlich-rechtlichen Genehmigungen ordnungsgemäß vorliegen. Nur dann kann das Kraftwerk legal betrieben werden. Die Genehmigungsanforderungen unterscheiden sich je nach Anlage, Gefahrenpotenzial und dem vom Gesetzgeber gesehenen Regelungsbedürfnis. Die für einen Windpark in der AWZ erforderliche BSH-Genehmigung wird etwa im Rahmen eines umfangreichen mehrstufigen Verfahren gewährt. Eine Solaranlage auf einem Hausdach hingegen ist unter Umständen genehmigungsfrei. Für die

[47] Z.B. durch Einräumung eines Nießbrauchs.

übrigen Erneuerbare-Energien-Projekte sind in der Regel „normale" Baugenehmigungen erforderlich. Fehlerhafte oder verspätet erteilte Genehmigungen können genauso wie Probleme mit den Nutzungsrechten das Projekt gefährden und stellen insoweit wesentliche Hindernisse dar. Es ist daher seitens der Banken insbesondere darauf zu achten, dass die Genehmigungen bestandkräftig sind, also nicht mehr durch Dritte (z.B. Nachbarn) erfolgreich mit Widersprüchen oder verwaltungsgerichtlichen Klagen angegriffen werden können. Bestandskräftige Genehmigungen gewähren somit Rechtssicherheit.

Eine Genehmigung für größere Anlagen kann häufig nur auf der Grundlage eines Bebauungsplans erteilt werden. Speziell für Photovoltaik-Freiflächenanlagen ist dieser oft faktisch schon deshalb erforderlich, weil der Vergütungsanspruch gem. § 32 Abs. 2 Nr. 1, Abs. 3 EEG für einen Großteil der Anlagen nur besteht, wenn sie im Geltungsbereich eines Bebauungsplans errichtet werden. Die Gemeinden können in „normalen" Bebauungsplänen Sondergebiete für Erneuerbare-Energien-Anlagen ausweisen. Aufgrund fehlender Verwaltungskapazitäten und Haushaltsmittel der Gemeinden einerseits und des Bedürfnisses des Investors nach beschleunigter Planung andererseits bietet sich häufig auch an, einen vorhabenbezogenen Bebauungsplan aufzustellen. Dabei arbeitet der Investor initiativ die städtebauliche Planung aus. In der Praxis werden häufig begleitend städtebauliche Verträge geschlossen und hierdurch Details der Planung und Erschließung, Regelungen zur Kostentragung oder etwa die Verpflichtungen des Investors zur Durchführung naturschutzrechtlicher Ausgleichsmaßnahmen vereinbart. Einzelheiten der Projektrealisierung können hierdurch abgesichert und insgesamt eine Beschleunigung erreicht werden. Da die städtebaulichen Verträge Teil der Projektverträge sind, sollten bereits die Projektentwickler sicherstellen, dass die Verträge im Namen der durch das SPA zu erwerbenden Projektgesellschaft geschlossen werden oder aber eine ausdrückliche Einstiegsklausel für Dritte vorsehen.

4.6 Betriebsführungsverträge

Neben dem Instandhaltungsvertrag stehen teilweise weitere Betriebsführungsverträge, mit denen der Kraftwerksbetreiber – häufig ein Finanzinvestor, der mit dem eigentlichen Betrieb des Kraftwerks nicht befasst sein will – die verbleibenden Aufgaben der – namentlich kaufmännischen und technischen – Betriebsführung auf entsprechende Dienstleister überträgt. Hierbei handelt es sich um klassische Asset-Management-Verträge. Kurz zusammengefasst, geht es in einem Vertrag über die kaufmännische Betriebsführung in der Regel um Themen wie Abrechnung und Rechnungsprüfung gegenüber dem Netzbetreiber, Rechnungswesen, Pachtverwaltung und die Regelung der steuerlichen Angelegenheit der Projektgesellschaft. Zu den typischen Aufgaben eines technischen Betriebsführers zählen die Koordination und Überprüfung aller Reparatur-, Wartungs- und Gewährleistungsaufgaben sowie die Sicherstellung einer entsprechenden

Dokumentation, die Überwachung der Betriebsbereitschaft, die Erstellung von Ertrags- und Verfügbarkeitsstatistiken und die Abwicklung von Schadensfällen gegenüber Versicherern und sonstigen Dritten.

5 Absicherung der finanzierenden Banken

Für die Banken ist es wichtig, dass sie, falls die Projektgesellschaft und die hinter ihr stehenden Sponsoren dazu nicht mehr in der Lage sein sollten, notfalls das Projekt übernehmen oder sicherstellen können, dass es ein von ihnen ausgewählter Dritter übernehmen und fortführen kann.

5.1 Direktvereinbarungen

Die Direktvereinbarung begründet ein unmittelbares Vertragsverhältnis zwischen den Banken und dem jeweiligen Auftragnehmer unter den Projektverträgen. Es handelt sich also zumeist um eine Drei-Parteien-Vereinbarung. Sie gewährleistet, dass der Auftragnehmer die Banken über alle wesentlichen Angelegenheiten wie etwa schwerwiegende Vertragsverstöße durch den Auftraggeber unterrichten muss. Der Auftragnehmer hat den Banken zu erlauben, binnen einer bestimmten Frist den Umstand zu beseitigen, der ihn zur Vertragsbeendigung berechtigen würde. Die Direktvereinbarung regelt, unter welchen Voraussetzungen die Banken entweder den Projektvertrag vom Auftraggeber übernehmen können (Eintrittsrecht) oder den Auftraggeber durch einen von ihnen ausgesuchten Dritten austauschen können (Einweisungsrecht). Idealerweise wird die Direktvereinbarung jeweils parallel mit dem maßgeblichen Projektvertrag abgeschlossen. Ist dies nicht möglich, sollte den Banken im Wege eines echten Vertrages zugunsten Dritter das Recht eingeräumt werden, von den Parteien des maßgeblichen Projektvertrages den Abschluss eines solchen Vertrages zu verlangen.[48]

5.2 Eintritts- und Einweisungsrechte

Die Eintritts- und Einweisungsrechte spielen nicht nur im Verhältnis zwischen Banken, Auftraggeber und Auftragnehmer eine Rolle. In größeren Projekten wird seitens des Auftraggebers und der Banken zudem ein Interesse bestehen, dass der Auftraggeber

48 Mit weiteren Einzelheiten der Direktvereinbarung befasst sich der Beitrag „Kreditsicherheiten bei der Projektfinanzierung auf dem Gebiet der Erneuerbaren Energien" von Marc Riede im vorliegenden Buch.

(oder an seiner Stelle die Banken) das Recht erhält, unter bestimmten Voraussetzungen in die maßgeblichen Verträge zwischen dem Auftragnehmer und seinen Subunternehmern eintreten zu können.

5.2.1 Abtretung von Ansprüchen

Zur Absicherung der Banken ist es erforderlich, dass der Auftraggeber seine Ansprüche unter den Projektverträgen an die finanzierenden Banken abtreten kann. Die Projektverträge dürfen daher keine Abtretungsverbote enthalten. Weiter ist es vielfach üblich, dass sich der Auftraggeber für den Fall, dass es dem Auftragnehmer nicht gelingt, wirksame Eintritts- und Einweisungsrechte mit seinen Erfüllungsgehilfen zu vereinbaren, sicherheitshalber die Ansprüche des Auftragnehmers aus diesen Vertragsverhältnissen abtreten lässt. Eine solche Sicherungsabtretung wird in der Regel nicht offengelegt, sondern der Auftragnehmer vom Auftraggeber ermächtigt, die Ansprüche im eigenen Namen und auf eigene Rechnung geltend zu machen. Der Auftraggeber erhält allerdings das Recht, die Abtretung offenzulegen, wenn Ereignisse eintreten, die ihn sonst berechtigen würden, in den Vertrag einzutreten.

Literatur

De Vasconcellos, Harald Michaelis (2003): Garantien in der Praxis des Anlagenvertrags und das neue Schuldrecht: Ein unauflöslicher oder nur ein scheinbarer Konflikt, in: Neue Zeitschrift für Baurecht, S. 121-126

Ganten, Hans/Jagenburg, Walter/Motzke, Gerd (Hg.) (2008): Beck'scherVOB- und Vergaberechtskommentar, Vergabe- und Vertragsordnung für Bauleistungen Teil B, München

Grabe, Olaf (2011): Ist eine Windenergieanlage ein Bauwerk? in: Immobilien & Baurecht, S. 209-210

Grützner, Thomas/Schmidl, Michael (2007): Verjährungsbeginn bei Garantieansprüchen, in: Neue Juristische Wochenschrift, S. 3.610-3.614

Hinsch, Andreas (2009): Netzanbindung von Offshore-Windenergieanlagen, in: Zeitschrift für Neues Energierecht, S. 333-340

Hök, Götz-Sebastian (2005): Zur Sprachregelung in den FIDIC Verträgen, in: Zeitschrift für deutsches und internationales Bau- und Vergaberecht, S. 332-343

Hök, Götz-Sebastian (2006): Zur Bauzeitüberschreitung im englischen Baurecht mit Erläuterungen zum FIDIC Red Book unter Berücksichtigung der neueren Rechtsprechung des BGH zu Vertragsstrafeklauseln, in: Zeitschrift für deutsches und internationales Bau- und Vergaberecht, S. 107-116

Hök, Götz-Sebastian (2008): Vertragsstrafeversprechen sind nach Common Law unzulässig!, in: Immobilien & Baurecht, S. 1.187

Huse, Joseph A. (2002): Understanding and Negotiating EPC Contracts, Second Edition, London 2002

Jansen, Günther/Preussner, Mathias (Hg.) (2010): Beck'scher Online Kommentar VOB/B

Keller, Hilmar (2011): Die Rechtsnachfolge bei beschränkten persönlichen Dienstbarkeiten zur Absicherung von Energiegewinnungsanlagen, in: Deutsche Notar-Zeitschrift, S. 99-113

Kersting, Mark Oliver (2011): Die Projektfinanzierung eines Offshore-Windparks, in: Zeitschrift für Bank- und Kapitalmarktrecht, S. 57-63

Kirchhof, Hans-Peter/Lwowski, Hans-Jürgen/Stürner, Rolf (Hg.) (2008): Münchener Kommentar zur Insolvenzordnung, Band 2, München

Müller-Helle, Adrian/Theilmann, Timm (2010): Eigentum und Eigentumsvorbehalt an Offshore-Windkraftanlagen, in: Recht der Energiewirtschaft, S. 369-375

Palandt, Otto (Hg.) (2011): Bürgerliches Gesetzbuch, München

Reymann, Christoph (2010): Fotovoltaikdienstbarkeiten bei Anlagen auf fremden Grundstücken, in: Deutsche Notar-Zeitschrift, S. 84-111

Säcker, Franz Jürgen/Rixecker, Roland (Hg.) (2006): Münchener Kommentar zum Bürgerlichen Gesetzbuch, Band 1, München

Säcker, Franz Jürgen/Rixecker, Roland (Hg.) (2007): Münchener Kommentar zum Bürgerlichen Gesetzbuch, Band 2, München

Säcker, Franz Jürgen/Rixecker, Roland (Hg.) (2009): Münchener Kommentar zum Bürgerlichen Gesetzbuch, Band 4, München

Vertragliche Streitlösungsmechanismen: Projekt-begleitendes Konfliktmanagement im EE-Sektor

Tobias Faber

1 Einführung

Projektbegleitendes Konfliktmanagement ist sicherlich kein Thema, das man im ersten Moment in einem Finanzierungsbuch für Erneuerbare Energien (EE) erwarten würde.[1] Gleichwohl sind effiziente Streitlösungsmechanismen für die erfolgreiche Realisierung von Anlagenbauprojekten von entscheidender Bedeutung; hierauf sollten Banken, Investoren und Projektentwickler bei ihrer Finanzierungsentscheidung besonderes Augenmerk legen.

Projekte im EE-Sektor sind Anlagenbauprojekte; Anlagenbau ist gekennzeichnet von einer hohen technischen Komplexität, vielen Schnittstellen bei der Realisierung verschiedener Gewerke und einem hohen Schadenspotenzial, das sich bereits durch kleinste Ausführungsfehler während der Bauphase realisieren kann. Für die finanzierenden Banken ist insbesondere das Fertigstellungsrisiko einer Industrieanlage das größte Risiko, das während der Bauphase besteht. Wird beispielsweise ein Offshore-Windpark nicht bzw. verspätet in Betrieb genommen, so fließt die Einspeisevergütung nach dem Erneuerbare-Energien-Gesetz (EEG) nicht, die Kreditrückführung verzögert sich erheblich und für die Banken besteht eine erhebliche Gefahr, dass die Grundannahmen des Financial Model nicht mehr erfüllt werden können und das Projekt dadurch in Schieflage gerät. Worst Case für die Banken wäre in einer solchen Konstellation, dass sich die beteiligten Anlagenbauer untereinander langwierig über die Verantwortlichkeit eines Mangels streiten, dadurch der Mangel nicht bzw. verspätet behoben wird und eine weitere Verzögerung der Fertigstellung eintritt.

Laut Umfrage des Deutschen Baugerichtstages wird die Prozessdauer eines Prozesses mit Bau- bzw. Anlagenbaubezug durch die Betroffenen als „schlecht" bis „sehr schlecht" beurteilt.[2] Nicht selten überdauern solche Verfahren viele Jahre, ohne letztendlich zum gewünschten Erfolg zu führen. Selbst Prozesse, die sich über mehr als ein Jahrzehnt hinziehen, sind nicht außergewöhnlich.[3] Dies liegt zum einen an der Überlastung der Gerichte, der mühseligen Aufarbeitung des oftmals schwierigen sowie umfangreichen Prozessstoffes und nicht zuletzt am Defizit an Fachwissen, vor allem in den Eingangsinstanzen.[4] Gerade bei Großprojekten, wie der Errichtung von Anlagen im EE-Sektor, potenziert sich diese Problematik. Das Leistungsprogramm der komplexen Anlagenbauverträge wird in den wenigsten Fällen so realisiert, wie es sich die Parteien bei Vertragsschluss vorgestellt haben.[5] Der Langzeit-, Projekt- und Rahmencharakter dieses Bereichs

---

[1] Der Autor bedankt sich für die Unterstützung bei der Erstellung dieses Buchbeitrags bei Frau Dipl.-Jur. Stefanie Kondring.

[2] Lembcke (2010), S. 260.

[3] Lembcke (2010), S. 260; Schlehe (2010), S. 10.

[4] Althaus/Heindl (2010), Teil 8 Rn. 1; Kraus, in: Haft/Schlieffen (2009), § 22 Rn. 11 ff.

[5] Kraus, in: Haft/Schlieffen (2009), § 22 Rn. 6.

bringt insofern einiges an Konfliktpotenzial mit sich.[6] Innerhalb der langen Laufzeit können sich unvorhergesehen äußere Umstände ändern, die eine Anpassung des Vertrages fordern. Der Leistungserfolg eines Projektvertrages im Anlagenbaubereich ist oftmals auf die Entwicklung und Herstellung eines Unikats gerichtet (Projektcharakter). Auf Erfahrungen im technischen und finanziellen Bereich kann deshalb in der Regel nur begrenzt zurückgegriffen werden, was eine Vielzahl an Risiken mit sich bringt. Oftmals steht bei Vertragsschluss das Werk noch gar nicht im Detail fest (Rahmencharakter), was zur Folge hat, dass die Kosten anfangs noch nicht vollständig überschaubar sind. Letztlich sind die Abläufe gerade im Anlagenbau aufgrund komplexer technischer und organisatorischer Zusammenhänge besonders störungsanfällig. Würde jeder dieser Konflikte vor den staatlichen Gerichten ausgetragen werden müssen, hinderte dies die Verwirklichung eines Projektes erheblich; an eine termingerechte Fertigstellung wäre gar nicht zu denken.[7]

Seit einiger Zeit befinden sich daher alternative Streitlösungsmechanismen im Vormarsch. Unter dem Stichwort „Alternative Dispute Resolution“ (ADR) wird eine Vielzahl verschiedener Verfahrensarten zusammengefasst, die zur Konfliktlösung außerhalb eines (schieds-)gerichtlichen Verfahrens angewendet werden.[8] Hierbei ist zwischen ADR-Verfahren unter den Parteien und solchen, zu denen die Parteien einen oder mehrere neutrale Dritte hinzuziehen, zu unterscheiden.[9] Teilweise werden indes allein letztere Verfahren unter den Begriff Alternative Dispute Resolution gefasst.[10] Ziel aller alternativen Streitlösungsverfahren ist, durch eine direkte (persönliche) Auseinandersetzung zwischen den Parteien eine gütliche Einigung zu erzielen.[11] Streitigkeiten sollen zeitnah und effizient beigelegt werden, anstatt zu warten, bis sie immer weiter eskalieren und ein fast unüberschaubares Ausmaß erreichen.[12] Die hiermit einhergehende und meist über eine Vertraulichkeitsvereinbarkeit abgesicherte geräuschlose Abwicklung eines Streits kann von entscheidendem Vorteil sein, wenn die Öffentlichkeit nicht involviert werden soll.[13] Die Parteien wollen eine zumindest vorläufige Regelung finden, die notfalls später von staatlichen Gerichten überprüft werden kann.[14]

Die gesamte Ausgestaltung des gewählten ADR-Verfahrens vereinbaren die Parteien völlig frei. So kann beispielsweise die Verfahrenssprache flexibel bestimmt werden, was dem

[6] Schuhmann (2002), S. 739; Lembcke (2010), S. 260.

[7] Lembcke (2010), S. 262; Kraus, in: Haft/Schlieffen (2009), § 22 Rn. 11.

[8] Ulrich/Vogt (2009), S. 218; Rüssel (2003), S. 381.

[9] Althaus/Heindl (2010), Teil 8 Rn. 4.

[10] Schlehe (2010), S. 10; Stubbe (2010), S. 131; Stubbe (2009), S. 322.

[11] Hilber (2001), S. 24.

[12] Schramke (2002), S. 409.

[13] Schulze-Hagen (2007), S. 1952; Groth/von Bubnoff (2001), S. 338 ff.

[14] Schramke (2002), S. 409.

Anlagenbau sehr entgegenkommt, denn kaum eine Branche ist so international wie diese. Die Projektbeteiligten stammen oftmals aus einem ausländischen Sprachraum, und es werden regelmäßig englischsprachige Verträge nach international üblichen Mustern (z.B. FIDIC, ORGALIME) verwendet. Projekt- und Korrespondenzsprache ist damit regelmäßig Englisch. Kommt es zu Konflikten zwischen den Beteiligten, stehen sie vor deutschen Gerichten vor einem Problem, da die Gerichtssprache Deutsch ist.[15] Ausnahme hiervon ist derzeit allein ein Modellprojekt im OLG-Bezirk Köln, bei dem aufgrund einer entsprechenden Vereinbarung ein Rechtsstreit den sogenannten Kammern für internationale Handelssachen der Landgerichte im OLG-Bezirk Köln zugewiesen werden, vor welchen in englischer Sprache verhandelt und Dokumente in Englisch als Beweismittel vorgelegt werden können.[16]

Die Vereinbarung eines alternativen Streitlösungsmechanismus liegt daher im EE-Sektor nahe. Auch eine etwaige Bindungswirkung bei ADR-Mechanismen, die eine Drittentscheidung vorsehen, hängt grundsätzlich von den Vereinbarungen zwischen den Parteien ab.[17] Allein die Wahl des jeweiligen Instruments ist dafür nicht ausschlaggebend.

Im Folgenden werden die Grundzüge der bedeutendsten ADR-Verfahren dargestellt. Dazu wird zunächst der Ablauf eines jeden Verfahrens umrissen, um anschließend die Vor- und Nachteile beleuchten zu können. Für einen umfassenden Überblick der aktuell diskutierten Verfahren werden sowohl bipolare Methoden, d.h. Verhandlungen allein zwischen den Parteien, als auch solche, die einen neutralen Dritten einbinden, behandelt.

2 Vertragliche Streitlösungsmechanismen

2.1 Verhandlungen

Verhandlungen sind der unmittelbare Meinungsaustausch und Einigungsversuch zwischen streitenden Parteien ohne die Einbeziehung unbeteiligter, vermittelnder Dritter. Ziel einer Verhandlung ist regelmäßig der Konsens über den Verhandlungsgegenstand; dies setzt voraus, dass die Parteien einerseits in der Lage sind, ihre Positionen zu formulieren, andererseits aber auch bereit sind, diese zu überprüfen.[18] Die Fähigkeit des Verhandelns

[15] Faber (2010 b), S. 198; Hoffmann/Handschell (2010), S. 103; Ewer (2010), S. 1.323 ff.

[16] Faber (2010 b), S. 287 f.; Faber (2010 a), S. 198.

[17] Helm/Knütel (2003), S. 732; Stubbe (2006), S. 153.

[18] Ortloff (2009), in: Haft/Schlieffen (2009), § 41 Rn 6, 10; Althaus/Heindl (2010), Rn. 12; Duve, in: Duve/Eidenmüller/Hacke (2003), S. 41.

ist nach weit verbreiteter Ansicht erlernbar.[19] Hier haben sich eine Vielzahl von Konzepten und Methoden herausgebildet,[20] wobei die ergebnisorientierte Methode des Verhandelns nach dem Harvard-Konzept besonderer Erwähnung bedarf. Danach soll die Differenzierung zwischen der Sachebene und der Verhandlungsführung unter Einhaltung gewisser Verhandlungskriterien zu einer rationalen und sachlichen Verhandlung führen, bei der die Interessen beider Seiten im Vordergrund stehen (Win-win-Strategie).[21] Gerade bei Anlagenbauverträgen gehören Verhandlungen und Verhandlungsbereitschaft bereits zur (werkvertraglichen) Kooperationspflicht.[22]

Werden durch Verhandlungen für beide Seiten zufriedenstellende Ergebnisse erzielt, wirkt sich dies nicht nur auf die derzeitige und zukünftige Geschäftsbeziehung positiv aus, sondern auch zeitlich und finanziell auf den Projekterfolg. Selbst wenn die Verhandlungen nicht zur Lösung des Konfliktes führen, so tragen sie durch die vorherige Aufbereitung des Konfliktes und Auseinandersetzung mit der jeweiligen Gegenposition doch zu einer transparenteren Gesamtsituation bei, die sich im weiteren Verlauf oftmals leichter handhaben lässt. Bei einem wirtschaftlichen Ungleichgewicht der Parteien besteht indes die Gefahr, dass die stärkere Partei ihre Position zulasten der schwächeren Partei ausnutzt.[23]

2.2 Eskalationsmodell

Bei dem Eskalationsmodell wird der Konflikt einem abgestuften Konfliktlösungsverfahren unterworfen. Eine Streitigkeit wird zunächst auf der Ebene der Projektleiter ausgetragen. Kommt auf dieser Ebene keine Einigung zustande, befassen sich auf der zweiten Ebene deren Vorgesetzte mit dem Konflikt und suchen nach einer Lösung. Helfen auch die Bemühungen auf der zweiten Ebene nicht, muss schließlich als dritte Ebene deren Geschäftsleitung als „Entscheider“ einschreiten und versuchen, den Streit beizulegen.[24]

Gelingt das Verfahren, sind die finanziellen und „emotionalen“ Investitionen für die Streitparteien relativ gering verglichen mit einem langjährigen (Schieds-)Gerichtsverfahren. Angesichts der regelmäßig bestehenden Hemmungen der unteren Ebenen, die nächst-

---

19 Ortloff, in: Haft/Schlieffen (2009), § 41 Rn. 8; Ponschab/Dendorfer, in: Haft/Schlieffen (2009), § 24, Rn. 41 ff.; Ortloff (1995), S. 1.410; Haft (2000), S. 5 ff.

20 Vgl. dazu Duve, in: Duve/Eidenmüller/Hacke (2003), S. 41 ff.; Ponschab/Dendorfer, in: Haft/Schlieffen (2009), § 24, Rn. 41; Bierbrauer (2009), in: Haft/Schlieffen (2009), § 18, Rn. 1 ff.; Althaus/Heindl (2010), Rn. 13.

21 Im Einzelnen vgl. Fisher/Ury/Patton (2009).

22 BGH, NJW 2000, S. 807; NJW, 1996, S. 2.158; Althaus/Heindl (2010), Rn. 12.

23 Althaus/Heindl (2010), Rn. 16.

24 Stubbe (2006), S. 152, Fußnote 14.

höhere einzuschalten, ist in der Praxis oftmals eine hohe Kompromissbereitschaft erkennbar. Demzufolge ist auch das Eskalationsmodell eine vielversprechende Variante der außergerichtlichen Streitlösung. Dieses Verfahren ist dort unbrauchbar, wo sämtliche Verhandlungen scheitern, etwa weil die Sachverhalte zu komplex oder aber die Fronten von vornherein zu verhärtet sind. Solange bei den Parteien noch eine grundsätzliche Einigungsbereitschaft besteht, sind derartige Verhandlungen auf den verschiedenen Ebenen als Vorstufe zu einem ADR-Verfahren unerlässlich.[25] Scheitern die Verhandlungen, sollte im nächsten Schritt ein alternatives Streitlösungsverfahren unter (unabhängigen) Einbeziehung eines Dritten durchgeführt werden.

2.3 Mediation

Mediation (Vermittlung) ist ein außergerichtliches, strukturiertes Verfahren zur eigenverantwortlichen Konfliktlösung,[26] das „klassisch" nach dem Scheitern der zweipoligen Verhandlungen einsetzt.[27] Die streitenden Parteien, die sogenannten Medianten, versuchen mit Unterstützung eines neutralen Dritten – des Mediators – freiwillig und selbstständig eine einvernehmliche Lösung des Konfliktes zu erzielen.[28] Der in der Regel speziell ausgebildete Mediator hat die Aufgabe, die streitenden Parteien allparteilich, d.h. beide Seiten gleich stark, bei ihren Verhandlungen analytisch und moderativ zu unterstützen. Er besitzt indes keine ergebnisbezogene Entscheidungskompetenz, sondern vermittelt nur zwischen den Parteien.[29] Ziel ist es schließlich, gemeinsam nach Lösungsmöglichkeiten zu suchen, die beste durch die Parteien auswählen zu lassen und diese umzusetzen.[30] Spezielle gesetzliche Regelungen zur Mediation existieren in Deutschland bislang nicht. Veranlasst durch die EU-Mediationsrichtlinie vom 21.5.2008,[31] welche die internationale Zivil-, Handels- und Arbeitsrechtstreitigkeiten betrifft, prüft das Bundesjustizministerium derzeit aber, inwieweit gesetzgeberischer Handlungsbedarf auch im Rahmen von nationalen Streitigkeiten besteht.[32]

---

25 Stubbe (2006), S. 151.

26 Ulrich/Vogt (2009), S. 220; Breidenbach/Peres (2010), S. 125.

27 Ortloff, in: Haft/Schlieffen (2009), § 41 Rn. 10.

28 Althaus/Heindl (2010), Rn. 46; Rüssel (2003), S. 383.

29 Breidenbach/Peres (2010), S. 126; Althaus/Heindl (2010), Rn. 48; Ortloff, in: Haft/Schlieffen (2009), § 41 Rn. 11; Haft (2000), S. 243 ff.

30 Rüssel (2003), S. 383.

31 Richtlinie 2008/52/EG des Europäischen Parlaments und des Rates vom 21.5.2008 über bestimmte Aspekte der Mediation in Zivil- und Handelssachen.

32 BMJ, Mediation als Verfahren konsensualer Streitbeilegung, 23.9.2008, http://www.bmj.bund.de/files/3d0bcb6678cf5fa36f7adf3b9ab4e50c/3388/Leitlinien_Mediation.pdf.

Ein gewichtiger Vorteil der Mediation liegt darin, dass eine weitere Zusammenarbeit durch die einvernehmliche Problemlösung der Parteien sowohl in der aktuellen Konfliktsituation als auch zukünftig möglich ist.[33] Darüber hinaus ist die Mediation aufgrund ihrer Nichtöffentlichkeit ein sehr vertrauliches Verfahren, was von großem Vorteil sein kann. Da die Mediation keiner übermäßig großen Vorbereitung bedarf, können auf diesem Wege auch kurzfristig Lösungen herbeigeführt werden.[34] Dies wirkt sich natürlich positiv auf den im Vergleich zu einem staatlichen Verfahren weitaus geringeren Kosten- und Zeiteinsatz aus.[35] Nicht geeignet ist die Mediation dagegen regelmäßig bei Konflikten, die nach Abschluss eines Anlagenbauvorhabens entstehen. Das Interesse der Parteien wird in diesem Fall üblicherweise auf die geregelte Auseinandersetzung gerichtet sein. Auch in Fällen, in denen eine Partei wesentlich stärker ist als die andere, eignet sich die Mediation regelmäßig nicht.[36] Weiterhin besteht die Gefahr des Missbrauchs eines Mediationsverfahrens; so kann es durch Scheinverhandlungen zur Verschleppung eines Streits oder für den Zugang zu vertraulichen Informationen benutzt werden.[37]

2.4 Schlichtung

Wie bei der Mediation versuchen die Parteien bei der Schlichtung[38] mit Hilfe eines vermittelnden Außenstehenden – dem Schlichter – eine Konfliktlösung herbeizuführen. Dennoch sind Schlichtung und Mediation nicht gleichzusetzen: Ein gravierender Unterschied stellt die Rolle des Schlichters im Vergleich zum Mediator dar. Anders als der Mediator bewertet der Schlichter den Sachverhalt, leitet die Erörterung ergebnisorientiert – nicht lediglich moderativ – und unterbreitet eigene Lösungsvorschläge.[39] Das Verfahren wird damit nicht von den Konfliktparteien, sondern vom Schlichter dominiert.[40] Je nach Schlichtungsvereinbarung endet das Verfahren mit einem Vergleich oder der Feststellung des Scheiterns eines solchen; unter Umständen ist der Schlichter nach der jeweiligen Schlichtungsordnung verpflichtet, einen – nicht bindenden – begründeten Schlichterspruch zu unterbreiten.[41] Trotz formaler Unverbindlichkeit des Schlichterspruchs, der letztlich lediglich einen Lösungsvorschlag darstellt, besitzt dieser für die Parteien wegen seiner Legitimierungsfunktion oftmals

33 Althaus/Heindl (2010), Rn. 59; Roquette/Otto (2005), C VII 2, Rn. 2.

34 Wagner (2001), S. 172.

35 Althaus/Heindl (2010), Rn. 58 f.

36 Wagner (2001), S. 172.

37 Breidenbach/Peres (2010), S. 127.

38 Zum Teil wird die Schlichtung auch als Conciliation bezeichnet.

39 Breidenbach/Peres (2010), S. 128; Stubbe (2006), S. 152; Althaus/Heindl (2010), Rn. 61.

40 Wagner (2001), S. 170.

41 Althaus/Heindl (2010), Rn. 68.

eine große Bedeutung; insbesondere auch unternehmensintern ist in der Praxis eine hohe Bindungswirkung zu beobachten.[42]

Neben den im Rahmen der Mediation genannten Vorteilen ist es den Parteien eines Schlichtungsverfahrens außerdem jederzeit möglich, auf die Kompetenz einer beiderseits anerkannten Autorität – den Schlichter – zurückzugreifen, der einen Vorschlag zur Konfliktlösung unterbreitet.[43] Doch die verstärkte Rolle des Schlichters im Vergleich zum Mediator bringt nicht nur Vorteile mit sich: Die Parteien können durch Argumentation Einfluss auf ihn nehmen und damit auch auf seinen Lösungsvorschlag, also auf das Ergebnis der Schlichtung; dies begünstigt insbesondere die Streitpartei, die über die notwendigen zeitlichen und finanziellen Ressourcen verfügt, um hinreichend Einfluss nehmen zu können.[44]

2.5 Schiedsgutachten

Bei einem Schiedsgutachten bedienen sich die Parteien eines gemeinsam ausgewählten und beauftragten Sachverständigen, der den streitigen – zunächst technischen oder kaufmännischen – Sachverhalt feststellt, gegebenenfalls bewertet und die Konfliktfrage so anstelle eines Gerichts entscheidet.[45] Beispielsweise könnte ein Schiedsgutachten rechtsverbindlich feststellen, ob ein Geothermiekraftwerk einen Mangel hat. Die Ergebnisse eines derartigen „klassischen" Schiedsgutachtens sind – im Gegensatz zur Schlichtung – bindend und in der Regel nur bei offensichtlicher Unbilligkeit gerichtlich anfechtbar.[46] Zu beachten ist jedenfalls, dass in aller Regel ein später mit der Sache befasstes (Schieds-)Gericht ebenfalls ein Sachverständigengutachten (z.B. über eine technische Fragestellung) beauftragen würde, soweit nicht bereits ein solches, bindendes Schiedsgutachten vorliegt.

Den Parteien steht es frei, das Schiedsgutachten als nicht bindend zu vereinbaren.[47] In diesem Fall ist indes die faktische Bindungswirkung nicht zu unterschätzen.[48] Während sich der Unterlegene gegen ein negatives Urteil aus erster gerichtlicher Instanz regelmäßig wehrt, ist bei einem nicht bindenden Schiedsgutachten eine wesentlich höhere Akzeptanz zu erwarten. Dies resultiert daraus, dass die Parteien ihren Schiedsgutachter – im Gegensatz zum Richter – selbst gewählt haben und sie ihm Kompetenz sowie Entscheidungsautorität

42 Stubbe (2006), S. 152.

43 Heussen, in: Haft/Schlieffen (2009), § 10 Rn. 5; Althaus/Heindl (2010), Rn. 70.

44 Wagner (2001), S. 171.

45 Althaus/Heindl (2010), Rn. 41; zu den Arten möglicher Schiedsgutachten vgl. Schlehe (2010), S. 11 f.; weitergehend vgl. Greger/Stubbe (2007); Pastor, in: Werner/Pastor (2008), Rn. 538 ff.

46 Stubbe (2010), S. 131; Schlehe (2010), S. 11, S. 13; Stubbe(2006), S. 153; Wagner (2001), S. 170.

47 Schlehe (2010), S. 11.

48 Stubbe (2006), S. 153.

zusprechen.[49] Ein Schiedsgutachten kann sowohl während der Projektausführung als auch nach dessen Fertigstellung sinnvoll sein. Wollen die Parteien die Folgen eines derart verbindlichen Schiedsgutachtens nicht tragen, so können sie sich auch auf ein unverbindliches Gutachten einigen.[50]

Das Schiedsgutachten ermöglicht die qualifizierte, verbindliche und abschließende Klärung einer Streitfrage auf einem zügigen und günstigen Weg. Damit das Schiedsgutachten im Nachhinein nicht in seinen elementaren Bestandteilen angegriffen werden kann, sollten die Parteien indes im Vorhinein vertraglich sämtliche Details des späteren Gutachtens klären. Dies setzt sowohl einen entsprechend kooperativen Vertragspartner als auch die Bereitschaft, das spätere Ergebnis verantworten zu wollen, voraus.[51]

2.6 Adjudikation

Die Adjudikation ist ein aus dem angelsächsischen Recht stammendes außergerichtliches Verfahren für (Anlagen-)Baustreitigkeiten, das sowohl Komponenten der Schlichtung als auch des Schiedsgutachtens vereint, hierüber aber hinausgeht.[52] Binnen kürzester Zeit – oftmals weniger Wochen – trifft entweder eine Einzelperson (der Adjudikator) oder ein Gremium aus drei unabhängigen Experten (Dispute Adjudication Board, DAB) auf Antrag einer Partei eine in der Regel vorläufig bindende und durchsetzbare Entscheidung.[53] Diese ist allerdings im Rahmen eines (Schieds-)Gerichtsverfahrens vollumfänglich überprüfbar.[54]

Das Verfahren vor dem Adjudikator wird überwiegend ad hoc eingeleitet, während ein DAB eher eine projektbegleitend eingerichtete, permanente „Adjudikationsstelle“ und vornehmlich für Großbauvorhaben geeignet ist.[55] Die Kurzfristigkeit des Verfahrens dient einer besonders zügigen Konfliktlösung, um langwierige Bauprozesse und etwaige Baustillstände zu vermeiden. Mit dem „Housing Grants, Construction and Regeneration Act 1996“ (HGCRA) wurde in England die gesetzliche Pflicht eines Adjukationsverfahrens für Bau-

[49] Stubbe (2006), S. 153 f.

[50] Schlehe (2010), S. 11; Koeble, in: Kniffka/Koeble (2008), 2. Teil B, Rn. 39; Althaus/Heindl (2010), Rn. 26 ff.

[51] Althaus/Heindl (2010), Rn. 44.

[52] Althaus/Heindl (2010), Rn. 73; Wagner (2001), S. 171.

[53] Breidenbach/Peres (2010), S. 127; Ulrich/Vogt (2009), S. 220; Schlehe (2010), S. 11; Stubbe (2006), S. 153; Hök (2007 a), S. 417; Althaus/Heindl (2010), Rn. 72, Rn. 76; Wagner (2001), S. 171; krit. Quack (2010), S. 212.

[54] Ulrich/Vogt (2009), S. 220; Harbst (2003), S. 68.

[55] Schulze-Hagen (2007), S. 1.950.

verträge eingeführt; wird eine Adjukation durch eine Partei beantragt, ist diese durchzuführen, und erst dann darf ein Gerichtsverfahren eingeleitet werden.[56] Eine solche Pflicht existiert in Deutschland bisher nicht, und es ist unklar, ob eine solche vorläufig bindende Entscheidung gegebenenfalls gegen verfassungsrechtliche Grundsätze verstoßen würde. Allerdings bestehen auch hier Bestrebungen, das Adjudikationsverfahren gesetzlich zu verankern.[57] So hat der 3. Deutsche Baugerichtstag dem Gesetzgeber empfohlen, ein verpflichtendes Adjudikationsverfahren gesetzlich zu regeln.[58] Die nunmehr vom Gesetzgeber geschaffene Bund-Länder-Arbeitsgruppe zum neuen Bauvertragsrecht wird sich somit wohl auch mit der Adjudikation auseinandersetzen – Ausgang ungewiss.[59]

Stärker noch als bei den vorhergehend beschriebenen Verfahren sprechen die hohen Zeitersparnisse gegenüber dem staatlichen Verfahren für die Adjudikation. Auch die vorläufige Bindung der Entscheidung des Adjudikators oder DAB ist vorteilhaft. Andererseits impliziert das Adjudikationsverfahren eine hohe Fehleranfälligkeit,[60] dies beispielsweise durch die nicht erfolgende Einbindung von Juristen oder die sehr kurz bemessenen Fristen. Besonders der Antragsgegner hat oftmals sehr wenig Zeit, innerhalb der kurzen Fristen den Sachverhalt aufzuarbeiten und seinen Standpunkt angemessen vorzutragen, sodass der Antragsteller nahezu immer im Vorteil ist.[61] Überdies können die Kosten für den Adjudikator, eventuelle Sachverständigengutachten und ein möglicherweise folgendes Gerichts- oder Schiedsgerichtsverfahren erheblich sein.

Das Adjudikationsverfahren eignet sich – wie viele andere ADR-Verfahren auch – nicht, wenn an einem Konflikt mehr als zwei Parteien beteiligt sind. Mehrparteienverfahren sind komplexer als Einzelverfahren, weil ein Dritter zusätzlichen Konfliktstoff in das Verfahren hereinträgt.[62] Wird der Dritte erst zu einem späteren Zeitpunkt am Verfahren beteiligt, ist ihm aufgrund des Fair-Trial-Grundsatzes eine angemessene Einarbeitungsfrist und Gehör zu gewähren.[63]

---

56 Vgl. dazu im Einzelnen Ulrich/Vogt (2009), S. 220; Stubbe (2010), S. 131; Hök (2010), S. 737; Schulze-Hagen (2007), S. 1.950; Schramke (2007), S. 1.983; Hök (2007 b), S. 55; Lembcke (2007 b), S. 274 f.

57 Hök (2010), S. 736 ff.

58 Empfehlung des 3. DBGT, 7./8. Mai 2010 in Hamm, Arbeitskreis VII: http://www.heimann-partner.com/dbgt/mp-content/user_upload/dateien/3dbgtempak7.pdf; Jackisch (2010), S. 164.

59 Lembcke (2010), S. 261; aktuelle Entwicklungen zur Adjudikation vgl. www.baukonfliktmanagement.com.

60 Hök (2010), S. 740.

61 Lembcke (2007 b), S. 275; Schramke (2002), S. 412.

62 Lembcke (2007 a), 1.317.

63 Lembcke (2007 a), 1.317.

2.7 Mini-Trial

Mini-Trial bezeichnet ein Verfahren, bei dem ein (Schieds-)Gerichtsverfahren mit erheblich reduziertem Aufwand nachempfunden wird. Der Prozess soll in wenigen Stunden bzw. Tagen simuliert werden.[64] Die Parteien erhalten dazu die Möglichkeit, sich zur Konfliktlage gegenüber einem Gremium zu äußern, das üblicherweise aus bisher unbeteiligten Entscheidungsträgern der Parteien selbst und einem neutralen Dritten – dem Leiter des Gremiums – besteht. Selten, aber gelegentlich findet auch eine Art Beweisaufnahme statt.[65] Anschließend vermittelt das Gremium bei den Verhandlungen der Parteien und arbeitet, mit Unterstützung des neutralen Dritten, eine Konfliktlösung aus.[66] Das Verfahren endet im besten Fall mit einem Vergleich. Im Gegensatz zum lediglich vermittelnden Mediator bezieht das Gremium bei einem Mini-Trial jedoch konkret Stellung.

Auch bei einem Mini-Trial ist der Zeit- und Kostenfaktor positiv hervorzuheben. Zudem wird der Konflikt durch das eigens besetzte Gremium, d.h. durch Personen aus den „eigenen Reihen" entschieden, was zu einer hohen Akzeptanz des Ergebnisses führen kann. Problematisch ist, dass der Erfolg eines Mini-Trials maßgeblich davon abhängt, ob die Entscheidungsträger der Parteien bereit und in der Lage sind, der Konfliktsituation neutral gegenüberzutreten, statt dem eigenen Parteivortrag blind zu folgen. Um absehbare Konflikte zu vermeiden, sollten überdies die Grundzüge des Verfahrens als auch die Gremienmitglieder so früh wie möglich zwischen den Parteien festgelegt werden, und zwar vorzugswürdig bei Beginn eines Projektes.

2.8 Med-Arb-Verfahren

Das Med-Arb-Verfahren ist eine Zusammensetzung aus den Worten Mediation und Arbitration. Bei dem Verfahren handelt es sich folglich um eine Kombination aus einem Mediations- und einem Schiedsgerichtsverfahren. Führen die Versuche einer Einigung zwischen den Parteien im Rahmen der Mediation zu keinem Ergebnis, ist der Mediator angehalten, eine schiedsgerichtliche Entscheidung zu treffen.[67]

Vorteil eines Med-Arb-Verfahrens ist, dass es am Ende stets zu einer Konfliktlösung führt. Der Streit wird in kürzester Zeit, im Zweifel durch Drittentscheidung, gelöst.

---

[64] Risse/Wagner, in: Haft/Schlieffen (2009), § 23 Rn. 97.

[65] Risse/Wagner, in: Haft/Schlieffen (2009), § 23 Rn. 97.

[66] Ulrich/Vogt (2009), S. 220; Breidenbach/Peres (2010), S. 128; Mähler/Mähler, in: Büchting/Heussen (2007), Rn. 12.

[67] Ulrich/Vogt, (2009), S. 220; Breidenbach/Peres (2010), S. 128; Mähler/Mähler, in: Büchting/Heussen (2007), Rn. 7.

Nachteilig ist indes die Doppelrolle des Dritten, der zunächst als neutraler Vermittler tätig wird und im Falle des Scheiterns der Vermittlungen entscheiden muss. Es besteht die Gefahr, dass die Parteien Informationen während der Mediation zurückhalten, damit diese bei einer späteren Entscheidung nicht gegen sie verwendet werden können; dies konterkariert den eigentlichen Zweck der Mediation.[68]

2.9 Collaborative Practice

Wörtlich übersetzt bedeutet Collaborative Practice praktische oder praxisorientierte Zusammenarbeit. Eine einheitliche Bezeichnung existiert in Deutschland bisher indes noch nicht.[69] Die Collaborative Practice sieht eine Zusammenarbeit sogenannter interdisziplinärer Konfliktbegleiter wie Rechtsanwälte, geschulter Personen und die ergänzende Hinzuziehung weiterer Fachkräfte vor. Je nach Themenbereich entscheiden die Parteien und ihre Konfliktbegleiter gemeinsam, in welcher Konstellation der Streitfall bearbeitet werden soll. Es können Treffen mit allen Beteiligten initiiert werden, dies ist aber kein Muss. So ist es beispielsweise möglich, dass ein Thema zunächst nur juristisch durch die Rechtsanwälte geprüft wird und erst im Anschluss die Akzeptanz des Lösungsmodells unter den Parteien beleuchtet wird.[70] Andererseits können gerade bei technischen Fragestellungen Synergieeffekte aus der interdisziplinären Zusammenarbeit entstehen, im Anlagenbau zum Beispiel zwischen Juristen und Sachverständigen.

Positiver Aspekt dieser Methode ist, dass die Parteien in die gesamte Konfliktlösung involviert sind. Sie gestalten sowohl den Lösungsweg als auch das Ergebnis mit. Die durchgängig unterstützende Konfliktbegleitung stärkt die Parteien und führt zu einem kompetenten, transparenten und reflektierten Resultat. Durch die Möglichkeit, die Konfliktbegleiter gezielt einzusetzen, ist es den Parteien außerdem möglich, die Kosten zu steuern. Da eine nachhaltige Lösung die Offenlegung sämtlicher Informationen erfordert, besteht jedoch auch bei dieser Methode eine Missbrauchsgefahr. Es sollten im Vorhinein strenge Vertraulichkeitsregeln vereinbart werden. Außerdem kann die interdisziplinäre Zusammenarbeit der Konfliktbegleiter zu Reibungspunkten führen, da sie eine derartige Kooperation oftmals nicht gewohnt sind.[71]

---

[68] Mähler/Mähler, in: Büchting/Heussen (2007), Rn. 7.

[69] Bruhn (2008), S. 1726.

[70] Ulrich/Vogt (2009), S. 220; Breidenbach/Peres (2010), S. 128; Bruhn (2008), S. 1.727.

[71] Bruhn (2008), S. 1728 ff.

2.10 Early Neutral Evaluation

In der Early Neutral Evaluation wird bereits frühzeitig ein von den Parteien einvernehmlich bestimmter fachkundiger und neutraler Dritter (der „Neutral Evaluator") hinzugezogen, der die Prozessaussichten der Parteien in einem möglichen späteren Prozess bewertet.[72] Hierbei handelt es sich regelmäßig um einen Juristen. Zur Ermittlung der Sach- und Rechtslage durch den Dritten findet eine Art Anhörung statt. Bei einem Treffen erhält jede Partei Gelegenheit, sich zur Sache zu äußern. Diese Parteidarstellungen sind Grundlage einer rechtlichen Beurteilung des Konflikts, die der Dritte im Anschluss an die Anhörung erstellt. Bevor er den Parteien seine Beurteilung unterbreitet, befragt er sie noch einmal über ihre Vergleichsbereitschaft. Vergleichen sich die Parteien nicht, legt er seine rechtliche Beurteilung offen. Einigen sich die Parteien auch nicht auf dieser Grundlage, unterbreitet der Dritte ihnen Vorschläge für einen effizienten und zügigen (Schieds-)Gerichtsprozess.[73]

Die Parteien neigen regelmäßig dazu, ihre Prozessaussichten zu überschätzen. Durch die fachkundige Bewertung des Dritten erhalten sie eine realistische Beurteilung des Konflikts, die ihnen die Möglichkeit gibt, ihre Erfolgsaussichten besser einzuschätzen. Oftmals kommt es unter einer wirklichkeitsnahen Betrachtung doch zur Vergleichsbereitschaft.[74] Andererseits darf die Fehleranfälligkeit des Verfahrens aufgrund seiner Kürze nicht unterschätzt werden. Auch die Beurteilung durch nur einen Evaluator birgt Risiken, wie etwa Befangenheit. Bei einem rechtsfeststellenden Gutachten besteht überdies die Gefahr, dass der Sachverständige die Probleme verkennt. Es sollten in diesem Fall immer Juristen zurate gezogen werden.[75] Maßgeblich hängt das Verfahren in jedem Fall von der Kompetenz und der Erfahrung des Neutral Evaluators ab.

2.11 Final-Offer-Arbitration/Envelope-Verfahren

Ein psychologisch und juristisch interessantes – wenn auch in der Praxis nur selten anzutreffendes – Verfahren ist die Final-Offer-Arbitration, auch bekannt als Last-Offer-Schiedsverfahren, bei dem eine Drittentscheidung anhand verbindlicher Angebote gefällt

[72] Risse/Wagner, in: Haft/Schlieffen (2009), § 23 Rn. 105; Mähler/Mähler, in: Büchting/Heussen (2007), Rn. 8; Hilber (2001), S. 22, 24; Duve, in: Duve/Eidenmüller/Hacke (2003), S. 64, S. 207.

[73] Risse/Wagner, in: Haft/Schlieffen (2009), § 23 Rn. 106; Mähler/Mähler, in: Büchting/Heussen (2007), Rn. 8.

[74] Risse/Wagner, in: Haft/Schlieffen (2009), § 23 Rn. 106.

[75] Schlehe (2010), S. 11, S. 12.

wird.[76] Dazu geben die Parteien nach ihren Verhandlungen ein letztes verbindliches Angebot zur Beilegung des Streits bei einem neutralen Dritten, beispielsweise einem Schiedsrichter, ab. Der Dritte bringt keinen eigenen Vorschlag ein, sondern entscheidet zwischen den beiden Angeboten. Ein Kompromiss zwischen den Angeboten ist nicht zulässig, d.h., dass eine Partei mit ihrem Angebot vollumfänglich obsiegt. Die Entscheidung ist sodann verbindlich.

Einen ähnlichen Ansatz verfolgt das sogenannte Envelope-Verfahren.[77] Jede Partei sowie ein neutraler Dritter geben die eigene Einschätzung der Situation in einem Umschlag ab. Zunächst werden die Umschläge der Parteien geöffnet und ermittelt, ob die Ansichten so nah beieinanderliegen, dass ein Mittelwert gebildet werden kann. Dieser ist dann für beide bindend. Der dritte Umschlag wird nur geöffnet, wenn die Parteienansichten zu weit auseinanderliegen. Es gewinnt die Partei, deren Vorschlag näher an dem des neutralen Dritten liegt. Durch die Verfahren wird jede Partei dazu angehalten, möglichst realistische, objektive und rechtlich vernünftige Einigungsvorschläge abzugeben, um sich durchsetzen zu können. Dies wirkt dem Trend entgegen, mit möglichst hohen Forderungen in Verhandlungen einzusteigen, um am Ende wenigstens einen Teilerfolg verbuchen zu können.[78] Gerade bei komplexen Konflikten, bei denen es um große Summen geht, sind die Verfahren aufgrund dieses Alles-oder-nichts-Prinzips ungeeignet.[79] Im Übrigen können sie meist nur bei wechselseitigen Geldforderungen angewendet werden; bei komplexeren Verfahren eignen sie sich nicht.

2.12 Schiedsgerichtsbarkeit

Soweit sämtliche außergerichtlichen Streitbeilegungsverfahren scheitern, bleibt den Beteiligten nur der Gang zum staatlichen Gericht oder einem Schiedsgericht. Während die staatliche Gerichtsbarkeit ein öffentliches Verfahren mit vollem Instanzenzug unter Anwendung der Zivilprozessordnung bietet, handelt es sich bei dem Schiedsverfahren um ein sogenanntes privates Verfahren. Nur dieses soll hier kurz dargestellt werden, da die Funktionsweise eines staatlichen Gerichtsverfahrens den meisten zumindest in Grundzügen bekannt sein dürfte.[80]

[76] Walz (2003), S. 120; Risse/Wagner, in: Haft/Schlieffen (2009), § 23 Rn. 100; Risse (2001), S. 17; Mähler/Mähler, in: Büchting/Heussen (2007), Rn. 3; Duve, in: Duve/Eidenmüller/Hacke (2003), S. 252 f.

[77] Walz (2003), S. 120.

[78] Risse/Wagner, in: Haft/Schlieffen (2009), § 23 Rn. 102; Risse (2001), S. 18.

[79] Risse/Wagner, in: Haft/Schlieffen (2009), § 23 Rn. 103; Risse (2001), S. 19.

[80] Instruktiv zu Schiedsverfahren: Wolff (2008), S. 108 ff.; Nicklisch (2001), S. 784 ff.; Weigand (1992), S. 361 ff.

Das Schiedsgericht ist ein privates Gericht aus einem oder mehreren Schiedsrichtern, das von den Parteien beauftragt wird, anstelle eines staatlichen Gerichts über ihre Rechtsstreitigkeiten zu entscheiden.[81] Die Parteien treffen dazu eine Schiedsvereinbarung, in der sie die Einzelheiten des Schiedsverfahrens weitestgehend frei regeln können.[82] So können sie beispielsweise Regelungen zum Verfahren vorsehen, wie die Festsetzung der Verfahrenssprache oder des Verhandlungsortes. Auch die Anzahl und Auswahl der Schiedsrichter kann bestimmt werden. Das Schiedsgericht entscheidet durch einen schriftlichen und zu begründenden Schiedsspruch, der für die Parteien die Wirkung eines rechtskräftigen Urteils hat.[83] Soweit die Parteien dies nicht ausdrücklich vereinbart haben, kann dieser Schiedsspruch nicht durch eine weitere Instanz überprüft werden. Es besteht allenfalls bei besonderen Umständen die Möglichkeit eines Aufhebungsantrags bei den ordentlichen Gerichten.[84]

Vorteil eines Schiedsverfahrens ist die – im Vergleich zu staatlichen Gerichten – oftmals höhere Sachkunde der von den Parteien ausgewählten Schiedsrichter und die dadurch praxisnäheren Entscheidungen. Dies gilt insbesondere bei komplexen Fragestellungen, wie z.B. im Bereich des (Anlagen-)Baurechts und im Besonderen im Bezug auf Erneuerbare Energien, da hier häufig zum Verständnis des Sachverhaltes technisches Know-how erforderlich ist. Auch die vergleichsweise geringen Kosten – zumindest bei Verfahren mit hohen Streitwerten[85] – und die beschleunigte Abwicklung des Konfliktes durch die systemimmanente Kürze (nur eine Instanz) können einen Vorteil darstellen.[86] Auch ist das Verfahren nicht öffentlich, was oftmals im Interesse beider Parteien liegt. Die Flexibilität des Verfahrens ermöglicht den Parteien einen auf ihre Wünsche angepassten Ablauf. Nachteil des Schiedsverfahrens ist, dass die Einbeziehung Dritter (z.B. von Subunternehmern) in das Verfahren nur mit dessen Einverständnis und unter Zustimmung aller Beteiligten des Schiedsverfahrens möglich ist. Dies kann bei Streitigkeiten, an denen viele Parteien beteiligt sind, was bei Großprojekten im Bereich Erneuerbare Energien regelmäßig der Fall sein wird, zur unüberwindbaren Hürde werden.[87]

---

81 Lachmann (2008), Rn. 2; Schwab/Walter (2005), Kap. 1 I, Rn. 1; Roquette/Otto (2005), Rn. 1.

82 Althaus/Heindl (2010), Rn. 95; vgl. dazu im Einzelnen Lachmann (2008), Kap. 5–8; Schwab/Walter (2005), Kap. 3–8.

83 Lachmann (2008), Rn. 1.782 ff.

84 Lachmann (2008), Rn. 2.165 ff.

85 Roquette/Otto (2005), C VII. 1., Rn. 3; Lachmann (2008),Rn. 162 ff., vgl. auch den Kostenvergleich bei Lachmann (2008), Rn. 4.666 f.

86 Althaus/Heindl (2010), Rn. 101; Lachmann (2008), Rn. 155 ff.

87 Roquette/Otto (2005), C VII. 1., Rn. 4; Althaus/Heindl (2010), Rn. 103; Lachmann (2008), Rn. 2.830 ff.

3 Die Vereinbarung von Streitlösungsmechanismen

Die Durchführung eines ADR-Verfahrens bedarf regelmäßig einer Vereinbarung zwischen den Parteien. Auch die Einzelheiten des jeweiligen Verfahrens müssen durch die Parteien festgelegt werden. Gesetzliche Verfahrensregelungen für ADR-Verfahren fehlen weitestgehend. Allerdings stellen viele private Institutionen entsprechende Verfahrensordnungen zur Verfügung, auf die regelmäßig zurückgegriffen wird. Beispielhaft für den rein deutschen Markt zu nennen ist hier zum einen die Deutsche Institution für Schiedsgerichtsbarkeit e.V. (DIS), die u.a. eine Mediationsordnung (DIS-MedO),[88] Schlichtungsordnung (DIS-SchlO), Schiedsgutachtensordnung (DIS-SchGO),[89] Adjudikationsordnung (DIS-AVO)[90] und Schiedsgerichtsordnung (DIS-SchO) bereitstellt.[91] Weiterhin zu nennen ist die Schlichtungs- und Schiedsgerichtsordnung für Baustreitigkeiten (SO Bau) der Arbeitsgemeinschaft für privates Bau- und Architektenrecht des Deutschen Anwaltvereins,[92] die Streitlösungsordnung für das Bauwesen (SL Bau) der Deutschen Gesellschaft für Baurecht e.V. und des Deutschen Beton- und Bautechnik-Verein e.V.,[93] die Verfahrensordnung des Verbandes der Baumediatoren e.V., die Verfahrensordnung des Europäischen Instituts für Conflict Management e.V.[94] und die von einzelnen Mitgliedern des Deutschen Baugerichtstages verfasste Adjudikationsordnung für Baustreitigkeiten (AO-Bau/DBGT).[95] International gibt es unzählige Organisationen, die alternative Streitbeilegungs- und Schiedsordnungen herausgeben; besondere Erwähnung soll hier lediglich die International Chamber of Commerce (ICC) finden, deren Regelwerke bei internationalen Projekten im EE-Sektor sehr häufig zur Anwendung kommen.[96] Einen Sonderfall bildet die Schiedsgerichtsbarkeit, die mit dem 10. Buch der Zivilprozessordnung (§§ 1.025, 1.066 ZPO) auch gesetzlich geregelt wird und zwingend eine Schiedsvereinbarung voraussetzt.

4 Zusammenfassung

Alternative Streitmechanismen bieten für EE-Projekte große Chancen; es gibt indes nicht *das* richtige Verfahren für *den* Streitfall. Vielmehr ist das richtige Verfahren von den

[88] Siehe dazu Breidenbach/Peres (2010), S. 125 ff.

[89] Siehe dazu Stubbe (2010), S. 130 ff.

[90] Vgl. Köntges/Mahnken (2010), S. 310 ff.

[91] http//www.dis-arb.de.

[92] http//www.arge-baurecht.de.

[93] http//www.baurecht-ges.de/sl_bau.pdf, Stand 16.12.2010.

[94] http://www.eucon-institut.de.

[95] http//www.ao-bau.com, Stand 03.08.2009.

[96] Vgl. www.iccwbo.org; hier sind die genannten Regelwerke aufrufbar.

Umständen, der Komplexität und den Zielen bzw. Interessen der Parteien abhängig. Unter Umständen kann auch eine Kombination aus mehreren Verfahren zweckmäßig sein.[97] Ihnen allen gemein ist, dass sich durch sie Kosten und Zeit sparen lassen und Streitigkeiten nicht öffentlich ausgetragen werden müssen.[98] Es gibt zwar kein ADR-Verfahren, das für jeden Konflikt geeignet wäre; aber es gibt für jeden Konflikt ein geeignetes ADR-Verfahren, soweit bei den Parteien noch grundsätzliche Einigungsbereitschaft besteht.

Das geeignete Instrument der außergerichtlichen Streitbeilegung muss für den konkreten Fall richtig bestimmt werden,[99] da die Wahl einer adäquaten Methode für die Effektivität des gewählten ADR-Verfahrens entscheidend ist.[100] Alle alternativen Konfliktlösungsverfahren sollten möglichst in einem Stadium eingeleitet werden, in dem die jeweiligen Positionen noch nicht allzu verhärtet sind.[101] Dabei sollte die Auswahl des passenden ADR-Verfahrens professionell unterstützt werden. Mit der Konfliktmanagementordnung der Deutschen Institution für Schiedsgerichtsbarkeiten e.V. vom 01.05.2010 (DIS-KMO)[102] wird erstmals eine „Verfahrenswahl-Verfahrensordnung" zur Verfügung gestellt, die zur Auswahl der passenden Methode ein strukturiertes Verfahren mit professioneller Unterstützung vorsieht.[103]

Projektbegleitendes Konfliktmanagement mit vertraglich verankerten Streitlösungsmechanismen kann also helfen, eine schnelle und kostengünstige Lösung für Konflikte herbeizuführen und die finanziellen Folgen eines etwaigen Schadens bei Projekten im Sektor Erneuerbare Energien auf ein Mindestmaß zu reduzieren. Teure und langwierige Prozesse können hierdurch vermieden werden. Dies sollte sowohl im Interesse der Projektbeteiligten als auch im Interesse der finanzierenden Banken liegen. Zusätzlich bedarf es klarer vertraglicher Regelungen, um den Grundsatz „Leiste jetzt, streite später" zu verankern und die Weiterführung des Projektes zu sichern.

Die Projektpartner sollten dabei Streit nicht als etwas per se Negatives verstehen; er gehört zu jedem Projekt dazu, und jeder gemeinsam erfolgreich gelöste Streit kann auch die Grundlage für eine erfolgreiche weitere Zusammenarbeit sein. Wichtig erscheint nur, dass die Projektbeteiligten stets einen Ratschlag des deutschen Schriftstellers Kurt Tucholsky berücksichtigen: „Streitende sollten wissen, dass nie einer ganz recht hat und der andere ganz unrecht."

---

[97] Wagner (2001), S. 173.

[98] Wagner (2001), S. 173.

[99] Stubbe (2006), S. 151.

[100] Scherer (2010), S. 122.

[101] Wagner (2001), S. 173.

[102] http//www.dis-arb.de.

[103] Scherer (2010), S. 122.

Literatur

Althaus, Stefan/Heindl, Christian (Hg.) (2010): Der öffentliche Bauvertrag. Handbuch für den VOB-Vertrag, Mannheim, Stand August 2010

Breidenbach, Stephan/Peres, Holger (2010): Die DIS-Mediationsordnung, in: Zeitschrift für Schiedsverfahren. German Arbitration Journal, S. 125-130

Bruhn, Isabella (2008): Collaborative Practice. Eine neue Alternative Streitbeilegungsmethode mit großem Potenzial, in: Neue Juristische Online-Zeitschrift, S. 1.726-1.732

Büchting, Hans-Ulricht/Heussen, Benno (Hg.) (2007): Beck'sches Rechtsanwaltshandbuch, B 5, München, 9. Auflage

Duve, Christian/Eidenmüller, Horst/Hacke, Andreas (2003): Mediation in der Wirtschaft. Wege zum professionellen Konfliktmanagement, Köln

Ewer, Wolfgang (2010): Das Öffentlichkeitsprinzip – ein Hindernis für die Zulassung von Englisch als konsensual-optionaler Gerichtssprache, in: Neue Juristische Wochenschrift, S. 1.323-1.326

Faber, Tobias (2010 a): Englisch als Gerichtssprache in internationalen Abfalllieferverträgen, in: Müll und Abfall, S. 287-288

Faber, Tobias (2010 b): Englisch als Gerichtssprache im internationalen Großanlagenbau, in: Immobilien- und Baurecht, S. 198

Fisher, Roger/Ury, William/Patton, Bruce (2009): Das Harvard-Konzept, Frankfurt/Main, New York, 23. Auflage

Greger, Reinhard/Stubbe, Christian (2007): Schiedsgutachten. Außergerichtliche Streitbeilegung durch Drittentscheidungen, München

Groth, Klaus-Martin/von Bubnoff, Daniela (2001): Gibt es „gerichtsfeste" Vertraulichkeit bei der Mediation?, in: Neue Juristische Wochenschrift, S. 338-342

Haft, Fritjof (2000): Verhandlung und Mediation. Die Alternative zum Rechtsstreit, München, 2. Auflage

Haft, Fritjof/von Schlieffen, Katharina (Hg.) (2009): Handbuch Mediation, München, 2. Auflage

Harbst, Ragnar (2003): Adjudication – „Rough Justice“ in 28 Tagen?, in: Zeitschrift für Schiedsverfahren. German Arbitration Journal, S. 68-72

Helm, Ulrich/Knütel, Christian (2003): Konfliktlösung und rechtliche Beratung durch Ingenieure – Zulässigkeit nach dem Rechtsberatungsgesetz, in: Zeitschrift für deutsches und internationales Bau- und Vergaberecht, S. 731-737

Hilber, Marc (2001): Alternative Konfliktbeilegung: Early Neutral Evaluation und das selbständige Beweisverfahren nach §§ 485 ff. ZPO, in: Beilage Nr. 2 zu Betriebsberater, Heft 16, S. 22-29

Hoffmann, Hermann/Handschell, Tobias (2010): Englisch als Gerichtssprache, in: Zeitschrift für Rechtspolitik, S. 103

Hök, Götz-Sebastian (2007 a): Engineer and Dispute Adjudication Board in FIDIC-Verträgen. Entwicklung, Grundlagen und rechtliche Einordnung, in: Zeitschrift für deutsches und internationales Bau- und Vergaberecht, S. 416-426

Hök, Götz-Sebastian (2007 b): Dispute Adjudication in Deutschland?, in: Immobilien- und Baurecht, S. 55

Hök, Götz-Sebastian (2010): Dispute Adjudication: Modethema oder ernsthafte Alternative, in: Zeitschrift für deutsches und internationales Bau- und Vergaberecht, S. 736-741

Jackisch, Elisabeth (2010): 3. Deutscher Baugerichtstag in Hamm – Der öffentlich bestellte und vereidigte Sachverständige als Adjudikator, in: Der Sachverständige 6, S. 164-165

Kniffka, Rolf/Koeble, Wolfgang (2008): Kompendium des Baurechts, München, 3. Auflage

Köntges, Helmut/Mahnken, Volker (2010): Die neue DIS-Verfahrensordnung für Adjudikation (DIS-AVO), in: Zeitschrift für Schiedsverfahren. German Arbitration Journal, S. 310-317

Lachmann, Hans-Peter (2008): Handbuch für die Schiedsgerichtspraxis, Köln, 3. Auflage

Lembcke, Moritz (2007 a): Adjudication-Verfahren für Mehrparteienkonflikte ungeeignet, in: Immobilien- und Baurecht, S. 1.317

Lembcke, Moritz (2007 b): Dispute Adjudication – Vorbild für die Konfliktbewältigung in Deutschland, in: Neue Zeitschrift für Baurecht und Vergaberecht, S. 273-277

Lembcke, Moritz (2010): Bauprozesse. Wenn der Rechtsstaat zum Problem wird, in: Zeitschrift für Rechtspolitik 2010, S. 260-262

Nicklisch, Fritz (2001): Aktuelle Entwicklungen der internationalen Schiedsgerichtsbarkeit für Bau-, Anlagenbau- und Konsortialverträge, in: Betriebsberater, S. 789-794

Ortloff, Karsten-Michael (1995): Lernt verhandeln! Ein Seminar in Garmisch-Partenkirchen, in: Neue Juristische Wochenschrift 1995, S. 1.410-1.411

Quack, Friedrich (2010): Adjudication als Problemlösung für den Bauprozess, in: Zeitschrift für deutsches und internationales Bau- und Vergaberecht 2010, S. 211-213

Risse, Jörg (2001): Neue Wege der Konfliktbewältigung: Last-Offer-Schiedsverfahren, High/Low-Arbitration und Michigan-Mediation, in: Beilage Nr. 2 zu Betriebsberater, Heft 16, S. 16-21

Roquette, Andreas J./Otto, Andreas (Hg.) (2005): Vertragsbuch Privates Baurecht, München, 1. Auflage

Rüssel, Ulrike (2003): Schlichtungs-, Schieds- und andere Verfahren außergerichtlicher Streitbeilegung. Versuch einer begrifflichen Darstellung, in: Juristische Schulung 2003, S. 380-383

Scherer, Gabriele (2010): Die Konfliktmanagementordnung der DIS – eine innovative Verfahrenswahl-Verfahrensordnung, in: Zeitschrift für Schiedsverfahren. German Arbitration Journal, S. 122-125

Schlehe, Volker (2010): Der Bausachverständige als Schiedsgutachter und Mediator, in: Der Sachverständige 2010, S. 10-16

Schramke, Hein-Jürgen (2002): Neue Formen des Streitmanagement im Bau und Anlagenbau – Dispute Review Boards und Adjudication, in: Neue Zeitschrift für Baurecht und Vergaberecht 2002, S. 409-413

Schramke, Hein-Jürgen (2007): Gesetzliche Regelungen für eine Adjudikation in Bausachen? Tätigkeit und vorläufige Ergebnisse des Arbeitskreises VII des Deutschen Baugerichtstages, in: Zeitschrift für das gesamte öffentliche und zivile Baurecht, S. 1.983-1.994

Schuhmann, Ralph (2002): Anforderungen des Claim Management an die rechtliche Begleitung komplexer Projekte des Anlagenbaus, in: Zeitschrift für deutsches und internationales Bau- und Vergaberecht 2002, S. 739-744

Schulze-Hagen, Alfons (2007): Plädoyer für Adjudikation in Deutschland, in: Zeitschrift für das gesamte öffentliche und zivile Baurecht 2007, S. 1.950-1.961

Schwab, Karl Heinz/Walter, Gerhard (2005): Schiedsgerichtsbarkeit. Systematischer Kommentar zu den Vorschriften der Zivilprozessordnung, des Arbeitsgerichtsgesetzes, der Staatsverträge und der Kostengesetze über das privatrechtliche Schiedsgerichtsverfahren, München, 7. Auflage

Stubbe, Christian (2006): Schiedsgutachten als modernes ADR-Instrument, in: Zeitschrift für Schiedsverfahren. German Arbitration Journal 2006, S. 150-155

Stubbe, Christian (2009): Konfliktmanagement – bedarfsgerechte Streitbeilegungsinstrumente, in: Zeitschrift für Schiedsverfahren. German Arbitration Journal 2009, S. 321-326

Stubbe, Christian (2010): DIS-Schiedsgutachtensordnung (DIS-SchGO) und DIS-Gutachtensordnung (DIS-GO), in: Zeitschrift für Schiedsverfahren. German Arbitration Journal 2010, S. 130-137

Ulrich, Jürgen/Vogt, Carl-Michael (2009): Mediation in der Praxis. Teil I: Alternative Streitlösungsmodelle und Grundzüge der Mediation, in: Der Sachverständige 2009, S. 217-223

Wagner, Volkmar (2001): Schiedsgerichtsbarkeit, Schiedsgutachten, Schlichtung, Dispute Adjucation, Mediation – Möglichkeiten der alternativen Konfliktlösung im Baurecht, in: Neue Zeitschrift für Baurecht und Vergaberecht 2001, S. 169-173

Walz, Robert (2003): Final-Offer-Arbitration oder: Drittentscheidung anhand verbindlicher Angebote, in: Zeitschrift für Schiedsverfahren. German Arbitration Journal, S. 119-123

Weigand, Frank-Bernd (1992): Discovery in der internationalen Schiedsgerichtsbarkeit, in: Recht der Internationalen Wirtschaft, S. 361-365

Werner, Ulrich/Pastor, Walter (2008): Der Bauprozess. Prozessuale und materielle Probleme des zivilen Bauprozesses, Düsseldorf, 12. Auflage

Wolff, Reinmar (2008): Grundzüge des Schiedsverfahrensrechts, in: Juristische Schulung, S. 108-113

Versicherungen

Dario Danelutti/Wolfram Pazur

1 Versicherbarkeit von Projektrisiken

Versicherungen spielen bei der Finanzierung von Erneuerbare-Energien-Projekten (EE-Projekten) eine zentrale Rolle und können unter Umständen über die Durchführbarkeit eines Vorhabens entscheiden. Entlang des Entstehungsprozesses eines EE-Projekts können vielfältige Risiken auftreten, deren Folgen und Schäden für das Projekt und im schlimmsten Fall für alle Stakeholder des Projektes existenzgefährdend sein können. Der Abschluss entsprechender Versicherungskonzepte bietet eine Absicherung gegen eine Vielzahl dieser Risiken und somit Planungssicherheit für die beteiligten Unternehmen.

Die Stakeholder eines EE-Projekts und somit potenzielle Versicherungsnehmer sind der Besteller/Auftraggeber, das Planungs-/Ingenieurbüro, der Errichter und der zukünftige Betreiber, aber auch Lieferanten und Kapitalgeber haben ein Interesse am Gelingen des Projektes. Bei sogenannten Turnkey-Projekten übernimmt ein einzelnes Generalunternehmen (GU), oft auch EPC Kontraktor oder Projektierer genannt, die vollständige Entwicklung und Aufbau der EE-Anlage und trägt die Funktionen und Risiken (und somit die Versicherungsverantwortung) des Bestellers, des Planungsbüros sowie des Errichters in einer Person.

Eine Versicherungsgesellschaft kann ein Risiko nur dann übernehmen, falls, basierend auf vergangenen Schadenserfahrungen, die Kalkulierbarkeit des Risikos und somit der Prämien gewährleistet ist. Die Versicherbarkeit von Schadensfällen ist daher nur gegeben, wenn folgende Grundvoraussetzungen[1] erfüllt sind:

- Der *Schaden muss unvorhergesehen eintreten*. Konkret bedeutet dies, dass ein Schaden nicht versicherbar ist, falls dieser mit dem für einen Betrieb einer Anlage erforderlichen Fachwissen rechtzeitig hätte vorhergesehen werden können. Auch Schäden, die durch konsequente Wartung und Instandhaltung vermieden werden können, gelten vielfach als vorhersehbar.
- Die *Wahrscheinlichkeit und Höhe* eines Schadensfalls müssen *einschätzbar* sein. Aufgrund dessen können Versicherungen generell nur für bewährte Technologien mit einer gewissen Schadenerfahrung bereitgestellt werden. Prototypen von Anlagen (z.B. Erstausführungen), Anlagen mit deutlich höheren Einheitsleistungen sowie Anlagen an neuartigen Standorten (z.B. Offshore-Windanlagen) sind daher oft nicht oder nur unter strengen Auflagen (z.B. Risikobegleitung durch Sachverständige, besondere Vertragsbedingungen wie Vertragsbefristung), Ausschlüssen (z.B. Planungsrisiko oder Schäden innerhalb einer Anlage ohne äußere Einwirkung) und hohen Selbstbehalten versicherbar.

---

[1] Vgl. Münchener Rückversicherungs-Gesellschaft (2004).

- Der wahrscheinliche Größtschaden darf die finanzielle *Leistungsfähigkeit des Versicherungsunternehmens* oder seiner Rückversicherer nicht übersteigen. Dies gilt insbesondere, soweit mehrere versicherte Sachen durch ein einzelnes Ereignis (z.B. Naturgefahren, Feuerausweitung) innerhalb eines begrenzten Zeitfensters beschädigt oder zerstört werden. Diese als Kumulrisiko bezeichnete Gefahr muss durch effektive Kumulkontrollen bewertet und eingegrenzt werden. Ziel ist die Vermeidung einer möglichen Häufung von Einzelrisiken, die durch ein einzelnes Schadensereignis hervorgerufen werden und in der Summe bestandsgefährdend für den Versicherer sein können.

Sind diese Grundkriterien der Versicherbarkeit erfüllt, kann dem Besteller bzw. dem Errichter für die unterschiedlichen Schadensrisiken ein Versicherungsangebot gemacht werden. Damit im Schadensfall die Entschädigungspflicht eindeutig feststellbar ist, sollte der Versicherungsvertrag für die jeweiligen Risiken folgende zentrale Elemente enthalten:

- klare Definition der versicherten Gefahren und Sachen und der zu erbringende Leistungen im Schadensfall;
- Versicherungswerte der versicherten Objekte, Deckungssummen, Prämiensätze, Haftzeiten, Selbstbehalte, Versicherungsort und Versicherungsdauer;
- Schadenshistorie der Anlage, falls diese keine Neuanlage ist;
- Auflagen an den Versicherungsnehmer (geforderte Schutz- und Überwachungskonzepte, Wartungskonzepte, Risikobegleitung);
- explizite Ausschlüsse und nicht versicherte Gefahren und Schäden;
- versicherte Interessen, aber auch vorausgehende Leistungen (z.B. Herstellergarantie);
- allgemeine und besondere Bedingungen, welche dem Vertrag zugrunde liegen.

Darüber hinaus können je nach Versicherungstyp und Technologie anlagen- und vertragsspezifische Informationen berücksichtigt werden, die in diesem Beitrag ersichtlich gemacht werden sollen.[2] Im Folgenden werden hierfür zunächst allgemeingültige Risikotypen und entsprechende Versicherungslösungen vorgestellt, bevor die technologiespezifischen Risiken der einzelnen Erneuerbaren Energieformen im Detail beleuchtet werden.

---

[2] Die Autoren danken Frau Raphaela Rohrmeier, M. Sc., für die maßgebliche Unterstützung bei der Literaturrecherche sowie für wertvolle Anregungen bei der Erstellung dieses Beitrags.

2 Risiken und Versicherungslösungen je Projektphase

Eine Vielzahl von Schadensrisiken, die während des Entstehungsprozesses eines Projektes auftreten können, sind allgemein gültig und daher allen EE-Technologien gemein. Im Folgenden werden die Risiken und entsprechende Versicherungslösungen entlang der unterschiedlichen Entwicklungsstadien eines EE-Vorhabens aufgezeigt, beginnend mit der Planungs- und Finanzierungsphase über das Transport- und Baustadium bis hin zur Betriebsphase.

2.1 Planungsphase

Die Risiken für die an der Errichtung beteiligten Unternehmen sind zu Beginn eines Erneuerbare-Energien-Projekts am höchsten. Während der Planungsphase stehen die Unternehmen zumeist vor großen juristischen, administrativen und technischen Herausforderungen, deren Risiken nur zum Teil die Versicherbarkeitskriterien erfüllen und daher oft beim Besteller verbleiben.

- *Nichtversicherbarkeit von Gesetzes- und Genehmigungsrisiken*: Die Durchführbarkeit und die Profitabilität eines EE-Vorhaben sind in der Regel direkt abhängig von der energie- und umweltpolitischen Gesetzesgrundlage. Änderungen der regulatorischen Voraussetzungen während der Projektentwicklung können daher eine Planungsänderung oder gar einen Abbruch erfordern und somit Kosten für den Besteller, das Planungsbüro und die an der Errichtung beteiligten Unternehmen verursachen. Ein ähnliches Risiko entsteht durch die oft langwierigen Genehmigungsprozesse für EE-Vorhaben, beispielsweise für die Bauerlaubnis, die Einspeisezusage oder die Netzanbindung. Die daraus entstehenden Verzögerungen und Folgekosten verbleiben beim Besteller bzw. beim Planungsbüro und können nicht durch die Versicherungswirtschaft übernommen werden, da die Wahrscheinlichkeit von Gesetzes- und Genehmigungshindernissen nicht abschätzbar und die Risiken deshalb unkalkulierbar sind.
- *Haftpflichtversicherung*: Für die Entwicklung und Planung eines EE-Vorhabens ist das Planungsbüro bzw. das auslegende Unternehmen auf die Expertise unterschiedlicher Fachkräfte (insbesondere Ingenieure, Statiker und Anwälte) angewiesen. Durch dabei möglicherweise auftretende Fehleinschätzungen, Bearbeitungsfehler und sonstiges menschliches Versagen entsteht für den Auftraggeber ein Planungsrisiko, welches zu erheblichen finanziellen Kosten, einem sogenannten Vermögensschaden, führen kann. Eine speziell auf diese Berufsgruppen abgestimmte Betriebshaftpflichtversicherung bietet hierfür die notwendige Vermögensschadendeckung. Für das Projekt an sich bietet es sich vielfach an, eine Planungshaftpflichtversicherung und weitere, projektbezogene Haftpflichtversicherungen abzuschließen. Bestehende Betriebshaft-

pflichtversicherungen sind dabei jeweils vorweg genau zu prüfen. Dies ist vor allem dann notwendig, wenn die Versicherungssumme der Projekthaftung die Leistungen der Betriebshaftpflicht übersteigt.

2.2 Finanzierung

Während der Finanzierungsphase bestehen die Hauptrisiken für die beteiligten Unternehmen in der Zahlungsfähigkeit seiner Geschäftspartner und in der Einlageverpflichtung gegenüber seinen Auftraggebern. Hierfür stehen folgende Absicherungsmöglichkeiten zur Verfügung:

- *Kreditversicherung*: Die Kreditversicherung bietet dem Auftraggeber finanziellen Schutz vor dem Ausfall von Forderungen aus Warenlieferungen und Dienstleistungen gegenüber dritten Geschäftspartnern. Dieses sogenannte Kreditrisiko tritt auf, wenn ein Geschäftspartner aufgrund andauernder Zahlungsunfähigkeit, Insolvenz oder Konkurs nicht seinen Zahlungsverpflichtungen nachkommen kann. In diesem Fall sichert die Kreditversicherung eine Fortzahlung der Kreditraten zu.
- *Exportkreditversicherung*: Bei Auslandsgeschäften nimmt das exportierende Unternehmen eine Gläubigerposition ein und trägt daher zusätzlich zu den üblichen Gläubigerrisiken auch ein sogenanntes Länderrisiko (insbesondere Transferstopprisiko und politisches Risiko). Die Exportkreditversicherung bietet eine Absicherung gegen diese länderbezogenen Ursachen von Forderungsausfällen.
- *Bürgschaftsversicherung (auch Kautionsversicherung)*: Insbesondere im Bauwesen und im Anlagenbau müssen sich die an der Errichtung beteiligten Unternehmen gegenüber ihren Auftraggebern vertraglich dazu verpflichten, für ihre Leistungen gewisse Sicherheitseinbehalte zu gewährleisten. Für die Unternehmen bedeutet dies eine Einschränkung ihrer Liquidität, welche schlimmstenfalls zu finanziellen Engpässen führen kann. Um dies zu vermeiden, können die Unternehmen eine Bürgschafts- bzw. Kautionsversicherung abschließen. Dabei tritt die Versicherungsgesellschaft als Bürgschaftsträger auf und übernimmt Kautionen bzw. Bürgschaften aus den vertraglichen Verpflichtungen der Unternehmen.

2.3 Transport

Während des Transports von Bauteilen und Maschinen vom Hersteller zum Versicherungsort bzw. zur Baustelle können vielseitige Gefahren und Schäden auftreten, die wiederum zu Verzögerungen der Baumaßnahmen führen können. Zur Deckung dieser Risiken kann der Auftraggeber, aber auch die errichtenden Unternehmen, auf folgende Versicherungslösungen zurückgreifen:

- *Transportversicherung*: Die Übergabe des Transportrisikos vom Hersteller an den Besteller bzw. die errichtenden Unternehmen einer Anlage erfolgt zumeist mit der Verladung der Güter. Danach bietet die Transportversicherung eine Absicherung gegen Verluste und Schäden von Gütern während des Transports. Insbesondere bei Seetransporten können die Schäden, beispielsweise durch Diebstahl, starkem Seegang oder Untergang des Transportmittels, erheblich sein. In seltenen Fällen (Cost Insurance Freight) übernimmt der Hersteller das Transportrisiko bis zum vereinbarten Bestimmungshafen und somit die Versicherungsverantwortung.
- *Transport Delay-in-Startup (DSU) Versicherung*: Schadensfälle während des Transports führen häufig zu Bauverzögerungen und infolgedessen zu finanziellen Einbußen. Basis dieser Vermögensschäden sind insbesondere die entgangenen Erlöse aus dem Stromverkauf der geplanten EE-Anlage. Eine Transport DSU Versicherung deckt all jene Vermögensschäden ab, die auf einen von der Transportversicherung abgedeckten Schadensfall zurückzuführen sind. Hierfür ist eine genaue Vorabschätzung und vertragliche Festlegung der zu erwartenden Einnahmen erforderlich.

2.4 Bau- bzw. Montagephase

Während der Errichtung von EE-Anlagen kann es zu erheblichen Schäden an Maschinen, Installationen der Anlagenbauleistung und der Anlagenausstattung kommen, deren Behebung zumeist hohe Reparaturkosten und Bauzeitverzögerungen bis zur geplanten Fertigstellung mit sich bringt. Darüber hinaus kann der Bauherr während der Bauphase für Schäden ausgehend von der Bauleistung gegenüber Dritten haftbar gemacht werden. Zur Absicherung gegen derartig vielschichtige Risiken kann er unterschiedliche Versicherungsangebote in Anspruch nehmen.

- *Bauleistungs- bzw. Montageversicherung*: Beim Errichten eines EE-Projekts können Sachschäden an der Bauleistung durch eine *Bauleistungsversicherung* abgedeckt werden. Handelt es sich bei den Baumaßnahmen um Montagevorgänge an Maschinen und technischen Anlagen (z.B. Photovoltaik-Anlagen, Errichtung von Windkraftanlagen), bietet eine sogenannte *Montageversicherung* dem Bauherrn finanzielle Absicherung. Je nachdem welche Arbeiten im Vordergrund stehen, bietet sich häufig die Montageversicherung an, über die die Bauleistung mit abgesichert wird. Bei beiden Versicherungsarten handelt es sich um sogenannte Allgefahrenversicherungen, das heißt, es sind alle Gefahren versichert, die nicht explizit ausgeschlossen wurden. In allen Fällen sind ausschließlich unvorhersehbare und plötzlich auftretende Schadensfälle versichert. Häufig vorkommende und von beiden Versicherungsprodukten abgedeckte Schadensfälle sind Schäden durch menschliches Versagen (Ungeschicklichkeit, Fahrlässigkeit, Montagefehler), Naturgefahren (Erd- und Seebeben, Erdrutsch, Sturm und Flut, Hagel, Eisgang), technisches Versagen (Werkstofffehler, fehlerhafte Konstruktion und Planung), Kriminaldelikte (Diebstahl, Vandalismus, Sabotage) sowie Feuer und Explosion. Generell von der Deckung ausgeschlossen sind Schäden durch Vertragsstrafen, Vorsatz des Versicherungsnehmers, mitversicherte Unternehmen oder Repräsentanten, politische Risiken sowie betriebsbedingte Abnutzung oder Alterung. Die Deckungssumme der Bauleistungs- bzw. Montageversicherung ist der erwartete Auftragswert der abzuschließenden Arbeiten und schließt Kosten für Material, Transport, Gehälter, Zölle, Steuern sowie den Gegenwert von Eigenleistungen des Versicherungsnehmers ein.

- *Advance Loss of Profit (ALOP) Versicherung*: Schadensfälle während der Bau- bzw. Montagephase können zu einer Verzögerung der Inbetriebnahme und infolgedessen zu Vermögensschäden durch Einnahmeeinbußen führen. Als Stichtag wird meist die (Gesamt-)Abnahme herangezogen. Ähnlich wie die Transport DSU Versicherung gewährleistet die ALOP-Versicherung eine finanzielle Absicherung gegen derartige Folgeverluste. Eine wesentliche Voraussetzung für die Erstattung der entgangenen Einnahmeerlöse ist auch hier, dass die Verzögerungen auf einen durch die Bauleistungs- bzw. Montageversicherung abgesicherten Schadensfall zurückzuführen sind. Der Versicherungsfall wird ausgelöst durch eine schadenbedingte Verschiebung der Inbetriebnahme der zu errichtenden Anlage. Daher ist bei der ALOP-Versicherung eine Projektbegleitung durch den Versicherer notwendig, um Projektverzögerungen versicherten und nicht versicherten Ereignissen zuzuordnen. In der ALOP-Versicherung gibt es im Gegensatz zur klassischen Maschinenbetriebsunterbrechungsversicherung nur einen einzigen Verzögerungsschaden, der jedoch mehrere Auslöser haben kann.
- *Haftpflicht*: Sofern das Projektvorhaben nicht bereits durch die reguläre Betriebshaftpflicht des Bauherrn abgedeckt ist, muss eine projektbezogene Bauherren- (auch Bauleistungs-) bzw. Montagehaftpflicht abgeschlossen werden. Wie bereits erwähnt ist dies dann erforderlich, wenn die Betriebshaftpflicht nicht die benötigten Deckungssummen vorweisen kann bzw. nicht durch die projektbezogenen Haftungen belasten werden soll. In manchen Fällen können geringe Haftungsstrecken (z.B. bei der temporären Anstellung lokaler Arbeitskräfte) für Schäden an Dritten im Rahmen einer Third Party Liability bereits in der Bauleistungs- bzw. Montageversicherung eingeschlossen werden.

2.5 Betriebsphase

Ähnlich wie in der Errichtungsphase können nach Abschluss der Erprobung und Inbetriebnahme der Anlage Sachschäden während der Betriebsphase, daraus resultierende Vermögensschäden durch nicht erwirtschaftete fortlaufende Kosten und entgangenen Betriebsgewinn sowie Haftungsansprüche auftreten. Hierfür stehen geeignete Versicherungslösungen zur Verfügung.

- *Maschinenbruch- bzw. Elektronikversicherung*: Eine *Maschinenbruchversicherung (MB)* ist eine Allgefahrenversicherung. Sie deckt unvorhersehbare Sachschäden an der versicherten Anlage ab, die während des Betriebes durch eine versicherte Gefahr verursacht werden. Abgesicherte Schadensfälle sind in der Regel Schäden durch Bedienungsfehler, innere Betriebsschäden (Konstruktions- und Materialmängel, Kurzschluss), zum Teil Elementargefahren (z.B. Überschwemmung) sowie bestimmte Deliktschäden. Von der Deckung ausgeschlossen sind insbesondere Abnutzung, Verschleiß, Korrosion und Schäden durch den dauernden Einfluss des Betriebes der Maschinen und Anlagenbauteile. Die Maschinenbruchversicherung wird zum Beispiel für EE-Anlagen wie Windkraftanlagen, Biomasse-, Biogas-, Wasser- und auch solarthermische Kraftwerke abgeschlossen. Die Deckungssumme der Maschinenbruchversicherung ist der Wiederbeschaffungswert (Zeitwert) des versicherten Objekts. Sie beinhaltet Kosten für Material, Transport und Aufbau, Gehälter, Zölle und Steuern. Die *Elektronikversicherung* wird zur Absicherung elektronischer und elektrotechnischer Anlagen und Geräte abgeschlossen und insbesondere für Photovoltaik-Anlagen in Anspruch genommen. Sie ähnelt in ihren Konditionen der Maschinenbruchversicherung, leistet im Totalschadensfall jedoch Neuwertersatz. Mitversichert sind zusätzlich die Gefahren Feuer und Explosion. Bei beiden Versicherungsprodukten kann der technologische Fortschritt mitversichert sein, das heißt, die Versicherungsgesellschaft garantiert eine Reparatur bzw. den Ersatz des Schadenselements nach dem aktuellen Stand der Technik.
- *Betriebsunterbrechungsversicherung (BU) oder Ertragsausfallversicherung*: Der Ausfall der Energieerzeugung infolge eines Sachschadens führt immer zu Einnahmeverlusten und Vermögensschäden. Die BU-Versicherung entschädigt den Versicherungsnehmer und Anspruchsberechtigten der Einspeiseerlöse für alle entgangenen Einnahmeansprüche und – sofern vereinbart – nicht erwirtschaftete fortlaufende Kosten, die auf einen durch die Maschinenbruch- bzw. Elektronikversicherung abgedeckten Schadensfall zurückzuführen sind.
- *Betreiberhaftpflicht*: Die Betreiberhaftpflichtversicherung schützt die Projektgesellschaft bei gegen sie erhobenen Schadensersatzforderungen. Sie deckt sowohl Sach- als auch Personenschäden ab, die direkt vom Anlagenbetrieb ausgehen. Ein mögliches Schadensbeispiel sind Netzstörungen, die durch Komplikationen in der EE-Anlage verursacht wurden und für die der Netzbetreiber Schadensersatzforderungen erheben kann.

3 Technologiespezifische Versicherungsanforderungen

Neben diesen allgemein gültigen Risiken, die bei der Entstehung eines jeden EE-Projektes auftreten können, existieren je nach Energieform auch sehr technologiespezifische Risken, die durch entsprechende Versicherungslösungen abgedeckt werden können. Im Folgenden werden diese für die derzeit bedeutendsten EE-Technologien (Wind, Photovoltaik und Solarthermie, Geothermie, Biomasse und Biogas, Wasserkraft) vorgestellt.

3.1 Windenergie

Bei der Versicherbarkeit von Windenergieanlagen ist generell zwischen den relativ etablierten Onshore-Anlagen und den technologisch und logistisch deutlich aufwendigeren Offshore-Parks zu unterscheiden. Die Versicherungswirtschaft hat den Boom der Windenergie von Anfang an begleitet und blickt mittlerweile auf langjährige Erfahrungen mit Schäden und Ertragsausfällen in Onshore-Windparks zurück. Diese einschlägigen Erfahrungen bilden die Grundlage für das Underwriting.

3.1.1 Onshore-Anlagen

Für Onshore-Anlagen sind bereits umfassende Versicherungslösungen für alle Entwicklungsgenerationen von Windenergieanlagen verfügbar, wobei technologiespezifische Risiken insbesondere während der Planungs- und der Betriebsphase auftreten. Die Planung und Genehmigungsverfahren sind oft zeitaufwendig und bringen bereits bedeutende Vorlaufkosten mit sich. Nach Inbetriebnahme einer Windkraftanlage gehen die häufigsten Schäden auf extreme Wetterbedingungen (Starkböen und extreme Windgeschwindigkeit, Hagel, Blitzschlag) sowie Komponentenüberlastung und -versagen (insbesondere Generator, Getriebe und Rotoren) zurück. Darüber hinaus bedeutet die schwankende Windverfügbarkeit ein wichtiges Risiko für die Anlagenerlöse, das allerdings nicht versicherbar und im Rahmen des unternehmerischen Risikos der Betreibergesellschaft zu tragen ist.

> ***Beispiel: Schaden an einer Windanlage durch Brandschaden infolge eines Maschinenbruchs:*** *Die Gondel einer 1,5-MW-Windenergieanlage brannte nach dem Bruch des Schleifringlüfterrades des doppelt gespeisten Asynchrongenerators vollständig aus. Die von dem rotierenden Lüfterrad geschlagenen Funken setzten die Filtermatte des Filterkastens und die Haubenisolation nacheinander in Brand. Die Höhe des Sachschadens betrug 800.000 EUR.*

3.1.2 Offshore-Anlagen

Neben den oben genannten Schadensursachen bringen die Errichtung und der Betrieb von Offshore-Windanlagen zusätzliche hohe technische und logistische Herausforderungen mit sich. Während der Transport- und Montagephase sind insbesondere der Schiffstransport von Anlagengroßkomponenten und die Verlegung und Einspülung von Seekabeln sehr kostspielig und mit Risiken verbunden. Während des Betriebs erhöhen die Exponiertheit gegenüber extremen Wetterbedingungen und die daraus resultierende verstärkte Belastung der Anlagenkomponenten das Schadenspotenzial. Da Offshore-Windparks in der Regel aus großen Stückzahlen leistungsstarker und damit teurer Anlagen bestehen und sich verschiedene Parks im gleichen regionalen Umfeld auf See befinden, ist hierbei gerade das Kumulrisiko (z.B. durch Naturgefahren oder Sachschäden an den Übergabe- und Transformatorplattformen) sehr hoch. Infolgedessen werden sehr kapazitätsstarke und erfahrene Erst- und Rückversicherer gefordert sein.[3]

Die höhere Schadensbilanz bei Offshore-Anlagen ist zusätzlich problematisch, da Wartungs- und Reparaturarbeiten auf hoher See zumeist deutlich aufwendiger und dementsprechend teurer sind. Im Vergleich zu Onshore-Anlagen erfordern die Wartungs- und Reparaturarbeiten an Offshore-Anlagen nicht nur geeignete Witterungsbedingungen, sondern verursachen auch erhebliche Zusatzkosten aufgrund des logistischen Aufwandes einzusetzender Schiffe und Hubinseln (auch Jack-up Barges genannt). Dieses Problem wird verstärkt durch die derzeit noch sehr knappe Verfügbarkeit von geeigneten Reparatur- und Wartungsschiffen. In manchen Fällen können diese Risiken im Rahmen von Wartungsverträgen vom Turbinenhersteller übernommen werden.

Aufgrund der genannten Zusatzrisiken sowie der begrenzten Schadenerfahrung enthalten Versicherungslösungen für Offshore-Anlagen im Allgemeinen deutliche Risikoaufschläge, umfangreiche Ausschlüsse und höhere Selbstbehalte. Darüber hinaus stellen sie oft strenge Auflagen und erfordern insbesondere eine konsequente Zustandsüberwachung (das sogenannte Condition Monitoring). Dabei wird durch eine kontinuierliche Messung und Auswertung prozesstechnischer Parameter der Antriebsstrang auf mögliche Verschleißerscheinungen oder sich abzeichnende Schäden überwacht. Über die Daten der Anlagensteuerung erfolgt die Kontrolle der Anlagenverfügbarkeit und der aktuellen Energieproduktion.

[3] BMU (2011), Arbeitsgruppe 2: Klimaschutz in der Finanzwirtschaft, S. 19.

3.2 Solarenergie

Bei der Stromgewinnung aus Sonnenenergie muss grundsätzlich unterschieden werden zwischen Photovoltaik-Anlagen und solarthermischen Kraftwerken (auch Concentrated Solar Power [CSP] genannt). Während die Photovoltaik bereits zu den etablierten EE-Technologien zählt, hat CSP die Schwelle der Marktreife erst vor wenigen Jahren überschritten.

3.2.1 Photovoltaik

Photovoltaik-Anlagen (PV-Anlagen) sind in Deutschland inzwischen eine weitgehend bewährte Technologie, für die Versicherungslösungen in allen genannten Projektentwicklungsphasen zur Verfügung stehen. Allerdings ist die Schadens- und Versicherungserfahrung für Photovoltaik noch sehr begrenzt und deutlich geringer als beispielsweise für Wind- oder Wasserkraft. Zudem muss unterschieden werden zwischen Kleinanlagen in Hand von Privathaushalten oder mittelständischen Unternehmen und kommerziell betriebenen Großanlagen. Während bei der Errichtung von Kleinanlagen nicht immer ausreichend qualifizierte Unternehmen beteiligt sind und dementsprechend die Planungs- und Konstruktionsrisiken generell höher einzustufen sind, werden bei Großanlagen aufgrund der deutlich höheren Investitionssummen strenge Sicherheitsbestimmungen und Qualitätsanforderungen befolgt. Allgemein sind die wichtigsten Schadensursachen bei PV-Anlagen technisches Versagen (vor allem Kurzschlüsse), Naturgefahren (Sturm, Schnee, Hagel), Feuerrisiko sowie Diebstahl und Vandalismus.

Abbildung 1: Schadensfälle an PV-Anlagen nach Häufigkeit und Schadenaufwand

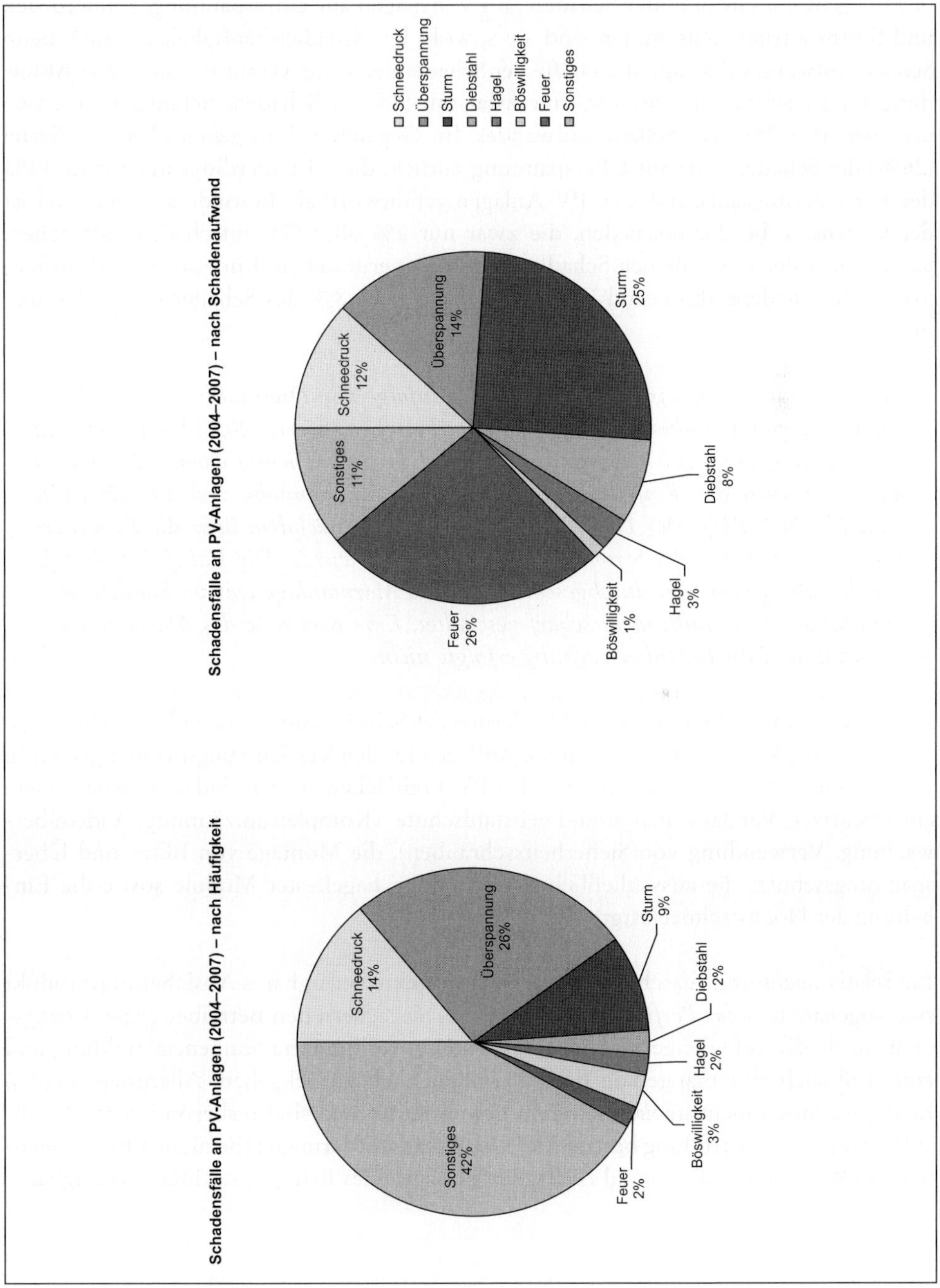

Quelle: Gesamtverband der Deutschen Versicherungswirtschaft e.V. (GDV)

Nach Angaben des Gesamtverbandes der Deutschen Versicherungswirtschaft e.V. (GDV) geht ein Großteil der Schäden an PV-Anlagen auf Überspannung, Schneedruck und Sturm zurück. Zusammen sind sie sowohl bei Schadenshäufigkeit als auch beim Schadenaufwand für knapp die Hälfte der Schadenbelastung verantwortlich. Wie Abbildung 1 veranschaulicht, lösen Stürme zwar nur 9% der Schadensmeldungen aus, verursachen aber 25% des Schadenaufwandes. Im Gegensatz dazu gehen über ein Viertel (26%) der Schadensfälle auf Überspannung zurück, diese ist allerdings nur für ca. 14% des Versicherungsaufwandes an PV-Anlagen verantwortlich. Besonders frappierend ist der Gegensatz bei Feuerschäden, die zwar nur 2% aller Gesamtschäden ausmachen, jedoch 26% der tatsächlichen Schadensbelastung verursachen. Ein zunehmend problematischer Schadensfaktor sind Diebstähle, die bereits 8% des Schadenaufwandes ausmachen.

Beispiel: Schaden an einer PV-Großanlage infolge von Diebstahl: *Die versicherte Anlage ist eine freistehende PV-Großanlage bestehend aus ca. 20.000 Modulen und einer Leistung von 3.000 Kilowatt peak (kWp). Durch den Diebstahl von 250 Modulen nach Aufbruch der Einfriedung entstand eine Schadenhöhe von 147.000 EUR (einschließlich BU). Der Diebstahl wurde bemerkt, nachdem über die Fernüberwachung ein Abfall der Stromerzeugung gemeldet wurde. Die Kabel der Module wurden abgerissen oder durchgeschnitten. Eine Alarmanlage war vorhanden, aber zum Schadenzeitpunkt nicht scharf geschaltet. Eine Kontrolle des Alarmanlagenzustands über die Fernüberwachung erfolgte nicht.*

Zur Vermeidung beziehungsweise Minderung des Schadenaufwands sind Versicherungslösungen für PV-Anlagen an bestimmte Auflagen für den Versicherungsnehmer geknüpft. Im Falle einer Elektronikversicherung für PV-Freiflächenanlagen sind dies insbesondere ein effektiver Vandalismus- und Diebstahlschutz (Komplettumzäunung, Videoüberwachung, Verwendung von Sicherheitsschrauben), die Montage von Blitz- und Überspannungsschutz, die ausschließliche Verwendung hagelfester Module sowie die Einhaltung der Höchstschneelastgrenzen.

Ein relativ neues und ausschließlich für Solarprojekte verfügbares Absicherungsprodukt sind sogenannte *Solar Performance Garantien*. Sie sichern den Betreiber gegen Ertragsverluste ab, die auf eine geringere Modulleistung, verminderte Sonneneinstrahlung und zum Teil auch eine mangelnde Einspeisemöglichkeit zurückgehen. Allerdings werden Ertragsgarantien nicht uneingeschränkt gewährleistet und sind insbesondere für Großanlagen nur unter Erfüllung bestimmter Qualitätsanforderungen (bezüglich Komponenten und Wartungsarbeiten) und Auflagen (Vorlage eines Ertragsgutachtens) verfügbar.

3.2.2 Solarthermische Stromerzeugung

Anders als die Photovoltaik ist die solarthermische Stromerzeugung ausschließlich mit Großkraftwerken in einstrahlungsintensiven Gebieten möglich und derzeit noch deutlich weniger verbreitet (vor allem vorzufinden in Südspanien und den USA). Entsprechende technologiespezifische Versicherungsangebote für die Montage- und Betriebsphase sind daher noch sehr begrenzt. Die Schadensfaktoren von CSP-Kraftwerken sind vergleichbar mit denen für PV-Anlagen, weisen aber aufgrund der integrierten Dampfturbine und Wärmespeicher zusätzliche Schadensfälle (z. B. Schaufelbruch, Leckverluste) auf, die von konventionellen Dampfkraftwerken bekannt sind. Darüber hinaus steigen die prototypischen Risiken mit zunehmender Anlagengröße.

3.3 Geothermie

Im Gegensatz zu den oben vorgestellten EE-Vorhaben liegt bei Geothermie- (auch: Erdwärme-) Kraftwerken das Hauptrisiko in der Planungs- und Bauphase, und bei Letzterer im eigentlichen Bohrvorgang und der erwarteten Fündigkeit der Bohrung. Die allgemein sehr langwierigen Vorbereitungs- und Planungsphasen sind aufgrund aufwendiger Genehmigungsverfahren, Simulationsmaßnahmen und insbesondere der hohen Bohrkosten (ca. 3 bis 5 Mio. EUR pro Tiefenbohrung) sehr kostspielig für den Auftraggeber. Dem gegenüber steht die ungewisse Erfolgswahrscheinlichkeit der Suchbohrungen, das sogenannte Fündigkeitsrisiko. Das Fündigkeitsrisiko beschreibt das Risiko, dass die tatsächlichen Temperaturen, der Volumenstrom des Thermalwassers und die Nachhaltigkeit, d. h. die Dauer der möglichen Nutzung, nicht den von Simulationen prognostizierten Werten entsprechen.

Da es ausschließlich vom Auftraggeber bzw. Besteller getragen wird, stellt das Fündigkeitsrisiko eine Investitionshürde für die geothermische Energiegewinnung dar. Gekoppelt an strenge Auflagen und zu derzeit noch erheblichen Risikoaufschlägen bieten einige Versicherungsunternehmen inzwischen eine entsprechende Fündigkeitsversicherung an. Diese gewährt dem Unternehmer eine Absicherung gegen das Risiko, dass die Ergebnisse der Erkundungsbohrungen trotz vorhergehender Simulationsmaßnahmen keine oder nur eine eingeschränkte geothermische Nutzung zulassen. Das Fündigkeitsrisiko wird durch die Parameter Temperatur und Fließrate bestimmt. Bei Nichterreichen der in der Police festgelegten Parameterwerte tritt der Versicherungsfall ein, wobei die höchstmögliche Schadenhöhe durch die Kosten der Testbohrungen sowie etwaiger Simulationsmaßnahmen gedeckelt ist. Bei einem Teilerfolg der Bohrung wird der Schaden durch eine Abschätzung der entgangenen Betriebserlöse bestimmt.

Allerdings zeigen die sehr teuren Fündigkeitsschäden der Vergangenheit, dass auch mit den heutigen mehrdimensionalen seismischen Verfahren noch sehr große Unsicherheiten in der Fündigkeit bestehen. Aufgrund der geringen Anzahl an bereits existierenden Geothermieanlagen ist die Datenverfügbarkeit bisher zudem sehr dürftig. Daher ist die Kalkulation der Schadenswahrscheinlichkeit durch das Versicherungsunternehmen – eine zentrale Voraussetzung für die Versicherbarkeit – mit vielen Unwägbarkeiten verbunden. Dementsprechend hoch sind die Risikoaufschläge, Selbstbehalte und Auflagen für Fündigkeitsversicherungen.

3.4 Biomasse und -gas

Aus technologischer Sicht ist die Energiegewinnung aus Biomasse bzw. Biogas bereits weitgehend ausgereift und im Markt etabliert. Deshalb ist heute ein breites Angebot an Versicherungsangeboten für alle Phasen der Projektentwicklung verfügbar. Da bei Biomasse- und Biogasanlagen der Großteil aller Schäden während der Betriebsphase auftritt, sind insbesondere die Maschinenbruch-, Betriebsunterbrechungs- und Haftpflichtversicherung für die finanzielle Absicherung der Projektgesellschaft von Bedeutung.

Bei *Biomasseanlagen* sind die Hauptursachen für Schadensmeldungen technisches Versagen (Mess-, Regel- und Sicherheitseinrichtungen, innerer Betriebsschaden), Naturgefahren (Sturm, Hagel), menschliches Versagen (Bedienungsfehler, Ungeschicklichkeit), Diebstahl sowie Umwelthaftungsansprüche in Verbindung mit der Behandlung und Speicherung der Brenn- und Abfallstoffe. Im Falle von *Biogas* geht darüber hinaus ein großer Teil der Schadensfälle auf innere Betriebsschäden im Blockheizkraftwerk und Schäden am Rührwerk zurück. Besondere Gefahr besteht auch durch Feuer und Explosion, die neben großen Sachschäden auch schwere Umweltschäden nach sich ziehen können, wenn der Inhalt der Fermenter ausläuft. Hinzu kommen Haftungsansprüche in Bezug auf Geruchs- und mögliche Gesundheitsbelastung.

> ***Beispiel: Schaden an einer Biogasanlage infolge einer Stromunterbrechung:*** *Infolge einer Unterbrechung der Stromversorgung der Biogasanlage (500 kW) fiel auch das Fermenter-Rührwerk aus. Da die Gasproduktion im Fermenter nicht aufgehalten werden konnte und das erzeugte Biogas ohne das Rühren nicht ungehindert im Gärsubstrat aufsteigen konnte, schäumte das Substrat auf. Der aufsteigende Fermenterinhalt verstopfte die Gasüberdrucksicherung. Gleichzeitig stieg der Gasdruck im System an, da das Blockheizkraftwerk als Gasverbraucher ohne die Stromversorgung ebenfalls außer Betrieb war. Als der Druck des aufschäumenden Substrates auf die Folie der Tragluftabdeckung zu groß wurde, riss diese ein. Das Substrat stieg über die äußere Umrandung des Behälters. Der größte Teil des Schadens wurde durch die notwendigen Wiederbeschaffungs- und Montagekosten für die Tragluftabdeckung mit integriertem Gasspeicher sowie die Betriebsunterbrechung erzeugt. Es entstand ein Schaden in Höhe von 54.000 EUR (einschließlich BU).*

Sowohl für Biomasse- als auch Biogasanlagen sind die Lieferung, Verfügbarkeit, Qualität und Preisschwankungen der Fermentationssubstrate bzw. Brennstoffe ein wichtiger Risikofaktor, der allerdings ausschließlich beim Betreiber liegt und nicht versicherbar ist. Ausgenommen sind Maschinenschäden, die auf eine nicht vorsätzliche Verwendung mangelhafter Brennstoffe zurückgeht. In diesem Fall deckt der Versicherer zwar den Maschinenschaden, kann aber Regressansprüche an den Zulieferer der fehlerhaften Ressourcen erheben.

3.5 Wasserkraft

Stromerzeugung aus Wasserkraft ist eine gut entwickelte und erprobte Technologie mit ausführlichen Schadensdaten. Allgemein muss unterschieden werden zwischen konventionellen Großwasserkraftwerken (über 10 Megawatt), die sich in der Vergangenheit bereits dank niedriger Wartungskosten und geringen Betriebsrisiken bewährt haben, und Kleinkraftwerken (unter 10 Megawatt), die in Bezug auf ihre installierte Kapazität bislang deutlich weniger verbreitet sind, weil Kosten zu Nutzen bisher stets unausgeglichen waren. Für Großwasserkraftwerke sind bereits umfassende Versicherungskonzepte verfügbar, die eine wichtige Grundlage sein werden, wenn in Zukunft auch die Potenziale kleinerer Anlagen stärker ausgeschöpft werden.

Die wichtigsten versicherbaren Schadensursachen während der Bau- und Betriebsphase sind Schäden durch menschliches Versagen (Bedienungsfehler, Ungeschicklichkeit), Naturgefahren, Komponentenversagen (Mess-, Regel- und Sicherheitseinrichtungen) sowie Konstruktions-, Material- und Ausführungsfehler. Ein äußert kostspieliges, wenn auch selten auftretendes Schadenspotenzial stellen lokale Überschwemmungen (etwa durch Dammbruch) dar. Darüber hinaus ist bei Wasserkraftwerken der Abschluss einer BU-Versicherung von großer Bedeutung, da Fernkontrolle, Ersatzteilmangel und die zumeist abgelegene Lage der Kraftwerke oft zu langwierigen und daher teuren Betriebsunterbrechungen führen können.

> ***Beispiel: Schaden an einem Wasserkraftwerk:*** *Die versicherte Anlage ist ein Wasserkraftwerk mit einer installierten Leistung von 2 MW. Nach einem Windungsschluss in der Wicklung kommt es zu einer starken thermischen Schädigung eines der 500-kVA-Generatoren. Die Schadensursache kann nachträglich nicht mehr festgestellt werden. Die Schadenhöhe beträgt 300.000 EUR und schließt Reparatur-, De- und Remontagekosten sowie Betriebsunterbrechung ein.*

Ähnlich wie bei anderen EE-Vorhaben ist bei der Wasserkraft das Ressourcenrisiko, d.h. saisonale Schwankungen der Wasserverfügbarkeit, nicht versicherbar und liegt ausschließlich beim Betreiber.

4 Ausblick

Mit Hinblick auf die dynamische Marktlage, die stetige Neu- und Weiterentwicklung von EE-Technologien sowie die zunehmende Bedeutung des Klimaschutzes kann die Liste der hier vorgestellten Versicherungsprodukte für EE-Projekte nicht erschöpfend sein. Insbesondere der Bedeutungsgewinn von Klimaschutzmaßnahmen und des internationalen Emissionshandels werden zukünftig die Entwicklung neuer Versicherungsprodukte erfordern. Anerkannte Klimaschutzprojekte, die Emissionszertifikate für den internationalen CO_2-Handel generieren, bieten ihrem Betreiber durch den Verkauf der Zertifikate eine zusätzliche Einnahmequelle. Ein Ausfall bzw. eine Verminderung dieser Einnahmen aufgrund einer Verzögerung der Inbetriebnahme oder einer Betriebsunterbrechung infolge eines Schadensfalls können heute unter bestimmten Voraussetzungen bereits durch eine sogenannte Carbon Insurance versichert werden. Auch die Markteinführung neuer Technologien, wie beispielsweise Carbon Capture and Storage (CCS), wird neue Versicherungsanforderungen mit sich bringen.[4]

Literatur

Bundesministerium für Umwelt, Naturschutz und Reaktorsicherheit (BMU) (2011): Klimaschutzdialog: Wirtschaft und Politik – Abschlussberichte der Arbeitsgruppen, Januar

Gesamtverband der Deutschen Versicherungswirtschaft e.V. (GDV) (2010): Gesamtüberblick der Technischen Versicherer im GDV über den technologischen Entwicklungsstand und das technische Gefährdungspotenzial, Stand März

Insruance4Renewables (o.J.): Global Renewable Energy Insurance Facility, http://www.insurance4renewables.com/index.html

Münchener Rückversicherungs-Gesellschaft (2004): Erneuerbare Energien – Versicherung einer Zukunftstechnologie

UNEP FI (o.J.): e-Learning Course on Insurance Risk Management for Renewable Energy Projects, http://www.energy-base.org/fileadmin/unep/index.html

[4] BMU (2011), Arbeitsgruppe 2: Klimaschutz in der Finanzwirtschaft, S. 24.

IV
Finanzierung Erneuerbarer Energien

Erneuerbare Energien als strategisches Geschäftsfeld von Banken

Jan-Philipp Gillmann

1 Einleitung

Erneuerbare Energien haben sich in den vergangenen Jahren in vielen Ländern mit beachtlichen zweistelligen Wachstumsraten – deutlich über den Wachstumsraten der jeweiligen Volkswirtschaften – entwickelt.[1] So hat sich beispielsweise der Anteil der Windenergie am Energiemix in Europa von 2000 auf 2010 von 2,0% auf 9,6% verfünffacht.[2] Gleichzeitig sind die Wachstumsaussichten trotz kurzfristiger Volatilitäten langfristig positiv, da die fundamentalen Treiber für Erneuerbare Energien intakt sind.[3] Hierzu gehören u. a. nationale Klimaziele, um dem Klimawandel zu entgegnen, der Wunsch nach Versorgungssicherheit, Limitierung fossiler Brennstoffe oder die aktuell zunehmende Risikobewertung der Kernenergie, um nur einige zu nennen.[4]

Aufgrund dieser Wachstumsaussichten, gepaart mit einem vergleichsweise hohen Kapitalbedarf der Branche, stellt sich für Banken die Frage eines Engagements in diesem Bereich. Die Frage, ob sich Erneuerbare Energien tatsächlich als strategisches Geschäftsfeld für eine spezifische Bank eignen, muss für jedes Institut individuell untersucht werden, wobei u. a. die Kernkompetenzen der Bank betrachtet werden; insofern ist die Frage nicht allgemein zu beantworten. Dennoch soll im Rahmen dieses Beitrages versucht werden, die strategische Motivation für das Engagement einer Bank in der Erneuerbare-Energien-Branche (EE-Branche) darzustellen. Beispielhaft soll auf die beiden Technologieformen Windenergie sowie Photovoltaik (PV) fokussiert werden, wobei die Ergebnisse grundsätzlich übertragbar sind.

2 Die Erneuerbare-Energien-Branche aus Bankensicht

Die EE-Branche kann aus Bankensicht in zwei disjunkte Teile zerlegt werden, die sowohl eine unterschiedliche Betreuung erfordern als auch ein teilweise deutlich unterschiedliches Risikoprofil etwaiger Kreditgewährungen beinhalten.

---

1 Vgl. die Veröffentlichungen der einzelnen Branchenverbände, z. B. Global Wind Energy Council (2010) oder European Photovoltaic Industry Association (2010).

2 Vgl. European Wind Energy Association (2011), S. 8.

3 Vgl. Global Wind Energy Council (2010), European Photovoltaic Industry Association (2010).

4 Vgl. beispielsweise Bundesverband Erneuerbare Energien (2010).

Zum einen besteht die Branche aus den *Unternehmen*, die sich wiederum grob in die Kategorien *Zulieferer*, *Hersteller* und *Projektentwickler* einteilen lassen. Im Bereich der Windenergie sind *Zulieferer* beispielsweise Unternehmen, die Getriebe für Windturbinen, Türme für Windenergieanlagen oder spezielle Materialien wie etwa Beschichtungen für die Flügel von Windenergieanlagen herstellen. Als *Hersteller* gelten in der Windenergie primär die Produzenten von Windturbinen. Einige Hersteller verfolgen integrierte Geschäftsmodelle, d.h., sie decken auch die Wertschöpfungsstufen der Zulieferer ab. Die dritte Kategorie der Unternehmen der Branche, die *Projektentwickler*, sind Unternehmen, deren Geschäftszweck die Entwicklung und Errichtung von Projekten ist und die hierzu die Komponenten der Hersteller kaufen. Teilweise bedienen sich die Projektentwickler eines oder mehrerer Subunternehmer, die beispielsweise für die Bauausführung verantwortlich sind. Im Bereich der PV kann eine ähnliche Unterteilung gemacht werden, wobei beispielsweise im Bereich der kristallinen Technologien weiter in die einzelnen Wertschöpfungsstufen differenziert werden kann.[5]

Tabelle 1 gibt einen groben Überblick über wichtige Geschäftsbanken, die im Jahr 2010 in der Projektfinanzierung für Erneuerbare Energien aktiv waren. Die Aussagefähigkeit solcher League Tables ist beschränkt, da hier nur syndizierte und keine bilateralen Finanzierungen erfasst werden. Zum Vergleich betrug das Neugeschäftsvolumen der Commerzbank im Jahr 2010 ca. 900 Mio. EUR statt der hier dargestellten 527 Mio. USD, also mehr als das Doppelte.

[5] Vgl. hierzu z.B. European Photovoltaic Industry Association/Greenpeace (2011), S. 21.

Tabelle 1: MLA League Table 2010 – Projektfinanzierung Erneuerbare Energien in Europa

Pos.	Bookrunner	Total USD Mio.	Transactions
1	UniCredit	1.527,21	37
2	Grupo Santander	656,76	16
3	Deutsche Bank	642,21	9
4	Société Générale	611,97	13
5	La Caixa	605,43	20
6	BNP Paribas	595,62	13
7	Commerzbank	526,61	9
8	Rabobank	484,09	7
9	BBVA	455,89	16
10	KfW	447,62	6
11	Dexia Group	432,52	10
12	HSH Nordbank	405,05	9
13	Caja Madrid	401,11	11
14	Centrobanca	379,08	14
	Total	**8.171,17**	**190**

Quelle: Infrastructure Journal, Rolle: MLA, Sektor: Renewables

Der zweite Teil der Branche sind die *Projekte* selbst, die von den Projektentwicklern erstellt werden. Projekte in der EE-Branche sind rechtlich typischerweise als Einzweckgesellschaften (Special Purpose Vehicles, SPV) organisiert und haben keinen weiteren Zweck als den Betrieb des entsprechenden Wind- oder PV-Parks.

Die Bedarfe dieser beiden dargestellten Teile der Branche nach Finanzierungslösungen unterscheiden sich deutlich. So haben Unternehmen eine vergleichbare Nachfrage entlang der gesamten Corporate-Banking-Produktpalette wie auch Unternehmen anderer Branchen, die durch die Betreuung in den Corporate-Banking-Einheiten der Banken laufend adressiert werden können. Projekte hingegen haben primär einmaligen Finanzierungsbedarf zur teilweisen Deckung der Investitionskosten des Projektes. Der laufende Bedarf ist im Vergleich zu Unternehmen beschränkt, beispielsweise auf Kontoführung, Geldanlagen für Reservekonten oder Zins-Hedging. Aufgrund dieser Fokussierung auf die Finanzierung spricht man von Projektfinanzierungen. Der Schuldendienst muss bei einer Projektfinanzierung einschließlich sämtlicher anfallender Kosten aus den Cashflows des Projekts geleistet werden. Die Investoren haften in der Regel nicht mit ihrem weiteren Vermögen.

Nachfolgend werden die jeweiligen Besonderheiten von Corporate Banking einerseits sowie Projektfinanzierung in der EE-Branche andererseits vorgestellt und die mögliche Motivation für ein Engagement von Banken abgeleitet.

3 Corporate Banking in der EE-Branche als strategisches Geschäftsfeld

3.1 Definition Corporate Banking in der EE-Branche

Unter *Corporate Banking* versteht man das Bankgeschäft mit Firmenkunden. Die Produktbereiche umfassen typischerweise die folgenden Kategorien:[6]

- „einfaches" Kreditgeschäft (bilateral, ohne weitere Strukturierungselemente),
- strukturiertes Kreditgeschäft (inklusive Exportfinanzierungen, Leasing),
- Zahlungsverkehr/Cash Management und Einlagengeschäft,
- Absicherungsgeschäft (z.B. Zins-, Währungs-, Commoditypreissicherung),
- Kapitalmarktprodukte (Equity Capital Markets, Debt Capital Markets, Mergers& Acquisitions).

Typischerweise werden Firmenkunden vertriebsseitig von einem Generalisten (Relationship Manager, Firmenkundenbetreuer o.Ä.) bzw. einem Team von Generalisten betreut, die nach Bedarf die jeweiligen Produktexperten hinzuziehen. Die Organisation des Vertriebs kann nach Regionen oder nach Branchen aufgestellt sein.

In Europa gilt der Kredit nach wie vor als Ankerprodukt für die Kundenbeziehung und als „Eintrittskarte" für den Dialog mit dem Kunden über die Nutzung weiterer Produkte.[7] Aus Sicht der Banken haben die Produkte dabei einen unterschiedlichen Grad an Attraktivität, vor allem determiniert durch den Risikogehalt. Im Gegensatz zu Produkten wie Einlagengeschäft oder einzelnen Kapitalmarktprodukten tragen Banken beim Kreditgeschäft das Risiko einer sich verschlechternden Bonität des Kunden bis hin zur Insolvenz. Um dieses Risiko beurteilen zu können, erfolgt eine Bonitätsanalyse auf Basis eines Ratings, bei dem klassischerweise die jüngsten Jahresabschlüsse sowie die Unternehmensplanung analysiert werden. Sophistizierte Institute analysieren auch systema-

[6] Vgl. Gillmann/Heidegger/Heidrich (2008), S. 24 f.

[7] Vgl. Gillmann/Heidegger/Heidrich (2008), S. 24 f.

tisch das Marktumfeld und die Zukunftsaussichten der Branche sowie des spezifischen Unternehmens innerhalb der Branche,[8] wie Abbildung 1 am Beispiel der Commerzbank zeigt.

Abbildung 1: Bewertungsfaktoren für eine zukunftsorientierte Analyse des Geschäftsmodells am Beispiel der Commerzbank

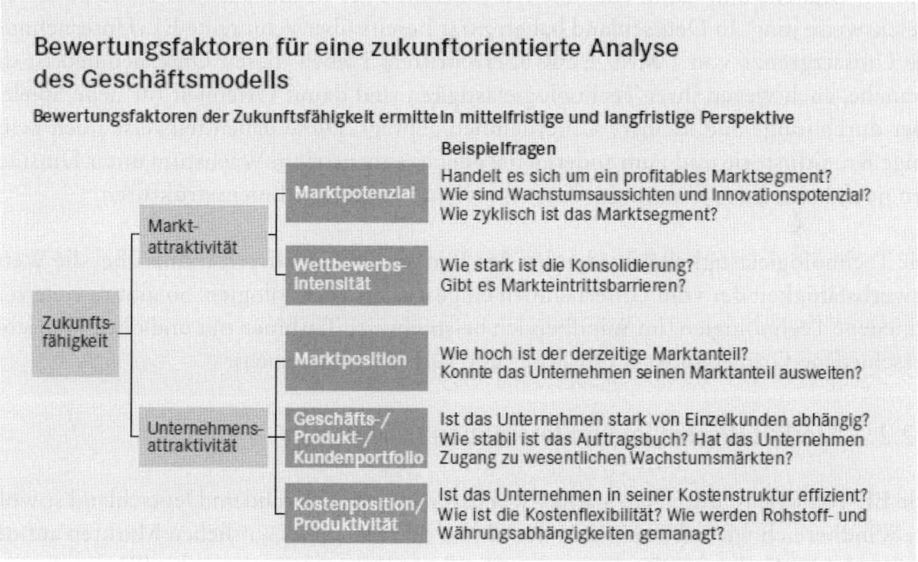

Quelle: Stark/Klenke (2010), S. 33

Vielen europäischen Banken gelingt es aufgrund des Margenwettbewerbs unter den Banken nicht, mit dem Kreditprodukt allein eine ausreichende Profitabilität zu erwirtschaften. In diesen Fällen ist der Vertrieb weiterer Produkte erforderlich, um in der Summe eine profitable Kundenbeziehung zu erreichen.[9]

3.2 Besonderheiten der EE-Branche im Bereich Corporate Banking

Corporate Banking für Unternehmen aus der EE-Branche unterscheidet sich prinzipiell nicht vom Corporate Banking in anderen Branchen. Dennoch ist die Branche durch einige Charakteristika gekennzeichnet, die einen Einfluss auf Betreuung und Produkt-

[8] Vgl. Stark/Klenke (2010), S. 32 ff.

[9] Vgl. Gillmann/Heidegger/Heidrich (2008), S. 24 f.

bedarfe haben, die im Folgenden aufgezeigt werden sollen. Da eine Verallgemeinerung nicht möglich ist, soll hier schwerpunktmäßig anhand von Herstellern in der Wind- und PV-Branche argumentiert werden.

3.2.1 Junge und technologielastige Branche

Die EE-Branche und damit auch die Unternehmen der Branche ist bzw. sind noch vergleichsweise jung. In Deutschland haben zwar bereits über zehn reine EE-Unternehmen die Umsatzgrenze von 1 Mrd. EUR überschritten. Neben diesen Unternehmen ist die Branche, auch wegen ihrer Technologielastigkeit und damit Offenheit für neue Spieler, aber durch junge und kleinere Unternehmen geprägt. Diese haben teilweise noch keine lange Kredithistorie und zum anderen bei gleichzeitig großem Wachstum unter Umständen noch keine ihrer Umsatzgröße entsprechenden Unternehmensstrukturen.

Die Technologielastigkeit erfordert bei den Banken ein Grundverständnis über die Wettbewerbsfähigkeit der vom Unternehmen eingesetzten Technologien. So gibt es viele verschiedene Technologien (im Windbereich beispielweise Turbinen mit und ohne Getriebe, verschiedene Größenklassen, Onshore- und Offshore-Turbinen).

3.2.2 Starkes Wachstum und Internationalisierung

Die EE-Branche ist durch ein starkes Wachstum geprägt. Nachdem Deutschland sowohl im Windbereich wie auch später in der PV zu den frühen wesentlichen Märkten auf der Welt gehörte, findet das Wachstum im Windbereich bereits jetzt, in der PV zunehmend in anderen Ländern statt. Hierdurch ist auch eine weitere Internationalisierung der Unternehmen erforderlich. Neben einem internationalen Vertrieb kann eine Produktion in den Absatzländern sinnvoll sein, um die Akzeptanz für die Technologien vor Ort zu erhöhen. Teilweise ist eine lokale Produktion sogar Voraussetzung für die Anwendbarkeit der lokalen Vergütungssysteme (so z.B. durch die „local content requirements" in Kanada oder in China). Daneben können Subventionen einzelner Länder oder aber lokale Kostenvorteile Treiber für eine produktionsseitige Internationalisierung der Branche sein.

Aus Wachstum und Internationalisierung resultiert – je nach Geschäftsmodell – ein hoher Finanzierungsbedarf. Mit dem Finanzierungsbedarf geht ein Bedarf nach bestimmten Bankprodukten einher, so beispielsweise Zugang zu Eigenkapital und Fremdkapital über den Kapitalmarkt. Insbesondere der vergleichsweise hohe Bedarf nach Kapitalmarktprodukten macht die Kundengruppe aus Bankensicht attraktiv.

3.2.3 Abhängigkeit von Förderungen

Die Kosten der Erneuerbaren Energien sind noch vergleichsweise hoch, solange externe Effekte fossiler Brennstoffe nicht internalisiert werden. Insbesondere ist PV (je nach Einstrahlungsverhältnissen am konkreten Standort) teurer als Windenergie. Diese Kosten werden derzeit in vielen Ländern durch Förderungen ausgeglichen. Hierdurch ist der Markt mit Ausnahme einzelner Subsegmente, die sich bereits lohnen (z.B. PV-Aufdachanlagen in sonnenreichen Regionen), von politischer Unterstützung abhängig, die mittelfristig in Europa beispielsweise über die Klimaziele 2020 gegeben ist, aber kurzfristig durchaus zu starken Einbrüchen führen können. So ist der spanische PV-Markt von 2008 auf 2009 von 2,5 Megawatt peak (MWp) (ca. 40% des damaligen Weltmarktes) auf 0,1 MWp (ca. 1% des Weltmarktes)[10] geschrumpft und hat damit erheblichen Druck auf die Hersteller ausgeübt. Ähnliche Diskussionen über Reduktionen der Förderungen finden momentan in weiteren Ländern statt. Mit zunehmendem technischen Fortschritt und damit sinkenden Kosten bei gleichzeitig absehbar steigenden Energiekosten wird diese Abhängigkeit sinken.

Positiv an der Art der Förderung über einen Einspeisetarif, wie sie insbesondere in Europa vorherrscht, ist, dass aus Investoren- und damit auch aus Finanzierersicht Preisrisiken ausgeschlossen sind. Dies führt wiederum zu einem hohen Maß an Prognostizierbarkeit der Erträge aus den Investitionen in Wind- oder PV-Anlagen.

3.2.4 Projekte/Großanlagen als Absatzkanal

Insbesondere die Windbranche liefert ihre Produktion weitgehend an Projekte. Projekte strategischer Investoren wie Versorger oder z.B. Stadtwerke werden zwar teilweise über deren Bilanz finanziert, der Großteil des Absatzes der Hersteller erfordert hingegen eine Projektfinanzierung, womit eine Abhängigkeit der Unternehmen von der Verfügbarkeit dieser Finanzierungen besteht. Im PV-Bereich ist diese Abhängigkeit geringer, da es hier mit dem Privatkunden- und dem Aufdachsegment noch andere Marktsegmente gibt, die keine Projektfinanzierungen erfordern.

Aus dem Projektgeschäft resultieren wiederum spezifische Produktbedarfe wie Avalstellungen, die beispielsweise Performancezusagen durch Hersteller mit Bankgarantien hinterlegen. Ebenso ist es insbesondere in der Windbranche noch üblich, dass Hersteller Anzahlungen auf ihre Aufträge erhalten. Diese möchten die Kunden üblicherweise wiederum über Bankgarantien absichern, um das Bonitätsrisiko der Hersteller zu vermeiden.

[10] Vgl. European Photovoltaic Industry Association (2010).

Sehr individuelle Finanzierungslösungen sind für Projektentwickler notwendig. Deren Hauptziel ist es, einen Wind- oder PV-Park so weit zu entwickeln, bis er in Betrieb geht, um ihn danach beispielsweise an Infrastrukturinvestoren zu verkaufen, die an langfristigen und stabilen Rückzahlungen interessiert sind. Diese Entwickler suchen nach Möglichkeiten, Projekte zwischenzufinanzieren.

3.3 Mögliche Motivation für Banken für ein Corporate-Banking-Engagement in der EE-Branche

Zusammenfassend kann man das Kundensegment aufgrund der genannten Charakteristika als attraktiv bezeichnen, was ein grundsätzliches Interesse von Banken für diese Branche begründen kann. Die Ausführungen im Vorkapitel zeigen, dass man zwei unterschiedliche Sichtweisen bezüglich der Frage einnehmen kann, wie das Engagement einer Bank bei Unternehmen der EE-Branche einzuschätzen ist.

Einerseits kann man die Branche wie jede andere Branche auch betreuen, ohne einen bestimmten Fokus bzw. einen Branchenansatz im Vertrieb zu legen. Ein solcher Ansatz folgt der Hypothese, dass es sich um Unternehmen wie in jeder anderen Branche auch handelt.

Sowohl für Kunden wie auch für Banken ist es allerdings attraktiver, die Besonderheiten der EE-Branche zu adressieren. Ein auf schnelles Wachstum und großen Kapitalbedarf abgestimmter Ansatz sowie ein spezifisches Branchenwissen, Kenntnisse über zentrale Technologien, wichtige Spieler im Markt oder aktuelle Regulierungen sind hilfreich. Eine Bündelung der Kompetenz und integrierte Betreuung auf Vertriebsseite ebenso wie eine gebündelte Kompetenz auf Marktfolgeseite sind hier klare Wettbewerbsvorteile (siehe hierzu auch Abschnitt 5.2).

4 Projektfinanzierungen in der EE-Branche als strategisches Geschäftsfeld

4.1 Definition Projektfinanzierungen in der EE-Branche

Wie in Abschnitt 2 bereits skizziert, versteht man unter Projektfinanzierungen die Kreditvergabe an ein SPV ohne weiteren Rückgriff auf die dahinterliegenden Investoren. Die Haftung der Investoren ist typischerweise auf das Eigenkapital (EK) beschränkt, das sie in das SPV eingebracht haben (als „hartes“ EK oder in Form von nachrangigen Gesellschafterdarlehen). Aufgrund der fehlenden Rückgriffsmöglichkeit auf den Sponsor spricht man auch von *Non-recourse-Finanzierungen*. Bei Konstruktionen, in denen der Investor oder andere Projektbeteiligte über das eingebrachte EK hinaus für die Verbindlichkeiten des SPV haften, spricht man von *Limited-recourse-Finanzierungen*.

Das SPV muss über alle Vermögensgegenstände sowie Rechte verfügen, um den Geschäftszweck, hier den Betrieb eines Wind- bzw. PV-Parks, erfüllen zu können. Ohne eine eigenständig mögliche Erwirtschaftung von Cashflows ist eine Beleihungsfähigkeit des SPV auf Non-recourse-Basis nicht gegeben. Die Beurteilung der Beleihungsfähigkeit erfolgt auf Basis der zu erwartenden Cashflows sowie der Vertragsbeziehungen des SPV mit Dritten (z.B. Abnehmern, Dienstleistern, Versicherern) und unterscheidet sich damit wesentlich von der Kreditbeurteilung von Unternehmen, die auf der Analyse von Jahresabschlussdaten, Planungen und dem Geschäftsmodell beruht.

Es gibt verschiedene Kundengruppen, die Projektfinanzierungen im Bereich der Erneuerbaren Energien bei Banken nachfragen:

- *Projektentwickler*: Wie in Abschnitt 3.2 erwähnt suchen Projektentwickler insbesondere für die Bauzeit bzw. die Zeit bis zum Verkauf ihrer entwickelten Projekte an einen Endinvestor eine Projektfinanzierung. Da der Kreditnehmer das SPV ist, bleibt die Projektfinanzierung im Verkaufsfall typischerweise erhalten.
- *Finanzinvestoren*: Finanzinvestoren sind typischerweise spezielle Infrastrukturfonds, aber auch andere institutionelle Anleger wie Lebensversicherungen, die an den stabilen Cashflows der Projekte interessiert sind.
- *Strategische Investoren*: Hierunter versteht man Investoren, deren Geschäftsmodell die Produktion und der Vertrieb von Elektrizität ist; hierzu zählen beispielsweise Stromversorger, Stadtwerke, aber auch sogenannte *Independent Power Producers* (IPP), die sich mit einem Portfolio an EE-Projekten als neue Anbieter etablieren. Dies können im Fall integrierter Geschäftsmodelle beispielsweise auch Projektentwickler oder Hersteller sein.

Der Kreditnehmer ist typischerweise das SPV selbst (siehe *Single-SPV-Struktur* oder *Portfolio-Struktur A* in Abbildung 2). Bei Projekt-Portfolien ist auch die Finanzierung über eine Holding möglich (siehe *Portfolio-Struktur B* in Abbildung 2); dies ist aber eher unüblich.

Eine Kreditvergabe ist nicht nur während der Betriebsphase, sondern grundsätzlich auch während der Bauphase, in der noch keine Cashflows erwirtschaftet werden, möglich. Für die Auszahlung eines Kredites während der Bauphase ist allerdings Voraussetzung, dass das SPV mit Sicherheit zu einem möglichst festen Zeitpunkt und zu möglichst vorab festgelegten Kosten in die Lage kommen wird, den Park zu betreiben und damit die Cashflows zu realisieren. Dies kann beispielsweise durch Vorlage der wesentlichen Genehmigungen, Grundstücksrechte und Lieferantenverträge geschehen. Je nach konkreter Situation, aber auch lokalen Gegebenheiten (so sind beispielsweise die Genehmigungen in einigen Ländern noch bis nach Inbetriebnahme anfechtbar) ist der Nachweis gegebenenfalls schwer zu führen. In diesen Fällen ist häufig noch ein Rückgriff auf die Investoren oder weitere Dritte erforderlich z.B. durch Fertigstellungsgarantien, Strafzahlungen bei Verzögerungen oder Nachschusspflichten für das Eigenkapital bei Kostenüberschreitungen. Insofern werden Bauphasen häufig auf Limited-recourse-Basis finanziert.

Abbildung 2: Alternative Strukturen für Projektfinanzierungen

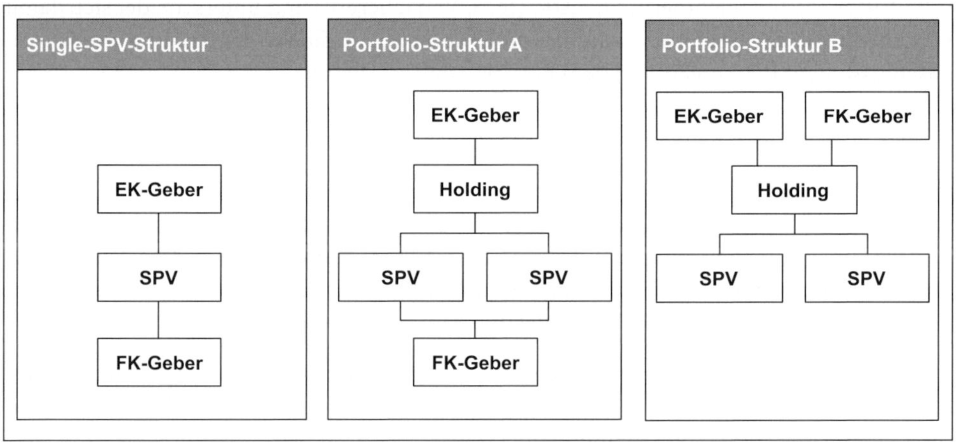

Einzelne Banken können bei Projektfinanzierungen verschiedene Rollen einnehmen.[11] Während kleinere Projektfinanzierungen (bis ca. 50 Mio. EUR) typischerweise von einer einzigen Bank finanziert werden, sind für größere Projektfinanzierungen sogenannte Club Deals oder syndizierte Transaktionen üblich. Bei einem Club Deal schließen sich von vornherein zwei oder mehrere Banken zusammen, um die Transaktion gemeinsam zu finanzieren. Alle Banken haben hier in der Regel Mandated Lead Arranger (MLA). Bei einer *syndizierten Transaktion* übernimmt eine Bank zunächst allein die Verantwortung für die Finanzierung und gibt später einen Teil des Kredits bzw. des Kreditrisikos an eine oder mehrere Banken weiter. Typischerweise bleibt die Bank alleiniger Ansprechpartner des Kreditnehmers. In diesem Fall ist typischerweise nur die arrangierende Bank MLA.

[11] Vgl. Valdez/Molyneux (2010), S. 124 ff.

4.2 Ablauf einer EE-Projektfinanzierung

Die Ansprache der Bank bzw. Banken durch den Kunden erfolgt regelmäßig auf Basis eines Informationsmemorandums, in welchem die wesentlichen Eckpunkte des Projektes dargestellt werden. Diese Eckpunkte umfassen beispielsweise den Standort des Projektes, Wind- bzw. Einstrahlungsverhältnisse, Vergütungssituation, Planungs- bzw. Baufortschritt des Projektes, verwendete Technologie, Genehmigungslage sowie den angestrebten Zeitplan für die Finanzierung. Daneben enthält das Informationsmemorandum eine erste Cashflow-Berechnung aus Sicht des Kunden (das sogenannte Kundenmodell).

Bei einfacheren Projekten erstellt der Investor diese Unterlagen üblicherweise selbst, während bei großen oder komplexen Transaktionen bereits in dieser Phase eine Bank in der Rolle eines Financial Advisors eingeschaltet werden kann (Strukturierungsphase).

Auf Basis der genannten Unterlagen führt die finanzierende Bank eine Erstprüfung des Projektes durch und erstellt bei Interesse ein nicht bindendes Angebot an den Kunden (Non-binding Term Sheet). Wenn sich beide Parteien auf die Parameter des Angebotes einigen, mandatiert der Kunde die Bank bzw. mehrere Banken, gegebenenfalls in verschiedenen Rollen (siehe Abschnitt 4.1).

Im Anschluss an die Mandatierung beginnt die Bank mit dem internen Kreditprozess, dessen Ziel die Genehmigung des Kredites durch die relevanten bankinternen Kompetenzträger ist. Parallel wird der Prozess der Kreditdokumentation angestoßen, in dessen Rahmen die Finanzierungsdokumente, insbesondere der Kreditvertrag, erstellt werden. Bei großen und regelmäßig bei internationalen Transaktionen werden die Verträge meist nach dem Standard der Loan Market Association[12] (LMA-Standard) erstellt. Je nach Land und Komplexität erfolgt dabei eine Zusammenarbeit mit externen Anwälten.

Der Ablauf endet mit der Unterzeichnung der Kreditdokumente (Signing) sowie mit der Auszahlung, wofür die in den Kreditdokumenten aufgeführten Auszahlungsvoraussetzungen zu erfüllen sind (Financial Close).

Im Folgenden sollen zwei wesentliche Schwerpunkte des Ablaufes einer EE-Projektfinanzierung detaillierter dargestellt werden, die Gegenstand der Verhandlung der Kreditdokumentation sind und in die Kreditdokumente einfließen: zum einen die finanzielle Strukturierung, insbesondere die Ermittlung der Verschuldungsfähigkeit, die Erarbeitung von Tilgungsprofilen sowie Hedging-Strategien, zum anderen die rechtliche Strukturierung, insbesondere der Umgang mit Unsicherheiten.

[12] Siehe www.loan-market-assoc.com.

4.2.1 Finanzielle Strukturierung einer EE-Projektfinanzierung

4.2.1.1 Ermittlung des Projektwertes aus Bankensicht als Basis für die Verschuldungsfähigkeit

Die Ermittlung der Verschuldungsfähigkeit eines Projektes basiert im Gegensatz zur klassischen Unternehmensfinanzierung nicht auf der Analyse der Kreditwürdigkeit des Unternehmens anhand historischer Jahresabschlüsse, Planungen sowie des Geschäftsmodells, sondern auf der Ermittlung der erwarteten Cashflows. Die Verschuldungsfähigkeit richtet sich nach dem nachhaltig erreichbaren, d.h. unter konservativen Annahmen ermittelten Cashflow, der zur Bedienung des Kapitaldienstes zur Verfügung steht (Cashflow available for Debt Service, CFADS). Da die Bank die Finanzierungsstruktur so auslegen muss, dass eine Rückzahlung des Kredites in jedem Fall gewährleistet ist, erfolgt eine Stressung der Annahmen durch sogenannte adverse Szenarien. Hierbei gilt, dass Unsicherheiten, z.B. bei der Windmenge oder bei den Energiepreisen, zu geringeren nachhaltigen Cashflows führen. Um dennoch eine angemessen hohe Verschuldungsfähigkeit zu erreichen, sollten vertraglich möglichst viele Unsicherheiten ausgeschlossen werden, z.B. durch den Abschluss von Stromabnahmeverträgen (Power Purchase Agreement, PPA) mit festen Strompreisen, wenn kein Einspeisetarif vorliegt oder durch langlaufende Instandhaltungsverträge.

Der CFADS wird wie folgt abgeleitet:

+ Einnahmen aus laufendem Betrieb: Strommenge gemäß Gutachten multipliziert mit Strompreis. Die Preise sind gemäß Einspeisetarif oder PPA anzusetzen, teilweise sind Verkaufserlöse aus Green Certificates, wenn diese Bestandteile des Tarifs sind, zu addieren. Gibt es keinen Einspeisetarif oder PPA und somit Preisrisiken, so sind Preisvorhersagen anerkannter Marktexperten zu nutzen. Für die Strommenge wird normalerweise nicht der P50-Wert, d.h. die Strommenge, die mit einer Wahrscheinlichkeit von 50% überschritten wird, zugrunde gelegt, sondern ein konservativerer Wert (z.B. P75/P90).[13]
+ Zinseinnahmen aus Projekt- und Reservekonten
– operative Kosten inklusive aller Kosten aus Betriebs- und Wartungsverträgen
– liquiditätswirksame Steuern

[13] Vgl. Millborrow (2010).

Eine Abzinsung der nach diesem Muster bestimmten CFADS über das Minimum aus Tariflaufzeit (falls vorhanden) und gesicherter Projektlaufzeit mit den gewichteten Kapitalkosten ergibt den Projektwert aus Bankensicht und stellt die absolute Obergrenze des Beleihungswertes dar; typischerweise ist der Beleihungswert ähnlich wie bei der Immobilienfinanzierung ein Prozentsatz des Projektwertes.

Diese Art der Ermittlung der Verschuldungsfähigkeit basiert auf dem Gedanken, dass bei einem Tilgungsausfall nicht der Wert der Vermögenswerte bei Zerschlagung relevant ist, sondern der Projektwert bei Weiterführung und die hierbei zu erzielenden Cashflows. Üblicherweise wird hierauf nochmal ein Sicherheitsabschlag gerechnet, um Modellungenauigkeiten und nicht erkannte Risiken zu berücksichtigen.

Im Bankenmarkt häufig anzutreffen ist die Forderung der Banken nach einer Untergrenze für die Eigenkapitalquote (EK-Quote). Diese wird dann in der Regel noch nach Technologie differenziert. Im Onshore-Windbereich liegen geforderte EK-Quoten bei ca. 20%, im Offshore-Windbereich wegen der höheren Risiken um ca. zehn Prozentpunkte höher, im PV-Bereich um ca. fünf Prozentpunkte niedriger. Als Begründung für Mindestquoten führen Befürworter an, dass der Investor auch in schlechten Zeiten einen Anreiz haben muss, das Projekt gegebenenfalls durch weiteren EK-Einschuss zu unterstützten. Gegen dieses Argument spricht, dass ein rational handelnder, nach vorn blickender Investor seinen möglichen EK-Einschuss immer mithilfe einer Investitionsrechnung bewerten und hieraus ableiten wird, ob sich ein weiteres Engagement lohnt, unabhängig davon, ob formal EK vorhanden ist oder nicht.

4.2.1.2 Erarbeitung von Tilgungsprofilen

Die Verschuldungsfähigkeit gibt nur Aufschluss über die absolute Höhe des möglichen Fremdkapitals, nicht aber über zulässige Tilgungsprofile. Dazu wird der Schuldendienstdeckungsgrad (Debt Service Coverage Ratio, DSCR) definiert. Die DSCR wird mit Hilfe der CFADS berechnet, die auch für die Ermittlung der Verschuldungsfähigkeit verwendet wurden:

$$\text{DSCR} = \frac{\text{CFADS}}{\text{Schuldendienst}}$$

Die DSCR wird als jährliche oder halbjährliche Größe bestimmt. Bei einer DSCR von 1,0 reicht der verfügbare Cashflow des aktuellen Jahres bzw. Halbjahres gerade zur Deckung von Zins plus Tilgung. Für den zu erstellenden Rückzahlungsplan wird nun gefordert, dass in jedem einzelnen Jahr die DSCR über einer festen Grenze liegt, je nach Kreditpolitik der einzelnen Bank beispielsweise DSCR größer/gleich 1,1 im P90-Fall.

Bei der klassischen Ratentilgung, Standard z.B. für rein KfW-refinanzierte Darlehen (KfW steht für Kreditanstalt für Wiederaufbau), orientiert sich die Tilgung ausgehend von der DSCR-Anforderung an dem Cashflow des ersten Jahres. Da der Kapitaldienst in den ersten Jahren am höchsten ist, steigen die DSCR über Zeit (relativ konstante Cashflows bei sinkendem Kapitaldienst). Dies führt unter der Annahme, dass der Investor einen möglichst hohen Leverage sucht, dazu, dass anfangs typischerweise keine Liquidität für Ausschüttungen zur Verfügung steht. Gleichzeitig geraten Ratentilgungsstrukturen häufig gerade am Anfang unter Druck, wenn es Abweichungen zwischen erwartetem und realisiertem Cashflow gibt.

Diese Problematik angespannter DSCR in den ersten Jahren kann man – neben tilgungsfreien Jahren bei Ratentilgungen – lösen, indem man ausgehend von den CFADS die Tilgung so strukturiert, dass sich glatte DSCR ergeben. Diese Art der Strukturierung nennt man *Sculpting*. Sculpting ist sowohl im Interesse der Banken wie auch der Investoren. Aus Investorensicht lässt das Sculpting durch die im Vergleich zur Ratentilgung verlagerten Tilgungen auf spätere Jahre früher Ausschüttungen zu. Aus Bankensicht wird der Druck auf die Finanzierung aus den Anfangsjahren genommen. Gleichzeitig steigt beim Sculpting im Vergleich zur Ratentilgung die durchschnittliche Verschuldung. Dies ist aus Investorensicht grundsätzlich begrüßenswert, während Banken dies differenziert beurteilen. Die zu einem gegebenen Zeitpunkt erhöhten Restschulden steigern einerseits die Erträge, andererseits aber auch das Risiko-Exposure.

Dass die Kapitaldienstfähigkeit zu jeder Zeit gewährleistet ist, versucht die DSCR-Anforderung sicherzustellen. Daneben wird grundsätzlich – unabhängig von der Tilgungsstruktur – eine Restrukturierungsreserve gebildet. Dies geschieht, indem die Cashflows der beispielsweise letzten drei Jahre bei der Ermittlung der Verschuldungsfähigkeit nicht berücksichtigt werden. Die Quantifizierung des Restrukturierungspotenzials erfolgt durch Subtraktion des offenen Kreditbetrags zu einem bestimmten Zeitpunkt vom Projektwert (als Barwert der verbleibenden Cashflows) zum selben Zeitpunkt. Dies zeigt beispielhaft Abbildung 3.

Abbildung 3: Restrukturierungspotenzial über Zeit als Beispiel einer Finanzierung eines PV-Parks durch die Commerzbank

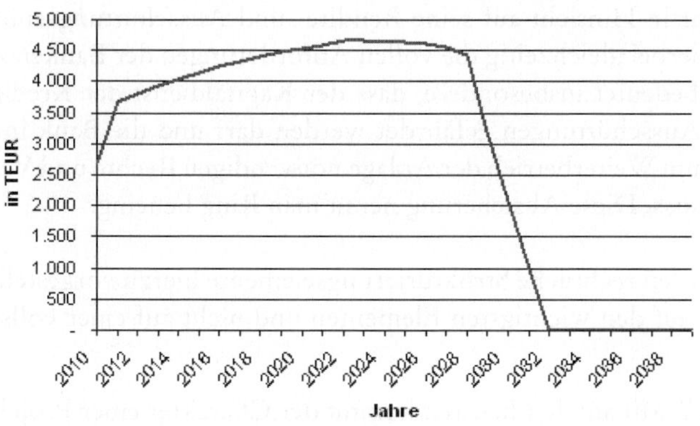

Ein besonderes Strukturierungselement bei der Erarbeitung der Tilgungsstruktur ist der sogenannte Cash Sweep. Über diesen Mechanismus kann vereinbart werden, dass Cashflows, die eigentlich für Ausschüttungen zur Verfügung stehen würden, zur vorzeitigen Tilgung eingesetzt werden. Hierdurch wird der durchschnittlich gebundene Kreditbetrag wiederum reduziert und teilweise – je nach Definition des Cash Sweeps – auch die Laufzeit reduziert.

4.2.1.3 Hedging-Strategien

Um große Volatilitäten in den Cashflows zu vermeiden, werden die Haupteinflussfaktoren weitgehend abgesichert. Hierdurch steigt ceteris paribus die Verschuldungsfähigkeit, da Volatilität negative Auswirkungen auf die Ermittlung der nachhaltig erzielbaren Cashflows hat.

Beim Hedging geht es regelmäßig um die Absicherung von variablen Zinsen, falls nicht ohnehin eine entsprechende Zinsfestschreibung erfolgt. In Märkten, in denen das lokale Einspeisesystem die Strompreise nicht festsetzt (wie zum Beispiel in den USA), kann auch das Hedging der Strompreise erforderlich werden. Letzteres kann über sogenannte Energy Hedges oder über die in Abschnitt 4.2.1.1 eingeführten PPAs erfolgen.

4.2.2 Rechtliche Strukturierung einer EE-Projektfinanzierung

Ziel der rechtlichen Strukturierung der Projektfinanzierung ist es, eine für den Investor optimale Struktur in Hinsicht auf seine Rendite- und Ausschüttungsanforderungen zu erarbeiten und hierbei gleichzeitig die vollen Anforderungen der Banken zu berücksichtigen. Letzteres bedeutet insbesondere, dass der Kapitaldienst der Kredite nicht durch unangemessene Ausschüttungen gefährdet werden darf und die Bank im Insolvenzfall Zugriff auf alle zum Weiterbetrieb der Anlage notwendigen Rechte und Vermögenswerte (Assets) haben muss. Diese Absicherung nennt man Ring Fencing.

Nachfolgend werden rechtliche Strukturierungselemente hierzu vorgestellt. Das Augenmerk liegt dabei auf den wichtigsten Elementen und nicht auf einer vollständigen Darstellung.

- *Cash Waterfall*: Mit am deutlichsten kommt der Charakter einer Projektfinanzierung darin zum Ausdruck, dass die Projektgesellschaft die verfügbaren Cashflows nicht frei einsetzen darf, sondern nur zweckgebunden nach vorab in der Kreditdokumentation klar definierten Regeln. Diese Regeln nennt man *Cash Waterfall.* Die Ausschüttung von Dividenden steht dabei in der Regel an letzter Stelle, um den Betrieb der Anlage sicherzustellen sowie dass der Kapitaldienst vorrangig geleistet werden kann.
- *Ausschüttungssperren*: Um im Projektverlauf eventuell auftretende besondere Unsicherheiten zu adressieren, werden Bedingungen definiert, die Voraussetzung für eine Dividendenzahlung sind. Zu den wichtigsten Voraussetzungen gehören, dass die DSCR über einer vorgegebener Schwelle ist, die definierten Reservekonten befüllt sind und kein Zahlungsverzug besteht.
- *Sicherheiten und Step-in-rights*: Bei der Besicherung geht es um den Zugriff der Bank auf das Projekt, aus dessen Erträgen die Finanzierung zurückzuführen ist. Dabei ist das Augenmerk auf die Sicherung des Cashflows, aller zum Betrieb des Projektes erforderlichen Assets (Anlagen inklusive Infrastruktur wie Umspannwerk/Übergabestation und Kabeltrassen) sowie des Standortes (Grundstücksicherung) zu richten. Aus dem Blickwinkel des deutschen Rechtes kommen folgende Grundkonstellationen in Frage:
  - Gehört dem SPV der Grund und Boden, auf dem die Anlagen betrieben werden sollen, werden Grundpfandrechte lastend auf dem Grundstück als übliche Sicherungsmittel eingetragen, die sowohl den Zugriff auf den Standort als auch auf die Anlagen inkl. Infrastruktur ermöglichen.

- Ist ein Dritter Grundstückseigentümer und wird dem SPV als Betreiber ein Erbbaurecht eingeräumt, erfolgt die Besicherung über Grundpfandrechte lastend auf dem Erbbaurecht, die ebenfalls den Zugriff auf den Standort und die Anlagen inklusive Infrastruktur ermöglichen.
- In anderen Fällen – wenn eine Besicherung wie in den beiden vorgenannten Fällen ausscheidet – kann die Besicherung über eine Sicherungsübereignung der Anlagen (inklusive Infrastruktur) in Verbindung mit darauf abgestimmten Grundstückssicherungen – Nutzungsverträge mit Step-in-rights und weiteren, die Interessen der Bank wahrenden Regelungen, grundbuchliche Eintragungen von beschränkt persönlichen Dienstbarkeiten, gegebenenfalls nebst Vormerkungen – erfolgen.

Ergänzt werden alle vorgenannten Konstellationen regelmäßig durch die Sicherungsabtretung der Einspeiseerlöse sowie der Rechte und Ansprüche aus bzw. Step-in-rights in zentrale Projektverträge. Diese umfassen beispielsweise den Einspeisevertrag, den Wartungsvertrag oder die Versicherungsverträge sowie mit Blick auf die Bau- und Gewährleistungsphase z.B. den Generalunternehmervertrag. Daneben werden die Projektkonten sowie die Gesellschaftsanteile an dem SPV verpfändet.

Die letztgenannte der drei Sicherungsvarianten ist die in der deutschen Finanzierungspraxis übliche, da in der Regel das SPV bzw. der Betreiber weder Grundstückseigentümer noch Erbbauberechtigter ist.[14] In ausländischen Rechtssystemen wird die gleiche Zielsetzung bei der Sicherheitenbestellung verfolgt, wobei die konkrete Ausgestaltung von den lokalen Gegebenheiten abhängt.[15]

- *Berichterstattungspflichten*: Über die Laufzeit des Projekts muss das SPV aussagefähige Berichte an die Bank liefern, insbesondere Berichte zu Stromertrag und Verfügbarkeit der Anlagen, Einhaltung der *Financial Covenants* und Jahresabschlussberichte.

4.3 Kreditrisiken aus Sicht der finanzierenden Bank sowie absehbare regulatorische Verschärfungen

Die ausgeführten Strukturierungselemente zeigen, dass es sich bei EE-Projektfinanzierungen aus Sicht der Banken um einen attraktiven Portfolio-Bestandteil handelt. Ebenso wie die Eigenkapitalseite als attraktive und konservative Asset-Klasse für Investoren betrachtet wird, kann ein Portfolio aus EE-Projektfinanzierungen als attraktiv und kon-

[14] Im Einzelnen zu dieser Besicherungsvariante mit u.a. der Scheinbestandteils-Thematik (§ 95 BGB) vgl. Michaelsen/Peters (2011), S. 835 ff. oder Peters (2007), S. 2.003 ff. oder Peters (2002), S. 110 ff., jeweils mit weiteren Nennungen.

[15] Im Überblick zu Kreditsicherheiten im europäischen Ausland und den USA vgl. Tauber/Vorpeil (2010).

servativ bezeichnet werden. Hervorzuheben sind die verschiedenen Sicherungsmechanismen, die dem Charakter der „Seniorität" der Fremdkapitalseite entsprechen, aber auch die fehlende Konjunktursensitivität, die aus den typischerweise festgelegten Preisen der generierten Energie resultiert.

Verbleibende Risiken sind neben möglichen Risiken aus Bauzeitüberschreitungen, die typischerweise von Dritten übernommen werden (siehe Abschnitt 4.1) vor allem technologische Risiken, Wetterrisiken sowie rechtliche Risiken.

Um technologische Risiken zu minimieren, werden typischerweise nur erprobte Technologien möglichst etablierter und bonitätsstarker Hersteller (man spricht hier von Bankability der Komponenten) finanziert und entsprechende Garantien bzw. Instandhaltungskonzepte gefordert. Teilweise sind diese Risiken auch versicherbar (z.B. die Degradation bei PV-Modulen).

Um Fehleinschätzungen des Wetters zu minimieren, werden die Wetterverhältnisse vor Ort geprüft und von Gutachtern beurteilt. Da die natürlichen Ressourcen (Wind/Sonne) am Standort maßgebliche Treiber für den Cashflow sind, ist es wichtig, dass der Gutachter über entsprechende Erfahrungen verfügt. Sowohl in den Anfängen der EE-Projektfinanzierungen in Deutschland als auch beispielsweise in den USA haben Gutachter teilweise falschgelegen, was unmittelbar Auswirkungen auf die Qualität des Projektes bzw. der Projektfinanzierung hat. Aufgrund der Wichtigkeit des Wind- bzw. Einstrahlungsgutachtens werden teilweise mehrere Gutachten unterschiedlicher Gutachter gefordert oder – falls nur ein Gutachten vorhanden ist – eine zweite Meinung auf das vorhandene Gutachten eingeholt. Ferner kann man sich teilweise auch gegen Wetterrisiken versichern.

Letztlich besteht ein rechtliches Risiko, vor allem mit Blick auf die gewährten Einspeisetarife in den jeweiligen Ländern. So hat die Debatte in Spanien über rückwirkende Änderungen der Einspeisetarife oder die nachträgliche Besteuerung von Erträgen aus PV-Projekten in Tschechien den Glauben in die Nachhaltigkeit der Tarife in einigen Ländern beschädigt. Da sich die Beleihung an den Cashflows orientiert und diese wiederum vom Tarif abhängen, hat eine Änderung des Tarifs direkte Auswirkungen auf die Umschuldungsfähigkeit. Sollte ein Tarif im Nachhinein angepasst werden – auch wenn dies rechtlich nicht zulässig sein dürfte –, so geht dies im Sinne des Cash Waterfalls zunächst auf Kosten der Investoren. Bei drastischen Anpassungen können aber auch die finanzierenden Banken betroffen sein. Daneben beziehen sich rechtliche Risiken auf die allgemeine Rechtssituation. Ist diese in einem Land nicht stabil, so werden Banken nicht gewillt sein, langfristige Finanzierungen auf Non-recourse-Basis zu stellen.

Die lange Laufzeit stellt per se kein Kreditrisiko dar, dennoch besteht die Gefahr, dass langlaufende Kredite durch regulatorische Verschärfungen aus Bankensicht unattraktiver werden. Die Kombination der relevanten Strompreise einerseits und der Investitionskosten für die Projekte andererseits resultieren allerdings in langen Amortisationsdauern und erfordern daher entsprechend lange Finanzierungslaufzeiten. Kürzere Finanzierungslaufzeiten, sogenannte Mini-Perm-Strukturen, sind keine effektive Lösung, da das Refinanzierungsrisiko zwar von der Bank auf das SPV verlagert wird, durch den Nonrecourse-Charakter allerdings wieder zum Problem der Bank werden kann.

Eine einfache Möglichkeit zur Adressierung der Herausforderungen bei der Refinanzierung ist die Nutzung externer Refinanzierungsquellen, soweit vorhanden. Bereits heute verfügbar sind Refinanzierungen von Einzelprojekten oder größere Refinanzierungsrahmen durch die KfW oder die Europäische Investitionsbank (EIB). Eine sophistiziertere Lösung kann die Kombination mit Kapitalmarktprodukten sein, wie z.B. die Begebung von Projektbonds oder die Verbriefung von Projektfinanzierungsportfolien. Hierdurch würden den Investoren weiterhin Finanzierungen zur Verfügung stehen, diese aber nicht mehr auf den Bilanzen der Banken liegen und damit nicht einer eventuell verschärften Bankenregulation unterliegen. Im Übrigen ist die Langfristigkeit für gewisse Investorengruppen (z.B. Lebensversicherungen) kein Nachteil, sondern vielmehr explizit gesucht.

4.4 Mögliche Motivation für Banken für ein Engagement in EE-Projektfinanzierungen

Im Vergleich zum klassischen Corporate Banking ist bei der Projektfinanzierung eine viel weitergehende Betreuung innerhalb der Bank notwendig, da die Bank alle technischen, rechtlichen, regulatorischen und kaufmännischen Risiken des Projektes im Detail verstehen und bewerten muss. Durch die genaue Kenntnis der Größe und Struktur der einzugehenden Projektrisiken wird für die Bank aber der Aufbau eines attraktiven Kreditportfolios möglich. Durch die geringe Konjunktursensitivität bei festen Einspeisetarifen kommen weitere Portfolio-Diversifikationseffekte hinzu.

5 Wettbewerberlandschaft und strategische Handlungsoptionen für Banken

5.1 Wettbewerberlandschaft für Finanzierungen von Erneuerbaren Energien nach der Finanzkrise

Die Landschaft der aktiven Banken unterscheidet sich stark je nach dem jeweiligen Subsegment des Marktes. So sind im Bereich Corporate Banking viele der Banken anzutreffen, die in ihrem jeweiligen Land oder ihrer Region Firmenkundengeschäft anbieten. Hierbei sind jedoch deutliche Unterschiede in den Aufstellungen der einzelnen Institute zu beobachten.

Einige Institute betreiben das Geschäft eher opportunistisch, d.h. ohne einen spezifischen strategischen Ansatz in Bezug auf die EE-Branche. Dies betrifft zum einen kleinere lokale Banken, für die es mangels kritischer Größe nicht lohnt, einen branchenspezifischen Ansatz zu verfolgen. Zum anderen betrifft es durchaus größere internationale Institute, die aber vor dem Hintergrund einer noch nicht besonders ausgeprägten EE-Branche in ihren jeweiligen Heimat- oder den Kernzielmärkten ebenfalls keine kritische Größe für einen branchenspezifischen Ansatz erreichen.

Andere Institute verfolgen hingegen einen strategischen, d.h. branchenspezifischen Ansatz. In der Ausgestaltung gibt es wiederum verschiedene Möglichkeiten, die mehrere der folgenden Komponenten beinhalten können:

- tiefes Branchenverständnis im Vertrieb, beispielsweise durch dedizierte Vertriebseinheit oder dedizierte Produktspezialisten;
- dedizierte Marktfolge- bzw. Portfolio-Managementeinheit, ebenfalls mit tiefem Branchenverständnis;
- branchenspezifische Produkte bzw. Tools zur Bedarfsanalyse;
- Teil des Branchennetzwerkes/der Community, z.B. über Teilnahme an und Beiträge zu Messen, Konferenzen, Schulungen etc.

Projektfinanzierungen werden hingegen nur von wenigen Instituten opportunistisch angeboten, schon weil sie aufgrund der weit in die Zukunft reichenden Cashflow-Betrachtung besonderes, vom Firmenkundengeschäft abweichendes Know-how und spezifische Tools erfordern und dies teilweise auch regulatorisch gefordert wird.

Daneben gibt es Banken, die sich aufgrund der langen Laufzeiten zurückhalten; bei Wind- und PV-Projekten sind heute Kreditlaufzeiten von 15 bis 17 Jahren üblich. So ist es beispielsweise im kapitalmarktlastigen US-Markt nicht üblich, dass Banken den langfristigen Kreditbedarf ihrer Kunden über ihre eigenen Bilanzen decken, weshalb sich die US-Banken teilweise auch bei EE-Projektfinanzierungen zurückhalten. Daneben bringen die langen Laufzeiten regulatorische Risiken mit sich.

Insofern gibt es auch bei den Projektfinanzierungen unterschiedliche Geschäftsmodelle der Banken. Zum einen gibt es – trotz der oben genannten spezifischen Anforderungen – durchaus Banken, die kleinere Projekte ohne besondere Cashflow-Analysen nach „Faustformeln" beleihen. Dies ist insbesondere in reifen Märkten zu beobachten, in denen etablierte Institute bereits Erfahrungen mit solchen Projekten gesammelt und damit Standards gesetzt haben, die von kleineren Instituten adaptiert werden können. Dies ist beispielsweise für die Windenergie in Deutschland der Fall, die heute auch von Sparkassen und Banken aus dem Genossenschaftssektor finanziert wird. Allerdings sind diese Institute typischerweise beschränkt in Hinsicht auf die Größe der Projekte, die sie finanzieren können, da schon Projektfinanzierungen von beispielsweise 15 bis 20 Mio. EUR Klumpenrisiken darstellen können.

Am anderen Ende des Spektrums sind große, internationale Institute, die über das dargestellte Know-how verfügen und grundsätzlich in der Lage sind, auch sehr große Projekte zu strukturieren und zu finanzieren. Allerdings haben die Engpässe auf den Syndizierungsmärkten im Nachgang der Finanzkrise dazu geführt, dass diese Banken keine großen Underwritings mehr machen, sondern im Vorfeld Syndikate oder Clubs gebildet werden, die in der Lage sind, den Kredit ohne weitere Syndizierungen auf der Bilanz zu halten. Hier hat sich als typischer *Final take* 50 Mio. EUR etabliert, sodass für einen Finanzierungsbedarf von beispielsweise 150 Mio. EUR derzeit ein Club von drei Banken aufgestellt würde.

Ein erstes Wiederaufleben von Underwritings für EE-Projektfinanzierungen ist derzeit zu beobachten, da eine zunehmende Anzahl an Banken die Attraktivität eines derartigen Kreditportfolios erkannt hat und auch „Junior-Rollen" in Kauf nimmt, um ein entsprechendes Portfolio aufzubauen. Insofern ist eine Wiederkehr von weniger komplexen Konstellationen – eine Bank, die die Finanzierung strukturiert und anschließend an andere Banken syndiziert – zu erwarten.

Die Geschäftsmodelle der projektfinanzierenden Banken unterscheiden sich jedoch nicht nur in Hinsicht auf die maximal möglichen Kreditvolumina, die einzelne Banken verkraften können, sondern auch in Hinsicht auf die Refinanzierung. So stehen für Projekte, die externes Funding (z.B. durch die KfW oder die EIB) erhalten können, auch solche Banken zur Verfügung, die ein eigenes langfristiges Funding nicht darstellen können.

Insofern lässt sich die Banken-Wettbewerberlandschaft bei Projektfinanzierungen in Erneuerbaren Energien wie folgt zusammenfassen:

- kleinere Banken, die kleinere Projekte finanzieren;
- größere bis große internationale Banken, die inhaltlich in der Lage sind, große Transaktionen zu strukturieren, aber derzeit nicht die bilanziellen Möglichkeiten haben, sodass sie eher kleinere Transaktionen suchen oder solche mit vollem externen Funding;
- größere bis große, internationale Banken, die inhaltlich in der Lage sind, große Transaktionen zu strukturieren und auch in der Lage sind, Funding auch über die eigene Bilanz darzustellen oder über ihre Kapitalmarktfähigkeiten weitere externe Fundingmöglichkeiten erschließen können.

5.2 Strategische Handlungsoptionen für Banken

Wie sollte eine Bank nun die EE-Branche abdecken? Hier gibt es sechs denkbare Optionen, die sich aus der Kombination der beiden folgenden Dimensionen ergeben:

- *erste Dimension*: isoliertes Angebot Corporate Banking versus isoliertes Angebot Projektfinanzierungen versus integrierte Abdeckung der Branche;
- *zweite Dimension*: eher standardisiertes versus kapitalmarktorientiertes Produktspektrum.

Die sechs Optionen sind in Abbildung 4 aufgezeigt und sollen anschließend aus Sicht des Kunden sowie der Bank bewertet werden.

Abbildung 4: Überblick strategische Handlungsoptionen für Banken

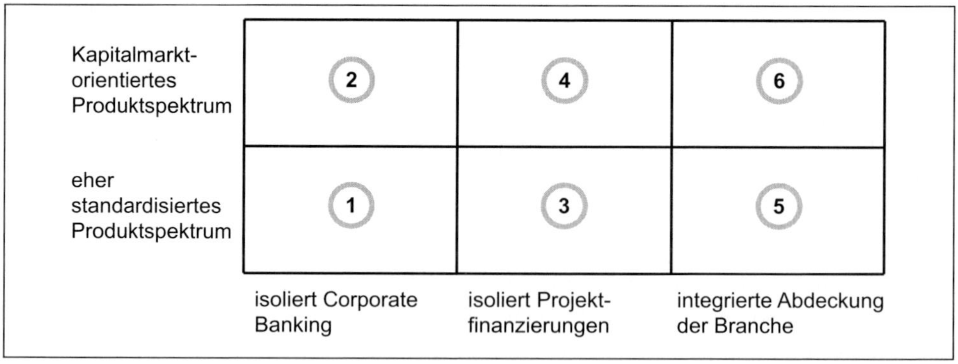

Grundsätzlich folgt die integrierte Abdeckung wie in den Optionen 5 und 6 in Abbildung 4 dem Rational, dass es sich bei Projektfinanzierungen um Absatzfinanzierungen der Firmenkunden handelt. Insofern ist diese aus Kundensicht grundsätzlich begrüßenswert, da der Kunde bei „seiner“ Bank auch seinen Projektfinanzierungsbedarf adressieren kann. Dies ist für Kunden vor allem insofern wichtig, als fehlende Projektfinanzierungen im Nachgang zur Finanzkrise bei vielen Herstellern zu einer verschärften Absatzsituation geführt haben. Aus Sicht der Banken ist eine integrierte Abdeckung der Branche aus drei Gründen attraktiv: Zum einen verbessert die Bank durch ein Engagement im Bereich der Projektfinanzierung ihre Position bei den Kunden, da die Projektfinanzierungen je nach Verfügbarkeit auch die Position eines Ankerproduktes einnehmen können. Der zweite Vorteil aus Bankensicht ist, dass man über die integrierte Abdeckung einen tieferen Einblick in die Branche gewinnt und so beispielsweise aus den Erfahrungen in der Projektfinanzierung Rückschlüsse auf die Marktposition einzelner Unternehmen ziehen kann. Letztlich hat die Bank durch den engen Kontakt zu ihrem Kunden Informationen über die jeweilige Projekt-Pipeline und damit Ansatzpunkte für attraktive Projektfinanzierungen.

Auch isoliert kann das Projektfinanzierungsgeschäft attraktiv sein. So können Kunden beispielsweise im Bereich der Projektfinanzierungen auf eine wesentlich größere Anzahl an Banken angewiesen sein, als sie als Corporate-Banken brauchen, sodass isolierte Ansätze (Optionen 3 und 4 in Abbildung 4) aus Kundensicht attraktive Geschäftsmodelle sein können. Ebenso kann eine solche isolierte Aktivität für die Banken aufgrund der dargestellten Charakteristika der Finanzierungen eine attraktive Diversifikation des Portfolios bedeuten. Die oben genannten Vorteile der integrierten Abdeckung aus Kunden- wie auch aus Bankensicht (Optionen 5 und 6 in Abbildung 4) können in diesem Setup allerdings nicht realisiert werden.

Ähnliche Überlegungen gelten für die Produktdimension. So ist für den Kunden grundsätzlich eine Bank mit starkem Produktangebot (Optionen 2, 4, 6) attraktiver, die beispielsweise Finanzierungsbedarf auch über einen Zugang zu den Kapitalmärkten decken oder aber innovative Produkte z.B. aus dem Bereich Risikomanagement anbieten kann. Dies gilt ebenso für die Projektfinanzierungen, da Banken, die beispielsweise Verbriefungen von Projektfinanzierungen darstellen können, in der Lage sind, Kunden ohne komplexe Club-Konstellationen zu bedienen. Auf der anderen Seite verfügen Firmenkunden je nach Größe über mehrere Bankverbindungen und es reicht aus, dass einige wenige Banken über ein solches Produktspektrum verfügen.

Aus Bankensicht ist ein breites Produktspektrum attraktiv, da es Möglichkeiten zum Cross-Selling und damit zur Profitabilisierung der Kundenbeziehung bietet. Andererseits wird die Entscheidung über Aufbau und Unterhalt der Produktfähigkeiten nicht durch den Ansatz in der EE-Branche getrieben, sondern wird durch das allgemeine Geschäftsmodell determiniert.

Zusammenfassend lässt sich die Option 6 als für den Kunden wie auch die Bank attraktivster Ansatz für die Betreuung der EE-Branche bewerten. Da allerdings nicht jede Bank die Voraussetzungen hierfür erfüllt (z.B. mangels kritischer Masse an Kunden in der Branche oder aufgrund eines zu engen Produktspektrums), haben sich andere Geschäftsmodelle etabliert. Diese werden wiederum von den Kunden angenommen, da auf Seiten der Projektfinanzierung ein Kapitalbedarf besteht, der von den Kernbanken allein zumeist nicht gedeckt werden kann. Aber auch im Corporate Banking können durchaus Verbindungen zu Nebenbanken sinnvoll sein, die nicht das volle Branchenverständnis mitbringen müssen.

6 Ausblick

Die Dynamik der EE-Branche wird sich fortsetzen, und damit wird auch von den Banken weiterhin ein hoher Grad an Innovation gefordert. Die Branche wird auch in der nahen Zukunft neue Technologien, neue Wettbewerber und sich stetig verändernde Fördermechanismen bzw. den Übergang zu Marktpreisen erleben. Ebenso wird sich die Investorenlandschaft ändern, wie im Bereich Offshore-Wind zu beobachten: Hier engagieren sich deutlich mehr strategische Investoren, wie z.B. große Energieversorger oder Stadtwerke, als dies im Bereich Onshore-Wind oder PV der Fall ist.

Daneben werden Änderungen der Bankenregulierung auch auf die Banken, die in der EE-Branche aktiv sind, deutlichen Einfluss haben, insbesondere auf die Projektfinanzierungen mit ihren langen Laufzeiten.

Banken müssen sich an diese Dynamik laufend anpassen. Hierbei werden die großen Banken mit starker Produktexpertise für die EE-Branche deutlich wichtiger, da es sich erst ab einer kritischen Größe der Bank lohnt, diese Anpassungen zu vollziehen. So ist beispielsweise die Entwicklung von Verbriefungsformen für Projektfinanzierungs-Portfolien und ein Verkauf an Investoren mit langfristigem Anlagehorizont eine sinnvolle Lösung, um trotz absehbar verschärfter Regulierung weiterhin Projektfinanzierungen zur Verfügung stellen zu können. Allerdings lohnt sich der Aufbau einer solchen Plattform erst ab einer gewissen Größe des jährlichen Neugeschäftsvolumens und ist nur möglich, wenn die Bank über die entsprechenden Spezialisten auf der Verbriefungsseite und den entsprechenden Investorenzugang auf der Sales-Seite verfügt. Andererseits können aber auch auf der Finanzierungsseite neue Spieler entstehen, wie das Beispiel der Versicherungen, die in den USA PV-Projekte direkt finanzieren, zeigt.

Voraussetzung für weiter funktionierende Finanzierungsmärkte sind – nicht nur in der EE-Branche, aber hier wegen der langen Laufzeiten in besonderem Maße – stabile rechtliche Rahmenbedingungen. Schon die Diskussionen über eine rückwirkende Anpassung der Fördersysteme in Spanien und damit ein deutliches Eingreifen in die Kalkulationen der Investoren sowie der Finanzierer – unabhängig davon, wie die rechtliche Wertung eines solchen Vorgehens aussieht – hatte spürbare Konsequenzen auf den Risikoappetit aller Beteiligten.

Von diesem negativen Szenario abgesehen sind die Aussichten sowohl für die EE-Branche selbst als auch die Finanzierungsseite höchst attraktiv. Gerade die weitere Verbindung der Projektfinanzierungen mit Kapitalmarktlösungen wird eine der spannendsten Herausforderungen der kommenden Jahre.

Literatur

Bundesverband Erneuerbare Energien (2010): Kosten und Nutzen Erneuerbarer Energien, ohne Ort

European Photovoltaic Industry Association (2010): Market Outlook 2010, ohne Ort

European Photovoltaic Industry Association/Greenpeace (2011): Solar Generation 6. Solar Photovoltaic Electricity Empowering The World, ohne Ort

European Wind Energy Association (2011): Wind in power. 2010 European statistics, ohne Ort

Gillmann, Jan-Philipp/Heidegger, Helmut/Heidrich, Ralph (2008): Coping with the credit crunch: Opportunities for corporate banking in Europe, in: McKinsey on Corporate and Investment Banking, Nr. 6, S. 22-30

Global Wind Energy Council (2010): Global Wind Statistics 2010, Brüssel

Michaelsen, Jörn/Peters, Bernd (2011): Anlagen der erneuerbaren Energien als Kreditsicherheiten, FCH-Sicherheitenkompendium, 3. Aufl., Heidelberg

Millborrow, David (2010): How to measure up to expectations, Windpower Monthly, 21.07.2010

Peters, Bernd (2002): Wem gehören die Windkraftanlagen auf fremdem Grund und Boden?, in: Werpapier-Mitteilungen, S. 110 ff.

Peters, Bernd (2007): Windkraftanlagen und §§ 93 ff. BGB, in Wertpapier-Mitteilungen, S. 2.003 ff.

Stark, Karin/Klenke, Thomas (2010): Risikoreduzierung durch Branchen-Know-how, in: Die Bank, Nr. 12, S. 32-35

Tauber, Johannes/Vorpeil, Klaus (2010): Praktikerhandbuch Auslandssicherheiten, Heidelberg

Valdez, Stephen/Molyneux, Philip (2010): An Introduction to Global Financial Markets, Hampshire, 6. Auflage

Finanzierungsinstrumente im Bereich Erneuerbare Energien: ein Überblick

Dominik Thumfart

1 Einleitung

Zunächst wird in diesem Beitrag ein Überblick über die verschiedenen Phasen von Projekten im Bereich Erneuerbare Energien (EE) gegeben: Entwicklung, Errichtung und Betrieb. Danach wird eine grundsätzliche Unterscheidung getroffen zwischen Finanzierungsformen auf Unternehmensebene und auf Projektebene. Den Hauptteil dieses Beitrages bildet eine Beschreibung der wesentlichen Finanzierungsinstrumente auf Projektebene für die kapitalintensive Errichtungsphase von Projekten. Die Schlussfolgerung wird zeigen, dass der Projektentwickler aufgrund der Analyse der konkreten Parameter seines Projektes gemeinsam mit seinen Beratern die geeigneten Finanzierungsinstrumente auszuwählen hat.[1]

EE-Projekte werden häufig unterteilt in drei Phasen, welche spezifische Risiken für Kapitalgeber innehaben: Während der Entwicklungsphase geht es primär um den Erhalt aller notwendigen behördlichen Genehmigungen zur Errichtung des EE-Projektes. Das Projektrisiko für den Entwickler bzw. den/die Kapitalgeber während dieser Phase ist binär: Entweder werden alle Genehmigungen erteilt und das Projekt ist somit baureif oder die angefallenen Entwicklungskosten sind abzuschreiben. Die Entwicklungsphase stellt somit ein klares Eigenkapitalrisiko dar und wird auf Projektebene als in der Regel nicht bankfähig (bankable) angesehen. Sie eignet sich also gemeinhin nicht für eine Finanzierung über Fremdkapital. Dessen ungeachtet haben größere oder bereits etablierte Entwickler mit einer vorhandenen Leistungsbilanz erfolgreich Unternehmensanleihen begeben, deren Erlös auch oder sogar überwiegend für die Entwicklung von weiteren Projekten bestimmt war.

Die Errichtungsphase ist jene Phase, in der von Baubeginn bis zum Anschluss des Kraftwerkes an das Stromleitungsnetz erhebliche Investitionskosten anfallen, ohne dass ihnen währenddessen bereits Erträge gegenüberstehen. Der Bau der Anlage muss so ausgeführt werden, dass sämtliche behördliche Genehmigungen eingehalten werden und zeitgerecht ein Anschluss an das Stromleitungsnetz erfolgen kann, sodass die Stromerträge gemäß Planrechnung eintreffen. Die termingerechte Lieferfähigkeit des typischerweise beauftragten Generalunternehmers innerhalb der vereinbarten Kosten sowie der Netzanschluss durch den örtlichen Netzbetreiber stellen somit die beiden wesentlichen Risikofaktoren

[1] Der Autor dankt Herrn Michael Suppan, CFA, und Herrn Benjamin Walter, M. Sc., für die maßgebliche Unterstützung bei der Literaturrecherche sowie für wertvolle Anregungen im Rahmen der Erstellung dieses Beitrages.

für Kapitalgeber dar.[2] In der Errichtungsphase kommen sowohl Eigenkapital als auch Fremdkapital zum Einsatz. Die im Rahmen dieses Beitrages beschriebenen Finanzierungsinstrumente beziehen sich überwiegend auf die Errichtungsphase.

Nach Anschluss an das Stromübertragungs- bzw. Stromverteilungsnetz speist die Energieerzeugungsanlage Strom in das Netz ein und erwirtschaftet somit Erträge für den Eigentümer dieser Anlage. Die Risiken für die Kapitalgeber in der Betriebsphase sind überwiegend technischer Natur und werden für die im Rahmen dieses Beitrages behandelten Technologien als gering eingestuft. Das Risikoprofil entspricht jenem eines typischen Infrastrukturinvestments, das durch langfristig stabile Erträge mit geringem Ausfallrisiko charakterisiert wird. Aus diesem Grund bietet die Betriebsphase auch die meisten Möglichkeiten der Finanzierung, sowohl über Eigen- als auch Fremdkapital.

Finanzierungsinstrumente im EE-Bereich lassen sich zunächst einmal grundsätzlich zwischen Finanzierungsformen auf Unternehmensebene (also auf der Ebene des Projektentwicklers bzw. Projekteigentümers) und auf Ebene des Projektes (also der Stromerzeugungsanlage) unterscheiden. Die Finanzierung von EE-Projekten auf Unternehmensebene umfasst Fremdkapital, Eigenkapital und zwischen diesen beiden liegende Formen von Mezzaninkapital sowie staatliche Förderungen. Mit Ausnahme der staatlichen Förderungen unterscheiden sich diese Formen der Unternehmensfinanzierung im EE-Sektor nicht wesentlich von anderen Industriezweigen, und es wird daher auf sie im Rahmen dieses Beitrages nur kurz eingegangen. Unternehmensfinanzierungen im EE-Bereich werden typischerweise von Energieversorgern oder anderen Entwicklern mit einer vorhandenen Leistungsbilanz und gewissen Mindestbonität zur Finanzierung der Errichtung von Kraftwerken eingesetzt, da sie häufig Vorteile bezüglich der Kosten und der zeitlichen Abwicklung aufweisen.

Unter einer Projektfinanzierung im weiteren Sinn versteht man eine Finanzierung für ein Investitionsvorhaben, das von einer eigens zu diesem Zweck gegründeten Projektgesellschaft durchgeführt wird. Die im Rahmen der Projektfinanzierung eingesetzten Kapitaltranchen können Eigenkapital, Fremdkapital und Mezzaninkapital umfassen. Bei einer Projektfinanzierung im engeren Sinne geht es um die Kreditfinanzierung der mit entsprechend Eigenkapital ausgestatteten Projektgesellschaft. Im idealtypischen Fall stellt

[2] In Offshore-Windprojekten sind echte Generalunternehmerverträge mit einem einzelnen Vertragspartner bislang die Ausnahme. Die gängigen Multi-Contracting-Strukturen stellen enorme Anforderungen an externe Kapitalgeber, müssen doch die Schnittstellen zwischen mehreren Lieferanten und Dienstleistern analysiert und eine möglichst nahtlose Haftungskette zwischen diesen Parteien geschaffen werden, um die Fertigstellung eines Projektes innerhalb des vereinbarten Kosten- und Zeitrahmens sicherzustellen.

die Projektfinanzierung ausschließlich auf die Erträge (Cashflows) aus dem Projekt ab und sieht keinen Rückgriff auf den Eigentümer der Projektgesellschaft vor (man spricht in diesem Fall von Non-Recourse-Finanzierungen).[3]

Tabelle 1: Überblick über wesentliche Unterschiede zwischen Unternehmens- und Projektfinanzierung

	Unternehmensfinanzierung	Projektfinanzierung
Fremdkapital-kapazität	vorgegeben durch den Kapitalmarkt und abhängig von der Bonitätsbewertung bzw. dem Rating des Unternehmens	bestimmt durch detaillierte Cashflow-Analyse des Projektes
Verfügbarkeit	einmalig oder über kurzen Zeitraum abrufbare Mittel	über die gesamte Errichtungsphase abrufbare Mittel
Laufzeit und Profil	mittlere Laufzeiten, geringerer Verschuldungsgrad als in der Projektfinanzierung, häufig endfällige Tilgung	lange Laufzeiten basierend auf Projektrisiko (anstelle des Ausfallrisikos der Gegenpartei), gleichmäßige Tilgung über die Laufzeit
Kosten	abhängig von Unternehmensbonität und Konditionen für vergleichbare Unternehmen	abhängig von Projektrisiken und spezifischer Risikoallokation
Anforderungen an die Due Diligence	standardisierte Prüfung durch die Bank	detaillierte Due Diligence mit externen Beratern
wichtige Kennzahlen für den Verschuldungsgrad	konsolidiertes Fremdkapital zu Ergebnis vor Zinsen, Steuern und Abschreibungen (EBITDA) und Zinsdeckungsgrad	Schuldendienstdeckungsgrad (Debt Service Cover Ratio) und Kreditlaufzeitdeckungsgrad (Loan Life Cover Ratio)
Sicherheiten	in der Regel unbesichert oder mit standardisierten Sicherheiten, hohe Flexibilität hinsichtlich Dividendenzahlungen, Verkauf von nicht betriebsnotwendigem Vermögen etc.	umfassende Sicherheiten mit detaillierter Planung und laufender Überprüfung der Liquidität sowie Reihung der Projekterlöse nach Kapitaltranchen (Cashflow-Waterfall), geringe Flexibilität hinsichtlich Veränderungen des Ertragsprofils

Projektfinanzierungen sind in der Regel nur darstellbar in Ländern, deren Regierungen gesetzliche Maßnahmen zur Förderung von EE geschaffen haben (beispielsweise in Form von Einspeisetarifen, Grünzertifikaten oder die Verpflichtung von Energieversorgungs-

[3] In der Praxis findet sich neben wirklichen Non-Recourse-Finanzierungen eine Bandbreite von Limited-Recourse-Finanzierungsformen, bei denen über zeitlich limitierte Garantien bzw. Haftungserklärungen die Bonität des Eigentümers der Projektgesellschaft mit in die Projektbeurteilung einfließt. Die Besicherung von Projektfinanzierungen erfolgt in beiden Fällen durch die Abtretung sämtlicher Rechte aus den Verträgen der Projektgesellschaft mit Dritten sowie häufig auch Hypotheken und Sicherungsübereignungen von Anlagen.

unternehmen, einen bestimmten Prozentsatz ihres Energieaufkommens aus erneuerbaren Energiequellen zu bestreiten, was den Anreiz zum Abschluss langfristiger Strombezugsverträge [Power Purchase Agreements, PPAs] setzt). Projektfinanzierungen im EE-Bereich werden typischerweise von Entwicklern eingesetzt, die aufgrund ihres kurzen Bestehens, ihrer Unternehmensgröße und/oder ihrer Kapitalausstattung keinen ausreichenden Zugang zu Unternehmensfinanzierungen haben. Für diese Entwickler stellt die Projektfinanzierung die wichtigste Form der Finanzierung ihrer EE-Projekte dar.[4]

Tabelle 1 gibt einen Überblick über wesentliche Unterschiede zwischen der Unternehmens- und der Projektfinanzierung.

Um den Rahmen dieses Beitrages nicht zu sprengen, erfolgt eine geographische Einschränkung der beschriebenen Finanzierungsinstrumente auf die Märkte der Europäischen Union und Nordamerikas, in denen es bereits einen Regulierungsrahmen für EE gibt und somit in den nächsten Jahren eine Vielzahl von EE-Projekten zu erwarten ist. Darüber hinaus erfolgt eine Einschränkung auf kommerziell erprobte Technologien, insbesondere Onshore- und Offshore-Wind, Photovoltaik, Solarthermie, Wasserkraft, konventionelle Geothermie, Biomasse und Biogas.[5]

2 Finanzierungsinstrumente auf Unternehmensebene

Im Folgenden wird ein Überblick gegeben über die wichtigsten Gruppen von Kapitalgebern auf Unternehmensebene.

2.1 Eigenkapital (und Mezzaninkapital)

Börseneinführungen oder Kapitalerhöhungen über die Börse von im EE-Sektor tätigen Unternehmen setzen technologisch besonders ausgereifte und über mehrere Jahre kommerziell erprobte Technologien voraus, die sich für eine großräumige Verbreitung eignen. Bislang sind dies insbesondere Wasserkraft und Onshore-Wind. Darüber hinaus muss das Unternehmen eine Reihe von Faktoren aufweisen, die in Summe eine „Börsen-

[4] In bestimmten Fällen werden Projektfinanzierungen auch von etablierten und kapitalstarken Unternehmen eingesetzt, z.B. bei Projekten, die im Eigentum von mehreren Konsortialpartnern stehen.

[5] Neuere EE-Technologien wie z.B. Biokraftstoffe aus Algen, Wellen- und Gezeitenkraftwerke und CO_2-Abscheidung und -Speicherung werden überwiegend über Wagniskapitalgeber (Venture Capital) finanziert. Auf diese Technologien soll im Rahmen dieses Beitrages nicht eingegangen werden.

reife" ergeben: Dazu gehören Mindeststandards für Unternehmensgröße und Nachhaltigkeit von Umsatz und Ertragskraft, eine klare Aufbau- und Ablauforganisation des Unternehmens sowie anerkannte Grundsätze der Unternehmensführung (Corporate Governance), erkennbare Wettbewerbsvorteile, eine bereits vorhandene Marktposition sowie eine Unternehmensstrategie zum weiteren Ausbau dieser Marktposition (auch im Vergleich zu schon börsennotierten vergleichbaren Unternehmen). Wenn alle diese unternehmensbezogenen Erfolgsfaktoren erfüllt sind, dann bedarf es darüber hinaus eines günstigen Börsenumfeldes, das sich durch ein Interesse von Investoren an Unternehmen aus der EE-Branche ausdrückt. Dieses wird wesentlich beeinflusst vom regulatorischen Umfeld für den Sektor und kann im Jahresvergleich stark schwanken. Beispielsweise mussten im Jahr 2010 die geplanten Börseneinführungen mehrerer europäischer Entwickler und Betreiber von Solarkraftwerken bzw. von auf den Solarsektor spezialisierten Investmentfonds (Special Purpose Acquisition Companies, SPACs) aufgrund des ungewissen regulatorischen Umfeldes im Hauptmarkt Spanien abgesagt werden. Eine Kapitalbeschaffung über die Börse ist in jedem Falle ein zeitintensiver Prozess von häufig länger als einem Jahr und für nur eine geringe Anzahl von Unternehmen geeignet.

2.2 Fremdkapital

Im Folgenden wird ein Überblick gegeben über die wichtigsten Gruppen von Fremdkapitalgebern auf Unternehmensebene.

2.2.1 Bankdarlehen und Anleihen

Beiden Instrumenten der Fremdfinanzierung ist gemeinsam, dass die Kapitalgeber (Banken bzw. Kapitalmarktinvestoren) gewisse Bonitätsanforderungen an das Unternehmen stellen, die in der Regel erst bei mehrjährig gewinnbringender Geschäftstätigkeit erfüllt werden können. Bei Anleihefinanzierungen wird darüber hinaus die formale Einhaltung der Bonitätsanforderungen durch die für den jeweiligen Emissionsmarkt zuständige Aufsichtsbehörde überprüft. Anleihefinanzierungen erfordern überdies ein bestimmtes Emissionsvolumen, womit die Anwendbarkeit dieses Finanzierungsinstrumentes wiederum auf EE-Unternehmen beschränkt ist, die gewisse Mindeststandards hinsichtlich ihrer Finanzkraft und bisherigen Geschäftstätigkeit erfüllen.

2.2.2 Öffentliche Finanzierungsinstrumente und Subventionen

In mehreren Ländern gibt es öffentliche Förderungen für Forschung und Entwicklung neuer Technologien bzw. für die Weiterentwicklung existierender Technologien, um diese zur Marktreife zu führen oder die Erschließung des Weltmarktes zu erleichtern. In der Regel können Anlagenhersteller diese Förderungen in Anspruch nehmen. Die für Projektentwickler im EE-Bereich zugänglichen öffentlichen Finanzierungsinstrumente und Subventionen sind typischerweise an Projekte gebunden. Steuerliche Anreize, Garantien von Exportkreditagenturen und Darlehen von nationalen und multilateralen Förderbanken für EE-Projekte werden in nachfolgenden Abschnitten auf Projektebene beschrieben.

3 Finanzierungsinstrumente auf Projektebene

Im Folgenden wird ein Überblick gegeben über die wichtigsten Gruppen von Kapitalgebern auf Projektebene.

3.1 Eigenkapital und Mezzaninkapital

Zahlreiche, verschiedenartige Gruppen von Investoren stellen Eigenkapital für EE-Projekte zur Verfügung. Deren unterschiedliche Anforderungen sollen im Folgenden dargestellt werden. Die beschriebenen Eigenkapitalgeber auf Projektebene bevorzugen in der Regel formell und materiell Eigenkapital in Projekten. Manche haben allerdings auch Interesse an Kapitaltranchen, die formell fix verzinstes Fremdkapital darstellen (und damit nicht als Erste von einem Kapitalverlust betroffen sind), aber über Strukturierungselemente (z.B. Optionsrechte, Wandlungsrechte) Anteil am Gewinn des Projekts bzw. der Projektgesellschaft bei Erreichen gewisser vereinbarter Schwellenwerte ermöglichen (Mezzaninkapital bzw. Wandelkapital).

3.1.1 Private-Equity-Fonds und Hedge-Fonds

Diese Investoren sind kurz- bis mittelfristig orientiert, mit einer angestrebten Kapitalbindung von bis zu fünf Jahren. Gemeinsam ist diesen Investoren, dass sie Renditen von über 20% vor Steuern anstreben. Um diese Renditen zu erreichen, ist es für Projekte im EU-Raum und in Nordamerika typischerweise notwendig, Entwicklungs- oder Baurisiken zu übernehmen; diese Investoren haben dafür die notwendige Risikotoleranz. Viele dieser Fonds verfügen über hohe Finanzmittel und streben hohe Investitionsbeträge von umgerechnet 100 Mio. EUR oder mehr für ein Projekt oder ein Portfolio von Projekten an. Vor dem Einstieg in ein Projekt definieren diese Investoren eine Ausstiegsstrategie. Es gibt in dieser Gruppe Investoren mit einem Fokus auf den gesamten Energiesektor oder nur auf EE. Andere Vertreter dieser Gruppe sind in mehreren Branchen tätig. An EE finden sie u.a. interessant, dass die Erträge aus derartigen Projekten keine hohe positive Korrelation mit anderen Asset-Klassen aufweisen. Die meisten dieser Investoren bevorzugen die Finanzierung von starken Managementteams, die eine Pipeline an Projekten entwickeln und anschließend betreiben (auch als „Plattforminvestitionen" bezeichnet) und eine aktive unternehmerische Beteiligung daran gegenüber reinen Projektgesellschaften.

3.1.2 Infrastrukturfonds

Diese Investoren sind mit einer Kapitalbindung von 15 bis 25 Jahren langfristig orientiert und benötigen periodische und stabile Ertragsströme aus ihren Investitionen. Sie sind daher vor allem an der Betriebsphase von Projekten interessiert und sind nur bei adäquater Eingrenzung des Baurisikos (z.B. durch einen schlüsselfertigen Bauvertrag mit einem bonitätsstarken Generalunternehmer und wesentlichen Vertragsstrafen im Fall der Nichterfüllung des Vertrages) bereit, früher in ein Projekt einzusteigen. Die Renditeerwartungen dieser Fonds liegen in der Bandbreite von 10 bis 20%. Die bevorzugten Investitionsbeträge sind umgerechnet 50 bis 100 Mio. EUR. Eine Reihe von Investmentbanken haben Infrastrukturfonds aufgesetzt, andere Vertreter dieser Gruppe sind bankenunabhängig.

3.1.3 Pensionsfonds und Versicherer

Vertreter dieser Gruppe sind infolge der langen durchschnittlichen Bindungsdauer ihrer Pensionszusagen bzw. Versicherungsverträge ebenfalls an illiquiden Anlagen mit Laufzeiten von 15 bis 25 Jahren interessiert und benötigen periodische und stabile Ertragsströme. Sie werden typischerweise in der Betriebsphase und nur selten in der Bauphase von Projekten tätig. Im ersten Fall liegen die Ertragserwartungen bei 7 bis 12%. Gemeinsam ist den Vertretern dieser Investorengruppe, dass sie einer besonderen staatlichen Aufsicht unterliegen und klare gesetzliche Auflagen für ihre Investitionstätigkeit haben. Manche dieser Investoren erhöhen durch Fremdkapitalfinanzierung auf Projektebene (Leverage) ihre Eigenkapitalrendite, andere investieren in Projekte zur Gänze mit Eigenkapital. Die Höhe der Investitionsbeträge pro Projekt hängt vom Bilanzvolumen und Eigenmittelbestand der Investoren ab und kann zwischen umgerechnet 10 und 100 Mio. EUR liegen.

3.1.4 Staatsfonds

Dieser geographisch sehr heterogenen Investorengruppe gemein sind eine beträchtliche Risikotoleranz und lange Investitionsdauern verbunden mit hohen Renditeerwartungen von 15 bis 25%. Sie bevorzugen hohe Investitionsvolumina (ab umgerechnet 100 Mio. EUR aufwärts) und verlangen typischerweise eine Verbindung zum Heimatland (z.B. in Form von geplanten Anschlussinvestitionen dort). Viele dieser Fonds haben in den letzten Jahren ihre Anlageformen (Asset-Klassen) diversifiziert und haben begonnen, sowohl in Energieversorger und Projektentwickler, die im EE-Bereich tätig sind, als auch in große EE-Projekte zu investieren.

3.1.5 Industrielle Investoren

Diese umfassen im Wesentlichen drei Untergruppen: Bauunternehmen, Anlagenhersteller und Energieversorger. Die beiden erstgenannten Gruppen haben ein originäres Interesse, dass EE-Kraftwerke gebaut werden, und sind deshalb willens, Baurisiken zu übernehmen und gegebenenfalls auch während der Betriebsphase investiert zu bleiben. Ein Co-Investment seitens eines dieser Investoren in ein EE-Projekt kann eine Form der Verkaufsförderung darstellen oder vom Entwickler nach Bestellung von Anlagenteilen oder Abschluss eines Lieferungs- und Leistungsvertrages vorgeschlagen werden. Manche dieser Investoren sind bereit, für ein konkretes Projekt eine Mischpreiskalkulation vorzunehmen. Für andere Investoren muss sich eine finanzielle Beteiligung am Bau unabhängig vom Lieferungs- und Leistungsvertrag rechnen, die Renditeerwartungen schwanken zwischen 10 und 20%. Häufig werden die Investoren ihre Beteiligung möglichst gering halten. Es gibt allerdings auch Fälle, in denen ein industrieller Investor Errichtung, Betrieb und Wartung von EE-Kraftwerken als eigenes Geschäftsfeld definiert hat. Daneben gibt es eine Vielzahl von Anlagenherstellern, die in EE-Projekte investieren.[6] Dazu zählen Unternehmen aus den Sektoren Photovoltaik, Solarthermie und Wind. Es gibt auch eine kleine Anzahl industrieller Mischkonzerne, die eigene Finanzdienstleistungsgesellschaften haben und über diese Eigen- und Fremdkapital in EE-Projekte investieren, bevorzugt, aber nicht zwingend in solche Projekte, bei denen eigene Anlagenteile zum Einsatz kommen. Mehrere mit Mischkonzernen assoziierte japanische Handelshäuser sind führende Investoren in Energieerzeugungsprojekten unabhängiger Stromerzeuger (Independent Power Producers, IPPs) in verschiedenen Teilen der Welt (z.B. Asien, Nordafrika, Mittlerer Osten). Auch chinesische und koreanische Industriekonzerne und Energieversorger treten vermehrt als Investoren außerhalb ihrer Heimatmärkte auf.

Die überwiegende Zahl der Energieversorger hat Erneuerbare Energien mittlerweile als strategisches Geschäftsfeld definiert, in dem es zu wachsen gilt, und sie stehen deshalb Investitionen in allen Projektphasen grundsätzlich aufgeschlossen gegenüber. Viele dieser Investoren streben eine Mehrheitsbeteiligung an einem Projekt an, verbunden mit der Möglichkeit, Betrieb und Wartung des Projektes zu übernehmen. Die Investitionsvolumina können daher bei größeren Energieversorgern auch über umgerechnet 100 Mio. EUR hinausgehen. Es gibt zahlreiche Beispiele für den Einstieg von Energieversorgern in EE-Projekte in den Sektoren Onshore-Wind, Offshore-Wind, Photovoltaik und Solarthermie.

---

[6] In der Photovoltaik-Branche gab es in der Jahren 2009 und 2010 einen massiven Trend zur vertikalen Integration, in deren Rahmen Anlagenhersteller begannen, zur Sicherstellung eines kontinuierlichen Absatzes ihrer Produkte eigene Solarprojekte zu entwickeln. Sie traten damit allerdings auch in Konkurrenz zu ihren Kunden, den selbstständigen Projektentwicklern.

3.1.6 Family Offices

Diese Investoren verwalten die Vermögen von Familien und vermögenden Privatpersonen. Sie erwarten periodische und stabile Ertragsströme aus ihren Investitionen, die erfahrungsgemäß Beträge von umgerechnet 10 bis 25 Mio. EUR bei Renditeerwartungen von 8 bis 20% umfassen. Family Offices haben sich bislang überwiegend in den Sektoren Onshore-Wind, Photovoltaik und Kleinwasserkraftwerken engagiert.

3.1.7 Geschlossene Fonds

Geschlossene Fonds stellen ein Instrument zur Finanzierung von EE-Projekten dar, welches insbesondere in Deutschland seit geraumer Zeit eine wichtige Rolle spielt. So wurden 2010 geschlossene Fonds für EE in einem Volumen von rund 2,3 Mrd. EUR aufgelegt.[7] Hauptfokus der Investitionen waren dabei Photovoltaik-Projekte. Die Investoren in geschlossene Fonds sind breit gefächert und umfassen – je nach Risiko-Rendite-Profil des konkreten Fonds – im Wesentlichen private Kleinanleger, vermögende Privatpersonen, Family Offices, Kirchen und gemeinnützige Einrichtungen. Die verschiedenen Investorengruppen haben in der Regel Renditeerwartungen von 6 bis 10%.

3.2 Fremdkapital

Im Folgenden wird ein Überblick gegeben über die wichtigsten Gruppen von Fremdkapitalgebern auf Projektebene.

3.2.1 Finanzierung durch kommerzielle Banken

Die Finanzierung durch Banken ist bislang die vom Volumen her mit großem Abstand bedeutendste Form der Fremdfinanzierung. Sie findet für sämtliche Größenordnungen von EE-Projekten Einsatz. Kleine Projekte (bis zu umgerechnet 25 Mio. EUR Investitionskosten) werden häufig von einer einzigen Bank finanziert, größere von einem Dutzend oder mehr Banken. Unter den Banken können verschiedene Gruppen unterschieden werden. Die kommerziellen Banken können von ihrem geographischen Operationsradius und ihrer Strukturierungsexpertise her eingeteilt werden in globale Arrangeure von Projektfinanzierungen, regionale Arrangeure sowie Darlehensgeber, die sich im Rahmen von Konsortien an Projektfinanzierungen beteiligen. Die Arrangeure unter den kommerziellen Banken übernehmen als Mandated Lead Arranger die Strukturierung von Projektfinanzierungen und die Zusammenstellung des Bankenkonsortiums entweder in

[7] Quelle: Verband Geschlossene Fonds.

Form eines Konsortiums (Clubs) von Banken oder zunächst durch Abgabe einer Platzierungszusage (Underwriting) und anschließender Syndizierung des fix übernommenen Finanzierungsvolumens an die Konsortialpartner. Die Beträge, mit denen sich kommerzielle Banken heute an Projektfinanzierungen im EE-Sektor beteiligen, belaufen sich in der Regel auf maximal 50 bis 75 Mio. EUR bzw. USD.

3.2.2 Finanzierung durch Förderbanken

Für EE-Projekte mit einem Finanzierungsvolumen über 500 Mio. EUR ist es im EU-Raum überlegenswert, nationale Förderbanken bzw. multilaterale Entwicklungsbanken in eine Projektfinanzierung einzubeziehen. Diese können im Idealfall günstigere Konditionen im Vergleich zu Darlehen von kommerziellen Banken bieten. Dieser Vorteil ergibt sich zum einen aus der günstigeren Refinanzierungsmöglichkeit aufgrund der öffentlichen Eigentümerstruktur und hohen Bonität dieser Förderbanken, aber auch aus der gezielten Unterstützung von EE-Projekten mit Hilfe von Darlehen zu Vorzugskonditionen (Soft Loans). Diese Vorzugskonditionen stellen in der Regel Zinssätze unter dem marktüblichen Satz dar, können aber z.B. auch eine längere Laufzeit oder eine tilgungsfreie Anfangszeit (Grace Period) umfassen. Darüber hinaus unterstützen manche Förderbanken Projekte in Jurisdiktionen, in denen sich kommerzielle Banken zurückhalten oder hohe Risikoaufschläge erfordern.

Die wichtigsten nationalen Förderbanken für EE-Projekte im EU-Raum sind die KfW (Deutschland), Caisse des Dépôts (Frankreich), Cassa Depositi e Prestiti (Italien) und Instituto de Crédito Oficial (Spanien).[8] Eine aktive Rolle in EE-Projekten spielt auch die im Eigentum von acht nordeuropäischen Staaten stehende Nordic Investment Bank. Die in Europa bedeutendsten multilateralen Entwicklungsbanken sind die im EU-Raum tätige Europäische Investitionsbank (EIB) sowie die in 29 Ländern Ost- und Südosteuropas sowie Zentralasiens aktive Europäische Bank für Wiederaufbau und Entwicklung (EBRD). Sowohl die EIB als auch die EBRD sind als Darlehensgeber in einer Reihe von EE-Projekten engagiert, die EBRD vereinzelt auch als Eigenkapitalpartner. In den USA gibt es keine den europäischen Förderbanken vergleichbaren Institute, die sich an der Finanzierung von EE-Projekten beteiligen. Allerdings übernimmt die Federal Financing Bank in den USA die Rolle als Darlehensgeber bei bestimmten Projekten, für die seitens des US-amerikanischen Energieministeriums (DOE) eine Kreditgarantie abgegeben wurde. In Kanada gibt es zwei lokale Förderbanken, die sich vermehrt in der Finanzierung von EE-Projekten engagieren: die Business Development Bank of Canada und die Export Development Corporation.

8 In Großbritannien wird die neugegründete Green Investment Bank ihre Geschäftstätigkeit im Jahr 2012 aufnehmen.

Die Programme zweier Förderbanken seien im Folgenden beispielhaft dargestellt: Die KfW unterstützt Projekte im EE-Sektor 2011 mit zwei allgemeinen Programmen (Erneuerbare Energien – Standard[9] und Erneuerbare Energien – Premium[10]) sowie einem speziellen Programm für Geothermieprojekte (Erneuerbare Energien – Tiefengeothermie[11]). Diese Programme bieten niedrige Zinssätze und langfristige Laufzeiten sowie eine tilgungsfreie Anlaufzeit. Auch Projekte von Großunternehmen können gefördert werden, wenn es sich dabei um besonders förderwürdige Vorhaben wie z.B. Solarthermie, Wärmespeicher oder Wärmenetze handelt. Ebenso ist eine Förderung von Projekten, die sich nicht in Deutschland befinden, möglich, wenn sie sich z.B. im grenznahen Bereich befinden und zur Verbesserung der Umweltsituation in Deutschland beitragen oder es sich um Investitionen deutscher Unternehmen handelt. Die KfW-Gruppe ist über ihre Tochtergesellschaft KfW-IPEX auch als kommerzieller Darlehensgeber außerhalb der Förderprogramme der Gruppe tätig.[12]

Die Europäische Investitionsbank stellt Darlehen bis zu einer Höhe von 50% der Gesamtkosten bereit.[13] Für sogenannte Einzeldarlehen, welche direkt an das Projekt vergeben werden, müssen die Projektgesamtkosten mindestens 25 Mio. EUR betragen.[14] Einzeldarlehen verfügen in der Regel über einen festen Zinssatz, eventuell mit einer Revisionsklausel oder Umwandlungsoptionen, die eine Anpassung des Zinssatzes nach einer festgelegten Formel während der Laufzeit des Darlehens ermöglicht. Diese Darlehen können nicht nur in Euro, sondern auch in zahlreichen anderen Währungen wie britischen Pfund, US-Dollar oder japanischen Yen ausgegeben werden. Kleinere Projekte unter 25 Mio. EUR können mit Globaldarlehen seitens der EIB gefördert werden. Globaldarlehen werden nicht an das Projekt direkt, sondern an dazwischengeschaltete Banken oder Finanzinstitute vergeben, welche diese dann weiterleiten. Es handelt sich daher um eine indirekte Form der Darlehensvergabe. Die Konditionen für diese Darlehen werden von der dazwischengeschalteten Bank festgelegt. Üblicherweise liegen die Laufzeiten bei Globaldarlehen zwischen fünf und zwölf Jahren.[15]

---

[9] Programmnummer 270.

[10] Programmnummer 271 und 281.

[11] Programmnummer 272 und 282.

[12] Überdies bietet die KfW-IPEX Darlehensprogramme für Projekte in ausgewählten Entwicklungsländern, welche eine Darlehensgarantie einer Exportkreditagentur erhalten haben (vgl.: KfW/ERP-Exportfinanzierungsprogramm).

[13] Teilweise auch bis zu 100% eines von einem dazwischengeschalteten Institut gewährten Darlehens.

[14] 10 Mio. EUR für afrikanische, karibische und pazifische Staaten (AKP-Staaten).

[15] Vgl.: Webseite der EIB: www.eib.org.

3.2.3 Kapitalmarktfinanzierung

Eine Projektfinanzierung über den Kapitalmarkt (Projektfinanzierungsanleihe oder Project Bond) weist nicht die gleiche Flexibilität auf wie eine Bankenfinanzierung, vielmehr besteht eine Reihe von materiellen und formellen Anforderungen. Aufgrund der Komplexität und Kosten der Strukturierung einer Anleihe sollte das Finanzierungsvolumen zumindest 150 Mio. EUR umfassen, nicht zuletzt auch, um eine höchstmögliche Anzahl von Kapitalmarktinvestoren für die Emission zu interessieren und eine ausreichende Liquidität im Sekundärmarkt sicherzustellen. Viele Kapitalmarktinvestoren benötigen für ihre langfristigen Investments ein Investment-Grade-Rating, also eine Bonitätsbeurteilung von BBB-/Baa3/BBB- durch zumindest eine (bevorzugt zwei) der großen Ratingagenturen Fitch, Moody's oder Standard & Poor's. Dies hat bislang den Anwendungsbereich von Projektfinanzierungsanleihen für die Errichtungsphase von EE-Projekten wesentlich eingeschränkt. Projektfinanzierungsanleihen mit guter Bonitätsbeurteilung können gegenüber einer Bankenfinanzierung potenziell zwei Vorteile aufweisen: niedrigere Zinskosten sowie längere Laufzeiten (d.h. über 20 Jahre). Es ist zu erwarten, dass Projektfinanzierungsanleihen – insbesondere für die Refinanzierung von in Betrieb befindlichen EE-Kraftwerken als auch für Bauprojekte im Photovoltaik-Sektor – bei stabilen Finanzmärkten an Bedeutung gewinnen werden. Faktoren, die dazu beitragen sollten, sind zunehmende Erfahrungswerte bei der Messung der Solareinstrahlung sowie bei langfristigem Betrieb und Wartung von Photovoltaik-Kraftwerken im Einklang mit den ursprünglichen Planrechnungen und in der Folge eine wachsende Vertrautheit der Ratingagenturen mit Photovoltaik-Kraftwerken. Die Ertragsprognose und damit Bonitätsbeurteilung von Windparks ist aufgrund der höheren Volatilität der Windressourcen im Jahresvergleich komplexer als für Photovoltaik-Parks, daher sind die Ratingagenturen Wind-Anleihen gegenüber zurückhaltender.

Bislang weitgehend akademisch ist die Diskussion über die Einführung von „grünen Anleihen" oder „Klima-Anleihen", worunter von den Ratingagenturen als Investment Grade bewertete, durch Forderungen besicherte Unternehmensanleihen (Asset-Backed Bonds) verstanden werden, die der Refinanzierung in Betrieb befindlicher EE-Anlagen mit stabilen Erträgen (also einem Infrastrukturinvestment-ähnlichen Risikoprofil) dienen sollen. Die Anleihen hätten von ihrem Konzept her günstigere Finanzierungskonditionen als die Finanzierungen der Bauphase von EE-Projekten, sie könnten auch projektfinanzierenden Banken eine vorhersehbare Refinanzierung ermöglichen und aufgrund der langen durchschnittlichen Kapitalbindung und der stabilen periodischen Erträge eine interessante Anlageform für Lebensversicherer und Pensionsfonds darstellen.

3.3 Staatliche Finanzierungsinstrumente

Im Folgenden wird ein Überblick gegeben über die wichtigsten Gruppen von staatlichen Finanzierungsinstrumenten auf Projektebene.

3.3.1 Finanzierung über Exportkreditagenturen

Für EE-Projekte mit einem Investitionsvolumen von umgerechnet über 25 Mio. EUR bietet sich grundsätzlich eine Finanzierung über die Exportkreditagentur des Ansässigkeitsstaates des Anlagenlieferanten bzw. Generalunternehmers an. Dies ergibt sich auch daraus, dass der sogenannte OECD-Konsensus, der die Rahmenbedingungen von Finanzierungen mit Unterstützung staatlicher Exportkreditagenturen vorgibt, für die Finanzierung von EE-Projekten die Vereinbarung von besonders langen Kreditlaufzeiten von bis zu 18 Jahren, von flexiblen Rückzahlungsprofilen sowie einer tilgungsfreien Zeit von maximal 24 Monaten nach Betriebsbereitschaft ermöglicht. Während generell ein Großteil des Exportwertes aus dem Land der Exportkreditagentur stammen sollte, bestehen Möglichkeiten, im Rahmen der Vorgaben der jeweiligen Exportkreditagentur bzw. des OECD-Konsensus, auch bestimmte Zulieferungen aus anderen Ländern als dem Ansässigkeitsstaat des Anlagenlieferanten (Exporteurs) sowie einen Teil der im Rahmen der Errichtung des EE-Projektes anfallenden örtlichen Kosten (maximal 30% des exportierten Auftragswertes) in die Finanzierung mit einzubeziehen.

Besonders aktiv in der Finanzierung sind derzeit die dänische EKF für in Dänemark hergestellte Windanlagen und die deutsche Euler Hermes für deutsche Windanlagen- und Photovoltaik-Panelehersteller sowie deutsche Anlagenbauer. Auch andere Exportkreditagenturen wie die italienische SACE, die Export-Import Bank of the U.S., die Japanese Bank of International Commerce und die Export Import Bank of Korea (Korea Eximbank) sind überaus aktiv im Bereich der EE.

3.3.2 Garantien und Bürgschaften

Die Regierungen mehrerer Länder setzen Finanzierungsinstrumente ein, über die eine Absicherung von EE-Projekten über staatliche Garantien, Bürgschaften oder Kreditversicherungen erfolgt und damit eine vollständige oder teilweise Kreditfinanzierung von Projekten ermöglicht wird. Beispielhaft werden hier drei für EE bedeutsame Instrumente kurz dargestellt: Die Kreditgarantien des US-amerikanischen Energieministeriums für verschiedene EE-Projekte, die für Kraftwerksprojekte zugänglichen Kreditversicherungen bzw. Garantien der italienischen Exportkreditagentur SACE und das geplante Sonderprogramm „Offshore-Windenergie“ der deutschen Bundesregierung. Jeder Entwickler sollte zu Beginn eines EE-Projekts mit seinen Rechts- und Finanzberatern prüfen, welche dieser Instrumente in der Jurisdiktion des jeweiligen Projektes verfügbar sind.

Das US-amerikanische Energieministerium bietet zwei Arten von Kreditgarantien für EE-Projekte an, die in Tabelle 2 gegenübergestellt sind.

Tabelle 2: Kreditgarantien für EE-Projekte des US-amerikanischen Energieministeriums

	Section 1703 Program (Innovative Technologies Projects)[a]	**Section 1705 Program (Financial Institutions Partnership Program, FIPP)**[b]
Technologien	Technologie, die (1.) nicht bereits kommerziell betrieben wird, d.h. bereits im Rahmen anderer Projekte installiert wurde und bereits in drei oder mehr Projekten in den USA in der gleichen Anwendung mindestens fünf Jahre in Betrieb ist oder (2.) bedeutsame und wichtige Verbesserungen an Produktivität oder Wert im Vergleich zu kommerziellen Technologien birgt	Projekte müssen Technologie einsetzen, die in drei oder mehr kommerziellen Projekten in der Welt in der gleichen oder einer im Wesentlichen ähnlichen Anwendung installiert wurde und verwendet wird und mindestens seit zwei Jahren in Betrieb ist (kommerzielle Technologien)
Darlehensgeber	Federal Financing Bank (falls der Antragsteller eine 100%-Kreditgarantie anstrebt)	kommerzielle Banken
Antragsteller beim Energieministerium	Projektsponsoren/-entwickler	Darlehensgeber

a. Das Section 1703 Program wurde durch den Energy Policy Act im Jahr 2005 eingeführt.
b. Das Section 1705 Program wurde durch den American Recovery and Reinvestment Act im Jahr 2009 eingeführt.

Quelle: U.S. Department of Energy

Projekte, für die eine Kreditgarantie im Rahmen von Section 1703 oder 1705 beantragt wird, müssen eine Reihe von Voraussetzungen hinsichtlich Bonität, Schaffung von Arbeitsplätzen, Mindestlöhnen für die beschäftigten Arbeiter und Investitionsbeträgen durch den Projektsponsor bzw. -entwickler erfüllen.[16] Beide Instrumente werden seitens der Entwickler von – insbesondere großvolumigen EE-Projekten – intensiv nachgefragt. So wurden bis Anfang des Jahres 2011 bereits 19 Projekte im Umfang von fast 18 Mrd. USD mit Kreditgarantien nach Section 1703 und 1705 unterstützt.[17]

Das „Civil Works"-Programm der italienischen Exportkreditagentur SACE richtet sich vor allem an italienische Kraftwerksbauunternehmen und -hersteller oder deren ausländische Tochtergesellschaften. Im Rahmen dieses Programms werden diese Unternehmen

---

16 Zum Redaktionsschluss war der Stand der, dass für eine Kreditgarantie gemäß Section 1705 der Baubeginn für das Projekt spätestens zum 30.09.2011 erfolgen musste.

17 Quelle: U.S. Department of Energy.

gegen politische und kommerzielle Risiken versichert oder gegen Nichtzahlung von Krediten bis zu 100%. Dieses Programm bezieht sich dabei konkret auf die Errichtungsphase und ist damit auf maximal fünf Jahre begrenzt. Andere Programme der SACE bieten eine Absicherung über längere Laufzeiten.[18] Im Gegensatz zu verschiedenen anderen Exportkreditagenturen gibt SACE keine eigenen Darlehen aus, sondern beschränkt sich auf Kreditgarantien. Darüber hinaus hat SACE auch die Möglichkeit, Projekte im Inland zu unterstützen, wenn diese von signifikanter Bedeutung für italienische Firmen oder die italienische Wirtschaft sind. So wurden bereits Photovoltaik-Projekte in Italien mit Kreditgarantien der SACE gefördert.

In Deutschland wird, um die Errichtung von Offshore-Windparks gezielt zu fördern, 2011 ein Sonderprogramm „Offshore-Windenergie" der KfW mit einem Kreditvolumen von insgesamt 5 Mrd. EUR zu Marktzinsen aufgelegt werden. Damit sollen laut des Bundesministeriums für Umwelt, Naturschutz und Reaktorsicherheit die Startschwierigkeiten des Offshore-Ausbaus überwunden werden.[19] Die angekündigten 5 Mrd. EUR sollen für die ersten zehn Offshore-Windparks bereitgestellt werden und damit der Offshore-Windtechnologie in Deutschland zum Durchbruch verhelfen. Mehrere deutsche Bundesländer überlegen darüber hinaus, für Offshore-Windprojekte in Deutschland Landesbürgschaften abzugeben.

3.3.3 Zuschüsse

Zuschüsse sind ein in den USA sowohl auf Bundesebene als auch zunehmend auf einzelstaatlicher Ebene (inzwischen in mehr als 20 Bundesstaaten) eingesetztes Finanzierungsinstrument für EE-Projekte. Der für größere EE-Projekte in den USA wichtigste dieser Zuschüsse ist ein seitens des Finanzministeriums verwalteter Zuschuss in Höhe von bis zu 30% der Investitionskosten, der bei Inbetriebnahme bestimmter EE-Kraftwerke bar ausgezahlt wird (U.S. Department of the Treasury Section 1603 Cash Grant oder Treasury Cash Grant).[20] Der Treasury Cash Grant gibt in den USA steuerpflichtigen Entwicklern von EE-Projekten, die Anspruch haben auf eine an einen Investitionsbetrag oder an eine erzeugte Menge an Strom gekoppelte Steuergutschrift (Investment Tax Credit, ITC, oder Production Tax Credit, PTC), die Wahlmöglichkeit, entweder den ITC bzw. PTC periodisch für ihre neuen Projekte in Anspruch zu nehmen oder bei Inbetriebnahme einen Einmalbetrag zu vereinnahmen. Der Treasury Cash Grant ist insbesondere für großvolumige EE-Projekte durch die Ermöglichung der Rückzahlung eines wesentlichen Teiles des für die Errichtungsphase aufgenommenen Fremdkapitals

---

[18] Vgl.: www.sace.it (24.02.2011).

[19] Vgl.: www.bmu.de/energiekonzept/doc/46497.php (24.02.2011).

[20] Der Treasury Cash Grant wurde durch den American Recovery and Reinvestment Act im Jahr 2009 eingeführt.

bei Inbetriebnahme des Projektes ein wichtiger Finanzierungsfaktor geworden. Laut des U.S. Department of the Treasury wurden bis 2010 über 2,7 Mrd. USD an Cash Grants nach Section 1603 vergeben.[21]

3.3.4 Steuerbasierte Instrumente

In den USA ist die Nutzung der mit dem wirtschaftlichen Eigentum an in Betrieb befindlichen Anlagegütern verbundenen steuerlichen Abschreibungsvorteile (beschleunigte Abschreibung gemäß Modified Accelerated Cost-Recovery System, MACRS) ein bedeutendes Finanzierungsinstrument für EE-Projekte. Es gibt zwei gängige Strukturen, über die sich Investoren mit einer beträchtlichen Körperschaftsteuerbasis in den USA (Tax Equity Investors) steuereffizient an EE-Projekten beteiligen können. Bei der Leveraged Lease Structure erfolgt der Abschluss eines Sale&Lease-Back zwischen der Projektgesellschaft des Entwicklers und einer im wirtschaftlichen Eigentum des Tax Equity Investors stehenden und über Banken fremdfinanzierten Zweckgesellschaft, an die periodisch Leasingraten bezahlt werden. Bei der Partnership Flip Structure steht die (potenziell fremdfinanzierte) Projektgesellschaft im gemeinsamen Eigentum des Entwicklers und des Tax Equity Investors, und es erfolgt eine asymmetrische und im Zeitablauf sich ändernde Aufteilung der Projekterträge und Steuervorteile zwischen Entwickler und Investor. Tax Equity Investoren übernehmen grundsätzlich keine Baurisiken, und die Bereitschaft, bereits bei Baubeginn des Projektes verbindliche Investitionszusagen für den Zeitpunkt der Inbetriebnahme des Projektes abzugeben, ist in der Regel nur für kurze Bauphasen (z.B. bei Photovoltaik- und Onshore-Windprojekten) vorhanden. Unter den derzeit wenigen aktiven Tax Equity Investors finden sich Banken, Versicherer und Industrieunternehmen. Diese relative Marktenge hat die seitens der Investoren durchsetzbaren Nachsteuerrenditen im Jahr 2010 wesentlich nach oben getrieben; diese lagen 2011 bei 15 bis 20%.

3.3.5 Instrumente des CO_2-Marktes

Im Rahmen des Kyoto-Protokolls wurden zwei Systeme geschaffen, die auch für die Finanzierung von EE-Projekten genutzt werden können. Der Clean Development Mechanism (CDM)[22] für Projekte in Entwicklungsländer und die Joint Implementation

[21] Quelle: U.S. Department of the Treasury.

[22] Der CDM ermöglicht emissionsreduzierenden Projekten in Entwicklungsländern, Certified Emission Reduction Credits (CERs) zu erhalten, welche äquivalent sind mit einer Emissionsreduktion von einer Tonne CO_2. Diese CERs können dann gehandelt und verkauft werden und ermöglichen Industrieländern ihre Emissionsreduktionsziele einzuhalten. Diese CERs stellen damit eine Finanzierungsalternative dar für Projekte in Ländern, die weder über standardisierte Einspeisetarife verfügen, noch die Möglichkeit des Abschlusses langfristiger Strombezugsverträge bieten.

(JI) für Projekte in Industrieländern.[23] JI bietet Projekten in Ländern, die im Annex B des Kyoto-Protokolls aufgeführt sind und die Emissionsreduktionsziele haben, die Möglichkeit, Emission Reduction Units (ERUs) zu erhalten, wobei eine ERU einer Emissionsreduktion von einer Tonne CO_2 entspricht. Die meisten dieser Projekte befinden sich dabei in Ländern der ehemaligen Sowjetunion, vor allem in Russland und der Ukraine. Auch in Westeuropa gibt es Projekte, die sich mittels ERUs finanzieren. Ein Großteil dieser Projekte erhalten ERUs für die Reduktion von Methan (CH_4) oder Distickstoffmonoxid (N_2O) sowie für Energieeffizienz- und Wiederaufforstungsmaßnahmen.[24] Die Finanzierung von EE-Projekten ist z.B. in Deutschland eingeschränkt durch die Regelung, dass Treibhausgasreduktionen, die bereits durch öffentliche Fördermittel unterstützt werden – wozu KfW-Kredite, aber auch Einspeisevergütungen nach dem Erneuerbare-Energien-Gesetz (EEG) oder nach dem Kraft-Wärme-Kopplungs-Gesetz (KWKG) zählen –, nicht die Möglichkeit haben, ERUs zu erhalten.[25] Die Möglichkeit einer Förderung besteht nur, wenn der Antragsteller nachweisen kann, dass Treibhausgasemissionen von einem Teil des Projektes reduziert werden, das nicht bereits durch andere Fördermaßnahmen unterstützt wird oder wurde.[26]

4 Fazit

Aus der beispielhaften Darstellung von Finanzierungsinstrumenten in ausgewählten Ländern geht klar hervor, dass die Zusammenstellung eines geeigneten Mix an Finanzierungsinstrumenten durch eine bestmögliche Kombination verschiedener Kapitalgeber ein wesentlicher Erfolgsfaktor für die Optimierung der Wirtschaftlichkeit von EE-Projekten ist. Die Anzahl und Komplexität der Finanzierungsinstrumente nimmt tendenziell zu, da immer mehr Regierungen Maßnahmen zur Förderung von EE-Projekten ergreifen und gleichzeitig von allen der Versuch unternommen wird, die Treffsicherheit und Effizienz dieser Instrumente zu erhöhen sowie die Kosten zu verringern. Daraus leitet sich die Empfehlung für Entwickler von EE-Projekten ab, frühzeitig die Zusammenarbeit mit kundigen Rechts- und Steuerberatern sowie einer in der Jurisdiktion des Projektes führenden Investmentbank zu suchen, die sie beratend bzw. finanzierend begleiten können. Sollte eine Unternehmensfinanzierung nicht möglich oder nicht gewünscht sein und eine

[23] Eine genaue Definition von Industrie- und Entwicklungsländern im Sinne des Kyoto-Protokolls findet sich auf der Webseite der United Nations Framework Convention on Climate Change (www.unfccc.int).

[24] Vgl.: www.unfccc.int (24.02.2011).

[25] Vgl.: Deutsche Emissionshandelsstelle (DEHSt): Handbuch für JI-Projekte mit Deutschland als Gastgeberland („JI-Inland“) – Leitfaden für Antragssteller.

[26] Für detailliertere Informationen wird an dieser Stelle auf die Webseite der United Nations Framework Convention on Climate Change (www.unfccc.int) verwiesen.

Finanzierung auf Projektebene erfolgen, muss eine detaillierte Analyse/Due Diligence der wichtigsten Projektparameter erfolgen; diese sind Abbildung 1 zusammengefasst.

Abbildung 1: Wesentliche Projektparameter für EE-Projekte

Quelle: eigene Darstellung

Aus einer Gesamtsicht der Projektparameter kann der Entwickler mit seinen Beratern ermitteln, welche möglichen Kombinationen aus Eigenkapital und ggf. Mezzaninkapital, Fremdkapital und staatlichen Finanzierungsinstrumenten sich für das konkrete Projekt anbieten. Im Idealfall werden mehrere Finanzierungsinstrumente zu vergleichbaren Kosten zur Verfügung stehen; in einem solchen Fall wird typischerweise die Variante mit der höchsten Wahrscheinlichkeit der Umsetzung und dem kürzesten erwarteten Zeitrahmen dafür gewählt werden. Der häufigere Fall ist aber der, dass es der Strukturierungserfahrung aller beteiligten Berater bedarf, um eine Finanzierungsstruktur zu erarbeiten, die auf der Grundlage der Platzierungskraft der beteiligten Projektfinanzierungsbank mit Eigenkapitalinvestoren und Fremdkapitalgebern – potenziell mit Unterstützung aus öffentlichen Finanzierungsinstrumenten – umgesetzt werden kann. Infolge der über das nächste Jahrzehnt erwarteten weiter stark steigenden Investitionen in EE und angesichts der beträchtlichen Projektvolumina – beispielsweise in den Sektoren Offshore-Wind und Solarthermie – wird es zweifelsohne neuer Finanzierungsinstrumente bedürfen, um den aggregierten Kapitalbedarf im Bereich EE decken zu können. An Produktinnovationen bei den Finanzierungsinstrumenten für EE-Projekte wird in einer Reihe von Finanzinstitutionen gearbeitet.

Einführung in die Projektfinanzierung von Erneuerbare-Energien-Projekten

Jürgen H. Lange

1 Projektfinanzierung in der heutigen Zeit

1.1 Einordnung der Projektfinanzierung

Eine Projektfinanzierung bietet sich immer an, wenn ein Vorhaben die Finanzkraft oder Risikobereitschaft eines Unternehmens übersteigt, das Vorhaben aber dennoch attraktiv erscheint. Um es zu realisieren, werden Chancen und Risiken auf mehrere Schultern verteilt, und allein das Projekt mit seinen Cashflows haftet während der Betriebsphase gegenüber den Kapitalgebern. Damit unterscheidet sich die Projektfinanzierung deutlich von der klassischen Unternehmensfinanzierung, bei der der Projektinitiator in der Regel mit dem gesamten dahinterstehenden Unternehmen während der gesamten Kreditlaufzeit haftet. Cashflow-Orientierung und Risikoallokation machen den Wesenskern der Projektfinanzierung aus.

Projektfinanzierungen sind keine Erfindung der Neuzeit, sondern wurden bereits im 5. Jahrhundert vor Christus von den antiken Griechen für Seetransporte genutzt.[1] Sie setzten Darlehen für Seetransporte ein, die nur rückzahlbar waren, wenn die Schiffe erfolgreich wiederkehrten. Ein weiteres Beispiel ist die Finanzierung des Suezkanals Mitte des 19. Jahrhunderts. Projektfinanzierungen werden generell häufig dort eingesetzt, wo Fortschritte in Wirtschaft und Technik hohe Investitionssummen erfordern. Im Bereich Erneuerbare Energien werden Projektfinanzierungen insbesondere für Wind, Solar, Bioenergie und Wasserkraft eingesetzt. Das gesamte Investitionsvolumen für Europa in den beiden bedeutendsten Bereichen der Erneuerbaren Energien – Wind und Solar – wird bis 2020 auf ca. 635 Mrd. EUR geschätzt.[2] Die bisherigen Erfahrungen zeigen, dass ein großer Teil über Projektfinanzierungen bereitgestellt werden wird. In 2009 lag das geschätzte Volumen für Projektfinanzierungen im Bereich Erneuerbare Energien in Europa bei ca. 14 Mrd. EUR.

---

1 Wolf, Projektfinanzierung – die klassische Variante der Cash-Flow-Finanzierung, in: Wolf/Hill/Pfaue (2003), S. 59 f.

2 Lange (2010).

Kern- bzw. Ankerprodukt der Projektfinanzierung ist das langfristige Darlehen, welches an die Projektgesellschaft vergeben und aus den laufenden Einnahmen getilgt wird. Man unterscheidet hierbei zwischen der Bauzeitfinanzierung, welche der Überbrückung von Baubeginn bis zum Einsetzen der ersten Einnahmen dient, und der Endfinanzierung. Häufig wird für Bauzeit- und Endfinanzierung gemeinsam ein Kredit gewährt, dessen Tilgung bis zur Baufertigstellung und gegebenenfalls einer gewissen Anlaufphase ausgesetzt wird. Weitere typische Finanzprodukte, die im Rahmen der Projektfinanzierung eingesetzt und weiter unten beschrieben werden, sind Avale, Rahmenkredite, Umsatzsteuerzwischenfinanzierung, Termingelder sowie Zins- und Währungssicherungsinstrumente. Wenn das Eigenkapital vom Projektsponsor nicht zu Beginn in voller Höhe bereitgestellt wird, kann auch eine Eigenkapitalzwischenfinanzierung zum Einsatz kommen. Da naturgemäß bei einer Projektfinanzierung der Sponsor nur mit dem bereitgestellten Eigenkapital haftet, ist dies aus Sicht der Bank allerdings nur selten wünschenswert, und regelmäßig spiegelt die Bereitschaft der Banken, eine sukzessive Eigenkapitaleinbringung zu akzeptieren, auch den aktuellen Risikoappetit der Finanzbranche.

1.2 Akteure in der Projektfinanzierung

Bei einer Projektfinanzierung ist in der Regel eine Vielzahl von Parteien beteiligt, die ihre unterschiedlichen Interessen durch gut strukturierte und belastbare Verträge abstimmen und sichern. Im Zentrum steht die (meist neu zu gründende) Projektgesellschaft. Ihre Finanzmittelausstattung stammt zunächst vom Sponsor, der auch die Projektidee einbringt, dann zusätzlich und mehrheitlich von den Fremdkapitalgebern, in der Regel Geschäftsbanken, über Kreditverträge. Tabelle 1 zeigt Geschäftsbanken, die im Bereich Erneuerbare Energien aktiv sind. Aktuell ist zudem zu beobachten, dass auch Hersteller selbst verstärkt über eigene Finanzierungskonzepte versuchen, den Absatz anzukurbeln. So hat etwa Siemens beschlossen eine eigene Bank zu gründen, deren Zweck unter anderem darin besteht, Finanzierungslösungen für den Absatz von Siemens Windturbinen und Solarkomponenten zu liefern.[3]

[3] Quelle: Pressemitteilung Siemens vom 07.12.2010.

Tabelle 1: League Table 1. Halbjahr 2010 – Projektfinanzierung Erneuerbare Energien in Europa

Rang	Unternehmen	in Mio. USD	Transaktionen	Marktanteil in %
1	Gruppe Santander	427,07	11	7,95
2	La Caixa	380,43	15	7,09
3	BBVA	324,33	13	6,04
4	Caja Madrid	280,32	9	5,22
5	UniCredit Group	261,78	8	4,88
6	Société Générale	237,51	8	4,42
7	NordLB	234,84	5	4,37
8	HSH Nordbank	214,09	4	3,99
9	Deutsche Bank	209,40	2	3,9
10	BNP Paribas	200,20	6	3,73
11	LBBW	199,87	4	3,72
12	Barclays	167,29	4	3,12
13	Banesto	156,90	8	2,92
14	Dexia Group	143,89	5	2,68
15	Banco Sabadell	123,43	8	2,3
16	Banco BPI	122,69	2	2,29
17	Crédit Agricole Group	121,90	5	2,27
18	Espirito Santo Investment	119,17	2	2,22
19	ICO	105,41	4	1,96
20	Lloyds TSB	89,48	2	1,67
	gesamt	**4.119,99**	**125**	**74,74**

Quelle: Infrastructure Journal, Rolle: MLA, Sektor: Renewables

Die Projektgesellschaft wird in der Regel Anlagenbauverträge abschließen, häufig in Form eines Generalunternehmervertrags. Während der Bauzeit sind weitere beteiligte Parteien Anwälte, Berater und Gutachter (z.B. technische Gutachten, Ertragsgutachten, Umweltgutachten). Staatliche Instanzen sind immer im Rahmen der erforderlichen Genehmigungen involviert sowie immer dann, wenn Subventionen geleistet werden.

Im laufenden Betrieb sind dann insbesondere Wartungsverträge sowie Versicherungen der Anlagen notwendig. Die Betriebsführung selbst kann ebenfalls ausgelagert werden. Bei Bedarf werden zusätzliche Verträge mit Lieferanten von Roh-, Hilfs- und Betriebsstoffen sowie den Abnehmern der hergestellten Produkte abgeschlossen.

2 Kernelemente der Projektfinanzierung

2.1 Cashflow-Orientierung

Im Gegensatz zu einer herkömmlichen Unternehmensfinanzierung stehen allein das Vorhaben und dessen Cashflow für die Rückführung der Finanzierung ein, nicht aber ein bestimmtes Unternehmen. Je nach Ausprägung unterscheidet man Non-Recourse- (Projektfinanzierung im eigentlichen Sinne) sowie Limited-Recourse- und Full-Recourse-Projektfinanzierungen.

Die Unterscheidung in diese drei Varianten beschreibt das Verhältnis zwischen den Sponsoren einer Projektgesellschaft und den ein Projekt finanzierenden Banken. Während beim Full Recourse die Fremdkapitalgeber umfassende Rückgriffsrechte gegenüber den Sponsoren über die gesamte Laufzeit des Projektes haben, ist dies bei der klassischen Projektfinanzierung in der Regel nur sehr begrenzt (Limited Recourse) oder gar nicht vorgesehen (Non Recourse). Häufig anzutreffen ist eine Limited-Recourse-Variante, bei der während der Bauzeitphase noch Rückgriffsrechte auf die Sponsoren existieren, diese nach erfolgreicher Fertigstellung aber aus der Haftung entlassen werden. In der Betriebsphase haften sie dann nur noch mit dem bereitgestellten Kapital.

2.2 Risikoteilung

Die Haftungsbegrenzung der Sponsoren ist zwar ein wesentlicher ökonomischer Grund, warum es Projektfinanzierungen gibt, sollte aber nicht den Blick auf die grundlegend wichtigere optimale Risikozuweisung auf einzelne Projektbeteiligte versperren. Bei einer Projektfinanzierung werden Risiken auf mehrere Parteien verteilt. Die Verteilung der Risiken hängt zum einen davon ab, wer die Risiken am besten beeinflussen kann, zum anderen davon, wer die nicht beeinflussbaren Risiken am besten tragen kann. Kern der Risikozuweisung ist es allerdings, die Vertragsparteien zu motivieren, den Projekterfolg zu fördern. Ziel ist damit ein ökonomisch sinnvoller Risikotransfer, nicht aber eine maximale Risikoüberwälzung.[4]

[4] Böttcher (2009), S. 52-71.

2.3 Off-Balance-Finanzierung

Die Projektkredite werden in der Regel direkt in der Projektgesellschaft verbucht und belasten damit nicht die Jahresabschlüsse der Sponsoren. Dies kann für die Sponsoren den Vorteil haben, dass ihr Rating unbeeinflusst bleibt, da die eigene Verschuldung nicht durch die Fremdmittel der Projektgesellschaft belastet wird (wenn nicht ohnehin voll konsolidiert wird).

3 Risikomanagement bei Projektfinanzierungen

3.1 Aufgabe des Risikomanagements

Bei einer Projektfinanzierung sind die Rückgriffsrechte der Fremdkapitalgeber während der Betriebsphase auf das Projekt und den von ihm erwirtschafteten Cashflow beschränkt. Kern des Risikomanagements muss also sein, die Stabilität und Auskömmlichkeit der Cashflows zu sichern.

Bei der Identifikation und Allokation der Risiken ist dabei zu berücksichtigen, dass Eigenkapital- und Fremdkapitalgeber prinzipiell unterschiedliche Ziele haben. Während der Eigenkapitalgeber eine hohe Verzinsung seines Kapitals sicherstellen möchte und daher höhere Risiken zu akzeptieren bereit wäre, ist der Fremdkapitalgeber primär an einer sicheren Tilgung interessiert. In der Regel ist sein Ertragspotenzial auf die Zinsmarge plus einige Gebühren und gegebenenfalls Zusatzerträge aus Zins- und/oder Währungsrisikoabsicherungen begrenzt. Die Zinsmarge entspricht dabei dem Fremdkapitalzinssatz, der der Projektgesellschaft in Rechnung gestellt wird, abzüglich Refinanzierungskosten für die Bank.

3.2 Risikoarten und Sicherungsinstrumente

Risiken sind zu unterscheiden in projektendogene Risiken, die von der Projektgesellschaft oder anderen Beteiligten kontrolliert werden können, und projektexogene Risiken, die außerhalb der Kontrolle der Projektbeteiligten auf das Projekt Einfluss nehmen. Nachfolgend werden die bedeutendsten Risiken und mitigierende Instrumente beschrieben.[5]

[5] Böttcher (2009), S. 73 ff.

3.2.1 Projektendogene Risiken

- *Fertigstellungsrisiko:* Dieses Risiko beinhaltet alle Risiken, die daraus resultieren, dass die Anlagen verzögert, gar nicht, nicht auftragsgemäß oder zu höheren Kosten als geplant fertiggestellt werden. In all diesen Fällen steht der Cashflow zur Rückzahlung der Verbindlichkeiten in geringerer Höhe oder nur zeitlich verzögert zur Verfügung als ursprünglich berechnet. Im Extremfall der Nichtfertigstellung fallen lediglich negative Cashflows an, und die Sicherheiten müssen verwertet werden. Prinzipiell kann das Fertigstellungsrisiko durch zwei Ansätze mitigiert werden. Einerseits kann der Sponsor Fertigstellungsgarantien und Nachschussverpflichtungen eingehen, andererseits kann durch Zusammenarbeit mit einem erfahrenen Generalunternehmer für den Bau das Risiko von vornherein minimiert werden. Ein möglicher weiterer Ansatz ist, für den Fall der vorzeitigen Fertigstellung Bonuszahlungen zu vereinbaren.
- *Funktionsrisiko (technisches Risiko im engeren Sinne):* Das Funktionsrisiko umfasst Ausfallrisiken aufgrund technischer Probleme, z.B. bedingt durch nicht hinreichend erprobte Technik oder Schnittstellenprobleme. Hierunter fallen etwa Komplettausfälle und technisch bedingte Produktionsrückgänge. Um dies zu vermeiden, ist entweder bewährte Technik einzusetzen oder das Risiko auf andere Projektbeteiligte zu verteilen. Ein bewährtes Instrument hierzu ist der langfristige Wartungsvertrag mit garantierten Mindestverfügbarkeiten. Zu beachten ist jedoch, dass dadurch das Funktions- in ein Betriebsrisiko umgewandelt wird.
- *Betriebs- und Managementrisiko:* Nicht nur durch technische Probleme, sondern auch durch Fehler bei der Planung, Organisation, Durchführung und Kontrolle von Betriebsabläufen oder durch fehlerhafte Bedienung sowie mangelhafte Wartung und Instandhaltung können Produktionsausfälle entstehen. Wenn die Projektsponsoren den optimalen Betrieb nicht selbst gewährleisten (z.B. in Form von eigenen Betriebsgesellschaften mit hinreichender Erfahrung), ist der Einsatz von professionellen Betriebs- und Managementgesellschaften mit guten Referenzen zu empfehlen. Der Umfang dieses Risikos hängt nicht zuletzt von der Art der eingesetzten Technik ab: Für Solarenergie ist es eher gering, für Biomasse eher hoch. Bei Windenergie ist das Risiko generell für Offshore-Vorhaben größer als für Onshore-Vorhaben.
- *Zulieferrisiko:* Das Zulieferrisiko besteht in erster Linie darin, dass benötigte Roh-, Hilfs- und Betriebsstoffe nicht termingerecht oder nicht in ausreichender Menge und Qualität bereitgestellt werden. Im Bereich Erneuerbare Energien ist dies bei Biomassekraftwerken ein relevantes Risiko, für Wind und Solar eher weniger. Üblich sind langfristige Lieferverträge.
- *Markt- und Absatzrisiko:* Wenn es für das hergestellte Produkt – im Fall Erneuerbare Energien den Strom – keinen garantierten Preis gibt, existiert ein Markt- und Absatzrisiko. Dies gefährdet akut die Planbarkeit der Cashflows und damit auch die verlässliche Tilgungsfähigkeit der Projektgesellschaft. Eine Bank wird solch eine Konstruk-

tion im Rahmen einer Projektfinanzierung kaum akzeptieren. Wenn es also keinen staatlich garantierten Abnahmepreis gibt, ist ein langfristiger Abnahmevertrag notwendig, um dieses Risiko zu mitigieren. Im Bereich Erneuerbare Energien muss dieser Abnahmevertrag sowohl die abzunehmenden Mengen als auch die zu bezahlenden Preise klar definieren. In der Regel werden feste Preise vereinbart in Verbindung mit der Verpflichtung, den gesamten gelieferten Strom abzunehmen. Die Akzeptanz des Vertragspartners hängt wesentlich von seiner Bonität und der Laufzeit der angefragten Darlehen ab.

- *Aufgaberisiko:* Als Konsequenz aus allen bisher vorgestellten Risiken droht im Extremfall die Projektaufgabe durch den Sponsor. Hierbei ist zu unterscheiden, ob das Projekt prinzipiell wirtschaftlich ist und dann in der Regel verkauft wird oder ob es komplett aufgegeben wird. Im ersteren Fall wird die Bank nur zustimmen, wenn der neue Sponsor von vergleichbarer Qualität wie der bisherige ist und die Bankkonditionen übernimmt. Um zu verhindern, dass ein Sponsor leichtfertig ein Projekt aufgibt bzw. die Bedingungen eines Projekts so verändert, dass es zum Nachteil der Bank ist, ist regelmäßig dafür zu sorgen, dass der Sponsor für eine festgelegte Zeit mit einem Mindestanteil am Projekt beteiligt ist. Dies geschieht über eine Mindesthöhe des Eigenkapitals in der Projektgesellschaft und einer Beschränkung der Ausschüttungen.

3.2.2 Projektexogene Risiken

- *Ressourcenrisiko:* Dieses Risiko beschreibt die Gefahr, dass für den Projekterfolg benötigte Ressourcen nicht im erwarteten Umfang oder Qualität zur Verfügung stehen. Das ist im Bereich Erneuerbare Energien besonders relevant, da sowohl Windaufkommen, Sonneneinstrahlung als auch Angebot und Preis von Biomasse hohen natürlichen Schwankungen unterworfen sind. Diese Risiken können in der Regel nicht vollständig mitigiert werden. Daher ist die Projektstruktur so zu entwerfen, dass die Schwankungen der Ressourcen kompensiert werden können, z.B. über Reservekonten oder Ausschüttungssperren. Letztlich wird die Bank aber bei einer Projektfinanzierung nicht umhinkommen, einen Teil dieses Risikos zu tragen. Dies kann sich z.B. dadurch äußern, dass die Bank im Fall ungenügender Ressourcen einer Tilgungsstreckung zustimmen muss. Eben aus diesem Grund wird sie schon während der Strukturierung der Finanzierung darauf bestehen, dass für solch einen Fall Reserven eingeplant sind, etwa dadurch, dass die Kreditlaufzeit deutlich geringer als die Projektlaufzeit angesetzt wird.

- *Technisches Risiko im weiteren Sinne:* Sind Abnahmepreise nicht garantiert, kann eine technische Fortentwicklung die relative Kostenposition der Projektgesellschaft am Markt verschlechtern. Dies ist bei den Erneuerbaren Energien mit meist garantierten Abnahmepreisen (Wind, Solar) weniger relevant, kann bei Wasserkraft aber zum Tragen kommen.

- *Stabilität und Anreizwirkungen des Rechts- und Regulierungsumfeldes:* Die positive Einschätzung des Rechts- und Regulierungsumfelds hat die wohl höchste Priorität bei der Entscheidung, ob ein Projekt umgesetzt werden soll. Zum einen muss sich die Bank darauf verlassen, dass Projektverträge rechtlich bindend sind, zum anderen muss auch das Regulierungsumfeld stabil und verlässlich sein. Wie entscheidend dies ist, wurde in jüngster Vergangenheit wieder deutlich, als Tschechien nachträglich eine zusätzliche Steuer für bereits fertiggestellte und angeschlossene Solarparks auf den Weg gebracht hat. Daher muss vor der Projektentscheidung immer eine ausführliche Due Diligence erfolgen bzw. es müssen umfangreiche Kenntnisse der Rechts- und Regulierungssituation vorhanden sein. Sind die rechtlichen Risiken zu hoch, so kann auch eine Exportkreditausfallversicherung sinnvoll sein, die sowohl politische als auch wirtschaftliche Risiken absichert (z.B. Euler Hermes für Deutschland, Eksport Kredit Fonden für Dänemark).

- *Finanzierungsrisiken (Zinsänderung, Wechselkurs, Inflation):* Auch wenn die Ursachen der drei angeführten Finanzierungsrisiken – Zinsänderungs-, Wechselkurs- und Inflationsrisiko – sehr unterschiedlich sind, führen sie letztlich alle dazu, dass trotz erfolgreichem operativem Betrieb die Tilgungsfähigkeit der Projektgesellschaft möglicherweise nicht gewährleistet ist. Eine nicht erwartete Zinserhöhung erhöht den Schuldendienst gegebenenfalls über das tragfähige Maß hinaus. Als Lösung bieten sich hier klassische Zinsderivate an, z.B. Swaps. Wenn die Währung der Kreditdarlehen nicht identisch ist mit der Währung von Einnahmen und Ausgaben, ist eine Absicherung des Wechselkursrisikos über ein Währungsderivat erforderlich. Das Inflationsrisiko wird immer dann wirksam, wenn Einspeisetarife an die Inflation gekoppelt oder Kostenpositionen nicht langfristig vertraglich abgesichert sind. In diesem Fall ist auch eine Inflationsabsicherung empfehlenswert.

- *Länderrisiken:* Unter dem Begriff Länderrisiko sind drei typische Risiken zusammengefasst. Politische Risiken sind staatliche Handlungen, die das Projekt negativ beeinflussen, z.B. Regierungswechsel, Verzögerungen im Genehmigungsverfahren oder Beschränkungen des Kapitaltransfers. Das wirtschaftliche Länderrisiko beschreibt die Gefahr, dass der Staat seinen eigenen Zahlungsverpflichtungen nicht mehr nachkommt und gegebenenfalls auch seinen Unternehmen untersagt, Verbindlichkeiten im Ausland zu begleichen. Vertragsrisiken entstehen durch national unterschiedliche oder fehlende Rechtsnormen. Neben einer ausführlichen Due Diligence können Länderrisiken wiederum durch sogenannte Exportkreditversicherungen gemildert werden. Diese können immer dann eingesetzt werden, wenn ein Hersteller aus dem einen Land heraus in ein anderes Land exportiert. Üblich sind Versicherungen von bis zu 95% des Fremdkapitals gegen politische und wirtschaftliche Risiken. Beispiele sind Euler Hermes und Eksport Kredit Fonden.

- *Force-majeure-Risiko:* Dieses auch als höhere Gewalt umschriebene Risiko umfasst alle Risiken, die von keinem Projektbeteiligten beeinflusst werden können. Beispiele sind Erdbeben, Sabotage oder Enteignung. Im Kreditvertrag ist genau zu beschreiben, ob der Kreditnehmer im Falle der Force majeure von seinen Verpflichtungen freigestellt wird und für wie lange. Für bekannte Force-majeure-Risiken sollten, wenn möglich und ökonomisch sinnvoll, Versicherungen abgeschlossen werden.

Die Relevanz der Risiken und die Wirksamkeit der Sicherungsinstrumente hängt davon ab, in welcher der fünf Phasen sich das Projekt befindet: Planung, Errichtung, Anlauf, Betrieb, Desinvestition. Eine klare und eindeutige Abgrenzung ist jedoch nicht möglich und soll deshalb hier auch nicht dargestellt werden.

3.3 Auswahl der Vertragspartner

Typischerweise herrscht zu Beginn der Vertragsverhandlungen Informationsasymmetrie zwischen den beteiligten Parteien. D.h., Auftraggeber und Auftragnehmer haben nicht den gleichen Informationsstand bezüglich der Leistungsfähigkeit und der Seriosität der Auftragnehmer. Die Auftraggeber versuchen zwar, durch Überprüfung der Referenzen sowie der wirtschaftlichen und technologischen Leistungsfähigkeit die Informationsasymmetrie zu verringern, dies wird aber nie vollständig gelingen. Die optimale Allokation der Risiken auf die verschiedenen Vertragspartner ist daher nicht offensichtlich.

Die Vertragsgestaltung selbst ist jedoch ein geeignetes Mittel, diese Asymmetrie zu verringern. Dazu sollten Verträge so konzipiert werden, dass die Einstellung der Auftragnehmer zu den Risiken des Projekts offenbar wird. Nur wenn ein Auftragnehmer ein Risiko aktiv beeinflussen kann und auch den Willen und die Möglichkeiten hat, dies zu tun, wird er ein für ihn riskanteres Vertragsmodell zu günstigeren Konditionen akzeptieren. Im Idealfall sind Verträge so gestaltet, dass nur Parteien sie akzeptieren werden, die die entsprechenden Risiken auch positiv beeinflussen können. In der Praxis ist dies nicht trivial und gerade eine Kernaufgabe eines guten Projektfinanzierers.[6]

4 Risikoquantifizierung durch Cashflow-Modelle

Die bisher beschriebenen Sicherungsinstrumente können Einzelrisiken minimieren, aber nicht gänzlich verhindern. Es verbleiben Restrisiken, die durch die Projektstruktur aufgefangen werden müssen. Um eine quantitative Basis für die Beurteilung des Risikos und die darauf aufbauende Strukturierung zu erlangen, werden in der Regel Cashflow-Modelle eingesetzt.

[6] Böttcher (2009), S. 68-71.

Zu beachten ist hierbei der unterschiedliche Blickwinkel von Sponsoren und Banken. Der Sponsor verfolgt eine Base-Case-Betrachtung und bezieht in seine Überlegungen sowohl positive als auch negative Projektentwicklungen mit ein, da er über die Verzinsung seines Eigenkapitals sowohl positive als auch negative Entwicklungen mitträgt. Die Bank dagegen partizipiert nicht an einer positiver als erwarteten Entwicklung, trägt aber das Ausfallrisiko des Fremdkapitals. Daher wird sie eine Worst-Case-Betrachtung verfolgen. Ohne Gewährung des Fremdkapitals wird eine Projektfinanzierung nicht stattfinden. Nachfolgend wird daher die Bankenperspektive eingenommen.

4.1 Berechnung und Bedeutung der DSCR

Die Sichtweise der Sponsoren lässt sich in aus der Finanzliteratur weithin bekannten Kennzahlen wie der internen Rendite oder des Kapitalwerts beschreiben. Diese sind allerdings nicht geeignet, die aus Bankensicht viel relevantere Frage zu beantworten, wie sicher Zinsen und Tilgung aus dem Cashflow erbracht werden können. Daher wurde die Definition des Schuldendienstdeckungsgrads entwickelt (Debt Service Cover Ratio, kurz DSCR). Die Berechnung der DSCR beruht auf dem gleichen Cashflow-Modell wie auch die interne Rendite und der Kapitalwert. Üblicherweise wird der für den Schuldendienst verfügbare Cashflow für jedes Jahr wie folgt definiert (vereinfacht dargestellt):

+	Einnahmen aus laufendem Betrieb (z. B. Stromeinspeiseerlöse)
+	Zinseinnahmen aus Projekt- und Reservekonten
+	Zahlungen aus Versicherungsleistungen
–	operative Kosten (inkl. Kosten aus Betriebs- und Wartungsverträgen)
–	liquiditätswirksame Steuern
	Cashflow verfügbar für Schuldendienst

Die DSCR wird nun wie folgt für jedes Jahr definiert:

$$\text{DSCR} = \frac{\text{Cashflow verfügbar für Schuldendienst}}{\text{Schuldendienst (Zins plus Tilgung)}}$$

Zunächst wird der DSCR auf Basis des sogenannten P50-Falls berechnet. Dies entspricht dem wahrscheinlichsten Szenario, d.h., in 50% der Fälle sind die Cashflows höher, in 50% der Fälle niedriger. Dieses Szenario wird auch als Base Case oder Investor Case bezeichnet. Die für die einzelnen Jahre ermittelten DSCR können dann in einer Grafik abgebildet werden, die die ganze Laufzeit des Projekts abbildet. Dadurch können kritische Phasen eines Projekts einfach identifiziert werden. Bei einer DSCR größer/gleich 1,0 ist der Schuldendienst des Jahres durch den Cashflow gedeckt.

Abbildung 1 zeigt beispielhaft solch einen Verlauf für ein Windprojekt. Im ersten Jahr ist die DSCR hier noch sehr hoch, da im Beispiel das erste Jahr als tilgungsfrei angenommen wurde. Die DSCR sinkt im zweiten Jahr auf seinen niedrigsten Wert und steigt dann langsam wieder an, da durch die laufende Tilgung der Schuldendienst bei gleichbleibenden Einnahmen sinkt. Bei Projektfinanzierungen für Erneuerbare Energien ist eine relativ lange Laufzeit von 15 bis 20 Jahren durchaus üblich. Dies liegt insbesondere auch an den langen Förderzeiträumen für Wind und Solar.

Der Verlauf der DSCR über die Zeit wird maßgeblich von der Tilgungsstruktur beeinflusst. Eine lineare Tilgung führt zu Beginn zu geringeren und dann langsam zunehmenden DSCR, die annuitätische Struktur eher zu gleichmäßigeren DSCR. Eine anfänglich tilgungsfreie Zeit erhöht die DSCR in den ersten Jahren deutlich und schafft Freiräume, wenn etwa eine Schuldendienst- oder Wartungskostenreserve aus den laufenden Cashflows aufgebaut werden soll.

Abbildung 1: DSCR-Verlauf ohne Schuldendienstreserve für typisches Windprojekt

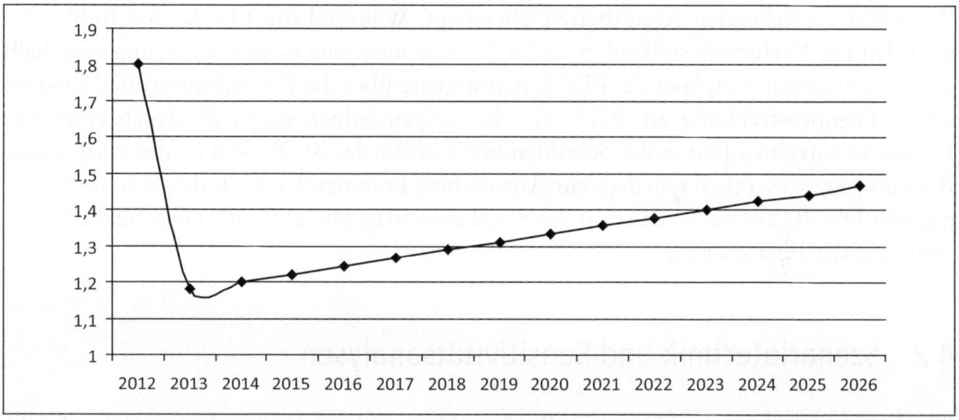

Um einen schnellen Überblick zu erhalten, wird meist die Minimum-DSCR und die durchschnittliche DSCR angegeben. Um eine Vorauswahl robuster Projekte zu ermöglichen, haben Banken in der Regel für die Minimum-DSCR eine Mindestgrenze vorgegeben. Nur wenn diese Grenze überschritten ist, werden Verhandlungen ernsthaft gestartet. Allerdings ist die Interpretation dieser Kennzahlen nur sinnvoll möglich, wenn man gleichzeitig die Laufzeit und Tilgungsstruktur der Darlehen in Betracht zieht.

Die DSCR ist allerdings nicht nur während der Strukturierung, sondern vielmehr in allen Projektphasen von Bedeutung:

- In der Strukturierungsphase dient er zur Bestimmung der Verschuldungskapazität, Analyse der Auswirkungen von Planabweichungen, Optimierung der Finanzierungsstruktur sowie zur Einhaltung von Marktbenchmarks (z.B. wenn syndiziert werden soll).

- In der Kreditdokumentation werden mit seiner Hilfe Trigger für Ausschüttungssperren oder Pflichtsondertilgungen (Cash Sweep) definiert sowie weitere Covenants bzw. Kündigungsgründe vereinbart.
- In der Projektüberwachung können mit seiner Hilfe Abweichungen vom Base Case überwacht und analysiert werden.

Zwei weitere genutzte Kennzahlen sind Loan Life Cover Ratio (LLCR) und Project Live Cover Ratio (PLCR):

$$\text{LLCR} = \frac{\text{Barwert der zukünftigen Cashflows der Kreditlaufzeit}}{\text{ausstehender Kreditbetrag}}$$

$$\text{PLCR} = \frac{\text{Barwert der zukünftigen Cashflows der Projektlaufzeit}}{\text{ausstehender Kreditbetrag}}$$

Die LLCR (PLCR) ist eine aggregierte Größe und informiert darüber, um welches Vielfache der Zeitwert des während der Kreditlaufzeit (Projektlaufzeit) erwarteten Cashflows den ausstehenden Kreditbetrag übersteigt. Während die LLCR eine Indikation über den zur Verfügung stehenden Puffer für eine mögliche Restrukturierung innerhalb der Kreditlaufzeit gibt, lässt die PLCR Aufschlüsse über die Restrukturierungsfähigkeit durch Tilgungsstreckung zu. Beide Größen zeigen jedoch nicht, ob durch einmalige Effekte in einzelnen Jahren der Schuldendienst gefährdet ist. Zudem ist der verwendete Barwert ganz wesentlich von dem zur Anwendung kommenden Kalkulationszins abhängig. Der DSCR-Verlauf ist daher in der Regel ausschlaggebend für die tatsächliche Strukturierung der Finanzierung.

4.2 Szenariotechnik und Sensitivitätsanalysen

Wie bereits erwähnt partizipiert die Bank nicht an einer positiver als erwarteten Cashflow-Entwicklung und möchte sich daher vor allem gegen negative Entwicklungen absichern. D.h., dass auch in einem ungünstigen Szenario in jedem Jahr die DSCR über 1,0 liegen sollte. Dazu wird der sogenannte Banking Case definiert, der die möglichen ungünstigen Entwicklungen berücksichtigt. Für die Modellierung des Banking Case lassen sich zwei prinzipielle Vorgehensweisen beobachten:

- *Worst Case:* Hier wird zunächst vom wahrscheinlichen P50-Szenario ausgegangen und dann für die Haupteinflusstreiber auf die Cashflows (z.B. Windaufkommen, Solareinstrahlung) ein Worst-Case-Wert definiert. Dies kann z.B. das durchschnittliche Windaufkommen minus 20% sein.
- *P75/P90 Case:* Hier wird kein arbiträres Worst-Case-Szenario definiert, sondern die Unsicherheit der Haupteinflusstreiber explizit berücksichtigt. Im P75 Case (P90 Case)

wird etwa für das Windaufkommen der Wert verwendet, der mit 75%-Wahrscheinlichkeit (90%-Wahrscheinlichkeit) nicht unterschritten wird. Dazu wird meist eine Standardverteilung der zugrunde liegenden Haupteinflusstreiber angenommen. Die für die Berechnung notwendige Volatilität kann im Fall von Wind und Solar dabei meist den Ertragsgutachten entnommen werden.

Sowohl im Worst Case als auch im P75/P90 Case wird eine DSCR von mindestens 1,0 in jedem Jahr gefordert. Der Worst-Case-Ansatz besticht durch seine Einfachheit und klare Nachvollziehbarkeit, macht allerdings keine explizite Unterscheidung zwischen sicheren und weniger sicheren Projektannahmen. Der Vorteil des P75/P90-Ansatzes ist, dass die Größe der Unsicherheit explizit berücksichtigt wird. Dies stellt relativ höhere DSCR-Anforderungen an Fälle mit großer Unsicherheit und belohnt Projekte mit geringer Volatilität. Der P75/P90-Ansatz sollte daher aus Bankensicht zu einem ausgewogeneren Portfolio führen, als das im Worst-Case-Ansatz der Fall ist, was allerdings auch voraussetzt, dass bereits in der Planungsphase die Volatilitäten zuverlässig geschätzt werden können. Am Markt lassen sich beide Vorgehensweisen beobachten.

Zusätzlich zur Szenariotechnik werden in der Regel auch Sensitivitätsanalysen durchgeführt. Hierzu wird im Rahmen des Cashflow-Modells die Schuldendienstfähigkeit eines Projektes bei Variation einzelner oder mehrerer Einflussgrößen untersucht. Die nicht variierten Einflussgrößen gehen mit ihren im Base Case angenommenen Werten ein (Ceteris-paribus-Betrachtung). Ziel der Sensitivitätsanalyse ist es zu ermitteln, auf welche Veränderungen der Projektparameter der Cashflow besonders sensibel reagiert und bis zu welchem Grad an negativer Abweichung die Schuldendienstfähigkeit noch erhalten bleibt (Break Even). Typische Sensitivitäten, die bei Erneuerbaren Energien analysiert werden, sind ein reduziertes Ressourcenangebot, reduzierte Anlagenverfügbarkeit und Anstieg von Wartungs- und Instandhaltungskosten. Bei einer nicht laufzeitkongruenten Zinsbindung wird ebenfalls eine Sensitivität bezüglich des Zinssatzes des Fremdkapitals geprüft. Im Gegensatz zum P75/P90 Case werden keine Aussagen zur Eintrittswahrscheinlichkeit der analysierten Einflüsse getroffen. Die Ergebnisse der Sensitivitätsanalysen sollten daher mit Bedacht in die Strukturierung eingehen.

5 Entwicklung einer Finanzierungsstruktur

5.1 Finanzierungsbedarf

Die Ableitung des konkreten Finanzierungsbedarfs ist praktisch ein iterativer Prozess. Im Cashflow-Modell sind zunächst Annahmen bezüglich Einnahmen und Ausgaben aus der Bauzeit und später dem operativen Betrieb unterstellt. Dies gibt eine erste Indikation darüber, welchen Gesamtfinanzierungsbedarf das Projekt hat. Daraus wird eine erste Hypothese bezüglich der notwendigen Darlehens- und Eigenkapitalstruktur abgeleitet (in der Regel sind Mindestanforderungen an die Höhe des Eigenkapitals von der Bank vorgegeben). Hierbei gilt, dass die Überprüfung der Validität der Annahmen für die Beurteilung eines Vorhabens essenziell ist. Mit Hilfe der ersten Hypothese lässt sich der DSCR-Verlauf im Worst-Case- oder P75/P90-Szenario bestimmen. Erfüllt dieser nicht die Anforderungen, so ist die Finanzierungsstruktur anzupassen. Dies kann auf verschiedene Art und Weise geschehen und ist Teil der Verhandlungen zwischen Sponsor und Bank. Sind etwa die DSCR generell zu niedrig, so kann entweder das Eigenkapital erhöht, die Tilgung gestreckt oder eine Schuldendienstreserve vorfinanziert werden. Nachfolgend werden die typischen exemplarischen Strukturierungsmöglichkeiten beschrieben.

5.2 Finanzierungsmittel

5.2.1 Eigenkapital

Das immer als Voraussetzung für die weitere Strukturierung notwendige Eigenkapital kann auf verschiedene Weise eingebracht werden:

- *Einlagen* sind die klassische Form der Eigenkapitaleinbringung und sind immer notwendig, um den Einsatz und die Verpflichtung des Sponsors sicherzustellen.
- *Gesellschafterdarlehen* können Einlagen teilweise ersetzen, dann muss jedoch eine klare Nachrangigkeit gegenüber den Bankdarlehen gewährt sein. Hierbei ist darauf zu achten, dass Gesellschafterdarlehen nicht frühzeitig zurückgezahlt werden dürfen, da dies einer Ausschüttung gleichkommt.
- *Investitionskostenzuschüsse* werden in Einzelfällen im Bereich Erneuerbare Energien vom Staat gewährt. Sie erhöhen zwar faktisch die Eigenmittel der Projektgesellschaft, bergen aber die Gefahr, dass die Anreize des Sponsors geringer werden, auch in Schwierigkeiten das Projekt zu unterstützen, wenn eine Mindesthöhe der tatsächlichen Einlagen nicht gewährt ist.
- Eine *Eigenkapitalzwischenfinanzierung* kann die Zeit überbrücken, bis der endgültige Investor für ein sich im Bau befindendes Projekt gefunden ist. Ohne Rückgriffsrechte auf den ursprünglichen Sponsor bis zur Einzahlung des endgültigen Eigenkapitals ist dies aber aus Bankensicht nicht erwünscht.

Neben der Finanzierungsfunktion erfüllt die Eigenmitteleinbringung auch die Funktion, glaubwürdig das Einstehen des Sponsors für das Wohlergehen des Vorhabens zu unterlegen.

5.2.2 Fremdkapital

Typischerweise erfüllt ein langfristiges Darlehen den Zweck des Kern- bzw. Ankerprodukts, prinzipiell ist darüber hinaus aber eine breite Palette an Bankprodukten für die Projektfinanzierung einsetzbar:

- *Langfristige Darlehen* steuern den Großteil der Fremdfinanzierung bei. Bei Laufzeit und Tilgungsart ist zwischen den zwei Extremen abzuwägen, dass einerseits eine möglichst hohe und frühe Tilgung für die Bank von Vorteil ist, um das gebundene Bankeigenkapital wieder freizusetzen, andererseits hohe DSCR und damit eine hohe Schuldendienstfähigkeit gerade durch eine zu Beginn niedrige und später einsetzende Tilgung erreicht werden. Beobachtet werden sowohl lineare, annuitätische als auch maßgeschneiderte (sculpted) Tilgungsstrukturen. Werden die Angebote von Förderbanken wie der KfW genutzt, sind den Tilgungsstrukturen allerdings häufig enge Grenzen gesetzt (z.B. nur lineare Tilgung bei der KfW). Ist der Zins nicht fix, wird üblicherweise eine Zinssicherung in Form eines Swap eingesetzt.
- Eine *Umsatzsteuerzwischenfinanzierung* ist notwendig, wenn die Erstattung der Umsatzsteuer erst mit zeitlicher Verzögerung stattfindet.
- *Rückbauavale* garantieren den Flächeneigentümern die Wiederherstellung des Originalzustands der gepachteten Flächen nach Projektende.
- Falls erforderlich, werden auch *Rahmenkredite* gewährt. Die Verwendung von Rahmenkrediten sollte allerdings durch sorgfältige Cashflow-Modellierung und Wahl der Finanzierungsstruktur kaum erforderlich sein. Rahmenkredite können dann sinnvoll sein, wenn es zu planbaren jahreszeitbedingten Schwankungen im Einnahmeprofil des Projekts kommt, die Kosten aber gleichmäßig über das Jahr verteilt sind. Ein Windpark produziert beispielsweise bis Ende September ca. 60% seiner Jahresenergieproduktion, muss aber bereits 75% seiner jährlichen Kosten tragen.
- *Vorfinanzierungen von Schuldendienst- und Wartungskostenreserve* können die Schuldendiensttragfähigkeit des Projektes deutlich erhöhen.

5.3 Strukturierung

Die tatsächliche Kombination der vorgestellten Finanzierungsmittel richtet sich individuell nach dem konkreten Projekt, seinem Risikoprofil und damit den erwarteten Cashflows, aber auch der vertraglichen Einbindung der verschiedenen Projektbeteiligten. Typischerweise kann zwischen der Bauzeitfinanzierung und der Endfinanzierung unterschieden werden. Während der Bauzeit ist deutlich mehr Flexibilität erforderlich, so z.B.

wenn es zu Bauverzögerungen oder Kostenüberschreitungen kommt. Dies kann durch Bereitstellung entsprechender Fazilitäten berücksichtigt werden. An die Auszahlung sind allerdings meist Bedingungen geknüpft. Ein Beispiel ist das Vorlegen von Lieferrechnungen als Auszahlungsvoraussetzung.

Während der Endfinanzierungsphase (Betriebsphase) dienen dann die meisten Strukturierungselemente dazu, die Schuldendienstfähigkeit sicherzustellen. Dazu gehören etwa Reservekonten, Dividendensperrkonten, Pflichtsondertilgungen (Cash Sweeps), Auflagen (Covenants), Zins- und Währungssicherung sowie Auszahlungssperren. Diese Elemente werden im nächsten Kapitel am Inhalt eines typischen Term Sheets beschrieben.

Festzuhalten bleibt hier zudem, dass das Rating und damit auch das Pricing der Kredittranchen keine von der Strukturierung losgelösten Prozesse sind. Die Mehrzahl der für Projektfinanzierungen eingesetzten Ratingverfahren sind Varianten von Scoringverfahren, in die sowohl qualitative als auch quantitative Elemente der Projektfinanzierung einfließen. Basis für die quantitative Seite des Ratings ist das Cashflow-Modell. Erst wenn eine vorläufige Strukturierung der Finanzierung erfolgt ist, kann mithilfe eines vorläufigen Pricings ein Rating erfolgen. Dieses Rating kann aber zu einer notwendigen Änderung des Pricings führen, wodurch wiederum eine Anpassung der Finanzierungsstruktur erforderlich sein kann. Ein neues Rating ist die Folge. Wie schon bei der Bestimmung der optimalen DSCR ist auch hier ein iteratives Vorgehen notwendig.

6 Term Sheet

Vor der tatsächlichen Kreditregelung einer Projektfinanzierung erstellt die Bank im Regelfall eine Grundsatzzusage für die Finanzierung des entsprechenden Projektes. Der Sponsor kann dieser Grundsatzzusage, meist als Term Sheet bezeichnet, die wesentlichen Vertragselemente entnehmen. Nach Unterzeichnung ist das Term Sheet ein bindender Vorvertrag, der allerdings einige Vorbehalte enthält, insbesondere ist praktisch immer der sogenannte Gremienvorbehalt vorzufinden. D.h., das Term Sheet wird herausgegeben, bevor die interne Kreditgenehmigung erteilt wurde. Ferner sind die Bank zufriedenstellende Ergebnisse von technischen, rechtlichen und wirtschaftlichen Prüfungen (Due Diligence) sowie ein einvernehmlicher Abschluss der gesamten Kreditdokumentation regelmäßig in Term Sheets zu findende Vorbehalte.

Mit Hilfe der im Term Sheet enthaltenen Vertragsdetails kann der Sponsor die Rentabilität des Projektes durchkalkulieren und mit den Angeboten von anderen Banken vergleichen. Auf dieser Basis wird der Sponsor in der Regel zudem an einzelnen Punkten versuchen nachzuverhandeln, entweder beim Pricing oder bei anderen Rahmenbedingungen der Finanzierungsstruktur.[7]

6.1 Verhältnis zum Kreditvertrag

Haben beide Parteien das Term Sheet unterschrieben, wird hierauf basierend der Kreditvertrag ausgearbeitet. Der Kreditvertrag ist deutlich umfangreicher als das Term Sheet und regelt alle vertraglichen Beziehungen im Detail. Wenn die Bank bereits ausführliche Kenntnisse und Erfahrungen mit einem Land hat, kann sie den Vertrag intern selbst erstellen, häufig werden allerdings externe Anwälte eingesetzt, insbesondere im Auslandsgeschäft.

6.2 Bestandteile eines Term Sheets

Nachfolgend werden typische (aber nicht unbedingt vollständige) Vertragsbestandteile eines Term Sheets beschrieben. Die Darstellung orientiert sich an deutschem Recht im Solar- und Windbereich. Je nach konkretem Fall und Land können die einzelnen Schwerpunkte natürlich variieren:

- *Projektbeteiligte:* Am Anfang des Term Sheets werden die beteiligten Parteien dargestellt. Der Kreditnehmer ist üblicherweise die Projektgesellschaft, die als Einzweckgesellschaft gegründet wird und das Projekt errichtet und besitzt. Auch mehrere Kreditnehmer sind nicht ungewöhnlich, z.B. wenn räumlich nah beieinanderliegende Wind-/Solarparks gemeinsam finanziert werden. Der Kreditgeber ist häufig, aber nicht zwingend identisch mit dem Mandated Lead Arranger (MLA). Auch mehrere Kreditgeber werden üblicherweise im Rahmen eines gemeinsamen Kreditvertrags koordiniert. Zwingend zu benennen ist zudem der Sponsor, der das haftende Eigenkapital einbringt. Je nach Fall können auch Aufgaben wie Hedging, Cashflow-Modellierung, Sicherheitenverwaltung oder Prozessführerschaft an dedizierte Parteien vergeben werden, die nicht mit der arrangierenden Bank identisch sind. Weitere zu benennende Parteien sind u.a. technische Gutachter, Berater zu Rechts-, Versicherungs- und Steuerfragen, Generalunternehmer sowie Betriebs- und Wartungsverantwortliche.
- *Projektbeschreibung:* Der Zweck des Projekts ist kurz zu beschreiben und wichtige Kerndaten, wie geplanter Zeitpunkt der Kreditzusage und Datum der Inbetriebnahme, zu benennen. Die Beschreibung sollte das Projekt eindeutig identifizieren, um sicherzustellen, dass nur das vorgestellte Projekt von der Bank finanziert wird.

[7] Hennig, Grundzüge des Schiffshypothekendarlehens, in: Winter/Hennig/Gerhard (2007), S. 405 ff.

- *Investitionskosten/Kaufpreis:* Insbesondere bei noch zu errichtenden Anlagen ist die geplante Investitionssumme von großer Bedeutung. Hierauf basiert maßgeblich die Strukturierung der Finanzierung. Häufig werden im Term Sheet Maßnahmen vereinbart, die greifen, wenn die geplanten Kosten überschritten werden. So wird etwa eine Erhöhung des Eigenkapitals verlangt, um die Position der Bank zu schützen. Handelt es sich um eine Kauffinanzierung, so ist der Kaufpreis explizit zu nennen.

- *Eigenkapital:* Oft wird nur eine Untergrenze für das Eigenkapital festgelegt und die endgültige Höhe erst bei Kreditzusage vereinbart. Möglich ist die Absprache, dass das Eigenkapital als prozentualer Anteil der gesamten Investitionskosten definiert wird. Es ist zudem festzulegen, in welcher Form und wann das Eigenkapital eingebracht wird. Eine Vorabeinbringung des Eigenkapitals ist aus Banksicht zu bevorzugen.

- *Fremdkapitaltranchen:* Hier sind die verschiedenen Komponenten der Finanzierungsstruktur zu beschreiben, also Anzahl, Betragshöhe, Laufzeit und Tilgungsmuster der verschiedenen Kreditfazilitäten. Förderkredite der KfW oder EIB sind explizit mit ihren Programmelementen aufzuführen. Aus der Beschreibung der Tranchen muss auch hervorgehen, dass Eigenkapital und Fremdkapital gemeinsam ausreichend sind, das Projekt vollständig zu finanzieren (Sources and Uses).

- *Margen und Fees:* Im Term Sheet wird bereits vereinbart, welche einmaligen Gebühren der Kreditnehmer bezahlt (z.B. Verwaltungs- und Strukturierungsgebühren) und welche laufenden Margen der Kreditnehmer dem Kreditgeber für die Fremdkapitaltranchen bezahlt. Die Margen werden auf die der Bank zum Zeitpunkt der Kreditzusage am Kapitalmarkt zur Verfügung stehenden Zinskonditionen aufgeschlagen. Die absolute Höhe der Zinsbeiträge ist somit immer erst am Tag der Kreditzusage bestimmt. Werden Kredite nicht unmittelbar zum Zeitpunkt der Kreditzusage ausbezahlt, sind zusätzlich Bereitstellungsprovisionen zu vereinbaren.

- *Zinskonditionen:* Hierunter sind alle Details zu verstehen, die zur Zinsbestimmung notwendig sind. Insbesondere sind das die Zinsbasis (z.B. 3-Monats-EURIBOR auf Actual/360-Basis), Zins- und Tilgungsdaten (z.B. vierteljährlich zum Monatsende) und die Zinsbindungsdauer. Ebenso werden Konditionen für eine vorzeitige Rückzahlung festgelegt.

- *Sicherheiten:* Dem Kapitel Sicherheiten wird im Term Sheet meist viel Platz eingeräumt. Dies reflektiert die Tatsache, dass die Banken häufig spätestens ab der Betriebsphase nur noch Zugriff auf die Projektgesellschaft, aber nicht mehr auf den Sponsor haben. Die Art der Sicherheiten hängt zwar vom jeweiligen Land ab, folgende Sicherheiten sind aber üblich: Sicherungsübereignung der Anlagen (z.B. Windturbinen, Solarpanele, Umrichter), Überlassung der Dienstbarkeiten für die benötigten Pachtverträge, Abtretung der Rechte an zentralen Projektverträgen (z.B. Errichtungsvertrag, Betriebs- und Wartungsvertrag, Einspeisevertrag, Versicherungen), Verpfändung der Projektkonten, Verpfändung der Gesellschaftsanteile der Projektgesellschaft.

Zusätzlich werden während der Bauphase häufig Fertigstellungsgarantien gefordert. Die Sicherheiten erfüllen dabei wesentlich den Zweck, das Projekt vor unberechtigtem Zugriff von Dritten zu schützen. Aus diesem Grund wird regelmäßig auch angestrebt, dass sämtliche für die Errichtung und den Betrieb des Projektes erforderlichen Aktiva sicherungshalber an die Bank abgetreten werden.

- *Erforderliche Dokumente:* Im Term Sheet wird bereits vereinbart, welche zentralen Dokumente vom Kreditnehmer als Voraussetzung für die Kreditgewährung vorzulegen sind. Diese lassen sich zusammenfassen in die drei Kategorien zentrale Projektdokumente (z.B. Errichtungsvertrag, Betriebs- und Wartungsvertrag, Einspeisevertrag, Versicherungen), Finanzdokumente (z.B. Kreditverträge, Sicherheitenverträge) und allgemeine Dokumente (z.B. Registerauszüge, Grundbuchauszüge). Neben den als Auszahlungsvoraussetzung vorzulegenden Dokumenten werden weitere Berichterstattungspflichten (Reporting) über die Laufzeit des Projekts definiert (z.B. Jahresabschlussberichte, Stromertragsberichte, Verfügbarkeitsberichte).
- *Auszahlungsvoraussetzungen:* Hierunter sind Bedingungen zu verstehen, die vor der Auszahlung erfüllt sein müssen (conditions precedent). Dies sind zum einen das Vorlegen von Kopien aller relevanten Projektdokumente, aber auch Kontoeröffnungsunterlagen, zufriedenstellende Gutachten und gegebenenfalls Zusagen von Förderbanken.
- *Reservekonten:* Um der Projektgesellschaft auch bei negativer Geschäftsentwicklung die Zahlungsfähigkeit zu sichern, werden von der Bank häufig sogenannte Reservekonten gefordert. Das am weitesten verbreitete ist sicher das Schuldendienstreservekonto, auf welchem ein fester Prozentsatz (oft 50%) des kumulierten Schuldendienstes (Tilgung und Zins) des kommenden Jahres angelegt sein muss. Es wird entweder vorfinanziert oder in den ersten Betriebsjahren aus den Cashflows angespart. Ein weiteres Konto wird für die Ansparung der Barhinterlegung eventuell gewährter Avale zur Deckung der Rückbauverpflichtung gegenüber den Grundstückseigentümern eröffnet. Ebenfalls anzutreffen ist ein Reservekonto für Wartungs- und Instandhaltungskosten.
- *Verwendungsvorschriften für Cashflows (Waterfall):* Die Projektgesellschaft darf die verfügbaren Cashflows nicht nach eigenem Belieben einsetzen, sondern hat diese nach einem klar definierten Schema zu verwenden:

  1. Zahlung der Gebühren an die organisierende Bank (MLA)
  2. operative Kosten aus der üblichen Geschäftstätigkeit
  3. Bereitstellungsprovisionen für Fazilitäten
  4. Zinszahlungen
  5. Tilgung
  6. Ansparen Schuldendienstreserve
  7. ggf. Ansparen Barhinterlegung Avale
  8. ggf. Ansparen Wartungskostenreservekonto
  9. Dividenden

- *Ausschüttungssperren:* Üblicherweise werden Bedingungen definiert, die für eine Dividendenzahlung erfüllt sein müssen, andernfalls ist eine Dividendenzahlung ausgeschlossen. Die wichtigsten Bedingungen sind, dass alle operativen Kosten bezahlt sind, kein Zahlungsverzug aufgetreten ist, die Reservekonten befüllt sind und die DSCR im vorangegangenen Jahr nicht kleiner einer vorgegebenen Schwelle war. Zusätzlich wird häufig vereinbart, dass erst nach einer gewissen Anlaufzeit Dividenden gezahlt werden dürfen.
- *Cash Sweep:* Wenn die historisch berechnete DSCR unter einer gewissen Schwelle ist, dürfen verfügbare Cashflows nicht für Dividenden eingesetzt, sondern müssen zur vorzeitigen Tilgung der Kredite eingesetzt werden.
- *Cross-Selling-Bedingungen:* Häufig ist der Hauptkredit allein mit relativ geringen Margen ausgestattet. Daher ist es für Banken zunehmend wichtig, Zusatzerträge aus Nebengeschäften zu erzielen. Es wird häufig bereits im Term Sheet festgehalten, dass die Kreditnehmer weitere für die Finanzierung erforderlichen Bankprodukte beim Kreditgeber in Anspruch nehmen. Dies sind z.B. die Führung der Projektkonten, Zins- und Währungsderivate und Zahlungsverkehr.
- *Sonstige:* Die bisherige Aufzählung der Bestandteile gibt noch keinen abschließenden Einblick in den Inhalt eines vollständigen Term Sheets. Je nach Fall werden weitere individuelle Auflagen und Bedingungen formuliert. Einige zu benennende Ergänzungen sind Einbeziehung allgemeiner Geschäftsbedingungen, Ausfalldefinitionen, Gerichtsstand, Festlegung anwendbares Recht, Vertraulichkeitsvereinbarungen und Hinweise darauf, dass nur die Klauseln im endgültigen Kreditvertrag bindend sind.

7 Kreditgenehmigung und Darlehensvertrag

7.1 Bankinterne Genehmigung der Finanzierung

Das Vorgehen der bankinternen Genehmigung unterscheidet sich prinzipiell nicht vom Vorgehen bei anderen Finanzierungsformen wie z.B. Unternehmenskrediten. Auf Basis des Term Sheets wird ein Kreditantrag erstellt, und erst nach positivem Entscheid kann der Gremienvorbehalt aufgehoben werden. Aus den Gremien können je nach Fall zusätzliche Auflagen kommen, die in einer Anpassung des Term Sheets und der Finanzierungsstruktur münden. Bereits im Erstellungsprozess des Term Sheets ist sicherzustellen, dass bankinterne Kredit- und Risikostandards eingehalten werden.

7.2 Kreditgenehmigung und Term Sheet als Basis für die Kreditdokumentation

Wird der Kredit genehmigt, kann das bereits unterzeichnete, aber bisher unter Gremienvorbehalt stehende Term Sheet als Basis für die Ausarbeitung des Kreditvertrags verwendet werden. Dies kann bankintern oder durch die Beauftragung von Anwälten geschehen. Aus Zeitgründen wird in der Praxis schon häufig früher mit der Ausarbeitung der Kreditvertragsdokumentation begonnen. In jedem Fall sind klare Regeln für die Übernahme der Anwaltskosten wichtig. Der umfangreiche Kreditvertrag dient dann als Dokumentation aller getroffenen Vereinbarungen. Nach der Unterschrift durch Kreditnehmer und Kreditgeber ist die Vereinbarung rechtskräftig. Die Auszahlung erfolgt allerdings erst dann, wenn die im Kreditvertrag beschriebenen Auszahlungsvoraussetzungen (conditions precedent) erfüllt sind.

8 Ausblick

Aus Sicht der Sponsoren liegt der zentrale Vorteil der Projektfinanzierung im Vergleich zu einer Unternehmensfinanzierung in der finanziell begrenzten und zeitlich klar befristeten Haftung gegenüber den Banken. Höhere Anforderungen und damit auch Kosten für die genaue Prüfung durch die Banken sind damit akzeptabel.

Für die Banken sind die Vorteile nicht ganz so offensichtlich wie für die Sponsoren und stark abhängig vom konkreten Projekt bzw. der betroffenen Industrie. Zunächst einmal verschlechtert es die Position der Bank natürlich, dass sie keine Rückgriffsmöglichkeiten auf den Sponsor während der gesamten Darlehenslaufzeit hat. Durch die genaue Prüfung eines klar abgegrenzten Projektes wird die Bank aber deutlich besser in die Lage versetzt, Risiken richtig zu bewerten, als das bei einem gesamten Unternehmen der Fall ist. Dies ermöglicht ihr eine bessere Portfoliosteuerung und ein besseres risikoadäquates Pricing. Deutlich wird, dass eine Bank sich nur in den Industrien im Projektfinanzierungsgeschäft engagieren sollte, in denen sie ein tiefes und profundes Verständnis hat.

Bereits heute begeben viele Banken nur ungern langfristige Darlehen, insbesondere wenn dies Laufzeiten von über 10 Jahren betrifft, wie das bei Projektfinanzierungen für Erneuerbare Energien mit Laufzeiten von 15 bis 20 Jahren üblich war. Die Folgen der Bankenkrise haben dieses Problem verstärkt, verschärfte Rahmenbedingungen führen zu höheren Anforderungen an die Risikotragfähigkeit der Projekte mit höheren Margen. Zwar haben das niedrige Zinsniveau Ende 2010/Anfang 2011, verbesserte Lieferbedingungen und damit niedrigere Preise für die Anlagen und die Unterstützung der Förderbanken den Markt wieder stabilisiert, mit den absehbaren Regelungen von Basel III wird sich die Situation aber trotzdem weiter verschärfen.[8]

Zu erwähnen sind neben höheren geforderten Eigenkapitalquoten und damit tendenziell teureren Krediten insbesondere die zu erwartenden schärferen Liquiditätsvorschriften. Neben der ab 2015 zu erwartenden kurzfristigen Liquiditätskennziffer ist für Erneuerbare Energien vor allem die ab 2018 einzuführende mittelfristig ausgerichtete Liquiditätskennziffer relevant. Sie soll für eine ausgewogene Finanzierung sorgen und die kurzfristige Refinanzierung von langfristigen Krediten deutlich erschweren.

Dennoch ist der politische Wille zu Erneuerbaren Energien ungebrochen und klar artikuliert. Zwei Trends für die Zukunft sind daher realistisch: Zum einen ist heute am Markt schon beobachtbar, dass vermehrt Strukturen mit sogenannten Mini Perms eingesetzt werden. Solche Mini Perms haben z.B. Laufzeiten von lediglich fünf bis sieben Jahren und finanzieren Bauzeit und Anlaufphase. Danach ist eine Anschlussfinanzierung mit angepassten Zinssätzen erforderlich. Zum anderen werden Förderbanken wie die Kreditanstalt für Wiederaufbau (KfW) oder die Europäische Investitionsbank (EIB) mit ihren langfristigen Refinanzierungsmitteln für kommerzielle Banken für Erneuerbare-Energien-Projekte weiter eine wichtige Rolle spielen und tendenziell ihre große Bedeutung bei der langfristigen Finanzierung beibehalten müssen. Dies gilt verstärkt für neuere Technologien wie z.B. Offshore-Windkraftanlagen.

Literatur

Böttcher, Jörg (2009): Finanzierung von Erneuerbare-Energien-Vorhaben, München

Lange, Jürgen H. (2010): Erneuerbare Energien sind gewaltige Aufgabe für den Finanzsektor, in: Börsen-Zeitung vom 28.08.2010, S. 76

Osman, Yasmin (2011): Die Reformarbeiten sind noch nicht beendet, in: Handelsblatt vom 03.01.2011, S. 34

Winter, Henning/Hennig, Christian/Gerhard, Markus (Hg.) (2007): Grundlagen der Schiffsfinanzierung, Frankfurt am Main

Wolf, Birgit/Hill, Mark/Pfaue, Michael (Hg.) (2003): Strukturierte Finanzierungen, Stuttgart

[8] Osman (2011).

Finanzierung von Windprojekten: Risikomanagement und Finanzierungsstrukturierung

Thomas Ostendorf/Peter Schinzing

1 Einleitung

Seit Jahrtausenden machen sich die Menschen die Kraft des Windes zunutze. Die Übertragung der Windkraft in elektrische Energie führte diese im Prinzip alte Technologie in das Hightechzeitalter und zu neuer Blüte. In der zweiten Hälfte des 20. Jahrhunderts wurde die Gewinnung elektrischer Energie aus der Windkraft, zunächst vorwiegend zur Selbstversorgung, stetig weiterentwickelt. Die kommerzielle Nutzung setzte schließlich in den 1980er Jahren ein und gewann 1989 mit Einführung des Breitentests („250 Megawatt Wind"-Förderprogramm des Bundes) und des Stromeinspeisegesetzes (StrEG) 1991 eine beeindruckende Dynamik. Die Zahl der installierten Windenergieanlagen (WEA) stieg ausgehend von windgünstigen Küsten- und küstennahen Standorten sprunghaft an.

Das Geschäftsgebiet der Oldenburgische Landesbank AG (OLB) liegt im Nordwesten Niedersachsens und damit in einer Region, die zahlreiche meteorologisch bestens geeignete Standorte für Windenergieanlagen aufweist. Seit Beginn der 1990er Jahre hat sie zahlreiche Windenergieprojekte eng begleitet und durch Bereitstellung finanzieller Mittel ermöglicht. Die Erfahrungen, welche die OLB in dieser Zeit gewonnen hat, bilden die Basis für den vorliegenden Beitrag.

Die Windenergie hat sich in den vergangenen Jahrzehnten aus einer Öko-Nische heraus zu einem mittlerweile weltweit bedeutenden Träger der Primärenergiegewinnung entwickelt. Die langfristig zu erwartende Erschöpfung der fossilen Energieträger, immer wieder auftretende politische Unsicherheiten in wichtigen Erdöl und Erdgas exportierenden Ländern sowie schließlich die in jüngster Zeit immer weiter in den Vordergrund gerückte Diskussion über die Wahrnehmung eines Klimawandels werden die politischen Forderungen nach einem Ausbau der Energiegewinnung aus erneuerbaren Ressourcen unterstützen. Der Windenergie wird dabei eine zentrale Rolle zukommen.

Der technologische Fortschritt hat sich in der Windenergieerzeugung in den vergangenen Jahren weiter beschleunigt. Größere Anlagen ermöglichen eine bessere Windausbeute; das Stichwort „Repowering" – als Errichtung einer neuen, leistungsfähigeren WEA der Multimegawatt-Klasse mit höheren Türmen und größeren Rotordurchmessern an einem schon bislang genutzten Standort – kennzeichnet daher ein wesentliches Wachstumsfeld der Zukunft.[1] Mit den in der Hochsee aufgestellten Offshore-Windparks befindet sich

1 Für einen grundlegenden Überblick zum Stichwort „Repowering" vgl. Deutscher Städte- und Gemeindebund (2009).

eine ergänzende Technologie bereits in der Erprobung; wesentliche technische und damit wirtschaftliche Risiken sind aber noch nicht überzeugend geklärt. Die folgenden Ausführungen konzentrieren sich daher auf konventionelle Onshore-Windenergieanlagen.

Zunächst werden wir dabei die spezifischen Risikofaktoren einer Windenergieanlage diskutieren, um danach geeignete Besicherungs- und Finanzierungsstrukturen darzulegen.

2 Segmentspezifische Risikofaktoren und -szenarien

Die Errichtung einer Windenergieanlage ist ein Investitionsprojekt mit spezifischen Anforderungen und Risiken, die sich zum Teil deutlich von anderen gewerblichen Investitionsvorhaben unterscheidet. Daher ist es sowohl für die Investoren als auch für die finanzierende Bank entscheidend, die Grundregeln kaufmännischer Vorsicht gewissenhaft zu befolgen: Neben der Betrachtung der Chancen aus einem solchen Projekt sind die Risiken der Investition in eine Windenergieanlage eingehend zu prüfen und zu bewerten.

Im Folgenden werden wir die aus unserer Sicht wesentlichen Risiken einer WEA-Investition eingehend diskutieren und aus Sicht der finanzierenden Bank Möglichkeiten zur Mitigation dieser Risiken aufzeigen.

2.1 Klassifizierung der Risiken einer Windenergieanlagen-Finanzierung

Grundsätzlich sind umweltbedingte, politische, wirtschaftliche, rechtliche, technische und investoreninduzierte Risiken zu unterscheiden.

2.1.1 Umweltbedingte Risiken

Unter die umweltbedingten Risiken werden meteorologische und geologische Risiken subsumiert, die im Vorfeld einer Investition geprüft werden müssen. Mit Blick auf die meteorologischen Risiken sind zuvorderst die am Standort zu erwartenden Windgeschwindigkeiten und deren Variabilität zu untersuchen. Sowohl zu schwache als auch zu starke Windgeschwindigkeiten können den Ertrag einer Windenergieanlage negativ beeinflussen; erstere führen zu einer unzureichenden Auslastung der Anlage, letztere gegebenenfalls zu einem temporären Abschalten der WEA.

Zu den meteorologischen Risiken gehören darüber hinaus Witterungsrisiken, wie beispielsweise Sturm- und Orkanschäden (über die oben genannte Anlageabschaltung hinaus), Blitzeinschlag sowie gegebenenfalls Flutschäden.

Geologische Risiken beziehen sich auf die grundsätzliche Bodenbeschaffenheit des Standorts, der eine hinreichende Standfestigkeit der regelmäßig weit über hundert Meter hohen Anlagen (Nabenhöhe) gewährleisten muss. In bestimmten Regionen mit hoher tektonischer Aktivität ist darüber hinaus unter Umständen das Risiko von Erdbeben oder Unterspülungen zu beachten; dies trifft aber nur auf wenige Standorte in Deutschland zu.

2.1.2 Politische Risiken

Die Windenergiegewinnung ist ein durch die gesicherte Stromeinspeisevergütung politisch geförderter Wirtschaftszweig in Deutschland. Den gesetzlichen Rahmen bildet das Erneuerbare-Energien-Gesetz (EEG).[2] Umweltpolitisches Ziel ist die Förderung der Windenergienutzung selbst an Standorten, die ohne Förderung für einen Investor nicht hinreichend lukrativ wären. Auch wenn mit dem EEG die Einspeisevergütung langfristig gesichert ist, ist das Risiko eines Wegfalls der Förderung grundsätzlich in Betracht zu ziehen. Dies gilt für neue bzw. im Bau befindliche Anlagen, da bereits errichtete und ans Stromnetz angeschlossene Windenergieanlagen gemäß dem juristischen Grundsatz des Rückwirkungsverbotes Rechtssicherheit bezüglich des zum Zeitpunkt der Inbetriebnahme geltenden Erneuerbare-Energien-Gesetzes genießen.

Entsprechend dem Ausbau der Windenergie wird die Diskussion über die Prägung des Landschaftsbildes durch die Windenergieanlagen immer intensiver geführt. Gerade in den touristisch erschlossenen küstennahen Regionen wird eine „Verschandelung" des Landschaftsbildes und damit eine Minderung des touristischen Erholungswertes beklagt. Die Möglichkeit, dass entsprechende Initiativen zu einem Rückbau bereits genehmigter oder aufgestellter Anlagen führen können, ist in die Risikoabwägung daher einzubeziehen. Ebenso könnten sich vor diesem Hintergrund bauliche Vorgaben und Einschränkungen grundsätzlich auch bei Einhaltung der ursprünglichen Vorgaben für bestehende Anlagen ex post verändern. Um ein Beispiel zu nennen: Die gegen Ende des Jahres 2010 entbrannte Diskussion um das vier Jahre zuvor beschlossene Stuttgarter Bahnhofsprojekt „Stuttgart 21" zeigt, dass diese Risiken nicht von der Hand zu weisen sind.

Im weiteren Sinne sind in die politischen Risiken auch Vandalismusschäden einzubeziehen.

[2] Den aktuellen Gesetzestext des Erneuerbare-Energien-Gesetzes stellt das Bundesministerium für Umwelt, Naturschutz und Reaktorsicherheit im Internet unter der URL http://www.erneuerbare-energien.de/inhalt/40508/ bereit.

2.1.3 Wirtschaftliche Risiken

Wirtschaftliche Risiken betreffen die Gewährleistung des Kapitaldienstes und die Sicherstellung der Liquidität während der Laufzeit der WEA, wobei neben Zins und Tilgung für aufgenommene Kredite auch die Fähigkeit zur Bezahlung notwendiger Reparaturen sowie der laufenden Wartung zu berücksichtigen sind.

2.1.4 Rechtliche Risiken

Die Investition in eine WEA ist mit einer Reihe von Rechtsbeziehungen verbunden, die sowohl die baulichen Genehmigungen sowie Grund- und Bodenrechte als auch Leitungsrechte und Stromabnahmevereinbarungen regeln. Ungesicherte Rechtsbeziehungen in diesen Bereichen können den Erfolg der Investition gefährden.

2.1.5 Technische Risiken

Windenergieanlagen heutiger Größenordnungen sind hochkomplexe und damit technisch sehr anspruchsvolle Investitionsprojekte. Die einzelnen Komponenten sind diversen Umwelteinflüssen ausgesetzt und müssen teilweise enormen Kräften standhalten. Nicht nur die Destruktion einer ganzen Anlage, auch schon der Ausfall eines entscheidenden Kleinteils kann dazu führen, dass die erwarteten Erträge der WEA nicht erreicht werden. Windenergieanlagen sind klassische Einzweck-Anlagen, bei denen der Rückfluss der Finanzierungsmittel vollständig aus dem Produktionsergebnis der Anlage zu erwirtschaften ist, sodass Produktionsausfälle zu Leistungsstörungen im Kapitaldienst führen.

2.1.6 Investoreninduzierte Risiken

Auch vom Verhalten der Investoren können Risiken für das Projekt ausgehen. Zum einen besteht das Risiko einer nicht vertragsgerechten Verwendung der zur Verfügung gestellten finanziellen Mittel. Zum anderen ist auf die vereinbarungsgemäße Verwendung der Einspeisevergütung als einzige Cashflow-Quelle zu achten. Schließlich ist sicherzustellen, dass das Investitionsobjekt ausreichend gepflegt und gewartet wird, um einem vorzeitigen Ausfall vorzubeugen.

2.2 Behandlung und Vorbeugung der Risiken einer Windenergieanlagen-Finanzierung

Im Folgenden werden die oben dargestellten Risiken einer Windenergieanlagen-Finanzierung aus Sicht der Bank betrachtet. Im Vordergrund steht dabei, mit welchen Maßnahmen die finanzierende Bank den Risiken begegnen kann. In der Regel dienen die zur Beurteilung bzw. Vorbeugung der Risiken benötigten Unterlagen auch als Grundlage für eine Prüfung des Investitionsvorhabens durch Spezialisten der Bank, bevor der formelle Kreditantrag gestellt und bearbeitet wird.

2.2.1 Umweltbedingte Risiken

Die aufgezeigten umweltbedingten Risiken sind exogen induziert und somit nur eingeschränkt beherrschbar. Im Prinzip ist eine ex ante Extrapolation der in der Vergangenheit beobachteten Umwelteinflüsse unter Berücksichtigung der die zukünftige Entwicklung beeinflussenden und bereits bekannten Parameter durchzuführen. Wesentlich ist hierfür eine ausführliche Standortprüfung durch externe Gutachter und Sachverständige, wobei bei größeren Projekten unter Umständen zwei voneinander unabhängige Gutachter hinzugezogen werden sollten. Der Nachweis einer entsprechenden Zertifizierung bzw. Qualifikation der zurate gezogenen Gutachter ist unabdingbar.

Die unabhängigen Gutachter erstellen Windgutachten zum vorgesehenen Standort unter Berücksichtigung der Erfahrungswerte von Referenzanlagen. Wenn möglich, sollten darüber hinaus in den Gutachten Referenzwerte aus benachbarten, bereits laufenden Anlagen gleichen oder ähnlichen Typs berücksichtigt werden. Dabei sind die geographischen Bedingungen des geplanten Standorts hinsichtlich der Windabschattung auf den individuellen Standort bezogen zu betrachten.

Die weiteren umweltbedingten Risiken wie Witterungsschäden sollten durch geeignete Versicherungen so weit wie möglich abgesichert werden.

2.2.2 Politische Risiken

Eine Absicherung gegen die oben aufgeführten politischen Risiken ist grundsätzlich nicht möglich. Lediglich das Vandalismusrisiko ist versicherbar und sollte entsprechend gedeckt werden. Solange gewährleistet ist, dass bei der Errichtung der Anlage sämtliche rechtlichen Vorgaben und Bestimmungen eingehalten wurden, sollte das politische Risiko weitgehend ausgeklammert sein. Die geschilderten politischen Risiken lassen sich auf einzelwirtschaftlicher Ebene nicht lösen, sondern sind auf übergeordneten Ebenen durch die entsprechenden Verbände zu thematisieren.

Sichergestellt werden muss allerdings im Rahmen der Projektplanung, dass das zum Zeitpunkt der Kreditzusage gültige EEG Gültigkeit für die Anlage erhält, um die in der Kreditprüfung zugrunde gelegten Einspeiseerlöse auch zu realisieren. Hierzu ist bei angekündigten Änderungen des EEG dafür Sorge zu tragen, dass die Anlage vor Wirksamwerden der Änderungen in Betrieb genommen wird und Strom an den Energieversorger liefert.

Angesichts der kontinuierlich steigenden Strompreise wird eine Direktvermarktung des von der WEA erzeugten Stroms zunehmend attraktiver. Für den Investor besteht auch bei dieser Option die Sicherheit, unter Wahrung gewisser Ankündigungsfristen, in die Vergütung gemäß EEG zu wechseln.

Um Beschwerden bzw. Anfechtungen von Anliegern bereits im Planungsstadium der WEA zu begegnen, sind darüber hinaus gegebenenfalls Schattenwurf- und Schallgutachten zu erstellen und die bei Erteilung der Baugenehmigung beauflagten Betriebseinschränkungen streng zu beachten.

2.2.3 Wirtschaftliche Risiken

Damit wirtschaftliche Risiken der Investition bereits in einem frühen Planstadium erkannt werden, sind neben einem vollständigen Investitions- und Finanzierungsplan im Vorfeld der Investition Planbilanzen und eine mehrjährige Plan-Gewinn-und-Verlustrechnung auf Basis der vorgelegten Windgutachten und unter Berücksichtigung der erwarteten EEG-Erträge zu erstellen. Ferner muss der Investor die Liquiditätsentwicklung seines WEA-Projektes über mehrere Jahre im Voraus planen. Diese Unterlagen werden von der Bank im Rahmen einer Vorabprüfung auf Plausibilität untersucht und mit den Erfahrungswerten aus bisherigen Windenergieprojekten unter Zuhilfenahme einer Worst-Case-Rechnung abgeglichen.

2.2.4 Rechtliche Risiken

Zur Vermeidung der geschilderten rechtlichen Risiken sind in der Regel umfangreiche Vertragswerke mit verschiedenen Beteiligten zu verhandeln. Diese Verträge sind, gegebenenfalls im Entwurf, zur Vorabprüfung der finanzierenden Bank einzureichen. Als Beispiele seien Kaufverträge für die WEA und die Grundstücke, Erbbaurechtsverträge, Grundstücknutzungs- bzw. -pachtverträge oder auch Gesellschaftsverträge und Baugenehmigungen genannt.

2.2.5 Technische Risiken

Investoren sollten möglichst auf erprobte Windenergieanlagetypen setzen, um technische Risiken weitgehend auszuschalten. Die Oldenburgische Landesbank AG finanziert in diesem Zusammenhang ausschließlich zertifizierte Anlagetypen namhafter Hersteller mit einem maßgeblichen inländischen Marktanteil gemäß der installierten Leistung.

Darüber hinaus ist der Abschluss von langfristigen Service- und Wartungsverträgen mit geeigneten Partnern eine unabdingbare Voraussetzung für eine Finanzierung und Inhalt entsprechender Kredit-Covenants.

2.2.6 Investoreninduzierte Risiken

Auch wenn die Finanzierung von Windenergieanlagen grundsätzlich projekthaft angelegt ist, sollten die üblichen Anforderungen an die Kreditwürdigkeit und die Kreditfähigkeit des Investors ebenso erfüllt sein. Eine angemessene Eigenmittelbeteiligung sichert die Bank nicht nur vor dem moralischen Risiko (moral hazard), sondern zumindest teilweise auch, im Sinne einer Risikoteilung, vor dem wirtschaftlichen Risiko. Bei der OLB gehört eine Eigenkapitaleinbringung von mindestens 10% bis 20% der gesamten Investitionssumme zu den Standardanforderungen einer Windenergieanlagen-Finanzierung; die Höhe des geforderten Eigenmitteleinsatzes ist letztlich abhängig vom Standort der Anlage und vom Risikoprofil der Finanzierung (beispielsweise im Hinblick auf die Höhe der „weichen“ Kosten). Dabei gilt, wie stets, der Grundsatz „Eigenmitteleinsatz vor Fremdmitteleinsatz“. Darüber hinaus ist zu vereinbaren, dass die Erträge aus der WEA – neben der Bedienung des Kapitaldienstes aus der Finanzierung – eine Liquiditätsreserve bis zu einer bestimmten, von der Bank vorzugebenden Untergrenze aufbauen, die bei der finanzierenden Bank angelegt wird. Diese bildet eine Absicherung gegen das Risiko, dass die Anlage nicht ausreichend gewartet wird bzw. Reparaturen nicht bezahlt werden können, sowie einen Puffer für Ausfälle und Cashflow-mindernde Schwankungen der Windstärke.

Die fachliche Eignung des Investors spielt hingegen eine untergeordnete Rolle, da wesentliche Dienstleistungen – zu nennen seien etwa die Windgutachten oder auch Service- und Wartungsverträge – regelmäßig an entsprechende Spezialisten ausgelagert werden.

3 Besicherungsstruktur einer standardisierten Einzelanlage

Die in den bisherigen Ausführungen geschilderten Risiken einer Investition in eine Windenergieanlage und die diskutierten Möglichkeiten der Vermeidung bzw. Vorbeugung dieser Risiken haben in der Oldenburgische Landesbank AG zu einer standardisierten Besicherungsstruktur von WEA-Finanzierungen geführt, die im Folgenden näher erläutert werden soll.[3]

[3] Die folgenden Ausführungen stützen sich auf die interne Richtlinie der Oldenburgische Landesbank AG zur Finanzierung von Windenergieanlagen, die von Frank Gerding, Kreditreferent Spezialfinanzierungen im zentralen Kreditmanagement der OLB, erstellt wurde.

Das Besicherungskonzept basiert im Wesentlichen auf zwei Säulen. Zum einen die Besicherung an der Windenergieanlage selbst, zum anderen an deren Erträgen. Zusätzlich werden in die Finanzierungsverträge diverse Auflagen für den Investor aufgenommen.

3.1 Besicherung an der Windenergieanlage

Die Windenergieanlage ist eine Einzweck-Anlage, deren Sicherungswert unter Berücksichtigung der Weiterverwertbarkeit im Falle eines Kreditausfalls eingeschränkt ist. Darüber hinaus ist die WEA eine bauliche Einrichtung, was die Verwertung gegebenenfalls zusätzlich erschwert. Grundsätzlich kann die Besicherung an der Windenergieanlage über zwei Wege erfolgen:

- Besicherung über eine erstrangige Grundschuld in Kredithöhe am eigenen Betriebsgrundstück des Investors bzw. gegebenenfalls am Erbbaurecht.
- Besicherung über die Einzel-Sicherungsübereignung der WEA inklusive aller Zusatz- und Nebeneinrichtungen bei fremden Grundstückseigentümern bzw. Erbbauberechtigten.

In den folgenden Ausführungen wird auf einzelne Aspekte des Besicherungskonzepts einer WEA-Finanzierung näher eingegangen.

3.1.1 Scheinbestandteilseigenschaft

Eine rechtliche Hürde bei der Sicherungsübereignung einer Windenergieanlage ist die Bestandteilseigenschaft der WEA am Grundstück. Grundsätzlich werden Bauwerke mit Verbringen und Errichtung auf dem Grundstück wesentlicher Bestandteil desselben, dies gilt auch für eine Windenergieanlage. Als Grundstücksbestandteil ist sie dann nicht mehr übereignungsfähig. Geheilt werden kann dieses Problem, wenn die Windenergieanlage lediglich ein „Scheinbestandteil" gemäß § 95 Absatz 1 des Bürgerlichen Gesetzbuchs (BGB) ist. Diese Scheinbestandteilseigenschaft wird u.a. anerkannt, wenn die Verbindung mit dem Grundstück „in Ausübung eines Rechts an einem fremden Grundstück von dem Berechtigten" (§ 95 Abs. 1 Satz 2 BGB) erfolgt. Als sogenannter Scheinbestandteil ist die Windenergieanlage übereignungsfähig, wenn vor Errichtung der WEA auf dem Grundstück für den Investor ein Recht an dem fremden Grundstück vereinbart wurde.

Dies erfolgt durch eine sogenannte „beschränkt persönliche Dienstbarkeit", die im Grundbuch entsprechend vor Errichtung der Anlage auf dem so belasteten Grundstück eingetragen sein muss. Wichtig ist in diesem Zusammenhang, dass der Baubeginn der Einrichtungen für die Windenergieanlage, also z.B. auch die Erstellung des Fundaments, erst nach Eintragung der beschränkt persönlichen Dienstbarkeit für den Betreiber der WEA erfolgt. Ansonsten ist die Wirksamkeit der Sicherungsübereignung der Windenergieanlage nicht zweifelsfrei gesichert.

3.1.2 Weiterbetrieb der WEA durch Dritte

Im Fall eines Kreditausfalls muss die Bank sicherstellen, dass sie selbst oder ein von ihr zu benennender Dritter in die Rechte des ursprünglichen Investors eintreten darf, um den Weiterbetrieb der WEA und damit den Cashflow zu sichern. Hierzu ist neben der Sicherungsübereignung der Windenergieanlage die Eintragung einer erstrangigen Vormerkung zugunsten der finanzierenden Bank erforderlich. In der Vormerkung wird für den Verpächter die Verpflichtung begründet, auf Anfordern der Bank eine erstrangige beschränkt persönliche Dienstbarkeit für die Bank (bzw. für den von der Bank zu benennenden Dritten) zu bestellen sowie eine neue Nutzungsvereinbarung mit der Bank (bzw. mit dem von der Bank zu benennenden Dritten) abzuschließen. Da bei Abschluss einer neuen Nutzungsvereinbarung die Bedingungen der bisherigen zum Tragen kommen sollen, muss die Angemessenheit dieser Bedingungen geprüft werden. Dies gilt beispielsweise für das Nutzungsentgelt, für die Schadensersatzpflicht gegenüber dem Eigentümer oder gegenüber Dritten und schließlich auch für die Sicherheitsleistung für den Abbau der WEA.

3.1.3 Sicherungsübereignung

Bei der Sicherungsübereignung der WEA ist zu gewährleisten, dass im Rahmen der Einzelzession alle Ansprüche aus dem Kaufvertrag der Anlage einbezogen werden. Hierbei ist zum einen auf die Bestimmtheit der Anlage zu achten (beispielsweise über die Maschinennummer und den Lageplan). Zum anderen muss die Anlage frei von Rechten Dritter sein (z.B. Eigentumsvorbehalt). Ferner sollten im Rahmen einer Einzelzession auch die Ansprüche aus den abgeschlossenen Wartungs- und Versicherungsverträge abgetreten werden.

3.1.4 Kabeltrasse

Da die Abnahmepunkte der Energieversorger regelmäßig nicht auf dem Grundstück liegen, auf dem die WEA betrieben wird, sind vom Betreiber entsprechende Kabeltrassen über Grundstücke Dritter zum Einspeisepunkt zu legen. Da zu beobachten ist, dass diese Kabeltrassen seit Jahren immer länger werden, betrifft dies in vielen Fällen diverse Grundstücke verschiedener Eigentümer. Mit jedem betroffenen Grundstückseigentümer ist eine Vereinbarung über die Genehmigung des Baus einer Kabeltrasse zu treffen und durch entsprechende schuldrechtliche Vereinbarung abzusichern. Dabei ist sicherzustellen, dass im Falle eines Kreditausfalls dieses Nutzungsrecht an die finanzierende Bank bzw. an einen zu benennenden Dritten übergeht.

Die Eintragung einer erstrangigen Vormerkung zugunsten der Bank auf den von der Kabeltrasse betroffenen Grundstücken wäre hierfür das geeignete Medium, lässt sich allerdings in der Praxis häufig nicht durchsetzen. Daher sollte die finanzierende Bank prüfen, ob sie das wirtschaftliche Risiko des Verzichts auf eine derartige Vormerkung tragen kann und will.

3.1.5 Weitere Unterlagen

Neben den bereits genannten Unterlagen sind, in der Regel erst nach Auszahlung der Finanzierungsmittel, weitere Unterlagen bzw. Nachweise vom Betreiber der Windenergieanlage bei der finanzierenden Bank einzureichen. In erster Linie sind dies das Abnahmeprotokoll der WEA und der Nachweis der Erfüllung der Auflagen aus den Baugenehmigungen.

3.2 Sicherung der Erträge der Windenergieanlage

Die zweite Säule der Besicherung einer Windenergieanlagen-Finanzierung ist die Sicherung der Erträge aus der WEA. Der Betreiber der Windenergieanlage schließt mit dem zuständigen Energieversorger eine Netzanschluss-Vereinbarung ab. Der Energieversorger ist zwar zur Abnahme des Stroms gesetzlich verpflichtet, dennoch ist die entsprechende vertragliche Vereinbarung unerlässlich. Der Betreiber der WEA erhält anschließend vom Energieversorgungsunternehmen eine verbindliche Einspeisezusage. Entsprechende Dokumente sind für die Kreditvalutierung vorzulegen.

3.2.1 Einzelzession der Stromeinspeiseerlöse

Als Projektfinanzierung stützt sich die WEA-Finanzierung ausschließlich auf den aus der Anlage generierten Cashflow. Die oben dargestellte dingliche Besicherung an der WEA dient in erster Linie der Sicherung des Weiterbetriebs der Anlage im Fall eines Kreditausfalls bzw. eines Ausfalls des bisherigen Betreibers. Bedeutender für die Absicherung der Finanzierung ist jedoch der Zugriff auf den Cashflow aus der Windenergieanlage. Dazu werden im Rahmen des Besicherungskonzepts alle gegenwärtigen und zukünftigen Ansprüche aus dem Stromeinspeisevertrag, insbesondere die Stromeinspeiseerlöse, im Rahmen einer Einzelzession an die Bank abgetreten. Eine Besonderheit stellt der Fall dar, dass ein WEA-Betreiber seinen produzierten Strom über Vorrichtungen Dritter einspeist; in diesem Fall sind die Rechte und Ansprüche aus einer Vereinbarung zwischen dem WEA-Betreiber und dem Betreiber der Übergabestation abzutreten.

3.2.2 Verpfändung Rücklagen

Im Rahmen der Liquiditätsplanung des Konzeptes ist sicherzustellen, dass aus dem Cashflow – über die Bedienung der Darlehen hinaus – Liquiditätsreserven gebildet werden. Diese Liquidität dient zum einen der Überbrückung windschwacher Perioden, in denen nicht ausreichende Erträge für die Bedienung des Kapitaldienstes erwirtschaftet werden. Zum anderen werden damit Reserven für sonstige Betriebsausfälle gebildet (beispielsweise wenn die Anlage reparaturbedingt stillsteht), sofern diese nicht durch entsprechende Versicherungen abgedeckt sind (Betriebsunterbrechung, Maschinenbruch, Brand, Explosion, Überspannung etc.); Nachweise über den Abschluss dieser und weiterer Versicherungen (beispielsweise Betriebshaftpflicht- oder Vandalismusversicherung) gehören in der Regel zu den Auflagen des finanzierenden Instituts. Zudem sollte für nicht durch Wartungs- bzw. Serviceverträge oder auch Versicherungen abgedeckte Reparaturen eine Reparaturrücklage gebildet werden. Das Konzept der OLB sieht regelmäßig den Abschluss von Fullservice-Verträgen vor, um eine adäquate und regelmäßige Wartung und Reparatur der Anlage sicherzustellen. Eine weitere obligatorisch zu bildende Liquiditätsreserve aus dem laufenden Cashflow der Windenergieanlage ist die Rückbaurücklage, aus der nach Laufzeitende der Anlage die Herstellung des ursprünglichen Grundstückzustands finanziert werden kann.

Diese zu bildenden Liquiditätsreserven sind gemäß dem Besicherungskonzept der Oldenburgische Landesbank AG bei der Bank anzulegen und ihr zu verpfänden. Die entsprechenden Ansparmodalitäten und Verfügungsmöglichkeiten werden in der Kreditzusage für die Windenergieanlage separat vereinbart. Einen Sonderfall bildet darüber hinaus die Vorfinanzierung der Mehrwertsteuer-Erstattungsansprüche durch die Bank; in diesem Fall ist eine unwiderrufliche Zahlungsanweisung des Kunden gegenüber dem Finanzamt hereinzunehmen.

3.2.3 Laufende Überwachung

Im Übrigen sind die laufenden Erträge aus der Windenergieanlage periodisch im Rahmen einer Prolongationsberichterstattung zu überwachen. Die Prolongationsberichte stellen in erster Linie auf die Jahresabschlüsse der WEA-Betreiber ab; insbesondere ist dabei ein Abgleich der erbrachten Einspeiseleistung mit den in den Windgutachten prognostizierten Erträgen durchzuführen und zu dokumentieren. Negative Abweichungen sind zu hinterfragen, die Gründe zu eruieren sowie gegebenenfalls Maßnahmen daraus abzuleiten und mit dem Betreiber der Windenergieanlage zu vereinbaren.

4 Kosten- und Finanzierungsstruktur eines Windenergieprojektes auf Einzelanlagenbasis

Windenergiefinanzierungen sind klassische Projektfinanzierungen, die das Projekt als selbstständige ökonomische Einheit betrachten, aus deren Cashflow der Kapitaldienst während der Darlehenslaufzeit bedient wird.[4] Grundsätzlich werden für die Finanzierung von Projekten individuell strukturierte Finanzierungspakete erarbeitet. Aufgrund der langjährigen Erfahrung haben sich in der Oldenburgische Landesbank AG Standards für die Finanzierung von Windenergieanlagen herausgebildet, die den Rahmen für die WEA-Finanzierung der OLB bilden. Innerhalb dieses Rahmens wird dann die individuelle Finanzierung des einzelnen WEA-Projektes den jeweiligen Gegebenheiten angepasst.

Die grundsätzlichen Rahmenbedingungen einer WEA-Finanzierung in der OLB werden im Folgenden erläutert. Zuvor betrachten wir jedoch kurz die relevanten Kosten der Errichtung und des Betriebs einer Windenergieanlage, die bei der Konzeptionierung der Finanzierungsstruktur Berücksichtigung finden müssen.

4.1 Investitionskosten und laufende Betriebskosten

4.1.1 Einmalige Investitionskosten

Die Kosten für den Bau und die Errichtung einer einzelnen Windenergieanlage belaufen sich in der Regel auf einen einstelligen Euromillionenbetrag. Zu berücksichtigen sind neben den Kosten für die Windenergieanlage selbst unter anderem die Kosten für Fundament, Grundstück, Wegebau, Verkabelung, Netzanschluss, Ausgleichsmaßnahmen, Projektierung, Baugenehmigung, Gutachter, Pachtvorauszahlungen. Nach den Erfahrungen der Oldenburgische Landesbank AG verteilen sich die Investitionskosten in der Regel auf die wichtigsten Kostenkomponenten wie in Tabelle 1 abgebildet.

Die Kosten des Baus und der Errichtung der Windenergieanlage sind vom Investor im Rahmen eines detaillierten Investitionsplanes darzulegen. Dieser dient der Bank später im Rahmen der Baufortschrittsüberwachung auch zur Kontrolle der Einhaltung des geplanten Investitionsvolumens.

[4] Vgl. dazu auch Eichwald/Pehle (2000), S. 794 f.

Tabelle 1: Wichtigste Kostenkomponenten einer Windenergieanlage

Kosten	Anteil am Gesamtvolumen
Windenergieanlage	70–80%
Fundament	5–10%
Netzanschluss	10–20%
Nebenkosten	3–5%

4.1.2 Laufende Betriebskosten

Neben diesen – bei normalem Projektverlauf einmaligen – Kosten der Errichtung und Inbetriebnahme einer WEA sind bei der Finanzierungskonzeption auch die laufenden Betriebskosten der Windenergieanlage zu berücksichtigen. Man unterscheidet dabei inflationsunabhängige und inflationsabhängige Betriebskosten. Diese Unterscheidung ist für die langfristige Liquiditätsplanung und Kapitaldienstfähigkeit des Projektes wesentlich, da über die Laufzeit Inflationswirkungen auf die Betriebskosten gravierende Effekte für die Entwicklung der freien Liquidität aus dem Projekt haben können.

Als weitgehend inflationsunabhängig – je nach vertraglicher Gestaltung – betrachten wir bei den Betriebskosten in der Regel die folgenden Kostenpositionen:

- Grundstückspacht
- Rückbaurücklage
- Kosten für Ausgleichsmaßnahmen

Auch wenn davon auszugehen ist, dass auf lange Sicht inflationsbedingte Kostensteigerungen bei diesen Positionen nicht auszuschließen sind, kann man davon ausgehen, dass es nicht zu regelmäßigen inflationsbedingten Steigerungen kommt. Die entsprechenden Beträge sind als regelmäßig wiederkehrende Fixbeträge in die Liquiditätsplanung des Investors einzubeziehen.

Zu den inflationsabhängigen Kosten gehören die folgenden Positionen:

- Wartung
- Verwaltung
- Versicherung
- Geschäftsführung
- Steuerberater
- Reparaturrücklagen

Diese inflationsabhängigen Kosten sind ebenso wie die inflationsunabhängigen Betriebskosten in die Liquiditätsplanung des Investors einzubeziehen, wobei im Zeitablauf eine Dynamisierung mit einer anzunehmenden Inflationsrate anzusetzen ist.

Die laufenden Betriebskosten müssen in einem nächsten Schritt mit der geplanten und gemäß EEG bewerteten Jahresleistung der Windenergieanlage verglichen werden. Aus dem Saldo ergibt sich die für den Kapitaldienst, die Bildung der Liquiditätsreserven und die Gewinnausschüttung an die Investoren zur Verfügung stehende Größe. Die finanzierende Bank wird diese Werte einer Worst-Case-Betrachtung unterziehen, damit auch unter konservativ eingeschätzten Bedingungen der Kapitaldienst gewährleistet ist. Sofern dieser Saldo auch unter Worst-Case-Bedingungen positiv ist, kann die Investition in die Windenergieanlage die im Folgenden darzustellende Finanzierung tragen.

4.2 Standardisiertes Finanzierungskonzept einer Windenergieanlage

Die Finanzierung einer Windenergieanlage ist grundsätzlich als strukturierte, Cashflowbasierte Projektfinanzierung anzusehen, die – individuell auf die einzelne Anlage bzw. auf den jeweiligen Standort – aus verschiedenen Komponenten zusammenzustellen ist. Die wesentlichen Bausteine sind Eigenmittel und Fremdmittel; letztere sind zusätzlich in Eigenmitteldarlehen der Bank, öffentliche Fördermittel bzw. Förderkredite und Avale zu unterteilen, die im Folgenden näher zu beschreiben sind.

4.2.1 Eigenmittel

Wie bereits im Rahmen der Risikobetrachtung erwähnt, hat sich bei der Oldenburgische Landesbank AG ein Eigenmitteleinsatz von mindestens 10% bis 20% des gesamten Investitionsvolumens – je nach Standort und Risikoprofil der Finanzierung – als Standard bei der Finanzierung von Windenergieanlagen etabliert. Sollte die erwartete Leistung der WEA am geplanten Standort deutlich unter den Referenzwerten gleichartiger Anlagen liegen oder der Anteil der „weichen“ Investitionskosten höher als normal liegen, muss der Eigenmitteleinsatz höher liegen.

4.2.2 Laufzeit

Die Laufzeit der Fremdmitteldarlehen richtet sich nach verschiedenen Faktoren. Bei einer Anlagenfinanzierung ist die Abschreibungsdauer als wesentlicher Maßstab anzusetzen. Darüber hinaus ist zu berücksichtigen, dass der saldierte Cashflow – nach Abzug der Kosten inklusive des Aufbaus von Liquiditätsrücklagen – den Kapitaldienst, der sich aus der vorgesehenen Laufzeit ergibt, decken muss. Schließlich ist bei der Finanzierung von Windenergieanlagen die Laufzeit der durch das EEG garantierten Einspeisevergütung in die Betrachtung einzubeziehen.

Nach derzeitiger Gesetzeslage ist der Einspeisepreis je Kilowattstunde (kWh) für 20 Jahre garantiert. Die Nutzungszeit der Windenergieanlage kann daher grundsätzlich mit mindestens 20 Jahren angesetzt werden. Für die maximale Finanzierungslaufzeit ist jedoch die Abschreibungsdauer letztlich die entscheidende Größe. Eine Windenergieanlage setzt sich aus einer Vielzahl verschiedener baulicher und technischer Komponenten zusammen, für die jeweils unterschiedliche Abschreibungszeiträume gelten. Aus diesem Abschreibungsmix ergibt sich eine durchschnittliche Abschreibungsdauer. Daraus folgend hat die OLB die maximale Darlehenslaufzeit für die Finanzierung einer Windenergieanlage auf 15 Jahre begrenzt.

4.2.3 Eigenmitteldarlehen der finanzierenden Bank

Bei der WEA-Finanzierung ist grundsätzlich davon auszugehen, dass der Cashflow über die Jahre der Laufzeit der Anlage in Abhängigkeit von der Variabilität der Windstärken Schwankungen unterliegt. Dennoch erscheint eine Tilgungsstruktur mit gleichbleibenden jährlichen Tilgungsraten bestens geeignet, um die Schwankungen im Durchschnitt abzudecken. Zu Beginn der Laufzeit der Anlage bietet es sich an, die Darlehen für eine begrenzte Zeit (beispielsweise zwei Jahre) tilgungsfrei zu stellen, um einen Liquiditätspuffer aufzubauen, der derartige Schwankungen abfangen und den Kapitaldienst auch in windschwachen Perioden decken kann. Dieser Liquiditätspuffer ist der finanzierenden Bank zu verpfänden, um den Kapitaldienst abzusichern. Alternativ zur regelmäßigen Tilgung ist, auch aus steuerlichen Gründen, eine endfällige Tilgung in Betracht zu ziehen, wobei in diesem Fall tilgungsersetzende Mittel, beispielsweise über die Ansparung einer kapitalbildenden Lebensversicherung, aufzubauen und an die Bank zu verpfänden sind.

4.2.4 Öffentliche Förderkredite

Länderübergreifende Fördermöglichkeiten bieten die Kreditanstalt für Wiederaufbau (KfW) und – sofern ein landwirtschaftlicher Bezug des WEA-Projektes besteht – auch die Landwirtschaftliche Rentenbank (LRB). Aus dem KfW-Angebot kann beispielsweise das Programm „Erneuerbare Energien – Standard“ genutzt werden, bei der LRB bietet sich für WEA-Finanzierungen mit landwirtschaftlichem Bezug das Programm „Energie vom Land“ an. Bei beiden Programmen sind Windenergieanlagen, die bereits an das Stromnetz angeschlossen sind, nicht förderfähig. Förderfähig sind grundsätzlich alle Investitions- und Planungsausgaben. Die Anträge müssen vor Vorhabensbeginn bei der finanzierenden Hausbank gestellt werden, die eine allgemeine Finanzierungsbestätigung an das Förderinstitut abgeben muss.

4.2.5 Avale

Im Rahmen eines Windenergieprojektes werden, wie bereits ausführlich diskutiert, zahlreiche Rechtsbeziehungen begründet. Daraus ergeben sich für den Investor eine Reihe von Verpflichtungen, die teilweise erst in ferner Zukunft oder nur bei Eintritt bestimmter Voraussetzungen erfüllt werden müssen. Hierfür werden in der Regel von den Vertragspartnern Sicherheitsleistungen verlangt, für die die finanzierende Bank Avale herauslegen kann. Der nach Ende der Laufzeit notwendige Rückbau der Windenergieanlage wurde bereits erwähnt; Rückbauavale sind durch die in den ersten Betriebsjahren sukzessive anzusparende Rückbaurücklage zu unterlegen. Zudem sind in der Praxis Avale unter anderem für Straßenschäden, Pacht- oder auch Kaufpreisverpflichtungen zu beobachten.

5 Schlussbetrachtung

Die Projektierung und Finanzierung einer Windenergieanlage ist mit zahlreichen Herausforderungen verbunden, die entsprechende Risiken für den Investor und den Finanzier mit sich bringen. Als klassische Projektfinanzierung sind sowohl die Finanzierungsstruktur als auch das Besicherungskonzept wesentlich vom Cashflow geprägt, den die Windenergieanlage erwirtschaftet. Technische und rechtliche Risiken sind mit den Chancen eines derartigen Projekts abzugleichen. Hierbei ist die Zusammenarbeit mit erfahrenen Partnern sowohl in Bezug auf die technischen Anlagen als auch mit Blick auf die Entwicklung einer geeigneten Finanzierungsstruktur unerlässlich.

Die kommerzielle Nutzung der Windenergie hat sich in den vergangenen Jahrzehnten sehr dynamisch entwickelt. Weltweit wächst ihr Anteil an der Primärenergieerzeugung. Die Bedeutung der Windenergie sowie sonstiger Träger Erneuerbarer Energien wird angesichts der politisch-wirtschaftlichen Rahmenbedingungen weiter zunehmen. Die technische Weiterentwicklung der Windenergieanlagen wird die Effizienz der Windenergieerzeugung weiter steigern. Die Produktionskosten herkömmlicher und Erneuerbarer Energie werden sich angesichts der zunehmenden Knappheit fossiler Energieträger weiter angleichen. Die Energieproduktion aus regenerativen Quellen wird daher auch in Zukunft weiter steigen.

Literatur

Deutscher Städte- und Gemeindebund (Hg.) (2009): Repowering von Windenergieanlagen – Kommunale Handlungsmöglichkeiten, Dokumentation Nr. 94, o.O.

Eichwald, Berthold/Pehle, Helmut (2000): Die Kreditarten, in: Obst/Hintner/von Hagen/von Stein (Hg.): Geld-, Bank- und Börsenwesen, 40. völlig überarbeitete Auflage, Stuttgart

Finanzierung von Offshore-Windparks

Christof Aha

1 Einführung

Obwohl die Politik den Bau von Offshore-Windparks (OWP) bereits seit 2001 als dringend erforderlich ansieht, um die gesetzten Klimaziele zu erreichen,[1] sind die Fortschritte auf diesem Gebiet bislang bescheiden geblieben. Bis Mitte 2011 sind mit dem Testfeld Alpha-Ventus (60 Megawatt, MW)[2] in der Nordsee und dem Windpark Baltic I (48,3 MW)[3] in der Ostsee nur zwei kleinere Parks in Betrieb gegangen.[4] Das von der Politik für 2010 gesetzte Ausbauziel von 2.000 bis 3.000 MW wurde somit bei Weitem verfehlt.

Der maßgebliche Grund für die Zielverfehlung liegt wohl darin, dass die deutschen OWPs – anders als die englischen und dänischen Parks – nicht in unmittelbarer Küstennähe errichtet werden dürfen, sondern aus Gründen des Naturschutzes (Wattenmeer), des Schiffsverkehrs und des Tourismus weit hinter der 12-Seemeilen-Zone im offenen Meer. Da dort bislang keinerlei Erfahrungen mit dem Bau, Betrieb und der Wartung von Windkraftanlagen gesammelt werden konnten, bestehen signifikante technische Risiken bei der Realisierung solcher Projekte. Hinzu kam im Jahr 2008 die Finanzkrise, die Projektfinanzierungen in diesem Bereich vorübergehend unmöglich machte.

Um Abhilfe zu leisten, hat sich die Bundesregierung im Rahmen ihres Energiekonzeptes vom 28. September 2010 dazu entschlossen, der Offshore-Industrie finanziell unter die Arme zu greifen. Danach soll die Kreditanstalt für Wiederaufbau (KfW) ein Sonderprogramm „Offshore-Windenergie" mit einem Kreditvolumen von insgesamt 5 Mrd. EUR auf den Weg bringen. Mithilfe dieses Programms sollen die ersten 10 OWPs finanziell gefördert werden, um die nötigen Erfahrungen auf diesem Gebiet zu sammeln. Darüber hinaus wurde die Prüfung weiterer flankierender Maßnahmen angekündigt.

Nun, nachdem die Eckpunkte des KFW-Sonderprogramms bekannt sind, besteht Anlass zu der Hoffnung, dass die zahlreichen geplanten Offshore-Projekte auch tatsächlich umgesetzt werden und sich die neue Technologie am Markt durchsetzt. Im Folgenden soll ein Überblick über das Genehmigungsverfahren, die Besonderheiten des Netzanschlusses, die vertragliche Ausgestaltung eines OWPs und die Vergütung gegeben werden, bevor auf die darauf aufbauenden Finanzierungsfragen eingegangen wird.

---

1 Siehe Pressemitteilung „Bundesministerium stellt Strategie zur Windenergienutzung auf dem Meer vor" vom 14.06.2001, abrufbar unter: www.bmu.de.

2 Vgl. www.alpha-ventus.de.

3 Projektsponsor ist die EnBW AG, die kommunalen Stadtwerken Beteiligungsoptionen eingeräumt haben soll.

4 Von den weiteren rund 25 genehmigten Parks befindet sich derzeit nur der OWP BARD Offshore 1 (400 MW) im fortgeschrittenen Bau. Der Bau des Park Borkum West (200 MW) ist für das dritte Quartal 2011 geplant.

2 Genehmigungsverfahren

Zunächst ist festzuhalten, dass man von einer Offshore-Anlage erst dann spricht, wenn eine Windenergieanlage mindestens 3 Seemeilen (ca. 5,6 km) von der Küstenlinie entfernt errichtet wird (§ 3 Nr. 9 Erneuerbare-Energien-Gesetz, EEG). Die für die Genehmigung einer solchen Windenergieanlage maßgeblichen Rechtsvorschriften richten sich danach, ob die Windenergieanlage innerhalb oder außerhalb der 12-Seemeilen-Zone errichtet wird.

2.1 Innerhalb der 12-Seemeilen-Zone

Nach dem Planungsstand des Jahres 2011 sollen nur sehr wenige OWPs innerhalb der 12-Seemeilen-Zone errichtet werden. Es handelt sich dabei ausschließlich um Projekte in der Ostsee.[5] Da die 12-Seemeilen-Zone zum Staatsgebiet der Bundesrepublik Deutschland gehört, unterliegen die dort errichteten OWPs grundsätzlich denselben Gesetzen und Vorschrift wie Windkraftanlagen, die an Land gebaut werden.

Nach den Vorschriften des Bundesimmissionsschutzgesetzes (BImSchG) ist eine Genehmigung für eine Windkraftanlage erforderlich, sofern sie eine Gesamthöhe von über 50 Meter aufweist und ihr Betrieb am selben Ort länger als zwölf Monate erfolgen soll.[6] Diese Voraussetzungen werden bei einer Offshore-Anlage in der Regel erfüllt. Neben den Vorschriften des BImSchG sind die Vorschriften des Baugesetzbuches,[7] des Wasserstraßengesetzes,[8] des jeweiligen Landeswassergesetzes[9] und des Luftverkehrsgesetzes[10] zu beachten. Soweit nach diesen Gesetzen weitere Genehmigungen erforderlich sind, sind diese aufgrund der Konzentrationswirkung des § 13 BImSchG in der immissionsschutzrechtlichen Genehmigung enthalten.

[5] Z.B. der bereits von EnBW errichtete Baltic I (48,3 MW) und der von der WV AG und Nordex AG geplante Arcadis Ost (360 MW).

[6] § 1 Abs. 1 Satz 1 der 4. BImSchV i.V.m. Nr. 1.6, Spalte 2 des Anhangs zur 4. BImSchV.

[7] Insbesondere § 35 BauGB, der das Bauen im Außenbereich regelt.

[8] Nach § 31 Abs. 1 Nr. 2 WaStrG ist eine strom- und schifffahrtspolizeiliche Genehmigung des Wasser- und Schifffahrtsamtes erforderlich, wenn durch die Errichtung der Anlagen, einschließlich der Verlegung, Veränderung und Betrieb von Seekabeln, Beeinträchtigungen des für die Schifffahrt erforderlichen Zustands einer Bundeswasserstraße oder Beeinträchtigungen der Sicherheit und Leichtigkeit des Verkehrs zu erwarten sind.

[9] Gemäß § 82 LWaG Mecklenburg-Vorpommern ist die Errichtung, Beseitigung und Veränderung baulicher Anlagen in Gewässern rechtzeitig vor Beginn der Maßnahme anzuzeigen.

[10] Nach § 14 LuftVG bedarf die Genehmigungsbehörde für die Erteilung der Genehmigung der Zustimmung der Luftfahrtbehörde, wenn die Anlage höher als 100 Meter ist.

Sofern 20 oder mehr Windenergieanlagen errichtet werden sollen, ist darüber hinaus eine Umweltverträglichkeitsprüfung (UVP) erforderlich.[11] Die UVP ist kein eigenständiges Verfahren, sondern in das Genehmigungsverfahren integriert.[12] Mit dem Genehmigungsantrag ist dann eine sogenannte Umweltverträglichkeitsstudie einzureichen, aus der Art und Umfang des Projekts und die zu erwartenden Umweltauswirkungen hervorgehen.[13] Das Genehmigungsverfahren endet mit einem Bescheid, der das beantragte Vorhaben zulässt oder ablehnt.[14]

2.2 Außerhalb der 12-Seemeilen-Zone (AWZ)

Wie bereits angeführt, befinden sich die weitaus meisten Offshore-Projekte außerhalb der 12-Seemeilen-Zone, in der sogenannten Ausschließlichen Wirtschaftszone (AWZ). Diese beginnt ab der 12-Seemeilen-Zone und endet mit der sogenannten 200-Seemeilen-Zone bzw. der niederländischen und dänischen AWZ.

2.2.1 Rechtsgrundlagen

Rechtsgrundlage für die Errichtung der AWZ ist das Seerechtsübereinkommen der Vereinten Nationen vom 10.12.1982.[15] Wichtige weitere rechtliche Grundlagen sind das Seeaufgabengesetz (SeeAufG), die Seeanlagenverordnung (SeeAnlV)[16] und die Raumordnungspläne Nordsee und Ostsee.[17] Die auf dem SeeAufG beruhende SeeAnlV befasst sich mit dem Aufstellen von Anlagen (insbesondere Windenergieanlagen) in der AWZ, und die Raumordnungspläne Nordsee und Ostsee legen Vorranggebiete für die Windenergieerzeugung in Nord- und Ostsee fest. In diesen Gebieten ist eine andere Nutzung als durch Windenergieanlagen ausgeschlossen, soweit die anderen Nutzungen mit Windenergieanlagen nicht zu vereinbaren sind.

[11] § 3b Abs. 1 Satz 1 UVPG i.V.m. Anhang 1 Nr. 1.6.1 zum UVPG.

[12] § 2 Abs. 1 Satz 1 UVPG.

[13] § 6 UVPG.

[14] Siehe zum Genehmigungsverfahren im Einzelnen Fest (2010), S. 389 ff.

[15] BGBL II 1994, 2566; siehe hierzu im Einzelnen Fest (2010), S. 369 ff.

[16] BGBL I 1997, 57 zuletzt geändert durch Art. 26G V. 29.7.2009 I 2542.

[17] Anlageband zum BGBL I 2009, Nr. 61, S. 3107 (Nordsee); Anlageband zum BGBL I 2009, Nr. 78, S. 3861 (Ostsee).

2.2.2 Verfahren

Die zuständige Behörde für das Genehmigungsverfahren ist das Bundesamt für Seeschifffahrt und Hydrographie (BSH) mit Sitz in Hamburg. Rechtsgrundlage für die Genehmigung der Anlagen ist § 2 Abs. 1 SeeAnlV. Das Verfahren wird durch einen Antrag eingeleitet, der das Projekt detailliert zu beschreiben hat. Danach erfolgt eine sogenannte erste Beteiligungsrunde mit Trägern öffentlicher Belange,[18] in der über das Vorhaben informiert und um Stellungnahme gebeten wird. Im Rahmen einer anschließenden zweiten Beteiligungsrunde wird der Kreis der Beteiligten erweitert, sodass auch Interessenverbände (z.B. Groß- und Kleinschifffahrt, Naturschutz, Fischerei- und Windenergieverbände) einbezogen werden. Nach der zweiten Beteiligungsrunde findet eine sogenannte Antragskonferenz statt, in deren Rahmen dem Antragsteller Gelegenheit gegeben wird, sein Windenergieprojekt vorzustellen. Des Weiteren wird ein Untersuchungsrahmen zur Ermittlung von möglichen Auswirkungen auf die marine Umwelt festgelegt. Auf Grundlage der ökologischen Untersuchungen hat der Antragsteller eine Umweltverträglichkeitsstudie (UVS) zu erstellen, für deren Rahmen und Aufbau vom BSH ein Standard vorgegeben wird.[19] Sobald der Antragsteller diese Unterlagen erstellt und dem BSH zugeleitet hat, werden die Unterlagen an die Träger öffentlicher Belange und Verbände zur Stellungnahme versandt. Es folgt ein Erörterungstermin, in dem das Projekt insbesondere im Hinblick auf die Schutzgüter Meeresumwelt, Sicherheit des Schiffsverkehrs und Fischerei diskutiert wird.[20]

Danach prüft das BSH, ob die Voraussetzungen für die Erteilung der Genehmigung vorliegen und ob gegebenenfalls Ausgleichsmaßnahmen erforderlich sind. Parallel dazu prüft die zuständige Wasser- und Schifffahrtsdirektion, ob die Sicherheit und Leichtigkeit des Verkehrs durch den OWP beeinträchtigt wird. Das Bundesamt für Naturschutz wertet die UVS aus, insbesondere ob ein Verstoß gegen artenschutzrechtliche oder biotopschutzrechtliche Verbote vorliegt und ob gegebenenfalls eine Ausnahme zugelassen wird.

Es gilt das Prioritätsprinzip, d.h., liegen mehrere Anträge für denselben Standort vor, wird zuerst über denjenigen Antrag entschieden, der zuerst genehmigungsfähig ist (§ 5 SeeAnlV).[21]

[18] Z.B. Wasser- und Schifffahrtsdirektionen, Bundesamt für Naturschutz, Landesbergamt.

[19] Siehe unter www.bsh.de.

[20] Einzelheiten zu dem Genehmigungsverfahren finden sich unter www.bsh.de und bei Fest (2010), S. 389 ff.

[21] Zum Rechtsschutz siehe Fest (2010), S. 462 ff.

2.2.3 Nebenbestimmungen

Im Fall einer positiven Entscheidung des BSH ergeht ein entsprechender Bescheid. Dieser sieht regelmäßig u.a. folgende Nebenbestimmungen vor:

- zeitliche Befristung auf 25 Jahre,
- zeitliche Vorgabe für den Beginn der Errichtungsarbeiten,
- Nachweis einer Bankbürgschaft zur Absicherung der Rückbaukosten,
- eine dem Stand der Technik entsprechende Baugrunduntersuchung,
- die Einhaltung des Standes der Technik der Windenergieanlage vor ihrer Inbetriebnahme,
- Vorlage eines Schutz- und Sicherheitskonzeptes,
- die Ausrüstung der Anlagen mit Lichtern, Radar und einem Automatischen Identifizierungssystem (AIS),
- die Schallminimierung während der Errichtung des Parks.

Auch darüber hinaus muss sich der Antragsteller eng an die Vorgaben des BSH halten. So hat das BSH u.a. Standards unter dem Titel „Konstruktive Ausführung von Offshore-Windenergieanlagen" erlassen,[22] die im Rahmen des Baus zu beachten sind.

2.2.4 Schwachstellen

Aus Sicht der Bundesregierung führt die gegenwärtige Genehmigungspraxis zu einer „Vorratshaltung" von Genehmigungen, d.h., es werden Flächen vergeben, aber nachfolgend nicht genutzt. Obwohl das BSH gegen diesen Missstand vorgehen kann (siehe § 4 Abs. 2 SeeAnlVO), beabsichtigt die Bundesregierung eine Verschärfung der Rechtslage vorzunehmen, um nicht genutzte Genehmigungen an andere Unternehmen neu vergeben zu können.[23]

Zudem wird bemängelt, dass aufgrund der zum 1. März 2010 in Kraft getretenen Novelle des Bundesnaturschutzgesetzes die Kompetenzen des Bundesamts für Naturschutz innerhalb der AWZ erheblich erweitert wurden. So wurde die Anwendbarkeit der Vorschriften des Arten- und Biotopschutzes auf die AWZ erstreckt. Dies hat zu erheblichen

[22] Abrufbar unter www.bsh.de.

[23] Energiekonzept 2050 – Meilensteine und Bewertungen; abrufbar unter www.bmu.de; siehe auch RegESeeAufG, BR-Drucksache 255/11.

Verzögerungen bei der Erteilung von Genehmigungen von OWPs geführt.[24] Die Bundesregierung beabsichtigt deshalb, das Genehmigungsverfahren wieder stärker in die Hand des BSH zu legen, insbesondere seiner Entscheidung Konzentrationswirkung im Hinblick auf alle relevanten behördlichen Entscheidungen zu geben.[25]

3 Netzanschluss

3.1 § 17 Abs. 2a EnWG

Gemäß § 17 Abs. 2a Energiewirtschaftsgesetz (EnWG) muss der für das jeweilige Gebiet zuständige Netzbetreiber[26] die Netzanbindung vom Umspannwerk des OWPs bis zum nächsten Übertragungs- bzw. Verteilnetz errichten und betreiben.[27] Da sich das Umspannwerk des OWPs in der Regel direkt am Park auf See befindet, muss der Netzbetreiber von seinem Landnetz ausgehend ein Stromkabel in die See bis zum Park legen.[28] Die Kosten für dieses Kabel und seinen Anschluss an das Landnetz trägt der jeweilige Netzbetreiber, der sie durch eine entsprechende Erhöhung seiner Netznutzungsentgelte auf die Stromverbraucher umlegt.

3.2 Anbindungskriterien

Des Weiteren verlangt § 17 Abs. 2a EnWG, dass die Netzanbindung zum Zeitpunkt der Herstellung der technischen Betriebsbereitschaft der Offshore-Anlagen errichtet sein

[24] Als besonders problematisch haben sich insoweit die fehlenden Erfahrungen bzgl. des Schallschutzes erwiesen; vgl. Frankfurter Allgemeine Zeitung vom 07.03.2011, S. 13: „Naturschutzamt bremst Offshore Windstrom" und Frankfurter Allgemeine Zeitung vom 10.03.2011, S. 18: „Ein stürmischer Konflikt".

[25] Siehe RegESeeAufG, BR-Drucksache 255/11.

[26] Dies ist entweder die TenneT TSO GmbH (ehemals EON) oder die 50 Hertz Transmission GmbH (ehemals Vattenfall).

[27] Die Anwendbarkeit der Vorschrift war ursprünglich nur bis zum 31.12.2011 vorgesehen, sie wurde dann aber bis zum 31.12.2015 verlängert; § 118 Abs. 3 EnWG. Eine erneute Verlängerung wird bereits heute von den Interessenverbänden der Offshore-Industrie gefordert.

[28] Aufgrund der großen Entfernungen in der Nordsee und der damit verbundenen Netzverluste wird dort in der Regel vom Land-Umspannwerk ausgehend eine (verlustarme) Gleichstromleitung (HGÜ) bis zu einem See-Umspannwerk in der Nähe mehrerer OWPs gelegt. Die OWPs können dann den erzeugten Strom, den ihr eigenes Umspannwerk auf 150 Kilovolt (kV) Drehstrom transformiert, zu dem HGÜ-Umspannwerk des Netzbetreibers leiten, wovon er an Land geleitet wird.

muss. Diese auf den ersten Blick logische Konsequenz warf in der Praxis große Zweifelsfragen auf, weil die Netzbetreiber vor Beginn der entsprechenden Arbeiten eine verbindliche Finanzierungszusage von den das Projekt finanzierenden Banken verlangten, während die Banken im Gegenzug für eine Finanzierungszusage eine verbindliche Netzanbindungszusage forderten.[29] Die Bundesnetzagentur (BNA) sah sich deshalb veranlasst, ein Positionspapier zu veröffentlichen, das die wechselseitigen Verpflichtungen zwischen Netzbetreiber und Projektgesellschaft konkretisiert. Im Ausgangspunkt schränkt dieses Positionspapier die gesetzliche Anbindungspflicht des Netzbetreibers ein. Denn danach muss die Netzanbindung erst errichtet werden, „wenn der Parkbetreiber zuvor die Realisierungswahrscheinlichkeit hinreichend nachgewiesen hat". Dies wird nach dem Positionspapier insbesondere vermutet, wenn dem Netzbetreiber:

1. die nach dem öffentlichen Recht erforderlichen Genehmigungen der Offshore-Anlagen oder eine Zusicherung gemäß § 38 Verwaltungsverfahrensgesetz (VwVfG) einer derartigen Genehmigung durch die zuständige Behörde,
2. ein plausibler Bauzeitenplan,
3. die Durchführung der Baugrunduntersuchung für sämtliche Standorte der Offshore-Anlagen,
4. die Verträge[30] über die Bestellung der Windenergieanlagen und
    1. eine verbindliche Finanzierungszusage bezüglich der in den ersten zwölf Monaten zu errichtenden Windenergieanlagen, gegebenenfalls unter Vorbehalt der Netzanbindungszusage, oder
    2. die Vor-Verträge oder Reservierungsvereinbarungen über die Bestellung der wesentlichen Großkomponenten (z.B. Fundamente, Umspannwerk, Innerparkverkabelung)

nachgewiesen werden.[31]

[29] Aber auch unabhängig von Finanzierungsfragen stellt die rechtzeitige Netzanbindung ein Problem dar, wie der Park Baltic I (48,3 MW) zeigt. Dort stand der Netzanschluss zum Zeitpunkt der Fertigstellung des Parks aufgrund von Kabellegungsproblemen nicht zur Verfügung.

[30] Mit Kersting (2011), 57, 60 Rn. 24 ist davon auszugehen, dass – trotz des Wortlautes – ein verbindlicher Vor-Vertrag oder eine Reservierungsvereinbarung ausreichend ist.

[31] Im Positionspapier der BNA, S. 5 ff., werden die Anbindungskriterien im Einzelnen erläutert.

3.3 Cluster für Netzanbindung

Da die Netzanbindung auf See teuer ist, hat die BNA die Offshore-Vorranggebiete in bestimmte Cluster eingeteilt, in denen jeweils mehrere OWPs über eine Sammelanbindung an das Stromnetz an Land angeschlossen werden.[32] Durch diese „Steckdosen“ auf See sollen die erheblichen Anschlusskosten verringert werden. Im Gegensatz zu der Haushaltssteckdose müssen die betreffenden Kopfstationen aber nicht über eine von vornherein fixierte Leistung verfügen, die für alle (zukünftigen) Parks des betreffenden Clusters ausreicht. Vielmehr genügt es, wenn zunächst nur die OWPs ans Netz gehen können, die tatsächlich angemeldet und gebaut werden. Kommen später weitere OWPs hinzu, muss der Netzbetreiber nur in der Lage sein, die Kopfstation und die benötigten Kabel (modular) zu erweitern. Um dem Netzbetreiber eine gewisse Planungssicherheit zu geben, wann er welche Leistung in der Kopfstation vorhalten muss, hat die BNA eine Stichtagsregelung erlassen (01.03. und 01.09.), wonach nur diejenigen Leistungen berücksichtigt werden müssen, die von den jeweiligen Parkbetreibern berechtigterweise vor diesen Stichtagen angemeldet wurden.[33]

3.4 Verfahren zur Herstellung der Netzanbindung

Bestehen somit behördliche Vorgaben, wann mit der Herstellung der Netzanbindung begonnen werden muss, bleibt zu klären, wie das Verfahren im Einzelnen abläuft. Auch hierzu äußert sich das Positionspapier der BNA.

3.4.1 Planung

Nach Auffassung der BNA hat der Netzbetreiber so früh wie möglich mit der Planung zu beginnen, spätestens aber nach Erfüllung des Anbindungskriteriums 1. Der Netzbetreiber hat dann unverzüglich die Trassenplanung und die Einholung der für den Bau der Netzanbindung erforderlichen Genehmigungen vorzunehmen.[34]

3.4.2 Realisierungsfahrplan

Aus Sicht der BNA ist eine Abstimmung der Planungen des Netzbetreibers mit den Planungen der Projektgesellschaft erforderlich. Die beiden Parteien sind deshalb verpflichtet, einen Plan zu vereinbaren, der die einzelnen Schritte zur Errichtung der Netz-

[32] Positionspapier der BNA S. 8.

[33] Positionspapier der BNA S. 11 f.

[34] Positionspapier der BNA S. 8.

anbindung und des OWPs nebst Zeitplan und Verantwortlichkeiten enthält. Dieser ist der BNA vorzulegen.[35]

3.4.3 Ausschreibung

Der Netzbetreiber übt die für Herstellung der Netzanbindung erforderlichen Arbeiten in der Regel nicht selbst aus, sondern beauftragt damit ein Unternehmen, das sich auf die Herstellung und Verlegung von Stromnetzen spezialisiert hat. Da der Betreiber eines Stromnetzes als ein öffentlicher Auftraggeber im Sinne von § 98 Nr. 4 GWB angesehen wird, muss er dies im Rahmen einer öffentlichen Ausschreibung tun. Mit dieser Ausschreibung hat er nach dem Positionspapier der BNA zu beginnen, wenn entweder die Anbindungskriterien 1 bis 3 oder 1, 2 und 4 erfüllt wurden. Im Rahmen der Ausschreibung sind nur diejenigen Anbindungskapazitäten eines Clusters zu berücksichtigen, die zu dem jeweils maßgeblichen Stichtag von den Offshore-Parkbetreibern angemeldet wurden.[36]

3.4.4 Zuschlag/Realisierung

Nach erfolgter Ausschreibung hat der Netzbetreiber auf das günstigste Angebot den Zuschlag zu erteilen. Anschließend hat dasjenige Unternehmen, das den Zuschlag erhalten hat, mit der Realisierung der Netzanbindung zu beginnen.

3.5 Netzanbindungszusage

Hat die Projektgesellschaft die Anbindungskriterien 1 bis 3 oder 1, 2 und 4 zum 01.03. bzw. 01.09. des laufenden Jahres nachgewiesen, hat der Netzbetreiber der Projektgesellschaft unverzüglich eine bedingte Anbindungszusage zu erteilen. Die Zusage darf nur auf das Eintreten der noch ausstehenden Anbindungskriterien 3 oder 4 bedingt sein.[37] Aus der bedingten Netzanbindungszusage muss ausdrücklich hervorgehen, dass nach dem Bedingungseintritt die Netzanbindung so früh wie möglich, spätestens jedoch binnen einer Frist von 30 Monaten ab Zuschlagserteilung, vom Netzbetreiber zu bewirken ist.[38] Nach Eintritt des noch ausstehenden Anbindungskriteriums ist eine unbedingte Netz-

[35] Positionspapier der BNA S. 8 f.

[36] Positionspapier der BNA S. 11.

[37] Positionspapier der BNA, S. 13.

[38] Es sei denn, der Übertragungsnetzbetreiber ist durch Umstände, die er nicht zu vertreten hat, an der Realisierung gehindert, oder der OWP soll nach dem Willen der Projektgesellschaft erst später in Betrieb gehen, Positionspapier der BNA S. 14.

anbindungszusage zu erteilen, die die Projektgesellschaft für die Durchführung der Projektfinanzierung benötigt.

3.6 Haftung

Der Anspruch aus § 17 Abs. 2a EnWG begründet ein gesetzliches Schuldverhältnis. Der Netzbetreiber ist deshalb gemäß § 280 des Bürgerlichen Gesetzbuchs (BGB) schadensersatzpflichtig, wenn die fehlende oder verzögerte Anschlussleitung dazu führt, dass ein OWP nicht einspeisen kann, und er die Verzögerung verschuldet hat.[39]

Für die Beantwortung der Frage, wann ein Verschulden vorliegt, stellen die Ausführungen des Positionspapiers wichtige Anhaltspunkte dar, die ein Gericht im Rahmen eines Schadensersatzprozesses zwar mangels gesetzlicher Qualität nicht beachten muss,[40] doch aufgrund des Sachverstands und der Neutralität der BNA voraussichtlich beachten wird.

Dies ist insofern problematisch, als dass – ohne parlamentarische Legitimation – faktisch ein Nebenrecht geschaffen wird, das millionenschwere Sachverhalte autonom regelt. Den Beteiligten ist es somit z.B. nicht möglich, sich gegen Entscheidungen, die die BNA innerhalb ihres selbstgesetzten Rechts verfahrensbegleitend trifft, mithilfe der Verwaltungsgerichte zur Wehr zu setzen. Das Positionspapier der BNA sollte deshalb möglichst bald zumindest in eine Verordnung überführt werden, in der auch die Rolle und Verantwortlichkeit der BNA innerhalb des Netzanschlussverfahrens definiert wird.

4 Vertragsgestaltung

4.1 Generalunternehmer

Üblicherweise werden Projekte im Bereich Erneuerbare Energien mithilfe von Generalunternehmern[41] durchgeführt. Danach beauftragt die Projektgesellschaft den Generalun-

[39] Bourwieg (2010), § 17 Rn. 47a; Kersting (2011), 57, 59. Für den Fall, dass kein Verschulden des Netzbetreibers vorliegt, sieht die EEG-Novelle 2012 (BR-Drucksache 341/11) eine Verlängerung des Förderzeitraums entsprechend der Dauer der Verzögerung vor (§ 31 Abs. 4 Entwurf).

[40] So sind auch die rechtlichen Ausführungen der BNA auf S. 4 des Positionspapiers zu verstehen.

[41] Häufig wird der englische Terminus „EPC"-Contractor verwendet, der für Engineering, Procurement and Construction steht.

ternehmer, den Bau der Anlage schlüsselfertig (turnkey) umzusetzen. Der Vorteil dieser Vorgehensweise liegt für die Projektgesellschaft darin, dass sie sich nicht um die Koordination der einzelnen Lieferanten und Bauunternehmen kümmern muss. Deren Auswahl und Überwachung übernimmt vielmehr der Generalunternehmer, womit er auch automatisch für die zwischen den Lieferanten und Bauleistern bestehenden Schnittstellen verantwortlich ist. Treten an den Schnittstellen Probleme auf, die zu Verzugs- und anderen Schäden führen, hat der Generalunternehmer den damit verbundenen finanziellen Nachteil zu tragen. Ferner hat ein Generalunternehmer regelmäßig feste Pauschalpreise für die Herstellung des Gesamtobjekts sowie einen verbindlichen Zeitplan anzubieten. Banken legen deshalb bei der Beurteilung eines Projekts grundsätzlich großen Wert darauf, dass ein Generalunternehmer eingeschaltet ist. Dieser hat über Erfahrungen bezüglich der betreffenden Projektart zu verfügen, was regelmäßig über die Einreichung eines Track Records nachzuweisen ist. Ferner muss der Generalunternehmer eine gute Bonität haben, um die mit den Schnittstellen verbundenen finanziellen Risiken im Ernstfall auch abdecken zu können.

Bei Offshore-Projekten ist die Umsetzung des Generalunternehmermodells schwierig.[42] Zum einen fehlt es aufgrund der neuen Technologie an Unternehmen, die über die entsprechende Expertise verfügen, zum anderen birgt die neue Technologie noch so viele Risiken, dass kaum ein Unternehmer dazu bereit ist, die damit verbundenen finanziellen Risiken im Rahmen eines Festpreisangebotes zu übernehmen. Aber auch selbst wenn sich ein solcher Unternehmer finden ließe, wäre es angesichts der in Rede stehenden Beträge in vielen Fällen fraglich, ob er auch über die nötige Bonität verfügt, die betreffenden Risiken glaubwürdig abzudecken.

4.2 Multicontracting

Vor diesem Hintergrund bleibt der jeweiligen Projektgesellschaft gegenwärtig nichts anderes übrig, als selbst mit den verschiedenen Lieferanten und Bauleistern zu kontrahieren (sogenanntes Multicontracting). Dies bedeutet, dass die Koordination der Schnittstellen von der Projektgesellschaft zu übernehmen ist und damit einhergehende Risiken von ihr zu tragen sind. Da diese Risiken aufgrund der neuen Technologien im Augenblick noch hoch sind, führt dies aus Sicht der finanzierenden Banken zu einer problematischen Situation, sofern eine Non-Recourse-Projektfinanzierung angestrebt wird.[43] Um in einer solch schwierigen Lage überhaupt noch die Finanzierungsfähigkeit (Bankability) eines

---

[42] Soweit bekannt, wurde ein Generalunternehmervertrag in Deutschland bislang nur in dem Projekt BARD Offshore I umgesetzt, wo allerdings Projektgesellschaft und Generalunternehmer derselben Gesellschaftsgruppe angehörten.

[43] Siehe hierzu im Einzelnen Abschnitt 7.

solchen Projekts abbilden zu können, bedarf es – neben der Unterstützung durch Förderbanken – der Beauftragung von erstklassigen Lieferanten und Bauleistern, die durch ein umfassendes Schnittstellenmanagement der Projektgesellschaft effizient zu koordinieren sind. Bevor auf die Eckpunkte eines solchen Schnittstellenmanagements eingegangen wird, sollen im Folgenden die wesentlichen Verträge kurz skizziert werden.

4.2.1 Fundamente

Grundvoraussetzung für einen OWP ist die Herstellung und Lieferung von Fundamenten, auf die die Windenergieanlagen montiert werden. Die Art und Weise der Konstruktion solcher Fundamente ist vielfältig. So gibt es z.B. sogenannte Monoliner,[44] Jackets,[45] Tripods[46] und Schwergewichtsgründungen.[47] Die Auswahl, welche Fundamente zum Einsatz kommen, hängt von unterschiedlichen Faktoren ab, wobei der Wassertiefe eine ganz entscheidende Bedeutung zukommt.[48]

Da es noch keine industrielle Massenfertigung von Offshore-Fundamenten gibt, werden diese in der Regel nach den Designvorgaben der Projektgesellschaft – unter Einbeziehung des BSH – gefertigt. Anschließend werden sie in Losen von z.B. drei Fundamenten an den Verschiffungsort geliefert. Das maßgebliche Vertragswerk weist Ähnlichkeiten mit einem Bauvertrag aus, es wird die Planung und Herstellung eines definierten Gewerks, das entsprechend der Zahl der zu liefernden Fundamente aus Teilgewerken besteht, zu bestimmten Zeitpunkten vertraglich vereinbart. In der Regel ist von der Projektgesellschaft eine Anzahlung, Reservierungsgebühr oder Bankbürgschaft in Höhe von ca. 5 bis 15% des Auftragsvolumens vor Beginn der Planungs- und Herstellungsarbeiten zu leisten. Im Gegenzug hat der Hersteller eine umfangmäßig beschränkte Leistungsgarantie (den sogenannten Performance Bond) und eine Gewährleistungsgarantie zugunsten der Projektgesellschaft abzugeben. Zu beachten ist, dass dem Baugrund und seiner Beschaffenheit große Bedeutung für die Setzung der Fundamente zukommt.[49] Das damit verbundene Risiko ist in der Regel der Projektgesellschaft zugewiesen.[50]

---

44 Z.B. 21 Anlagen im Park Baltic I.

45 Z.B. sechs Anlagen im Testfeld Alpha-Ventus.

46 Z.B. sechs Anlagen im Testfeld alpha-ventus und ähnliche Anlagen (sog. Tripiles) im Park BARD Offshore 1.

47 Schwergewichtsgründungen werden aufgrund der mit ihnen verbundenen Versiegelung des Meeresgrundes von dem BSH als problematisch angesehen. Andererseits weisen sie gegenüber den anderen Fundamenten Vorteile beim Schallschutz aus.

48 Vgl. KPMG (2010), S. 42.

49 Die Baugrunduntersuchung ist deshalb auch ein eigenständiges Anbindungskriterium im Sinne des Positionspapiers des BNA zu § 17 Abs. 2a EnWG, siehe Abschnitt 3.2 dieses Beitrags.

50 Vgl. Busch (2011), 1, 4.

4.2.2 Turbinenliefer- und -wartungsvertrag

Bei dem Turbinenliefer- und -wartungsvertrag handelt es sich um den wichtigsten Vertrag eines Offshore-Projektes.[51] Dies folgt nicht nur aus dem Umstand, dass der Liefervertrag in der Regel für ca. 40% des Gesamtinvestitionsvolumens eines OWPs steht,[52] sondern auch daraus, dass die in Deutschland auf See bevorzugte 5-MW-Technologie noch relativ jung und dementsprechend nicht ohne Weiteres verfügbar ist.[53] Die BNA sieht deshalb in dem Abschluss des Turbinenliefervertrags ein eigenständiges Anbindungskriterium im Sinne ihres Positionspapiers zu § 17 Abs. 2a EnWG.[54] Auch bei den Turbinenlieferverträgen sind vorab Anzahlungen oder Reservierungsgebühren in der Größenordnung von ca. 5 bis 10% des Auftragsvolumens zu zahlen. Im Gegenzug hat der Lieferant Leistungs- und Gewährleistungsgarantien abzugeben. Üblicherweise wird auch vereinbart, dass der Hersteller bei der Montage und Inbetriebnahme der Turbinen mitwirkt. In der Regel wird insoweit noch ein drittes Unternehmen einbezogen, das die erforderlichen Spezialschiffe bereitstellt. Schließlich wird im Zusammenhang mit dem Liefervertrag meistens auch ein Wartungsvertrag (Service and Maintenance Agreement) mit dem Hersteller geschlossen. Dieser sieht die aus Sicht der projektfinanzierenden Banken sehr wichtigen Verfügbarkeitsgarantien bezüglich der Anlagen vor.[55] Die Wartung ist auch deshalb so wichtig, weil Turbinen auf See eine viel höhere Volllastzeit als auf Land haben, was wiederum einen höheren Wartungsaufwand zur Folge hat.

4.2.3 Umspannwerk

Ferner ist ein Vertrag zur Herstellung und Lieferung des Umspannwerks erforderlich.[56] Mitunter dient die für die Montage des Umspannwerks benötigte Plattform auch als

[51] Zur rechtlichen Einordnung siehe Busch (2011), 1, 2. In der Regel handelt es sich um zwei getrennte Vertragswerke, die inhaltlich aufeinander abgestimmt sind.

[52] Siehe auch Abschnitt 6.

[53] 5-MW- und stärkere Turbinen bieten – soweit ersichtlich – im Jahr 2011 nur Bard Holding GmbH (BARD Offshore 1), Repower Systems AG (alpha-ventus) und Areva Wind GmbH (alpha-ventus, Borkum II) an.

[54] Siehe Abschnitt 3.2.

[55] Im Augenblick werden nach der Anlaufphase Levels von rund 95% für einen Zeitraum von fünf und weiteren fünf (optionalen) Jahren vereinbart.

[56] Mit dem Umspannwerk wird der vom Park produzierte Strom auf eine höhere Spannungsebene (oft von 33 kV auf 150 kV) transformiert, um ihn mit geringen Netzverlusten an Land transportieren zu können. In der Nordsee wird der umgespannte Strom vom Netzbetreiber oft noch einmal in einem weiteren Umspannwerk von 150 kV Drehstrom auf 300 kV Gleichstrom umgespannt, um die Übertragungsverluste weiter zu minimieren; siehe auch oben Fußnote 28.

Unterbringungsmöglichkeit für das Servicepersonal des OWPs,[57] um den Betrieb der Anlagen effizienter zu gestalten. Auch bezüglich des Umspannwerks sind vorab Anzahlungen oder Reservierungsgebühren zu zahlen.

4.2.4 Innerparkverkabelung

Da die Netzanbindungspflicht des Netzbetreibers nur bis zum Umspannwerk des Parks besteht, hat die Projektgesellschaft für die Verkabelung der Windenergieanlagen innerhalb des Parks zu sorgen. Die betreffenden Kabel sind deshalb bei einem entsprechend spezialisierten Unternehmen zu bestellen.[58] Es kommen die üblichen Liefer- und Leistungsgarantien zum Einsatz.

4.2.5 Errichtung

Die Fundamente, die Turbinen, das Umspannwerk und die Seekabel sind schließlich in der See zu errichten bzw. zu verlegen. Da hierfür Spezialschiffe benötigt werden, sind entsprechende Errichtungs- bzw. Verlegungsverträge nicht ohne Weiteres erhältlich. Grundsätzlich hat die Projektgesellschaft natürlich die Möglichkeit, die Errichtung bzw. Verlegung selbst zu übernehmen, was allerdings voraussetzt, dass sie die betreffenden Spezialschiffe selbst chartert oder sogar baut.[59] Sofern sie das nicht tut, müssen Reedereien beauftragt werden, die über die entsprechenden Spezialschiffe verfügen. Dabei bietet es sich an, die Errichtung der Fundamente und die Installation der Turbinen, soweit technisch möglich, bei einem Auftragnehmer zu bündeln, um die Schnittstellen zu reduzieren. In der Regel wird die Projektgesellschaft bemüht sein, in diesen Verträgen sogenannte All-Weather-Klauseln aufzunehmen, wonach der Auftragnehmer grundsätzlich verpflichtet ist, die vereinbarten Leistungen unabhängig von den Wetterkonditionen innerhalb des vereinbarten Zeitraums zu erbringen.

57 So bei BARD Offshore 1.

58 Die Verkabelung der OWPs wird teilweise als Achillesferse der OWPs angesehen, weil die Kabel aufgrund des Wellenganges nicht am Kabeleingang abreißen dürfen und hinsichtlich der Verlegung am Meeresgrund noch keine großen Erfahrungen existieren.

59 Die Firma Bard hat mit der Windlift 1 ein eigenes Schiff bauen lassen, das die Fundamente errichtet.

Abbildung 1: Multicontracting-Struktur eines OWP

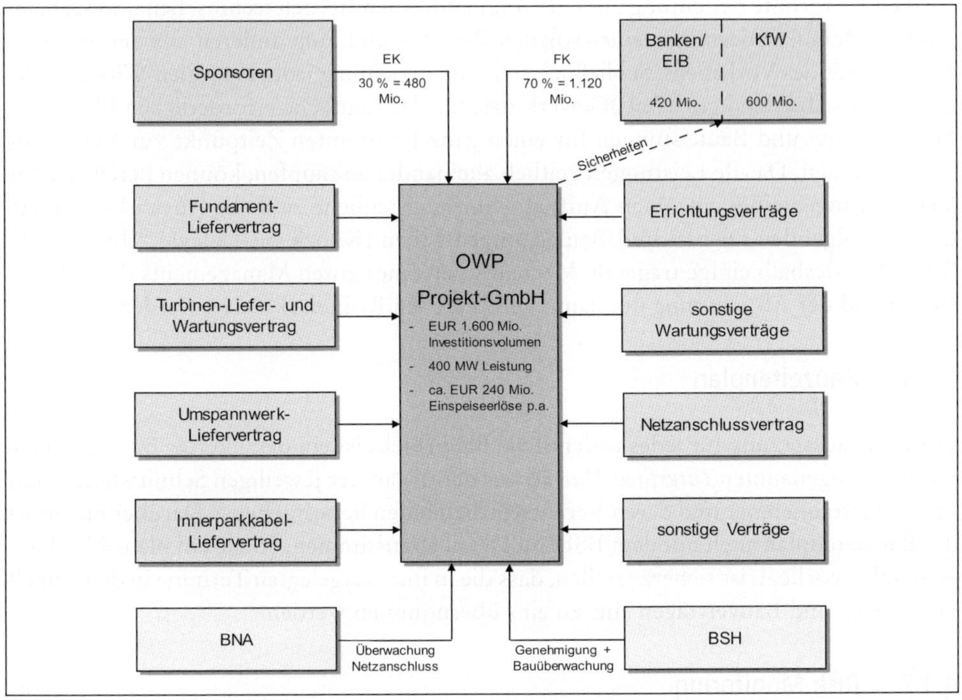

4.2.6 Netzanschluss

Das Erfordernis, mit dem zuständigen Netzbetreiber den Netzanschluss abzustimmen, wurde bereits im Rahmen des Netzanschlusses besprochen.[60] Wichtig ist in diesem Zusammenhang die Koordination des Netzanschlusses mit dem Baufortschritt des OWPs, insbesondere mit der Errichtung des Umspannwerks des Parks. Obwohl der Netzanschluss in § 17 Abs. 2a EnWG gesetzlich geregelt ist, hat es sich, wie in anderen Erneuerbare-Energien-Projekten auch, eingebürgert, den Anschluss und den damit verbundenen Austausch von technischen Daten vertraglich zu regeln.

4.3 Schnittstellenmanagement

Unabhängig davon, ob ein Offshore-Projekt durch einen Generalunternehmer oder durch die Projektgesellschaft selbst im Wege des Multicontracting umgesetzt wird,

[60] Siehe oben Abschnitt 3.

kommt dem Management der Schnittstellen und der Absicherung der damit verbundenen Risiken allergrößte Bedeutung zu. Dies folgt zum einen aus den technischen und seemännischen Herausforderungen eines solchen Projekts und zum anderen aus der enormen Komplexität des Vorhabens. Schließlich stellt die Errichtung jeder einzelnen Windenergieanlage ein selbstständiges (Teil-)Gewerk dar, für das sämtliche erforderlichen Planungs-, Herstellungs- und Bauleistungen für einen ganz bestimmten Zeitpunkt zur Verfügung stehen müssen. Da alle Leistungen zeitlich aneinander anknüpfen, können bereits leichte Verzögerungen eines einzelnen Auftragnehmers erhebliche zeitliche Auswirkungen auf die nachfolgenden Dienst- und Bauleistungen haben (Knock-on-Delays).[61] Im Folgenden sollen deshalb einige tragende Mechanismen eines guten Managements der Schnittstellen und der Absicherung der damit verbundenen Risiken skizziert werden.

4.3.1 Bauzeitenplan

Grundvoraussetzung für jedes ordentliche Bauprojekt ist ein detaillierter Bauzeitenplan mit einer sogenannten *Interface Matrix*, aus der die an der jeweiligen Schnittstelle beteiligten Auftragnehmer und deren Verantwortlichkeiten hervorgehen.[62] Darüber hinaus ist der Bauzeitenplan auch mit dem BSH im Detail abzustimmen. Sowie ein plausibler Bauzeitenplan vorliegt, ist sicherzustellen, dass die in ihm festgelegten Termine in den einzelnen Liefer- und Bauverträgen eins zu eins übernommen werden.

4.3.2 Risk Monitoring

Ferner sind die mit dem Bauvorhaben verbundenen Risiken in ein sogenanntes Risk Register aufzunehmen, sobald Anlass zu der Befürchtung besteht, dass sich das betreffende Risiko verwirklichen kann. In dem Register sind die betreffenden Risiken mit Wahrscheinlichkeiten zu versehen und zu quantifizieren. Das Risk Register ist bereits vor Baubeginn monatlich zu führen.

4.3.3 Schnittstellenvereinbarungen

Aufgrund der überragenden Bedeutung des Schnittstellenmanagements von Offshore-Projekten wird in der Literatur zu Recht der Abschluss einer Schnittstellenvereinbarung

[61] So auch Busch (2011), 1.

[62] Dass dem Bauzeitenplan große Bedeutung zukommt, lässt sich auch daraus ersehen, dass seine Vorlage ein eigenständiges Anbindungskriterium im Sinne des Positionspapiers der BNA zu § 17 Abs. 2a EnWG darstellt. Siehe Abschnitt 3.2.

empfohlen, in die alle Auftragnehmer einbezogen werden. In dieser Vereinbarung sollen die Pflichten der Auftragnehmer an der jeweiligen Schnittstelle vertraglich fixiert werden.[63]

Eine solche Vereinbarung ist sicherlich sinnvoll, um die Schnittstellen vertraglich abzusichern. Allerdings bestehen erhebliche praktische Gründe, die den Abschluss einer solchen Vereinbarung oft schwierig machen. Zum einen handelt es sich bei dem Offshore-Markt gegenwärtig noch um einen Verkäufermarkt, in dem die Auftragnehmer in der Regel nur ihre eigenen Vertragsstandards akzeptieren.[64] Zum anderen sind die Vertragswerke bezüglich der einzelnen Komponenten bereits sehr komplex, sodass die Beteiligten in der Regel froh sind, wenn sie diese Verträge fristgerecht zum Abschluss bringen können. Es bleibt deshalb oft keine Zeit, mit allen Auftragnehmern gemeinsam die zahlreichen Schnittstellen vertraglich zu regeln.

4.3.4 Vertragsstrafen

Das mit den Schnittstellen verbundene Verzugsrisiko lässt sich grundsätzlich auch mit der Vereinbarung von Vertragsstrafen absichern. Allerdings müssen sich solche Pönalen auch gegenüber dem Vertragspartner durchsetzen lassen, was in einem Verkäufermarkt schwierig ist. Ferner sind bei komplexen Projekten wie OWPs oft noch nicht alle Designfragen bei Vertragsabschluss geklärt, was die Vereinbarung und Durchsetzung von Vertragsstrafen ebenfalls schwierig macht. Darüber hinaus kann es sein, dass bei der Verhandlung des jeweiligen Vertrags noch nicht alle Ablauffragen geklärt sind, insbesondere weil dazu weitere Verträge mit Dritten abgeschlossen werden müssen. Auch in solchen Situationen wird es schwierig sein, umfassende Vertragsstrafen zu vereinbaren. Schließlich dürften sich durch Vertragsstrafen potenzielle Verzugsschäden in der Regel nur partiell abdecken lassen, weil sich kaum ein Auftragnehmer dazu bereit erklären dürfte, auch für sämtliche Knock-on-Delays einzustehen.

4.3.5 Lagerverträge

Ein Verzug im Baufortschritt eines OWP birgt oftmals die Gefahr, dass große Komponenten (z.B. Fundamente, Turbinen, Umspannwerk) zu den vereinbarten Orten angeliefert werden, ohne dass sie von dort verschifft oder verbaut werden können. Für diesen Fall müssen vorsorglich Lagerstätten angemietet werden, um weitere transportbedingte Schäden (insbesondere Rücktransportkosten) zu vermeiden. Da dies in Hafenregionen nicht immer ganz einfach ist, muss dieser Punkt im Rahmen eines guten Schnittstellenmanagements frühzeitig bedacht werden.

[63] Busch (2011), 1, 3.

[64] Darauf weist Busch (2011), 1, 3, selbst hin.

4.3.6 Schiedsvereinbarungen

Es sollte der bei Großprojekten übliche Grundsatz in das Vertragswerk aufgenommen werden, dass die vereinbarten Arbeiten auch während anhängiger Streitigkeiten fortzusetzen sind.[65] Des Weiteren sollte versucht werden, in alle Verträge Schiedsklauseln aufzunehmen, die einen Streitverkündungsmechanismus entsprechend §§ 72 ff. Zivilprozessordnung (ZPO) vorsehen, dem sich neben dem Auftraggeber alle Auftragnehmer wechselseitig unterwerfen. Nur so kann sichergestellt werden, dass Schiedssprüche die jeweilige Problematik aus Sicht der Projektgesellschaft abschließend regeln. Auch sollten die betreffenden Schiedsvereinbarungen eine Ad-hoc-Schiedsstelle für technische Fragen vorsehen, um streitbedingte Verzögerungen so weit wie möglich zu begrenzen.[66]

4.3.7 Versicherungen

Für den Fall, dass sich trotz aller Vorsorgemaßnahmen Risiken realisieren, ist ein umfassendes Versicherungspaket (Construction All Risk) abzuschließen. In solchen Versicherungspaketen werden üblicherweise alle denkbaren Baurisiken abgesichert. Im Hinblick auf die Schnittstellenproblematik dürften insbesondere folgende Versicherungen von Interesse sein:

- Planungshaftpflichtversicherung,
- kombinierte Transport- und Montageversicherung,
- Charterers Liability Insurance, wenn die Projektgesellschaft selbst Seetransport und Montage durchführt,
- sogenannte Exzedenten-Haftpflichtversicherung für die am Bau beteiligten Unternehmen (erforderlich, wenn diese keinen eigenen Versicherungsschutz haben),
- Delay-in-Start-up-Versicherung zur Absicherung geplanter Einnahmen ab vorgesehenem Projektstart (z.B. bis zu 24 Monaten mit 45 Tagen Selbstbehalt).

4.3.8 Cost Overrun Facility

Ferner ist an den Abschluss von Reserve-Kreditlinien zu denken, die unvorhergesehene Kosten, die u.a. durch Schnittstellenprobleme verursacht werden, abdecken (Cost Overrun Facilities).[67]

[65] Siehe auch Busch (2011), 1, 6, der zu Recht darauf hinweist, dass dies nach Treu und Glauben nicht schrankenlos gelten dürfte.

[66] Zu möglichen Streitbeilegungsmechanismen siehe Kaiser (2007), Rn. 766 ff.

[67] Siehe hierzu auch Abschnitte 9.2.2 und 10.1.

Auch wenn somit zahlreiche Möglichkeiten bestehen, die Schnittstellen eines OWPs effizient zu managen bzw. abzusichern, verbleibt ein Residualrisiko, das im Rahmen der Risikoanalyse einer jeden Projektfinanzierung zu berücksichtigen ist.

5 Vergütung

Die Erlöse eines OWPs ergeben sich aus der produzierten Stromleistung multipliziert mit der nach dem EEG staatlich gewährleisteten Einspeisevergütung. Die produzierte Stromleistung ergibt sich aus der Leistungsfähigkeit der eingesetzten Turbinen und den Windverhältnissen an dem jeweiligen Standort. Da die Windverhältnisse in der Regel volatil sind, kommt den zu dem jeweiligen Standort zu erstellenden Windertragsgutachten bei der Einschätzung einer Projektfinanzierung große Bedeutung zu. Dies gilt insbesondere auch deshalb, weil sich in der Vergangenheit diese Gutachten im Onshore-Bereich im Nachhinein oft als zu positiv erwiesen haben, was in einigen Fällen zu Problemen bei der Aufrechterhaltung des anfänglichen Finanzierungskonzeptes geführt hat.

5.1 Vergütung 2009–2011

Seit dem 1. Januar 2009 wird die aus Offshore-Anlagen eingespeiste Kilowattstunde (kWh) Strom mit 13 Eurocent für einen Zeitraum von 12 Jahren vergütet (Anfangsvergütung gemäß § 31 Abs. 2 EEG). Dieser Zeitraum verlängert sich um 0,5 Monate pro Seemeile, die der Park weiter von der 12-Seemeilen-Zone entfernt liegt, und um weitere 1,7 Monate für jeden Meter, der die Wassertiefe von 20 Metern übersteigt. Wird die Anlage bis zum 31.12.2015 in Betrieb genommen, wird zusätzlich ein sogenannter Sprinterbonus von 2 Eurocent pro kWh bezahlt.[68] Dementsprechend erhält z.B. ein Park, der vor dem 31.12.2015 30 Seemeilen von der Küste entfernt in 30 Metern Wassertiefe errichtet wird, eine Vergütung von 15 Eurocent pro kWh für einen Zeitraum von 14 Jahren und 2 Monaten (12 Jahre plus 9 Monate plus 17 Monate).

Nach Ablauf dieses Zeitraums wird eine sogenannte Grundvergütung in Höhe von 3,5 Eurocent pro kWh bis zum Ablauf von 20 Jahren nach Inbetriebnahme des Parks gezahlt. In der Praxis dürfte diese Vergütung allerdings vor dem Hintergrund der gegenwärtigen Marktpreise für Strom, die im Jahr 2011 3,5 Eurocent deutlich überstiegen, keine Rolle spielen. Es ist vielmehr davon auszugehen, dass die Projektgesellschaften

[68] Gemäß der EEG-Novelle 2012 (BR-Drucksache 341/11) soll der Sprinterbonus in die Anfangsvergütung integriert (d.h. 15 statt 13 Eurocent) und die zeitliche Begrenzung zum 31.12.2015 aufgehoben werden, sodass auch danach in Betrieb genommene Anlagen diese Vergütung erhalten.

nach Ablauf des Anfangsvergütungszeitraums den produzierten Strom am Markt selbst gemäß § 17 EEG vermarkten.[69] Für OWPs, die nach dem 31.12.2015 in Betrieb genommen werden, sinkt die Anfangsvergütung um 5% pro Jahr.[70]

5.2 Stauchungsmodell

Obwohl die Vergütung 2011 gegenüber der vor 2009 gewährten Vergütung (9,1 Eurocent pro kWh) eine Verbesserung um beinahe 6 Eurocent bedeutet, stellt das derzeitige Vergütungsniveau noch keinen ausreichenden Anreiz dar, um Investoren für Offshore-Projekte zu begeistern. Auf dem Niveau von 2011 sollen sich bei Offshore-Projekten nur Eigenkapitalrenditen von rund 7% nach Steuern erzielen lassen,[71] was in etwa dem Renditeniveau von Onshore-Projekten entspricht. Da Letztere in der Regel günstigere Risikoprofile als Offshore-Projekte aufweisen, bestand aus Investorensicht bislang wenig Veranlassung, in Offshore-Projekte zu investieren.

Im Rahmen der EEG-Novelle 2012 soll den Parkbetreibern deshalb die Option eingeräumt werden, eine Vergütung von 19 Eurocent pro kWh zu verlangen. Im Gegenzug würde die Dauer der Anfangsvergütung von zwölf auf acht Jahre reduziert, damit die Erhöhung im Hinblick auf die von den Stromverbrauchern zu zahlende EEG-Umlage weitgehend kostenneutral ist.[72] Durch eine solche „Stauchung“ der Anfangsvergütung soll die Eigenkapitalrendite auf ein deutlich höheres Niveau gehoben werden können.[73]

---

[69] Nicht auszuschließen ist auch, dass die Projektgesellschaften den Strom vom ersten Tag an selbst gemäß § 17 EEG vermarkten. Nach der EEG-Novelle 2012 (BR-Drucksache 341/11) soll Anlagenbetreibern, die ihren Strom selbst vermarkten, eine sogenannte Marktprämie gezahlt werden (§ 33g EEG-Entwurf). Diese besteht aus der Differenz der EEG-Einspeisevergütung und dem jeweiligen Marktpreis des Stroms zzgl. eines kleinen Aufschlags.

[70] Die EEG-Novelle 2012 (BR-Drucksache 341/11) sieht stattdessen eine Absenkung um 7% pro Jahr ab 2018 vor (§ 20 Abs. 6 a Entwurf).

[71] KPMG (2010), S. 84.

[72] Der insoweit maßgebliche § 31 Abs. 3 EEG-Novelle 2012 (BR-Drucksache 341/11) lautet: „Wenn die Offshore-Anlage vor dem 01.01.2018 in Betrieb genommen worden ist und die Anlagenbetreiberin oder der Anlagenbetreiber dies vor Inbetriebnahme der Anlage von dem Netzbetreiber verlangt, erhält sie oder er in den ersten acht Jahren ab der Inbetriebnahme eine erhöhte Anfangsvergütung von 19,0 Cent pro Kilowattstunde. In diesem Fall entfällt der Anspruch nach Absatz 2 Satz 1, während der Anspruch auf die Zahlung nach Absatz 2 Satz 2 mit der Maßgabe entsprechend anzuwenden ist, dass die verlängerte Anfangsvergütung 15,0 Cent pro Kilowattstunde beträgt.“

[73] Vgl. KPMG (2010), S. 84 ff., wo anhand von verschiedenen Varianten Eigenkapitalrenditen von 9,7 bis 12,0% errechnet wurden. Allerdings weist KPMG darauf hin, dass die Stauchung nicht unbedingt vorteilhaft für projektfinanzierte OWPs ist, weil der erforderliche Kapitaldienst und damit die Anforderungen an den Schuldendienstdeckungsgrad (siehe hierzu Abschnitt 7) steigen.

5.3 Ausschreibungsmodell

Insbesondere die relativ hohen Einspeisevergütungen im PV-Bereich haben die gegenwärtige Praxis der staatlich festgesetzten Einspeisevergütung in Frage gestellt. Es werden deshalb zunehmend „marktnähere" Einspeisevergütungssysteme diskutiert und im Hinblick auf die Offshore-Industrie mittlerweile auch – jedenfalls auf langfristige Sicht – empfohlen. So schlug der Sachverständigenrat für Umweltfragen in seiner Stellungnahme vom Januar 2011 vor, dass langfristig eine Ausschreibung von „Fixkostenkompensationen" erfolgen solle.[74] Bei diesem Verfahren würde ein Offshore-Projekt vom Staat öffentlich ausgeschrieben werden und diejenige Projektgesellschaft würde die Genehmigung und ausschließliche Betriebsbefugnis erhalten, die den niedrigsten Einspeiseerlös verlangt. Ob und unter welchen Umständen dieser Ansatz sinnvoll ist, soll an dieser Stelle nicht weiter vertieft werden. Das Ausschreibungsmodell dürfte in der gegenwärtigen Situation der Offshore-Industrie eher zu höheren als den gesetzlich vorgegebenen Einspeisevergütungen führen.

6 Projektkosten

6.1 Entwicklungs- und Investitionskosten

Die Kosten für die Errichtung eines OWPs fallen in Abhängigkeit von Größe und Standort des Parks naturgemäß recht unterschiedlich aus. Allerdings lässt sich bei den vornehmlich in Deutschland geplanten Parks mit der 5-MW+-Technologie eine gewisse Tendenz beobachten. So dürfte der erste Bauabschnitt des Parks Borkum II (200 MW) über 800 Mio. EUR kosten,[75] während das Investitionsvolumen für BARD Offshore 1 (400 MW) ca. 2.000 Mio. EUR betragen dürfte.[76] KPMG hat in seiner Studie eine Bandbreite zwischen 3,3 und 3,8 Millionen EUR pro MW ermittelt.[77] Die Gesamtkosten bis Inbetriebnahme dürften sich im Fall eines 400 MW-Parks auf die einzelnen Komponenten und Leistungen prozentual in etwa wie folgt verteilen:

---

74 Sondergutachten des Sachverständigenrat für Umweltfragen: Wege zur 100% erneuerbaren Stromversorgung, Januar 2011, S. 431 f.

75 Pressemitteilung der EIB vom 21.12.2010, abrufbar unter: www.eib.org.

76 Energie & Management, 01.06.2011: „Das (Ausbau-)Tempo zieht an", S. 10. In der Regel fallen bei allen Parks die Bruttokosten etwas höher aus. Von ihnen sind aber während der Bauzeit erzielte Einspeiseerlöse abzuziehen.

77 KPMG (2010), S. 76 ff., dort auch weitere Einzelheiten.

- Fundamente ca. 25%
- Turbinen ca. 40%
- Umspannwerk ca. 5%
- Innerparkverkabelung ca. 5%
- Projektrechte und Entwicklung ca. 10%
- Versicherungen ca. 2%
- Finanzierungskosten ca. 5%
- sonstige Kosten ca. 8%

6.2 Betriebskosten

Zu den Betriebskosten zählen die Kosten für Wartung und Instandhaltung (Operation and Maintenance) und die Versicherungsprämien. Pachtkosten fallen im Gegensatz zu Onshore-Projekten nicht an. Die durchschnittlichen Betriebskosten wurden im Rahmen der von KPMG vorgenommenen Untersuchung in Höhe von 25,50 EUR pro MW ermittelt.[78]

7 Schuldendienstdeckungsgrad (DSCR)

Sofern ein OWP von einem Unternehmen über die „eigene Bilanz", d.h., aus eigenen Mitteln und über allgemeine Kreditlinien des Unternehmens finanziert wird, richten sich die Konditionen der Finanzierung nach dem Cashflow und der Bonität des jeweiligen Unternehmens. Diese sind naturgemäß oft sehr unterschiedlich. Die folgenden Ausführungen sollen sich deshalb auf diejenigen Fälle konzentrieren, in denen der OWP ausschließlich aus dem laufenden Cashflow des Projekts finanziert wird, ohne dass die finanzierenden Banken Rückgriff auf die Gesellschafter der Projektgesellschaft (Sponsoren) nehmen können (Non-Recourse-Projektfinanzierung). Ausgangspunkt einer solchen Finanzierung ist die Gegenüberstellung der erwarteten Investitions- und Betriebskosten mit den erwarteten Erlösen. Letztere ergeben sich aus den gesetzlich garantierten Einspeiseerlösen multipliziert mit dem erwarteten Windertrag. Dieser ergibt sich aus der am jeweiligen Standort erwarteten Windgeschwindigkeit und der spezifischen Leistungskennlinie der eingesetzten Turbine. Dabei werden unterschiedliche Szenarien im Rahmen der Planung zugrunde gelegt. Der Windertrag, der mit 50% Wahrscheinlichkeit

[78] KPMG (2010), S. 80, dort weitere Einzelheiten.

erreicht wird, wird als P50-Szenario (P für Probability) bezeichnet, während 75% und 90% Wahrscheinlichkeit mit P75 und P90 bezeichnet werden.[79] Zum Zwecke der Projektfinanzierungsfähigkeit wird regelmäßig das P90-Szenario zugrunde gelegt, während bei den Renditeberechnungen vom P50-Szenario ausgegangen wird.[80]

Sobald fundierte Einschätzungen zu den Kosten und Erlösen vorliegen, wird die Schuldentragfähigkeit des Projekts geprüft. Dazu wird der sogenannte Schuldendienstdeckungsgrad (Debt Service Cover Ratio, DSCR) auf Jahresbasis festgestellt. Der DSCR zeigt das Verhältnis des Projekt-Cashflows, der für den Schuldendienst (Tilgung und Zinsen) zur Verfügung steht, zum planmäßigen Schuldendienst.[81] Bei Offshore-Projekten wird gegenwärtig ein DSCR von 1,35-1,40 zu 1 verlangt.[82] Soweit dieser in der Modellrechnung nicht erreicht wird, ist Fremdkapital durch Eigenkapital zu ersetzen. Auf der Grundlage dieses Modells werden bei Projektfinanzierungen von OWPs üblicherweise Eigenkapitalquoten zwischen 30 und 40% von den finanzierenden Banken verlangt.[83]

8 Eigenkapital

Geht man davon aus, dass ein deutscher OWP mit 400 MW rund 1.600 Mio. EUR kostet, ist bei einer geforderten Eigenkapitalquote von 30 bis 40% ein Eigenkapitaleinsatz von 480 Mio. bis 640 Mio. EUR erforderlich. Da gegenwärtig einzelne Eigenkapitalgeber nicht dazu bereit sind, einen solchen Betrag in einen OWP zu investieren, beobachtet man die Bündelung von mehreren Investoren, um das erforderliche Eigenkapital darzustellen.[84] Bemerkenswert ist dabei, dass es sich hierbei bislang fast ausschließlich um Stadtwerke handelt.[85] Dies ist darauf zurückzuführen, dass gegenwärtig nur diese Inves-

79 Zu den Einzelheiten der Errechnung des Windertrags, insbesondere der Unterscheidung von Brutto- und Nettowindertrag, siehe KPMG (2010), S. 81.

80 KPMG (2010), S. 87.

81 Es wird dabei ausgegangen von einer Volltilgung bis zum Ende der Kreditlaufzeit, die kongruent ist mit der Anfangsvergütung im Sinne von § 31 Abs. 2 EEG. Zu den weiteren Einzelheiten der DSCR-Berechnung siehe KPMG (2010), S. 82.

82 Im Fall Borkum II soll ein DSCR von 1,35 zu 1 verlangt worden sein; vgl. auch Kersting (2011), 57, 58 und KPMG (2010), S. 87.

83 Im Fall Borkum II (200 MW) soll der EK-Anteil ca. 40% betragen haben.

84 Im Fall von Borkum West II (200 MW) wurden 34 Investoren gebündelt, in der noch nicht geschlossenen Finanzierung von BARD Offshore 1 ca. 50 Investoren.

85 Bei den in Fußnote 84 erwähnten Investoren handelt es sich fast ausschließlich um Stadtwerke. Auch die genehmigten OWPs Global Tech I (400 MW) und DanTysk (288 MW) werden überwiegend bzw. ganz von Stadtwerken (München, HSE Darmstadt, schweizerische EGL) und überregionalen Energieversorgern (Vattenfall) finanziert.

torengruppe dazu bereit ist, die relativ bescheidenen Renditen[86] eines OWP-Engagements zu akzeptieren. Allerdings tun die Stadtwerke dies nicht ohne guten Grund. Zum einen sichern sie sich auf diese Weise eigene Erzeugungskapazitäten, was eine gewisse Unabhängigkeit von den großen Stromversorgern bedeutet,[87] zum anderen tragen die Stadtwerke dadurch positiv zur Klimabilanz ihrer Gemeinde bzw. Stadt bei, was mittlerweile von vielen Bürgern und der Kommunalpolitik verlangt wird.

Neben den Stadtwerken sind die großen vier Energieversorger als bedeutende Eigenkapitalinvestoren zu nennen.[88] Allerdings wurden bzw. werden diese Projekte wohl über die eigene Bilanz des jeweiligen Unternehmens finanziert, sodass die Eigenkapitalanforderungen der Projektfinanzierung nicht zum Tragen kommen.

Fonds und andere Finanzinvestoren spielen als Eigenkapitalinvestoren in Deutschland bislang keine Rolle.[89] Es ist zu hoffen, dass sich dies mit Einführung des Stauchungsmodells und der damit erwarteten Renditeverbesserung[90] ändert.

Im Rahmen der Bemessung des erforderlichen Eigenkapitals werden von den Banken in der Regel auch die Leistungen als Eigenkapital angerechnet, die die Projektgesellschaft und ihre Auftragnehmer bereits für das Projekt erbracht haben, sofern diese Leistungen aus Sicht der Banken noch werthaltig sind.

9 Fremdkapital

9.1 Syndizierung versus Club Deal

Vor der Finanzkrise wurden große Projektfinanzierungen in der Regel von einer oder zwei großen Banken (Lead Manager) organisiert, die dann nur einen Teil des Kreditvolumens selbst „auf den Büchern behielten" und den Rest an andere Banken weitergaben

[86] Gemäß KPMG (2010), S. 84 beläuft sich die EK-Rendite auf 7,1% nach Steuern, wenn man die gegenwärtigen Einspeisetarife zugrunde legt.

[87] Dieser Aspekt gewinnt insbesondere auch aufgrund der zunehmenden Bedeutung der Eigenvermarktung an Gewicht; siehe auch Fußnote 69.

[88] Z.B. EnBW bei Baltic I (48,3 MW), RWE Innogy bei Nordsee Ost (295 MW), Vattenfall gemeinsam mit Stadtwerken München bei DanTysk (288 MW) und E.ON bei Alpha-Ventus (60 MW) und englischen Projekten.

[89] Eine Ausnahme hiervon stellt Blackstone dar, der in 2008 mit der Windland ein Joint Venture bzgl. des OWP Meerwind (400 MW) eingegangen ist.

[90] Siehe Abschnitt 5.2.

(syndizierten). Die Banken konnten dann autonom entscheiden, ob sie den jeweiligen Kreditbetrag an andere Banken weiterreichten oder auf ihren eigenen Büchern behielten.

Obwohl der Höhepunkt der Finanzkrise mittlerweile überwunden sein dürfte, hat sich der Syndizierungsmarkt noch nicht erholt. Für die Gewährung großer Kreditvolumina muss die Projektgesellschaft deshalb zeitgleich mehrere Banken ansprechen, damit diese sich zu einem sogenannten Bankenclub zusammenschließen. Die von den Mitgliedern dieses Clubs übernommenen Kreditbeträge können dann in der Regel nicht ohne Weiteres an andere Banken weitergereicht werden. Eine weitere Folge der Finanzkrise ist, dass einzelne Banken im Rahmen von Projektfinanzierungen aus Gründen der Risikostreuung grundsätzlich nicht mehr dazu bereit sind, große Kreditbeträge (Tickets) für ein einzelnes Projekt zu gewähren.[91] Für die Finanzierung von OWPs hat dies zur Folge, dass oft zehn und mehr Banken gefunden werden müssen, die dem Club als Kreditgeber beitreten. Da dies ohne eine von Banken erstellte Cashflow-Modellierung und Kreditdokumentation praktisch nicht möglich ist, hat sich zwischenzeitlich eine zweiphasige Vorgehensweise etabliert. Die Projektgesellschaft beauftragt in einer ersten Phase zunächst drei bis vier im Offshore-Bereich erfahrene Banken damit, die Projektfinanzierung zu strukturieren und ein Term Sheet für den Kreditvertrag vorzubereiten. Ferner führen diese Banken die technische und rechtliche Due Diligence mithilfe von Beratern aus Finanzierungssicht durch.[92] Eine Finanzierungszusage der beteiligten Banken ist mit der Entgegennahme dieses Auftrags in der Regel nicht verbunden. Die Due Diligence hat aber oft den positiven Nebeneffekt, dass wichtige Liefer- und Leistungsverträge unter dem Druck der Banken erfolgreich nachverhandelt werden können.[93] Nach Abschluss der Strukturierungsarbeiten und der Due Diligence werden die betreffenden Banken dann in einer zweiten Phase beauftragt, weitere Banken in den Club einzubeziehen, um gemeinsam mit diesen den erforderlichen Gesamtkreditbetrag zu gewähren. Ferner wird anschließend die gesamte Kreditdokumentation fertiggestellt. Zum Abschluss folgt das Financial Close, bei dem die Projektgesellschaft und alle beteiligten Banken die Kreditdokumentation unterschreiben.

9.2 Kreditvertrag

Zentraler Bestandteil der Kreditdokumentation ist der Kreditvertrag. Während Konsortialkredite in der Vergangenheit überwiegend nach englischem Recht abgeschlossen wur-

[91] Im Fall von deutschen OWPs geht man derzeit von Tickets bis zu 50 Mio. EUR aus.

[92] Die in diesem Zusammenhang abgeschlossene Mandatsvereinbarung enthält in der Regel klare Vorgaben (z.B. Zeitplan, Aufgabenbereiche der einzelnen Banken, Einschaltung externer Berater) für die Vorbereitung der Projektfinanzierung.

[93] Hierauf weist auch Kersting (2011), 57 hin.

den, um die Syndizierungsfähigkeit im Londoner Bankenmarkt sicherzustellen, werden Club Deals oft nach deutschem Recht abgeschlossen, weil die Usancen des Londoner Bankenmarkts nicht beachtet werden müssen.

9.2.1 Laufzeit

Die Laufzeit des Kreditvertrages richtet sich in der Regel nach dem Zeitraum, in dem die Anfangsvergütung (§ 31 Abs. 2 EEG) gezahlt wird, weil nur während dieses Zeitraums genügend Cashflow sichergestellt ist, um den Schuldendienst zu tragen.[94] Dabei ist zu beachten, dass bei der Einschätzung, ab wann die Anfangsvergütung zu zahlen ist, auf jede einzelne Turbine abzustellen ist (§ 3 Nr. 1 EEG). Da die Inbetriebnahme aller Turbinen in der Regel nicht gleichzeitig, sondern sukzessive gemäß Baufortschritt erfolgt, ist dieser Unterschied im Rahmen der Bemessung der Laufzeit des Kreditvertrags und des Financial-Modelling zu berücksichtigen. Ferner ist sicherzustellen, dass die Inbetriebnahme erst dann erfolgt, wenn der Netzanschluss vorliegt.[95]

9.2.2 Kredittranchen

In der Regel sieht der Kreditvertrag einer Projektfinanzierung im Erneuerbare-Energien-Bereich folgende Tranchen vor: erstens eine Banktranche, die von den beteiligten Geschäftsbanken (eventuell unter Einbeziehung eines KfW-Direktkredits) für die gesamte Laufzeit zu gewähren ist, zweitens eine KfW-Tranche, die von der KfW gewährt und durch die beteiligten Geschäftsbanken durchgeleitet wird, drittens eine Mehrwertsteuer-Tranche, die auf revolvierender Basis von den Geschäftsbanken zur Überbrückung der Umsatzsteuer gewährt wird, und viertens eine Avaltranche, die den zuständigen Behörden zur Sicherstellung des späteren Rückbaus der Anlage zu stellen ist.

---

[94] Bei Anwendung des Stauchungsmodells (Abschnitt 5.2) wird man den Zeitraum auf acht Jahre und unter Umständen auf den Verlängerungszeitraum (§ 31 Abs. 2 Satz 2 EEG) bemessen, wobei dann allerdings ein niedrigerer Einspeisetarif (15 statt 19 Eurocent pro kWh) zu berücksichtigen ist.

[95] Siehe auch Kersting (2011), 57, 59, der es insofern als problematisch ansieht, dass die Einspeisung in den Netzanschluss nach der Gesetzesbegründung zum EEG 2009 (BT-Drs. 16/8148) keine Voraussetzung der Inbetriebnahme ist. Hierin kann aber nicht die Absicht des Gesetzgebers gesehen werden, den Zeitpunkt für die Inbetriebnahme von EEG-Anlagen nach vorne zu verlegen. Hintergrund dieser Ausführungen der Gesetzesbegründung war vielmehr das häufig in der Photovoltaik-Industrie vor den Degressionsstichtagen aufgetretene Problem, dass der Netzbetreiber den Netzanschluss vor dem jeweiligen Stichtag rein tatsächlich nicht mehr zur Verfügung stellen konnte oder wollte, was für den Einspeiser unverschuldet zu niedrigeren Einspeisetarifen führen würde, wenn die Einspeisung in den Netzanschluss Tatbestandsmerkmal einer Inbetriebnahme i.S.v. § 3 Nr. 5 EEG wäre.

Eine Besonderheit der Offshore-Projektfinanzierung besteht nun darin, dass aufgrund der vielfältigen Risiken unter Umständen zusätzlich eine *Cost Overrun Facility* eingeräumt wird, mit der unvorhergesehene Kostenüberschreitungen des Projekts bis zu einem gewissen Volumen abgedeckt werden sollen. Im Kreditvertrag sind dann die Tatbestände zu spezifizieren, unter denen die Cost Overrun Facility in Anspruch genommen werden kann. Ferner ist zu berücksichtigen, dass diese Tranche naturgemäß nur in Situationen gezogen werden kann, wo ein erhöhtes Projektrisiko besteht, sodass eine höhere Marge von den Banken verlangt wird.[96] Auch kann es sein, dass die Inanspruchnahme dieser Tranche vom Einschuss von Eigenkapital in gleicher Höhe (pari passu) abhängig gemacht wird.[97]

9.2.3 Projekt- und Reservekonten

Typisch für eine Projektfinanzierung im Bereich Erneuerbare Energien ist die Einrichtung von Projekt- und Reservekonten, die in der Regel bei einer der finanzierenden Geschäftsbanken zu führen sind. Das Projektkonto soll sicherstellen, dass alle das Projekt betreffenden Zahlungsein- und -ausgänge über ein zentrales Konto laufen. Mit den Reservekonten soll erreicht werden, dass für die Aufrechterhaltung des Projektbetriebes jederzeit ausreichend Liquidität zur Verfügung steht. Die Reservekonten werden in der Regel aus dem laufenden Cashflow des Projekts gespeist. Die Eigenkapitalgeber haben so lange keinen Anspruch auf Gewinnentnahmen, wie die Reservekonten nicht vollständig dotiert sind. In der Regel werden folgende Reservekonten eingerichtet:

- ein sogenanntes Debt Service Reserve Account, das so zu dotieren ist, dass aus ihm für einen bestimmten Zeitraum Zinsen und Tilgung unabhängig von dem Projekt-Cashflow gezahlt werden können,
- ein sogenanntes Maintenance Reserve Account, auf dem Beträge für die Wartung angespart werden,
- ein Avalkonto, auf dem die für den Rückbau der Anlage erforderlichen Beträge (in der Regel jährlich) angespart werden.

9.2.4 Tilgung

Mit der Tilgung kann in der Regel erst dann begonnen werden, wenn der OWP (vollständig) in Betrieb gegangen ist und signifikante Einspeiseerlöse erwirtschaftet. Da dies

[96] Siehe Kersting (2011), 57, 62.

[97] Im Fall der Projektfinanzierung von Borkum I (200 MW) sollen die Cost Overrun Facility und der EK-Nachschuss jeweils 50 Mio. EUR betragen haben.

ab Finanzierungszusage in der Regel zwei bis drei Jahre dauert,[98] wird für diesen Zeitraum in der Regel eine tilgungsfreie Zeit vereinbart. Der anschließende Tilgungsplan sieht in der Regel halbjährlich zu zahlende Tilgungsraten vor.[99]

9.2.5 Cash Sweeps

Eine weitere Besonderheit der Finanzierung von OWPs im Vergleich zu anderen deutschen Projektfinanzierungen im Erneuerbare-Energien-Bereich ist der Einsatz von sogenannten Cash Sweeps. Sie dienen außerhalb von Projektfinanzierungen im Rahmen von Unternehmensfinanzierungen dazu, überschüssigen Cashflow – zusätzlich zu der planmäßigen Tilgung – an die finanzierenden Banken abzuführen. Bei Erneuerbare-Energien-Projekten sind solche außerplanmäßigen Tilgungen eigentlich systemfremd, weil sie den wesentlichen Reiz von solchen Investments, namentlich eine bestimmte Rendite gleichbleibend über einen langfristigen Zeitraum zu erwirtschaften, in Frage stellen. Dennoch wird bei OWP-Finanzierungen unter Umständen von diesem Instrument Gebrauch gemacht, z.B. um den finanzierenden Banken und der Projektgesellschaft die Möglichkeit zu geben, zunächst von einer längeren Laufzeit des Kredits und damit niedrigeren Tilgungsraten ausgehen zu können. Im Fall eines positiven Projektverlaufs kann dann die Laufzeit durch Einsatz des Cash Sweeps im Nachhinein wieder vermindert werden.[100]

9.2.6 Covenants

Neben der Einhaltung eines bestimmten DSCR sieht der Kreditvertrag in der Regel weitere Verpflichtungen (Covenants) und Gewährleistungen der Projektgesellschaft vor, die entweder ein bestimmtes Verhalten verlangen (positive Covenants) oder untersagen (negative Covenants).[101]

9.3 Besicherung

Die Besicherung einer OWP-Projektfinanzierung verläuft ähnlich wie die Besicherung eines Onshore-Projekts. In der Regel werden der Anspruch auf Erhalt der Einspeise-

[98] In diesem Zusammenhang sind auch die 30 Monate zu berücksichtigen, die der Netzbetreiber laut Positionspapier der BNA Zeit hat, den Netzanschluss herzustellen (siehe oben Abschnitt 3.5).

[99] Vgl. Kersting (2011), 57, 62.

[100] Siehe hierzu auch Kersting (2011), 57, 63, der allerdings auch den bei Unterschreiten des Mindest-DSCR bei jeder Projektfinanzierung einsetzenden sogenannten Distribution Lock-up unter den Begriff des Cash Sweeps subsumiert.

[101] Siehe hierzu im Einzelnen Wittig (1996), S. 1.381 ff.

erlöse, die Ansprüche unter den Leistungsgarantien der Lieferanten, die angesparten Guthaben auf den Projekt- und Reservekonten und die Ansprüche aus den Versicherungsverträgen an die Banken zur Sicherheit abgetreten. Darüber hinaus erhalten die Banken für den Fall, dass die Projektgesellschaft ihren Zahlungsverpflichtungen nicht mehr nachkommen kann, Eintrittsrechte (step-in rights) in alle wichtigen Verträge mit Lieferanten und Dienstleistern. Diese Rechte sollen die Banken in die Lage versetzen, das Projekt notfalls auch selbst fortführen zu können.

Unterschiede zur Onshore-Finanzierung bestehen aber im Hinblick auf die Sicherungsübereignung der Windenergieanlagen und die Absicherung der Innerparkverkabelung. Da mangels einer „Erstreckungsklausel" rechtliche Zweifel daran bestehen, ob das BGB in der AWZ Anwendung findet, kann man gegenwärtig nicht darauf vertrauen, dass eine Sicherungsübereignung der Windenergieanlagen gemäß §§ 929 ff. BGB wirksam in der AWZ vereinbart werden kann.[102] Es ist deshalb zu erwägen, die Windenergieanlagen noch vor Verschiffung auf dem deutschen Festland auf eine sogenannte Sicherheiten-GmbH zu übertragen, deren Anteile dann zugunsten der Banken verpfändet werden. Daneben ist natürlich auch an die Verpfändung der Anteile der Projektgesellschaft zu denken. Eine grundbuchrechtliche Absicherung der Windenergieanlagen und der Innerparkkabel ist mangels Grundbuch nicht möglich.

10 Fördermittel

Geht man aufgrund der DSCR-Anforderungen der finanzierenden Banken[103] von einem Eigenkapitalbedarf von 30 bis 40% des Investitionsvolumens aus, bedeutet das im Umkehrschluss, dass bei einem 1.600 Mio. EUR teuren Park zwischen 960 Mio. und 1.120 Mio. EUR Fremdkapital dargestellt werden muss. Da die Geschäftsbanken gegenwärtig nicht dazu bereit sind, einen solch großen Betrag für ein einziges Projekt als Kredit zur Verfügung zu stellen, ist der Einsatz von Fördermitteln erforderlich.

10.1 Sonderprogramm „Offshore-Windenergie"

Das von der Bundesregierung im Rahmen des Energiekonzeptes angekündigte Sonderprogramm „Offshore-Windenergie" hat ein Volumen von 5 Mrd. EUR. Gefördert werden die ersten zehn Projekte. Die Kreditvergabe erfolgt nach dem verschärften Windhundverfahren, entscheidend sind demnach die Kreditzusagen der jeweiligen Finanzkonsor-

[102] Müller-Helle/Theilmann (2010), S. 369 ff.

[103] Siehe oben Abschnitt 7.

tien.[104] Im Unterschied zu den bisherigen Projektfinanzierungsprogrammen der KfW[105] wird das neue Programm auch dann zur Anwendung kommen, wenn an der jeweiligen Projektgesellschaft Sponsoren beteiligt sind, die dem öffentlichen Bereich, wie beispielsweise Stadtwerke, zuzuordnen sind.[106] Anderenfalls wäre die gegenwärtig aktivste Investorengruppe[107] ausgeschlossen worden. Das Förderprogramm hat folgende Eckpunkte:

- *Kreditvolumen:* bis zu 400 Mio. EUR im Einzelfall bei direkt von der KfW im Rahmen von Bankkonsortien vergebenen Krediten, maximal 50% des gesamten Fremdkapitalbedarfs; bei Projektfinanzierungen als bankdurchgeleiteter Kredit beträgt das Kreditvolumen bis zu 700 Mio. EUR im Einzelfall, sofern eine Kombination mit einem KfW-Direktkredit erfolgt; maximal 70% des gesamten Fremdkapitalbedarfs.[108]
- *Cost Overrun:* Ein Teilbetrag von bis zu 100 Mio. EUR kann als Cost Overrun Facility für den Fall gewährt werden, dass die geplanten Baukosten aus nicht vorhersehbaren Gründen überschritten werden, sofern sich eine oder mehrere Geschäftsbanken in mindestens gleicher Höhe an dieser Finanzierung beteiligen.
- *Konditionen:* entsprechend den Konditionen, die die beteiligten Geschäftsbanken gewähren. Die Geschäftsbanken haben sich bei der bonitätsmäßigen Einstufung der Projektgesellschaft allerdings an den von der KfW vorgegebenen Bonitäts- und Besicherungsklassen zu orientieren, sofern es sich um einen bankdurchgeleiteten Kredit handelt.
- *Haftung:* Für direkt gewährte Kredite haftet die KfW voll und bei von Geschäftsbanken durchgeleiteten Krediten kann auf Antrag eine Haftungsfreistellung der durchleitenden Geschäftsbanken von bis zu 50% erfolgen.
- *Laufzeit:* bis zu 20 Jahre[109] bei bis zu drei tilgungsfreien Jahren; der Zinssatz ist bis zu zehn Jahren fest.
- *Sicherheiten:* pari passu mit den privaten Banken.

---

104 Merkblatt KfW-Programm Offshore-Windenergie, Programmnummer 273 (Merkblatt KfW).

105 Z.B. das Sonderprogramm 085, das zum 31.12.2010 ausgelaufen ist.

106 Gemäß dem Merkblatt KfW sind alle Projektgesellschaften, unabhängig von dem Gesellschaftshintergrund, förderfähig.

107 Siehe oben Abschnitt 8.

108 Bankdurchgeleitete Kredite, bei denen die KfW den Kredit nicht selbst an die Projektgesellschaft vergibt, sondern an die mandatierten Geschäftsbanken, die ihn an die Projektgesellschaft durchleiten, stellen bei Projektfinanzierungen im EEG-Bereich bislang den Regelfall dar.

109 Es ist davon auszugehen, dass sich die Laufzeit an der Laufzeit des von den privaten Banken gewährten Darlehensbetrags orientiert, der sich wiederum an dem Zeitraum orientieren dürfte, zu dem die Anfangsvergütung (§ 31 Abs. 2 EEG) gewährt wird.

Eine Kombination mit anderen Förderprogrammen der KfW oder des Bundes zur Absicherung der Investition ist nicht möglich, während eine Kombination mit anderen öffentlichen Förderprogrammen oder Mitteln der Länder zulässig ist, sofern die Risikoübernahme der öffentlichen Hand insgesamt direkt nicht mehr als 50% der gesamten Fremdfinanzierung beträgt. Eine Kombination mit Förderprogrammen der Europäischen Investitionsbank sowie mit Mitteln, die durch ausländische staatliche Exportversicherer abgesichert sind, ist ebenso möglich.

10.2 Europäische Investitionsbank

Obwohl die Europäische Investitionsbank (EIB) bislang kein Sonderprogramm zur Förderung der Offshore-Windenergie aufgelegt hat, engagiert sie sich regelmäßig im Rahmen von Offshore-Projekten.[110] Es ist deshalb davon auszugehen, dass die EIB auch in Zukunft ergänzend zu der KfW Kreditmittel für die Projektfinanzierung von OWPs zur Verfügung stellen wird.

Darüber hinaus hat die EIB gemeinsam mit der Europäischen Kommission eine Initiative mit dem Namen „Europa-2020-Projektanleihen“ gestartet, von der unter Umständen auch OWPs profitieren sollen. Die Initiative soll Projektträgern im Infrastruktursektor helfen, für private Geldgeber wie Versicherungsgesellschaften und Pensionsfonds attraktiver zu werden. Dies soll durch Ratingverbesserung vorrangiger Verbindlichkeiten der Projektgesellschaften erreicht werden, die dann als Anleihen bei institutionellen Anlegern platziert werden können. Die EIB und die Kommission würden dafür einen Teil des Projektrisikos übernehmen.[111] Der Beginn des Programms ist für den 01.01.2014 vorgesehen.[112]

10.3 Öffentliche Ausfallgarantien/Bürgschaften

Ferner ist es grundsätzlich denkbar, dass die Kreditvergabe an Offshore-Projektgesellschaften durch Bürgschaften öffentlich-rechtlicher Träger oder deren Förderbanken (teilweise) abgesichert wird.

[110] So z.B. in Deutschland beim OWP Borkum West (200 MW) mit 100 Mio. EUR (zuzüglich Liquiditätshilfen) im Rahmen der Projektfinanzierung und mit 80 Mio. EUR bei Baltic I (48,3 MW) zur Refinanzierung des bereits erstellten Parks.

[111] Zu weiteren Einzelheiten siehe unter www.eib.org.

[112] Der Bundesfinanzminister lehnt das Programm allerdings ab: „Berlin lehnt geplante EU-Bonds ab“, in: Handelsblatt vom 14.04.2011, S. 12.

10.3.1 Bund und Länder

In dem Entwurf des Energiekonzeptes der Bundesregierung[113] wurde im Zusammenhang mit dem KfW-Sonderprogramm „Offshore-Windenergie“ darauf hingewiesen, dass weitere flankierende Maßnahmen, wie etwa rückzahlbare Ausfallgarantien, geprüft werden. Gemeint waren damit wohl Kreditausfallgarantien des Bundes zugunsten von den projektfinanzierenden Banken.

In der finalen Fassung des Energiekonzeptes war dieser Passus allerdings nicht mehr anzutreffen, sodass mit solchen Garantien zunächst nicht zu rechnen ist. Ferner wurde in dem Entwurf des Energiekonzeptes die Möglichkeit angesprochen, Euler Hermes Exportkreditgarantien zugunsten von Projekten in der Außenwirtschaftszone nutzbar zu machen. Auf diese Weise sollte ein Gegengewicht zu der dänischen EKF gesetzt werden, die den Export von in Dänemark produzierten Vestas- und Siemens-Turbinen unterstützt, was aus Sicht deutscher Turbinenhersteller einen Wettbewerbsnachteil darstellt. Allerdings wurde auch diese Passage des Entwurfs nicht in die endgültige Fassung des Energiekonzepts der Bundesregierung aufgenommen, sodass davon auszugehen ist, dass Euler Hermes Exportgarantien nach wie vor nur im Ausland einsetzbar sind.[114]

Auch auf Landesebene sind derzeit keine Bürgschaftsprogramme ersichtlich, die von Projektgesellschaften in Anspruch genommen werden können. Das soll aber nicht ausschließen, dass das eine oder andere Bundesland dazu bereit ist, eine solche Bürgschaft im Einzelfall zu gewähren. Auch ist in diesem Zusammenhang auf das Bürgschaftsprogramm des Landes Hessen hinzuweisen, das im April 2010 auf Projekte im Bereich Erneuerbare Energien erweitert wurde.[115] Unter diesem Bürgschaftsprogramm wurde zwar bislang keine Offshore-Projektgesellschaft im Rahmen der Kreditaufnahme gefördert, doch können dank diesem Programm hessische Unternehmen, die sich als Eigenkapitalgeber an einem solchen Projekt beteiligen wollen, die Refinanzierung ihres Eigenkapitalanteils (teilweise) durch eine Landesbürgschaft absichern lassen, um damit die Refinanzierungskosten zu senken.[116]

[113] Entwurf des BMWi/BMU vom 7. September 2010.

[114] Siehe z.B. die 400 Mio. EUR Euler Hermes Exportgarantien zugunsten der 5-MW-Repower-Turbinen für den belgischen OWP Thornton Bank (325 MW).

[115] Siehe unter www.hmulv.hessen.de.

[116] Siehe z.B. die Bürgschaft des Landes Hessen in Höhe von 10 Mio. EUR zugunsten eines entsprechenden Kredites für die Gruppen-Gas-und-Elektrizitätswerk Bergstraße AG, die sich mit rund 40 Mio. EUR am Bau des Parks BARD Offshore I beteiligen möchte (www.ggew.de).

10.3.2 Förderbanken

In der Regel reichen die Bundesländer nicht selbst Bürgschaften oder Garantien aus, sondern die jeweiligen Landesförderbanken, wie beispielsweise die NRW-Bank oder die Bremer Aufbaubank. Auch hier sind allerdings derzeit keine standardisierten Bürgschaftsprogramme ersichtlich, auf die Projektgesellschaften zugreifen können. Vielmehr hängt die Bürgschaftsvergabe von dem jeweiligen Projekt und dessen Relevanz für das jeweilige Bundesland ab.

10.4 EERP-Förderprogramm

Im Zuge der Finanzkrise legte die Europäische Union das Europäische Energieprogramm zur Konjunkturbelebung (EEPR) auf, in dessen Rahmen 565 Mio. EUR für die Unterstützung von Offshore-Projekten bereitgestellt wurden. Im Rahmen dieses Programms wurden vier deutsche OWPs mit insgesamt 200 Mio. EUR bedacht.[117] Weitere 150 Mio. EUR wurden für den Netzanschluss des Offshore-Clusters Kriegers Flak in der Ostsee bereitgestellt. Zu diesem Netzanschluss haben OWPs aus Dänemark, Schweden und Deutschland Zugang. Weil die für die Offshore-Industrie zur Verfügung gestellten Mittel damit verbraucht sind, bestehen derzeit unter dem EERP-Programm keine Förderungsmöglichkeiten mehr.

Literatur

Bourwieg, Karsten (2010): Regulierung des Netzbetriebs, Teil 3, hier §§ 11-19, in: Britz, Gabriele/Hellermann, Johannes/Hermes, Georg (Hrsg.): Kommentar zum EnWG, München

Busch, Ralph (2011): Ausgewählte (vertrags-)rechtliche Fragen der Errichtung von Offshore Windparks – Teil 1, in: Neue Zeitschrift für Baurecht 1, S. 1 ff.

Fest, Philipp (2010): Die Errichtung von Windenergieanlagen in Deutschland und seiner Ausschließlichen Wirtschaftszone, Berlin

Kaiser, Stefan (2007): Vertragsregelungen zu Problemlösungen, Teil B II 7, hier Rdnr. 755 bis 809, in: Kapellmann, Klaus (Hrsg.): Juristisches Projektmanagement, Neuwied

[117] Für den Park BARD Offshore I 53,1 Mio. EUR, für den Park Borkum West 42,71 Mio. EUR, für den Park Global Tech I 58,55 Mio.EUR und für den Park Nordsee Ost 50 Mio. EUR.

Kersting, Mark Oliver (2011): Die Projektfinanzierung eines Offshore-Windparks, in: Zeitschrift für Bank- und Kapitalmarktrecht 2, S. 57 ff.

KPMG AG (2010): Offshore-Windparks in Europa-Marktstudie 2010, http://www.kpmg.de/media/20100901_Offshore_Windparks_in_Europa_2010.pdf

Müller-Helle, Adrian/Theilmann, Timm (2010): Eigentum und Eigentumsvorbehalt in Offshore-Windkraftanlagen, in: Recht der Energiewirtschaft 12, S. 369 ff.

Wittig, Arne (1996): Financial Covenants im inländischen Kreditgeschäft, in: Wertpapier Mitteilungen 31, S. 1.381 ff.

Finanzierungsstrukturierung und Risikomanagement von Solarprojekten

Jan Eden

5 Risikomanagement

5.1 Sicherheiten

5.2 Versicherung

5.3 Reporting/Soll-Ist-Vergleiche

6 Fazit

1 Einführung

Der Ausbau der Photovoltaik (PV) in Deutschland ist als ein Bestandteil des Energiemix gewünscht und wird durch das Erneuerbare-Energien-Gesetz (EEG) entsprechend gefördert. Allerdings ist die PV gegenüber den anderen Erneuerbaren Energien noch nicht wettbewerbsfähig; der enorme und nicht erwartete Zubau von rund 7.000 Megawatt (MW) in 2010 war im Wesentlichen die Ursache für eine Erhöhung des Anteils der Erneuerbaren Energien am Strompreis (EEG-Umlage) von 2,04 Eurocent pro Kilowattstunde (kWh) auf 3,53 Eurocent/kWh. Um die Umlagekosten der Erneuerbaren Energien am Strompreis in einem akzeptablen Rahmen zu halten, hat die Bundesregierung die Einspeisesätze im Laufe der Jahre 2010 und 2011 einer Sonderdegression von bis zu 16% für neue Projekte unterworfen. Daneben greifen die in der EEG-Novelle festgelegten zubauabhängigen Degressionen zum Anfang eines jeden Jahres.

Um einem unkontrollierten Ausbau der PV und der aufkeimenden Diskussion um die Umnutzung wertvoller Ackerflächen zu begegnen, wurde die Förderung der PV mit Wirkung ab 2011 auf Dach- und Konversionsflächen sowie sonstige Freiflächen begrenzt und die Ackerflächen aus der Förderung genommen.

Unter Konversionsflächen versteht man Flächen aus wirtschaftlicher, verkehrlicher, wohnungsbaulicher oder militärischer Nutzung sowie versiegelte Flächen, während es sich bei den sonstigen Freiflächen im Wesentlichen um die 110 m breiten Streifen an Autobahnen und Schienenwegen handelt.

Die Diskussionen um weitere Sonderdegressionen oder gar eine mengenabhängige Deckelung des Ausbaus sind nicht erloschen; es bleibt zu hoffen, dass ein für alle Beteiligten gangbarer Mittelweg gefunden wird, der zum einen die Lasten aus der Förderung in Grenzen hält und zum anderen der jungen PV-Industrie eine nachhaltige Existenzgrundlage auf allen Wertschöpfungsstufen inklusive des Handwerks sichert.

1.1 Grundlagen der PV-Projektfinanzierung

In diesem Beitrag wird hinsichtlich der Rahmenbedingungen insbesondere auf den deutschen Photovoltaik-Markt abgestellt; die allgemeinen Grundsätze einer Projektfinanzierung gelten im Wesentlichen aber sowohl für inländische als auch für ausländische Projekte. Daneben wird die Finanzierungsform einer Projektfinanzierung unterstellt; gleichwohl macht es Sinn und trifft sicherlich auf eine Vielzahl an Vorhaben im PV-Bereich zu, die kleineren Investitionen – insbesondere auf Dächern und wenn der Betreiber gleichzeitig Eigentümer der Immobilie ist – unter der Mithaftung des Initiators der Immobilie zu finanzieren.

Im Übrigen wird in diesem Beitrag auf die *Endfinanzierung* eines Projektes abgestellt. Auf die Besonderheiten der weiteren Finanzierungsarten:

- Bauzeitfinanzierung
- Umsatzsteuervorfinanzierung
- Eigenkapitalvorfinanzierung

wird hier nicht weiter bzw. nur am Rande eingegangen.

1.2 Definition

Als Projekt wird ein Investitionsvorhaben bezeichnet, das als sich selbst tragende Wirtschaftseinheit konzipiert ist und deshalb in einer rechtlich selbstständigen und eigens zu diesem Zweck neu gegründeten Projektgesellschaft (Einzweckgesellschaft) oder Special Purpose Vehicle (SPV) realisiert und betrieben wird. Die Kreditentscheidung kann in diesem Fall nicht auf Daten der Vergangenheit gestützt werden, sondern allein auf den voraussichtlichen Cashflow aus dem Projekt und dessen Relation zum künftigen Kapitaldienst der Fremdfinanzierung (Zins- und Tilgungsleistungen der entsprechenden Periode). Somit steht dem Kreditgeber für seine Kreditprüfung lediglich eine Projektplanung nebst seinen bisherigen Erfahrungen aus der Finanzierung gleichartiger Projekte zur Verfügung. Die Eröffnungsbilanz der Einzweckgesellschaft, also die Bilanz bei Gründung der Projektgesellschaft, hat in der Regel keinen wirtschaftlichen Aussagewert, denn sie lässt keine Rückschlüsse auf die wirtschaftliche Entwicklung des Projektes zu.

Damit wird der Kredit rein zukunftsorientiert gewährt. Der Initiator bzw. der Gesellschafter haftet in diesem Falle nicht mit seinen Vermögenswerten, sondern bringt in die Einzweckgesellschaft lediglich ein vorher vereinbartes Eigenkapital ein. Aus diesem und dem Fremdkapital müssen die gesamten Investitionskosten sowie alle liquiditätswirksamen Kosten bis zur Erzielung eines ersten positiven Cashflow aus dem Projekt gedeckt werden. Bezogen auf ein Photovoltaik-Projekt bedeutet dies, dass neben den Bau- und Baunebenkosten insbesondere der Zinsaufwand in der Bauphase sowie Betriebskosten vor Aufnahme des Betriebes (z.B. Pachten, Geschäftsführung) bei der Ermittlung des Gesamtfinanzierungsbedarfs berücksichtigt werden müssen.

Um das Kreditrisiko für den Kreditgeber trotz des beschränkten Haftungsrückgriffs kalkulierbar zu machen und zu begrenzen, ist es erforderlich, die verschiedenen Projektrisiken zu identifizieren, zu bewerten und durch entsprechende Vertragsgestaltung zu verteilen. Teile der Risiken müssen also aus der Projektgesellschaft heraus verlagert werden. Dabei gilt der Grundsatz, dass vorzugsweise diejenigen Beteiligten eines Projektes Risiken übernehmen sollen, die dazu nachhaltig sachlich und finanziell in der Lage sind.

Beispiele dieser „Risikoverteilung bzw. -verlagerung" über Projektverträge werden im folgenden Abschnitt detaillierter behandelt.

2 Risiken einer PV-Projektfinanzierung

Exemplarisch und ohne Anspruch auf Vollständigkeit sollen hier einige wesentliche Risikokategorien angesprochen werden. Zudem werden Möglichkeiten aufgezeigt, diese Risiken zu begrenzen.

2.1 Kostenüberschreitungs- und Fertigstellungsrisiko

Möglicherweise wird das durch Eigenkapital und Fremdkapital gedeckte Investitionskostenbudget durch die tatsächlichen Ausgaben überzogen. In diesem Zusammenhang spricht man vom Kostenüberschreitungsrisiko. Das Fertigstellungsrisiko bezieht sich auf die Umsetzung des Investitionsvorhabens: Diese kann absolut oder durch Überschreitung der geplanten Bauzeit scheitern. Eine Bauzeitüberschreitung schlägt sich zudem im Investitionsbudget nieder, da die Bauzwischenfinanzierungszinsen steigen und die Einnahmen aus der Betriebsphase erst zu einem späteren Zeitpunkt fließen. Das kann das Projekt ohne geeignete Gegenmaßnahmen (Nachfinanzierung, Verschiebung des Tilgungsbeginns für das Fremdkapital) von Beginn an in Liquiditätsnot bringen. Kommt es durch die verzögerte Fertigstellung bei deutschen Solarparkprojekten zu einer Inbetriebnahme erst nach dem Stichtag einer Vergütungsdegression (z.B. im Folgejahr), reduziert sich die Einspeisevergütung mit der Folge, dass die daraus entstehenden Einnahmeeinbußen auf die gesamte Projektlaufzeit wirken und eine Anpassung der geplanten Finanzierung (mehr Eigenkapital, weniger Fremdkapital) zur Folge haben können.

Zur Minderung der Risiken stehen ohne Anspruch auf Vollständigkeit folgende Mittel zur Verfügung:

- Verminderung der Schnittstellen zwischen den Lieferanten einzelner Gewerke durch Abschluss eines Generalunternehmervertrages;
- Festpreisvereinbarungen;
- Vereinbarung eines verbindlichen Bauzeitenplanes in Verbindung mit Pönalen/Preisminderungen bei Verzögerungen bzw. Verstößen gegen diese Vereinbarung;
- exakte Erfüllung der Vertragspflichten des Auftraggebers mit entsprechender vorausschauender Projektablaufplanung, um dem Auftragnehmer keinen Anlass für Nachforderungen zu bieten;

- Anzahlungs- und Vertragserfüllungsbürgschaften durch die Hausbank des Auftragnehmers.

2.2 Absatz- und Marktpreisrisiko

Das Absatzrisiko bezeichnet das Risiko, die Leistungen und/oder produzierten Güter am Markt absetzen zu können. Das Marktpreisrisiko bezieht sich auf die daraus zu erzielenden Erlöse.

Bei „normalen" Investitionsvorhaben stellt diese Risikokategorie den wesentlichen Punkt in der Beurteilung des künftigen Cashflow dar. Bei deutschen Solarparkprojekten begründet das EEG ein gesetzliches Schuldverhältnis zwischen Solarparkbetreiber und Stromabnehmer. Durch die derzeit im EEG verankerte Anschluss- und Abnahmeverpflichtung des Netzbetreibers wird das Absatzrisiko beseitigt; die Vergütungsvorschriften für Erneuerbare-Energien-Strom befreien den Betreiber solcher Projekte vom Marktpreisrisiko.

2.3 Zinsänderungsrisiko

Auch die Finanzierungskosten können sich während der Finanzierungslaufzeit ändern. Dieses Zinsänderungsrisiko kann der Kreditnehmer durch Festzinsvereinbarungen über einen Teil der Finanzierungslaufzeit mildern oder durch den Abschluss von Zinssicherungsinstrumenten (Zinsderivate) auch für die gesamte Dauer der Finanzierung ausschließen. In der Projektfinanzierung von deutschen Solarparks sind Zinsbindungsfristen von zehn Jahren bei einer Gesamtfinanzierungsdauer von 13 bis 17 Jahren üblich.

2.4 Technisches Risiko

2.4.1 Modultechnik

Bei Betrachtung der technischen Risiken ist auf die Qualität der Module ein besonderes Augenmerk zu legen. Gegenüber anderen Segmenten der Erneuerbaren Energien (z.B. Windkraft) verzichtet die Photovoltaik – mit Ausnahme des Einsatzes von Trackersystemen – auf Mechanik, die einer entsprechenden Abnutzung unterliegt. Insofern sollte man annehmen, dass die technischen Risiken zu vernachlässigen sind. Dies ist jedoch nicht der Fall; trotz der in der Regel vorliegenden Zertifizierungen nach IEC-Standard (IEC steht für International Electrotechnical Commission) sind die Risiken aus bereits bei der Produktion der Zellen und Module verursachten Fehlern durch schlechte Verarbeitung oder minderwertige Materialien latent vorhanden. Dies beschränkt sich nicht nur auf die Leistung der Module, sondern auch auf deren Lebensdauer. Um diese Risiken bei größeren Projekten auszuschließen, bietet sich die Beauftragung eines technischen Labors zwecks Überprüfung an. Diese Prüfung könnte folgenden Umfang haben:

- Flashtests zur Feststellung der Nennleistung;
- Elektrolumineszenztest (Prüfung des mechanischen Zustandes der Zellen auf z.B. Haarrisse);
- Isolationstest (Prüfung der elektrischen Eigenschaften und Diffusionsbeständigkeit des Moduls);
- EVA Vernetzungstest (Prüfung der Laminierung).

Während der Flashtest den Nachweis bringen soll, dass die eingekaufte Nennleistung auch mit der tatsächlichen übereinstimmt, beziehen sich die übrigen Tests auf die Verarbeitungsqualität und Sicherheit der Module. Insbesondere die beiden letztgenannten Tests können eine zerstörerische Wirkung haben, d.h., die Module sind anschließend unbrauchbar.

Ein weiteres Kriterium zur Minimierung von technischen Risiken könnte sein, dass nur Module von Herstellern finanziert werden, die bereits über einen entsprechenden Bekanntheitsgrad verfügen und deren Module bereits mindestens zwei Jahre erprobt sind und nicht zu nennenswerten Beanstandungen geführt haben.

Bei größeren Projekten kann es sinnvoll sein, auf die Dienste von Unternehmen zurückzugreifen, die die Produktion der für das Projekt vorgesehenen Module in der Modulfabrik beaufsichtigen und auf die Einhaltung der Produktionsprozesse und die verwendeten Materialien, die zu der IEC Zertifizierung geführt haben, achten.

Daneben ist zu betrachten, in welchem Umfang und über welche Laufzeit die Produktgarantien der Modulhersteller ausgestaltet sind. Üblicherweise werden Produktgarantien über zwei bis fünf Jahre auf die Module gegeben. Darüber hinaus hat sich eine Performancegarantie von 90% für die ersten zehn Jahre und 80% für die weiteren 15 Jahre am Markt durchgesetzt. Diese Performancegarantien sind von den PV-Herstellern als vertrauensbildende Maßnahme eingeführt worden, um die über die Lebensdauer der Module zu erwartende Degradation der Nennleistung zu begrenzen. Ob diese Garantien im Schadensfall durchgesetzt werden können, hängt von der Bonität des Herstellers und der rechtlichen und faktischen Durchsetzbarkeit ab. Als Äquivalent könnten die oben beschriebenen Tests bzw. die Selektion von Modulherstellern, die für eine gleichbleibende Qualität zumindest über eine industrielle Fertigung verfügen sollten, dienen.

Bei kleineren Projekten werden über die Installationsunternehmen oftmals sogenannte OEM-Produkte (OEM steh für Original Equipment Manufacturer) angeboten. Eine direkte Rückgriffsmöglichkeit auf den Modulhersteller besteht in der Regel nicht. Hier wäre der Umfang der Gewährleistung und die Durchsetzbarkeit von Gewährleistungsansprüchen gegenüber dem Installationsunternehmen (Bonität!) zu prüfen.

2.4.2 Wechselrichter

Die Wechselrichter formen den erzeugten Gleichstrom in Wechselstrom um. Hierbei handelt es sich um gängige Elektrotechnik. Die Wechselrichter für Großanlagen haben gemäß Herstellerangabe eine Lebensdauer von 20 Jahren bei regelmäßigem Tausch von Verschleißteilen. Totalen Ausfällen bei Wechselrichtern kann durch Qualitätsprodukte in Verbindung mit langfristigen Vollwartungsverträgen von leistungsfähigen Herstellern entgegengewirkt werden. Der Austausch einzelner Komponenten ist auch durch Drittanbieter darstellbar. Sofern kein langfristiger Vollwartungsvertrag eines namhaften Herstellers abgeschlossen werden kann, ist eine entsprechende zusätzliche Liquiditätsreserve zu berücksichtigen (siehe Abschnitt 4.6.1 dieses Beitrags).

Die Kompatibilität zwischen Modulen und Wechselrichtern sollte durch den Modulhersteller bestätigt werden.

2.4.3 Gestelle und Verkabelung

Es haben sich mittlerweile Unternehmen auf die Gestelltechnik und Verkabelung spezialisiert, die über einen hohen Erfahrungswert verfügen. Der Kreditgeber sollte auf die Bodenqualität und eine geprüfte Statik achten und sich gegebenenfalls die Prüfbescheinigung vorlegen lassen. Bei Dachanlagen ist zusätzlich noch die Statik des Gebäudes in die Prüfung mit einzubeziehen.

2.5 Betriebsführungsrisiko

Grundsätzlich sollte ein erfahrenes Unternehmen mit der technischen Betriebsführung beauftragt werden. Über ein Monitoring-System sollte der Betriebsführer den aktuellen Betriebszustand und die Erträge der Anlage jederzeit überprüfen können, sodass bei Störungen zeitnah Gegenmaßnahmen ergriffen werden können. Der Betriebsführer sollte in der Lage sein, Unregelmäßigkeiten im Ertrag zu erkennen, die z.B. durch ein minderleistendes Modul verursacht werden und welches den gesamten String in seiner Leistung beeinflusst.

Daneben ist der Standort regelmäßig zu prüfen, da sich durch das Nachwachsen von Gräsern, Sträuchern und Bäumen neue Abschattungseffekte ergeben können.

Insbesondere in Gebieten mit wenig Niederschlag kann es angebracht sein, die Module regelmäßig auf Verschmutzungen zu prüfen und gegebenenfalls zu reinigen. Normalerweise reinigen sich die Module jedoch durch den Regen selbst. Auch auf den Dächern von Tierställen kann es zu nachhaltigen Verschmutzungen durch Fettablagerungen kommen; hier ist eine Reinigung, die möglichst einmal im Jahr durchgeführt werden sollte, mit einzuplanen. Die Zersetzungsgefahr von Ammoniakbelastungen bei Tierställen sollte schon bei der Auswahl der Module berücksichtigt werden.

2.6 Wetterrisiko

Die Einstrahlung der Sonne ist zwar nicht ganz so volatil wie z. B. die Schwankungen des jährlichen Windangebotes, gleichwohl besteht das Risiko von periodischen Schwankungen der Sonneneinstrahlung mit entsprechenden Auswirkungen auf die Liquidität des Projektes. Die Erfahrungen zeigen Schwankungen von durchschnittlich 5% um den Mittelwert; in einzelnen Jahren können sie auch höher liegen. Problematisch kann es werden, wenn sich mehrere sonnenarme Perioden aneinanderreihen oder gar für diesen Standort eine grundsätzliche Fehleinschätzung getroffen wurde. Aus diesem Grunde ist der Kreditgeber bei der Strukturierung der Finanzierung gut beraten, entsprechende Sicherheitsabschläge vom prognostizierten Einstrahlungswert zu berücksichtigen (siehe Abschnitt 3.1) und mit dem Kreditnehmer die Unterhaltung einer Liquiditätsreserve (siehe Abschnitt 4.6.2) zu vereinbaren.

3 Wirtschaftliche Parameter einer Projektfinanzierung

3.1 Ansatz der Globalstrahlung und des spezifischen Ertrages

Wesentlichster wirtschaftlicher Parameter bei Solarparkanlagen ist die Bestimmung des Energieertrages. Hierzu ist die Einholung eines Ertragsgutachtens eines renommierten Gutachters unerlässlich. Da die Bestimmung der Globalstrahlung (kWh/m^2) über die Nutzung entsprechender Wettersatelliten im Gegensatz zur Bestimmung der Windhöffigkeit bei Windparks in der Regel zu keinen großen Differenzen führt, ist die Einholung eines zweiten Gutachtens nicht zwingend erforderlich. Gleichwohl dient die Vorlage von zwei Gutachten natürlich der Verbesserung der Prognosegenauigkeit und kann je nach

Kreditinstitut auch Finanzierungsbedingung sein. Es sollte Wert auf eine Besichtigung des Standortes durch den Gutachter gelegt werden. Standortrisiken durch Verschattungen (z.B. Dampfwolken benachbarter Kühltürme, schnell wachsender Wald) lassen sich nur durch eine Inaugenscheinnahme zuverlässig bewerten.

Der Gutachter stellt nicht nur die Höhe der Globalstrahlung auf die horizontale Fläche fest, sondern errechnet auch den Mehrertrag aus der für das Projekt vorgesehenen geneigten Fläche. In den in Deutschland gegebenen Breitengraden 48 Grad bis 54 Grad nördlicher Breite hat die Aufstellung der Module mit einem Winkel von 20 Grad bis 30 Grad die höchste Effizienz. Eine weitere Verbesserung könnte dadurch erzielt werden, dass die Module der Sonneneinstrahlung durch die Installation auf sogenannten „Trackern" nachgeführt werden. Es ist Aufgabe des Projektentwicklers und des Investors, die Mehrkosten und Betriebsrisiken für diese Trackersysteme zu dem Mehrertrag ins Verhältnis zu setzen. Dabei ist auch das zusätzliche Risiko eines Verschleißes dieser mechanischen Teile und damit zwangsläufig deren Ersatz zu berücksichtigen.

Der Gutachter stellt weiter die Performance Ratio (PR) fest. Diese PR beinhaltet im Wesentlichen folgende ertragsmindernde Faktoren:

- Elektrischer Mismatch kann bei der Verschaltung zahlreicher Module zu Strings Ertragsverluste zur Folge haben.
- Es können Verluste durch die Leistungstoleranzen der Module entstehen.
- Des Weiteren besteht die Möglichkeit von Wechselrichterverlusten,
- Kabel- und Leitungsverlusten,
- Reflexionsverlusten,
- Verlusten durch Verschmutzungen und Verschattungen.

Je nach Standort, Parkauslegung und verwendeten Produkten wird der Gutachter eine PR zwischen 75% und 88% errechnen.

Unter Berücksichtigung dieser PR wird der mittlere jährliche Energieertrag (Kilowattstunde pro Jahr: kWh/a) für diese Parkkonfiguration festgestellt, d.h., dass der so ermittelte Energieertrag mit einer Wahrscheinlichkeit von 50% (Konfidenzlevel p 50) erzielt oder verfehlt wird. Durch die Feststellung der Gesamtunsicherheit des prognostizierten Ertrages (Unsicherheiten bei der Feststellung der PR) kann aus Sicht des Kreditgebers und Investors die gewünschte Überschreitungswahrscheinlichkeit des mittleren Energieertrages bestimmt werden. Entweder hat der Gutachter bereits die entsprechenden Konfidenzlevel p 75 oder p 90 ausgewiesen, oder die Überschreitungswahrscheinlichkeiten von 75% oder 90% (je nach Risikostrategie des Kreditgebers) müssen durch Bestimmung des Sicherheitenabschlags aus der ermittelten Gesamtunsicherheit festgestellt werden.

Als Faustformel kann gelten, dass zur Erreichung des p 75-Wertes zwei Drittel und des p 90-Wertes vier Fünftel von der Gesamtunsicherheit als Sicherheitsabschlag angesetzt werden kann (z.B. p 75 = Gesamtunsicherheit 9% entspricht Sicherheitsabschlag von 6%).

Nicht berücksichtigt bei der Ermittlung der PR ist in der Regel ein Abschlag für Verfügbarkeiten. Es ist durchaus nicht ausgeschlossen, dass beispielsweise durch den temporären Ausfall der Wechselrichter die gesamte technische Verfügbarkeit der Anlage unter 100% fällt. Es kann daher Sinn machen, diesen Umstand durch einen weiteren Abschlag von 1 bis 2% des Energieertragswertes zu berücksichtigen.

Der so festgestellte anfängliche Energieertrag ist darüber hinaus noch um die erwartete jährliche Degradation der Module anzupassen. Die Gutachten enthalten darüber nicht immer Empfehlungen. In der Praxis hat sich je nach Modultyp eine jährliche Degradation von 0,25% bis 0,6% der Modulnennleistung durchgesetzt.

Durch die Formel

$$\frac{\text{Energieertrag (kWh/a)}}{\text{installierte Nennleistung (kWp)}}$$

wird der leistungsspezifische Energieertrag (kWh/kWp) bestimmt. Diese Kennziffer dient im Wesentlichen als Benchmark für die Standortqualität. In besonders sonnenreichen Gebieten kann sich diese Kennziffer auf bis zu 1.700 kWh/kWp (Spanien, Italien) oder lediglich auf 800 kWh/kWp (Norddeutschland) belaufen. Eine Einschätzung hierzu findet sich in den entsprechenden veröffentlichten Strahlungskarten.

3.2 Betriebskosten

Die Betriebskosten haben unmittelbaren Einfluss auf die Wirtschaftlichkeit eines Projektes und sollten sorgsam ermittelt und durch entsprechende Angebote unterlegt werden. Die Pachtzahlungen werden in der Regel performanceabhängig gezahlt und belaufen sich in Deutschland zumeist zwischen 2% und 5% der Einspeiseerlöse.

Ein weiterer großer Kostenblock ist die technische und kaufmännische Betriebsführung. Je nach Ausgestaltung und Umfang der technischen Betriebsführung („abgespeckt“ oder „Rundum-sorglos-Paket“) sind die Kosten zwischen 5% und 12% der Einspeiseerlöse zu kalkulieren. Die kaufmännische Betriebsführung ist mit bis zu 2% der Einspeiseerlöse anzusetzen. Die gesamten Betriebskosten (ohne Pachten) sollten 12% der jährlichen Einspeiseerlöse nicht übersteigen. Die Betriebskosten sind über die Finanzierungslaufzeit mit einer Inflationsrate zwischen 1,5% und 3,0% je nach individueller Einschätzung zu indexieren.

Die Prämie der in jedem Fall abzuschließenden All-Gefahren-Sachversicherung einschließlich gegen Betriebsunterbrechung ist abhängig von der Größe des Projektes und kann daher nicht allgemein an einem Vergleichswert in Prozent der Einspeiseerlöse festgemacht werden.

3.3 Finanzierungszinssatz

Der Fremdfinanzierungszinssatz hat einen maßgeblichen Hebel auf die Wirtschaftlichkeit eines Projektes. Ein um einen Prozentpunkt erhöhter Zinssatz reduziert bei einer gleichbleibenden Kapitaldienstdeckungsrate (DSCR, siehe Abschnitt 4.2) die absolute Höhe der Fremdfinanzierung um rund 5% der Gesamtinvestitionskosten, d.h., in Höhe dieser 5% wäre in diesem Fall durch den Investor mehr Eigenkapital einzuschießen. Eine Eigenkapitalquote von 20% würde damit auf 25% steigen. Hierbei handelt es sich um eine grobe Faustformel, die eine dezidierte Cashflow- und Kapitaldienstbetrachtung nicht ersetzt.

Insofern ist die Vermeidung von Zinsänderungsrisiken bei Projektfinanzierungen von hoher Bedeutung. Bei Finanzierungslaufzeiten von 17 Jahren ist es bei Annuitätendarlehen (siehe Abschnitt 4.4) sicherlich ratsam, Zinsbindungsfristen z.B. durch den Abschluss von Zins-Swaps über zehn Jahre hinaus zu vereinbaren, während bei einer Finanzierung über Ratendarlehen aufgrund der gleichmäßigen Tilgungsstruktur ein Zinsänderungsrisiko nach Ablauf von zehn Jahren (keine Tilgungsfreijahre vorausgesetzt) eher hinnehmbar ist.

4 Finanzierungsstrukturierung

4.1 Cashflow und Cashflow-Wasserfall

Als Cashflow wird ein Zahlungsmittelüberschuss aus wirtschaftlicher Tätigkeit in einer bestimmten Periode bezeichnet. Die Cashflow-Rechnung ist somit eine Kapitalflussrechnung des Unternehmens und weist alle zahlungswirksamen Vorgänge aus. Der Cashflow aus der Geschäftstätigkeit setzt sich zusammen aus dem Cashflow der laufenden Geschäftstätigkeit (hier: Betrieb eines PV-Parks), dem Cashflow aus der Investitionstätigkeit (hier: Bauphase) und dem Cashflow aus der Finanzierungstätigkeit (hier: Investitionsfinanzierung). Diese Cashflow-Betrachtung basiert auf getätigten Vorgängen und ist somit vergangenheitsbezogen (retrospektiv).

Als Cashflow ist im Zusammenhang mit Projektfinanzierungen der jährliche liquiditätswirksame (= tatsächlicher Geldfluss) Erlös abzüglich der jährlichen liquiditätswirksamen Kosten zu verstehen. Er wird auf Basis der jeweiligen Projektparameter über die Projektlaufzeit, aus Sicht des Kreditgebers aber mindestens über die Fremdfinanzierungslaufzeit in die Zukunft geplant (prospektive Betrachtung).

Für den Kreditgeber und das Unternehmen steht nach Aufnahme des Geschäftsbetriebes (hier: PV-Park) die Erhaltung der Zahlungsfähigkeit unter Berücksichtigung aller Ansprüche an den Cashflow im Vordergrund. Bei einem PV-Projekt ist anzunehmen, dass nach Inbetriebnahme des Solarparks keine weiteren (wesentlichen) Investitionen getätigt werden und somit auch keine neuen Finanzierungen erfolgen. Damit beschränkt sich die Betrachtung auf den Cashflow aus der laufenden Geschäftstätigkeit. Dieser wird auf der Einnahmenseite maßgeblich von den Erlösen aus dem Stromverkauf bestimmt. Vertragspartner und andere Beteiligte eines PV-Projektes haben aufgrund vertraglicher und/oder gesetzlicher Regelungen Zahlungsansprüche an die Betreibergesellschaft, die aus dem Cashflow zu bedienen sind. Ausgehend von dem Grundsatz, dass zur Erhaltung der Zahlungsfähigkeit sämtliche Ansprüche vollständig und pünktlich bedient werden müssen, ist gleichwohl auch der Fall zu betrachten, dass der Cashflow dafür einmal nicht ausreichen kann. Dafür gibt es (modellhaft) eine Hierarchie der zu bedienenden Zahlungsansprüche, die sich aus den Sanktionsfolgen einer Nichtbedienung ergibt und bei einem Solarparkprojekt (modellhaft und vereinfacht) folgende Stufen, den sogenannten „Cashflow-Wasserfall“, umfasst:

Erlöse (PV-Park: Vergütung gemäß EEG)

./. Steuern und Abgaben

./. liquiditätswirksame, betriebsnotwendige Kosten (Pacht, Wartung, kfm. und techn. BF, Versicherungsbeiträge etc.)

= Cashflow vor Finanzierungskosten

./. Kapitaldienst (Zinsen und Tilgungen)

= Cashflow nach Finanzierung

./. vereinbarter Aufbau von Liquiditätsreserven

= freier Cashflow

Der auf der letzten Stufe verbleibende freie Cashflow steht dem Betreiber des Projekts in der Regel zur Ausschüttung zur Verfügung.

4.2 Ermittlung der Kapitaldienstdeckungsrate (DSCR) zur Determinierung der Eigenkapital-/Fremdkapitalrelation

Kreditgeber und Kreditnehmer bzw. deren Gesellschafter haben zumeist unterschiedliche Vorstellungen von der Höhe des erforderlichen Eigen- und Fremdkapitals. Der Kreditgeber sieht in der Regel sein Risiko reduziert, wenn der Kreditnehmer sich mit einem maßgeblichen Eigenkapitalanteil an der Investitionsfinanzierung beteiligt. Zudem reduziert sich dann der für Zinsen und Tilgung benötigte Anteil am gesamten künftigen Cashflow des Projektes. Dagegen möchte der Kreditnehmer/Gesellschafter den Eigenkapitalanteil in der Regel so gering wie möglich halten, entweder weil es ihm gar nicht zur Verfügung steht oder weil er die aus dem Cashflow zu erwirtschaftende Eigenkapitalverzinsung optimieren möchte.

Aus Sicht des Kreditgebers ist bei der reinen Projektbetrachtung (abhängig von der jeweiligen Kreditrisikopolitik) jedoch nicht die Höhe des Eigenkapitals entscheidend, sondern ob die hausinternen Anforderungen an die Kapitaldienstdeckungsrate (DSCR = Debt Service Cover Ratio) erfüllt werden. Die DSCR bezeichnet das Verhältnis zwischen dem für Kapitaldienstleistungen zur Verfügung stehenden Cashflow und den jeweiligen Zins- und Tilgungsleistungen.

$$\text{ADSCR}_t = \frac{\text{Cashflow der Periode}_t}{\text{Kapitaldienst der Periode}_t}$$

Die DSCR bezieht sich zunächst auf eine bestimmte Periode, zumeist ein Jahr, und wird dann als ADSCR bezeichnet. Im Kreditvertrag wird für dieses Verhältnis häufig eine Untergrenze festgelegt, deren Verletzung Sanktionen auslösen kann. So wichtig die Erfüllung der Zahlungsansprüche in jeder einzelnen Periode ist, richtet sich das Hauptinteresse des Kreditgebers aber auf die Gesamtrückzahlung seines Kredites. Insofern ist die Kapitaldienstfähigkeit über die gesamte Finanzierungslaufzeit zu betrachten und die sogenannte „durchschnittliche DSCR“, d.h. die Gegenüberstellung sämtlicher Cashflows der Finanzierungslaufzeit zu dem zu erbringenden Kapitaldienst innerhalb der Finanzierungslaufzeit zu ermitteln.

Eine Kapitaldienstdeckung ist theoretisch bei einer DSCR von 1,0 in jedem Jahr erfüllt. In der Regel dürfte dies den Ansprüchen der Kreditgeber jedoch nicht genügen. Abhängig von der Risikobereitschaft der einzelnen Kreditgeber wird die geplante ADSCR zwischen 1,0 und 1,20 schwanken; die durchschnittliche DSCR zwischen 1,20 und 1,40 bei einer Finanzierungslaufzeit von 15 bis 18 Jahren.

Grundsätzlich gilt bei der Strukturierung einer Projektfinanzierung, dass das Projekt eine hinreichende Elastizität bei Verfehlungen der einzelnen zugrunde gelegten Projektparameter (i) saisonaler witterungsbedingter Abweichungen oder (ii) grundsätzlicher Fehleinschätzungen der Globalstrahlung oder (iii) der Leistungsfähigkeit der Technik aufweist und das Projekt sich auch bei entsprechenden Downside-Szenarien als robust erweist und der Kapitaldienst noch sicher zu erbringen ist. Aus diesem Grunde wird der Kreditgeber durch die Festlegung einer Ziel-DSCR (beispielsweise 1,10 als ADSCR und 1,30 als durchschnittliche DSCR) ausreichende Puffer in die Finanzierungsstruktur legen, um die Gefahr eines Restruktrierungserfordernis von vornherein zu vermeiden.

Ist die Ziel-DSCR einmal festgelegt, sind die verschiedenen Einflussfaktoren auf die DSCR einer kritischen Prüfung zu unterziehen:

- Ansatz des „nachhaltigen" spezifischen Ertrages (siehe Abschnitt 3.1),
- Finanzierungslaufzeit/Tilgungsfreijahre (siehe Abschnitt 4.3),
- Betriebskosten (siehe Abschnitt 3.2),
- Zinssatz des Fremdkapitals (siehe Abschnitt 3.3).

4.3 Laufzeiten/Tilgungsfreijahre

Sollte es trotz einer vermeintlich komfortablen DSCR in einem Projekt zu nachhaltigen Kapitaldienst-Unterdeckungen kommen, wäre es unter dem Marktpreisrisikoaspekt wichtig, eine eventuelle Restrukturierung innerhalb der gewährten Vergütungsdauer nach dem EEG (20 Jahre) vornehmen zu können. In der Praxis werden zur Zeit Finanzierungslaufzeiten für Solarprojekte von bis zu 18 Jahren angeboten. Jeder Kreditgeber muss für sich festlegen, welcher mögliche Restrukturierungszeitraum für sein Haus adäquat ist. Dabei sollte vor allem das technische Risiko berücksichtigt werden, das sich aus einem erhöhten Leistungsabfall (Degradation) der Module ergeben und somit im Zeitablauf zu negativen Abweichungen des angesetzten Energieertrages führen kann.

Aus Sicht des Kreditnehmers ist eine möglichst lange Finanzierungsdauer gewünscht, da der zusätzliche Cashflow einer jeden (Verlängerungs-) Periode die DSCR positiv beeinflusst und somit unmittelbare Auswirkungen auf die Höhe des Fremdkapitals (bei unveränderter Ziel-DSCR) und somit auch die des Eigenkapitals hat.

Der Einsatz von Tilgungsfreijahren hat sich in der Praxis durchgesetzt, obgleich die Motivation von Fall zu Fall unterschiedlich sein kann. Ursprünglich von der Kreditanstalt für Wiederaufbau (KfW) als Anschuberleichterung von Unternehmensfinanzierungen für den Mittelstand gedacht, werden sie normalerweise für diese Art von Projekten nicht gebraucht, da diese von Anfang an Erträge produzieren. Dennoch bieten sich

Freijahre als gestalterisches Element der Finanzierungsstrukturierung an. Eine sinnvolle Nutzung ist der Aufbau der vereinbarten Liquiditätsreserve. Daneben sollte berücksichtigt werden, dass die erste Kapitaldienstzahlung in eine Jahreszeit erhöhter Sonneneinstrahlung fällt. Grundsätzlich nicht geeignet ist der 30. März nach einer Inbetriebnahme im Herbst oder Winter des Vorjahres für die erste Tilgung. Daneben kann durch die gleichzeitige Gewährung eines Vorschaltdarlehens, das innerhalb der tilgungsfreien Zeit des Förderdarlehens getilgt wird und aufgrund seiner kurzen Laufzeit variabel verzinst zur Verfügung gestellt werden kann, gegebenenfalls von einem günstigeren Zinsniveau profitiert werden.

Grundsätzlich nicht akzeptabel ist bei Ausnutzung von Tilgungsfreijahren die Abschöpfung der sich daraus ergebenden Liquidität durch Ausschüttungen. Hier wird der Kreditgeber in aller Regel entsprechende zusätzliche Entnahmebeschränkungen beauflagen, um auf diese Weise eine faktische Rückzahlung des eingesetzten Eigenkapitals zu vermeiden.

4.4 Ratendarlehen versus Annuitätendarlehen und Cash Sweep

Bei der Tilgungsmodalität gibt es zwischen den kreditgebenden Häusern und den Investoren durchaus unterschiedliche Meinungen und Vorgehensweisen. Die Verfechter von Ratendarlehen aus Kreditgebersicht stehen – u.a. motiviert aus den unter Abschnitt 2 beschriebenen Projektrisiken, insbesondere der technischen Risiken – auf dem Standpunkt, dass die in einem Projekt erwirtschaftete Liquidität auch wieder diesem Projekt in Form von Tilgungen zugeführt werden sollte, um möglichst schnell das Risiko des Kreditgebers zu reduzieren. Dies führt nach Ablauf von Tilgungsfreijahren und mit dem Beginn der Tilgung in der Regel anfänglich zu sehr knappen ADSCR, die die Ausschüttungsfähigkeit des Projektes gefährden. Insbesondere bei Investoren, bei denen eine schnelle Entschuldung im Vordergrund steht, kann eine damit verbundene Entnahmebeschränkung akzeptabel sein.

Bei gleichzeitiger Festlegung einer hohen Ziel-ADSCR in jedem Jahr (z.B. 1,20) hat dies unmittelbar mindernde Auswirkungen auf die Höhe des Fremdkapitals und wird daher nicht im Interesse institutioneller Investoren sein. Diese bevorzugen in der Regel die Variante des Annuitätendarlehens, das eine gleichmäßige Kapitaldienstbelastung sichert und damit ausgeglichene ADSCR und sichere Ausschüttungen. Dieser Vorteil deckt sich auch mit dem Ansatz bei manchen Kreditgebern, die mehr Wert auf eine stabile ADSCR legen als auf eine schnelle Reduzierung ihrer Forderungen. Ein guter Kompromiss ist der Einsatz beider Varianten in zwei verschiedenen Darlehenstranchen, der die Vorteile und Nachteile beider Varianten stärkt bzw. abschwächt.

Ein zusätzliches Element zur Strukturierung ist der sogenannte Cash Sweep, bei dem zwischen den Parteien vereinbart wird, dass ein bestimmter Teil des Liquiditätsüberschusses für Sondertilgungen eingesetzt wird.

4.5 Öffentliche Mittel

Als weit verbreitetes Instrument zur Finanzierung von PV-Projekten dient das Programm Erneuerbare Energien Nummer 270 (Standard) der KfW. Die Anträge sind ausschließlich über die Hausbanken an die KfW zu leiten, die gegenüber der KfW für den Ausfall der Kreditforderung die Primärhaftung übernehmen. Der Höchstbetrag liegt je Projekt bei 10,0 Mio. EUR; der Zinssatz richtet sich nach den Preisklassen der KfW. Der individuelle Zinssatz errechnet sich aus der Bewertung der Sicherheiten und aus der von der Hausbank durch ein Ratingverfahren ermittelten Ausfallwahrscheinlichkeit. Der Vorteil der Mittel aus dem KfW-Programm kann gegenüber den Kapitalmarktdarlehen der Hausbank in Zeiten erhöhter Refinanzierungskosten der Banken bis zu 1,0% p.a. betragen.

Für den Erhalt der Mittel aus diesem Programm sind diverse Voraussetzungen zu erfüllen. Wir haben zu unterscheiden zwischen formellen und projektspezifischen Voraussetzungen. Die formellen Voraussetzungen sind im Wesentlichen den Merkblättern der KfW zu entnehmen. Hierbei handelt es sich z.B. um die Einhaltung der Kriterien als kleines und mittleres Unternehmen (KMU). Die projektspezifischen Voraussetzungen beziehen sich auf die Förderwürdigkeit des Projektes als EE-Projekt, die von der KfW in Abstimmung mit dem Bundesministerium für Umwelt, Naturschutz und Reaktorsicherheit (BMU) festgelegt werden. So muss das Solarprojekt z.B. folgende Bedingungen erfüllen:

- Es ist zu bestätigen, dass mit dem Modulhersteller eine unbedingte, kostenfreie und insolvenzsichere Rücknahme und ordnungsgemäße Entsorgung der gelieferten Module vereinbart wird. Seit dem 1.10.2010 gilt dies nicht nur für CdTe-Module sondern für alle Modultypen.
- Es ist zu bestätigen, dass die Module nach IEC 61215 oder IEC 61646 zertifiziert sind.
- Für den Rückbau müssen angemessene Rücklagen gebildet werden.
- Es ist die Einhaltung diverser Naturschutzaspekte zu bestätigen, z.B.:
  - Neuversiegelungsrate unter 5%.
  - kein geschütztes Biotop oder sonstiges Schutzgebiet,
  - die Einzäunung darf für Kleinsäuger und Amphibien keine Barriere darstellen.

Der Vollständigkeit halber sei hier erwähnt, dass neben der KfW auch die Landwirtschaftliche Rentenbank (LRB) Darlehen für EE-Projekte aus dem Programm Nummer 255 „Energie vom Land" zur Verfügung stellt. Voraussetzung hierfür ist, dass ein landwirtschaftlicher Hintergrund besteht, d. h., an einer Projektgesellschaft müssen zu mindestens 50% Landwirte beteiligt sein.

4.6 Covenants

Covenants sind Verpflichtungen des Kreditnehmers, bestimmte im Kreditvertrag getroffene Vereinbarungen auch einzuhalten. An die Nichteinhaltung sind in der Regel Sanktionen geknüpft in Form von z. B. modifizierten Cash Sweeps, Nachschussverpflichtungen der Investoren, Berechnung einer höheren Risikomarge oder Kündigungsmöglichkeiten des Kreditgebers.

4.6.1 Wartungs- und Instandhaltungsreserve

Wie bereits in Abschnitt 2 erwähnt, können die technischen Abnutzungen bei den Modulen aufgrund fehlender Mechanik eher als gering eingestuft werden. Reservenbildungen für den Austausch von Modulen werden in der Praxis aufgrund der bestehenden Produkt- und Performancegarantien nicht vorgenommen. In Abhängigkeit von der Ausgestaltung eines Wartungsvertrages für Wechselrichter kann es das Risiko reduzieren, eine entsprechende Instandhaltungsreserve vorzuhalten. Die Höhe der Reserve bei Wartungsverträgen, die keinen Ersatz vorsehen, hängt von der jeweiligen Risikobereitschaft des Kreditgebers ab. Bei mehreren Wechselrichtern ist nicht davon auszugehen, dass alle Wechselrichter gleichzeitig ausfallen. In diesem Fall scheint eine Reserve zwischen 20% und 50% des Wiederbeschaffungswertes aller Wechselrichter adäquat zu sein.

Unter Umständen kann es sinnvoll sein, weitere Reserven für die Säuberung standortbedingter Verschmutzungen der Module zu bilden.

4.6.2 Liquiditätsreserve

Die Liquiditätsreserve dient in erster Linie dem Ausgleich witterungsbedingter Einnahmeschwankungen, um die Bedienung des Kapitaldienstes zu den jeweiligen Fälligkeitsterminen nicht zu gefährden. Die Höhe der Liquiditätsreserve wird in der Regel auf 50% des jährlichen Kapitaldienstes festgelegt.

4.6.3 Mindest-DSCR

Als weiteres Covenant kann die Einhaltung entsprechender Mindest-ADSCR bestimmt werden. Hier muss eine für alle Parteien nachvollziehbare Berechnungsmethode vereinbart werden. Üblicherweise erfolgt dies bei größeren Projekten durch ein von einem Wirtschaftprüfungsunternehmen zertifiziertes Cashflow-Modell. Ob der Kreditgeber von seinen Möglichkeiten auf Durchsetzung der vereinbarten Sanktionen Gebrauch machen wird, hängt sicher auch von der Bedeutung dieses „Event of Default“ ab. In der Regel ist das Interesse von Kreditnehmer und Kreditgeber auf die „Heilung“ und damit auf die Vereinbarung eines Fortführungsszenarios gerichtet.

5 Risikomanagement

5.1 Sicherheiten

Das Sicherheitenmodell zielt darauf ab, nicht allein die Projektaktiva verwerten zu können, sondern vielmehr an demselben Standort einen Weiterbetrieb durch Eintritt des Kreditgebers oder eines vom ihm bestimmten Dritten in die Nutzungsverträge sicherzustellen. Eine Verwertung durch Rückbau des Parks und Erstellung an einem anderen Standort oder der Verkauf einzelner Komponenten ist recht unwahrscheinlich. Vielmehr wird der Kreditgeber die ihm zur Verfügung gestellten Sicherheiten letztendlich dazu nutzen, an diesem Standort weitere Erträge zu generieren und, falls sinnvoll, eine Restrukturierung (Verlängerung der Kreditlaufzeit) des Kredites vorzunehmen.

Üblicherweise kommen folgende Sicherheiten (unter der Annahme, dass sich die Fläche nicht im Eigentum des Kreditnehmers befindet – dann würden die ersten beiden Sicherheitenpunkte durch die Eintragung einer erstrangigen Grundschuld ersetzt werden) zur Anwendung:

- vertragliches Eintrittsrecht in die langfristigen Nutzungs-/Pachtverträge zwischen den Betreibergesellschaften und den Eigentümern der Grundstücke, auf denen die Anlagen errichtet werden;
- Bestellung von beschränkt persönlichen Dienstbarkeiten für den Kreditnehmer – mit auflösender Bedingung – und für den Kreditgeber – mit aufschiebender Bedingung – des Inhalts, an dem Anlagenstandort eine Photovoltaik-Anlage einschließlich der zugehörigen Infrastruktur (Kabel, Wege) betreiben und den erzeugten Strom in das Stromnetz einspeisen zu dürfen. (Anstelle der Dienstbarkeit für den Kreditgeber ist auch die Eintragung einer Vormerkung auf Eintragung einer Dienstbarkeit für die

Bank oder einen Dritten geübte Praxis.) Diese Dienstbarkeiten und Vormerkungen sind in den Grundbüchern ohne beeinträchtigende Vorlasten in Abteilung II und ohne Vorlasten in Abteilung III einzutragen.

- Sicherungsübereignung der Photovoltaik-Anlage (inklusive Montagegestell, Wechselrichter usw.) sowie des Umspannwerkes;
- offene Abtretung der Ansprüche gegen das Energieversorgungsunternehmen (EVU) hinsichtlich der Vergütung für die Einspeisung der elektrischen Energie. Die Zahlungen des EVU fließen in der Regel auf ein Konto des Kreditnehmers bei der finanzierenden Bank.
- Abtretung der Ansprüche aus Vollwartungs- und Betriebsführungsverträgen;
- Abtretung der Ansprüche aus den für die Photovoltaik-Anlage abgeschlossenen Versicherungen (Elektronik- und Betriebsunterbrechungsversicherung);
- Abtretung sämtlicher Ansprüche aus den GU- und GÜ-Verträgen, insbesondere Gewährleistungs- und Garantieansprüche;
- Abtretung sämtlicher Ansprüche gegen die wesentlichen Hersteller aus den Kaufverträgen für Module und Wechselrichter, insbesondere Gewährleistungs- und Garantieansprüche;
- Verpfändung der Liquiditäts- und Instandhaltungsreserve;
- bei Umsatzsteuervorfinanzierungen: offene Abtretung der USt-Erstattungsansprüche.

Kernpunkt des Besicherungskonzeptes sind die unter den ersten vier Punkten genannten Sicherheiten, die den Kreditgeber oder einen Dritten im Falle der *Insolvenz des Kreditnehmers* in die Lage versetzen, den Standort selbst zu betreiben oder die Betreibung einem Dritten zu überlassen. Der Kreditgeber bzw. der Dritte ist dann sowohl zur Nutzung des Standortes (Eintrittsrecht in den Nutzungsvertrag) berechtigt und hält das Eigentum an der PV-Anlage. Der Kreditgeber bzw. ein Dritter könnte die Anlage somit selbst betreiben und von dem die elektrische Energie aufnehmenden Energieversorgungsunternehmen die Einspeisevergütung nach dem EEG beanspruchen (die Abtretung der Einspeiseerlöse wirkt nicht über den Zeitpunkt der Insolvenz des Kreditnehmers hinaus).

Zum Schutz vor nachteiligen Folgen einer *Insolvenz des Grundstückseigentümers* und möglichen Zwangsvollstreckungsmaßnahmen in das Grundstück wird das schuldrechtliche Nutzungsrecht der Projektgesellschaft durch Eintragung einer beschränkt persönlichen Dienstbarkeit im Grundbuch des Eigentümers dinglich gesichert.

5.2 Versicherung

Neben den üblichen Haftpflichtversicherungen ist für die PV-Anlage eine Sach- und Betriebsunterbrechungsversicherung (BU) abzuschließen. Versicherungswert ist in der Regel der komplette Neuwert der Anlage; für die BU wird die Versicherungssumme üblicherweise auf der Grundlage des Energieertrages eines Jahres abgeschlossen. Die Selbstbeteiligung bei der BU sollte zwei Tage nicht überschreiten.

Die versicherten Gefahren einer normalerweise abzuschließenden All-Gefahren-Sachversicherung umfassen u.a. Bedienungsfehler, Überspannung, Brand, Blitzschlag, Diebstahl, Wasser, Vandalismus, Höhere Gewalt und Materialfehler.

5.3 Reporting/Soll-Ist-Vergleiche

Mit dem Kreditnehmer sollte vereinbart werden, dass der aktuelle Betriebszustand und die Erträge der Anlage über ein Monitoring-System jederzeit überprüfbar sind, sodass bei Störungen zeitnah Gegenmaßnahmen ergriffen werden können und ein kontinuierlicher Soll-/Ist-Abgleich der Erträge (über standortbezogene DWD-Werte auch korrigiert mit der tatsächlichen Globalstrahlungsmenge) erfolgen kann und dem Kreditgeber diese Ergebnisse regelmäßig zur Verfügung gestellt werden bzw. der Onlinezugang zum Überwachungsprogramm gewährt wird.

Nach Fertigstellung des Projektes ist ein Abnahmebericht eines technischen Gutachters einzureichen, aus dem hervorgehen sollte, dass die errichtete Anlage mängelfrei geliefert und installiert wurde. Dabei sollte neben der Prüfung der fach- und normgerechten Ausführung der Anlage unter Umständen auch eine selektive systematische Kennlinienvermessung der Einzelstränge durchgeführt werden, um die installierte Nennleistung zu bestätigen. Um etwaige Gewährleistungsansprüche rechtzeitig geltend machen zu können, sollte die Qualität und die technische Leistungskraft der gesamten Anlagenkomponenten spätestens drei Monate vor Ablauf der Produktgarantiefrist erneut durch einen Sachverständigen überprüft und dokumentiert werden.

6 Fazit

PV-Projekte eignen sich unter den in diesem Beitrag dargestellten Rahmenbedingungen sehr gut für das Vehikel Projektfinanzierung. Dies ist die Basis für die Finanzierbarkeit des weiteren Ausbaus der Photovoltaik zum Erreichen der CO_2-Klimaschutzziele.

Finanzierung von Bioenergieprojekten: Risikomanagement und Finanzierungsstrukturierung

Jörg-Uwe Fischer

1 Einleitung

Jedes einzelne Bioenergieprojekt erfordert aufgrund der standortspezifisch stark variierenden Rahmenbedingungen eine *individuelle* Betrachtung durch die Bank. Die detaillierte Berücksichtigung der individuellen Projektbedingungen, die Solidität der Kalkulation sowie die Qualität des Anlagenkonzeptes in Verbindung mit entsprechenden Referenzen zur Technologie und den eingebundenen Partnern (Risikoträgern) entscheiden über die Finanzierungsmöglichkeit.

Bei jeder Anlagenfinanzierung ist generell zwischen einer klassischen Unternehmensfinanzierung (bonitätsgestützte Finanzierung) und einer Projektfinanzierung zu unterscheiden. Kleinere Bioenergieanlagen, wie z.B. landwirtschaftliche Hofbiogasanlagen, Pellet- und Holzhackschnitzelheizkraftwerke werden in der Regel per Unternehmensfinanzierung realisiert. Große Biomasseheizkraftwerke und Biogasanlagen mit Investitionskosten von mehreren Millionen Euro, wie z.B. Biogaseinspeiseanlagen, werden üblicherweise mit dem Instrument einer Projektfinanzierung realisiert. Weit verbreitet sind gerade für mittelgroße Anlagen Mischformen aus beiden Finanzierungsvarianten.

Bei der nachfolgenden Betrachtung wird grundsätzlich von der Projektfinanzierung einer Biogasanlage zur Erzeugung von Strom und Wärme in Deutschland ausgegangen. Sofern einzelne Anforderungen nicht erfüllt werden können, bliebe zu prüfen, ob der jeweilige Aspekt über eine bonitätsmäßig belastbare Haftungsbrücke (Mithaft, Bürgschaft, Garantie, Patronat) ausreichend geheilt werden kann. Dies ist bei Bioenergieanlagen bedingt durch die nicht naturgegebene Energiequelle, den anspruchsvollen Energieumwandlungsprozess sowie die hohen Anforderungen an die Betriebsführung deutlich häufiger der Fall als bei anderen Erneuerbaren Energien.

Spezifische Besonderheiten von Biogaseinspeiseprojekten sowie Biomasseheizkraftwerken werden teilweise kurz angesprochen. Besondere Anforderungen für die Finanzierung von Anlagen zur Biokraftstofferzeugung (Biodiesel, Bioethanol) werden nicht dargestellt. Inwieweit in diesem von unsicheren Rahmenbedingungen geprägten Segment Projektfinanzierungen umgesetzt werden können, hängt ganz wesentlich von der Qualität der eingebundenen Risikoträger ab. Biokraftstoffe der zweiten Generation befinden sich derzeit noch im Forschungs- und Entwicklungsstadium und eignen sich somit noch nicht für eine Projektfinanzierung.

Anlagen zur Vergasung fester Biomasse sind für eine Projektfinanzierung bisher ebenfalls nicht geeignet, da trotz diverser Pilotanlagen der Nachweis eines zuverlässigen und kalkulierbaren Betriebs in industriellen Größenordnungen noch nicht erbracht werden konnte (keine hinreichend erprobte Technologie).

Ebenso werden Rahmenbedingungen für Standorte im Ausland nachfolgend nicht dargestellt, da diese sehr stark variieren. Hier empfiehlt sich die Einbindung eines entsprechenden Spezialisten für die jeweilige Region. Die grundsätzliche Herangehensweise sollte allerdings vergleichbar zu der in Deutschland sein.

2 Grundlagen

2.1 Rechtliche Rahmenbedingungen

Beim Bau und Betrieb von Bioenergieanlagen sind zahlreiche gesetzliche Vorschriften zu berücksichtigen. Aus diesem Grund muss die erforderliche Genehmigung zwingend vor Bereitstellung der Finanzierungsmittel vorliegen und müssen darin enthaltene Anforderungen, Bedingungen und Beschränkungen bei der Bewertung des technischen Anlagenkonzeptes, der Wirtschaftlichkeitsprüfung sowie der Ausgestaltung der Finanzierungsverträge berücksichtigt werden.

Die Vergütung des in einer Bioenergieanlage produzierten Stroms erfolgt in der Regel über das Gesetz für den Vorrang Erneuerbarer Energien (EEG). Vielfach lässt das EEG den Akteuren einen gewissen Auslegungsspielraum. Im Bereich der Biomasse ist dieser jedoch stark eingeschränkt, da insbesondere über den Anspruch auf die Boni, die zusätzlich zur Grundvergütung beansprucht werden können, ein Umweltgutachter entscheidet. Bei der Prüfung der Finanzierungsmöglichkeiten sollte daher immer vorab von einem Umweltgutachter überprüft werden, ob das jeweilige Konzept bonifähig im Sinne des geltenden EEG ist.

Basis der Ertragsermittlung im Cashflow-Modell für eine Bioenergieanlage ist die korrekte Anwendung der Vergütungsregelungen des zum Inbetriebnahmezeitpunkt der Anlage geltenden EEG. Somit ist auch auf die korrekte Auslegung des Begriffs *Inbetriebnahme* zu achten.

Tabelle 1: Vergütungssätze für Strom aus Biomasse gemäß EEG 2009 bei Inbetriebnahme der Anlage im Jahr 2011 (in Eurocent/kWh)

	Geltungsbereich	bis 150 kW	bis 500 kW	bis 5 MW	bis 20 MW
Grundvergütung	Alle	11,44	9,00	8,09	7,63
NawaRo-Bonus	Biogas	6,86	6,86	3,92	–
	feste Biomasse	5,88	5,88	3,92	–
	Holzverbrennung	5,88	5,88	2,46	–
	Holzverbrennung aus Kurzumtriebsplantagen und Landschaftspflege	5,88	5,88	3,92	–
Gülle-Bonus	Biogas	3,92	0,98	–	–
Landschaftspflegebonus	Biogas	1,96	1,96	–	–
KWK-Bonus	Alle	2,94	2,94	2,94	2,94
Luftreinhaltungsbonus	Biogas	0,98	0,98	–	–
Technologiebonus	innovative Anlagentechnik	1,96	1,96	1,96	–
	Gasaufbereitung bis 350 Nm^3	1,96	1,96	1,96	–
	Gasaufbereitung bis 700 Nm^3	0,98	0,98	0,98	–

Quelle: Gesetz für den Vorrang Erneuerbarer Energien vom 25.10.2008

Die Höhe der Vergütung ergibt sich aus der jeweils anteiligen Leistung der Anlage im Verhältnis zum jeweils anzuwendenden Schwellenwert. Maßgeblich ist dabei nicht die installierte elektrische Wirkleistung, sondern die Bemessungsleistung. Diese ergibt sich als Quotient aus der Summe des im jeweiligen Kalenderjahr eingespeisten Stroms und der Summe der vollen Zeitstunden des jeweiligen Kalenderjahrs.

> ***Beispiel:*** *Eine Biogasanlage mit einer elektrischen Leistung von 1 Megawatt (MW) erhält bis 150 Kilowatt (kW) eine Grundvergütung von 11,44 Eurocent pro Kilowattstunde (kWh), zwischen 150 und 500 kW 9,00 Eurocent/kWh und für die verbleibenden 500 kW 8,09 Eurocent/kWh. Bei maximal möglichen 8.760 Betriebsstunden pro Kalenderjahr werden also für die ersten 1,34 Mio. erzeugten kWh 11,44 Eurocent/kWh, für weitere 3,066 Mio. kWh 9,00 Eurocent/kWh und für jede darüber hinausgehende kWh 8,09 Eurocent/kWh vergütet.*

Zum 01.01.2012 soll das EEG grundsätzlich novelliert werden. Insbesondere im Bereich der Biomasse werden wesentliche Anpassungen diskutiert. Die für Inbetriebnahmen ab 2012 geltenden Vergütungssätze und diesbezüglichen Voraussetzungen können derzeit noch nicht abgeschätzt werden. Sie müssen dann auf der Basis der neuen Rechtsordnung entsprechende Berücksichtigung in der Finanzierungsstrukturierung finden.

2.2 Technologiespezifische Rahmenbedingungen

Eine weitere Grundvoraussetzung für die Einschätzung des konkreten Projektrisikos ist die Bewertung des Anlagenkonzeptes, also die Fragestellung, mit welcher Anlagentechnologie habe ich es zu tun, und ist diese hinreichend erprobt? Hier gilt es, das Funktionsrisiko einzuschätzen bzw. zu minimieren. Es müssen insbesondere die Referenzen des Technologieanbieters kritisch hinterfragt werden. Dabei sollten die Standortspezifika wie auch die geplanten Inputstoffe konkret einbezogen werden. Vom Erwerb einer Anlage „von der Stange" muss dringend abgeraten werden. Insbesondere die richtige Auslegung der Einbringtechnik für die konkret geplanten Inputmaterialien sichert einen stabilen Betrieb der Anlage.

Biogasanlagen auf der Basis einer Nassfermentation sind grundsätzlich als ausgereift und hinreichend am Markt etabliert einzustufen. Für Anlagen auf der Basis der Trockenfermentation trifft dies bisher nur auf einzelne wenige, genau darauf spezialisierte Anbieter zu. Hier sind im jeweiligen Einzelfall die entsprechenden Referenzen detailliert zu hinterfragen (zu empfehlen ist die spontane Einholung eines Erfahrungsberichts von einem anderen Betreiber – sowohl zufriedene als auch unzufriedene Betreiber geben meist gerne detailliert Auskunft) und zu bewerten.

Hinreichend erprobte Gasaufbereitungskonzepte für Einspeiseprojekte sind derzeit am Markt noch relativ überschaubar anzutreffen. Grundsätzlich kann folgenden Verfahren aus Bankensicht eine hinreichende Funktions- und Kalkulationssicherheit zugesprochen werden (unter Voraussetzung der Einbindung eines erfahrenen Anbieters):

1. Druckwechsel-Adsorbtion
2. Druckwasserwäsche
3. Aminwäsche
4. Membranverfahren

Im Bereich der Biomasseheizkraftwerke gibt es zahlreiche, langjährig etablierte Anbieter, deren Anlagenkonzepte auf umfassenden Erfahrungen aufbauen.

Dem Fertigstellungsrisiko (verspätete oder mangelhafte Fertigstellung der Anlage) ist durch geeignete vertragliche Vereinbarungen in den Herstellungs-/Errichtungsverträgen, gegebenenfalls ergänzt um Rückstellungen für Kostenüberschreitungen und auskömmliche Erfüllungssicherheiten, Rechnung zu tragen.

Grundsätzlich ist bei neueren Technologiekonzepten mit einer überschaubaren Zahl an Referenzprojekten zur Risikoreduzierung zu empfehlen, mindestens für das erste Betriebsjahr eine zusätzliche fachliche Betreuung durch einen qualifizierten Externen (z.B. Hersteller/Technologieentwickler/Generalunternehmer) vertraglich zu vereinbaren. Sofern nach einem Jahr kein planmäßiger, stabiler Betrieb erreicht wurde, ist diese Begleitung zu verlängern.

2.3 Gesamtfinanzierungsbedarf

Schwerpunkt jeder Finanzierungsplanung ist die Ermittlung eines ausreichenden Finanzierungsrahmens. Damit soll eine Nachfinanzierung, die sowohl für den Kreditnehmer als auch den Kreditgeber immer unbequem ist und meist die Rentabilität des Vorhabens gefährdet, von vornherein ausgeschlossen werden.

Zunächst sind die sogenannten „harten" Investitionskosten ausreichend zu berücksichtigen. So gehören bei einer Biogasanlage neben den Behältern und der Gastechnik inklusive Blockheizkraftwerk und Fackel als wesentlichste Kostenpositionen auch die Substratzufuhrtechnik, Netzanschluss und Wärmeauskopplung (einschließlich eines eventuell erforderlichen Nahwärmenetzes), Mess-, Steuer- und Regelungstechnik, erforderliche Lagerflächen (Silage, Gülle, Holz), Betriebsgebäude und die gesamte sonstige Infrastruktur (inkl. Leitungsnetzen und Verkehrsanbindung) dazu. Insbesondere Generalübernehmer- (GÜ-)/Generalunternehmer- (GU-) Verträge sind kritisch auf Berücksichtigung der Nebengewerke zu hinterfragen. Gleiches gilt für den Fall einer Biogaseinspeiseanlage für die erforderliche Gasaufbereitungsanlage.

Ferner sind nicht unerhebliche Investitions- und Finanzierungsnebenkosten wie die Aufwendungen für die Projektentwicklung, Planungs- und Ingenieursleistungen, Genehmigung, Gutachten, Ausgleichsmaßnahmen, Rechts- und Steuerberatungskosten, Notar- und Grundbuchkosten, Bankgebühren, Zwischenfinanzierungszinsen, Avalprovisionen und ein eventuelles Disagio in ausreichendem Maße zu berücksichtigen.

Darüber hinaus ist eine genaue Planung des Betriebsmittelbedarfs erforderlich (u.a. Sicherstellung Substrateinkauf bzw. -produktion). Für den abzusichernden Liquiditätsrahmen des ersten Betriebsjahres ist insbesondere die hinreichende Berücksichtigung der Anfahrphase, die bei Biogasanlagen durchaus auch bis zu einem halben Jahr andauern kann, notwendig. Hier stehen regelmäßig erhebliche Kosten fehlenden bzw. noch ungenügenden Erträgen gegenüber. Externe Betreuung und Analysen erhöhen gegebenenfalls den Kostenrahmen. Der Betriebsmittelbedarf wird sehr häufig unterschätzt.

Wie bei jeder anderen Projektfinanzierung auch, sollte auch bei Bioenergieprojekten immer ein ausreichender Puffer für unvorhergesehene Mehrkosten eingeplant werden.

2.4 Anforderungen an die Planung/Projektierung aus Finanzierungssicht

Aufgrund der individuellen und zugleich komplexen Anforderungen sollte immer ein erfahrener Planer mit entsprechenden Referenzen eingebunden sein. Neben einem schlüssigen Anlagen- und Stoffstromkonzept muss auch ein umsetzbares Flächen- und Logistikkonzept entwickelt, Genehmigungsfähigkeit gewährleistet und die Netzanbindung verbindlich geklärt werden.

Ein akzeptables Flächenkonzept erfordert nicht nur die Sicherung des Betriebsgrundstücks (frei von Rechten Dritter) sowie aller erforderlichen Kabel- und Leitungsgrundstücke, sondern auch die Berücksichtigung des individuellen Umfelds. Das Anlagenkonzept muss passend zum Standort und den individuell verfügbaren Einsatzstoffen entwickelt werden. Beim Flächenbedarf muss zwingend auch die erforderliche Fläche zur Ausbringung des Gärsubstrats berücksichtigt werden.

Für das erforderliche Logistikkonzept sind die Platzverhältnisse, die Lagerkapazitäten und das regelmäßig deutlich erhöhte Verkehrsaufkommen durch die Anlieferung und Aufbereitung der Einsatzstoffe zu berücksichtigen. Die Beschickung der Anlage muss jederzeit möglich sein. Im Rahmen der erforderlichen verkehrstechnischen Erschließung ist den individuellen Anforderungen Rechnung zu tragen.

Für den geplanten Betreiber ist eine nutzbare immissionsrechtliche Genehmigung erforderlich (zwingende Auszahlungsvoraussetzung). Reine Baugenehmigungen sind meist nur für kleinere Anlagen, die nicht über eine Projektfinanzierung realisiert werden, ausreichend. Einschränkungen und Auflagen in der Genehmigung müssen eins zu eins in der finalen Planung berücksichtigt sein.

Der Netzanschluss muss abschließend geklärt sein. Dies schließt den Anschlusspunkt, die maximale Einspeiseleistung und die Frage nach den für den Anschluss anfallenden Kosten ein.

3 Cashflow-Konzept

Für die Beurteilung der ökonomischen Erfolgsaussichten und der für die Bank wichtigen Kapitaldienstfähigkeit über die Finanzierungslaufzeit eines Bioenergieprojektes ist ein komplexes Cashflow-Modell erforderlich. Dieses muss neben der klassischen Simulation der Erlöse und anlagenspezifischen Betriebskosten auch die möglichst exakte Berücksichtigung der Input- und Outputströme sowie der Finanzierung sicherstellen. Für die

Erstellung eines solchen Modells ist eine verfahrenstechnische Expertise zwingende Voraussetzung. Ist diese bankintern nicht verfügbar, sollte die Erstellung eines entsprechenden Modells als externe, gutachterliche Dienstleistung eingekauft werden. Nachfolgend werden einige wesentliche Inhalte und empfohlene Ansätze kurz dargestellt.

Die Erlösseite wird maßgeblich von der erzeugbaren Energiemenge beeinflusst. Hier sind insbesondere die Gaserträge realistisch einzuschätzen. Es empfiehlt sich für landwirtschaftliche Inputstoffe als Obergrenze Standardgaserträge gemäß den Veröffentlichungen von KTBL (Kuratorium für Technik und Bau in der Landwirtschaft e. V.) oder FNR (Fachagentur Nachwachsende Rohstoffe e. V.) zu verwenden. Da sich der Gasertrag nur aus der organischen Trockensubstanz bildet, muss auch ein realistischer Trockensubstanzanteil in der Substrat-Frischmasse plausibilisiert werden. Für die monetäre Bewertung des aus dem Gas erzeugten Stroms sind die entsprechenden Vergütungsregeln des EEG exakt anzuwenden. Erlöse außerhalb des EEG (Wärme, Gas, Reststoffe) sind den entsprechenden Abnahmeverträgen zu entnehmen, sofern diese als hinreichend belastbar und plausibel eingeschätzt werden können.

Auch der Wirkungsgrad eines Blockheizkraftwerks (BHKW) hat einen wesentlichen Einfluss auf den Ertrag. Es ist darauf zu achten, dass er aus dem Herstellerdatenblatt für Biogas entnommen wird (Achtung: nicht Wirkungsgrad für Erdgas verwenden!). Da der im Datenblatt angegebene Wirkungsgrad nur erreicht wird, wenn ein bestimmter, relativ hoher Methangehalt im Biogas erreicht wird (meist 55-60%), empfiehlt es sich, einen Risikoabschlag von 1-2% auf den im Datenblatt angegebenen Wirkungsgrad zu berücksichtigen. Elektrische Wirkungsgrade deutlich über 40% sind grundsätzlich kritisch auf Erreichbarkeit in der Praxis zu hinterfragen und gegebenenfalls mit einem Risikoabschlag zu kompensieren. Für Zündstrahl-BHKWs sind der erforderliche Zündölbedarf (Rapsöl bzw. Pflanzenmethylester) sowie die dafür anfallenden Kosten realistisch zu bewerten.

Für die Kalkulation der Betriebskosten sollten generell nur nachhaltig marktübliche Standardansätze berücksichtigt werden. Im Bereich der Wartungs- und Instandhaltungskosten (inklusive Ersatzinvestitionen) von Biogasanlagen sollten mindestens 2,5 Eurocent je kWh_{el} oder höher geplante Ist-Kosten berücksichtigt werden. Bei den Personalkosten (Kosten der Betriebsführung) sind mindestens 0,5 Eurocent je kWh oder höhere Ist-Kosten anzusetzen. Für angemessene Versicherungskosten sollten 1% der Investitionskosten für bauliche Anlagen und Technik oder höhere Ist-Kosten berücksichtigt werden. Der für den Anlagenbetrieb erforderliche Eigenstrom ist abhängig von den eingesetzten Pumpen, Rührwerken und Rührintervallen. Er sollte kritisch hinterfragt werden. Ferner ist ein realistischer Strompreis für den Eigenstromverbrauch zugrunde zu legen.

Sonstige Kosten sind gemäß plausibilisierter Kundenplanung zu übernehmen. Es ist auf ausreichende Berücksichtigung der Aufwendungen für eine prozessbiologische Betreuung sowie erforderliche Gutachterkosten (gemäß EEG erforderliche Einbindung eines Umweltgutachters) zu achten. Pachtaufwendungen sind gemäß den vorgelegten Verträgen zu übernehmen. Anmerkungen zu den anzusetzenden Kosten für die Inputstoffe, die erheblich variieren können, folgen unter Abschnitt 4.1 (Inputkonzept). Auch die Höhe der anfallenden Ausbringkosten für die Gärreste ist realistisch zu kalkulieren.

Mit der Reduzierung der Volllaststundenzahl (Reduzierung der Anlagenverfügbarkeit) im Banking Case kann eine Vielzahl von Einzelrisiken zusammengefasst werden. Bei Biogasanlagen empfiehlt sich eine maximale Volllaststundenzahl von 7.500 für den Banking Case. Aufgrund der notwendigen Anfahrphase sollte für die Kalkulation im ersten Betriebsjahr maximal mit 70% Auslastung gerechnet werden.

Da allgemein erwartet werden kann, dass die Betriebskosten jährlich steigen, ist der Ansatz einer Teuerungsrate von mindestens 1,5 bis 2,0% per annum zu empfehlen.

Der notwendige Umfang der Simulation von Sensitivitäten muss anhand der Risikobereitschaft bankseitig individuell festgelegt werden.

4 Stoffstromkonzept

4.1 Inputkonzept

Für die Projektfinanzierung müssen Inputlieferverträge hinreichend belastbar sein. In einem akzeptablen Liefervertrag müssen eine zwingende Lieferverpflichtung in zeitlicher Menge und Qualität, Liefertermin, Vergütungsregelungen (Preise, Änderungsfaktoren, Zahlungsweise, Zahlungsverzug) sowie Vereinbarungen zur Laufzeit enthalten sein. Der Lieferant/Erzeuger muss anhand seiner Ausstattung mit Produktionsfaktoren grundsätzlich in der Lage sein, die Lieferverpflichtung zu erfüllen, und eine Bonität aufweisen, die eine Erfüllung der vertraglichen Pflichten über die Vertragslaufzeit sicher erwarten lässt. Zur Plausibilisierung der geplanten Anbauerträge existieren regionale Vergleichsmaßstäbe zu typischen Hektarerträgen der einzelnen Rohstoffe (teilweise starke regionale Schwankungen).

Anzustreben ist grundsätzlich eine möglichst umfassende und langfristige Absicherung des Bedarfs an Inputstoffen (nachwachsende Agrarrohstoffe, tierische Exkremente, Holz, Abfälle etc.). Dies ist in der Praxis meist schwer umzusetzen. Anzustrebendes Minimalziel sollte eine vertragliche Sicherstellung von 80% der benötigten Rohstoffe über zehn Jahre sein. Jede Abweichung in Menge und Laufzeit sollte durch andere Risikopuffer kompensiert werden. Fehlmengen sind zu nachhaltig realistischen Marktpreisen zu kalkulieren.

Übersteigt der Lieferanteil eines Lieferanten einen gewissen Schwellenwert (z.B. 20% Anteil an der gesamt erforderlichen Liefermenge), sollte dessen Bonität im Rahmen einer geeigneten Offenlegung überprüft werden. Hierdurch soll eine Prognose hinsichtlich der langfristigen Liefersicherheit ermöglicht werden. Bei einem Liefervertrag über nichtmarktfähige Substrate (Wirtschaftsdünger, Silagen u.Ä.) sollten Unterlagen zur Flächenausstattung und -nutzung, dem Ertragsniveau, den Bodenverhältnissen und dem Viehbesatz vom Lieferanten vorgelegt werden. Weicht das geplante Ertragsniveau von üblichen Bandbreiten (z.B. KTBL, FNR) nach oben ab, sollte zur Plausibilisierung eine Bestätigung beispielsweise durch das örtliche Amt für Landwirtschaft oder eine vergleichbare Institution eingeholt werden. Unabhängig vom Lieferanteil sollte eine Bonitätsprüfung für Lieferanten von Wirtschaftsdüngern immer erfolgen, sofern deren Lieferanteil für den Erhalt des Gülle-Bonus notwendig ist.

Beim geplanten Einsatz tierischer Exkremente (z.B. Gülle oder Festmist) ist die Frage nach einem ausreichenden Tierbestand beim Erzeuger/Lieferanten zu stellen. Hierzu gibt es in der Landwirtschaft entsprechende Vergleichsmaßstäbe auf der Basis von Großvieheinheiten (GVE).

4.2 Outputkonzept

Der in Bioenergieanlagen erzeugte Strom wird üblicherweise auf der Basis des EEG in das Netz des zuständigen Regionalversorgers eingespeist und von diesem unter Berücksichtigung der im Einzelfall anzuwendenden Sätze vergütet (unter Beachtung der Vergütungsvoraussetzungen im EEG). Hier entfällt das Abnahme- und Zahlungsrisiko, sofern der Netzanschluss sichergestellt wurde. Bei Direktvermarktungskonzepten außerhalb des EEG ist eine klassische Bonitätseinschätzung des Stromabnehmers vorzunehmen.

Ein gutes Wärmekonzept ist nicht nur für Biomasseheizkraftwerke, sondern auch für Biogasanlagen ein wesentlicher Faktor für den wirtschaftlichen Erfolg. Beim geplanten Verkauf von Wärme ist einerseits die technologisch bedingte maximale Abgabemenge zu berücksichtigen (Ermittlung des maximalen Wärmeangebots). Unabhängig vom daraus resultierenden Anschlussnennwert ist auch die Wärmebedarfslinie des/der Abnehmer über das Jahr zu beachten (exakte Ermittlung des Wärmebedarfs). Die Kalkulation des für die Vergütung relevanten Kraft-Wärme-Kopplung- (KWK-) Stroms erfolgt über die spezifische Stromkennzahl des BHKW.

Übersteigt die verkaufte Wärmemenge an einen Wärmeabnehmer einen gewissen Schwellenwert (z.B. 20% Anteil an der gesamten Wärmeabsatzmenge), sollte dessen Bonität im Rahmen einer geeigneten Offenlegung überprüft werden. Hierdurch soll eine Prognose hinsichtlich der langfristigen Abnahmesicherheit ermöglicht werden.

Bei der Einspeisung von aufbereitetem Bioerdgas in das Erdgasnetz sind zwingend die Regelungen der Gasnetzzugangsverordnung zu beachten. Dabei kann sowohl der Verkauf an einen Gasabnehmer, eine Durchleitung und Verstromung in KWK-Anlagen zur Wärme- und Stromerzeugung oder auch zur Vermarktung als Treibstoff an Erdgastankstellen erfolgen.

Die Frage nach der Abnahme bzw. Entsorgung der anfallenden Reststoffe (Gärreste, Asche) wird häufig übersehen. Die gesetzlichen Anforderungen zur Entsorgung der einzelnen Reststoffe sind Genehmigungsbestandteil und daher zwingend zu beachten, da ansonsten der Anlagenbetrieb untersagt werden kann. Entsorgungsverträge sollten ebenfalls möglichst langfristig (ideale Laufzeit = Finanzierungslaufzeit) geschlossen sein. Ob Erträge der Gärrestevermarktung im Cashflow-Modell berücksichtigt werden können, sollte kritisch hinterfragt werden (angemessener, nachhaltig erzielbarer Preis?).

Die Qualität und Bonität der Abnehmer ist analog der Vorgehensweise bei Lieferanten zwingend zu hinterfragen.

5 Wartungs- und Versicherungskonzept

Biogas- und Biomasseanlagen haben Verschleißteile, die während der Betriebsdauer der Gesamtanlage gewartet und ausgetauscht werden müssen. Hierfür sind entsprechende Kosten und Reserven einzuplanen. Ziel des Anlagenbetriebs muss eine möglichst hohe Verfügbarkeit sein. Dieses Ziel ist durch ein anlagenspezifisch optimiertes Wartungs- und Versicherungskonzept zu flankieren.

Der Kreditnehmer sollte sich zwingend verpflichten, über die gesamte Finanzierungslaufzeit die Wartung der Biogasanlage inklusive aller technischen Komponenten und des BHKW durch den Hersteller selbst oder einen anerkannten Fachbetrieb durchführen zu lassen, sofern er nicht eigenes, hinreichend qualifiziertes Personal vorweisen kann. Vollwartungsverträge für die kompletten Anlagen sind aus Finanziersicht zu bevorzugen, in der Praxis aber eher selten anzutreffen. Da diese im Bereich der Bioenergie auch oft herstellerunabhängig angeboten werden, sind sie grundsätzlich nur bei verlässlicher Bonität des Anbieters und garantierten, zeitnahen Reaktionszeiten sinnvoll.

Für das BHKW ist der Inspektions- und Wartungsplan des Herstellers zwingend zu beachten. Bei Abschluss eines Vollwartungsvertrages ist zu unterscheiden, ob dieser nur klassische Wartungsinhalte umfasst oder auch den Ersatz des Motors enthält. Zündstrahlmotoren sind ca. alle 25.000 bis 30.000 Betriebsstunden grundlegend zu überholen oder komplett zu erneuern. Bei modernen Gas-Otto-Motoren ist der Ersatz zwischen 50.000 und 60.000 Betriebsstunden erforderlich. Für eine sachgerechte Kalkulation der entsprechenden Aufwendungen sollte ein entsprechendes Angebot des BHKW-Anbieters zugrunde gelegt werden. Wird kein Vollwartungsvertrag, der die Instandsetzung umfasst, abgeschlossen, ist die revolvierende Ansparung einer Instandsetzungsreserve erforderlich.

Neben den üblichen Anforderungen an das erforderliche Versicherungskonzept (Betreiberhaftpflicht, Anlagen- und Betriebsunterbrechungsversicherung) sind bei Bioenergieprojekten einige Besonderheiten zu berücksichtigen. Eine Umwelthaftpflichtversicherung ist zwingend erforderlich. Die Haftzeit in der Betriebsunterbrechungsversicherung sollte mindestens sechs Monate betragen. Bei Biogasanlagen sollten auch Ausfälle (Betriebsunterbrechungen) durch das Umkippen der Anlagenbiologie mit berücksichtigt sein.

6 Strukturierung der Finanzierung

6.1 Langfristige Investitionsdarlehen

Der Eigenkapitalanteil, den der Sponsor bereitzustellen und vorrangig einzusetzen hat, beträgt in der Regel 20 bis 30%. Die Laufzeit der langfristigen Finanzierung sollte unter Berücksichtigung der durchschnittlichen Nutzungsdauer der Anlagenbestandteile maximal 15 Jahre betragen. Sofern die Fremdfinanzierungstranchen den Hauptanlagenbestandteilen zugeordnet werden, können die Laufzeiten entsprechend variabel zugeordnet werden:

Tabelle 2: Mögliche Finanzierungslaufzeiten der Hauptbestandteile einer Biogasanlage

Anlagenbestandteil	Finanzierungslaufzeit
bauliche Anlagen	bis zu 20 Jahre
technische Anlagen	12-15 Jahre
BHKW	4-8 Jahre

6.2 Rückzahlung/Tilgungsstruktur

Der Tilgungsbeginn darf nicht zu früh gewählt werden. Insbesondere muss eine Berücksichtigung der technologiespezifischen Anfahrphase (Biogas) erfolgen. Insofern sollte mindestens ein halbes tilgungsfreies Jahr ab Inbetriebnahme berücksichtigt werden. Üblicherweise wird meist ein komplettes Tilgungsfreijahr vereinbart. Zu empfehlen sind Ratentilgungsdarlehen. Die gleich hohen Tilgungsbeträge sichern einerseits der Bank einen von Beginn an linearen Risikoabbau. Für den Kreditnehmer ermöglicht der kontinuierlich sinkende Kapitaldienst, die möglicherweise in späteren Jahren steigenden Unterhaltsaufwendungen besser zu kompensieren.

6.3 Öffentliche Fördermittel

Selbstverständlich sollten durch die Bank mögliche Fördermittel (in der Regel zinsvergünstigte Refinanzierungsmittel – z. B. von der KfW, der Landwirtschaftlichen Rentenbank, den Regionalförderprogrammen der Bundesländer etc.) zur Kostenentlastung der Finanzierung und somit des Projektes weitestgehend eingebunden werden. Am meisten verbreitet und verwendbar sind Darlehen aus dem Programm „Erneuerbare Energien" der KfW (Nr. 270/271) und aus dem Programm „Energie vom Land" (Nr. 255) der Rentenbank.

Im Programmteil „Standard" des Programms „Erneuerbare Energien" finanziert die KfW die Errichtung, Erweiterung und den Erwerb aller EEG- und KWK-Anlagen. Im Programmteil „Premium" werden u. a. Biomasseanlagen zur Verbrennung fester Biomasse für die thermische Nutzung oder streng wärmegeführte KWK-Biomasseanlagen sowie Biogasaufbereitungsanlagen, die gewisse Voraussetzungen erfüllen, gefördert. Hier ist bei Einhaltung konkret definierter Anforderungen ein Tilgungszuschuss möglich. Biomasseanlagen zur Wärmeerzeugung, die die Restriktionen des Programmteils „Premium" nicht erfüllen, werden im Programmteil „Standard" mitfinanziert. Beantragung und Abwicklung erfolgen über die Hausbank. Der Finanzierungsanteil kann bis zu 100% der förderfähigen Investitionskosten betragen. Die Zinssätze werden außer für Privatpersonen und Kommunen individuell anhand des risikogerechten Zinssystems der KfW ermittelt. Der Höchstbetrag liegt in der Regel bei 10 Mio. EUR. Die Auszahlung erfolgt seit dem 01.04.2011 zu 100%. Die aktuellen Konditionen und Richtlinien können jederzeit unter www.kfw.de abgefragt werden.

Mit dem Förderprogramm „Energie vom Land" finanziert die Landwirtschaftliche Rentenbank u. a. Anlagen zur energetischen Verwertung nachwachsender Rohstoffe und anderer organischer Verbindungen, also Biogasanlagen, Biomasseheizkraftwerke und

Anlagen zur Erzeugung biogener Kraftstoffe. Beantragung und Abwicklung erfolgen auch hier über die Hausbank. Gefördert werden kleine und mittlere Unternehmen (KMU im Sinne der Definition der EU-Kommission) in allen Rechtsformen. Es werden Zinsbindungsfristen ab vier Jahren und bis zu drei tilgungsfreie Anlaufjahre angeboten. Der Finanzierungsanteil kann bis zu 100% der förderfähigen Investitionskosten betragen. Auch die Rentenbank verwendet ein risikogerechtes Zinssystem. Die Einstufung nimmt die Hausbank anhand der Bonitätseinschätzung und der vereinbarten Sicherheiten vor. Der Kredithöchstbetrag soll in der Regel 10 Mio. EUR je Betrieb und Jahr nicht übersteigen. Im Einzelfall kann auch höher finanziert werden, wobei der Maximalbetrag durch EU-rechtliche Vorschriften begrenzt wird. Die Auszahlung erfolgt zu 100%. Die aktuellen Konditionen und Richtlinien können jederzeit unter www.rentenbank.de abgefragt werden. Eine Kumulierung mit anderen öffentlichen Fördermitteln ist unter Beachtung der Beihilfevorschriften möglich. Ferner ist eine separate Programmvariante (Nr. 265) zur Refinanzierung von Leasingverträgen anwendbar.

Welche länderspezifischen Refinanzierungs- und/oder Zuschussprogramme darüber hinaus anwendbar sind, kann und sollte im jeweiligen Einzelfall geprüft werden.

6.4 Financial Covenants/Reserven

Üblich und dem Risiko angemessen ist ein Schuldendienstdeckungsgrad (DSCR) von mindestens 1,2, sofern nicht bereits bei der DSCR-Ermittlung Risikoabschläge berücksichtigt wurden. Teilweise werden im Markt auch höhere DSCR gefordert.

Die Schuldendienstreserve (DSRA) sollte unter Berücksichtigung des erhöhten Betriebsrisikos höher als bei Wind- oder Photovoltaik-Finanzierungen liegen. Als Minimum gelten 50% des Schuldendienstes des Folgejahres. In der Praxis sind Werte bis zu 100% üblich.

Die Festlegung der Höhe der Instandsetzungsreserve für BHKW (Motor) und Peripherie (Pumpen, Rührwerke etc.) erfolgt unter Berücksichtigung von entsprechenden Kostenindikationen bzw. Erfahrungswerten.

6.5 Mehrwertsteuervorfinanzierung

Die maximale Laufzeit sollte unter Berücksichtigung der geplanten Dauer der Bauphase und der üblichen Bearbeitungszeiten beim zuständigen Finanzamt vereinbart werden.

6.6 Avalrahmen

Als Sicherheit für den Anlagenerrichter werden in der Bauphase regelmäßig Zahlungsavale (Bürgschaften/Garantien) gefordert. Der Zeitpunkt der Avalierung sowie die konkrete Höhe sind im Finanzierungskonzept zu berücksichtigen.

Sofern Rückbauavale erforderlich sind, müssen diese ebenfalls im Finanzierungskonzept Berücksichtigung finden. Die entsprechende Forderung findet sich in der Regel in der Anlagengenehmigung oder dem Pachtvertrag für das Anlagengrundstück. Rückbauavale müssen üblicherweise unbefristet oder mit einer Laufzeit von mindestens 20 Jahren (in Anlehnung an die EEG-Vergütungsdauer) ausgestellt werden. Es sollte daher sichergestellt werden, dass diese spätestens zum Ende der Finanzierungslaufzeit für die Anlage vollständig besichert sind.

6.7 Substratvorfinanzierung

Neben der bereits unter Abschnitt 4 beschriebenen Prüfung der Lieferverträge hinsichtlich des Lieferzeitpunktes sind auch die Zahlungszeitpunkte für die Inputstoffe zu hinterfragen. In der Regel werden die ersten Lieferungen zur Zahlung fällig, wenn noch keine Einnahmen aus dem Anlagebetrieb zu Verfügung stehen (Anfahrphase). Gerade bei nachwachsenden Rohstoffen erfolgen die Lieferungen üblicherweise nur ein- oder zweimal per annum zu den typischen Ernteterminen und müssen dann entsprechend in einer Summe bezahlt werden. Die Anlage selbst generiert die Erträge und damit Liquiditätszuflüsse relativ kontinuierlich über das Jahr verteilt. Aus dieser Konstellation ergeben sich vielfach Liquiditätsbedarfsspitzen und somit Vorfinanzierungsbedarf. Zur Liquiditätssicherung der Projektgesellschaft sollte daher immer die Notwendigkeit einer kurzfristigen Substratvorfinanzierungslinie hinreichend berücksichtigt werden. Die Höhe einer angemessenen Linie sollte sich an den Kosten einer kalkulatorischen Jahresinputmenge orientieren.

7 Besondere Anforderungen an die Besicherung

Auch bei Bioenergie-Projektfinanzierungen erfolgt die Besicherung über die Projektaktiva, Projekterträge, Betriebsrechte und Vertragswerk in jeweils geeigneter Form so, dass bei einem Ausfall des Kreditnehmers ein Weiterbetrieb der finanzierten Anlage möglich sein soll.

Die Sicherungsübereignung (in der Pachtvariante) muss die gesamte Biogasanlage einschließlich des Trafos, des Blockheizkraftwerks bzw. der Gasaufbereitungsanlage, der Fermenter sowie sämtliche Anschlüsse umfassen. Sofern der KWK-Bonus und/oder die Erlöse aus dem Wärmeverkauf in der Wirtschaftlichkeitsbetrachtung für eine Kapitaldienstfähigkeit des Projektes zwingend erforderlich sind, sollte die Besicherung auf den Bereich Wärmenutzung ausgedehnt werden. Dies erfolgt über die Zession der Wärmeerlöse, Eintrittsrechte in die Wärmelieferverträge und die Sicherung der Wärmetrasse analog Kabelflurstücken. Bei der Vermarktung von Rohgas oder aufbereitetem Bioerdgas gilt dies im übertragenen Sinne.

Ergänzend sollten immer Eintrittsrechte für die finanzierende Bank oder einen von ihr zu benennenden Dritten in alle wesentlichen Liefer- und Abnahmeverträge aufgenommen werden.

Wird eine Substratvorfinanzierung bereitgestellt, sollte eine Sicherungsübereignung der beim Anlagenbetreiber gelagerten Substratstoffe erfolgen.

8 Fazit

Investitionen in Bioenergieanlagen bergen im Vergleich zu anderen Erneuerbaren Energiequellen und Technologien, wie z.B. Wind und Sonne, eine Reihe an zusätzlichen Risiken (Stoffstromkonzept, Betriebsführung), die besonders analysiert und bewertet werden müssen. Bei Einbindung entsprechend geeigneter und verlässlicher Risikoträger kann dennoch eine sichere und vertretbare Projektfinanzierung strukturiert werden. Dies gilt insbesondere auch für die Auswahl eines geeigneten und erfahrenen Betriebsführers. Mit zunehmender Größe der Projekte ist die Verfügbarkeit geeigneter und verlässlicher Risikoträger jedoch deutlich eingeschränkt und der Prüfungsaufwand für den Finanzierungspartner wesentlich anspruchsvoller.

Finanzierung von Wasserkraftprojekten

Uwe Ohls/Sebastian Fenk/Ulf Moslener

1 Einleitung

Die Finanzierung von Wasserkraftprojekten unterscheidet sich von der Finanzierung anderer Projekte im Bereich der Erneuerbaren Energien in mehrfacher Hinsicht. Dieser Beitrag stellt die besonderen Eigenheiten und Herausforderungen bei der Finanzierung von internationalen Wasserkraftprojekten in den Mittelpunkt.[1] Dabei geht es in erster Linie um mittlere und größere Wasserkraftprojekte mit einem Investitionsvolumen ab rund 50 Mio. EUR. Im Jahr 2009 allein wurden weltweit knapp 40 Mrd. USD in solche mittleren und großen Wasserkraftwerke investiert.[2]

Insgesamt sind die Möglichkeiten, Wasserkraft zur Stromerzeugung zu nutzen, sehr vielfältig und umschließen Wellen-, Gezeiten- und Meeresströmungs-Kraftwerke. Fließwasser kann aufgestaut werden oder in Form von Kleinstwasserkraft, etwa in Wasserkraftschnecken oder Strombojen, genutzt werden. Während für diese oftmals sehr innovativen und vielversprechenden Technologien die zentralen Herausforderungen häufig technischer Natur sind, bestehen bei mittleren und großen Wasserkraftwerken daneben eine Anzahl weiterer Herausforderungen – nicht zuletzt im Hinblick auf die Finanzierung.

Waren bis in die neunziger Jahre größere Wasserkraftprojekte praktisch immer staatlich finanziert, so hat sich die Finanzierung in den letzten zwei Jahrzehnten gewandelt. Heute werden vielfach Partnerschaften mit privaten Financiers eingegangen. Allerdings sind die vertraglichen Arrangements, die die teilweise gegenläufigen Interessen von oft bis zu zehn Partnern regeln sollen, selbst in Industrieländern sehr komplex. Hinzu kommt: Die noch ungenutzten Wasserkraftpotenziale findet man zum größten Teil in Entwicklungs- und Schwellenländern. Über die besonderen Eigenschaften größerer Wasserkraftprojekte hinaus birgt das schwierige Investitionsumfeld in diesen Weltregionen noch zusätzliche Herausforderungen.

Die Besonderheiten bei Wasserkraftprojekten haben ihren Ursprung zum einen in der sehr langen Planungs-, Bau- und Betriebsphase (etwa im Vergleich zu Kohlekraftwerken) und zum anderen in der engen Verknüpfung mit den naturräumlichen Gegebenheiten und dem Wasserangebot. Mit dem Bau großer Wasserkraftanlagen gehen immer erhebliche Eingriffe in die Natur und in die Lebensumstände der betroffenen Bevölkerung einher. Seit Ende der achtziger Jahre haben insbesondere die in den Entwicklungs- und Schwellenländern tätigen Entwicklungsbanken dieser Tatsache stärker Rechnung getra-

---

[1] Wir danken vielen Kollegen für hilfreiche Kommentare. Insbesondere Klaus Horstmann und Ludger Röcken. Der Beitrag stellt die Auffassung der Autoren dar und nicht notwendigerweise die der Institutionen, mit denen sie verbunden sind.

[2] UNEP (2010).

gen. Um mit den zahlreichen Nichtregierungsorganisationen (NRO), die die Belange der betroffenen Menschen und der Natur vertreten, eine Art Grundkonsens über die Vorgehensweise bei Wasserkraftanlagen herbeizuführen, wurde die „World Commission on Dams“ ins Leben gerufen. Sie erarbeitete u.a. Vorschläge, wie bei der Planung von Dammbauwerken die Interessen der betroffenen Bevölkerung einbezogen werden sollten. Dieser Bericht wurde im Jahre 2000 vorgelegt.[3] Die dort ausgesprochenen Empfehlungen – von einigen kontroversen Punkten abgesehen – sind heute als Leitlinien für die Planung und Durchführung von Wasserkraftwerksprojekten weit verbreitet.

Bei Wasserkraftanlagen ist der Planungshorizont deutlich länger als etwa bei größeren thermischen Kraftwerken, entsprechend hoch sind die Projektvorbereitungskosten. Lange Bauzeiten führen zu ausgedehnten Phasen, in denen Zinsen anfallen, bevor Einnahmen erzeugt werden. Die Investitionskosten sind – bezogen auf die gesamten Lebenszykluskosten des Projekts – insgesamt höher als bei thermischen Kraftwerken.

Neben dem langen Zeithorizont kann auch die geologische Situation Herausforderungen erzeugen: Die wasserbaulichen Maßnahmen und die mit Wasserkraftnutzung gegebenenfalls verbundene Flutung ganzer Landstriche sind auf Umwelt- und Sozialverträglichkeit hin zu prüfen, insbesondere falls im größeren Umfang Umsiedelungen erforderlich werden oder unberührte Naturräume betroffen sind. Die Wasserverfügbarkeit kann aus natürlichen Gründen variieren oder sich mit dem Klimawandel verändern, es können aber auch Grenzprobleme mit Staaten stromaufwärts und stromabwärts auftreten. Ganz grundsätzlich kann es zu einer konkurrierenden Nutzung des Wassers zur landwirtschaftlichen Bewässerung, als Trinkwasser oder Wasserstraße kommen. Nicht zu vergessen ist, dass Dammbauwerke häufig zur Flussregulierung gebaut werden, um große Überflutungen zu vermeiden. Die Stromerzeugung ist dort mitunter ein Nebeneffekt.

Alle diese Aspekte können Planung, Investition und Finanzierung verzögern, und oftmals stellen sie schwer kalkulierbare Risiken dar. Daher gilt die Finanzierung größerer Wasserkraftprojekte als besonders anspruchsvoll.

Dieser Beitrag beleuchtet die Besonderheiten und spezifischen Risiken in der Wasserkraftfinanzierung. Entlang der Projektphasen betrachten wir zunächst die Finanzierung in der Projektvorbereitung, etwa einen nationalen Wasserkraftrahmenplan und die Machbarkeitsstudie. Danach analysieren wir die besonderen Risiken in der Finanzierungsphase im Einzelnen. Schließlich widmen wir dem wichtigen Zusammenspiel von öffentlichen und privaten Financiers noch einige Aufmerksamkeit und betrachten die Rolle von Exportkreditagenturen und Förderbanken, bevor wir ein Fazit ziehen.

[3] Siehe WCD (2000).

2 Finanzierung in der Projektvorbereitung

Aus den Vorbemerkungen ist offensichtlich, dass sich Wasserkraftprojekte wie praktisch keine andere Form der Erneuerbaren Energien in einen größeren gesamtwirtschaftlichen Rahmen einordnen. Das hat zwei wesentliche Gründe: Wasserkraftprojekte sind nicht unabhängig voneinander, sondern die Existenz beispielsweise eines Staudamms kann Potenzial und Planbarkeit eines möglichen Projektes stromabwärts stark beeinflussen. Der Hauptgrund besteht jedoch darin, dass die Nutzung der Flüsse zur Stromerzeugung in andere Bereiche der nationalen Wirtschaft hineinreicht. Trinkwasserversorgung und Wasserstraßen sind hierfür Beispiele. Mittlere und größere Wasserkraftprojekte sollten daher Teil eines übergeordneten – oft nationalen – „Masterplans" für die Nutzung der Wasserkraft sein. Erst auf der Basis eines solchen Masterplans kann die eigentliche Projektvorbereitung im engeren Sinne in Form einer Machbarkeitsstudie beginnen.

Aus diesen Gründen betrachten wir die Finanzierung in der Projektvorbereitung in zwei Teilen: erstens der Masterplan und zweitens die Machbarkeitsstudie.

2.1 Masterplan – Wasserkraftnutzung

Idealerweise sollte ein solcher Masterplan eine weit über den Projekthorizont hinausgehende Perspektive einnehmen. Viele Inhalte eines solchen Masterplans betreffen öffentliche Aufgaben. Es müssen konkurrierende Nutzungsmöglichkeiten, etwa Stromerzeugung, Flussregulierung oder Wasserstraße, gegenüber Sozial- und Umweltbelangen abgewogen werden, was zwingend eine übergeordnete Sichtweise erfordert. Typischerweise handelt es sich hier also um etwas wie eine nationale Strategie zur Wasserkraftnutzung. Damit ist die Finanzierung eines solchen Masterplans eine Aufgabe der öffentlichen Financiers, üblicherweise der nationalen Regierung. Im Fall von Entwicklungsländern unterstützen mitunter die Geberländer die nationalen Regierungen. Die öffentliche Finanzierung eines solchen Masterplans ist nicht zuletzt auch eine Hilfe, dessen Inhalte möglichst von zu starker Prägung durch Einzelinteressen freizuhalten.

Nichtsdestoweniger ist ein solcher Masterplan für den Projektfinanzierer wichtig. Hier zeigt sich der Rahmen, in den sich sein Projekt einfügen wird, und er gibt Hinweise, wie sich der Rahmen über die lange Laufzeit solcher Projekte entwickeln könnte. Abbildung 1 zeigt in verkürzter Form Kerninhalte des Masterplans.

Potenzielle Nutzungskonflikte, die in einem solchen Masterplan zwingend thematisiert werden müssen, sind besonders häufig die Flussregulierung zur Vermeidung von wiederkehrenden Überflutungskatastrophen, Schifffahrt und Landwirtschaft. Die Nutzung des energetischen Wasserkraftpotenzials könnte die Schifffahrt behindern oder gegebenenfalls den Bau von Schleusen erforderlich machen. Die zu flutenden Staubecken werden vor dem Bau von Wasserkraftanlagen häufig agrarwirtschaftlich genutzt. Dies wird in die Abwägung mit einfließen, wie möglicherweise notwendige Umsiedelungen oder Umweltaspekte. Dabei muss die energetische Nutzung der Wasserkraft nicht zwingend im Konflikt mit anderen Interessen stehen. Denkbar ist ebenso, das Wasser des gefluteten Staubeckens zur Bewässerung zu nutzen.

Abbildung 1: Ziele und Inhalte eines Wasserkraft-Masterplans

Wasserkraft-Masterplan

Ziele

- Wasserkraft-Entwicklungspotenziale identifizieren
- Strategie zur Entwicklung der Potenziale

Inhalte

- Wassernutzung (konkurrierende Nutzen, z.B. Flussregulierung, Schifffahrt, Landwirtschaft)
- Anforderungen des Stromsektors (z.B. Grundlast, Speicherfunktion)
- Einschätzung der hydrologischen, topologischen und geologischen Situation
- Kriterien für spezifische Technologien
- Umweltaspekte, Umsiedelung, Beteiligung der Bevölkerung, Kraftwerkskaskaden
- grobe Kostenschätzung
- Entwicklungskonzept gegebenenfalls einschließlich Sequenz

Auch die Spezifika des Stromsektors im Lande bestimmen mit, wie das Wasserkraftpotenzial optimal genutzt werden sollte. Herrscht beispielsweise ein besonderer Bedarf an Grundlast oder möchte man die geologischen und topologischen Formationen der Staubecken eher dazu nutzen, die Wasserkraft als einen Stromspeicher einzusetzen, so hat dies offensichtliche Konsequenzen für die einzusetzende Technologie. Natürlicherweise müssen für die entsprechenden Abwägungen auch zumindest grobe Kostenschätzungen herangezogen werden. Insbesondere kommt es mit fortschreitendem Ausbau der neuen Erneuerbaren Energien, wie z.B. Wind oder Photovoltaik, die im Zeitverlauf eher unregelmäßig zur Verfügung stehen, voraussichtlich zunehmend darauf an, die Wasserkraft zur Stabilisierung der Stromversorgung einzusetzen. Die Bedeutung von Speicherkraftwerken gegenüber Laufwasserkraftwerken wird damit zunehmen, um so die Tageslastkurve, aber auch die Jahreslastkurve besser abbilden zu können.

Hat der Masterplan auf der Basis all dieser Überlegungen bereits potenzielle Projekte identifiziert oder zumindest Vorstellungen entwickelt, in welchen Regionen das Potenzial in welcher Sequenz gehoben werden sollte, so stellt sich häufig dann erst die Frage, ob und inwieweit private Investitionen und Financiers beteiligt werden sollen.

2.2 Machbarkeitsstudie – Projektentstehung

In der Machbarkeitsstudie wird die Entscheidungsbasis für das Projekt entwickelt und ein detailliertes Umsetzungskonzept unter realistischen und nach Möglichkeit gesicherten Annahmen zu allen Rahmenbedingungen erstellt. Hier werden die Investitionskosten genauer quantifiziert und wird eine ökonomische und finanzielle Analyse durchgeführt. Abbildung 2 verdeutlicht die Ziele und wichtigsten Inhalte der Machbarkeitsstudie. Zunächst ist die Frage zu klären: Wird eine Konzession (gegebenenfalls auf Zeit) für die Entwicklung der Wasserkraftanlage vergeben, oder wird das Vorhaben in Verantwortung des Staates durch eine Machbarkeitsstudie vorbereitet? Bei der Vergabe von Konzessionen besteht das Risiko, dass der Investor seine Rendite zuungunsten des volkswirtschaftlichen Nutzens optimiert. Er könnte beispielsweise ein Laufwasserkraftwerk projektieren, obwohl aus gesamtwirtschaftlicher Sicht ein von den Investitionskosten her deutlich teureres Stauseeprojekt zum Ausgleich von saisonalen Schwankungen des Wasserdargebotes geeigneter wäre. Hier ist der Staat gefordert, über die Regulierung auf Basis des Masterplans dem Investor geeignete Vorgaben zu machen.

Die Fragen der Umwelt- und der Sozialverträglichkeit sowie in diesem Zusammenhang erforderliche Ausgleichsmaßnahmen sind häufig gewichtige und kritische Punkte bei der Vorbereitung. Bei größeren Projekten empfiehlt es sich, diese Aspekte durch eigenständige und unabhängige Studien untersuchen zu lassen und sie gerade nicht im Rahmen der Machbarkeitsstudie zu analysieren. Dies kann helfen, Interessenkonflikte der Projektbefürworter und der betroffenen Bevölkerung zu vermeiden. Auch wird durch eine separate Umwelt- und Sozialverträglichkeitsstudie frühzeitig Information und Beteiligung der Bevölkerung sichergestellt. Bei Vorhaben dieser Art wird in der Regel ein sogenanntes „Panel of Experts“ eingesetzt, welches alle Aspekte des Vorhabens noch einmal unabhängig wertet. Dies gilt übergreifend für das gesamte Konzept, die Dammsicherheit und die Umwelt- und Sozialverträglichkeit. Oft erhält dieser letzte Aspekt ein eigenes „Panel“. Diese umfassenden Maßnahmen tragen dazu bei, einen möglichst weitgehenden gesellschaftlichen Konsens über das Vorhaben zu erzielen.

Auf der Basis der Machbarkeitsstudie sollte eine Entscheidung möglich werden, ob und gegebenenfalls wie mit dem Projekt weiter vorgegangen werden kann. Zu diesem Zeitpunkt handelt es sich noch um eine Hochrisikophase, da sich das Projekt hier erst definiert und kaum Fremdkapital eingesetzt werden kann. Auf Basis der Machbarkeitsstudie sollen jedoch auf Teilprojektbasis die Risiken identifiziert und entsprechend verteilt werden, etwa auf einzelne Akteure wie Staat, Bauunternehmer, Eigen- und Fremdkapitalgeber.

Die Analyse dieser Risikoallokation ist nun die Grundlage für die Finanzierungsentscheidungen. Vielfach erwarten kommerzielle Financiers, dass die Finanzierung des Projekts so wenig Risiken wie möglich trägt, dass die Risiken weitestgehend von der Projektgesellschaft abgewälzt werden und insbesondere die Eigentümer Risiken tragen.

Sind diese Hürden überwunden, werden typischerweise die einzelnen Lose zusammengestellt und ausgeschrieben. Zumindest sofern es sich um konventionelle Finanzierung unter Beteiligung von Exportfinanciers und bilateralen staatlichen oder multilateralen Gebern handelt. In der Regel wird der Privatsektor auf zwei Wegen beteiligt: Entweder finden direkte Verhandlungen mit interessierten Investoren oder Investitionskonsortien statt. Diese basieren auf zahlreichen Annahmen, z.B. über den Strompreis pro Kilowattstunde (kWh). Anderenfalls kann eine Ausschreibung basiert auf der Machbarkeitsstudie stattfinden, in der eine Anzahl technischer und ökonomischer Parameter für den Bieter festgesetzt wird.

Abbildung 2: Ziele und Inhalte einer Wasserkraft-Machbarkeitsstudie

Wasserkraft-Machbarkeitsstudie

Ziele

- Projekt definieren
- Abwägung aller maßgeblichen Aspekte – Umsetzungskonzept

Inhalte

- Anforderungen des Stromsektors
- detaillierte Untersuchung der topografischen, geologischen und hydrologischen Rahmenbedingungen
- Umweltverträglichkeit, Sozialverträglichkeit; Definition von Ausgleichsmaßnahmen
- Berechnung der Investitionskosten
- ökonomische und finanzielle Analyse
- Betreiberkonzept
- Risikoanalyse

3 Wasserkraft in der Finanzierungsphase

Von anderen Energiequellen unterscheidet sich die Wasserkraft insbesondere dadurch, dass die Ausgestaltung des Projekts im Wesentlichen durch die Natur vorgegeben wird. Aufwendige wasserbauliche Maßnahmen machen die Errichtung von Wasserkraftwerken zeit- und kostenintensiv. Die Investitionskosten pro installierte kWh Leistung sind im Vergleich zu anderen Stromerzeugungsformen verhältnismäßig hoch. Zusätzlich hängen die Investitionskosten vom Ausbaugrad des Stromnetzes eines Landes ab. Investoren suchen zuerst die Standorte mit den vorteilhaftesten topografischen und geologischen Eigenschaften aus. An diesen können sie die Stromerzeugungspotenziale mit möglichst geringen Investitionskosten generieren. Wenn die attraktivsten Standorte ausgebaut sind, heißt dies natürlich nicht, dass es keine Investitionsopportunitäten in dem jeweiligen

Land mehr gibt, aber diese Standorte können eben nur mittels höherer Investitionen erschlossen werden. Viele Entwicklungsländer bieten nicht nur ein großes hydrologisches Potenzial, sondern sind größtenteils auch noch weitestgehend unerschlossen. Dies lässt sie auf den ersten Blick für privatwirtschaftliche Investitionen sehr attraktiv erscheinen. Zusätzliche Attraktivität erlangen Wasserkraftprojekte in Entwicklungsländern, wenn sie den Clean Development Mechanismus des Kyoto-Protokolls nutzen können.

Die besonderen Charakteristika der Wasserkraft liegen zunächst in den großen Investitionsvolumina gepaart mit langen Bauzeiten. Darüber hinaus birgt der enge Zusammenhang mit dem Naturraum und der Umwelt wasserkraftspezifische Risiken. Um diese abzufedern, braucht es staatliches Engagement sowie eine glaubhafte und langfristig stabile politische Verbindlichkeit. Grundsätzlich sollte bei der Verteilung der Risiken derjenige Akteur das Risiko tragen, der es am ehesten beeinflussen oder am besten einschätzen kann. Die einzelnen Risiken betrachten wir in diesem Abschnitt. Dem Zusammenspiel zwischen Staat und privatem Investor widmen wir den anschließenden Abschnitt.

3.1 Bauzeit-, Baukosten- und Fertigstellungsrisiko

Eines der größten Probleme bei der Finanzierung von Wasserkraftprojekten ist die Diskrepanz zwischen Life-cycle-Kostenstruktur und der Verfügbarkeit von langfristigen Fremdfinanzierungen. Die Life-cycle-Kosten umfassen die gesamten Kosten, die über den Lebenszyklus des Kraftwerks anfallen (Investitionskosten, Betriebskosten, Kosten für Wartung und Instandhaltung sowie potenzielle Kosten des Rückbaus). Üblicherweise kann die wirtschaftliche Nutzungsdauer eines Wasserkraftwerks 50 Jahre erreichen, vorausgesetzt, dass nach ca. 20-30 Jahren eine Generalüberholung der elektromechanischen Teile vorgenommen wird. Die jährlichen Betriebskosten sind im Gegensatz zur thermischen Energieerzeugung mit jährlich 1,5-3% der Investitionskosten vergleichsweise gering. Ihr Barwertanteil beträgt ca. 20-30%, somit müssen bei Wasserkraftprojekten 70-80% der gesamten Life-cycle-Kosten vor Inbetriebnahme finanziert werden, wodurch das Projekt schon früh mit einem entsprechend hohen Schuldendienst belastet wird. Die geschilderte Kostenstruktur zusammen mit der Anforderung der Eigenkapitalgeber (Sponsoren), schon in den ersten Projektjahren eine akzeptable Eigenkapitalverzinsung zu erlangen, stellt die Finanzierung von Wasserkraftwerken vor das Problem, trotz der hohen Zins- und Tilgungslast in den ersten Betriebsjahren einen vergleichsweise hohen Cashflow zu generieren. Eine angemessene Bedienung des Eigen- und Fremdkapitals ließe sich theoretisch durch einen höheren Strompreis in den ersten Betriebsjahren erreichen. Lässt sich dies allerdings nicht beim Stromabnehmer durchsetzen, kann im Rahmen der Fremdfinanzierung durch Tilgungsfreijahre, verringerte Tilgungsraten in den ersten Betriebsjahren und eine Verlängerung der Finanzierungslaufzeit der Schuldendienst entsprechend reduziert werden, um eine Ausschüttung an die Sponsoren auch schon kurz nach Inbetriebnahme zu ermöglichen. Dies erhöht allerdings die durchschnittliche Risikolaufzeit für die Fremdkapitalgeber, was für kommerzielle Banken insbesondere in Entwicklungsländern schwer und wenn überhaupt, dann nur mit einer zusätzlichen Liquiditäts- und Risikoprämie im Kreditzins darstellbar ist. Darüber hinaus ist in vielen Ländern eine kommerzielle Finanzierung überhaupt nur gegen politische und wirtschaftliche Deckungen wie z.B. Exportkreditdeckungen möglich. Diese unterliegen jedoch einer strengen Regulierung, die mit Hinblick auf Tilgungsfreijahre und Kreditlaufzeit einen engen Rahmen vorgeben, der die Einbindung von kommerziellen Mitteln erschwert (siehe Abschnitt 4).

Eine besondere finanzielle Bürde ergibt sich aus der langen Bauzeit von Wasserkraftwerken und der damit verbundenen Last aus Bauzeitzinsen (Interest during Construction, IDC), die es bis zur Inbetriebnahme des Kraftwerks mitzufinanzieren gilt. Diese kann unter Umständen deutlich höher als bei konventionellen Kraftwerken ausfallen. Das Beispiel in Abbildung 3 verdeutlicht, dass bei einer Bauzeit von über drei Jahren die IDC leicht mehr als 10% der gesamten Investitionskosten ausmachen können.

Abbildung 3 zeigt beispielhaft die Abhängigkeit der Bauzeitzinsen von erstens der Bauzeit und zweitens den Zinskosten für eine 100-Prozent-Fremdfinanzierung in Höhe von 100 Mio. EUR, die gleichmäßig halbjährlich über die Bauzeit gezogen wird. Die Tilgung beginnt erst nach Bauzeitende. Die Bauzeitzinsen (IDC) sind hier die Zinsen, die während der Bauzeit anfallen, noch bevor die Tilgung einsetzt. Sie sind hier undiskontiert angegeben als Anteil der gesamten Investition.

Abbildung 3: Beispielrechnung zu den Bauzeitzinsen

Bauzeitzinsen in Abhängigkeit von Laufzeit und Zinskosten

Bauzeitzinsen in % der Gesamtinvestitionskosten (GIK)

Bauzeit/ Zinsatz p.a.	4 %	6 %	8 %
1 Jahre	2,93 %	4,35 %	5,73 %
2 Jahre	4,85 %	7,17 %	9,43 %
3 Jahre	6,75 %	9,94 %	13,02 %
4 Jahre	8,62 %	12,66 %	16,52 %
5 Jahre	10,46 %	15,31 %	19,91 %

Annahmen
- Investitionskosten 100 Mio. EUR
- Auszahlung: gleichmäßig halbjährlich
- 100 % Fremdfinanzierung
- Kapitalisierung bis zur Inbetriebnahme

Wie bereits erwähnt sind Bauzeit- und Baukostenrisiken bei Wasserkraftwerken im Vergleich zu anderen Energieerzeugungen verhältnismäßig hoch. Aufgrund des großen Einflusses der Natur auf die Ausgestaltung des Kraftwerks bilden unvorhergesehene Abweichungen der geologischen Verhältnisse von der ursprünglichen Erwartung sowie Extremwetterereignisse ein verhältnismäßig großes Risiko von Kostenerhöhungen. Für einige dieser Risiken gibt es entsprechende Versicherungen. Für Kostenerhöhungen aus unvorhergesehenen geologischen Verhältnissen ist Versicherungsschutz meist nicht erhältlich. Kommerzielle Fremdkapitalgeber erwarten jedoch, dass die Projektgesellschaft gegen diese Kostenerhöhungen geschützt ist.

Eine Studie der Weltbankgruppe von Projekten in Entwicklungsländern aus dem Jahr 1996 ergab bei einer Untersuchung von Wasserkraftprojekten deutlich höhere durchschnittliche Kostenerhöhungen von ca. 27%, im Gegensatz zu 6% bei thermischen Kraftwerksprojekten.[4] Aus diesem Grunde ist die Übernahme zusätzlicher Kosten bei Wasserkraftprojekten Gegenstand intensiver Verhandlungen, da keiner der Projektbeteiligten bereit ist, diese Risiken ohne Weiteres zu tragen.

Insgesamt ist im Rahmen der Planung von Wasserkraftprojekten zwischen Kosten durch zusätzliche geologische Untersuchungen im Rahmen der Projektvorbereitung und latenten Risiken von außerplanmäßigen Kostenerhöhungen abzuwägen. Hierunter fallen auch erhöhte Entschädigungskosten für die Landbeschaffung und Ausgleichszahlungen oder Ersatzleistungen für umzusiedelnde oder anderweitig betroffene Bevölkerungsgruppen. Unabhängig von diesem Trade-off stehen prinzipiell alle in diesem Buch bereits genannten Möglichkeiten der projektfinanzierungstypischen Strukturierungselemente zur Verfügung, um eine akzeptable Risikoallokation sicherzustellen. So können die zusätzlichen Risiken durch das Bauunternehmen im Rahmen eines Festpreisbauvertrags, durch die Sponsoren im Rahmen einer Fertigstellungsgarantie oder den Stromabnehmer durch Anpassung des Strompreises übernommen werden. Selbstverständlich hängt aus Sicht der Fremdkapitalgeber die Auswirkung der Bereitschaft eines Projektpartners, weitere Risiken zu übernehmen, von dessen Bonität ab. Sollte diese aus Sicht der Fremdkapitalgeber nicht ausreichend sein, sind diese Verpflichtungen gegebenenfalls darüber hinaus mit Sicherheiten wie z.B. Bankgarantien zu hinterlegen.

3.2 Force majeure

Unter Force-majeure-Ereignissen (FME) versteht man alle Umstände, die die Fähigkeit eines Projektpartners einschränken, seine vertraglichen Verpflichtungen zu erfüllen, ohne dass er hierfür die Schuld trägt. Grob lassen sich FME in *Naturereignisse* (z.B. Erdbeben oder Extremwetterereignisse) und *politische Ereignisse* (z.B. Krieg und Terrorismus) unterteilen. FME können einen temporären Einfluss auf ein Projekt haben, der die Fertigstellung oder den Betrieb eines Wasserkraftwerks für einen begrenzten Zeitraum unmöglich macht. Im schlimmsten Fall kann ein FME die Fertigstellung oder den weiteren Betrieb vollkommen unmöglich machen und zur vorzeitigen Beendigung des Projekts führen. Es wird leicht erkennbar, dass FME, für die per Definition kein Projektbeteiligter unmittelbar die Schuld trägt, die aber einen sehr starken Einfluss auf die Wirtschaftlichkeit eines Projektes haben können, einen sehr umstrittenen Punkt bei der Verhandlung von Projektverträgen bilden. Es gibt keine Blaupause, wie mit FME in Pro-

[4] Baron u.a. (1996).

jektfinanzierungen umgegangen wird. Für die Bauphase einschließlich Garantieperiode ist eine Bau- und Planungshaftpflichtversicherung empfehlenswert, für Transporte eine so genannte All-Risk-Versicherung (einschließlich Kriegsrisiko). In der Praxis gelten in diesem Zusammenhang darüber hinaus jedoch folgende generelle Grundsätze:

- Ein Vertragspartner, der von einem FME betroffen ist, sollte keine Strafzahlungen leisten müssen.
- In komplexen Projekten müssen die Regelungen bezüglich FME zwischen den verschiedenen Projektverträgen gespiegelt werden. Die einzelnen Verträge müssen also in der Gesamtschau konsistent mit FME umgehen.
- Fremdkapitalgeber erwarten, dass die Rückzahlung des Fremdkapitals nicht durch FME gefährdet wird.

Besonders umstritten sind die Regelungen einer vorzeitigen Beendigung eines Projekts, bei der es insbesondere um die Frage geht, ob und in welcher Höhe von einem der Vertragspartner sogenannte „Termination Payments“ zu leisten sind. Tritt bei einem Projekt ein FME auf, das die Fortführung des Projektes unmöglich macht, sollen die Projektpartner für die entstandenen Kosten entschädigt werden. Hinsichtlich der in diese Berechnung mit einzubeziehenden Kosten gibt es die unterschiedlichsten Berechnungsmethoden, die hier nicht Gegenstand der Erläuterungen sein sollen. Unabhängig von der Höhe stellt sich für Eigenkapital- und Fremdkapitalgeber aber die bedeutende Frage, ob die Zahlungen im Falle einer vorzeitigen Beendigung letztendlich auch geleistet werden.

Bei der Wasserkraft nehmen FME aus zwei Gründen eine besonders wichtige Rolle ein. Zum einen sind Wasserkraftwerke sowohl in Bau- als auch Betriebsphase stark von den Witterungsverhältnissen abhängig, was die Wahrscheinlichkeit von naturbedingten FME im Vergleich zu anderen Projekten erhöht, und zum anderen befinden sich die größten Wasserkraftpotenziale in politisch weniger stabilen Regionen und können meist nur unter staatlicher Einbindung erschlossen werden. Werden Risiken aus FME durch den Staat übernommen, ist allerdings die Wahrscheinlichkeit, dass die Projektgesellschaft Zahlungen im Fall eines politisch begründeten FME erhält, nicht zwingend besonders hoch. Ein Schutz für Eigenkapital- und Fremdkapitalgeber gegen FME ist in diesem Fall also nur möglich, wenn Versicherungen gegen politische Risiken erhältlich sind.

3.3 Umweltrisiken

Infrastrukturprojekte, insbesondere Projekte zur Energieerzeugung, sind in der Regel mit größeren Umwelt- und sozialen Auswirkungen verbunden. Beim Vergleich der verschiedenen Energieerzeugungsformen belastet die Wasserkraft einerseits die Umwelt global gesehen nur sehr gering. Andererseits kann die Wasserkraft jedoch auf lokaler Ebene gravierende Beeinträchtigungen hervorrufen.

Besonders offensichtlich werden diese Probleme bei großen Stauanlagen. Aber auch kleinere Laufwasserkraftanlagen können signifikant in das vorhandene Ökosystem eingreifen und sind entsprechend einer detaillierten Analyse der ökologischen sowie sozioökonomischen Auswirkungen zu unterziehen, bei der die individuellen Eigenschaften des Wasserkraftprojekts Berücksichtigung finden. Als besonders heikel erweisen sich in Entwicklungsländern hierbei Umsiedelungsverfahren, da die betroffenen Menschen oftmals nach nationalem Recht keine ausreichende Entschädigung erhalten, woraus aus Sicht der Kapitalgeber erhebliche Akzeptanzprobleme und oftmals überregionale Widerstände gegen die Projekte entstehen können. Wasserkraftprojekte können allerdings neben der reinen Energiegewinnung als Mehrzweckanlage noch zusätzlichen Zielgrößen wie z.B. dem Hochwasserschutz, Speicherung von Trink- und Brauchwasser zur landwirtschaftlichen Nutzung oder der Sicherstellung der Schifffahrt durch Regulierung des Fließgewässers dienen. Diese zusätzlichen positiven volkswirtschaftlichen Effekte können in der gesellschaftlichen Diskussion gewichtige Argumente für die Umsetzung eines Projekts bilden.

Die große Herausforderung insbesondere für kommerzielle Financiers war in der Vergangenheit, einen einheitlichen Maßstab zur Bewertung der Umwelt- und sozialen Auswirkungen zu definieren, da nationale Gesetze und Vorschriften keinen homogenen Handlungsspielraum für die Durchführung eines Projektes vorgeben. Um einen einheitlichen Bewertungsmaßstab auch für kommerzielle Finanzierungen zu implementieren, hat sich im Jahr 2003 – auch bedingt durch negative Projekterfahrungen – eine Gruppe kommerzieller Banken zusammengeschlossen, um gemeinsame Anforderungsmaßstäbe für Projektfinanzierungen festzulegen. Diese sogenannten Äquatorprinzipien (ÄP) beziehen sich im Wesentlichen auf die von der Weltbankgruppe vorgegebenen Standards, in die auch die Erkenntnisse der World Commission on Dams (WCD) eingegangen sind. Bis heute haben sich weltweit 72 Finanzierungsinstitute verpflichtet, interne Regelungen und Prozesse zu implementieren, die die Einhaltung der ÄP bei den finanzierten Projekten gewährleisten sollen. Bei Projekten mit signifikanten negativen Auswirkungen ist eine detaillierte Umwelt- und Sozialverträglichkeitsprüfung erforderlich. Auf dieser Basis muss der Projektträger einen Umwelt- und Sozialmanagementplan für das Projekt erstellen und einen strukturierten und kulturell angemessenen Dialog mit den betroffenen Kreisen führen, in dem den Betroffenen Beschwerdemöglichkeiten eingeräumt werden. Das Projekt ist sowohl ex ante als auch während der Projektdurchführung durch einen unabhängigen Sachverständigen regelmäßig zu prüfen. Im Rahmen des Finanzierungsvertrags verpflichtet sich der Kreditnehmer zur Einhaltung aller relevanten sozialen und Umweltauflagen, die im Rahmen einer regelmäßigen Berichterstattung an die Kreditgeber dokumentiert wird. Nur so ist sichergestellt, dass der Kreditgeber bei Verstößen Maßnahmen einleiten kann, um den Projektträger zur Einhaltung der Auflagen zu bewegen. Projektträger müssen bei der Planung und Umsetzung eines Wasserkraftprojekts dem Thema Umwelt und Soziales somit die notwendige Beachtung schenken, um sowohl die Akzeptanz des Projekts bei den Betroffenen herbeizuführen und um letztendlich auch die Finanzierung durch internationale Kreditgeber sicherzustellen. In diesem Bereich der Umwelt- und Sozialverträglichkeit hatten internationale und bilaterale Geberinstitutionen eine Vorreiterrolle eingenommen, um internationalen Standards zum Durchbruch zu verhelfen. Allerdings haben große Dammbauländer wie z.B. China die Vorschläge der WCD nicht offiziell anerkannt und arbeiten mit eigenen Standards. Hier gilt es im Einzelfall zu prüfen, inwieweit den WCD-Leitlinien oder den ÄP gefolgt wird.

3.4 Hydrologische Risiken

Der wirtschaftliche Erfolg eines Wasserkraftprojektes bestimmt sich insbesondere aus dem Wasserertrag, der für die Stromerzeugung genutzt werden kann. Im Rahmen der Wirtschaftlichkeitsrechnung muss daher eine intensive Analyse von historischen Datenreihen vorgenommen werden, um den realistisch zu erwartenden Wasserertrag zu bestimmen. Damit die Cashflow-Projektionen auf einer hinreichend großen Stichprobe basieren, sollte die Datenreihe hierbei einen möglichst langen Zeitraum umfassen. Dies ist in manchen Entwicklungsländern schwierig, da die Daten häufig noch nicht lange erhoben werden.

Bei der Bestimmung der durchschnittlich zu erwartenden Wassermenge für die Wirtschaftlichkeitsrechnung stellt sich ähnlich wie bei Windprojekten die Frage, welcher Mittelwert als Basisannahme in das Finanzmodell einfließen soll. Bildet der Mittelwert aller in der Stichprobe enthaltenen Jahresmittelwerte den Ausgangspunkt, so läge der künftig realisierte Wert aus heutiger Sicht mit einer Wahrscheinlichkeit von 50% darunter. Damit das Projekt seinen Schuldendienst auch in Perioden leisten kann, in denen der Wasserertrag kleiner als der langfristige statistische Mittelwert ist, verlangen Fremdkapitalgeber üblicherweise, dass das Projekt auf einer konservativeren Annahme basiert. Für den Finanzierungsreferenzfall (sogenannter Base Case) wird daher meist ein Wert angenommen, der in der Vergangenheit deutlich häufiger erreicht oder überschritten worden ist (etwa mit einer Wahrscheinlichkeit von 75-90%, der sogenannte P75- oder P90-Wert).

Ein reines Fortschreiben der Vergangenheit scheint mit Blick auf das heutige Wissen über den Klimawandel und aufgrund der langen Zeiträume in der Wasserkraftnutzung nicht sinnvoll. Die Veröffentlichungen des Intergovernmental Panel on Climate Change (IPCC) zeigen, dass sich das Klima und damit auch die hydrologischen Verhältnisse weltweit verändern werden. Um dem Klimawandel Rechnung zu tragen, muss die Wirtschaftlichkeitsrechnung ebenfalls einen Anpassungsfaktor für Veränderungen der hydrologischen Verhältnisse in der Zukunft enthalten, der einen Abschlag auf den historischen Wasserertrag vorsieht. Die Projektionen des IPCC zeigen, dass sich der Klimawandel in unterschiedlichen Regionen unterschiedlich auswirkt. Ein „Klimawandel Anpassungsfaktor" sollte daher den regionalen Kontext des Projekts berücksichtigen.

Zusätzlich muss bei der Finanzierung von Laufwasserkraftprojekten die Saisonalität im Wasserertrag Rechnung berücksichtigt werden. Erhöhter Wasserertrag aus Tauwetter in den Frühlingsmonaten und ausbleibende Niederschläge in den Sommermonaten können dazu führen, dass die Cashflows des Wasserkraftprojekts sehr starke Saisonalitäten aufweisen. Sollten die Kreditgeber auf halbjährliche Zins- und Tilgungsleistung bestehen, müssen diese in den ertragsschwachen Halbjahren den geringeren Cashflows angepasst werden. Diesen Ansatz, bei dem die Zins- und Tilgungsleistung ausgehend von der im Projekt vorhanden Cashflows so bestimmt werden, dass der Schuldendienstdeckungsgrad (Verhältnis aus verfügbarem Cashflow und Schuldendienst, Debt Service Cover Ratio, DCSR) in allen Perioden einen Mindestwert nicht unterschreitet, bezeichnet man allgemein als Debt Sculpting.

Speicheranlagen werden häufig zur Bedienung von Spitzenlast eingesetzt. Damit hier der Cashflow den tatsächlichen Wert des in dieser Situation besonders knappen Stroms reflektiert, muss der Betreiber den Strom entweder auf einem Spotmarkt zu angemessenen Preisen verkaufen können oder die Regulierung muss entsprechende Prämien in den Tarifen vorsehen. In Entwicklungs- und Schwellenländern ist dies jedoch häufig schwierig und gegebenenfalls ein weiterer Grund, das Gespräch mit dem Regulator zu suchen.

3.5 Politische Risiken

Wasserkraftprojekte sind mit hohen Investitionskosten verbunden und haben eine sehr lange wirtschaftliche Nutzungsdauer. Vorteilhafte politische Rahmenbedingungen und Rechtssicherheit über den gesamten Planungshorizont sind für den Erfolg eines Projekts essenziell. Um diese Unterstützung sicherzustellen, ist es von hoher Bedeutung, dass das Projekt nicht nur wirtschaftlich stabil ist, sondern auch zu politischen Zielen vor Ort beiträgt. Wasserkraftprojekte werden über die wirtschaftliche Nutzungsdauer mit wechselnden politischen Situationen in einem Land konfrontiert. Daher ist es vorteilhaft, bei der Planung/Umsetzung des Projekts mit möglichst großer Transparenz die Einhaltung von nationalen/internationalen Richtlinien bei der Vergabe von Konzessionen oder Bauaufträgen sicherzustellen. Ein wichtiger Punkt dabei ist häufig, welche Rechtsgrundlage für die Verträge gewählt wird und ob man sich für strittige Fragen einer internationalen Schiedsgerichtsbarkeit unterwirft, um internationalen Akteuren transparente Verfahren in Aussicht zu stellen. Zusätzlich sollte auf die Angemessenheit der Eigenkapitalverzinsung für die privaten Projektbeteiligten geachtet werden. Es sollte nicht der Eindruck der privaten Bereicherung entstehen, damit das Projekt auch in der Zukunft einen nachweislichen Nutzen für das Investitionsland generiert und sich somit nachhaltig die politische

Unterstützung sichert. Während andere Formen der Erneuerbaren Energie oftmals auf dauerhafte direkte und indirekte Subventionierung (etwa Einspeisetarife) angewiesen sind, ist hier die wesentliche Phase die Bau- und Investitionsphase.

Konvertierungs- und Transferrisiko (KT-Risiken)

Projekte in Entwicklungsländern können häufig nur mit Fremdwährungskrediten umgesetzt werden, während die Projekte ihre Einnahmen in Landeswährung erzielen. Um den Forderungen der Kreditgeber nachkommen zu können, muss es für die Projektgesellschaft möglich sein, die Landeswährung in Fremdwährung zu tauschen und außer Landes zu transferieren. In der Vergangenheit kam es zu Fällen, in denen Regierungen, deren Volkswirtschaften in Schieflage geraten sind, diese Möglichkeit zur freien Konvertierung und zum Transfer eingeschränkt oder sogar gänzlich verboten haben. In diesen Fällen könnte das Projekt seinen Verpflichtungen theoretisch wirtschaftlich nachkommen, den Schuldendienst aber nicht leisten, da es aufgrund einer staatlich angeordneten devisenrechtlichen Einschränkung weder die benötigen Devisen erlangen noch diese außer Landes transferieren kann. Die sogenannten KT-Risiken umfassen aber nur die beschriebenen Einschränkungen, nicht enthalten sind Abwertungen des Wechselkurses. Obwohl Wechselkurse durch Einflussnahme auf die Zentralbank politisch steuerbar sind, werden Wechselkursrisiken generell eher den wirtschaftlichen Risiken zugeordnet und sollten auf Projektebene entweder durch entsprechende Hedging-Geschäfte oder durch Regelungen in Stromabnahmeverträgen abgesichert werden. Unter Umständen kann der Abschluss eines Zinssicherungsgeschäfts in Ländern mit sehr volatilen Wechselkursen nur zu sehr hohen Kosten und eventuell nicht für die bei Wasserkraftfinanzierung üblichen Finanzierungslaufzeiten möglich sein.

Krieg, Aufruhr, Upstream-/Downstream-Grenzkonflikte

Neben den „klassischen" politischen Risiken wie Krieg, Aufruhr und Terror können bei Wasserkraftprojekten politisch motivierte Eingriffe in den Flusslauf oberhalb eines Kraftwerks die Wirtschaftlichkeit erheblich einschränken. Diese sogenannten Upstream-/Downstream-Konflikte sind hier aber nur zuzuordnen, wenn der Eingriff ausschließlich politisch begründet ist und eine Schädigung des Nachbarlands zum Ziel hat. Insgesamt bedarf die wasserwirtschaftliche Nutzung im oberen Flusslauf einer intensiven Analyse und sollte dabei auch potenzielle politische Konflikte berücksichtigen. Wenn die Gefahr von politisch motivierten Eingriffen als hoch eingeschätzt wird, gilt es zu prüfen, inwieweit diese Risiken über verfügbare politische Risikoversicherung mit abgedeckt werden können. Grundsätzlich müssen Eingriffe in ein Flussregime den Unter- und Oberlegern angezeigt werden, und den einschlägigen Bestimmungen der internationalen Abkommen der Vereinten Nationen muss Rechnung getragen werden.[5]

Enteignung oder politische Maßnahmen, die die Erfüllung von Forderungen verhindern

In Fällen eines übergeordneten nationalen Interesses haben Staaten die Möglichkeit, privates Eigentum zu enteignen. Der Staat muss in diesen Fällen den Eigentümern jedoch eine „faire" Entschädigung zahlen. Insbesondere in politisch instabilen Regionen bewerten Investoren die Gefahr als hoch, dass diese Entschädigung ausbleibt, und versuchen, sich gegen diesen Risiko zu versichern. In der Vergangenheit wurden Investoren entweder durch direkte Enteignungen (wie z.B. in der venezolanischen Ölindustrie) oder durch einen schleichenden Enteignungsprozess geschädigt, bei dem der Staat die Ausführung z.B. durch willkürliche Handlungen oder nachteilige Gesetzesänderungen unmöglich macht und so die Projektbeteiligten zur Aufgabe des Projektes zwingt. Insbesondere im Fall der „schleichenden" Enteignung ist es schwer nachzuweisen, dass der Staat nicht seine legitime Gesetzgebungsgewalt nutzt, sondern Gesetze oder Amtshandlungen beschließt, die lediglich das Projekt diskriminieren.

Breach of Contract

Bei einer Beteiligung des privaten Sektors an der Umsetzung von Wasserkraftprojekten kann sich der Staat unterschiedlich stark einbringen. Tritt er als Abnehmer des produzierten Stroms auf, vermischen sich wirtschaftliches Risiko der Stromabnahme und politisches Risiko, da der Staat durch einen Vertragsbruch unter dem Stromabnahmevertrag dem Projekt die wirtschaftliche Grundlage entziehen kann. Dies gilt insbesondere in den Fällen, in denen kein liberalisierter Stromhandel existiert und es für das Projekt keine andere Möglichkeit gibt, als den produzierten Strom an den Staat zu verkaufen. Daher bieten einige private und öffentliche Kreditversicherer die Möglichkeit, den „Breach of Contract" mitzuversichern.

[5] Z.B. United Nations: Convention on the Law of the Non-Navigational Uses of International Watercourses (http://untreaty.un.org/ilc/texts/instruments/english/conventions/8_3_1997.pdf) oder United Nations Economic Commission for Europe: Convention on the Protection and Use of Transboundary Watercourses and International Lakes (www.unece.org/env/water/pdf/watercon.pdf).

4 Zusammenspiel öffentlicher und privater Finanzierung

Dieser Abschnitt betrachtet Möglichkeiten der Risikomitigation durch Export Credit Agencies und politische Risikoversicherung oder die Einbindung von Förderkrediten der multilateralen und bilateralen Entwicklungsbanken bei der Finanzierung von Wasserkraftwerken.

4.1 Export Credit Agencies und politische Risikoversicherung

Um Projekte auch in politisch unsicheren Regionen umsetzen zu können, bieten private und öffentliche Institutionen Garantien oder Versicherungen für politische Risiken an, die es ermöglichen, dass Kreditgeber und Investoren lediglich die wirtschaftlichen Risiken tragen. Öffentliche Finanzierungsinstitutionen (nationale oder internationale) sind häufig bereit, politische Risiken in einem größeren Maße als kommerzielle Banken zu akzeptieren, und können daher auch ohne politische Risikodeckung Kredite direkt an Projekte in Regionen vergeben, in denen kommerzielle Banken ungedeckt nicht oder nur mit Einschränkungen aktiv sind. Zusätzlich bieten diese Finanzierungsinstitutionen wie z.B. die Weltbankgruppe oder die Europäische Investitionsbank kommerziellen Banken Garantien für politische Risiken an. Häufig wird bei Projekten eine Kombination aus beiden Produkten angeboten. Bei diesen Strukturen wird ein Teil des Fremdkapitals von den öffentlichen Financiers direkt bereitgestellt, und für einen weiteren Teil bieten sie eine politische Risikodeckung an, unter der die kommerziellen Banken parallel einen Kredit an das Projekt vergeben. Neben den öffentlichen Finanzierungsinstitutionen gibt es selbstverständlich einen privaten Markt für politische Risikoversicherungen. Private Anbieter verfolgen in der Regel kein öffentliches Interesse und sind daher gezwungen, die politischen Risiken marktadäquat zu bepreisen, weswegen die Absicherungskosten unter Umständen so hoch sind, dass die Wirtschaftlichkeit des Projekts bei Abschluss einer Versicherung nicht mehr gegeben ist.

Eine weitere Möglichkeit der Risikomitigation bieten staatliche Exportkreditversicherungen (Export Credit Agencies, ECA), bei denen sich Kreditgeber gegen politische und wirtschaftliche Risiken eines Projektes schützen können. Allerdings sind die Möglichkeiten zum Abschluss einer ECA-Deckung an unterschiedliche Bedingungen geknüpft. Grundsätzlich können 85% der Exportlieferungen gedeckt werden. Um zu verhindern, dass es zu Wettbewerbsverzerrungen bei staatlich gestützten Exportkrediten kommt, wurde innerhalb der Organization for Economic Cooperation and Development (OECD) mit dem sogenannten OECD-Konsensus ein Übereinkommen über Leitlinien für öffentlich unterstützte Exportkredite der Mitgliedsländer geschlossen, um die Gewährung der Exportkreditversicherungen einheitlich zu regeln. Im OECD Konsensus verpflichten sich die Mitgliedsländer, festgelegte Regeln einzuhalten. Zu den wichtigsten Punkten gehören Zahlungsbedingungen für An- und Zwischenzahlungen, Höchstkreditlaufzeiten, Kreditraten, Zinserhebung und die Deckungsfähigkeit von lokalen Kosten. Der OECD-Konsensus sieht mittlerweile in einem speziellen Sektorabkommen Sonderbestimmungen für die Deckung von Projekten aus dem Bereich der Erneuerbaren Energien vor; hierzu gehören beispielsweise längere Rückzahlungszeiträume bis zu 18 Jahren und flexiblere Tilgungsmodalitäten.

Abbildung 4: Einbindung von ECA-Deckungen bei Wasserkraftprojekten

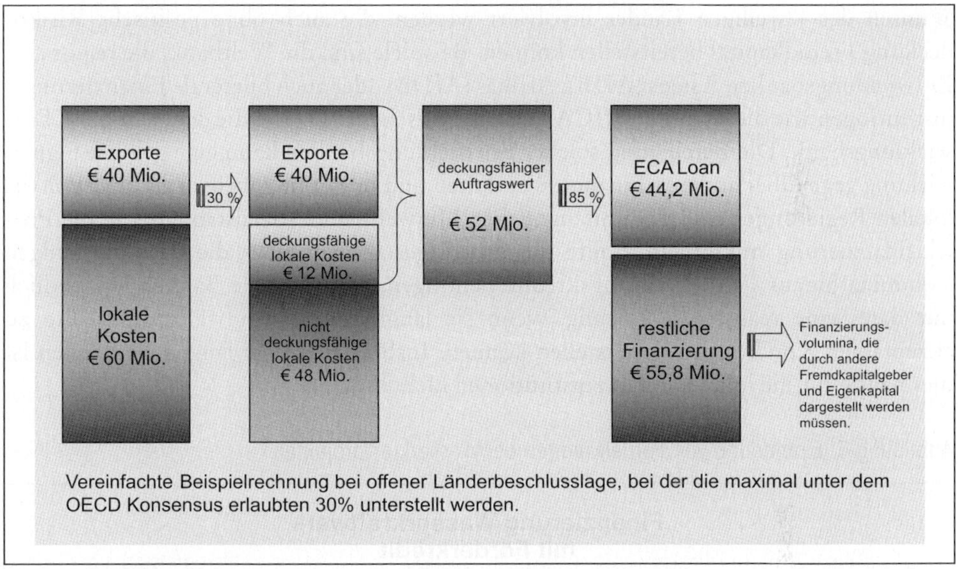

Bei Wasserkraftprojekten ist der Anteil der „lokalen Kosten" (z.B. Baumaterial, Beton) an den Investitionskosten besonders hoch, oft bis zu 60%. Das Potenzial von ECA-Deckungen ist hier begrenzt, da nur 30% der Exportkosten zusätzlich als Deckungsrahmen für die lokalen Kosten ansetzbar sind. Abbildung 4 verdeutlicht dieses Beispiel. Bei 40% Exportkosten bedeutet dies einen deckungsfähigen Auftragswert von 40 plus 12 gleich 52% der gesamten Investition. Das ECA-Darlehen kann nun maximal 85% des deckungsfähigen Auftragswertes betragen. Damit deckt der Exportkredit gut 44% des Finanzierungsvolumens ab. Da Investoren üblicherweise nicht bereit oder in der Lage sind, Eigenkapital in der benötigten Größenordnung einzubringen, ergibt sich eine Finanzierungslücke. In Ländern mit starken lokalen Banken können diese die lokalen Kosten finanzieren. Insbesondere bei sehr großen Projekten und Ländern mit einem weniger gut entwickelten lokalen Bankenmarkt nehmen die öffentlichen Finanzierungsinstitute eine wichtige Rolle ein und können durch ihre Beteiligung eine Finanzierung durch kommerzielle Banken teilweise überhaupt erst möglich machen (siehe folgenden Abschnitt).

4.2 Rolle von Entwicklungsbanken bei der Finanzierung von Wasserkraftprojekten

Die Maximalbeträge des OECD-Konsensus für deckungsfähige Volumina und die sich daraus ergebenden Einschränkungen einer durch eine ECA-Deckung besicherten kommerziellen Finanzierung machen bei Wasserkraftprojekten die Einbindung weiterer Kreditgeber notwendig, um die Gesamtfinanzierung sicherzustellen. Grundsätzlich können als zusätzliche Financiers lokale Banken und internationale Entwicklungsbanken auf Wunsch des jeweiligen Landes involviert werden, die auch ohne politische Risikodeckung Fremdkapital bereitstellen können. Beispiele sind die Weltbank, die regionalen Entwicklungsbanken Asiens (ADB), Afrikas (AfDB) oder auch bilaterale Finanzierungsinstitutionen wie die japanische JICA, die französische AFD oder die deutsche KfW Entwicklungsbank. Die Beteiligung solcher Entwicklungsbanken kann eine gewisse Signalwirkung gegenüber anderen Financiers entfalten und bringt im Übrigen automatisch die lokalen Regierungen und die umfangreichen Umwelt- und Sozialstandards in die Projektfinanzierung mit hinein. Sollte die Projektgesellschaft über die deckungsfähigen Volumina hinaus Fremdwährungskredite benötigen, bieten lokale Banken letztendlich nur dann eine realistische Lösung, wenn sie langfristige Fremdwährungskredite zu akzeptablen Konditionen bereitstellen können. Insbesondere bei langen Laufzeiten ist dies häufig für die lokalen Finanzinstitutionen nicht möglich.

Abbildung 5: Einbindung von Förderkrediten bei Wasserkraftprojekten

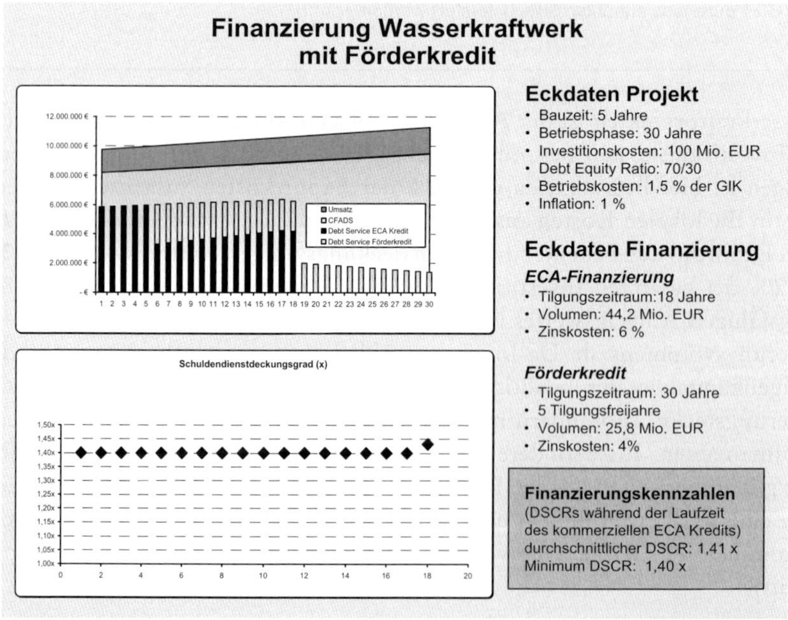

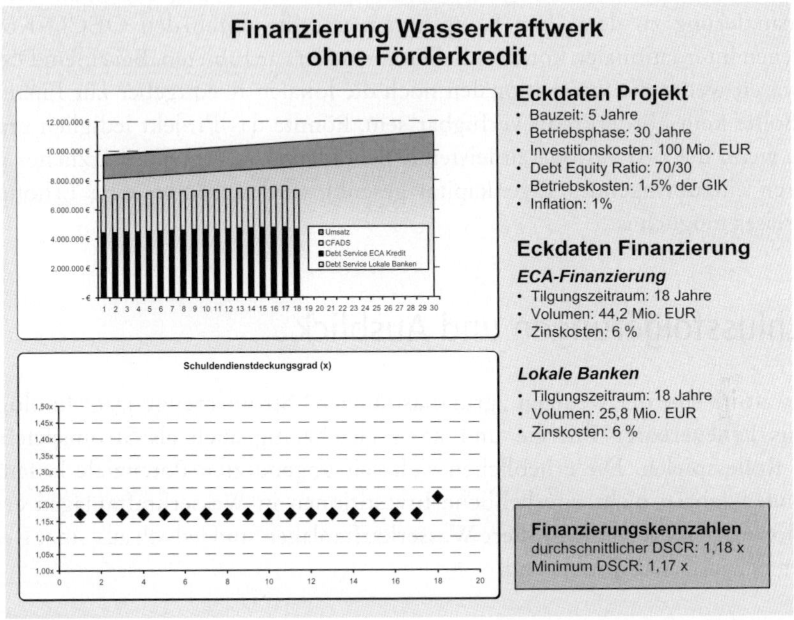

Das illustrative Beispiel in Abbildung 5 verdeutlicht, dass sich der Nutzen von Entwicklungs- und Förderbanken nicht nur auf ihre Fähigkeit und prinzipielle Bereitschaft, Fremdwährungskredite in politische instabileren Regionen zur Verfügung zu stellen, beschränkt. Vielmehr ermöglichen die längere Laufzeit (im Vergleich zu den Vorgaben des OECD-Konsensus mit Lieferbindung) und die günstigen Zinskonditionen des Förderkredits eine Finanzierungsstruktur, bei der der Schuldendienst der Cashflow-Struktur eines Wasserkraftprojekts gerecht wird. Durch (1) die lange Laufzeit, (2) die Tilgungsfreijahre und (3) die niedrigeren Zinskosten des Förderkredits kann in der Beispielrechnung bei gegebenem Umsatz für die Gesamtfinanzierung im Base Case ein Schuldendienstdeckungsgrad (DSCR) von 1,40 x in jeder Periode gehalten werden. Der DSCR ist sowohl für die ECAs als auch die kommerziellen Kreditgeber eine Maßzahl für das mit dem Projekt verbundene Risiko. Bei einem DSCR-Niveau von 1,40 x könnte das Projekt in jeder Periode seinen Schuldendienst mit einem Puffer von 40% übererfüllen. Entsprechend könnte der Cashflow available for Debt Service (CFADS) gegenüber dem erwarteten Wert sinken, ohne dass der Schuldendienst darunter leidet. Für die Anforderungen von Kreditgebern in Bezug auf die Höhe des DSCR-Niveaus gibt es keine Faustregel. Sie bestimmen sich aus der Struktur des Gesamtprojekts und dem Sicherheitsbedürfnis des jeweiligen Kreditgebers.

Das Beispiel zeigt, dass das Wasserkraftprojekt nicht umgesetzt werden könnte, wenn (1) der Schuldendienstdeckungsgrad von 1,40 x eine Mindestanforderung der Fremdkapitalgeber und ECAs für die Bereitstellung der Finanzierung bzw. Deckung ist und (2) gleichzeitig die lokalen Banken in Bezug auf Laufzeit und Finanzierungskosten nur bereit sind, ihre Finanzierung zu denselben Konditionen wie die durch den OECD-Konsensus gebundenen internationalen kommerziellen Financiers anzubieten. Bei einem DSCR von 1,17 x wären weder die internationalen noch die lokalen Kreditgeber zur Finanzierung bereit. Sollte kein Förderkredit verfügbar sein, könnte das Projekt lediglich umgesetzt werden, wenn der pro Periode zu leistende Schuldendienst durch zusätzliches von den Sponsoren einzubringendes Eigenkapital gesenkt wird und/oder eine Erhöhung des Strompreises möglich ist.

5 Schlussfolgerungen und Ausblick

Wasserkraft ist eine der wenigen „grundlastfähigen" Stromerzeugungstechnologien auf der Basis Erneuerbarer Energie und kann gleichzeitig auch als Stromspeicher eine gewisse Rolle spielen. Die erheblichen weltweit ungenutzten Potenziale lassen in den kommenden Jahren nicht unerhebliche Investitionen in Wasserkraftanlagen erwarten. Investitionen in mittlere und größere Wasserkraftanlagen sind jedoch aus einer Reihe von Gründen besonders anspruchsvoll.

In den vergangenen Jahren sind private Investoren in der Wasserkraftfinanzierung zunehmend wichtiger geworden. Dieser Trend dürfte sich weiter fortsetzen. Wichtiger wird konsequenterweise auch das Zusammenwirken von privaten Investoren und den in der Wasserkraft aktiven staatlichen Akteuren. Dies gilt nicht allein für die komplexen Vertragskonstruktionen, in denen die Risiken „angemessen" verteilt werden müssen, und zwar derart, dass nach Möglichkeit diejenigen entsprechende Risiken tragen, die sie am ehesten selbst beeinflussen können. Wo dies möglich ist, sollte der Privatsektor Versicherungslösungen anbieten. Wo solche Risikoverteilung und -absicherung nicht oder nur volkswirtschaftlich ineffizient möglich ist, könnte der Staat gezielt Risiken übernehmen und Garantieinstrumente anbieten, um Investitionen zu mobilisieren. Er sollte dabei jedoch vermeiden, dem Privatinvestor gleichsam eine besonders attraktive Rendite zu subventionieren.

Auch mit dem Staat als Garanten werden öffentliche lokal und international tätige Banken die Finanzierung von Wasserkraftprojekten auf absehbare Zeit in besonderer Weise mitgestalten. Die zentrale Finanzierungsherausforderung – die Langfristigkeit – können in besonderer Weise öffentliche Banken meistern helfen, die zu günstigen Zinskonditionen, vor allem aber langfristig Fremdkapital zur Verfügung stellt. Besonders das langfristige Fremdkapital kann helfen, die hohen Kapitalkosten einer solchen sehr kapitalintensiven Investition von der Anfangsphase der Betriebsdauer auf einen größeren Zeitraum zu entzerren.

Der OECD-Konsensus beinhaltet bereits Sonderregelungen im Fall von Investitionen in Erneuerbare Energien. Es wäre zu fragen, ob diese Sonderregelungen ihr Ziel auch mit Blick auf die Wasserkraftinvestitionen erreichen. Insbesondere die Begrenzung des Tilgungszeitraums auf maximal 18 Jahre erfordert das Engagement von Entwicklungsbanken bei dann grundsätzlich lieferungebundenen Darlehen.

Der Bau größerer Wasserkraftprojekte setzt zudem eine grundsätzlich aktive und unterstützende Haltung der jeweiligen Regierung und Bevölkerung voraus. Zu kritisch sind die potenziellen Wechselwirkungen mit der Wasserversorgung und zu zahlreich die möglichen Umwelt- und sozialen Folgen eines solchen Projekts. Eine ehrliche und in der Regel fallspezifische Debatte um begrenzte Eingriffe in die Umwelt und das soziale Leben sowie die im Quervergleich der Erzeugungsoptionen hohe Klimafreundlichkeit dürfte helfen, das wahre und politisch vertretbare Potenzial der Wasserkraft einzuschätzen. Hier liegen ähnliche Herausforderungen und Risiken wie in der Langfristfinanzierung selbst.

Literatur

Baron, Robert W./Besant-Jones, John F./Heidarian, Jamshid (1996): Estimating Construction Cost and Schedules, World Bank Technical Paper No. 325

Böttcher, Jörg (2009): Finanzierung von Erneuerbare-Energien-Vorhaben, München

Head, Chris (2000): Financing of Private Hydropower, World Bank Discussion Papier, No. 420

Ohls, Uwe (1994): Common Mistakes in Seeking Private Financing, in: Conference Proceedings of „Financing Hydro Power Projects '94", September, Frankfurt

Ohls, Uwe (1997): Wasserkraftanlagen aus der Sicht einer Entwicklungsbank, in: Mitteilungen des Institutes und der Versuchsanstalt für Geotechnik der Technischen Hochschule Darmstadt, Heft Nr. 37, S. 3-16

Ohls, Uwe (2000): Support Mechanism for Developing Private Hydropower, Abstract, Track G, Session 5, Hydro Vision 2000, Charlotte, North Carolina, 08.-11.08

UNEP (2010): Global Trends in Sustainable Energy Investment, New York

World Commission on Dams (WCD) (2000): Dams and Development. A New Framework for Decision Making, London

Finanzierung von Geothermieprojekten: Risikomanagement und Finanzierungsstrukturierung

Alexander von Dobschütz

1 Einleitung

Die Entwicklung von Geothermieprojekten hat in den letzten Jahren im Rahmen des steigenden Interesses an Erneuerbaren Energien einen deutlichen Aufschwung erfahren. Als Geothermieprojekte werden Projekte zur Nutzung von Erdwärme bezeichnet, die die gewonnene Energie in Form von Wärme oder Strom nutzbar machen. Insbesondere in Deutschland sind durch die Förderung der Geothermie im Rahmen des Erneuerbare-Energien-Gesetzes starke Anreize für Investitionen in die Entwicklung von geothermischen Lagerstätten gesetzt worden.[1]

Da jede Investition die Verfügbarkeit von Finanzierungsmitteln sowohl von Eigenkapital- als auch Fremdkapitalgebern erfordert, erläutert der folgende Abschnitt die für die erfolgreiche Entwicklung von geothermischen Projekte besonders herausfordernden Risikoaspekte und daraus ableitbare Finanzierungsoptionen, wobei ein Fokus auf die Möglichkeiten für die Finanzierung von tiefengeothermischen Projekte gelegt wird.

2 Hintergrund zur Geothermie

2.1 Weltweite Aktivitäten im Bereich Geothermie

Die Nutzung von geothermischen Quellen hat in den letzten Jahren deutlich zugenommen. So waren per Ende 2010 weltweit 50,6 Gigawatt (GW) an thermischer Leistung und 10,7 GW Kapazität zur Stromerzeugung installiert. Dies entspricht einem Anstieg von 60 beziehungsweise 20% innerhalb von fünf Jahren.[2] Ein entscheidender Vorteil der Geothermie im Vergleich zu anderen Formen der Erneuerbaren Energien ist ihre Grundlastfähigkeit. So können geothermische Anlagen mit Ausnahme von technisch bedingten Störungen rund um die Uhr Energie erzeugen. Diese Tatsache ist eine der Ursachen für eine kontinuierliche Zunahme der Bedeutung der Geothermie für die Wärme- und Stromerzeugung.

---

[1] Obwohl die Geothermie den Erneuerbaren Energien zugerechnet wird, erneuern sich zumindest tiefengeothermische Wärmequellen im wärmetechnischen Sinne nicht, da dem Boden dauerhaft Wärme entzogen wird. Bei korrekter Entwicklung und Nutzung einer geothermischen Quelle ist dieser Umstand für Investitionsentscheidungen jedoch nicht relevant, da für geothermische Wärmequellen in der Regel Nutzungsdauern deutlich über 50 Jahren prognostiziert werden.

[2] Geothermische Vereinigung e.V., www.geothermie.de/aktuelles/geothermie-in-zahlen/weltweit.html.

2.2 Geothermieaktivitäten in Deutschland

Deutschland bietet aus geologischer Sicht einige interessante Besonderheiten, die eine Nutzung von tiefengeothermischer Energie nahelegen. So bieten insbesondere die Region des Süddeutschen Molassebeckens, das Norddeutsche Becken sowie die Oberrheinische Tiefebene und der Oberrheingraben in unterschiedlicher Ausprägung prinzipiell gute Bedingungen für die Nutzung geothermischer Energiequellen.

In der Vergangenheit hat sich die Nutzung der geothermischen Energie in Deutschland primär auf die Nutzung der hydrothermalen Geothermie zum Betrieb von Fern- und Nahwärmenetzen beschränkt. Seit einigen Jahren hat nunmehr sowohl die Nutzung von oberflächennahen geothermischen Anlagen (dezentrale Wärmepumpenheizungsanlagen, neu installierte Anlagen in den letzten fünf Jahren jeweils über 25.000 Stück)[3] als auch der Ausbau der direkten Nutzung der Tiefengeothermie an Dynamik gewonnen. So weist der Bundesverband der Geothermie für Deutschland per Ende 2010 21 Projekte im Betrieb, 13 Projekte im Bau und über 75 weitere Projekte in der Planung aus.[4]

Herausfordernd sind für die Ausbeutung der geothermischen Lagerstätten jedoch die großen Tiefen, in denen die entsprechenden Lagerstätten erschlossen werden müssen. So sind in der Regel Bohrungen bis in eine Tiefe von über 3.000 Metern notwendig, was zu entsprechenden Risiken in der Exploration der Wärmequellen führt (siehe Abschnitt 3.2).

3 Risikostrukturen in Geothermieprojekten

3.1 Generelle Bemerkungen

Auch bei der Risikoanalyse von Geothermieprojekten muss man grundlegend zwischen oberflächennahen und tiefengeothermischen Projekten unterscheiden. Oberflächennahe Projekte sind bei Einhaltung des aktuellen Standes der Technik und Einrichtung entsprechender Überwachungssysteme sowie Beachtung von eventuellen Wartungsauflagen in der Regel als risikoarm einzustufen.

---

3 Bundesverband Wärmepumpe (BWP) e.V., Deutschland, www.waermepumpe.de.

4 Geothermische Vereinigung e.V., www.geothermie.de/aktuelles/geothermie-in-zahlen/deutschland.html.

Im Folgenden soll daher eine vertiefte Betrachtung der Besonderheiten bei der Entwicklung und dem Betrieb von tiefengeothermischen Projekten angestellt werden. Tiefengeothermische Projekte weisen generell einen höheren Risikogehalt für Anwohner, Betreiber, Investoren und Finanzierungspartner auf. So konnten in der jüngeren Vergangenheit in Deutschland bei verschiedenen Projekten während der Entwicklungsphase Störungen beobachtet werden, die die Projekte nachhaltig beeinflusst haben. Hierbei haben sich insbesondere petrothermale Projekte als risikoreich im Vergleich zu hydrothermalen Projekten erwiesen. Beispielhaft sei an dieser Stelle das Projekt in Landau genannt, bei dem es zu seismischen Aktivitäten/Erderschütterungen oder Erdverschiebungen gekommen ist. Dies hat auch vermehrt zu Widerständen in der Bevölkerung gegen geothermische Projekte geführt, dem mit Aufklärung über die unterschiedlichen Risiken begegnet wird.[5]

Wichtig für die Einschätzung von Risiken und eine vollständige Bewertung einer Risikoanalyse gerade in tiefengeothermischen Projekten ist der zeitliche Verlauf von Risikoausprägungen. So verändern sich die Eintrittswahrscheinlichkeiten von Risiken während der Entwicklung und des Betriebes eines Projektes signifikant, was während des zeitlichen Verlaufs eines Projektes kontinuierliche Anpassungen in den Finanzierungsstrukturen ermöglicht und auch erforderlich macht. So ist als potenzielles Risiko neben der absoluten Höhe der notwendigen Investitionen für die Entwicklung eines Tiefengeothermieprojektes auch der zeitliche Anfall der Investitionen im Projektverlauf hervorzuheben. Insbesondere während der Bohrphase sind bei noch relativ hoher Unsicherheit sowohl für die Realisierungsmöglichkeiten des Gesamtprojektes als auch für die Kostenplanung hohe Investitionen notwendig. So betragen in der Regel schon die Bohrkosten oft mehr als 10 Mio. EUR pro Bohrung oder bei zwei Bohrungen ca. 50% der Gesamtinvestitionskosten. Diese Anfangsinvestitionen können in der Regel nur von Eigenkapitalinvestoren oder der öffentlichen Hand als Projektentwickler übernommen werden.

[5] Beispielhaft genannt: www.geothermie-nachrichten.de/Widerstand-gegen-tiefengeothermie-planer-setzen-auf-dialog.

3.2 Fündigkeitsrisiko/Bohrrisiken

Unter dem Komplex Fündigkeitsrisiko/Bohrrisiken versteht man sowohl die erfolgreiche Einbringung der Bohrung in das Erdreich unter Einhaltung der Kostenvorgaben und zeitlichen Parameter als auch die Ergebnisse der Bohrung in Bezug auf die Förder-/Schüttungsmenge sowie Temperatur der gefundenen geothermischen Quelle. Beide Parameter beeinflussen die wirtschaftliche Nutzungsfähigkeit der Quelle nachhaltig, wobei insbesondere die Variabilität der Wirtschaftlichkeit in Abhängigkeit von der Temperatur als hoch bezeichnet werden kann.

Im Rahmen einer Studie aus dem Jahre 2010 wurden bei einer Expertenbefragung die Hauptrisiken während der Bohrphase eines Tiefengeothermieprojektes erhoben.[6] Hierbei nannten die befragten Branchenexperten neben technischen Unsicherheiten (17%) und unfachgemäßer Bohrung (19%) insbesondere das Fündigkeitsrisiko als Hauptrisiko (42% aller Befragten) während der Bohrphase.

In der Vergangenheit ist es bei verschiedenen Projekten trotz des Einsatzes von erfahrenen Bohrfirmen zu signifikanten Zeitverzögerungen und damit einhergehend zu Kostenüberschreitungen gekommen. Zur Illustration dieses Aspektes ist in Abbildung 1 das Fortschrittsdiagramm für eine Bohrung bei einem Geothermieprojekt in der Nähe von München dargestellt. In der Grafik ist der geplante Verlauf der Bohrung mit Erreichen der geplanten Tiefe von 4.300 Meter ca. am 90. Tag sowie der tatsächliche Verlauf dargestellt. Die abgebildete Grafik spiegelt anschaulich die beim Bohrverlauf aufgetretenen technischen Schwierigkeiten wider. Die Bohrung konnte zwar insgesamt zu einem erfolgreichen Abschluss gebracht werden; durch die Zeitverzögerungen gegenüber der ursprünglichen Planung sind jedoch beachtliche Mehrkosten aufgetreten.

[6] Vgl. trend:research (2010).

Abbildung 1: Darstellung eines Bohrverlaufs bei einem Geothermieprojekt

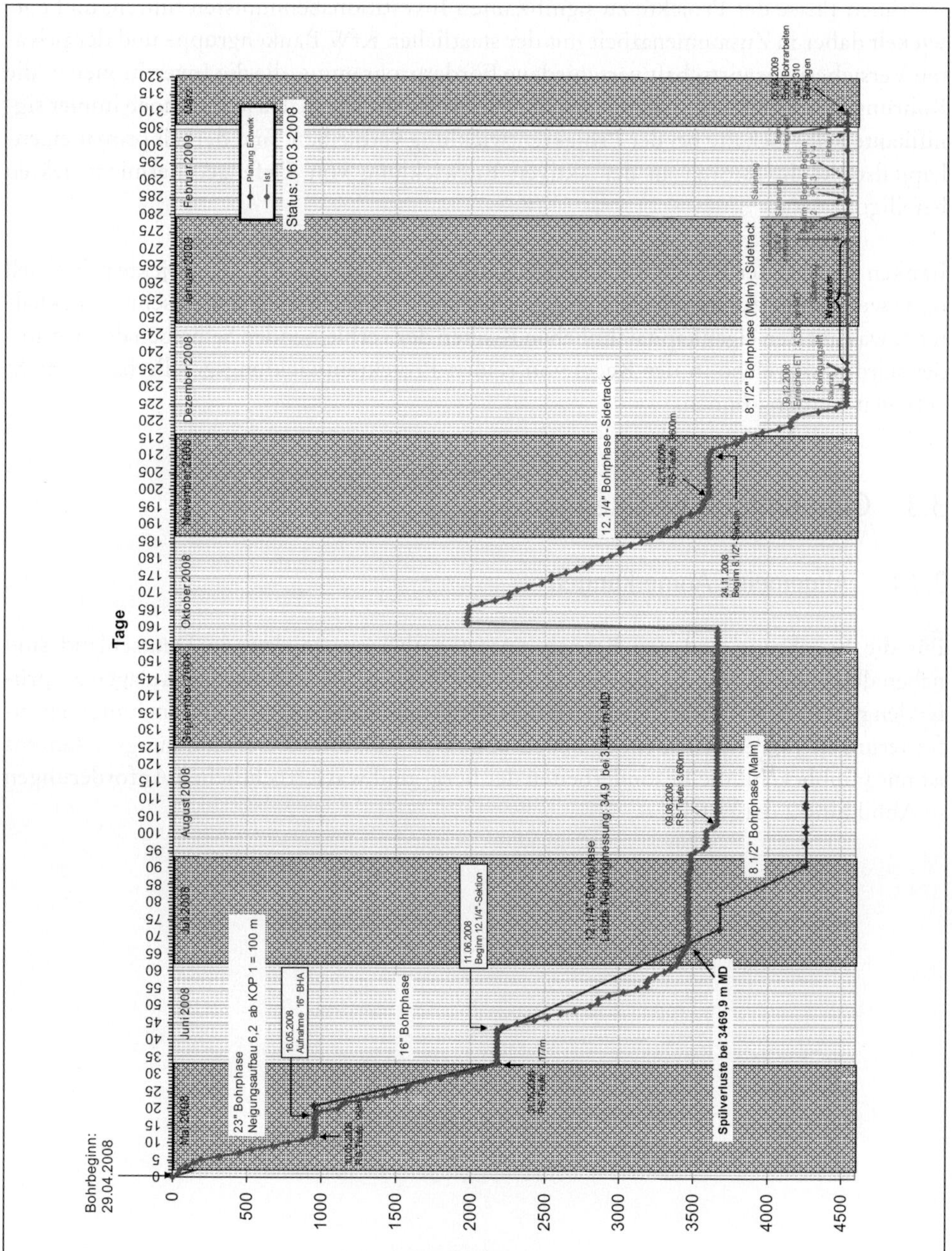

Quelle: RENERCO Renewable Energy Concepts AG

Auch das Bundesumweltministerium hat erkannt, dass Unsicherheiten dieser Art in einer so frühen Phase der Projekte zu signifikanten Investitionshemmnissen führen, und entwickelt daher in Zusammenarbeit mit der staatlichen KfW Bankengruppe und der privaten Versicherungswirtschaft verschiedene Förderprogramme, die die Investitionen in die Bohrungen für Tiefengeothermieprojekte teilweise absichern. Da jedoch noch immer signifikante Selbstbehalte bei der Projektentwicklung verbleiben, sind derzeit primär eigenkapitalstarke Investoren an der aktiven Entwicklung von Tiefengeothermieprojekten beteiligt.

Banken sind bei der Begleitung von Bohrphasen für Tiefengeothermieprojekte prinzipiell ohne werthaltige zusätzliche Sicherheiten aus den dargestellten Gründen sehr zurückhaltend, was mit den eigenkapitalähnlichen Risiken der verbleibenden Selbstbehalte begründet wird und welche in der Regel von reinen Projektentwicklungsgesellschaften nicht getragen werden können.

3.3 Genehmigungsrisiken

3.3.1 Allgemeine Anmerkungen

Für die Errichtung und den Betrieb eines Geothermieprojektes in Deutschland sind neben den üblichen für die Erstellung und den Betrieb von technischen Anlagen zu prüfenden rechtlichen Aspekten insbesondere berg- und wasserrechtliche Genehmigungsanforderungen von entscheidender Bedeutung. Der Ablauf des Genehmigungsverfahrens ist mit Hinblick auf die Besonderheiten der berg- und wasserrechtlichen Anforderungen in Abbildung 2 dargestellt.

Abbildung 2: Ablaufschema Genehmigungsverfahren

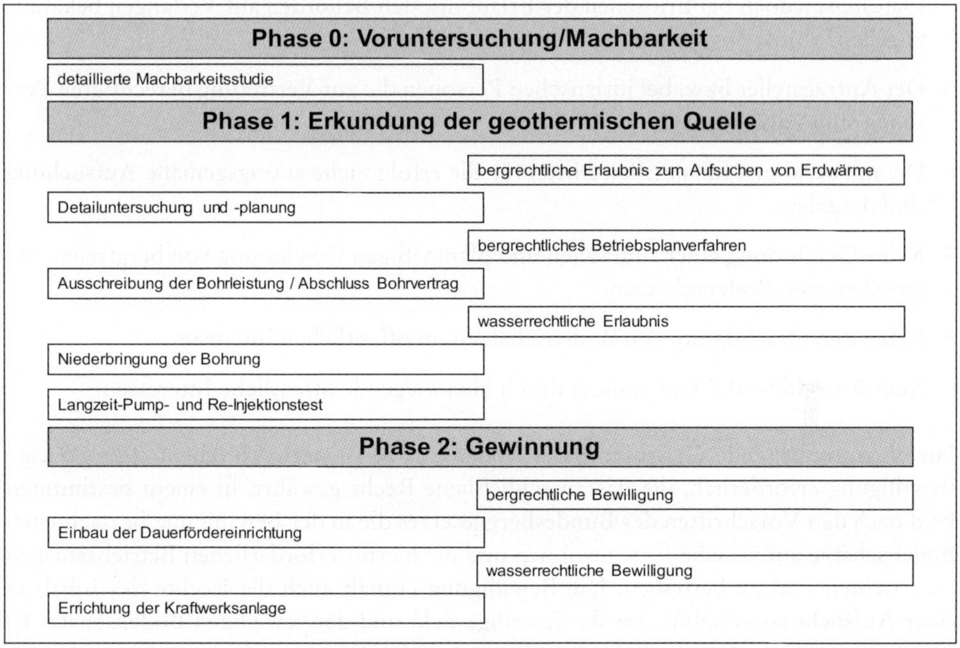

3.3.2 Bergrechtliche Aspekte

Für die Aufsuchung einer geothermischen Quelle ist in Deutschland eine Aufsuchungserlaubnis nach § 7 Abs. 1 Bundesberggesetz (BBergG) erforderlich. Diese gewährt das Recht, in einem nach den Vorschriften des BBergG definierten Feld, dem sogenannten Erlaubnisfeld, die in der Erlaubnis aufgeführten Bodenschätze aufzusuchen. Dies schließt die Errichtung und den Betrieb der dafür erforderlichen Anlagen sowie Probe- und Erkundungsbohrungen mit ein. Auf die Erteilung der Erlaubnis durch die zuständige Behörde besteht ein Rechtsanspruch, sofern die Versagensgründe des § 11 BBergG entsprechend nicht einschlägig sind und somit folgende Voraussetzungen erfüllt werden:

1. Die Bodenschätze, die gewonnen werden sollen, sind entsprechend genau bezeichnet.
2. Das Aufsuchungsfeld ist entsprechend bezeichnet.
3. Ein Arbeitsprogramm zur Aufsuchung ist entsprechend vorgelegt. Hier ist insbesondere darzulegen, dass die Aufsuchungsarbeiten hinsichtlich Art, Umfang und Zweck ausreichend sind und in einem angemessenen Zeitraum erfolgen sollen.

4. Eine Verpflichtung, die Ergebnisse der Aufsuchung unverzüglich nach Abschluss, spätestens jedoch bei Erlöschen der Erlaubnis, den Behörden auf Verlangen bekanntzugeben, wurde abgegeben.
5. Der Antragsteller bzw. bei juristischen Personen die zur Vertretung berechtigten Personen sind zuverlässig.
6. Die notwendigen finanziellen Mittel für die erfolgreiche antragsgemäße Aufsuchung sind dargelegt.
7. Keine Gefährdung einer sinnvollen und planmäßigen Gewinnung von bergfreien und grundeigenen Bodenschätzen.
8. Keine Beeinträchtigung von Bodenschätzen im öffentlichen Interesse.
9. Kein Ausschluss der Gewinnung durch überwiegende öffentliche Interessen.

Für die anschließende Gewinnung der Bodenschätze ist nach § 8 Abs. 1 BBergG eine Bewilligung erforderlich, die das ausschließliche Recht gewährt, in einem bestimmten Feld nach den Vorschriften des Bundesberggesetzes die in der Bewilligung bezeichneten Bodenschätze aufzusuchen, zu gewinnen und die hierfür erforderlichen Betriebsanlagen zu errichten und zu betreiben. Die Bewilligung enthält auch die Rechte des Inhabers einer Aufsuchungserlaubnis für das jeweilige Feld und den jeweiligen Bodenschatz. Es besteht auch für die Erteilung der Bewilligung ein Rechtsanspruch, wenn neben den für die Erteilung der Aufsuchungserlaubnis notwendigen Voraussetzungen die Anforderungen des § 12 Abs. 1 BBergG erfüllt sind.

Für finanzierende Banken haben etwaige Befristungen in der Bewilligung nach § 8 Abs. 1 BBergG eine hohe Relevanz, da grundsätzlich Genehmigungsrisiken in Projektstrukturen zu vermeiden sind. Eine etwaige Befristung sollte jedoch zumindest Finanzierungslaufzeiten, soweit möglich, nicht unterschreiten.

3.3.3 Wasserrechtliche Aspekte

Für den Betrieb von Geothermieprojekten ist neben der bergrechtlichen Bewilligung ebenfalls eine wasserrechtliche Erlaubnis oder Bewilligung zur Entnahme, Förderung und Reinjektion von Tiefenwasser erforderlich. Diese Genehmigung wird beispielsweise in Bayern gemäß § 14 Abs. 2 Wasserhaushaltsgesetz (WHG) in Verbindung mit Art. 75 des Bayerischen Wassergesetzes (BayWG) durch das Bergamt erteilt. Auch bei dieser für den Betrieb eines Geothermieprojektes erforderlichen Genehmigung ist während der Projektevaluierung auf etwaige Befristungen oder Widerrufsmöglichkeiten in der Bewilligung zu achten (analog 3.3.2 Bergrechtliche Aspekte).

3.4 Risiken in der Betriebsphase

3.4.1 Wirtschaftliche Risiken in der Betriebsphase

Der Erfolg einer Investition in die Entwicklung eines geothermischen Projektes hängt am Ende von den auf die Investition folgenden Zahlungsrückflüssen in der Betriebsphase ab. Die Zahlungsrückflüsse werden durch den Verkauf der in dem Projekt erzeugten Energie in Form von Strom oder Wärme an entsprechende Abnehmer generiert, wobei in Deutschland prinzipiell zwischen reinen Strom- und reinen Wärmeprojekten zu unterscheiden ist. Hierzulande wird die Erzeugung von Strom aus Geothermieprojekten durch das Gesetz für den Vorrang Erneuerbarer Energien (EEG) gefördert. Die Einspeisevergütung beträgt per Mai 2011 für Anlagen bis zu einer Leistung von 10 Megawatt (MW) 16 Eurocent pro Kilowattstunde (kWh) zuzüglich eines Zuschlages für vor dem 01.01.2016 in Betrieb genommene Anlagen von 4 Eurocent pro kWh. Im Falle einer Kombination zwischen beiden Formen der Energieverwendung wird dies im Rahmen des EEG bevorzugt durch einen weiteren Zuschlag von 3 Eurocent je kWh Strom gefördert. Hierdurch soll ein Anreiz für eine effiziente Nutzung der Restwärme beispielsweise für den Aufbau von Wärmenetzen geschaffen werden. Durch eine Koppelung von Strom- und Wärmeproduktion ist es ferner möglich, im Winter bei hohem Wärmebedarf die Stromerzeugung zugunsten der Wärmeerzeugung zu drosseln und im Sommer bei tendenziell geringem Bedarf an Fernwärme die Stromerzeugung zu maximieren.

Reine Stromprojekte stellen höhere Anforderungen an die auszubeutenden geothermischen Quellen in Bezug auf Temperatur und Schüttung der Quelle, erhalten aber für eine festgelegte Zeit von derzeit 20 Jahren zuzüglich des Jahres der Inbetriebnahme der Anlage[7] eine festgelegte Vergütung für die erzeugte und in das öffentliche Netz eingespeiste Strommenge durch den Netzbetreiber. Der Anlagenbetreiber profitiert hierbei ferner von einer bevorrechtigten Einspeisezusage für den erzeugten Strom. Hierdurch reduzieren sich die Erlösrisiken in der Betriebsphase bei Stromprojekten primär auf die Verfügbarkeit[8] der Anlage sowie ein entsprechendes Management der Betriebskosten der Anlage.

Bei reinen Wärmeprojekten wird die erzeugte Wärme in Form von Fernwärme an öffentliche und private Abnehmer verkauft. Der Projektentwickler trägt hierbei das Absatzbzw. Anschlussrisiko der gewonnenen Fernwärme. Diesen Risiken kann entweder durch bereits vor Baubeginn des Projektes abgeschlossene Abnahmeverträge mit öffentlichen oder privaten Endverbrauchern oder durch Abnahmeverträge mit Fernwärmenetzbetreibern begegnet werden. Nicht durch rechtsverbindliche langfristige Abnahmeverträge

[7] § 21 Abs. 2 Gesetz für den Vorrang Erneuerbarer Energien (EEG).

[8] Bezüglich der Hauptrisiken in Bezug auf die Verfügbarkeit sei auf Abschnitt 3.4.2 ff. verwiesen.

abgesicherte Marktprognosen zum Absatz von Fernwärme unterliegen hohen Unsicherheiten durch (1) die fortschreitende energetische Sanierung im Gebäudealtbestand sowie (2) bessere energetische Effizienzen im Neubaubereich sowie (3) die durch die Preisentwicklung von konventionellen Energiequellen wie beispielsweise Erdgas und -öl schwankende relative Attraktivität der Fernwärme. Diese Aspekte sind in der Projektentwicklung genau zu analysieren und werden von Banken vor der Bereitstellung von Fremdkapital entsprechend detailliert hinterfragt.

Ferner dauern die Investitionsphasen bei wärmebasierten Projekten durch den meist nachfrageorientierten und dadurch langsam erfolgenden Ausbau entsprechender Wärmenetze mehrere Jahre. Dies verstärkt bei erst langsam ansteigenden Erlösen aus dem Wärmeverkauf durch die fortwährend notwendigen Investitionen in das Fernwärmenetz den Effekt einer fehlenden Kapitaldienstfähigkeit in den Anfangsjahren des Projektes. Diese meist anfänglich fehlende Kapitaldienstfähigkeit erfordert gerade bei Wärmeprojekten oftmals die Einbindung der öffentlichen Hand, da die Kommunen beispielsweise als Wärmenetzbetreiber die Möglichkeit haben, den Ausbau und Betrieb des Wärmenetzes sowie einen Teil des Absatzrisikos durch Vereinbarung von Mindestmengen aus der Projektgesellschaft herauszulösen.

3.4.2 Technische Betriebsrisiken

Während der Betriebsphase liegt das Hauptrisiko aus technischer Sicht insbesondere in der Verfügbarkeit der Gesamtanlage. Hierbei kann man zwei Teilbereiche unterscheiden: (1) Verfügbarkeit der tiefengeothermischen Pumpen sowie (2) der Kraftwerksanlage allgemein.

Für die Förderung des Wassers aus dem geothermischen Reservoir werden Pumpen eingesetzt, die das in ca. 400 bis 500 Meter Tiefe anstehende Thermalwasser an die Oberfläche pumpen. Hierbei sind die Pumpen permanent der Temperatur des Thermalwassers ausgesetzt, was zu einer hohen technischen Dauerbeanspruchung führt. Heutzutage sind Pumpen für dieses Aufgabenspektrum von namhaften Herstellern verfügbar. Trotzdem können Ausfälle von Pumpen auftreten. Um längere Stillstandszeiten bei dem Ausfall der Förder- oder Reinjektionspumpen zu vermeiden, ist ein Konzept zur Vorhaltung entsprechender Ersatzteile oder vollständiger Ersatzpumpen zu erstellen. Aus Effizienzgründen sind bei weiterer Verbreitung von Geothermieprojekten auch Kooperationen zwischen Betreibern zur Vorhaltung entsprechender Ausrüstungsteile denkbar.

Die für die Nutzung der geothermischen Energie an der Oberfläche erforderlichen Anlagen (Stromkraftwerke oder Wärmeleitzentralen) sind inzwischen von namhaften Herstellern verfügbar, wobei die im Vergleich zur herkömmlichen Kraftwerkstechnologie geringe absolute Temperatur des geförderten Wassers als Wärmeträgermedium eine anspruchsvolle technische Herausforderung darstellt. Neben dem weitgehend erprobten und auch erfolgreich eingesetzten Organic-Rankine-Cycle-Kraftwerkstyp[9] befinden sich auch Kraftwerkstypen auf Basis des Kalina-Verfahrens vereinzelt im Einsatz.[10] Bei der Umsetzung von Projekten übernehmen die Anlagenhersteller entsprechende Garantien für die zeitgerechte Errichtung zu Festpreisen und garantieren spezifische Leistungsdaten der Anlage, wobei Verfügbarkeitsgarantien der Anlagenhersteller nicht immer standardmäßig gewährt werden. Im Rahmen der Ausschreibung für den Bau der Kraftwerksanlage ist auf eine präzise Definition der Projektspezifikationen der Anlage zu achten, um einerseits die Finanzierbarkeit des Projektes als auch den späteren erfolgreichen Betrieb der Anlage sicherzustellen.

Als kreditrisikomitigierende Faktoren fordern Fremdkapitalgeber bei der Projektprüfung einerseits langfristige Erfahrungswerte für die technische Verfügbarkeit der Anlagen sowie andererseits entsprechende Garantien bezüglich der Einhaltung von Verfügbarkeiten und Leistungsdaten durch die Hersteller. Diese Garantien sind von Anlagenbauern gegebenenfalls durch Bankbürgschaften zur Absicherung des Zahlungsrisikos zu unterlegen. Ebenfalls werden bereits bei der Strukturierung des Projektes zusätzliche Vorsorge für Kostenüberschreitungen in Form von Reservekonten von Projektgesellschaften vorgesehen sowie langfristige Betriebs- und Wartungsverträge für die technischen Anlagen vereinbart.

3.4.3 Seismische Risiken in der Betriebsphase

Während der Betriebsphase besteht weiterhin ein verbleibendes Restrisiko, dass seismische Aktivitäten durch die Förderung und Reinjektion von Wasser ausgelöst werden, die anderenfalls erst später oder unter Umständen gar nicht aufgetreten wären. Die Wahrscheinlichkeit hierfür richtet sich prinzipiell stark nach den geologischen Gegebenheiten im Untergrund. Auf globaler Basis gibt es verschiedene Beispiele für die Einstellung von Projekten aufgrund von seismischen Aktivitäten. Auch in Deutschland ist es in verschiedenen Fällen zu Einschränkungen im Betrieb von Projekten gekommen. Die Risiken unterscheiden sich je nach Region und eingesetzter Technik stark und sind jeweils zusammen mit erfahrenen Geologen im Rahmen der Projektevaluierung zu beurteilen. Die Beurteilung dieser Risiken hat erheblichen Einfluss auf die Finanzierbarkeit von tiefengeothermischen Projekten. Das süddeutsche Molassebecken verfügt auch aufgrund der hydrothermalen Vorkommen über eine sehr vorteilhafte geologische Struktur.

9 Siehe z.B. den Artikel „Organic Rankine Cycle“ auf Wikipedia.de, Nutzung beispielsweise im Geothermieprojekt in Landau.

10 Neben einem Projekt in Húsavik, Island, wird unter anderem das Geothermieprojekt in Unterhaching auf Basis des Kalina-Verfahrens betrieben.

4 Mögliche Finanzierungsstrukturen

4.1 Risikoaufteilung in Finanzierungsstrukturen

Allgemeines Grundprinzip von Finanzierungsstrukturen[11] sollte immer sein, dass die Parteien, die Risiken am besten beeinflussen und wirtschaftlich auch tragen können, die entsprechenden Risiken übernehmen. Diese Risikoverteilung bildet in der Regel auch das Chancenprofil des zu entwickelnden und zu finanzierenden Projektes ab und kann sich während der Entwicklung eines Projektes verändern. Auf Basis der in Abschnitt 3 aufgezeigten geothermiespezifischen Risikostrukturen und unter Berücksichtigung des aufgezeigten Grundprinzips ergibt sich während des zeitlichen Verlaufs der Entwicklung eines Geothermieprojektes die in Abbildung 3 dargestellte mögliche Kapitalstruktur für den Einsatz von Eigen- und Fremdkapital auf Projektebene.

[11] Neben der Entwicklung eines Projektes durch eine Projektgesellschaft besteht generell auch die Möglichkeit einer Projektentwicklung unter haftungsmäßiger Einbindung eines bonitätsstarken Unternehmens, welches über ausreichende finanzielle Ressourcen verfügt, um gegebenenfalls auch einen Totalverlust der Investition zu verkraften. Hierbei tritt die Bonität des Einzelprojektes hinter die Bonität des Unternehmens zurück, und etwaige Finanzierungsstrukturen sind vor dem Hintergrund der Gesamtunternehmung zu beurteilen. Im Folgenden werden Finanzierungsstrukturen auf Einzelprojektebene behandelt.

Abbildung 3: Finanzierungsphasen eines Geothermieprojektes

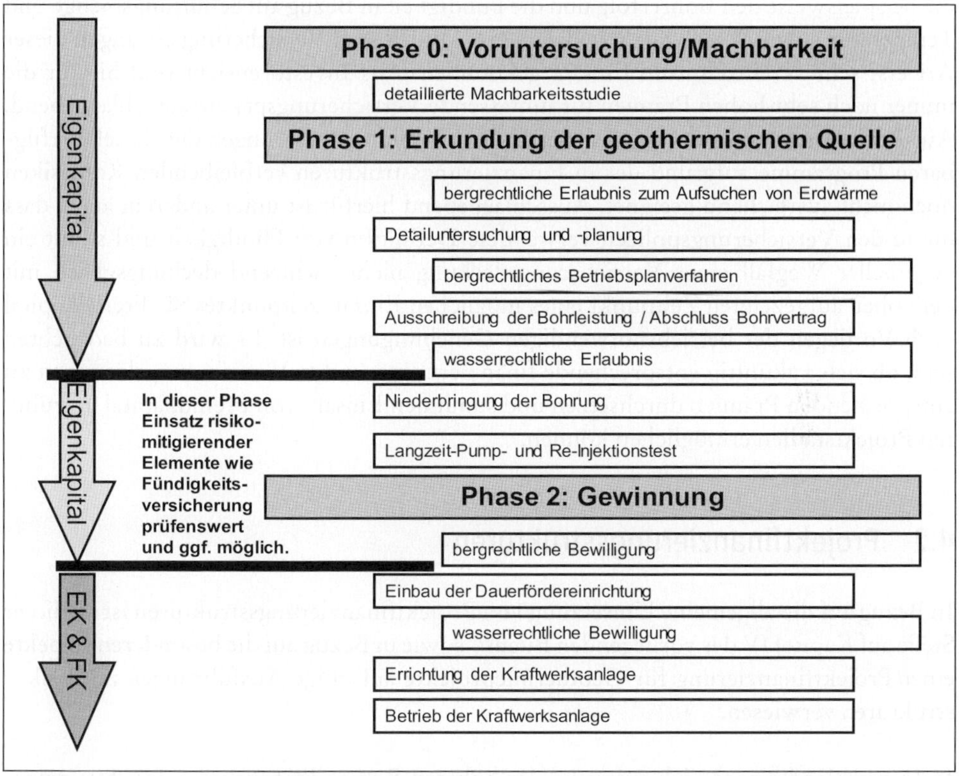

Hierbei verändert sich die mögliche Finanzierungsstruktur ab dem Zeitpunkt des Vorliegens der bergrechtlichen Bewilligung, da ab diesem Zeitpunkt die technischen Entwicklungsschritte mit dem höchsten Risikogehalt,[12] also Niederbringung der Bohrungen und Abschluss entsprechender Pumptests mit den für den Betrieb erforderlichen Mengen und Temperaturen, erfolgreich abgeschlossen wurden und die für den langfristigen Betrieb entscheidenden Genehmigungen vorliegen.

Ab dem Beginn der Bohrphase kann für Investoren der Einsatz risikomitigierender Instrumente wie Versicherungen in Erwägung gezogen werden. Hier bieten sich sowohl

---

[12] In Bezug auf den Risikogehalt ist auch zwischen der Wahrscheinlichkeit des Eintritts eines Risikos und den Auswirkungen eines Eintritts zu unterscheiden. Erst die Betrachtung der Kombination beider Aspekte ergibt für die Risikoeinschätzung ein vollständiges Bild. So sind beispielsweise Bohrrisiken sowohl mit einer mittleren Eintrittswahrscheinlichkeit als auch mit unter Umständen hohen Auswirkungen eines Risikoeintritts bis hin zum Totalverlust der Investition ausgestattet und somit primär als Eigenkapitalrisiko zu verstehen.

staatliche Förderprogramme wie auch privatwirtschaftliche Versicherungslösungen an, die beispielsweise den Bohrerfolg und die Fündigkeit in Bezug auf Schüttungsmenge und Temperatur sowie Wasserqualität absichern. Aktuell sind Versicherungslösungen dieser Art erst sehr vereinzelt zum Einsatz gekommen. Aus Investorensicht sind hierfür die immer noch sehr hohen Prämien für umfassende Versicherungspakete ausschlaggebend. Aus Bankensicht sind für die Absicherung von Fremdfinanzierungen die aktuell verfügbaren Programme aufgrund der in Finanzierungsstrukturen verbleibenden Restrisiken noch nicht ausreichend geeignet. Ausschlaggebend hierfür ist unter anderem auch, dass die in den Versicherungspolicen verwendete Definition von Fündigkeit und somit ein eventueller Wegfall einer Versicherungsdeckung nicht zwingend deckungsgleich mit dem oben aufgezeigten Zeitpunkt eines möglichen Einsatzzeitpunktes für Fremdkapital nach Vorliegen der betriebsnotwendigen Genehmigungen ist. Es wird zu beobachten sein, ob sich zukünftig entsprechende finanzierungsgerechte Versicherungslösungen zu entsprechenden Prämien durchsetzen und somit den Einsatz von Fremdkapital in früheren Projektstadien ermöglichen können.

4.2 Projektfinanzierungsstrukturen

In Bezug auf die allgemeine Umsetzung von Projektfinanzierungsstrukturen ist an dieser Stelle auf Kapitel IV des vorliegenden Buchs[13] sowie in Bezug auf die besonderen Aspekte einer Projektfinanzierung für Geothermieprojekte auf obige Ausführungen zu Risikostrukturen verwiesen.

In Deutschland eignen sich aufgrund der höheren Rentabilität insbesondere Stromprojekte in hydrothermalen Gegenden für diese Art der Finanzierungsstrukturen, da nach Fertigstellung durch die Stromeinspeiseerlöse zu fixierten Preisen nach EEG geringe Schwankungen auf der Erlösseite relativ gut prognostizierbaren Kostenstrukturen gegenüberstehen. Dies führt zu risikoadäquaten Schuldendienstdeckungs-[14] und Kreditlaufzeitdeckungsgraden,[15] was eine Grundvoraussetzung für die erfolgreiche Umsetzung

[13] Darstellung zu allgemeinen Themen der Projektfinanzierung z.B. auch bei Röver (2008), S. 491 ff.

[14] Schuldendienstdeckungsgrad (Debt Service Cover Ratio [DSCR]): Der Quotient aus dem geplanten für den Schuldendienst frei verfügbaren Cashflow einer bestimmten Periode und dem in dieser Periode zu leistenden Schuldendienst (Zins- und Tilgungsleistungen sowie Provisionen und Bearbeitungsgebühren).

[15] Kreditlaufzeitdeckungsgrad (Loan Life Cover Ratio [LLCR]): Der Quotient aus dem Nettobarwert aller prognostizierten frei verfügbaren Cashflows der jeweils verbleibenden Kreditlaufzeit diskontiert auf einen Zeitpunkt zu dem zu diesen Zeitpunkt ausstehenden Finanzierungsvolumen. Der gewichtete Zinssatz der ausstehenden Kredite wird hierbei als Diskontierungssatz angewendet.

einer Projektfinanzierung darstellt. Die maximale Verschuldung eines Projektes während der Gesamtlaufzeit (Bau- und Betriebsphase) wird mithilfe eines Finanzierungsmodells ermittelt. Dabei wird die notwendige Einhaltung von risikoadäquaten Deckungsgrad-Kennziffern auch in als realistisch eingeschätzten, negativen Abweichungen vom ursprünglichen Businessplan berücksichtigt. Hierbei kann es gerade bei Geothermieprojekten durch die hohen Anfangsinvestitionen nach erfolgreichem Abschluss der Bohrphase im Extremfall sogar zu einer sonst eher ungewöhnlichen Rückzahlung von bereits investiertem Eigenkapital an die Investoren kommen. Zur Sicherstellung eines adäquaten Investoreninteresses werden Banken jedoch immer auf einen risikoadäquaten Mindestanteil an Eigenkapital in der Projektfinanzierungsstruktur bestehen.

In der Vergangenheit wurden in Deutschland und auch international[16] verschiedene Versuche für die Finanzierung von Geothermieprojekten auf Projektfinanzierungsbasis unternommen. Diese Projekte sind meist aufgrund von speziellen Risikoaspekten und Fragen der Risikoallokation innerhalb der Finanzierungsstrukturen nicht zur Umsetzung gekommen. Insbesondere waren Banken in der Regel nicht bereit, eigenkapitalähnliche Risiken in der frühen Entwicklungsphase als Fremdkapitalgeber zu zeichnen. Auch bei teilweiser Unterstützung durch öffentliche Förderprogramme waren Finanzinstitutionen aufgrund der für Fremdkapitalgeber noch immer verbleibenden Restrisiken nicht bereit, entsprechende Fremdkapitalien zur Verfügung zu stellen.

Ende 2010 wurde die erste komplett privatwirtschaftliche Projektfinanzierung eines Geothermieprojektes für reine Stromerzeugung in Bayern umgesetzt, wobei die oben ausgeführten Aspekte der Risikoverteilung zwischen den Projektparteien weitestgehend berücksichtigt wurden und zu einer für alle Parteien tragfähigen Lösung geführt haben.[17] Die erarbeitete Finanzierungsstruktur wurde am Markt für Finanzierungen erfolgreich akzeptiert, was durch die erfolgreiche Syndizierung an weitere Bankpartner durch das strukturierende Institut belegt wurde.

4.3 Finanzierungsstrukturen im kommunalen Bereich

Gerade bei der Umsetzung von wärmebasierten Projekten gewinnt das Engagement der öffentlichen Hand aufgrund der für die Betriebsphase dargestellten Risiken in Bezug auf Absatzmenge, Preis und Erschließungskosten für Fernwärmenetze mehr und mehr an Bedeutung. Auch ist die Bereitstellung von Wärme in Gemeinden gut mit dem Auftrag der öffentlichen Daseinsvorsorge vereinbar und gewünscht. Bei dieser Art von Projekten

16 Geothermal projects lack project finance, in: Project Finance International, 24.03.2011, S. 26.

17 Vgl. www.tiefegeothermie.de, Meldung vom 14.02.2011: „BayernLB finanziert erstmals ein privates Geothermie-Kraftwerk“.

bieten sich in Deutschland prinzipiell zwei Finanzierungsformen für die Umsetzung an: (1) Absicherung einer privatwirtschaftlich organisierten Projektgesellschaft durch Vergabe einer 100-prozentigen Kommunalbürgschaft oder (2) Gründung einer Betriebsgesellschaft in der Form einer Anstalt öffentlichen Rechts, die der Gewährträgerhaftung der Kommune unterliegt.[18]

Abbildung 4: Transaktionsstruktur mit 100% Kommunalbürgschaft

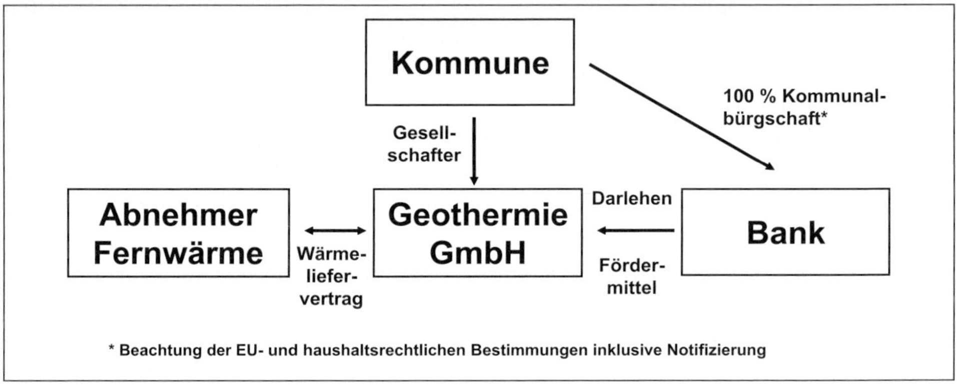

Die Finanzierung unter Einbindung der Kommune durch eine Kommunalbürgschaft (Abbildung 4) ist durch die gegenüber einer privatwirtschaftlich strukturierten Finanzierungsform in Form einer Projektfinanzierung für die Fremdkapitalgeber verbesserte Risikostruktur günstiger, da die Risikoanalyse hierbei unter Berücksichtigung des kommunalen Hintergrundes erfolgt. Für diese Form der Bürgschaftsübernahme sind neben haushaltsrechtlichen Fragestellungen auch wettbewerbsrechtliche Fragestellungen zu beachten. Die Frage einer gegebenenfalls notwendigen EU-Notifizierung ist durch die jeweilige Kommune in Zusammenarbeit mit der zuständigen Rechtsaufsicht zu klären.

Alternativ ist die Umsetzung in der Rechtsform eines Kommunalunternehmens prinzipiell möglich, wobei die haushaltsrechtlichen Einschränkungen entsprechend zu beachten sind. Bei dieser Variante einer Finanzierung unter Berücksichtigung der Gewährträgerhaftung erfolgt die Umsetzung des Projektes in einer separaten Anstalt öffentlichen Rechts (AöR). Hierzu werden sowohl entsprechende Finanzierungsverträge als auch entsprechende Lieferverträge mit den Abnehmern der zu erzeugenden Wärme abgeschlossen. Die Gewährträgerhaftung der Kommune für die AöR wird durch die Bank entsprechend positiv in der Risikoanalyse berücksichtigt. Die aufgenommenen Kredite werden

[18] Siehe auch Vortrag von Tanja Mönkhoff am 13./14.04.2010: „Finanzierungsmöglichkeiten für kommunale Geothermieprojekte" unter http://www.ggsc-seminare.de/pdf/2010_04_geothermie/14_Moenkhoff.pdf.

bei zukünftigen Kreditvergaben, obwohl außerhalb des Kernhaushaltes aufgenommen, bei der Ermittlung der dauernden Leistungsfähigkeit der Kommune berücksichtigt. Daher ist diese Finanzierungsvariante nur für sehr bonitätsstarke Kommunen eine gangbare Variante.

Vor dem Hintergrund der extrem langen Investitionszeiten mit hohen Eigenkapitalanforderungen bei Wärmeprojekten und den übrigen dargestellten Risikoaspekten einerseits sowie der nach entsprechender Prüfung eventuell notwendigen EU-Notifikation bei vollständigen Kommunalbürgschaften andererseits wurden in den vergangenen Jahren Finanzierungsstrukturen mit einer lediglich 80-prozentigen Deckung durch Kommunalbürgschaften entwickelt (Abbildung 5).

Abbildung 5: Transaktionsstruktur mit 80% Kommunalbürgschaft

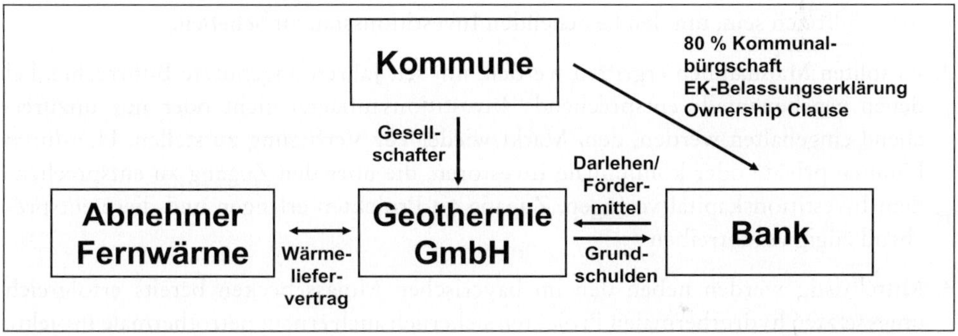

Hierbei ist jedoch ebenso wie bei einer Projektfinanzierung für ein privatwirtschaftliches Unternehmen eine vollständige Prüfung der wirtschaftlichen Tragfähigkeit des Projektes mit allen mit dem Projekt verbundenen Risiken erforderlich. Die entsprechende kommunale Ausfallbürgschaft sowie ausreichende Kapitalisierung der Projektgesellschaft in Verbindung mit gegebenenfalls zu stellenden Zusatzsicherheiten wie Eigenkapitalbelassungserklärungen und Eigentümerbestandsklausel können jedoch im Einzelfall ausreichend sein, um die identifizierten Projektrisiken für Banken ausreichend zu mitigieren.

5 Ausblick

In den vergangenen Jahren hat die Geothermie in Deutschland bedeutende Fortschritte bei der Umsetzung von ersten geothermischen Projekten gemacht. So konnte beispielsweise das Projekt Unterhaching nach anfänglichen technischen Schwierigkeiten inzwischen stabil in Produktion genommen werden. Leider hat es durch verschiedene Faktoren auch Rückschläge wie beispielsweise in Landau oder Staufen (hier allerdings oberflächennahe Geothermie) gegeben, die das Vertrauen der Bevölkerung in Geothermieprojekte nicht befördert haben. Durch die Ereignisse in Fukushima in Japan im März 2011 und den sich daraufhin andeutenden vollständigen Ausstieg Deutschlands aus der Atomenergie bieten sich nunmehr jedoch bedeutende Chancen für den weiteren Ausbau der Geothermie. Dies liegt nicht zuletzt an dem im Vergleich zu anderen Formen der Energieerzeugung aus Erneuerbaren Energien bedeutenden Vorteil der Grundlastfähigkeit der Geothermie.

Für die weitere Beschleunigung eines Ausbaus der Geothermie in Deutschland erscheinen aus heutiger Sicht folgende drei Hauptaspekte beachtenswert:

1. Geothermieprojekte im Allgemeinen sowie Wärmeprojekte im Besonderen unterliegen hohen Anfangsinvestitionen. Hier könnten entsprechende Bürgschaftsprogramme auf Bundes- oder Länderebene zur Risikoübernahme bei der Kapitalbeschaffung insbesondere für frühe Projektphasen sowohl für private als auch für kommunale Investoren hilfreich sein, um den bestehenden Investitionsstau zu beheben.

2. Es sollten Maßnahmen ergriffen werden, um seit Jahren ungenutzte Bohrrechte, bei denen gegebenenfalls entsprechende Investitionsauflagen nicht oder nur unzureichend eingehalten werden, dem Markt wieder zur Verfügung zu stellen. Hierdurch könnten private oder kommunale Investoren, die über den Zugang zu entsprechendem Investitionskapital verfügen, Zugang zu Projekten erlangen und diese entsprechend zügig vorantreiben.

3. Mittelfristig werden neben den im bayerischen Molassebecken bereits erfolgreich umgesetzten hydrothermalen Projekten sicherlich auch erneut petrothermale Projekte an Bedeutung gewinnen. Hierfür sind allerdings noch bedeutende Investitionen in die Forschung dieser Technik notwendig.

Literatur

Röver, Jan-Hendrik (2008): Finanzierung eines Projekts, in: Siebel, Ulf. R./Röver, Jan-Hendrik/Knütel, Christian (Hg.): Rechtshandbuch Projektfinanzierung und PPP, Köln, München, S. 491-841

trend:research (2010): Der Geothermiemarkt in Europa bis 2030, Bremen

Darlehensverträge bei der Finanzierung von Erneuerbare-Energien-Projekten

Beda Wortmann

1 Einleitung

Der Darlehens- oder Kreditvertrag bildet das Herzstück einer jeden Projektfinanzierung. Viele der typischen Vertragsklauseln eines Darlehensvertrages unterscheiden sich nicht oder nur kaum, ganz gleich, ob es sich um eine Projektfinanzierung im Bereich Erneuerbare Energien (EE), um eine Akquisitionsfinanzierung oder um eine allgemeine Unternehmensfinanzierung handelt. Dies trifft insbesondere auf Klauseln zu, die sich eher mit der Technik der Darlehensgewährung, der Berechnung von Zinsen, der Rückzahlung des Darlehens und dergleichen befassen. Auf der anderen Seite dient der Darlehensvertrag aber auch dazu, spezifische Themen einer Finanzierung zu adressieren, was insbesondere für die Vergabe von Darlehen im Bereich von Erneuerbaren Energien gilt.

Schließlich werden die Finanzierungsdokumente – auch bei heimischen Projekten – häufig in der englischen Sprache erstellt, weil entweder ein ausländisches Unternehmen beteiligt ist oder die Fremdkapitalgeber das Darlehen international syndizieren wollen. Deshalb haben sich gerade im Bereich der Projektfinanzierung englischsprachige Begriffe eingebürgert, auf die im Folgenden – soweit angebracht – auch Bezug genommen wird.

2 Allgemeine Grundlagen der Ausgestaltung des Darlehensvertrags

Jede Projektfinanzierung, sei es im Bereich Erneuerbarer Energien, sei es in sonstigen Bereichen, weist eine Reihe von Charakteristiken auf, die sie von anderen Finanzierungen unterscheidet und die sich auch in den Finanzierungsverträgen, aber insbesondere im Darlehensvertrag niederschlagen. Diese sollen im Folgenden überblicksartig dargestellt und ihre Auswirkung auf die Darlehensdokumentation erläutert werden.

2.1 Limited Recourse (Haftungsbegrenzung)

Eine Projektfinanzierung dient stets der Finanzierung eines konkreten eigenständigen Vorhabens. Vorrangiges Interesse der Projektsponsoren ist es dabei, sich so weit wie möglich von einer (Durchgriffs-)Haftung abzuschirmen, also insbesondere nicht unter dem Darlehensvertrag verpflichtet zu werden. Daher gründen die Sponsoren typischerweise eine Projektgesellschaft (in der Regel eine GmbH oder eine GmbH & Co. KG), die dazu bestimmt ist, Träger aller Rechte und Pflichten zu sein, die im Zusammenhang mit dem Projekt entstehen und anderenfalls die Sponsoren treffen würden. Die Rolle der

Projektgesellschaft besteht folglich darin, als zentrale organisatorische Einheit und als Vehikel zur Finanzierung des Projekts[1] den Kreditvertrag sowie alle anderen Verträge abzuschließen und das Projekt im eigenen Namen zu verwirklichen.

Obwohl die Sponsoren zu Beginn Eigenkapital in die Projektgesellschaft einbringen, wird der Kapitalbedarf eines EE-Projekts typischerweise überwiegend durch Fremdkapital gedeckt. Dennoch haben die finanzierenden Banken in der Regel gegenüber den Sponsoren keine oder nur sehr eingeschränkte Rückgriffsmöglichkeiten (Limited Recourse). Darlehensnehmer und einziger Sicherheitengeber ist in den meisten Fällen die Projektgesellschaft, deren Vermögen im Falle eines Scheiterns der Finanzierung den Darlehensgebern in erster Linie zur Verfügung steht. Nur in Ausnahmefällen kommt eine Haftung der Sponsoren gegenüber den Fremdkapitalgebern aus etwaig gewährten Bürgschaften oder Garantien in Betracht. Gerade wegen der beschränkten persönlichen Haftung liegt es im Interesse der Fremdkapitalgeber, dass die Investoren über ihre Kapitalbeteiligung hinaus ein langfristiges strategisches und wirtschaftliches Interesse an dem EE-Projekt haben, um dieses in schwierigen Zeiten gegebenenfalls durch zusätzliches (Eigen-)Kapital zu unterstützen.[2] Ist vor diesem Hintergrund der Umfang der Haftung für die Fremdkapitalgeber begrenzt, kann ihr Schuldner unter dem Darlehensvertrag auch nur begrenzt am Geschäftsleben teilhaben, nämlich nur soweit dies für die Projektumsetzung notwendig ist. Dies wird im Darlehensvertrag vor allem durch die Vereinbarung von Auflagen (Covenants) sichergestellt. Diese legen den Freiraum fest, innerhalb dessen sich die Projektgesellschaft ohne Mitwirkung der Fremdkapitalgeber bewegen kann.

2.2 Cashflow-based Financing (Cashflow-Orientierung)

Projektfinanzierungen sind Cashflow-orientiert. Die Parteien gehen grundsätzlich davon aus, dass der Cashflow, den das Projekt generiert, sowohl Investitions- und Betriebskosten des Projekts als auch Zins und Tilgung der Fremdfinanzierung deckt und darüber hinaus eine Verzinsung des Eigenkapitals ermöglicht.[3] Die Kreditentscheidung der finanzierenden Banken hängt daher allein von dem zu erwartenden Cashflow ab und wird entsprechend dem wirtschaftlichen Potenzial des Projekts zugeschnitten. Daher spielt die Kreditwürdigkeit der Sponsoren nur eine untergeordnete Rolle. Die weitaus größere Bedeutung kommt hingegen dem Finanzmodell zu, welches auf der Grundlage bestimmter Annahmen den Cashflow über die gesamte Projektlaufzeit darstellt und

[1] Röver, in: Siebel/Röver/Knütel (2008), Rn. 1.640.

[2] Knütel, in: Siebel/Röver/Knütel (2008), Rn. 1.643.

[3] Reuter (2010), S. 13.

anhand dessen überprüft wird, ob dieser ausreicht, um den Schuldendienst unter dem Darlehensvertrag und die laufenden Kosten des Projekts zu decken sowie eine angemessene Eigenkapitalrendite zu ermöglichen.[4]

Ebenso wie die Haftungsbegrenzung (Limited Recourse) wirkt sich auch die Cashflow-Orientierung an verschiedenen Stellen auf die Vertragsdokumentation, aber insbesondere jedoch auf den Darlehensvertrag aus. Einerseits streben die Kreditgeber eine möglichst genaue Überwachung des Cashflow bis hin zu der Möglichkeit an, in die Organisation des EE-Projekts direkt einzugreifen, andererseits sollen Zins und Tilgung an die prognostizierte Entwicklung des Cashflow angepasst werden und dessen positive Entwicklung nicht gefährden. So ist oftmals eine Anlaufphase in der Finanzierung zu berücksichtigen, während derer zunächst ausschließlich Kosten für die Errichtung des EE-Projekts entstehen, ohne dass dem bereits z.B. Einnahmen aus der Einspeisung des erzeugten Stroms gegenüberstünden. Erst nach erfolgreicher Errichtung der Anlage zeigt sich, ob der prognostizierte Cashflow erzielt wird. Um dieses Prognoseelement möglichst gering zu halten, sieht der Darlehensvertrag typischerweise neben den bereits erwähnten Auflagen noch bestimmte Auszahlungsvoraussetzungen vor. Diese können sich z.B. auf die Vorlage von Windgutachten oder Berichte über die technische Machbarkeit des EE-Projekts beziehen. Gerade im Bereich von Offshore-Windparks oder Geothermie sind solche technischen (Machbarkeits-)Gutachten äußerst wichtig. Denn auf diesem Feld der Erneuerbaren Energien gibt es bislang noch nicht viele erfolgreich umgesetzte Projekte und damit einen faktischen Erfahrungsschatz auf Seiten der Fremdkapitalgeber, der es zulässt, die technische Machbarkeit ähnlich zuverlässig zu beurteilen wie z.B. bei Onshore-Windparks. Wie auch bei anderen Projektfinanzierungen muss der Darlehensvertrag bei einer Projektfinanzierung im Bereich Erneuerbarer Energien daher sicherstellen, dass der nach dem Finanzmodell vorgesehene Cashflow tatsächlich erwirtschaftet wird bzw. dass diesen etwa beeinträchtigende Risiken minimiert werden.

Instrument der Sicherstellung des Cashflow und daher Dreh- und Angelpunkt einer Projektfinanzierung im EE-Sektor sind staatliche Förderungen. In der Regel sind Projektfinanzierungen bei Erneuerbaren Energien wirtschaftlich nur rentabel, wenn diese durch entsprechende Subventionen unterstützt werden. Vor diesem Hintergrund bergen solche Finanzierungen ein großes politisches und regulatorisches Risiko für den Fall, dass diese Subventionen zu einem späteren Zeitpunkt wegfallen. Ziel der Subventionen aus Sicht des Gesetzgebers ist es, die Forschung und Entwicklung von Energiegewinnung aus erneuerbaren Ressourcen zu fördern und damit auf lange Sicht eine Kostenreduzierung zu erreichen, welche dann entsprechende Projekte auch ohne staatliche Unterstützung wirtschaftlich attraktiv macht.

---

4 Knütel, in: Siebel/Röver/Knütel (2008), Rn. 1.647.

Typischerweise erfolgt die Subvention im Bereich Erneuerbare Energien durch eine feste (gesetzlich verankerte) Einspeisevergütung. In Deutschland gewährt das Erneuerbare-Energien-Gesetz (EEG) für Strom aus Erneuerbaren Energien spezielle Einspeisevergütungen (Feed-in Tariff) und Boni sowie eine Anschluss- und Abnahmepflicht für den generierten Strom. Auch das Erneuerbare-Energien-Wärmegesetz (EEWärmeG) gewährt staatliche Förderungen im Hinblick auf die Gewinnung von Wärme aus Erneuerbaren Energien. Nach § 3 Nr. 3 EEG fallen unter den Begriff der Erneuerbaren Energien Wasserkraft einschließlich der Wellen-, Gezeiten-, Salzgradienten- und Strömungsenergie, Windenergie, solare Strahlungsenergie, Geothermie, Energie aus Biomasse einschließlich Biogas, Deponiegas und Klärgas sowie aus dem biologisch abbaubaren Anteil von Abfällen aus Haushalten und Industrie.[5] Daraus ergeben sich fünf wesentliche Energiequellen: Wasserkraft, Windenergie, Solar, Geothermie und Biomasse.

Soweit das einzelne Projekt in den Anwendungsbereich des EEG fällt, ist der gesetzliche Vergütungsanspruch des Anlagenbetreibers (der Projektgesellschaft) aus § 16 Abs. 1 EGG von besonderer Bedeutung für die Finanzierung, denn dadurch wird der Abnahmepreis, der den Cashflow sichert, vorab festgelegt. Die Förderungsdauer ist grundsätzlich auf 20 Jahre nach § 21 Abs. 2 Satz 1 EEG befristet, was zwangsläufig auch zu einer Begrenzung der maximal denkbaren Laufzeit des Darlehens führt. Die Höhe bemisst sich nach den §§ 18-33 EEG und hängt von der Art der Energiequelle und der Größe des Kraftwerks ab. Diese garantierte Einspeisevergütung eliminiert das Markt- und Bonitätsrisiko bezogen auf die Stromabnehmer vollkommen, allein ein minimales Inflationsrisiko verbleibt.[6]

Ein Wegfall der Einspeisevergütung würde den Cashflow verringern und das Projekt als Ganzes gefährden. Auch bei verspäteter Inbetriebnahme kann die staatliche Förderung gefährdet sein, wenn die Subvention an die Inbetriebnahme zu einem bestimmten Termin gebunden ist.[7] Derartige Zeitvorgaben sind vorab zu prüfen und bei der zeitlichen Planung mit einzubeziehen. Gibt es keine Einspeisevergütung, muss versucht werden, die Abnahme des Stroms und auch den Preis über sogenannte Power Purchase Agreements (PPA, Stromabnahmevertrag), d.h. einen Vertrag zwischen Projektgesellschaft und Netzbetreibern über die Abnahme von Strom zu einem festgelegten Preis, zumindest für die Dauer der Kreditlaufzeit sicherzustellen.

Der Cashflow kann jedoch auch aus wirtschaftlichen Gründen bewusst Schwankungen unterworfen werden. Teilweise werden Wasserkraftwerke zur Stromgewinnung lediglich zur Spitzenabschöpfung genutzt, d. h., in Zeiten eines überhöhten Strombedarfs wird

[5] Demgegenüber ist der Anwendungsbereich des EEWärmeG § 2 Abs. 1 eingeschränkt.

[6] Kersting (2011), S. 58.

[7] Bspw. erhöhte Anfangsvergütung bei Offshore-Windkraft bei Inbetriebnahme vor 01.01.2016, § 31 Abs. 2 Satz 2 EEG.

das Wasserkraftwerk angestellt und der gewonnene Strom kann aufgrund des Bedarfs zu sehr guten Preisen verkauft werden. Dies kann aber im Gegenzug einen gleichmäßigen Cashflow gefährden und muss daher z.B. bei der Festlegung des Rückzahlungsprofites des Darlehens berücksichtigt werden. Gleiches gilt für die Zahlung von Zinsen. Hier müssen gegebenenfalls Reservekonten vorgesehen werden, aus denen die Zinszahlungen während derjenigen Perioden gespeist werden, in denen keine oder nur wenig Einnahmen fließen.

2.3 Risk-Sharing (Risikoverteilung)

Über die meist über Jahre andauernde Laufzeit ist ein EE-Projekt umfangreichen Risiken ausgesetzt, die den Cashflow beeinträchtigen können. Vor diesem Hintergrund wird versucht, Projektrisiken zu identifizieren und diese im Rahmen der Vertragsgestaltung unter den Parteien angemessen zu verteilen. Dabei trägt idealerweise diejenige Partei das Risiko, das dieses beherrschen bzw. die wirtschaftlichen Folgen seiner möglichen Realisierung tragen kann (ohne das Gesamtprojekt zu gefährden).

Zu diesem Zweck wird zunächst eine Machbarkeitsstudie (Due Diligence) durchgeführt, um die technische, wirtschaftliche und rechtliche Durchführbarkeit des Projekts zu überprüfen. Bestätigt ihr Ergebnis ein angemessenes Risikoprofil, werden die Fremdkapitalgeber das erforderliche Kapital zur Realisierung des Projekts bereitstellen.[8] Gleichzeitig fließen die Ergebnisse dieser Untersuchung in die Vertragsdokumentation ein. Dreh- und Angelpunkt ist hier der Darlehensvertrag, welcher als Kern der Dokumentation die gefundene und ausbalancierte Risikoverteilung widerspiegelt. Aus diesem Grund finden sich z.B. bei manchen Auflagen oder Kündigungsgründen sogenannte De-minimis-Regelungen, nach denen die Projektgesellschaft erst dann die Fremdkapitalgeber einschalten muss oder eine Klausel des Darlehensvertrags verletzt, wenn bestimmte Schwellenwerte (z.B. für die Aufnahme zusätzlicher Verschuldung) überschritten sind. Bis zu diesem Grad übernehmen die Darlehensgeber das betreffende Risiko, während es danach auf den Darlehensnehmer übergeht.

Neben den allgemeinen Risikoüberlegungen, die mehr oder weniger für die meisten Darlehensverträge für Projektfinanzierungen gelten, kommen im Erneuerbare-Energien-Sektor gewisse Spezifika zum Tragen, die teilweise einen nicht unerheblichen Einfluss auf die Vertragsgestaltung haben. Diese leiten sich aus den Risiken und der Risikostruktur des einzelnen Projekts ab. Hier sind insbesondere die landesrechtlichen Regelungen zu

[8] Knütel, in: Siebel/Röver/Knütel (2008), Rn. 1.649.

beachten, die je nach Art (Wasserkraftwerk, Windpark etc.) und Lage (planungsrechtlich ausgewiesene Gebiete) des Vorhabens gewisse Grenzen setzen oder zusätzliche Risiken aufwerfen. Auch die spezifischen geografischen Voraussetzungen sind bei der Vertragsgestaltung des betreffenden Darlehensvertrages zu berücksichtigen. Typischerweise ist bei EE-Projektfinanzierungen bereits in der Planungsphase des Projekts auf die Genehmigungsbedürftigkeit und -fähigkeit der geplanten Erneuerbare-Energie-Anlage zu achten. Neben der grundsätzlich erforderlichen baurechtlichen Genehmigung treten teilweise besondere Genehmigungsverfahren in Deutschland u.a. nach dem Bundesimmissionsschutzgesetz (BimSchG) hinzu, die unter Umständen sehr zeitaufwendig sein können. So sind insgesamt eine Vielzahl von individuellen Umständen bei dem jeweiligen Projekt zu beachten, und es ist zu überlegen und vertraglich zu dokumentieren, wie den identifizierten Risiken begegnet werden kann, wie diese auf die Vertragsparteien zu verteilen sind und welche sonstigen Auswirkungen diese Faktoren bei der Vertragsgestaltung haben.

3 Typische Struktur eines Darlehensvertrags bei EE-Projektfinanzierungen

In der Projektfinanzierung sind die Finanzierungsstruktur und die vertraglichen Vereinbarungen generell durch die Risikoverteilung geprägt. Daher ist im Vorfeld eine umfassende Risikoanalyse erforderlich, um jedes denkbare tatsächliche und rechtliche Risiko, welches den künftigen Cashflow beeinträchtigen kann, in der Vertragsdokumentation zu berücksichtigen. Die Risikoverteilung und -gewichtung kann je nach Projekt und Typus der (erneuerbaren) Energiequelle sehr unterschiedlich ausfallen.[9] Entsprechend ist auch der Darlehensvertrag bei EE-Projektfinanzierungen maßgeschneidert. Dennoch enthält jeder Kreditvertrag eine Reihe von typischen Bestimmungen, die in der Folge näher erläutert werden.

3.1 Allgemeine Bestimmungen

Vorangestellt wird im Kreditvertrag typischerweise eine Präambel und eine Reihe von Definitionen, wie dies auch in der angloamerikanischen Rechtspraxis üblich ist. Sodann enthält der Darlehensvertrag Klauseln, aufgrund derer sich der Darlehensgeber verpflichtet, die Darlehenssumme auszuzahlen und für einen bestimmten Zeitraum dem Darlehensnehmer zu überlassen. Der Darlehensnehmer übernimmt im Gegenzug die Pflicht

[9] Vgl. die entsprechenden Beiträge in Kapitel IV: „Finanzierung Erneuerbarer Energien" im vorliegenden Buch.

zur Zins- und Rückzahlung zum vereinbarten Zeitpunkt. Zur Sicherung des Rückzahlungsanspruches und der Zinszahlungen werden dem Kreditgeber Sicherheiten gestellt, zu deren Bestellung sich der Kreditnehmer im Darlehensvertrag verpflichtet.[10]

Im Rahmen einer EE-Projektfinanzierung werden von den Banken typischerweise unterschiedliche Darlehen gewährt (Tranchen). Unterscheiden kann man die Darlehen danach, ob der Betrag einmal zur Verfügung gestellt wird oder es sich um ein revolvierendes Darlehen (Revolving Facility) handelt, wie bei Krediten für Betriebsmittel üblich. Bei einem solchen revolvierenden Darlehen kann die Darlehensvaluta nach (teilweiser) Rückzahlung wiederholt bis zum vereinbarten Höchstbetrag gezogen werden. Auch die Zwecke, zu denen die einzelnen Darlehen bereitgestellt werden, variieren (z.B. die Finanzierung von Baukosten, Bauzeitzinsen, Umsatzsteuer usw.). Ebenso werden häufig Rangklassen gebildet, wobei die vorrangigen Darlehen als Senior Facility und die nachrangigen als Junior Facility bezeichnet werden. Sie unterscheiden sich im Wesentlichen in Bezug auf den Umfang der Sicherheiten und die Höhe des Zinssatzes sowie die Modalitäten der Rückzahlung.

Der Darlehensnehmer verpflichtet sich im Darlehensvertrag, die Darlehenssumme zurückzuzahlen, wobei die Modalitäten und der Zeitpunkt der Rückzahlung unterschiedlich ausgestaltet sein können. Im Bezug auf die planmäßige Tilgung ist zwischen Annuitätendarlehen (Annuity Loan), bei welchen die feste Rückzahlungsrate, bestehend aus Zins- und Tilgungsanteil, über die Dauer der Laufzeit gleich bleibt (der sinkende Zinsanteil korrespondiert mit dem steigenden Tilgungsanteil), und Tilgungsdarlehen (Amortisation Loan) zu unterscheiden, bei welchen der Tilgungsbetrag gleich bleibt, sich jedoch der zusätzliche Zinsbetrag über die Zeit verringert. Alternativ kann die Rückzahlung der Darlehensvaluta so ausgestaltet werden, dass sie der Cashflow-Entwicklung des Projekts entspricht. Dabei wird die Höhe der Rate vom Einhalten bestimmter Finanzkennzahlen abhängig gemacht, sodass der Darlehensnehmer dann beispielsweise einen Prozentsatz seiner Nettoeinkünfte zur Tilgung einsetzen muss. Diese Ausgestaltung stellt sicher, mit den Belastungen aus der Darlehensrückzahlung nicht die wirtschaftliche Leistungsfähigkeit der Projektgesellschaft zu beeinträchtigen. Bei Windenergieprojekten gibt es beispielsweise über das Jahr verteilt windstärkere Winter- und windschwächere Sommermonate, wodurch die erzeugte Strommenge und damit die zur Verfügung stehenden Einnahmen ebensolchen Schwankungen ausgesetzt sind. Dies ist insoweit positiv, als die Windverteilung dem durchschnittlichen Strombedarf über das Jahr entspricht, der im Winter höher als im Sommer ist. Problematisch kann dies jedoch werden, wenn in einen Zahlungszeitraum mit gleichbleibenden Tilgungsraten ausschließlich oder überwiegend windschwache Monate fallen. Deshalb sollten entweder die Tilgungszeiträume

[10] Vgl. den Beitrag „Kreditsicherheiten bei der Projektfinanzierung auf dem Gebiet der Erneuerbaren Energien" von Marc Riede im vorliegenden Buch.

so gewählt werden, dass der Anteil von windschwachen Monaten jeweils gleich bleibt, oder unterschiedliche Tilgungsraten festgelegt werden.[11]

Eine Anpassung der Rückzahlungsraten an die wirtschaftliche Entwicklung des Projekts kann auch durch die Vereinbarung von außerplanmäßigen Tilgungen (Mandatory Prepayment, Cash Sweep) erfolgen, die beispielsweise an einen höher als erwarteten Gewinn geknüpft sind. Um auf das Beispiel der Windenergieanlagen zurückzukommen: Für den Fall, dass die vereinbarte Kreditlaufzeit über den Zeitpunkt der (erhöhten) Einspeisevergütung hinaus läuft, können Cash Sweeps dazu genutzt werden, die letzten Raten vorzeitig zu tilgen und damit das Ende der Kreditlaufzeit vor den Zeitpunkt des Endes der erhöhten Vergütung zu schieben.[12] Daneben kann die Möglichkeit zu freiwilligen Sondertilgungen (Voluntary Prepayment) eröffnet werden.

Im Hinblick auf die Zinszahlung können alternativ ein variabler oder ein fester Zinssatz vereinbart werden. Der in der Praxis übliche variable Zinssatz wird meist durch die Bezugnahme auf einen Referenzzinssatz, wie Euro Interbank Offered Rate (EURIBOR) oder London Interbank Offered Rate (LIBOR) plus einer festen Marge bestimmt, deren Höhe auf der Risikoeinschätzung der Bank basiert. Die Zinszahlungen spiegeln das Kreditausfallrisiko der Banken wieder, sodass der Darlehensvertrag im Falle von Risikoveränderungen meist Anpassungsbestimmungen in Bezug auf die Höhe der Marge vorsieht. So ist häufig die Höhe der Marge vom Erreichen bestimmter Finanzkennzahlen abhängig (Margin Grid) und kann daher über die Laufzeit des Darlehens schwanken. Oft wird auch eine sogenannte Margenschutzbestimmung (Margin Protection Clause) aufgenommen, die es den Banken ermöglicht, die Marge zu erhöhen, soweit ihre Kosten unerwartet steigen z.B. aufgrund veränderter Eigenkapital- oder Liquiditätsanforderungen.

Um eine Überbelastung durch die Zinszahlungen zu Beginn des Projekts zu vermeiden, wird oftmals eine zinsfreie Periode (Interest Grace Period) vorgesehen. Zu beachten ist jedoch, dass nach deutschem Recht die insoweit auflaufenden Zinsen nicht von vornherein wieder verzinst werden dürfen. Denn aufgrund des nach deutschem Recht bestehenden Zinseszinsverbotes (§§ 248 Abs. 1 des Bürgerlichen Gesetzbuchs [BGB], 353 Satz 2 Handelsgesetzbuch [HGB]) kann eine Kapitalisierung von Zinsen erst dann mit dem Kreditnehmer wirksam vereinbart werden, wenn die Zinsen fällig geworden sind. Häufig sieht der Darlehensvertrag in dieser Hinsicht bereits das Recht des Darlehensnehmers vor, eine „Kapitalisierungsmitteilung“ an die Kreditgeber zu schicken. Etwas anderes gilt, wenn der Vertrag englischem Recht unterliegt, welches ein dem deutschen Recht vergleichbares Verbot von Zinseszins nicht kennt.

[11] Kersting (2011), S. 62.

[12] Kersting (2011), S. 62 f.

Daneben gibt es je nach Projektbeteiligten und -standort besondere Arten von Darlehen. In Deutschland bietet beispielsweise die KfW-Bank eine spezielle Finanzierung für Erneuerbare-Energien-Projekte an.[13] Im sogenannten Programmteil „Standard" wird die Errichtung, Erweiterung oder der Erwerb von Anlagen im Sinne des EEG und Kraft-Wärme-Kopplungs-Anlagen gefördert. Der Programmteil „Premium" betrifft im Wesentlichen die Förderung größerer Anlagen zur Nutzung Erneuerbarer Energien (u.a. Anlagen zur Verfeuerung fester Biomasse oder Nutzung von Tiefengeothermie, große Sonnenkollektoranlagen) mit langfristigen (bis maximal 20 Jahre), zinsgünstigen Darlehen und Tilgungszuschüssen aus Bundesmitteln. Die Finanzierung gebrauchter, d.h., bereits in Betrieb befindlicher Anlagen ist ausgeschlossen. Finanziert werden können bis zu 100% der förderfähigen Nettoinvestitionskosten ohne Mehrwertsteuer. Auch Maßnahmen zur Nutzung Erneuerbarer Energien außerhalb von Deutschland können in bestimmten Fällen unterstützt werden.[14] Der betreffende Darlehensvertrag muss in diesen Fällen die besonderen Bedingungen dieser KfW-Darlehen reflektieren.

Eine besondere Bedeutung für Projekte im Ausland kommt den Exportkreditgarantien und -bürgschaften der Bundesregierung zu. Diese werden in Deutschland von der Euler Hermes Kreditversicherungs-AG für die Bundesrepublik abgewickelt. Bevor die Bundesregierung eine entsprechende Garantie (diese gelten für private Unternehmen) oder Bürgschaft (bei öffentlichen Stellen) vergibt, wird die Wirtschaftlichkeit des Projekts geprüft. Entscheidend für den Bund ist, ob jederzeit ein ausreichender Cashflow generiert werden kann, um den Schuldendienst zu decken. Grundlage hierfür ist die Debt Service Cover Ratio (DSCR, Schuldendienstdeckungsgrad).[15] Bei der Dokumentation von Darlehen, welche von einer Exportgarantie profitieren, müssen zum einen die besonderen Vorgaben der Entscheidung über die Gewährung einer Exportgarantie umgesetzt werden. Zum anderen ist darauf zu achten, alle allgemein anwendbaren Vertragsbedingungen von Euler Hermes im Darlehensvertrag zu berücksichtigen. Das Risiko, dass dies der Fall ist, trägt der Fremdkapitalgeber, weil Euler Hermes die Vertragsdokumentation nicht vor dem Eintritt eines Entschädigungsfalles überprüft bzw. freigibt.

Bei der Planung und Realisierung eines EE-Projekts ist auch an die Nutzung der durch die Anlage zu realisierenden Einsparung an CO_2 zu denken. Solche Projekte stellen emissionsmindernde Klimaschutzprojekte im Sinne des Kyoto-Protokolls dar. Auf dieser

[13] Siehe www.kfw.de.

[14] Ausführlich zu den Voraussetzungen und dem Umfang der Förderung: Merkblatt KfW-Programm Erneuerbare Energien, Gültig ab 01.04.2004, abrufbar unter: www.kfw.de/kfw/de/Inlandsfoerderung/Programmuebersicht/Erneuerbare_Energien_-_Premium/Antrag_und_Dokumente.jsp.

[15] Hermesdeckung Spezial, Grundzüge der Projektfinanzierung, November 2008, Seite 4, abrufbar unter: http://www.agaportal.de/pdf/hds/hds_projektf_grundz.pdf.; sowie unter 3.4 „Financial Covenants".

Basis besteht die Möglichkeit, für das Projekt CO_2-Zertifikate je nach Menge des eingesparten CO_2 zugeteilt zu bekommen und diese im Rahmen des Internationalen Emissionshandels zu verkaufen.[16] Abnehmer solcher Zertifikate sind Anlagenbetreiber, welche die vorgegebenen CO_2-Werte für ihre Anlage nicht einhalten können, aber auch Klimaschutzfonds wie der KfW-Klimaschutzfonds.[17] Die Erlöse aus dem Verkauf solcher Zertifikate können als zusätzliche Finanzierungsquelle für ein EE-Projekt benutzt werden. Der Erwerb der Emissionszertifikate wird separat in einem Kaufvertrag und nicht im Darlehensvertrag dokumentiert. Selbstverständlich müssen aber die Regelungen des Darlehensvertrags einen solchen Emissionshandel als zulässig vorsehen und klarstellen, wie die erzielten Verkaufserlöse verwandt werden dürfen.

3.2 Auszahlungsvoraussetzungen

Die Ziehung des Darlehens bzw. der einzelnen Tranchen ist durch die Erfüllung von vertraglich festgelegten Auszahlungsbedingungen (Conditions Precedent, CPs) bedingt.[18] Nachfolgende Conditions Precedent werden typischerweise für die erste Ziehung vereinbart:

- wirksame Gründung der Projektgesellschaft, nachgewiesen durch eine beglaubigte Kopie des Gesellschaftsvertrages und einen aktuellen Handelsregisterauszug sowie notwendige gesellschaftsrechtliche Beschlüsse;
- wirksame Unterzeichnung aller Finanzierungsverträge;
- Nachweis über die Eröffnung aller erforderlichen Konten, Einzahlung aller Eigenkapitaleinlagen, Abschluss aller erforderlichen Versicherungen;
- Bestellung aller notwendigen Sicherheiten und Unterrichtung von Dritten darüber, soweit erforderlich;
- Berichte/Gutachten von technischen, rechtlichen oder umweltrechtlichen Beratern, Versicherungsberatern und sonstigen Beratern, soweit erforderlich.

Insgesamt sollen Conditions Precedents sicherstellen, dass die finanziellen Risiken angemessen auf die Beteiligten verteilt worden sind. Typischerweise ergeben sich aus der Due Diligence spezielle Auszahlungsvoraussetzungen für das einzelne Projekt, die je nach

[16] Kortlücke (2007), S. 66.

[17] Siehe www.kfw.de.

[18] Regelmäßig handelt es sich bei den die erstmalige Ziehung betreffenden CPs nicht um eine aufschiebende Bedingung der Wirksamkeit des Vertrages nach § 158 Abs. 1 BGB; eine solche kann jedoch vereinbart werden.

Sektor der Erneuerbaren Energien variieren. Bei der Verhandlung der Auszahlungsbedingungen hat der Kreditnehmer ein Interesse daran, den Umfang der Auszahlungsbedingungen möglichst gering zu halten, die Banken hingegen haben typischerweise eigene Standardauszahlungsbedingungen, die nur begrenzt verhandelbar sind (z.B. Unterlagen, welche für die Prüfung des Berechtigten nach dem Geldwäschegesetz notwendig sind: KYC, Know your customer). Wichtig ist dabei, die Art und Weise sowie den Umfang der Nachweise für die Erfüllung der Auszahlungsvoraussetzungen so exakt wie möglich festzulegen. Dies versetzt den Darlehensnehmer in die Lage, mit ausreichender Sicherheit beurteilen zu können, ob er die Auszahlungsvoraussetzungen effizient erfüllen kann. Erforderlich für eine zulässige Ziehung nach dem Kreditvertrag ist neben der Erfüllung der Auszahlungsvoraussetzungen die Vorlage einer schriftlichen Ziehungsanzeige, der sogenannte Utilisation Request.

Erneuerbare Energien sind naturabhängig. Dies ist ebenfalls bei der Festlegung der CPs zu berücksichtigen. So ist die Generierung von Strom durch Windparks davon abhängig, dass genügend Wind in ausreichender Stärke weht, während bei Solaranlagen genügend Sonnenstrahlung vorhanden sein muss. Die Naturabhängigkeit und die damit einhergehende Abhängigkeit von nicht beeinflussbaren Umweltfaktoren stellt ein Betriebsrisiko dar. Zwar werden in der Planungsphase des Projekts Analysen und Wahrscheinlichkeitsrechnungen im Hinblick auf die zu erwartende Energiegewinnung und damit den zu erwartenden Cashflow erstellt, diese sind jedoch nur eine Einschätzung der jeweiligen Verhältnisse und stellen keine Gewähr für deren tatsächliches Zutreffen dar. Beispielsweise ist für den Erfolg eines Windparks die Sicherstellung von Windgeschwindigkeitsdaten entscheidend bzw. die Erstellung eines entsprechenden Modells, um so das Risiko einer nicht ausreichenden Windversorgung zu minimieren. Dadurch soll auch die Höhe des zu erwartenden Cashflows möglichst genau vorab ermittelt werden. Das Vorliegen der erforderlichen Werte kann durch spezielle Windgutachten nachgewiesen werden.

Neben den geografischen Herausforderungen und der Ermittlung des optimalen Standorts für das Projekt ist darüber hinaus ein entsprechender Netzanschluss erforderlich, ohne den eine Verwertung des gewonnenen Stroms und die Erzielung eines Cashflows nicht möglich ist. Auch diesbezüglich sollte eine entsprechende CP aufgenommen werden.

Gerade Wasserkraftwerke erfordern typischerweise große Landflächen. Im Hinblick darauf ist in der Kreditvertragsdokumentation durch entsprechende Auszahlungsvoraussetzungen sicherzustellen, dass die erforderlichen Landflächen zu Beginn des Bauprojekts und vor Auszahlung der Baukostentranche im Eigentum der Projektgesellschaft oder ihr zumindest anderweitig rechtlich belastbar zur Verfügung stehen. Daneben ist für nicht im Eigentum der Projektgesellschaft stehende Zugänge bzw. Zufahrten auf das Grundstück, wo die Erneuerbare-Energien-Anlage steht, vorab die Vereinbarung von Zugangs- und Betretungsrechten zu klären. Gleiches gilt für etwaige Kabeltrassen, in denen die Leitungen verlaufen, mit denen der erzeugte Strom an das Umspannwerk geleitet wird. Je nach Art und Standort der Anlage können darüber hinaus zusätzliche Zugänge für Wartungsarbeiten erforderlich sein. Diese grundstücksrechtlichen Themen müssen durch entsprechende Betretungsrechte, Wegerechte oder Grunddienstbarkeiten vor der Auszahlung der Darlehensvaluta dinglich abgesichert werden.

Generell sind für die Realisierung von EE-Projekten relativ aufwendige Genehmigungsverfahren und -prozesse erforderlich. Das Vorliegen der entsprechenden Genehmigungen sollte ebenso vertraglich durch CPs sichergestellt werden.

Der Erfolg von Biogasvorhaben hängt insbesondere von der Rohstoffverfügbarkeit und dem Preisniveau sowie der Abnahme der Gärstoffe, der Sicherheit der Strom- bzw. Wärmeabnahme und den Abnahmepreisen, dem Stand der Technik und naturgemäß den Fähigkeiten des Betreibers ab. Diesen Besonderheiten sollte ebenso durch die Vereinbarung bestimmter CPs Rechnung getragen werden. Sicherheit in Bezug auf Rohstofflieferungen und deren Preise kann durch Beteiligung der Lieferanten an der Projektgesellschaft erreicht werden. Bestehen lediglich Lieferverträge, so sollten diese hinsichtlich ihrer Dauer und der Höhe des Preises an die Darlehenslaufzeit angepasst werden. Insbesondere ist bei der Gestaltung der Finanzierung die Situation des Ausfalls eines oder mehrerer Lieferanten zu berücksichtigen, insbesondere im Hinblick darauf, wo und zu welchem Preis die erforderlichen Rohstoffe anderweitig erworben werden können und wann der Ausfall zu einer Beeinträchtigung des erforderlichen Cashflow führt. Selbige Überlegungen und Regelungen sind für die Abnahme der Gärstoffe, die als Produkt der Energiegewinnung übrig bleiben, anzustellen und durch den Abschluss entsprechender Abnahmeverträge abzusichern.

Der Bau und die Fertigstellung der Anlage bergen weitere Risiken, welche durch die Aufnahme von geeigneten CPs abgesichert werden müssen. Um das Projekt nicht mit unbegrenzten Baukosten zu belasten, müssen entsprechend ausgestattete Bauverträge sicherstellen, dass die Anlage in einer bestimmten Zeit zu einem festen Preis fertiggestellt wird. Dies wird durch den Abschluss eines sogenannten Engineering, Procurement and Construction Agreement (EPC-Vertrag), also durch einen Generalunternehmervertrag, erreicht.

Demgegenüber trifft man bei größeren Projekten im Bereich der Erneuerbaren Energien, vor allem bei Offshore-Windprojekten, auch Multicontracting-Konzepte an. Dies liegt vor allem daran, dass sich (bislang) kein Unternehmen gefunden hat, welches bereit wäre, die Rolle des Generalunternehmers im Rahmen solcher Großprojekte zu übernehmen. Entsprechend müssen alle Verträge im Rahmen des Multicontracting vor Auszahlung der Darlehensvaluta abgeschlossen worden sein.

Darüber hinaus entsteht beim Multicontracting das Problem der Schnittstellenverantwortlichkeit, d.h. die Frage, welcher Unternehmer für die funktionsfähige Verbindung der einzelnen Bauleistungen verantwortlich ist. Hierfür sollten entsprechende vertragliche Regelungen (sogenannte Schnittstellenvereinbarungen) zwischen den Lieferanten untereinander und der Projektgesellschaft getroffen werden, in welchen genau festgelegt wird, welcher Projektbeteiligte für welchen Arbeitsschritt verantwortlich ist.[19] Ferner sollte die Schnittstellenvereinbarung Verpflichtungen zur Zusammenarbeit und Koordination der einzelnen Leistungen der Lieferanten enthalten.[20] Eine solche Vereinbarung sollte der Projektgesellschaft die Option einräumen, den jeweils als verantwortlich Erscheinenden für die Beseitigung in Anspruch zu nehmen, unabhängig von seiner tatsächlichen Verantwortlichkeit. Ansonsten könnte die zeitaufwendige Klärung der letztlichen Verantwortlichkeit zu einem kostenintensiven Stillstand des Projekts führen, der den Cashflow und damit die gesamte Finanzierung gefährden kann.[21] Da ein solcher Vertrag nicht nur wichtig ist, die Haftung zwischen den beteiligten Unternehmen zu verteilen, sondern aus diesem Grund auch für die Fremdkapitalgeber von großer Bedeutung ist, findet man auch die Schnittstellenvereinbarung als Auszahlungsvoraussetzung.

3.3 Zusicherungen (Representations)

Der Darlehensnehmer muss eine Reihe von Zusicherungen abgeben, deren Richtigkeit zu einem bestimmten Zeitpunkt bestätigt wird (Vertragsschluss/Ziehung/Ende Zinsperiode). Eine solche Zusicherung wird für die Gegenwart unter Bezugnahme auf einen bestimmten Tatsachensachverhalt abgegeben. Die Zusicherungen sollen der Überprüfbarkeit und Sicherstellung der Zahlungsverpflichtung des Darlehensnehmers dienen. In ihrer Gesamtheit spiegeln diese Zusicherungen den Sachverhalt wider, von dem die Bank bei ihrer Entscheidung, das Darlehen auszureichen, ausgegangen ist. Durch die Wiederholung zu bestimmten Zeitpunkten wird sichergestellt, dass der Sachverhalt unverändert fortbesteht.

Inhalt und Umfang dieser Zusicherungen sind ein Schwerpunkt der Vertragsverhandlungen, da hier durchaus widerstreitende Interessen aufeinandertreffen. Der Kreditnehmer wird versuchen, die Anzahl der von ihm abzugebenden Zusicherungen gering zu halten und den Darlehensgebern auch nur dann eine Kündigungsmöglichkeit auf Basis unrichtiger oder unvollständiger Zusicherungen einzuräumen, wenn die Unrichtigkeit der Zusicherung auch tatsächlich die Rückzahlung des Darlehens gefährdet. Die Darlehens-

[19] Kersting (2011), S. 60.

[20] Busch (2011), S. 3.

[21] Kersting (2011), S. 61.

geber hingegen sind an weitreichender Zusicherung und flexiblen Reaktionsmöglichkeiten interessiert.[22] Die Unrichtigkeit einer vom Darlehensnehmer abgegebenen Zusicherung kann weitreichende Konsequenzen für die Finanzierung haben, denn die Bank kann in der Regel nicht nur kündigen, sondern auch weitere Auszahlungen verweigern. Für den Darlehensnehmer ist es daher von Vorteil, Zusicherungen nur nach bestem Wissen und Gewissen abzugeben. Denn damit entledigt er sich des Verantwortungsrisikos für übersehene oder unbekannte Vorkommnisse. Zusätzlich kann die Möglichkeit vorgesehen werden, nicht der Zusicherung entsprechende Tatsachen oder Umstände zu heilen.

In Bezug auf den Inhalt der Zusicherungen kann zwischen allgemeinen und projektbezogenen Zusicherungen differenziert werden. Bei ersteren sichert die Projektgesellschaft beispielsweise ihre wirksame Errichtung und die Aufbringung des Stamm-/Grundkapitals oder die Berechtigung der Projektgesellschaft zur Unterzeichnung der Finanzierungs- und Projektverträge zu. Weiter gibt es allgemeine Zusicherungen, die sich auf das Nichtvorliegen eines Kündigungsgrundes beziehen und auf die Bestätigung, dass ein solcher auch nicht droht, oder die das Nichtbestehen anderweitiger Darlehensverbindlichkeiten als die vertraglich vereinbarten und keine wesentlichen Veränderungen bzw. Verschlechterungen der wirtschaftlichen Verhältnisse (Material Adverse Change) bestätigen.

Demgegenüber hängen die projektbezogenen Zusicherungen von den jeweiligen Charakteristika der Erneuerbare-Energien-Anlage ab. Im Bereich der Finanzierung von EE-Projekten kann es sein, dass bestimmte Projekte, wie z.B. der Bau von großen Staudämmen, Umsiedelungen oder Enteignungen erforderlich machen. Solche Projekte können unter Umständen gegen die sogenannten „Equator Principles“[23] verstoßen. Dabei handelt es sich um einen freiwilligen Verhaltenskodex, der von einem Zusammenschluss von Banken entwickelt wurde und Vorgaben für die Untersuchung, Bewertung und Bewältigung sozialethnischer Risiken sowie Umweltrisiken im Zusammenhang mit Projektfinanzierungen enthält. Ein Verstoß gegen diesen Kodex kann einer Finanzierung durch diese Banken entgegenstehen. Soweit ein EE-Projekt in den Anwendungsbereich der Equator Principles fällt, wird der Kreditnehmer eine entsprechende Zusicherung über die Einhaltung dieser Prinzipien abgeben müssen.

Aber auch ohne die Anwendbarkeit der Equator Principles wird man bei EE-Projekten immer ausführliche Zusicherungen zu umweltrechtlichen Themen finden, insbesondere die Einhaltung und Beachtung von umweltrechtlichen Vorschriften und behördlichen Anordnungen sowie naturschutzrechtliche Bestimmungen (z.B. Vogelschutz, Wasserschutz, Schutz von Fischschwärmen). In dem gleichen Maße müssen die Zusicherungen

[22] Siehe Röver, in Siebel/Röver/Knütel (2008), Rn. 2.010.

[23] Abrufbar unter http://www.equator-principles.com/index.shtml.

abdecken, dass die Projektgesellschaft alle etwaigen Auflagen zu Genehmigungsbescheiden erfüllt hat bzw. einhalten wird.

Wie bereits erwähnt, ist die sich auf die Due Diligence des EE-Projekts stützende Analyse der Projektrisiken ein Kernelement jeder Projektfinanzierung. Die in der Due Diligence von den technischen und rechtlichen Beratern erstellten Berichte beruhen überwiegend auf Informationen, die der Darlehensnehmer zur Verfügung gestellt hat. Insofern sind die Berichte für die Darlehensgeber nur verlässlich, wenn auch die ihnen zugrunde liegenden Informationen richtig sind. Daher muss der Kreditnehmer zusichern, dass alle von ihm zur Verfügung gestellten Unterlagen, Materialien und sonstigen Daten richtig und vollständig sind und keine Informationen zurückgehalten wurden, welche für die Entscheidung der Kreditgeber, den Kredit zu vergeben, maßgeblich gewesen wären.

Darüber hinaus ist es wichtig, über eine Zusicherung die Bestätigung zu erhalten, dass der Darlehensnehmer Eigentümer der EE-Anlage ist oder anderweitig seine Berechtigung zur Nutzung der EE-Anlage rechtlich gesichert ist (z.B. über ein eingetragenes Erbbaurecht oder eine Grunddienstbarkeit, wie bei Onshore-Windprojekten üblich, sowie Wegerechte etc.). Diese Zusicherung wird umso wichtiger, je komplizierter die grundstücks- oder eigentumsrechtliche Situation ist (wie z.B. bei Offshore-Windparks, EE-Projekten im Ausland oder im Rahmen von geothermischen Bohrungen).

3.4 Auflagen (Covenants)

Neben den Zusicherungen enthält ein Finanzierungsvertrag typischerweise Klauseln, die Verhaltenspflichten, sogenannte positive Covenants (Affirmative Undertakings), und Unterlassungspflichten, sogenannte negative Covenants (Negative Undertakings), begründen. Die Covenants etablieren dauerhafte Verpflichtungen des Darlehensnehmers. Aufgrund ihrer Geltung für die gesamte Laufzeit des Vertrages und der gegenläufigen Interessen der Vertragspartner sind sie – wie auch die Zusicherungen – oft Schwerpunkt der Verhandlungen des Darlehensvertrags bei EE-Projekten.

Covenants dienen der Überprüfbarkeit und Sicherstellung der Erfüllbarkeit der Zahlungsverpflichtungen sowie der Sicherung der Entstehung des Cashflows. Weiter sollen sie zu einer Minimierung des Projektrisikos führen (Informations- und Sicherungsfunktion). Häufig überschneiden sich die Covenants mit den Zusicherungen, insbesondere wenn letztere zu einem späteren Zeitpunkten wiederholt werden.

Zu den typischerweise verwendeten Covenants gehören *Informationspflichten* (Information Undertakings), aufgrund derer die Darlehensgeber Informationen über die wirtschaftliche Situation der Projektgesellschaft oder auch den Stand der Bauarbeiten erhalten. Wichtig ist bei der Ausgestaltung der Informationspflichten, den mit diesen verbundenen

Verwaltungsaufwand für die Projektgesellschaft nicht außer Acht zu lassen. Schließlich sollen die berechtigten Informationsinteressen der Fremdkapitalgeber nicht zu einer übermäßigen zeitlichen und zusätzlichen finanziellen Belastung des Darlehensnehmers führen, welche ihn im schlimmsten Fall davon abhält, seiner eigentlichen Aufgabe nachzukommen, das EE-Projekt erfolgreich umzusetzen.

Darüber hinaus werden sogenannte *Financial Covenants* vereinbart, welche die Projektgesellschaft zur Einhaltung gewisser Finanzkennzahlen verpflichtet. Dabei handelt es sich um ein wesentliches vertragliches Steuerelement bei der Cashflow-orientierten Finanzierung, welches der Risikoerkennung und -vermeidung dient.[24] Das Nichterreichen der Minimalwerte hat umfangreiche Konsequenzen: So können die Kreditgeber in bestimmten Fällen den Darlehensvertrag kündigen, die Zinsen anpassen oder der Darlehensnehmer kann zu außerplanmäßigen Sondertilgungen verpflichtet sein. Zu den wichtigsten Finanzkennzahlen gehören die Eigenkapitalquote (Debt to Equity Ratio), der Schuldendienstdeckungsgrad (Debt Service Cover Ratio), der Zinsdeckungsgrad (Interest Cover Ratio) und der Kreditlaufzeitdeckungsgrad (Loan Life Cover Ratio).

Aus Finanzierungssicht fallen bei EE-Projekten bis zur Entstehung des erforderlichen Cashflows hohe Investitionskosten an, die darüber hinaus aufgrund der Tatsache, dass oftmals neue, innovative Techniken angewendet werden, nicht zum erwarteten Zeitpunkt und/oder in der erwarteten Höhe entstehen können (Verzug mit der Fertigstellung und Kostenüberschreitungen). Somit sind die individuellen Technologierisiken wie der Entwicklungsgrad, historische Erfahrungswerte, Wartungs- und Instandhaltungsaufwand etc. im Darlehensvertrag bei der Festlegung der Financial Covenants zu berücksichtigen. Positiv wirkt sich während der Betriebsphase eines EE-Projekts aus, dass durch die EEG-Regelungen das Abnahme- und Preisrisiko während der Betriebsphase minimiert wird. Selbstverständlich werden die eben erwähnten Themen noch durch spezielle Verhaltens- und Unterlassungspflichten flankiert (z.B. den Baufortschritt durch sogenannte Meilensteine, die zu einem bestimmten Zeitpunkt erreicht sein müssen, zu dokumentieren).

Der *Disposal of Assets Covenant* dient der Erhaltung des Vermögens der Projektgesellschaft, welches meist die alleinige Sicherheit für die Darlehensgeber darstellt. Vor diesem Hintergrund wird zum einen der Verwendungszweck des Darlehensbetrages und zum anderen die Dispositionsfreiheit über die Vermögenswerte der Projektgesellschaft eingeschränkt. Darunter fällt unter anderem die Verpflichtung, bestehende oder künftige Vermögensgegenstände (insbesondere die EE-Anlage) nicht zu veräußern, zu übertragen oder anderweitige Verfügungen über diese zu treffen, keine Handlungen vorzunehmen,

[24] Merkel, in: Schimansky/Bunte/Lwowski (2007), § 98, Rn. 255; Röver, in: Siebel/Röver/Knütel (2008), Rn. 1.915.

welche die Wirksamkeit der Sicherheiten des Kreditgebers gefährden könnten, sowie Dritten keine dinglichen Sicherheiten zu bestellen (Negative Pledge). Ebenso erfasst sind die Eingehung oder Änderung wesentlicher Verträge, insbesondere der Projektverträge, sowie Ausschüttungen an die Sponsoren. Denn werden durch eine Änderung des EPC-Vertrags die Projektkosten erhöht oder der Cashflow durch eine Ausschüttung an die Sponsoren verringert, obwohl zu dem Zeitpunkt das EE-Projekt die liquiden Mittel benötigt, erhöht sich das Risiko für die Darlehensgeber.

Ebenso ist es für die Kreditgeber wesentlich, die gesellschaftsrechtlichen Strukturen, insbesondere die Geschäftsführung und das wirtschaftliche Betätigungsfeld der Projektgesellschaft für die Dauer der Finanzierung zu erhalten. Dies wird durch sogenannte *Change of Business Covenants* adressiert. Danach verpflichtet sich die Projektgesellschaft, den Gesellschaftszweck beizubehalten, den Tätigkeitskreis auf Handlungen zu beschränken, die für die Durchführung des EE-Projekts erforderlich sind oder mit diesem in einem Zusammenhang stehen, keine Satzungs-/Gesellschaftsvertragsänderungen vorzunehmen, das Stamm-/Grundkapital nicht zu ändern und weder Umwandlungen, Verschmelzungen noch Liquidationen zu tätigen. Im Übrigen darf die Gesellschafterstruktur der Projektgesellschaft regelmäßig nur mit Zustimmung der Kreditgeber geändert werden.

Letzteres ist gerade für Finanzinvestoren, die in letzter Zeit immer häufiger in EE-Projekten investieren, misslich. Denn solche Infrastrukturfonds sehen ihre Beteiligung an EE-Projekten eher als „handelbare" Investition, indem sie die Entwicklung und Fertigstellung des EE-Projekts mit der Einbringung von Eigenkapital ermöglichen, um danach das Projekt bzw. die Projektgesellschaft mit Gewinn weiterzuveräußern. Gleiches gilt im Übrigen auch für (klassische) Projektentwickler von EE-Projekten.

Daneben ist der Abschluss von *Versicherungen* gegen bestimmte Risiken unerlässlich und zur Sicherung der Finanzierung erforderlich. Im internationalen Markt haben sich verschiedene Versicherungspolicen entwickelt, die der Absicherung von Projektfinanzierungsrisiken dienen. Jedoch kann es Risiken geben, gegen die am Markt keine Versicherung oder nur zu unverhältnismäßigen Kosten möglich ist. Derartige unversicherbare Risiken sind bei der Vertragsgestaltung zu berücksichtigen, insbesondere ist die Verpflichtung des Darlehensnehmers zum Abschluss von Versicherungen auf das versicherbare Risiko zu beschränken.

Zu den gängigsten Versicherungen gehören: die Erection-All-Risk-Versicherung (EAR), die hauptsächlich der Deckung von Montagerisiken während der Errichtung des Projekts dient, oder die Contractors'-All-Risk-Versicherung (CAR), die schwerpunktmäßig Bauleistungsrisiken in der Errichtungsphase absichert. Die Advanced-Loss-Of-Profit-(ALOP-) und die Delayed-Start-up- (DSU-)Versicherung dienen der Absicherung von Vermögenseinbußen infolge verspäteter Inbetriebnahme. Absicherung für spätere Unterbrechung des Projektbetriebs gewährt die Betriebsunterbrechungsversicherung. Unerkannte oder versteckte Mängel bei der Projektanlage empfiehlt es sich, über eine Latent-Defects-Versicherung zu sichern. Spezielle Haftpflichtversicherungen sind je nach Art des Projekts ebenfalls abzuschließen, u.a. Umwelthaftpflicht-, Produkthaftpflichtversicherung bzw. sonstige Versicherungen, die aufgrund des Standorts der Projektanlagen notwendig sein können.

Bei der Tiefengeothermie besteht das sogenannte Fündigkeitsrisiko während der Bauphase. Dieser Begriff bezeichnet das Risiko, bei geothermischen Bohrungen mit einer oder mehreren Bohrungen ein Reservoir in nicht ausreichender Quantität (oder Qualität) zu erschließen. Entsprechende Bohrungen sind jedoch teuer, sodass das Fündigkeitsrisiko zu Planungsunsicherheiten und Kostenrisiken führt. Zur Absicherung dieses Risikos kann eine Fündigkeitsversicherung mit in das Versicherungspaket aufgenommen werden. Hierbei sind jedoch der Umfang der jeweiligen Fündigkeitsversicherung sowie insbesondere vereinbarte Risikoausschlüsse zu beachten.

3.5 Bestimmungen zu Projektkonten

Im Rahmen des Kreditvertrages wird die Projektgesellschaft in der Regel verpflichtet, bestimmte *Projektkonten* einzurichten und alle Zahlungen, die im Zusammenhang mit dem Projekt empfangen oder getätigt werden, ausschließlich über diese Konten laufen zu lassen. Auf diese Weise wird den Banken eine wirksame Kontrollmöglichkeit über die Zahlungsströme eröffnet, oftmals verbunden mit der Verpflichtung, die Konten beim Konsortialführer oder einem Konsortialmitglied zu führen.

Zu den einzurichtenden Konten gehören in der Regel: ein Auszahlungskonto (Disbursement Account), ein Projektkonto (Proceeds Account oder Collection Account) sowie ein Schuldendienstreservekonto (Debt Service Reserve Account). Daneben können noch weitere Konten für Betriebsmittel, Zahlungen an Sponsoren und Reserven für Steuern und Instandhaltung erforderlich sein.

Abhängig von den spezifischen Eigenheiten eines EE-Projekts können zusätzliche Spezialkonten verlangt werden. So kann bei Wasserkraftwerken der Cashflow während der Bauphase durch die Wetterabhängigkeit der Stromgewinnung, insbesondere durch die Notwendigkeit gewisser Regenmengen, beeinträchtigt werden. Dies wirkt sich zum einen bei der Verpflichtung des Darlehensnehmers zur Bildung von Cash-Reserven aus. Zum anderen werden die Darlehensgeber die Einräumung von Reaktionsmöglichkeiten verlangen, um so auf das Projekt Einfluss zu nehmen. Denkbar ist es, den Darlehensnehmer zu verpflichten, neben den üblichen Reservekonten ein Niederschlagsreservekonto (Precipitation Reserve Account) einzurichten. Auf einem solchen Konto können überschüssige Einnahmen für den Fall eingezahlt werden, dass auf Grund fehlenden Niederschlags keine Energie gewonnen werden kann.

Bei EE-Projekten, bei denen hohe Instandhaltungs- und Wartungskosten zu erwarten sind (z.B. Korrosionsschäden bei Offshore-Windanlagen), werden Kreditgeber typischerweise auch Instandhaltungskonten (Maintenance Reserve Accounts) verlangen. Auf solchen Konten werden Gelder aus den regelmäßigen Einnahmen aus dem EE-Projekt angespart, um im Falle des Auftretens von regelmäßigen Wartungsarbeiten oder außergewöhnlichen Instandhaltungsfällen genügend liquide Reserven zur Verfügung zu haben, um fällig werdende Kosten zu begleichen. Die Beträge auf solchen Reservekonten stehen den Sponsoren nicht für Ausschüttungen zur Verfügung, sie können aber die Höhe des anzusparenden Betrags durch Bank- und Sponsorengarantien ersetzen oder zumindest verringern.

Im Hinblick auf die Bildung von Cash-Reserven auf den jeweiligen Reservekonten ist auch der Entwicklungs- und Erprobungsgrad der zum Einsatz kommenden Technik für die Finanzierung von wesentlicher Bedeutung. Mit dem Entwicklungsgrad der Technik sinkt das Risiko eines Misserfolges. So gehört bei der Solartechnik die Energiegewinnung unter Einsatz von Photovoltaik (PV) zu den Projekten mit geringerem Risiko im Vergleich zu Concentrated-Solar-Power- (CSP-)Projekten, die, abhängig von der jeweiligen Technologie, ein hohes Risiko aus Sicht der Fremdkapitalgeber bergen. Auch sind erprobte Technologien kostengünstiger.

In der Regel wird ein Cashflow-Waterfall (Zahlungskaskade) festgelegt, nach welchem sich die Reihenfolge der Befriedigung der gegen die Projektgesellschaft bestehenden Forderungen bestimmt, jedoch ist dieser nur anwendbar bei gleichzeitig fälligen Forderungen, da ansonsten die Projektgesellschaft ihren Verpflichtungen gegenüber Dritten nicht rechtzeitig nachkommen könnte.[25] Diese Festlegung, in welcher Reihenfolge fällige Zahlungen zu erfolgen haben, erfolgt aufgrund der Priorität, die den unterschiedlichen Verpflichtungen der Projektgesellschaft eingeräumt wird. So werden regelmäßig Zahlungen für die Errichtung und den laufenden Betrieb des Projekts vor Zahlungen auf den Schuldendienst und dem Ansparen von Rücklagen für Steuern oder Instandhaltungsmaßnahmen erfolgen. Ausschüttungen an Sponsoren sind grundsätzlich nur zulässig, wenn zuvor alle anderen fälligen Forderungen beglichen und die Finanzkennzahlen eingehalten wurden sowie ansonsten kein Kündigungsgrund vorliegt.

3.6 Kündigungsgründe

Für die Kündigung eines Darlehensvertrags, der deutschem Recht unterliegt, können sowohl die vertraglichen Vereinbarungen der Parteien als auch die gesetzlichen Bestimmungen von Bedeutung sein.

---

[25] Röver, in Siebel/Röver/Knütel (2008), Rn. 2.054.

Zunächst besitzt der Darlehensnehmer ein Kündigungsrecht, und zwar das gesetzliche Kündigungsrecht nach § 489 BGB. Oft wird ein zusätzliches Kündigungsrecht im Vertrag aufgenommen, welches zur jederzeitigen Kündigung unter Einhaltung einer dort bestimmten Frist berechtigt.

Das BGB unterscheidet zwischen der ordentlichen und der außerordentlichen Kündigung. Erstere ist in der Regel (wie auch bei anderen strukturierten Finanzierungen) nicht anwendbar, da es typischerweise an einer entsprechenden vertraglichen Vereinbarung fehlt und eine solche zudem mit dem Prinzip der Cashflow-orientierten Finanzierung nicht zusammen passt. Das außerordentliche gesetzliche Kündigungsrecht nach § 490 BGB, soweit nicht in den Grenzen des § 242 und § 307 BGB abbedungen, begründet für den Fall der wesentlichen Verschlechterung der Vermögensverhältnisse des Darlehensnehmers, der Werthaltigkeit der Sicherheiten oder beim Vorliegen eines wichtigen Grundes ein Kündigungsrecht des Darlehensgebers.

Vertraglich vereinbart werden zusätzliche Kündigungsgründe (Events of Default) wie z.B. bei Zweckentfremdung der zur Verfügung gestellten Darlehensvaluta, Verstoß gegen eine Zusicherung (Representation) oder Auflage (Covenant) sowie bei Auslösen einer Cross-Default-Clause, welche bei Nichterfüllung der Zahlungsverpflichtung gegenüber einem Dritten ein Kündigungsrecht des (nicht betroffenen) Darlehensgebers begründet.[26] Darüber hinaus können die Vertragsparteien projektspezifische Kündigungsgründe vereinbaren. So kann bei regenabhängigen Wasserkraftwerken die Tatsache, dass es für eine gewisse Zeitspanne (z.B. 90 Tage) keinen Regen gegeben hat, einen Event of Default darstellen. Ähnliches wäre im Hinblick auf angenommene Wind- oder Sonnenwerte denkbar. Da jedoch diese Umstände ebenfalls unmittelbaren Einfluss auf die Einnahmesituation des Darlehensnehmers haben, kann ihr Eintreten auch wirksam über die Finanzkennzahlen (Schuldendienst- und Zinsdeckungsgrad) beurteilt werden.

Häufig regelt der Kreditvertrag auch den genauen Ablauf der Kündigung, die Anforderungen an eine Kündigungserklärung und die einzuhaltenden Fristen. Wird ein Kündigungsrecht ausgeübt, so wandelt sich das Darlehensverhältnis in ein Abwicklungsverhältnis. Der Rückzahlungsanspruch wird fällig, jedoch gewähren die Banken in der Regel eine Frist zur Rückzahlung der Valuta. Kann der Schuldner auch dann nicht zahlen, werden die Sicherheiten zugunsten der Darlehensgeber verwertet.

[26] Bei Aufnahme der Kündigungsgründe in den AGB ist hier die Grenze des § 307 Abs. 1 BGB zu beachten.

Bei der Ausübung der Kündigungsrechte ist der Darlehensgeber jedoch an das Gebot der Rücksichtnahme nach § 242 BGB gebunden, d.h., wegen kleinerer, rein technischer Verstöße, die zwar formal einen vertraglichen Kündigungsgrund begründen, kann der Darlehensgeber nicht rechtlich wirksam kündigen.

Auch wenn durch die verschiedenen vertraglichen Regelungen die Kündigung für die Banken erleichtert wird, ist diese meist dennoch nur Ultima Ratio, da das Kreditausfallrisiko bei vorzeitiger Beendigung des Projekts typischerweise höher ist als bei dessen weiterer Durchführung. Oft hat dies zur Folge, dass die Banken einen Verzicht (Waiver) bezüglich der Einhaltung einzelner Klauseln erklären. Auch können zugunsten des im Interesse aller Parteien stehenden Ziels, das Projekt zu realisieren, Heilungsmöglichkeiten vorgesehen werden. Die Banken müssen jedoch bei Erklärung eines Waiver beachten, dass dieser nicht als genereller Verzicht auf die Einhaltung der Vertragsbestimmungen auszulegen ist (es sei denn, dies ist gewollt). Dies kann jedoch durch eine ausdrückliche Beschränkung des Waiver erfolgen.

Literatur

Busch, Ralph (2011): Ausgewählte (vertrags-)rechtliche Fragen bei der Errichtung von Offshore-Windparks – Teil 1, in: Neue Zeitschrift für Baurecht und Vergaberecht 1, S. 1-6

Kersting, Mark Oliver (2011): Die Projektfinanzierung eines Offshore-Windparks, in: Zeitschrift für Bank- und Kapitalmarktrecht 2, S. 57-63

Kortlücke, Norbert (2007): Internationale Projektfinanzierung durch CO_2-Zertifikate, in: Erneuerbare Energien 7, S. 66-67

Reuter, Alexander (2010): Projektfinanzierung, Stuttgart, 2. Auflage

Schimansky, Herbert/Bunte, Hermann-Josef /Lwowski, Hans-Jürgen (Hrsg.) (2007): Bankrechts-Handbuch, München

Siebel, Ulf R. /Röver, Jan-Hendrik /Knütel, Christian (Hrsg.) (2008): Rechtshandbuch Projektfinanzierung und PPP, Köln München

Kreditsicherheiten bei der Projektfinanzierung auf dem Gebiet der Erneuerbaren Energien

Marc Riede

1 Einleitung

Bei einer klassischen Projektfinanzierung stellen die finanzierenden Banken in erster Linie auf den Cashflow ab, den das Projekt voraussichtlich zu generieren in der Lage sein wird. Dieser Cashflow muss unter Berücksichtigung eines angemessenen Puffers (ausgedrückt in einem Schuldendienstdeckungsquotienten von ca. 1,30 bis 1,40) ausreichen, sowohl die Errichtungs- bzw. Betriebskosten des Projektes als auch die Fremdkapitalkosten (Zins und Tilgung) zu tragen. Dagegen tritt der Zerschlagungswert der Projektgegenstände, wie z.B. der Windturbinen oder Solarmodule, in den Hintergrund, auch wenn sich inzwischen ein gewisser Zweitmarkt entwickelt hat. Aufgrund ihres hohen Spezifizierungsgrades sind die Zerschlagungswerte derartiger beweglicher Gegenstände in der Regel gering und nicht ausreichend, die ausstehende Darlehensvaluta zurückzuführen. Erforderlich ist aus Bankensicht vielmehr die Fertigstellung und anschließende Fortführung des Projektes als physische und vertragliche Einheit unter Beibehaltung der vereinbarten Risikoallokation. Dieses Going-Projekt-Prinzip als Leitmotiv einer Projektfinanzierung gilt insbesondere auf dem Gebiet der Erneuerbaren Energien, bei der eine Rückführung der Darlehen nur über die Projektlaufzeit aus der Einspeisevergütung, nicht aber aus einer Verwertung der Projektanlagen zu erwarten ist. Die sich hieraus bei der Strukturierung und Umsetzung der Kreditsicherheiten ergebenden Konsequenzen sollen einen Schwerpunkt der nachfolgenden Darstellung bilden.

Daneben ergeben sich auf dem Gebiet der Projektfinanzierung Erneuerbarer Energien häufig Besonderheiten aufgrund der internationalen Bezüge der Projekte, wie sie z.B. bei Solarprojekten in Spanien, Italien oder Frankreich oder Offshore-Windprojekten oder bei der Beteiligung ausländischer Sponsoren oder Lieferanten bestehen. Wegen dieser internationalen Aspekte von Projektfinanzierungen auf dem Gebiet der Erneuerbaren Energien soll im Folgenden ein weiterer Schwerpunkt auf Fragen des internationalen Privatrechts, insbesondere des anwendbaren Rechts und dessen Auswirkungen auf die Form und den Inhalt der Sicherheiten liegen.

2 Strukturierung der Kreditsicherheiten

2.1 Funktionen der Sicherheiten

Das Sicherheitenpaket für die Projektfinanzierung eines Energieprojektes lässt sich nur dann optimal strukturieren, wenn man sich die Funktionen der Sicherheiten vor Augen hält.

2.1.1 Verwertungsfunktion (positive Funktion)

Mit der Verwertungsfunktion wird die Möglichkeit der besicherten Kreditgeber umschrieben, sich im Wege der außergerichtlichen Verwertung bzw. Zwangsvollstreckung aus diesen dinglichen Sicherheiten zu befriedigen. Wird über das Vermögen der Projektgesellschaft ein Insolvenzverfahren eröffnet, gewährleistet diese positive Funktion, dass die besicherten Kreditgeber vor anderen Gläubigern der Projektgesellschaft befriedigt werden (Absonderungsrechte) bzw. die besicherten Banken die Sachen, an denen Sicherheiten bestehen, heraus verlangen können (Aussonderungsrechte). Mangels auskömmlicher Zerschlagungswerte tritt diese positive Funktion dinglicher Sicherheiten in der Praxis in den Hintergrund.

2.1.2 Ausschlussfunktion (negative Funktion)

In der Projektfinanzierung ist das Leitmotiv des Going-Projekt-Prinzips maßgeblich, d.h. die Fortführung des Projektes als Ganzes, um den projektierten Cashflow sicherzustellen. Diesem Prinzip entspricht die negative oder defensive Funktion bzw. Ausschlussfunktion der Kreditsicherheiten. Die vorrangige Besicherung der Kreditgeber an den Vermögenswerten der Projektgesellschaft entzieht diese Vermögenswerte dem Zugriff anderer Gläubiger der Projektgesellschaft oder macht eine Zwangsvollstreckung durch diese Drittgläubiger zumindest wirtschaftlich sinnlos. Damit wird sichergestellt, dass das Projekt als Einheit erhalten bleibt. Die Ausschlussfunktion setzt die Projektgesellschaft, die Sponsoren und die finanzierenden Banken in der Krise damit in die Lage, das Projekt und die Projektfinanzierung außerhalb eines gerichtlichen Insolvenzverfahrens zu restrukturieren.

2.1.3 Fortführungsfunktion

Die Ausschlussfunktion wird ergänzt durch die Fortführungsfunktion. Die Sicherheiten einschließlich der Ersatzsicherheiten sollen die Kreditgeber auch in die Lage versetzen, im Anschluss an die Übernahme der Projektgesellschaft oder dem Austauschen der Projektgesellschaft das Projekt selbst fortzuführen oder durch einen Dritten fortführen zu lassen. Dieser Funktion entsprechen u.a. das Pfandrecht an den Geschäftsanteilen der Projektgesellschaft und der Abschluss von Direktverträgen bzw. die Gewährung von Eintrittsrechten (siehe unten Abschnitt 5.1.1).

2.1.4 Vertragstreuefunktion

Die Kreditsicherheiten sichern ferner die Einhaltung der vertraglichen Verpflichtungen durch die Projektgesellschaft oder die Sponsoren. Hierzu zählen z.B. Pfandrechte an den Geschäftsanteilen der Projektgesellschaft, mit denen auch der Zweck verfolgt wird, zu verhindern, dass unzulässige Dividenden an die Sponsoren ausgeschüttet werden. Entsprechend können Abtretungen und Kontenverpfändungen dazu dienen, die vertragsgemäße Verwendung des Cashflow durch die Projektgesellschaft sicherzustellen.

2.1.5 Sonstige Funktionen

Nach den Vorgaben der Solvabilitätsverordnung können bestimmte Kreditsicherheiten schließlich im Rahmen der aufsichtlichen Verlustquote bei Ausfall angerechnet werden und damit die Wahl einer günstigeren Ratingklasse durch die finanzierenden Banken ermöglichen. Damit können die Kreditsicherheiten auch direkte Auswirkung auf die Finanzierungskosten haben.

2.2 Einteilung der Kreditsicherheiten

2.2.1 Sicherheitengeber

Die Kreditsicherheiten lassen sich zunächst nach der Person des Sicherheitengebers einteilen. In erster Linie kommen die Projektgesellschaft und die Sponsoren als Sicherheitengeber in Betracht.

2.2.1.1 Projektgesellschaft

Ein wesentliches Merkmal der klassischen Projektfinanzierung ist der Non-recourse- oder Limited-recourse-Charakter der Finanzierung. Hiermit wird umschrieben, dass die finanzierenden Banken grundsätzlich nur an dem Projekt, d.h. den Vermögenswerten der Projektgesellschaft, selbst besichert werden und keinen Rückgriff gegenüber den Sponsoren oder Dritten haben. Die von der Projektgesellschaft zu stellenden Sicherheiten bestehen nach deutschem Recht im Wesentlichen aus:

- Abtretungen und Verpfändungen von Forderungen aus den Projektverträgen und sonstigen projektbezogenen Ansprüchen (wie z.B. Ansprüche auf Einspeisevergütung, Ansprüche aus Generalunternehmer- bzw. Lieferverträgen, Betreiberverträgen oder aus Kontoguthaben),
- die Verpfändung von Projektrechten (wie z.B. Konzessionen, gewerbliche Schutzrechte),
- die Sicherungsübereignung beweglicher Vermögensgegenstände (im Rahmen des rechtlich Möglichen alle Teile der Energieanlage und der Infrastruktur),
- Sicherheiten an unbeweglichen Sachen (z.B. Grundpfandrechte, Dienstbarkeiten).

In ausländischen Rechtsordnungen gibt es zudem die Möglichkeit, dass die Projektgesellschaft ein Unternehmenspfandrecht an ihren Vermögensgütern bestellt. Zu nennen sind z.B. das Debenture, mit dem Floating und Fixed Charges nach englischem Recht begründet werden, ein Security Agreement nach US-amerikanischem Recht oder ein Nantissement de Commerce nach französischem Recht.

2.2.1.2 Sponsoren

Eine umfassende Haftung der Sponsoren widerspräche dem Grundgedanken einer klassischen Projektfinanzierung, die wesentlichen Risiken auf die Projektgesellschaft zu begrenzen. Abhängig von dem konkreten Projekt und den damit verbundenen Risiken kann im Sinne einer angemessenen Risikoallokation allerdings eine eingeschränkte Risikoübernahme durch die Sponsoren erforderlich sein. So können die Banken eine Projektfinanzierung davon abhängig machen, dass die Sponsoren in Form von Höchstbetragsbürgschaften oder Garantien (sogenannte Personalsicherheiten) in einem definierten Umfang das Risiko von Bauzeitverzögerungen, Kostenerhöhungen oder Einnahmeausfällen (mit-) tragen. Außerdem haben die Sponsoren regelmäßig ihre Geschäftsanteile an der Projektgesellschaft an die finanzierenden Banken zu verpfänden. Flankierend werden unter anderem Nachrang- oder Interkreditorenvereinbarungen mit den Gesellschaftern bzw. Sponsoren der Projektgesellschaft abgeschlossen.

2.2.1.3 Dritte

Der Vollständigkeit halber sind schließlich unter anderem die Sicherungsmittel der öffentlichen Hand zu nennen, die insbesondere in weniger entwickelten Projektländern in Form von staatlichen Garantien oder Garantien internationaler Entwicklungsbanken verbreitet sind. Aber auch in den Industrieländern werden Garantien der öffentlichen Hand zur Verfügung gestellt, um die weitere Entwicklung der Erneuerbaren Energien zu fördern (z.B. Bürgschaften eines Bundeslandes, in dem ein Offshore-Windpark errichtet werden soll).

2.2.2 Arten der Sicherheiten

Die Sicherheiten für eine Projektfinanzierung lassen sich ferner nach der Art der Sicherheit einteilen. Diese Einteilung liegt der nachfolgenden Gliederung zugrunde. Danach lassen sich die Kreditsicherheiten in Personalsicherheiten (wie z.B. Garantien), Realsicherheiten (auch dingliche Sicherheiten genannt, wie z.B. Abtretungen) und Ersatzsicherheiten bzw. atypische Sicherheiten einteilen.

2.3 Sicherungszweck

Die notwendige Verknüpfung zwischen Kreditvertrag und Kreditsicherheit ist die Sicherungszweckvereinbarung. Diese Vereinbarung regelt insbesondere, welche Ansprüche des Kreditgebers durch die Sicherheit besichert werden sollen. Mit der Sicherungsabrede ist ausdrücklich oder stillschweigend die Abrede verbunden, dass der Kreditgeber als Sicherheitennehmer die Sicherheit erst verwerten darf, wenn der Kreditnehmer mit der Erfüllung der besicherten Forderung in Verzug ist (Event of Default). In der Sicherungszweckvereinbarung ist zu regeln, ob nur Ansprüche der finanzierenden Bank (bzw. des Bankenkonsortiums) aus dem Kreditvertrag (enger Sicherungszweck) oder Ansprüche aus dem gesamten Geschäftsverhältnis mit dem Kreditnehmer besichert werden sollen. In der Praxis der Projektfinanzierung ist, da die Kreditnehmer in der Regel Einzweckgesellschaften sind, eher ein enger Sicherungszweck üblich, wobei aber häufig Ansprüche aus weiteren Finanzierungsverträgen, die der Kreditnehmer zur Finanzierung des Projektes abgeschlossen hat, mitbesichert werden (z.B. Umsatzsteuervorfinanzierungen, Bürgschaftslinien, Reservelinien für den Fall von Baukostenüberschreitungen, Betriebsmittel- und Kontokorrentkredite sowie Ansprüche der Banken aus Zins- und Währungssicherungsgeschäften [Hedging Agreements]).

In der Sicherungszweckvereinbarung wird gelegentlich auch eine etwaige Überkreuzbesicherung (Cross-Collateralisation) geregelt. Dieser Begriff hat sich für Sicherheitenstrukturen durchgesetzt, bei denen die Sicherheiten eines Projektes auch als Sicherheiten für ein anderes Projekt – nicht notwendigerweise mit demselben Kreditnehmer – dienen.

> ***Beispiel:*** *Die Sponsoren beabsichtigen, um die Einspeisevergütung zu optimieren, mehrere benachbarte Solarparks durch unterschiedliche Projektgesellschaften zu realisieren und zu finanzieren. Um den Cashflow der verschiedenen Projekte zu vergleichmäßigen, soll im Rahmen der jeweiligen Projektfinanzierung auf den gesamten Cashflow sämtlicher Projekte zurückgegriffen werden können. In den Sicherungszweckvereinbarungen zu jeder Kreditsicherheit wird daher geregelt, dass jede auf ein einzelnes Projekt bezogene Sicherheit nicht nur den für die Finanzierung des betreffenden Projektes aufgenommenen Kredit, sondern darüber hinaus auch die von den übrigen Projektgesellschaften aufgenommenen Kredite besichert. Die Kredite werden „überkreuz“ besichert.*

Bei der Überkreuzbesicherung von Krediten mit unterschiedlichen Kreditnehmern ist nach Maßgabe des anwendbaren Rechts zu prüfen, ob einer Überkreuzbesicherung gesellschaftsrechtliche Beschränkungen (Kapitalerhaltungsvorschriften unter dem Gesichtspunkt der Up-stream-Sicherheiten bzw. der Financial-Assistance-Rules, Corporate Benefit) oder nachteilige steuerrechtliche Implikationen (z.B. verdeckte Gewinnausschüttung oder Zinsabzugsbeschränkungen (wie z.B. Thin Cap Rules) entgegenstehen. In der

Sicherungszweckvereinbarung kann auch das Rangverhältnis der besicherten Forderungen geregelt werden (schuldrechtlicher Nachrang im Gegensatz zum dinglichen Nachrang).

2.4 Anwendbares Recht

Nach der Analyse und Bewertung der als Sicherheit zur Verfügung stehenden Personal- und Realsicherheiten und der konkreten Sicherungsinteressen der Bank können die Einzelheiten des für die konkrete Finanzierung angemessenen Sicherheitenpaketes ausgearbeitet werden. Hierbei steht zunächst die Frage im Vordergrund, nach welcher Rechtsordnung sich die Begründung und Übertragung eines Sicherungsrechtes an den Vermögenswerten richtet. Diese Rechtsordnung gibt die Art, die Form und den Inhalt der jeweiligen Kreditsicherheit vor.

Bewegliche und unbewegliche Sachen

Bei der Begründung und Übertragung von dinglichen Sicherheiten an beweglichen oder unbeweglichen Sachen ist nach dem deutschen internationalen Privatrecht, d.h. dem deutschen Kollisionsrecht, grundsätzlich das Recht maßgeblich, das an dem Ort gilt, wo sich die Sache befindet (lex rei sitae [Lageort], vgl. Art. 43 Einführungsgesetz zum Bürgerlichen Gesetzbuche, EGBGB). Das am Lageort der Sache geltende Recht entscheidet nicht nur über die Entstehung, den Untergang, den Inhalt und die Übertragung von dinglichen Rechten, sondern auch darüber, ob die betreffende Sache überhaupt veräußerlich oder wesentlicher Bestandteil einer anderen Sache ist.

> ***Beispiel:*** *Die Windturbinen für einen deutschen Windpark werden in den Niederlanden hergestellt und an die Projektgesellschaft ausgeliefert. Übereignet die Projektgesellschaft die Windturbinen sogleich bei Auslieferung in den Niederlanden den Kreditgebern, unterliegt die Sicherungsübereignung dem niederländischen Recht. Erfolgt die Sicherungsübereignung erst nach dem Verbringen der Windanlagen nach Deutschland, findet auf die Sicherungsübereignung deutsches Recht Anwendung (siehe hierzu auch Abschnitt 2.1.1).*

Forderungen

Nach der Verordnung EG/Nr. 593/2008 des Europäischen Parlaments und des Rates über das auf vertragliche Schuldverhältnisse anzuwendende Recht (Rom I) richten sich die Voraussetzungen und die Wirkung einer Abtretung von Forderungen jedenfalls hinsichtlich des Verhältnisses zum Drittschuldner nach der Rechtsordnung, die auch für die übertragene Forderung gilt. Das Rechtsverhältnis zwischen Zedent und Zessionar unterliegt dagegen dem Recht, das auf deren Vertrag (z.B. die Abtretungsvereinbarung) Anwendung findet.

Das Recht der abgetretenen Forderung ist maßgeblich für die Voraussetzungen einer wirksamen Abtretung, insbesondere für die Übertragbarkeit der abzutretenden Forderung, für die Art und Weise der Abtretung (mit Ausnahme der Form, für die eine Erleichterung gemäß Art. 11 Abs. 2 Rom I gilt), für die Notwendigkeit einer Abtretungsanzeige an den Drittschuldner, für den Einfluss von Mängeln des zugrunde liegenden Vertrages, für Fragen des Rechtsverhältnisses zwischen Gläubiger (Abtretender) und Drittschuldner (insbesondere die Frage, unter welchen Umständen der Schuldner mit befreiender Wirkung leisten kann) sowie für das Rangverhältnis konkurrierender Abtretungen.

> ***Beispiel:*** *Der spanische Kreditnehmer als Eigentümer einer Solaranlage in Spanien hat einen Wartungsvertrag mit einem deutschen Unternehmen abgeschlossen. Der Wartungsvertrag unterliegt dem deutschen Recht. Auch wenn sich die Bestellung einer Sicherheit an den Solarmodulen nach spanischem Recht richtet (hipoteca mobiliaria), unterliegt die sicherungsweise Abtretung von Forderungen des Kreditnehmers aus dem Wartungsvertrag nach Rom I deutschem Recht. Dagegen beurteilt sich die wirksame Vertretung des spanischen Kreditnehmers bei Abschluss der Abtretungsvereinbarung nach spanischem Recht.*

Personalsicherheiten

Bei Personalsicherheiten, wie z.B. Bürgschaften, Garantien oder Schuldbeitritten, handelt es sich um schuldrechtliche Vereinbarungen oder Erklärungen, weshalb es den Parteien freisteht, das anwendbare Recht zu wählen.

Darüber hinaus ist bei der Wahl des anwendbaren Rechts aus Praktikabilitätsgründen zu berücksichtigen, wo die Sicherheit notfalls gerichtlich durchzusetzen sein wird. In der Regel wird der Kreditgeber ein Interesse daran haben, die Garantie in dem Land gerichtlich durchsetzen zu können, in dem sich wesentliche Vermögensgegenstände des Garanten befinden. Dieses kann, muss aber nicht das Land sein, in dem der Garant seinen registrierten Sitz hat. Diese Wahl des zuständigen Gerichtes wirkt sich wiederum auf die Rechtswahl insofern aus, als das angerufene Gericht möglichst auf der Grundlage des am Sitz des Gerichtes geltenden Rechtes urteilen sollte.

2.5 Insolvenzrechtliche Erwägungen

Vor dem Hintergrund, dass der Kreditnehmer (bzw. Dritte) Sicherheiten vorrangig auch für den Fall einer Insolvenz des Kreditnehmers bestellt, sind auch die im Falle einer Insolvenz des Kreditnehmers geltenden zwingenden insolvenzrechtlichen Bestimmungen zu beachten. Dem Kreditgeber ist wenig geholfen, wenn der Kreditnehmer ihm zwar eine zunächst wirksame Sicherheit bestellt, diese Sicherheit aber im Falle einer Insolvenz des Kreditnehmers nach der geltenden Insolvenzordnung automatisch ihre Wirkung verliert oder anfechtbar wird.

Beispiel: *Die in Deutschland hergestellten Windturbinen werden vor der Verbringung in das Ausland der finanzierenden Bank zur Sicherheit übereignet. Nach dem Belegenheitsprinzip ist für die Begründung einer Sicherheit an den Windturbinen deutsches Recht maßgeblich. Anschließend werden die Windturbinen in Taiwan installiert. Im Falle einer Insolvenz des Kreditnehmers stellt sich die Frage, ob das taiwanesische Insolvenzrecht, dessen Anwendung unterstellt werden soll, eine Sicherungsübereignung als Sicherheit anerkennt.*[1] *Außerdem wäre zu prüfen, ob nach taiwanesischem Zivilrecht das Sicherungseigentum in Taiwan überhaupt fortbesteht oder mangels Anerkennung dieses Rechtsinstituts untergegangen ist.*

Insbesondere wenn im Ausland belegene Projekte finanziert werden sollen, stellt sich die Frage, welche Insolvenzordnung im Fall einer Insolvenz des Kreditnehmers gilt. Fälschlicherweise gehen die Projektbeteiligten oftmals davon aus, dass die insolvenzrechtlichen Bestimmungen gelten, nach deren Rechtsordnung der Kreditnehmer gegründet ist (d.h. Geltung der deutschen Insolvenzverordnung bei der Insolvenz einer deutschen GmbH). Tatsächlich gelten – abgesehen von sogenannten Partikularverfahren, die an jedem Ort eingeleitet werden können, an dem sich eine Niederlassung oder Vermögen des Schuldners befindet (vgl. § 354 Insolvenzordnung, InsO) – die insolvenzrechtlichen Bestimmungen der Region, wo der Schuldner den Mittelpunkt seiner selbstständigen wirtschaftlichen Tätigkeit hat (im Englischen als Centre of Main Interest, COMI, bezeichnet).

Beispiel: *Eine nach deutschem Recht in der Rechtsform einer GmbH gegründete Projektgesellschaft errichtet einen Solarpark in Frankreich. Die wesentlichen unternehmerischen Entscheidungen werden in Frankreich getroffen. Hier kann davon ausgegangen werden, dass der Mittelpunkt der selbstständigen wirtschaftlichen Tätigkeit der Projektgesellschaft in Frankreich liegt und damit ein Hauptinsolvenzverfahren in Frankreich nach französischem Insolvenzrecht einzuleiten wäre. Das Schicksal der von der Projektgesellschaft gestellten Kreditsicherheiten richtet sich in diesem Fall im Wesentlichen nach französischem Insolvenzrecht (allerdings überlagert durch die Europäische Insolvenzverordnung).*

[1] Zwischen europäischen Staaten ist diese Frage in Art. 6 der Europäischen Insolvenzverordnung inzwischen im Sinne einer Anerkennung der dinglichen Sicherheiten weitestgehend geklärt.

2.6 Gerichtsstand

Die Durchsetzung von Kreditsicherheiten kann die Inanspruchnahme der Gerichte erfordern. Neben der Wahl des anwendbaren Rechts ist deshalb festzulegen, welche Gerichte für etwaige Streitigkeiten zuständig sein sollen. Die Bedeutung dieser Festlegung zeigt folgendes Beispiel:

Im Rahmen der Finanzierung eines Projektes garantiert ein staatseigenes Unternehmen aus Katar die Einhaltung der Zahlungsverpflichtungen eines Sponsors aus einem Kaufvertrag. Da nach der Wahl der Vertragsparteien auf die Garantie englisches Recht anwendbar sein soll, wird vereinbart, dass der High Court of Justice in London zuständig sein soll.

Hier ist den Parteien bei der Strukturierung der Sicherheit ein Fehler unterlaufen. Zwar lässt sich im Streitfall ohne Weiteres gegen die Garantin ein Urteil vor dem englischen High Court of Justice erstreiten; die arabischen Gerichte am Sitz der Garantin erkennen Urteile englischer Gerichte jedoch nicht an, d.h., sie lassen die Vollstreckung eines Urteils gegen die Garantin am Sitz der Garantin in Katar nicht zu. Richtigerweise hätten die Beteiligten in diesem Fall eine Schiedsgerichtsvereinbarung treffen müssen, da die arabischen Gerichte im Gegensatz zu ausländischen Urteilen internationale Schiedssprüche anerkennen.

Das Beispiel zeigt, dass es nicht immer die richtige Entscheidung ist, die Zuständigkeit der Gerichte in dem Land zu vereinbaren, in dem das gewählte Recht gilt. Es muss stets sichergestellt sein, dass eine (Schieds-)Gerichtsvereinbarung auch in dem Land anerkannt wird, in dem das Urteil voraussichtlich (notfalls) vollstreckt werden müsste.

3 Realsicherheiten (dingliche Sicherheiten)

3.1 Sicherungsübereignung beweglicher Sachen

Die Kreditgeber finanzieren im Rahmen der Projektfinanzierung in erster Linie die Kosten für den Erwerb der Energieanlagen, die die größte Position der Gesamtinvestitionskosten darstellen. Ein wichtiger Bestandteil des Sicherheitenpakets ist daher die Begründung einer Kreditsicherheit an allen Teilen der Energieanlagen (ergänzt um Sicherheiten an den Infrastrukturanlagen, wie z.B. Umspannwerk, Kabel/Leitungen etc.). Windenergieanlagen setzen sich unter anderem aus Fundament, Turm, Gondel und Rotor, Photovoltaik-Anlagen aus Generator, Solarmodulen, Speicher, Wechsel-/Gleichrichter und Biogas- bzw. Biomasseanlagen aus Vor-/Sammelgrube, Gärbehälter, Reaktor, Fermenter, Gasspeicher, Gasfackeln, Maschinenraum und Heizkraftwerk zusammen (bei Biogas- bzw. Biomasseanlagen kommt zusätzlich eine Sicherungsübereignung der Brennstoffe in Betracht). Auch wenn die Antworten im Einzelfall abhängig von der Art der Energieanlage und deren konkreten Ausführung unterschiedlich ausfallen können, stellen sich jeweils ähnliche Rechtsfragen.

Die Sicherungsübereignung von noch nicht installierten Energieanlagen(-teilen) durch Einigung und Übergabeersatz (sogenanntes Besitzkonstitut, bei dem der übereignende Eigentümer der finanzierenden Bank den Besitz vermittelt) ist unproblematisch möglich. Schwierig und im Einzelnen noch ungeklärt ist die Frage, ob auch nach der Errichtung der Energieanlage das Sicherungseigentum an der Energieanlage fortbesteht bzw. erstmalig Sicherungseigentum begründet werden kann. Ausgangspunkt ist hierbei die Frage, ob der Kreditnehmer Eigentümer des Grundstücks ist, auf dem die Energieanlage errichtet werden soll oder errichtet wurde. In der Praxis nutzt der Kreditnehmer das Grundstück häufig auf der Grundlage eines mit dem Eigentümer abgeschlossenen Flächennutzungsvertrages. In diesem Fall ist zunächst zu prüfen, ob die Energieanlage aufgrund ihrer Verbindung mit dem Grundstück wesentlicher Bestandteil des Grundstücks wird. Ist diese Frage zu verneinen, ist die Energieanlage sonderrechtsfähig, d. h., der Kreditnehmer kann der Bank die Energieanlage zur Sicherheit übereignen. Wird die Energieanlage in der Weise mit dem Grundstück verbunden, dass die Energieanlage an sich wesentlicher Bestandteil des Grundstücks würde, stellt sich ferner die Frage, ob die Energieanlage sogenannter Scheinbestandteil des Grundstücks ist und deshalb ungeachtet der Verbindung nicht wesentlicher Bestandteil des Grundstücks wird. Als Scheinbestandteil wäre die Energieanlage wiederum sonderrechtsfähig und könnte der Bank zur Sicherheit übereignet werden. Wie nachstehend noch ausgeführt wird, kann es erforderlich sein, dass der Kreditnehmer die Energieanlage in Ausübung einer Dienstbarkeit an dem Grundstück errichtet (siehe hierzu unten Abschnitt 3.1.1.4), um zu verhindern, dass die Energieanlage Teil des Grundstücks wird.

Die vorstehenden, besonders praxisrelevanten Rechtsfragen sollen am Beispiel einer in Deutschland zu errichtenden Onshore-Windenergieanlage erläutert werden. Es soll hierbei davon ausgegangen werden, dass die Windenergieanlage nicht auf dem eigenen Grundstück des Kreditnehmers (in diesem Fall könnte das Grundstück mit einer Grundschuld zugunsten des Kreditgebers belastet werden; die Windenergieanlage fiele in dem Haftungsverbund der Grundschuld), sondern auf einem fremden Grundstück errichtet werden soll.

3.1.1 Onshore-Energieanlagen

3.1.1.1 Wesentlicher Bestandteil

Wesentliche Bestandteile eines Grundstücks können nicht Gegenstand besonderer Rechte sein (§ 93 BGB), d.h., sie können den Kreditgebern grundsätzlich nicht zur Sicherheit übereignet werden (es sei denn, es handelt sich um Scheinbestandteile – hierzu siehe unter

Abschnitt 3.1.1.2). Zu den wesentlichen Bestandteilen eines Grundstücks gehören die mit dem Grundstück fest verbundenen Sachen, insbesondere Gebäude (§ 94 Abs. 1 S. 1 BGB). Zu den wesentlichen Bestandteilen eines Gebäudes gehören die zu seiner Herstellung eingefügten Sachen (§ 94 Abs. 2 BGB). Bei einer Energieanlage ist mithin im Einzelfall zu prüfen, ob es sich hierbei um ein Gebäude im Rechtssinne handelt, das mit dem Grundstück fest verbunden ist, oder ob die Energieanlage, ohne Gebäude zu sein, ganz oder in Teilen mit dem Grundstück fest verbunden ist. Von einer festen Verbindung ist auszugehen, wenn die verbundenen Sachen nicht voneinander getrennt werden können, ohne dass die eine oder die andere zerstört oder in ihrem Wesen verändert wird.

Die herrschende Meinung in Literatur und Rechtsprechung geht davon aus, dass jedenfalls das Fundament einer Windenergieanlage wesentlicher Bestandteil des Grundstücks ist, auf dem die Anlage errichtet wird. Die wohl überwiegende Meinung geht ferner davon aus, dass die Windenergieanlage insgesamt als Gebäude, bestehend aus Turm, Rotor und Gondel, anzusehen ist, mit der Folge, dass auch diese Anlagenteile als Gebäude gemäß § 94 Abs. 2 BGB wesentlicher Bestandteil des Grundstückes werden. Dem wird zwar mit beachtlichen Gegenargumenten entgegengehalten, es handele sich bei der Windenergieanlage oder zumindest Teilen hiervon (vereinzelte Auffassungen sehen nur den Turm, nicht aber Rotor und Gondel als wesentlichen Bestandteil des Grundstücks an) um eine Maschine, die eine bewegliche Sache darstelle. Für die vorliegende vornehmlich praxisorientierte Darstellung soll auf diesen Rechtsstreit aber nicht näher eingegangen werden. Aus Vorsichtsgründen werden die Kreditgeber bis zur höchstrichterlichen Klärung dieser Rechtsfragen davon ausgehen müssen, dass es sich bei der Windenergieanlage nach deren Verbindung mit dem Fundament nicht (mehr) um eine bewegliche Sache handelt und die Windenergieanlage daher nur unter den in Abschnitt 3.1.1.2 beschriebenen Voraussetzungen sonderrechtsfähig ist, d.h., der Bank zur Sicherheit übereignet werden kann.

Bei anderen Energieanlagen kann abhängig von der konkreten Art die Prüfung ergeben, dass diese Anlagen von vornherein nicht wesentliche Bestandteile des Grundstücks werden. Dies gilt zum Beispiel bei Photovoltaik-Anlagen, die mittels Dachhaken, Trag- oder Profilschienen und Modulklemmen auf einem Ziegeldach montiert werden, da diese Anlagen ohne Zerstörung des Gebäudes wieder entfernt werden könnten. Auch Solargeneratoren, die mittels einer gesonderten Metallkonstruktion auf einem Flachdach montiert werden, dürften keine wesentlichen Bestandteile des Grundstücks bzw. des Gebäudes werden. Anders beurteilt sich der Sachverhalt allerdings, wenn die Solarmodule wie Dachziegel unmittelbar als Dachbedeckung verwendet werden (es sei denn, dass auch in diesem Fall die Solarmodule ohne Weiteres wieder entfernt werden können).

Weitere Kriterien für die Einordnung als wesentlicher Bestandteil können sein, ob die erzeugte Energie im Gegensatz zu einem Inselsystem in das öffentliche Stromnetz eingespeist werden soll, was gegen einen wesentlichen Bestandteil spräche, oder in welchem Umfang die Energieanlage architektonisch in die Gebäudestruktur eingebunden ist.

3.1.1.2 Scheinbestandteile

Auch ansonsten wesentliche Bestandteile einer anderen Sache können sonderrechtsfähig sein, wenn es sich um sogenannte Scheinbestandteile im Sinne des § 95 BGB handelt. In Anwendung dieser Vorschrift handelt es sich bei Energieanlagen um Scheinbestandteile, wenn entweder die Verbindung der Energieanlage mit dem Grundstück nur zu einem vorübergehenden Zweck erfolgt (§ 95 Abs. 1 S. 1 BGB) oder die Windenergieanlage in Ausübung eines Rechtes mit dem Grundstück verbunden wird (§ 95 Abs. 1 S. 2 BGB).

Vorübergehender Zweck

Die Verbindung einer Energieanlage mit dem Grundstück nur zu einem vorübergehenden Zweck kommt in Betracht, wenn der spätere Wegfall der Verbindung von vornherein beabsichtigt ist oder aus der Natur der Sache folgt. Bei der Frage, ob eine entsprechende Absicht vorlag, ist auf den Willen des Verbindenden, also des Kreditnehmers abzustellen, sofern dieser Wille mit dem nach außen in Erscheinung tretenden Sachverhalt in Einklang zu bringen ist. Verbindet der Kreditnehmer als Mieter eine Energieanlage mit dem gemieteten Grundstück, spricht nach der Rechtsprechung eine Vermutung dafür, dass diese Verbindung zu einem vorübergehenden Zweck erfolgte. Diese Vermutung ist allerdings widerlegt, wenn (1) der Kreditnehmer die Energieanlage nach Ablauf des Nutzungsvertrages nicht zu entfernen hat und die Energieanlage ohne Weiteres in das Eigentum des Grundstückseigentümers übergehen soll, (2) dem Grundstückseigentümer ein Wahlrecht zusteht, die Energieanlage nach Ablauf des Nutzungsvertrages als Eigentümer zu übernehmen, oder (3) die Energieanlage nach Ablauf des Nutzungsvertrages „verbraucht" ist. Die Varianten 1 und 2 können durch sorgfältiges Abfassen bzw. nachträgliche Änderung (für den Fall, dass zu diesem Zeitpunkt die Energieanlage bereits errichtet ist, siehe die Ausführungen unten) des Nutzungsvertrages vermieden werden, worauf die Kreditgeber und deren Berater im Rahmen der Due Diligence achten werden. Umstritten ist, ob bei der Verbindung einer Windenergieanlage von einem vorübergehenden Zweck ausgegangen werden kann, wenn die Lebenserwartung der Windenergieanlage kürzer ist als die Restlaufzeit des Nutzungsverhältnisses (Variante 3). Nach einer Auffassung soll davon auszugehen sein, dass eine die Lebensdauer der Windenergieanlage überdauernde Laufzeit des Nutzungsverhältnisses die Annahme eines Scheinbestandteiles nicht ausschließt. Maßgeblich soll dagegen allein sein, dass nach dem Willen der Vertragsparteien der Nutzungsberechtigte des Grundstücks weiterhin Eigentümer der Windenergieanlage bleiben soll und die Windenergieanlage nach Beendigung des Nutzungsverhältnisses wieder entfernen muss. Nach anderer Auffassung kommt die Annahme eines Scheinbestandteils bereits dann nicht in Betracht, wenn Grundstückseigentümer und Kreditnehmer bei Vertragsschluss davon ausgehen, dass die Energieanlage nach Auslaufen des Nutzungsvertrages wirtschaftlich nicht mehr nutzbar ist, auch wenn die Energieanlage rein stofflich noch fortbesteht und abgebaut werden soll. In diesen Fällen soll auch eine kürzere Nutzungsdauer mit automatischer Verlängerung, falls nicht gekündigt wird, nicht ausreichen.

In jedem Fall werden die Kreditgeber darauf bestehen, dass der Nutzungsvertrag in der Weise abgefasst wird, dass der Kreditnehmer ohne Wahlrecht des Grundstückseigentümers uneingeschränkt verpflichtet ist, die Energieanlage nach Beendigung des Nutzungsvertrages wieder zu entfernen. Allerdings wird es aus wirtschaftlichen Gründen nicht stets möglich bzw. gewünscht sein, dass die Laufzeit des Nutzungsvertrages deutlich kürzer ist als die wirtschaftliche Nutzungsdauer der Energieanlage, da es gerade das Ziel des Kreditnehmers sein wird, die Energieanlage möglichst für seine gesamte wirtschaftliche Nutzungsdauer auf dem Grundstück zu betreiben. Wegen der in diesen Fällen verbleibenden rechtlichen Unsicherheit ist es in der Praxis üblich, dafür Sorge zu tragen, dass die Windenergieanlage zumindest auch „in Ausübung eines Rechtes mit dem Grundstück verbunden" wird und damit zumindest nach der Variante gemäß § 95 Abs. 1 S. 2 BGB Scheinbestandteil des Grundstückes wird.

In Ausübung eines dinglichen Rechts

Nach dieser Variante reicht es nicht aus, wenn der Kreditnehmer die Energieanlage auf der Grundlage eines schuldrechtlichen Nutzungsvertrages errichtet; erforderlich ist vielmehr, dass der Betreiber die Energieanlage in Ausübung eines dinglichen Rechts, das ihn zur Nutzung des Grundstückes berechtigt, errichtet, wie dies z.B. bei einer zugunsten des Kreditnehmers an dem Projektgrundstück bestellten beschränkt persönlichen Dienstbarkeit oder einem Erbbaurecht der Fall ist.

Nachträgliche Begründung einer Scheinbestandteileigenschaft

In der Theorie wäre es unter Beachtung der vorstehenden Ausführungen stets möglich, die Voraussetzungen dafür zu schaffen, dass die Energieanlage nach allen vertretenen Rechtsauffassungen sonderrechtsfähig ist. Die Praxis sieht allerdings oftmals anders aus. Windparks werden nach deren Errichtung (re-)finanziert und erst im Rahmen der Finanzierung stellt sich heraus, dass der Flächennutzungsvertrag den Grundstückseigentümer berechtigt, nach Beendigung des Nutzungsvertrages das Eigentum an den Windenergieanlagen zu erwerben. Oftmals sollen zwar zugunsten des Kreditnehmers beschränkt persönliche Dienstbarkeiten auf dem Projektgrundstück bestellt werden; die Windenergieanlagen werden allerdings häufig errichtet, bevor die beschränkt persönlichen Dienstbarkeiten in dem Grundbuch eingetragen sind, d.h. bevor die Dienstbarkeiten wirksam bestellt werden.

Ob es möglich ist, eine Energieanlage als – unterstellt – wesentlichen Bestandteil des Grundstücks in einen Scheinbestandteil umzuwandeln, indem nachträglich eine Dienstbarkeit eingetragen wird, ist umstritten. Nach einer Auffassung reicht es für die Annahme eines Scheinbestandteils zumindest aus, wenn mietvertraglich vereinbart war, dass das Nutzungsrecht des Betreibers der Windenergieanlage dinglich an dem Grundstück besichert werden soll, vorausgesetzt, die dingliche Absicherung wird später auch tatsächlich umgesetzt. Zum Teil wird in der Literatur zusätzlich gefordert, dass die Bestellung des dinglichen Nutzungsrechts bereits in grundbuchmäßiger, d.h., notarieller Form vereinbart gewesen sein muss.

Auch in anderen Fällen stellt sich die Frage, ob die Scheinbestandteileigenschaft auch noch nachträglich begründet werden kann, indem z.B. noch nach Errichtung der Energieanlage der Nutzungsvertrag in der Weise angepasst wird, dass von nun an die Energieanlage als zu einem vorübergehenden Zweck errichtet angesehen werden kann.

Der Bundesgerichtshof (BGH) hat in seiner Entscheidung vom 2.12.2005 im Hinblick auf Versorgungsleitungen entschieden, dass diese auch noch nachträglich Scheinbestandteil werden können, wenn (1) sich die Parteien auf eine Änderung der Zweckbestimmung geeinigt haben, (2) sich die Parteien über den Eigentumsübergang einig sind und (3) ein berechtigtes Interesse an der veränderten, vorübergehenden Nutzung, das die Neubegründung der Sonderrechtsfähigkeit erfordert, besteht. In der Literatur ist umstritten, ob im Sinne der vorgenannten Rechtsprechung von einem „berechtigten Interesse" nur bei öffentlicher Interessenlage (z.B. bei öffentlichen Straßen und Versorgungsleitungen) ausgegangen werden kann. Da bei Energieanlagen von einem solchen öffentlichen Interesse in der Regel nicht ausgegangen werden kann, bleiben für die Projektfinanzierungspraxis Rechtsrisiken, wenn z.B. durch die Änderung abgeschlossener Nutzungsverträge auch nach Errichtung der Energieanlage nachträglich die Scheinbestandteileigenschaft noch begründet werden soll.

Betreibt ein Grundschuldgläubiger die Zwangsversteigerung des Projektgrundstücks, erstreckt sich die Zwangsversteigerung auf alle wesentlichen Bestandteile des Grundstücks sowie auf das Zubehör (§§ 97, 98 BGB). Ist die Energieanlage von Anfang an ein Scheinbestandteil, erstreckt sich die Grundschuld nicht auf die Energieanlage, sodass die Kreditgeber als Sicherungseigentümer einen Anspruch auf abgesonderte Befriedigung haben. Insbesondere wenn die Energieanlage erst nach der Verbindung mit dem Grundstück Scheinbestandteil wird, kann die Anlage aber in den Haftungsverband der Grundschuld fallen. Liegen die Voraussetzungen für eine Enthaftung nicht vor, wird die Anlage im Falle einer Zwangsversteigerung von der Beschlagnahme erfasst, sodass die Kreditgeber ihr Sicherungseigentum an der Energieanlage im Nachhinein wieder verlieren können. Diesem Risiko kann in der Praxis dadurch begegnet werden, dass der Grundschuldgläubiger sich schuldrechtlich verpflichtet, die Energieanlage aus dem Haftungsverband der Grundschuld zu entlassen.

Angesichts der vorstehend verkürzt dargestellten umstrittenen Rechtsfragen sollten die Sponsoren frühzeitig darauf bedacht sein, uneingeschränkt Rechtssicherheit zu schaffen, indem als erster Schritt persönliche Dienstbarkeiten auf dem Projektgrundstück bestellt werden und erst anschließend die Energieanlage errichtet wird. Ist dies nicht möglich oder versäumt worden, werden die finanzierenden Banken zumindest darauf drängen, dass nachträglich die Voraussetzungen für eine Scheinbestandteileigenschaft geschaffen werden, auch wenn in diesem Fall Rechtsrisiken bleiben. Sofern das Projektgrundstück mit Grundschulden zugunsten Dritter belastet ist, werden die Kreditgeber des Anlagenbetreibers darauf drängen, dass der Grundschuldgläubiger vorsorglich die Energieanlage aus dem Haftungsverband entlässt.

Wird die Energieanlage im Ausland errichtet, beurteilt sich nach dem lokalen Recht, wie eine Sicherheit an der Energieanlage bestellt werden kann (z.B. eine Hipoteca mobiliaria nach spanischem Recht) und unter welchen Voraussetzungen die Sonderrechtsfähigkeit der Energieanlage durch deren Verbindung mit dem Grundstück untergehen kann.

3.1.2 Offshore-Windparks

Vor dem Hintergrund der klimapolitischen Ziele der Bundesregierung kommt der Entwicklung von Offshore-Windparks eine zunehmende Bedeutung zu. Für eine Vielzahl von Windenergieanlagen liegen die Genehmigungen des zuständigen Bundesamtes für Seeschifffahrt und Hydrographie vor oder sind beantragt. Erste Offshore-Windparks sind im Wege der Projektfinanzierung finanziert worden (siehe den Windpark Borkum West). Weitere Projektfinanzierungen von Offshore-Windparks sind in der Umsetzung (siehe z.B. den Windpark Global Tech I). Nach wie vor stellt allerdings die Finanzierung eines Offshore-Windparks im Wege der Projektfinanzierung für alle Beteiligten eine besondere Herausforderung dar. Insbesondere sind die Kosten der Errichtung und des Betriebes von Offshore-Windparks deutlich höher, als dies bei Onshore-Windparks der Fall ist. Selbst die bisher für Offshore-Windparks vorgesehene erhöhte Einspeisevergütung nach dem Erneuerbare-Energien-Gesetz (EEG) führt häufig noch nicht zu einem Projekt-Cashflow und damit einem Schuldendienstdeckungsquotienten des Projektes, wie er für eine klassische Projektfinanzierung gefordert wird. Erst das derzeit im Gesetzgebungsverfahren befindliche sogenannte Stauchungsmodell, das voraussichtlich zu einer Konzentration der erhöhten Einspeisevergütung auf die ersten acht Jahre führen wird, dürfte den entscheidenden Durchbruch bringen.

Neben diesen wirtschaftlichen und technologischen Herausforderungen weist die Projektfinanzierung von Offshore-Windparks einige rechtliche Besonderheiten auf, die darauf beruhen, dass die Offshore-Windparks in Deutschland in der Regel in der deutschen Ausschließlichen Wirtschaftszone (AWZ) errichtet werden und unklar ist, ob bzw. in welchem Umfang in der deutschen AWZ die zivilrechtlichen Bestimmungen des BGB gelten und damit eine Sicherungsübereignung der Windenergieanlagen nach deutschem Recht möglich ist.

3.1.2.1 Anwendbares Recht

Die AWZ beschreibt das jenseits des Küstenmeeres der 12-Meilen-Zone gelegene Gebiet bis zu einer Erstreckung von 200 Seemeilen ab den Basislinien. Es besteht weitgehend Einigkeit darin, dass es sich bei der AWZ nicht um Hoheitsgebiet der Bundesrepublik Deutschland handelt. Vielmehr hat die Bundesrepublik Deutschland nach Art. 56 Abs. 1 des Seerechtsübereinkommens von 1982 (SRÜ) gewisse souveräne Rechte, wie das Recht zur wirtschaftlichen Erforschung und Ausbeutung der AWZ, der Energieerzeugung aus Wasser, Strömung und Wind sowie im Hinblick auf die Errichtung und Nutzung von künstlichen Inseln, Anlagen und Bauwerken. Ob vor diesem Hintergrund auch das BGB in der AWZ Anwendung findet, ist umstritten.

3.1.2.2 Lösungsansätze

Da sich weder das Bundesverfassungsgericht noch der Bundesgerichtshof bisher mit der Frage befasst haben, ob in der deutschen AWZ das deutsche BGB gilt, ist die Praxis der Projektfinanzierung gezwungen, Wege zu suchen, wie nach allen der zu diesem Thema vertretenen Rechtsauffassungen zugunsten der Kreditgeber rechtswirksames Sicherungseigentum an den Windenergieanlagen begründet werden kann.

Die in der Praxis verfolgten Lösungsansätze sehen vor, dass den Kreditgebern bereits vor dem Verbringen der Windenergieanlagen in die AWZ Sicherungseigentum an den Windenergieanlagen eingeräumt wird. Eine rechtssichere Sicherungsübereignung zugunsten der finanzierenden Banken ist möglich, wenn die Sicherungsübereignung auf den Zeitpunkt vorverlagert werden kann, zu dem sich die Windenergieanlagen noch auf dem Festland befinden. Während sich die Windenergieanlagen auf dem Festland befinden, gilt das Recht der Belegenheit der Sache, d.h., ein Sicherungsrecht ist an den Windenergieanlagen nach der Rechtsordnung zu bestellen, in der sich die Windenergieanlagen zum Zeitpunkt der Sicherheitenbestellung befinden. Alternativ können die Windenergieanlagen auch zu der Zeit zur Sicherheit an die Kreditgeber übereignet werden, zu der sich die Anlagenteile auf einem unter deutscher Flagge fahrenden Schiff befinden. Gemäß Art. 43 Abs. 1 EGBGB richten sich die sachenrechtlichen Vorgänge hinsichtlich der an Bord des jeweiligen Schiffes befindlichen Sachen außerhalb von Häfen nach dem Recht des Flaggenstaates. Damit kann auch noch nach der Verschiffung der Anlagenteile Sicherungseigentum nach deutschem Recht begründet werden, sofern das Schiff die deutsche Flagge führt.

Damit die Projektgesellschaft die Windenergieanlagen bereits vor deren Installation den finanzierenden Banken zur Sicherheit übereignen kann, muss die Projektgesellschaft selbst das Eigentum an diesen Anlagen erworben haben. In der Praxis ist hierauf insbesondere bei dem Verhandeln des Turbinenliefervertrages (Zahlung des Lieferpreises, Eigentumsübergang und Eigentumsvorbehalt) zu achten.

Schließlich stellt sich die Frage, ob ein einmal begründetes Sicherungseigentum an den Windenergieanlagen mit der Installation der Windenergieanlage in der AWZ wieder untergehen kann. Nach Meinung des Verfassers kommt ein Untergang des Sicherungseigentums durch Verbindung der Windenergieanlage als bewegliche Sache mit dem Meeresboden als unbewegliche Sache nicht in Betracht. Zwar werden die Anlagen, Fundamente und Stützkonstruktionen fest mit dem Meeresboden verbunden. Andererseits ist aber zu berücksichtigen, dass am Meeresboden selbst kein zivilrechtliches Eigentum entstehen kann. Besteht insofern kein zivilrechtliches Eigentum an Grund und Boden, kann das Eigentum an der Windenergieanlage auch nicht dadurch, dass die Windenergieanlage wesentlicher Bestandteil des Meeresbodens wird, in das Eigentum eines (nicht existierenden) Grundstückseigentümers übergehen. Hinzu kommt, dass nach vorherrschender Auffassung es sich bei dem Meeresboden bereits nicht um ein Grundstück handelt, da es weder in ein Grundbuch eingetragen ist noch ein buchungsfreies Grundstück gemäß § 3 Abs. 2 Grundbuchordnung (GBO) darstellt. Diese Auffassung kann auch aus dem Rechtsgedanken des Art. 43 Abs. 2 EGBGB hergeleitet werden, nach dem ein einmal begründetes dingliches Recht an einer Sache grundsätzlich nicht untergehen soll, wenn die Sache in eine andere Rechtsordnung verbracht wird.

Mit der Vorverlagerung der Sicherungsübereignung auf das Festland bzw. den Transport durch Schiffe unter deutscher Flagge können zwar die wesentlichen Rechtsrisiken beseitigt werden; ein gewisses, wenn auch geringes Restrisiko besteht allerdings insofern weiterhin, als in der Literatur vereinzelt auch die Auffassung vertreten wird, dass ein wirksam bestelltes Sicherungseigentum mit der Verbringung der Windenergieanlage in die AWZ wieder untergeht, da Rechtsinstitute des deutschen Zivilrechts in der AWZ nicht anerkannt werden. Es fehlen zudem praktische Erfahrungen hinsichtlich der Verwertung von Sicherungseigentum an Offshore-Windenergieanlagen. Solange der Gesetzgeber die Geltung des BGB in der AWZ nicht klargestellt hat, wäre daher als weitere Gestaltungsvariante zu erwägen, die Windenergieanlagen durch eine separate Projektgesellschaft, deren einziger Zweck darin besteht, das Eigentum an den Windenergieanlagen zu halten, erwerben zu lassen. Die Anteile an dieser Projektgesellschaft könnten sodann zur Sicherheit an die Kreditgeber verpfändet werden. Da diese Projektgesellschaft als reine Besitzgesellschaft keinerlei rechtliche Verpflichtungen hat, könnten die Kreditgeber den Wert der Windenergieanlagen durch Verwertung des Pfandrechtes an den Gesellschaftsanteilen realisieren.

3.2 Sicherheiten an unbeweglichen Sachen

3.2.1 Grundpfandrechte

Als Sicherheit an unbeweglichen Sachen kommt (insbesondere wenn der Kreditnehmer Eigentümer des Projektgrundstückes ist) zunächst die Eintragung von Sicherungsgrundschulden als in der Praxis übliches Grundpfandrecht in Betracht. Die Grundschuld belastet das Eigentum an dem Grundstück (oder das Erbbaurecht) in der Weise, dass an den Grundschuldgläubiger eine bestimmte Geldsumme aus dem Grundstück zu zahlen ist. Die Verwertung der Grundschuld erfolgt entweder im Wege der Zwangsversteigerung (Verwertung der Substanz des Grundstückes) oder durch Zwangsverwaltung (Verwertung der Nutzungen). Es handelt sich bei der Grundschuld daher in erster Linie um ein Verwertungsrecht.

Die Grundschuld wird dadurch bestellt, dass der Grundstückseigentümer die Eintragung der Grundschuld bewilligt und die Grundschuld in das betreffende Grundbuch eingetragen wird (bei der Briefgrundschuld der Grundschuldbrief übergeben wird). Um dem Grundstücksgläubiger die sofortige Verwertung der Grundschuld zu ermöglichen, unterwirft sich der Grundstückseigentümer daneben der sofortigen Zwangsvollstreckung in sein gesamtes Vermögen, insbesondere in das belastete Grundstück. In den Haftungsverband der Grundschuld fallen unter anderem die wesentlichen Bestandteile sowie bestimmte bewegliche Sachen als Zubehör. Die Grundschuld erstreckt sich ferner bei einem vermieteten bzw. verpachteten Grundstück ab Beschlagnahme auf die Miet- und Pachtzinsansprüche.

Die Erstreckung des Haftungsverbandes auf die wesentlichen Bestandteile des Grundstückes führt im Ergebnis zu der umgekehrten Situation, dass anders als im Zusammenhang mit der Sicherungsübereignung von Windenergieanlagen oder ähnlichen Anlagen es gerade im Interesse der Kreditgeber als Grundschuldgläubiger sein kann, wenn diese Anlagen wesentlicher Bestandteil des Grund und Bodens werden und damit in den Haftungsverband der Grundschuld fallen. Angesichts der unklaren Rechtslage, ob oder unter welchen Voraussetzungen eine Energieanlage wesentlicher Bestandteil des Grundstückes wird, werden Kreditgeber auch dann, wenn das Grundstück zu ihren Gunsten mit einer Grundschuld belastet wird, verlangen, dass die Energieanlage den Kreditgebern ergänzend zur Sicherheit übereignet wird.

3.2.2 Beschränkt persönliche Dienstbarkeiten

Während eine Grundschuld den Banken in erster Linie eine Verwertungsmöglichkeit gibt, besichern beschränkt persönliche Dienstbarkeiten in erster Linie Nutzungsrechte des Inhabers der Dienstbarkeit (Nutzungsfunktion; zu der Trennungsfunktion siehe oben unter Abschnitt 2.1). Das vertragliche Recht der Projektgesellschaft, ein fremdes

Grundstück für die Errichtung und den Betrieb der Energieanlage nutzen zu dürfen, wird dinglich an dem betreffenden Grundstück durch Eintragung einer persönlich beschränkten Dienstbarkeit besichert. Diese Dienstbarkeit schützt die Projektgesellschaft und damit auch die Kreditgeber für den Fall einer Insolvenz des Grundstückseigentümers. Denn erwirbt ein Dritter das Grundstück von dem Insolvenzverwalter, kann der Dritte den Nutzungsvertrag nach § 111 InsO kündigen; ersteigert der Dritte das Grundstück im Rahmen einer Zwangsversteigerung, kann er den Nutzungsvertrag mit dem Kreditnehmer gemäß § 57a Zwangsversteigerungsgesetz (ZVG) kündigen.

Da die beschränkt persönliche Dienstbarkeit als solche nicht auf die Kreditgeber übertragen, sondern nur das Ausübungsrecht überlassen werden kann, verlangen die Kreditgeber in der Regel, dass zu ihren Gunsten eigene Dienstbarkeiten eingetragen werden, um auf deren Grundlage die Energieanlage notfalls selbst oder durch einen Dritten betreiben (lassen) zu können (siehe hierzu Abschnitt 5.1 unten). In diesem Fall wird die zugunsten des Kreditnehmers bestellte Dienstbarkeit auflösend bedingt sein, um sicherzustellen, dass die Kreditgeber erforderlichenfalls ihre Dienstbarkeit unter Ausschluss des Kreditnehmers nutzen können. Alternativ zu der sofortigen Bestellung einer Dienstbarkeit verpflichtet sich der Grundstückseigentümer lediglich, auf erstes Verlangen der Kreditgeber zu deren Gunsten beschränkt persönliche Dienstbarkeiten einzutragen. Dieser Anspruch der Kreditgeber wird durch die Eintragung einer Vormerkung in das Grundbuch dinglich abgesichert.

Die Dienstbarkeit berechtigt den Anlagenbetreiber bzw. die Kreditgeber, das Grundstück zum Zwecke des Anlagenbetriebs zu nutzen, die Anlage instand zu halten und die Anlage mit allem erforderlichen Zubehör auf dem Grundstück zu belassen. Belastet werden kann entweder der tatsächlich erforderliche Grundstücksteil (echte Teilbelastung) oder das gesamte Grundstück, verbunden mit einer vertraglichen Absprache, die Dienstbarkeit nur in dem erforderlichen Umfang zu nutzen (unechte Teilbelastung).

Die Eintragung beschränkt persönlicher Dienstbarkeiten setzt die Bewilligung durch den Grundstückseigentümer und die Eintragung der Dienstbarkeiten in das betreffende Grundbuch voraus.

Wird die Energieanlage außerhalb Deutschlands errichtet, ist im Einzelfall zu prüfen, welche Rechtsinstitute nach dem geltenden Ortsrecht zur Verfügung stehen, um das schuldrechtliche Nutzungsrecht des Anlagenbetreibers für den Fall einer Insolvenz des Grundstückseigentümers abzusichern. So besteht in Frankreich zum Beispiel die Möglichkeit, den Flächennutzungsvertrag durch Eintragung im Grundbuch zu verdinglichen (Conservation des Hypothéquees).

3.3 Sicherungsabtretungen von Forderungen und Rechten

3.3.1 Allgemeines

Neben der Sicherungsübereignung ist die Abtretung von Forderungen und Rechten des Kreditnehmers oder Dritter eine wichtige, in der Regel ohne größere Kosten und aufwendige Formalitäten zu bestellende Sicherheit.

Grundsätzlich werden die Banken von dem Kreditnehmer verlangen, dass der Kreditnehmer seine sämtlichen gegenwärtigen und künftigen Ansprüche und Rechte aus allen Projektverträgen an die Banken bzw. deren Sicherheitentreuhänder abtritt. Hierzu können zählen: Projektentwicklungsvertrag, Kaufvertrag, Beraterverträge, Planungsvertrag, Generalunternehmervertrag, Werklieferungsverträge, Betriebsführungsvertrag, gesetzlicher oder vertraglicher Anspruch auf Einspeisevergütung gegen den Netzbetreiber bzw. Stromeinspeisevertrag mit dem zuständigen Energieversorgungsunternehmen sowie Netzanschluss- und Netznutzungsvertrag, Wartungsvertrag, Miet- oder andere Nutzungsverträge und Versicherungsverträge.

Einigung über die Abtretung

Die Sicherungsabtretung setzt zunächst einen Vertrag zwischen dem Abtretenden (Zedent) und dem Abtretungsempfänger (Zessionar) voraus. Grundsätzlich kann der Abtretungsvertrag nach deutschem Recht formfrei geschlossen werden. Insbesondere aus Beweisgründen ist es in der Projektfinanzierung aber üblich, den Abtretungsvertrag schriftlich abzuschließen.

Gegenstand der Abtretung

Gegenstand der Sicherungsabtretung können sowohl bestimmte Forderungen, das sind einzelne oder mehrere Forderungen gegen einen bestimmten Drittschuldner, oder eine Vielzahl von Forderungen gegenüber einem nicht näher benannten Drittschuldner oder gegen einen Drittschuldner aus nicht weiter spezifizierten Rechtsverhältnissen sein. Einzel- und Globalzession können sowohl in getrennten Verträgen als auch in einem Vertrag dokumentiert sein.

Einziehungsbefugnis

An sich ist nur der Abtretungsempfänger berechtigt, die an ihn abgetretenen Forderungen einzuziehen. Es ist in der Projektfinanzierungspraxis allerdings üblich, dem Abtretenden bis zum Widerruf durch die Kreditgeber grundsätzlich zu gestatten, die abgetretenen Forderungen im Rahmen eines ordnungsgemäßen Geschäftsbetriebes einzuziehen. Insbesondere im Rahmen einer Abtretung von Ansprüchen aus Versicherungsverträgen wird allerdings einschränkend geregelt, dass oberhalb eines Schwellenwertes (der z.B. bei einer Zerstörung der Energieanlage erreicht werden kann) nur die Kreditgeber berechtigt sind, die Versicherungsprämien einzuziehen. Gelegentlich wird in dem Sicherungsvertrag auch geregelt, unter welchen Umständen, z.B. bei Eintritt eines Kündigungsgrundes (Event of Default), die Kreditgeber berechtigt sind, das Einziehungsrecht des Zedenten zu widerrufen.

Abtretungsanzeige und -bestätigung

Grundsätzlich wird die finanzierende Bank darauf bestehen, dass zumindest hinsichtlich der wesentlichen Projektverträge die Abtretung dem Drittschuldner – wenn er bekannt ist – angezeigt wird und sich der Kreditnehmer dazu verpflichtet, dafür Sorge zu tragen, dass der Drittschuldner die Abtretung in einer den Kreditgebern genehmen Form bestätigt.

3.4 Pfandrechte an Forderungen und Rechten

3.4.1 Allgemeines

Pfandrechte weisen nach deutschem Recht einige Besonderheiten auf, die bei deren Bestellung und Verwertung zu beachten sind. Wegen der Vorteile eines Pfandrechtes, z.B. keine Übertragung der Gesellschafterstellung bei der Verpfändung von Geschäftsanteilen, kein Einziehungsrecht und keine Übernahme der Kosten eines Insolvenzverwalters bei der Verpfändung von Forderungen, hat die Sicherungsabtretung das Pfandrecht in der Praxis nicht vollständig verdrängt. Pfandrechte finden sich in der Projektfinanzierungspraxis insbesondere als Verpfändung von Bankkonten, Verpfändung von Gesellschaftsanteilen und Verpfändung von Immaterialgüterrechten.

3.4.2 Verpfändung von Bankkonten

- *Bedeutung*: Projektfinanzierungen auf dem Gebiet der Erneuerbaren Energien können eine komplexe Kontenstruktur aufweisen. So können die Finanzierungsverträge vorsehen, dass der Kreditnehmer mehrere Konten mit unterschiedlichen Verwendungszwecken zu eröffnen hat: Auszahlungskonto (Disbursement Account), Einnahmen- oder Projektkonto (Proceeds Account), Schuldendienstreservekonto (Debt Service Reserve Account), Wartungsreservekonto (Maintenance Reserve Account), Ausschüttungskonto (Distribution Account), Versicherungskonto (Insurance Account) etc.

Die Verpfändung von Einnahmenkonten, auf denen die Einnahmen aus dem Betrieb der Energieanlage oder sonstige Zahlungen eingehen, stellt eine notwendige Ergänzung der Abtretung dieser Forderungen an die Kreditgeber dar.

- *Vertragsparteien*: Verpfänder des Kontoguthabens ist der Kontoinhaber, in der Regel (aber nicht notwendigerweise) der Kreditnehmer. Pfandnehmer muss wegen der Akzessorietät von Pfandrechten der Gläubiger der mit dem Pfandrecht besicherten Forderung sein. Bei einer Mehrheit von Gläubigern, wie z.B. einem Bankenkonsortium, ist das Pfandrecht an dem Kontoguthaben daher grundsätzlich zugunsten sämtlicher Banken zu bestellen. Es besteht allerdings die Möglichkeit, dass in Form eines abstrakten Schuldanerkenntnisses, z.B. zugunsten des Sicherheitentreuhänders, der Kreditgeber eine parallele Schuld (Parallel Debt) des Kontoinhabers begründet wird, die durch das Pfandrecht an dem Kontoguthaben gesichert wird.
- *Inhalt*: Verpfändet wird das jeweilige Kontoguthaben, d.h. die entsprechende Forderung des Kunden gegen die kontoführende Bank auf Auszahlung des Guthabens. Insbesondere in komplexeren Strukturen wird die Reihenfolge, in der die Einnahmen des Kreditnehmers verwendet werden sollen, in einer sogenannten Cashflow-Cascade/Waterfall festgelegt, von der die kontoführende Bank im Falle eines Kündigungsgrundes (Event of Default) allerdings auch abweichen kann.
- *anwendbares Recht:* Bestellung, Inhalt und Verwertung von Pfandrechten an Konten richten sich nach den im Vergleich zum Pfandrecht dargestellten Grundsätzen nach dem Recht, das auf den zugrunde liegenden Kontoführungs- und Kontoverwaltungsvertrag Anwendung findet. Hierbei ist das Vertragsrecht nicht immer mit dem Recht identisch, das an dem Ort gilt, in dem sich die betreffende Bankfiliale befindet.

  Beispiel: *Eine niederländische Projektgesellschaft eröffnet bei der niederländischen Filiale einer deutschen Bank ein Bankkonto. Die Kontoführung unterliegt nach den betreffenden Unterlagen dem deutschen Recht. In diesem Fall richtet sich auch die Verpfändung des „niederländischen“ Kontos nach deutschem Recht.*

- *Verpfändungsanzeige*: Im Gegensatz zu den Abtretungen wird eine Kontenverpfändung erst nach Anzeige der Verpfändung an die kontoführende Bank wirksam. Nur wenn die kontoführende Bank selbst Pfandnehmer ist, ist die Anzeige entbehrlich.

3.4.3 Verpfändung von Gesellschaftsanteilen

- *Bedeutung*: Die Verpfändung der Gesellschaftsanteile an dem Kreditnehmer ist in der Projektfinanzierungspraxis ein wesentlicher Bestandteil des Sicherheitenpakets. Ein Vorteil einer Geschäftsanteilsverpfändung kann darin liegen, dass die Kreditgeber in der Krise die Geschäftsanteile verwerten und entweder selbst oder durch einen Dritten ersteigern (lassen) können, um dann die Geschäftsführung der Gesellschaft neu bestellen zu können (siehe hierzu auch Abschnitt 5.1). Ein weiterer Vorteil kann darin liegen, dass anders als bei einer Verwertung der Vermögensgegenstände der Projektgesellschaft die von der Gesellschaft abgeschlossenen Verträge nicht übertragen werden müssen, d.h. mittelbar das Projekt insgesamt übernommen werden kann. Projektverträge sehen allerdings gelegentlich eine Change-of-Control-Klausel vor, die den Vertragspartner berechtigt, bei einem Austausch des Gesellschafters seines Vertragspartners den Vertrag vorzeitig zu kündigen.

- *Vertragsparteien*: Die Verpfändung setzt einen Vertrag zwischen dem Gesellschafter des Kreditnehmers als Inhaber und Verpfänder der Gesellschaftsanteile und dem Inhaber der besicherten Forderung, also den Kreditgebern, voraus.
- *Inhalt*: Der Gesellschafter verpfändet die Gesellschaftsanteile als solche sowie seine sämtlichen Ansprüche aus der Gesellschafterstellung mit Ausnahme der Stimmrechte. Würden die Stimmrechte mit verpfändet, entstünde das Risiko, dass die Kreditgeber als Pfandnehmer damit eine Position erhielten, die der eines Gesellschafters vergleichbar wäre, mit der Folge, dass die Rechtsprechung die Kreditgeber eventuell wie einen Gesellschafter und die Kreditforderungen damit als nachrangig behandeln würde.
- *anwendbares Recht*: Das Pfandrecht ist nach dem Recht zu bestellen, nach dem die Gesellschaft gegründet worden ist.

  Beispiel: *Der deutsche Gesellschafter verpfändet seine sämtlichen Gesellschaftsanteile an einer französischen Einzweckgesellschaft an die finanzierende deutsche Bank. Die Verpfändung der Gesellschaftsanteile richtet sich zwingend nach französischem Recht.*

  Bei einer in einem deutschen Handelsregister eingetragenen GmbH sind die Geschäftsanteile also nach Maßgabe des deutschen Rechts zu verpfänden. In diesem Fall sind daher auch die deutschen Formvorschriften, wie z.B. die notarielle Beurkundung des Verpfändungsvertrages zu beachten, wenn die Anteile an einer GmbH verpfändet werden (dies gilt nicht bei KG oder AG).

- *Verpfändungsanzeige*: Die Verpfändung ist zwar grundsätzlich auch ohne Verpfändungsanzeige wirksam; gegenüber der Gesellschaft, deren Anteile verpfändet werden, gilt die Verpfändung allerdings erst mit der Anzeige durch den Verpfänder, d.h. den Gesellschafter, als erfolgt.
- *Abtretung von Gesellschafterdarlehen*: Sponsoren stellen die erforderlichen Eigenmittel aus steuerlichen Gründen häufig in Form von (nachrangigen) Gesellschafterdarlehen der Projektgesellschaft zur Verfügung. In diesem Fall sollten die Gesellschafter neben einer Verpfändung der Geschäftsanteile an der Projektgesellschaft auch ihre Ansprüche aus den Gesellschafterdarlehen an die Kreditgeber abtreten bzw. bedingt

auf diese Ansprüche verzichten. Anderenfalls wäre die Projektgesellschaft auch nach einer Versteigerung der Geschäftsanteile noch mit den Gesellschafterdarlehen belastet und könnten die Sponsoren die Rückzahlung ihrer Eigenmittel verlangen.

3.4.4 Verpfändung von Immaterialgüterrechten

Schließlich kommt die Verpfändung von Immaterialgüterrechten, wie z.B. Marken, Patente oder Gebrauchsmuster, in Betracht. Eine Verpfändung wird in der Praxis einer ebenfalls möglichen Sicherungsabtretung der Immaterialgüterrechte vorgezogen, da die Kreditgeber im Fall einer Sicherungsabtretung zivilrechtlich Inhaber der Immaterialgüterrechte und damit in Verletzungsprozessen passiv legitimiert würden.

4 Bürgschaften und Garantien

Hinsichtlich von Bürgschaften, Garantien und Schuldbeitritten gibt es in der Projektfinanzierungspraxis gegenüber anderen Finanzierungsvorhaben wenige Besonderheiten.

Mit der einfachen, in der Regel selbstschuldnerischen Bürgschaft verpflichtet sich der Bürge, den Gläubiger für den Fall zu befriedigen, dass der Schuldner zahlungsunwillig oder zahlungsunfähig ist. Der Umfang der Verpflichtung des Bürgen hängt hierbei vom Umfang und vom Bestand des Hauptschuldverhältnisses ab, der sogenannten Akzessorietät.

Im Gegensatz zu der in § 765 BGB geregelten einfachen Bürgschaft ist die Garantie ein gesetzlich nicht geregelter Vertrag, aufgrund dessen der Garant gegenüber dem Gläubiger dafür einzustehen hat, dass ein bestimmter wirtschaftlicher Erfolg eintritt oder sich die Gefahr eines bestimmten künftigen Schadens nicht verwirklicht. Anders als die Bürgschaft begründet die Garantie eine von der Hauptschuld unabhängige Verpflichtung, sie ist also abstrakt. Der Garant kann damit, wie bei der Bürgschaft auf erstes Anfordern, nicht einwenden, die besicherte Forderung sei nicht entstanden oder wieder entfallen.

Andere Formen des Einstehens der Muttergesellschaft für die Verpflichtungen der Tochtergesellschaft sind die (harte) Patronatserklärung sowie die Begründung eines Organschaftsverhältnisses (Beherrschungsvertrag und Gewinn- und Verlustübernahmevertrag) nebst Organerklärung. Dem vergleichbar verpflichtet sich die Muttergesellschaft im Rahmen eines Organschaftsverhältnisses dazu, sämtliche Jahresverluste der Tochtergesellschaft auszugleichen, sodass eine Insolvenz der Tochtergesellschaft wegen Überschuldung jedenfalls so lange ausgeschlossen bleibt, als die Muttergesellschaft ihren Verpflichtungen unter der Verlustübernahmeerklärung nachkommen kann und mithin ein aktivierungsfähiger Anspruch der Tochtergesellschaft besteht.

5 Ersatzsicherheiten

5.1 Direktverträge und Eintrittsvereinbarungen (Step-in-Rights)

5.1.1 Sinn und Zweck von Direktvereinbarungen

Nach dem dargestellten Going-Projekt-Prinzip geht das vornehmliche Interesse der Kreditgeber dahin, das Projekt als Einheit zu erhalten. Sind allerdings Projektgesellschaft und Sponsoren nicht mehr in der Lage oder bereit, das Projekt fortzuführen, kann sich für die Kreditgeber die Notwendigkeit ergeben, das Projekt selbst oder durch einen Dritten übernehmen und fortführen zu müssen. Diesen Zugriff auf das Unternehmen als Ganzes können sich die Kreditgeber nach deutschem Recht entweder im Wege eines Share Deal oder eines Asset Deal sichern. Mit Share Deal wird die Variante beschrieben, dass die Kreditgeber durch ein Pfandrecht an den Gesellschaftsanteilen der Projektgesellschaft in die Lage versetzt werden, erforderlichenfalls die Projektgesellschaft als solche zu übernehmen. Die Variante Asset Deal dagegen betrifft nicht die Übernahme der Projektgesellschaft, sondern die Übernahme des Projektes, d.h. insbesondere der für ein Going-Projekt erforderlichen Projektverträge. Die hierfür erforderlichen Zustimmungen der Vertragspartner der Projektverträge werden vorab im Wege der sogenannten Direktverträge (Direct Agreements) oder Eintrittsrechte eingeholt.

Die Übernahme der Projektgesellschaft als solche durch Verwertung eines Pfandrechtes an den Gesellschaftsanteilen hat insbesondere den Vorteil, dass die Kreditgeber (oder der von den Kreditgebern eingesetzte Dritte) die Kontrolle über das Projekt im Ganzen erhält, ohne dass die einzelnen Vermögensgegenstände und Vertragsverhältnisse im Wege der Einzelrechtsübertragung auf eine neue Gesellschaft übertragen werden müssen. Als wesentliche Nachteile einer Unternehmensfortführung durch Übernahme der Gesellschaftsanteile ist zunächst die fortbestehende Haftung der Projektgesellschaft für sämtliche Altschulden und die hiermit einhergehende eingeschränkte Gestaltungsfreiheit zu nennen. Ein weiterer Nachteil besteht darin, dass ein Pfandrecht an Gesellschaftsanteilen grundsätzlich nur im Wege der öffentlichen Versteigerung verwertet werden kann.

Als Alternative bietet sich deshalb ein Austausch der Projektgesellschaft, d.h. Eintritt einer neu gegründeten Projektgesellschaft in sämtliche Vertragsverhältnisse der bestehenden Projektgesellschaft, auf der Grundlage von Direktvereinbarungen an.

5.1.2 Parteien der Direktvereinbarung

Nach dem Sinn und Zweck der Direktvereinbarungen werden die Kreditgeber darauf drängen, dass hinsichtlich sämtlicher wesentlicher Projektverträge Direktvereinbarungen mit dem Vertragspartner der Projektgesellschaft abgeschlossen werden. Die Projektgesellschaft selbst ist in der Regel ebenfalls Vertragspartei der Direktvereinbarung oder stimmt dem Abschluss dieser Direktvereinbarung zumindest in einer separaten Vereinbarung zu.

Abbildung 1: Möglichkeiten der Projektfortführung

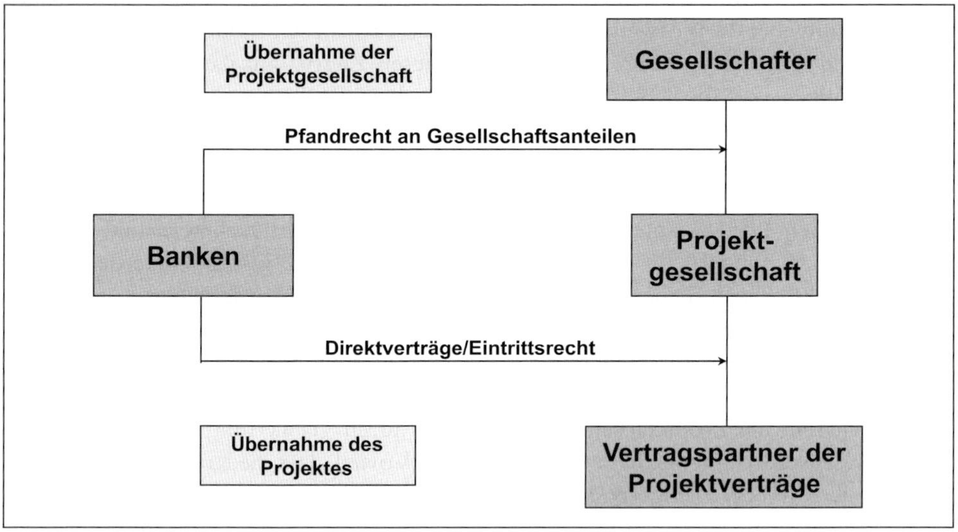

5.1.3 Wesentlicher Inhalt der Direktvereinbarungen

Eine typische Direktvereinbarung sieht den vorstehend geschilderten Zwecken von Direktvereinbarungen entsprechend folgende Regelungen vor:

- Information der Kreditgeber durch den Projektpartner über jeden wesentlichen Vertragsverstoß durch die Projektgesellschaft oder eine etwaige Unmöglichkeit der Vertragserfüllung.
- Keine Kündigung des Projektvertrages bis Ablauf einer Heilungsfrist (Suspension Period). Die Heilungsfrist beginnt erst, nachdem die Kreditgeber eine Kündigungsanzeige des Projektpartners erhalten haben, in der der Kündigungsgrund, der beabsichtigte Kündigungstermin und die zu dem jeweiligen Zeitpunkt offenen Verbindlichkeiten der Projektgesellschaft dargelegt sind.

- Bestätigung der Sicherungsabtretung sämtlicher Forderungen der Projektgesellschaft aus dem betreffenden Projektvertrag zusammen mit der Bestätigung des Projektpartners, dass (wesentliche) Änderungen des Projektvertrages der Zustimmung der Kreditgeber bedürfen.
- Die Kreditgeber sind berechtigt, während der Stillhalteperiode entweder selbst oder durch einen von den Kreditgebern benannten Dritten in das bestehende Vertragsverhältnis der Projektgesellschaft mit dem Projektpartner einzutreten. Aus insolvenzrechtlichen Gründen wird zudem häufig das Recht der Kreditgeber aufgenommen, den Neuabschluss eines identischen Projektvertrages verlangen zu können, vorausgesetzt, der Projektpartner ist berechtigt, den laufenden Vertrag mit dem Kreditnehmer zu beenden. Gegenstand intensiver Verhandlungen ist häufig die Frage, ob der in den Vertrag anstelle der Projektgesellschaft Eintretende bestimmte Anforderungen hinsichtlich der eigenen Fachkompetenz bzw. der finanziellen Bonität erfüllen muss.
- Die Umstände, bei deren Eintritt die Kreditgeber berechtigt sind, in den Projektvertrag einzutreten, werden im Einzelnen geregelt. Die Kreditgeber werden hierbei ihr Augenmerk darauf richten, möglichst frühzeitig, auf jeden Fall vor Eröffnung eines Insolvenzverfahrens über das Vermögen des Kreditnehmers, eintreten zu können, damit der Insolvenzverwalter nicht vor einer Überleitung der Verträge berechtigt ist, die Erfüllung der Projektverträge nach § 103 Abs. 1 InsO abzulehnen.
- Mit dem Vertragseintritt bzw. binnen einer vereinbarten Frist nach Vertragseintritt müssen die Kündigungsgründe beseitigt werden, andernfalls der Projektpartner berechtigt bleibt, den Projektvertrag auch nach Eintritt der Kreditgeber zu kündigen.
- Eine weitere schwierig zu verhandelnde Frage ist, inwieweit der Eintretende für die bestehenden Altverbindlichkeiten der Projektgesellschaft haftet. In der Regel fordert der Vertragspartner eine gesamtschuldnerische Haftung des Eintretenden neben der Projektgesellschaft, wobei der Eintretende darum bemüht sein wird, diese Haftung auf die von dem Projektpartner offengelegten fortbestehenden Verpflichtungen der Projektgesellschaft zu beschränken. Vereinzelt verlangen die Kreditgeber neben dem Eintrittsrecht auch das Recht, nach eigenem Ermessen aus dem Projektvertrag wieder auszutreten (Step-out Right), insbesondere dann, wenn erst nach dem Vertragseintritt von dem Eintretenden übernommene Verbindlichkeiten bekannt werden.
- Der Projektpartner hat an dem Abschluss einer Direktvereinbarung selbst kein unmittelbares Interesse, da er keinen Anspruch darauf hat, dass die finanzierende Bank in die Direktvereinbarung eintritt. Im Gegenteil wird der Projektpartner in seinen Rechten beschränkt, indem er im Falle einer beabsichtigten Kündigung des Projektvertrages den finanzierenden Banken zunächst Gelegenheit geben muss, den Kündigungsgrund zu beseitigen. Der Projektpartner verlangt daher gelegentlich, dass ihm die durch das weitere Abwarten entstehenden Schäden ersetzt werden oder dass er zumindest berechtigt ist, während dieser Heilungsphase selbst seine Leistungen zurückzuhalten.

5.1.4 Probleme und Lösungen in der Praxis

In der Praxis kann das Verhandeln von Direktverträgen schwierig und zeitaufwendig sein. Wichtig ist zunächst, dass die Projektgesellschaft spätestens mit Abschluss des Projektvertrages einen durchsetzbaren Anspruch gegen den Projektpartner erhält, dass dieser mit den finanzierenden Banken eine Direktvereinbarung abschließt. Es ist empfehlenswert, dass der Entwurf der Direktvereinbarung gleichzeitig mit dem betreffenden Projektvertrag verhandelt und als Anlage dem Projektvertrag beigefügt wird.

In der Literatur wird kontrovers diskutiert, ob eine Direktvereinbarung eine unzulässige Umgehung des Wahlrechts des Insolvenzverwalters (§ 103 InsO) darstellt (§ 119 InsO), nach Eröffnung eines Insolvenzverfahrens über das Vermögen der Projektgesellschaft die Erfüllung oder Nichterfüllung des betreffenden Projektvertrages verlangen zu können. Nach Auffassung des Verfassers greifen diese Bedenken jedenfalls dann nicht durch, wenn die Bank ohne Mitwirkung des Kreditnehmers in die Projektverträge eintreten kann und von diesem Recht vor Eröffnung des Insolvenzverfahrens Gebrauch macht.

Soweit ersichtlich, sind Direktvereinbarungen in der Praxis bisher kaum einmal durch Eintritt der Banken in die Projektverträge umgesetzt worden. Der Grund hierfür dürfte nicht mit insolvenzrechtlichen Bedenken zusammenhängen, sondern darauf zurückzuführen sein, dass ein Vertragseintritt für die Banken oftmals mit nicht akzeptablen Risiken verbunden wäre. Die Bank würde (selber oder durch einen Dritten) in die gesamte Rechtstellung des Kreditnehmers eintreten. Dies kann in der Praxis, abhängig von dem Inhalt des betreffenden Projektvertrages bedeuten, dass die Bank uneingeschränkte Verfügungsmacht über die Energieanlage haben muss, um ihrerseits die auf sie übergegangenen gegenseitigen Pflichten des Kreditnehmers als früheren Anlagenbetreiber erfüllen zu können. Tritt die Bank z.B. in einen Anlagenliefervertrag ein, muss die Bank auch über das Grundstück verfügen, auf dem die Anlage errichtet werden soll, um dem Lieferanten den Zugang zu dem Grundstück verschaffen zu können. Ohne Mitwirkung des Insolvenzverwalters wird eine einseitige Übernahme des gesamten Projektes durch die Bank in der Praxis daher jedenfalls nicht mit der erforderlichen Sicherheit gewährleistet werden können, da wesentliche Kreditsicherheiten, wie z.B. die Sicherungsübereignung der Energieanlage, der Bank nur ein Recht auf abgesonderte Befriedigung, nicht aber ein Nutzungsrecht an diesen Gegenstanden vermitteln. Gleichwohl haben Direktverträge eine erhebliche praktische Bedeutung, da Direktvereinbarungen die Projektparteien u.a. auch verpflichten, die Bank vor einer Kündigung des Projektvertrages zu unterrichten; zum anderen ermöglicht die Direktvereinbarung der Bank, in Abstimmung mit dem Kreditnehmer und dessen Insolvenzverwalter das Projekt anstelle des Kreditnehmers zu übernehmen, ohne dass die Projektpartner berechtigt wären, die Projektverträge vorzeitig zu kündigen bzw. deren Nichtkündigung davon abhängig zu machen, dass die Projektverträge neu verhandelt werden.

5.2 Negativerklärung

Im Rahmen einer Negativerklärung verpflichtet sich der Kreditnehmer, insbesondere Dritten keine dinglichen Sicherheiten an der Energieanlage zu bestellen und die Energieanlage weder im Ganzen noch in Teilen zu veräußern. Hiervon werden in der Regel Ausnahmen hinsichtlich der Belastungen zugelassen, die üblicherweise im gewöhnlichen Geschäftsverkehr entstehen, wie z.B. Werkunternehmerpfandrechte oder Eigentumsvorbehalte.

5.3 Nachrangvereinbarung und Interkreditorenvereinbarung

Nachrangvereinbarungen (Subordination Agreement) oder Interkreditorenvereinbarungen (Intercreditor Agreement) kommen auch in der Projektfinanzierungspraxis in Betracht, wenn neben den finanzierenden Banken andere Gläubiger Ansprüche gegen die Projektgesellschaft aus Finanzierungsverträgen haben. Dies können weitere Junior- bzw. Mezzanin-Banken sein oder auch eine Senior-Bank in der Funktion als weiterer Kreditgeber, z.B. im Rahmen einer Eigenkapitalfinanzierung oder einer Betriebsmittelfinanzierung, oder dem Kreditnehmer nahestehende Dritte, insbesondere Gesellschafter im Rahmen von Gesellschafterdarlehensverträgen. Eine Regelung zwischen den verschiedenen Gläubigern gebietet sich insbesondere dann, wenn die weiteren Gläubiger ebenfalls besichert werden sollen.

Gewähren nahestehende Dritte wie z.B. Gesellschafter dem Kreditnehmer Darlehen, wird in der Regel ein umfassender Nachrang dieser Darlehen gegenüber den erstrangig besicherten Krediten vereinbart.

Die Regelungen zwischen erst- und zweitrangig besicherten Kreditgebern sind in der Regel komplexer. In international syndizierten Krediten können detaillierte Interkreditorenvereinbarungen zur Anwendung kommen, in denen im Einzelnen geregelt ist, wann und unter welchen Voraussetzungen Zahlungen an die nachrangigen Gläubiger zulässig sind.

6 Zusammenfassung

Die Strukturierung der Kreditsicherheiten für Projektfinanzierungen auf dem Gebiet der Erneuerbaren Energien stellt an die Beteiligten besondere Anforderungen. Da die Wirtschaftlichkeit des Projekts insbesondere von der gesetzlich geregelten Einspeisevergütung abhängt, ist die Möglichkeit der Kreditgeber, das Projekt notfalls auch unter Ausschluss des Kreditnehmers fortführen zu können, von noch größerer Bedeutung als bei anderen Projektfinanzierungen. Eine weitere Besonderheit besteht darin, dass die Energieanlagen oftmals auf fremden Grundstücken errichtet werden, weshalb die Transaktionen in der Weise strukturiert werden müssen, dass die Energieanlagen sonderrechtsfähig sind oder werden. Leider steht zu vielen der in diesem Zusammenhang relevanten Rechtsfragen eine einschlägige höchstrichterliche Rechtsprechung noch aus, sodass die Kreditgeber darauf bedacht sein werden, eine Struktur zu finden, die nach allen vertretenen Rechtsauffassungen eine rechtswirksame Sicherheit an den Energieanlagen begründet. Insbesondere wenn die Energieanlagen im Ausland errichtet werden sollen, ist das Sicherheitenpaket unter Berücksichtigung des anwendbaren Rechts – in der Regel unter Hinzuziehung lokaler Rechtsberater – zu strukturieren.

Literatur

Bülow, Peter (2007): Recht der Kreditsicherheiten – Sachen und Rechte, Personen, Heidelberg, 7. Auflage

Busch, Ralph (2011): Ausgewählte (vertrags-)rechtliche Fragen bei der Errichtung von Offshore-Windparks – Teil 1, in: Neue Zeitschrift für Baurecht, S. 1 ff.

Dinger, Felix/Goldner, Thies (2009): Sicherungsübereignung von Windenergieanlagen in der Ausschließlichen Wirtschaftszone, in: Zeitschrift für Bankrecht und Bankwirtschaft, S. 204 ff.

Ganter, Hans Gerhard (2002): Die Sicherungsübereignung von Windkraftanlagen als Scheinbestandteil eines fremden Grundstücks, in: Wertpapier-Mitteilungen, S. 105 ff.

Gößmann, Wolfgang/Hellner, Thorwald (bis 2003)/Schröter, Jürgen/Steuer, Stephan (bis 12/05)/Weber, Ahrend (Hg.) (2006): Bankrecht und Bankpraxis – Band 2 Kreditsicherung, Köln

Hagemeister, Adrian von/Bültmann, Michael (1997): Konflikte von Sicherungsinstrumenten und Eigenkapitalersatz bei Projektfinanzierungen durch Banken, in: Wertpapier-Mitteilungen, S. 549 ff.

Kersting, Mark Oliver (2011): Die Projektfinanzierung eines Offshore-Windparks, in: Zeitschrift für Bank- und Kapitalmarktrecht 2, S. 57 ff.

Peters, Bernd (2002): Wem gehören die Windkraftanlagen auf fremdem Grund und Boden?, in: Wertpapier-Mitteilungen, S. 110 ff.

Peters, Bernd (2007): Windkraftanlagen und §§ 93 ff. BGB, in: Wertpapier-Mitteilungen 2007, S. 2.003 ff.

Reuter, Alexander (2010): Wie insolvenzfest sind Sicherheiten bei konsortialen (Projekt-)Finanzierungen und deren Refinanzierung?, in: Neue Zeitschrift für Insolvenz und Sanierung 5, S. 167 ff.

Reymann, Christoph (2010): Fotovoltaikdienstbarkeiten bei Anlagen auf fremden Grundstücken, in: Deutsche Notar-Zeitung 2, S. 84 ff.

Rosenbaum, Martin (2006): Errichtung und Betrieb von Windenergieanlage im Offshore-Bereich – Vorgabe des internationalen und nationalen Rechts, Kiel

Sester, Peter (2004): Insolvenzfeste Direktverträge in der Projektfinanzierung und bei Public-Private-Partnership-Projekten auf Basis eines Konzessionsvertrages, in: Zeitschrift für Bank- und Kapitalmarktrecht, S. 283 ff.

Siebel, Ulf R./Röver, Jan-Hendrik/Knütel, Christian (Hg.) (2008): Rechtshandbuch Projektfinanzierung und PPP – Vertragsgestaltung und Projektdurchführung nach deutschem Recht unter Berücksichtigung internationaler Erfahrungen, Köln, Frankfurt, 2. Auflage

V
Kapitalmarktlösungen für EE-Projekte und EE-Unternehmen

Geschlossene Solarfonds: Konzeption, Markt, rechtliche und steuerliche Rahmenbedingungen

Andreas Ahlmann/Klaus Roeder

1 Geschlossene Solarfonds

Geschlossene Fonds sammeln während der Platzierungszeit Kapital, in der Regel in Beträgen ab 10.000 EUR, bei Privatanlegern ein. Dieses wird nach der Fondsschließung, dem planmäßigen Aufnahmeende für weitere Investoren, zum Erwerb des geplanten Investitionsgegenstandes verwendet. Eine teilweise Finanzierung des Fondsobjektes kann auch schon während der Platzierung stattfinden. Die Fondsgesellschaft firmiert in der Regel als Personengesellschaft in der Rechtsform der deutschen GmbH & Co. KG. Die Anleger treten dieser Gesellschaft als Kommanditisten bei. Das hat den Vorteil, dass ihre Haftung auf die Höhe ihrer im Handelsregister eingetragenen Einlage begrenzt ist.[1] Klassische Investitionsobjekte geschlossener Fonds sind beispielsweise Immobilien, Schiffe oder Flugzeuge. Diese werden in der Regel zu einem Teil mit Fremdkapital finanziert. Der Fonds hält das Investitionsobjekt über eine vorher festgelegte Bewirtschaftungsphase. Während der Laufzeit von mitunter 20 Jahren und mehr erhalten die Anleger Ausschüttungen aus den Rückflüssen der Investition und am Laufzeitende gegebenenfalls ihren Anteil am Verkaufserlös. Im Jahr 2009 warben geschlossene Fonds insgesamt 5,5 Mrd. EUR Eigenkapital ein, ein Rückgang um rund 46,3% gegenüber dem Vorjahr.[2] Im Gegensatz dazu stieg das in Solarfonds investierte Eigenkapital von rund 150 Mio. EUR im Jahr 2008 auf 330 Mio. EUR im Jahr 2009.[3] Laut dem Verband Geschlossene Fonds wurde 2010 ein Ergebnis in ähnlicher Höhe – rund 300 Mio. EUR – schon nach dem dritten Quartal erreicht.[4] Damit haben sich die Solarfonds – in einer für geschlossene Fonds schwierigen Phase – als eigene Asset-Klasse etabliert.

Das ist ihnen nicht zuletzt wegen der hohen Sicherheit und Stabilität ihrer Einnahmen gelungen. Solarstrom wird in Deutschland durch das Erneuerbare-Energien-Gesetz (EEG) gefördert. Dieses Gesetz regelt einerseits die bevorzugte Abnahme des Solarstroms durch den Netzbetreiber und andererseits die garantierte Vergütung des Stroms.[5] Jeder Anlagenbetreiber erhält für seinen produzierten Solarstrom für 20 Jahre den Vergütungssatz, der bei Netzanschluss gültig war.[6] Damit wird ein wichtiger Investitionsanreiz geboten, weil Investoren auf diese Weise eine hohe Planungssicherheit erhalten. Jede Kürzung der Förderung gilt immer nur für Neuanlagen, nicht für Bestandsanlagen.

---

[1] Lüdicke/Arndt (2009), S. 34.

[2] Feri Gesamtmarktstudie (2010).

[3] Feri Gesamtmarktstudie (2010).

[4] Vgl. http://www.vgf-branchenzahlen.de/index.php?id=947 am 07.01.2011.

[5] Vgl. http://www.bmu.de/gesetze_verordnungen/doc/2676.php am 07.01.2011.

[6] Vgl. http://www.bmu.de/gesetze_verordnungen/doc/2676.php am 07.01.2011.

Nach und nach erließen die meisten europäischen Staaten in den vergangenen Jahren ähnliche Regelungen zur Förderung Erneuerbarer Energien. Die Emissionshäuser geschlossener Fonds reagieren auf diese Entwicklung und legen zunehmend auch Fonds auf, die in Italien, Spanien oder Frankreich investieren. Die Orientierung in Richtung Süden liegt nahe: Denn je höher die Sonneneinstrahlung, desto höher ist auch der Stromertrag einer Solaranlage. In Deutschland werden im Jahr 1.100 bis 1.400 Kilowattstunden (kWh) Globalstrahlung pro Quadratmeter erreicht. In Süditalien und Südspanien hingegen liegt dieser Wert in vielen Gegenden bei mehr als 2.000 kWh pro Quadratmeter.[7] Kurzfristig kann die Sonneneinstrahlung zwar schwanken, langfristig ist sie jedoch sehr zuverlässig. Ein weiteres Argument für Solarfonds ist ihre Unabhängigkeit von konjunkturellen Schwankungen. Da die Einnahmen gesetzlich garantiert sind, ist das Investment vergleichsweise krisensicher und nicht mit traditionellen Investments wie Aktien, Renten oder Immobilien korreliert. Zudem gewinnen ökologische Aspekte einer Kapitalanlage für eine Reihe von Anlegern an Bedeutung. Sie erwarten nicht mehr nur den ökonomischen Erfolg ihres Investments, sondern legen auch Wert auf ökologische Nachhaltigkeit. Gerade auch vermögende Anleger investieren zunehmend in sogenannte „grüne Geldanlagen“, wie eine Studie des europäischen Investorenverbands Eurosif zeigt.[8]

2 Die Märkte für Solarfonds

Die Produktion von Solarstrom ist zur Zeit noch teurer als die Stromgewinnung aus konventionellen Energieträgern wie beispielsweise Kohle oder Öl. Solarstrom kann derzeit nur dort rentabel produziert werden, wo eine gesetzliche Einspeisevergütung gezahlt wird. Daher ist die staatliche Solarstromförderung einer der wichtigsten Faktoren für die Entwicklung der nationalen Solarmärkte in Europa. Allerdings sinken die Kosten für die Solarstromproduktion kontinuierlich. Dies liegt hauptsächlich an den Effizienzsteigerungen der Industrie und damit fallenden Modul- und Systempreisen. Genau diese technologischen Verbesserungen möchte der Gesetzgeber mit der schrittweisen Reduzierung der Einspeisevergütung erreichen. In wenigen Jahren dürfte der Zeitpunkt erreicht sein, an dem Solarstrom und konventioneller Strom zu gleichen Preisen „frei Haus“ geliefert werden können, die sogenannte *Grid Parity*. Damit wäre Solarstrom zumindest rechnerisch auch ohne Förderung wettbewerbsfähig. Dies wird 2012 beispielsweise in Sizilien erreicht werden.[9] Solarfonds für Privatanleger investieren vornehmlich in Ländern mit

[7] Vgl. http://re.jrc.ec.europa.eu/pvgis/cmaps/eu_opt/PVGIS-EuropeSolarPotential.pdf am 07.01.2011.

[8] Eurosif (2010), S. 6.

[9] Bank Sarasin (2010 a), S. 4.

staatlich festgelegten Vergütungsregelungen. Die favorisierten Standorte sind Deutschland, Italien, Spanien und Frankreich.

2.1 Deutschland

Deutschland war 2009 das Land mit dem weltweit größten Neuzugang an Photovoltaik-Kapazitäten. Mit einer installierten Leistung von 3,8 Gigawatt (GW) entfiel mehr als die Hälfte des globalen Marktes von 7,2 GW auf Deutschland. 2010 wurde dieser Wert noch übertroffen. Bis einschließlich November meldet die Bundesnetzagentur eine Neuleistung von 5,7 Megawatt (MW).[10] Das Zusammenspiel eines erprobten Fördersystems, guter Finanzierungsbedingungen, qualifizierter Photovoltaik-Unternehmen und einer hohen Wertschätzung für Erneuerbare Energien in der Bevölkerung trugen zu diesem Erfolg bei. Dem Preisniveau auf den Modulmärkten trägt die regelmäßige Absenkung der Einspeisevergütung Rechnung. Die Förderung sinkt jährlich gemäß EEG zum 1. Januar zwischen 9 und 13% ab. Zusätzlich wurde die Einspeisevergütung 2010 zum 1. Juli um 8 bis 13% und zum 1. Oktober erneut um 3% gesenkt.[11] Im Jahr 2011 hängt das Ausmaß der Vergütungskürzung vom neu installierten Photovoltaik-Volumen ab. Insgesamt hat sich die Vergütung pro Kilowatt Solarstrom zwischen 2009 und 2010 damit halbiert. Das Auslaufen der Förderung für Anlagen auf vormaligen Ackerflächen zwingt Projektentwickler zum Ausweichen auf Anlagen auf Dächern oder auf Konversionsflächen, die weiterhin gefördert werden. Wegen seiner hohen Rechtssicherheit und der zügigen Genehmigungsverfahren liegt Deutschland dennoch im Länderattraktivitätsindex der Bank Sarasin auf dem zweiten Platz.[12]

2.2 Spanien

2008 war Spanien der weltweit führende Solarmarkt mit 2,6 GW neu installierter Kapazität. Die attraktive Einspeisevergütung zusammen mit der hohen Sonneneinstrahlung führte zu einem regelrechten Run auf das südeuropäische Land. 2009 folgte ein deutlicher Rückgang. Das Marktvolumen sank auf 69 MW. Verantwortlich dafür waren eine Kür-

[10] Vgl. http://www.bundesnetzagentur.de/cae/servlet/contentblob/161274/publicationFile/8927/PVLeistungMonat_2009_2010pdf.pdf am 15.02.2011, http://www.bundesnetzagentur.de/cln_1911/DE/Sachgebiete/ElektrizitaetGas/ErneuerbareEnergienGesetz/VerguetungssaetzePhotovoltaik_Basepage.html?nn=135464#doc149586bodyText3 am 15.02.2011.

[11] http://www.bundesnetzagentur.de/cae/servlet/contentblob/161374/publicationFile/8922/DegressionsVerguetungssaetze2011_pdf.pdf am 10.02.2011.

[12] Bank Sarasin (2010 b), S. 20 ff.

zung der Solarförderung und eine Deckelung der jährlich geförderten Stromerzeugung ab September 2008. Dies ging mit der Einführung komplexer administrativer Prozeduren und Verzögerungen einher. Zusätzlich wirkten sich die Folgen der Wirtschaftskrise negativ auf die Verfügbarkeit von Projektfinanzierungen aus. Der Markt beschränkte sich 2009 auf Freilandanlagen und auf große Anlagen auf Gewerbeimmobilien. Am 19. November 2010 beschloss die spanische Regierung eine weitere Förderungskürzung. Der Einspeisetarif für Freilandanlagen soll um 45% sinken.[13] Für Verunsicherung unter Investoren sorgt zudem die zu Weihnachten 2010 von der Regierung beschlossene und am 21.01.2011 vom Parlament verabschiedete rückwirkende Deckelung der geförderten Strommengen aus bestehenden Anlagen. Die Tarife bleiben zwar unverändert, rückwirkend werden jedoch die jährlichen Strommengen, für die die Förderung gezahlt wird, begrenzt. Die schärfsten Begrenzungen gelten von 2011 bis 2013, und zwar in diesem Zeitraum ohne Berücksichtigung der geographischen Lage. Die Einnahmen aus den betroffenen Solarkraftwerken sinken damit in manchen Fällen um rund 15%.[14] Besonders hart trifft dies natürlich die südlicher gelegenen Solarparks. Aber auch über das Jahr 2013 hinaus können aufgrund dieser Asymmetrie in der Vergütung Einstrahlungsschwankungen von Jahr zu Jahr nicht ohne Weiteres finanziell ausgeglichen werden: In Jahren mit wenig Sonneneinstrahlung haben die Fonds Mindereinnahmen, in Jahren mit hoher Sonneneinstrahlung gehen den Fonds die Mehreinnahmen durch die eingeführte Deckelung verloren. Im Länderattraktivitätsindex 2011 der Bank Sarasin erreicht Spanien bei Aufdachanlagen den sechsten Platz. In der Kategorie Freiflächenanlagen verlor Spanien deutlich und rutschte vom dritten auf den 13. Platz.[15]

2.3 Italien

Italien bietet neben einer hohen Sonneneinstrahlung ein attraktives Vergütungssystem für die Einspeisung von Solarstrom in das Versorgungsnetz. Zusätzlich zur Basisvergütung für die Erzeugung von Solarstrom erhält der Anlagenbetreiber eine Einspeisevergütung in Höhe des in der betreffenden Gegend geltenden Marktpreises für den Strom, den er in das öffentliche Verteilnetz einspeist. Italien stieg 2009 mit einer Neuleistung von 723 MW nach Deutschland zum zweitwichtigsten Markt in Europa und der Welt auf. Die kumulierte installierte Leistung lag Ende 2009 bei 1,2 GW.[16] Der italienischen Energieagentur GSE zufolge, die mit der Abwicklung der Solarstromförderung betraut ist,

[13] Vgl. http://www.roedl.de/presse/pressemitteilungen/spanien_beschliesst_absenkung_der_einspeiseverguetung_fuer_solarstrom.html am 04.01.2011.

[14] Bernd Mikosch: Spannungsabfall in Spanien, in: Financial Times Deutschland vom 04.01.2011.

[15] Bank Sarasin (2010 b), S. 6.

[16] Bank Sarasin (2010 b), S. 23.

gingen 2010 2,9 GW neu ans Netz. Das ist beinahe dreimal so viel wie im Vorjahr.[17] Zudem beanspruchen noch rund 3,7 GW die gemäß gesetzlicher Bestimmungen für 2010 geltende Förderung. Die Fertigstellung dieses Volumens wurde vor dem 31.12.2010 angezeigt, allerdings stand die Herstellung des Netzanschlusses durch den zuständigen Netzbetreiber noch aus. Für 2011 sind Kürzungen der Förderung geplant, die in drei Schritten – zum 1. Januar, zum 1. Mai und zum 1. September – in Kraft treten. 2012 und 2013 sollen die Fördersätze jeweils um 6% sinken.[18] Dennoch bietet Italien weiterhin eine der höchsten Einspeisevergütungen und wird deshalb von der Bank Sarasin nach wie vor – in Abhängigkeit von der Technik und dem Standort der Anlage – als sehr attraktiv eingeschätzt. Italien liegt sowohl 2010 als auch 2011 in den Kategorien Aufdachanlagen und Freiflächenanlagen auf dem ersten Platz.[19] Die Querelen um die Geltung des vereinfachten Genehmigungsverfahrens für Anlagen in Apulien, deren Leistung kleiner als ein Megawatt ist, sind inzwischen gelöst, und das Verfahren soll landesweit ähnlich eingeführt werden. Deshalb rechnen Investoren mit verkürzten Genehmigungsprozessen, die allerdings weiterhin weit mehr Zeit brauchen als in Deutschland. Als limitierender Faktor kommt die Netzanschlusskapazität hinzu, die durch eine – teilweise unqualifizierte – Antragsflut noch verschärft wird.

2.4 Frankreich

Die Photovoltaik-Landschaft in Frankreich war in der Vergangenheit durch kleine Anlagen bis 5 MW gekennzeichnet. Erst mit dem Ministerialerlass vom 10.07.2006, der indexierte Grundtarife vorsah, begann in Frankreich der Ausbau der Photovoltaik. Die Vergütungssätze betrugen seit Anfang 2010 für Bodenanlagen 27,60 bis 35,20 Eurocent pro kWh,[20] je nach Region und Sonnenintensität, wurden jedoch im Jahresverlauf weiter gekürzt. Die Vergütung gilt jeweils für 20 Jahre ab Inbetriebnahme, für die Höhe der Vergütung ist der Zeitpunkt der vollständigen Antragstellung entscheidend, nicht wie in Deutschland der des Netzanschlusses. Trotz dieser nicht unattraktiven Vergütung hatte der französische Solarmarkt lang mit ausgesprochen langwierigen Genehmigungsprozessen zu kämpfen.[21] Der rasche Zubau infolge einer Beschleunigung dieser Verfahren lässt aktuell Befürchtungen hinsichtlich einer Überförderung wachsen. Bis zur Vorstellung der neuen Vergütungssätze im März 2011 hatte die Regierung deshalb ein Genehmigungsmoratorium beschlossen, das den weiteren Ausbau zunächst begrenzte.

---

17 Vgl. http://www.gse.it/GSE%20Informa/Pagine/rafdan.aspx am 12.02.2011.

18 Vgl. http://www.bls.info/upload/file/101018_ContoEnergiaIII_def.pdf am 10.01.2011.

19 Bank Sarasin (2010 b), S. 22.

20 Journal Officiel de la République Française vom 14.01.2010.

21 Heinrich Fleischer: Blick auf die Zielmärkte, in: Fondszeitung 20/2010, S. 6.

3 Die Anbieter von Solarfonds

Die Anbieter von Solarfonds gliedern sich in drei Gruppen: Einige Emissionshäuser haben sich auf nachhaltige Investments spezialisiert und bedienen nur diese Asset-Klasse. Dazu gehören beispielsweise das Berliner Emissionshaus White Owl Capital AG und der Düsseldorfer Anbieter Voigt & Coll. GmbH. Die beiden Initiatoren belegten 2009 – gemessen am platzierten Eigenkapital – die Plätze eins und zwei in der Sparte New Energy.[22] Die White Owl Capital AG konnte 93,2 Mio. EUR Eigenkapitel platzieren, die Voigt & Coll. GmbH erreichte 49,5 Mio. EUR. Daneben gibt es Initiatoren, die bereits geschlossene Fonds in anderen Asset-Klassen angeboten und nun Solarfonds zusätzlich in ihre Produktpalette aufgenommen haben. Dazu zählen beispielsweise Branchengrößen wie die KGAL, die Hannover Leasing, die MPC und die Commerz Real AG.

Zur dritten Gruppe zählen „grüne“ Anbieter, die oft mit den Projektentwicklern oder Anlagenherstellern etc. verflochten sind. Insgesamt ist das Angebot an Solarfonds zahlreich und unübersichtlich, da in den vergangenen Jahren sehr viele neue Anbieter auf den Markt kamen. Die Internetplattform Pro Compare verzeichnet in der Sparte „Energie“ 984 realisierte Fonds von 171 Initiatoren.[23] Davon dürfte zumindest ein größerer Teil auf Solarfonds entfallen.

4 Konzeption

4.1 Gesellschaftsrechtliche Strukturen

Geschlossene Solarfonds in der Rechtsform einer GmbH & Co. KG halten oder betreiben die Solaranlagen direkt oder halten sie indirekt. In der Regel wird dann eine Zwischengesellschaft mit Sitz in Deutschland eingeschaltet, die deutschem Recht unterliegt. Sie hält ihrerseits Anteile an einer oder mehreren Betreibergesellschaften. Wenn der Solarfonds im Ausland investiert, sind diese Betreibergesellschaften im jeweiligen Land ansässig und dort auch steuerpflichtig. Sie firmieren beispielsweise in Italien als „Società in accomandita semplice“ (SAS), vergleichbar mit einer deutschen Kommanditgesellschaft, oder als „società a responsabilità limitata“ (SRL), vergleichbar mit einer GmbH.

[22] Feri Gesamtmarktstudie (2010).

[23] Vgl. http://www.procompare.de/index2.php?selectname=0&status=5&sparte=2&untersparte=0&s1=0&uid=1541&section=abfrageps am 10.01.2011.

Der Übergang des Solarparks an die Fondsgesellschaft kann auf drei verschiedene Arten erfolgen: Auf dem Weg des Auftragsbaus, als Asset-Deal oder als Share-Deal.[24] Die einfachste Variante ist der Bau im Auftrag der Fondsgesellschaft. Vergleichsweise aufwendig ist ein Asset-Deal. Dabei müssen alle Rechte, zum Beispiel die Rechte an Grund und Boden oder die Rechte aus den Einspeiseverträgen, einzeln übertragen werden.

Abbildung 1: Die dreistöckige Beteiligungsstruktur am Beispiel des HANNOVER LEASING Sun Invest Katalonien

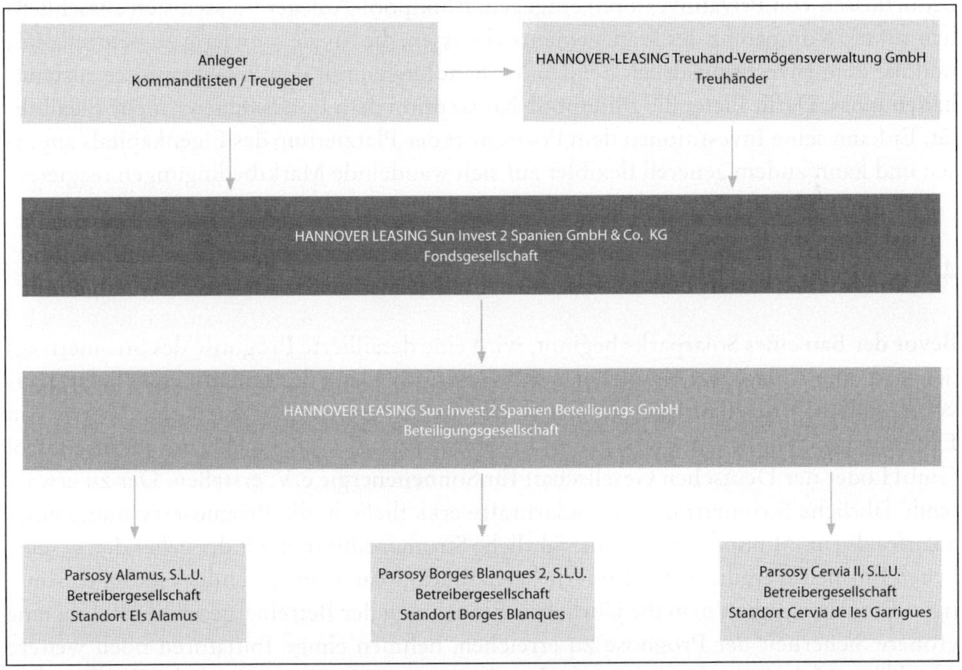

Generell gibt es zwei Möglichkeiten, Solaranlagen in einen geschlossenen Fonds einzubringen. Ist der Fonds als Blindpool konzipiert, stehen zum Zeitpunkt der Prospekterstellung die Investitionsobjekte noch nicht fest. Der Fonds sammelt zunächst Anlegergelder ein und erwirbt damit zu einem späteren Zeitpunkt fertige Solaranlagen. In der Regel werden dafür jedoch im Emissionsprospekt zumindest Investitionskriterien festgelegt. So können etwa bestimmte Mindestrenditen festgelegt oder Zielländer definiert werden, die für die Investitionen des Fonds infrage kommen. Die Alternative zum Blindpool ist ein Fonds, dessen Investitionsobjekte von Anfang an feststehen. Ein solcher Fonds kann entweder Bestandsanlagen kaufen oder selbst Anlagen von einem Projektentwick-

[24] Lüdicke/Arndt (2009), S. 319.

ler bzw. Systemintegrator bauen lassen. Da der Fonds zum Zeitpunkt des Kaufvertragsabschlusses noch nicht über Anlegerkapital verfügt, ist eine Zwischenfinanzierung erforderlich. Aus Vertriebssicht ist ein Fonds mit feststehenden Investitionsobjekten vorteilhaft, da potenzielle Anleger wissen, in welchem Land sich die Anlagen befinden, welche Module verwendet werden und ob die Höhe der Einspeisetarife bereits geklärt ist. Es liegen schon Ertragsgutachten vor, und die Prognoserechnung basiert auf einer für Zeichner des Fonds nachvollziehbaren Einschätzung. Dem Anleger wird damit ein konkretes Investment geboten, über das er sich ein Urteil bilden kann. Dies kommt den Sicherheitsbedürfnissen von Privatinvestoren entgegen. Blindpool-Anleger müssen sich ausschließlich auf die Kompetenz des Managements verlassen, die für sie schwierig zu beurteilen ist und die dem Investitionsdruck bei den Verhandlungen mit den Projektanbietern standhalten muss. Dafür bietet die Blindpool-Konzeption dem Fondsanbieter mehr Flexibilität. Er kann seine Investitionen dem Fortschritt der Platzierung des Eigenkapitals anpassen und kann zudem generell flexibler auf sich wandelnde Marktbedingungen reagieren.

4.2 Das Ertragsgutachten

Bevor der Bau eines Solarparks beginnt, wird eine detaillierte Prognose des Stromertrags der geplanten Anlage erstellt. Neben der Eigenprüfung lässt der Initiator eines Solarfonds vor dem Kauf oder Bau einer Anlage in der Regel zwei externe Ertragsgutachten von Experten wie dem Fraunhofer-Institut für Solare Energiesysteme ISE, der meteocontrol GmbH oder der Deutschen Gesellschaft für Sonnenenergie e.V. erstellen. Der zu erwartende jährliche Stromertrag eines Solarkraftwerks fließt in die Prognoserechnung eines Solarfonds ein. Multipliziert man die jährliche Stromproduktion mit der geltenden gesetzlichen Einspeisevergütung für eine Kilowattstunde Solarstrom und mit eventuellen sonstigen Entgelten, erhält man die jährlichen Einnahmen der Betreibergesellschaft. Um eine größere Sicherheit der Prognose zu erreichen, nehmen einige Initiatoren noch weitere Abschläge auf den gutachterlich ermittelten Stromertrag vor, etwa pauschal einige Prozentpunkte für einzelne Verlustfaktoren, wie beispielsweise mangelnde Netzverfügbarkeit, Leitungsverluste oder außerplanmäßige Stillstände der Anlage. Großzügige Abschläge wirken in der Fondskalkulation als Sicherheitspuffer, insbesondere wenn die laufende Wartung und technische Betriebsführung des Solarparks fix vergütet wird. In der Praxis erfolgt die Vergütung jedoch oft erfolgsabhängig. In Jahren mit geringer Sonneneinstrahlung begünstigt dies den Initiator. Ist die Einstrahlung höher als erwartet, muss sich der Initiator die Erlöse mit dem Betriebsführer teilen.

4.3 Wichtige Verträge

Die wenigsten Fondsanbieter halten die nötige technische und Projektentwicklungskompetenz für einen Solarpark im eigenen Unternehmen vor. Deshalb gehört die stabile Anbindung kompetenter Partner zu den zentralen Aufgaben des Initiators bzw. des Fondsmanagements.

4.3.1 Generalübernehmer- oder Generalunternehmervertrag

In der Regel geht die Initiative zur Entwicklung eines Solarparks nicht von der Fondsgesellschaft, sondern von Projektentwicklern aus, die bereits mit Behörden, regionalen Energieversorgern und sonstigen Projektpartnern in Kontakt stehen und gegebenenfalls gemeinsam mit anderen Unternehmen die schlüsselfertige Planung und Errichtung der Solaranlage anbieten. Die Fondsgesellschaft bzw. die Betreibergesellschaft schließt einen Generalunternehmer- oder Generalübernehmervertrag ab, der Planung, Lieferung, Bau, Inbetriebnahme, Installation und Netzanschluss des Solarparks beinhaltet – das heißt dessen schlüsselfertige Errichtung. Dieser Vertrag wird auch *Engineering, Procurement and Construction Agreement* (EPC-Agreement) genannt. In der Praxis gibt es sowohl unabhängige EPC-Auftragnehmer als auch solche, die relativ eng mit einem Fondsinitiator verbunden sind. Ferner ist zu beobachten, dass die Auftragsvergabe für das EPC-Agreement durch den Projektentwickler gelenkt wird, sofern er nicht selbst diese Leistungen erfüllt. Dabei ist insbesondere an der Schnittstelle von Genehmigungsplanung und Ausführungsplanung Wachsamkeit geboten, da in solchen Konstellationen der EPC-Auftragnehmer oft nur für Fehler in der Ausführungsplanung haftet.

Der EPC-Auftragnehmer errichtet die Anlagen und übernimmt für einen auszuhandelnden Zeitraum eine Reihe von Garantien. Der EPC-Auftragnehmer garantiert die Mängelfreiheit der Anlage für einen gewissen Zeitraum nach Abnahme, beispielsweise für zwei Jahre. Außerdem gewährleistet er den Netzanschluss einer Anlage im Geltungszeitraum einer bestimmten Einspeisevergütung. Der EPC-Auftragnehmer garantiert darüber hinaus, dass die nötigen Genehmigungen vorliegen und im Einklang mit dem geltenden Recht stehen. Dieser Punkt ist von entscheidender Bedeutung für eine erfolgreiche Realisierung. Werden nicht alle Genehmigungen rechtzeitig erlangt, kann es zu Bußgeldzahlungen, zu Baueinstellungs- oder Abrissverfügungen kommen.[25] Ebenfalls üblich sind Garantien dafür, dass die Anlage bei Inbetriebnahme eine vorher festgelegte Mindestperformance (Performance Ratio) liefert. Liefert die Anlage weniger Strom, kann die Betreibergesellschaft zum Beispiel pro Prozentpunkt Minderleistung einen Teil des EPC-

[25] Lüdicke/Arndt (2009), S. 327.

Preises zurückfordern. Etwa fünf bis sechs Prozentpunkte unterhalb der Mindestperformance wird ein weiter Grenzwert festgelegt. Ist die Performance der Anlage geringer als dieser Wert, kann die Betreibergesellschaft ganz vom Vertrag zurücktreten.

Die Bezahlung des EPC-Auftragnehmers erfolgt in vorab festgelegten Schritten – entsprechend dem Baufortschritt. In der Regel sind von seiner Seite Strafzahlungen oder Vergütungskürzungen bei Überschreiten des Zeitplans und Unterschreiten der vereinbarten Leistungsdaten fällig. Rücktrittsrechte vom Vertrag sollten insbesondere für den Fall vereinbart werden, dass der Netzanschluss zu einem bestimmten Zeitpunkt nicht erreicht wird. Der Betreibergesellschaft können durch einen verspäteten Netzanschluss dauerhaft Mindereinnahmen entstehen, wenn sie dadurch eine niedrigere oder gar keine absehbare Einspeisevergütung erhält. Im Vorfeld sollte die Bonität des EPC-Auftragnehmers genau geprüft werden. Handelt es sich um ein international tätiges Unternehmen mit nationalen Tochtergesellschaften, so empfiehlt es sich, die Konzernmutter mit in die Garantievereinbarung einzubeziehen.

4.3.2 Wartungs- und Betriebsführungsvertrag

Die Projekt- oder Betreibergesellschaft schließt mit einem Dienstleister einen Wartungs- und Betriebsführungsvertrag für die Photovoltaik-Anlage, der die kontinuierliche Überwachung, Wartung und Instandsetzung der Anlage regelt. Daneben ist er für ihre Reinigung und Pflege sowie für die Sicherung gegen den Zutritt von Unbefugten zuständig. Schließlich führt der Dienstleister ein kontinuierliches Anlagen-Monitoring per Fernüberwachung durch und erstellt jedes Quartal einen Bericht zum Energieertrag und Betriebsablauf. Für die Vertragslaufzeit garantiert der Dienstleister eine technische Verfügbarkeit von beispielsweise 98%. Für die Vergütung des Dienstleisters gibt es verschiedene Modelle. Zum Beispiel können die Entgelte im Vertrag festgelegt und dann angepasst werden, wenn die Anlagenverfügbarkeit diese 98 Prozent über- oder unterschreitet. Wesentlich für die Vergütungshöhe, aber auch für die Ertragsstabilität der Solaranlagen sind ferner die garantierten Reaktionszeiten zur Störungsbeseitigung und die Bevorratung von Ersatzteilen, insbesondere wenn dadurch störungsbedingte Stillstände aufgrund von Lieferzeiten minimiert werden können.

4.4 Finanzierung und Prognoserechnung

4.4.1 Fremdkapitalquote bei Solarfonds

Geschlossene Solarfonds enthalten einen vergleichsweise hohen Fremdkapitalanteil. Die Fremdkapitalquote bewegt sich durchschnittlich zwischen 70 und 80% und liegt damit deutlich höher als bei Immobilienfonds, bei denen sogenannte Loan-to-Value-Klauseln im Kreditvertrag die Beleihungsgrenzen festlegen. Bei Solarfonds richtet sich die Höhe der Fremdfinanzierung nach dem Schuldendienstdeckungsgrad (DSCR). Das bedeutet, dass der jährliche Aufwand für Tilgung und Zinsen ein bestimmtes Verhältnis zum EBITDA nicht überschreiten darf. Die Fremdkapitalquote wird so hoch angesetzt, dass die erwirtschafteten Einnahmenüberschüsse den Schuldendienst in dem gewünschten Verhältnis (z.B. 1,25:1) übersteigen. Das Verhältnis richtet sich dabei nach dem Risiko, mit dem die Einnahmenüberschüsse aus Sicht der Bank behaftet sind.

4.4.2 Platzierungsgarantie

Unabhängig von der Frage, ob es sich um einen Blindpool handelt oder nicht, kann die Fondsgesellschaft einen Platzierungsgarantievertrag abschließen. Damit verpflichtet sich der Garantiegeber, das einzuwerbende Eigenkapital an einem bestimmten Stichtag bis zu einer vorher festgelegten Grenze aufzufüllen, sofern diese nicht durch das bei Anlegern eingeworbene Eigenkapital erreicht worden ist. Eine Platzierungsgarantie ist ein wichtiges Vertriebsargument, da die Anleger so vor einer mit Kosten verbundenen Rückabwicklung des Fonds bei Nicht-Erreichen eines Mindesteigenkapitals geschützt werden. Sie trägt somit wesentlich zur Planungssicherheit des Anlegers bei. Die Garantie kann vom Initiator, von einer Bank oder von einem externen Garantiegeber ausgesprochen werden. Für eine Platzierungsgarantie ist ein bestimmter Prozentsatz der Garantiesumme als Vergütung fällig – unabhängig davon, ob die Garantie in Anspruch genommen wird oder nicht. Handelt es sich um einen externen Garantiegeber, sollte gründlich geprüft werden, ob er im Ernstfall in der Lage sein wird, die Garantiezahlung zu leisten.[26]

4.4.3 Eigenkapitalzwischenfinanzierung

Beginnt die Fondsgesellschaft bereits vor dem Beitritt der Anleger mit der Realisierung oder dem Kauf der Solaranlagen, muss sie Verträge abschließen, Komponenten vorfinanzieren und gegebenenfalls Anlagen erwerben. Dafür ist eine Zwischenfinanzierung notwendig, da der Fonds zu diesem Zeitpunkt noch nicht über genügend Eigenkapital verfügt. Die Zwischenfinanzierung ist in etwa so hoch wie das prospektierte Eigenkapital. Sie stammt in der Regel von einer Bank. Ist ein Initiator finanziell dazu in der Lage, kann er auch selbst der Fondsgesellschaft die benötigte Zwischenfinanzierung im Rahmen eines Darlehens zur Verfügung stellen. Die Laufzeit einer solchen Finanzierung beträgt meist nur zwischen sechs und zwölf Monate und endet mit der anvisierten Schließung des Fonds. Sollte eine Verlängerung des Platzierungszeitraumes nötig werden, kann dies in einer Klausel des Kreditvertrags berücksichtigt und das Darlehen für etwa ein weiteres halbes Jahr verlängert werden. Schreitet die Eigenkapitaleinwerbung voran, muss aus

[26] Bartlsperger/Boutonnet/Loipfinger/Nickl/Nickl/Richter (2007), S. 179.

diesen Einnahmen die Zwischenfinanzierung zurückgeführt werden. Wenn der Fonds nicht genügend Eigenkapital platziert, ist das Darlehen spätestens mit den Geldern aus der Platzierungsgarantie zu tilgen. Der Kreditvertrag kann auch eine Quote enthalten, die festlegt, welcher Teil des von den Anlegern eingeworbenen Eigenkapitals für die Tilgung der Zwischenfinanzierung verwendet werden muss.

4.4.4 Langfristiges Darlehen

Neben der kurzfristigen Eigenkapitalzwischenfinanzierung ist eine langfristige Projektfinanzierung nötig, um die gewünschten Investitionen zu tätigen. Die Fremdkapitalaufnahme erfolgt nicht auf Ebene der Fondsgesellschaft, sondern auf Ebene der Betreiber- oder Projektgesellschaft. Diese Unterscheidung ist von großer Bedeutung. Gerät die Betreiber- oder Projektgesellschaft in Schieflage, verliert die Fondsgesellschaft zwar ihre Einlage. Sie haftet jedoch nicht selbst für die Verbindlichkeiten der Betreibergesellschaft. Die Fondsgesellschaft wird daher stets bestrebt sein, die Haftung auf die Betreibergesellschaften zu beschränken. Das Ziel der finanzierenden Bank ist es hingegen, eine gewisse (Mit-)Haftung der Fondsgesellschaft zu erreichen.[27]

Für den Kredit sind verschiedene Sicherheiten zu stellen. Sämtliche Gesellschaftsanteile und Bankkonten der Betreibergesellschaften müssen an die Bank verpfändet werden. Sicherheitshalber müssen zusätzlich die Rechte aus den Einspeiseverträgen, Ansprüche aus den Generalübernehmer- oder Generalunternehmerverträgen und den Wartungsverträgen sowie die Rechte gegenüber dem jeweiligen Staat auf Erstattung geleisteter Umsatzsteuern abgetreten werden.

Außerdem müssen sich die Betreibergesellschaften Auszahlungsbeschränkungen unterwerfen. Die Gesellschaften sind zur Aufrechterhaltung eines Schuldendienstreservekontos verpflichtet, das in der Regel die Tilgungen und Darlehenszinsen der kommenden sechs Monate abdeckt. Des Weiteren regeln die Kreditverträge die Reihenfolge der Einnahmenverwendung: Zunächst müssen Steuern und Abgaben, betriebsnotwendige laufende Ausgaben und der Schuldendienst bezahlt und das Schuldendienstreservekonto aufgefüllt werden. Erst dann dürfen die Betreibergesellschaften Auszahlungen an die Fondsgesellschaft vornehmen. Dazu können weitere Bedingungen kommen, die einmalig erfüllt werden müssen, bevor eine Ausschüttung erlaubt wird. Solche Bedingungen können beispielsweise die Leistung einer ersten Tilgungsrate oder ein erster Zahlungseingang der Solarstromvergütung sein. Bei Vertragsverletzungen von Seiten des Schuldners ist die finanzierende Bank berechtigt, den Kredit vorzeitig zu kündigen.

[27] Lüdicke/Arndt (2009), S. 325.

Für die Bearbeitung und den Vertragsabschluss erhält die Bank als einmalige Gebühr einen bestimmten Prozentsatz auf die gesamte Darlehenssumme. Für die Bereitstellung der zugesagten, aber noch nicht abgerufenen Finanzierung ist an die Bank eine laufende Vergütung zu entrichten. Es handelt sich dabei um einen festgelegten Prozentsatz des noch offenen Kreditrahmens. Schließlich wird der Bank gegebenenfalls auch die Tätigkeit als Sicherheitenverwalter mit einem jährlichen Festbetrag vergütet.

4.4.5 Exkurs: Finanzierung durch Programme der KfW

Das langfristige Fremdkapital stammt oft aus Refinanzierungsmitteln der Kreditanstalt für Wiederaufbau (KfW). Diese werden von der KfW nicht direkt ausgereicht, sondern über die Hausbank des Kreditnehmers. Es sind jedoch auch Mischfinanzierungen aus einer KfW-Tranche und einer „kommerziellen" Tranche möglich. Zudem kommen auch rein „kommerzielle" Finanzierungen vor. Das Fremdkapital kann – bei sehr großen Beträgen – auch von einem Bankenkonsortium bereitgestellt werden. Die Hauptunterschiede zwischen den Darlehensformen betreffen die Zinsbindung und die Höhe der Zinsen. Bei KfW-Darlehen sind die Zinsen für zehn Jahre festgeschrieben, während sich die Zinsen von Marktkrediten an Referenzzinssätzen orientieren. Darüber hinaus sind die Zinssätze für KfW-Kredite günstiger, da es sich um öffentliche Fördermittel handelt.

Das KfW-Programm Erneuerbare Energien dient der langfristigen Finanzierung von Maßnahmen zur Nutzung regenerativer Energien mit einem günstigen Zinssatz. Unter dem Programm mit der Nummer 270 werden „Maßnahmen zur Errichtung, Erweiterung und zum Erwerb von Anlagen", die die Anforderungen des Erneuerbare-Energien-Gesetzes (EEG) erfüllen, finanziert.

Diese Finanzierung steht nicht nur natürlichen Personen offen. Auch öffentliche Körperschaften und in- und ausländische Unternehmen „der gewerblichen Wirtschaft" können die Förderung in Anspruch nehmen. Die förderungsfähigen Investitionen sind dabei nicht auf Deutschland begrenzt. Der Programmteil „Standard" steht ausdrücklich auch zur Finanzierung von „Maßnahmen zur Nutzung Erneuerbarer Energien außerhalb Deutschlands" zur Verfügung. Die Höhe des Kredits liegt bei bis zu 10 Mio. EUR pro Vorhaben. Ein Fonds kann jedoch mehrere getrennte Solarparks halten, wodurch dann der vorgenannte Betrag in Summe überschritten wird. Die Kredite können für fünf, zehn oder bis zu zwanzig Jahre gewährt werden, wobei für Solarfonds aufgrund der technischen und wirtschaftlichen Lebensdauer der Solaranlagen über zehn Jahren hauptsächlich die langlaufenden Kredite in Frage kommen (üblich sind hier 17 Tilgungsjahre, d.h. 68 vierteljährliche Rückzahlungsraten und ein Tilgungsbeginn nach einem halben oder ganzen Jahr nach Auszahlung). Die Auszahlung erfolgt unter Abzug eines Disagios von 4%. Die Zinsen sind für die ersten zehn Jahre festgeschrieben und werden dann neu vereinbart. Für einen solchen langlaufenden Kredit liegen die Zinsen derzeit (Stand Februar

2011) für die zehn Jahre der Zinsfestschreibung zwischen 3,60% und 7,95% pro Jahr.[28] Die genaue Höhe hängt von der Beurteilung durch die Hausbank ab. Dabei berücksichtigt diese die Bonität des Unternehmens sowie die Qualität der Sicherheiten. Dabei gilt der Grundsatz: je besser die wirtschaftlichen Verhältnisse des Unternehmens und je werthaltiger die gestellten Sicherheiten, desto niedriger der Zinssatz.[29] Aufgrund des in Abschnitt 4.4.4. beschriebenen Interesses, eine (Mit-)Haftung der Fondsgesellschaft möglichst auszuschließen, werden hier in der Regel keine Bestnoten erzielt.

Der Kredit kann nicht direkt bei der KfW, sondern nur über Partnerbanken der KfW beantragt werden. Diese Banken tragen die vollständige Haftung für den Kredit. Hat die Partnerbank den Kredit zugesagt, beginnt die Abruffrist. Diese beträgt zwölf Monate. Innerhalb dieser Frist kann der Kreditbetrag in einer Summe oder in Teilbeträgen abgerufen werden. Ist der tilgungsfreie Anfangszeitraum verstrichen, muss das Darlehen in gleich hohen Raten quartalsweise getilgt werden. Während der Jahre der Zinsbindung ist eine vollständige oder teilweise außerplanmäßige Tilgung des Darlehens jederzeit ohne Kosten möglich. Danach fällt für außerplanmäßige Tilgungen eine Vorfälligkeitsentschädigung an.[30]

4.4.6 Liquiditäts- und Ergebnisprognose der Fondsgesellschaft

Die meisten geschlossenen Solarfonds, jedenfalls jene, bei denen der Investitionsgegenstand feststeht, stellen für den Emissionsprospekt eine detaillierte Liquiditäts- und Ergebnisprognose auf. Diese bildet alle wichtigen Parameter für die gesamte Fondslaufzeit im Voraus ab. Die Prognoserechnung soll dem Anleger ein Bild von der erwarteten wirtschaftlichen Entwicklung des Fonds und von der Höhe der zu erwartenden Auszahlungen und Rückflüsse vermitteln. Zu den wichtigen Positionen zählen der Stand des Fremdkapitals, die Erlöse aus dem Stromverkauf, die Ausschüttung an die Anleger und die Liquiditätsreserve.[31] Bei Solarfonds sieht die Tilgungsplanung meist die vollständige Rückzahlung des Fremdkapitals aus den operativen Überschüssen während der Kreditlaufzeit vor. Die Höhe der Raten richtet sich nach den Vereinbarungen des Kreditver-

[28] Vgl. https://www.kfw-formularsammlung.de/KonditionenanzeigerINet/KonditionenAnzeiger am 15.02.2011.

[29] Vgl. http://www.kfw.de/kfw/de/Inlandsfoerderung/Weitere_Angebote/Aktuelle_Zinskonditionen/index.jsp am 06.01.2010.

[30] Vgl. Merkblatt KfW-Programm Erneuerbare Energien. Programmnummern 270, 271, 281, 272, 282 am 15.12.2010.

[31] Näheres zu Pflichtangaben regeln für öffentlich angebotene Solarfonds die Vermögensanlagenverkaufsprospektverordnung und die Grundsätze ordnungsgemäßer Prospektbeurteilung des Instituts der Wirtschaftsprüfer (IDW S4). Zur Prospektpflicht und Prospektprüfung vgl. auch Beitrag „Eigenkapitalfinanzierung von EE-Projekten über geschlossene Fonds“ von Gero Maas in diesem Buch.

trags. Möglich sind jährlich gleichbleibende Tilgungsraten wie im Fall des oben geschilderten KfW-Programms oder maßgeschneiderte Tilgungspläne entsprechend den DSCR-Erfordernissen der Bank. Die Prognose der Erlöse aus dem Stromverkauf richtet sich nach dem im Ertragsgutachten ermittelten Wert. Aus der voraussichtlichen jährlichen Stromproduktion, die im Ertragsgutachten ermittelt wurde, und der staatlich garantierten Einspeisevergütung lassen sich die Einnahmen über die Laufzeit errechnen. Es ist kaufmännisch vernünftig anzunehmen, dass Solaranlagen – unabhängig davon, ob darin kristalline Module oder Dünnschichtmodule integriert sind – während ihrer Lebensdauer an Effizienz verlieren. Dieser Vorgang, der als Degradation bezeichnet wird, muss bei der Kalkulation des Stromertrags über die Fondslaufzeit berücksichtigt werden. Das genaue Ausmaß der Moduldegradation ist noch nicht hinreichend bekannt, jedoch werden hier üblicherweise bei Dünnschichtmodulen vorsichtigere Annahmen getroffen als bei polykristallinen Modulen.

Die Einnahmen der Betreibergesellschaften können auf verschiedene Weise an die Fondsgesellschaft fließen. Sie können als Betriebsentnahmen an die Fondsgesellschaft abgeführt werden oder als Zinsen für ein partiarisches Darlehen, das die Fondsgesellschaft der Betreibergesellschaft gewährt. Möglich sind auch Dividendenzahlungen/Gewinnausschüttungen, die von der Betreibergesellschaft an die Fondsgesellschaft fließen. Die genaue Ausgestaltung ist überwiegend steuerlich motiviert. Sie hängt von der Rechtsform der Gesellschaften und von der jeweils geltenden Steuergesetzgebung im Investitionsland ab.

Die Fondsgesellschaft nimmt spätestens ab dem zweiten Jahr der Laufzeit Auszahlungen an die Anleger vor. Deren Höhe schwankt während der Laufzeit der Fremdfinanzierung zwischen ca. 4 und 11% des Kommanditkapitals. Die Schwankungen hängen von der – zu Beginn der Laufzeit höheren – Zinsbelastung und der Steuerbelastung ab. Hier wirken sich vor allem Verlustvorträge und Abschreibungen auf die Solaranlagen steuermindernd aus. Wenn das Fremdkapital gegen Ende der Fondslaufzeit ganz getilgt ist, stehen deutlich mehr Mittel zur Ausschüttung zur Verfügung. In der Regel werden die Anlagen bis zum Ende der staatlichen Förderdauer gehalten, einzelne Initiatoren streben einen Exit während der Laufzeit an. Schließlich gibt es Investoren, die nach dem Ende der Laufzeit von einer Veräußerung der Anlage ausgehen. Über einen Verkauf eines Solarkraftwerks nahe dem Ende seiner Lebensdauer liegen bislang keine belastbaren Erfahrungen vor. Deshalb wird in der Regel von einem Veräußerungserlös in Höhe der Rückbaukosten ausgegangen, konservative Kalkulationen sehen außer einem Veräußerungserlös von null eine Rücklage für den Anlagenrückbau vor. Einzelne Modulhersteller bieten die kostenlose Rücknahme gebrauchter Module an und ermöglichen dadurch bei entsprechender Werthaltigkeit der Rücknahmeverpflichtung den Ansatz reduzierter Rückbaukosten. Der Rückbau einer Solaranlage nach dem Ende des wirtschaftlichen Betriebs ist übrigens zwingend. Die Auflage zum Rückbau wird bereits bei Erteilung der Genehmigung gemacht.

5 Steuerliche Konzeption

Für die optimale Ausgestaltung eines Solarfonds spielen neben wirtschaftlichen und rechtlichen Faktoren auch steuerliche Aspekte eine wichtige Rolle. Eine Besonderheit des Investmentvehikels geschlossener Fonds ist die steuerliche Transparenz, die sich aus der Eigenschaft als Personengesellschaft ergibt: Die im Fonds erwirtschafteten Ergebnisse werden steuerlich den am Fonds beteiligten Anlegern anteilig zugerechnet. Die Einkünfte unterliegen dann auf Anlegerebene entweder dem individuellen Steuersatz oder – je nach Ausgestaltung des Fonds – der Abgeltungssteuer.[32] Die steuerliche Konzeption hängt zudem in hohem Maß vom Investitionsort und damit von den jeweiligen nationalen Steuergesetzen ab.

5.1 In Deutschland investierende Solarfonds

Einkünfte aus einem geschlossenen Solarfonds mit Investitionsort Deutschland sind in der Regel gewerblich, da die Generierung von Solarstrom als Gewerbe gilt. Damit erzielen die Anleger mit ihrer Beteiligung Einkünfte aus Gewerbebetrieb und unterliegen mittelbar der Gewerbesteuer. Steuermindernd wirken sich die Abschreibungen auf die Solaranlagen aus. Bis Ende 2010 existierte die degressive Abschreibung auf bewegliche Wirtschaftsgüter, wozu Photovoltaik-Anlagen zählen. Die degressive Abschreibung war mit dem Konjunkturpaket I für die Jahre 2009 und 2010 für einen begrenzten Zeitraum wieder eingeführt worden und gilt für alle in dieser Zeit angeschafften Wirtschaftsgüter. Nach dem 01.01.2011 angeschaffte Solaranlagen müssen wieder linear abgeschrieben werden. Der amtlichen AfA-Tabelle (Absetzung für Abnutzung) zufolge beträgt die Nutzungsdauer einer Photovoltaik-Anlage 20 Jahre. Daraus resultieren der lineare AfA-Satz von 5% und der degressive AfA-Satz von 12,5%.

Daneben kommen für Photovoltaik-Anlagen noch Sonderabschreibungen nach § 7g des Einkommensteuergesetzes (EStG) in Betracht. Allerdings darf dafür eine bestimmte Betriebsgröße nicht überschritten werden, sodass Fonds diese Abschreibung nur unter Umständen nutzen können. § 7g EStG erlaubt im Jahr der Anschaffung und den vier darauffolgenden Jahren, bis zu 20% der Anschaffungskosten zusätzlich zur linearen Abschreibung gewinnmindernd abzuziehen.

Ebenfalls abzugsfähig sind die Zinsen für die Fremdfinanzierung. Allerdings existieren Abzugsbeschränkungen wie die sogenannte Zinsschranke. Dieser zufolge dürfen Zinsaufwendungen – nach Abzug der Zinserträge – nur bis zur Höhe von 3 Mio. EUR unbe-

[32] Lüdicke/Arndt (2009), S. 2.

schränkt abgezogen werden. Übersteigt der negative Zinssaldo die Freigrenze von 3 Mio. EUR, ist der Abzug erneut begrenzt. Nur bis zu 30% des Gewinns vor Steuern, Zinsen und Abschreibungen (EBITDA) dürfen abgezogen werden.[33]

5.2 Im Ausland investierende Solarfonds

Deutsche Fonds, die in Spanien investieren, halten ihre dortigen Solarparks über lokale Betreibergesellschaften. Dafür kommen die Rechtsformen der spanischen Personengesellschaft oder der spanischen Kapitalgesellschaft in Frage. Beide Rechtsformen unterliegen der spanischen Körperschaftssteuer. Der reguläre Steuersatz liegt bei 30% – unter bestimmten Umständen ist eine Reduzierung auf 25% möglich.

Handelt es sich bei der Betreibergesellschaft um eine spanische Kapitalgesellschaft, erzielen die Anleger – bei entsprechender Ausgestaltung des Fonds – Dividendeneinkünfte. Diese unterliegen in Deutschland der Abgeltungssteuer zuzüglich des Solidaritätszuschlags. Hat der Fonds in eine Personengesellschaft investiert, erzielen die Investoren Einkünfte aus Gewerbebetrieb. Diese sind von der Besteuerung ausgenommen, lediglich der Progressionsvorbehalt greift.

Die Steuerlast der spanischen Gesellschaften kann durch ein Gesellschafterdarlehen – also einen Kredit der deutschen Fondsgesellschaft an die spanische Betreibergesellschaft – gemindert werden. Soweit die Zinsen für diese Art der Fremdfinanzierung in Spanien abzugsfähig sind, reduzieren sie den steuerpflichtigen Gewinn. Allerdings sind die Zinsen nur so lange abzugsfähig, bis das Fremdkapital das Eigenkapital um das Dreifache übersteigt. In Deutschland fallen die Zinseinnahmen aus Gesellschafterdarlehen in der Regel unter den Abgeltungssteuersatz von 25%.

Auch in Spanien existieren sowohl die lineare als auch die degressive Abschreibung. Da für Photovoltaik-Anlagen eine Nutzungsdauer von mindestens zehn Jahren gilt, beträgt der lineare Abschreibungssatz 10% pro Jahr. Der degressive Satz liegt bei maximal 25% pro Jahr.[34]

Ähnlich wie in Spanien kommen bei in Italien investierenden Fonds Betreibergesellschaften in der Rechtsform der Personengesellschaft (SAS) oder der Kapitalgesellschaft (SRL) in Frage. In Italien sind Kapitalgesellschaften der Körperschaftsteuer unterworfen, während Personengesellschaften als transparent gelten. Jedoch unterliegen alle gewerblich

[33] Fleischer (2010), S. 265 f.

[34] Fleischer (2010), S. 267 f.

tätigen Gesellschaften einer lokalen Wertschöpfungssteuer (IRAP). Eine deutsche Fondsgesellschaft, die sich an einer italienischen Personengesellschaft beteiligt, unterliegt unter bestimmten Voraussetzungen mit ihren Einkünften aus dieser italienischen SAS in Italien der beschränkten Körperschaftsteuerpflicht. Die deutschen Anleger erzielen aus dieser Investition Einkünfte aus Gewerbebetrieb. Diese sind in Deutschland steuerfrei. Sie fallen lediglich unter den Progressionsvorbehalt, der seit 2009 für Einkünfte aus den EU-Ländern nicht mehr Anwendung findet.

Erfolgt die Investition über eine italienische Kapitalgesellschaft, fallen deren Gewinne zunächst unter die italienische Körperschaftsteuer. Die deutschen Anleger erzielen bei diesem Arrangement Dividenden, die mit 25% Abgeltungssteuer zuzüglich Solidaritätszuschlag versteuert werden. Die italienische Körperschaftsteuer kann durch ein Gesellschafterdarlehen der Fondsgesellschaft an die Betreibergesellschaft reduziert werden. Allerdings ist auch in Italien der Abzug der Zinsaufwendungen nicht unbegrenzt möglich. Die Abschreibung einer Solaranlage erfolgt in Italien über einen Zeitraum von zehn bis 14 Jahren. Der maximal zulässige Satz ist mit 9% etwas geringer als in Spanien, wobei er im ersten Jahr in der Regel auf 4,5% reduziert ist. Daneben besteht die Möglichkeit, Photovoltaik-Anlagen über einen längeren Zeitraum – etwa 20 Jahre – abzuschreiben.[35]

Die Einkünfte einer französischen Betreibergesellschaft unterliegen der dortigen Körperschaftsteuer. Im Zusammenhang mit der wirtschaftlichen Tätigkeit des Unternehmens stehende Betriebsausgaben sind steuerlich abzugsfähig. Anstelle der Gewerbesteuer wird seit Anfang 2010 die CET (contribution économique territoriale) erhoben. Diese besteht aus drei Komponenten: Besteuert werden die Grundstücke gewerblicher Unternehmen (CFE) sowie die Wertschöpfung gewerblicher Unternehmen (CVAE). Dazu kommt eine öffentliche Netzabgabe (IFER). Die Belastung durch die CET variiert von Gemeinde zu Gemeinde, da der Satz der CFE auf kommunaler Ebene festgelegt wird. Neben der linearen Abschreibung ist optional auch die degressive Abschreibung möglich. Aufgrund des geltenden Doppelbesteuerungsabkommens erfolgt die Besteuerung ausschließlich in Frankreich, in Deutschland greift lediglich der Progressionsvorbehalt.

6 Fazit

Die staatliche Einspeisevergütung für Solarstrom ist nur eine Übergangslösung, die die grüne Technologie so lange stützen soll, bis sie sich wirtschaftlich selbst trägt. Dieser Zeitpunkt rückt schnell näher: Die Netzparität – das bedeutet, dass konventioneller Strom aus der Steckdose und Solarstrom zu gleichen Preisen bezogen werden können –

[35] Fleischer (2010), S. 268 f.

wird 2012 beispielsweise in Sizilien und Kalifornien erreicht werden.[36] Weitere Reduzierungen der Einspeisevergütung an den wichtigsten Solarstandorten sind deshalb sinnvoll und zu erwarten. Länder mit der Tendenz zu rückwirkenden Vergütungskürzungen werden das Nachsehen in der Investorengunst haben – Rechts- und Investitionssicherheit sind auch für geschlossene Fonds vitale Kriterien. Eine spannende Frage für die Konzeption von Solarfonds ist noch nicht abschließend geklärt: Bleibt nach dem Ende der staatlichen Förderung nur der Rückbau oder ist ein Verkauf der Anlage möglich? Voraussetzung für einen Verkauf wäre ein wirtschaftlicher Weiterbetrieb. Ob dies im Zeitalter der Grid Parity eine Option ist, wird die Zukunft zeigen.

Literatur

Bank Sarasin (2010 a): Erneuerbare Energien: vom Nischen zum Massenmarkt, August

Bank Sarasin (2010 b): Solarwirtschaft – unterwegs in neue Dimensionen, November

Bartlsperger, Stefan/Boutonnet, Beatrix/Loipfinger, Stefan/Nickl, Hannes/Nickl, Ludwig/Richter, Uli (2007): Geschlossene Immobilienfonds, Stuttgart, 5. Auflage

European Photovoltaic Industry Association (2010): Global Market Outlook for photovoltaics until 2014, Mai

Eurosif (2010): High Net Worth Individuals & Sustainable Investment

Feri Gesamtmarktstudie der geschlossenen Beteiligungsmodelle (2010)

Fleischer, Heinrich (2010): Steuerliche Chancen und Risiken bei Investitionen in Solaranlagen in Deutschland und Südeuropa, in: Schoeller, Florian/Vogl-Mühlhaus, Claudia (Hg.): Jahrbuch Geschlossene Fonds 2009/2010, Berlin, S. 265-270

Lüdicke, Jochen/Arndt, Jan-Holger (2009): Geschlossene Fonds – Rechtliche, steuerliche und wirtschaftliche Aspekte von Immobilien-, Schiffs-, Flugzeug-, Solarenergie-, Private-Equity- sowie Lebensversicherungsfonds und anderen geschlossenen Fondsprodukten, München, 5. Auflage

Zitelmann, Rainer (2008): Vermögen bilden mit Immobilien, München, 2. Auflage

[36] Bank Sarasin (2010 b), S. 4.

Eigenkapitalfinanzierung von EE-Projekten über geschlossene Fonds – Prospektpflicht, Prospektprüfung, aufsichtsrechtliche Anforderungen

Gero Maas

1 Einleitung

Die Branche der Erneuerbaren Energien finanziert sich zu einem großen Teil über geschlossene Fondskonzepte. Beteiligungsangebote an geschlossenen Fonds im Bereich Erneuerbarer Energien konnten im Jahr 2009 ihren Anteil am Gesamtmarkt geschlossener Fonds ausbauen. Die Investitionsvorhaben, die über öffentliche Angebote finanziert werden sollten, betrugen gut 15% der bei der Bundesanstalt für Finanzdienstleistungsaufsicht (BaFin) zur Prüfung der Prospekte vorgelegten Gesamtvorhaben (Prospekteinreichungen 2009: 515). Sowohl bezogen auf den Gesamtmarkt als auch in der Gruppe der Investitionsobjekte in Erneuerbare Energien von insgesamt 79 Vorhaben konnte besonders das Segment der Photovoltaik seinen Anteil deutlich erweitern. Im Gesamtmarkt stieg der Anteil von 4% auf 10%, auch innerhalb der Gruppe Erneuerbarer Energien besteht eine deutliche Dominanz. Der Anteil stieg von 62% (Vorhaben 2008: 32) auf 68% (Vorhaben 2009: 54).[1]

Nach den Zahlen des Verbandes Geschlossener Fonds steigerten sich sowohl die platzierten Eigenmittel als auch die anteiligen Fondsvolumina im Jahr 2010 gegenüber dem Vorjahr überdurchschnittlich (Energiefonds: platziertes Eigenkapital: + 52%, 832,2 Mio. EUR [2010] zu 547,2 Mio. EUR [2009]; anteiliges Fondsvolumen: + 59%, 2.294,8 Mio. EUR [2010] zu 1.444,4 Mio. EUR [2009]).[2] Die Festigung dieser Marktposition muss jedoch auch vor dem Hintergrund der Auswirkungen der Finanzkrise betrachtet werden. Der Gesamtmarkt für geschlossene Fonds reduzierte sich bezogen auf die Einwerbevorhaben von 15,7 Mrd. EUR (2008) auf 9 Mrd. EUR (2009), wobei diese Reduzierung insbesondere auf den Ausfall an Schiffs- und Immobilienbeteiligungen zurückzuführen ist.

Diese positiven Aussichten für Erneuerbare Energien gelten auch in Zukunft. So hat zwar die Bundesregierung eine Kürzung der Solarförderung im Erneuerbare-Energien-Gesetz (EEG) vorgenommen. Vor dem Hintergrund rasch sinkender Anlagenkosten und dazu im Vergleich langsamer sinkender Vergütungssätze ist jedoch zu erwarten, dass der Trend einer Erhöhung der Investitionshäufigkeit in geschlossene Fonds fortgesetzt werden kann.

---

1 Jahresberichte der BaFin 2008 und 2009, www.bafin.de, unter dem Punkt „Jahresbericht".

2 VGF Branchenzahlen 2010, www.vgf-online.de, unter dem Punkt „VGF-Branchenzahlen".

2 Prospektpflicht für Vermögensanlagen

Mit dem Anlegerschutzverbesserungsgesetz[3] wurde in Deutschland im Rahmen des Verkaufsprospektgesetzes (VerkProspG) die Prospektpflicht für Vermögensanlagen in Form geschlossener Fonds eingeführt. Mit Inkrafttreten wesentlicher Teile dieses Gesetzes zum 01.07.2005 wurde eine marktaufsichtliche Lücke im Kapitalmarkt geschlossen.

Zweck dieser Regelungen ist es, den Anlegerschutz durch größere Produkttransparenz und Stärkung der Haftungsansprüche der Anleger vor dem Hintergrund der von den Anlegern erlittenen immensen Verluste zu verbessern, die durch den Zusammenbruch verschiedener geschlossener Fondsmodelle herbeigeführt wurden.[4]

Dieser Schutz der Anleger wird weiter fortentwickelt. Die Bestrebungen des Gesetzgebers sind darauf gerichtet, eine Anpassung der derzeitigen Vorschriften zur Erhöhung des Regulierungsniveaus vorzunehmen.[5] Zukünftig sollen Pflichten des regulierten Kapitalmarkts auf den Bereich der geschlossenen Fonds ausgedehnt werden, sodass ebenfalls die Grundsätze einer anlegergerechten Beratung und deren Dokumentation, strengere Grundsätze an den Inhalt des Verkaufsprospekts und anderen Informationsmaterials, strengere Regelungen in Bezug auf die Zulassung von Vertrieben von Vermögensanlagen und eine strengere Vorgabe in Bezug auf die Rechnungslegung der Emittenten Anwendung finden werden.[6] Auch werden der BaFin als Aufsichtsbehörde stärkere Eingriffsbefugnisse eingeräumt werden.[7] Zu diesem Zweck wird das VerkProspG alten Gepräges aufgehoben und durch ein Gesetz über Vermögensanlagen (Vermögensanlagengesetz, VermAnlG) ersetzt.[8] Aufgrund der umfassenden nahezu identischen Übernahme des Inhalts der Vorschriften des alten VerkProspG kann das VermAnlG als Evolutionsstufe aufgefasst werden. Der Ansatz der Regulierung verbleibt produktbezogen.[9]

Der Anwendungsbereich der Prospektpflicht gilt nur für bestimmte Anlagemodelle, im Wesentlichen für Unternehmensbeteiligungen und Anteile an Treuhandvermögen. Bestimmte Anlageformen sollen dagegen von der Prospektpflicht nach § 8f Abs. 1 Verk-

---

[3] Gesetz zur Verbesserung des Anlegerschutzes (Anlegerschutzverbesserungsgesetz, AnSVG) vom 28.10.2004, BGBl. I 2004, S. 2.630.

[4] Begr. RegE AnSVG, BT-Drs. 15/3174, S. 41 ff.

[5] Siehe Zielsetzung zum Regierungsentwurf (RegE) für ein Gesetz zur Novellierung des Finanzanlagenvermittler- und Vermögensanlagenrecht, Stand 06.04.2011 (GFinAnlV-VermAnlR).

[6] Ebenda.

[7] Art. 1 § 3, RegE GFinAnlV-VermAnlR.

[8] Vgl. Art. 1 und 2 RegE GFinAnlV-VermAnlR.

[9] Begr. zum RegE GFinAnlV-VermAnlR, S. 53.

ProspG (neu: §§ 1, 6 VermAnlG) nicht erfasst werden. Die Begründung des Regierungsentwurfes nennt beispielhaft das partiarische Darlehen.[10] Der Anwendungsbereich des VermAnlG wird nur leicht modifiziert. Gegenüber dem § 8f Abs. 1 VerkProspG werden Genussrechte als eigenständige Beteiligungsform ausdrücklich erwähnt, Namensschuldverschreibungen werden als Vermögensanlage definiert.[11] Eine echte Erweiterung des Tatbestands erfolgt damit nicht. Probleme in der Definition des Anwendungsbereichs bleiben bestehen, da eine Abgrenzung zu nicht erfassten Beteiligungsformen weiter durch Wertung zu ermitteln ist.[12]

Tatbestände über Einschränkungen des Anwendungsbereichs finden sich in § 8f Abs. 2 VerkProspG (neu: § 2 VermAnlG) wieder. Die Regelungen enthalten sowohl quantitative Kriterien, die eine Prospektpflicht anhand des Umfangs des unternehmerischen Projekts oder der Höhe der einzelnen Beteiligung ausschließen, als auch qualitative Kriterien, die sich am Anbieter, dem Emittenten oder der angesprochenen Anlegergruppe orientieren und aufgrund der damit vorausgesetzten Erfüllung von Informationspflichten bzw. der Unterstellung, dass die notwendigen Informationen durch den angesprochenen Anleger selbstständig besorgt werden können, eine weitere durch einen Verkaufsprospekt erfolgte Aufklärung für überflüssig erachten.[13]

Kann der Anbieter keine dieser Ausnahmevorschriften in Anspruch nehmen, muss er vor Beginn eines Angebots von Beteiligungen an seinen geschlossenen Fondsmodellen einen Verkaufsprospekt erstellen und zur Gestattung der Veröffentlichung bei der BaFin einreichen sowie dieses Verfahren erfolgreich durchlaufen. Der Verkaufsprospekt muss für die Erteilung der Gestattung sämtliche Angaben und Informationen enthalten, die in der Vermögensanlagen-Verkaufsprospektverordnung (VermVerkProspV)[14] vorgegeben sind.

Mit der Verpflichtung zur Prospektierung gehen weitere Verpflichtungen einher, die im Bereich der Werbung sowie der Aktualisierung der im Prospekt enthaltenen Angaben angesiedelt sind. Verstöße gegen diese Verpflichtungen sind als Ordnungswidrigkeiten mit Bußgeldern bewehrt und können durch die Bundesanstalt geahndet werden.

Die Regulierung von geschlossenen Fondsmodellen erfolgt bisher über eine Vertriebsaufsicht, also über das Marktverhalten der Anbieter, die den Anlegern eine gewisse standardisierte Informationsgrundlage ermöglicht. Die geschlossenen Fonds werden damit nur indirekt über ihre Rechtsform reguliert, ohne das Geschäftskonzept selbst einer

---

[10] Begr. RegE AnSVG, BT-Drs. 15/3174, S. 42.

[11] Art. 2 § 1 Abs. 2 Nr. 4 und 5, RegE GFinAnlV-VermAnlR.

[12] Maas, in: Assmann/Schlitt/v. Kopp-Colomb (2010), WpPG/VerkProspG, § 8f Rn. 54 ff.

[13] Maas, in: Assmann/Schlitt/v. Kopp-Colomb (2010), WpPG/VerkProspG, § 8f Rn. 116.

[14] BGBl. I 2004, S. 3.464.

Aufsicht zu unterwerfen. Im Zuge der Gesetzesreform wird der regulative Ansatz überarbeitet. Vermögensanlagen haben sich gegenüber anderen, bereits unter einem intensiven Regulierungsregime stehenden Kapitalmarktprodukten als alternative Anlageform etabliert und werden entsprechen vertrieben.[15] Aufgrund der Vermögensanlagen zugeschriebenen erhöhten Risiken gegenüber anderen Anlagen, die zum einen konzeptionsbedingt an der geringen Risikodiversifizierung der Anlageobjekte, der auf lange Zeiträume ausgelegten Bindung des Kapitals des Anlegers und zum anderen an der mangelnden Handelbarkeit der Anteile ausgemacht werden können, ist eine Anhebung des Regulierungsniveaus auf das Niveau anderer Kapitalanlagen gerechtfertigt.[16]

Erreicht wird diese Angleichung durch die Erweiterung des Begriffs des Finanzinstruments in den zentralen Regelungsmaterien des deutschen Kapitalmarktrechts (Kreditwesengesetz [KWG] und Wertpapierhandelsgesetz [WpHG]) durch Einbeziehung der Vermögensanlagen nach dem VermAnlG-E.

Strittig war für geraume Zeit, ob auch die am Markt befindlichen Akteure, die den freien Vertrieb der Vermögensanlagen vornehmen, der Regulierung durch das KWG und damit der Aufsicht der BaFin unterliegen sollten.[17] Dieser strenge Regulierungsansatz wurde zugunsten einer gewerbeaufsichtsrechtlichen Lösung verworfen.[18] Vermittler geschlossener Fonds bedürfen zukünftig einer Erlaubnis nach § 34f Gewerbeordnung (GewO). Erforderlich zum Erlangen der Erlaubnis ist eine entsprechende Zuverlässigkeit, geordnete Vermögensverhältnisse, eine Berufshaftpflichtversicherung und ein Sachkundenachweis (§ 34f Abs. 2 GewO-E). Des Weiteren erfolgt eine Registrierung (§ 34f Abs. 5 GewO-E).

Die Einbeziehung der Vermögensanlage in den Anwendungsbereich des KWG wird nicht ohne Einwirkung auf die Primär- und Sekundärmärkte vonstattengehen.[19] Bestimmte typische Dienstleistungen, die im Rahmen der Emission, Verwaltung und des „freien“ Vertriebs von Vermögensanlagen von Dritten übernommen werden, führen nicht zu einer Erlaubnispflicht nach dem KWG, § 2 Abs. 1 und Abs. 6 Nr. 8, 19 KWG-E.[20] Emissionshäuser könnten durch die Ausdehnung der Definition von Finanzinstrumenten auf Vermögensanlagen zukünftig einer Erlaubnis nach § 32 KWG bedürfen (vgl. § 64n KWG-E).[21]

15 Begr RegE GFinAnlV-VermAnlR, zu Art. 3 Nr. 1, S. 70.

16 Begr RegE GFinAnlV-VermAnlR, zu Art. 3 Nr. 1, S. 66.

17 Vgl. Begr. zum RegE des Gesetzes zur Stärkung des Anlegerschutzes und Verbesserung der Funktionsfähigkeit des Kapitalmarkts vom 03.05.2010, zu Art. 3, S. 18.

18 Art. 5 Nr. 8 § 34 f GewO RegE GFinAnlV-VermAnlR.

19 Maas/Jäger (2010), S. 316, 319 f.

20 Begr RegE GFinAnlV-VermAnlR, zu Art. 4 Nr. 3, S. 71f.

21 Art. 4 Nr. 4 GFinAnlV-VermAnlR.

Mit der Erweiterung des Wertpapierbegriffes im Sinne des WpHG durch Vermögensanlagen sind bei ihrem Vertrieb in Zukunft die Verhaltens- und Organisationspflichten des sechsten Abschnitts des WpHG zu erfüllen. Mit der damit einhergehenden Verpflichtung der Wertpapierdienstleistungsunternehmen beim Vertrieb von Vermögensanlagen zur Einhaltung des Gebots einer anlegergerechten Beratung, deren Dokumentation und der Offenlegung von Provisionen verbindet der Gesetzgeber eine Erhöhung des Informations- und Transparenzniveaus für diese Anlage.[22] Freie Vermittler bleiben von der Qualifizierung als Wertpapierdienstleistungsunternehmen verschont, wenn sie die Voraussetzungen nach § 2a Abs. 1 Nr. 7 WpHG-E erfüllen.[23]

Die weiteren Abschnitte stellen die gesetzlichen Regelungen rund um die Verkaufsprospekte für Erneuerbare-Energien-Projekte im Einzelnen dar. Dabei wird auf den Anwendungsbereich des Verkaufsprospektgesetzes (bzw. des zu erwartenden Vermögensanlagengesetzes) und das Hinterlegungsverfahren im Besonderen eingegangen.

2.1 Öffentliches Angebot im Inland

Das öffentliche Angebot muss auf das Anlegerpublikum im Inland gerichtet sein.

2.1.1 Abgrenzung öffentliche Platzierung – Privatplatzierung

Die Definition des Begriffes der Öffentlichkeit bereitet aufgrund des Verzichts einer Bestimmung in der Gesetzesentwicklung Schwierigkeiten.

Der Begriff „öffentlich" in Absatz 1 bezeichnet die Ansprache eines allgemeinen und unbestimmten Personenkreises zur Abgabe eines Kaufangebots über ein beliebiges Medium. Der begrenzte Personenkreis als Gegensatz (Privatplatzierung) kann mangels Vorgabe des Gesetzes nur anhand qualitativer Merkmale bestimmt werden. Quantitative Merkmale der Personengruppe kommen jedoch Indizwirkungen zu.

2.1.2 Angebot

Ein Bedürfnis nach einer gesetzlich festgeschriebenen Prospektpflicht ist erst anzunehmen, sobald der Anbieter eine zielgerichtete Ansprache des Anlegerpublikums am Kapitalmarkt vornimmt, um dieses zur Abgabe eines Kaufangebots für die emittierten Vermögensanlagen zu veranlassen. Der Begriff des Anbietens unterscheidet sich vom

[22] Begr RegE GFinAnlV-VermAnlR, S. 70.

[23] Begr RegE GFinAnlV-VermAnlR, zu Art. 3 Nr. 2, S. 70.

Angebotsbegriff des Bürgerlichen Gesetzbuchs (BGB). Im Sinne des Verkaufsprospektgesetzes umschreibt er eine unverbindliche Aufforderung zur Abgabe eines Zeichnungsangebots für die Vermögensanlage.[24] Anbieter ist derjenige, der für das öffentliche Angebot der Vermögensanlage verantwortlich ist und den Anlegern gegenüber nach außen erkennbar als Anbieter auftritt.[25]

Die aus § 8f Abs. 1 VerkProspG (neu: § 6 VermAnlG) folgende Pflicht zur Veröffentlichung eines Verkaufsprospekts muss einmal erfüllt werden.[26] Die im Verkaufsprospekt enthaltenden Informationen gelten dann am Markt als bekannt.[27]

2.1.3 Inland

Der Anwendungsbereich des Verkaufsprospektgesetzes ist örtlich auf das Inland beschränkt. Erfüllt ist der Inlandsbezug, wenn Personen im Geltungsbereich des Verkaufsprospektgesetzes angesprochen werden.[28] Im Internet gilt dieser Bezug fort. Die Prospektpflicht für solche Angebote wird bereits ausgelöst, wenn das Angebot sich auch an Personen im Inland richtet.[29] Indizien sind die Verwendung der deutschen Sprache, eine entsprechende deutsche Top-Level-Domain (.de), Anschriften oder Ansprechpartner im Inland. Eine Prospektpflicht kann nur ausgeschlossen werden, wenn aus der betreffenden Internetseite eindeutig hervorgeht, dass deutsche Anleger nicht angesprochen werden sollen (Disclaimer) oder entsprechende Maßnahmen ergriffen wurden, die diesen Ausschluss durchsetzen.[30]

Eine Inanspruchnahme eines europäischen Passes zum Vertrieb innerhalb der Europäischen Union ist nicht vorgesehen. Dieser Regelungsansatz bleibt auch nach dem Entwurf des VermAnlG erhalten. Klargestellt wird in der Begründung zum § 6 VermAnlG-E, dass „andere Vorschriften“ auch internationale Vorschriften erfassen soll.[31] Im Ausland gebilligte Vermögensanlagen können daher zum Vertrieb im Inland zugelassen sein, ohne nochmals ein Billigungsverfahren nach dem VermAnlG-E durchlaufen zu müssen.

---

[24] Maas, in Assmann/Schlitt/von Kopp-Colomb (2010), WpPG/VerkProspG, § 8f Rn. 121.

[25] Vgl. bereits Ziff. I 3 der Bekanntmachung des BAWe vom 06.09.1999 zum Wertpapier-Verkaufsprospektgesetz, BAnz. Nr. 177 vom 21.09.1999, S. 16.180.

[26] Maas, in Assmann/Schlitt/von Kopp-Colomb (2010), WpPG/VerkProspG, § 8f Rn. 98.

[27] Vgl. Ziffer 3 des Auslegungsschreibens für Vermögensanlagen-Verkaufsprospekte, www.bafin.de.

[28] Maas, in Assmann/Schlitt/von Kopp-Colomb (2010), WpPG/VerkProspG, § 8f Rn. 16.

[29] Sogenanntes Zielmarktkonzept; vgl. Assmann (1999), S. 15 (27 ff.).

[30] Maas, in Assmann/Schlitt/von Kopp-Colomb (2010), WpPG/VerkProspG, § 8f Rn. 18.

[31] Begr. zu Art. 6 RegE GFinAnlV-VermAnlR, zu Art. 1 § 6, S. 54.

2.2 Vermögensanlagen nach VerkProspG (VermAnlG-E)

2.2.1 Beteiligungsformen

Der Gesetzgeber hat in § 8f Abs. 1 VerkProspG verschiedene Beteiligungsformen bei geschlossenen Fonds zusammengefasst. Dazu zählen direkte unternehmerische Beteiligungen genauso wie die Beteiligung an einem Treuhandvermögen als eine mittelbare Ausprägung der Beteiligung sowie weitere Beteiligungsformen.

Zu den direkten Beteiligungsformen gehören alle von einem Unternehmen ausgegebenen Anteile, die aufgrund der damit vom Anleger eingegangenen, gesellschaftlichen Verbundenheit einen Anspruch auf Beteiligung am Gewinn des Unternehmens beinhalten. Dazu gehören insbesondere Beteiligungen an Personenhandelsgesellschaften, GmbH-Anteile, Anteile an BGB-Gesellschaften, Genossenschaftsanteile sowie stille Beteiligungen an den genannten Gesellschaften oder an bestimmten Vermögensmassen solcher Gesellschaften und auch Beteiligungen an ausländischen Unternehmen anderer Rechtsformen.[32]

Treuhandvermögen, das ein Treuhänder im eigenen Namen für die Rechnung der Anleger verwaltet, kann entweder aus bestimmten Vermögenswerten bestehen, zu deren direktem Erwerb die Mittel der Anleger bestimmt sind, oder aus Rechten, z.B. Gesellschaftsanteilen, kraft derer sich der Treuhänder für die Rechnung der Anleger eine Beteiligung am Ergebnis eines anderen Unternehmens verschafft.[33] Erfasst wird von der Definition nur das Außenverhältnis. Die Gestaltung des Innenverhältnisses zwischen Treuhänder und Treugeber wird dagegen nicht vorgegeben. Die Grundlagen für die Annahme und Ausgestaltung eines Treuhandvermögens gehen daher auf die zivilrechtlichen Vereinbarungen zwischen Treuhänder und Treugeber zurück.[34]

Weitere Alternative des § 8f Abs. 1 Satz 1 VerkProspG (neu: § 1 Abs. 2 Nr. 3 VermAnlG-E) ist der sonstige geschlossene Fonds. Es handelt sich um eine Sammelbezeichnung. Die Tatbestandsalternativen 1 und 2 des § 8f Abs. 1 Satz 1 VerkProspG sind Untergruppen des geschlossenen Fonds. Der Begriff beinhaltet eine Typisierung bestimmter Anlagemodelle am Kapitalmarkt. Allen geschlossenen Anlagekonstruktionen liegen Fixierungen bestimmter Parameter des entworfenen Anlagemodells zugrunde. Es handelt sich um eine bestimmte, strukturierte Geldanlage.[35] Konkretisierungen ergeben sich aus der ein-

[32] Begr. RegE AnSVG BT-Drs. 15/3174, S. 42.

[33] Begr. RegE AnSVG, BT-Drs. 15/3174, S. 42.

[34] Vgl. BVerwG, DVBl 2009, 129.

[35] Maas, in Assmann/Schlitt/von Kopp-Colomb (2010), WpPG/VerkProspG, § 8f Rn. 98.

deutigen Bestimmung der Projekte, die zumeist in der Finanzierung physischer Wirtschaftsgüter (z.B. Energieerzeugungsanlagen in Form von Biogas-, Solar- oder Windkraftanlagen) bestehen, aus deren laufenden Betrieb dann die Erträge generiert werden.

Bei Namensschuldverschreibungen im Sinne des § 8f Abs. 1 Satz 2 VerkProspG handelt es sich um rein schuldrechtlich ausgeprägte Beteiligungen, bei der der Aussteller in einer Urkunde den namentlich benannten Inhaber zur Geltendmachung einer Leistung nach Maßgabe des Urkundeninhalts berechtigt.[36]

2.2.2 Abgrenzungsschwierigkeiten

Eine weite Auslegung des Begriffs der Namensschuldverschreibung erlaubt die Erfassung von Genussrechten unter diesen Tatbestand.[37] Im Gesetz selbst werden sie nicht erwähnt. Inhalt und Begriff des Genussrechtes unterliegen keiner näheren gesetzlichen Bestimmung und können frei ausgestaltet werden.[38] Aufgrund der Möglichkeit der Annäherung des Inhaltes eines Genussrechts an die einem Gesellschafter entsprechenden Rechte und Pflichten ist eine Abgrenzung insbesondere zur stillen Gesellschaft im Sinne der §§ 230 ff. Handelsgesetzbuch (HGB) schwierig. Eine stille Gesellschaft setzt einen Gesellschaftsvertrag zur Erreichung eines gemeinsamen Zwecks voraus. Auch eine Abgrenzung zu partiarischen Darlehen gestaltet sich schwierig. Dies ist besonders eklatant, da die Begründung zum Anlegerschutzverbesserungsgesetz (AnSVG) ausführt, dass partiarische Darlehen nicht dem Anwendungsbereich des Verkaufsprospektgesetzes unterliegen.[39] Bei der Abgrenzung zwischen beiden Formen kommt es maßgeblich auf den Zweck der Geldhingabe an. Denn eine zugrunde liegende, gesellschaftsrechtliche Zielsetzung schließt ein Darlehen aus.[40] Mit der Einfügung der Genussrechte in den Anwendungsbereich des neuen VermAnlG als Vermögensanlage im Sinne des § 1 Abs. 2 Nr. 4 VermAnlG-E besteht das Problem der Abgrenzung weiter, weil nicht allein eine Bezeichnung über die Eröffnung des Anwendungsbereichs entscheiden kann, sondern die materielle Ausgestaltung. Diese ist dem Genussrecht jedoch nicht vorgegeben.

[36] OVG Berlin Urt. v. 20.02.1980 – 1 B 13.77.

[37] Vgl. Süßmann (1991), S. 210.

[38] Maas, in Assmann/Schlitt/von Kopp-Colomb (2010), WpPG/VerkProspG, § 8f Rn. 53 ff.

[39] Begr. RegE AnSVG, BT-Drs. 15/3174, 42.

[40] Fülbier, in Boos/Fischer/Schulte-Mattler (2008), KWG, § 1 Rn. 51; BGH, WM 1994, S. 2.246.

3 Ausnahmen von der Prospektpflicht

Ausnahmen von der Prospektpflicht ergeben sich bereits aus dem Anwendungsbereich des § 8f Abs. 1 VerkProspG (neu: §§ 1 Abs. 2, 6 VermAnlG-E).

Das Gesetz unterwirft nur diejenigen Beteiligungen einer Prospektpflicht, die nicht in Wertpapieren im Sinne des Wertpapierprospektgesetzes verbrieft sind, für die nicht bereits nach einem anderen Gesetz eine Prospektpflicht besteht[41] oder nicht bereits ein Verkaufsprospekt für die Vermögensanlage nach dem VerkProspG veröffentlicht wurde.

Der Gesetzgeber nimmt in § 8f Abs. 2 VerkProspG (neu: § 2 VermAnlG-E) eine abschließende Aufzählung von Tatbeständen vor. Das Gesetz unterbindet grundsätzlich nicht die Inanspruchnahme von Kombinationen verschiedener Ausnahmetatbestände.

3.1 Adressatenkreise

Das Verkaufsprospektgesetz kennt verschiedene Ausnahmefälle, die sich nach dem jeweils angesprochenen Anlegerkreis oder der Zugehörigkeit zu einer bestimmten Gruppe von Emittenten richten.

3.1.1 Begrenzter Personenkreis

Angebote von Anteilen von Vermögensanlagen an bestimmte Anlegerkreise sind bevorzugt. Dazu gehören begrenzte Personenkreise nach § 8f Abs. 2 Nr. 6 VerkProspG (neu: § 2 Nr. 6 VermAnlG-E). Das Gesetz enthält zwei Varianten, wobei lediglich die zweite näher spezifiziert ist.

Die Begriffsbestimmung des begrenzten Personenkreises nach Variante 1 ist nur wertend zu ermitteln.[42] Ein begrenzter Personenkreis kann vorliegen, wenn kumulativ die Kriterien der Kenntnis des Personenkreises durch den Anbieter, der gezielten Auswahl und Ansprache nach individuellen Gesichtspunkten und die Gewährleistung der Aufklärung des Anlegers erfüllt sind.[43]

[41] Z.B.: Prospektpflicht für bestimmte Beteiligungsformen nach dem Investmentgesetz.

[42] Maas, in Assmann/Schlitt/von Kopp-Colomb (2010), WpPG/VerkProspG, § 8f Rn. 118.

[43] Ritz, in Assmann/Lenz/Ritz (2001/2002), VerkProspG, § 2 Rn. 14; vgl. bereits Ziff. II 1 der Bekanntmachung des BAWe v. 06.09.1999 zum Wertpapier-Verkaufsprospektgesetz, BAnz. Nr. 177 v. 21.09.1999, S. 16.180.

In Betracht kommen als Anwendungsfälle nur Angebote, bei denen sich der Anleger nicht an einem geschlossenen Konzept, z.B. einen bestimmten Energiepark, beteiligt. Vielmehr muss das Unternehmen an dem das Angebot der Beteiligung besteht, eine offene Investitionsstruktur verfolgen. Möglich ist dies dann, wenn der Anlegerkreis als Mitgesellschafter z.B. über eine weitere Kapitalzuführung z.B. in Form von Genussrechten ein weiteres, geplantes Projekt der Gesellschaft finanzieren soll.

Während der begrenzte Personenkreis nach Variante 1 nicht näher gesetzlich umschrieben ist, stellt das Gesetz in Variante 2 einen eng umgrenzten Spezialfall des begrenzten Personenkreises dar. Danach sind nur Angebote an Arbeitnehmer von ihren Arbeitgebern oder von einem mit seinem Unternehmen verbundenen Unternehmen prospektfrei.

3.1.2 Angebote an bestimmte Personenkreise

Unter die Ausnahmeregelung der Prospektfreiheit an bestimmte Personenkreise ist insbesondere die Regelung des § 8f Abs. 2 Nr. 3 Var. 3 VerkProspG (neu: § 2 Nr. 3c) VermAnlG-E) zu zählen. Denn der Gesetzgeber spricht einem Anleger, der eine Anlage von mindestens 200.000 EUR tätigen kann, die mit dem Verkaufsprospektgesetz beabsichtigte Schutzbedürftigkeit des „üblichen“ Anlegers ab. Hier wird davon ausgegangen, dass der Anleger sich selbstständig über die Vermögensanlage und die Emissionsgesellschaft informieren kann, um eine fundierte Anlageentscheidung treffen zu können.[44]

3.2 Bagatellgrenzen

Das Gesetz sieht in § 8f Abs. 2 Nr. 3 Var. 1 und 2 VerkProspG (neu: § 2 Nr. 3 a) und b) VermAnlG-E) verschiedene, quantitativ bestimmte Bagatellgrenzen vor. Angebote, bei denen – ohne Berücksichtigung der Gründungsanteile – nicht mehr als 20 Anteile von derselben Vermögensanlage angeboten werden oder die Emission auf einen Umfang von 100.000 EUR in einem Zeitraum von zwölf Monaten – unabhängig von der Anzahl der Angebotsperioden – begrenzt ist, sind prospektfrei. Unabdingbar für die Inanspruchnahme der Ausnahmevorschriften ist, dass die Bagatellgrenzen in der Konzeption der Verträge oder im Rahmen eines Gesellschafterbeschlusses ausdrücklich festgelegt werden.[45] Denn nicht der wirtschaftliche Erfolg des Angebots beim Anlegerpublikum entscheidet über die Prospektpflicht, sondern deren tatsächliche Ausgestaltung.

[44] Begr. RegE AnSVG, BT-Drs. 15/3174, S. 42.

[45] Maas, in Assmann/Schlitt/von Kopp-Colomb (2010), WpPG/VerkProspG, § 8f Rn. 126.

3.3 Zweitmärkte

Die Ausnahmevorschrift des § 8f Abs. 2 Nr. 9 VermVerkProspG (neu: § 2 Nr. 9 VermAnlG-E) erlaubt für Anteile an Vermögensanlagen, die vor dem 01.07.2005 veräußert worden sind und nach diesem Datum öffentlich auf einem Markt angeboten werden (Zweitmarkt) die Prospektfreiheit.

Zweitmärkte sind unter verschiedenen Erscheinungsformen in der Praxis anzutreffen.[46] Sie sind in der Form offener Handelsplattformen mit eigenem Regelwerk am ehesten mit dem Börsenhandel bei Wertpapieren zu vergleichen. Als Beispiel ist hier die Fondsbörse Deutschland in Hamburg zu nennen. Ebenfalls etabliert sind Handelsplattformen, die von einem Emissionshaus betrieben werden und entweder in der Erscheinungsform der reinen Vermittlung zwischen privaten Verkäufern und Käufern oder durch den Aufkauf durch eine im Verbund zum Emissionshaus stehende Gesellschaft mit anschließendem Vertrieb der Anteile an Käufer gekennzeichnet sind. Neben diesen Formen lassen sich auch noch reine Vermittlungsplattformen für Verkäufer und Käufer ausmachen.

An die Bedingungen auf diesen Handelsplattformen sind keine hohen Anforderungen zu stellen, ausreichend ist, wenn ein Aufeinandertreffen von Angebot und Nachfrage eine Preisfindung ermöglicht und der Preisfindungsmechanismus nicht völlig willkürlich aufgestellt wird. Weiterhin sind auch rein faktische Funktions- und Zugangsbedingungen ausreichend.[47]

3.4 sonstige Ausnahmen

Nach § 8f Abs. 2 Nr. 5 VerkProspG (neu: § 2 Nr. 5 VermAnlG-E) muss für Angebote von Vermögensanlagen, die Teil eines Angebots sind, für das bereits im Inland ein Verkaufsprospekt veröffentlicht wurde, kein weiterer Verkaufsprospekt veröffentlicht werden. Der Verzicht auf die Neuerstellung eines Verkaufsprospekts nach einem unterbrochenen Angebot geht mit der Pflicht gemäß § 11 VerkProspG einher, eventuell seit der Gestattung des ursprünglichen Prospekts aufgetretene Veränderungen nachtragen zu müssen.

[46] Vgl. Zusammenstellung in Sester (2008), S. 369 ff.

[47] Arndt/Bruchwitz, in Arndt/Voß (2008), § 8f VerkProspG Rz. 112 ff.

Für Altfälle, also Angebote, die bereits vor dem 01.07.2005 begonnen haben, ist die Ausnahmeregelung nicht einschlägig, da kein nach den Regelungen des VerkProspG gestatteter, ursprünglicher Prospekt vorliegt.[48] Prospekte, die nach den Vorschriften der §§ 8f ff. VerkProspG veröffentlicht worden sind, behalten ihre Gültigkeit auch unter dem Regime des neuen VermAnlG bei.[49]

4 Der Prospekt

Der Zweck des Verkaufsprospekts ist auf verschiedene Zielrichtungen ausgerichtet. Der Fokus des Gesetzes liegt darin, dem Anleger im Vorfeld der beabsichtigten Investition über ein physisches Informationsmedium alle wesentlichen Angaben und Umstände mitzuteilen, damit er auf dieser Grundlage eine eigenverantwortliche Anlageentscheidung treffen kann.[50] Der Anleger soll demnach nicht vor dem Erwerb nicht werthaltiger Vermögensanlagen geschützt werden, sondern lediglich eine transparente und verlässliche Informationsgrundlage erhalten.

Der Verkaufsprospekt hat eine Beweisfunktion und stellt eine Haftungsgrundlage dar (siehe Abschnitt 5). Verkaufsprospekt im Sinne des Gesetzes ist dabei nur das als solches gekennzeichnete, vom Anbieter ausgestellte Schriftstück, das nach seinem Willen zur Erfüllung der Verpflichtungen aufgrund des Verkaufsprospekts erstellt wird.[51]

Des Weiteren stellt der Prospekt ein Instrument der Werbung dar. Der Anbieter nutzt das Informationsmedium zur Werbung potenzieller Investoren. Der Anbieter kann es bereits vor dem eigentlichen Beginn des öffentlichen Angebots der Vermögensanlage zur Bewerbung nutzen. Um Irreführungen des Anlegerpublikums über den Charakter des Informationsmediums (Informationstiefe) zu vermeiden, verpflichtet § 12 VerkProspG (neu: § 12 VermAnlG-E) den Anbieter, einen Hinweis auf den Verkaufsprospekt und dessen voraussichtliche Veröffentlichung aufzunehmen. Der Bezug auf die Vermögensanlage muss konkret sein. Allgemeine Werbemaßnahmen über den Anbieter oder Emittenten und deren allgemeine Geschäftstätigkeit sind keine Werbung im Sinne des § 12 VerkProspG (neu: § 12 VermAnlG-E).[52]

[48] Maas, in Assmann/Schlitt/von Kopp-Colomb (2010), WpPG/VerkProspG, § 8f Rn. 157.

[49] Art. 1 § 32 RegE GFinAnlV-VermAnlR.

[50] BGH, Urt. v. 28.09.1992 – II ZR 224/91, BB 1992, 2310 = NJW 1992, 3296; Urt. v. 05.07.1993 – II ZR 194/92, BB 1993, 2108 = NJW 1993, 2865.

[51] Groß (2009), Vorbemerkungen VerkProspG Rn. 4.

[52] Assmann, in Assmann/Schlitt/von Kopp-Colomb (2010), WpPG/VerkProspG, § 12 Rn. 14.

Neben der Regelung § 12 VerkProspG (neu: § 12 VermAnlG-E) regelt § 8j VerkProspG (neu: § 18 VermAnlG-E) bestimmte gestaltende Inhaltsvorgaben, die der Vermeidung der Täuschung des Anlegerpublikums dienen.

Im Zuge der Reform des VerkProspG zum VermAnlG wird über das neu eingeführte Informationsblatt nach § 13 VermAnlG-E dem Anlegerpublikum eine neue Informationsquelle eingerichtet. Diese soll dem Anleger eine Vergleichbarkeit der unterschiedlichen am Kapitalmarkt angebotenen Produkte innerhalb der Produktgruppe der Vermögensanlagen und auch zu anderen Produktgruppen, wie Fonds nach dem Investmentgesetz (InvG) oder Wertpapieren nach dem Wertpapierprospektgesetz (WpPG), ermöglichen.[53] Zur Sicherstellung dieses Anspruchs wird der Umfang der Informationsschrift auf maximal drei Seiten begrenzt und zahlreiche inhaltliche und formale Vorgaben festgelegt. So muss eine Ausrichtung des Inhalts am Verständnis eines durchschnittlichen Anlegers erfolgen, es erfolgt eine Komprimierung der Darstellung auf wesentliche Merkmale der Vermögensanlage, Risiken und Kosten sowie gesetzlich vorgeschriebene Hinweise ohne werbliche Elemente und in Übereinstimmung mit den Angaben im Verkaufsprospekt.[54] Hinterlegung sowie die Bereithaltung und Ausgabe des Informationsblattes ist an den Regelungen zu Verkaufsprospekt ausgerichtet, vgl. § 13 Abs. 5 und 6, §§ 14, 15 VermAnlG-E.

Entgegen dem ursprünglichen Diskussionsentwurf wurde eine weitere Informationsverpflichtung des Emittenten gegenüber dem Anleger zur Mitteilung des Wertes der Vermögensanlage nicht in den derzeitigen Regierungsentwurf des VermAnlG übernommen.[55]

5 Prospekthaftung

Mit dem AnSVG wurde die Prospekthaftung neu gestaltet. Neu ist, dass jetzt zwischen der Haftung aufgrund eines fehlerhaften Verkaufsprospekts (§ 13 VerkProspG – § 20 VermAnlG-E) und der Haftung aufgrund eines fehlenden Verkaufsprospekts (§ 13a VerkProspG – § 21 VermAnlG-E) unterschieden wird.

---

53 Begr. zu Art. 1 § 13 RegE GFinAnlV-VermAnlR, S. 56 f.

54 Begr. zu Art. 1 § 13 RegE GFinAnlV-VermAnlR, S. 57 f.

55 Art. 1 § 16 DiskE GFinAnlV-VermAnlR vom 16.02.2011.

Die Regelung ist für den Bereich der Vermögensanlagen als vollständig missglückt zu betrachten. Sie sieht im Gegensatz zur richterlich entwickelten Prospekthaftung erhebliche Verschlechterungen für den Anleger vor und ignoriert die Eigenheiten des Marktsegments.[56]

Die Kritik ist im Rahmen der Reform des VerkProspG zum VermAnlG aufgenommen worden. Anerkannt wurde, dass die Emissionsmärkte von Vermögensanlagen und Wertpapieren sich nicht vergleichen lassen.[57] Die Annahme, dass ein Verkaufsprospekt einer Vermögensanlage nur zu Beginn einer Platzierungsphase und vorübergehend eine Anlagestimmung erzeugt, wird unter dem Eindruck von teilweise mehrjährigen Platzierungsphasen geschlossener Fonds nicht aufrechtgehalten.[58] Mangels effizienter Preisbildungsmechanismen, einer nicht vorhandenen Fungibilität der Anteile geschlossener Fonds und der Möglichkeit des Missstands, dass kurze Verjährungsfristen zum Ausschluss eines Haftungsanspruchs des Anlegers, der erst in einer späteren Phase des Vertriebs seine Anteile am geschlossenen Fonds erwirbt, den Anlegerschutz vollständig aushebeln können, besteht keine ausgewogene Risikoverteilung der am Markt agierenden Parteien. Daher sieht § 20 und 21 VermAnlG-E eine Verlängerung der Verjährungsfrist auf zwei Jahre vor.

Zusätzlich wird die Haftungsgrundlage auf die im vom Anbieter dem Anleger vor dem Beteiligungsgeschäft auszuhändigende Informationsblatt enthaltenden Informationen nach § 13 VermAnlG-E erweitert (vgl. § 22 VermAnlG-E).

5.1 Haftung bei fehlerhaftem Prospekt

Die Haftung des Anbieters für einen fehlerhaften Prospekt richtet sich nach § 13 VerkProspG (§ 20 VermAnlG-E). Der Anleger einer Vermögensanlage, z.B. einem Projekt für Erneuerbare-Energie-Erzeugung, kann von denjenigen Personen, die entweder die Verantwortung für den Verkaufsprospekt übernommen oder den Erlass des Verkaufsprospekt bewirkt haben, als Gesamtschuldner die Übernahme seiner Anteile gegen die Erstattung des Erwerbspreises und der damit verbundenen Kosten verlangen.

[56] Krämer, in: Heidel (2007), § 13 VerkProspG Rn. 15.

[57] Begr. zu Art. 1 § 20 RegE GFinAnlV-VermAnlR, S. 61 f.

[58] Begr. zu Art. 1 § 20 RegE GFinAnlV-VermAnlR, S. 61.

Während vor der Geltung des VerkProspG für Vermögensanlagen bereits die einfache Fahrlässigkeit der verantwortlichen Personen bei Prospektfehlern einen Anspruch des Anlegers begründete, wurde der Verschuldensmaßstab zuungunsten des Anlegers auf grobe Fahrlässigkeit oder Vorsatz heraufgesetzt.

Nachteilig für den Anleger ist auch, dass dieser Anspruch nun auf den Zeitraum innerhalb der ersten sechs Monate nach dem öffentlichen Angebot der Vermögensanlage beschränkt ist. Denn bei geschlossenen Fonds erfolgt der Vertrieb grundsätzlich im Wege des Erstvertriebs über einen weit längeren Zeitraum. Danach kann der Anleger nur noch den Anlageberater oder Vermittler in Anspruch nehmen.

5.2 Haftung bei fehlendem Prospekt

Eine Verbesserung der Prospekthaftung für den Anleger resultiert bisher allein aus der Haftung aufgrund eines fehlenden Prospekts, die erstmals in das Gesetz aufgenommen wurde.

Ein veröffentlichter Verkaufsprospekt liegt erst dann vor, wenn ein nach dem § 8i Abs. 2 VerkProspG (neu: § 8 Abs. 1 VermAnlG-E) gebilligter Verkaufsprospekt den Anlegern über eine Veröffentlichung gemäß § 9 VerkProspG (neu: § 9 VermAnlG-E) zugänglich gemacht wurde. Fehlt es an diesen Merkmalen, steht den Anlegern kein Verkaufsprospekt im Sinne des Gesetzes zur Verfügung.

Es handelt sich um eine verschuldensunabhängige Haftung. Grund hierfür ist, dass der Anbieter einer Vermögensanlage seine gesetzlichen Pflichten zur Erstellung und Veröffentlichung eines Verkaufsprospekts kennen muss.

6 Marktüberwachung

6.1 Eingriffsbefugnisse

Die Eingriffsbefugnisse der Bundesanstalt sind im Rahmen des Verkaufsprospektgesetzes begrenzt. Sie bestehen in der Untersagung eines öffentlichen Angebots von Vermögensanlagen im Sinne der §§ 8i Abs. 2 Satz 5 und 8i Abs. 4 VerkProspG (neu: §§ 17 Abs. 1, 18 VermAnlG-E) oder einer irreführenden Werbung der Anbieter in Hinblick auf den Prüfungsumfang, § 8j Abs. 1 VerkProspG (neu: § 16 VermAnlG-E). Daneben kann die Bundesanstalt noch gewisse Auskunfts- und Vorlagerechte geltend machen, § 8i Abs. 4 a) und b) VerkProspG (neu: § 19 Abs. 1 und 2 VermAnlG-E).

Diese Rechte werden im Zuge der Gesetzesreform erweitert. § 3 VermAnlG-E sieht zukünftig eine allgemeine Anordnungsbefugnis der BaFin vor. Die Marktaufsicht kann daher weit intensiver vorgenommen werden, als dies zuvor möglich war. Des Weiteren kann die BaFin das Angebot der Vermögensanlagen untersagen, wenn der Anbieter seiner Pflicht zur Hinterlegung des Informationsblattes gemäß § 13 VermAnlG-E nicht nachgekommen ist.

6.2 Ordnungswidrigkeiten

Verschiedene gesetzlich im Bereich der Vermögensanlagenverkaufsprospekte vorgeschriebene Handlungen sind zur Absicherung ihrer Durchsetzung bei einem Zuwiderhandeln als Ordnungswidrigkeit mit einem Bußgeld bewehrt. Besonders muss die vorsätzliche oder leichtfertige Nichtveröffentlichung eines Verkaufsprospekts, § 17 Abs. 1 Nr. 1 VerkProspG (neu: § 29 Abs. 1 Nr. 1 VermAnlG-E), oder die Veröffentlichung eines Verkaufsprospekts ohne eine zuvor erteilte Gestattung zur Veröffentlichung durch die Bundesanstalt hervorgehoben werden, § 17 Abs. 1 Nr. 4 VerkProspG (§ 29 Abs. 1 Nr. 2 VermAnlG-E). Solche öffentlichen Angebote mit konkreten Zeichnungsmöglichkeiten sind zumeist auf Webseiten im Internet auszumachen. In solch einem Fall droht eine Geldbuße bis zu 500.000 EUR. Im Zuge der Reform wird auch die Nichterstellung eines Informationsblattes gemäß § 13 VermAnlG-E als Ordnungswidrigkeit mit dem zuvor genannten Bußgeldrahmen belegt, § 29 Abs. 1 Nr. 6 VermAnlG-E.

Auch die Verletzung von Nachtragspflichten oder einer fehlerhaften Werbung im Sinne des § 12 VerkProspG (neu: § 29 Abs. 1 Nr. 3 und 5 VermAnlG-E) kann mit einer Geldbuße geahndet werden, deren Rahmen bis zu 100.000 EUR beträgt.

7 Hinterlegungsverfahren für Prospekte

Die Bundesanstalt sorgt im Bereich der Vermögensanlagen durch die Marktüberwachung der entsprechenden Verkaufsprospekte in Hinblick auf einen standardisierten Informationsgehalt für einen Ausgleich von Informationsasymmetrien zwischen Anleger und Anbieter und stärkt damit als Folge den Anlegerschutz sowie die Marktkultur. Hauptaufgabe in diesem Bereich ist die Durchführung der Hinterlegungsverfahren für diese Verkaufsprospekte.

7.1 Die Hinterlegung

Die Hinterlegung eines Verkaufsprospektes umfasst die Übermittlung des Verkaufsprospektes durch den Anbieter an die Bundesanstalt, das damit eingeleitete Verwaltungsverfahren zur Überprüfung der Vollständigkeit, das mit der erteilten oder verweigerten Gestattung der Veröffentlichung beendet ist, sowie die sich daran anschließende Archivierung des Verkaufsprospekts als Reflex der Beendigung des zuvor durchgeführten Verfahrens.[59]

7.1.1 Übermittlung des Verkaufsprospekts

Das Verfahren zur Hinterlegung eines Verkaufsprospektes wird mit der Übermittlung des Verkaufsprospektes durch den Anbieter an die Bundesanstalt eingeleitet, vgl. § 8i Abs. 1 VerkProspG (neu: § 14 Abs. 1 VermAnlG-E). Da das Verkaufsprospektgesetz keine freiwillige Hinterlegung kennt, kann das Hinterlegungsverfahren nur mit übermittelten Verkaufsprospekten eröffnet werden, für die ein Verpflichtung zur Veröffentlichung des Verkaufsprospektes gemäß § 8f Abs. 1 VerkProspG (neu: § 6 VermAnlG-E) besteht, also keine Ausnahmeregel gemäß § 8f Abs. 2 VerkProspG (neu: § 2 VermAnlG-E) eingreift und auch noch kein Verkaufsprospekt nach dem Verkaufsprospektgesetz veröffentlicht wurde.

7.1.2 Verfahren

Es handelt sich um ein Verwaltungsverfahren im Sinne des § 9 Verwaltungsverfahrensgesetz (VwVfG). Die Bundesanstalt bestätigt dabei zunächst den Eingang des Verkaufsprospekts. Sind die gesetzlichen Voraussetzungen erfüllt, muss die BaFin den Antragsteller positiv bescheiden. Es handelt sich um eine gebundene Entscheidung.

Während des laufenden Prüfverfahrens kann der Anbieter jederzeit den Antrag auf Gestattung zurücknehmen.[60] Nach erfolgter Gestattung der Veröffentlichung bleibt dem Anbieter nur noch der Verzicht auf die Gestattung. Denn das Verfahren ist mit der Entscheidung über die Gestattung beendet und der Dispositionsbefugnis des Anbieters entzogen. Nach der Veröffentlichung des Verkaufsprospektes steht dem Anbieter aufgrund des Verbrauchs seiner Rechtsposition auch nicht mehr die Möglichkeit des Verzichts zu.

[59] Maas, in Assmann/Schlitt/von Kopp-Colomb (2010), WpPG/VerkProspG, § 8i Rn. 8.
[60] Maas, in Assmann/Schlitt/von Kopp-Colomb (2010), WpPG/VerkProspG, § 8i Rn. 44.

7.1.2.1 Prüfungsfrist

Das Gesetz räumt der Bundesanstalt hierfür eine Frist von 20 Werktagen ein. Der Samstag zählt als Werktag mit.[61] Die Frist verlängert sich, wenn die Bundesanstalt während ihrer Prüfung zur Überzeugung gelangt, dass der eingereichte Verkaufsprospekt unvollständig ist. Erst wenn der Anbieter die zur Überprüfung der Vollständigkeit notwendigen Unterlagen beibringt, beginnt die Prüfungsfrist von Neuem zu laufen, § 8i Abs. 2 Satz 3 VerkProspG. Auszugehen ist bisher von einem engen Verständnis, das die Angaben als solche nicht umfasst, sondern nur Dokumente und Erkenntnisquellen, die eine Beurteilung der Vollständigkeit der einzelnen Angabe als vollständig zulassen.

Im Zuge einer Gesetzesreform wird die Fristenregelung des Prüfverfahrens modifiziert werden. Ausreichend für eine Aussetzung des Prüfverfahrens wird in Zukunft bereits der Bedarf ergänzender Informationen sein (§ 8 VermAnlG-E). Da der Begriff der Information über den bisher verwendeten Begriff der Unterlage hinausgeht, werden die Möglichkeiten zur Steuerung des Prüfverfahrens auf die BaFin verlagert.[62]

7.1.2.2 Prüfungsmaßstab

Prüfungsmaßstab ist die Vollständigkeit der Angaben des Verkaufsprospektes gemäß § 8g Abs. 1 VerkProspG in Verbindung mit der nach § 8g Abs. 2 und 3 VerkProspG erlassenen Vermögensanlagen-Verkaufsprospektverordnung. Ausgenommen sind hier die zunächst unvollständigen Verkaufsprospekte nach § 10 VerkProspG, § 8i Abs. 2 Satz 6 VerkProspG. Die Prüfungspflicht und -befugnis der Bundesanstalt richtet sich dagegen nicht nach der inhaltlichen Richtigkeit der Angaben (§ 8g Abs. 1 Satz 3 VerkProspG).

Aufgrund der durch die Verweisung auf die Verordnung vorgenommenen Einbeziehung von § 2 Abs. 1 Satz 3 VermVerkProspV wird die bloße Vollständigkeitskontrolle durch eine Prüfung hinsichtlich der Verständlichkeit der Angaben erweitert.[63]

Im Zuge der Gesetzesreform soll der Prüfungsmaßstab des Verfahrens an § 13 WpPG angepasst werden. Die Kohärenz und die Verständlichkeit stellen zukünftige zusätzliche, gesetzlich fixierte Prüfkriterien dar. Eine große Erweiterung zur bisherigen Prüfungspraxis nach dem bisherigen Recht lässt sich aufgrund des nach wie vor geltenden Prinzips

---

[61] Bereits Lenz, in Assmann/Lenz/Ritz (2001/2002), VerkProspG, § 8a Rn. 16.

[62] Maas/Jäger (2010), S. 316, 319.

[63] Krämer, in: Heidel (2007), § 8i VerkProspG Rn. 4.

der Formalprüfung nicht erkennen.[64] Die Kohärenz ist bereits aus einer formalen Perspektive eine Voraussetzung für die Vollständigkeit und die Verständlichkeit der Angaben in einem Verkaufsprospekt.

7.1.3 Marktaufsicht

Gemäß § 8i Abs. 4 VerkProspG (neu: § 18 VermAnlG-E) kann die Bundesanstalt das öffentliche Angebot von Vermögensanlagen unter bestimmten Voraussetzungen untersagen. Um dieser Ermächtigung nachkommen zu können, verfügt die Bundesanstalt über bestimmte Auskunfts- und Vorlagerechte (§ 8i Abs. 4a) und b) VerkProspG – neu: § 19 Abs. 1 und 2 VermAnlG-E). An das Vorliegen solcher Anhaltspunkte sind aufgrund der möglichen wirtschaftlichen Konsequenzen Anforderungen zu stellen, die über bloße Annahmen oder Befürchtungen hinausgehen.[65]

7.2 Die Veröffentlichung

Die Veröffentlichung des Verkaufsprospektes ist an die Gestattung der Veröffentlichung durch die Bundesanstalt gebunden. Für die Durchführung des öffentlichen Angebots muss sichergestellt werden, dass die Veröffentlichung mindestens einen Werktag vor Beginn des öffentlichen Angebots vorgenommen wird (§ 9 Abs. 1 VerkProspG – neu: § 9 Abs. 1 VermAnlG-E). Üblich ist die Veröffentlichung des Verkaufsprospektes im Wege der Schalterpublizität (vgl. § 9 VerkProspG – neu: § 9 VermAnlG-E).

7.3 Nachtrag und Ergänzung

Das Verkaufsprospektgesetz kennt zwei Arten von Nachträgen. Nachträge nach § 10 VerkProspG (§ 10 VermAnlG-E) sind dem eigentlichen Angebot der Vermögensanlage vorgelagert und vervollständigen den eigentlichen Verkaufsprospekt, wohingegen Nachträge nach § 11 VerkProspG (§ 11 VermAnlG-E) dem Anbieter erlauben, den Inhalt des vollständigen Verkaufsprospektes während der laufenden Emission an die geänderten Gegebenheiten anzupassen.

64 Maas/Jäger(2010), S. 316 ff.

65 Krämer, in: Heidel (2007), § 8i VerkProspG Rn. 7.

7.3.1 Ergänzung des Verkaufsprospekts gemäß § 10 VerkProspG

Die Regelung beinhaltet eine Ausnahme vom Grundsatz, dass nur ein vollständiger Verkaufsprospekt zur Veröffentlichung gestattet werden kann (vgl. § 8i Abs. 2 VerkProspG). Einzelne Angebotsbedingungen, die aufgrund der Marktlage erst kurz vor dem öffentlichen Angebot festgesetzt werden können, hindern somit die Gestattung und Veröffentlichung eines solchen unvollständigen Verkaufsprospekts nicht. Erst Verkaufsprospekt und Nachtrag ergeben dann einen vollständigen Verkaufsprospekt.

7.3.2 Nachtrag gemäß § 11 VerkProspG

Gemäß § 11 VerkProspG (neu: § 11 VermAnlG-E) ist der Anbieter verpflichtet, seit der Gestattung der Veröffentlichung aufgetretene, wesentliche Veränderungen in Bezug auf die Beurteilung der Vermögensanlage an sich oder den Emittenten unverzüglich in Form eines Nachtrags zum Verkaufsprospekt zu veröffentlichen. Wesentlich ist eine Veränderung dann, wenn sie den Anleger aus der subjektiven Sicht des Anbieters zu einer anderen oder modifizierten Anlageentscheidung veranlasst oder ihn gänzlich von einer Beteiligung absehen lässt.[66] Veränderungen der vertraglichen Ausgestaltung der Vermögensanlage sind, bezogen auf die grundsätzliche Frage der Prospektpflicht, nicht von § 11 VerkProspG (neu: § 11 VermAnlG-E) umfasst.[67]

Im Zuge der Gesetzesreform wird die Berichtigungspflicht von anfänglichen Unrichtigkeiten in die Vorschrift aufgenommen. Die bisher bestehenden Rechtsunsicherheiten sind damit beseitigt.[68]

Vorgaben hinsichtlich des Inhalts oder der Gestaltung eines Nachtrags gemäß § 11 VerkProspG (neu: § 11 VermAnlG-E) gibt das Gesetz nicht vor. § 11 Satz 2 VerkProspG (neu: § 11 Satz 2 VermAnlG-E) erklärt vielmehr die Vorschriften des Verkaufsprospektgesetzes mit Ausnahme des § 8i Abs. 2 VerkProspG (neu: § 8 VermAnlG-E) für Nachträge entsprechend anwendbar. Dem Verständlichkeitsgebot folgend, müssen die Angaben zum Nachtrag in ihrer Entwicklung nachvollzogen werden können.

Eine Verpflichtung zur Unterbrechung des Vertriebs für den Zeitraum der Hinterlegung des Nachtrags besteht nicht. Es handelt sich lediglich um eine Anzeigepflicht. Der Nachtrag ist entsprechend bei der Bundesanstalt zu hinterlegen.

---

66 Vgl. Krämer, in Heidel (2007), § 11 VerkProspG Rn. 3; Groß (2009), § 11 VerkProspG, Rn. 5; vgl. auch Ritz, in Assmann/Lenz/Ritz (2001/2002), VerkProspG, § 11 Rn. 5.

67 Maas, in Assmann/Schlitt/von Kopp-Colomb (2010), WpPG/VerkProspG, § 11 Rn. 11.

68 Vgl. Maas/Voß (2008), S. 2.302, 2.304 ff.

8 Inhalt des Verkaufsprospekts

Der Inhalt des Verkaufsprospektes bestimmt sich nach § 8g VerkProspG (neu: § 7 VermAnlG-E). Die Vorschrift enthält in allgemeiner Form die Grundsätze zum Inhalt eines Verkaufsprospekts. Dieser muss alle tatsächlichen und rechtlichen Angaben enthalten, die für eine zutreffende Beurteilung des Emittenten und der Vermögensanlage für das Publikum notwendig sind (§ 8g Abs. 1 Satz 1 VerkProspG – neu: § 7 Abs. 1 und 2 VermAnlG-E). Hauptgegenstand der Beschreibung ist die Emissionsgesellschaft. Da bei Vermögensanlagen häufig mittelbare Beteiligungen an einem Unternehmen über Treuhänder angeboten werden, verlangt das Gesetz für diesen Fall eine Durchschau auf das Unternehmen, bei dem der Treuhänder die Anlegergruppe vertritt.

Im Zuge der Gesetzesreform wird diese Durchsicht erweitert. Im Sinne von § 7 Abs. 1 VermAnlG-E und § 9 Abs. 2 Nr. 1 VermVerkProspV-E muss der Verkaufsprospekt nicht nur im Rahmen einer Beteiligung Angaben über die Gesellschaft enthalten, die das eigentliche Anlageobjekt hält, sondern auch dieses beschreiben.

Über die Verweisungen der § 8g Abs. 2 und 3 VerkProspG (neu: § 7 Abs. 3 VermAnlG-E) auf die entsprechend erlassene Verordnung werden die in § 8g Abs. 1 VerkProspG (neu: § 7 Abs. 1 und 2 VermAnlG-E) allgemein umschriebenen Prospektanforderungen um zahlreiche Einzelaspekte konkretisiert.

Die nachfolgenden Abschnitte greifen ohne Anspruch auf Vollständigkeit einige wesentliche Aspekte bei der Darstellung von Sachverhalten im Verkaufsprospekt heraus.

8.1 Allgemeine Grundsätze

Der Vorschrift des § 2 Abs. 1 Satz 1 VermVerkProspV kommt die Funktion einer „prospektrechtlichen Generalklausel" zu.[69] Die Angaben nach § 2 Abs. 1 Satz 2 VermVerkProspV bestimmen das Mindestmaß für den Inhalt eines als vollständig anzusehenden Verkaufsprospekts. Der Umfang an Angaben schafft nach der Absicht des Gesetzgebers einen ausreichenden, zutreffenden Gesamteindruck beim Anlageinteressenten. Die Vollständigkeit der Angaben des Verkaufsprospektes ist gegebenfalls über Negativtestate zu gewährleisten.

[69] Voß, in Arndt/Voß (2008), VerkProspG, § 2 VermVerkProspV Rn. 7.

Dieses Vollständigkeitsgebot zur Beschreibung der Vermögensanlage verpflichtet den Anbieter, Angaben in den Verkaufsprospekt aufzunehmen, die aufgrund der besonderen Gestaltung der Vermögensanlage vom Mindestkatalog der Verordnung nicht umfasst werden. Freiwillige Angaben über den Inhaltskatalog nach der VermVerkProspV können ebenfalls in den Verkaufsprospekt aufgenommen werden.

Der Verkaufsprospekt ist einer Form abzufassen, die seine Auswertung und sein Verständnis erleichtert, z.B. muss der Verkaufsprospekt ein Inhaltsverzeichnis enthalten. Diese Erfordernisse fließen im Hinterlegungsverfahren in den Prüfungsmaßstab ein.[70] Das Verständlichkeitsgebot ist auf jeden Fall nicht erfüllt, wenn es einem durchschnittlichen Anleger der angesprochenen Zielgruppe schlechterdings unmöglich gemacht wird, den Verkaufsprospekt zu verstehen oder in Hinblick auf eine Anlageentscheidung auswerten zu können.[71]

Als Spiegelbild des beim Anleger vorliegenden Informationsdefizits über die Beteiligung sieht das Gesetz einen Abschnitt zur Beschreibung der Risiken der Vermögensanlage vor. Denn der Anleger ist aufgrund eines grundsätzlich homogen ausgerichteten Anlageobjekts einer geringen wirtschaftlichen Sicherheit ausgesetzt. Ansatzpunkt für die Erfüllung des gesetzlichen Auftrages der Darstellung von Risiken ist das Geschäftsmodell in seiner gesamten Ausprägung. Die Konzeption der Vermögensanlage bestimmt die ihr innewohnenden Risiken und damit einhergehend die Angabeverpflichtung des Anbieters an den Anleger. Eine pauschale Aussage zu Risiken, die in jedem Fall einer Angabe im Verkaufsprospekt bedürfen, ist daher nicht zu treffen. Risiken beziehen sich immer auf einen Aspekt einer Mindestangabe. Sie lassen sich daher in bestimmte übergeordnete Kategorien einteilen.[72] Dazu gehören für den Anleger die Risiken, die mit der Eingehung der Beteiligung selbst verbunden sind (§ 4 VermVerkProspV), die Risiken, die mit der Errichtung und Durchführung des konkreten Projektes verbunden sind, also aufgrund der zukünftigen Entwicklung auftreten können (§§ 9, 13 und 15 Abs. 1 VermVerkProspV), und jene Risiken, die konzeptionsbedingt aufgrund des Verhaltens der beteiligten natürlichen als auch juristischen Personen und Gesellschaften auftreten (Schlüsselpersonen; §§ 2 Abs. 4, 3, 5, 6, 7, 8, 10, 11, 12, 14, 15 Abs. 2 VermVerkProspV).

Der Anbieter muss letztlich dem Anleger unmissverständlich offenbaren, dass zum Zeitpunkt des Verkaufs seiner Beteiligung bzw. bei der Auseinandersetzung zum vorgesehenen Auslaufen des Projekts der Anleger unter Umständen sein investiertes Geld nicht

70 Vgl. bereits Assmann, in Assmann/Lenz/Ritz (2001/2002), VerkProspG, § 2 VerkProspVO Rn. 14.

71 Vgl. Assmann, in Assmann/Lenz/Ritz (2001/2002), VerkProspG, § 2 VerkProspVO Rn. 14.

72 Maas, in Assmann/Schlitt/von Kopp-Colomb (2010), WpPG/VerkProspG, § 2 VermVerkProspV Rn. 40 ff.

vollständig oder gar nicht mehr zurückerhält (maximales Risiko).[73] Im Zuge der Reform der VermVerkProspV wird eine Aussage zum maximalen Risiko an herausgehobener Stelle verbindlich.[74]

Ein Risiko beschreibt die Folge von getroffenen unternehmerischen Entscheidungen, durch die die ursprünglich erwarteten Ziele des umgesetzten oder noch umzusetzenden Projekts nachteilig abweichen.[75] Eine solche Zielverfehlung wird durch potenziell eintretende Ereignisse mit Folgen für den erwarteten Ereignisverlauf verursacht. Ein Risiko setzt sich daher aus einem ursachenbezogenen Ereignis und einer wirkungsbezogenen Komponente zusammen.[76] Die Auswirkungen eines Risikos für die Unternehmung und in der Folge auch für die Beteiligungen der Anleger über ihre Vermögensanlage unterliegen damit einer zukunftsorientierten Sichtweise des Anbieters zum Zeitpunkt der Erstellung des Verkaufsprospekts.

Die Komponente der Wesentlichkeit beschreibt die Wahrscheinlichkeit des Eintritts eines Risikos sowie die Auswirkungen des Nachteils für die Unternehmung bei dem Eintritt des Risikos.[77]

Im Zuge der Reform der VermVerkProspV werden bestimmte Risikobeschreibungen zur Pflichtangabe erhoben. Dazu gehören beispielhaft die Darstellung von Liquiditätsrisiken und der Einsatz von Fremdkapital. Diese Risiken beziehen sich auf die Durchführung des Projekts. Des Weiteren hat der Gesetzgeber in diesem Zusammenhang eine weitere Hinweispflicht zur Aufnahme in den Verkaufsprospekt vorgesehen, die dem Anleger die gegenüber dem allgemeinen Verjährungsrecht verkürzten Verjährungsfristen offenbaren muss. Weiterhin wird der Grundsatz der Abgeschlossenheit der Informationsvermittlung über den Verkaufsprospekt gestärkt.[78]

---

[73] Maas, in Assmann/Schlitt/von Kopp-Colomb (2010), WpPG/VerkProspG, § 2 VermVerkProspV Rn. 127.

[74] Art. 15 Nr. 2 RegE GFinAnlV-VermAnlR.

[75] Gondring (2007), S. 20 f.; Gräfer/Schiller/Rösner (2008), S. 17 ff.

[76] Schröder (2008), S. 1.981.

[77] Maas, in Assmann/Schlitt/von Kopp-Colomb (2010), WpPG/VerkProspG, § 2 VermVerkProspV Rn. 42.

[78] Art. 15 Nr. 2 RegE GFinAnlV-VermAnlR.

8.2 Angaben über die Vermögensanlage

Die Angaben über die konkret angebotene Vermögensanlage richten sich nach § 4 VermVerkProspV. Die Nummern 1-4 des Satzes 1 charakterisieren die Vermögensanlage hinsichtlich ihrer rechtlichen Ausgestaltung.

Die Art der Vermögensanlage ist dem Anleger anhand einer formellen Charakterisierung zu verdeutlichen. Dazu genügt die im Rechtsverkehr übliche Bezeichnung der Beteiligung an einer Gesellschaftsform oder über ein Anlageinstrument, z.B. „Kommanditbeteiligung“, „-einlage“ oder „-anteil“, „atypisch stille Beteiligung“.[79] Entsprechend ist bei den anderen Beteiligungsformen zu verfahren.

Die Rechte, die mit der Vermögensanlage verbunden sind, sind für den Anleger nachvollziehbar darzulegen. Im Zuge der Änderung der VermVerkProspV wird eine erweiterte Beschreibung in Hinblick auch auf abweichende Rechte von Anteilen der dem Emittenten zugehörigen Gesellschafter sowie entsprechende Ansprüche von bereits zum Zeitpunkt der Prospektaufstellung ausgeschiedenen Gesellschaftern vorgeschrieben.[80]

Anzahl und Gesamtbetrag umschreiben das Volumen des öffentlichen Angebots und liefern dem Anleger im Vergleich mit anderen Prospektangaben Informationen über die geplante Gestaltung der Finanzierung der Vermögensanlage. Platzierungsgarantien oder eventuelle Emissionserhöhungsoptionen zählen als erst zukünftig eintretende Ereignisse nicht mit.[81]

Dem Anleger sind die steuerlichen Auswirkungen seiner Beteiligung zu offenbaren (vgl. § 4 Satz 1 Nr. 2 VermVerkProspV). Steuern im Sinne der Vorschrift umfassen alle Steuern, die in dem Staat erhoben werden, in dem der Emittent seinen Sitz hat oder die Vermögensanlage angeboten wird und eventuell berührtes Auslandssteuerrecht. Auch strittige Punkte in der steuerrechtlichen Beurteilung durch Finanzämter oder der Finanzrechtsprechung sind gegebenenfalls aufzuführen. Die Darstellung der Steuerkonzeption bezieht sich auf diese im Allgemeinen und darf nicht mit einer Beschreibung oder Erläuterung bestimmter Risiken gleichgesetzt werden, die mit der Unklarheit der Anwendung steuerrechtlicher Normen einhergehen.[82] Das Steuerkonzept ist in der Darstellung in Hinblick auf die betroffene Anlegergruppe in seinen wesentlichen Grundlagen zu beschrei-

---

[79] Maas, in Assmann/Schlitt/von Kopp-Colomb (2010), WpPG/VerkProspG, § 4 VermVerkProspV Rn. 4.

[80] Art. 15 Nr. 3 RegE GFinAnlV-VermAnlR.

[81] Maas, in Assmann/Schlitt/von Kopp-Colomb (2010), WpPG/VerkProspG, § 4 VermVerkProspV Rn. 10 ff.

[82] Jäger/Voß (2007), S. 909.

ben. Im Zuge der Reform der VermVerkProspV reduziert sich die Verpflichtung auf die bloße Angabe der für die Zahlung der Steuern aufkommenden Personen.[83]

Die Nummern 4-12 des Satz 1 sind in ihren Angaben auf die Art und Weise der Leistung der Beteiligungseinlage sowie auf Aussagen zur Abschöpfung von Teilbeträgen dieser Einlagen durch den Anbieter gerichtet.

Die Angabe zur Gesamthöhe von Provisionen in Nummer 12 ist am Gebot der Richtigkeit und Vollständigkeit zu bemessen. Nach der Änderung der VermVerkProspV ist diese Angabe hervorzuheben.[84] Im Investitionsplan vorgesehene, entsprechend ausgewiesene Mittel sind zwingend einzuhalten.[85] Der Anleger wird einem vernünftigen Verhältnis bei der Verwendung von Mitteln für das eigentliche Anlageobjekt und solchen für andere Zwecke Bedeutung beimessen.[86] Der Gesamtbetrag umfasst alle Provisionsleistungen, die mit dem Anlageprojekt in Verbindung stehen. Unerheblich ist die Höhe der einzelnen Provisionssumme. Rechenschritte zur Ermittlung der Provisionssumme stellen einen Prospektfehler dar.[87] Kann die Gesamthöhe aufgrund eines variablen Ansatzes nicht angegeben werden, ist eine prozentuale Größenordnung mit entsprechender Offenlegung der Berechnungsbasis anzugeben.[88]

Satz 2 verlangt die Beifügung des Gesellschaftsvertrages, solange es sich bei der Beteiligung nicht um eine Namensschuldverschreibung handelt. Verträge außerhalb der Beteiligungsverhältnisse sind bisher nicht zwingend anzugeben. Dies ändert sich mit der Reform der VermVerkProspV. Die Angabeverpflichtung wird allgemein auf die für die Beteiligung oder das Treuhandverhältnis maßgeblichen Verträge sowie den Mittelverwendungskontrollvertrag ausgedehnt.[89]

8.3 Angaben über das Anlageziel und die Anlagepolitik

Die nach § 9 VermVerkProspV abzugebende Beschreibung soll in anschaulicher Weise darstellen, wie die aus der Emission eingesammelten Mittel verwendet (Anlageziele und -politik) werden sollen. Mit der Änderung der VermVerkProspV wird die Beschreibung

[83] Art. 15 Nr. 3 RegE GFinAnlV-VermAnlR.

[84] Art. 15 Nr. 3 RegE GFinAnlV-VermAnlR.

[85] BGH, Urt. v. 29.05.2008 – III ZR 59/07.

[86] BGH, Urt. v. 29.05.2008 – III ZR 59/07.

[87] BGH, Urt. v. 06.02.2006 – II ZR 329/04.

[88] Maas, in Assmann/Schlitt/von Kopp-Colomb (2010), WpPG/VerkProspG, § 4 VermVerkProspV Rn. 121.

[89] Art. 15 Nr. 3 RegE GFinAnlV-VermAnlR.

der Erreichung des Anlageziels und der Anlagepolitik erweitert. Aufzunehmen sind die Möglichkeiten einer Änderung der Anlagestrategie oder Anlagepolitik sowie der dazu notwendigen Verfahren und ein möglicher Einsatz von Derivaten und Termingeschäften.[90]

Der Begriff des Anlageziels konkretisiert das Unternehmen in seinem eigentlichen Zweck. Bei Projekten Erneuerbarer Energien wird dies im Regelfall die Generierung von Gewinn aufgrund des Errichtens und Betreibens einer bestimmten, auf regenerative Energieträger zurückgreifende Energieerzeugungsanlage sein.

Die Anlageziele können in einem weit gefächerten Spektrum auftreten. Steuerbezug (Abschreibungen, bestimmte begünstigte Einkunftsarten, vgl. auch § 4 Satz 1 Nr. 2 VermVerkProspV), Renditebezug (Gewinnerzielung aufgrund des [regionalen] marktbezogenen Erfolgs oder durch Inanspruchnahme von für diese Märkte gewährten Subventionen, z.B. EEG) oder ein Gesellschaftsbezug (Förderung von kulturellen, sozialen oder Umweltbelangen) bzw. eine Kombination mehrerer Bezugsgrößen ist möglich.[91]

Bei Projekten im Solarbereich ist es aufgrund eines Wandels in der Subventionspolitik bei der Erzeugung Erneuerbarer Energien von vielen Staaten (Kombinationen aus Begrenzungen von geförderten Höchstbeträgen und Abbau von Vergütungszuschüssen für erzeugte Energieeinheiten) möglich, dass zukünftig eine erhöhte Konzentration auf Märkte stattfindet, in denen aufgrund von monopolartigen Versorgerstrukturen langfristige Abnahmeverträge zur Erzeugung eines stetigen Einnahmestroms abgeschlossen werden können.[92]

Die Anlagepolitik beschreibt die Art und Weise der Erreichung des Anlageziels. Die entsprechenden Strategien und die eingesetzten Mittel müssen verständlich erläutert werden. So kann das Wirtschaftskonzept der Emissionsgesellschaft verschiedene Modelle der Geschäftsführung vorsehen, die sich anhand der Wahl der Finanzierung in der Bandbreite des ausschließlichen Einsatzes von Eigenmitteln bis zu verschiedenen Relationen der zur Umsetzung des Projekts aufzunehmenden Fremdmittel, der Auswahl der Objekte in verschiedenen Stadien der Realisierung, nach der Größenordnung der Beteiligung, nach Art und Weise der Nutzbarkeit, Größe oder geographischer Lokalisation der Anlageobjekte oder in sonstiger Form abgrenzbarer Märkte, durch unterschiedliche Risiko-

[90] Art. 15 Nr. 8 RegE GFinAnlV-VermAnlR.

[91] Maas, in Assmann/Schlitt/von Kopp-Colomb (2010), WpPG/VerkProspG, § 9 VermVerkProspV Rn. 5 f.

[92] Vgl. Financial Times Deutschland vom 16.02.11: „Solarfonds entdecken Amerika".

absicherungen anhand verschiedener Diversifikationsmethoden der Anlageobjekte oder anhand anderer Sicherungsmittel oder durch die Auswahl der verantwortlichen Personen zur Führung der Geschäfte oder der Geschäftspartner unterscheiden.[93]

Die Vorschrift der § 9 Abs. 2 VermVerkProspV setzt bei Unternehmensbeteiligungen oder bei Treuhandvermögen die Aufnahme weiterer, spezifischer, die Anlagepolitik charakterisierende und die Werthaltigkeit der Beteiligung bestimmende Umstände in den Verkaufsprospekt voraus.

Im Zuge der Reform der VermVerkProspV erfolgt eine umfangreiche Überarbeitung von Angabeverpflichtungen, die sich im Verlauf der Praxis als zu ungenau oder unpassend für die beabsichtigten Aufklärungszwecke des Anlegers herausgestellt haben. Hervorzuheben ist insbesondere, dass in Zukunft eine Durchschau auf das am Ende der Investitionskette stehende Anlageobjekt verlangt wird. Einer Beschreibung bedarf dann nicht mehr allein der mit den eingeworbenen Mitteln erworbene Gesellschaftsanteil, der an einer das eigentliche Anlageobjekt darstellenden Zwischengesellschaft besteht. Nach den Anforderungen des § 9 Abs. 2 VermVerkProspV-E wird dann auch das eigentliche Anlageobjekt der Zwischengesellschaft, z.B. der Solarpark selbst, zu beschreiben sein.[94]

8.4 Angaben über die Beteiligten

8.4.1 Emittent

In der Verordnung werden im Rahmen der §§ 5-8 VermVerkProspV Angaben über den Emittenten gefordert. Diese betreffen formale Kriterien zur eindeutigen Bestimmung des Emittenten, wie Firma, Sitz, ladungsfähige Anschrift und Datum der Gründung, als auch Beschreibungen über personelle Verflechtungen zwischen den Gründern der Gesellschaft und mit dem Vertrieb der konkreten Vermögensanlage betrauten Unternehmen, Fremdkapitalgebern und Leistungserbringern. Nach § 8 VermVerkProspV sind sowohl die bereits bestehenden Tätigkeitsbereiche als auch Abhängigkeiten zu beschreiben. Im Zuge der Reform der VermVerkProspV wird dieser Abschnitt einer umfangreichen Erweiterung der Angabentiefe unterzogen.

---

[93] Maas, in Assmann/Schlitt/von Kopp-Colomb (2010), WpPG/VerkProspG, § 9 VermVerkProspV Rn. 7.

[94] Art. 15 Nr. 8 RegE GFinAnlV-VermAnlR.

8.4.1.1 Finanzinformationen

Die abzugebenden Finanzinformationen richten sich nach der Intention des Gesetzes im Grundfall nach § 10 VermVerkProspV. Danach muss der Emittent seine Anleger über seine Vermögens-, Finanz- und Ertragslage anhand seines letzten geprüften Jahresabschlusses und Lagebericht offenbaren und – wenn diese nicht vorliegen oder freiwillig erstellt wurden – einen deutlich gestalteten Warnhinweis im Verkaufsprospekt im Sinne des § 8h Abs. 2 VerkProspG verwenden. Im Zuge der Evolution des VerkProspG zum VermAnlG wird die Pflicht zur Erbringung von Finanzangaben verschärft. Zukünftig hat der Emittent unabhängig von seiner Rechtsform einen Jahresabschluss und Lagebericht nach den für große Kapitalgesellschaften geltenden Vorschriften des HGB aufzustellen und prüfen zu lassen (§§ 23 ff. VermAnlG-E).[95]

Zusätzlich enthalten die §§ 23 ff. VermAnlG-E Vorschriften in Bezug auf die Vornahme der Bilanzierung und der Gewinn- und Verlustrechnung bei Personengesellschaften und Einzelkaufmännern sowie den Lagebericht und beeinflussen somit den Inhalt der nach § 10 VermVerkProspV-E aufzunehmenden Angaben. Der Lagebericht muss im Besonderen auf die vom Emittenten gewährten Vergütungssysteme und sonstige Gewinnbeteiligungen eingehen, die Führungskräften und Mitarbeitern mit Einfluss auf das Risikoprofil des Emittenten sowie sonstigen Begünstigten gewährt werden.

Die gesetzliche Regelung geht im Wesentlichen an der Praxis geschlossener Fondskonzepte im Bereich Erneuerbarer-Energien-Projekte vorbei. Auch die Überarbeitung und Ausweitung der Vorschrift im Entwurf ändern daran nichts. Üblich ist vielmehr für die Umsetzung eines solchen Projekts eine neu gegründete oder eine Vorratsgesellschaft zu verwenden, sodass regelmäßig Angaben nach § 15 Abs. 1 VermVerkProspV notwendig werden. § 24 Abs. 1 Satz 5 VermAnlG-E nimmt diesen Umstand nunmehr als gesetzliche Normierung auf. Die Grenze zur Unterscheidung von alten und jungen Gesellschaften ist von der VermVerkProspV auf 18 Monate seit Gründung festgelegt.

Dem Konzept des § 15 Abs. 1 Satz 1 Nr. 3 VermVerkProspV liegt zugrunde, dem potenziellen Anleger anstatt tatsächlich vorhandener historischer Finanzzahlen Informationen über die Vermögens-, Finanz und Ertragslage anhand von Prognosen für das laufende und folgende Geschäftsjahr zur Verfügung zu stellen. Die Planzahlen nach § 15 Abs. 1 Nr. 4 VermVerkProspV sind hingegen für die nächsten drei Geschäftsjahre zu erstellen. Die Wirkungszusammenhänge sind zu erläutern. Bei der Darstellung der Annahmen sind die Faktoren, die von dem Unternehmen beeinflusst werden können, von solchen, die außerhalb der Einflusssphäre des Unternehmens liegen, zu unterscheiden. Die angewendeten Rechnungslegungsgrundsätze sowie die Ausweis-, Bilanzierungs- und Bewer-

[95] Art. 1 § 24 RegE GFinAnlV-VermAnlR.

tungsmethoden sind offenzulegen. Im Zuge der Reform der VermVerkProspV wird dieser Abschnitt einer Reform unterzogen. Insbesondere werden die Zeiträume der Darstellungen der Finanzangaben auf einen einheitlichen Zeitraum angeglichen, der das laufende Geschäftsjahr und die folgenden drei Jahre umfasst. Dadurch wird die zukünftig erforderliche Kohärenzprüfung dieser Angaben vereinfacht.

8.4.1.2 Verantwortliche und Beteiligte

Die VermVerkProspV dient der Aufdeckung von wirtschaftlichen und personellen Verflechtungen zwischen den Emittenten und Dritten, die im Hintergrund maßgeblichen Einfluss auf die Gestaltung des Projekts ausüben. Dazu zählt auch der § 12 VermVerkProspV. So sind hier in den Absätzen 1 und 2 die Vergütungen der Geschäftsführer aufzuzeigen sowie die Verbindungen, die sie mit Unternehmen haben, die mit dem Vertrieb, der Bereitstellung von Fremdkapital oder der Erbringung von Lieferungen und Leistungen beauftragt sind.

Daneben sind auch detaillierte Angaben zu Treuhändern zu tätigen, da auch diese im Haftungsfall eventuell als Anspruchsgegner in Betracht kommen. Als Treuhänder im Sinne des § 12 Abs. 3 VermVerkProspV kommen nicht nur die Registertreuhänder in Betracht, die stellvertretend für die Anleger die Stellung des Gesellschafters in der Emissionsgesellschaft ausüben. In Betracht kommt auch derjenige, der durch Abschluss eines Vertrages mit dem Emittenten einer Vermögensanlage bei entsprechender Verfügungsbefugnis über die Gelder die Gewähr dafür übernimmt, dass der Emittent über die vom Anleger eingezahlte Einlagen entsprechend den Bedingungen der Sicherungsabrede zwischen Emittent und Drittem im Interesse der Anleger vertragsgerecht verfügt.[96]

Ziel der Reform der VermVerkProspV ist es, dem Anleger im Vorfeld der Anlageentscheidung eine höhere Transparenz bei der Aufdeckung von Verflechtungen der verantwortlichen Personen zu ermöglichen. So müssen zukünftig jegliche Zuwendungen oder Verflechtungen mit dritten Gesellschaften offenbart werden, die die Geschäftsführung beeinflussenden Personen in einen Interessenkonflikt mit dem Anleger bringen könnten (§ 12 Abs. 1 VermVerkProspV-E). Des Weiteren muss dieser Personenkreis auch sämtliche Sachverhalte aufdecken, die die Glaubwürdigkeit in die Geschäftsführung beeinflussen könnten.

---

[96] Assmann, in Assmann/Schlitt/von Kopp-Colomb (2010), WpPG/VerkProspG, § 12 VermVerkProspV Rn. 20.

8.4.2 Verantwortlicher für den Prospekt

Die nach § 3 VermVerkProspV geforderte Angabe klärt das Publikum über den Zusammenhang zwischen den wirtschaftlichen und rechtlichen Beziehungen der Prospektverantwortlichen zu den anderen Personen und Gesellschaften, die in das konkrete, angebotene Beteiligungsprojekt einbezogen sind, auf. Die Regelung stellt für sich selbst genommen keine materielle Haftungsnorm dar, vielmehr dient sie der Information des Publikums.[97] Die Erklärung erfolgt dahin, dass alle Angaben richtig sind und der Prospekt keine wesentlichen Umstände auslässt.

8.4.3 Anbieter

Der Verkaufsprospekt für das Hinterlegungsverfahren ist gemäß § 2 Abs. 4 VermVerkProspV vom Anbieter im Original zu unterzeichnen. Für die Vertriebsexemplare reicht eine faksimilierte Unterschrift aus.[98] Die Eigenschaft einer Person oder Gesellschaft als Anbieter einer Vermögensanlage bestimmt sich aus den Regelungen des § 8f Abs. 1 VerkProspG. Derjenige, der den Verkaufsprospekt tatsächlich unterzeichnet hat, gilt als Anbieter. Dieser haftet dann unabhängig von der Übernahme der Verantwortung nach § 3 VermVerkProspV stets für die Richtigkeit und Vollständigkeit des Verkaufsprospekts nach § 13 VerkProspG.[99]

Die Unterschrift des Anbieters ist eindeutig zu kennzeichnen. Notwendig ist daher, die Unterschrift um eine Namens- und gegebenenfalls Firmen- und Funktionsbezeichnung zu ergänzen.[100]

Im Zuge der Reform der VermVerkProspV erweitert sich die Angabeverpflichtung in Bezug auf den Anbieter. Auch hier sind zukünftig Angaben in den Verkaufsprospekt aufzunehmen, die über Interessenkonflikte aufgrund von Vergütungen, Beteiligungsverflechtungen oder persönlicher Integrität Auskunft geben (vgl. § 12 Abs. 4 VermVerkProspV-E).

---

97 Begr. zur VermVerkProspV, S. 3, abrufbar unter: www.bundesfinanzministerium.de.

98 Voß, in Arndt/Voß (2008), § 2 VermVerkProspV Rn. 148.

99 Assmann, in Assmann/Lenz/Ritz (2001/2002), VerkProspG a.F., § 2 VerkProspVO Rn. 17.

100 Maas, in Assmann/Schlitt/von Kopp-Colomb (2010), WpPG/VerkProspG, § 2 VermVerkProspV Rn. 174.

9 Fazit und Ausblick

Das durch die Erweiterung des VerkProspG auf Vermögensanlagen ausgeweitete Rechtsregime für Verkaufsprospekte stellt für den Bereich der geschlossenen Fondskonzeptionen für Erneuerbare-Energien-Projekte neue Pflichten auf. Es hat sich jedoch gezeigt, dass die Anforderungen des Prospektrechts die Emissionstätigkeit in diesem Bereich nicht behindert, sondern vielmehr für ein Mehr an Markttransparenz und für eine Vergleichbarkeit der Angebote für den Anleger gesorgt haben. Nach den ersten Praxiserfahrungen werden nun einige Aspekte im Verfahren und in der Informationsverpflichtung einer umfangreichen Reform unterzogen. Aufgrund des Entwurfes der Richtlinie zu Managern alternativer Investmentfonds (AIFM-Richtlinie) ist absehbar, dass es für den Marktbereich der geschlossenen Fonds insgesamt und im Besonderen im Bereich der Erneuerbaren Energien nicht bei den bisherigen aufsichtsrechtlichen Anforderungen bleiben wird. Vielmehr ist im Zuge der Einführung dieser neuen aufsichtsrechtlichen Regulierungen damit zu rechnen, dass weitere und vor allem beschränkendere Regulierungen auf die Anbieterseite zukommen werden. Ob diese das gewünschte Maß an höherer Marktsicherheit und -transparenz bringen werden, wird die Zukunft entscheiden müssen.

Literatur

Arndt, Jan-Holger/Voß, Thorsten (Hrsg.) (2008): Kommentar zum Wertpapier-Verkaufsprospektgesetz (Verkaufsprospektgesetz) und der Verordnung über Vermögensanlagen-Verkaufsprospekte (Vermögensanlagen-Verkaufsprospektverordnung – VermVerkProspV), München

Assmann, Heinz-Dieter (1999): Neuemissionen von Wertpapieren über das Internet, in: Geimer, Reinhold (Hrsg): Wege zur Globalisierung des Rechts. Festschrift für Rolf A. Schütze zum 65. Geburtstag, München S. 15

Assmann, Heinz-Dieter/Lenz, Jürgen/Ritz, Corinna (2001/2002): Kommentar zum Verkaufsprospektgesetz, Verkaufprospektverordnung, Verkaufsprospektgebühren-Verordnung, Köln 2001 und Nachtrag Stand September 2002

Assmann, Heinz-Dieter/Schlitt, Michael/von Kopp-Colomb, Wolf (Hrsg.) (2010): Wertpapierprospektgesetz Verkaufsprospektgesetz. Kommentar mit Anhängen zur ProspektVO (EG) Nr. 809/2004, VermVerkProspV, VermVerkProspGebV, Köln, 2. Auflage

Boos, Karl-Heinz/Fischer. Reinfried/Schulte-Mattler, Herrmann (Hrsg.) (2008): Kommentar zum Kreditwesengesetz und Ausführungsvorschriften, München, 3. Auflage

Gondring, Hanspeter (2007): Risiko Immobilie – Methoden und Techniken der Risikomessung bei Immobilieninvestitionen, München

Gräfer, Horst/Schiller, Bettina/Rösner, Sabrina (Hrsg.) (2008): Finanzierung – Grundlagen, Institutionen, Instrumente und Kapitalmarkttheorie, München, 6. Auflage

Groß, Wolfgang (2009): Kapitalmarktrecht. Kommentar zum Börsengesetz, zur Börsenzulassungsverordnung, zum Wertpapierprospektgesetz und zum Verkaufsprospektgesetz, München, 4. Auflage

Heidel, Thomas (Hrsg.) (2007): Aktienrecht und Kapitalmarktrecht, Baden-Baden, 2. Auflage

Jäger, Lars/Voß, Thorsten (2007): Prospektpflicht und -prüfung bei geschlossenen Schiffsfonds, in: Winter/Hennig/Gerhard (Hrsg.), Grundlagen der Schiffsfinanzierung, Frankfurt am Main

Maas, Gero/Jäger, Lars (2010): Geschlossene Fonds – Änderung im Prüfungsmaßstab und weitere Aspekte der Neuregulierung, in: Zeitschrift für Bank- und Kapitalmarktrecht, S. 316

Maas, Gero/Voß, Thorsten (2008): Nachträge bei Vermögensanlagen-Verkaufsprospekten, in: Betriebsberater – Zeitschrift für Recht, Steuern und Wirtschaft, S. 2.302

Schröder, Regina (2008): Integration von Risikoabhängigkeiten in den Risikomanagementprozess, in: Der Betrieb, S. 1.981

Sester, Peter (2008): Fallen Anteile an geschlossenen Fonds unter den Wertpapierbegriff der MiFID bzw. des FRUG?, in: Zeitschrift für Bankrecht und Bankwirtschaft, S. 369

Süßmann, Rainer (1991): Wertpapier-Verkaufsprospektgesetz und Verkaufsprospekt-Verordnung, in: Europäische Zeitschrift für Wirtschaftsrecht, S. 210

Offene Erneuerbare-Energien-Fonds: Konzeption, Strukturierung und Besonderheiten bei institutionellen Investoren

Thomas Hollenhorst

1 Einleitung

Die stetig zunehmende Nachfrage nach Anlagemöglichkeiten im Bereich der Erneuerbaren Energien lässt neben dem geschlossenen Fonds in jüngster Zeit auch den offenen Fonds stärker in den Blickwinkel der Fondskonzeption rücken. Dies beruht im Wesentlichen darauf, dass der offene Fonds, insbesondere in Gestalt des sogenannten Spezialfonds, ein beliebtes und bekanntes Anlagevehikel bei institutionellen Investoren ist.

Institutionelle Investoren sind zumeist große Kapitalsammelstellen wie z.B. Versicherungen, Pensionskassen und Versorgungswerke, welche einen regelmäßigen Zufluss von Beiträgen ihrer Mitglieder verzeichnen, die nach sicheren und renditeträchtigen Anlagemöglichkeiten suchen. Hierbei sind die Erneuerbaren Energien wegen ihrer garantierten Einspeisevergütung und den damit planbaren Cashflows vermehrt in den Fokus institutioneller Investoren gerückt. Aber auch der allgemeine Trend zu einer nachhaltigen Kapitalanlage sowie die zunehmende Projektgröße im Bereich der Erneuerbaren Energien (z.B. Offshore-Windenergie) stützen die Nachfrage nach geeigneten Investitionsvehikeln für institutionelle Investoren.

Der Gesetzgeber hat auf diese Entwicklung bereits reagiert und die Möglichkeit von Investitionen in Unternehmen, deren Zweck im Betrieb von Anlagen zur Erzeugung von Strom aus Erneuerbaren Energien besteht, für solche institutionellen Investoren erweitert, die dem Versicherungsaufsichtsgesetz (VAG) unterliegen.

Ziel des nachfolgenden Beitrags soll es sein, zu untersuchen, inwieweit der vorgenannte Trend neue Anlagemöglichkeiten für institutionelle Anleger im Bereich der offenen Fonds eröffnet. Der Fokus der Ausführungen liegt dabei insbesondere auf inländischen und ausländischen Spezialfonds. Zugleich sollen die wesentlichen Vor- und Nachteile einer Strukturierung eines Erneuerbare-Energien-Investments über einen Spezialfonds, insbesondere auch in Abgrenzung zu einem geschlossenen Fonds, herausgearbeitet werden.

2 Strukturmerkmale des offenen Fonds

Wenn in diesem Beitrag von offenen Fonds die Rede ist, sind jeweils inländische Investmentvermögen nach dem deutschen Investmentgesetz (InvG) oder vergleichbare ausländische Investmentvermögen gemeint. Das InvG definiert Investmentvermögen als „Vermögen zur gemeinschaftlichen Kapitalanlage, die nach dem Grundsatz der Risikomischung in Vermögensgegenstände des § 2 Absatz 4 InvG angelegt sind".

Wenngleich die Grenzziehung und der Sprachgebrauch zwischen offenen und geschlossenen Fonds fließend sind, unterscheidet sich der offene vom geschlossenen Fonds nach deutschem Recht im Wesentlichen durch die nachfolgend aufgezeigten Strukturmerkmale.

2.1 Investmentdreieck

Wie in Abbildung 1 dargestellt, besteht bei einem offenen Fonds ein sogenanntes Investmentdreieck zwischen Anleger, Kapitalanlagegesellschaft und Depotbank.[1]

Abbildung 1: Das Investmentdreieck zwischen Anleger, Kapitelanlagegesellschaft und Depotbank

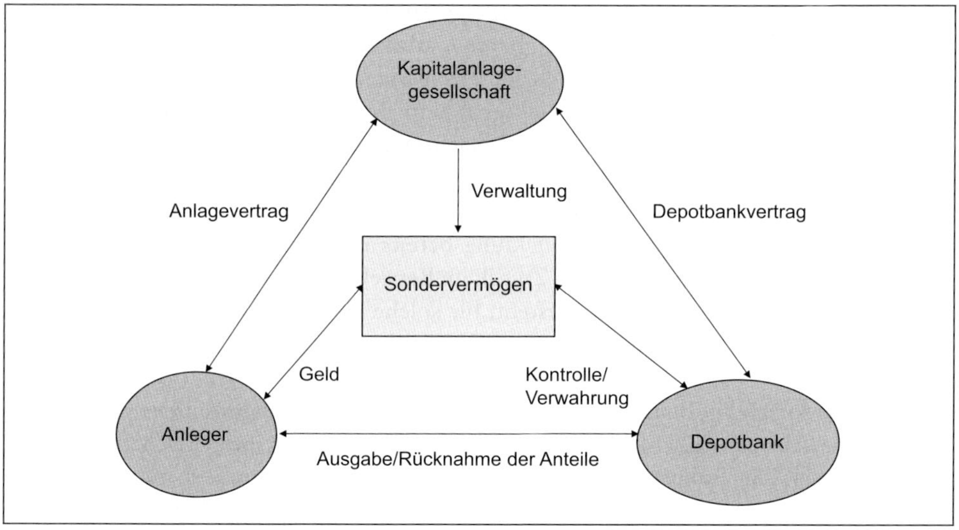

Quelle: eigene Darstellung

Durch das Investmentdreieck wird sichergestellt, dass – anders als bei einer Beteiligung an einem geschlossenen Fonds – das Vermögen des Investors nach Maßgabe der zwischen diesem und der Kapitalanlagegesellschaft vereinbarten Richtlinien verwaltet wird, wobei das Vermögen getrennt von dem Vermögen der Kapitalanlagegesellschaft bei der Depotbank für den Anleger verwahrt wird.

Deshalb spricht man auch von einem Sondervermögen (vgl. 2 Abs. 2 InvG), da durch die Trennung der Vermögensgegenstände des Fonds von denen der Kapitalanlagegesellschaft zusätzlich eine besondere Insolvenzsicherung für den Anleger erreicht wird.

[1] Vgl. zum Begriff: Bauer, in: Assmann/Schütze (2007), S. 1.024.

Die jeweiligen Rechte und Pflichten zwischen Kapitalanlagegesellschaft und Depotbank werden im Depotbankvertrag festgelegt. Die Depotbank übernimmt dabei im Verhältnis zur Kapitalanlagegesellschaft die Verwaltung des Sondervermögens. Im Verhältnis zum Anleger hat sie die Funktion der sogenannten Zahlstelle, indem sie gegenüber dem Anleger die Ausgabe und Rücknahme von Anteilen an dem gebildeten Sondervermögen sicherstellt (vgl. § 23 InvG).

Zwischen Anleger und Kapitalanlagegesellschaft kommt ein Anlagevertrag zustande, welcher die Einzelheiten über die durchzuführende Verwaltung des Sondervermögens festlegt. Die genauen Bedingungen für das Investment werden dabei im Detail in Anlagebedingungen festgelegt, welche in der Regel in einem Verkaufsprospekt darzustellen sind. Darin sind, ähnlich wie bei einem geschlossenen Fonds, auch die jeweiligen Chancen und Risiken der Anlage im Einzelnen darzulegen (vgl. §§ 42, 43 InvG).

2.2 Anlagegrenzen und Risikomischung

Eine weitere Besonderheit des offenen Fonds besteht darin, dass dieser gesetzlich ausschließlich auf bestimmte Vermögensgegenstände als Anlageklasse beschränkt ist (vgl. § 1 S. 2 InvG und § 2 Abs. 4 InvG). Ferner bestehen für einzelne Arten von Sondervermögen unterschiedliche Anlagequoten bzw. -beschränkungen.

Jeder offene Fonds hat dem Grundsatz der Risikomischung zu entsprechen (vgl. § 1 S. 2 InvG). Nach diesem Grundsatz sind für die einzelnen Vermögensgegenstände nach § 2 Abs. 4 InvG (z.B. Wertpapiere, Derivate, Immobilien etc.) gewisse Mischungsverhältnisse vorgeschrieben. Auf diese Weise soll das Klumpenrisiko, das mit einer einzelnen Anlage verbunden ist, zum Schutze der Anleger verringert werden. Beispielsweise kann durch Streuung bei einer Anlage in Wertpapiere das Risiko der einzelnen Emittenten und das Marktrisiko des Kursverlaufes an der Börse vermindert werden.[2]

Das InvG unterscheidet schließlich nach verschiedenen Arten von Sondervermögen. Häufig anzutreffende Sondervermögen sind die richtlinienkonformen Sondervermögen (vgl. §§ 46 ff. InvG), die Immobiliensondervermögen (vgl. §§ 66 ff. InvG) und die gemischten Sondervermögen (vgl. §§ 83 ff. InvG). Daneben gibt es noch besondere Formen von Sondervermögen für z.B. Altersvorsorge, Infrastrukturinvestments sowie Sondervermögen mit besonderen zusätzlichen Risiken (Hedge-Fonds) (vgl. §§ 112 ff. InvG).[3]

---

[2] Bauer, in: Assmann/Schütze (2007), S. 1.060.

[3] Schmitz, in: Berger/Steck/Lübbehüsen (2010), S. 287.

2.3 Rückgaberecht

Der weitere wesentliche Unterschied eines offenen Fonds nach InvG zu einem geschlossenen Fonds besteht darin, dass jeder Anleger das Recht hat, die Rückgabe seines Anteils am Sondervermögen zu verlangen (vgl. § 37 InvG).

Die Einzelheiten über die Ermittlung des Anteilswertes, etwaige Rücknahmefristen sowie die Sicherstellung der hierfür notwendigen Liquidität sind im Detail vor Auflegung des Investmentfonds in den mit dem Anleger vereinbarten Vertragsbedingungen festzulegen.[4]

Von „Publikumssondervermögen" spricht man, wenn diese sowohl von Privatanlegern als auch von institutionellen Anlegern erworben werden können. Bei diesen Sondervermögen ist eine jederzeitige Anteilsrücknahme vorgeschrieben und damit eine hohe Liquidität und jederzeitige Anteilsverfügbarkeit durch Rücknahme sichergestellt.

Vom Publikumssondervermögen abzugrenzen ist das sogenannte „Spezialsondervermögen". Von einem Spezialsondervermögen ist auszugehen, wenn Anteile aufgrund spezieller schriftlicher Vereinbarungen mit der Kapitalanlagegesellschaft ausschließlich von Anlegern erworben werden, die nicht-natürliche Personen sind (vgl. § 2 Abs. 3 InvG).

3 Besonderheiten bei Spezialfonds

3.1 Anlagegrenzen und Anlegerkreis

Der Spezialfonds ist ein vergleichsweise einfach aufzulegendes Investmentvehikel. Daher ist es auch bei institutionellen Anlegern besonders beliebt.

Der wesentliche Unterschied des Spezialfonds im Vergleich zum Publikumsfonds besteht darin, dass bei diesem insbesondere von den grundsätzlichen Regelungen über Anlagegrenzen mit Zustimmung der Anleger teilweise abgewichen werden kann (vgl. §§ 91 ff. InvG). Ferner kann das Rückgaberecht auf bis zu zwei Jahre hinausgeschoben werden. Diese Erleichterungen beim Spezialfonds resultieren im Wesentlichen daraus, dass sich der Gesetzgeber wegen des auf nicht-natürliche Personen beschränkten Anlegerkreises darauf verlässt, dass dieser über eine ausreichende Erfahrung verfügt, um eine indivi-

[4] Mustervertragsbedingungen in: Gößmann/Hellner/Schröter/Steuer/Weber (2010), Kapitel 9, S. 107 ff.

duelle Risikoerhöhung der Anlage beurteilen zu können. Bestimmte, vom Gesetzgeber für besonders wichtig erachtete Anlagebeschränkungen gelten jedoch auch beim Spezialfonds.

Sofern es sich bei den Anlegern zusätzlich um die in § 2 Abs. 11 Nr. 1 InvG aufgezählten institutionellen Investoren handelt, kann ein Spezialfonds zudem gänzlich privat platziert werden. Das heißt, es bedarf weder eines umfassenden Verkaufsprospektes nach § 42 InvG noch gelten die sonstigen für den öffentlichen Vertrieb von Publikumssondervermögen in Deutschland vorgesehenen besonderen Zulassungsbeschränkungen. Dennoch wird in der Praxis in der Regel mindestens ein sogenanntes „Private Placement Memorandum“ erstellt und für den Vertrieb verwendet, nicht zuletzt, um damit auch den erfahrenen Anleger hinreichend über die Struktur sowie die Chancen und Risiken seiner Anlage aufzuklären.

Zu beachten ist allerdings, dass eine Privatplatzierung nur bei den folgenden, in § 2 Abs. 11 Nr. 1 InvG genannten Anlegern möglich ist, da bei diesen vom Gesetzgeber stets von einer ausreichenden Sachkunde ausgegangen wird:

- Kredit- und Finanzdienstleistungsinstitute,
- private und öffentlich-rechtliche Versicherungsunternehmen,
- Kapitalanlagegesellschaften,
- Investmentaktiengesellschaften sowie ausländische Investmentgesellschaften,
- ausländische Investmentgesellschaften und von diesen beauftragte Verwaltungsgesellschaften,
- Pensionsfonds und ihre Verwaltungsgesellschaften.

Bei diesen Anlegern, deren Aufzählung für Zwecke des InvG abschließend ist, spricht man von „institutionellen Anlegern im engeren Sinne“. Demgegenüber gibt es auch einen weitergehenden Begriff des institutionellen Anlegers.

Im allgemeinen Sprachgebrauch werden hierunter häufig auch andere „nicht-natürliche Personen“ wie Unternehmen oder staatliche Einrichtungen gefasst. Für diese Anleger kann bei einsprechender Individualvereinbarung ebenfalls ein Spezialfonds aufgelegt werden.

Davon abzugrenzen ist der Begriff des sogenannten „professionellen Anlegers“ nach Wertpapierhandelsgesetz (WpHG). Hierunter fallen neben den oben genannten institutionellen Investoren im engeren Sinne z.B. auch Unternehmen ab einer bestimmten Größenordnung sowie andere erfahrene Anleger wie zum Beispiel Family Offices, nationale und regionale Regierungen sowie Stellen der öffentlichen Schuldenverwaltung.

Unter den weitergehenden Voraussetzungen des WpHG können aber auch natürliche Personen den Status eines professionellen Anlegers erhalten. Diese sind dann aber dennoch nicht geeignet für ein Investment in einem Spezialfonds nach InvG.

Neben den oben genannten Investoren gibt es noch bestimmte, eher öffentlich-rechtlich geprägte Institutionen, deren Zuordnung zu den einzelnen Anlegerbegriffen nicht immer ganz eindeutig ist, da diese zumeist besonderen gesetzlichen Regelungen unterliegen. Hierzu gehören z.B. Stiftungen, Anstalten des öffentlichen Rechts oder Versorgungswerke.

Hinzu kommt, dass in einzelnen ausländischen Rechtsordnungen wiederum andere Begriffe für institutionelle Investoren existieren. Beispielsweise existiert im Luxemburger Recht der Begriff des sogenannten „sachkundigen Investors". Hierunter können im Einzelfall ebenfalls Privatpersonen fallen. Es ist daher bei einer geplanten Privatplatzierung eines ausländischen Spezialfonds nach Luxemburger Recht in Deutschland durch entsprechende Regelungen sicherzustellen, dass insgesamt nur die oben genannten institutionellen Investoren nach § 2 Abs. 11 Nr. 1 InvG als Investor für den Fonds in Betracht kommen.[5]

In Abgrenzung zum geschlossenen Fonds ist ferner zu beachten, dass die Mindestanlagegrenze in Höhe von 200.000 EUR, bei deren Vorliegen eine Privatplatzierung beim geschlossenen Fonds unabhängig von der Anlegerqualifikation möglich ist (vgl. § 8 f. Verkaufsprospektgesetz [VerkProspG]), beim offenen Fonds nach InvG keine Anwendung findet.

3.2 Inländische Spezialfonds für Erneuerbare Energien

Trotz aller Vorzüge des Spezialfonds für institutionelle Investoren ist die Auflegung eines offenen Erneuerbare-Energien-Fonds nach InvG, selbst in der Form eines Spezialfonds, zurzeit nicht ohne Weiteres möglich. Dies begründet sich im Wesentlichen damit, dass trotz aller Lockerungen von Anlagegrenzen bei Spezialfonds nach § 91 InvG stets eine Investition in nach InvG zulässige Vermögensgegenstände notwendig ist.[6]

Die Aufzählung der zulässigen Vermögensgegenstände in § 2 Abs. 4 InvG nennt zwar in Nr. 9 und 11 auch die Unternehmensbeteiligung. Allerdings ist diese Anlageklasse über den Verweis von § 91 Abs. 3 Nr. 3 InvG auf § 90h Abs. 4 Satz 1 InvG beim inländischen Spezialfonds maximal in Höhe von bis zu 20% des Sondervermögens möglich.

---

5 BaFin Fragenkatalog zum Anwendungsbereich des InvG nach § 1 Satz 1 Nr. 3 InvG und zum Rundschreiben 14/2008 (WA), Stand 21.01.2010, Frage Nr. 4.

6 Steck, in: Berger/Steck/Lübbehüsen (2010), S. 818.

Damit scheidet eine ausschließliche Investition in Beteiligungen an Gesellschaften, deren Zweck in der Erzeugung von Strom aus Erneuerbaren Energien besteht, nach dem InvG aus.

Auch erwähnt § 2 Abs. 4 InvG nicht die „Mobilie", um die es sich bei dem Großteil der vorhandenen Wind- oder Solarkraftanlagen handelt. Die Anlagen werden zumeist auf fremdem Grund- und Boden errichtet und betrieben. Durch vertragliche Vereinbarung mit dem Grundstückseigentümer wird sichergestellt, dass die Anlage allenfalls als ein sogenannter „Scheinbestandteil" des Grundstücks nach § 95 Abs. 2 des Bürgerlichen Gesetzbuchs (BGB) zu qualifizieren ist. Hierdurch wird insbesondere gewährleistet, dass sich Banken bzw. Investoren an den Solarmodulen oder Windturbinen besichern können.

Zu erwägen wäre allenfalls, ob die Investition in ein Erneuerbare-Energien-Projekt als ein zulässiges Immobilieninvestment nach § 2 Abs. 4 Nr. 5 InvG gestaltet werden kann. Dies würde indes eine Strukturierung voraussetzen, bei der anders als üblich nicht der Betrieb der jeweiligen Solar- oder Windkraftanlage im Vordergrund stehen würde, sondern der Ertrag aus einem Grundstück, welches für Zwecke des Betriebs eines Solar- oder Windparks verpachtet würde. Eine solche Struktur dürfte in der Regel schon aufgrund der fehlenden Bestandteilseigenschaft der Solar- oder Windkraftanlage scheitern.

Sollte hierfür im Einzelfall eine Lösung gefunden werden, eventuell auch durch Einräumung eines Erbbaurechts auf fremdem Grund,[7] so besteht die Schwierigkeit weiterhin darin, den Pachterlös aus einem Grundbesitz oder Erbbaurecht so zu gestalten, dass er die tatsächlichen Erlöse aus dem Erneuerbare-Energien-Projekt widerspiegelt.

Hierbei ist dann allerdings zu beachten, dass die Erlöse aus dem Betrieb einer Erneuerbare-Energien-Anlage in der Regel höher sind als ein typischer Pachtzins für ein ländliches Grundstück oder diesbezügliches Erbbaurecht. Eine Konstruktion, bei der der Pachtzins künstlich erhöht würde, dürfte daher – sofern überhaupt realisierbar – mit dem rechtlichen Risiko behaftet sein, als Umgehung der Vorschriften des InvG qualifiziert zu werden. In keinem Fall dürfte eine derartige Fondsstruktur als zulässiges Immobilien-Sondervermögen nach den §§ 66 ff. InvG strukturierbar sein, da die weitere Beschränkungen zur zulässigen Bebauung (überwiegend beschränkt auf Gebäude) bei einem Wind- oder Solarpark nicht erfüllt wären (vgl. § 67 I InvG).

[7] Köndgen, in: Berger/Steck/Lübbehüsen (2010), S. 35.

Möglich wäre jedoch, ein Investment in Erneuerbare Energien über andere zulässige Vermögenswerte nach § 2 Abs. 4 InvG, wie z.B. Wertpapiere oder Geldmarktinstrumente, darzustellen. Insbesondere bei den Geldmarktinstrumenten kann an eine Investition in die Betreibergesellschaft von Wind- oder Solaranlagen über von dieser begebene Schuldverschreibungen oder Genussrechte nachgedacht werden. Insoweit ist jedoch abzuwägen, inwieweit der dadurch bedingte erhöhte Strukturierungsaufwand einschließlich einer etwaigen Regulierung der Emission von Geldmarktinstrumenten es rechtfertigt, eine Investition in Erneuerbare-Energien-Assets über das Fondsvehikel eines Spezialfonds nach InvG darzustellen.

Nach allem bleibt festzuhalten, dass ein Spezialfonds nach InvG, welcher unmittelbar in Erneuerbare-Energien-Projektgesellschaften oder Erneuerbare-Energien-Assets investiert, nach deutschem Recht derzeit schwierig umsetzbar ist. Sämtliche davon abweichenden Gestaltungsvarianten bedürfen vorsichtiger Strukturierung.

3.3 Ausländische Spezialfonds für Erneuerbare Energien

Aufgrund der bestehenden Schwierigkeiten bei der rechtlichen Gestaltung eines inländischen Spezialfonds nach InvG sind zurzeit am Markt eher Erneuerbare-Energien-Fondsstrukturen über ausländische Spezialfondsvehikel anzutreffen.

Als ausländischer Spezialfonds qualifiziert unter dem InvG ein Vermögen zur gemeinschaftlichen Kapitalanlage durch ausschließlich nicht-natürliche Personen, das nach dem Grundsatz der Risikomischung in Vermögensgegenständen des § 2 Abs. 4 InvG angelegt ist, ausländischem Recht untersteht und entweder ein Rückgaberecht für die Anleger vorsieht oder einer ausländischen Aufsicht unterstellt ist (vgl. § 2 Abs. 9 InvG).

Zu den Anforderungen im Einzelnen hat die BaFin in einem Rundschreiben[8] nebst einem dazugehörigen Fragenkatalog umfangreich Stellung genommen.[9]

Unter gewissen Prämissen können daher unabhängig von einer Rückgabemöglichkeit auch geschlossene ausländische Fonds der Definition nach InvG unterfallen, sofern die jeweilige Verwaltungsgesellschaft zumindest einer vergleichbaren Investmentaufsicht im

---

8 BaFin Rundschreiben 14/2008 (WA) zum Anwendungsbereich des InvG nach § 1 Satz 1 Nr. 3 InvG, Stand 22.12.2008.

9 BaFin Fragenkatalog zum Anwendungsbereich des InvG nach § 1 Satz 1 Nr. 3 InvG und zum Rundschreiben 14/2008 (WA), Stand 21.01.2010.

jeweiligen Sitzland unterliegt.[10] Dies hat die BaFin ausdrücklich für die Luxemburgische Finanzaufsicht, die CSSF (Commission de Surveillance du Secteur Financier), bejaht,[11] weshalb sich die nachfolgenden Ausführungen beispielhaft auf den Luxemburger Spezialfonds als besonders häufig anzutreffendes Anlagevehikel beziehen.

Der Luxemburger Spezialfonds ist insbesondere denkbar in der Form der SICAV (Société d'investissement à capital variable), bei welcher es sich um eine selbstständige Gesellschaft handelt, oder als FCP (Fonds commun de placement), bei dem es sich vergleichbar dem deutschen Sondervermögen nach InvG um ein unselbstständiges Sondervermögen handelt.[12]

Sowohl bei der SICAV als auch bei dem FCP muss der Fonds bzw. bei dem FCP auch die Verwaltungsgesellschaft von der Luxemburgischen Finanzaufsicht, der CSSF, genehmigt werden. Ferner ist wie nach deutschem InvG eine Depotbank zu bestimmen, welche die Verwaltung des Luxemburger Sondervermögens bzw. der SICAV-Vermögenswerte übernimmt. Der entscheidende Vorteil besteht darin, dass die Luxemburger SICAV bzw. das FCP geringeren Anlagerestriktionen als ein deutsches Spezialsondervermögen nach InvG unterliegt. Ferner ist die Gründung und Auflegung weniger zeit- und kostenintensiv als bei einem deutschen Spezialfonds.[13]

Hinzu kommt, dass nach Luxemburger Recht Investitionen in Gesellschaften, welche der Stromerzeugung aus Erneuerbaren Energien dienen (z.B. Betreibergesellschaften für Wind- und Solaranlagen), leichter möglich sind. Fraglich bleibt jedoch, inwieweit ein derartiger ausländischer Spezialfonds für Erneuerbare Energien auch von deutschen institutionellen Anlegern erworben werden kann.

Hierbei sind zwei Aspekte zu beachten. Zum einen sollte der Luxemburger Spezialfonds so strukturiert sein, dass er überhaupt den Begriff des ausländischen Investmentfondsanteil nach § 1 Satz 1 Nr. 3 InvG erfüllt. Andernfalls entstünde für einen deutschen institutionellen Investor vor allem steuerlich eine abweichende Behandlung, die sich gegebenenfalls nachteilig auswirken kann.[14]

[10] Zu den weitergehenden Einschränkungen zur Anerkennung ausländischer Spezialfonds für bestimmte VAG Investoren nach der AnlV vgl. Abschnitt 4.3.

[11] BaFin Fragenkatalog zum Anwendungsbereich des InvG nach § 1 Satz 1 Nr. 3 InvG und zum Rundschreiben 14/2008 (WA), Stand 21.01.2010, Frage Nr. 14.

[12] Zu den Einzelheiten der Strukturierung von Luxemburger Spezialfonds vgl. Thömmes (2009), S. 550 ff.

[13] Zu den Vor- und Nachteilen im Einzelnen vgl. auch Abschnitt 5.

[14] Zu den steuerlichen Besonderheiten siehe unten Abschnitt 5.4.

Schließlich ist aufgrund der großen Zahl von „VAG-Investoren" unter den institutionellen Investoren zu beachten, dass diese besonderen Anlagerestriktionen nach dem VAG und der diesbezüglichen Anlageverordnung unterliegen.

4 Anlagebeschränkungen für „VAG-Investoren"

4.1 Allgemeine Anlagebeschränkungen

Ein Großteil der institutionellen Investoren, welche als Investoren für einen in- oder ausländischen Spezialfonds in Betracht kommen, unterliegt besonderen Anlagerestriktionen für die von ihnen verwalteten Beiträge bzw. Kundengelder. So bestehen insbesondere bei Lebens-, Kranken- und Rentenversicherungen als sogenannte „VAG-Investoren" besonderen Anlagebeschränkungen nach § 54 Versicherungsaufsichtsgesetz (VAG).

Danach dürfen Anlagen des sogenannten „gebundenen Vermögens"[15] nur nach besonderen Vorgaben des VAG sowie der diesbezüglich erlassenen Anlageverordnung (AnlV) angelegt werden. Nach der aktuellen AnlV in der zuletzt maßgebend im Juni 2010 geänderten Fassung sind Anlagen des gebundenen Vermögens ausschließlich in den darin genannten Anlageklassen möglich. Für die einzelnen Anlageklassen (z.B. Unternehmensbeteiligungen, inländische oder ausländische Spezialfonds, Schuldverschreibungen oder Aktien) sind besondere Quotenbeschränkungen vorgesehen.

Zudem haben sämtliche Anlagen dem Grundsatz der Anlagesicherheit, Rentabilität und Liquidität zu entsprechen. Eine wesentliche Neuerung besteht darin, dass nunmehr ausdrücklich auch die Beteiligung an Konzernunternehmen erlaubt ist, deren alleiniger Zweck im Betrieb von Anlagen zur Erzeugung von Strom aus Erneuerbaren Energien im Sinne des Erneuerbare-Energien-Gesetz (EEG) besteht (vgl. § 2 Abs. 4 Nr. 3 AnlV).

Wenngleich hiermit vom deutschen Gesetzgeber grundsätzlich der Weg bereitet worden ist, VAG-Investoren auch Investitionen in Erneuerbare-Energien-Projekte zu ermöglichen, sind dabei die nachfolgenden Einschränkungen zu beachten.

---

[15] Hierunter fallen insbesondere alle Einnahmen aus Versicherungs- oder sonstigen Mitgliedsbeiträgen vgl. §§ 54 Abs. 1, 66 VAG.

4.2 Besondere Anlagebeschränkungen für Erneuerbare Energien

Trotz der ausdrücklichen Nennung der Anlagen zur Erzeugung von Strom aus Erneuerbaren Energien in der AnlV darf weiterhin vom VAG-Investor kein Projektentwicklungsrisiko übernommen werden. Auch ist ein operativer Einfluss auf die Geschäfte der jeweiligen Betreibergesellschaft nicht zulässig, sodass ein VAG-Investor auf eine lediglich passive Kapitalanlage begrenzt ist.[16]

Vorteilhaft in diesem Zusammenhang ist jedoch hervorzuheben, dass die bis Juni 2010 geltende 10%-Streuungsgrenze pro Einzelinvestition in eine Unternehmensbeteiligung weggefallen ist.

Damit kann nunmehr auch eine 100-prozentige Beteiligung an einer Betreibergesellschaft im Solar- oder Windbereich erfolgen. Insoweit ist lediglich die neu geschaffene Höchstgrenze von 1% des gebundenen Vermögens pro Beteiligungsgesellschaft zu beachten (vgl. § 4 Abs. 4 S. 1 AnlV). Hinzu kommt, dass die allgemeine Anlagequote für Unternehmensbeteiligungen von bisher 10% auf 15% erhöht worden ist (vgl. § 3 Abs. 3 AnlV).

Wenngleich mit den vorgenannten Änderungen eine deutliche Liberalisierung von Anlagemöglichkeiten im Bereich der Erneuerbaren Energien geschaffen worden ist, bleiben gewisse Einschränkungen zu beachten.

Die Beteiligung in Unternehmensanteilen setzt nach neuem Recht voraus, dass die jeweilige Gesellschaft über ein Geschäftsmodell verfügt und unternehmerische Risiken eingeht (vgl. § 2 Abs. 1 Nr. 13 AnlV). Hierdurch sollen ausweislich der Verordnungsbegründung zur AnlV reine Holding-Konstruktionen verhindert werden, da hiermit die sonstigen Anlagerestriktionen nach AnlV umgangen werden könnten.[17] Es ist daher bei der Gestaltung von Fondsinvestments sorgfältig auf die Erfüllung dieser Anforderungen zu achten, was aber bei einer Investition in eine Betreibergesellschaft für Wind- oder Solaranlagen grundsätzlich gewährleistet sein müsste. Dies dürfte grundsätzlich auch bei einer Investition in Erneuerbare-Energien-Assets durch einen geschlossenen Fonds gelten.

Bei offenen Fonds bleibt abzuwarten, wie die BaFin die geänderte AnlV im Detail auslegen wird. Die Ausführungen der BaFin im neuen Rundschreiben zu der geänderten AnlV[18] nehmen leider nicht abschließend zum Umfang der Zulässigkeit von Erneuer-

[16] Vgl. im Einzelnen: Verordnungsbegründung zur AnlV, S. 5.

[17] Verordnungsbegründung zur AnlV, S. 3.

[18] BaFin-Rundschreiben 4/2011 (VA) betreffend Hinweisen zur Anlage des gebundenen Vermögens von Versicherungsunternehmen, Stand 15. 04.2011.

bare-Energien-Investments für VAG-Investoren Stellung. Unter den weiter unten dargelegten Prämissen dürften derartige Investments aber grundsätzlich möglich sein.[19]

Ferner ist zu beachten, dass die Umsetzung der geplanten europäischen Regulierung für Versicherungsunternehmen ins deutsche Recht durch die sogenannte „Solvabilität-II-Richtlinie“[20] die Investitionsbereitschaft von Versicherern und anderen VAG-Investoren im Bereich der Eigenkapitalinvestition in Erneuerbare Energien zusätzlich beeinflussen wird.

Hierbei ist vor allem zu berücksichtigen, dass nach Art. 133 Abs. 1 der Solvabilität-II-Richtlinie im Bereich der Eigenkapitalinvestments eine höhere Kapitalbelastung für das Versicherungsunternehmen vorgesehen ist. Demgegenüber sind Investitionen in z.B. Unternehmensanleihen mit deutlich geringerer Mittelunterlegung vorgesehen. Es wird daher nicht auszuschließen sein, dass zukünftig Investments in Erneuerbare Energien verstärkt auch durch Strukturierungen im Fremdkapitalbereich (Anleihen oder Schuldverschreibungen) darzustellen sind. Dies sollte allerdings – wie nachfolgend zu zeigen sein wird – den Strukturierungsvorgaben des InvG und der AnlV für Erneuerbare-Energien-Spezialfonds nicht widersprechen.

4.3 Besonderheiten bei Investitionen in ausländische Spezialfonds

Die geänderte Anlageverordnung sieht grundsätzlich auch die Investition von VAG-Investoren in ausländische Investmentanteile vor (vgl. § 2 Abs. 1 Nr. 17 AnlV). Eine Investition ist allerdings nur unter der Voraussetzung möglich, dass der ausländische Spezialfonds – neben der Einhaltung der vorgenannten allgemeinen Grundsätze der Anlagesicherheit, Rentabilität und Liquidität – dem Spezialfonds nach InvG vergleichbar ist.[21]

Wann dies der Fall ist, ist durch Auslegung zu ermitteln. Inhaltlich ist ein ausländischer Spezialfonds mit einem Spezialfonds nach dem InvG vergleichbar, wenn vertraglich sichergestellt ist, dass sich die Arten der erworbenen Vermögensgegenstände entsprechen

[19] Vgl. hierzu im Einzelnen unten Abschnitt 4.3.

[20] Richtlinie 2009/138/EG des Europäischen Parlaments und des Rates vom 25. November 2009 betreffend die Aufnahme und Ausübung der Versicherungs- und der Rückversicherungstätigkeit.

[21] BaFin-Rundschreiben 4/2011 (VA) betreffend Hinweisen zur Anlage des gebundenen Vermögens von Versicherungsunternehmen, Stan15.04.2011, Nr. B.4.14.

und auch die sonstigen Anforderungen an deutsche Spezialfonds erfüllt werden. So sind z.B. bestimmte Höchstgrenzen für kurzfristige Kreditaufnahmen bei einem ausländischen Spezialfonds ebenfalls zu beachten.[22]

Fraglich ist, ob eine Investition in Betreibergesellschaften oder in eine Wind- oder Solaranlage mit dem beschränkten Katalog von Vermögensgegenständen nach InvG in Einklang zu bringen ist. Da der ausländische Fonds nur dem deutschen Fonds „strukturell vergleichbar“ sein muss, kann es nicht darauf ankommen, ob diese Anlageklasse unmittelbar vergleichbar ist, sofern die übrigen Kriterien, insbesondere der Grundsatz der Risikostreuung sowie die sonstigen Vorgaben für die Investition in „Unternehmensbeteiligungen“ nach AnlV erfüllt sind.

Die BaFin geht allerdings in ihrem Rundschreiben und Fragenkatalog zu § 1 Satz 1 Nr. 3 InvG davon aus, dass nur bei nicht überwiegendem Fokus des Fonds auf die Anlageklasse „Unternehmesbeteiligungen“ die Anlagegrenze des § 91 Abs. 3 Nr. 3 i.V.m. § 90h Abs. 4 Satz 1 InvG in Höhe von maximal 20% nicht anwendbar ist.[23] Ein ausländischer Spezialfonds sollte daher regelmäßig so strukturiert sein, dass er eine Streuung in verschiedene Vermögensgegenstände, insbesondere auch in Geldmarktinstrumente enthält.

Bezüglich der Rückgabemöglichkeit des ausländischen Spezialfonds ist ausweislich der Verordnungsbegründung zur AnlV mindestens eine Frist zur Rückgabe innerhalb von sieben Monaten sicherzustellen.[24]

Wenngleich eine derartige vergleichsweise kurze Rücknahmemöglichkeit bei einem eher langfristigen Investment wie einem Erneuerbare-Energien-Projekt zu einigen praktischen Problemen in der Umsetzung führen kann, ist dies durch entsprechende Gestaltung, insbesondere bei Investitionen im Fremdkapitalbereich, grundsätzlich möglich.

Die problematischere Frage in diesem Zusammenhang ist, ob ein ausländisches Spezialsondervermögen, welches dem inländischen Spezialfonds vergleichbar ist, auf die Anlagequote für Unternehmensbeteiligungen nach § 3 Abs. 3 i. V m. § 4 Abs. 4 AnlV anzurechnen ist. Nur wenn dies nicht der Fall wäre, würde der ausländische Spezialfonds als offener Fonds eine zusätzliche über das Direktinvestment in Erneuerbare Energien hinausgehende interessante Anlagealternative eröffnen.

22 Zu den weiteren Voraussetzungen siehe bereits Abschnitt 3.2.

23 BaFin Rundschreiben 14/2008 (WA) zum Anwendungsbereich des InvG nach § 1 Satz 1 Nr. 3 InvG, Stand 22.12.2008; BaFin Fragenkatalog zum Anwendungsbereich des InvG nach § 1 Satz 1 Nr. 3 InvG und zum Rundschreiben 14/2008 (WA), Stand 21.01.2010.

24 Verordnungsbegründung zur AnlV, S. 2.

Die AnlV trifft hierzu keine klare Aussage. Vieles spricht aber dafür, dass die BaFin eine „Durchschau“ auf die Assets des Spezialfonds vornimmt, sodass jedenfalls bei überwiegender Strukturierung über Unternehmensbeteiligungen bzw. diesen vergleichbare Investitionsvehikel eine Zuschreibung des Spezialfonds auf die Beteiligungsquote für Geschäftsanteile nach § 3 Abs. 3 AnlV erfolgen dürfte.[25]

Dagegen spricht jedoch zunächst, dass der ausländische Spezialfonds als eigene Anlageklasse in der AnlV ausdrücklich genannt ist und dieser einer unmittelbaren Unternehmensbeteiligung schon im Grundsatz nicht vergleichbar ist. Dies begründet sich vor allem mit den für einen Spezialfonds geltenden allgemeinen Vorgaben zur Risikomischung und der für diesen bestehenden Investmentaufsicht. Diese sind weder bei einem geschlossenen Fonds noch bei einem sonstigen Direktinvestment in einen Windpark- oder Solarbetreiber gegeben.

Hinzu kommt, dass durch die im Rahmen der notwendigen Vergleichbarkeit mit dem InvG erforderliche besondere Mischung der Investments in verschiedene auf Erneuerbare Energien bezogene Anlageklassen, wie z.B. auch Wertpapiere, Geldmarktinstrumente etc., eine zusätzliche Risikostreuung geschaffen wird, welche den Spezialfonds noch weiter von der reinen Unternehmensbeteiligung entfernt.

Weiter ist zu berücksichtigen, dass beim Spezialfonds nicht der Versicherer, sondern in der Regel der deutlich erfahrenere Manager des Spezialfonds die Vermögensauswahl und Risikoüberwachung für die einzelnen Erneuerbare-Energien-Vermögenswerte vornimmt.

Schließlich ist zu beachten, dass durch das auch im ausländischen Spezialfonds vorgesehene Rückgaberecht eine gänzlich andere Liquidität der Anlageklasse im Vergleich zur direkten Unternehmensbeteiligung geschaffen wird. Während bei einer direkten Unternehmensbeteiligung oder bei einem geschlossenen Fonds kein Rückgaberecht gegeben ist, muss der VAG-Investor nach den Vorgaben der AnlV nach spätestens sieben Monaten aussteigen können.

Es sprechen daher gute Gründe dafür, einen entsprechend der oben genannten Vorgaben strukturierten offenen Spezialfonds nach Luxemburger Recht als gesonderte Anlagealternative für VAG-Investoren anzusehen. Leider bleibt abzuwarten, wie sich die BaFin abschließend hierzu aufstellen wird.

[25] BaFin-Rundschreiben 4/2011 (VA) betreffend Hinweisen zur Anlage des gebundenen Vermögens von Versicherungsunternehmen, Stand 15.04.2011, Nr. B.IV.9 und B.VI.2.

Sollte die BaFin weiterhin an ihrem restriktiven Standpunkt festhalten, wäre gegebenenfalls der Gesetzgeber gefordert, um die Asset-Klasse Erneuerbare Energien ausdrücklich auch für Investitionen über offene Fonds noch besser zu positionieren. So erschließt sich insbesondere nicht, warum die Anlageklasse der Windkraft- oder Solaranlage, welche einem Immobilieninvestment deutlich vergleichbar ist und zum Teil sogar sicherere Erträge verspricht, nicht ausdrücklich als Vermögensgegenstand im InvG genannt ist. Dies würde dann nicht nur ausländische, sondern auch inländische Spezialfondsstrukturen im Bereich der Erneuerbaren Energien erlauben.

5 Vorteile und Nachteile bei der Strukturierung

Bei der Strukturierung eines offenen Fonds für Erneuerbare Energien sind neben den vorstehenden Einschränkungen nach InvG und VAG zusätzlich die nachfolgenden Aspekte zu beachten. Hieraus ergeben sich jeweils gewisse Vor- und Nachteile, insbesondere auch im Verhältnis zu einem geschlossenen Fonds.

5.1 Regulierung

Zunächst ist zu beachten, dass nach aktueller Rechtslage der Strukturierungsaufwand für einen offenen Erneuerbare-Energien-Fonds in Form eines in- oder ausländischen Spezialfonds höher als der eines geschlossenen Fonds ist. Dies ist insbesondere darin begründet, dass die Kapitalanlagegesellschaft nach InvG einer Erlaubnispflicht unterliegt und daher der Aufsicht der BaFin untersteht. Aufgrund recht hoher aufsichtsrechtlicher Anforderungen ist die Gründung einer Kapitalanlagegesellschaft mit erheblichem Aufwand und Kosten verbunden. Zwar gibt es inzwischen Kapitalanlagegesellschaften, die ihre Dienstleistungen auch Dritten zur Verfügung stellen. Jedoch ist diese Dienstleistung ebenfalls mit nicht unerheblichen Kosten verbunden.

Der Aufwand für die Auflegung eines ausländischen Spezialfonds, z.B. in Gestalt der dargestellten Luxemburger Fondsstruktur, ist zwar geringer als bei einem inländischen Spezialfonds, da hier keine der deutschen Erlaubnispflicht unterliegende Kapitalanlagegesellschaft erforderlich ist. Da jedoch auch insoweit mindestens die Einbindung einer Depotbank notwendig ist, ist auch diese Variante nach momentaner Gesetzeslage zumindest aufwendiger als die Auflegung eines geschlossenen Fonds.

Insoweit ist jedoch zu bedenken, dass auch der Bereich der geschlossenen Fonds zukünftig stärker reguliert sein wird. Die Bundesregierung hat im April 2011 einen Gesetzentwurf für ein Gesetz zur Novellierung des Finanzanlagenvermittler- und Vermögensanlagerechts vorgelegt, durch welchen zukünftig der Vertrieb von geschlossenen Fonds einer Aufsicht unterstellt werden soll.[26]

Ferner ist auf europäischer Ebene bereits die sogenannte AIFM-Richtlinie verabschiedet worden.[27] Diese zielt auf eine Regulierung des Managements von sogenannten „alternativen Investmentvermögen" ab, welche analog zu der Regulierung einer Kapitalanlagegesellschaft für den Bereich der offenen Fonds auch für geschlossene Fonds vorgesehen ist. Die Richtlinie ist innerhalb von zwei Jahren und damit bis Mitte des Jahres 2013 in deutsches Recht umzusetzen und wird daher zukünftig auch eine Erlaubnispflicht für die Manager von geschlossenen Fondsinvestments nach sich ziehen.

Schließlich sieht die AIFM-Richtlinie vergleichbar der Einbindung einer Depotbank eine Verwahrstelle für die Anteile an einem AIF (sogenannter „Alternative Investment Fund") vor. Damit wird spätestens ab Mitte des Jahres 2013 der Unterschied zwischen einem offenen und einem geschlossenen Fondsinvestment, zumindest was die Anforderungen an die Erlaubnis und Komplexität der laufenden Aufsicht anbetrifft, weiter abschmelzen.

5.2 Vertrieb

Ferner unterscheidet sich der offene Fonds insoweit vom geschlossenen Fonds, als beim offenen Fonds, insbesondere in Gestalt des Publikumsfonds, eine umfangreichere Prüfung des Verkaufsprospektes durch die BaFin stattfindet.

Insoweit ist jedoch zu beachten, dass nach dem Entwurf des Gesetzes zur Novellierung des Finanzanlagenvermittler- und Vermögensanlagerechts ebenfalls eine weitergehende Prüfungspflicht für den Verkaufsprospekt von geschlossenen Fonds vorgesehen ist.[28] Insoweit werden sich daher auch die Prospektierungspflichten für geschlossene und offene Fondsinvestments stärker annähern.

[26] Gesetzentwurf der Bundesregierung für ein Gesetz zur Novellierung des Finanzanlagenvermittler- und Vermögensanlagenrechts vom 06.04.2011.

[27] Richtlinie des Europäischen Parlaments und des Rates vom 11.11.2010 über die Verwalter alternativer Investmentfonds und zur Änderung der Richtlinien 2003/6/EG, 2004/39/EG, 2006/48/EG und 2009/65/EG.

[28] Gesetzentwurf der Bundesregierung für ein Gesetz zur Novellierung des Finanzanlagenvermittler- und Vermögensanlagenrechts vom 06.04.2011.

Gewisse Vorteile bietet hier zumindest der ausländische Spezialfonds bei dem begrenzten Kreis der institutionellen Investoren nach § 2 Abs. 11 InvG, da insoweit bei einem Private Placement wie bei einem geschlossenen Fonds der Vertrieb auch ohne einen genehmigten Prospekt stattfinden kann.

Die Besonderheit bei einem Luxemburger Spezialfonds besteht lediglich darin, dass trotz eines Private Placement ein Fondsprospekt bei der zuständigen ausländischen Aufsicht einzureichen ist. Dieser Prospekt unterliegt jedoch dann beim Vertrieb in Deutschland keiner gesonderten Prüfung bzw. Zulassung durch die BaFin. Dies stellt zumindest eine Erleichterung gegenüber einem Spezialfonds nach InvG dar, der auch institutionelle Anleger hat, die nicht in § 2 Abs. 11 InvG genannt sind.

Bezüglich des Vertriebs von Anteilen an einem ausländischen Spezialfonds ist allerdings zu beachten, dass die zur Zeit bestehende Bereichsausnahme von der für die Anlage- und Abschlussvermittlung bestehenden Erlaubnispflicht nach dem Kreditwesengesetz (KWG) gemäß § 2 Abs. 6 Nr. 8 KWG, welche Unternehmen, deren ausschließlicher Zweck darin besteht, Anteile an Investmentvermögen zu vertreiben, von der generellen Erlaubnispflicht ausnimmt, nicht für Anteile an einem ausländischen Spezialfonds gilt.[29]

Dies liegt im Wesentlichen daran, dass die Bereichsausnahme nach KWG nach Sinn und Zweck nur die ohnehin bereits der inländischen Aufsicht unterliegenden Fondsanteile ausnehmen will, da insoweit kein Bedürfnis für eine erneute Regulierung besteht. Das führt mithin dazu, dass der Vertrieb eines ausländischen Spezialfonds nur durch hierfür zugelassene Finanzdienstleistungsinstitute oder Banken erfolgen kann.

Insoweit ist jedoch in Abgrenzung zum geschlossenen Fonds zu beachten, dass auch der Vertrieb desselben aus den vorgenannten Gründen zukünftig einer Erlaubnispflicht unterfallen wird. Auch an diesem Punkt werden daher in Zukunft die Unterschiede zwischen beiden Anlageklassen geringer ausfallen.

5.3 Erneuerbare-Energien-Investments

Für Erneuerbare-Energien-Investments sind sowohl der geschlossene Fonds als auch offene Fonds grundsätzlich geeignet. Letztere allerdings vorzugswürdig in der Form eines ausländischen Spezialfonds.

[29] Schäfer, in: Boos/Fischer/Schulte-Mattler (2008), S. 163.

Wie oben dargestellt, besteht zwar das Risiko, dass die BaFin bei den dem VAG unterliegenden Investoren eine Investition in einen ausländischen Spezialfonds nur im Rahmen der Unternehmensbeteiligungsquote nach AnlV anerkennt. Damit wäre der Spezialfonds jedoch im Grundsatz noch nicht schlechter gestellt, da er zumindest aufgrund der erhöhten Unternehmensbeteiligungsquote nach AnlV verstärkt von VAG-Investoren genutzt werden könnte.

Zwar ist der Mehraufwand in der Strukturierung und im Vertrieb gegenüber dem Angebot von direkten Investitionen in Erneuerbare Energien abzuwägen. Da wie bereits dargelegt aber gute Gründe dafür sprechen können, auch für einen ausländischen Erneuerbare-Energien-Spezialfonds eine VAG-Konformität zu ermöglichen, bleibt dieser eine interessante Anlagealternative. Selbst wenn sich die BaFin diesem Standpunkt nicht anschließen sollte, kann der ausländische Erneuerbare-Energien-Spezialfonds immer noch eine interessante Anlagealternative zumindest für solche institutionellen Investoren darstellen, die nicht dem VAG unterliegen, z.B. ausländische institutionelle Investoren.

5.4 Steuern

In steuerlicher Hinsicht bietet die Struktur des offenen Fonds, jedenfalls wenn er unter das InvG fällt, gegenüber dem geschlossenen Fonds im Investmentsteuergesetz (InvStG) klar geregelte Steuerfolgen und ermöglicht somit dem Investor eine hohe Planungssicherheit.[30]

Die zusätzlichen steuerlichen Berichtspflichten des InvStG sind bei der Ausgestaltung als Spezialsondervermögen unter Berücksichtigung einiger zusätzlicher steuerlicher Erfordernisse weitgehend beschränkt und bilden daher keinen übermäßigen Mehraufwand gegenüber dem geschlossenen Fonds.

Auch beim ausländischen Spezialfonds können weitgehend die gleichen steuerlichen Folgen für deutsche Investoren erreicht werden wie bei einem inländischen Spezialfonds. Allerdings können sich im Detail aufgrund der grenzüberschreitenden Konstellationen bei ausländischen Spezialfonds in die jeweiligen Erneuerbare-Energien-Projekte einige Besonderheiten ergeben. Dies gilt insbesondere hinsichtlich der notwendigen Anrechnung etwa bei der auf Ebene des Investments gezahlten deutschen Steuer bei den jeweiligen Anlegern im Rahmen der allgemeinen Steueranrechnungsbeschränkungen.[31]

---

[30] Vgl. allgemein zur steuerlichen Behandlung von Spezialsondervermögen: Haase (2010).

[31] Schneider, in: Haase (2010), S. 636.

6 Fazit

Nach allem zeigt sich, dass Erneuerbare-Energien-Fonds auch in Form sogenannter offener Fonds möglich sind. Ob diese eine langfristige Investmentalternative zu Direktinvestitionen in Erneuerbare Energien bzw. zu Investitionen über geschlossene Fonds werden, bleibt gegenwärtig noch abzuwarten.

Dafür spricht die zunehmend stärker werdende Regulierung auch im Bereich der geschlossen Fonds, sodass die gegenwärtig noch bestehenden höheren Strukturierungskosten beim offenen Fonds zukünftig als Argument entfallen dürften.

Unabhängig davon bleibt allerdings zu hoffen, dass der Gesetzgeber, wie bereits mit der Anerkennung von Investments in Anlagenbetreiber für Erneuerbare Energien in der AnlV geschehen, weitere Anreize schaffen wird, damit Erneuerbare Energien auch von institutionellen Anlegern in noch stärkerem Maße als Investment als eine reine Kapitalanlage genutzt werden können. Nur so kann den langfristigen Zielen zum Ausbau der Erneuerbaren Energien und dem damit verbundenen hohen Eigenkapitalbedarf auf Dauer Rechnung getragen werden.

Literatur

Assmann, Heinz-Dieter/Schütze, Rolf A. (Hg.) (2007): Handbuch des Kapitalanlagerechts, München, 3. Auflage

Berger, Hanno/Steck, Kai-Uwe/Lübbehüsen, Dieter (Hg.) (2010): Investmentgesetz und Investmentsteuergesetz, München

Boos, Karl-Heinz/Fischer, Reinfrid/Schulte-Mattler, Hermann (Hg.) (2008): Kreditwesengesetz, München, 3. Auflage

Gößmann, Wolfgang/Hellner, Thorwald/Schröter, Jürgen/Steuer, Stephan/Weber, Ahrend (Hg.) (2010): Bankrecht und Bankpraxis, Loseblattsammlung, Köln, Stand 12/2010

Haase, Florian (Hg.) (2010): Investmentsteuergesetz, Stuttgart

Thömmes, Timo (2009): Spezialfonds mit dem Anlageschwerpunkt Immobilien in Deutschland und Luxemburg, in: Zeitschrift für Immobilienrecht Nr. 15, S. 550 ff.

M&A, Private Equity und Venture Capital im Bereich Erneuerbare Energien

Christof Aha/Christoph Schalast

1 Einleitung

Die Erneuerbaren Energien sind derzeit in aller Munde – nicht zuletzt aufgrund der von der Bundesregierung verkündeten Energiewende im Nachgang zu den Ereignissen in Fukushima im März 2011. Ihre Bedeutung nimmt kontinuierlich seit über 20 Jahren zu, unter anderem wegen der ambitionierten nationalen und europäischen Energieziele und entsprechender Fördermaßnahmen.[1] Dabei spielen Unternehmensübernahmen, Mergers and Acquisitions (M&A), private Finanzinvestoren (Private Equity) oder Wagniskapitalgeber (Venture Capital/VC) in der öffentlichen Wahrnehmung bislang nur eine untergeordnete Rolle. Doch ist davon auszugehen, dass angesichts der dynamischen Entwicklung der Erneuerbaren Energien auch die Zusammenschlüsse (Merger) und der Erwerb von Unternehmen bzw. Projektgesellschaften (Akquisition) einen erheblichen Zuwachs in der nächsten bzw. allernächsten Zeit erleben werden. Eine solche Entwicklung war bereits vor der Katastrophe in Japan für Teilbereiche, wie etwa den Photovoltaik-Markt, absehbar.[2]

Der M&A-Markt im Bereich der Erneuerbaren Energien (EE) weist dabei einige Besonderheiten auf. So stand bisher weniger die Marktkonsolidierung, sondern die Übernahme von Projektgesellschaften in so unterschiedlichen Bereichen wie Wind (Onshore/Offshore), Sonne, Photovoltaik, Biogas, Wasser und Geothermie im Fokus der Investoren. Solche Projekte wurden regelmäßig von einem Entwickler vorbereitet. Man unterscheidet die Stufen „Greenfield", „Ready to Build" und „In Operation", wobei die letzte Entwicklungsstufe in der Praxis am meisten verbreitet und für den Entwickler wirtschaftlich am spannendsten ist.

Doch warum finden sich in diesem dynamischen und hoch innovativen Markt bisher so wenige Finanzinvestoren? Wagniskapitalgeber interessieren sich dabei vor allem für innovative und frühe Geschäftsmodelle, während Private Equity eher in späteren Unternehmensphasen investiert. Für Private Equity war der Markt für Erneuerbare Energien oder CleanTech (siehe dazu Abschnitt 3) bisher wegen der starken staatlichen Einflussnahme, der Konkurrenz sowie der Marktzersplitterung eher kompliziert. Genau dies könnte ein gutes Umfeld für Wagniskapital sein, doch dieses fehlt insgesamt in Deutschland und nicht nur im hier dargestellten Bereich. Ein weiteres Hindernis ist das für beide Branchen eher unübliche Projektgeschäft, das den Markt bisher prägt.

In dem vorliegenden Beitrag wird zunächst kurz die Bedeutung von M&A und verschiedener Finanzierungsformen unter Einbeziehung der klassischen Unternehmensübernahme dargestellt. Anschließend werden die Besonderheiten des Marktes für Erneuerbare Energien gegeben und der Transaktionsablauf sowie Transaktionshintergründe behandelt.

---

1 Schalast (2005), S. 194 ff.; Schalast (2007), S. 74 ff.

2 Fritz-Morgenthal/Hach/Schalast (2010), S. 6, 53 f.

2 Der M&A-Markt

2.1 Aktuelle Entwicklungen

2.1.1 Marktvolumen

Unternehmensübernahmen/M&A haben in den letzten Jahren national und international zunehmend an Bedeutung gewonnen. Für die Öffentlichkeit wurde dies vor allem durch die zwei letzten weltweiten M&A-Wellen erkennbar. Für die jüngste Vergangenheit unterscheidet man dabei die fünfte M&A-Welle, die vor allem durch die Phantasien im Zusammenhang mit der Dotcom-Industrie und die später dadurch verursachte Blase von 1991 bis 2000 gekennzeichnet war.[3] Nachdem die Euphorie über die Möglichkeiten des Internets verpufft war, dauerte es einige Jahre, bis die sechste M&A-Welle (2003/2004-2007) einsetzte, die vor allem von Finanzinvestoren/Private-Equity-Investoren geprägt war. Sogenannte Leveraged Buy-outs wurden vor allem durch die Bereitschaft der Banken begünstigt, einen hohen Prozentsatz an Fremdkapital für Unternehmenskäufe zur Verfügung zu stellen. Dies reduzierte das Risiko der Investoren und potenzierte ihre Gewinnchancen. Hinzu kam, dass auf Bankenseite ein Wettbewerb darüber bestand, wer die Verantwortung für eine größere Unternehmensfinanzierung übernimmt, d.h., für die Syndizierung einsteht. In diesem Umfeld erreichte der M&A-Markt im Mai 2007 ein neues Allzeithoch.[4]

Interessant waren für Private-Equity-Investoren vor allem Branchen mit hohen Cashflows. Aus diesem Grund befand sich im Jahre 2009 fast die gesamte deutsche Breitbandkabelbranche im Eigentum von Finanzinvestoren. In diesem Umfeld wundert es nicht, dass gerade der Bereich Erneuerbare Energien als weniger attraktiv galt, sieht man von einigen Teilbereichen wie etwa Photovoltaik-Produkten ab, denn in diesem Bereich ist durchgängig ein starker staatlicher Einfluss festzustellen und dies schreckt Finanzinvestoren regelmäßig ab. Nach dem abrupten Ende der sechsten M&A-Welle im Juni/Juli 2007 – 15 Monate vor der Lehman-Insolvenz – ist derzeit eine langsame Markterholung feststellbar. So nahm das Gesamtvolumen der Transaktionen im Jahre 2010 weltweit gegenüber dem Vorjahr um 21,7% zu.[5] Auch die Anzahl der Transaktionen – eine weitere wichtige Kennzahl – nahm um 8,7% zu. Auch die ersten Zahlen für das erste Quartal

---

[3] Müller-Stewens (2010), S. 23 ff.

[4] Müller-Stewens (2010), S. 27 ff.

[5] Pressemitteilung mergermarket M&A Round-up for Year End 2010, http://www.mergermarket.com/pdf/Press-Release-for-PR-Advisers-Year-End-2010.pdf.

2011 dokumentieren, dass der positive Trend anhält. So liegt das Transaktionsvolumen im ersten Quartal 2011 weltweit 28,9% über den Zahlen des Vorjahres und stieg auf 591 Mrd. USD.[6] Allerdings wurde der Markt in diesem Zeitraum vor allem durch die dynamische Entwicklung auf dem US-Markt angetrieben, der nicht zuletzt durch den Euro-Wechselkurs für europäische Investoren interessant ist. Weiter ist festzustellen, dass verstärkt länderübergreifende Transaktionen stattfinden, sie stiegen im ersten Quartal 2011 gegenüber dem Vorjahr um 70,8% an und dieser Trend wird anhalten.[7] Aktiv sind derzeit vor allem Investoren aus dem asiatischen Raum, nicht zuletzt Staatsfonds aus den BRIC-Staaten, aus dem arabischen Raum sowie Osteuropa. Dabei ist festzustellen, dass institutionelle Anleger und Staatsfonds aus Ölförderländern verstärkt Interesse an EE als Zukunftsoption zeigen. Eine ähnliche Entwicklung ist für China zu beobachten, wobei daneben der Know-how-Transfer weiterhin von großer Bedeutung sein dürfte. Investitionen von Staatsfonds wurden dabei in Deutschland lange Zeit mit einer erheblichen Skepsis betrachtet. Zudem wurde mit der Novelle des Außenwirtschaftsgesetzes (AWG) 2009 eine Kontrolle durch das Bundeswirtschaftsministerium eingeführt.[8] Dies mag eine Erklärung dafür sein, dass Deutschland bisher – von einigen spektakulären Investitionen etwa im Automobilsektor abgesehen – noch nicht stärker als Zielstaat in den Fokus gerückt ist.

2.1.2 Erneuerbare Energien

Wenn man im deutschen Markt die Top-10-Deals des Jahre 2010 betrachtet, fällt auf, dass für Investoren – neben der Finanzwirtschaft, die aufgrund staatlicher Investitionen auch schon 2009 stark vertreten war – vor allem die Energie- und Versorgungswirtschaft interessant war. Zu nennen ist hier etwa der Verkauf des britischen Verteilnetzunternehmens Central Networks durch E.ON an die amerikanische PPL Corporation.[9] Allerdings hatten die Großtransaktionen keine erkennbare Relevanz für den Markt der Erneuerbaren Energien.

Für die M&A-Aktivitäten in der Erneuerbare-Energien-Branche war vor allem bedeutsam, dass – aus dieser Sicht – positive Rahmenbedingungen, wie die steigenden Energiekosten und der Wandel des öffentlichen Bewusstseins in Folge des Klimawandels sowie die – von der schwarz-gelben Bundesregierung verschobene – politische Entscheidung

---

[6] Pressemitteilung mergermarket M&A Round-up for Q1 2011, http://www.mergermarket.com/pdf/Press-Release-for-Financial-Advisers-Q1-2011.pdf.

[7] Pressemitteilung mergermarket M&A Round-up for Year End 2010; Pressemitteilung mergermarket M&A Round-up for Q1 2011.

[8] Weber/Schalast (2009), S. 32 ff.

[9] Pressemitteilung E.ON 02.03.2011: E.ON verkauft britisches Verteilnetzgeschäft an PPL Corporation, http://www.eon.com/de/media/news-detail.jsp?id=10154.

gegen die Atomenergie und für eine unabhängige und nachhaltige Energieversorgung zu einem Wachstumsschub geführt haben. So haben im Jahr 2008 Investitionen in diesem Bereich erstmals das Investitionsvolumen fossiler Energieträger übertroffen, wobei die Photovoltaik mit einer jährlichen Wachstumsrate von 70% den mit Abstand dynamischsten Teilbereich der Branche darstellt. Aufgrund der besonders umfangreichen staatlichen Förderprogramme zählt dabei Deutschland sowohl hinsichtlich der installierten Kapazität wie auch hinsichtlich des jährlichen Ausbaus zu den wichtigsten Märkten weltweit.

Dabei ist davon auszugehen, dass trotz der Katastrophe von Fukushima die staatlichen Subventionen langfristig abnehmen werden. Hinzu kommt, dass der Wettbewerbsdruck in der Branche zunehmen wird. Angesichts dieser Rahmenbedingungen ist es interessant, dass mit einem Transaktionsvolumen von etwas über 70 Mrd. USD die Erneuerbaren Energien bereits 2007/2008 für ca. 25% aller Transaktionen und ca. 10% des Transaktionsvolumens im Energiesektor weltweit verantwortlich waren.[10] Weiter ist interessant, dass sich zunehmend branchenfremde Unternehmen, wie etwa Bosch, durch Übernahmen[11] in diesen Markt wagen und Wachstumschancen sehen.

Die Frankfurt School of Finance and Management hat im Jahr 2010 eine Marktbefragung zur Zukunft des sektorspezifischen M&A-Marktes bei 220 Marktteilnehmern der Photovoltaik-Branche durchgeführt.[12] Die Marktteilnehmer gingen dabei übereinstimmend davon aus, dass eine weitere dynamische Entwicklung des Umfelds erfolgen wird. Dies dokumentiert insbesondere die konkrete Planung von Transaktionen durch die Umfrageteilnehmer. Diese gehen allerdings davon aus, dass das Deal-Volumen eher unter 30 Mio. EUR liegen wird und große Übernahmen die Ausnahmen bleiben werden. Angesichts der tendenziellen Rücknahme von Förderprogrammen und der Fähigkeit, auch im Wettbewerb zu bestehen, ist davon auszugehen, dass die Branche mittelfristig für Finanzinvestoren interessanter werden wird.

Schließlich ist der noch geringe Konsolidierungsgrad in der Branche anzusprechen, was ebenfalls Potenzial, z.B. für eine Build-und-Bill-Strategie, eröffnet. Angesichts der vorstehend kurz geschilderten Umstände ist davon auszugehen, dass die Erneuerbaren Energien im derzeitigen Aufschwung des M&A-Marktes eine wichtige Rolle spielen werden, voraussichtlich werden sie zu einem der Treiber der siebten M&A-Welle.

[10] IEA (2009), S. 40; Hirschl (2008), S. 66.

[11] Ersol AG, Aleo Solar AG, Johanna Solar Technology GmbH.

[12] Fritz-Morgenthal/Hach/Schalast (2010), Fn. 2.

2.2 Das Versagen des deutschen VC-Marktes

Trotz des generell sehr positiven Marktumfeldes ist dennoch auf einen hemmenden Faktor im deutschen Markt der Erneuerbaren Energien hinzuweisen: Dieser Markt lebt von Innovation, und Innovation bedarf entsprechender Finanzierung. Gerade in der Phase der Unternehmensgründung (Seed/Start-up) bedarf aber die Innovation der Förderung durch Wagniskapitalgeber/VC-Fonds (Abbildung 1).

Abbildung 1: Unternehmensphasen

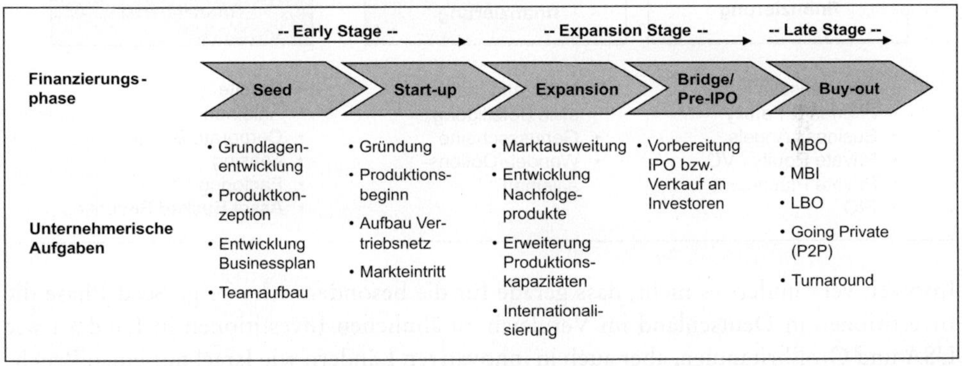

International ist der gesamte deutsche Markt für Wagniskapital/VC und auch Wachstumsfinanzierungen ungewöhnlich klein. So wurden im Jahr 2010 für Wachstumsfinanzierung 0,8 Mrd. EUR zur Verfügung gestellt, für Wagniskapital gerade einmal 0,65 Mrd. EUR.[13] Diese Zahlen sind noch erschreckender, wenn man berücksichtigt, dass der Staat – etwa über den Hightech-Gründerfonds – in diesem Markt stark vertreten ist. Im Ergebnis führt das dazu, dass noch zu gründende bzw. erst gegründete Unternehmen mit innovativen Geschäftsmodellen vor allem in den Bereichen New Energy/Erneuerbare Energien/CleanTech in Deutschland oftmals keinen Kapitalgeber finden. Auch Alternativen sind in einer solchen Phase schwierig zu finden, dies gilt sowohl für Mezzaninefinanzierungen als auch für sonstige Fremdfinanzierungen, etwa durch Anleihen oder Bonds (Abbildung 2).

[13] BVK (2011), S. 2.

Abbildung 2: Finanzierungsinstrumente

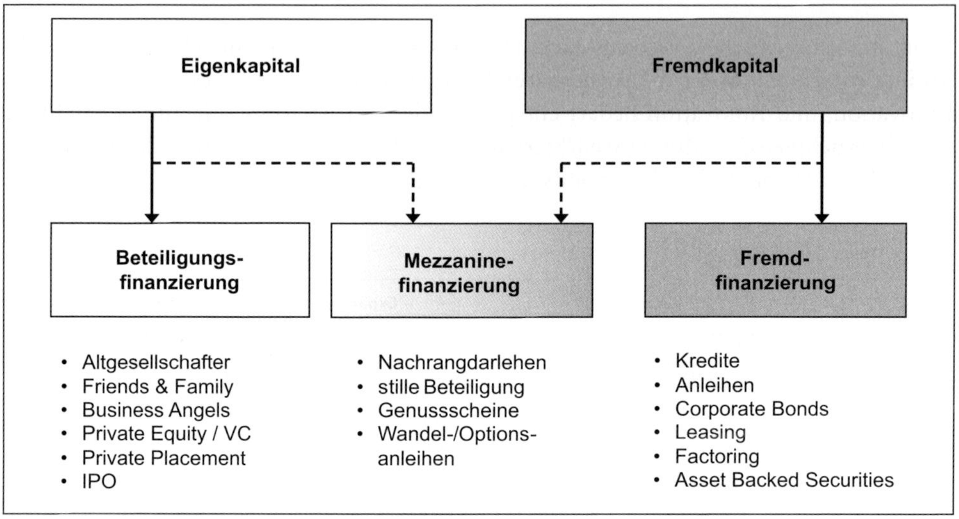

Insoweit verwundert es nicht, dass gerade für die besonders schwierige Seed-Phase die Investitionen in Deutschland im Vergleich zu ähnlichen Investitionen in Ländern wie USA und Großbritannien, aber auch in innovativen Ländern wie Israel nur einen Bruchteil darstellen (Abbildung 3).

Abbildung 3: Seed-Investitionsvolumina im CleanTech-Sektor (Mio. EUR) 2000-2008

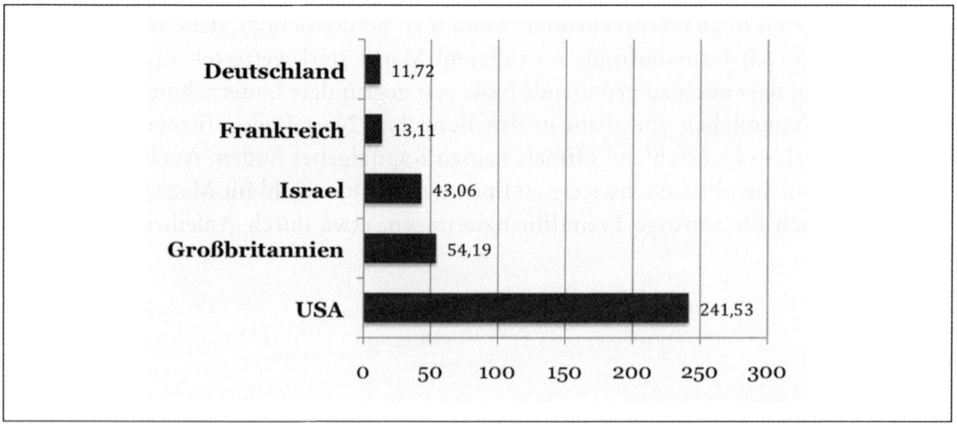

Quelle: Thomson, Technopolis

Wenn man für Deutschland (weiterhin) eine führende Rolle im Bereich der EE anstrebt, muss man die Rahmenbedingungen für Wagniskapital deutlich verbessern, z.B. indem steuerliche Anreize oder verbesserte Möglichkeiten zur Verlustverrechnung geschaffen werden.

Anders stellt sich die Situation beim Projektgeschäft dar. Hier gibt es eine Reihe von erfahrenen Anbietern, und die Probleme sind etwas weniger spürbar, da das Projektdesign an bekannte Vorbilder anknüpfen kann, wodurch die Erträge auch bei Frühphasenfinanzierungen bisher kalkulierbar sind. Unter diesem Aspekt ist dieser Geschäftsbereich auch für Finanzinvestoren von Interesse.

2.3 Der Ablauf von M&A-Transaktionen

Unternehmensübernahmen im Bereich Erneuerbare Energien folgen grundsätzlich dem gleichen Schema wie in anderen Branchen. Dies gilt mit Einschränkungen für die echte Projektfinanzierung vor allem im Hinblick auf den Einwillungsstand. Nachfolgend wird der Transaktionsablauf mit einem Akzent auf die Besonderheiten bei der Due Diligence dargestellt. Grundsätzlich ist jede M&A-Transaktion regelmäßig in fünf Phasen gegliedert:

1. Vorbereitung
2. Markteintritt
3. Due Diligence/Vertragsverhandlungen
4. Signing/Vertragsschluss
5. Closing/Vollzug

Soweit eine Transaktion durch den Verkäufer in Gang gesetzt wird, hatte sich die kontrollierte Auktion dafür als Standard durchgesetzt. Sie wurde regelmäßig durch Investmentbanken/M&A-Consultants und/oder Rechtsanwaltskanzleien begleitet. Das Fehlen von Kaufinteressenten während der Finanzkrise hat allerdings zu gewissen Veränderungen geführt. Dennoch ist davon auszugehen, dass sich dieser Ablauf (Abbildung 4) in den nächsten Monaten wieder durchsetzen wird, da nur so der bestmögliche Preis erzielt werden kann.

Abbildung 4: Transaktionsablauf: Verkäuferinitiative

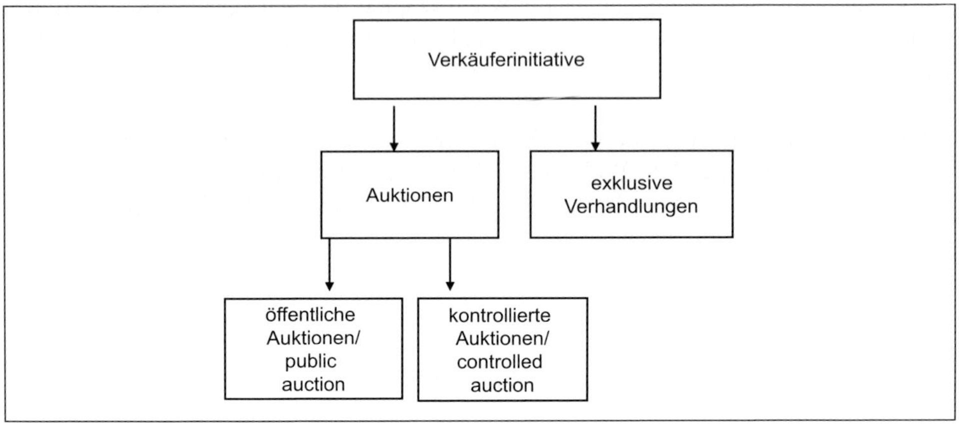

Soweit die Initiative dagegen vom Käufer ausgeht, wird dieser regelmäßig versuchen, in eine Phase der exklusiven Verhandlung zu gelangen, oder aber er strebt eine feindliche Übernahme an.

In der Vorbereitungsphase wird der Prozessablauf geplant, eine vorbereitende Due Diligence (teilweise auch Vendor/Verkäufer Due Diligence) durchgeführt und gegebenenfalls Berater wie eine Investmentbank, M&A-Consultants sowie Rechtsanwälte und Steuerberater eingeschaltet. Des Weiteren stellt sich in dieser Phase die Frage, ob bereits ein Prospekt/Informationsmemorandum erstellt wird. Die Vorbereitungsphase endet mit der Auswahl potenzieller Interessenten.

In der sich anschließenden Markteintrittsphase erfolgen dann die ersten Managementpräsentationen, und die ausgewählten Interessenten geben eine Interessenbekundung, meist verbunden mit einem indikativen Angebot, ab. Daran schließt sich die Auswahl der Bieter, der Abschluss einer Vertraulichkeitsvereinbarung sowie Vereinbarungen über den Prozessablauf (Prozessbrief/Letter of Intend/Memorandum of Understanding) an. In dieser Phase wird oftmals vom potenziellen Erwerber ein Finanzierungsnachweis gefordert und vom Veräußerer ein Vertragsentwurf vorgelegt.

Daran schließt sich die Datenraum-/Due-Diligence-Phase an. Die Due Diligence weist im Bereich Erneuerbare Energien eine Reihe von Besonderheiten auf, und naturgemäß spielen vor allem die technische und ökonomische Due Diligence, aber auch die Umwelt/ Environment Due Diligence eine vergleichsweise große Rolle. Nichtsdestotrotz sind auch andere Faktoren wie etwa das Management/Human Resources, die Financials und rechtliche Fragestellungen, z.B. im Hinblick auf staatliche Förderungen, zu beachten. Schließlich sind kulturelle Faktoren bei grenzüberschreitenden Transaktionen in diesem Zusammenhang von Bedeutung. An die Due Diligence können sich Fragen und Antworten

(Questions and Answers/Q&A) anschließen. Zuletzt werden verbindliche Angebote eingefordert, und der Veräußerer entscheidet, mit wem er in Vertragsverhandlungen eintritt. Im Mittelpunkt dieser Verhandlungen stehen dann insbesondere die Verkäufergarantien. Teilweise ist in dieser Phase auch noch eine bestätigende Due Diligence notwendig, und schließlich kommt es zum Vertragsschluss.

Angesichts des stark fragmentierten Marktes hat die Fusionskontrolle derzeit noch wenig Bedeutung, das kann sich allerdings schnell ändern, und in diesem Fall wird man – gegebenenfalls auch bei großen Projektfinanzierungen – verstärkt eine Trennung zwischen Vertragsschluss (Signing) und dem Closing (Vollzug) nach der Einholung von Genehmigungen, nicht zuletzt der Kartellbehörden, vornehmen.[14]

Der M&A-Prozess ist dabei stark durch die Motive der Beteiligten geprägt, wobei im Bereich der Erneuerbaren Energien klassische Motive wie etwa die Trennung von Non-Core-Aktivitäten, alternde Private-Equity-Portfolios oder auch Hedge-Fonds-Aktivitäten etc. eher ungewöhnlich sind. Ein starkes Motiv ist der wachsende Kapitalbedarf sowie insgesamt der Konsolidierungsdruck in der Branche. Genau dies wird dazu führen, dass wir auch zunehmend Finanzinvestoren in diesem Bereich sehen werden.

Darüber hinaus ist die Deal-Struktur auch dadurch geprägt, ob es sich um einen Asset-Deal, d.h., um die Übernahme von nur bestimmten Vermögensgegenständen handelt oder aber um die Übernahme eines Unternehmens/einer Gesellschaft (Share-Deal). Beides ist gerade bei der Projektfinanzierung denkbar, während bei klassischen M&A-Aktivitäten der Share-Deal als die einfachere Variante im Mittelpunkt steht, weil Vertragsbeziehungen etc. in diesem Fall nicht zusammen mit den Assets übertragen werden müssen.

3 CleanTech

Nachdem eingangs der M&A-Markt und die Bedeutung für Erneuerbare Energien und der Prozessablauf dargestellt wurde, folgt nun ein Überblick über das wichtigste Segment, die CleanTech-bezogenen Fonds.

Mit Erneuerbaren Energien verbinden Wagniskapitalgeber[15] regelmäßig den Begriff CleanTech. CleanTech steht für „Clean Technologies“ und bedeutet „saubere Technologie“, was in Deutschland bislang unter dem Begriff „Umwelttechnik“ zusammengefasst

---

[14] Der Regelablauf wird unter anderem beschrieben bei Holzapfel/Pöllath (2006), S. 7 ff., oder Hölters in: Hölters (2010), Rn. 131 ff.

[15] Hiermit sind sowohl Venture-Capital- als auch Private-Equity-Fonds gemeint.

wurde. Mit CleanTech werden somit neben Erneuerbaren Energien weitere Umwelttechnologien angesprochen. Die Ursprünge der CleanTech-Aktivitäten reichen in die achtziger Jahre des letzten Jahrhunderts zurück,[16] wobei der Durchbruch erst Anfang dieses Jahrtausends gelang.[17]

Obwohl der Begriff CleanTech weiter reicht als die im Rahmen dieses Buches behandelten Erneuerbaren Energien, soll hinsichtlich der folgenden Ausführungen an ihm festgehalten werden. Schließlich stellen fast alle Untersuchungen, Statistiken und Prognosen, die sich mit Wagniskapitalinvestitionen im Umweltbereich befassen, zunächst auf diesen Begriff ab, bevor Differenzierungen nach einzelnen Technologien vorgenommen werden. Eine wissenschaftliche Auseinandersetzung mit umweltbezogenen Venture-Capital- und Private-Equity-Aktivitäten kommt deshalb am Begriff CleanTech nicht vorbei.

3.1 Definition

Obgleich unter den Marktteilnehmern mittlerweile eine gewisse Vorstellung darüber besteht, was unter CleanTech zu verstehen ist, existiert weder im angelsächsischen noch im deutschen Sprachraum eine allgemein anerkannte Definition. Dies ist insofern problematisch, als dass zahlreiche Untersuchungen, Statistiken und Prognosen zu CleanTech-Investments bestehen, ohne dass eine einheitlich definierte Basis existiert. Die von den zahlreichen Research- und Beratungshäusern veröffentlichten Daten können deshalb nicht ohne Weiteres miteinander in Beziehung gesetzt werden, was ein wissenschaftliches Arbeiten mit diesen Informationen erschwert.[18]

Gemäß dem aktuellen Wikipedia-Eintrag wird unter CleanTech „die Idee verstanden, durch den Einsatz neuartiger Verfahren, Produkte und Dienstleistungen Effizienzerhöhungen, Leistungs- oder Produktivitätssteigerungen bei gleichzeitiger Emissionsreduktion und Ressourcenschonung zu erzielen".

Das Deutsche CleanTech Institut definiert CleanTech „im Schnittbereich von HighTech und Umwelttechnik, in dem richtungsweisende Innovationen, die bereits vor oder während des Produktionsprozesses oder der Erstellung der Dienstleistung ansetzen, eine

16 Deutsches CleanTech Institut (2010), S. 34.

17 Siehe Marktentwicklung unter 3.3.1.

18 Siehe z.B. die Erhebung von Ernst & Young, die für den US-amerikanischen CleanTech-Venture-Bereich in 2010 ein Investitionsvolumen in Höhe von 3,98 Mrd. USD ermittelte (News Release vom 02.02.2011, unter www.ey.com), während das Researchunternehmen The Cleantech Group für den gleichen Zeitraum von einem Volumen in Höhe von 5,28 Mrd. USD ausging (Press Release vom 07.01.2011, unter www.cleantech.com).

wichtige Rolle spielen. Nachgelagerter Umweltschutz, der lediglich eine zuvor erfolgte Verschmutzung der Umwelt kompensiert, wird dabei nicht berücksichtigt, da damit nur Symptome – jedoch nicht die Ursache – bekämpft wird." Dementsprechend würden der freiwillige Kauf von CO_2-Verschmutzungsrechten oder sogenannte „End-of-Pipe-Lösungen", wie die Einlagerung von CO, nicht hierunter fallen.[19]

Oft wird auf eine abstrakte Beschreibung verzichtet und stattdessen eine Aufzählung von dazugehörigen Anwendungs- und Betätigungsfeldern vorgenommen. So sollen nach einer aktuellen Untersuchung „neben den Erneuerbaren Energien auch Effizienzsteigerungen und ökologische Verbesserungen im Bereich der Energiespeicherung (z.B. Batterien), der Energieinfrastruktur, der Energieeffizienz (z.B. Gebäudeeffizienz) des Verkehrs (z.B. Fahrzeuge), des Wassers und Abwassers (z.B. Wasseraufbereitung), der Luftqualität (z.B. Emissionskontrolle), der Werkstoffe (z.B. Nano Tubes), der Fertigung (z.B. Verpackungsprozesse), der Landwirtschaft (z.B. Forstbewirtschaftung) sowie der Abfallverwertung (z.B. Werkstoffrecycling)" unter den Begriff CleanTech fallen.[20]

Obwohl alle vorgenannten Definitionen ihre Berechtigung haben, wird nachfolgend der Versuch einer eigenständigen Definition unternommen, in der der abstrakte mit dem enumerativen Ansatz kombiniert wird. Danach sind unter CleanTech neben den Erneuerbaren Energien alle neuen Technologien zu verstehen, die darauf abzielen, fossile Ressourcen zu schonen und/oder Emissionen und andere ökologische Belastungen zu vermeiden. Hierunter fallen insbesondere Technologien in den Bereichen

- Energieeffizienz
- Energiespeicherung
- Energieinfrastruktur
- Elektromobilität
- Emissionsschutz
- Abfallverwertung
- Wasseraufbereitung.

Der Begriff ist dabei weit auszulegen, insbesondere fallen hierunter auch Technologien, die nur Symptome und nicht die Ursachen von Verschmutzungen bekämpfen, weil eine diesbezügliche Abgrenzung oft nur schwer möglich ist.[21] Auch würde man bei einer Differenzierung zwischen vor- und nachgelagertem Umweltschutz Gefahr laufen, Wertungen

[19] Deutsches CleanTech Institut (2010), S. 14.

[20] Ettenhuber/von Flotow/Schiereck (2011), S. 125 f. in Anlehnung an die Definition des Researchunternehmens The Cleantech Group; ähnlich der Ansatz von Ernst & Young, „News Release" vom 02.02.2011.

[21] Dieses Problem würde sich insbesondere bei der Filtertechnik und der Abfallverwertung stellen.

in die Definition einzubeziehen, was wiederum zu Folgeproblemen führen würde, wenn man zum Beispiel bedenkt, dass die Umweltbilanz einiger klassischer CleanTech-Produkte umstritten ist.[22]

Davon unabhängig stellt sich die Frage, ob sämtliche Komponenten, die einer umweltbezogenen Technologie dienen, CleanTech darstellen oder ob weitere Voraussetzungen für diese Qualifikation erfüllt sein müssen. Wenn man zum Beispiel die einzelnen Komponenten eines PV-Parks betrachtet, wird man unwillkürlich zu dem Schluss gelangen, dass die darin verbauten Module CleanTech sind, während die den Strom abführenden Kabel nicht hierunter fallen. Wie sieht es nun aber mit dem Umspannwerk (20 kV/110 kV) und den Wechselrichtern aus? Bei dem Umspannwerk wird man die CleanTech-Eigenschaft wohl eher verneinen, weil es grundsätzlich auch zu anderen Zwecken als dem Netzanschluss eines Photovoltaik-Parks verwendet werden kann. Bei den Wechselrichtern hingegen ist die Zweckbestimmung so eng mit der Photovoltaik (PV) verbunden, dass man von CleanTech ausgehen wird. Hinzu kommt, dass der technische Erfolg eines PV-Parks wesentlich von der Qualität seiner Wechselrichter abhängt.[23]

Ausgehend von diesem Beispiel sollte die Einstufung von unterstützenden Komponenten als CleanTech davon abhängig gemacht werden, ob sie ausschließlich oder zumindest ganz überwiegend dieser umweltbezogenen Technologie dienen und ob ihr Einsatz eine besondere Bedeutung für den Erfolg dieser Technologie hat. Liegen diese Voraussetzungen vor, sollten die betreffenden Komponenten unter den Begriff CleanTech fallen, auch wenn sie nur einen unterstützenden Charakter haben.[24]

Schließlich stellt sich in Anbetracht der Herkunft des Begriffs die Frage, ob CleanTech unweigerlich mit einer Wagniskapitalkomponente verbunden sein muss oder nicht. Die Frage stellt sich insbesondere aus deutscher Sicht, weil hier nicht Wagniskapitalgeber, sondern der bankfinanzierte Mittelstand der maßgebende Treiber umweltbezogener Technologien ist. Je nachdem, ob man eine Wagniskapitalkomponente verlangt oder nicht, stellt sich deshalb die weltweite Position Deutschlands in diesem Bereich positiv oder negativ dar. Zum Zweck der nachfolgenden Untersuchung jedenfalls sollen unter

[22] Zu denken ist dabei z.B. an kristalline PV-Module, zu deren Herstellung Silizium benötigt wird. Da zur Herstellung von Silizium fossile Energien verbraucht und Emissionen freigesetzt werden, ist die Energiebilanz dieser Module nicht unumstritten. Ferner ist bei Dünnfilm-Modulen der Einsatz von Cadmium umstritten, wie die Diskussion zwischen der EU und First Solar im Zusammenhang mit der Elektrogeräte-Richtlinie zeigte.

[23] Der IPO der SMA AG wurde dementsprechend auch allgemein als eine CleanTech-Transaktion eingestuft.

[24] Aufgrund der unüberschaubar vielen Sachverhaltskonstellationen in diesem Bereich sollen diese Ausführungen allerdings nicht als eine feste Regel, sondern lediglich als ein Leitfaden verstanden werden.

den Begriff CleanTech nur solche Technologien fallen, die (überwiegend) durch Wagniskapital finanziert werden (sogenanntes CleanTech-Venture). Damit soll allerdings keine generelle Aussage zur Reichweite des Begriffs CleanTech getroffen werden, vielmehr ist für jede Untersuchung gesondert, entsprechend ihrem Zweck, zu prüfen, ob eine Begrenzung auf Wagniskapitalinvestitionen vorzunehmen ist oder nicht.

3.2 Technologie- versus Projektgeschäft

Wenn man die Investitionen von Wagniskapitalgebern in CleanTech im Einzelnen betrachtet, wird schnell deutlich, dass zwischen zwei Formen von Investitionen zu unterscheiden ist:

1. Investitionen, die auf den Erwerb bestimmter Technologien gerichtet sind, und
2. Investitionen in Projekte im Erneuerbare-Energien-Bereich.

Im Venture-Capital-Bereich steht ganz eindeutig der Erwerb von Technologien im Vordergrund. Hier geht es darum, möglichst frühzeitig CleanTech zu erwerben, durch Patente abzusichern und schnell zur Marktreife zu bringen. Das Projektgeschäft ist für den Venture-Capital-Bereich in der Regel uninteressant, weil kein eigenständiges Knowhow geschaffen wird. Auch ist das Projektgeschäft für die Venture-Capital-Fonds in der Regel zu kapitalintensiv und aufgrund der zumeist überschaubaren (linearen) Renditen nicht reizvoll.[25]

Im Private-Equity-Bereich ist die Situation differenzierter zu betrachten. Grundsätzlich stehen auch hier Unternehmen, die eine besondere Technologie haben, im Vordergrund des Interesses. Allerdings bevorzugen Private-Equity-Investoren Unternehmen mit etablierten Geschäftsmodellen, bei denen ein Turnaround-Szenario vermutet wird. Diese Voraussetzungen liegen bei den relativ jungen CleanTech-Unternehmen – jedenfalls bislang – noch nicht vor. Allerdings ist auch hier in einigen Branchen, wie beispielsweise der Solarindustrie, ein Reifeprozess zu beobachten, der Private-Equity-Häuser dazu bewegen kann, Investments einzugehen.[26]

Auch im Hinblick auf das Projektgeschäft sind innerhalb des Private-Equity-Bereichs Veränderungen zu beobachten. Während sich klassische Private-Equity-Häuser hiermit in der Vergangenheit nicht beschäftigt hatten, sind mittlerweile entsprechende Aktivitä-

[25] Eine Aufstellung von Venture-Capital-CleanTech-Fonds findet sich bei Ettenhuber/von Flotow/Schiereck (2011), S. 136 ff.

[26] Zu nennen sind hier beispielsweise die Engagements von York Capital bei der Conergy AG im Sommer 2010 und von Ventizz Capital bei der Sovello AG im April 2010.

ten vereinzelt zu beobachten.[27] Ferner sind in diesem Zusammenhang die sogenannten Infrastruktur-Fonds zu nennen. Diese sind darauf spezialisiert, Infrastrukturprojekte mit vergleichsweise überschaubaren, aber dafür beständigen Renditen im Rahmen von speziellen Fonds zu erwerben.[28] Insbesondere Pensionskassen und andere institutionelle Anleger mit hoher Risikoaversität haben ein großes Interesse an solchen Fonds. Da sich diese Investoren auch für Projekte im staatlich geförderten Erneuerbare-Energien-Bereich interessieren, bieten sowohl Infrastruktur-Fonds als auch spezialisierte Private-Equity-Häuser diese Asset-Klasse heute an.[29]

Neben den Private-Equity-Häusern treten in Deutschland aber auch häufig die Initiatoren von geschlossenen KG-Fonds im Projektgeschäft auf. Diese interessieren sich ebenfalls für die beständigen Renditen von Projekten im Erneuerbare-Energien-Bereich.[30] Es hängt nun von der Definition von Private Equity ab, ob man diese Fonds unter diesen Begriff fassen möchte oder nicht. Zweifelsohne handelt es sich dabei nicht um Private Equity im klassischen Sinn, denn eine Turnaround-Situation ist im Projektgeschäft normalerweise nicht zu erwarten. Anderseits wird auch von geschlossenen Fonds privates Kapital gesammelt, das im Rahmen einer Fondsstruktur nach Wagniskapitalprinzipien investiert wird. Man könnte somit zumindest von Private Equity im weiteren Sinne sprechen. Dafür würde auch die zuvor dargestellte Entwicklung sprechen, dass zunehmend auch Private-Equity-Fonds in das Projektgeschäft investieren.[31]

3.3 Marktentwicklung

Wenn man die Entwicklung des CleanTech-Marktes nachvollziehen und beurteilen möchte, ist die Beachtung der zuvor dargelegten Grundsätze erforderlich, um belastbare Aussagen zur Marktentwicklung tätigen zu können. Dementsprechend soll bei der nach-

27 Z.B. die Beteiligung von Blackstone am Offshore-Park Meerwind im Juli 2008.

28 So z.B. die Macquarie Group, PREEF, KKR Infrastructure; eine Darstellung des größten Fonds findet sich bei Preqin, „Infrastructure Spotlight June 2010", www.preqin.com.

29 So z.B. NIBC Infrastructure, Ampere Equity, Good Energies, HgCapital, Capital Stage.

30 Laut der Frankfurter Allgemeinen Zeitung vom 29.03.2011, S. 23 hat sich – unter Bezugnahme auf eine Feri-Marktstudie – das von geschlossenen Fonds im Erneuerbare-Energien-Bereich platzierte Eigenkapital von rund EUR 405 Mio. in 2009 auf etwa EUR 920 Mio. in 2010 mehr als verdoppelt.

31 Umgekehrt muss man sich aber auch die Frage stellen, ob es überhaupt Sinn macht, am Begriff Private Equity im Zusammenhang mit dem Projektgeschäft festzuhalten. Angesichts der Heterogenität der in diesem Bereich investierenden Wagniskapitalgeber und des mit dem klassischen Private-Equity-Geschäft nicht vergleichbaren Geschäftsmodells stiftet der Begriff in diesem Kontext unter Umständen mehr Verwirrung als Nutzen.

folgenden Darstellung nach den Bereichen CleanTech-Venture einerseits und CleanTech-Projektfinanzierung andererseits differenziert werden.

3.3.1 CleanTech-Venture

Der Bereich CleanTech-Venture hat in den letzten zehn Jahren eine unglaubliche Dynamik in den USA erlebt, wie Tabelle 1 zeigt. Danach hat sich das Investitionsvolumen mehr als verzehnfacht. Ferner hat sich der Anteil an den insgesamt in den USA im Venture-Capital-Bereich vorgenommenen Investitionen von 1,2% auf über 23,2% erhöht.

Tabelle 1: CleanTech-Venture-Investitionen in den USA

Jahr	Venture-Investition insgesamt (Mio. USD)	CleanTech-Venture-Investition (Mio. USD)	CleanTech-Anteil an Investition insgesamt
2001	37.624	458	1,2%
2002	20.737	651	3,1%
2003	18.789	807	4,3%
2004	21.699	760	3,5%
2005	22.535	1.158	5,1%
2006	26.010	2.685	10,3%
2007	29.901	3.761	12,6%
2008	28.105	6.120	21,8%
2009	18.276	3.553	19,4%
2010	21.823	5.055	23,2%

Quelle: Cleantech Group, 2011, mit Analyse von Clean Edge © 2011 Clean Edge, Inc.

Einen ersten Rückschlag erlebte die Branche 2009, als sich das Investitionsvolumen in den USA um 41,9% und weltweit um 30,7% gegenüber dem Vorjahr verringerte. Allerdings verlief das Jahr 2009 für den gesamten Venture-Capital-Bereich aufgrund der Finanzkrise unbefriedigend.

Im Jahr 2010 konnte CleanTech-Venture dann allerdings wieder erhebliche Zuwächse verzeichnen. Ausweislich der Erhebung des Researchunternehmens The Cleantech Group stiegen die weltweiten Investitionen in 2010 um 28% auf 7,8 Mrd. USD (Abbildung 5).

Abbildung 5: CleanTech-Venture-Investitionen weltweit

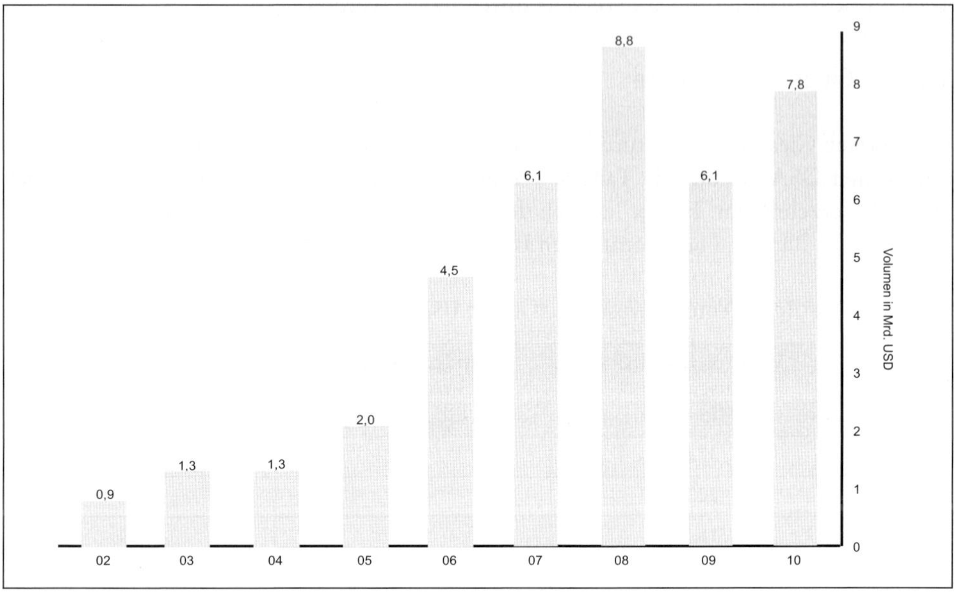

Quelle: The Cleantech Group

Dabei nahmen Investitionen in die Bereiche Solar (1,83 Mrd. USD), Transport (1,35 Mrd. USD) und Energieeffizienz (1,05 Mrd. USD) die führende Rolle ein. Der geographische Schwerpunkt der Investments lag in Nordamerika (5,28 Mrd. USD), gefolgt von Europa/Israel (1,62 Mrd. USD) und Asien (771 Mio. USD).

Für den deutschen Markt liegen leider keine vergleichbar belastbaren Zahlen vor. Nach einer Schätzung soll sich das Investitionsvolumen von ca. 400 Mio. USD in 2008 auf ca. 200 Mio. USD in 2009 nahezu halbiert haben.[32] Diese geringen Volumina sind allerdings darauf zurückzuführen, dass CleanTech in Deutschland in erster Linie durch den Mittelstand forciert wird, der aufgrund seiner vornehmlich bankgestützten Refinanzierung bei den hier in Rede stehenden Wagniskapitalinvestitionen nicht berücksichtigt wird.[33]

[32] Ettenhuber/von Flotow/Schiereck (2011), S. 125, 130, 137, basierend auf Daten von The Cleantech Group.

[33] Siehe auch oben unter 3.1.

3.3.2 CleanTech-Projektfinanzierung

Während in den Statistiken zum CleanTech-Venture-Bereich verschiedene Technologien repräsentiert sind, konzentrierten sich die Statistiken zur Projektfinanzierung auf die Erneuerbaren Energien. Andere umweltbezogene Technologien treten im Rahmen der einschlägigen Statistiken – soweit ersichtlich – bislang nicht in Erscheinung.[34] Insgesamt ist auch im Rahmen der Projektfinanzierung eine erhebliche Dynamik erkennbar. So konnte das Finanzierungsvolumen von weltweit 18,2 USD in 2004 auf 127,8 USD in 2010 gesteigert werden. Auch die Veränderung zwischen 2009 und 2010 fiel mit einem Wachstum von 18,9% bemerkenswert aus (Abbildung 6). Bei diesen Zahlen ist allerdings darauf hinzuweisen, dass diejenigen Projektfinanzierungen, bei denen Wagniskapitalgeber als Projektsponsoren auftreten, nur einen Bruchteil davon ausmachen dürften.[35] Entsprechendes Zahlenmaterial existiert – soweit ersichtlich – bislang nicht.

Abbildung 6: Finanzierungen von Erneuerbare-Energien-Projekten von 2004 bis 2010 in Mrd. USD

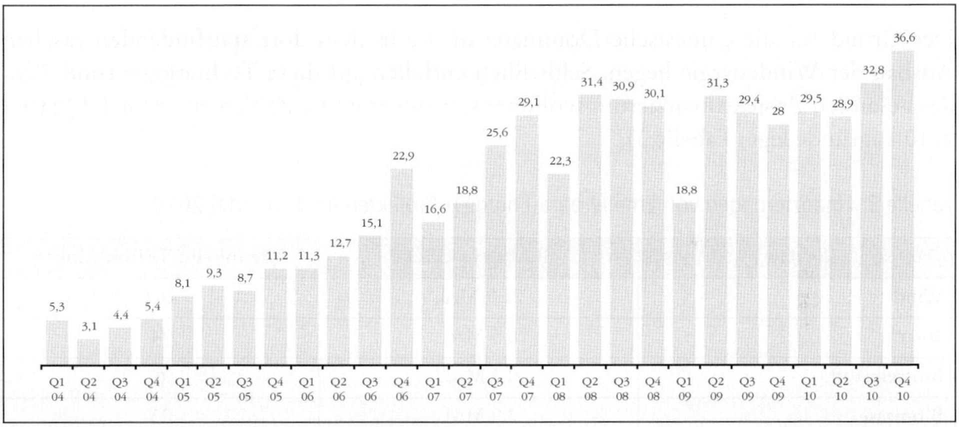

Quelle: Bloomberg New Energy Finance

Betrachtet man die einzelnen Regionen und Länder, fällt zunächst auf, dass hier das im CleanTech-Venture-Bereich vorhandene Übergewicht der USA nicht erkennbar ist. Vielmehr dominiert mittlerweile China vor den USA und Europa, wie aus den für das 4. Quartal 2010 veröffentlichten Zahlen hervorgeht (Tabelle 2).

---

34 Dies könnte sich z.B. durch die Verwirklichung großer Infrastrukturprojekte im Rahmen der Elektromobilität (z.B. durch ein Roll-Out des bislang nur in Dänemark und Israel eingesetzten Better-Place-Modells) in Zukunft ändern.

35 In Betracht kommen in erster Linie die auf den CleanTech-Bereich spezialisierten Infrastruktur- und Private-Equity-Fonds, siehe oben unter 3.2.

Tabelle 2: Finanzierungen von Erneuerbare-Energien-Projekten im 4. Quartal 2010

Region	Betrag in USD	Anzahl von Transaktionen
Vereinigte Staaten	7,5 Mrd.	44
Brasilien	1,6 Mrd.	13
sonstige AMER	3,5 Mrd.	17
China	12,6 Mrd.	101
Indien	0,5 Mrd.	8
sonstige ASOC	2 Mrd.	28
Europa	7,3 Mrd.	52
sonstige EMEA	1,4 Mrd.	12
Summe	**36,6 Mrd.**	**275**

Quelle: Bloomberg New Energy Finance

Der Grund für die chinesische Dominanz dürfte in dem dort stattfindenden raschen Ausbau der Windenergie liegen. Schließlich entfallen auf diese Technologie rund 70% des gesamten Projektfinanzierungsvolumens, wenn man die Zahlen aus dem 4. Quartal 2010 zugrunde legt (Tabelle 3).

Tabelle 3: Finanzierungen von Erneuerbare-Energien-Projekten im 4. Quartal 2010

Sektor	Betrag in USD	Anzahl von Transaktionen
Wind	25,9 Mrd.	162
Solar	6,5 Mrd.	74
Biotreibstoff	0,3 Mrd.	6
Biomasse	2,9 Mrd.	23
Geothermie	0,5 Mrd.	3
Wasserkraft	0,5 Mrd.	7
Marine/Wellenkraft	–	–
Summe	**USD 36,6 Mrd.**	**275**

Quelle: Bloomberg New Energy Finance

3.4 Zwischenergebnis

Eine wissenschaftliche Auswertung der umweltbezogenen Aktivitäten von Venture-Capital- und Private-Equity-Fonds kommt am Begriff CleanTech nicht vorbei. Da für den Begriff keine Legaldefinition existiert, sollte bei jeder dazu erstellten Statistik oder Prognose die jeweils verwendete Definition hinterfragt werden.

Venture-Capital-Fonds mit dem Fokus CleanTech investieren fast ausschließlich in umweltbezogene Technologien. Am Projektgeschäft nehmen sie nicht teil. Private-Equity-Fonds üben das klassische Turnaround-Geschäft in dieser verhältnismäßig jungen Branche derzeit kaum aus. Es treten aber zunehmend spezialisierte Private-Equity-Fonds in Erscheinung, die in das Projektgeschäft investieren.

Sowohl CleanTech-Venture als auch das CleanTech-Projektgeschäft verzeichnen weltweit eine hohe Dynamik, sodass mit einem weiter steigenden Engagement von Wagniskapitalinvestoren in diesen Bereichen zu rechnen ist. Für Deutschland gilt diese Prognose für CleanTech-Venture nur bedingt. Stattdessen ist von einer sich fortsetzenden Dominanz des bankfinanzierten Mittelstands bei der Entwicklung dieser Technologien auszugehen.

4 Ausblick

Der M&A-Markt im Bereich der Erneuerbaren Energien/CleanTech birgt große Chancen. Das zeigen alle aktuellen Studien in diesem Bereich, etwa von KPMG, Rödl & Partner, Finance, CMS Hasche Sigle sowie die Frankfurt-School-Studie aus dem Jahre 2010.[36] Doch es ist nicht nur davon auszugehen, dass die M&A-Aktivitäten zunehmen werden; die Erneuerbaren Energien sind auch interessant für Börsengänge, und Börsengänge sind spannende Exit-Varianten für Private-Equity-Investoren. So ist insgesamt davon auszugehen, dass nicht nur das Projektgeschäft, sondern insgesamt das M&A-Transaktionsniveau im Bereich Erneuerbare Energien in den nächsten Jahren erheblich zunehmen wird.

Des Weiteren werden wir zunehmend grenzüberschreitende/Cross-Border-Transaktionen sehen, denn es ist erkennbar, dass deutsche CleanTech-Unternehmen für Akteure vor allem aus China und anderen aufstrebenden Regionen (BRIC) interessant sind und auf der anderen Seite deutsche Produzenten in diese Märkte vordringen wollen.

[36] KPMG (2008); Rödl & Partner (2010); Financial Gates/CMS Hasche Sigle (2009); Fritz-Morgenthal/Hach/Schalast (2010), Fn. 2.

Literatur

Bundesverband Deutscher Kapitalgesellschaften e.V. (BVK) (2011): BVK Statistik. Das Jahr 2010 in Zahlen, http://www.bvkap.de/media/file/375.20110302_BVK_Jahresstatistik_2010.pdf

Deutsches CleanTech Institut (2010): CleanTech Investment, CleanTech Studienreihe Band 5, http://www.dcti.de/index.php?id=211&no_cache=1&download=DCTI_Studienband_5_CleanTech_Investment.pdf&did=11

Ettenhuber, Christoph/von Flotow, Paschen/Schiereck, Dirk (2011): Venture Capital für Cleantech Unternehmen, in: Corporate Finance Biz 2, S. 125-138

Financial Gates/CMS Hasche Sigle (2009): Branchenführer M & A Erneuerbare Energien, Berlin

Fritz-Morgenthal, Sebastian/Hach, Sebastian/Schalast, Christoph (2010): M & A im Bereich Erneuerbarer Energien, in: Frankfurt School-Working Paper Series, Nr. 144

Hirschl, Bernd (2008): Erneuerbare Energien-Politik. Eine Multi-Level Policy-Analyse mit Fokus auf den deutschen Strommarkt, Wiesbaden

Hölters, Wolfgang (2010): Handbuch Unternehmenskauf, Köln, 7. Auflage

Holzapfel, Hans-Joachim/Pöllath, Reinhard (2006): Unternehmenskauf in Recht und Praxis, Köln, 12. Auflage

International Energy Agency (IEA) (2009): Ensuring Green Growth in a Time of Economic Crisis: The Role of Energy Technology, Paris

KPMG (2008): Turning up the heat. An insight into M & A in the renewable energy sector in 2008, http://www.kpmg.de/docs/20080501_Renewables_Survey_Acc_FINAL_WEB_VERSION.pdf

Müller-Stewens, Günter (2010): M & A als Wellen-Phänomen: Analyse und Erklärungsansatz, in: Müller-Stewens, Günter/Kunisch, Sven/Binder, Andreas (Hg.): Mergers & Acquisitions, Stuttgart, S. 14-44

Rödl & Partner (2010): Study M & A in Renewable Energy – Global Outlook, http://www.roedl.de/aktuelles/studie_ma_in_renewable_energy_global_outlook.html

Schalast, Christoph (2005): EnWG 2005: Welchen Stellenwert hat der Umweltschutz im liberalisierten deutschen Strommarkt?, in: InfrastrukturRecht 9, S. 194-196

Schalast, Christoph (2007): Das EU-Energiepaket 2007 – Wettbewerb, Binnenmarkt und Umweltschutz, in: InfrastrukturRecht 3, S. 74-77

Weber, Robert/Schalast, Christoph (2009): Handlungsspielräume von Staatsfonds in Deutschland, Studien des Deutschen Aktieninstituts 45

Projektfinanzierungsanleihen

Birgit Brinda/Bernd Fislage

1 Einführung zu Projektfinanzierungsanleihen

Auf dem Weg, den Energiebedarf bis Mitte des Jahrhunderts zu einem erheblichen Anteil aus Erneuerbaren Energien (EE) zu decken, wird ein starkes Wachstum des Sektors und der installierten Kapazität, insbesondere in den Bereichen Offshore-Wind und Solarthermie, erwartet. Die Realisierung immer größerer Kraftwerksprojekte bringt einen erheblichen Kapitalbedarf mit sich. Dadurch ergibt sich für Projektentwickler und Sponsoren zunehmend das Erfordernis der Diversifizierung von Finanzierungskanälen, insbesondere im Hinblick auf das benötigte Fremdkapital, welches in der Projektfinanzierung typischerweise zwischen 70 und 80% des Gesamtkapitalbedarfs abdeckt.

Bislang wurde der überwiegende Teil an Projekten über Bankkonsortialkredite finanziert. Durch regulatorische Eingriffe, wie z.B. Basel III und daraus resultierenden erhöhten Eigenkapitalhinterlegungserfordernissen, die Notwendigkeit fristenkongruenter Refinanzierung der Banken als eine Erfahrung aus der jüngsten Finanzkrise sowie Vermeidung von Konzentrationsrisiken, wird der Appetit von Banken, langfristiges Projektfinanzierungskapital auf „Hold"-Basis bereitzustellen, voraussichtlich mittelfristig abnehmen, sodass alternative Finanzierungsformen über den Kapitalmarkt entscheidend an Bedeutung gewinnen werden. Dies umfasst neben Sekundärmarktverbriefungen, über die Banken sich von Teilen des aufgebauten Portfolios trennen können, ebenfalls Projektfinanzierungsanleihen, sogenannte Project Bonds, über die vorrangiges Projektfinanzierungsfremdkapital direkt bei externen Investoren platziert werden kann (Primärmarkt).

Die Asset-Klasse Infrastruktur, zu welcher im weiteren Sinne auch EE-Projekte gezählt werden können, ist in den letzten Jahren zunehmend in den Fokus institutioneller Investoren gerückt, da sich die meisten Projekte durch relativ stabile, langfristige Cashflows in einem regulierten Umfeld auszeichnen. Teilweise ist ebenfalls eine Inflationskomponente enthalten. Dies ist attraktiv für z.B. Versicherungen oder Pensionsfonds, welche langfristige Verbindlichkeiten durch entsprechende Investmentpolitik abdecken müssen. Im Gegensatz zu einem Eigenkapitalinvestment in derartige Projekte unterliegt die stark strukturierte und vorrangige Fremdfinanzierung deutlich weniger Schwankungen im Zahlungsfluss, sodass sie als relativ sicheres Investment ausgestaltet werden kann.

Bei der Strukturierung von Projektfinanzierungsanleihen ist es unumgänglich, die Anforderungen und potenziellen Restriktionen von möglichen Investoren(-gruppen) zu berücksichtigen. Hier sind insbesondere regulatorische Rahmenbedingungen anzuführen, welche beispielsweise für Versicherungen durch spezifische Eigenkapitalhinterlegungsvorschriften für verschiedene Kapitalmarktprodukte ein relativ enges Netz an möglichen langfristigen Investments vorgeben. Auch dürfen viele institutionelle Investoren aufgrund von internen Anlagerichtlinien nur in Anlagen mit Investment Grade Rating investieren, welches entsprechend über die Laufzeit aufrechterhalten werden muss (oder im Falle der Verschlechterung unterhalb des Investment-Grade-Bereichs den Zwangsverkauf auslösen kann). Gerade im Bereich Erneuerbare Energien gibt es bislang allerdings sehr wenige Projekte, die mit einem Rating versehen sind. Da ein Rating allerdings auch weitere Instrumente zur Kreditverbesserung ermöglichen kann, wie z.B. Garantiestrukturen Monoline-ähnlicher Art oder auch die weitere Strukturierung und Platzierung von vorrangigen Fremdkapitalanteilen bei spezialisierten Investoren, ist in Zukunft eine steigende Implementierung von Ratings zu erwarten.

Ein weiterer Aspekt bei der Begebung von Project Bonds ist die Art der Platzierung, welche je nach Investorenzielgruppe variieren kann. Bei institutionellen Investoren dominierte bislang die Privatplatzierung (Private Placement) im Gegensatz zum börslichen Handel, was insbesondere in der Komplexität der zugrunde liegenden Projekte sowie den bei börsennotierten Produkten erhöhten Offenlegungs- und Berichtspflichten (und den dadurch verursachten Zusatzkosten) begründet liegt.

1.1 Projektfinanzierungsanleihen in der Empirie

Wie an den in Abbildung 1 gezeigten Emissionsvolumina zu erkennen, ist der globale Markt für Erneuerbare-Energien-Projektfinanzierungsanleihen noch relativ klein. In keinem der letzten zehn Jahren wurden weltweit mehr als neun Anleihen begeben. Am Höhepunkt der Finanzkrise 2008 fand keine Emission statt. Im gesamten Zeitraum von 2000 bis 2010 wurden 49 Projektfinanzierungsanleihen in insgesamt 73 Tranchen begeben.

Abbildung 1: Historische Projektfinanzierungsanleihen nach Emissionsvolumen und Anzahl

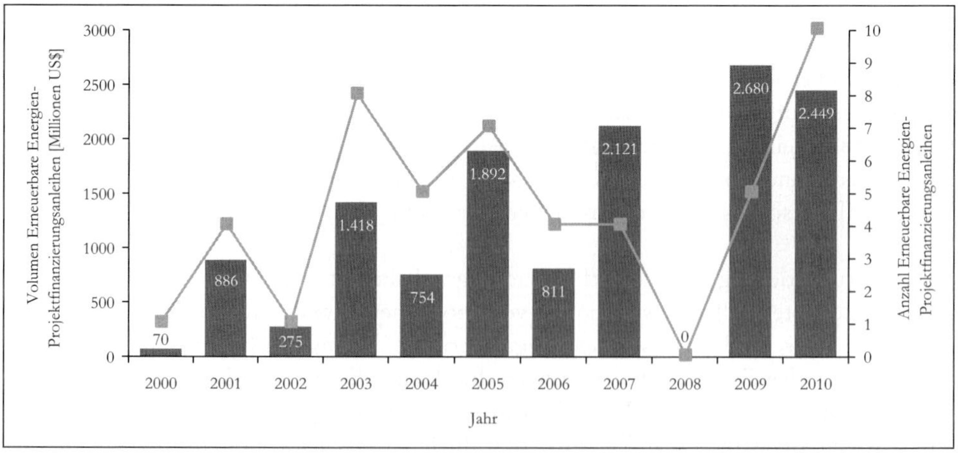

Quelle: Dealogic

Die Mehrheit der Anleihen wurde in den USA begeben. Dort sind die Kapitalmärkte insgesamt bei der Unternehmensfinanzierung von größerer Relevanz. Abbildung 2 verdeutlicht sowohl die geographische als auch die sektorale Aufteilung.

Abbildung 2: Historische Projektfinanzierungsanleihen nach Ländern (links) sowie nach Sektoren (rechts)

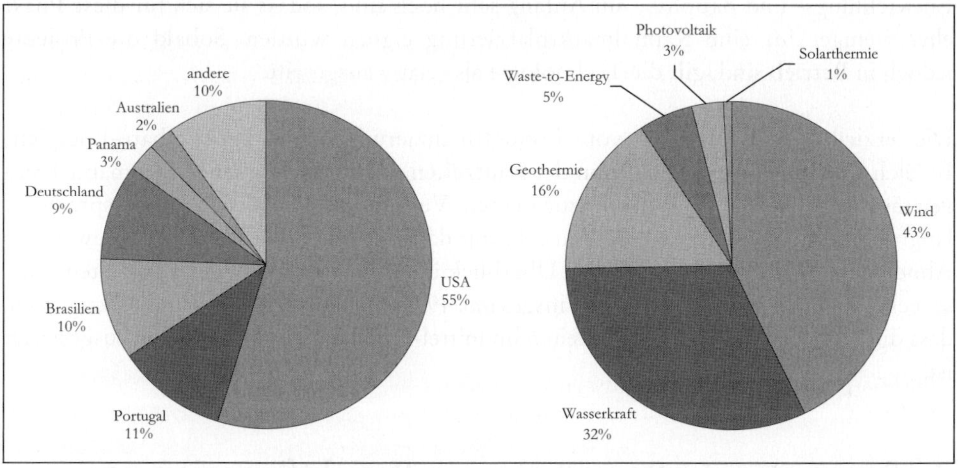

Quelle: Dealogic (Die Anteile beziehen sich jeweils auf das Gesamtvolumen der Anleihen.)

Abbildung 3: Historische Projektfinanzierungsanleihen nach Laufzeiten

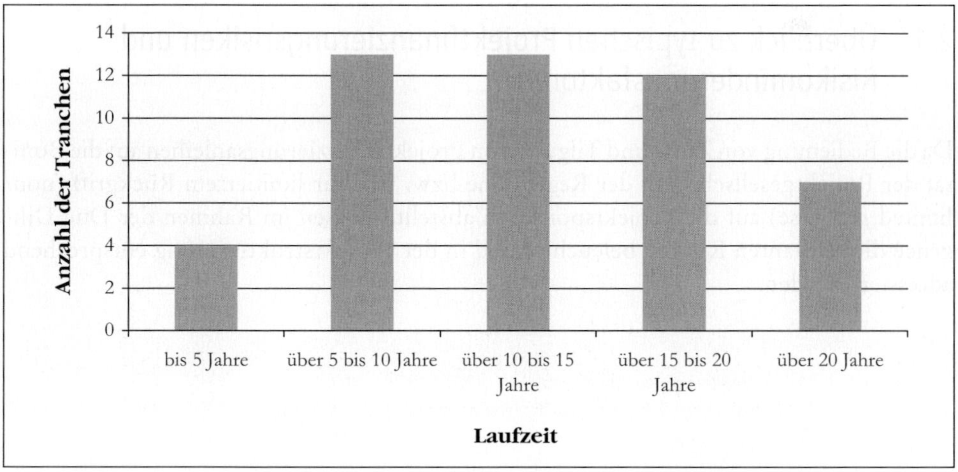

Quelle: Dealogic

Im Hinblick auf Erneuerbare-Energie-Sektoren dominieren Wasser- und Windkraft (Onshore) sowie Geothermie. Diese Technologien sind im Vergleich zu Photovoltaik und Solarthermie schon länger im kommerziellen Einsatz und gelten – zumindest, sobald der Betrieb erreicht ist – als ausgereift. Zudem zeigt sich, dass die meisten Anleihen erst zur Betriebsphase begeben wurden. Dies erklärt insbesondere die hohe Anwendungsdichte im Bereich Geothermie, einer Technologie, bei der die Risiken insbesondere in der Entwicklungs- und Bauphase am Anfang sehr hoch sind, sodass sie sich für diese Phase eher weniger für eine Kapitalmarktplatzierung eignen würden. Sobald die Projekte jedoch in Betrieb sind, gilt die Technologie als relativ ausgereift.

Die erzielbaren Laufzeiten von Projektfinanzierungen im Erneuerbare-Energien-Bereich sind eine direkte Funktion der Laufzeiten der abgeschlossenen Stromabnahmeverträge bzw. der regulatorisch zugesagten Vergütung. Diese sichern entsprechend langfristig die Projekterträge. Voraussetzung dafür ist die hohe Bonität des jeweiligen Abnehmers. Abbildung 3 gibt einen Überblick über die Verteilung der Laufzeiten. Entsprechende Informationen sind für insgesamt 49 Tranchen verfügbar, und es zeigt sich, dass die Mehrheit davon mit Laufzeiten im mittel- und langfristigen Bereich ausgestattet ist.

2 Parameter zur Bewertung von Projektfinanzierungsanleihen

2.1 Überblick zu typischen Projektfinanzierungsrisiken und Risikominderungsfaktoren

Da die Bedienung von Zins- und Tilgung von Projektfinanzierungsanleihen auf die Bonität der Projektgesellschaft in der Regel ohne bzw. mit nur limitiertem Rückgriff (non/limited recourse) auf die Projektsponsoren abstellt, müssen im Rahmen der Due Diligence die relevanten Risiken beleuchtet und in der Projektstrukturierung entsprechend adressiert werden.

Tabelle 1: Typische Projektfinanzierungsrisiken und deren strukturelle Adressierung

Risiko	Beschreibung	Adressierung
Planung/ Genehmigungen	• Fehlen relevanter Genehmigungen (z.B. Umweltverträglichkeitsprüfungen) • Anfechtungen • Missachtung von Auflagen	• Bestätigung der relevanten Genehmigungen in rechtlicher Due Diligence • Ablauf von Anfechtungsfristen vor Financial Close • Missachtung von Auflagen als Kündigungsgrund/Verwertungsfall
Bau/Fertigstellung/ Technik	• Verspätungen • Technologie • Schnittstellen bei mehreren Baulosen (z.B. Offshore) • Minderleistung bei Inbetriebnahme • Insolvenz von Auftragnehmern	• Festpreisbauverträge mit festen Terminen (Milestones) • Pönalen bei Verspätung/Schlechtleistung • relevanter Track Record und gute Bonität der Vertragspartner • Einsatz erprobter Technologie und Garantien • umfassendes Versicherungspaket
Einnahmen/ Betrieb	• Ressource (z.B. Einstrahlung/ Wind) • Einnahmenregime (Tarif vs. Marktpreis) • Erhaltungszyklen • Performance der Anlage	• Ressourcenstudien/Wahrscheinlichkeitsanalyse auf Basis langfristiger historischer Wetterdaten • Sensitivitätsanalyse/Deckungsgrade • langfristige Abnahmeverträge (fixe Menge und Preis) • umfassende langfristige Betriebsverträge mit Anreizmechanismen/ Pönalensystem • Reservekonten
andere	• makroökonomische Risiken, z.B. Inflation, Zinsen, Wechselkurs • Force majeure/Naturereignisse	• Hedging über Derivate (Swaps/Optionen) • Versicherung

Quelle: eigene Darstellung

Tabelle 1 gibt einen kurzen Überblick zu typischen Projektfinanzierungsrisiken und wie diese strukturell adressiert werden können.

Auf einige insbesondere im Rahmen eines Ratingprozesses wichtige Faktoren wird weiter unten ausführlicher eingegangen.

2.2 Cashflow-Stabilität und wichtige Finanzkennzahlen

Die oben erläuterten Faktoren bewerten das Geschäfts- und Betriebsrisiko des Projektes und damit letztlich das Risiko von Einnahmeverringerungen bzw. Kostensteigerungen. Basierend auf einer Reihe von finanziellen und operativen Annahmen werden anhand eines Finanzmodells die Cashflows des Projektes im Basisfall prognostiziert.

Die potenziellen Auswirkungen von Kosten- und Erlösschwankungen auf Zins und Tilgung werden anhand verschiedener Sensitivitätsanalysen getestet. Die zentralen Kenngrößen hierbei sind die sogenannte Debt Service Cover Ratio (DSCR) sowie die Loan Life Cover Ratio (LLCR).

Die DSCR ist definiert als der Quotient aus dem für den Schuldendienst zur Verfügung stehenden Cashflow und den im Anleihevertrag vorgesehenen Zins- und Tilgungszahlungen in jeder Periode. Sie gibt damit an, inwieweit der Schuldendienst pro Betrachtungsperiode (in der Regel 12-Monats-Zeiträume) aus dem Cashflow gedeckt ist. Die DSCR wird historisch sowie vorausblickend (auf Basis von periodisch aktualisierten Budgetannahmen) berechnet.

Die LLCR berechnet sich als der Quotient des Barwerts des für den Schuldendienst zur Verfügung stehenden Cashflows bis zur Endfälligkeit des Bonds und dem ausstehenden Nominalbetrag der Anleihe. Sie misst somit die grundsätzliche Schuldendienstfähigkeit des Projektes über die gesamte Bondlaufzeit, weitgehend unabhängig von periodischen Ausreißern.

Die Höhe der oben genannten Finanzkennzahlen im strukturierten Basisfall orientieren sich am Gesamtrisikoprofil des Projektes. Auch in extremen Downside-Szenarien sollte zudem die vollständige Rückführung der Anleihe gesichert sein (d.h. LLCR niedriger als 1,0 x).

Um eine hohe Cashflow-Stabilität zu erreichen, wird das Schuldendienstprofil unter Berücksichtigung der zu erreichenden Deckungsgrade an das prognostizierte Cashflow-Profil angepasst (Sculpting).

Die beschriebene Herangehensweise an die Strukturierung ist bei Projektanleihen und Bankkrediten grundsätzlich die gleiche. Jedoch können die Anforderungen an die zu erreichenden Finanzkennzahlen bei Anleihen unter Umständen höher sein als durchschnittlich im Bankenmarkt. Kapitalmarktstrukturen orientieren sich häufig an Kriterien von Ratingagenturen, welche unter Umständen stringenter sein können als individuell mit Banken ausgehandelte Finanzierungskonditionen, die auf internen Risikobewertungsmechanismen beruhen, die von Bank zu Bank unterschiedlich sind.

2.3 Bedeutung von Ratings

Ein externes Rating ist in der Regel Voraussetzung für eine kapitalmarktfähige Struktur. Projekte werden mittels Ratings in unterschiedliche Kreditwürdigkeitsklassen eingeteilt, die eine Aussage darüber ermöglichen, wie wahrscheinlich die Rückzahlung des Fremdkapitals bzw. wie hoch das Ausfallsrisiko ist. Es wird grob zwischen Investment-Grade-Ratings und Speculative-Grade-Ratings unterschieden. Das niedrigste Investment-Grade-Rating ist das sogenannte Triple B-Rating (BBB- bei S&P und Fitch bzw. Baa3 bei Moody's). Institutionelle Anleger wie zum Beispiel Versicherungen, Pensionsfonds oder Investmentfonds dürfen teilweise aufgrund von regulatorischen Vorgaben oder internen Anlagevorschriften nur in Wertpapiere investieren, die ein Rating haben. Zudem ist für ein Investment dieser Anlegerklasse häufig ein Investment-Grade-Rating Voraussetzung, sodass nur relativ sicher strukturierte Projektfinanzierungsanleihen diese finanzkräftige Investorengruppe erreichen.

Auch ist ein Rating häufig Voraussetzung für die Erlangung von Kreditwürdigkeit verbessernden Instrumenten (sogenannte Credit Enhancements) wie z.B. Kreditversicherungen oder Garantiestrukturen (siehe auch den Abschnitt 2.5). Die bedeutendsten Ratingagenturen sind die drei amerikanischen Unternehmen Moody's Investors Service (Moody's), Standard & Poor's Corporation (S&P) und Fitch Ratings (Fitch).

Für potenzielle Kapitalgeber ist es wichtig, die Kriterien zu kennen, nach denen die Ratingagenturen ihre Bewertungen vornehmen. Auch Emittenten können aus einer Liste mit Ratingkriterien Schlüsse für die Strukturierung des Projektes und der Anleihe ziehen. Es ist für Emittenten vorteilhaft, Projektfinanzierungsanleihen so zu strukturieren, dass sie zumindest eine Stufe („notch") höher als das niedrigste Investment-Grade-Rating (z.B. Baa bei Moody's oder BBB bei S&P) erreichen. Auf diese Weise wird die Anleihe genauso gestaltet, wie es zur Einbindung der wichtigen institutionellen Investoren nötig ist und gleichzeitig im Falle einer späteren geringfügigen Herabstufung (z.B. aufgrund von Minderperformance) nicht gleich zum Zwangsverkauf führt. Dieses Vorgehen stellt sich mit Hinsicht auf die Finanzierungskosten als ideal dar und erlaubt den Sponsoren in der Regel, die Eigenkapitalrendite zu maximieren. Da das Investment-Grade-Rating allerdings über die Laufzeit der Projektanleihe gehalten werden muss, sollten, wie dargelegt, noch ein bis zwei Stufen im Investment-Grade-Bereich nach unten Platz sein, sollte das Projekt innerhalb der Laufzeit eine schlechtere Performance als geplant aufweisen. Geht das Investment-Grade-Rating verloren, sind institutionelle Investoren häufig zum Verkauf der Anleihe gezwungen. Verfügt die Struktur über weitere Credit Enhancements, kann der Verlust eines Investment-Grade-Ratings zudem zusätzliche Garantiekosten oder andere strukturelle Maßnahmen auslösen.

2.4 Methodologie und Kriterien der Ratingagenturen

Die Agentur Moody's hat ihre Kriterien veröffentlicht, die sie bei der Bewertung von Stromerzeugungsprojekten anwendet. Auch wenn der Anwendungsbereich der Methodologie explizit sehr breit gehalten ist, basiert die bislang veröffentlichte Methodologie doch im Wesentlichen auf konventionellen Kraftwerksprojekten. Eine speziell auf Erneuerbare-Energien-Projekte ausgerichtete Methodologie ist bislang noch nicht veröffentlicht worden, allerdings gibt es eine Kommentierung zu Ratings von Photovoltaik-Projekten, welche auf Anfrage bei Moody's erhältlich ist. Wesentliche Aspekte hieraus werden im Folgenden beleuchtet.

Moody's betrachtet grundsätzlich vier Hauptratingfaktoren: Vorhersagbarkeit der Cashflows, Wettbewerbsfähigkeit des Projektes sowie der Projektverträge, technische und operationelle Risiken sowie Finanzkennzahlen. Jeder Faktor umfasst einen oder mehrere Unterfaktoren, die je nach ihrem Einfluss unterschiedlich gewichtet werden. Aus der Bewertung mit diesen fundamentalen Faktoren wird anhand eines Rasters ein grobes Rating bestimmt. Dieses Rating reflektiert das Risikoprofil im Steady State des Betriebes. Anhand von zusätzlichen sogenannten Notching-Faktoren, welche die speziellen Projektcharakteristika wie z.B. Liquidität, die Projektfinanzierungsstruktur oder das Bau- und Fertigstellungsrisiko bewerten, wird das Rating nach oben oder unten angepasst. Im Folgenden werden einige Aspekte herausgegriffen, die insbesondere auch bei der Bewertung von Erneuerbare-Energien-Projekten eine Rolle spielen.

2.4.1 Regulatorisches Regime

Der Grad der Regulierung des Einnahmenregimes sowie das Vorhandensein von festen Abnahmetarifen versus eventuelle Marktrisiken (Zertifikate oder Strompreise) sind ein wesentliches Element bei der Beurteilung von EE-Projekten. Projekte, bei denen ein signifikanter Teil der Einnahmen Preis- und/oder Mengenrisiken unterworfen ist, sind grundsätzlich nicht für eine langfristige Projektfinanzierung geeignet. Die meisten bislang erfolgten Projektfinanzierungen im europäischen Raum finden sich in Ländern, in denen es eine per Gesetz garantierte Abnahmeverpflichtung gibt und der überwiegende Teil der Einnahmen einer Preisregulierung unterliegt (fester Tarif oder Preiskorridore für Zertifikate). Sollten Strompreisrisiken für einen Teil der Einnahmen relevant sein, spiegelt sich dies in der Regel in höheren DSCR- und LLCR-Anforderungen und daraus resultierend in einer niedrigeren Verschuldungskapazität wider. Gibt es keine staatlichen Subventionierungsprogramme, sollte das Projekt über langfristige Abnahmeverträge zu festen Preisen mit Abnehmern von sehr guter Bonität verfügen, um es Investment-Grade Rating-fähig zu machen, wie dies z.B. bei vielen in den USA oder Kanada begebenen Projektanleihen der Fall ist. Grundsätzlich kann in diesem Fall allerdings das Rating des Projekts nie besser sein als das des Abnehmers.

Ein weiterer wesentlicher Aspekt bei der Beurteilung des regulatorischen Risikos bei Vorliegen staatlicher Subventionsprogramme ist die politische Stabilität, die Möglichkeit von rückwirkenden Gesetzesänderungen sowie das Rating des jeweiligen Staates, sofern dieser letztlich die Zahlungen garantiert. Gerade in jüngster Zeit gibt es im europäischen Raum einige negative Beispiele: So hat Spanien Ende 2010 rückwirkend Produktionsschwellen für Photovoltaik-Projekte eingeführt; in Tschechien beschloss man eine Sondersteuer, welche bereits erfolgte Photovoltaik-Investments retrograd deutlich verschlechtert. Diese Beispiele zeigen, dass es mittel- bis langfristig unumgänglich sein wird, dass die eingesetzten Technologien wettbewerbsfähig im Vergleich zu konventionellen Technologien werden und sich sukzessive eine Angleichung von Subventionstarifen und Strompreisen bilden muss.

2.4.2 Ressourcenrisiko

Die Projektion von natürlichen Ressourcen (z.B. Sonneneinstrahlung oder Wind) hat eine zentrale Bedeutung in der Strukturierung von Erneuerbare-Energien-Projekten. Wind- bzw. Einstrahlungsstudien und der darin verwendeten statistischen Methodik kommt dabei eine entscheidende Bedeutung zu. Üblicherweise werden auf Basis historischer Wetterdaten Verteilungen mit entsprechenden Wahrscheinlichkeitsperzentilen (z.B. P(50), P(75), P(90), P(99)) errechnet. Ein P(50) bedeutet hierbei, dass ein bestimmtes Volumen produzierten Stroms mit 50% Wahrscheinlichkeit erreicht bzw. übertroffen wird, allerdings ebenso mit 50% Wahrscheinlichkeit unter dem prognostizierten Wert liegen kann (Erwartungswert). Ein P(90) stellt demzufolge eine deutlich vorsichtigere Annahme dar, da der entsprechende Wert mit 90% (und somit höherer) Wahrscheinlichkeit mindestens erreicht wird.

Je kürzer sich der historische Betrachtungszeitraum erstreckt, desto flacher ist in der Regel die resultierende statistische Verteilung. Ein 1-Jahres-Betrachtungszeitraum führt dementsprechend zu niedrigeren Volumenwerten als ein 10-Jahres-Betrachtungszeitraum.

Im Vergleich Wind versus Solar lässt sich grundsätzlich feststellen, dass Winddaten typischerweise einer deutlich größeren Schwankungsbreite unterliegen. Auch sind langfristige historische Daten bei Solar aufgrund von Satellitenmessungen in der Regel kein Problem und von verschiedenen Datendiensten erhältlich. Bei Wind hingegen ist dies nicht der Fall; auch kann es – beeinflusst z.B. durch die Geländetopographie – zu deutlichen Schwankungen innerhalb der gleichen Region kommen. Es ist daher unerlässlich, direkt am Projektstandort gemessene Winddaten über mindestens einen 5-Jahres-Zeitraum zu haben, um zu einigermaßen aussagekräftigen Analysedaten zu kommen.

Es hat sich gezeigt, dass die Windstudien früherer Projekte tendenziell zu optimistische Daten vorhersagten. Die Prognosequalität hat sich allerdings durch Anpassungen der Methodik und stärkerer Berücksichtigung der oben genannten Aspekte in den letzten Jahren zunehmend verbessert.

Sponsoren rechnen üblicherweise mit der Volumenannahme des P(50)-Falles. In Solar- (und teilweise auch in Windprojekten) wurde diese Annahme überwiegend auch von Banken als Basisfall akzeptiert. Ratingagenturen verfolgen jedoch einen anderen Ansatz – so sollte der Basisfall auf einem P(90)-Szenario basieren. Die Variabilität zwischen den einzelnen Perzentilen spielt ebenso wie die Länge des historischen Betrachtungszeitraums eine wichtige Rolle und geht in die Bewertung mit ein.

Durch die tendenziell niedrigere Volumenannahme im Basisfall gegenüber bisher von Banken akzeptierten Werten führt eine ratingfähige Struktur ceteris paribus zu einem niedrigeren erreichbaren Verschuldungsgrad. Je höher und verlässlicher jedoch die entsprechenden Werte sind, d.h., je intensiver Einstrahlung bzw. Wind am betrachteten Standort sind, desto weniger fallen diese Unterschiede ins Gewicht bzw. können für den Sponsor Effekte kompensiert werden, die ansonsten einschränkend auf eine mögliche Fremdkapitalaufnahme wirken könnten.

2.4.3 Bau und Fertigstellung, Qualität der Verträge

In der Projektfinanzierung und entsprechend in der Ratinganalyse kommt der Bewertung des Bau- und Fertigstellungsrisikos eine entscheidende Bedeutung zu. Entsprechend robust sollte der Bauvertrag („Engineering, Procurement & Construction"- [EPC-] Vertrag) strukturiert sein. Um ein gutes Rating zu erreichen, sollten neben einem umfassenden Leistungsumfang die Abnahme- und Inbetriebnahmeregelungen sowie der Zahlungsmechanismus so strukturiert sein, dass möglichst wenig Risiko-Exposure gegenüber dem Auftragnehmer besteht. Die Erfahrung sowie finanzielle Stärke des Vertragspartners werden ebenfalls bewertet, für ein Investment-Grade-Rating sollten wesentliche Garantieleistungen zumindest teilweise über Bankgarantien abgesichert sein. Als Downside-Szenarios testen Ratingagenturen standardmäßig Verspätungsszenarien, welche durch entsprechende Pönalen abgesichert sein sollten, sowie den (theoretischen) Ausfall des EPC-Vertragspartners. In einem derartigen Szenario sollte ebenfalls der direkte Zugriff der Projektgesellschaft auf die verwendeten Komponenten sichergestellt sein sowie genug alternative EPC-Partner im Markt vorhanden sein, die den ausfallenden Partner zu vergleichbaren Kosten ersetzen könnten.

Strukturen mit mehreren Bauverträgen und daraus resultierenden (teilweise erheblichen) Schnittstellenrisiken, wie sie derzeit z.B. im Offshore-Bereich üblich sind, werden derzeit noch nicht notwendigerweise als Investment-Grade-Rating-fähig angesehen, weswegen Kapitalmarktstrukturen in diesem Sektor, zumindest für die Bau- und anfängliche Betriebsphase, derzeit noch nicht marktfähig sind.

2.4.4 Technische und operationelle Risiken

Technologie- und Betriebsrisiken sind entscheidend bei der Frage, ob das einem Projekt zugrunde liegende Kraftwerk oder Kraftwerksportfolio die im Stromabnahmevertrag vereinbarten Verfügbarkeits- und Leistungsanforderungen erfüllen kann. Bewertet werden hierbei die verwendete Technologie und die bisherige Erfolgsbilanz der Anlage bzw. vergleichbarer Anlagen. Ein Investment-Grade-Rating setzt voraus, dass in dem Projekt eine technisch ausgereifte und im kommerziellen Betrieb bewährte Technologie zum Einsatz kommt. Positive Betriebserfahrung nach dem Überwinden der typischerweise auftretenden Schwierigkeiten in der frühen Phase sind ein Indikator für die zukünftig erreichbare Performance. Außerdem berücksichtigen Ratingagenturen die Garantielaufzeit sowie die Instandhaltungsvereinbarungen mit dem Hersteller, die das Risiko eines Ausfalls der Anlage mildern können. Insbesondere im Windbereich werden oftmals laufende Wartungskosten zur Erhaltung der Verfügbarkeit der Anlage über einen langjährigen Servicevertrag an den Hersteller weitergeleitet. Wie im Projektfinanzierungsbereich allgemein üblich, wird zusätzlich der Aufbau eines Erhaltungsreservekontos (Maintenance Reserve Account) für größere vorhersehbare und gegebenenfalls unerwartete Erhaltungsmaßnahmen verlangt.

Neben rein technologischen Betrachtungen fließen ebenso die Erfahrung des Betreibers und die Bedingungen des „Operation & Maintenance"- (O&M-)Vertrages in das Rating des Projektes mit ein. Hier sollten Bonus-/Malusregelungen implementiert sein, um den größtmöglichen Anreiz für eine gute Performance der Anlage zu geben. Ebenso wichtig sind neben Laufzeit und Kündigungsregelungen ebenso Marktfähigkeit des Vertrages und Markttiefe, die einen reibungslosen Austausch des O&M-Kontraktors ermöglichen, sollte dieser nicht zufriedenstellend arbeiten.

2.4.5 Finanzkennzahlen

Die oben beschriebene Herangehensweise an die Bewertung von Risiken und die daraus resultierende Projektstrukturierung ist bei Ratingagenturen und Banken grundsätzlich die gleiche. Wie deutlich wurde, können jedoch die Anforderungen und die Beurteilung zur Erreichung eines Investment-Grade-Ratings an die jeweiligen Kriterien seitens Ratingagenturen unter Umständen andere sein als im durchschnittlichen Bankenmarkt. Bewertungsmodelle von Banken beruhen meist auf internen Modellen, welche auch andere Faktoren berücksichtigen, wie etwa Erfahrungswerte aus vergangener Zusammenarbeit, die Geschäftsbeziehung zu den involvierten Parteien oder weitere Erfahrungen nicht öffentlicher Natur aus vergleichbaren Projekten im Portfolio. Zudem ist eine Einteilung in Investment Grade bzw. spekulativen Bereich bei Banken zwar ebenso wichtig und letztendlich mitentscheidend für die Preisbildung, allerdings können Banken im Falle einer Verschlechterung der Projektqualität meist deutlich flexibler reagieren, als dies in einer Kapitalmarktstruktur bei Verlust eines geforderten Mindestratings mit Blick auf regulatorische Vorgaben (z.B. Zwangsverkauf von Anleihen) der Fall ist.

Dementsprechend legen Ratingagenturen im Vergleich zu bisher erfolgten Bankfinanzierungen tendenziell engere Maßstäbe auch im Hinblick auf die im Basisfall zu erreichenden Finanzkennzahlen an. Tabelle 2 zeigt die DSCR-Intervalle der einzelnen Ratingkategorien, wie sie von der Agentur Moody's in Hinblick auf Projekte im Energiebereich veröffentlicht wurden (auf Anfrage bei Moody's erhältlich). Um ein Baa-Rating zu erreichen, muss die durchschnittliche DSCR beispielsweise zwischen 1,4 x und 1,9 x liegen.

Tabelle 2: Ratingraster von Moody's zur Bewertung der finanziellen Performance

Ratingkategorie	Aa	A	Baa	Ba	B	Caa
durchschnittlicher DSCR	größer 3,5 x	1,9 x bis 3,5 x	1,4 x bis 1,9 x	1,2 x bis 1,4 x	1,1 x bis 1,2 x	1,0 x bis 1,1 x

Quelle: Moody's auf Anfrage

Zusätzlich wird die Variabilität der DSCR betrachtet, um eine Aussage über deren Stabilität zu treffen und zu bewerten, wie weit die minimale DSCR vom Durchschnitt abweicht.

Je gewichtiger die oben dargestellten Risiken eingeschätzt wurden, desto eher wird das DSCR-Erfordernis am oberen Ende der angegebenen Bandbreite liegen. Ein gut strukturiertes Photovoltaik-Projekt würde demnach in etwa eine durchschnittliche DSCR von mindestens 1,4 x benötigen (siehe auch die Fallstudie in Abschnitt 4 dieses Beitrags). Bankenfinanzierte Photovoltaik-Projekte in Spanien, Italien oder Deutschland konnten im Vergleich zu etwas geringeren Ratios (meist unter Annahme des P(50) Falles) platziert werden.

2.5 Credit Enhancements

Im Rahmen von Kapitalmarktstrukturen kann es häufig von Vorteil sein sowie die Zielinvestorenbasis deutlich erweitern, wenn Instrumente oder Techniken in die Struktur implementiert werden, die die Kreditqualität des zugrunde liegenden Projektkredits erhöhen (sogenannte Credit Enhancements).

So kann beispielsweise eine Kapitalmarktfinanzierung über die gesamte Laufzeit des Projektes strukturiert werden, welche jedoch während der Bauphase durch eine Bank garantiert wird. Eine derartige Lösung kann sich bei Projekten mit anspruchsvoller und langer Bauphase anbieten, welche sich sonst aufgrund der Komplexität und der damit verbundenen aufwendigen Kreditüberwachung während der Bauphase eher weniger für typische Kapitalmarktinvestoren eignen würden.

Projektgesellschaften können ferner ihre Kreditwürdigkeit erhöhen, wenn sie ihre Anleihe gegen Ausfall versichern. Bei diesem Modell zahlt der Emittent eine Risikoprämie und kann im Gegenzug dasselbe Rating erreichen wie die Gesellschaft, die diese Garantie ausstellt. Dies wiederum kann zu geringeren Finanzierungskosten und einer breiteren Investorenbasis führen. Ein weiterer Vorteil besteht darin, dass die Garantiesteller die Kreditüberwachung übernehmen, was eine weitere Einstiegshürde für Kapitalmarkinvestoren beseitigt. Vor der jüngsten Finanzkrise waren solche Kreditversicherungen ein gängiges Instrument. Die größten Anbieter waren beispielsweise im Monoline-Bereich MBIA, Ambac und FGIC. In der Finanzkrise jedoch kam das Geschäftsmodell erheblich unter Druck und führte in der Folge zu einer massiven Herabstufung der relevanten Unternehmen, sodass derartige Konstrukte inzwischen weitgehend vom Markt verschwunden sind.

Eine ähnliche Garantielösung wird allerdings beispielsweise von der staatlichen italienischen Exportversicherungsgesellschaft SACE angeboten und ist für EE-Projekte in Italien, die im Rahmen einer Kapitalmarktlösung strukturiert sind, grundsätzlich anwendbar. SACE braucht hierzu auch kein externes Projektrating, wie dies bei den privaten Monoline-Gesellschaften der Fall war. SACE selbst verfügt über ein Aa2-Rating von Moody's, sodass dieses Rating auch von Projekten, welche über eine SACE-Versicherung verfügen, grundsätzlich erreichbar ist.

Des Weiteren gibt es nach dem De-facto-Wegfall des Monoline-Modells gerade in jüngerer Zeit Ansätze, die darauf abzielen, eine Verbesserung der Kreditwürdigkeit des Fremdkapitals durch eine tiefergehende Strukturierung des Fremdkapitals zu erreichen. So wird die Fremdkapitaltranche eines Projektes wiederum in eine vorrangige („super-senior") und eine nachrangige Fremdkapitaltranche („senior") unterteilt. Beide Tranchen werden beispielsweise von einem spezialisierten Fonds abgenommen, welcher die vorrangige Tranche bei Kapitalmarktinvestoren platziert und die Mezzanintranche als eigenkapitalähnliches Investment selbst hält. Analog zum Monoline-Modell würde ein solcher Fonds ebenfalls die Kreditüberwachung steuern. Durch die Vorrangstellung der ersten Tranche sowie den zusätzlichen Service der Kreditüberwachung lässt sich eine breitere Investorenbasis erreichen. Die risikoreichere Senior-Tranche verbleibt hingegen beim Fond, der auch über das entsprechende Know-how verfügt, das höhere Risiko zu managen. Voraussetzung für eine derartige Struktur ist in der Regel ein Investment-Grade-Rating der gesamten Fremdkapitaltranche.

Abschließend besteht je nach Herkunft der verwendeten Komponenten und Projektland die Möglichkeit, einen Teil des Cashflows über Exportversicherungen abzusichern. Diese Institutionen, sogenannte Export Credit Agencies (ECAs), in Deutschland beispielsweise die Euler Hermes Kreditversicherung, wurden zur Stärkung des Exports eingerichtet und vergeben Garantien im Namen, im Auftrag und auf Rechnung des Staates. Dabei ist zu beachten, dass aufgrund von internationalen Bestimmungen (OECD-Konsensus) nicht der gesamte Forderungsbetrag versichert wird. Bei Euler Hermes besteht beispielsweise für Finanzkreditgarantien und -bürgschaften eine Selbstbeteiligungsquote von 5%. Ein gewisses Restrisiko verbleibt letztlich also beim Investor. Derartige Konstrukte sind bislang häufig im Wind-Bereich eingesetzt worden, der dänische Exportversicherer EKF ist beispielsweise im Offshore–Wind-Bereich sehr aktiv.

3 Strukturierung von Projektfinanzierungsanleihen

3.1 Strukturierungsmerkmale der Projektfinanzierungsanleihen

Wie eingangs erwähnt wurde, muss die Strukturierung von Project Bonds auf die Zielinvestoren abgestimmt sein. Es ist daher ratsam, bereits während der Strukturierung mit der Marktsondierung bzw. Vorplatzierung zu beginnen und potenzielle Investoren anzusprechen, um spezielle Bedürfnisse, wie z.B. Ratingerfordernis oder Begebungsformat, entsprechend reflektieren zu können. Die wesentlichen grundsätzlichen Strukturelemente sind im Nachfolgenden dargestellt.

3.1.1 Typische Anleihenstruktur

Zur Projektfinanzierung über Anleihen wird in der Regel neben der herkömmlichen Projekt-Zweckgesellschaft (Special Purpose Vehicle, SPV) eine weitere Gesellschaft gegründet. Die Emissionserlöse werden zur Finanzierung der Projektanlagen an die Projektgesellschaft(en) weitergereicht. Entsprechend werden die Erträge aus dem Projekt zur Zahlung des Coupons sowie Rückzahlungen der Anleihe an die Investoren von der Projektgesellschaft an die Finanzierungsgesellschaft geleitet. Insofern fungiert die Finanzierungsgesellschaft oft zur Durchleitung von Zahlungen.

Der Bond wird meist von einer Finanzinstitution als Intermediär strukturiert und arrangiert. Dieser Intermediär leitet auch die Investorenansprache und Platzierung. Verpflichtet sich diese Finanzinstitution, einen Teil der Anleihen selbst zu übernehmen, sofern die vollständige Platzierung am Kapitalmarkt nicht gelingt, und übernimmt somit das Platzierungsrisiko, spricht man von einem Underwriting. Abbildung 4 veranschaulicht die Struktur.

Des Weiteren werden – wie allgemein in Projektfinanzierungen üblich – ein Sicherheitentreuhänder sowie ein Agent zur Vereinfachung der Projektüberwachung und Steuerung eingeschaltet. Diese Agenten verfolgen die wirtschaftliche Entwicklung des Projektes und sind das Sprachrohr zwischen Projekt und Investoren, sollte es zu Problemen kommen oder Investorenentscheidungen anstehen. Sie organisieren Investorenversammlungen und bereiten Entscheidungen vor.

Da Kapitalmarktinvestoren in der Regel etwas weiter vom Projektgeschehen „entfernt" sind als z.B. Banken, die teilweise sehr aktiv in die Portfolio- und Projektsteuerung eingebunden sind, kommt den Agenten in Kapitalmarktstrukturen tendenziell eine höhere Bedeutung zu.

Abbildung 4: Typische Anleihenstruktur

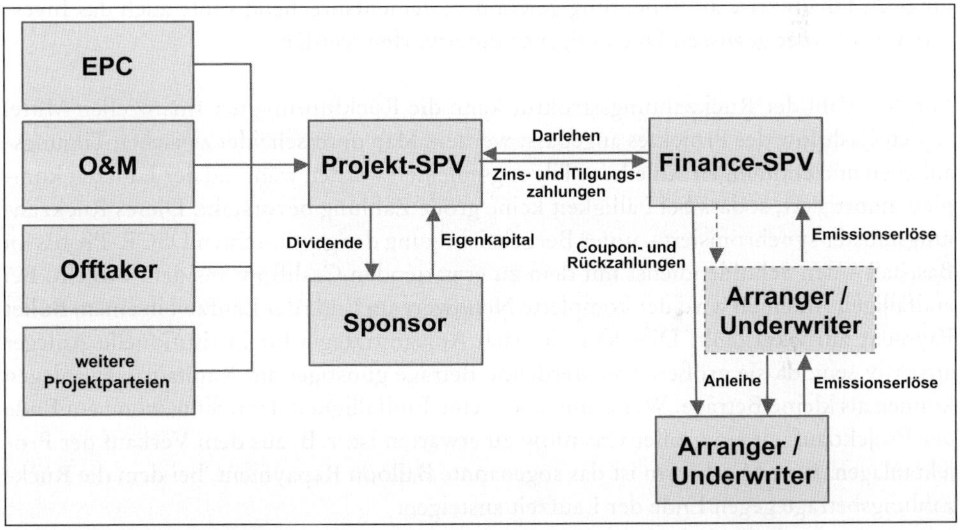

Quelle: eigene Darstellung

3.1.2 Auszahlungs- und Rückzahlungsprofil, Verzinsung

In den meisten Fällen ist die Emission von Anleihen so gestaltet, dass dem Emittenten das Kapital auf einmal zur Verfügung gestellt wird. Dies ist nicht immer günstig, da sich die Planungs- und Bauphase bei EE-Projekten üblicherweise über einen längeren Zeitraum erstreckt und somit kein Kapitalbedarf in der vollen Höhe am Anfang des Projektes entsteht. Nicht benötigtes Kapital kann zwar angelegt werden, allerdings ist die erreichbare Verzinsung niedriger als die auf die Anleihe zu zahlende Verzinsung. Es entsteht ein sogenannter „negative Carry“. Bei Bankkrediten hingegen kann in der Regel flexibel gezogen werden, sodass kein „negativer Carry“ entsteht (es sind zwar Bereitstellungsgebühren zu zahlen, diese sind jedoch nur ein Teil der Zinsmarge).

Alternativ wurden in den letzten Jahren sogenannte Multiple-Drawdown-Anleihen entwickelt und strukturiert, welche einen den Bankkrediten ähnlichen Auszahlungsmechanismus vorsehen, sodass dem Emittenten die finanziellen Mittel in mehreren Schritten zur Verfügung gestellt werden und kein „negativer Carry“ entsteht. Bei diesem Mechanismus verpflichten sich die Anleiheinvestoren im Rahmen von Forward-Purchase-Agreements, zukünftige Anleihen zu einem vorab festgelegten Betrag und Preis zu zeichnen. Dies bedeutet wiederum, dass – analog zu einer Bankfinanzierung – der Emittent bzw. die dahinterstehende Projektgesellschaft das Auszahlungs- und somit Kontrahentenrisiko der jeweiligen Investoren trägt. Derartige Betrachtungen haben gerade nach der jüngsten Finanzkrise an Bedeutung gewonnen; dementsprechend sollte auch das Investorenprofil einer gewissen Due Diligence unterworfen werden.

Mit der Wahl der Rückzahlungsstruktur kann die Rückführung der finanziellen Mittel an den Cashflow des Projektes angepasst werden. Man unterscheidet zwischen Tilgungsanleihen und endfälligen Anleihen. Tilgungsanleihen werden während der Laufzeit komplett amortisiert, sodass bei Fälligkeit keine große Zahlung bevorsteht. Dieses Rückzahlungsmuster synchronisiert – unter Berücksichtigung des gewünschten DSCR-Profils im Basisfall – den Schuldendienst mit dem zu erwartenden Cashflow aus dem Projekt. Bei endfälligen Anleihen wird der komplette Nennwert am Ende der Laufzeit in einem Bullet Payment zurückgezahlt. Dies kann je nach Anlagestrategie für institutionelle Anleger attraktiv sein, da sie größere frei werdende Beträge günstiger am Kapitalmarkt anlegen können als kleine Beträge. Weiterhin macht eine Endfälligkeit dann Sinn, wenn am Ende der Projektlaufzeit ein großer Cashflow zu erwarten ist, z.B. aus dem Verkauf der Projektanlagen. Eine Mischform ist das sogenannte Balloon Repayment, bei dem die Rückzahlungsbeträge gegen Ende der Laufzeit ansteigen.

Stark endfällig strukturierte Anleihen beinhalten immer ein entsprechend hohes Refinanzierungsrisiko. Da bei den meisten Projektfinanzierungen wesentliche Cashflows über die Laufzeit erwirtschaftet werden, sind amortisierende Anleihen die Regel.

In Bezug auf die Verzinsung werden häufig fixe Coupons vereinbart. Die Zinszahlungstermine werden in der Regel mit den Rückzahlungsterminen synchronisiert. Viele institutionelle Investoren präferieren diese Verzinsungsform, da es entsprechend keine Schwankungen in den laufenden Erträgen gibt. Aufseiten der Projektgesellschaft ist somit auch keine weitere Absicherung des Zinsänderungsrisikos, z.B. über Zinsswaps, notwendig.

Im Gegensatz zu den meisten Bankkrediten beinhalten Kapitalmarktanleihen üblicherweise eine volle Vorfälligkeitsentschädigung (Make-whole), welche den Investor für das Wiederanlagerisiko im Falle einer freiwilligen vorzeitigen Tilgung entschädigt. Im Bankenmarkt wurde dies bislang meist nicht oder nur in einem geringeren Maße verlangt. De facto bedeutet das, dass Banken das Refinanzierungsrisiko von Liquiditätskosten im Falle einer vorzeitigen Rückzahlung tragen. Seit der jüngsten Finanzkrise, in der gerade Institute, welche sich nicht fristenkongruent refinanzierten, erheblich unter Druck kamen, sind Vorfälligkeitsentschädigungen allerdings auch im Bankenmarkt wiederholt zu beobachten. Es wird zudem erwartet, dass sich dieser Trend im Zuge der zu erwartenden weiteren Regulierungsverschärfung fortsetzen wird, welche Banken starke Anreize zur fristenkongruenten Refinanzierung setzen wird.

3.1.3 Laufzeit

Bei der Bestimmung der Laufzeit einer Anleihe spielt das zugrunde liegende Projekt die entscheidende Rolle. Der Zeitraum zwischen Emission und vollständiger Rückzahlung muss auf die Projektcharakteristika, wie z.B. die technische Lebensdauer der EE-Anlagen, die Struktur des Cashflows und die Laufzeit der regulierten Vergütung bzw. des Stromabnahmevertrags, abgestimmt werden. Der EE-Bereich ist geprägt von sehr kapitalintensiven und langfristigen Projekten, bei denen der Cashflow relativ konstant über die Laufzeit anfällt. Allgemein gilt, dass die finanzielle Belastung durch Zins- und Tilgungszahlen umso größer ist, je kürzer die Laufzeit der Finanzierung ist, bzw. es verbleiben Refinanzierungsrisiken. Um die Rückzahlung des Fremdkapitals entsprechend über einen längeren Zeitraum zu verteilen und den Schuldendienst mit dem verfügbaren Cashflow zu synchronisieren, ist die Begabe von langfristigen Anleihen entsprechend attraktiv für den Emittenten.

Grundsätzlich ließen sich in der Vergangenheit über den Kapitalmarkt tendenziell längere Laufzeiten erzielen als im Bankenmarkt, da Projektfinanzierungsanleihen wie eingangs erwähnt hauptsächlich für langfristig orientierte Investoren interessant sind. Insbesondere während der Finanzkrise waren im Bankenmarkt Laufzeiten jenseits von fünf bis zehn Jahren aufgrund der teils nach oben schnellenden Liquiditätskosten nicht erhältlich. Dies hat sich zuletzt zwar wieder bei den meisten Instituten entspannt, allerdings ist in Folge der Implementierung von Basel III und weiterer absehbarer regulatorischer Maßnahmen zu erwarten, dass Banken zunehmend weniger sehr lange Laufzeiten zur Verfügung stellen werden.

3.2 Rechtliche Gestaltung

Die rechtliche Gestaltung einer Anleihe betrifft die vertraglichen Beziehungen der Anleihegläubiger untereinander und zum Emittenten sowie zu den Eigenkapitalgebern/Subordinierten Kapitalgebern des Projektes. Diese Regelungen werden vor allem dann wichtig, wenn das Projekt in finanziellen Schwierigkeiten ist und der Emittent den Schuldendienst nicht leisten kann. Grundsätzlich ist die Dokumentation bei Project Bonds meist durch Zwischenschaltung einer Emittentengesellschaft bzw. im Fall von Multiple-Drawdown-Anleihen etwas umfangreicher, unterscheidet sich in den projektspezifischen Regelungen allerdings kaum von typischen Projektfinanzierungskrediten. Im Folgenden sollen kurz einige wesentliche Teilaspekte herausgegriffen werden.

3.2.1 Covenants

Im Anleihevertrag sind zum Schutz der Gläubigerinteressen oft eine Reihe von Zusicherungen (Covenants) seitens des Emittenten vereinbart. Diese Nebenverpflichtungen dienen vor allem dazu, Schwierigkeiten im Ablauf des Projektes frühzeitig zu erkennen und den Anleihegläubigern gegebenenfalls Möglichkeiten zur Umstrukturierung zu geben. Es wird zwischen Financial und Non-Financial Covenants unterschieden. Mit Financial Covenants wird der Emittent angehalten, gewisse Mindest-Finanzkennzahlen einzuhalten. Dies kann zum Beispiel eine Mindesteigenkapitalquote oder eine minimal zu erreichende DSCR/LLCR sein (Default Ratios). Die Höhe dieser Mindestwerte richtet sich nach dem Risikoprofil des Projektes, muss jedoch noch deutlich über 1,0 x liegen, um Handlungsspielraum zu ermöglichen, sobald Zahlungsschwierigkeiten bei Zins und Tilgung absehbar sind, allerdings noch kein Ausfall vorliegt. Eine Zwischenstufe zu diesen Default Ratios sind die sogenannten Ausschüttungssperren: Hier werden – neben einer Reihe weiterer Kriterien – Kennzahlenschwellen definiert, unter denen keine Ausschüttungen an die Sponsoren vorgenommen werden dürfen. Dies trägt bei schlechterer Performance des Projektes zu größtmöglichen Anreizen zur Verbesserung bei.

Non-Financial Covenants umfassen eine Reihe von allgemeinen und projektspezifischen Verpflichtungen. Im Rahmen von Informationspflichten beispielsweise muss der Emittent die Anleihegläubiger regelmäßig über die wirtschaftliche Entwicklung des Projektes informieren. Die Gleichrangklausel (Pari-Passu-Klausel) stellt sicher, dass die Anleihegläubiger untereinander gleichrangig bedient und behandelt werden. Mit einer Negativklausel verpflichtet sich der Emittent, ohne Zustimmung der Anleihegläubiger keine weitere gleichrangige Fremdfinanzierung aufzunehmen oder zu besichern. Projektspezifische Covenants verpflichten den Anleiheschuldner beispielsweise zur Durchführung des Projektes nach den vereinbarten Plänen und in Einklang mit den erhaltenen Genehmigungen oder dazu, die Projektverträge nicht nachträglich zu ändern. Eine Nichteinhaltung dieser Covenants berechtigt die Gläubiger grundsätzlich zur Kündigung und Sicherheitenverwertung.

Da bei Anleihestrukturen häufig nicht direkt die Projektgesellschaft, sondern eine spezielle Finanzierungsgesellschaft die Anleihen emittiert, diese allerdings keinen Einfluss auf das Projekt nehmen kann oder vielmehr soll, müssen alle relevanten Regelungen entsprechend in Verträgen zwischen der Finanzierungsgesellschaft und der Projektgesellschaft gespiegelt werden.

3.2.2 Intercreditor Agreements

Intercreditor Agreements regeln die rechtliche Stellung von Anleihegläubigern und anderen Fremdkapitalgebern sowie gegebenenfalls weiteren subordinierten Gläubigern (z.B. Mezzanine) untereinander. Sie enthalten vor allem Regelungen bezüglich des Cash Waterfalls für den Verwertungsfall, also der Reihenfolge, in der die Gläubiger im Falle einer Insolvenz und anschließender Verwertung des Anleiheschuldners bedient werden. Oft werden einheitliche Covenants vereinbart. Des Weiteren wird das Vorgehen beim Verzicht auf die Durchsetzung vertraglicher Rechte (Waiver) und bei der Fälligstellung von Krediten geregelt. Die Rechte aller Anleihegläubiger werden von einem Agenten bzw. Treuhänder wahrgenommen. Dieser kann das Projekt detaillierter beobachten als jeder einzelne Gläubiger und vereinfacht als zentrale Anlaufstelle die Interaktion mit dem Emittenten. Stehen allerdings für den Projektverlauf oder die Anleihe bedeutende Entscheidungen an, so können diese nur von der Anleihegläubigerversammlung getroffen werden. Der relativ große Aufwand zu deren Einberufung und unterschiedliche Einzelinteressen können unter Umständen eine erfolgreiche Umstrukturierung des Projektes und des Fremdkapitals entsprechend verzögern.

3.3 Platzierung

Projektfinanzierungsanleihen können entweder vom Emittenten selbst platziert werden oder durch einen Dritten, wobei dies meist eine Bank oder ein Bankkonsortium ist. Letztere besitzen aufgrund von weitreichenden Erfahrungen und Kontakten zum Kapitalmarkt eine hohe Platzierungskraft. Gibt eine Bank die Garantie, die Anleihe vollständig im Markt zu platzieren und gegebenenfalls nicht platzierte Anleihen selbst zu kaufen, so spricht man – wie oben schon erwähnt – von Underwriting. Die Bank trägt in diesem Fall das Marktrisiko, wodurch die vom Emittenten zu zahlende Gebühr im Vergleich zu einer Platzierung auf Kommissionsbasis höher ist. Im Gegenzug kann der Emittent sicher sein, dass ihm durch die Emission das erforderliche Kapital zur Verfügung gestellt wird.

Die Art der Platzierung hat einen entscheidenden Einfluss auf die Anzahl und Art der potenziellen Investoren. Zum einen kommt es auf den Markt an, in dem die Anleihe platziert wird. Zum anderen können Anleihen entweder privat oder öffentlich platziert werden. Eine private Platzierung richtet sich an einen eingeschränkten Kreis meist institutioneller Investoren. Öffentliche Platzierungen machen Projektfinanzierungsanleihen grundsätzlich der breiten Öffentlichkeit zugänglich. Da Projektfinanzierungen an sich allerdings relativ komplex sind, eignen sich diese tendenziell eher weniger für private Investoren. Platzierungen an institutionelle Investoren sind daher die Regel.

Eine öffentliche Platzierung erfordert im Allgemeinen eine Zulassung bei der zuständigen Aufsichtsbehörde. Im Zusammenhang mit dieser Zulassung entstehen weitreichende Offenlegungspflichten, was die finanziellen Verhältnisse und andere wichtige Projektdetails angeht. Diese Pflicht stellt eine größere Anforderung im Rahmen von Projektfinanzierungen dar, da oft Geheimhaltungsvereinbarungen zwischen den einzelnen Vertragsparteien des Projektes bestehen. Außerdem entstehen bei einer öffentlichen Platzierung höhere fixe Administrationskosten. Beides gilt insbesondere auch für den Fall, dass die Anleihe an einer Börse notiert wird. Ein Vorteil einer öffentlichen Platzierung und gegebenenfalls einer Börsennotierung kann allenfalls dann bestehen, wenn sich dadurch zusätzliche Investorengruppen erschließen lassen sowie in einem transparenteren sowie gegebenenfalls liquideren Sekundärmarkt. Durch die genannten Vor- und Nachteile bietet sich eine öffentliche Platzierung eher bei großvolumigen Transaktionen an oder repetitivem Kapitalbedarf eines Emittenten.

Bei privat platzierten Anleihen entstehen keine zusätzlichen Offenlegungspflichten, und die Platzierungskosten sind somit wesentlich geringer. Die Konditionen werden direkt zwischen potenziellen Investoren und dem Emittenten verhandelt, wobei auch eine längerfristige Geschäftsbeziehung zur Finanzierung zukünftiger Projekte entstehen kann. Die meist institutionellen Investoren verfügen über entsprechende Expertise bei der Bewertung von Projekt- und Anleiherisiken, sodass sich bei dieser Zielgruppe auch kompliziert strukturierte Anleihen platzieren lassen. Üblicherweise werden privat platzierte Anleihen in sogenannten Over-the-Counter-Geschäften direkt zwischen Käufern und Verkäufern gehandelt. Private Platzierungen sind gerade bei kleineren Transaktionen von Vorteil und sorgen – insbesondere bei bestehenden Geschäftsbeziehungen – für einen deutlich geringeren zeitlichen Aufwand. Gerade im europäischen Rahmen, wo es bislang eine eher geringe Anzahl an Projektanleihen gab, dominierten bislang die Private Placements.

Sollte allerdings in Zukunft das Emissionsvolumen von Projektanleihen zunehmen, ist zu erwarten, dass sich standardisierte Strukturen bilden, für die ein liquiderer Sekundärmarkt und entsprechend ein Börsenlisting (gegebenenfalls zu einem späteren Zeitpunkt) Vorteile bringen können.

4 Fallstudien

4.1 Solaris PV Portfolio, Spanien

2007 wurde die europaweit erste Projektfinanzierungsanleihe im EE-Bereich für ein 20-Megawatt-PV-Solarparkportfolio in der Provinz Albacete in Spanien begeben.

Bei dem Projekt wurde erstklassige Technik verschiedener Hersteller verbaut, nicht zuletzt um angesichts der Wichtigkeit von rechtzeitiger Fertigstellung und Anschluss das Konzentrationsrisiko auf der Lieferantenseite so weit wie möglich zu verringern. Der Einsatz von modernen Nachführsystemen führt zudem zu einem optimalen Ertrag aus der vorhandenen Einstrahlung, welche ohnehin bereits zu den besten in Spanien zählt.

Das Projekt versorgt seit seiner Fertigstellung und Tarifregistrierung im August 2008 rund 11.000 Haushalte der Umgebung mit grünem Strom. Die innovative Struktur wurde 2007 vom renommierten Magazin Euromoney Project Finance als „Renewables Deal of the Year 2007“ ausgezeichnet.

Finanzierungsseitig wurde die Projektanleihe von einer Finanzierungsgesellschaft emittiert, welche die Emissionserlöse an insgesamt 200 Projektgesellschaften weiterreichte. Die Anleihe belief sich auf 185 Mio. EUR und hatte eine Laufzeit von 24,5 Jahren, was bis dato die längste erzielte Laufzeit im Bereich Photovoltaik (PV) ist. Die Umsatzsteuerfinanzierung wurde ebenfalls über Anleihen dargestellt.

Da die Finanzierung ebenfalls die Bauzeit abdeckte, wurde die Anleihe als Multiple-Draw-down-Bond strukturiert. Im Rahmen von Forward-Purchase-Agreements verpflichteten sich die Investoren, je nach Baufortschritt weitere Anleihetranchen zu kaufen. Durch diese Technik konnte der Verzinsungsnachteil (Negative-Carry-Effekt, siehe oben unter Punkt 3.1.2), gegenüber Anleihen mit einmaliger Auszahlung, vermieden werden.

Fertigstellung und Anschluss des Projektes erfolgte sukzessive in kleineren Einheiten, insbesondere weil das Projekt bis zu einem bestimmten Zeitpunkt fertiggestellt werden musste, um unter dem im Basisfall kalkulierten Tarif angeschlossen und registriert zu werden, sodass sich das Fertigstellungs- und Anschlussrisiko entsprechend sukzessive verringerte.

Die Deutsche Bank agierte als Underwriter und Arrangeur und platzierte die Anleihen anschließend erfolgreich bei einer Reihe institutioneller Investoren. Ebenso arrangierte die Deutsche Bank das komplette Eigenkapital für die Transaktion und warb die notwendigen Mittel bei 200 Privatinvestoren ein. Abbildung 5 veranschaulicht die Struktur.

Abbildung 5: Anleihestruktur des Solaris PV Portfolios

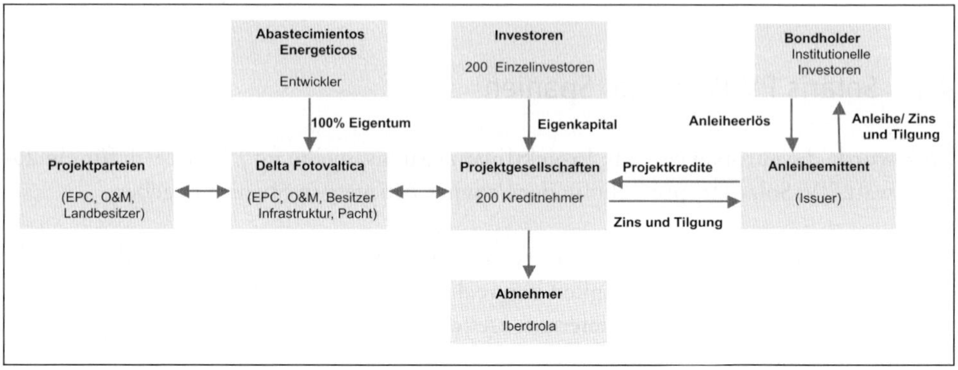

Quelle: eigene Darstellung

4.2 Andromeda PV Parks, Italien

Ein weiteres Projekt, das über Projektfinanzierungsanleihen finanziert wurde, umfasst zwei Photovoltaik-Anlagen in Lazio, Italien, mit einer Gesamtkapazität von 51,4 Megawatt (MW). Das Projekt wurde von der Projektgesellschaft Andromeda PV entwickelt, die zu diesem Zweck vom Sponsor SunRay Group gegründet wurde und zunächst zwei Projektkredite aufgenommen hat. Die Forderungen aus diesen Krediten wurden auf dem Wege der Verbriefung an ein Emittentenvehikel abgetreten.

Die im Dezember 2010 begebene Anleihe ist in zwei Tranchen zu je 97,6 Mio. EUR strukturiert, die beide 2028 fällig werden. Tranche A mit einer Nominalverzinsung von 5,715% ist von der italienischen Exportkreditversicherung SACE versichert. Dadurch erreicht sie ein hohes Moody's Investment-Grade-Rating von Aa2 und ist für die institutionellen Investoren attraktiv, bei denen die Anleihen platziert wurden. Tranche B (4,839% Verzinsung) erhält keine SACE Garantie und daher ein niedrigeres Rating von Baa3. Sie wurde vollständig von der Europäischen Investment Bank (EIB) gezeichnet.

Abbildung 6: Struktur des Andromeda-Projektes

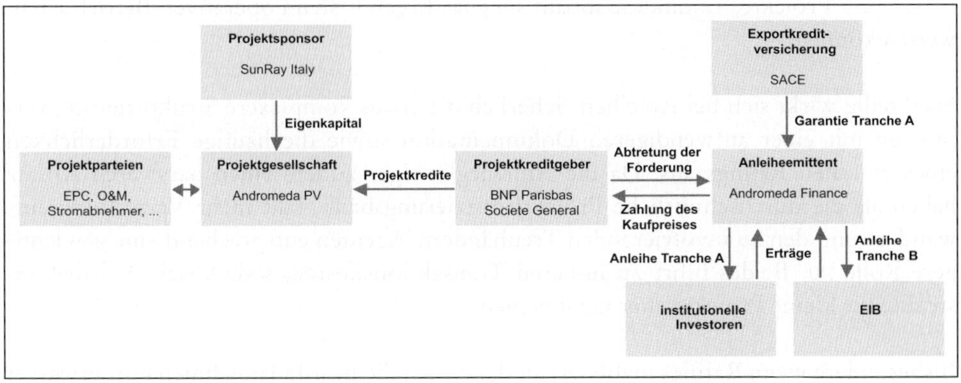

Quelle: Platzierungsprospekt Andromeda Finance vom 29. November 2010, S. 2

Die Strukturierung der beiden Tranchen verdeutlicht die Flexibilität beim Zuschneiden auf verschiedene Investoren. Die EIB kann zu relativ günstigen Konditionen finanzieren und benötigt die SACE-Garantie nicht. Für andere institutionellen Investoren ist das gute Rating entscheidend, welches der Tranche A zum Zeitpunkt der Begebung von Moody's bescheinigt wurde. Dem Rating zugrunde liegt eine sehr hohe durchschnittliche DSCR von 1,44, basierend auf einem P(90) Einstrahlungsszenario.

5 Bewertung im Vergleich zu Bankkrediten

Eine zusammenfassende Bewertung von Projektfinanzierungsanleihen erfolgt am sinnvollsten im Vergleich zu den bei der Projektfinanzierung noch dominierenden Bankkrediten. Grundsätzlich positiv zu bewerten ist, dass die Begabe von Anleihen den Kapitalmarkt als Finanzierungsquelle für kapitalintensive Projekte erschließt. Mit Anleihen ließen sich in der Vergangenheit teilweise deutlich längere Laufzeiten als bei vergleichbaren Bankfinanzierungen darstellen. Regulatorische Vorgaben, wie z. B. die Implementierung von Basel III werden diesen Trend voraussichtlich noch verstärken, da der Bankenappetit für langfristige Finanzierungen vermutlich mittelfristig deutlich abnehmen dürfte. Gleichzeitig ist Infrastruktur, und hier insbesondere auch die Erneuerbaren Energien, eine Asset-Klasse, die zunehmend für langfristig orientierte institutionelle Investoren interessant wird. Auch ist in Zukunft ein starkes Wachstum in diesem Sektor zu erwarten, sodass Sponsoren stärker gezwungen sein werden, die Fremdkapitalkanäle zu diversifizieren. Für in der Projektfinanzierung engagierte Banken können Kapitalmarktlösungen ebenfalls ein attraktives Instrument zur Platzierung von Kreditengagements bis hin zu ganzen Portfolios im Sekundärmarkt sein. Dies gilt auch für komplexere Technologien und Projekte, zumindest sobald sie gute Ergebnisse im operativen Betrieb nachweisen können.

Nachteilig wirkt sich bei Anleihen sicherlich die etwas komplexere Strukturierung verbunden mit einer aufwendigeren Dokumentation sowie die häufige Erforderlichkeit eines externen Ratings aus. Da die Anleihegläubiger zudem einen passiveren Ansatz haben als die durchschnittliche Projektfinanzierungsbank, fällt mehr Verwaltungsaufwand an und den zu involvierenden Treuhändern/Agenten entsprechend eine gewichtigere Rolle zu. Beides führt zu höheren Transaktionskosten, sodass sich Anleihekonstrukte für kleine Projekte eher nicht eignen.

Insbesondere wenn Ratings involviert sind, können die Basisfallannahmen konservativer ausfallen, als es bislang bei einigen Bankkrediten der Fall ist. Aufgrund der aktuellen Entwicklungen im Bankensektor ist allerdings zu erwarten, dass auch Banken sich hier zunehmend an die Kapitalmarksicht angleichen werden. Gerade für komplexere Technologien und Projekte, welche vor Baubeginn noch kein Investment-Grade-Rating erreichen können, sind allerdings auch Mischformen denkbar, z.B. eine Bankfinanzierung während der Bauphase, welche die Möglichkeit einer langfristigen Kapitalmarktrefinanzierung nach erfolgreicher Fertigstellung und ein bis zwei Jahren erfolgreicher operativer Betriebsführung vorsieht.

Aktien- und Anleiheemissionen von Erneuerbare-Energien-Unternehmen

Thorsten Voß/Christian Fingerhut

1 Einleitung

Erneuerbare-Energien-Unternehmen stehen am Kapitalmarkt vielfältige Wege der Kapitalbeschaffung zur Verfügung, die sich je nach der konkreten Situation „auf den Leib" eines Unternehmens strukturieren lassen. Sehr bedeutsam sind neben der Fremdkapitalaufnahme Aktien- und Anleiheemissionen.

Aktienemissionen, also das erstmalige öffentliche Angebot von Aktien einer Aktiengesellschaft bzw. Kommanditgesellschaft auf Aktien oder eine Europäischen Gesellschaft (Société européenne [SE]) verbunden mit der erstmaligen Zulassung dieser Aktien zum Handel an einer Börse, sind allgemein plakativ als Börsengänge bekannt (Initial Public Offering [IPO]). Im Wege eines Börsengangs erhält eine Gesellschaft Eigenkapital, weil sie im Rahmen einer solchen Transaktion regelmäßig neben „Altaktien", die den verkaufenden Altaktionären gehören, „neue Aktien" veräußern wird, die aus einer im Zuge des Börsengangs durchgeführten Kapitalerhöhung stammen.

Darüber hinaus existieren zahlreiche weitere Gründe, die für ein Unternehmen aus dem Bereich der Erneuerbaren Energien den Weg an die Börse attraktiv erscheinen lassen können und die in die wirtschaftlichen Überlegungen einzubeziehen sind. Insbesondere nimmt der Bekanntheitsgrad eines Unternehmens zu, wodurch sich dessen Stellung gegenüber seinen Kunden und Auftraggebern verbessern kann. Den Anlegern steht ein fungibles Anlageinstrument zur Verfügung, da mit erfolgter Zulassung der Aktien zum Börsenhandel dem jeweiligen Inhaber eine Veräußerung über das jeweilige Handelssegment in aller Regel leicht möglich ist. Attraktiv kann ein Börsengang schließlich auch für die Altaktionäre sein, die in der Praxis nicht selten Private-Equity-Investoren sind. Diese haben typischerweise in der Startphase einem Unternehmen finanzielle Mittel zum Aufbau der Geschäftstätigkeit zur Verfügung gestellt und haben sich hierfür Aktien zur Verfügung stellen lassen. Diese können sie nun im Rahmen des Börsengangs (wenn die Platzierung gut verläuft) mit Gewinn wieder veräußern (sogenannter Exit).

Ein weiteres beliebtes Mittel gerade zur Finanzierung von mittelständischen Unternehmen sind Anleihen (auch Schuldverschreibungen, Renten, Obligationen oder Bonds genannt). Hierbei handelt es sich um als Wertpapier verbriefte Darlehen von Schuldnern, die durch ihre Emission Kapital am freien Markt aufnehmen. Anleihen sind die volumenmäßig bedeutsamsten Kapitalmarkttitel. Hierbei tritt der Emittent naturgemäß in Rechtsbeziehung mit einer Vielzahl von Gläubigern im Unterschied zum von einer oder mehreren Banken eingeräumten (Konsortial-)Kredit. Die einzelnen Forderungsrechte auf Verzinsung und Rückzahlung des Kapitals sind, soweit nicht das Gesetz oder Regelungen in den Anleihebedingungen abweichende Verfügungen treffen, grundsätzlich in ihrem Bestand und ihrer Ausübung voneinander unabhängig.

Besondere Bedeutung namentlich für die Branche der Erneuerbaren Energien haben in jüngster Zeit Anleiheemissionen an den sogenannten Mittelstandssegmenten der einzelnen Börsen in Deutschland erlangt (mit der Börse Stuttgart und ihrem Segment „Bond M" als Vorreiter). Aufgrund der herausragenden praktischen Bedeutung für den Renewable-Energy-Sektor wird der Darstellung dieser Segmente besonderer Raum eingeräumt (siehe Abschnitt 4).

Nachfolgend werden die Grundzüge von Aktien- und Anleiheemissionen vorgestellt.

2 Aktienemissionen

Einem Börsengang geht zunächst ein komplexer Entscheidungsprozess in einem Unternehmen voraus. Bei der Entscheidung für oder gegen eine solche Kapitalmaßnahme ist zunächst – mag dies auch selbstverständlich klingen – zu berücksichtigen, dass erhebliche Ressourcen im Bereich des oberen Managements und des Vorstands gebunden werden, da der Prozess in der Regel mindestens drei bis vier Monate dauert. Des Weiteren sind Planungen und organisatorische Maßnahmen im Hinblick auf die sogenannten Zulassungsfolgepflichten zu treffen. Hierunter fällt etwa die Pflicht, dass ein Emittent nach erfolgtem Börsengang gemäß § 267 Abs. 3 Satz 2 Handelsgesetzbuch (HGB) bei der Aufstellung und Veröffentlichung des Jahresabschlusses die Vorschriften über große Kapitalgesellschaften zu beachten und Halbjahres- (§ 37w Wertpapierhandelsgesetz [WpHG]) sowie Quartalsinformationen (§ 37x WpHG) erstellen und veröffentlichen muss. Zudem sind bei einem Listing im regulierten Markt Ad-hoc-Mitteilungen zu veröffentlichen, die Vorschriften der §§ 21 ff. WpHG zu beachten und eine Entsprechenserklärung nach § 161 AktG abzugeben. Die Zulassungsfolgepflichten bringen auch ein Haftungsrisiko für den Emittenten mit sich, die sich durch fehlerhafte Kapitalmarktinformationen (insbesondere falsche Ad-hoc-Mitteilungen und Fehler im Wertpapierprospekt) ergeben können.

Voraussetzung für einen Börsengang im regulierten Markt ist es, dass das Unternehmen die in §§ 32 Abs. 3, 34 Börsengesetz (BörsG) in Verbindung mit §§ 1 ff. Börsenzulassungs-Verordnung (BörsZulV) genannten Zulassungsvoraussetzungen erfüllt.

Danach muss es sich bei der Gesellschaft von der Rechtsform her um eine Aktiengesellschaft (AG), eine Kommanditgesellschaft auf Aktien (KGaA) oder um eine Europäische Gesellschaft (SE) handeln. Zudem muss der voraussichtliche Kurswert der zuzulassenden Aktien oder, falls eine Schätzung nicht möglich ist, das Eigenkapital der Gesellschaft im Sinne des § 266 Abs. 3 Buchstabe A HGB mindestens 1.250.000 EUR betragen. Bei Stückaktien muss sich deren Anzahl auf mindestens 10.000 belaufen. Weiter muss der zukünftige Emittent mindestens drei Jahre als Unternehmen (nicht zwangsläufig als AG, KGaA oder SE) bestanden und seine Jahresabschlüsse für die drei dem Zulassungsantrag vorangegangenen Geschäftsjahre entsprechend den hierfür geltenden Vorschriften offengelegt haben. Schließlich muss eine ausreichende Streuung der zuzulassenden Aktien gewährleistet sein. Das ist dann der Fall, wenn mindestens 25 vom Hundert des Gesamtnennbetrags bzw. bei nennwertlosen Aktien der Stückzahl der zuzulassenden Aktien vom Publikum erworben worden sind (Free Float).

Sollte eine einen Börsengang anstrebende Gesellschaft noch nicht in der Rechtsform einer AG, KGaA oder SE organisiert sein, ist zunächst ein Formwechsel nach §§ 190 ff. Umwandlungsgesetz (UmwG) vorzunehmen. Sollte der Emittent als Untergesellschaft an einem Unternehmensvertrag im Sinne der §§ 291 f. Aktiengesetz (AktG) beteiligt sein, sind weitere vorbereitende Maßnahmen erforderlich. Es ist zwingend, dass solche Unternehmensverträge im Vorfeld beendet werden. Denn die Anleger haben regelmäßig kein Interesse an Aktien einer Gesellschaft, die aufgrund eines Beherrschungsvertrags gemäß § 291 Abs. 1 S. 1 Alt. 1 AktG den Weisungen des Vorstands einer anderen AG unterstellt ist oder die aufgrund eines Gewinnabführungsvertrags gemäß § 291 Abs. 1 S. 1 Alt. 2 AktG zur Abführung ihres gesamten Gewinns verpflichtet ist. Damit wäre indessen der Platzierungserfolg gefährdet.

Darüber hinaus sind Anpassungen der Satzungen des Emittenten vorzunehmen. Typischerweise entspricht der Unternehmensgegenstand nicht den Anforderungen des Kapitalmarkts und wird häufig zu eng gefasst sein und daher den Tätigkeitsbereich der Gesellschaft unangemessen beschränken. Infolgedessen ist der Kernbereich der Tätigkeit der Gesellschaft neu zu definieren; insbesondere werden Ergänzungen betreffend das Handeln durch Beteiligungsunternehmen und der ausschließliche Betrieb einer kapitalistischen Beteiligungsverwaltung aufgenommen. Verbreitet ist es auch, den Anspruch der Aktionäre auf Verbriefung ihrer Anteile auszuschließen (§ 10 Abs. 5 AktG). Zudem ist eine von § 60 Abs. 2 S. 3 AktG abweichende Regelung zur Gewinnberechtigung üblich.

Zu denken ist auch an Regelungen, die die Durchführung von Aufsichtsratssitzungen im Wege von Video- und Telefonkonferenzen auch bei Widerspruch eines oder mehrerer ihrer Mitglieder gegen ein solches Verfahren gestatten (§ 108 Abs. 4 AktG), um die wirksame Erteilung einer Stimmrechtsvollmacht in elektronischer Form (Telefax, E-Mail) zu ermöglichen (§ 134 Abs. 3 S. 2 AktG) und die Übertragung einer Hauptversammlung in Ton und Bild zuzulassen. Auch ist dafür Sorge zu tragen, dass Satzung bzw. Geschäftsordnungen von Vorstand und Aufsichtsrat den Empfehlungen des Deutschen Corporate Governance Kodex entsprechen. Dies geschieht im Hinblick darauf, dass eine börsennotierte Gesellschaft nach § 161 AktG jährlich mitzuteilen hat, welchen Empfehlungen des Deutschen Corporate Governance Kodex sie entsprochen hat und entsprechen wird und welche Empfehlungen nicht angewendet wurden bzw. werden. Eine Missachtung dieses Kodex kann einen beachtlichen negativen Einfluss auf das Investitionsverhalten der Anleger haben.

Die Emission wird von mindestens einer Bank begleitet, die das Unternehmen im Vorfeld auszuwählen hat. Üblich ist die Durchführung sogenannter Beauty Contests. Im Rahmen dieses Contests lädt die Gesellschaft einige Banken ein, damit diese ihre ersten Aussagen über die Börsenreife des Unternehmens treffen, den Ablauf des geplanten Börsengangs vorstellen, Ausführungen über ihre Erfahrungen auf dem Gebiet von IPOs und ihre jeweilige Platzierungskraft machen und die geplante Kapitalmarktbetreuung im Anschluss an den geplanten Börsengang darlegen.

Die Bedeutung der Emissionsbank kann gar nicht hoch genug eingeschätzt werden, übernimmt sie doch die Ansprache der Anleger und die Platzierung der Aktien. Zudem ist eine Börseneinführung nur unter Einschaltung einer Bank möglich vor dem Hintergrund, dass § 30 Abs. 2 BörsG bzw. für den regulierten Markt § 32 Abs. 2 BörsG vorschreibt, dass die Zulassung vom Emittenten der Wertpapiere zusammen mit einem Kreditinstitut, Finanzdienstleistungsinstitut oder einem nach § 53 Abs. 1 S. 1 oder § 53b Abs. 1 S. 1 Kreditwesengesetz (KWG) tätigen Unternehmen zu beantragen ist. Auch übernimmt die Bank die wichtige Funktion als Zeichnerin der neuen Aktien, da eine Zeichnung durch eine Vielzahl von Anlegern in der Praxis nicht handhabbar ist.

Wird ein Bankenkonsortium zur Emissionsbegleitung bestimmt, gibt es neben der Konsortialführerin weitere Banken, die einen untergeordneten Prozentsatz von Aktien zur Platzierung übernehmen und schon aus diesem Grund auch nur eine untergeordnete Rolle bei der Organisation und Durchführung des Börsengangs übernehmen.

Nicht zu unterschätzen ist auch der logistische Aufwand sowie die Bedeutung einer Due Diligence, die ebenfalls im Vorfeld eines Börsenganges durchzuführen ist. Dort prüfen die emissionsbegleitenden Banken nebst ihren Beratern, ob wirklich eine Kapitalmarktreife des Emittenten gegeben ist oder ob dem tatsächliche bzw. rechtliche Hindernisse entgegenstehen.

Auch ist eine Entscheidung darüber zu treffen, ob der Emittent Stamm- oder Vorzugsaktien ausgeben möchte. Absolut vorherrschend ist in der Praxis heute die Ausgabe von Stammaktien. Dies hat seine Ursache darin, dass Vorzugsaktien bei ausländischen institutionellen Investoren über keinen nennenswerten Bekanntheitsgrad verfügen und daher nicht auf die für den Platzierungserfolg erforderliche Akzeptanz stoßen. Im Übrigen ist ein Trend zu Namensaktien zu beobachten (weg von den Inhaberaktien), was wiederum darin begründet ist, dass Namensaktien international weiter verbreitet sind. Auch ist die Kontaktaufnahme mit den Aktionären aufgrund des Aktienregisters, das die Gesellschaft führen muss und aus dem sich Name und Adresse der Aktionäre ergeben, einfacher zu handhaben.

Zudem wird ganz regelmäßig der Stückaktie der Vorzug vor der Nennbetragsaktie gegeben, weil für die Stückaktie aus Emittentensicht zwei Vorteile beachtlich sind: Zum einen muss bei der auf eine Stückaktie entfallende Anteil des Grundkapitals anders als gemäß

§ 8 Abs. 2 Satz 4 AktG ein Nennbetrag nicht auf volle EUR lauten. Zum anderen muss der auf eine Stückaktie entfallende Anteil des Grundkapitals in der jeweiligen Aktienurkunde anders als der Nennbetrag bei einer Nennbetragsaktie nicht angegeben werden, sondern kann durch Division der Grundkapitalziffer durch die Anzahl der ausgegebenen Aktien, die auch in der Satzung anzugeben sind, ermittelt werden. Daher können bei einer Emission von Stückaktien gemäß § 207 Abs. 2 Satz 2, Halbs. 1 AktG Kapitalerhöhungen aus Gesellschaftsmitteln auch ohne Ausgabe neuer Aktien durchgeführt werden.

Von Bedeutung ist auch die Entscheidung, an welchem der zur Verfügung stehenden Börsenplätze und in welchem Marktsegment die Zulassung der Aktien erfolgen soll. Den Emittenten stehen in Deutschland sieben Wertpapierbörsen zur Verfügung, wobei bekanntlich die Frankfurter Wertpapierbörse die größte wirtschaftliche Bedeutung hat. Gerade für mittelständische Unternehmen aus dem Bereich der Erneuerbaren Energien können jedoch durchaus auch Regionalbörsen für ein Listing von Interesse sein.

Gemäß § 32 Abs. 1 BörsG erfordert der börsenmäßige Wertpapierhandel am regulierten Markt eine Zulassung der gehandelten Wertpapiere durch die Geschäftsführung der Börse. Insbesondere erfordert die Zulassung die Billigung und Veröffentlichung eines Prospekts im Sinne des Wertpapierprospektgesetzes (WpPG).

Mit erfolgter Zulassung wird ein Rechtsverhältnis zwischen der Börse und dem Emittenten begründet. Einerseits können die Emittenten von der Börse die Herbeiführung der Notierung verlangen, andererseits führt dies zur Begründung bestimmter gesetzlicher Publizitäts- und Verhaltenspflichten des Emittenten.

Die Zulassung der Wertpapiere ist von deren Einführung in den Börsenhandel zu unterscheiden. Bei Wertpapieren, die im regulierten Markt gehandelt werden, ist hierunter die Notierungsaufnahme zu verstehen. Der Börsenhandel beginnt dann mit der ersten amtlichen Notierung in diesen Wertpapieren.

Neben den Wertpapieren bedürfen auch die Marktteilnehmer einer Zulassung zum Börsenhandel. Denn die Marktakteure müssen sich auf eine ordnungsgemäße Abwicklung der Börsengeschäfte durch ihren jeweiligen Kontrahenten verlassen können, um ihren eigenen Lieferverpflichtungen gegenüber den Effektenkunden oder anderen Marktakteuren nachkommen zu können. Daher sieht das Börsenrecht gewisse Zulassungsvoraussetzungen vor, um das Bonitätsrisiko der Kontrahenten weitestgehend ausschließen zu können.

Vom regulierten Markt ist das Segment des sogenannten Freiverkehrs zu unterscheiden: Hier erfolgt kein öffentlich-rechtliches Zulassungsverfahren; vielmehr ist der Freiverkehr (Open Market) rein privatrechtlich geregelt und damit nach der Regierungsbegründung zum Börsenzulassungsgesetz „nach wie vor der Obhut der ihn tragenden Kräfte der Wirtschaft überlassen“.

Gleichwohl muss auch bei diesem Segment zum Schutz des regulierten Marktes eine ordnungsgemäße Durchführung des Handels sowie der Geschäftsabwicklung gewährleistet sein. Eventuelle Missstände würden ansonsten auf den jeweiligen Börsenplatz insgesamt zurückfallen. Daher darf die Börse einen Freiverkehr nur dann zulassen, wenn durch von der Geschäftsführung gebilligte Geschäftsbedingungen eine ordnungsgemäße Durchführung des Handels und der Geschäftsabwicklung gewährleistet erscheint. Wenn diese Voraussetzungen nicht mehr erfüllt scheinen, kann die Börsenaufsichtsbehörde nach § 48 Abs. 2 BörsG den Handel im Freiverkehr auch untersagen.

Schließlich sind, wie eingangs angedeutet, nach erfolgtem Börsengang die sogenannten Zulassungsfolgepflichten durch die Emittenten zu beachten. Für den regulierten Markt kann die Börsenordnung nach § 42 Abs. 1 BörsG auch neben den gesetzlichen Pflichten zusätzliche Verpflichtungen vorsehen. Beispielsweise hat die Frankfurter Wertpapierbörse für die Zulassung zum sogenannten Prime Standard von dieser Möglichkeit Gebrauch gemacht und vorgeschrieben, dass die Abschlüsse nach internationalen Rechnungslegungsstandards in deutscher und in englischer Sprache und Halbjahres- und Quartalsberichte nach den gleichen jeweils anwendbaren Rechnungslegungsstandards zu veröffentlichen sind. Darüber hinaus muss der Emittent Analystenveranstaltungen abhalten und „Unternehmenskalender“ über die wesentlichen Termine des Emittenten wie etwa Hauptversammlungen und Pressekonferenzen in Deutsch und Englisch erstellen. Auch sind die nach § 15 WpHG vorgeschriebenen Ad-hoc-Mitteilungen zugleich in englischer Sprache zu veröffentlichen.

3 Anleiheemissionen

Ein weiteres interessantes Finanzierungsvehikel für Emittenten aus dem Bereich der Erneuerbaren Energien können Anleihen darstellen.

3.1 Arten von Anleihen

Es gibt verschiedene Erscheinungsformen von Anleihen, die nachfolgend dargestellt werden. Naturgemäß haben Emittenten vor der Durchführung einer solchen Emission die entsprechenden konzeptionellen Entscheidungen zu treffen und müssen so zwischen den einzelnen „Typen“ einer Anleihe wählen.

Allgemein wird eine Anleihe definiert als die Aufnahme von Kapital gegen die Ausgabe von Inhaberschuldverschreibungen im Sinne von § 793 Abs. 1 Satz 1 des Bürgerlichen Gesetzbuches (BGB) in Verbindung mit § 2 Schuldverschreibungsgesetz (SchVG). Dabei verbriefen die Inhaberschuldverschreibungen ein Forderungsrecht des jeweiligen Papierinhabers gegen den Aussteller auf Rückzahlung und Verzinsung des zur Verfügung gestellten Kapitals. Gemäß § 4 SchVG unterliegen die verbrieften Rechte der Gläubiger der kollektiven Bindung, die nicht durch Rechtsgeschäft, sondern lediglich durch eine gerichtliche Entscheidung durchbrochen werden kann.

Eine grundsätzliche Unterscheidung ist zwischen Inhaber- und Namensschuldverschreibungen vorzunehmen. Letztere sind bisher in Deutschland nicht gesetzlich geregelt, werden aber durch das sich 2011 im Gesetzgebungsverfahren befindliche „Gesetz zur Novellierung des Finanzanlagenvermittler- und Vermögensanlagenrechts" als Vermögensanlagen wie geschlossene Fonds vom Anwendungsbereich des neuen Vermögensanlagengesetzes (VermAnlG) erfasst sein. Im Übrigen wurde durch das Gesetz zur Neuregelung der Rechtsverhältnisse bei Schuldverschreibungen aus Gesamtemissionen und zur verbesserten Durchsetzbarkeit von Ansprüchen von Anlegern aus Falschberatung (SchVGEG) § 1 Depotgesetz (DepotG) insoweit einer Änderung unterzogen, dass Namensschuldverschreibungen, wenn sie auf den Namen einer Wertpapiersammelbank ausgestellt sind, als Wertpapiere im depotrechtlichen Sinne zu verstehen sind. Hiermit sind die Voraussetzungen für internationale Transaktionen hinsichtlich Namensschuldverschreibungen grundsätzlich verbessert, sodass auch diese Anlageinstrumente nun in das sachenrechtliche Wertpapiergiro einbezogen sind.

Was den Inhalt des Forderungsrechts betrifft, so ergibt sich dieser aus den Anleihebedingungen nach § 2 SchVG. Bei der Ausgestaltung dieser Bedingungen ist der Aussteller einer Schuldverschreibung grundsätzlich frei. Daher haben sich in der Praxis eine Vielzahl von möglichen Anleihetypen ausgebildet, die hier erläutert werden.

Den Grundfall bildet nun die Emission einer einzelnen Anleihe (Stand-alone Bond). Einzelne Anleihe meint dabei nicht ein einzelnes Wertpapier, sondern die Aufnahme eines bestimmten Volumens an Fremdkapital zu einem fixen Zeitpunkt. Beispiel: Die Alpha AG begibt eine Anleihe über 150 Mio. EUR mit einem Zinscoupon von 6% per annum und einer Laufzeit von fünf Jahren.

Die so emittierte Anleihe wird üblicherweise in mehreren separaten Teilschuldverschreibungen verbrieft, die hinsichtlich Bestand, Handel- und Übertragbarkeit selbstständig sind. So kann die Anleihe aus dem Beispiel in 3.000 Teilschuldverschreibungen zu je 50.000 EUR zerlegt sein.

Für großvolumigere und sich über einen längeren Zeitraum erstrecktende Kapitalaufnahmen existiert das Instrument des Emissionsprogramms. Emissionsprogramme werden maßgeschneidert auf den jeweiligen Emittenten vorab als Rahmenvertragswerk für eine größere Anzahl einzelner Emissionen aufgelegt und bedürfen anschließend nur noch der jährlichen Aktualisierung. Sie eignen sich daher besonders für sich häufig und regelmäßig am Kapitalmarkt refinanzierende Emittenten. Insbesondere ermöglichen sie eine kurzfristige, flexible und kostengünstige Inanspruchnahme des Fremdkapitalmarkts. Eine Verpflichtung zur Emission sieht das Rahmenprogramm regelmäßig nicht vor. Je nach Laufzeit der im Rahmen eines Emissionsprogramms emittierten Anleihen werden sogenannte Medium-Term-Note- und Commercial-Paper-Programme unterschieden.

Medium-Term-Note- (MTN-) Programme sind dabei Emissionsprogramme für Schuldverschreibungen von mittlerer bis längerer Laufzeit. Sie eignen sich regelmäßig für Emittenten mit einem Finanzierungsbedarf von 5 bis 10 Mrd. EUR. Werden Anleihen aus MTN-Programmen im Rahmen von Privatplatzierungen platziert, hält ein Investor die Schuldverschreibungen oftmals bis zum Ende der Laufzeit in seinem Portfolio, weshalb eine Börsenzulassung in diesen Fällen meist nicht erwartet wird.

Als Commercial-Paper- (CP-) Programme werden kurzfristige Emissionen mit einer Laufzeit von bis zu einem Jahr bezeichnet. Solche Programme sind ab einem Programmvolumen von etwa 50 Mio. EUR sinnvoll. Die Platzierung erfolgt üblicherweise bei institutionellen Anlegern mit Stückelungen im Bereich von 100.000 bis 500.000 EUR.

Anleihen inländischer Emittenten können auch im Ausland und solche ausländischer Emittenten im Inland emittiert werden sowie auch auf Fremdwährungen lauten. Verbreitet sind etwa Euro-Anleihen, also Inhaberschuldverschreibungen, die auf eine andere Währung lauten als die Landeswährung des Staates, in dem sie emittiert werden. Der Begriff der Auslandsanleihe (Foreign Bond) bezeichnet Anleihen, die von einem Emittenten in einem für ihn fremden Staat in dessen Währung emittiert werden. Hierbei handelt es sich um den klassischen Fall einer im Ausland erfolgenden Kapitalbeschaffung.

In diesem Bereich existieren zahlreiche Variationen, wie etwa Doppelwährungsanleihen, bei denen Erwerb und Tilgung in verschiedenen Währungen erfolgen. Sogar auf dem Konzept einer weltweiten Platzierung beruht der Begriff der Globalanleihe (Global Bond). Unter dieser erstmals für den Markt internationaler US-Dollar-Anleihen entwickelten Gestaltungsform werden Anleihen erstrangiger Emittenten verstanden, die sowohl im Land der Anleihewährung als auch international platziert werden und in der Regel rund um die Uhr gehandelt werden. Die begrifflichen Unterscheidungen haben weniger rechtlichen Charakter, sondern haben sich im Rahmen der Marktpraxis entwickelt. Rechtliche Besonderheiten weisen Anleihen mit Auslandsbezug jedoch insoweit auf, als einer Rechtswahl- und Gerichtsstandvereinbarung in den Anleihebedingungen aus in der Natur der Sache liegenden Gründen besonderes Gewicht beizumessen ist. Weiterhin sind bei grenzüberschreitenden Emissionen außenwirtschafts- und devisenrechtliche Vorschriften zu beachten.

Die Emission einer Anleihe kann aus steuerlicher Sicht attraktiver erscheinen, wenn die Begebung nicht durch die im Inland ansässige Muttergesellschaft, sondern über eine im Ausland ansässige Tochter- oder Zweckgesellschaft (Special Purpose Vehicle [SPV]) erfolgt. Mit jeweils spezifischen Vor- und Nachteilen sind insbesondere Emissionen über Zweckgesellschaften in den Niederlanden, in Luxemburg, in Irland, auf Jersey oder den Cayman Islands anzutreffen. Da Zweckgesellschaften jeweils nur mit dem nach der jeweiligen Rechtsordnung erforderlichen Mindestkapital ausgestattet sind, verlangen Investoren regelmäßig eine Garantie der deutschen Muttergesellschaft für die Verpflichtungen aus der Anleihe als Sicherheit.

Eine Verbriefung von Anleihen ist grundsätzlich als Inhaber-, als Namens- oder als Orderschuldverschreibungen denkbar. Den Regelfall bildet die Verbriefung als Inhaberschuldverschreibung. Während als Anleihe regelmäßig die Gesamtemission bezeichnet wird, erfolgt die Verbriefung regelmäßig unterteilt in einzelne Teilschuldverschreibungen mit je nach anvisiertem Investorenpublikum unterschiedlicher Höhe (sogenannte Stückelung).

Typischerweise werden Anleihen in Globalurkunden verbrieft und bei einer Wertpapiersammelbank wie der Clearstream Banking AG hinterlegt. Hierbei hat jeder Anleger gemäß Depotrecht einen der Höhe der von ihm gehaltenen Teilschuldverschreibungen entsprechenden Miteigentumsanteil an dem Sammelbestand. Während früher noch eine gesonderte Verbriefung der Zinszahlungsansprüche in einem eigenen Wertpapier (Coupon) praktiziert wurde, ist heute auch deren einheitliche Verbriefung in einer Globalurkunde üblich.

Die wesentlichen Charakteristika einer Anleihe werden durch die Anleihebedingungen bestimmt. Da es sich dabei um ein vertragliches Rechtsverhältnis handelt, besteht aufgrund der Vertragsfreiheit ein weitreichender Gestaltungsspielraum, der sich in den zahlreichen am Kapitalmarkt zu beobachtenden Varianten von Anleihen niederschlägt. Für die Einordnung und Beurteilung einer Anleihe von Bedeutung sind insbesondere deren Verzinsung, Laufzeit und Tilgungsmodalitäten, das Rangverhältnis der Anleiheforderungen gegenüber anderen Verbindlichkeiten des Emittenten sowie etwaige Besicherungen der Gläubigerrechte. Der Erfolg einer Anleiheemission hängt wesentlich von der marktgerechten Ausgestaltung der Anleihebedingungen, insbesondere Zinscoupon und Ausgabepreis, ab.

Im Unterschied zur Eigenkapitalfinanzierung ist die Aufnahme von Fremdkapital zu verzinsen. Der Zinssatz entspricht dem Preis, den der Emittent für die Kapitalaufnahme zu zahlen hat. Er bildet spiegelbildlich das wesentliche Renditemerkmal für den Anleger. Die Verzinsung kann entweder in Form von während der Laufzeit erfolgenden Zinszahlungen oder in Form einer Differenz zwischen Ausgabe- und Rückzahlungsbetrag der Anleihe ausgestaltet werden. In letzterem Fall kann die Anleihe entweder unter ihrem Nennbetrag emittiert und zu diesem zurückgezahlt (Abzinsungsvariante, Ausgabe mit Disagio) oder zum Nennbetrag emittiert und über diesem zurückgezahlt werden (Aufzinsungsvariante, Rückzahlung mit Agio). Der Vorteil für den Emittenten besteht darin, dass er während der Laufzeit der Anleihe keine Mittel für laufende Zinszahlungen aufwenden muss. Die Vertragsfreiheit ermöglicht auch Kombinationen der verschiedenen Ausgestaltungsformen der Verzinsung. Bei festverzinslichen Anleihen (Fixed Rate oder Fixed Coupon Bonds) ist die Höhe der periodisch (in der Regel jährlich) erfolgenden Zinszahlungen von vornherein festgelegt. Sie orientiert sich grundsätzlich an den im Zeitpunkt der Emission geltenden Referenzzinssätzen am Kapitalmarkt. Auch variiert die Höhe der Zinssätze in der Regel mit ihrer Terminstruktur. In den Anleihebedingungen kann auch vorgesehen werden, dass der Zinssatz mit fortschreitender Laufzeit steigt (Stufenzins- oder Step-up-Anleihe).

Einer Festschreibung des Zinssatzes ist immanent, dass festverzinsliche Anleihen einem Zinsänderungsrisiko unterliegen. Nach der Emission steigende Kapitalmarktzinsen führen zu sinkenden Kursen der Anleihe und umgekehrt. Der an die zum Zeitpunkt der Emission festgelegte Verzinsung gebundene Emittent hat je nach Entwicklung der Kapitalmarktzinsen unter oder über dem gegenwärtigen Marktniveau liegende Fremdkapitalkosten zu tragen. Eine Handlungsoption kann in letzterem Fall der Rückkauf der emittierten Anleihe in Verbindung mit der Emission einer neuen, an die niedrigeren Kapitalmarktzinsen angepassten Anleihe sein. Auch kommt zur Absicherung von Marktveränderungsrisiken der Einsatz von Zinsderivaten in Betracht.

Bei variabel verzinslichen Anleihen (Floating Rate Bonds oder Floater) ist die Höhe der Verzinsung dynamisch geregelt und typischerweise an einen Referenzzinssatz wie den EURIBOR (European Interbank Offered Rate) oder den LIBOR (London Interbank Offered Rate) gekoppelt.

Veränderungen des Referenzzinssatzes wirken sich unmittelbar auch auf die im Rahmen der Anleihe zu zahlenden Zinsen aus. Die Abhängigkeit der Verzinsung von dem gewählten Referenzzinssatz kann flexibel ausgestaltet und auch mit Festzinselementen kombiniert werden. So kann zusätzlich ein fester Mindestzinssatz (Floorfloater) oder Höchstzinssatz (Capfloater) oder auch ein durch Mindest- und Höchstzinssatz gebildeter Zinskorridor (Minimax- oder auch Collared Floater) vorgesehen werden.

Weiterhin ist ein Wechsel von festen zu variablen Zinszahlungen möglich, sogenannte Zinsphasen-Anleihen.

Bei einem Reversed Floater ermittelt sich die Verzinsung aus der Differenz zwischen einem Festzinssatz und einem Referenzzinssatz. Steigende Referenzzinssätze führen bei dieser Ausgestaltung folglich zu sinkenden Zinszahlungen auf die Anleihe und umgekehrt, was sich aus Anlegersicht zur Spekulation auf fallende Kapitalmarktzinsen eignet. Aus Emittentensicht eignen sich variabel verzinsliche Anleihen gegenüber festverzinslichen insbesondere zur Kapitalaufnahme in Hochzinsphasen. Die Verknüpfung mit den

Referenzzinssätzen am Kapitalmarkt führt auch dazu, dass das Marktwertrisiko (typischer) variabel verzinslicher Anleihen geringer ist. Dem steht jedoch gegenüber, dass sich die absolute Rendite für den Anleger bzw. Zinslast des Emittenten nicht im Voraus bestimmen lässt. Wie auch im Rahmen festverzinslicher Anleihen kann etwa mithilfe von Zinsderivaten eine Absicherung erreicht werden.

Bei Nullkuponanleihen (Zero-Bonds) erfolgt die Verzinsung ausschließlich in Form einer Rückzahlung zu einem höheren Betrag als dem Ausgabebetrag, während zur Laufzeit der Anleihe keine Zinszahlungen erfolgen. Die Emission eines Zero-Bond bietet sich an, wenn das Unternehmen während der Laufzeit der Anleihe keine Liquidität für Zinszahlungen aufwenden will. Jedoch erwarten Investoren oftmals, dass das bei Zero-Bonds erhöhte Marktwertrisiko durch höhere Prämienzahlungen abgesichert wird.

Die kumulierte Zinszahlung am Ende der Laufzeit bringt mit sich, dass die Nullkuponanleihe eine im Voraus getroffene Zinseszinsvereinbarung beinhaltet. Das in § 248 Abs. 1 BGB normierte Zinseszinsverbot steht einer solchen Ausgestaltung nicht entgegen, weil der vorrangige Schutzzweck der Vorschrift, den Schuldner vor unkalkulierbaren oder schwer überschaubaren Belastungen zu schützen, aufgrund der summenmäßigen Bestimmung des Rückzahlungsbetrags nicht verletzt ist. Ebenfalls ein wesentliches Merkmal einer Anleihe bildet die Ausgestaltung der Laufzeit und der Tilgungsmodalitäten.

Die klassische Form der Anleihe weist einen von vornherein bestimmten Endfälligkeitstermin auf, zu dem sie zurückgezahlt wird (Straight Bond). Die Laufzeiten solcher Anleihen können zwischen wenigen Tagen und 30 Jahren liegen. Im Grundsatz gilt, dass eine späte Rückzahlung das Bonitätsrisiko für die Investoren erhöht und in aller Regel die Kapitalaufnahme für den Emittenten verteuert.

Auf Annuitäten-Anleihen wird vom Emittenten in gleichbleibenden Jahresraten geleistet. Dabei steigt der Anteil der Tilgung an dem konstanten Jahresbetrag mit fortschreitender Laufzeit an. Dabei kann vereinbart werden, dass die Tilgung erst nach einer rückzahlungsfreien Periode von beispielsweise drei bis fünf Jahren beginnt.

Sogenannte ewige Anleihen (Perpetual Bonds) weisen keine feste Endfälligkeit aus. Das Fremdkapital wird somit für eine unbestimmte Dauer aufgenommen. Der Gläubiger hat Anspruch auf Zinszahlungen, kann jedoch nicht die Rückzahlung der Anleihe vom Emittenten verlangen. Regelmäßig hat der Emittent jedoch nach den Anleihebedingungen das Recht, die Anleihe zu kündigen, um sich bei einer für ihn günstigeren Zinssituation für eine anderweitige Fremdkapitalaufnahme entscheiden zu können. Die Zulässigkeit einer ewigen Anleihe nach deutschem Recht ist nicht unumstritten, richtigerweise aber zu bejahen. Die für Inhaberschuldverschreibungen geltenden §§ 793 bis 808 BGB sehen ein bestimmtes Fälligkeitsdatum nicht als Wirksamkeitsvoraussetzung für die Begebung vor.

Bei Stripped Bonds (Strip steht für Separate Trading of Registered Interest and Principal of Securities) werden die Zins- und Tilgungszahlungen voneinander entkoppelt und einzeln in Zero-Bonds verbrieft und gehandelt. Dies ermöglicht die Ansprache auch solcher Investoren, die Risiken der Wiederanlage für bestimmte Laufzeiten ausschließen wollen.

Da es sich bei Anleihen um vertragliche Dauerschuldverhältnisse handelt, kommt zur vorzeitigen Beendigung vorrangig das Instrument der Kündigung in Betracht.

Ordentliche, ohne das Vorliegen eines besonderen Grundes ausübbare Kündigungsrechte bestehen jedoch nur insoweit, als sie in den Anleihebedingungen ausdrücklich vorgesehen sind. Dagegen besteht das Recht zur außerordentlichen Kündigung aus wichtigem Grund stets auch ohne ausdrückliche Regelung und ist, selbst bei ewigen Anleihen, auch einer Abbedingung nicht zugänglich.

3.2 Emissions- und Platzierungsverfahren

Anleihen sind, anders als grundsätzlich Aktien, frei von Bezugsrechten der Gesellschafter des Emittenten und können frei platziert werden.

Emissionen von Anleihen können grundsätzlich in zwei Arten unterteilt werden. Im Rahmen einer Selbstemission oder Direktplatzierung wird die Schuldverschreibung vom Emittenten unmittelbar an die Anleger emittiert, die Teilschuldverschreibungen werden von diesen originär erworben und in diesem Verhältnis erstmals verbrieft. Erfolgt dagegen eine Fremdemission, wird die Anleihe zunächst an eine oder mehrere Banken emittiert, die diese dann bei den Anlegern weiterplatziert (mittelbare Platzierung). Der Erwerb durch die Anleger ist abgeleitet, diese schließen mit den Emissionsbanken einen Kaufvertrag über das bereits verbriefte Recht. In der Praxis stellt die Fremdemission den Regelfall dar. Im Unterschied zu Anleihen privater Emittenten werden die Wertpapiere des Bundes, soweit sie nicht freihändig verkauft werden, über ein sogenanntes Tenderverfahren platziert.

Die Entscheidung über die Emission einer Anleihe stellt innerhalb der AG grundsätzlich eine Geschäftsführungsmaßnahme im Sinne des § 76 AktG dar, die der Vorstand in eigener Verantwortung zu treffen hat. Satzung, Geschäftsordnung oder der Aufsichtsrat selbst können allerdings gemäß § 111 Abs. 4 Satz 2 AktG ein Zustimmungserfordernis des Aufsichtsrats vorsehen. Bei der GmbH kann sich eine Zuständigkeit der Gesellschafterversammlung auch bei Schweigen des Gesellschaftsvertrags hierzu dann aus § 37 Abs. 1 GmbH-Gesetz (GmbHG) ergeben, wenn die Anleiheemission ein für das jeweilige Unternehmen ungewöhnliches Geschäft darstellt oder die Einholung der Zustimmung durch Gesellschafterbeschluss ad hoc verlangt wird.

Anleihen mit hoher Stückelung werden häufig privat bei institutionellen Investoren platziert, öffentliche Angebote mit kleiner Stückelung sind seltener zu beobachten. Sofern die Anleihen zum Börsenhandel zugelassen werden, besteht auch bei Privatplatzierungen die Möglichkeit des derivativen Erwerbs für Privatanleger. Einzelne, in kleinvolumigere Teilschuldverschreibungen gestückelte Anleihen, insbesondere auch der öffentlichen Hand, werden jedoch auch gezielt an Privatanleger vermarktet. Insoweit bietet die Bundesrepublik Deutschland Finanzagentur GmbH auch die Möglichkeit einer kostenfreien Verwahrung an.

Nach der vorherrschenden Vertragstheorie entsteht eine Schuldverschreibung als Wertpapier noch nicht mit der bloßen Ausstellung der Urkunde (Skripturakt). Hinzukommen muss ein Begebungsvertrag zwischen dem Emittenten und dem Ersterwerber der Anleihe. Der Begebungsvertrag besteht aus der sachenrechtlichen Übertragung des Eigentums an der Urkunde bei gleichzeitiger schuldrechtlicher Einigung über die Begebung der Anleihe. Da auf den Begebungsvertrag die allgemeinen bürgerlich-rechtlichen Vorschriften über das Zustandekommen von Rechtsgeschäften Anwendung finden, schränkt die herrschende Auffassung die Vertragstheorie aus Verkehrsschutzgesichtspunkten ein. Danach hat ein unwirksamer Begebungsvertrag keine Auswirkungen auf das wirksame Entstehen der Schuldverschreibung in der Person eines Zweiterwerbers, wenn nur der Rechtsschein eines wirksamen Begebungsvertrags gesetzt wurde.

Wenn eine Anleihe im Wege der Privatplatzierung bei institutionellen Investoren platziert wird, ist für die Emission selbst gemäß § 3 Abs. 2 WpPG kein Prospekt erforderlich. In diesem Fall erfolgt die Vermarktung häufig über ein sogenanntes Informationsmemorandum, das die wichtigsten Informationen über den Emittenten, die Finanzzahlen der vergangenen zwei Jahre, eine aktuelle Kapitalisierungstabelle sowie die Anleihebedingungen und gegebenenfalls weitere kapitalmarktrelevante Informationen wie etwa Verkaufsbeschränkungen enthält. An Privatanleger gerichtete Emissionen in Form eines öffentlichen Angebots sind für nichtstaatliche Emittenten gemäß § 3 Abs. 1 WpPG prospektpflichtig.

Anleihen können, um einen liquiden Sekundärmarkt zu gewährleisten, zum Börsenhandel zugelassen werden. Nicht börsennotierte Anleihen können über den OTC- (Over-the-Counter-) Handel gehandelt werden, der jedoch die Liquidität und Transparenz eines börslichen Handels nicht erreicht. Unabhängig von der Art der ursprünglichen Platzierung ist für die Börsenzulassung von Anleihen privater Emittenten im Regelfall gemäß § 3 Abs. 3 WpPG ein Prospekt erforderlich. Anleihen staatlicher Emittenten des Europäischen Wirtschaftsraums sind dagegen bereits aufgrund § 36 BörsG zum amtlichen Markt an jeder inländischen Börse zugelassen.

4 Anleiheemissionen und die „Mittelstandssegmente" der Börsen

Auch für Unternehmen aus dem Bereich der Erneuerbaren Energien gestaltet sich der Zugang zu Fremdkapital als Folge der Finanzkrise für mittelständische Unternehmen nach wie vor als nicht einfach. Diese anhaltend restriktive Kreditvergabepraxis hat in jüngster Zeit Anleihen für Mittelständler in das Zentrum des Interesses gerückt. Durch die Einführung neuer Handelssegmente an den verschiedenen Börsenplätzen in Deutschland soll ein liquider Sekundärhandel in den Anleihen gewährleistet werden. Nicht zu unterschätzen sind jedoch die organisatorischen Herausforderungen namentlich für solche Unternehmen, die bislang noch keine Erfahrung am Kapitalmarkt besitzen.

Hierfür ist es zunächst unerlässlich – mag dieser Punkt auch als (vermeintliche) Selbstverständlichkeit daherkommen –, beim Emittenten hinreichende personelle Kapazitäten für die Emissionsvorbereitungen und die nachfolgende Erfüllung der Pflichten aus der Einbeziehung in den Handel vorzuhalten. Bei einem mittelständischen Unternehmen bedeutet dies regelmäßig, dass sich die Geschäftsführung selbst neben dem Tagesgeschäft um die Emissionsaktivitäten kümmern muss. Die Kapazitäten werden insbesondere benötigt für die Erstellung des Prospekts, gesellschaftsrechtliche Strukturierungsmaßnahmen und die Erstellung der Finanzinformationen.

Ein Wertpapierprospekt[1] ist bei allen Mittelstandssegmenten zwingend nach den jeweiligen Bedingungen der Börsen vorgesehen. Zudem muss ein Emittent sein Rechnungswesen im Vorfeld so strukturieren, dass die für den Prospekt benötigten Informationen rechtzeitig vorliegen. Probleme ergeben sich nicht selten aus dem Umstand, dass grundsätzlich geprüfte historische Finanzinformationen der letzten beiden Jahre in den Prospekt aufzunehmen sind, wobei die jüngsten Finanzinformationen nicht älter als 18 Monate sein dürfen. Wird der Prospekt mehr als neun Monate nach dem Ende des letzten Geschäftsjahres erstellt, ist eine Aufnahme von (nur unter einem gewissen Zeit- und Kostenaufwand zu erstellenden) Zwischenfinanzinformationen notwendig, die sich auf das erste Halbjahr des laufenden Geschäftsjahres beziehen.

Weiter müssen die Emittenten die erforderlichen Pflichten, die sich aus der Einbeziehung in den Handel ergeben, erfüllen können. Hier orientieren sich die einzelnen Börsen an den gesetzlichen Anforderungen des regulierten Marktes und schreiben den Emittenten „freiwillige Pflichten" vor. Jedoch ist eine wesentliche Erleichterung insbesondere darin zu erblicken, dass die Finanzberichterstattung nicht nach den International Financial

[1] Hierzu ausführlich der Beitrag „Prospektpflicht bei Wertpapieremissionen" von Corinna Ritz und Thorsten Voß im vorliegenden Buch.

Reporting Standards (IFRS) erfolgen muss. Ausreichend ist vielmehr eine Berichterstattung nach HGB. Der testierte Abschluss ist spätestens sechs Monate nach dem Ende des Geschäftsjahres, der Halbjahresfinanzbericht spätestens drei Monate nach dem Ende des Halbjahres zu veröffentlichen. Schließlich sind nach dem Vorbild des § 15 WpHG „Quasi-Ad-hoc-Pflichten" normiert. Um diese erfüllen zu können, müssen die Emittenten zeitnah damit beginnen, ein kapitalmarktorientiertes internes Berichtswesen zu etablieren.

Im Detail variieren die Emissions- und Folgepflichten an den verschiedenen Handelsplätzen. Tabelle 1 gibt einen Überblick über die unterschiedlichen Anforderungen an den einzelnen Börsen.

Tabelle 1: Anforderungen der einzelnen Börsen

	Bond M (Stuttgart)	**M:access (München)**	**der mittelstandsmarkt (Düsseldorf)**	**Deutsche Börse Entry Standard (Frankfurt/Main)**	**Mittelstandsbörse Deutschland (Börsen Hamburg und Hannover)**
Mindestemissionsvolumen	25 Mio. EUR	25 Mio. EUR	10 Mio. EUR	entfällt	entfällt
Mindeststückelung	max. 1.000 EUR	max. 1.000 EUR	max. 1.000 EUR	max. 1.000 EUR	entfällt
wesentliche Zulassungsvoraussetzungen	• Unternehmensrating • Coach als Betreuer • Wertpapierprospekt	• drei Jahre Bestehen des Unternehmens • Unternehmensrating • Betreuung durch Emissionsexperten • Wertpapierprospekt	• Rating nicht älter als zwölf Monate • Rating mindestens „BB" bei Kapitalmarktneulingen • Kapitalmarktpartner als Betreuer • Wertpapierprospekt	• Unternehmensrating • Listing Partner • Wertpapierprospekt	• Wertpapierprospekt • Coach (optional) • Rating (optional) • Fact Sheet

	Bond M (Stuttgart)	M:access (München)	der mittelstandsmarkt (Düsseldorf)	Deutsche Börse Entry Standard (Frankfurt/Main)	Mittelstandsbörse Deutschland (Börsen Hamburg und Hannover)
wesentliche Folgepflichten	• Jahresabschluss • Zwischenabschluss • Quasi-Ad-hoc-Pflicht • Folgerating	• Jahresabschluss • Zwischenabschluss • Quasi-Ad-hoc-Pflicht • Folgerating	• Jahresabschluss • Zwischenabschluss • Quasi-Ad-hoc-Pflicht • Folgerating	• Jahresabschluss • Zwischenabschluss • Quasi-Ad-hoc-Pflicht • Folgerating	• Jahresabschluss • Zwischenabschluss • Quasi-Ad-hoc-Pflicht • Folgerating
notierte Anleihen	zehn Anleihen	–	eine Anleihe	–	eine Anleihe

Diese neuen Segmente bieten für Mittelständler einen attraktiven Zugang zum Kapitalmarkt über den Weg der sogenannten Mittelstandsanleihe. Bezeichnenderweise haben die neuen Handelssegmente aus dem Bereich der Erneuerbaren Energien einen umfassenden Zuspruch gefunden, da nahezu 50% der Unternehmen, die eine Mittelstandsanleihe emittiert haben, aus dem Renewable-Energy-Sektor stammen. Tabelle 2 gibt eine Übersicht der Emissionen.

Tabelle 2: Emissionen aus dem Erneuerbare-Energien-Sektor

Börse	Unternehmen	Emissionszeitpunkt	Laufzeit	Coupon	Rating
Bond M	Windreich AG	01.03.2010	01.03.2015	6,5%	BBB
	KTG Agrar AG	28.09.2010	28.09.2015	6,75%	BBB
	Solarwatt AG	31.10.2010	31.10.2015	7%	BB+
	Centrosolar Group AG	15.02.2011	15.02.2016	7%	BBB
	German Pellets GmbH	01.04.2011	01.04.2016	7,25%	BBB
	Payom Solar	08.04.2011	07.04.2016	7,5%	BBB
Entry Standard	S. A. G. Solarstrom AG	14.12.2010	14.12.2015	6,25%	BBB+
sonstige Emissionen	Novatec Biosol AG	01.02.2010	01.02.2015	7,25%	–
	Solar Millenium AG	15.07.2010	15.07.2015	6,5%	–

Prospektpflicht bei Wertpapieremissionen

Corinna Ritz/Thorsten Voß

1 Einleitung

Bei Kapitalmarkttransaktionen ist das Informations- und Haftungsdokument des Wertpapierprospekts von zentraler Bedeutung. Die hierfür geltenden Rechtsregeln sind auch von Emittenten aus dem Bereich der Erneuerbaren Energien zu beachten. Die Veröffentlichung eines Wertpapierprospekts ist erforderlich bei einem öffentlichen Angebot von Wertpapieren bzw. für die Zulassung von Wertpapieren an einem organisierten Markt, sofern keine gesetzliche Ausnahme eingreift. Der Prospektveröffentlichung geht das Billigungsverfahren durch die BaFin voraus. Die Regeln über die Erstellung, Billigung und Veröffentlichung des Prospekts finden sich im Wertpapierprospektgesetz (WpPG), das die EU-Prospektrichtlinie (ProspektRL) zum 01.07.2005 in das deutsche Recht umgesetzt hat. Inzwischen wurde die ProspektRL selbst überarbeitet; sie ist bis zum 01.07.2012 in deutsches Recht umzusetzen (ProspektänderungsRL). Neben dem WpPG gilt unmittelbar die EU-Prospektverordnung (EU-ProspektVO Nr. 809/2004 vom 29.04.2004), welche die inhaltlichen Anforderungen an einen Wertpapierprospekt in achtzehn Anhängen detailliert vorgibt.

Seit dem Inkrafttreten des WpPG am 01.07.2005 gilt ein einheitlicher Prospektbegriff. Damit wurde die deutsche Besonderheit einer Differenzierung zwischen Verkaufsprospekt und Börsenzulassungsprospekt abgeschafft. Seit dem 01.07.2005 gibt es nur noch einen Wertpapierprospekt, der sowohl für die Durchführung eines öffentlichen Angebots als auch für eine Börsenzulassung verwendet werden kann. Das WpPG erfasst auch die Fälle außerbörslicher Wertpapieremissionen, die früher im Verkaufsprospektgesetz (VerkProspG) geregelt waren. Das VerkProspG gilt seither nur noch für nicht-fungible Anlageinstrumente, d.h. sogenannte Vermögensanlagen. Es wird seinerseits mit dem für Anfang des Jahres 2012 geplanten Inkrafttreten des Gesetzes zur Novellierung des Finanzanlagenvermittler- und Vermögensanlagenrechts im neu geschaffenen Vermögensanlagengesetz (VermAnlG) aufgehen.

In der Praxis haben sich Emittenten aus dem Bereich Erneuerbare Energien Kapital bislang vorrangig durch „die Ausgabe" von Vermögensanlagen beschafft. Erst ab dem Jahr 2010 haben in diesem Bereich die Wertpapieremissionen zugenommen. In der Regel werden dann Inhaberteilschuldverschreibungen oder als Wertpapiere ausgestaltete Genussscheine angeboten. Emittenten sind bei Wertpapieremissionen nicht die Projektgesellschaften, sondern gegebenenfalls die Initiatoren oder auch die Komplementär-GmbHs der Projektgesellschaften.

2 Das Wertpapierprospektgesetz

Das WpPG sieht eine Prospektpflicht für Wertpapiere vor, die öffentlich angeboten oder zum Handel an einem regulierten Markt zugelassen werden sollen. Anders als vor dem

01.07.2005 besteht eine Prospektpflicht auch für öffentliche Angebote von Wertpapieren, die bereits an einem organisierten Markt zugelassen sind (sogenannte Umplatzierungen).

2.1 Das öffentliche Angebot

Mit dem WpPG wurde eine Legaldefinition des öffentlichen Angebots eingeführt. Bei einem öffentlichen Angebot handelt es sich nach § 2 Nr. 4 WpPG um eine Mitteilung an das Publikum in jedweder Form und auf jedwede Art und Weise, die ausreichende Informationen über die Angebotsbedingungen und die anzubietenden Wertpapiere enthält, um einen Anleger in die Lage zu versetzen, über den Kauf oder die Zeichnung dieser Wertpapiere zu entscheiden. Dies reflektiert nach der Regierungsbegründung das bisherige Begriffsverständnis des öffentlichen Angebots. Somit kann man auf die bisher geltenden Grundsätze im Wesentlichen zurückgreifen. Danach liegt ein öffentliches Angebot schon bei einer sogenannten invitatio ad offerendum vor. Weiter ist allerdings umstritten, ob auch eine konkrete Erwerbsmöglichkeit erforderlich ist, obwohl die Legaldefinition hierauf nicht abstellt.

Das Angebot ist öffentlich, wenn es an einen unbestimmten Personenkreis gerichtet ist.

Öffentliche Angebote sind z.B. Angebote im Internet (z.B. dort abrufbare Zeichnungsscheine), Aushänge und Auslagen von Werbematerial in einer Bank sowie allgemeine Rundschreiben an nicht im Einzelnen ausgesuchte Bankkunden. Keine öffentlichen Angebote sind demgegenüber z.B. reine Werbemaßnahmen im Vorfeld eines IPO, Roadshows (Marketingveranstaltungen vor institutionellen Investoren) und redaktionelle Beiträge in Zeitungen. Denn hier fehlt es an einer konkreten Erwerbsmöglichkeit.

Bezugsrechtsemissionen, die sich ausschließlich an die Altaktionäre richten und bei denen kein öffentlicher, insbesondere börslicher Bezugsrechtshandel eingerichtet ist, stellen – entsprechend dem Verständnis nach alter Rechtslage – kein öffentliches Angebot dar. Auch die Weiterleitung von Bezugsrechtsangeboten oder die Benachrichtigung der Aktionäre über die Zubuchung junger Aktien durch die Depotbanken begründen kein öffentliches Angebot. Diese in ständiger Verwaltungspraxis durch die BaFin vertretene Auslegung wird allerdings mit der Umsetzung der ProspektänderungsRL beendet werden müssen; zukünftig ist für diese Art von Angeboten ein Prospekt mit verringerten Anforderungen zu erstellen.

2.2 Ausnahmen von der Prospektpflicht

Nach § 2 Nr. 4 WpPG stellen Mitteilungen aufgrund des Handels von Wertpapieren an einem organisierten Markt oder im Freiverkehr kein öffentliches Angebot dar. Die bloße Einbeziehung in den Freiverkehr löst kein öffentliches Angebot aus; anderes gilt jedoch, wenn anlässlich oder nach der Einbeziehung konkrete Werbemaßnahmen erfolgen.

Ausnahmen von der Prospektpflicht für ein öffentliches Angebot bestehen nach § 3 Abs. 2 und § 4 Abs. 1 WpPG. Ausgenommen von der Prospektpflicht sind Angebote, die sich ausschließlich an qualifizierte Anleger richten (§ 3 Abs. 2 Nr. 1 WpPG). Qualifizierte Anleger sind in § 2 Nr. 6 WpPG legaldefiniert und umfassen neben den „klassischen" institutionellen Investoren wie Kreditinstitute und Versicherungsunternehmen auch kleine und mittlere Unternehmen und natürliche Personen, die sich in ein Register bei der BaFin nach § 27 WpPG eintragen lassen. Hier werden mit Umsetzung der ProspektänderungsRL Anpassungen erfolgen, weil der „qualifizierte Anleger" zukünftig identisch mit dem des professionellen Anlegers der Finanzmarktrichtlinie sein soll, um Verwaltungsaufwand zu reduzieren.

Ausgenommen sind des Weiteren Angebote, die sich in jedem Staat des Europäischen Wirtschaftsraums (EWR) an weniger als 100 nicht qualifizierte Anleger richten (§ 3 Abs. 2 Nr. 2 WpPG). Zukünftig wird diese Zahl auf 150 pro Mitgliedsstaat des EWR erhöht werden. Ausnahmen bestehen auch für Angebote von Emissionen, bei denen Anleger bei jedem gesonderten Angebot Wertpapiere nur ab einem Mindestbetrag von 50.000 EUR je Anleger erwerben können (§ 3 Abs. 2 Nr. 3 WpPG) oder bei denen die Wertpapiere eine Mindeststückelung von 50.000 EUR haben (§ 3 Abs. 2 Nr. 4 WpPG). Diese Beträge wurden durch die ProspektänderungsRL jeweils auf 100.000 EUR angehoben. Ein Prospekt muss auch dann nicht erstellt werden, wenn der Verkaufspreis für alle angebotenen Wertpapiere über einen Zeitraum von zwölf Monaten weniger als 100.000 EUR beträgt (§ 3 Abs. 2 Nr. 5 WpPG).

§ 4 Abs. 1 WpPG sieht weitere Ausnahmen für öffentliche Angebote bestimmter Arten von Wertpapieren vor, wenn bereits eine gleichwertige Dokumentation vorliegt oder eine solche als nicht erforderlich angesehen wird, z.B. für

- *Tauschangebote und Verschmelzungen,* sofern ein Dokument mit gleichwertigen Angaben, etwa eine Angebotsunterlage nach WpÜG, in die nach § 2 Nr. 2 WpÜG-Angebotsverordnung Angaben nach § 7 WpPG i.V.m. der ProspektVO aufzunehmen sind, bzw. ein Verschmelzungsbericht nach UmwG verfügbar ist (§ 4 Abs. 1 Nr. 2 und 3 WpPG); zukünftig wird diese Ausnahme auch für Spaltungen vorgesehen werden;
- *Kapitalerhöhungen aus Gesellschaftsmitteln* (§ 4 Abs. 1 Nr. 4 WpPG);
- *Mitarbeiterbeteiligungsprogramme,* d.h. Angebote von Wertpapieren (insbesondere Aktien und Aktienoptionen) an derzeitige oder ehemalige Mitglieder von Geschäftsführungsorganen oder Arbeitnehmer von ihrem Arbeitgeber, soweit dessen Wertpapiere bereits an einem organisierten Markt zugelassen sind und ein Dokument mit bestimmten Mindestinformationen vorgelegt wird (§ 4 Abs. 1 Nr. 5 WpPG); auch hier wird es infolge der Prospektänderungsrichtlinie zu Anpassungen im Detail kommen.

Die in § 4 Abs. 2 WpPG geregelten Ausnahmen von der Prospektpflicht für die Zulassung zum Handel entsprechen im Wesentlichen denen für prospektfreie Angebote. Anders als nach alter Rechtslage sind die Ausnahmen von der Prospektpflicht für die Zulassung nach § 4 Abs. 2 WpPG keine antragsbezogenen Ermessensentscheidungen der Behörde, sondern werden – wie bisher schon die Ausnahmen von der Prospektpflicht für öffentliche Angebote – qua Gesetz gewährt.

Die Zulassung von Aktien aus Kapitalerhöhungen von bis zu 10% der Anzahl der bereits zugelassenen Aktien derselben Gattung innerhalb eines Zeitraums von zwölf Monaten ist – anders als für öffentliche Angebote – von der Prospektpflicht ausgenommen (§ 4 Abs. 2 Nr. 1 WpPG).

Für den Fall der Ausübung von Wandel- und Umtauschanleihen von praktischer Bedeutung ist die Ausnahme von der Prospektpflicht für die Zulassung von Aktien, die nach der Ausübung von Umtausch- oder Bezugsrechten aus anderen Wertpapieren ausgegeben werden und derselben Gattung wie bereits zugelassene Aktien angehören. Das zur Absicherung von Wandlungs- und Optionsrechten geschaffene bedingte Kapital kann demnach prospektfrei zugelassen werden.

2.3 Der Wertpapierbegriff

Wertpapiere in diesem Sinne sind nach § 2 Nr. 1 WpPG übertragbare Wertpapiere, die an einem Markt gehandelt werden können, d. h. fungibel sind, wie Aktien, aktienvertretende Zertifikate (z. B. American Depositary Receipts [ADRs]), Wandel- und Optionsanleihen, Inhaberschuldverschreibungen, Optionsscheine, Umtauschanleihen sowie Genussscheine. Nicht unter den Wertpapierbegriff fallen Anlageinstrumente, die nur mittels Abtretung übertragen werden können und deshalb nicht fungibel sind, wie Namensschuldverschreibungen, Schuldscheindarlehen, Genussrechte, Termingeld und Sparbriefe. Ebenso sind Anteile an einer GmbH, KG oder GbR nicht erfasst. Ausdrücklich ausgenommen vom Wertpapierbegriff sind Geldmarktinstrumente mit einer Laufzeit von weniger als zwölf Monaten.

Die in den Anwendungsbereich des WpPG fallenden Wertpapiere werden ferner nach Dividenden- und Nichtdividendenwerten unterschieden. Von Bedeutung ist dies insbesondere im Hinblick auf die für die Prospektbilligung zuständige Behörde und den Prospektinhalt. Dividendenwerte im Sinne von § 2 Nr. 2 WpPG sind Aktien und unmittelbar vom Emittenten oder einem Konzernunternehmen emittierte Wandel- und Optionsanleihen, nicht dagegen z. B. von einer Optionsanleihe abgetrennte Optionsscheine und ADRs. Nichtdividendenwerte im Sinne von § 2 Nr. 3 WpPG sind alle Wertpapiere, die keine Dividendenwerte sind, wie z. B. Umtauschanleihen.

Ausnahmen vom Anwendungsbereich des WpPG zählt § 1 Abs. 2 WpPG auf, z.B. für

- Investmentfondsanteile, für die nach § 42 Investmentgesetz (InvG) eine gesonderte Prospektpflicht gilt;
- Nichtdividendenwerte, die von einem Staat des EWR oder einer Gebietskörperschaft ausgegeben oder garantiert werden;
- kleinere Emissionen bereits börsennotierter Unternehmen von weniger als 2,5 Mio. EUR (mit Umsetzung der ProspektänderungsRL zukünftig 5 Mio. EUR) innerhalb eines Zeitraums von zwölf Monaten;
- dauernde oder wiederholte, d.h. nach § 2 Nr. 12 WpPG mindestens zwei Emissionen umfassende Ausgaben von bestimmten Wertpapieren von weniger als 50 Mio. EUR (mit Umsetzung der ProspektänderungsRL 75 Mio. EUR) durch Einlagenkreditinstitute innerhalb eines Zeitraums von zwölf Monaten. Diese Wertpapiere müssen nicht nachrangig wandelbar oder umtauschbar sein und dürfen nicht zum Erwerb anderer Wertpapiere berechtigen.

2.4 Das Prospektformat

2.4.1 Prospektarten

§ 12 Abs. 1 WpPG sieht vor, dass der Prospekt als einteiliges oder aus drei Teilen (Registrierungsformular, Wertpapierbeschreibung und Zusammenfassung) bestehendes Dokument erstellt werden kann. Für alle Prospektformate ist nach § 5 Abs. 2 WpPG grundsätzlich eine Zusammenfassung erforderlich. Diese hat kurz und allgemein verständlich die wesentlichen Merkmale und Risiken zu nennen, die auf den Emittenten, gegebenenfalls den Garantiegeber und die Wertpapiere zutreffen. Außerdem sind bestimmte Warnhinweise aufzunehmen. Das die Angaben zum Emittenten enthaltende Registrierungsformular kann auch für mehrere Emissionen genutzt werden, wenn nach § 12 Abs. 2 WpPG zusätzlich für jede Emission eine Wertpapierbeschreibung und eine Zusammenfassung erstellt werden und nachtragspflichtige Umstände darin oder in einen Nachtrag zum Registrierungsformular aufgenommen werden. Nachträge „aktualisieren“ den Prospekt, wenn seit seiner Billigung wichtige neue Umstände aufgetreten sind, die für die Beurteilung des Wertpapiers oder des Emittenten von wesentlicher Bedeutung sind. Das dreiteilige Prospektformat hat in Deutschland in der Praxis jedoch keine Bedeutung erlangt; gängig sind – für Aktienemissionen – einteilige Prospekte und daneben für Nichtdividendenwerte auch sogenannte Basisprospekte.

Für Nichtdividendenwerte und Optionsscheine, die im Rahmen eines Angebotsprogramms ausgegeben werden, oder Nichtdividendenwerte, die dauernd oder wiederholt von Einlagenkreditinstituten begeben werden, kann nach § 6 WpPG ein sogenannter

Basisprospekt auch für mehrere Emissionen erstellt werden. Die endgültigen Bedingungen des Angebots (final terms), d.h. die sich auf das Wertpapier beziehenden Angaben, die erst zum Zeitpunkt der Emission bekannt sind, können darin offengelassen werden und müssen spätestens am Tag des jeweiligen öffentlichen Angebots veröffentlicht und bei der BaFin lediglich hinterlegt werden. Für die endgültigen Bedingungen ist ein gesondertes Billigungsverfahren bei der BaFin nicht erforderlich. Da es seit dem Jahr 2005 im europäischen Ausland zu Unsicherheiten gekommen ist, welche Parameter als endgültige Bedingungen anzusehen sind, wird es mit Umsetzung der ProspektänderungsRL zukünftig detaillierte Vorgaben geben, welche Werte als endgültige Bedingungen anzusehen sind. In der Praxis nutzen „Vielemittenten", die laufend Wertpapiere begeben, welche sich in ihren Ausstattungsmerkmalen nur geringfügig unterscheiden, das Basisprospektformat (z.B. Schuldverschreibungen mit unterschiedlichen Laufzeiten und Zinssätzen, Optionsscheine mit verschiedenen Basiswerten und Basispreisen, strukturierte Wertpapiere in der Form von Zertifikaten).

Für Emittenten aus dem Bereich der Erneuerbaren Energien wäre das Basisprospektregime demzufolge neben dem einteiligen Prospektformat auch geeignet. In der Praxis ist es bislang allerdings bei Einzelprospekten geblieben, da die Kapitalaufnahme nicht so häufig erfolgte, als dass die Vorteile des Basisprospekts (schnelle Marktpräsenz wegen nicht dem Billigungserfordernis unterliegender endgültiger Bedingungen, Vorteile bei der Gebührenstruktur) hätten ausgekostet werden können.

2.4.2 Aufbau

Seit Juli 2005 ist der Aufbau von Wertpapierprospekten – jedenfalls teilweise – festgelegt: So müssen nach Art. 25 Abs. 1 und 2 EU-ProspektVO Inhaltsverzeichnis, Zusammenfassung und Risikofaktoren den übrigen Angaben im Prospekt ausnahmslos vorangestellt werden. Die Reihenfolge der übrigen Angaben kann nach Art. 25 Abs. 3 EU-ProspektVO frei gewählt werden. Weicht die Reihenfolge der Angaben im Prospekt von der in den Anhängen zur EU-ProspektVO vorgesehenen ab, verlangt die BaFin entsprechend Art. 25 Abs. 4 EU-ProspektVO eine Liste mit Querverweisen (sogenannte Überkreuz-Checkliste). Aus dieser muss sich ergeben, an welcher Stelle im Prospekt welche Angabe enthalten bzw. ob eine Angabe im Einzelfall nicht einschlägig ist. Bei Aktienemissionen ist in der Regel ein Abweichen von der Reihenfolge der EU-ProspektVO üblich, da nach Inkrafttreten des neuen Prospektregimes im Jahr 2005 der herkömmliche, den internationalen Usancen entsprechende Prospektaufbau in der Praxis weitgehend beibehalten wurde. Bei Schuldverschreibungsemissionen ist zu beobachten, dass insbesondere kleinere Emittenten, die lediglich Einzelemissionen begeben, die vorgegebene Reihenfolge inzwischen einhalten, während sich die Prospekte für Schuldverschreibungsprogramme in der Regel noch an den herkömmlichen Mustern orientieren und demzufolge dann eine Liste mit Querverweisen erstellt werden muss.

2.4.3 Einbeziehung per Verweis

Nach § 11 WpPG ist es möglich, bestimmte Angaben, wie in Art. 28 Abs. 1 ProspektVO aufgezählt (z.B. Jahresabschlüsse und bereits gebilligte und veröffentlichte Prospekte), in den Prospekt in Form eines Verweises auf diese veröffentlichten Dokumente aufzunehmen. Während für Börsengänge betreffend Aktienemissionen die praktische Bedeutung dieser Bestimmung in Deutschland gering ist, hat sie umso größere Bedeutung bei Basisprospekten von „Vielemittenten", da sie den Prospekt verschlankt, wenn die ohnehin auf den Webseiten der Emittenten veröffentlichten Finanzinformationen nur einmal in einen Prospekt aufgenommen werden müssen, auf die dann in der Folge verwiesen werden kann. Demzufolge ist die Einbeziehungsmöglichkeit nach § 11 WpPG also insbesondere bei der Erstellung von Basisprospekten von Interesse.

Angaben können nur dann in Form eines Verweises in einen Prospekt einbezogen werden, wenn die Dokumente nach dem WpPG oder dem Börsengesetz (BörsG) bzw. den entsprechenden Gesetzen eines anderen EWR-Staates von der BaFin oder einer Börse (oder der zuständigen Behörde eines anderen EWR-Staates) gebilligt oder bei dieser hinterlegt wurden. Die BaFin verlangt, dass die Hinterlegung aufgrund gesetzlicher Regelungen erfolgt; eine freiwillige Hinterlegung von Dokumenten, auf die dann in der Folge verwiesen werden könnte, kommt nicht in Betracht. Bei Kapitalmarkttransaktionen bereits börsennotierter Unternehmen ist der Anwendungsbereich für Verweise demzufolge größer; so kann z.B. auf Angaben, die in bereits gebilligten und veröffentlichten Prospekten enthalten sind, verwiesen werden.

Mit der Umsetzung der ProspektänderungsRL wird es hier Erleichterungen geben, da beabsichtigt ist, dass die nach der Transparenzrichtlinie (TransparenzRL) periodisch zu veröffentlichenden Finanzinformationen (Jahresabschlüsse, Zwischenberichte) zukünftig per Verweis in den Prospekt einbezogen werden können.

2.5 Der Prospektinhalt

2.5.1 Baukastenprinzip der EU-ProspektVO

Nach der Generalklausel des § 5 Abs. 1 WpPG müssen Prospekte in leicht analysierbarer und verständlicher Form sämtliche Angaben enthalten, die im Hinblick auf den Emittenten und die Wertpapiere notwendig sind, um dem Publikum ein zutreffendes Urteil über die Vermögenswerte und Verbindlichkeiten, die Finanzlage, die Gewinne und Verluste, die Zukunftsaussichten des Emittenten und gegebenenfalls jedes Garantiegebers sowie über die mit den Wertpapieren verbundenen Rechte zu ermöglichen. Detaillierte Vorgaben für den in einen Prospekt aufzunehmenden Mindestinhalt sind gemäß den Vorgaben des § 7 WpPG in der EU-ProspektVO geregelt. Durch die ProspektänderungsRL wird es in der EU-ProspektVO zu Erweiterungen und Anpassungen kommen.

Die EU-ProspektVO enthält in ihren Anhängen, die für die unterschiedlichen Emittenten und Wertpapiere jeweils eigene Schemata und ergänzende Module vorsehen, Vorgaben für diesen Mindestinhalt, der nach dem sogenannten Baukastenprinzip (building block approach) zusammenzustellen ist. Die Kombinationsmöglichkeiten sind in Art. 21 ProspektVO in Verbindung mit Anhang XVIII (nicht abschließend) dargestellt; die umfangreichsten Anforderungen werden in den Anhängen I und III an Aktienemissionen gestellt. Der Inhalt für Schuldverschreibungsprospekte (vgl. Anhänge IV, V und XI) ist maßgeblich dadurch geprägt, dass Informationen aufgenommen werden müssen, die die Solvenz und damit die Fähigkeit des Emittenten, seinen aus den Schuldverschreibungen resultierenden Verpflichtungen nachzukommen, betreffen. Die nationalen Behörden dürfen über die Anhänge hinausgehende Angaben nach Art. 23 der EU-ProspektVO nur dann verlangen, wenn der Emittent in eine der in Anhang XIX genannten Kategorien fällt. Die ESMA (früher: CESR)-Empfehlungen schlagen insoweit vor, dass z.B. Immobiliengesellschaften unter Umständen einen Bewertungsbericht in den Prospekt aufnehmen und Start-up Unternehmen ihren Business Plan analysieren müssen.

2.5.2 Risikofaktoren

Der Prospekt muss nach Inhaltsverzeichnis und Zusammenfassung in einem gesonderten Abschnitt eine Beschreibung von Risikofaktoren enthalten, die für den Emittenten oder seine Branche bzw. die Wertpapiere spezifisch und für die Anlageentscheidung wesentlich sind. In der Praxis ist hier von besonderer Bedeutung, dass aus dem Risikokapitel nicht in andere Prospektteile verwiesen werden darf, damit der Anleger alle wesentlichen Risiken an einer Stelle vor Augen hat. Ferner dürfen auch keine sogenannten „Relativierungen" erfolgen, die die Risiken schönfärberisch darstellen und dadurch beim Anleger den falschen Eindruck hervorrufen, eine Anlage sei weniger riskant als zutreffend; die Grenzen verlaufen hier teilweise unscharf und sind im Billigungsverfahren mit der zuständigen Behörde abzustimmen.

2.5.3 Trendinformationen

In den Prospekt sind nach Anhang I Ziffer 12, Anhang IV Ziffer 8.2 sowie Anhang XI Ziffer 7.2 EU-ProspektVO Angaben über wichtige Trends seit dem Ende des letzten Berichtszeitraumes bis zum Datum des Prospekts ebenso wie bekannte Trends, die voraussichtlich die Aussichten des Emittenten zumindest im laufenden Geschäftsjahr wesentlich beeinflussen dürften, aufzunehmen. Diese finden sich regelmäßig im Prospektabschnitt über den jüngsten Geschäftsgang und die Geschäftsaussichten.

2.5.4 Gewinnprognosen und -schätzungen

Die Aufnahme von Gewinnprognosen oder -schätzungen in den Prospekt ist dagegen nicht zwingend erforderlich. Diese unterscheiden sich von Trendinformation dadurch, dass sie ausdrücklich oder implizit eine Zahl für die wahrscheinliche Höhe der Gewinne oder Verluste oder Daten enthalten, aufgrund derer sich eine solche Zahl errechnen lässt (Art. 2 Nr. 10 und 11 EU-ProspektVO). Bei Aktienemissionen besteht nach den ESMA-Empfehlungen eine Vermutung, dass außerhalb eines Prospekts genannte Prognosen wesentlich sind und deshalb in den Prospekt aufgenommen werden müssen. Daraus kann jedoch keine pauschale Pflicht gefolgert werden, im Prospekt Aussagen zu früheren Prognosen zu treffen. Werden Prognosen in den Prospekt aufgenommen, sind weitere Angaben und der Bericht eines Wirtschaftsprüfers erforderlich.

2.5.5 Finanzinformationen

Nach Anhang I Ziffer 20.1 Abs. 1 EU-ProspektVO sind bei Aktienemissionen geprüfte historische Finanzinformationen für die letzten drei Geschäftsjahre mit Bestätigungsvermerken in den Prospekt aufzunehmen, bei Schuldverschreibungsemissionen ist dies nach Anhang IV Ziffer 13.1 sowie Anhang XI Ziffer 11.1 nur für die letzten beiden Geschäftsjahre erforderlich. Wenn der Emittent Konzernabschlüsse erstellt, sind nach Anhang I Ziffer 20.3, Anhang IV Ziffer 13.2 und Anhang XI Ziffer 11.2 EU-ProspektVO zumindest diese Abschlüsse für die letzten drei bzw. zwei Geschäftsjahre aufzunehmen. Nach der Praxis der BaFin ist darüber hinaus, insbesondere weil die Dividende auf der Grundlage des nach dem Handelsgesetzbuch (HGB) aufgestellten Einzelabschlusses ausgeschüttet wird, jedenfalls der letzte Einzelabschluss aufzunehmen; gegebenenfalls kann sogar die Aufnahme der Einzelabschlüsse der letzten drei Geschäftsjahre geboten sein, wenn dem Anleger nur so ein zutreffendes Urteil über den Emittenten und die Wertpapiere ermöglicht wird.

Nach nationalen Rechnungslegungsstandards erstellte Finanzinformationen müssen nach Anhang I Ziffer 20.1 Abs. 4, Anhang IV Ziffer 13.1 sowie Anhang XI Ziffer 11.1 EU-ProspektVO folgende Bestandteile enthalten: Bilanz sowie Gewinn- und Verlustrechnung. Zusätzlich ist noch eine Kapitalflussrechnung erforderlich, wenn es sich um eine Aktienemission bzw. eine Schuldverschreibungsemission handelt, sofern letztere nicht von einer Bank ausgegeben wird; dann ist sie nach Anhang XI Ziffer 11.1 nur dann erforderlich, wenn die Schuldverschreibungen zum Handel an einem organisierten Markt zugelassen werden sollen. Bei Aktienemissionen ist immer eine Eigenkapitalveränderungsrechnung in den Prospekt aufzunehmen. Für nach HGB aufgestellte Abschlüsse werden in der Praxis häufig die Kapitalflussrechnung und die Eigenkapitalveränderungsrechnung erst anlässlich der Kapitalmarkttransaktion erstellt und geprüft. Die Aufnahme des Lageberichts in den Prospekt ist nach dem ausdrücklichen Wortlaut der EU-ProspektVO nicht erforderlich; die wesentlichen Informationen des Lageberichts sind ohnehin im Prospekt zu erläutern. Im Einzelfall kann aber die Aufnahme geboten sein, um dem Anleger ein zutreffendes Urteil über den Emittenten und die Wertpapiere zu ermöglichen.

Nach Anhang I Ziffer 20.6.2, Anhang IV Ziffer 13.5.2 sowie Anhang XI Ziffer 11.5.2 EU-ProspektVO ist ein Zwischenabschluss zu erstellen, wenn der letzte Jahresabschluss bei Prospekterstellung mehr als neun Monate zurückliegt. In der Zwischenzeit veröffentlichte Quartals- oder Halbjahresabschlüsse sind nach Anhang I Ziffer 20.6.1, Anhang IV Ziffer 13.5.1 sowie Anhang XI Ziffer 11.5.1 EU-ProspektVO in den Prospekt aufzunehmen, wobei grundsätzlich die Aufnahme des letzten Zwischenabschlusses ausreichend ist. In der Praxis wird darüber hinaus wegen der sogenannten 135-Tage-Regel für die Erteilung von Comfort Lettern auch bei Börsenneulingen, die noch keine Zwischenabschlüsse veröffentlicht haben, regelmäßig ein Quartals- oder Halbjahresabschluss in den Prospekt aufgenommen, wenn seit dem Stichtag des letzten geprüften oder prüferisch durchgesehenen Abschlusses 135 Tage oder mehr vergangen sind, weil andernfalls der Abschlussprüfer im Comfort Letter nicht die regelmäßig geforderte Aussage zum entsprechenden Zeitraum abgeben kann. Wenn die Zwischenabschlüsse geprüft wurden, ist das Testat aufzunehmen; andernfalls ist anzugeben, dass sie ungeprüft sind.

Die zusätzliche Aufnahme von Pro-forma-Zahlen ist nur nach Anhang I Ziffer 20.2 EU-ProspektVO bei Aktienemissionen und nur dann erforderlich, wenn es im letzten oder laufenden Berichtszeitraum aufgrund einer Transaktion zu einer wesentlichen Brutto-Veränderung gekommen ist. Eine solche liegt bei einer mindestens 25–prozentigen Schwankung in Bezug auf einen oder mehrere Indikatoren vor. Indikatoren sind nach den ESMA-Empfehlungen: Bilanzsumme, Umsatzerlöse, Gewinn/Verlust oder andere geeignete Kennziffern. Werden Pro-forma-Zahlen in den Prospekt aufgenommen, ist eine Bescheinigung der Wirtschaftsprüfer über die Prüfung dieser Zahlen mit aufzunehmen.

Für Aktien-, nicht aber Schuldverschreibungemittenten mit einer sogenannten komplexen finanztechnischen Vorgeschichte (complex financial history) oder bedeutenden finanziellen Verpflichtungen gelten besondere Bestimmungen, die in einer weiteren EU-VO festgehalten sind. Eine komplexe finanzielle Vorgeschichte kann sich daraus ergeben, dass bei einem Emittenten nicht die gesamte operative Geschäftstätigkeit durch die historischen Finanzinformationen abgedeckt ist, weil der Emittent z.B. einen bedeutenden Erwerb getätigt hat oder weil es sich bei dem Emittenten um eine neu gegründete Holdinggesellschaft handelt. Eine bedeutende finanzielle Verpflichtung liegt vor, wenn der Emittent eine verbindliche Vereinbarung über den Erwerb oder die Veräußerung einer bedeutenden Gesellschaft oder eines bedeutenden Geschäftsbereichs eingegangen ist. Die zuständige Behörde kann dann verlangen, dass bestimmte Teile der Finanzinformationen einer anderen Gesellschaft in den Prospekt aufgenommen werden, um dem Anleger ein zutreffendes Bild über den Emittenten und die Wertpapiere zu ermöglichen. Was im Einzelnen verlangt wird, ist mit der zuständigen Behörde möglichst im Vorfeld der Prospekteinreichung abzustimmen.

2.5.6 Befreiung von Prospektangaben

Der sich auf Aktienemissionen beziehende § 8 Abs. 1 WpPG ermöglicht es, dass der endgültige Emissionspreis und das endgültige Emissionsvolumen im Prospekt offengelassen werden können und eine Veröffentlichung unverzüglich nach ihrer Festlegung erfolgt, sofern die Kriterien oder Bedingungen angegeben werden, anhand derer die Werte ermittelt werden. § 8 Abs. 2 WpPG sieht darüber hinaus vor, bei der BaFin eine Befreiung zu beantragen, wenn wichtige Gründe gegen die Aufnahme bestimmter Angaben sprechen; praktisch kommt dies aber selten vor. Wenn bestimmte Angaben den Besonderheiten des Emittenten nicht gerecht werden, sind nach § 8 Abs. 3 WpPG gleichwertige Angaben aufzunehmen. Wenn bestimmte Angaben beim Emittenten nicht vorliegen, wird in der Praxis von der BaFin häufig verlangt, eine sogenannte Fehlanzeige in den Prospekt aufzunehmen.

3 Das Prüfungsverfahren

3.1 Zuständige Behörde, Herkunftsstaatprinzip

Grundsätzlich ist die BaFin für die Prüfung und Billigung des Prospekts nach § 13 Abs. 1 Satz 2 WpPG in Verbindung mit § 2 Nr. 13 WpPG zuständig, wenn der Emittent seinen Sitz in Deutschland hat und Deutschland demzufolge Herkunftsstaat ist. Diese Zuständigkeitsregelung gilt unabhängig davon, in welchem Mitgliedsstaat das öffentliche Angebot bzw. die Börsenzulassung erfolgt. Für die Emission von bestimmten Nichtdividendenwerten gilt nach § 2 Nr. 13 lit. b) WpPG (bzw. den entsprechenden Regeln der anderen EWR-Staaten) eine Ausnahme. Es besteht ein Wahlrecht, den Prospekt neben dem Sitzstaat auch in dem Staat des EWR billigen zu lassen, in dem die Wertpapiere zum Handel an einem organisierten Markt zugelassen oder in dem die Wertpapiere öffentlich angeboten werden sollen.

Nachfolgende Beispiele verdeutlichen, welche Behörden bei Dividenden- bzw. Nichtdividendenwerten für die Prospektbilligung zuständig sind:

> ***Beispiel 1:*** *Die Beta AG mit Sitz in Frankfurt/Main möchte eine Umtauschanleihe begeben, die in London zum Handel an der Börse zugelassen werden soll.*

Weil eine Umtauschanleihe als Nichtdividendenwert im Sinne von § 2 Nr. 3 WpPG zu qualifizieren ist und, wie es § 2 Nr. 13 lit. b) WpPG verlangt, regelmäßig in Aktien einer nicht zum Konzern gehörenden Gesellschaft umgetauscht werden kann, besteht in Bezug auf die Prospektbilligungsbehörde ein Wahlrecht: Der Prospekt kann entweder bei der BaFin als Behörde am Sitzstaat der Beta AG oder der zuständigen Behörde im Vereinigten Königreich (UK) als dem Staat, in dem die Umtauschanleihe zugelassen werden soll, zur Billigung eingereicht werden. Wenn auch ein öffentliches Angebot erfolgt, was bei Umtauschanleihen allerdings regelmäßig nicht der Fall ist, könnte der Prospekt auch in dem Staat, in dem das öffentliche Angebot stattfinden soll, zur Billigung eingereicht werden.

Für Emittenten außerhalb des EWR (also in sogenannten Drittstaaten) besteht nach § 2 Nr. 13 lit. c) WpPG (bzw. den entsprechenden Regeln der anderen Mitgliedsstaaten) die Möglichkeit, als Herkunftsstaat den Staat des EWR auszuwählen, in dem die Wertpapiere erstmals öffentlich angeboten oder in dem die Wertpapiere erstmals zugelassen werden sollen. Diese Wahl gilt dann für zukünftige Emissionen gleichermaßen.

> ***Beispiel 2:*** *Die Alpha AG mit Sitz in Hamburg möchte eine Wandelanleihe begeben, die an der Mailänder Börse zum Handel zugelassen werden soll.*

Wenn die Alpha AG die Wandelanleihe, d.h. einen Dividendenwert im Sinne von § 2 Nr. 2 Alt. 2 WpPG (weil diese in Aktien der Alpha AG umgewandelt werden wird), direkt begibt, ist die BaFin gemäß § 2 Nr. 13 lit. a) WpPG für die Prospektbilligung zuständig. Für die Zulassung der Wandelanleihe an der Mailänder Börse kann der gebilligte Prospekt der zuständigen italienischen Behörde „notifiziert“ werden und ist ohne zusätzliche inhaltliche Prüfung dieser Behörde auch in Mailand gültig (sogenannter EU-Pass für Wertpapiere). Wenn die Alpha AG die Wandelanleihe über eine ausländische, z.B. niederländische, Konzerngesellschaft begibt, was in der Praxis häufig ist, ist die Behörde am Sitzstaat der ausländischen Konzerngesellschaft zuständig, da es sich um einen Dividendenwert handelt. Da solche Konzerngesellschaften aus steuerlichen Gründen auch häufig außerhalb des EWR angesiedelt sind, stellen sich hier auch Fragen im Zusammenhang mit sogenannten „Drittstaaten“, also solchen außerhalb des EWR (vgl. oben).

Seit dem 01.07.2005 besteht für die Prospektbilligung keine Zuständigkeit der Zulassungsstelle der jeweiligen Börse mehr, dies obliegt allein der BaFin. Die Zuständigkeit für die Zulassung der Wertpapiere nach §§ 30 ff. BörsG ist hingegen weiter bei den Börsen geblieben. Sie prüfen nur noch die Zulassungsvoraussetzungen der §§ 1-12 BörsZulV, jedoch nicht, ob der von der BaFin gebilligte oder im Zuge des Notifizierungsverfahrens von einer anderen Behörde im EWR bescheinigte Prospekt die Vorgaben des WpPG bzw. der ProspektVO einhält.

3.2 Prüfungsumfang

Die BaFin prüft nach § 13 Abs. 1 Satz 2 WpPG die „Vollständigkeit des Prospekts einschließlich der Kohärenz und Verständlichkeit" der vorgelegten Informationen. Kohärenz bedeutet, dass der Prospekt keine „inneren" Widersprüche enthält (also beispielsweise, dass in den ausgewählten Finanzinformationen andere Zahlen enthalten sind als in den ebenfalls in den Prospekt aufgenommenen Jahresabschlüssen). Die Prüfungspraxis beschränkt sich auf die Feststellung offensichtlicher Widersprüche; die Richtigkeit der Prospektangaben wird hingegen nicht geprüft.

3.3 Prüfungsfristen

Der Prospekt ist nach § 13 Abs. 2 Satz 1 WpPG innerhalb von zehn Werktagen zu billigen; bei einem Börsengang, d.h. einem erstmaligen öffentlichen Angebot von Wertpapieren eines Emittenten, dessen Wertpapiere noch nicht zum Handel an einem organisierten Markt zugelassen sind, beträgt die Billigungsfrist nach § 13 Abs. 2 Satz 2 WpPG zwanzig Werktage. In der Praxis verschickt die BaFin regelmäßig innerhalb von zehn Werktagen ein sogenanntes „Anhörungsschreiben" im Sinne von § 13 Abs. 3 Satz 1 WpPG, in dem sie darüber informiert, inwieweit der Prospekt unvollständig ist und welche Angaben noch zu ergänzen sind. In der Mehrzahl der Fälle kommt es zu zwei bis drei solcher „Anhörungsschreiben", bis der Prospekt billigungsreif ist. Die Billigungsfrist beginnt nach § 13 Abs. 3 Satz 1 WpPG erst dann zu laufen, wenn der BaFin die vollständigen Informationen vorliegen. Allerdings führt in der Praxis nicht jedes Nachreichen von Informationen, insbesondere bei nur geringfügigen Mängeln, zu einem Neulauf der Frist. Auch sind Terminabsprachen mit der BaFin möglich, sinnvoll und empfehlenswert, um Terminpläne einhalten zu können.

Anders als beim Prospektbilligungsverfahren ist für die getrennt zu betreibende Börsenzulassung keine gesetzliche Frist vorgesehen. Der bspw. von der Frankfurter Wertpapierbörse veröffentlichte unverbindliche Zeitplan sieht eine Frist von mindestens acht Werktagen zwischen der Antragstellung und der Handelsaufnahme vor.

Der Prospekt muss nach § 14 Abs. 1 Satz 1 WpPG bei der BaFin hinterlegt und unverzüglich, mindestens einen Werktag vor Beginn des öffentlichen Angebots veröffentlicht werden. Wenn kein öffentliches Angebot stattfindet, ist nach § 14 Abs. 1 Satz 2 WpPG stattdessen die Einführung der Wertpapiere maßgeblich. Im Falle eines erstmaligen öffentlichen Angebots einer Gattung von Aktien, die noch nicht an einem organisierten Markt zugelassen sind, muss die Frist zwischen der Veröffentlichung des Prospekts und dem Abschluss des Angebots nach § 14 Abs. 1 Satz 4 WpPG mindestens sechs Werktage betragen.

4 Prospektveröffentlichung, -gültigkeit und Nachtragspflicht

4.1 Prospektveröffentlichung

Für die Veröffentlichung des Prospekts stehen nach § 14 Abs. 2 WpPG verschiedene Möglichkeiten zur Verfügung: neben dem Abdruck in einem Börsenpflichtblatt und der sogenannten „Schalterpublizität" durch kostenloses Bereithalten beim Emittenten, den Börsen, den Emissionsbanken oder den Zahlstellen kann der Prospekt auch – und dies ist in der Praxis inzwischen die Regel – auf der Internetseite des Emittenten veröffentlicht werden. Die ProspektänderungsRL sieht vor, dass die Internetveröffentlichung zukünftig verpflichtend sein wird. Bei Veröffentlichung im Internet muss dem Anleger nach § 14 Abs. 5 WpPG auf Verlangen auch eine Papierversion kostenlos zur Verfügung gestellt werden.

4.2 Prospektgültigkeit

Nach seiner Veröffentlichung ist ein Prospekt nach § 9 Abs. 1 WpPG zwölf Monate lang für öffentliche Angebote oder Börsenzulassungen gültig, wenn er entsprechend durch Nachträge im Sinne von § 16 WpPG ergänzt wird. Bestimmte Basisprospekte sind sogar unbegrenzt gültig (vgl. § 9 Abs. 3, § 6 Abs. 1 Nr. 2 WpPG). Ausreichend ist, wenn die Nachträge jeweils erst vor einer neuen Emission erstellt werden.

4.3 Nachtragspflicht

Wenn wichtige neue Umstände oder wesentliche Unrichtigkeiten von Prospektangaben nach Billigung des Prospekts und vor dem endgültigen Schluss des öffentlichen Angebots oder der Einführung oder Einbeziehung in den Handel auftreten oder festgestellt werden, muss nach § 16 Abs. 1 WpPG ein Nachtrag zum Prospekt veröffentlicht werden. Nach den Vorgaben der ProspektänderungsRL ist zukünftig für die Dauer der Nachtragspflicht das jeweils später eintretende Ereignis maßgeblich. Wenn also börsenzugelassene Wertpapiere nach der Notierungsaufnahme weiterhin öffentlich angeboten werden, wird – anders als es bisher deutsche Praxis war – zukünftig die Nachtragspflicht erst dann enden, wenn auch das öffentliche Angebot beendet ist.

Nachträge sind von der BaFin innerhalb einer Billigungsfrist von sieben Werktagen zu billigen und anschließend in derselben Art und Weise wie der ursprüngliche Prospekt zu veröffentlichen. Für Anleger, die vor der Veröffentlichung des Nachtrags eine auf den

Erwerb oder die Zeichnung der Wertpapiere gerichtete Willenserklärung abgegeben haben, besteht nach § 16 Abs. 3 WpPG ein Widerrufsrecht innerhalb von zwei Tagen nach Veröffentlichung des Nachtrags, „sofern noch keine Erfüllung eingetreten ist“, d.h. also, sofern die Wertpapiere noch nicht ins Depot gebucht wurden. Auch hier wird die Umsetzung der ProspektänderungsRL geringfügige Veränderungen mit sich bringen.

Wenn der Nachtrag Angaben enthält, die auch die Veröffentlichung einer Ad-hoc-Mitteilung nach § 15 WpHG erfordern, muss die Gesellschaft eine Ad-hoc-Mitteilung unabhängig von der Billigung des Nachtrags durch die BaFin veröffentlichen.

5 Grenzüberschreitende Emissionen, „Europäischer Pass" für Wertpapiere

5.1 Notifizierungsverfahren

Im Jahr 2005 wurde durch die Prospektrichtlinie der sogenannte „Europäische Pass“ für Wertpapiere eingeführt: Ein von der zuständigen Behörde eines Mitgliedsstaates gebilligter Prospekt ist ohne zusätzliche inhaltliche Prüfung auch in den übrigen Mitgliedsstaaten gültig und kann dort für ein öffentliches Angebot oder eine Zulassung verwendet werden, sofern die zuständige Prospektbilligungsbehörde die Billigung in einer von ihr ausgestellten Bescheinigung bestätigt (sogenannte „Notifizierung“). Dadurch sollen grenzüberschreitende Emissionen von Wertpapieren in den Mitgliedsstaaten erleichtert und Aufwand und Kosten für die Kapitalaufnahme der Emittenten reduziert werden. Für Schuldverschreibungsemissionen wird dieses Notifizierungsverfahren auch häufig genutzt; für Aktienemissionen hat es dagegen kaum Bedeutung erlangt. Hinsichtlich dieses „Europäischen Passes“ unterscheiden sich auch Prospekte für Wertpapiere von solchen für Vermögensanlagen, für die es diese Möglichkeit nicht gibt. Ist also ein grenzüberschreitender/europaweiter Vertrieb beabsichtigt, empfiehlt sich demzufolge die Ausgestaltung der Beteiligungsform als Wertpapier und nicht als Vermögensanlage, um durch die Erstellung eines Wertpapierprospekts mit anschließender Notifizierung in den Genuss dieses „Europäischen Passes“ zu kommen. Soweit ersichtlich, ist die Zahl der Notifizierungen, die von Wertpapieremittenten aus dem Bereich der Erneuerbaren Energien beantragt wurden, jedoch noch immer sehr gering.

Umgekehrt ist nach § 17 Abs. 3 WpPG ein von der zuständigen Behörde eines anderen Mitgliedsstaates (Herkunftsstaat) gebilligter Prospekt in Deutschland (Aufnahmestaat) gültig, sofern die BaFin von dieser Behörde nach den geltenden Vorschriften des Herkunftsstaates unterrichtet wird und die Sprachenregelung des § 19 WpPG eingehalten ist (vgl. unten).

Für von der BaFin als zuständiger Herkunftsstaatbehörde gebilligte Prospekte ist in § 17 Abs. 1 in Verbindung mit § 18 WpPG die Notifizierung des Prospekts vorgesehen. Die BaFin übermittelt den zuständigen Behörden eines anderen Mitgliedsstaates (Aufnahmestaat), in dem der Prospekt für ein öffentliches Angebot oder die Zulassung von Wertpapieren verwendet werden soll, auf Antrag eine Bescheinigung über die Billigung sowie eine Kopie des gebilligten Prospekts, gegebenenfalls ergänzt durch eine in der Sprache des Aufnahmestaates verfasste Prospektzusammenfassung. Für die Übermittlung der Bescheinigung ist eine Frist von drei Werktagen vorgesehen. Sofern der Antrag auf Erteilung der Bescheinigung gleichzeitig mit der Einreichung des Prospekts gestellt wird, verkürzt sich diese Frist auf einen Werktag.

5.2 Sprachenregelung

Nicht nur bei der Notifizierung ist die Sprachenregelung des § 19 Abs. 1 WpPG zu beachten: Grundsätzlich ist der Prospekt in deutscher Sprache zu verfassen, wenn der Herkunftsstaat des Emittenten Deutschland ist und die Wertpapiere ausschließlich dort öffentlich angeboten oder zugelassen werden. Im Einzelfall kann die BaFin gestatten, dass der Prospekt „in einer in internationalen Finanzkreisen üblichen Sprache“ erstellt wird, z.B. wenn sich das Angebot ausschließlich an institutionelle Anleger richtet; dann ist aber eine deutsche Zusammenfassung erforderlich. „In internationalen Finanzkreisen gebräuchlich“ ist im Regelfall nur die englische Sprache. Werden die Wertpapiere in Deutschland gleichzeitig auch in einem oder mehreren anderen Mitgliedsstaaten öffentlich angeboten oder zugelassen, kann der Prospekt nach § 19 Abs. 3 WpPG auch „in einer in internationalen Finanzkreisen gebräuchlichen Sprache“ erstellt werden; aber auch dann ist eine deutsche Zusammenfassung erforderlich.

Wenn das öffentliche Angebot oder die Zulassung ausschließlich in einem anderen Mitgliedsstaat oder mehreren anderen Mitgliedsstaaten erfolgt (also nicht in Deutschland), besteht ein Wahlrecht, den von der BaFin zu billigenden Prospekt „in einer in internationalen Finanzkreisen gebräuchlichen Sprache“ oder einer von der Behörde bzw. den Behörden des Aufnahmestaates anerkannten Sprache zu erstellen; im letzteren Fall ist der Prospekt zusätzlich auch in deutscher Sprache zu erstellen. Dies ist nötig, damit die BaFin ihn prüfen kann.

Für nicht von der BaFin gebilligte, sondern für ein öffentliches Angebot oder eine Zulassung in Deutschland der BaFin notifizierte Prospekte gilt nach § 19 Abs. 4 WpPG, dass sie in einer von der BaFin anerkannten Sprache oder in einer in internationalen Finanzkreisen gebräuchlichen Sprache zu erstellen sind; in jedem Fall ist aber eine deutsche Zusammenfassung erforderlich.

VI
Attraktive Auslandsmärkte für Erneuerbare Energien

Im Ausland wachsen: Exportchancen für deutsche Unternehmen der Erneuerbare-Energien-Branche

Stephan Franz/Claudia Vogel

1 Warum sind Auslandsmärkte eine Chance für deutsche EE-Unternehmen?

Deutschland gilt als Exportweltmeister. Zwar ist dieser Titel mit Blick auf den Wert der insgesamt ausgeführten Waren und Dienstleistungen im Jahr 2009 an China gegangen. Dennoch hat sich der deutsche Außenhandel nach der Wirtschaftskrise erneut als Konjunkturlokomotive mit zweistelligen Zuwachsraten bewiesen.[1] Ist der Erfolg von Maschinenbau, Automobilbranche, Chemieindustrie und anderen auf die Erneuerbaren-Branche übertragbar? Welche Chancen, aber auch Risiken bestehen für deutsche Anbieter von Wind-, Solar- und Bioenergietechnologien im Ausland? Und welches sind die vielversprechendsten Absatzmärkte? Diese Fragen sollen in diesem Kapitel beleuchtet werden – denn die Internationalisierung ist für deutsche Unternehmen mehr als eine Chance, sie ist die Zukunft. Denn allein im ersten Halbjahr 2010 wurden weltweit rund 65 Mrd. US-Dollar in Erneuerbare Energien investiert, davon mehr als zwei Drittel außerhalb Europas.[2]

1.1 Etablierter Heimatmarkt

Seit den 1990er Jahren wird in Deutschland die Energieerzeugung aus erneuerbaren Energiequellen gefördert. Die wichtigsten Meilensteine waren das Stromeinspeisegesetz im Jahr 1991, das 1.000-Dächer-Programm und die Einführung des Erneuerbare-Energien-Gesetzes (EEG) im Jahr 2000. Im Ergebnis hat Deutschland die dritthöchste installierte Windkapazität, die höchste installierte Photovoltaik-Kapazität und ist Spitzenreiter bei der Nutzung von landwirtschaftlichem Biogas. Dieser starke Heimatmarkt bedeutet, dass deutsche Unternehmen langjährige Erfahrungen in Hinblick auf die Anwendung ihrer Technologien, aber auch bei der Projektierung und dem Betrieb von Anlagen haben. Durch das langjährige Betreiben von Produktionsanlagen und Kraftwerken liegen Erfahrungswerte und Datenreihen vor, die vor allem bei der Finanzierung durch Banken ein entscheidender Vorteil sind. Die deutschen Technologien sind also erprobt und bankfähig.

Auch mit Blick auf die gewachsenen Zuliefererstrukturen bietet die Stärke des Heimatmarktes Vorteile für deutsche Unternehmen der Erneuerbaren-Branche. So sind Wertschöpfungsketten in räumlicher Nähe entstanden, in denen Expertise konzentriert vorzufinden ist. Dies betrifft nicht nur die Verfügbarkeit von Fachkräften, sondern auch das Ausprobieren neuer Technologien mit „wohlgesinnten Kunden“. Wenn beispielsweise

---

[1] Vgl. BMWi (2011).

[2] Vgl. UNEP-SEFI (2010).

ein Maschinenbauer ein neues Beschichtungsverfahren ausprobieren möchte, findet er im Umkreis von wenigen Hundert Kilometern einen langjährigen Kunden, bei dem er sein Produkt im Normalbetrieb ausprobieren kann, ohne Bedenken von Ansehensverlust oder Produktpiraterie.

Dennoch gibt es erste Anzeichen einer Marktsaturierung in Deutschland. Der Zubau im Onshore-Windbereich hat sich in den vergangenen Jahren deutlich verlangsamt, da die in den Flächennutzungsplänen der Bundesländer ausgewiesenen Windflächen zumeist schon bebaut sind. Bei der Photovoltaik ist durch die Förderungskürzungen ungewiss, wie sich die weitere Marktentwicklung gestaltet. Und auch im Bereich der Bioenergie werden schon knapp zwei Drittel der für den Energiepflanzenanbau verfügbaren Flächen genutzt,[3] ein Wachstum ist hier vor allem durch Ertragssteigerungen, aber auch durch die verstärkte Nutzung ohnehin anfallender Abfallstoffe wie Pflanzen- und Holzreste und Dünger zu erreichen. Insgesamt ist aber zu beobachten, dass die Zeiten exponenziellen Marktwachstums in Deutschland zumindest in den genannten Technologien zunächst vorbei sind.

1.2 Absatzsicherung im Ausland

Die größten Wachstumsraten beim Zubau Erneuerbarer-Energien-(EE-)Technologien sind derzeit in Auslandsmärkten zu beobachten – allerdings von einem geringeren Ausgangsniveau ausgehend. Für die Windmärkte ist in Abbildung 1 zu sehen, dass neben China und den USA auch die Türkei, Brasilien und Mexiko interessante Wachstumsmärkte sind. Gerade in den Ländern ohne starke eigene Industrie sind die Marktanteile zwischen den verschiedenen globalen Anbietern noch nicht fest aufgeteilt. Ein frühzeitiges Engagement sichert hier eine gute Startposition für kommende große Absatzmärkte von Wind-, Solar- und Bioenergie. Ferner bietet eine Ausweitung des Geschäfts auf verschiedene Länder die Chance, der Volatilität der politisch geförderten Märkte zu entgehen. So kann das Wegbrechen einer Förderung in einem Land durch die Diversifizierung auf verschiedene Absatzmärkte abgemildert werden.

[3] Vgl. Thrän/Müller-Langer (2011).

Abbildung 1: Wachstumsmärkte Windenergie

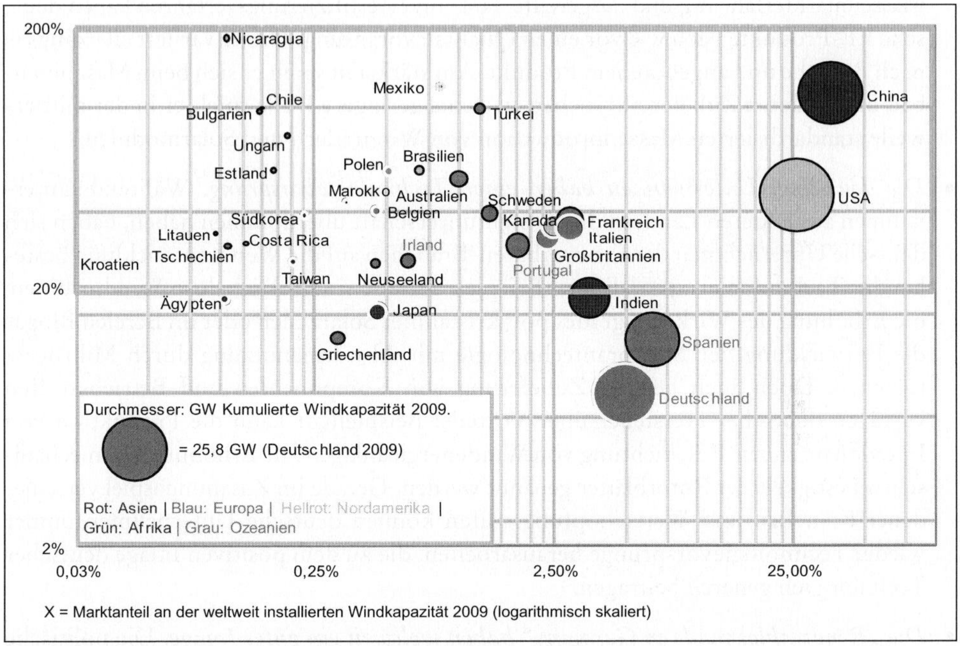

Quelle: dena 2010 auf Basis von Daten der World Wind Energie Association und Internationalen Energie Agentur

1.3 Komparative Vorteile

Die europäischen Hersteller sind einem zunehmenden Kostendruck durch asiatische Produzenten ausgesetzt. Dabei treten die anfänglichen Qualitätsunterschiede nicht mehr so deutlich zutage wie noch vor einigen Jahren. Und so haben es deutsche Hersteller oft schwer, mit dem Preisniveau ihrer Konkurrenten mitzuhalten. Dennoch gibt es einige komparative Vorteile der „Renewables made in Germany", die einen Premiumaufschlag erlauben:

- *Die deutschen Unternehmen haben einen Erfahrungsvorsprung.* Durch die kontinuierlich hohen Installationszahlen für die verschiedenen Erneuerbare-Energien-Technologien in Deutschland im letzten Jahrzehnt haben die deutschen Unternehmen einen Erfahrungsvorsprung in Hinblick auf den dauerhaften Einsatz ihrer Technologien (vgl. Abschnitt 1.1).

- *Die deutschen Unternehmen haben einen Qualitätsvorsprung.* Durch die langjährige Massenmarkterfahrung und ausgereifte Test- und Zertifizierungsverfahren haben deutsche EE-Produkte nach wie vor einen Qualitätsvorsprung. Dieser variiert allerdings je nach Branche und angebotenem Produkt. Am stärksten spielt er sich beim Maschinenbau und anderen Zuliefererbranchen aus, eine geringere Rolle spielt er in der mittlerweile standardisierten Massenproduktion von Windrädern und Solarmodulen.
- *Die deutschen Unternehmen haben einen Technologievorsprung.* Während Unternehmen aus anderen Ländern die Kostenführerschaft übernommen haben, haben sich deutsche Unternehmen der Erneuerbaren-Branchen auf die Weiterentwicklung bestehender Technologien spezialisiert. Beispiele hierfür sind getriebelose Windturbinen, die Erhöhung des Wirkungsgrades polykristalliner Solarzellen oder im Bereich Biogas die Entwicklung der Membrantechnologie mit Abwärmenutzung durch Mikrogasturbinen. Doch auch bei der Zulieferung von Komponenten und Betriebsstoffen verfügen deutscher Hersteller über Vorteile: Beispielhaft kann die Produktion von Epoxidharzen zur Beschichtung von Windenergieanlagen zur Erhöhung der mechanischen Festigkeit der Rotorblätter genannt werden. Gerade im Zusammenspiel verschiedener Branchen und Wertschöpfungsstufen können deutsche Unternehmen immer wieder Technologievorsprünge herausarbeiten, die zu dem positiven Image deutscher Technologien generell beitragen.
- *Die „Renewables made in Germany" haben weltweit ein gutes Image.* Die politische Vorreiterrolle Deutschlands bei der Förderung Erneuerbarer Energien und die häufige Kopie des EEG weltweit färben auch auf die deutschen Unternehmen ab. So wurden nach dem Vorbild des EEG in mehr als 40 Ländern ähnliche Einspeisevergütungsmodelle implementiert.[4] Verstärkend wirkt hier die Imagekampagne des Bundesministeriums für Wirtschaft und Technologie, der Deutschen Energie-Agentur GmbH (dena) und anderer Akteure im Rahmen der Exportinitiative Erneuerbare Energien.[5]
- *Deutsche Unternehmen haben einen guten Marktzugang.* Durch den gemeinsamen Binnenmarkt der Europäischen Union haben deutsche Unternehmen einen barrierefreien Zugang zu den 27 Mitgliedsstaaten und zu rund 15 weiteren Ländern, mit denen Freihandelsabkommen bestehen. Von besonderer Bedeutung sind für die Erneuerbaren-Branchen die Freihandelsabkommen mit den EU-Anrainern (Türkei, Marokko, Algerien, Ägypten), aber auch das jüngst vereinbarte Freihandelsabkommen mit Südkorea und das gegenwärtig in im Aushandlungsprozess befindliche Abkommen mit Kanada.[6]

[4] Vgl. BMU (2009).

[5] Vgl. www.exportinitiative.bmwi.de, www.exportinitiative.de.

[6] Stand: Juni 2011.

Abbildung 2: Freihandelsabkommen der Europäischen Union (Ende 2010)

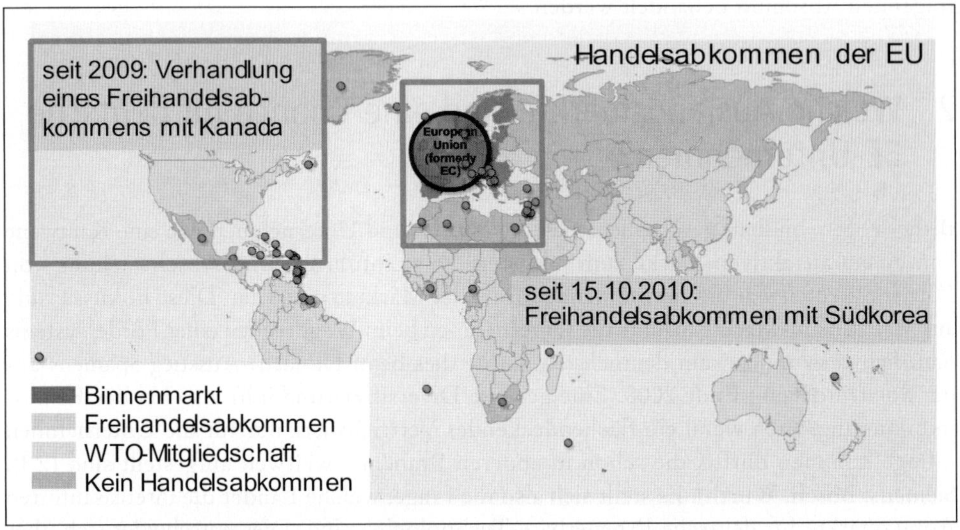

Quelle: World Trade Organization (WTO) 2011

1.4 Chancen im Auslandsgeschäft

Die Notwendigkeit zur Diversifizierung des Geschäfts auf verschiedene Absatzmärkte und die Chancen im Auslandsgeschäft haben zahlreiche deutsche Unternehmen der Erneuerbaren-Branchen zu Akteuren auf den Weltmärkten werden lassen. Die Exportquoten variieren zwar je nach Branche und Stufe in der Wertschöpfungskette, sind aber durchweg gestiegen in den vergangenen Jahren. So haben die deutschen Hersteller von Windenergieanlagen im Jahr 2010 75% ihres Umsatzes im Ausland erwirtschaftet,[7] während die Photovoltaik-Industrie eine Exportquote von rund 50% aufweist.[8] Diese Zahlen sprechen eindeutig dafür, dass eine Positionierung zur wachsenden Konkurrenz im Weltmarkt erfolgreich gelingen kann.

Ausgehend von einem stabilen Heimatmarkt mit ersten Saturierungserscheinungen bestehen die größten Wachstumschancen für deutsche Unternehmen der Erneuerbaren-Branchen zur Zeit in einer Ausweitung des Auslandsgeschäft auf Märkte mit einer größeren Wachstumsdynamik. Hierbei können die „Renewables made in Germany" auf verschiedene Qualitäts- und Imagevorteile gegenüber anderen Herstellern aufbauen. Es gibt mit

[7] Quelle: Bundesverband Windenergie (BWE) 2010.

[8] Quelle: Bundesverband Solarwirtschaft (BSW-Solar).

Blick auf die Marktdynamiken und den Marktzugang jedoch einige Unterschiede, die im folgenden Abschnitt behandelt werden.

2 Welche Auslandsmärkte sind eine Chance für deutsche EE-Unternehmen?

Bisher zogen, bildhaft gesprochen, viele Investoren und Unternehmen wie eine Karawane von einem attraktiven Markt zum nächsten. Die Einführung und Abschwächung von Fördersystemen war das bestimmende Motiv der Marktattraktivität. Diese Fokussierung auf Mainstream-Märkte machte die Unternehmen beim Wegbrechen eines Fördersystems natürlich verwundbar, am deutlichsten wurde dies beim De-facto-Ausstieg Spaniens aus der Solarförderung Ende 2008. Eine gewisse Diversifizierung hilft also bei der Risikominimierung, auch wenn ein flächendeckendes Vertriebsnetz nur für die Unternehmen infrage kommen dürfte, die schon in anderen Branchen weltweit aufgestellt sind (z.B. Siemens, Bosch, Würth). Es stellt sich also die Frage, welche Länder die interessantesten Absatzmärkte für deutsche Erneuerbare-Technologien sind. Dies entscheidet sich über die Attraktivität des Förderregimes für die jeweilige Technologie und den Marktzugang für deutsche Unternehmen. Zunehmend wichtig wird jedoch das natürliche Potenzial, also die Anzahl der geeigneten Standorte für Windkraftanlagen, die solare Strahlungsintensität und die Verfügbarkeit von Substraten für die Bioenergie.

Abbildung 3: Attraktive Märkte für deutsche Erneuerbare-Energien-Unternehmen

Quelle: dena 2010 auf Basis der dena-Marktanalyse für die Exportinitiative Erneuerbare Energien des BMWi

Westeuropa: „Investors Liebling"

Mit Blick auf die Förderung Erneuerbarer Energien ist Westeuropa nach wie vor führend. Die Einspeisevergütungen in Frankreich, Belgien, Italien und anderen Staaten garantieren attraktive Gewinnmargen, und die Rechtssicherheit wird als vergleichsweise gut angesehen. Einige Hoffnung wird auch in den beginnenden Ausbau der EE in Großbritannien gesetzt. Der schöne Schein der Investitionssicherheit in Westeuropa hat allerdings schwere Kratzer durch die Entwicklungen in Spanien bekommen, wo nach dem erwähnten Wegbrechen der Förderung eine nachträgliche Kürzung der Einspeisevergütung durchgesetzt wurde. Dennoch bleibt Westeuropa eine wichtige Stütze der weltweiten Absatzmärkte für Erneuerbare-Energien-Technologien.

Osteuropa: Wachstumsmärkte

Vor allem durch die EU-Ziele zum Anteil Erneuerbarer Energien und die nationalen Aktionspläne sind in mehreren osteuropäischen Ländern attraktive Fördersysteme entstanden. Prominentestes Beispiel ist die Entwicklung des tschechischen Photovoltaik-Marktes in den Jahren 2009-2010. Allerdings ist auch hier einige Verunsicherung durch die rückwirkende Einführung einer Steuer auf Einnahmen aus dem Betrieb von Solaranlagen entstanden. Der Windzubau in Polen, der Photovoltaik-Zubau in Bulgarien und das gebremste Marktwachstum in der Slowakei deuten jedoch darauf hin, dass erste Erfahrungen in der Nutzung Erneuerbarer Energien gesammelt werden und dass in diesen Ländern zukünftig attraktive Märkte für deutsche Unternehmen entstehen, in denen deutsche Unternehmen Wettbewerbsvorteile durch das positive Image, aber auch die räumliche Nähe haben.

Nordamerika: die Hoffnung

Auch wenn bei den Erneuerbaren der erhoffte „Obama-Effekt" nur langsam Wirkung zeigt, spielen Windenergie, Photovoltaik & Co. eine zunehmend wichtige Rolle in immer mehr Bundesstaaten der USA und Kanadas. Nachdem die europäische Förderung durch Einspeisevergütungen Massenmärkte geschaffen hat, welche das Preisniveau der Erneuerbaren drückten, wird die Nutzung der regenerativen Energien nun immer attraktiver auch für die eher marktwirtschaftlich orientierten Angloamerikaner. Die attraktivsten Bundesstaaten in den USA sind Texas, Minnesota und Illinois für die Windenergie, Kalifornien, New Jersey und Arizona für die Solartechnologien (Photovoltaik und solarthermische Kraftwerke), Wisconsin, Pennsylvania und Minnesota für die energetische Nutzung von Biomasse. In Kanada ist neben Quebec und Nova Scotia vor allem Ontario mit seiner Einspeisevergütung ein attraktiver Absatzmarkt geworden.

Südamerika: wachsende Energiemärkte

In Brasilien, Chile und anderen Ländern Lateinamerikas sind attraktive neue Märkte zunächst für die Windindustrie, zunehmend aber auch für die Solarindustrie (Photovoltaik und solarthermische Kraftwerke) entstanden. Wachsende Bevölkerungszahlen und Wirtschaftsleistungen und ein ohnehin hoher Investitionsbedarf im Energiesektor bieten gute Voraussetzungen für EE-Technologien. Hinzu kommt, dass die lateinamerikanischen Märkte über kaum einheimische Industrien verfügen, nur zum Teil werden die Länder von nordamerikanischen und spanischen Unternehmen abgedeckt. Insgesamt gilt Lateinamerika also als „noch nicht besetzt" – und die makroökonomischen Wachstumsraten ähneln in zahlreichen Ländern denen der viel beachteten asiatischen Märkte.

Asien: Wachsender Bedarf trifft eigene Industrien

Wie in nahezu allen anderen Branchen auch haben sich mit dem Markteintritt chinesischer Unternehmen die Kräfteverhältnisse und Marktanteile verändert. Zwar hat China mittlerweile die höchste installierte Windkapazität, in erster Linie tritt das Land aber als kostengünstiger Produzent von Windturbinen und Solarmodulen in Erscheinung. Der massive Aufbau der chinesischen Massenproduktion hat die Erneuerbaren dichter zur Kostenparität mit den Konventionellen gebracht – häufig auf deutschen Maschinen und Anlagen. So haben vom chinesischen Solarboom vor allem deutsche Maschinenbauer wie centrotherm und Manz Automation profitiert. Insgesamt gestaltet sich der Marktzugang allerdings in China, Indien und anderen asiatischen Ländern auch aufgrund protektionistischer Tendenzen schwierig.

Nordafrika: Desertec und EE-Boom

Durch die räumliche Nähe und die Freihandelsabkommen mit der EU sind auch die nordafrikanischen Länder Marokko, Algerien, Tunesien und Ägypten sehr interessante Absatzmärkte für deutsche EE-Unternehmen. Das natürliche Wind- und Solarpotenzial, aber auch die öffentliche Debatte durch die Ankündigungen des Desertec-Projekts haben zu massiven Zubauplänen in dieser Region geführt. Die Investitionssicherheit gilt allgemein aber als noch verbesserungsfähig, weshalb hier andere Maßnahmen zu Risikoabsicherung notwendig sind.

Least Developed Countries: Strom ohne Netze

Weitere interessante Absatzmärkte, allerdings noch mit kleineren Volumina, bieten sich auch in den am wenigsten entwickelten Ländern, den sogenannten Least Developed Countries (LDC). Hier könnte den Erneuerbaren eine ähnliche Entwicklung wie der

Mobilfunktechnologie bevorstehen, indem der Aufbau teurer Netze durch dezentrale Lösungen umgangen wird. Netzferne Photovoltaik- und Windanwendungen (off-grid applications) und Kleinstnetze für einzelne Siedlungen (mini-grids) sind interessante Alternativen, die zunehmend auch außerhalb der entwicklungspolitischen Zusammenarbeit angewendet werden. Erste deutsche Anbieter von Anwendungen für Campinganlagen entdecken diese Märkte für sich und versuchen sie durch lokale Partner zu öffnen, als Beispiel sei hier Centrosolar genannt.

3 Risiken im Auslandsgeschäft und ihre Minimierung

Ein Geschäft in einem attraktiven Auslandsmarkt unterliegt generell anderen Bedingungen als ein Inlandsgeschäft. Hier soll auf die wichtigsten Risikogruppen eingegangen werden und die bestehenden Möglichkeiten ihrer Eingrenzung aufgezeigt werden.[9]

Erhöhte Komplexität und niedrigerer Informationsstand

Der Aufbruch in neue Märkte bedeutet immer auch, dass die Gefahr einer falschen wirtschaftlichen Einschätzung des Auslandsmarktes steigt. Dies kann sowohl quantitative Faktoren wie die Marktentwicklung als auch die qualitative, kulturelle Faktoren betreffen (zum Beispiel: „Deutsche Produkte sind zu ‚hightechlastig' für Anwendungen unter extremen klimatischen Bedingungen"). Ein wichtiger Ansatzpunkt zur Minimierung dieser Risiken ist die Flankierung der Auslandsmarkterschließung durch frühzeitige Marktinformation, beispielsweise im Rahmen der Exportinitiative Erneuerbare Energien des Bundesministeriums für Wirtschaft und Technologie (BMWi). Für die verschiedenen Phasen des Markteintritts, von der Erstinformation (Länderprofile und Webportale) bis zur konkreten Geschäftsanbahnung (Geschäftsreisen und Informationsveranstaltungen) werden deutsche Unternehmen der Erneuerbaren-Branchen beim Markteintritt unterstützt.

Risiken bei Erneuerbaren-Energien-Technologien

Die Nutzung von erneuerbaren Energiequellen basiert auf vergleichsweise jungen Technologien, die zum Teil erst im letzten Jahrzehnt in die Massenanwendung gegangen sind. Gerade beim Betrieb unter extremen klimatischen Bedingungen – in Wüstenregionen oder in tropischen Gebieten – bestehen häufig nur geringe Erfahrungswerte. Generell gilt, dass die Anforderungen an das Material dort höher sind.

[9] Vgl. Dena (2004).

Im Bereich der Bioenergie prominent diskutiert, aber auch für Wind- und Solarparks relevant, ist des Weiteren die Frage nach der Flächenverfügbarkeit. Die Konkurrenzen zur Nahrungsmittelproduktion oder anderen Formen der Landnutzung können zu Debatten über die Energieerzeugung aus Erneuerbaren Energien generell führen.

Das Angebot von standardisierten Produkten für den Weltmarkt wird erschwert durch die Einführung von Bestimmungen zum inländischen Wertschöpfungsanteil („local content“). Die Einführung solcher Regelungen in Kanada, Brasilien und anderen Ländern soll gewährleisten, dass von der Einführung von Fördersystemen für Erneuerbare Energien vor allem einheimische Unternehmen profitieren. Solche Regelungen widersprechen allerdings dem Diskriminierungsverbot für die Mitgliedsländer der Welthandelsorganisation (WTO). Für deutsche Exportunternehmen kann dies eine drastische Begrenzung des Marktzugangs bedeuten, der nur durch die Gründung von Joint Ventures mit lokalen Partnern begegnet werden kann.

Für politisch bedingte Projektrisiken sind die Erneuerbaren in besonderem Maße anfällig. Dies ist vor allem auf die Abhängigkeit von staatlichen Fördermechanismen, aber auch auf die staatlichen Regulierungen der Energiemärkte zurückzuführen. So ist der Bau von Kraftwerken von der Verlässlichkeit und Vertrauenswürdigkeit der staatlichen Stellen im Land des Vertragspartners abhängig. Denn der Investor muss sich darauf verlassen können, dass beispielsweise der Netzanschluss wie vereinbart umgesetzt und dass die vereinbarte Einspeisevergütung auch über den gesamten Zeitraum gezahlt wird. Doch auch generelle Risiken wie Kriege und innere Unruhen, Begrenzungen im Güter- und Kapitalverkehr oder fehlende Rechtssicherheit zählen zu den politischen Länderrisiken.

Wechselkursrisiko

Das Wechselkursrisiko bezeichnet die Gefahr der Veränderungen des Wechselkursverhältnisses, aus Sicht des Exporteurs vor allem die Möglichkeit, weniger Geld in seiner Landeswährung zu erhalten, als es bei Vertragsabschluss der Fall gewesen wäre. Die Absicherung der Wechselkursrisiken ist prinzipiell ein zusätzlicher Kostenfaktor. Die Absicherung kann über die internationalen Finanzmärkte geschehen, z.B. durch Devisentermingeschäfte oder Derivate. Je nach Art des Markteintritts kann das Wechselkursrisiko auch über Vereinbarungen zwischen den Geschäftspartnern oder durch die Errichtung lokaler Produktionsstätten in einem Währungsraum abgefedert werden.

Transportrisiko

Mit dem Transportrisiko ist die Gefahr der Beschädigung oder des Verlustes der Ware auf dem Transportweg gemeint. Generell sind Spediteure gegen Schäden dieser Art versichert. In einigen Fällen lohnt es sich trotzdem, eine gesonderte Waren-Transportversicherung abzuschließen. Das gilt besonders dann, wenn die Haftung des Transporteurs bestimmte Risiken ausklammert.

Weitere wirtschaftliche Risiken

Über die genannten Risiken hinaus bestehen weitere wirtschaftliche Risiken, die Kapitaleinsatz und die erwarteten Gewinne bedrohen und im Auslandsgeschäft typischerweise höher sind als im Inlandsgeschäft. Am wichtigsten ist hier die Nichtzahlung bzw. der Konkurs des Kunden. Dieses Risiko kann auch im Ausland durch eine ausführliche Bonitätsprüfung des Geschäftspartners minimiert werden, allerdings ist die Informationsbeschaffung und -bewertung aufwendiger als im Inland. Hinzu kommt, dass die Erneuerbaren-Technologien vergleichsweise junge Technologien sind, bei deren Projektumsetzung gerade in entstehenden Märkten die lokalen Partner häufiger nur wenig Erfahrungen haben.

Risikominimierung

Gegen die genannten Ausfallrisiken gibt es verschiedene Absicherungsmöglichkeiten, z.B. durch staatliche und private Exportkreditversicherungen. Bei Geschäften mit Ländern mit geringem politischem Risiko bieten private Kreditversicherer umfassenden Schutz vor Forderungsausfall. Problematisch wird es jedoch, wenn in Länder mit hohem politischem Risiko geliefert wird. Hierfür bieten kommerzielle Anbieter häufig keine Versicherung mehr an. Wo den privaten Exportkreditversicherungen das Geschäft zu riskant ist, hilft deutschen Exporteuren deshalb der Bund. Die Euler Hermes Kreditversicherungs-AG versichert Exporte im staatlichen Auftrag gegen politische und wirtschaftliche Risiken. Für Auslandsinvestitionen gibt es ein ähnliches Instrument.[10]

Durch das Zusammenspiel von privater und staatlicher Risikoabsicherung im Außenhandelsgeschäft sind die Risiken für deutsche Unternehmen auch aus der Erneuerbaren-Branchen minimierbar. Dennoch gilt insbesondere für Aktivitäten außerhalb Europas, dass ein Markteinstieg nicht „über Nacht“ geschehen sollte, sondern unter besonderer Berücksichtigung der besonderen Chancen, aber auch der besonderen Risiken in einem Land.

[10] Vgl. BMWi (2007) oder auch das Außenwirtschaftportal Ixpos (www.ixpos.de).

4 Fazit: Go West, East and South!

Immer mehr Länder setzen auf Erneuerbare. Die Nutzung von Wind, Sonne, Bioenergie und Wasserkraft findet immer breitere Anwendung. Nach der Etablierung eines stabilen Absatzmarktes in Deutschland verlagert sich die Marktdynamik nun zunehmend auf das Auslandsgeschäft. Wenn deutsche Unternehmen der Erneuerbaren-Branche ihre Marktanteile und ihre Absatzchancen sichern wollen, führt also kein Weg an einer Ausweitung des Exportgeschäftes vorbei. Dabei haben die „Renewables made in Germany“ auch aufgrund der jahrelangen Erprobung im Inland verschiedene Qualitäts- und Imagevorteile gegenüber Konkurrenten aus anderen Ländern. Besonders attraktive Absatzmärkte sind aus deutscher Perspektive in West- und Osteuropa, aber auch in der MENA-Region und in Nord- und Südamerika zu finden. Ein Markteintritt in asiatische Länder erscheint zurzeit vor allem für deutsche Zulieferfirmen, wie Maschinen- und Komponentenlieferanten oder Anlagenbauer, attraktiv. Die Risiken des Auslandsgeschäfts sind höher als im Inlandsgeschäft, lassen sich aber durch Ausfallversicherungen bei privaten Anbietern oder staatliche Bürgschaften minimieren.

Auslandsmärkte sind eine Chance für deutsche Unternehmen der EE-Branchen, wenn die Marktdynamik, aber auch die komparativen Vorteile deutscher Hersteller vielversprechend sind und die Risiken durch einen guten Maßnahmenmix eingehegt werden können.

Literatur

Bundesministerium für Umwelt, Naturschutz und Reaktorsicherheit (BMU) (2009): Strom aus Erneuerbaren Energien. Zukunftsinvestition mit Perspektiven, Berlin

Bundesministerium für Wirtschaft und Technologie (BMWi) (2007): Weltweit Aktiv – Ratgeber für kleine und mittlere Unternehmen, Berlin

Bundesministerium für Wirtschaft und Technologie (BMWi) (2011): Schlaglichter der Wirtschaftspolitik, Monatsbericht Februar 2011, Berlin

Deutsche Energie-Agentur GmbH (dena) (2004): Finanzierungs-Know-how, Handbuch für Erneuerbare Energien im Ausland, Berlin

Thrän, Daniela/Müller-Langer, Franziska (2011): Potenziale in Deutschland und Europa, in: Graf, Frank/Bajohr, Siegfried: Biogas – Erzeugung, Aufbereitung, Einspeisung, München

UNEP-SEFI (2010): Global Trends in Sustainable Energy Investment 2010 Report, Paris

Identifikation interessanter Auslandsmärkte

Frank J. Matzen

1 Einleitung

Nimmt man die installierte Kapazität von Erneuerbare-Energie-Projekten insbesondere im Onshore-Wind-, Biomasse-, aber auch Solar-PV-Bereich als Indikator für die relative Wettbewerbsfähigkeit auf Märkten für Erneuerbare Energien (EE), so ist Deutschland im internationalen Vergleich für sich genommen ein „interessanter" Markt.[1]

Trotz dieser Attraktivität des deutschen Marktes tätigen deutsche Energieversorger[2] wie z.B. EnBW AG, E.ON AG, EWE AG, RWE Innogy, aber auch Stadtwerke München, HEAG AG und andere Stadtwerke in zunehmendem Maße Investitionen in EE im Ausland. Vor diesem Hintergrund stellt sich die Frage, wie interessante Auslandsmärkte identifiziert werden können, um diesen Investoren eine fokussierte Suche zu ermöglichen.

Da die relative Vorteilhaftigkeit einzelner Auslandsmärkte nur temporären Bestand hat, liegt der Fokus dieses Beitrags auf den Wettbewerbsfaktoren, welche die Vorteilhaftigkeit der Märkte beeinflussen, und nicht der auf der Darstellung der augenblicklichen Vorteilhaftigkeit. Hierzu wird untersucht, welche Arten von Wettbewerbsvorteilen die Investoren bei der Investition in Auslandsmärkte suchen.

2 Vorteilhaftigkeit von Direktinvestitionen

Die Investitionstätigkeit im Ausland ist Gegenstand vielfältiger Theorien. John Dunning hat in seinem OLI-Paradigma[3] versucht, alle diese Theorien in einem Modell einzuordnen und in einen Zusammenhang zu stellen und damit Direktinvestitionen von multinationalen Unternehmen zu erklären.[4] Als *Direktinvestitionen* werden hierbei langfris-

---

[1] Vgl. REN21 (2010), S. 21.

[2] Als Energieversorger bezeichnet man nach dem Energiewirtschaftsgesetz (EnWG) „natürliche oder juristische Personen, die Energie an andere liefern, ein Energieversorgungsnetz betreiben oder an einem Energieversorgungsnetz als Eigentümer Verfügungsrechte besitzen". EnWG vom 7.07.2005, BGBl. I S. 1.970, zuletzt geändert am 25.10.2008, BGBl, I, S 2101, § 3 Nr. 18.

[3] OLI steht für ownership, localisation und internalization.

[4] Aus diesem Grunde wird das OLI-Paradigma z.T. auch als eklektisches Modell bezeichnet. Vgl. Dunning (2000), S. 163.

tige Investitionen eines ausländischen Investors in ein Unternehmen oder auch Projekt des jeweiligen Landes verstanden, bei denen dem ausländischen Investor Einfluss- und Kontrollrechte vorliegen.[5]

In dem OLI-Paradigma werden drei Kategorien von Einflussfaktoren kategorisiert, welche Unternehmen bei ausländischen Direktinvestitionen suchen. Sie bestehen in den eigentümerspezifischen, den landesspezifischen und den internalisierungsbedingten Faktoren.[6] Aufgrund der vielfältigen Theorien, die im OLI-Paradigma berücksichtigt wurden bzw. auch nach seiner erstmaligen Veröffentlichung immer noch diesen drei Kategorien von Einflussfaktoren zugeordnet werden können,[7] soll das OLI-Paradigma im Weiteren als Bezugsrahmen für die Diskussion der Determinanten der Vorteilhaftigkeit von EE-Projekten im Ausland dienen.[8]

Die Besonderheit des OLI-Paradigmas liegt darin, dass die Faktoren, welche die relative Vorteilhaftigkeit der Investition in einen Auslandsmarkt beeinflussen, offensichtlich nicht nur von den landesspezifischen Faktoren determiniert werden, sondern auch von eigentümerspezifischen und internalisierungsbedingten Faktoren. Da die Existenz von eigentümerspezifischen Einflussfaktoren die Voraussetzung für ein erfolgreiches Auslandsengagement ist, werden diese im ersten Schritt in Abschnitt 2.1 diskutiert.

---

[5] Vgl. OECD (2008), Rz. 11-17, S. 17 f., § 55 Außenwirtschaftsverordnung. Im Gegensatz hierzu stehen die sogenannten *Portfolioinvestitionen*, bei denen keine Einfluss- und Kontrollrechte besteht, vgl. OECD (2008), Rz. 11, S. 17. Bei den Portfolioinvestitionen treten neben den investitionsspezifischen Fragestellungen weitere Aspekte im Hinblick auf Corporate-Governance-Erwägungen hinzu. Da diese Fragestellungen weitergehend sind als die Auswahl „interessanter" Auslandsmärkte, werden sie in diesem Aufsatz nicht separat diskutiert.

[6] Vgl. Dunning (2000), S. 163; Dunning (2001), S. 176.

[7] Dunning zählt z.B. zehn eigentümerspezifische Theorien, neun landesspezifische Theorien und sechs internalisierungsbedingte Theorien auf; Dunning (2000), S. 170 ff., 176 f., 183.

[8] Hierbei soll nicht unerwähnt bleiben, dass auch das OLI-Paradigma die wechselseitige Abhängigkeit der Erfolgsfaktoren vernachlässigt. Da im Folgenden aber die Struktur und nicht die Wechselbeziehungen der Faktoren untereinander im Vordergrund steht, wird der OLI-Ansatz von Dunning im Weiteren berücksichtigt.

2.1 Eigentümerspezifische Einflussfaktoren

Eigentümerspezifische Ziele, Präferenzen und Wettbewerbsvorteile

Grundsätzlich hat jeder Investor spezifische Ziele[9] und Präferenzen. Je nach individueller Zielsetzung des Investors kommen unterschiedliche Technologien und Länder gegebenenfalls nicht infrage. Deshalb ist die Definition entsprechender Ziele eine notwendige Voraussetzung für jegliche Überlegung bezüglich der Auswahl von Auslandsmärkten.

Darüber hinaus sind im Hinblick auf Direktinvestitionen auch eigentümerspezifische Wettbewerbsvorteile von besonderer Bedeutung. Eigentümerspezifische Wettbewerbsvorteile begründen sich aus Wettbewerbsvorteilen des Investors, die größer sind als die der Investoren, die ihren Sitz in dem jeweiligen Land haben.[10] Von Dunning wird in Hinblick auf ressourcenbasierte Geschäftsmodelle vor allem der Zugang zu Kapital, Technologie und dem Markt an sich hervorgehoben.[11] Sie können aber auch aus der Übertragbarkeit von beispielsweise technischer Kompetenz, Skaleneffekten oder in entsprechender Marktmacht auch gegenüber Lieferanten bestehen. In Hinblick auf EE dürften insbesondere Zugang zu Kapital, Technologie und Markt, aber auch Erfahrung im Hinblick auf Installation und Inbetriebnahme bestimmter Erzeugungs- wie auch Speichertechnologien maßgeblich sein. Im Ergebnis verhelfen diese eigentümerspezifischen Wettbewerbsvorteile entweder zu höheren Umsätzen oder niedrigeren Kosten, sodass hierdurch die zusätzlichen Kosten der ausländischen Geschäftsaktivität kompensiert werden können.

---

[9] Typischerweise werden die unternehmerischen Zielsetzungen nach Sach- und Formalzielen unterschieden; vgl. Staehle (1994), S. 414. Dabei definieren die Sachziele das Leistungsziel des Investors und Formalziele die ökonomischen Ziele bezüglich der Erreichung dieser Sachziele. Vgl. Ferstl/Sinz (1993), S. 59. Als Sach- oder Leistungsziele kommen dabei sowohl energiepolitische als auch imagebedingte Ziele in Frage. Als Formalziele kommen risikoadäquate Kapitalrenditen, Diversifikation politischer und ressourcenbedingter Risiken in Betracht; vgl. EEA (2004), S. 16; EWEA (2009), S. 21; Bremmer/Zakaria (2006), S. 22; Encarnation/Vanchani (1985), S. 157.

[10] Vgl. Dunning (2000), S. 164. Grundsätzlich könnte auch die relative Vorteilhaftigkeit zweier ausländischer Investoren zueinander hierunter subsummiert werden. Aus Darstellungsgründen wird dieser Gedanke jedoch in diesem Aufsatz nicht weiterverfolgt und vereinfachend davon ausgegangen, dass lediglich ein ausländischer Investor im Wettbewerb mit inländischen Investoren steht.

[11] Vgl. Dunning (1980), S. 13. Ggf. könnte argumentiert werden, dass im Gegensatz zu konventioneller Energieerzeugung auch der Zugang zu Know-how bei EE-Projekten von Bedeutung ist, da es sich hierbei um Produktinnovationen handelt.

Kosten der Auslandsaktivität

Zusätzliche Kosten im Vergleich zur Tätigkeit im Heimatland oder auch im Vergleich zu einem lokalen Wettbewerber resultieren aus mangelndem Wissen um den lokalen Markt, rechtlichen, institutionellen, kulturellen und sprachlichen Unterschieden sowie aus zusätzlichen Kommunikations- und Betriebskosten aus der Auslandstätigkeit.[12] Diese zusätzlichen Kosten machen es notwendig, sich auf wenige Länder zu fokussieren.[13] Gerade in Entwicklungs- und Wachstumsländern finden sich die lokalen Wettbewerber in der Regel besser in unsicherem und zum Teil auch politisch beeinflusstem Umfeld zurecht.[14] Die praktische Erfahrung zeigt jedoch, dass gerade diese Kosten bedingt durch die analytische, auf Marktpotenziale und Geschäftsopportunitäten fokussierende Herangehensweise häufig unterschätzt werden.[15] Sie können keinesfalls vernachlässigt werden, da der ausländische Investor im Wettbewerb um die Projekte mit den lokalen Investoren, die eben diese Kostennachteile nicht haben, konkurriert. Können sie nicht kompensiert werden, so kann der ausländische Investor im Wettbewerb um EE-Projekte mit den lokalen Investoren nicht erfolgreich sein.

Neben den zusätzlichen Kosten der Auslandstätigkeit kommen auch *zusätzliche Risiken* zum Tragen, denen in der Bewertung eines Auslandsengagements Rechnung zu tragen ist.[16] In der Literatur wird einerseits für die Berücksichtigung der Risiken im zur Diskontierung heranzuziehenden Cashflow argumentiert. Andererseits gibt es auch Stimmen, die das Risiko als Risikozuschlag im Diskontierungszins berücksichtigt sehen wollen.[17] Beide Herangehensweisen führen jedoch zu einer zusätzlichen Reduktion des Projektwertes, der ergänzend zu den von Dunning genannten Einflussfaktoren zu berücksichtigen ist.

---

[12] Grundsätzlich sind hierbei auch die Transaktionskosten bei einer Bewertung eines EE-Projektes aus Sicht eines Erwerbers zu berücksichtigen, vgl. Matzen (2008), Rz. 81, S. 26. Im Folgenden wird vereinfachend unterstellt, dass sich keine Unterschiede zwischen den Transaktionskosten des Inländers und des Ausländers ergeben. Im konkreten Einzelfall ist jedoch ggf. in Betracht zu ziehen, dass die Transaktionskosten für einen Ausländer z.B. aufgrund mangelnder Marktkenntnis höher sind.

[13] Vgl. Dunning (1998), S. 50.

[14] Vgl. Bremmer/Zakaria (2006), S. 22.

[15] Vgl. Ghemawat (2001), S. 138.

[16] Eine anschauliche Übersicht und Bewertung der möglichen Herangehensweisen zur Berücksichtigung von Länderrisiken in der Unternehmensbewertung findet sich bei Thurner (2003), S. 3-13.

[17] Vgl. Copeland/Koller/Murrin (2000), S. 386.

Reputationsrisiken

Zu bedenken sind neben den oben genannten Kosten, die unmittelbar mit der Suche und Aktivität in diesem Markt anfallen, auch die möglichen Auswirkungen auf den Heimatmarkt: So kann die Aktivität in bestimmten Ländern aufgrund der dort vorherrschenden politischen Situation oder dem Grad der dort vorherrschenden Korruption ein Reputationsrisiko darstellen,[18] welches das Ansehen des Investors schädigt.

Als Zwischenfazit kann festgestellt werden, dass bei fehlenden eigenen Wettbewerbsvorteilen, welche die Kosten und Risiken der ausländischen Geschäftstätigkeit kompensieren könnten, kein ausländischer Markt „interessant" sein kann und insofern von einer Direktinvestition in ausländische Märkte Abstand genommen werden muss.

2.2 Landesspezifische Einflussfaktoren

Kann die Frage nach den eigentümerspezifischen Vorteilen positiv beantwortet werden, dann – und nur dann – stellt sich die eigentliche Frage nach landesspezifischen Vorteilen und der relativen Vorteilhaftigkeit einzelner Länder im Vergleich zueinander.

Hierbei werden ökonomische, politische und soziale Wettbewerbsvorteile diskutiert.[19] Die Frage nach den Wettbewerbsvorteilen ist dabei häufig auf das *Wohin* gerichtet. Gleichzeitig kann und muss, wie später in Hinblick auf die nur bedingt gegebenen Informationsverfügbarkeit und die Größe des möglichen Suchraums deutlich wird, die Frage aber auch nach dem *Wohin nicht* gestellt werden.[20]

2.2.1 Ökonomische Wettbewerbsvor- und -nachteile

Ökonomische Wettbewerbsvorteile eines Staates spielen eine erhebliche Rolle bei der Beurteilung der Attraktivität eines Standortes und resultieren aus dem Zusammenwirken einer Vielzahl von Faktoren, die nicht isoliert betrachtet werden können.[21] Im Zusammenhang mit EE resultieren diese z.B. aus der Menge und Qualität der verfügbaren Res-

18 Vgl. Bremmer/Zakaria (2006), S. 22.

19 Ghemawat (2001, S. 140) stellt in seinem CAGE Distance Framework auch noch die geographische Entfernung neben den genannten drei Kriterien heraus. Da sich die geographische Entfernung in Hinblick auf EE lediglich auf die Anbindung ausländischer Übertragungsnetze an das deutsche Übertragungsnetz auswirkt, soll dieses Kriterium im Folgenden unter den ökonomischen Einflussfaktoren diskutiert werden.

20 Vgl. Maister (2007), S. 19 ff.

21 Vgl. Dunning (2001), S. 181.

sourcen wie Windstärke, Stärke der Sonneneinstrahlung, der Größe und dem Wachstum des Marktes etc. Sie können aber auch in einem verfügbaren Dienstleistungsmarkt oder in Kostenvorteilen im Vergleich zum Heimatmarkt bestehen.

Ressourcenqualität

Zuallererst wird das dem Umsatz zugrunde liegende Volumen durch entsprechende Ressourcenqualität in dem jeweiligen Land beeinflusst. Dieser Faktor ist gerade in ressourcenbasierten Geschäftsmodellen von erheblicher Bedeutung.[22] Je besser die Ressourcenqualität, desto höher ist ceteris paribus der Energieertrag, der dann bei überwiegend fixen Kosten auch zu einer entsprechenden Kostendegression und überproportionalen Verbesserung der Profitabilität führt.[23] Leicht ersichtlich ist insofern, dass Staaten – trotz ihrer Förderpolitik – langfristig bei nicht hinreichenden Ressourcen zur Energieerzeugung nicht ökonomisch attraktiv sein können.[24] Erste Anhaltspunkte zur Identifizierung unattraktiver Regionen können z.B. Wind- oder Solarkarten bieten.[25] In einem späteren Schritt muss diese erste Einschätzung durch entsprechende Gutachten gestützt werden.

Elektrizitätspreise

Die Fördersysteme sind in der Regel zeitlich begrenzt. Insofern hängt die langfristige Attraktivität von EE-Projekten auch von der zu erwartenden Strompreisentwicklung ab. Zunächst ist die Frage zu stellen, inwieweit der jeweilige Markt bereits dereguliert ist oder ob die Elektrizitätspreise gegebenenfalls einem „Marktschock" unterliegen könnten.[26] Interessanterweise kann in den Staaten, in denen es erwartungsgemäß nicht zu einer Erhöhung der Nachfrage kommt, die zunehmende Energieerzeugung mit EE zu *sinkenden Elektrizitätspreisen* führen.[27] Dieser Effekt würde sich langfristig negativ auf die

---

22 Vgl. Dunning (1980), S. 13.

23 Vgl. Ernst & Young (2011), S. 27. Für eine Darstellung der Abhängigkeit der Produktionskosten bei Onshore-Wind in Abhängigkeit von den Volllaststunden vgl. EWEA (2009), S. 57.

24 Vgl. Böttcher (2009), S. 88; EWEA (2009), S. 55.

25 Vgl. hierzu z.B. für weltweite Windkarten der Wind Energy Division des Risø National Laboratory for Sustainable Energy: www.windatlas.dk. Europäische Solarkarten des Joint Research Centre Institute for Energy der Europäischen Union sind u.a. unter http://re.jrc.ec.europa.eu/pvgis/ countries/europe.htm verfügbar.

26 Vgl. Ernst & Young (2011), S. 27.

27 Vgl. EWEA (2009), S. 106. So konnte in Dänemark, wo bereits 2007 der Anteil der winderzeugten Verbrauchsenergie bei 20% lag, beobachtet werden, dass die Markpreise zwar volatiler wurden, aber insgesamt sanken; vgl. EWEA (2009), S. 99.

Rentabilität von EE-Projekten in diesem Land und damit auf die Länderattraktivität auswirken, sodass dieser Zusammenhang ebenfalls bei der Betrachtung der Länderattraktivität zu berücksichtigen ist.

Erwartetes Marktwachstum

Das erwartete Marktwachstum in einem Land resultiert u.a. aus den durch die jeweilige Regierung gesetzten Zielsetzungen bezüglich der CO_2-Emissionsreduktion, des Anteils der Stromproduktion aus EE etc.[28] Dieses ist insofern von Bedeutung, als dass sich bei wachsenden Märkten ausländischen Marktteilnehmern, die eine erste Investition in einem Land getätigt haben, die daraus entstandenen anfänglichen Such- und Etablierungskosten der ausländischen Tätigkeit auch durch künftige Projekte in diesem Land amortisieren. Ist das Wachstum hingegen limitiert, müssen diese Anlaufkosten von einer begrenzten Zahl von Projekten getragen werden.

Anbindung an das deutsche Übertragungsnetz

Bei einem angestrebten Labeling des Stroms ist der Bezug von „grünem" Strom nicht denkbar, wenn das ausländische Stromnetz gar nicht in Verbindung mit dem deutschen Stromnetz steht. Welche Anforderungen hier bestehen, ist entsprechend mit der zertifizierenden Organisation zu prüfen.

Verfügbarkeit von Land

Bei der Verfügbarkeit von Land spielt für alle Technologien die Größe des verfügbaren Landes eine Rolle, da natürlich mit einer größeren Anzahl von Installationen entsprechende Skaleneffekte auftreten.[29] Hierbei sind zunächst die Verfügbarkeit von unbebautem Land, dann aber auch die entsprechende Widmung des Landes für die Nutzung für EE-Projekte entscheidend. Trotz der allgemeinen Unterstützung der EE kommt es bei konkreten Projekten häufig zu erheblichen Widerständen bei Nachbarn und zuständigen Kommunen. An dieser Einstellung kann die notwendige politische Unterstützung im Genehmigungsprozess scheitern. Hierbei kommen insbesondere geringer besiedelte Gebiete eher infrage, da einerseits die Verfügbarkeit von großen und zusammenhängenden Flächen höher ist und andererseits das NIMBY-Problem[30] nicht so hoch ist.

---

[28] Vgl. Ernst & Young (2011), S. 27.

[29] Vgl. EWEA (2009), S. 44.

[30] Abkürzung für „not in my backyard".

Verfügbarkeit von natürlichen Speichermedien

Insbesondere dann, wenn der Fokus des Investors nicht oder nicht nur auf der Stromerzeugung aus Erneuerbaren Energien aus stetigen, gut vorhersagbaren und bedarfsgerecht einsetzbaren Energieträgern wie beispielsweise Biomasse, Klär-, Deponie- und Grubengas, Geothermie und in der Regel auch Wasserkraft liegt, sondern auch auf Solar- und Windkraft, wird die Speicherung des erzeugten Stroms zukünftig an Bedeutung gewinnen.[31] Neben der Notwendigkeit der Stabilisierung der Netze wird es für den Betreiber auch möglich sein, durch die Nutzung von Off-/Onpeak-Spreads, die Zurverfügungstellung von Reserveleistungen etc. die Rentabilität seiner Investition zu steigern. Auch wenn das Feld der Entwicklung von Speichertechnologien noch im Entwicklungsstand ist, weisen derzeitig Pumpspeicher- und Druckluftspeicherkraftwerke die höchsten Lade-/Entladewirkungsgrade im Gegensatz zu anderen Technologien auf.[32] Zur Realisation dieser zurzeit effizientesten Speichertechnologien sind jedoch ausreichende Höhenunterschiede als topographische Voraussetzungen für Pumpspeicherkraftwerke bzw. Salzkavernen mit Volumen über 500.000 Kubikmeter geeignet, die in geringer Tiefe (weniger als 800 m) für Druckluftspeicherkraftwerke erforderlich.[33] Somit sollte auch die Verfügbarkeit dieser Speichermedien bzw. die Wechselwirkung von Ressourcenattraktivität einerseits und Speicherattraktivität anderseits in die Länderauswahl mit einbezogen werden.

Bau- und luftfahrtrechtliche Beschränkungen

Im Falle der Windenergien können bau- und luftfahrtrechtliche Bestimmungen von Belang sein, da hieraus Höhenbegrenzungen resultieren können, welche die verwendbaren Windturbinen und damit auch den Windertrag limitieren.[34] Da der Windertrag im Wesentlichen in proportionalem Verhältnis zur Rotorfläche steht und eine zunehmende Rotorblattlänge auch höhere Turmhöhen nach sich zieht,[35] können diese Bestimmungen zur wesentlichen Beschränkung für weitere Ertragssteigerungen im Onshore-Windbereich werden.

---

[31] Vgl. ifeu (2009), S. 4.

[32] Vgl. ifeu (2009), S. 7. Es werden u.a. Wasserstoffrückverstromung, Blei-Akkumulatoren, Lithium-Ionen-Batterien, Redox-Flow-Batterien diskutiert; vgl. ebenda.

[33] Vgl. dena (2010), S. 64, 93.

[34] Vgl. Bundesverband Windenergie (2010), S. 14.

[35] Vgl. EWEA (2009), S. 39 ff.

Dienstleistungsmarkt

Die operativen Kosten können regional variieren. Die grundsätzliche Frage besteht jedoch in der Verfügbarkeit der notwendigen Dienstleistungen. Gerade im Bereich der Betriebsführung, Wartung und Reparatur kommt es darauf an, einen qualifizierten Dienstleister in regionaler Nähe zu finden, der bei Ausfall zeitnah reagieren kann, sodass ein entsprechender Verfügbarkeitsverlust vermieden wird. Hierdurch wird das Betriebsrisiko der jeweiligen Anlage erheblich gemindert.[36] Beim Vergleich einzelner Länder ist es natürlich im ersten Schritt nicht möglich, den Dienstleistungsmarkt in dem jeweiligen Land im Detail zu analysieren. Allerdings kann hierbei die bereits in einem Land installierte Kapazität in der jeweiligen Technologie ein wertvoller Indikator sein. Es ist kaum davon auszugehen, dass in einem Land mit geringer installierter Kapazität es bereits in ausreichendem Maße Unternehmen gibt, welche die notwendigen Dienstleistungen anbieten und entsprechende Erfahrungen haben.[37]

2.2.2 Administrative Wettbewerbsvor- und -nachteile

Politische Wettbewerbsvorteile bestehen grundsätzlich in der Ähnlichkeit und Verständlichkeit des politischen und administrativen Systems.[38] Etwaige politische Risiken liegen darin, dass die Regierung eines Gastlandes gegen den ausländischen Investor oder sein Tochterunternehmen hoheitliche Maßnahmen einleitet, die zu einem Vermögensverlust führen und für die der Investor nicht entschädigt wird.[39]

Gerade vor dem Hintergrund der europäischen Situation werden von Investoren Stabilität und Sicherheit des politischen Systems als selbstverständlich vorausgesetzt. Es ist jedoch zu beachten, dass – wie die Ereignisse 2011 in Tunesien, Ägypten und Libyen eindrucksvoll zeigen – die Stabilität sowohl in Entwicklungsländern als auch Industriestaaten fragil sein kann: Veränderte Mehrheiten aufgrund einer Wahl oder sonstige politische Ereignisse, ökonomische Krisen und sich wandelnde Werte und Einstellungen können die Einschätzung über Stabilität und Sicherheit des politischen Systems im Ganzen oder in Teilen schnell verändern.[40]

Es kann zwischen generellen und EE-spezifischen administrativen Wettbewerbsfaktoren unterschieden werden. Der Fokus soll im Folgenden auf den EE-spezifischen Wettbewerbsfaktoren liegen.

36 Vgl. Böttcher (2009), S. 80.
37 Vgl. Ernst & Young (2011), S. 27.
38 Vgl. Ghemawat (2001), S. 142 f.
39 Vgl. Breuer/Gürtler/Schuhmacher (2003), S. 388.
40 Vgl. Henisz/Zelner (2010), S. 88.

Stabilität der Förderpolitik

Aus Investorensicht sollte die Förderpolitik eines Staates technologische Innovationen sowie deren Entwicklung, Demonstration, Anwendung und Verbreitung fördern.[41] Dabei ist die Unsicherheit und Unzuverlässigkeit bezüglich der zukünftigen Förderpolitik eines der wesentlichsten Besorgnisse von Investoren.[42] Unterschiedlichste Organisationen haben im Zeitablauf Anforderungen hinsichtlich der Förderpolitik von Erneuerbaren Energien aufgestellt.[43] Hierbei kristallisieren sich folgende wesentliche Anforderungen heraus:

1. klare und herausfordernde energiepolitische Ziele,
2. Langfristigkeit, Verlässlichkeit und Konsistenz der Politik,
3. effektive und stabile Unterstützungsmechanismen,[44]
4. Abnahme der Investitionsanreize im Zeitablauf,[45]
5. Beseitigung nicht ökonomischer Barrieren,[46]
6. garantierter Zugang zum Netz und adäquate Netzinfrastruktur.[47]

Mechanismen der Ertragsförderung

Aufgrund der im Vergleich zu konventionellen Kraftwerken oft höheren Investitionskosten (pro Megawatt installierter Leistung) werden EE-Projekte teilweise erst durch spezielle Ertragsförderungen wirtschaftlich tragfähig. In Hinblick auf die Vergütung werden Preis- und Mengensysteme unterschieden:[48]

---

[41] Vgl. Deutsche Bank (2009), S. 7.

[42] Vgl. UN Global Compact/PRI/UNEP FI (2007), S. 16. Insbesondere die geplante (und nunmehr durchgeführte) rückwirkende Reduzierung spanischer Solar-Einspeisetarife nach dem königlichen Dekret 661/2007 hat zur Verunsicherung geführt; vgl. IIGCC (2010), S. 11.

[43] Vgl. UNEP FI (2005), S. 11, UNEP FI (2002), S. 7; IIGCC (2010), IIGCC (2011), S. 4; Greenpeace (2010), S. 58; Fraunhofer (2007), S. 99 ff.; Deutsche Bank (2009), S. 7. Auf dieser Basis wird im Rahmen des Global Climate Change Policy Tracker ein fortlaufendes Rating durchgeführt; vgl. Deutsche Bank (2010 a), S. 5.

[44] Vgl. Fraunhofer (2007), S. 123.

[45] Vgl. Fraunhofer (2007), S. 127.

[46] Hierunter werden insbesondere erschwerter Zugang zum Netz, administrative Hindernisse, Mangel an Informationen sowie Mangel an sozialer Akzeptanz verstanden; vgl. Deutsche Bank (2009), S. 7; Fraunhofer (2007), S. 182.

[47] Vgl. Fraunhofer (2007), S. 184.

[48] Für eine weiterreichende Übersicht bzgl. der betrachteten Staaten Vgl. REN21 (2010), S. 38 ff.

1. Bei *Preissystemen* wird den Stromerzeugern eine Vergütung für den von ihnen erzeugten und ihnen abgenommenen Strom garantiert. Die Vergütung besteht entweder in einem festen Preis pro Kilowattstunde (kWh) (fester *Einspeisetarif*) oder wird in Gestalt eines *Bonus*/einer *Prämie* gewährt, der/die zusätzlich zu dem am Strommarkt erzielten Strompreis gezahlt wird. Dementsprechend ist das Absatzrisiko gemindert, da nicht der separate Abschluss eines Stromabnahmevertrages erforderlich ist.[49]

2. Bei *Mengensystemen*[50] (auch Quotenmodell oder Zertifikatsmodell) wird der „grüne Strom" hingegen in zwei Produkte aufgespalten: zum einen in den physikalischen Strom, zum anderen in die Qualität „grün". Die Qualität „grün" wird in „grünen Zertifikaten" verbrieft, die den Stromerzeugern staatlich zugeteilt werden. Beide Produkte werden gesondert gehandelt, der Strom am Strommarkt, die Zertifikate an einem gesonderten Zertifikatemarkt. Der Fördermechanismus besteht darin, dass der Verpflichtete, in der Regel der Stromhändler, nachweisen muss, dass eine staatlich festgelegte Menge (Quote) des verkauften Stroms aus Erneuerbaren Energien stammt. Der Nachweis erfolgt durch Vorlage der grünen Zertifikate, die dem Händler entweder für eigenerzeugten Strom zugeteilt worden sind oder die er am Markt für Zertifikate erworben hat. Erfüllt der Händler seine Quotenverpflichtung nicht, wird eine Strafzahlung fällig, die in der Regel höher als der Zertifikatspreis ist, um wirksam zu sein. Die Förderung von Strom aus Erneuerbaren Energien besteht danach in dem Zertifikatspreis, den der EE-Stromerzeuger zusätzlich zu dem am Strommarkt erzielten Strompreis erhält.

Aus diesen unterschiedlichen Vergütungssystemen resultieren unterschiedliche Risiko-Rendite-Profile, die für die Beurteilung des Marktrisikos eines Projektes entscheidend sind.[51] Die Preissysteme offerieren vorhersehbare Vergütungen und damit zumindest im Hinblick auf die Preiskomponente des Umsatzes Planungssicherheit für einen langen Zeitraum.[52] Diese Planungssicherheit wird als Erklärung herangezogen, warum die Umsetzung von EE-Zielen in Staaten mit implementierten Preisfördersystemen erfolgreicher ist.[53] Im Gegenzug argumentieren die Befürworter der Quotensysteme, dass der

[49] Für eine Übersicht der Einspeisetarife in verschiedenen Ländern vgl. u. a. www.res-legal.de, Deutsche Bank (2010 b).

[50] Mengenregelungen bestehen in Belgien, Italien, Rumänien, Schweden, Polen und Großbritannien.

[51] Vgl. Böttcher (2009), S. 88.

[52] Vgl. Böttcher (2009), S. 100.

[53] Vgl. Fraunhofer (2007), S. 49.

Betreiber zusätzlich zum Elektrizitätspreis aus der Marktpreisentwicklung der Zertifikate eine weitere Chance für die Verbesserung der Rentabilität des Projektes hat.[54]

In Ländern, in denen diese Formen der Förderungen nicht bestehen, bieten Joint Implementation (JI) und Clean Development Mechanism (CDM) jedoch eine Möglichkeit, die wirtschaftliche Tragfähigkeit zu erreichen. Bei *JI/CDM-Projekten* besteht die Förderung vor allem aus den Erlösen aus dem Verkauf von Emissionszertifikaten.[55]

Der isolierte Vergleich von Einspeisevergütungen ist jedoch nicht zielführend, da die Förderungen von EE-Projekten zum Teil seitens der jeweiligen Regierungen so konzipiert werden, dass etwaige Kostennachteile aus Technologie oder Standort durch höhere Vergütungen kompensiert werden sollen.

> ***Beispiel:*** *Die Vergütung für Offshore-Wind in Großbritannien mit zwei Renewables Obligation Certificates (ROC) ist bei Umrechnung zu derzeitigen Umrechnungskursen und Marktpreisen für Strom und ROCs höher als die Einspeisevergütung für deutsche Offshore-Windparks. Hierbei ist allerdings dann auch zu beachten, dass bei deutschen Offshore-Windparks bei einer Inbetriebnahme bis 31.12.2015 aufgrund der entsprechenden Bestimmungen des Infrastrukturbeschleunigungsgesetzes die Netzanbindung des Windparks nicht vom Betreiber, sondern vom Netzbetreiber zu begleichen ist. In Großbritannien sind diese Investitionen von dem Betreiber des Offshore-Windparks vorzunehmen.*

Neben dem Netzanschluss und der Netznutzung ist in Hinblick auf das Absatzrisiko des EE-Projektes zu betrachten, ob der Strom durch separat zu schließende *Stromabnahmeverträge* zu vertreiben ist oder ob die Stromabnahme bereits durch die vorrangige Einspeisung in das Netz garantiert ist. Typischerweise ist in Quotensystemen ein separater Vertrag abzuschließen, da die Förderung mit dieser Systematik gerade die Verpflichtung der Energieversorgung zur Eindeckung mit einer bestimmten Menge von Zertifikaten vorsieht bzw. das Nicht-Erfüllen der Verpflichtung sanktioniert wird.[56] Im Falle eines

[54] Diese höheren Chancen bzw. Risiken des Mengensystems werden entsprechend mit höheren Risikozuschlägen bzw. Kapitalkosten berücksichtigt, vgl. Fraunhofer (2007), S. 75. Obwohl intuitiv naheliegend, wird versäumt darzustellen, wie entsprechend unterschiedliche Risikoprämien für Preis- und Mengensysteme hergeleitet werden. Es ist aber auch zu berücksichtigen, dass Quotensysteme bei Technologien, deren Gestehungskosten noch weit über den Marktpreisen liegen, wie z.B. im Fall von Solar, nicht anwendbar sind, da sich in diesem Zusammenhang der Marktmechanismus des Quotensystems nicht eignet; vgl. Böttcher (2009), S. 171.

[55] Vgl. Euler Hermes (undatiert), S. 5.

[56] Hinsichtlich der Anspruchsgrundlage für die Förderung durch Einspeisetarife oder Zertifikate gibt die Seite www.res-legal.de einen guten Überblick über die Situation der EU-27-Staaten.

separat abzuschließenden Stromabnahmevertrages ist das Absatzrisiko sehr viel höher als im Fall einer garantierten Abnahme. Weiterhin ist bei dem Stromabnahmevertrag zu berücksichtigen, dass dieser gegebenenfalls nicht die gesamte Lebensdauer des Projektes abdeckt.[57]

Mechanismen der Kapitalförderung

Eine Vielzahl von OECD-Ländern[58] gewährt *Außenwirtschaftsförderung*, um die Exportgeschäfte ihrer heimischen Unternehmen gegen wirtschaftliche und politische Risiken abzusichern. Hierzu zählen Exportkreditgarantien oder -versicherungen, Darlehen und Zinsunterstützungen.[59] Diese Kapitalförderungen können zusätzlich zu gegebenenfalls gewährten Einspeisetarifen oder Zertifikaten die Attraktivität des zu beurteilenden Standorts beeinflussen.[60]

In Ergänzung zu der Außenwirtschaftsförderung können in einzelnen Ländern weitere *Investitionsförderungen* für EE-Projekte existieren.

Netzanbindung, Einspeisevorrang und Netzkapazität

Da der produzierte Strom bisher nicht effizient gelagert werden kann,[61] ist den Aspekten Netzanbindung, -vorrang und -nutzung besondere Beachtung zu schenken. Nur der Strom, der auch in das Netz eingespeist wurde, führt zu einer verfügbaren Leistung.

In Hinblick auf die Wartezeit für eine *Netzanbindung* gibt es zwischen einzelnen Ländern erhebliche Unterschiede.

---

[57] Vgl. Böttcher (2009), S. 90.

[58] Australien, Kanada, die Europäische Gemeinschaft, Japan, Korea, Neuseeland, Norwegen Schweiz und USA; vgl. OECD (2010), S. 5.

[59] Vgl. OECD (2010), S. 5; Ernst & Young (2011), S. 27. In beiden Fällen sind diese Förderungen – im Gegensatz zu Einspeisetarifen oder Zertifikaten – unabhängig von dem tatsächlich produzierten Volumen und es haftet ihnen insofern nicht das operative Risiko an; vgl. Matzen (2005), S. 106 f., 166.

[60] Darüber hinaus kann kaum zusätzliche Außenwirtschaftsförderung aus dem Staat des Lieferanten, welcher die Investitionsgüter im Wege des Exportes liefert, ggf. auch ergänzend zu den Förderungen des Investitionslandes, geltend gemacht werden. Da diese jedoch nicht in Abhängigkeit zur Beurteilung des jeweiligen Investitionslandes, sondern lediglich des Herkunftslandes stehen, sollen diese nicht weiter unter den landesspezifischen Vorteilen erörtert werden.

[61] Vgl. Beyer/Keller (2010), S. 432.

Beispiel: *So wurden im Rahmen einer Studie der EWEA zu den Verwaltungs- und Netznutzungsbarrieren auf dem Windenergiemarkt beim Vergleich von 22 Staaten durchschnittliche Wartezeiten von zwei Monaten in Dänemark bis hin zu 33,5 Monaten in Spanien festgestellt.*[62]

Ein weiterer wesentlicher Aspekt im Zusammenhang mit der Netznutzung ist bei der Einspeisung der *Vorrang* von Erneuerbaren Energien im Vergleich zu konventionellen Energien. Die Frage ist hier, ob im Fall von Stromüberangebot im Netz zunächst die Einspeisung konventioneller Energien oder die Einspeisung von Erneuerbaren Energien reduziert werden muss, um eine Netzüberlastung zu vermeiden. Daran schließt sich die Frage einer möglichen Entschädigung bei einer Reduktion der Netzeinspeisung an.

Trotz eines möglichen Vorrangs bei der Netznutzung durch EE, kann die technisch verfügbare *Netzkapazität* von Verteil- und Übertragungsnetzen nicht ausreichend sein.[63] In so einem Fall ist die Einspeisung faktisch nicht möglich, und insoweit der Netzbetreiber zum Anschluss und zur Netzausweitung gesetzlich verpflichtet ist, verbleibt lediglich die Entschädigung durch den Netzbetreiber.

Beispiel: *Derzeitig bestehen im nördlichen Polen Netzkapazitätsprobleme, da einerseits aufgrund der Windqualität hier in zunehmendem Maße Windturbinen angeschlossen werden, aber die Netzkapazität im industriellen Süden Polens stärker ist.*

Gerade bei mangelnder Netzkapazität ist die Frage der *Entschädigung* bei Herunterregulierung von Erneuerbaren Energien entscheidend. Während nach § 12 Abs. 1 EEG dem deutschen Betreiber eine Entschädigung für die entgangenen Vergütungen abzüglich der vermiedenen Kosten zusteht, gibt es zahlreiche Länder, in denen diese Problematik nicht geregelt ist, was zu einem nicht zu beeinflussenden Ausfall von Vergütungen führen kann. Durch mangelnde gesetzliche Entschädigungsregelungen kann das operative Risiko erheblich erhöht werden.

2.2.3 Kulturelle Wettbewerbsvor- und -nachteile

Kulturelle Wettbewerbsvorteile resultieren aus der kulturellen und sprachlichen Nähe zwischen Investitions- und Heimatland, der generellen Einstellung im Investitionsland zu Ausländern, Eigentum und Unternehmertum. Diese kulturellen Attribute bestimmen, wie die Interaktionen zwischen Heimatland und Investitionsland verlaufen.[64] Ein Aus-

[62] Vgl. Ernst & Young (2011), S. 27. Zur Übersicht zu den Genehmigungs- und Netzanschlusszeiten vgl. EWEA (2010), S. 9.

[63] Vgl. Harris (2006), S. 74-75.

[64] Vgl. Ghemawat (2001), S. 140.

schlusskriterium sind kulturelle Unterschiede in Sprache, Kultur und Geschäftspraktiken, die nur noch schwerlich überbrückbar sind. Diese Unterschiede können zu Missverständnissen und Fehlentscheidungen führen. Was in diesem Zusammenhang als unüberbrückbar gilt, hängt natürlich in erster Linie von den sprachlichen und kulturellen Kompetenzen der Mitarbeiter des jeweiligen investierenden Unternehmens ab. Praktische Erfahrungen zeigen jedoch, dass dieser interkulturelle Aspekt keinesfalls unterschätzt werden sollte.

2.3 Internalisierungsbedingte Einflussfaktoren

Ein weiterer Vorteil kann darin bestehen, dass ein ausländischer Investor durch die Investition Leistungen internalisiert, die er am Markt nicht oder nur unzureichend beziehen kann, sodass die Kosten eines externen Bezuges höher sind als die der internen Erstellung.[65] Die zentrale Aussage der Internationalisierungstheorien ist, dass Unternehmen internationale Direktinvestitionen tätigen, wenn die dadurch verursachten Koordinations- und Transaktionskosten niedriger als die Bezugs- und Transaktionskosten des Stroms bei Abwicklung über den Markt sind.[66] Auch wenn Dunning die Frage der Internalisierung grundsätzlicher, nämlich in Hinblick auf Direktinvestition versus Lizensierung als Markteintrittsstrategie betrachtet,[67] soll der Gedanke hier um die Frage der Internalisierung von erforderlichen Dienstleistungen bei Erwerb von Projekten erweitert werden. Hierzu kann es kommen, wenn der Investor bei der Erbringung bestimmter Leistungen effizienter ist als andere Marktteilnehmer.

Denkbar ist aber auch, dass Projektentwickler, Turbinenhersteller und andere Anbieter durch ihre Preispolitik versuchen, eine überdurchschnittliche Rendite zu erzielen, indem sie sich bei der Preisgestaltung durch die von dem Investor erwartete technologieabhängige Rendite leiten lassen.[68] In einem solchen Fall wären Renditeunterschiede zwischen den Märkten nivelliert, und Erwerber von Projekten könnten lediglich durch Investition in unterschiedlichen Märkten *politische* und *technologische Risiken diversifizieren.*

Folgt man diesen Gedanken, so gewinnen Dunnings Überlegungen zur Internalisierung eine neue Bedeutung. Denn je früher ein Erwerber im Lebenszyklus eines Projektes investiert und je mehr Leistungen er internalisiert – vorausgesetzt er kann diese Leistung intern tatsächlich günstiger als bei externem Bezug erstellen –, desto weniger Markteil-

[65] Vgl. Dunning (2000), S. 179.

[66] Vgl. Brown (1976), S. 39.

[67] Vgl. Dunning (2000), S. 166.

[68] Alternative Ansätze wären die Orientierung an Kosten der Erstellung auf Basis von Kostenzuschlagskalkulation und Orientierung an Konkurrenzpreisen. Vgl. Kotler (1999), S. 622 ff.

nehmer können mögliche Überrenditen in einzelnen Ländern abschöpfen. Der Internalisierungsvorteil besteht in diesem Geschäftsmodell mithin in der Kontrolle der Märkte und in dem Zugang zum richtigen Preis.[69] Hat er darüber hinaus als einen eigentümerspezifischen Vorteil die Marktmacht, mit Anlagenherstellern Rahmenvereinbarungen zu schließen, die es ihm ermöglichen, in jedem Land die Anlagen zu einem einheitlichen Preis zu erwerben, so kann er dann tatsächlich von unterschiedlichen Renditen in einzelnen Ländern profitieren.

Die Diskussion der Internalisierungsvorteile basiert auf den Überlegungen zu Transaktionskosten. Sie lässt aber den für Energieversorgungsunternehmen politischen Auftrag der *Sicherstellung der Versorgung* außer Acht. Vor diesem Hintergrund kann, im Falle der beabsichtigten Sicherung der Energieversorgung, die Betrachtung von Internalisierungsvorteilen nachrangig sein, wenn die Kosten zwischen internem und externem Bezug immer noch in einem vertretbaren Verhältnis zueinander stehen.

Auch wenn alle drei Faktoren von Dunnings OLI-Paradigma gesamtheitlich auf die Vorteilhaftigkeit und damit die „Interessantheit" eines ausländischen Marktes wirken[70] und insbesondere die Frage nach den eigentümerspezifischen Vorteilen kritisch zu stellen ist, soll im Folgenden der Fokus auf den landesspezifischen Vorteilen zur Identifikation von „interessanten" Auslandsmärkten liegen, da eigentümerspezifische und internalisierungsbedingte Vorteile individuell bei dem spezifischen Investor zu berücksichtigen sind.

3 Vorgehen bei der Identifikation interessanter Auslandsmärkte

3.1 Wesentliche Herausforderungen

Bei der Identifikation interessanter Auslandsmärkten steht man vor vier sehr wesentlichen Herausforderungen, welche die Identifikation erheblich erschweren und daher bedacht werden müssen:

[69] Dunning (1980), S. 13.

[70] Vgl. Dunning (2000), S. 166.

1. Aufgrund der Vielzahl der Staaten und gegebenenfalls bestehender förderativer Unterschiede von rechtlichen und sonstigen regulatorischen Aspekten wird die Suche erschwert.[71]

2. Die *Verfügbarkeit* bzw. *Aktualität von Informationen* zur Beurteilung der Attraktivität ist uneinheitlich.

   - Grundsätzlich ist die Verfügbarkeit von entscheidungsrelevanten Informationen eine Funktion der *Marktreife* und stellt bereits einen Indikator für selbige dar.
   - Weiterhin kann die eingeschränkte Verfügbarkeit von Informationen aber auch eine bewusst durch Marktteilnehmer gestaltete *Markteintrittbarriere* sein.
   - Gerade in Märkten mit hoher *Dynamik* werden Informationen häufig nicht so schnell aktualisiert, wie sich die Gegebenheiten wieder ändern.
   - Hinzu kommt, dass in vielen Fällen, die Information nur in *Landessprache* vorliegt bzw. man sich nicht sicher sein kann, ob die angebotene Übersetzung vollständig und inhaltlich zutreffend ist.[72]
   - In Ländern mit eingeschränkter *Presse- und Meinungsfreiheit* sollte ebenfalls kritisch hinterfragt werden, inwieweit die Informationen über Sachverhalte mit den tatsächlichen Gegebenheiten übereinstimmen.

   Die Prognosevalidität – also die Fähigkeit, zu erwartende Entwicklungen mit akzeptabler Wahrscheinlichkeit vorherzusagen – der jeweiligen Informationen wird hierbei stark von deren Qualität beeinflusst.[73] Entsprechend sind die genannten vier Faktoren bei der Beurteilung der Qualität der Informationen zu berücksichtigen.

3. Ein weiteres Problem sind häufig nur *qualitativ vorliegende Informationen*, die auf Erfahrungswissen beruhen und sich nicht quantifizieren lassen. Diese Informationen sind aber gleichwohl zu berücksichtigen. Hierbei stellt sich allerdings ein Corporate-Governance-Problem: So sind z.B. die Vorstände von Aktiengesellschaften nach § 93 Abs. 3 Aktiengesetz (AktG) dazu verpflichtet, „auf der Grundlage angemessener

[71] Derzeitig existieren 192 völkerrechtlich anerkannte Staaten; vgl. zu den Mitgliedsstaaten der UN www.un.org. Darüber hinaus existieren weitere Territorien, bei denen der Status „Staat“ umstritten ist; vgl. www.unpo.org. Zu föderativen Unterschieden vgl. z.B. die unterschiedlichen Regelungen zu EE in Wallonien und Flandern in Belgien; www.res-legal.de.

[72] Vgl. UNEP FI (2002), S. 6.

[73] Vgl. Welge/Holtbrügge (2006), S. 97.

Informationen“ zu entscheiden. Gleichzeitig existieren Überrenditen bei Transparenz und vollständiger Information nur temporär,[74] sodass ein Zielkonflikt zwischen der notwendigen Handlungsgeschwindigkeit auch bei unstrukturierten Entscheidungssituationen und Corporate-Governance-Erfordernissen bestehen kann.

4. So bedauerlich die Unschärfe verfügbarer Informationen ist, so sehr muss vor der Scheingenauigkeit vielfältigster Länderratings und -indizes gewarnt werden. Die formale Rigorosität dieser Ansätze verleitet dazu, diese *Ratings und Indizes* nur allzu gern einer Entscheidung zugrunde zu legen.[75] Ferner sind die Ratings entweder aus historischen Daten abgeleitet und damit intersubjektiv nachvollziehbar, dabei aber nur eingeschränkt nützlich zur Beurteilung zukünftiger Entwicklung.[76] Oder sie sind zukunftsbezogen, aber damit subjektiv und vermitteln eine Sicherheit aufgrund der Quantifizierung, die tatsächlich nicht besteht. Weiterhin verleiten vergleichbare Ratings verschiedenster Länder zu der Annahme, dass Risiken und Erfolgsfaktoren in den Ländern tatsächlich vergleichbar seien. Tatsächlich mag das Gegenteil der Fall sein, und die akkurat anmutenden Ratings verbergen mehr Informationen, als sie tatsächlich enthüllen.[77] Weiterhin ist bei der Anwendung unterschiedlicher Ratings und Indizes zu beachten, dass die einbezogenen Kriterien gegebenenfalls nicht disjunkt sind und es insofern zu einer ungewollten Übergewichtung von Entscheidungskriterien kommen kann.

5. Ein weiteres Problem bei der Auswahl aus der Vielzahl der Länder ist das *Kontingenzproblem*. Der Soziologe Niklas Luhmann definiert dies unnachahmlich wie folgt: „Kontingent ist etwas, was weder notwendig ist noch unmöglich ist; was also so, wie es ist (war, sein wird), sein kann, aber auch anders möglich ist.“[78] Für den Auswahlprozess heißt das, dass durch den Ausschluss von Ländern die Gefahr besteht, dass weitere Vorteile von ausgeschlossenen Ländern nicht mehr betrachtet werden bzw. positive Veränderungen nicht mehr wahrgenommen werden.

Ansätze zur Auswahl von Ländern sind vor dem Hintergrund dieser Herausforderungen zu bewerten.

[74] Vgl. Rappaport (1999), S. 50; Born (1995), S. 29.

[75] Vgl. Henisz/Zelner (2010), S. 93.

[76] Vgl. Henisz/Zelner (2010), S. 94.

[77] Vgl. Khanna/Palepu/Sinha (2005), S. 64.

[78] Vgl. Luhmann (1987), S. 152.

3.2 Überblick über mögliche Ansätze

Die Auswahl von Standorten gehört zu einem wesentlichen Grundaspekte des internationalen Managements. Hierbei werden in der Literatur folgende Ansätze diskutiert:[79]

- *Checklistenverfahren*: Erstellung eines Katalogs von entscheidungsrelevanten Kriterien und Ausschluss von Ländern, die nicht die Mindestkriterien erfüllen[80]
- *Punktwertverfahren:* Bewertung von Ländern anhand gewichteter Beurteilungskriterien und Ausschluss oder selektive Behandlung der Länder nach erreichten Punktwerten[81]
- *sequenzielle Bewertungsverfahren:* Bildung einer Rangfolge der Entscheidungskriterien und phasenweise Eliminierung von Ländern, die nicht bestimmte Mindest- oder Höchstkriterien über- oder unterschreiten[82]
- *Portfolioanalysen:* Einteilung der Länder auf Basis von Chancen und Risiken in eine zweidimensionale Matrix und Identifikation der Länder auf Basis ihres Risiko- und Chancenprofils[83]

Vergleicht man die einzelnen Ansätze miteinander, so lassen sich diese wie folgt beurteilen:

- Sowohl Checklisten- als auch Punktwertverfahren erfordern einen gleichhohen Datenbedarf und sehen keine phasenweise Strukturierung des Entscheidungsprozesses vor, so wie diese in dem sequenziellen Verfahren vorgenommen wird.
- Mit Ausnahme von Portfolioanalysen berücksichtigen die Verfahren nicht den Aspekt der Risikodiversifikation, der aus der Kombination von Einzelinvestitionen entstehen kann, die zum Teil im Rahmen der Checklisten oder Punktwertverfahren ausgeschlossen worden wären. Ebenso vernachlässigen die letztgenannten Verfahren sowie gegebenenfalls auch das sequenzielle Bewertungsverfahren das Kontingenzproblem, das durch den Ausschluss bestimmter Länder resultieren kann.
- Während das Checklistenverfahren nicht zwischen Ländern differenziert, die die Kriterien erfüllen, nivelliert das Punktwertverfahren mögliche Extremwerte im Rahmen der Durchschnittsbildung.

---

79 Übersicht in Anlehnung an Schuh/Trefzer (1991), S. 111-129; Stegmüller (1995), S. 366-365.

80 Vgl. Holtbrügge (1995), S. 113.

81 Vgl. Hake (1997), S. 240-242. Ein praktisches Beispiel für ein Punktwertverfahren ist der Business Environment Risk Index (BERI), der viermonatlich ermittelt wird, vgl. online www.beri.com.

82 Vgl. Schneider/Müller (1989), S. 17.

83 Vgl. u.a. Backhaus/Voeth (2010), S. 124 (Marktattraktivität vs. Markteintrittsbarrieren), Meissner/Gerber (1980), S. 223 (Marktattraktivität vs. Politische Stabilität).

Unter Berücksichtigung der vorangehenden Herausforderungen bezüglich der Auswahl eines Auslandsmarktes bietet das sequenzielle Entscheidungsverfahren Vorzüge. Gleichzeitig erlaubt es, das Checklisten- und Punktwertverfahren sowie Portfolioanalysen im Rahmen der einzelnen Stufen zu integrieren, sodass jeweils die Vorzüge der einzelnen Verfahren in der jeweiligen Phase des Entscheidungsverfahrens genutzt werden können.

3.3 Auswahl im sequenziellen Verfahren

Ausgehend von Dunnings Vorteilskriterien ist zunächst die Frage nach den Eigentümer- und Internalisierungsvorteilen zu stellen, die generell die Investition im Ausland rechtfertigen. Wird diese Frage bejaht, so kann, basierend auf dem generellen Konzept des sequenziellen Auswahlverfahrens, im Hinblick auf die Märkte wie folgt vorgegangen werden:

1. In einem ersten Schritt sollte die *Definition* der im weiteren Auswahlprozess erforderlichen *Entscheidungskriterien* erfolgen:
   - Definition und Überprüfung der eigentümerspezifischen Wettbewerbsvorteile, die eine Investition im Ausland rechtfertigen;
   - Definition der Internalisierungsvorteile, die den Aufbau von Erzeugungskapazitäten rechtfertigen, da der Strom intern günstiger erzeugt werden kann als bei Bezug von einem fremden Dritten;
   - Definition von Kerntechnologien, die im Rahmen der Investition in Auslandsmärkten berücksichtigt werden sollen;
   - Definition von Kriterien für nicht akzeptable Investitionsstandorte wie z.B. mangelnde Ressourcenqualität, Mangel an Demokratie, Meinungsfreiheit, hohe Korruption etc.
2. *Vorbereitung* des sequenziellen Auswahlverfahrens im Hinblick auf die landesspezifischen Kriterien:
   - Sammlung der heranzuziehenden Entscheidungskriterien, Bildung einer Rangfolge der Kriterien und Definition von Mindest- bzw. Höchstwerten für jedes Entscheidungskriterium;
   - Identifikation von Informationslücken bzw. Informationen, die nur mit zusätzlichen Kosten oder hohem Zeitaufwand herangezogen werden können;
   - Liste aller Länder bzw. aller als interessant erscheinenden Länder, die im Hinblick auf die zu betrachtenden Technologien anhand von Ressourcenqualität sowie derzeitig installierter Kapazität und erwartetem Marktwachstum attraktiv erscheinen.

3. *Ausschluss* von Ländern basierend auf einem *Checklistenverfahrens*, d.h. anhand der in Schritt 3 definierten binären Ausschluss- bzw. Musskriterien, für die Informationen ohne zusätzliche Kosten verfügbar sind, und Ablage aller Länder mit guter Ressourcenqualität in einem System zur Nachverfolgung.
4. Sichtung und *Bewertung* der verbleibenden Länder mithilfe des *Punktwertverfahrens* und Ausschluss von Ländern auf Basis von Mindest- oder Höchstwerten bei verfügbaren Punktwerten; hierbei sind die Entscheidungskriterien einerseits nach ihrer Rangfolge und andererseits nach der Verfügbarkeit von Informationen für die verbleibenden Länder zu berücksichtigen. Gegebenenfalls mehrmalige Wiederholungen dieses Schrittes, wenn nach Ausschluss auf Basis eines oder mehrerer Entscheidungskriterien die verbleibenden Länder wieder mithilfe der verfügbaren Informationen analysiert werden können.
5. *Detaillierte Analyse* der verbleibenden Länder auf Basis zusätzlicher, nicht frei verfügbarer Information bzw. arbeitsaufwendiger Analysen.
6. Untersuchung geeigneter *Länderkombinationen*, die eine adäquate Diversifikation der Länderrisiken ermöglicht.

Da die Situation in den einzelnen Ländern stetigen Veränderungen unterworfen sein kann, ist es nützlich, die jeweils im Rahmen des sequenziellen Auswahlprozesses eliminierten Länder mit Angabe des Eliminierungsdatums und -grundes auf einer Überwachungsliste zu notieren. So können Länder mit grundsätzlich guten Ressourcenvoraussetzungen, aber derzeitig instabiler politischer Struktur oder schwachen Förderbedingungen in ein paar Jahren grundsätzlich anders bewertet und damit nicht generell von einer zukünftigen Betrachtung ausgeschlossen werden. Durch diese Vorgehensweise wird das vorangehend geschilderte Kontingenzproblem adressiert, da grundsätzlich kein generell im Bezug auf die Ressourcen interessanter Markt aus der Betrachtung vollständig eliminiert wird, sondern die weitere Analyse nur unterbrochen wird.

4 Zusammenfassung

Auf Basis der vorangegangenen Überlegungen zur Identifikation interessanter Auslandsmärkte kann dieser Beitrag mit den folgenden Thesen zusammengefasst werden:

1. Investoren benötigen eine *klare Zieldefinition* bezüglich ihrer Auslandsinvestition. Je klarer diese Zielsetzung formuliert ist, desto einfacher lassen sich mögliche Märkte im Wege des Ausschlussverfahrens anhand der sich aus der Zielsetzung ergebenden Kriterien effizient auf wenige Märkte reduzieren.

2. Weiterhin müssen vor einer Auslandsinvestition die *eigentümerspezifischen Vorteile* klar artikuliert werden, da nur mit solchen Vorteilen der Wettbewerb gegen lokale Wettbewerber gewonnen werden kann. Bestehen keine eigentümerspezifischen Vorteile bzw. können diese nicht auf ein neues Land übertragen werden, so ist es unwahrscheinlich, im Wettbewerb von Transaktionen dort erfolgreich zu sein.

3. Da alle Marktteilnehmer mindestens nach risikoadäquaten Renditen streben, aber auch gern eine Überrendite in Kauf nehmen, nimmt die Möglichkeit für den Investor, Überrenditen durch Auslandsinvestitionen zu erzielen, mit zunehmender Auslagerung von Aktivitäten entlang der Wertschöpfungskette ab. Vor diesem Hintergrund ist es unwahrscheinlich, ohne aktives Management und bei ausschließlichem Kapitalanlagemotiv mehr als eine risikoorientierte Vergütung zu erhalten. Andererseits kann die Rendite für den Investor mit zunehmender *Internalisierung* gesteigert werden, wenn er die Aktivitäten unternehmensintern zu einem geringeren Preis als die Marktteilnehmer darstellen kann.

4. Können weder eigentümerspezifische noch internalisierungsbedingte Vorteile realisiert werden, so verbleiben dem Investor in ausländische Märkte lediglich *Diversifikationsvorteile* im Bezug auf politische und ressourcenbedingte Risiken. Hierdurch können Wert und Verschuldungskapazität von EE-Portfolien gesteigert werden, aber es ergibt sich keine Überrendite wie gegebenenfalls bei dem aktiven Management des Portfolios.

5. Die *notwendigen Voraussetzungen* für Investitionen in EE-Projekte sind politische Stabilität, Rechts- und Eigentumssicherheit, Konvertierbarkeit der Währung, Repatriierbarkeit der Gewinne und ähnliche Kriterien, die unternehmerische Aktivität in dem jeweiligen Land ermöglichen. Diese selbstverständlich erscheinenden Kriterien können aber bei Betrachtung von Investitionsopportunitäten außerhalb der EU-27-Länder z.B. in Osteuropa oder Nordafrika in Einzelfällen eine Investition bereits nicht mehr angemessen erscheinen lassen. Hinzu kommt eine scheinbar umgekehrte Proportionalität von Einstrahlungsintensität und politischer Stabilität.

6. Trotz aller politischer Anreize zur Investition in EE-Projekte ist die *Ressourcenqualität* entscheidend für den nachhaltigen wirtschaftlichen Erfolg eines Projektes. Selbst wenn von dem Bestandsschutz von Fördermitteln für ein Projekt ausgegangen wird, besteht stets das politische Risiko, dass Fördermittel für künftige Projekte reduziert werden und damit die Kosten der Aufbauorganisation in einem Land nicht mehr durch weitere Projekte getragen werden können.

7. Langfristig wird die relative Vorteilhaftigkeit eines Marktes nicht nur durch die dort vorhandene *Ressourcenqualität* und damit die erzielbaren Volllaststunden beeinflusst werden, sondern auch durch die Verfügbarkeit von *natürlichen Speichermedien* wie Wasserreservoirs oder Salzkavernen. Die Rentabilität der Investition in EE-Projekte wird durch beide Aspekte beeinflusst und ist deshalb gesamtheitlich zu betrachten.

8. Bei bestehender Ressourcenattraktivität ist weiterhin die erkennbare Bemühung der Regierung um die Erhöhung der Energieproduktion aus EE wünschenswert, um sicherzustellen, dass anfänglich noch über den Marktpreisen liegende Gestehungskosten durch entsprechend *Förderungen* kompensiert werden. Ohne eine entsprechende Förderung wären die meisten EE-Technologien derzeitig noch nicht wirtschaftlich lebensfähig. Wichtig ist aber auch, zu beachten, dass die Förderung nach und nicht vor der Prüfung der Ressourcenaktivität erfolgen sollte.

9. Weiterhin ist es von Bedeutung, dass der ausländische Markt bereits hinreichend entwickelt ist und damit eine Mindestgröße in Hinblick auf die *installierte Kapazität* haben muss, da andernfalls nicht von einem funktionsfähigen Dienstleistungsmarkt ausgegangen werden kann. Gleichzeitig muss aber auch noch ein ausreichendes Wachstumspotenzial vorhanden zu sein, um weitere Investitionen in diesem Land zu ermöglichen.

10. Die Auswahl geeigneter Länder sollte nach einem *sequenziellen Verfahren* erfolgen, das der Situation Rechnung trägt, dass Informationen nicht für alle Länder in gleichem Umfang vorliegen, aber manche Länder bereits aufgrund der Ressourcenqualität oder politischen Umstände relativ früh aus der weiteren Analyse ausgeschlossen werden können. Gleichzeitig ist zu berücksichtigen, dass sich die Situation in politisch instabilen Ländern ändern kann und insofern Länder mit guter Ressourcenqualität weiter beobachtet werden sollten.

Auch wenn dieses Vorgehen zunächst die Identifikation von Auslandsmärkten beschreibt, ist der Übergang zur Due Diligence im Hinblick auf ein konkretes Investitionsobjekt fließend: Hierzu können in den sequenziellen Auswahlprozess weitere objektspezifische Kriterien integriert werden, um so frühzeitig in einem Transaktionsprozess zu entscheiden, ob eine Fortführung des Prozesses sinnvoll ist.[84] Dieses Vorgehen trägt dem Umstand Rechnung, dass es den Investoren – trotz des tendenziellen Verkäufermarktes für EE-Projekte – häufig nicht an Investitionsopportunitäten mangelt, sondern eher an der Zeit, alle Opportunitäten angemessen zu würdigen.[85] Insofern kann durch die Integration von Länder- und Portfolioauswahlprozess der Investitionsprozess weiter beschleunigt werden und die Zeit für die wirklich relevanten Projekte verwendet werden.

[84] Vgl. Matzen (2006), S. 259.

[85] Vgl. Franzke (2002), S. 614.

Literatur

Backhaus, Klaus/Voeth, Markus (2010): Internationales Marketing, Stuttgart, 6. Auflage

Beyer, Sven/Keller, Günther (2010): Bewertung von Energieversorgungsunternehmen, in: Drukarczyk, Jochen/Ernst, Dietmar (Hrsg.): Branchenorientierte Unternehmensbewertung, München, 3. Auflage, S. 401-446

Böttcher, Jörg (2009): Finanzierung von Erneuerbare-Energien-Vorhaben, München

Born, Karl (1995): Unternehmensanalyse und Unternehmensbewertung, Stuttgart

Bremmer, Ian/Zakaria, Fareed (2006): Hedging Political Risk in China, in: Harvard Business Review, Vol. 84, Nr. 11, S. 22-25

Breuer, Wolfgang/Gürtler, Marc/Schuhmacher, Frank (2003): Finanzierung, in: Breuer, Wolfgang/Gürtler, Marc (Hrsg.): Internationales Management – Betriebswirtschaftslehre der internationalen Unternehmung, Wiesbaden, S. 367-406

Brown, Wilson B. (1976): Islands of Conscious Power: MNCs in the Theory of the Firm, in: MSU Business Topics, Vol. 24, S. 37-45

Bundesverband Windenergie (Hg.) (2010): Repowering von Windenergieanlagen – Effizienz, Klimaschutz, regionale Wirtschaftsförderung, Berlin, www.wind-energie.de/fileadmin/dokumente/Themen_A-Z/Repowering/BWE_Repowering-Broschuere-2010.pdf (Stand: Januar 2011)

Copeland, Tom/Koller, Tim/Murrin, Jack (2000): Valuation – Measuring and Managing the Value of Companies, New York, 3. Auflage

Deutsche Energie-Agentur GmbH (dena) (Hg.) (2010): Analyse der Notwendigkeit des Ausbaus von Pumpspeicherwerken und anderen Stromspeichern zur Integration der erneuerbaren Energien. Abschlussbericht an Schluchseewerk AG Berlin, Februar, www.dena.de/fileadmin/user_upload/Download/Dokumente/Publikationen/ESD/Endbericht_PSW_-_Integration_EE_dena.pdf (Stand: April 2011)

Deutsche Bank (Hg.) (2009): Global Climate Change Policy Tracker: An Investor's Assessment, Oktober, www.dbcca.com/dbcca/EN/_media/Global_Climate_Change_Policy_Tracker_Exec_Summary.pdf, (Stand: Januar 2011)

Deutsche Bank (Hg.) (2010 a), Global Climate Change Policy Tracker: The Green economy: The race is on, März, www.dbadvisors.com/content/_media/DBCCA_Policy_Tracker_031910_Final.pdf (Stand: Januar 2011)

Deutsche Bank (Hg.) (2010 b), FiT Adjust while deriving in scale in 2010, Juli, www.dbcca.com/dbcca/EN/_media/DBCCA_Fit_Update_20100727.pdf (Stand: Januar 2011)

Dunning, John H. (1980): Towards an eclectic Theory of international production: Some Empirical tests, in: Journal of International Business Studies, Nr. 1, S. 9-31

Dunning, John H. (2000): The eclectic paradigm as an envelope for economic and business theories of MNE activity, in: International Business Review Nr. 9, S. 163-190

Dunning, John H. (2001): The Eclectic (OLI) Paradigm of International Production: Past, Present and Future, in: International Journal of the Economics of Business Nr. 2, S. 173-190

Encarnation, Dennis J./Vanchani, Sushil (1985): Foreign Ownership, When Hosts Change the Rules, in: Harvard Business Review, Vol. 63, Nr. 9, S. 152-160

Ernst & Young (Hg.) (2011): Renewable Energy Country Attractiveness Indices – Issue 28, Februar, www.ey.com/DE/de/Industries/Power---Utilities (Stand: März 2011)

Euler Hermes Kreditversicherungs-AG (Hg.) (undatiert): Praktische Informationen. Hermes Deckung Spezial Erneuerbare Energien, www.aga-portal.de/pdf/hds/hds_erneuerbare_ energien.pdf (Stand: Januar 2011)

European Environment Agency (EEA) (Hg.) (2004): Energy Subsidies in the European Union: a brief overview, Kopenhagen, www.eea.europa.eu/publications/technical_report_2004_1 (Stand: Januar 2011)

EWEA (Hg.) (2009): The Economics of Wind Energy – A report by the Eureopean Wind Association, März, www.ewea.org/fileadmin/ewea_documents/documents/publications/reports/Economics_of_Wind_Main_Report_FINAL-lr.pdf (Stand: Januar 2011)

EWEA (Hg.) (2010): WindBarriers. Administrative and grid access barriers to wind power, Juli, www.windbarriers.eu/fileadmin/WB_docs/docu-ments/WindBarriers_report.pdf

Ferstl, Otto K./Sinz, Elmar (1993): Grundlagen der Wirtschaftsinformatik, Bd. 1, München

Franzke, Gunter (2002): Value Added Due Diligence für Finanzinvestoren, in: M&A, Nr. 12, S. 614

Fraunhofer-Institut für System- und Innovationsforschung (Fraunhofer) (Hg.) (2007): Assessment and optimisation of renewable energy support schemes in the European electricity market – „OPTRES“, Karlsruhe, http://ec.europa.eu/energy/renewables/studies/doc/renewables/2007_02_optres.pdf (Stand: Januar 2011)

Ghemawat, Pankaj (2001): Distance still matters – the hard reality of Global Expansion, in: Harvard Business Review, Nr. 9, S. 137-147

Greenpeace (Hg.) (2010): energy [r]evolution – Towards a fully renewable energy supply in the EU27, Juni, www.greenpeace.org/raw/content/eu-unit/press-centre/reports/EU-Energy-(R)-evolution-scenario.pdf (Stand: Januar 2011)

Hake, Bruno (1997): Länderrisiko-Analysen – Werkzeugkasten des Controllers, in: Controller-Magazin, Nr. 4, S. 240-242

Harris, Chris (2006): Electricity Markets – Pricing, Structures and Economics, Chichester

Henisz, Witold J./Zelner, Bennet A. (2010): The hidden Risks in Emerging Markets, in: Harvard Business Review, Vol. 88, Nr. 4, S. 88-95

Holtbrügge, Dirk (1995): Personalmanagement multinationaler Unternehmungen in Osteuropa. Bedingungen – Gestaltungen – Effizienz, Wiesbaden

Institut für Energie und Umweltforschung Heidelberg GmbH (ifeu) (Hg.) (2009): Kurzgutachten Wasserstoff- und Stromspeicher in einem Energiesystem mit hohen Anteilen erneuerbarer Energien: Analyse der kurz- und mittelfristigen Perspektive Im Auftrag des BMU, Mai, Heidelberg, www.bmu.de/files/pdfs/allgemein/application/pdf/ifeu_kurzstudie_elektromobilitaet_wasserstoff.pdf (Stand: April 2011)

Institutional Investors Group on Climate Change (IIGCC) (Hg.) (2010): Shifting Private Capital to Low Carbone Investment – A IIGCC position paper on EU Climate and Energy Policy, September, www.iigcc.org/__data/assets/pdf_file/0016/12247/IIGCC-Position-Paper-on-EU-Climate-and-Energy-Policy.pdf (Stand: Januar 2011)

Institutional Investors Group on Climate Change (IIGCC) (Hg.) (2011): Erklärung zum Klimawandel, www.iigcc.org/data/as-sets/pdf_file/0015/276/ RevisedIIGCCInvestorStatementonClimateChangeinGerman.pdf (Stand: Januar 2011)

Khanna, Tarun/Palepu, Krishna G./Sinha, Jagat (2005): Strategies that fit emerging markets, in: Harvard Business Review, Vol 83, Nr. 6, S. 63-76

Kotler, Philip (1999): Grundlagen des Marketing, München, 2. Auflage

Luhmann, Niklas (1987): Soziale Systeme. Grundriss einer allgemeinen Theorie, Berlin, 14. Auflage

Maister, David (2007): Strategy and the Fat Smoker: Doing What's Obvious But Not Easy, Boston

Matzen, Frank J. (2005): Unternehmensbewertung von Wohnungsbauunternehmen – unter besonderer Berücksichtigung der Besteuerung und Finanzierung, in: Schulte, Karl-Werner (Hg.): Schriften zur Immobilienökonomie, Bd. 32, Köln

Matzen, Frank J. (2006): Financial Due Diligence bei Real-Estate Transaktionen, in: Rottke, Nico/Rebitzer, Dieter W. (Hg.): Handbuch Real Estate Private Equity, Köln, S. 255-281

Matzen, Frank J. (2008): Bewertung, in: Knott, Hermann J./Mielke, Werner (Hg.): Unternehmenskauf, Köln, 3. Auflage , S. 23-29

Meissner, Hans G./Gerber, Stephan (1980): Die Auslandsinvestition als Entscheidungsproblem, in: BFuP, Nr. 3, S. 217-228

OECD (Hg.) (2008): Benchmark Definition of Foreign Direct Investment, 4. Auflage, www.oecd.org/dataoecd/26/50/40193734.pdf (Stand: Januar 2011)

OECD (Hg.) (2010): Arrangement on officially supported export credits, Januar, www.oecd.org/officialdocuments/displaydocumentpdf?cote=tad/ pg(2010)2&doclanguage=en (Stand: Januar 2011)

Rappaport, Alfred (1999): Shareholder-Value. Ein Handbuch für Manager und Investoren, Stuttgart, 2. Auflage

REN21 (Hg.) (2010): Renewables 2010 – Global Status Report, September, www.ren21.net/Portals/97/documents/GSR/REN21_GSR_2010_full_ revised%20Sept2010.pdf (Stand: Januar 2011)

Schneider, Dieter J./Müller, Ralph U. (1989): Datenbankgestützte Marktselektion. Eine methodische Basis für Internationalisierungsentscheidungen, Stuttgart

Schuh, Arnold/Trefzger, Dieter (1991): Internationale Standortwahl. Ein Vergleich von Länderauswahlmodellen in Wissenschaft und Praxis, in: Journal für Betriebswirtschaft 2, S. 111-129

Staehle, Wolfgang (1994): Management. Eine verhaltenswissenschaftliche Perspektive, München, 7. Auflage

Stegmüller, Bruno (1995): Internationale Marktsegmentierung, in: Jahrbuch der Absatz- und Verbrauchsforschung, Berlin, Nr. 4, S. 366-386

Thurner, Marc Oliver (2003): Valuation of MNC Subsidiaries in Emerging Markets: The Case of China, St. Gallen, www.sbf.unisg.ch/org/sbf/web.nsf/0/aa95bc2c46e26825c1256c360045c6ce/$FILE/thurner.pdf (Stand: Februar 2011)

United Nations Environment Programme Finance Initiative (UNEP FI) (Hg.) (2002): CEO Briefing on Climate Risk on Global Economy 2002, www.unepfi.org/fileadmin/docu-ments/CEO_briefing_climate_change_2002_en.pdf (Stand: Januar 2011)

United Nations Environment Programme Finance Initiative (UNEP FI) (Hg.) (2005): CEO Briefing: The Future of Climate Policy. A Financial Sector Perspective, www.unepfi.org/fileadmin/documents/CEO_brie-fing_future_2005.pdf (Stand: Januar 2011)

UN Global Compact/Principles for Responsible Investment (PRI)/UNEP FI (Hg.) (2007): Investor Leadership on Climate Change. An analysis of the investment community's role on climate change, and snapshot of recent investor activity, Juli, www.unglobalcompact.org/docs/issues_doc/Environment/Investor_Leadership_on_Climate_Change_An_Analysis.pdf (Stand: Januar 2011)

Welge, Martin K./Holtbrügge, Dirk (2006): Internationales Management. Theorien, Funktionen, Fallstudien, Stuttgart, 4. Auflage

Besonderheiten der Projektierung in ausgewählten Auslandsmärkten

Alexis Bonneschky/Achim Schreider/Annika Seiler

1 Einleitung

Erneuerbare Energien (EE) werden in der ganzen Welt geschätzt. Berechnungen der Internationalen Energieagentur (IEA) gehen davon aus, dass weltweit bis 2030 mehr als 25% des Energieverbrauchs durch EE gedeckt werden können.

Eine Vielzahl an Gründen spricht für die Nutzung von EE. Hierzu zählen: Umweltverträglichkeit, Schonung fossiler Ressourcen, Verringerung der Abhängigkeit von Brennstoffimporten und teilweise bereits heute schon geringere Kosten der Stromerzeugung. Die ausschlaggebenden Beweggründe für EE-Projekte in verschiedenen Ländern sind jedoch zuweilen sehr unterschiedlich – je nach wirtschaftlicher und politischer Lage sowie der Verfügbarkeit über Ressourcen. Zudem ist auch die heutige Energieversorgungssituation von Land zu Land bzw. auch von Region zu Region unterschiedlich.

In diesem Beitrag soll auf die Besonderheiten der Projektierung von EE-Projekten in bestimmten Auslandsmärkten eingegangen werden. Dabei muss aufgrund unterschiedlicher wirtschaftlicher, rechtlicher und regulatorischer Rahmenbedingungen generell zwischen entwickelten und Entwicklungsländern unterschieden werden. Weiter wird in diesem Artikel nur auf EE-Projekte der Stromerzeugung eingegangen, d.h., Projekte zur anderweitigen Nutzung der erneuerbaren Primärenergien bleiben unbeachtet.

In Abschnitt 2 werden die verschiedenen Anwendungen EE zur Stromerzeugung diskutiert sowie die dabei beteiligten Akteure und deren Zusammenspiel dargestellt. Anders als z.B. in Europa werden zur Realisierung von EE-Projekten in Entwicklungsländern eine Reihe von Risiko-Mitigationsinstrumente eingesetzt, um potenziellen Eigen- und Fremdkapitalgebern die Investition attraktiv zu machen.

Abschnitt 3 stellt die planerischen und technischen Anforderungen hinsichtlich der Integration von EE-Anlagen in Versorgungssystemen heraus. Untergliedert in große Verbundsysteme sowie kleinere Inselsysteme werden typische Förderinstrumente sowie grundlegende wirtschaftliche Aspekte in diesem Zusammenhang erörtert.

2 Überblick über Lösungen und Märkte

In diesem Abschnitt werden die wesentlichen Anwendungen sowie Akteure auf den Märkten dargestellt. Die Bandbreite der Leistungsgrößen von EE-Anlagen zur Stromerzeugung erstreckt sich von wenigen Watt (z.B. 40 Watt Photovoltaik Solar Home System) über mittelgroße Anwendungen, welche durchaus einstellige Megawatt-Bereiche erreichen können (z.B. 7,5-Megawatt-Windkraftanlagen, aktuell die höchste Nennleistung einer einzelnen Anlage), bis hin zu großflächigen Kraftwerksanlagen mit mehrstelligen Megawatt- bzw. Gigawatt-Leistungsgrößen (z.B. 18,2-Gigawatt-Wasserkraftanlage Drei-Schluchten-Damm, aktuell die größte Anlage zur Nutzung einer Erneuerbaren Energiequelle für die Stromversorgung).

Bei der Einordnung der jeweiligen Anwendungen unterscheiden wir in den folgenden Abschnitten grundsätzlich in (über-)regionale Verbundsysteme und kleinere Inselsysteme, die autarke Energieversorgungssysteme sind und im besonderen Maße bei der Elektrifizierung von ländlichen Gebieten in Schwellen- und Entwicklungsländern eine Rolle spielen.

2.1 Anwendungen

Ausgehend von den eingangs beschriebenen Leistungsgrößen lassen sich Anwendungen zur Stromerzeugung aus EE wie folgt klassifizieren:

1. kleine Erzeuger, die einen Abnehmer direkt mit Strom versorgen oder in ein Inselsystem einspeisen,
2. mittelgroße und großflächige Erzeuger, die in ein Stromübertragungs-(Verbund-)System einspeisen. Hierbei können beachtliche Entfernungen zwischen Abnehmer und ursprünglichen Stromerzeugungsstandort überwunden werden.

2.1.1 Kleine Erzeuger

Typische Spannungsebenen für eine direkte Versorgung des Abnehmers sind Kleinspannungen (Wechselspannungen bis 50 Volt/Gleichspannungen bis maximal 120 Volt). Eine der häufigsten Anwendungen zur Direktversorgung sind Solar Home Systems. Hier werden zumeist 12 Volt (V) Gleichspannungen angewendet, um gängige Verbraucher (Beleuchtung, Information/Kommunikation) bei Vermeidung von Transformationsverlusten auf andere Spannungsebenen zu versorgen.

Beim Betrieb von Inselsystemen wird üblicherweise auf der Mittelspannungsebene eingespeist (von minimal 3 Kilovolt [kV] bis maximal 30 kV). Eine höhere Spannung hat eine Reduzierung der Leitungsverluste zur Folge. Die Auswahl der optimalen Spannungsebene sollte letztlich unter Berücksichtigung der zu versorgenden Gebietsfläche, damit verbundenen Leitungslänge, Materialkosten und vermiedenen Stromerzeugungskosten durch reduzierte Leitungsverluste erfolgen.

Sogenannte Heimapplikationen bzw. kleine Erzeuger können Solarmodule aber auch Klein(-st)-Wasserkraftwerke, -Bioreaktoren oder -Windkraftanlagen sein. Batterien oder auch kleinere Dieselgeneratoren können zum Einsatz kommen, um kurzzeitig Abweichungen zwischen Strombedarf und -angebot auszugleichen.

2.1.2 Mittelgroße Applikationen

Stromversorgungsnetze sind in industrialisierten Ländern flächendeckend entwickelt. Anders als in Entwicklungsländern – in denen es aufgrund mangelnder Infrastruktur einen hohen Bedarf an Inselsystemen gibt – spielen kleine Erzeuger nur eine untergeordnete Rolle. Sie werden etwa zur Strombereitstellung von abgelegenen Verbrauchern (z.B. Wetterstationen, Einrichtungen der Telekommunikation sowie Verkehrsüberwachung) eingesetzt. Abgesehen von vornehmlich privaten Photovoltaik-Anlagen, die über den Hausanschluss Strom ans öffentliche Niederspannungsnetz abgeben, speisen mittelgroße EE-Anlagen den Strom auf der Mittelspannungsebene ein. Abhängig von den Distanzen der zur Verfügung stehenden Leitungen werden auch Einspeisungen in Hochspannungsnetze realisiert (etwa durch Step-up-Transformatoren von 10 auf 110 kV).

In unserer Untergliederung zählen wir zu mittelgroßen EE-Applikationen:

- Biomassekraftwerke mit typischen Leistungen bis 0,5 Megawatt (MW),
- Kleinwasserkraftwerke,[1]
- Photovoltaik-Anlagen,
- geothermische Anlagen,
- On-Shore-Windkraftparks.

2.1.3 Großflächige Anlagen/Kraftwerke

Die großtechnisch am stärksten genutzte Erneuerbare Energiequelle ist die Wasserkraft. Weltweit sind sieben Wasserkraftwerke in Betrieb, welche jeweils den gigantischen Nennleistungswert von 10 Gigawatt (GW) übertreffen. Dennoch ist das Potenzial für die Errichtung neuer Kraftwerke dieser Größenordnung längst nicht ausgeschöpft. Allein das Potenzial des Kongo-Flusslaufes wird auf über 40 GW geschätzt.

Offshore-Windparks haben Leistungswerte von typischen fossil gefeuerten Kraftwerksblöcken erreicht. Thanet, die größte Anlage dieser Art, weist mit einer Gesamtfläche von 35 Quadratkilometern eine Nennleistung von 300 MW auf. Auf dem Gebiet der Stromerzeugung aus Sonnenenergie etablieren sich in Regionen mit adäquater direkter Sonneneinstrahlung solarthermische Kraftwerke. Auf einer Fläche von 50 Quadratkilometern erreicht das Parabolrinnenkraftwerk Andasol 1 eine Maximalleistung von 50 MW.

[1] Die übliche internationale Kategorisierung geht von einer maximalen Leistungsabgabe von 10 MW aus. In einigen Ländern weicht dieser Wert nach oben bis 50 MW ab.

2.2 Akteure

In diesem Abschnitt werden die zentralen Akteursgruppen und deren Ziele bei der Finanzierung von EE-Projekten vorgestellt. Zunächst erfolgt eine kurze Einordnung, wie sich das Gesamtfinanzierungsvolumen von 115,6 Mrd. USD für EE-Projekte im Jahr 2009 auf verschiedene Transaktionsformen verteilt hat: Fast 65% der EE-Projekte wurden im Rahmen von Asset-backed-Finanzierungen realisiert (sowohl limited recourse als auch full recourse). Weitere Formen der Finanzierung sind Fonds-finanzierte Modelle und Merger-and-Acquisition-Transaktionen. Weitere 11,6% des Gesamtvolumens entfielen auf Kleinprojekte.

Abbildung 1: Gesamtinvestitionsvolumen in EE-Projekte in 2009, in Milliarden USD

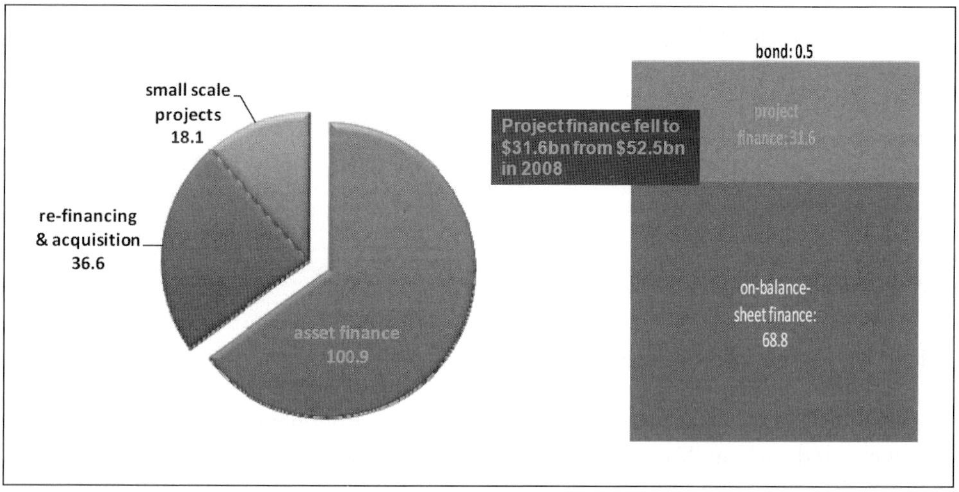

Quelle: UNEP/Bloomberg New Energy Finance (2010)

2.2.1 Small Scale Business

Klein- und Kleinstunternehmen treten in Entwicklungsländern vornehmlich als Investoren in Inselnetzen fernab vom Verbundnetz auf. Ihr primäres Ziel bei der Investition in ein EE-Projekt und dem Aufbau eines Mininetzes ist, das eigene Unternehmen mit Strom zu versorgen. Das eigene Renditeziel ist nur von nachgelagerter Bedeutung. Damit sie aber bereit sind, ein Mininetz zu bauen und zu betreiben, muss ihnen eine gewisse

Mindestrendite gewährleistet werden. Darüber hinaus benötigen sie Finanzierungshilfen in Form von Zuschüssen und/oder direkten Investitionen, technische Unterstützung bei der Planung sowie eine Schulung für den operativen und kommerziellen Betrieb des Netzes.[2]

2.2.2 Projektentwickler, Independent Power Producers und Utilities

Für die Implementierung von EE-Projekten wird für die zeitlich begrenzte Lebensdauer des Projektes häufig eine spezielle Projektgesellschaft gegründet. Projektentwickler, Independent Power Producers (IPPs) und Utilities treten häufig als Sponsoren für die Entwicklung von EE-Projekten auf. Sie bringen die Projektidee, ihr technisches Wissen, Konzepte für eine attraktive Projektfinanzierungsstruktur und -implementierung mit ein. Projektentwickler verkaufen in der Regel das Projekt an Finanzinvestoren, sobald sie es bis zu einer Reife gebracht haben. IPPs und Utilities als Sponsoren treten als Eigenkapitalgeber auf und verfolgen mit ihrer Investition das Ziel der Renditemaximierung.

2.2.3 Investoren und Banken

In Entwicklungsländern ist die Entwicklung von EE-Projekten aufgrund von mangelnder Nachfrage wie auch aufgrund unzureichender Angebote von Finanzierung gehemmt. Wegen der geringen Wahrscheinlichkeit, Investoren für Projekte zu finden, können Projektentwickler es sich in der Regel nicht leisten, vorab signifikante Investitionen in Machbarkeitsstudien zu tätigen. Gleichzeitig haben lokale Geschäftsbanken kaum Erfahrung in der Finanzierung von EE-Projekten und sind damit nicht bereit, langfristige Anlagenkredite für derartige Projekte zu vergeben.

Entwicklungsbanken agieren deshalb als Katalysatoren für die Entwicklung von EE-Projekten, sowohl solchen, die in Verbundnetze integriert werden, als auch solchen, die zur ländlichen Elektrifizierung genutzt werden. Die Finanzierung von EE-Projekten steht aufgrund ihrer positiven Effekte für den globalen Klimawandel sowie der Verringerung der Brennstoffimport-Abhängigkeit in direkter Verbindung mit ihren zentralen Armutsbekämpfungszielen. Die Förderung von sauberer Energie ist damit eine zentrale Strategie dieser Banken. Sie fördern die Realisierung von EE-Projekten mit konzessionären Krediten, Exportfinanzierungen, Ko-Finanzierungen, Kreditgarantien sowie durch ihre Carbon Funds.

[2] Das Energising-Development-Programm der niederländischen und deutschen Regierung hat in den vergangenen zehn Jahren sichtbare Erfolge bei der Mobilisierung von Klein- und Kleinstunternehmen für Investitionen in Inselnetze zur ländlichen Elektrifizierung erzielt.

3 Planung von EE-Projekten in Verbundsystemen und kleinen Inselsystemen

In Verbundnetzen findet meist eine atomistische Planung von EE-Erzeugern statt, da der Netzbetreiber für das Netzmanagement verantwortlich ist. Die EE-Anlage speist – je nach Dargebot der erneuerbaren Ressource – Strom in das öffentliche Versorgungsnetz. Gemäß politischer Auflagen ist es die Pflicht des Netzbetreibers, Strom aus EE-Anlagen prioritär abzunehmen.[3]

Aufgrund der geringeren Größe von kleinen Inselsystemen – und damit dem Pool an potenziellen Regelleistungskraftwerken – muss die Netzregelung durch die wenigen verfügbaren Kraftwerke erbracht werden. Dabei kommt der Regelung jedes einzelnen Kraftwerks eine größere Bedeutung zu.

Anhand der installierten Leistung können Inselsysteme in die in Tabelle 1 dargestellten Größenordnungen klassifiziert werden:

Tabelle 1: Größenordnungen von Inselsystemen

installierte Leistung	Kategorie[a]
50 kW-500 kW	kleinste, öffentliche Energieversorgungssysteme[b]
500 kW-5.000 kW	kleine Systeme mit geringem Elektrifizierungsgrad
5.000 kW-50.000 kW	mittlere Systeme mit steigendem Elektrifizierungsgrad
50.000 kW-500.000 kW	große Systeme mit hoher Elektrifizierung

a. Typische Verbraucher sind z.B. Beleuchtung, Kühlung, Radios, Fernseher, Mobiltelefone, Ersatz menschlicher bzw. tierischer Arbeitskraft bzw. in größeren Systemen auch industrielle Anwendungen.

b. Systeme geringerer Leistung (wie z.B. Solar Home Systems) sind meist keine öffentlichen Versorgungssysteme. In der Regel stellen sie nur einer sehr beschränkten Nutzergruppe Energie zur Verfügung.

Strukturelle Unterschiede der verschiedenen Kategorien beziehen sich auf Art, Typ und Größe der konventionellen Stromerzeugungstechnologien sowie auf die Leistung des EE-Erzeugers und damit auf seinen Anteil an der installierten Gesamtleistung.

3 In den meisten EU-Mitgliedsstaaten gelten entsprechende Einspeisegesetze bzw. -verordnungen wie z.B. das deutsche „Gesetz zum Vorrang Erneuerbarer Energien" (EEG).

Aufgabe der „grid forming unit“ ist die Herstellung und die Aufrechterhaltung der Netzspannung und der Netzfrequenz für alle Lastfälle. Aufgrund der fluktuierenden Einspeisung diverser EE-Erzeuger stellt sich bei der Dimensionierung ihrer Größe immer auch die Frage nach dem Grad ihrer Fluktuation und geeigneten Regelleistungsbereitstellern.

Je kleiner die elektrische Last (bzw. zu ihrer Deckung die installierte Gesamtleistung), desto größer ist der Anteil jedes einzelnen EE-Erzeugers daran. Für einen dementsprechenden Betrag an Regelleistung im Inselsystem muss deshalb gesorgt sein. Bei der Planung von EE-Anlagen insbesondere in kleinen Inselsystemen ist also stets ein Systemansatz zu befolgen.

3.1 Bilanzierung Erzeugungs- und Nachfrageseite

Zur Planung des optimierten Ausbaus eines Energieversorgungssystems werden typischerweise die folgenden Planungsschritte durchlaufen:

1. Bewertung bestehender Anlagen,
2. Nachfrageprojektion,
3. Identifizierung geeigneter Ausbaukandidaten,
4. technologisch-ökonomische Vorauswahl geeigneter Ausbaukandidaten,
5. Untersuchung und Optimierung verschiedener Ausbauszenarien und
6. ökonomische und finanzielle Systemanalyse.

Grundlegend für die Ausbauplanung ist die Kenntnis des aktuellen Zustands der bestehenden Kraftwerke sowie der bestehenden Übertragungs- und Verteilnetz-Betriebsmittel. Der Status quo bestimmt den Ausgangspunkt der zu planenden Kapazitätserweiterungen.

Der zweite wesentliche Schritt besteht in der Projektion der Nachfrage nach Strom und insbesondere der nachgefragten Höchstlast, da die Summe der installierten Kraftwerke letztlich diese decken können muss. Im Regelfall werden verschiedene zukünftige Entwicklungen (Szenarien) definiert und für diese jeweils die Energienachfrage sowie die Jahreshöchstlast bestimmt. Zusammen mit dem derzeitigen Stand der installierten Kraftwerke kann für jedes Nachfrageszenario die Versorgungslücke ermittelt werden, die es durch technisch geeignete und wirtschaftlich günstigste Kapazitätserweiterungen zuzüglich Sicherheitsmargen zu schließen gilt. Wird nicht ausreichend Kapazität installiert, kann es unter Umständen zu Versorgungsengpässen kommen („suppressed demand“), bei denen nicht die ganze Stromnachfrage bedient werden kann.

Im nächsten Schritt werden potenzielle Ausbaukandidaten identifiziert. Hierbei werden verschiedenste Kraftwerkstechnologien sowie -standorte als auch verfügbare Brennstoffe berücksichtigt. Typische Technologieoptionen zur verbrauchsgerechten/kostenoptimierten Stromversorgung sind beispielhaft: Dieselgeneratoren (open bzw. combined cycle), Dampfturbinen, Gasturbinen (open cycle), GuD-Anlagen (combined cycle), Wasserkraftwerke (Laufwasser, Barrage) und Stromimporte (als Netzausbaukandidat).

Als Ergebnis wird ein Katalog erstellt, der die interessanten Ausbaukandidaten (Versorgungsoptionen) zusammenfasst. Im Rahmen einer technologisch-ökonomischen Vorauswahl werden diejenigen in die engere Betrachtung gezogen, die zum einen unter Versorgungssicherheitsaspekten ([n-1]-Kriterium, Black-Start-Capacity etc.) sowie der Integrierbarkeit in die bestehende Infrastruktur (z.B. schienen- oder leitungsgebundener Brennstofftransport, Anlandungshäfen, Stromübertragungskapazitäten der Netzbetriebsmittel) als auch unter Kostengesichtspunkten als geeignet erscheinen.

Basierend auf den ausgewählten Ausbaukandidaten wird eine Vielzahl von Ausbaupfaden definiert, die den Bau der verschiedenen Kraftwerkskandidaten auf der Zeitachse berücksichtigen (5. Schritt). Im Rahmen einer Systemsimulation wird analysiert, inwiefern die geplanten Kraftwerke die zukünftige Last decken können.

Parallel werden die technischen Daten und die Kosten aus der Simulation in einer ökonomischen und finanziellen Analyse (6. Schritt) ausgewertet, um zu bestimmen, wann der optimale Zeitpunkt für den Bau eines bestimmten Kraftwerkskandidaten ist. Als Gesamtergebnis aller Kandidaten erhält man so den Systemausbauplan mit den geringsten Kosten, den sogenannten „Masterplan“.

3.2 Integration von EE-Projekten

Der bisher dargelegte Planungsprozess beschreibt die generelle Planung eines Energieversorgungssystems ohne besondere Rücksichtnahme auf EE. Oft gibt es den Fall, dass EE in eine bestehende Struktur konventioneller Erzeuger installiert werden, alternativ können sie auch direkt im Masterplan berücksichtigt werden. In beiden Fällen gilt es, deren Besonderheiten bei der Einspeisung und deren Einfluss auf die konventionellen Kraftwerke sowie die Netzstabilität zu bestimmen und Maßnahmen zu ergreifen, um Letztere zu erhalten.

Während die Stromeinspeisung von Photovoltaik-Anlagen (PV) tägliche Muster (Glockenform) aufweist, ist die Leistungsabgabe eines Windparks deutlich stochastischer.[4] Aber auch bei der Photovoltaik gibt es Abweichungen von der täglichen idealen Glockenform, die z.B. durch Bewölkung, Regen oder Sandsturm hervorgerufen werden. Insofern kommt es auch hierbei sehr stark auf die lokale Ressource am Standort an. Bei beiden Technologien können – aufgrund der fluktuierenden Ressource – kurzfristige Schwankungen in der Stromeinspeisung auftreten im Bereich weniger Sekunden bis zu Minuten. Generell gilt: Je größer die Anzahl der Windturbinen bzw. die Fläche der PV-Anlage, desto langsamer bzw. kleiner fallen die Leistungsschwankungen (Gradienten) aus.

Anders als PV nutzen solarthermische Kraftwerke („Concentrating Solar Power", CSP) nicht die globale Horizontalstrahlung, sondern die direkte Horizontalstrahlung zur Stromerzeugung, was sie generell volatiler macht. Da über das Solarfeld Thermoöl aufgeheizt wird und mit diesem Thermoöl ein Dampfkreislauf mit einer trägen Dampfturbine betrieben wird, ist der Leistungsausstoß (insbesondere wenn das CSP-Kraftwerk über einen thermischen Speicher verfügt) tagsüber relativ konstant. Mit thermischem Speicher kann das CSP-Kraftwerk bis tief in die Nacht konstante Leistung ins Netz liefern.

Dies ist ebenso der Fall bei Laufwasserkraftwerken, die ebenfalls konstant Strom ins Netz einspeisen. Unterschiede treten hier in Perioden mit starkem Regenfall bzw. dem Abschmelzen von Schnee auf. Geothermische Anlagen als auch Biomasse-Anlagen liefern meist Grundlast ins Netz.

Je kleiner das Netz, desto größer ist der Anteil der EE-Anlagen daran. Oberstes Ziel jedes Energieversorgers ist die Versorgungssicherheit. Wenn allerdings ein beträchtlicher Anteil der Leistung aus volatilen EE-Anlagen stammt, müssen deren Fluktuationen durch die restliche Netzinfrastruktur ausgeglichen werden. Diesen Ausgleich nennt man Regelleistung. Unterschieden werden hier Primär-, Sekundär- sowie Tertiär-Regelleistung je nach Gradient der Leistungsfluktuation der EE-Anlage sowie der Reaktionszeit des Regelleistungsbereitstellers.

Aufgrund ihrer unterschiedlichen Funktionsweise können verschiedene konventionelle Stromerzeugungseinheiten auch unterschiedlich schnell ihre Leistungsabgabe ändern: Während kohle- bzw. gasbefeuerte Dampfturbinen nur sehr träge ihre Leistung ändern können, sind Gasturbinen deutlich schneller. Je nach Betriebsmodus können GuD-Kraftwerke auch relativ schnell reagieren, sie werden durch ihre Dampfturbine allerdings teilweise restringiert. Am flexibelsten können Dieselkraftwerke auf Laständerungen reagieren.

[4] Je nach Standort und dort vorherrschenden Winden kann es tages- oder jahreszeitlich bedingte Muster geben, in der Regel sind diese allerdings nicht so ausgeprägt wie bei der PV.

Reicht die Regelfähigkeit der existierenden konventionellen Anlagen nicht aus, um die steilsten zu erwartenden Leistungsgradienten der geplanten EE-Anlage aufzufangen, so muss weitere Regelleistung in Form von Schwungmassenspeichern oder Batterien installiert werden. Diese können im Millisekundenbereich Leistung an das Netz liefern bzw. Leistung aus dem Netz aufnehmen. Je nach bestehendem Erzeugungsportfolio werden häufig Batterien oder Schwungmassenspeicher für die kurzfristige Primär- und Sekundärregelung eingesetzt, um die Zeit zu überbrücken, bis z.B. ein weiteres Dieselkraftwerk angefahren ist und dann längerfristig dem Netz Leistung zur Verfügung stellen kann.[5]

Schließlich bleibt dem Energieversorger als letztes Mittel nur das „Generation Shedding", das sogenannte Abregeln („Rejection") der Leistung der EE-Anlagen. Hierbei wird der Leistungsausstoß der EE-Anlagen künstlich verringert, d.h., die EE-Anlagen produzieren in einem solchen Moment weniger Strom, als sie eigentlich aufgrund ihrer erneuerbaren Ressource könnten. Dies ist besonders tragisch, weil dann potenziell zur Verfügung stehender emissionsfreier Strom mit vernachlässigbaren variablen Kosten nicht erzeugt wird und stattdessen der Strom in emittierenden konventionellen Anlagen produziert wird und dafür beträchtliche Kosten anfallen.[6]

In kleineren Netzen (z.B. in Afrika, Lateinamerika oder in der Karibik) werden EE-Anlagen oft von den Versorgern selbst betrieben, um Brennstoffkosten zu sparen. Abbildung 2 zeigt als Beispiel einen Dispatch in einem kleinen Inselsystem mit 11 MW Höchstlast, einem Grundlast-Dieselgenerator (5 MW), zwei Low-Load-Dieselgeneratoren (3 MW und 2 MW), einem 12 MW PV-Generator sowie einer 4 MW Batterie.

[5] Eine alternative Form der Regelleistungsbereitstellung ist das Lastmanagement, bei der der Energieversorger (in vertraglich geregeltem Ausmaß) aktiv Lasten zu- und abschalten kann, um somit das augenblickliche Angebot und die Nachfrage nach Leistung auszubalancieren und die Frequenz konstant zu halten.

[6] EE-Anlagen werden in verschiedensten Netzen generell aus den folgenden drei Gründen abgeregelt: a) technische(-ökonomische) Minima konventioneller Kraftwerke, b) instantane Penetrationsbegrenzungen zur Gewährleistung der Netzstabilität, c) stark ausgelastete/überlastete Leitungen.

Abbildung 2: Exemplarischer Dispatch eines Systems mit hoher PV-Penetration

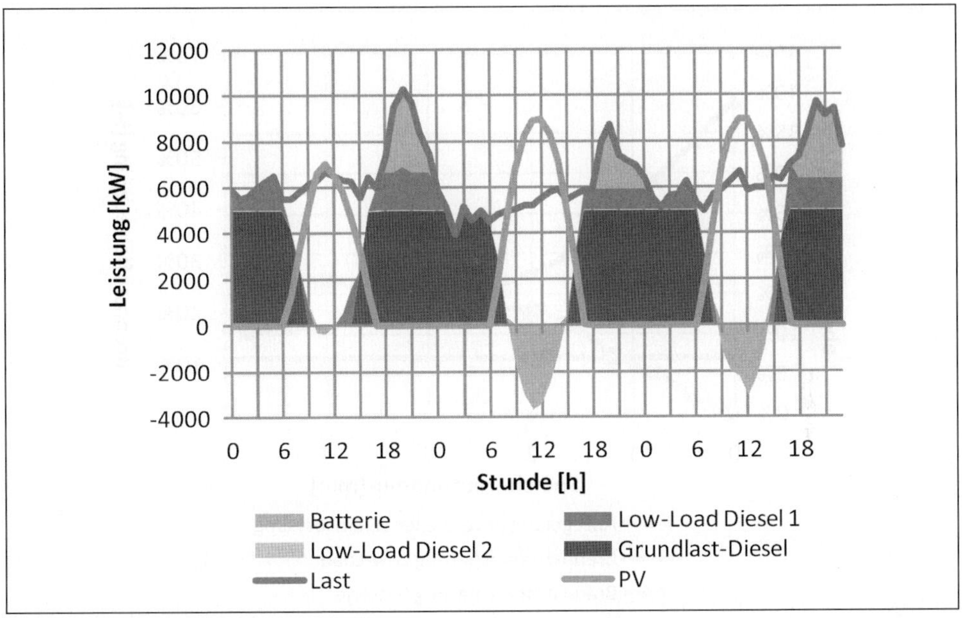

Quelle: Schreider/Freunscht/Ezawa (2010)

Das System ist derart ausgelegt, dass die PV-Anlage tagsüber mehr Leistung bereitstellt, als benötigt wird. Die Batterie speichert die überschüssige Energie und speist sie abends ins Netz, wenn die Last größer ist. Generell können tagsüber die Dieselgeneratoren ausgeschaltet bleiben, wenn die PV-Anlage die gesamte Last bedient. Kurzzeitfluktuationen werden durch die Batterie ausgeglichen (Primärregelung) bzw. diese überbrückt so lange die Erzeugung, bis ein Dieselgenerator hochgefahren ist.

In diesem Beispiel ist der Speicher so dimensioniert, dass die Abregelung der PV-Energie nur einen marginalen Anteil ausmacht. Macht die Leistung einer EE-Anlage am Gesamtsystem einen großen Anteil aus, so ist es wahrscheinlich dass ein größerer Teil des EE-Stroms nicht aufgenommen werden kann, wenn keine Speicher installiert sind. Der Einfluss der Speichergröße auf die Nutzung der gesamten EE-Potenzials ist in Abbildung 3 veranschaulicht.

Abbildung 3: Einfluss der Regelleistung auf die Brennstoffeinsparung[7]

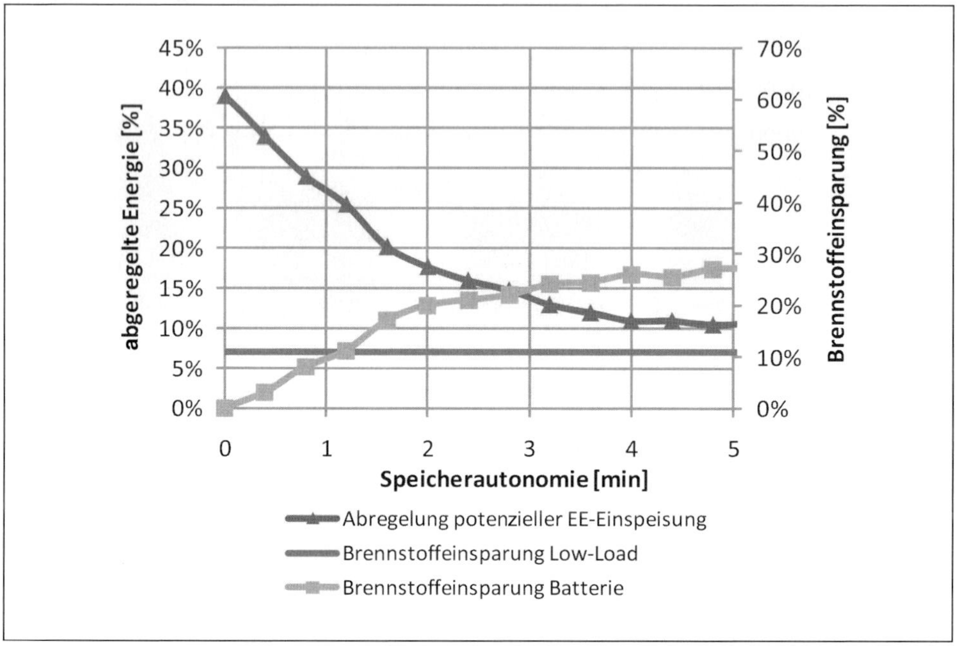

Quelle: Windelberg/Ezawa (2008)

3.3 Förderinstrumente und Aspekte der Wirtschaftlichkeit in Verbundsystemen

Grundsätzlich wird die Wirtschaftlichkeit von EE-Projekten – ebenso wie die von konventionellen Kraftwerksprojekten – im Rahmen von spezialisierten Kalkulationsmodellen bewertet, die zumeist auf Microsoft Excel basieren. In einem ersten Analyseschritt wird im Rahmen einer ökonomischen Kosten-Nutzen-Analyse der gesamtwirtschaftliche Nutzen ermittelt. Der Nutzen dieser Projekte ist insbesondere aufgrund der vermiedenen CO_2-Ausstöße im Vergleich zu mit fossilen Brennstoffen betriebenen Kraftwerken hoch.

[7] Netzhöchstlast 1.250 kW, mittlere Last 560 kW, zwei Dieselgeneratoren mit je 500 kW Nennleistung, ein Grundlast-Dieselgenerator mit 320 kW Nennleistung, Windparkstandort mit 7,5 m/s durchschnittlicher Windgeschwindigkeit, Windpark mit 900 kW Nennleistung.

In einem zweiten Analyseverfahren wird im Rahmen eines Finanzmodells die finanzielle Machbarkeit überprüft. Über die Lebensdauer des Projektes hinweg werden a) Investitions- und Betriebskosten, b) Projekterträge, c) Finanzierungsstruktur und -kosten, d) Abschreibungswerte und Steuern sowie e) Plan-Jahresabschlüsse einschließlich Bilanzen, Gewinn- und Verlustrechnungen und Kapitalflussrechnungen modelliert. Anschließend werden die bei einer Projektfinanzierung üblichen finanziellen Kennziffern kalkuliert, um die Wirtschaftlichkeit weiter zu evaluieren. Diese Kennziffern umfassen in der Regel die Stromgestehungskosten, den mit dem gewichteten Kapitalkostensatz ermittelten Barwert und den internen Zinsfuß des freien Cashflows, die Eigenkapitalrendite, die Amortisationsdauer sowie Kennziffern, welche die Verschuldungsfähigkeit des Projekts evaluieren, insbesondere die Schuldendienstdeckungsquote.

Die besonderen Charakteristika von EE-Projekten sind a) ihre hohen spezifischen Investitionskosten und niedrigen Betriebskosten, b) die aus a) resultierenden höheren Stromgestehungskosten im Vergleich zu konventionellen Kraftwerksprojekten und c) die Unsicherheit, die mit der Vorhersage der Projekterträge verbunden ist, da diese von variablen und stochastischen Stromerträgen, die durch die über die Projektlaufzeit schwer vorhersagbaren Ressourcenverhältnisse determiniert werden. Aufgrund dieser Charakteristika ist die finanzielle Machbarkeit von EE-Projekten im Wesentlichen davon abhängig, ob die Differenz zwischen ihren Stromgestehungskosten und denen von konventionellen Kraftwerken überbrückt und ihre Wettbewerbsfähigkeit am Markt gewährleistet werden kann sowie den Investoren eine attraktive Mindestrendite garantieren kann. In Entwicklungsländern wird die schwache Wettbewerbssituation von EE-Projekten häufig noch weiter dadurch gehemmt, dass die Regierung den Endkundentarif des mit vornehmlich fossilen Brennstoffen erzeugten Stroms subventioniert.

Generell lässt sich feststellen, dass ohne entsprechende Regularien, Förderinstrumente und -mechanismen, die in der Energiepolitik und Regulierung eines Landes verankert sind, die langfristige Wettbewerbsfähigkeit von EE-Projekten nicht gewährleistet werden kann. Aufgrund des Rendite-Risiko-Profils werden private Investoren von einem Engagement in dem Markt zurückweichen und kommerzielle Finanzinstitutionen nicht zur Finanzierung für diese Art von Projekten mobilisiert werden können.

Für Wirtschaftlichkeitsanalysen von EE-Projekten können relevante Förderinstrumente klassifiziert werden in:

1. Projekterträge steigernde und/oder stabilisierende Instrumente;
2. Projektkosten (für Investoren) senkende Instrumente,
3. Projektrisiko senkende Instrumente oder
4. Instrumente zur Finanzierungsförderung.[8]

Aus der Vielzahl von Förderinstrumenten, die in Abbildung 4 dargestellt werden, kann hier nur auf die in der Praxis bedeutendsten näher eingegangen werden.

Abbildung 4: Finanzielle Instrumente zur Förderung von EE-Projekten

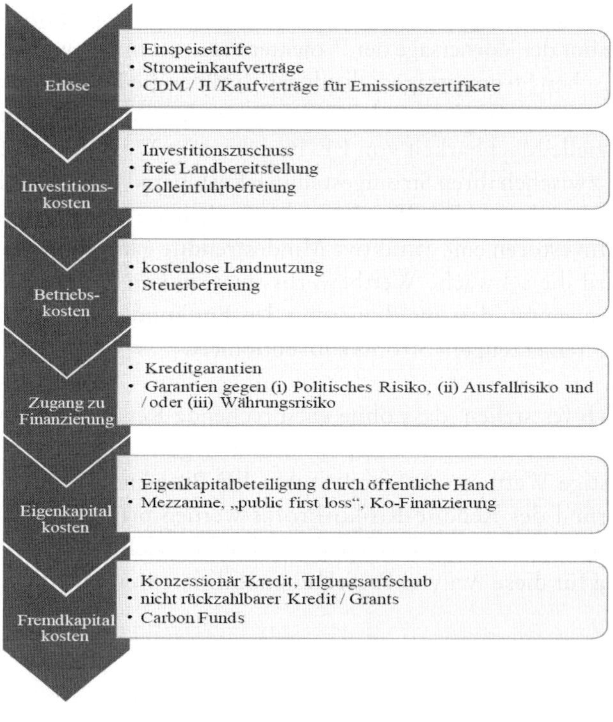

Quelle: Lahmeyer International GmbH

[8] Förderinstrumente, die einer Verbesserung der Rahmenbedingungen für die Realisierung von EE-Projekten dienen, oder solche, die der Marktentwicklung zur Realisierung von Lernkurveneffekten dienen, werden hier nicht weiter betrachtet.

In den vergangenen zehn Jahren haben sich insbesondere Einspeisetarife als das effizienteste und effektivste Förderinstrument zur Entwicklung von EE-Projekten erwiesen.[9] Technologiespezifische und kostenbasierte Einspeisetarife garantieren eine Prämienvergütung von mit EE erzeugtem Strom pro Kilowattstunde (kWh) oberhalb des Marktpreises, in der Regel zwischen zehn und zwanzig Jahren für einen durchschnittlichen Energieertrag an den zu fördernden Standorten.[10] In Kombination mit einer langfristigen Abnahmeverpflichtung kann eine glaubwürdige Vergütungspolitik das Abnahmerisiko auf das Ausfallrisiko seitens des Abnehmers reduzieren, den Investoren in die zu fördernden Technologien eine Mindestrendite garantieren und die Möglichkeiten einer Fremdfinanzierung signifikant erhöhen. Infolgedessen können die nachfrage- und angebotsseitigen Hemmnisse einer Finanzierung gesenkt werden.

Die im Kyoto-Protokoll verankerten flexiblen, projektbasierten Mechanismen, sowohl der Mechanismus für CDM[11] als auch die gemeinsame Projektumsetzung (JI),[12] haben sich ebenfalls als effektive Instrumente zur Kofinanzierung von EE-Projekten erwiesen. Mittels dieser Mechanismen können EE-Projekte weitere Erträge aus dem Verkauf von Emissionsrechten[13] erzielen (Tabelle 2). Dies setzt allerdings voraus, dass:

1. ex ante nachgewiesen werden kann, dass die aus den Projekten resultierenden Emissionsreduktionen gemäß dem Kyoto-Protokoll im Vergleich zu einem Business-as-usual- (BAU-)Szenario *zusätzlich* sind[14] und
2. die vielfältigen Prozessvorschriften bis hin zur Registrierung dieser Projekte streng respektiert werden.

---

9 Bis 2008 haben Einspeisetarife fast 75% der installierten Leistung von Photovoltaik-Projekten und 45% der installierten Leistung von Windkraft-Projekten getrieben. Diese erhebliche Treibkraft von Einspeisevergütungssystemen bei der Förderung von EE-Projekten hat wiederum die Verabschiedung von derartigen System in vielen Ländern motiviert. Waren es bis zum Jahr 2000 nur 13 Länder, die Einspeisetarife eingeführt hatten, so waren es Ende 2010 bereits 80 Länder (Renewable Energy Policy Network for the 21st Century 2010, www.ren21.net).

10 In der Regel enthalten die Regularien, dass die Laufzeit der Einspeisevergütung geringfügig angepasst wird, sollte der angenommene durchschnittliche Stromertrag innerhalb der Projektlaufzeit über- oder unterschritten werden.

11 CDM: Clean Development Mechanism.

12 JI: Joint Implementation.

13 CDM: Certified Emission Reductions (CER); JI: Emission Reduction Units (ERU).

14 Unter Anwendung der vom Exekutivrat des UNFCCC entwickelten und regelmäßig aktualisierten Instrumente ist hierfür ein Zusätzlichkeits-Nachweis zu erbringen (www.cdmrulebook.org).

Dies impliziert, dass eine Wirtschaftlichkeitsanalyse für CDM/JI-Projekte um folgende Komponenten zu ergänzen ist:

- Prognose der resultierenden Emissionsreduktionen,
- Ableitung der Preise für die CER/ERU und
- Kalkulation der mit der Registrierung und Validierung der Projekte verbundenen Kosten.

Langfristige Kaufverträge von Emissionszertifikaten (ERPA)[15] senken sowohl das Preisrisiko der Zertifikate und das Abnahmerisiko von Zertifikaten für EE-Projekte und verbessern damit deren Risikoprofil.[16] Entwicklungsbanken bieten darüber hinaus mittels Carbon Funds eine Vorfinanzierung durch die Abnahme eines fixierten Anteils der Emissionsrechte an. Damit erhalten EE-Projekte Liquidität in einer Phase, in der sie diese am notwendigsten benötigen.

Tabelle 2: Beispiel eines zusätzlichen Cashflows aus dem Verkauf von CER aus einem Windkraftprojekt

Gastland	Ägypten, Zafarana-Region
Technologie	Windkraft
installierte Leistung	80 MW; 94 Turbinen mit 850 kW
CO_2-Reduktion	ca. 160.000 Tonnen CO_2 pro Jahr; ca. 3,4 Mio. Tonnen CO_2 während der *Crediting Period*
CDM Cashflow	7,5 Mio. USD (ca. 15% des Projekt-Cashflows)

Quelle: Lahmeyer International GmbH

3.4 Förderinstrumente und Aspekte der Wirtschaftlichkeit in Inselsystemen

Wie im vorangehenden Abschnitt beschrieben, gelten in Verbundsystemen zumeist Einspeisetarife. Bei EE-Projekten werden deswegen klassischerweise die Kosten gegen den Einspeisetarif gerechnet, um die Wirtschaftlichkeit zu analysieren.

[15] ERPA: Emission Reduction Purchase Agreement.

[16] Preis- und Abnahmerisiken existieren zum gegenwärtigen Zeitpunkt insbesondere deshalb, weil die Anwendbarkeit der Mechanismen über das Jahr 2012 hinaus unsicher ist (Gültigkeit des Kyoto-Protokolls in seiner derzeitigen Form). Damit ist die Auswirkung von CDM/JI auf die Wirtschaftlichkeit von EE-Projekten derzeit nur sehr vage zu projizieren. ERPA senken substanziell dieses Risiko.

In Regionen von Inselsystemen kann der institutionelle Rahmen sehr unterschiedlich sein: In entwickelten Ländern ist es oft der Fall, dass Einspeisetarife des Verbundnetzes auch in Inselsystemen gelten. Hier gibt es die Möglichkeit, dass unabhängige Stromerzeuger (IPPs) EE-Anlagen bauen und betreiben. Deren Wirtschaftlichkeitsrechnung ist analog zu EE-Projekten im Verbundnetz. Der Energieversorger hat dafür Sorge zu tragen – in Abstimmung und evtl. unter Erhebung von Auflagen technischer und/oder monetärer Art –, dass das Netz stabil funktioniert.

In Entwicklungsländern gelten meist keine Einspeisetarife. Hier gibt es auch wiederum zwei verschiedene institutionelle Ansätze: Betreibt der Energieversorger die EE-Anlage selbst, läuft die Bestimmung der Wirtschaftlichkeit auf eine reine Kostenrechnung hinaus, ob EE günstiger sind als konventionelle Energie bzw. was EE noch als Nutzen mit sich bringen (Verringerung der CO_2-Emissionen, Verringerung der Abhängigkeit von Brennstoffimporten etc.). Die Vermeidung von Brennstoffkosten kann hier als Opportunitätseinnahme gesehen werden. Der andere Ansatz ist der, dass auch hier ein IPP die EE-Anlage baut und betreibt. Generell wird seine Finanzrechnung ebenso analog der von EE-Projekten im Verbundnetz sein mit dem Unterschied, dass für ihn ein individueller Einspeisetarif gilt. Dieser wird im Rahmen einer Rückwärtsrechnung bestimmt unter der Prämisse, dass dem IPP eine definierte Eigenkapitalverzinsung zugestanden wird. Diese wird vom Regulierer bzw. von Behörden festgesetzt. Im Rahmen eines Power Purchase Agreement (PPA) verpflichtet sich der Energieversorger, die erzeugte Energie abzunehmen.

Generell weisen EE im Vergleich zu konventionellen Stromerzeugungstechnologien stark unterschiedliche Lebenszyklus-Kostenstrukturen auf:

- konventionelle Kraftwerksprojekte: 20-40% CAPEX, 60-80% OPEX[17]
- Erneuerbare-Energien-Projekte: 60-90% CAPEX, 10-40% OPEX

Durch den hohen Anteil der OPEX an den Totalkosten ist die Wirtschaftlichkeit konventioneller Kraftwerke stark abhängig von der Entwicklung der Brennstoffpreise. Für den Bau von EE-Anlagen muss anfangs viel Kapital eingesetzt werden, dadurch sind die laufenden Betriebskosten gering bis vernachlässigbar. In Inselsystemen sind EE oftmals bereits heute kompetitiv, da Brennstoffpreise durch die meist abgelegene geographische Lage sehr hoch sind.

[17] CAPEX: Capital Expenditures (Kapitalaufwendungen); OPEX: Operating Expenditures (Betriebsaufwendungen).

Es besteht ein Zusammenhang zwischen der Abregelung von EE, deren Anteil an der gesamten installierten Leistung, der Korrelation der EE-Einspeisung mit der Last, der verfügbaren Regelleistung sowie der zur Verfügung stehenden Speicherkapazität: Je besser die EE-Einspeisung mit der Last übereinstimmt, desto geringer ist der EE-Überschuss. Außerdem: Je mehr Speicher im Netz, desto weniger EE wird abgeregelt und umso größere Brennstoffeinsparungen sind möglich. Allerdings sind Speicher teuer und bringen zudem keine weitere Erzeugung, sondern helfen nur die Erzeugung der EE-Anlage nutzbar zu machen. Es handelt sich folglich um einen Trade-Off zwischen den Kosten für den Speicher und den Opportunitätseinnahmen durch größere Brennstoffeinsparungen (vgl. abnehmende Grenz-Brennstoffeinsparung in Abbildung 3). Deswegen bedarf es einer technologisch-ökonomischen Systemoptimierung basierend auf einer Systemsimulation, die die zu erwartende EE-Einspeisung der Last gegenüberstellt und analysiert, inwiefern beide korrelieren, wie die konventionellen Generatoren die restliche Last decken und wie deren Reaktionszeiten sind, um Fluktuationen der EE-Einspeisung auszugleichen.

Generell sind 100%-EE-Systeme technisch machbar, indem die EE-Leistung größer dimensioniert wird als die Last. Eine Vielzahl an Speichern speichert einen kleinen Teil des EE-Überschusses und macht ihn nutzbar zu Zeiten, in denen keine EE-Einspeisung stattfindet. Der Aufwand zum einen für die EE-Überdimensionierung und zum anderen für die große Speicherkapazität ist allerdings enorm, sodass es meist wirtschaftlicher ist, den Speicher nicht für 100% EE auszulegen, sondern einen kleinen Teil z.B. über einen Dieselgenerator als Backup zu versorgen.

Die Erfahrungen der letzten 50 Jahre in ländlicher Elektrifizierung in Entwicklungsländern hat gezeigt, dass die Wahrscheinlichkeit für einen langfristigen, nachhaltigen Betrieb von Mini-Inselnetzen mit großem EE-Anteil höher ist, wenn diese von privaten Investoren etabliert und betrieben werden.[18] Der Investor schlüpft hier in die Rolle des Energieversorgungsunternehmens und verkauft seinen Strom an Privatkunden. Damit aber für private Investoren hinreichende Anreize für ein Engagement geschaffen werden, muss im Rahmen einer Wirtschaftlichkeitsanalyse in einem ersten Schritt der Endkundentarif ermittelt werden, der ungefähr der Zahlungswilligkeit und -fähigkeit der Haushalte entspricht, und in einem zweiten Schritt die Berechnung der erforderlichen Kofinanzierung und/oder Subventionierung, die einem Investor eine adäquate Rendite garantiert.

[18] Siehe Weltbank (2006), ADB u.a. (2005).

Kofinanzierungen mit substanziellen Zuschusselementen und Subventionierung senken die Kapitalkosten und/oder verlängern die Tilgungsdauer des Kapitaldienstes. Kofinanzierungsmöglichkeiten folgender Finanzintermediäre sind insbesondere hervorzuheben:

- *Global Environment Facility* (GEF) ist das traditionelle Vehikel der Weltbank: nicht rückzahlbare Kredite oder Finanzierungen mit hohem Zuschusselement, insbesondere für EE-Projekte in Entwicklungsländern.
- *Global Partnership for Output Based Aid* (GPOBA) vergibt gezielt einmalige Subventionen zur Ermöglichung des Zugangs zu grundlegenden Infrastrukturdienstleistungen einschließlich der ländlichen Elektrifizierung.[19]
- Kofinanzierungsmöglichkeiten bestehen auch durch die Anwendung des Mechanismus für umweltverträgliche Entwicklung (CDM). Häufig sind aber die Fixkosten der Registrierung und der Validierung bei Einzelprojekten der ländlichen Elektrifizierung prohibitiv. Dieser Kofinanzierungsmechanismus wird dann interessant, wenn ländliche Elektrifizierungsprogramme gebündelt werden können und gemeinsam in Form eines sogenannten *Programm of Activities* registriert werden können.
- Eine andere Kofinanzierungsmöglichkeit stellt das ESCO[20] Konzept dar. Bei diesem Konzept stellt eine Regierung einem Service-Unternehmen, das auch die lokale Utility sein kann, eine Subvention und teilweise eine anteilige Erstattung der Betriebskosten für den Betrieb des Mininetzes zur Verfügung.
- In der Vergangenheit wurden auch immer wieder von Seiten verschiedener Institutionen die Einführung von globalen Einspeisetarifen diskutiert.[21]

---

[19] Die GPOBA trägt mit ihrem Programm den Forschungsergebnissen diverser Forschungsprogramme Rechnung, dass es in der Regel weder an der Zahlungsbereitschaft noch an der Zahlungsfähigkeit für Strom zu hohen Tarifen der lokalen Bevölkerung mangelt, sondern dass häufig die einmaligen Anschlussgebühren, einschließlich der Kosten für den Stromzähler, relativ zum lokalen Einkommensniveau prohibitiv hoch ist.

[20] ESCO: Electricity Service Company.

[21] Eine aktuelle Initiative ist „GET FiT" der Deutschen Bank. Andere Institutionen, die einen solchen Tarif vorgeschlagen haben, sind u. a. UNDESA, Ad-hoc-Arbeitsgruppe der UNFCCC, World Future Council, Greenpeace, European Renewable Energy Council.

Literatur

ADB, DFID, JBIC, and World Bank (2005): Assessing the Impact of Transport and Energy Infrastructure on Poverty Reduction, Manila

Deutsche Bank Climate Change Advisors (2010): GET FiT Program. Global Energy Transfer Feed-in Tarifs for Developing Countries, New York

Schreider, A./Freunscht, P./Ezawa, B. (2010): Integrating a large Photovoltaic Power Plant with Storage Systems into an Isolated Grid in West Africa; in: International Renewable Energy Storage Conference (IRES) 22.-24.11.2010, Berlin, Tagungsband

UNEP/Bloomberg New Energy Finance (2010): Global Trends in Sustainable Energy Investment 2010, New York

Windelberg, G./Ezawa, B. (2008): Comparison of Wind/Diesel/Battery System Layouts and Control Strategies in Isolated Grids; in: European Wind Energy Conference (EWEC) 31.03.-03.04.2008, Brüssel, Tagungsband

World Bank (2006): The Welfare Impact of Rural Electrification: A Reassessment of the Costs and Benefits. An IEG Impact Evaluation, Washington

World Bank (2008): RETToolkit: A Resource Renewable Energy Development. Issues Note of the RETToolkit, Washington

World Bank (2010): 10 years of experience in carbon finance, Washington

Rahmenbedingungen für Windparks in den USA

Stefanie Scholz

1 Einleitung

„In Amerika ist alles größer – sozusagen supersized." Diesem Klischee begegnet man in vielen Teilen der Welt. Trifft diese Aussage auch auf Windparks zu? Als in den 1980er Jahren die ersten Windparks in Kalifornien errichtet wurden, hatten die Turbinen eine Leistung von etwa 65 Kilowatt (kW) und man hätte diese Frage nicht unbedingt mit einem überzeugten „Ja" beantwortet. Allerdings handelte es sich bei diesen Windparks bereits um eine beeindruckende Ansammlung von Hunderten dieser Windräder, die in der heutigen Zeit fast Museumswert haben. Neben der Firma Kenetech (auch bekannt als U.S. Windpower) gehörte der in Kalifornien ansässige Windturbinenhersteller und Projektentwickler Zond Corporation zu den Pionieren der US-amerikanischen Windindustrie. Zond Corporation sowie der Turbinenhersteller Tacke Windtechnik mit Firmensitz in Salzbergen, Deutschland, wurden 1997 von der damals in Houston, Texas, ansässigen Enron Corporation aufgekauft. Nach dem spektakulären Kollaps der Enron Corporation im Dezember 2001 kaufte General Electric (GE) in 2002 die Windenergiesparte von Enron und wurde mit dem 1,5-Megawatt (MW)-„sl"-Turbinenmodell zum Marktführer in der US-Windbranche.

Im Jahr 2011, rund 20 Jahre nach der Installation der ersten Windturbinen in Kalifornien entsteht im US-Bundesstaat Oregon an der Westküste der USA der größte Windpark der Welt. Mit einer Gesamtinvestitionssumme von 2 Mrd. USD wird das „Shepherds Flat"-Projekt eine Gesamtkapazität von 845 MW haben, bestehend aus 338 GE 2,5 MW-„xl"-Turbinen. Dieses Projekt, sowie viele andere Windparks in den Weiten der USA, fällt sicher in die Kategorie „Mega-Windpark". Was bedeutet es, einen solchen Windpark zu entwickeln, zu bauen und zu betreiben?

2 Rahmenbedingungen für Windparks in den USA

Die Rahmenbedingungen für Erneuerbare-Energien-Projekte in den USA sind sehr komplex und erfordern monate- und jahrelange Vorbereitungen und Planungen, die weit über die Bestimmung eines guten Windstandortes und adäquater Windturbinen hinausgehen. Der Zeitraum zwischen erster Planung und endgültiger Umsetzung für einen Windpark in den USA beträgt etwa drei bis vier Jahre.

Anders als in vielen europäischen Ländern gibt es in den USA für Erneuerbare-Energien-Projekte kein Einspeisegesetz, welches es dem Betreiber ermöglicht, den erzeugten Strom direkt ins staatlich regulierte Netz einzubringen. Windprojekte werden durch verschiedene Steuer- und Abschreibungsmodelle gefördert und kommen derzeit auch in den Genuss einer Barförderung, den sogenannten „Cash Grant". Die Umsetzungszeit für die Subventionsmodelle seit Anfang der 1990er Jahre war jedoch immer nur auf einen Zeitraum von zwei oder drei Jahren beschränkt, und Windparks mussten bis zu einem bestimmten Stichtag fertiggestellt sein, um in den Genuss der Steuerförderung zu kommen. Dieses hat zu einer anhaltenden Unsicherheit bei Entwicklern, Investoren und finanzierenden Banken sowie Turbinenherstellern geführt. Die derzeitigen Subventionsprogramme laufen bis Ende 2012.

Die Ausarbeitung eines Investitions- und Finanzierungsplanes erfordert aufgrund der Komplexität der Projekte die Mitwirkung erfahrener Rechts- und Steuerberater, Banken und gegebenenfalls außenstehender Investoren. Des Weiteren sollten Experten konsultiert werden, die über weitreichende Erfahrung in den verschiedenen Bereichen der Energiebranche in 50 verschiedenen US-Bundesstaaten verfügen und unter anderem das regulatorische Umfeld und den Zugang zum Stromnetz analysieren. Die Transaktionskosten für einen durchschnittlichen kreditfinanzierten Windpark belaufen sich auf rund 2 Mio. USD. Aufgrund der geographischen Weite der USA gibt es keinen direkt verwertbaren Windindex, der unmittelbar bei der Planung eines Windparks angewendet werden kann. Die US-Energiebehörde (U.S. Department of Energy) stellt generelle Informationen über die Windressourcen in den USA zur Verfügung, für eine Multi-Millionen-Dollar-Investition sind diese Statistiken jedoch nicht ausreichend und müssen durch professionelle Windstudien und Messungen direkt am Projektstandort ergänzt werden. Die besten Windregionen finden sich in der geographischen Mitte der USA (im Bundesstaat Texas und in den Staaten des Mittleren Westens) sowie in Bundesstaaten entlang der Pazifikküste. Nicht zuletzt sind die Wetterbedingungen in einigen US-Bundesstaaten wesentlich extremer als in weiten Teilen Westeuropas.

2.1 Steuerförderungen

Die staatlichen Subventionen für die US-Windprojekte der 1980er Jahre basierten ausschließlich auf den Investitionskosten und waren unabhängig von der letztendlichen Leistung der Projekte. Da dieses Konzept auch den Bau grundsätzlich inadäquater Windparks förderte, wurde im Rahmen des „Energy Policy Act" von 1992 unter anderem das Konzept einer leistungsorientierten Förderung implementiert. Bis zur Einführung des Cash-Grant-Programms im Februar 2009 im Zusammenhang mit dem „American Recovery and Reinvestment Act 2009" war die staatliche Förderung von Windparks in den USA ausschließlich durch Steuerabzugsmodelle charakterisiert. Anders als in vielen europäischen Ländern, wo die Förderung der Erneuerbaren Energien (EE) durch die Umlegung der Förderung auf die Strompreise vom Stromverbraucher getragen wird, wird in den USA die Subvention durch den Steuerzahler getragen.

Die Steuermodelle erfordern finanzstarke Investoren mit erheblichem zu versteuernden Einkommen. Da viele Entwickler von Windparks diese nicht nutzen können, wurden und werden Projekte oftmals direkt an finanzstarke Investoren verkauft. Um den beteiligten Parteien dennoch eine nachhaltige Involvierung in die Projekte zu ermöglichen, haben kreative Entwickler, Investoren, Anwälte und Steuerberater Finanzierungsmodelle und rechtliche Strukturen entwickelt, durch die der Entwickler und „dritte“ finanzstarke Investoren in einem Joint-Venture-ähnlichen Gesellschaftervertrag langfristig die Einnahmen, Steuervorteile und Risiken teilen. Im Rahmen der Vertragsstrukturen beteiligen sich sogenannte Steuerinvestoren an den Kapitalkosten des Windparks und erwerben als rechtliche Teileigentümer an der Projektgesellschaft das Recht, über den vereinbarten Zeitraum die unterschiedlichen Steuervorteile des Projektes in ihrer Bilanz zu nutzen. Bis zur globalen Rezession in 2008 gab es zwischen zwölf und fünfzehn Institute (Finanzgesellschaften, Großbanken und Versicherungsgesellschaften), die als Steuerinvestoren im Markt agierten und aktive Beziehungen mit Windparkentwicklern aufgebaut hatten. Dieser Markt kam in den Krisenjahren fast vollkommen zum Erliegen, hat sich jedoch gegen Ende des Jahres 2010 wieder etwas erholt. Anfang 2011 waren wieder acht bis neun Institute als Steuerinvestoren in US Windprojekten aktiv.

2.1.1 Production Tax Credits

Die Production Tax Credits („PTC“) stellen einen wesentlichen Teil der Steuerförderung dar. PTCs werden pro vom Windpark generierter Megawattstunde erzeugt und können vom rechtlichen Eigentümer bzw. Steuerinvestor als Steuerabzug geltend gemacht werden. Die Förderung für das Jahr 2011 beträgt 22 USD pro generierter Megawattstunde (MWh) mit einer Inflationsanpassung von 2,2% pro Jahr. Die PTCs laufen für zehn Jahre ab Fertigstellung des Windparks, und die Gesetzgebung (per Juni 2011) sieht vor, dass Projekte bis spätestens 31. Dezember 2012 betriebsbereit müssen, damit sie sich für die Production Tax Credits qualifizieren. Da die Generierung der PTCs pro erzeugter Megawattstunde erfolgt, variiert das effektive indirekte Einkommen aus den PTCs im gleichen Umfang wie die Einnahmen aus dem Verkauf des erzeugten Stroms, was bei Verhandlungen mit Steuerinvestoren oder finanzierenden Banken mit berücksichtigt wird.

Steuerinvestoren und Entwickler haben zwei Möglichkeiten, die PTCs in das Finanzierungspaket einzubauen:

- Der Steuerinvestor kann bei Fertigstellung des Projektes eine einmalige Zahlung in die Projektgesellschaft einbringen. Der Betrag bemisst sich an dem abgezinsten Wert der PTCs, die über die zehnjährige Laufzeit der PTC-Periode erwartungsgemäß generiert werden. Diese Zahlung beträgt etwa 30 bis 35% der Kapitalkosten des Projektes.
- Die beteiligten Parteien einigen sich, dass der Steuerinvestor der Projektgesellschaft die durch die PTCs erzeugten Steuervorteile in der jeweiligen Steuerperiode zur Verfügung stellt. Damit werden die PTCs Bestandteil der laufenden Einnahmen bzw. Forderungen der Projektgesellschaft und können im Rahmen einer Kreditfinanzierung berücksichtigt werden.

2.1.2 Abschreibungen

Die Investoren in US-Windparks haben die Option, die Kapitalkosten für die Hauptkomponenten des Projektes (unter anderem die Windturbinen) über einen Zeitraum von fünf Jahren (und innerhalb dieser Zeitspanne beschleunigt) abzuschreiben, was gegenüber der erwarteten Lebensdauer des Projektes (20 Jahre) erhebliche Steuervorteile bringt. Wie auch bei den PTCs erfolgt die Realisierung über die Bilanz des rechtlichen Eigentümers bzw. des Steuerinvestors. Die Förderung durch Abschreibungen ist zusätzlich zu den PTCs. Da die Kalkulationsgrundlage abhängig von den Kosten der Anlage ist und nicht von der aktuellen Stromproduktion des Windparks abhängt, hat der Steuerinvestor eine konkrete Basis für die Bewertung dieser Investition. Das Abschreibungspaket macht etwa 30 bis 35% der Kapital- und Finanzierungskosten eines Windparks aus, und der errechnete Barwert der Abschreibungen wird bei Inbetriebnahme des Projektes im Rahmen des Joint-Venture-Abkommens in bar vom Steuerinvestor eingebracht.

2.2 Direkte Förderung – Cash Grant

Im Rahmen des umfassenden Konjunktur- und Stimuluspaketes „American Recovery and Reinvestment Act of 2009“ hat die US Regierung eine direkte Barförderung (Cash Grant) für Windprojekte implementiert. Ein Windparkentwickler kann den Cash Grant als Alternative zu den PTCs beantragen. Der Hintergrund dieser Initiative war unter anderem der zeitweise Zusammenbruch des Marktes für steuerbedingte Investitionen, da nahezu alle der historisch finanzstarken Unternehmen unerwartet erhebliche Steuerverluste auswiesen. Die Windenergiebranche wurde aber auch im Hinblick auf die Schaffung und Sicherung von Arbeitsplätzen von US Regierung unterstützt.

Das Cash-Grant-Programm ermöglicht es einem Entwickler, bei Fertigstellung des Projektes 30% der anrechenbaren, abschreibungsfähigen Kapitalkosten eines Windparks für direkte Barerstattung durch die US-Regierung zu beantragen. Diese Alternative wurde von vielen Entwicklern gewählt, besonders von denen, die historisch mit Steuerinvestoren zusammengearbeitet hatten. Bis Anfang 2011 wurden 6 Mrd. USD Cash-Grant-Förderungen für Windprojekte ausgezahlt.

Der Cash-Grant-Antrag muss genauen Formen folgen und sollte in Zusammenarbeit mit einem unabhängigen Wirtschaftprüfer erstellt werden, um eine genaue Ausarbeitung der Kostenbasis des Projektes nachzuweisen. Der Cash Grant ist derzeit für Projekte erhältlich, die bis 31. Dezember 2012 in Betrieb genommen werden, sofern bis 31. Dezember 2011 nachweislich mindestens 5% der Kapitalkosten des Projektes investiert wurden. Das Cash-Grant-Programm beinhaltet strikte Auflagen für einen späteren potenziellen Verkauf des Projektes. Unter anderem kann der Windpark nicht an steuerbefreite Investoren oder Investmentgesellschaften, an denen steuerbefreite Investoren beteiligt sind, verkauft werden. Wenn der Cash Grant beantragt wird, kann der Entwickler keine Production Tax Credits geltend machen. Die in Abschnitt 2.1.2 beschriebene Basis für Abschreibungen auf Anlagen reduziert sich bei Nutzung des Cash Grant um 50% der per Cash Grant erhaltenen Summe, der Barwert der Anschreibungen beträgt dann etwa 20% der Kapitalkosten des Projektes.

2.3 Verkauf des Windstroms

Der Entwickler und potenzielle Betreiber eines Windparks in den USA sollte sich frühzeitig im Rahmen der Planung entscheiden, an welchen Kunden und unter welchen Bedingungen der erzeugte Strom verkauft werden soll. Da es keine gesetzlich geregelte Vergütung durch den Netzbetreiber gibt, werden bilaterale, individuell verhandelte Abnahmeverträge mit regionalen Stromversorgern oder mit US-weit agierenden Stromhändlern abgeschlossen. Diese verpflichten sich, den Strom über eine vereinbarte Laufzeit (in der Regel zehn bis zwanzig Jahre) zu einem vereinbarten Preis und zu vereinbarten Konditionen abzunehmen. Je nach Strommarkt und Ausgestaltung liegt die Vergütung durch die Abnahmeverträge zwischen 35 USD und 95 USD pro erzeugter Megawattstunde.

Die Gestaltung dieser Verträge kann ein langwieriger Prozess sein, je nachdem in welcher Verhandlungsposition sich der Windparkentwickler und der Abnehmer befinden. Der Entwickler setzt sich über die Laufzeit des Vertrages dem Kreditwürdigkeitsrisiko des Abnehmers aus und sollte daher eine sorgfältige Auswahl treffen, da die Bonität unter anderem für die Finanzierbarkeit des Projektes durch Banken und die Investmententscheidung der Steuerinvestoren eine wesentliche Rolle spielt. Gleichzeitig muss der Stromabnehmer seine Stromversorgung und Kapazität planen und verlangt eine gewisse Sicherheit, dass der vereinbarte Windstrom vom Projekt geliefert wird.

Die finanzierenden Banken bevorzugen grundsätzlich Abnahmeverträge mit Unternehmen, deren Finanzkennzahlen unabhängig analysiert werden können und die gute Bonitätsnoten von externen Ratingagenturen (Standard & Poor's, Moody's oder Fitch) haben. Die Zahlungsverpflichtungen des Abnehmers über die Laufzeit des Vertrages sollten in einem angemessenen Verhältnis zur Finanzkraft des Unternehmens stehen. Es ist wichtig, die generelle Motivation des Abnehmers und die Hintergründe, Struktur und Strompreise des zugrunde liegenden Strommarktes zu verstehen, falls es zu einem späteren Zeitpunkt zu Problemen mit dem Abnehmer kommt und eine Alternative für den Verkauf des Windstroms gesucht werden muss.

Einige Abnahmeverträge sehen eine Mindestleistung des Windparks vor, die entweder durch eine Mindestverfügbarkeit oder eine Mindestproduktion über einen Zeitraum von ein bis drei Jahren definiert wird. Diese Anforderungen sollten vorsichtig angesetzt werden und unter normalen Bedingungen erreichbar sein, aber eine Kombination von technischen Problemen und schlechten Windperioden kann die Projekte zeitweilig in Verzug bringen, was in vielen Fällen eine Entschädigungszahlung an den Abnehmer erfordert. Es ist möglich, dass der Abnehmer den Vertrag kündigt, wenn das Projekt dauerhaft unterhalb der vereinbarten Leistung liegt. Der Abnehmer verlangt in der Regel eine Absicherung dieser potenziellen Entschädigungsforderung in Form einer Bankgarantie oder durch Sicherungsrechte an dem Windpark (erstrangig oder nachrangig). Sollte der Windpark teilweise fremdfinanziert werden, ist es möglich, mit den kreditgebenden Banken die Stellung einer Leistungsgarantie zu verhandeln, da die Banken ungern die Sicherungsrechte an dem Projekt teilen oder abtreten. Der Abnehmer verlangt oftmals bereits bei Abschluss des Vertrages (also oft Monate vor Beginn des Baus und der Finanzierung) die Stellung eines Avals zur Absicherung des Abnahmevertrages.

Der Stromabnehmer wird bei Planung des Bauvorhabens und Verhandlung des Abnahmevertrages darauf achten, dass der Vertrag generell ein vereinbartes Fertigstellungsdatum aufweist, bei dessen Überschreitung der Abnehmer über einen begrenzten Zeitraum Entschädigungen verlangen kann, danach kann der Vertrag oftmals ohne Einspruchsrecht der Projektgesellschaft gekündigt werden.

Der durch die Rezession bedingte Verfall der Strompreise in vielen Regionen der USA hat den Abschluss von attraktiven Abnahmeverträgen erschwert. Einige Entwickler und Betreiber von Windparks haben sich gegen den Abschluss von langfristigen Stromabnahmeverträgen entschieden und verkaufen den erzeugten Strom zu den jeweiligen Marktpreisen direkt an den lokalen Netzbetreiber. Dieses Konzept birgt aufgrund der extrem volatilen Strompreise erhebliche Risiken, besonders da der Windstrom zumeist in Perioden geringer Nachfrage und niedriger Preise (in den Abend- und Nachtstunden bzw. im Frühjahr und Herbst) erzeugt wird, daher werden Windparks ohne festen Abnahmevertrag nur von wenigen Banken finanziert.

2.4 Renewable Energy Credits (REC)

Einige US-Bundesstaaten haben das Konzept von „grünen Zertifikaten", sogenannten Renewable Energy Credits, eingeführt, indem sie von regionalen Stromversorgern fordern, dass ein bestimmter Anteil des erzeugten Stroms durch Erneuerbare Energien produziert wird (Renewable Portfolio Standards, RPS). Diese Vorgaben sind aber nur in wenigen Fällen reguliert, und die Märkte und die Preisfindung sind nicht transparent. Viele der in Abschnitt 2.3 beschriebenen Abnahmeverträge sehen vor, dass die erzeugten RECs Bestandteil des Abnahmevertrags sind. In anderen Fällen, insbesondere wenn der Windpark den Strom direkt in den Markt verkauft, kann der Betreiber die RECs separat verkaufen. Da der Preis der RECs je nach Markt extrem volatil sein kann, werden Banken den RECs in der Regel nur dann Wert für die Finanzierung zumessen, wenn die Zertifikate über langfristige Abnahmeverträge mit kreditwürdigen Abnehmern verkauft werden.

2.5 Bauvorhaben und Turbinen

Die Turbinenhersteller bieten in den USA in der Regel kein schlüsselfertiges Baupaket an, daher setzt sich das Bauvorhaben eines US-amerikanischen Windprojektes in den meisten Fällen aus zwei Komponenten zusammen:

- Bau der Fundamente und Wege inklusive Errichtung des Turms (Balance of Plant, BOP); dieses wird durch eine lokale Baufirma ausgeführt;
- Lieferung, Montage und Inbetriebnahme der Turbinen und der Elektrik.

Da der BOP-Unternehmer und der Turbinenhersteller eng zusammenarbeiten und ihre Arbeiten koordinieren müssen, ist es wichtig, einen Bauunternehmer mit entsprechender Erfahrung in der jeweiligen geographischen Region zu finden, welcher zudem eine entsprechende Erfahrung mit dem Turbinenhersteller nachweisen kann.

Bei der Planung des Bauvorhabens ist es wichtig, die zeitweise extremen Wetterbedingungen in einigen Regionen der USA (lange, kalte, schneereiche Winter, Orkane und Wirbelstürme, sehr heiße Sommer und windreiche Monate) zu berücksichtigen, insbesondere wenn die Inbetriebnahme des Projektes aufgrund ablaufender Subventionsprogramme oder Fertigstellungsverpflichtungen unter einem Stromabnahmevertrag kritisch ist.

In den Anfangsjahren der Windbranche haben viele Kommunen in den USA die Entwicklung von Windparks unterstützt, denn aufgrund der Weite des Landes in Regionen wie zum Beispiel im US-Bundesstaat Texas sind viele der großen Windparks in ausreichender Entfernung von Ortschaften, sodass Beschwerden aufgrund von Lärm und Schattenwurf zunächst selten waren. Allerdings gibt es in dichter besiedelten Staaten wie zum Beispiel im Nordosten der USA zunehmend Initiativen gegen den Bau von Windparks in der Nähe von Erholungsgebieten.

Der Genehmigungprozess für einen Windpark erfordert die Erstellung einer Umweltverträglichkeitsprüfung, die unter anderem auch den Einfluss auf die Tierwelt analysiert. Des Weiteren ist eine Analyse über den Einfluss der Turbinen auf den lokalen Flugverkehr erforderlich.

2.6 Netzanschluss

Windparks in den USA haben keinen gesetzlich festgelegten Zugang zum Stromnetz. Da viele große Projekte in abgelegenen Regionen liegen und die Windstromerzeugung bei starkem Wind überproportional steigt, ist es möglich, dass Windparks teilweise für Stunden oder Tage vom Netz abgeschnitten werden, um eine Überlastung der Stromleitungen zu verhindern.

Einige Abnahmeverträge garantieren dem Windparkbetreiber eine Entschädigung für den Fall, dass der Abnehmer den Windpark aus eigenem Interesse abschalten lässt. Wenn allerdings ein Netzbetreiber die Reduzierung der Stromlast anordnet, um die Stabilität des gesamten Netzes nicht zu gefährden oder Wartungsarbeiten vorzunehmen, fließen keine Ausgleichszahlungen, und die Projekte müssen teilweise erhebliche Einkommenseinbußen hinnehmen. Dies ist besonders bei Projekten problematisch, die unter dem PTC-Steuermodell agieren, da keine Production Tax Credits generiert werden, wenn der Windpark nicht in Betrieb ist.

Der Bau von Tausenden Megawatt Windkapazitäten im Westen des US-Bundesstaates Texas hat besonders in dieser Region zu erheblichen Problemen mit der Stromübertragung geführt. Einige Regionen des Mittleren Westens sind ebenfalls betroffen. Während die Situation für einige Projekte durch den Ausbau lokaler Netzverbindungen verbessert werden kann, ist eine nachhaltige Lösung dieses Problems nur durch Milliardeninvestitionen in den Ausbau des Stromnetzes möglich.

2.7 Betrieb

Die in den USA verkauften Windturbinen europäischer, US-amerikanischer und asiatischer Hersteller werden normalerweise mit Garantien von zwei bis fünf Jahren angeboten. Turbinenhersteller haben die starke Nachfrage in den „Blütejahren" der Windenergie (2006-2008) genutzt, um die Garantie- und Serviceleistungen zu reduzieren und die Preise zu erhöhen. Vor diesem Hintergrund sollte sich der Entwickler eines Windparks bereits bei der Planung des Projektes mit der Frage auseinandersetzen, wer den Windpark nach Ablauf der Garantiezeit unter welchen Bedingungen betreiben wird. Der Umfang einiger Windparks rechtfertigt den Einsatz eines speziell zusammengesetzten Teams für einen einzelnen Park. Der Rückgang der Nachfrage nach Windturbinen in der Rezession, steigender Wettbewerb durch die Eröffnung neuer Turbinenfabriken in den USA sowie neue Turbinenimporte aus Europa und Asien haben die Marktmacht der etablierten Turbinenhersteller graduell reduziert und die Verhandlungsposition der Entwickler im Hinblick auf Garantieleistungen haben sich 2011 erheblich verbessert.

3 Finanzierung

In den USA werden mindestens seit Mitte der 1980er Jahre konventionelle Kraftwerke und andere Energie- und Infrastrukturprojekte auf Basis der erwarteten Cashflows und unter Stellung direkter Sicherungsrechte an den Projekten ohne Rückgriff auf den Sponsor (Projektentwickler, Eigentümer) finanziert (Projektfinanzierung). Die Dokumentation erfolgt nach US-Recht, und die Kreditverträge werden in den meisten Fällen auf der Rechtsgrundlage des Bundesstaates New York und mit Gerichtsstand in New York strukturiert.

Aufgrund ihrer oft langjährigen Erfahrung in der Windbranche hatten europäische Banken in den Aufbaujahren Anfang der 2000er Jahre eine Vorreiterrolle in der Finanzierung von Windprojekten in den USA. Da der Finanzierungsbedarf Mitte der 2000er Jahre mit dem Umfang der zu finanzierenden Projekte exponentiell anstieg und der Transfer von Erfahrungen und Expertise im US-Bankensektor durch einen aktiven Arbeitsmarkt sehr schnell ist, sind innerhalb weniger Jahre weitere internationale Banken sowie einige US-amerikanische Banken mit Erfahrung in der Projektfinanzierung in der Finanzierung von Windparks ebenfalls aktiv geworden.

Banken mit Fokus auf Projektfinanzierungen sind generell bereit, Bauzeitfinanzierungen zur Verfügung zu stellen, bei denen sie im angemessenem Rahmen das Bau- und Fertigstellungsrisiko des Projektes übernehmen. Dies erfolgt unter der Bedingung, dass der Entwickler bei Abschluss der Bauzeitfinanzierung zumindest einen Teil des Eigenkapitals eingebracht hat, alle Genehmigungen vorliegen und Verträge, die zum langfristigen Betrieb des Projektes erforderlich sind, rechtsgültig abgeschlossen und an die Banken abgetreten sind.

Falls das Projekt unter Mitwirkung von Steuerinvestoren kapitalisiert werden soll, stellen die Banken die Bauzeitfinanzierung unter anderem auch auf die Zusage der Investoren ab, denn die Steuerinvestoren bringen ihren Beitrag grundsätzlich erst bei endgültiger Fertigstellung des Projektes ein. Daher fordern die Banken bei Auszahlung des Kredites einen verbindlich unterschriebenen Vertrag, der die Investoren verpflichtet, bei Fertigstellung ihren Kapitalbeitrag zu leisten und damit einen Teil des Kredites zu tilgen. Der Gesellschaftervertrag zwischen dem Entwickler und dem Steuerinvestor betrifft unter Umständen auch die Position der finanzierenden Banken für die Gesamtlaufzeit eines Projektes, zum Beispiel wenn der Vertrag die Einbringung der Production Tax Credits über einen Zeitraum von zehn Jahren vorsieht.

Sollte die Projektgesellschaft die Förderung über den Cash Grant wählen, besteht auch hier die Möglichkeit, die bei Fertigstellung erwartete Zahlung in der Bauzeitfinanzierung zu berücksichtigen. In diesem Fall verlangen die Banken eine ausreichende Übersicht über die Projektkosten sowie Kontrolle über die Vorbereitung und Einreichung des Antrags bei den entsprechenden Behörden. Wie bei der Vorfinanzierung der Einzahlungsverpflichtung durch Steuerinvestoren ist ein ausreichender Puffer (mindestens vier bis sechs Monate) zwischen der geplanten Fertigstellung des Projekts und dem letztmöglichen Fertigstellungstermin im Rahmen der staatlichen Subventionsprogramme von entscheidender Bedeutung.

Die Strukturierung und Konditionierung der Finanzierung hängt vom Gesamtpaket der Risiken ab. Hierbei spielen die Laufzeit und Ausgestaltung des Abnahmevertrages, Qualität des Standortes in Bezug auf Windressourcen und Netzanbindung sowie die Erfahrung des Betreibers eine wesentliche Rolle. Die maximale Laufzeit der Bankfinanzierung liegt in der Regel zwischen 15 und 17 Jahren, in diesem Zeitrahmen muss die (meist im Annuitätenstil strukturierte) Finanzierung voll getilgt werden. Die Kreditsumme wird so bemessen, dass der Schuldendienst auch unter schwierigen Bedingungen (zum Beispiel in schlechten Windjahren) geleistet werden kann.

Analog zu Projektfinanzierungen in anderen US-Infrastrukturbereichen kann auch eine kürzere Kreditlaufzeit von fünf bis zehn Jahren vereinbart werden. Die Tilgung erfolgt dann ebenfalls im Rahmen eines festgelegten Planes, aber mit einer endfälligen Summe von etwa 30 bis 60% des Gesamtkredites („mini perm"). Der Sponsor trägt hier das Risiko, dass sich die Konditionen für eine Anschlussfinanzierung im Laufe der Jahre ändern. Sollte das Projekt besonderen Risiken ausgesetzt sein, werden im Kreditvertrag häufig Sondertilgungen vereinbart, die unter bestimmten Voraussetzungen eine beschleunigte Rückführung des Kredites bewirken (Cash Sweep).

Um eventuelle Schwankungen der Windverhältnisse oder anderer Zahlungsverpflichtungen auszugleichen, sollte das Finanzierungspaket Reservekonten beinhalten, in welchen der Schuldendienst für sechs Monate sowie ein Pauschalbetrag für planmäßige und außerplanmäßige Wartungskosten vorgehalten werden. Der Finanzierungsplan sieht in der Regel jährliche Dividendenzahlungen an die Eigentümer vor, allerdings werden Dividendenzahlungen ausgesetzt, wenn die effektiven Einnahmen des Projektes unterhalb der Planzahlen lagen.

Da der Finanzierungsumfang der Windprojekte in den USA oft mehrere Hundert Mio. USD beträgt (ein Windpark mit einer Kapazität von 100 Megawatt kostet etwa 220 Mio. USD), werden die Bankkredite meistens von einer Bankengruppe bereitgestellt. Einige Entwickler haben auch zwei, drei oder vier kleinere Windparks an unterschiedlichen Standorten in einem Portfolio zusammengefasst und finanziert. Eine Portfoliofinanzierung ist zwar etwas schwieriger zu dokumentieren, hat aber für die beteiligten Parteien viele Vorteile, wie zum Beispiel die Streuung des Windrisikos über mehrere Standorte.

4 Ausblick

Ende des Jahres 2010 waren in den USA Windturbinen mit einer Gesamtleistung von 40.000 Megawatt installiert, davon wurden mehr als 5.000 Megawatt im Kalenderjahr 2010 gebaut. Im 1. Quartal 2011 befanden sich weitere Projekte mit Gesamtleistung von mehr als 5.600 MW im Bau. Trotz dieser hohen Wachstumsraten hat Windstrom in den USA im Jahr 2011 weniger als 2% Anteil an der Stromversorgung. Projektentwickler und Investoren arbeiten im Frühjahr und Sommer 2011 mit Hochdruck an der Umsetzung weiterer Projekte, um den maximalen Umfang der in 2012 auslaufenden Subventionen zu nutzen. Die US-Windlobby fordert seit Jahren eine langfristige und nachhaltige Förderung der Windenergie, aber die Einführung einer US-weit geltenden Einspeisevergütung oder einer verbindlichen und regulierten Mindestquote für Erneuerbare Energien ist aufgrund der unterschiedlichen Interessen allein in der Energiebranche derzeit nicht absehbar. Daher ist es durchaus möglich, dass man die nächste Generation der „Mega-Windparks“ in anderen Teilen der Welt finden wird.

Finanzierung von Wind- und Solarenergie in MENA-Staaten im Rahmen der Desertec-Strategie

Paul van Son

1 Die Desertec-Vision und die Gründung der Industrieinitiative Dii GmbH

Die Desertec-Vision einer nachhaltigen Energiepartnerschaft für Nordafrika, den Nahen Osten und Europa elektrisiert die Welt seit geraumer Zeit. Im Juli 2009 wurde auf Initiative der gemeinnützigen Desertec Foundation und des Rückversicherungskonzerns Munich Re ein internationales Industriekonsortium ins Leben gerufen. Ziel dieser Initiative, der Dii GmbH, ist es, die Rahmenbedingungen für eine schrittweise Umsetzung der Desertec-Vision zu schaffen, damit Strom aus Sonnen- und Windenergie aus den Wüsten Nordafrikas und des Nahen Ostens in großem Maße zur künftigen Energieversorgung vieler Menschen beitragen kann. Als langfristige Zielmarke wurde definiert, dass der Strom aus der Wüste einen erheblichen Anteil des Bedarfs der Erzeugerländer in Nordafrika und dem Nahen Osten (Middle East, North Africa: MENA) sowie einen Anteil von bis zu 15% des europäischen Strombedarfs im Jahr 2050 decken sollte.

Am 30. Oktober 2009 erfolgte die formelle Gründung der Dii GmbH nach deutschem Recht. Drei Aufgabenbereiche wurden für die Dii bis Ende 2012 formuliert:

- Entwicklung von technischen, ökonomischen, politischen und regulatorischen Rahmenbedingungen, die Investitionen in Erneuerbare Energie und miteinander verbundene Stromnetze möglich machen;
- Planung von ersten Referenzprojekten zur Demonstration der Machbarkeit;
- Entwicklung eines langfristigen Umsetzungsplans bis zum Jahr 2050 inklusive der damit einhergehenden Investitions- und Finanzierungsempfehlungen.

Die breite Öffentlichkeit, insbesondere in Europa, sieht den Strom aus der Wüste vor allem als faszinierende technologische Vision, die in einer Region mit zahlreichen gesellschaftlichen Herausforderungen umgesetzt werden soll. Wie kann man in Wüsten Strom erzeugen? Was sind die Auswirkungen von Sandstürmen auf Kraftwerke? Sind die Übertragungsverluste nach Europa nicht viel zu hoch und damit zu kostenintensiv? Würde sich Europa nicht in eine neue Abhängigkeit von politisch instabilen Staaten begeben? Dies sind gängige Fragen von interessierten Beobachtern zu den komplexen Zusammenhängen der Desertec-Vision.

Energieexperten wissen jedoch, dass die große Hürde für die Realisierung der Desertec-Vision vor allem in den derzeit noch hohen Produktionskosten einiger Erneuerbarer Energien (EE) im Vergleich zu konventionellen Energieträgern besteht. Auch wenn spezifische Länderrisiken und technologische Fragen zu Stromerzeugung und -transport berechtigte Relevanz besitzen, so liegen die zentralen Herausforderungen auf den ökonomischen und den regulatorischen Rahmenbedingungen, damit Strom aus der Wüste Eingang in den Energiemix der Zukunft finden kann. Bei der Dii wurden daher fünf zentrale Arbeitsgebiete definiert:

- *Stromerzeugung in Wüsten:* An welchen Standorten kann in Wüstenregionen mit welcher Technologie und zu welchen Kosten Strom aus Sonne und Wind erzeugt werden? Auf Basis der Messung und Modellierung von Sonnen- und Windpotenzialen zusammen mit geowissenschaftlichen Analysen müssen infrage kommende Standorte identifiziert, die bestgeeigneten Technologien ausgewählt und die zu erwartenden Stromgestehungskosten errechnet werden. Aufgrund der thermischen Speicherfähigkeit spielt die Technologie der solarthermischen Stromgewinnung eine tragende Rolle, um die Unregelmäßigkeit der Sonneneinstrahlung aufzufangen und eine verlässliche Energiequelle darzustellen. Am Beispiel konkreter Projektauslegungen und deren industriellen Lernkurven soll gezeigt werden, dass und wie die Erzeugungskosten für Solarthermie im Zeitverlauf sinken können. Die aktuell deutlichen Kostenreduktionen in der Photovoltaik und deren Nutzbarkeit für dezentrale Anwendungen sowie die bereits heutige Wettbewerbsfähigkeit von Windenergie führen zu einer Ergänzung des Energiemix aus der Wüste um diese beiden Technologien.
- *Stromübertragung zu lokalen und weit entfernten Verbrauchszentren:* Auch bei der Frage des Stromtransports von den Erzeugungsstandorten zu den Verbrauchszentren sind viele technische wie auch ökonomische Aspekte zu klären. Existierende Stromnetze müssen auf ihre Zukunftsfähigkeit hin untersucht, Engpässe identifiziert und die optimalen Übertragungstechnologien ausgewählt werden. Die Dii wird im Rahmen ihrer Arbeit bis 2012 auch Szenarien für die Gestaltung der Stromnetze und dazugehörige Investitionsvorschläge vorlegen. So gilt es, insbesondere die Belastbarkeit der im Vergleich zu Europa relativ labilen lokalen Netze zu evaluieren und Lösungen für den anvisierten Ausbau mit Erneuerbaren Energien zu erarbeiten. Für den Stromexport wird dabei eine enge Kooperation zwischen der Dii und Medgrid von besonderer Bedeutung sein. Dieses mehrheitlich französische Konsortium will einen integrierten Masterplan für ein leistungsfähiges Stromnetz im Mittelmeerraum entwickeln. Im Rahmen des Mittelmeer-Solarplans (MSP) sollen über dieses Netz bis zu 5 Gigawatt (GW) Erneuerbare Energien von Afrika nach Europa transportiert werden.
- *Entwicklung der Strommärkte:* Im Mittelpunkt der Marktanalysen steht die Frage, wie für Strom aus der Wüste die Finanzierungslücke zwischen Kosten und zu erwartenden Einnahmen im Zeitverlauf überbrückt werden kann. Die Analyse des Marktpotenzials ist dabei ebenso wichtig wie die Frage, wer als künftiger Abnehmer des Stroms infrage kommt. Um Wüstenstrom mittelfristig marktfähig zu machen, müssen Stimulierungsmechanismen untersucht und verglichen werden. Die Art und Quelle des Stimulierungsmechanismus hängt dabei entscheidend von nationalen und inter-

nationalen Zielen für den Ausbau Erneuerbarer Energien ab, wie beispielsweise der Erreichung von Klimazielen oder auch der Schaffung wirtschaftlicher Impulse auf beiden Seiten des Mittelmeers.

- *Ökonomisches und soziales Entwicklungspotenzial für die EUMENA-Region:* Ein tragender Erfolgsfaktor für die Umsetzung der Desertec-Vision wird auch die Analyse und Vermittlung des Nutzens sein, den sowohl die potenziellen Erzeugerländer des Wüstenstroms als auch die Abnehmer in Europa durch die Umsetzung der Desertec-Vision haben werden. Dazu werden beispielsweise die volkswirtschaftlichen und sozioökonomischen Effekte der zu erwartenden Investitionen evaluiert. Es wird angestrebt, die lokale Wertschöpfung für Dii bezogene Projekte im Zeitablauf zu steigern, etwa durch die Entwicklung von Komponentenlieferanten und Servicedienstleistern vor Ort, durch Schaffung von Arbeitsplätzen und durch Wissenstransfer im Zuge der Projekte. Hier gilt es, Augenmaß zu beweisen und im Dialog mit den Anspruchsgruppen eine für alle Parteien vertretbare Entwicklungsphase zu konzipieren. Nicht zu vernachlässigen sind die zahlreichen positiven Umwelteffekte, die aus den Projekten entstehen können. So erlaubt der Umstieg auf Erneuerbare Energiequellen die Reduktion des Verbrauchs von fossilen Brennstoffen, die Vermeidung von CO_2-Emission als auch die Verminderung des Wasserbedarfs im Vergleich zu traditionellen Kraftwerken.

- *Politisch-regulatorisches Umfeld:* Das politisch-regulatorische Umfeld ist ein weiterer entscheidender Faktor für die Umsetzung der Desertec-Vision. Dies betrifft sowohl die Rahmenbedingungen zur Stromerzeugung in den einzelnen MENA-Ländern als auch Rahmenbedingungen in einzelnen EU-Staaten oder in der EU insgesamt. So liefert beispielsweise die EU-Direktive zur Förderung Erneuerbarer Energien (2009/28/EC) bereits die entscheidende Grundlage für die Integration von Strom aus der Wüste in den europäischen Markt. Die Direktive ermöglicht Erneuerbare Stromimporte aus Nicht-EU-Staaten, welche dann innerhalb der EU verbraucht werden müssen. Die EU-Richtlinie stellt somit einen elementaren regulatorischen Hebel dar.

Abbildung 1: Schematische Abbildung der Desertec-Vision

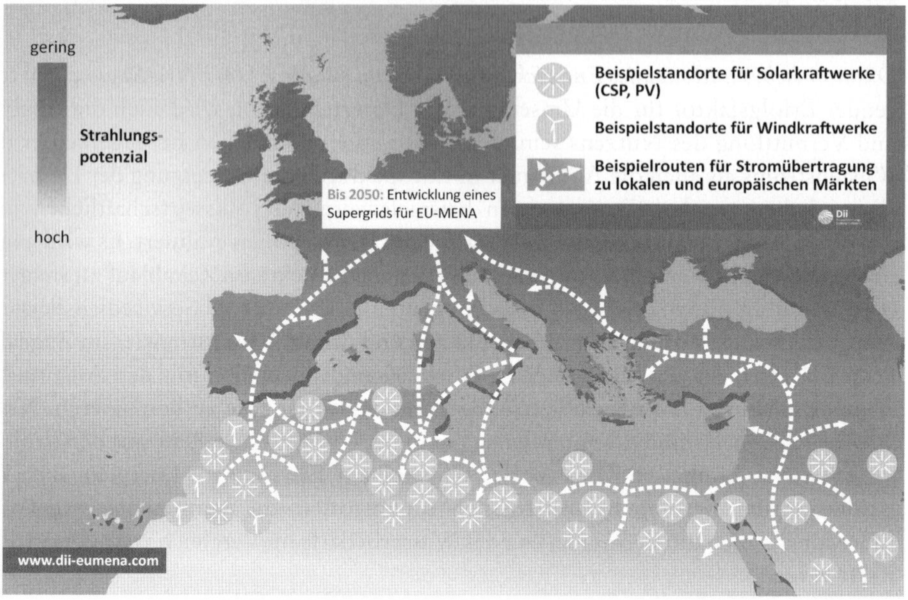

Quelle: Dii GmbH

2 Entwicklung eines Geschäftsmodells für Wüstenstrom

Während Strom aus Windenergie lokal oft schon heute zum Marktpreis produziert werden kann, wird bei Strom aus Sonnenenergie anfangs eine Lücke zwischen höheren Erzeugungskosten und den zu erzielenden Preisen zu überbrücken sein. Eine wesentliche Aufgabe der Dii besteht darin, diese potenzielle Finanzierungslücke zu quantifizieren und im Anschluss spezifische Lösungen zu erarbeiten, wie diese Lücke im Zeitverlauf überbrückt werden kann. Diese Betrachtung erfolgt zum einen kurzfristig, für die ersten angestrebten Referenzprojekte der Dii, als auch mittel- bis langfristig im Rahmen des langfristigen Umsetzungsplans bis 2050. Die Entwicklung geeigneter Finanzierungsmechanismen soll über einen längeren Zeithorizont dazu führen, dass solarer Wüstenstrom marktfähig wird.

Die Produktionskosten für solarthermisch erzeugten Strom lagen 2011 bei ungefähr 20-25 Eurocent pro Kilowattstunde (kWh), je nach Standort, Sonneneinstrahlung und der Auslegung des Kraftwerks. Unterschiedliche Marktstudien sagen vorher, dass solarthermische Stromerzeugung das Potenzial hat, die Stromgestehungskosten in den kommenden zehn Jahren auf 10 Eurocent pro kWh zu reduzieren. Die Senkung wird in erster Linie durch Skaleneffekte (Economies of Scale) und technische Innovationen getrieben. Skaleneffekte können etwa durch die teils auch lokale Produktion von Komponenten in großindustriellem Maßstab, die Entwicklung und den Bau von größeren Einzelprojekten und die Schaffung eines Zuliefernetzwerks erzielt werden. So wird im Besonderen sowohl der Aufbau einer lokalen Wertschöpfungskette als auch der Ausbau einer internationalen Lieferantenkette durch die Aktivitäten der Dii GmbH vorangetrieben. Forschung und Entwicklung in der Solarthermie leisten ebenfalls einen entscheidenden Beitrag zur potenziellen Reduktion der Kosten. Aktuelle Forschungsansätze konzentrieren sich primär auf neue Spiegeldesigns, die Erzeugung höherer Prozesstemperaturen sowie effizientere Wärmeträger und Speichermedien.

Die Wettbewerbsfähigkeit von Solarstrom ist zudem abhängig von den Strompreisen in den jeweiligen Abnehmerländern (lokal als auch international) und den Erzeugungskosten. Aufgrund der Begrenztheit von fossilen Energien wird allgemein angenommen, dass die Marktpreise hierfür langfristig steigen werden. Auf der anderen Seite werden die Erzeugungskosten für solaren Wüstenstrom einer industriellen Lernkurve folgend sinken. Untersuchungen des Deutschen Zentrums für Luft- und Raumfahrt (DLR) aus dem Jahr 2005 kamen zu dem Ergebnis, dass die Stromgestehungskosten von Solarstrom die der fossilen Energiequellen zwischen 2020 und 2030 unterschreiten werden. Viele Experten glauben jedoch, dass der Zeitpunkt der Kostendeckung in Gegenden mit vorteilhaften Standortbedingungen bereits vor 2020 erreicht werden kann, sofern es in diesen Regionen zu verstärkten Investitionen in der Solartechnologie kommt.

Bis zu dem Zeitpunkt, zu dem Wüstenstrom eigenständig wettbewerbsfähig ist, werden staatliche Stimulierungsmechanismen notwendig sein, um die Finanzierungslücke zu schließen und Investitionen in Kraftwerksprojekte für Projektentwickler attraktiv zu gestalten.

Um die Finanzierungslücke zwischen den Erzeugungskosten und den Einnahmen zu schließen, kommen grundsätzlich zwei Herangehensweisen in Betracht. Der erste Hebel umfasst alle Instrumente, um die Kosten, beispielsweise über eine Reduktion der Finanzierungskosten, zu senken. Der zweite Hebel setzt bei den Möglichkeiten an, so lange wie notwendig und damit zeitlich begrenzt die Einnahmen für Wüstenstrom auf ein Niveau zu heben, das Investitionen in diese Projekte ermöglicht.

Abbildung 2: Illustrative Kostenkurven für konventionellen Strom und erneuerbaren Strom in Europa und MENA

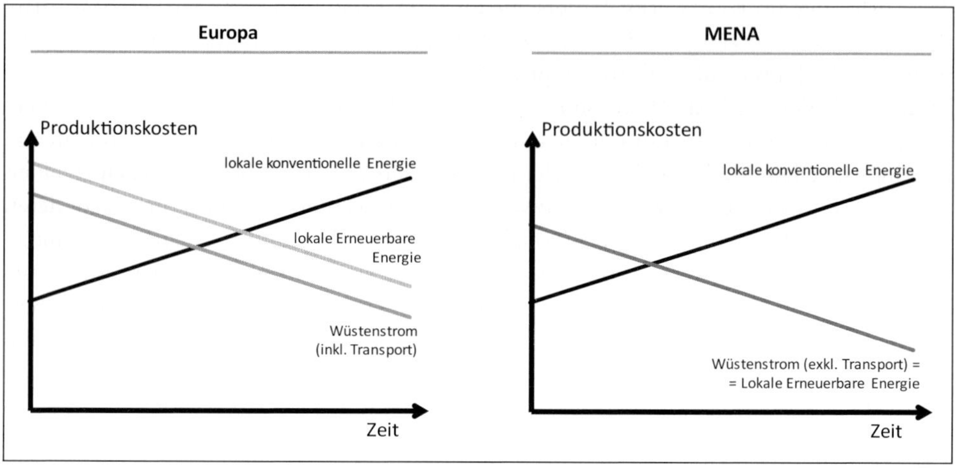

Quelle: Dii GmbH

2.1 Potenzielle Instrumente zur Senkung der Finanzierungskosten von Solarstrom

Zur Reduktion der Finanzierungskosten kommen unterschiedliche direkte und indirekte Instrumente in Frage. Denkbar sind hier direkte staatliche Zuschüsse, gestützte Kredite („soft loans") der öffentlichen Hand oder multilateraler Entwicklungs- und Förderbanken sowie die Einbindung von internationalen Klimafonds in die Finanzierung. Dieses Bündel begleitender Maßnahmen ist entscheidend, da es sich, trotz des Einsatzes erprobter Technologien („proven technologies"), bei diesen Projekten um Neuland handelt und Risikoaufschläge sowohl auf der Eigenkapitalseite als auch für die Bereitstellung von Fremdkapital seitens kommerzieller Banken zu erwarten sind. Indirekte Instrumente, wie staatliche Garantien oder Bürgschaften, können hier ebenfalls einen wichtigen Beitrag zur Reduzierung der Projektfinanzierungskosten leisten.

Ein weiterer wichtiger Aspekt ist die Entwicklung und Stabilisierung der jeweiligen politischen Systeme. Um dies zu fördern, werden zusätzliche finanzielle Mittel bereitgestellt. So wird die EU möglicherweise im Nachgang der politischen Veränderungen von 2011 Gelder zur Entwicklung einer EU-MENA-Partnerschaft im Energiesektor zur Verfügung stellen. Darüber hinaus sind in jüngster Zeit Zusagen seitens der USA, EU, Weltbank, African Development Bank u. a. Unterstützungsmaßnahmen in Milliardenhöhe für den weiteren Ausbau der Infrastruktur in der MENA-Region erfolgt. Auch wenn diese

Maßnahmen nicht alle unmittelbaren Einfluss auf Wüstenstromprojekte haben werden, dienen sie dazu, insgesamt das Risikoprofil der Dii-Projekte zu senken und für mehr Planungssicherheit in der Zukunft zu sorgen.

Als letzter Punkt sollen Steuererleichterungen genannt werden, die signifikant zur Senkung der Kosten beitragen können. Solche Wirtschaftsförderungsmaßnahmen können von den potenziellen Stromerzeugungsländern in der MENA-Region kommen, die damit die nachhaltige Entwicklung ihrer Wirtschaft und Industrieansiedlung vorantreiben können. Neben der zusätzlichen Energie profitieren die Volkswirtschaften durch eine Reihe von sozioökonomischen Effekten.

2.2 Potenzielle Instrumente zur Erhöhung der Einnahmen

Auch von der Einnahmeseite sind vielfältige Instrumente denkbar, um die Finanzierungslücke in der Anlaufphase von großen Wüstenstromprojekten zu schließen. Einspeisetarife nach dem Vorbild des deutschen Erneuerbare-Energien-Gesetz (EEG) sind in vielen Staaten die gängigste Methode, um Produzenten von Erneuerbaren Energien fest kalkulierbare Einnahmen zu bieten. Insbesondere ein europaweit einheitlicher Einspeisetarif für nordafrikanische Solar- und Windenergie wäre ein denkbares Instrument. Dieser Einspeisetarif kann entweder auf ein vereinbartes Erzeugungsvolumen limitiert werden oder in der Form flexibel gestaltet werden, dass eine Anpassung der Einspeisevergütung mit den zu erwartenden fallenden Stromgestehungskosten einhergeht.

Andere Marktmechanismen könnten handelbare RE-Zertifikate oder CO_2-Einsparungszertifikate sein. Auch direkte Stromabnahmeverträge mit energieintensiven Industrien kommen in Betracht, wenn die Abnehmer sich dadurch einen Vorteil gegenüber ihrem konventionellen Strombezug verschaffen können.

Alle Instrumente zur Erhöhung der Einnahmen für die Produzenten von Wüstenstrom können sowohl von den Erzeugerländern selbst als auch von europäischer Seite ins Spiel gebracht werden. Es ist jedoch davon auszugehen, dass insbesondere in den strukturschwächeren Ländern der MENA-Region, die nicht über große Einnahmen aus fossilen Energien (Gas, Öl) verfügen, die finanziellen Möglichkeiten für eine Förderung sehr begrenzt sein werden. Daher wird gerade in der Anlaufphase von Wüstenstromprojekten der Export des Stroms nach Europa eine bedeutende Rolle spielen. Aufgrund der beschriebenen Finanzierungslücke, die erst mit zunehmender Kapazität kleiner werden wird, ist ein Export in Europas höherpreisigen Strommarkt sinnvoll, hilft er doch bei der Finanzierung in der Anlaufphase. Gleichzeitig kann der Export von Wüstenstrom nach Europa den EU-Staaten helfen, sowohl die Erneuerbaren-Energien-Ziele als auch die Klimaziele zu erreichen.

Abbildung 3: Illustration der Unterstützungsmechanismen

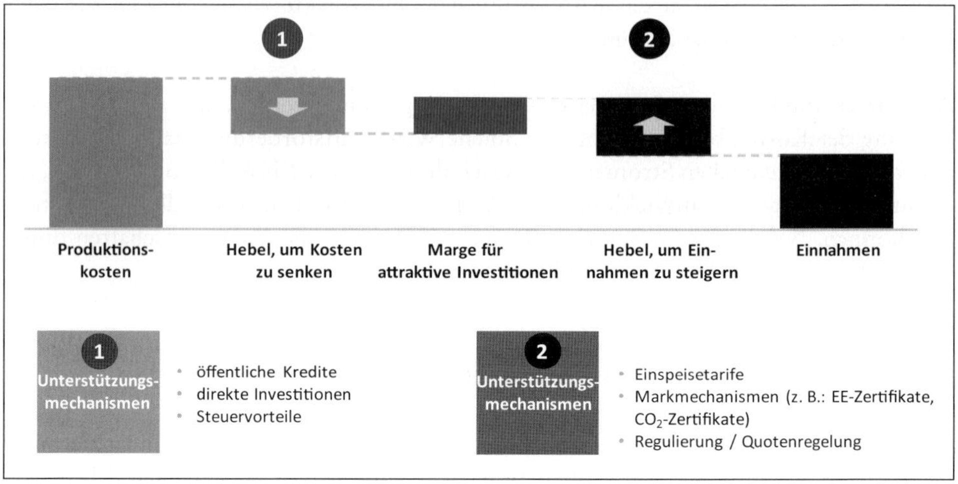

Quelle: Dii GmbH

3 Die EU-Richtlinie zur Förderung der Erneuerbaren Energien und ihre Bedeutung für die Integration von Strom aus der Wüste

Die Europäische Union hat sich hohe Klima- und Erneuerbare-Energien-Ziele gesetzt, die bis zum Jahr 2020 erreicht werden sollen. Diese sogenannten „20-20-20-Ziele" sehen vor:

- eine Reduzierung der Treibhausgasemissionen von mindestens 20% gegenüber dem Niveau von 1990,
- 20% des EU-Energieverbrauchs soll aus Erneuerbaren Energien kommen,
- eine Reduzierung des Primärenergieverbrauchs um 20% durch Energieeffizienzmaßnahmen.

Zur Erreichung des Erneuerbaren-Energien-Ziels wurde die EU-Direktive zur Förderung Erneuerbarer Energien (2009/28/EC) verabschiedet. Diese Richtlinie legt einen gemeinsamen Rahmen für die Produktion und die Förderung von Energie aus erneuerbaren Quellen fest. Für jeden Mitgliedsstaat wurde der Anteil am Bruttoendenergieverbrauch berechnet, der bis 2020 durch Energie aus Erneuerbaren Energien gedeckt werden soll.

Die Mitgliedsstaaten haben jeweils einen Aktionsplan für EE erstellt, der die Anteile von im Verkehrs-, Elektrizitäts- sowie Wärmesektor verbrauchter Energie aus erneuerbaren Quellen für 2020 festlegt. Diese nationalen Aktionspläne tragen den Auswirkungen auf den Endenergieverbrauch durch andere politische Maßnahmen auf dem Gebiet der Energieeffizienz Rechnung. Je höher die Energieeinsparung, umso geringer ist die für die Zielerreichung erforderliche Energie aus erneuerbaren Quellen. In diesen Plänen sollen außerdem die Modalitäten für die Reformen der Planungsvorschriften und Tarifsysteme sowie der Zugang zu den Elektrizitätsnetzen für Energie aus erneuerbaren Quellen geregelt werden.

Die EU-Mitgliedsstaaten können durch statistische Transfers mit einer bestimmten Menge an Energie aus Erneuerbaren Energien „handeln" und gemeinsame Projekte zur Erzeugung von Elektrizität und Wärme aus erneuerbaren Quellen auf den Weg bringen. Darüber hinaus ist auch eine Zusammenarbeit mit Drittstaaten möglich, wenn die folgenden Bedingungen erfüllt werden:

- die Elektrizität muss in der Gemeinschaft verbraucht werden,
- die Elektrizität wird in einer neu gebauten Anlage (nach Juni 2009) erzeugt,
- für die erzeugte und exportierte Elektrizitätsmenge wurde keine andere Förderung gewährt.

Die Öffnung des EU-Energiemarktes für erneuerbaren Strom aus Drittstaaten ist für den Strom aus der Wüste von höchster Relevanz, da auf diese Weise u. a. Stromlieferungen aus Marokko zur Erreichung der EU-Ziele eingesetzt werden können. Die Dii hat daher einen Schwerpunkt ihrer Aktivitäten darauf gelegt, wie solche gemeinschaftlichen Projekte mit nordafrikanischen Staaten ausgestaltet werden können.

Auch wenn die skizzierten großen Herausforderungen noch zu überwinden sind, ist die Dii GmbH überzeugt, dass durch gezielte, zeitlich begrenzte Fördermechanismen und das Engagement aller beteiligten Akteure aus Politik, Industrie und Gesellschaft mittelfristig sich selbst tragende Marktbedingungen für Wüstenstrom geschaffen werden können, von der sowohl die MENA-Region als auch Europa in vielerlei Hinsicht profitieren wird.

Carbon Investments: Investitionen im Bereich der Erneuerbaren Energien mit einer CO_2-Komponente

Martin Ewald

1 Einordnung

Carbon Investments beschreiben eine Investition in ein Projekt, welches einen signifikanten Beitrag zu seiner Rentabilität aus dem Bezug von CO_2-Verschmutzungsrechten bezieht. Projekte können hierbei im Bereich der verpflichtenden Märkte und den Regelungen der United Nations Framework Convention on Climate Change (UNFCCC) im Rahmen des Clean Development Mechanism (CDM) oder auch Joint Implementation (JI) oder aber unter einem freiwilligen Standard erfolgen. Sämtlichen Projekten ist zu eigen, dass sie den Ausstoß klimawirksamer Gase reduzieren und diese Differenz der CO_2-Bilanz unter bestimmten Voraussetzungen in Form von CO_2-Zertifikaten zugeteilt bekommen. Diese Zertifikate können dann im Rahmen der verpflichtenden Standards auf die Klimaziele der am Emissionshandel teilnehmenden Unternehmen und Staaten angerechnet werden oder aber im Rahmen der freiwilligen Märkte zur Neutralisierung von Emissionen verwandt werden.

Zielländer solcher Investitionen sind Entwicklungs- und Schwellenländer für den CDM; im Rahmen von JI sind Investitionen in industrialisierten Ländern geeignet, Zertifikate zu generieren.[1] Aus Investorensicht kann der Einfluss von Zertifikateverkäufen auf den kommerziellen Projekterfolg hierbei ein finanzieller Teilbetrag sein. Es existieren jedoch auch Projekttypen, die sich ausschließlich über den Verkauf von Zertifikaten finanzieren. Ein Beispiel für einen Teilbetrag ist ein Kraftwerk in einem Schwellenland, das auf klimafreundliche Weise wie etwa durch die Verbrennung von Biomasse Strom generiert und diesen verkauft. Da die Produktion „grünen“ Stroms weniger CO_2 generiert als die konventionelle Stromerzeugung, ist das Projekt unter bestimmten Vorraussetzungen berechtigt, eine von der erzeugten Menge Strom abhängige Anzahl an Zertifikaten zu erhalten und zu verkaufen. Im Falle von Projekten, die keine Energie erzeugen, sind sämtliche Erlösbeiträge lediglich aus dem Verkauf von Zertifikaten zu erzielen. Beispiele hierfür können bestimmte Programme of Activities (PoA) Projekte sein, die etwa Energieeffizienz fördern, oder aber Projekttypen wie Reducing Emissions from Deforestation and Degradation (REDD), welche die Abholzung von Wäldern zu verhindern suchen und für vermiedene Emissionen CO_2 Zertifikate erhalten, die sie zur Refinanzierung verkaufen können.

[1] Siehe auch: Günther/Ewald (2010).

Ziel dieses Beitrags ist es, einen Überblick über die Natur von Carbon Investments sowie die Besonderheiten aus Sicht eines Eigenkapitalinvestors darzustellen. In Anbetracht der während der Weltklimakonferenz in Cancún formulierten internationalen Ziele zum Klimaschutz sollen in Zukunft bis zu 100 Mrd. EUR jährlich aus den Industrie- in die Schwellenländer fließen. Neben staatlichen Mitteln wird vor allem auch privates Investitionskapital notwendig sein. Carbon Investments bereiten hierbei den Grund für größere Investitionsvolumina der Zukunft, indem sie es institutionellen Investoren ermöglichen, Erfahrungswerte zu schaffen.

2 Investitionen im Bereich der Erneuerbaren Energien in Schwellenländern

Investoren tendieren dazu, ihre Anlageentscheidungen sehr stark zugunsten ihrer Heimatländer zu treffen.[2] Dadurch, dass sich jedoch bei multinationalen Unternehmen die Stakeholder-Struktur kontinuierlich den sich verschiebenden globalen Gewichtungen anpasst und die Unternehmen nach hochrentablen Investitionsmöglichkeiten suchen, werden Investitionen in Schwellenländer für Investoren aus den industrialisierten Staaten stetig interessanter.[3] Hierbei sind vor dem Hintergrund hoher industrieller Wachstumsraten und des Bevölkerungswachstums gerade energieerzeugende Projekte von großer Bedeutung. Die Internationale Energie Agentur (IEA) sieht den Bedarf an Investitionen in kohlenstoffarme Energietechnologien bis 2030 bei jährlich 750 Mrd. USD.[4] Abbildung 1 verdeutlicht, dass die zukünftigen CO_2-Haupteinsparpotenziale neben den USA vor allem in China und Indien und damit in besonders für Carbon Investments interessanten Ländern liegen. Nach Ansicht der IEA sind hierbei vor allem Erneuerbare Energien und Energieeffizienz integrale Ansätze, um die Einsparpotenziale zu heben. Da für Investoren auf Basis von Aktienkäufen die genannten Zielländer bereits jetzt sehr interessant sind, werden auch Investitionen auf Projektebene in der Zukunft an Bedeutung gewinnen.

[2] Kang/Melas (2010).

[3] Fassin (2009).

[4] IEA (2010).

Abbildung 1: Notwendige CO_2-Einsparungen nach Regionen bis 2035

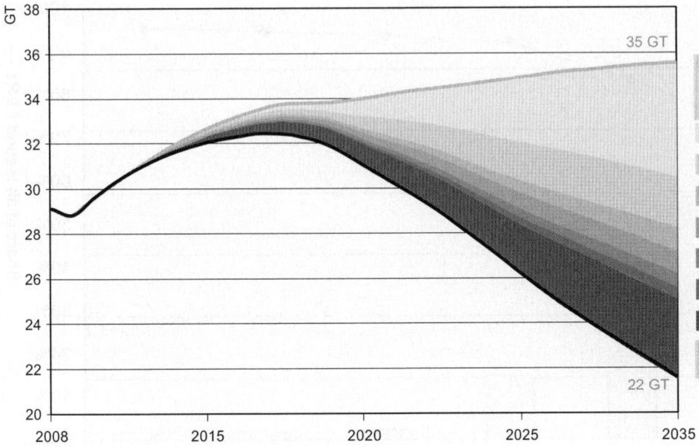

	Einsparungen 2020	Einsparungen 2035
China	19 %	36 %
USA	15 %	16 %
Indien	7%	8%
EU	10 %	7 %
Mittlerer Osten	6 %	5 %
Russland	3 %	4 %
restliche Welt	40 %	25 %
Total ($GtCO_2$)	**1,8**	**13,7**

Quelle: IEA: World Energy Outlook 2010, S. 411

Um die Investitionen der Zukunft möglich zu machen, müssen sowohl Investoren als auch Projektentwickler und Gastgeberländer Erfahrungen mit der Abwicklung von Projekten sammeln. Carbon Investments bieten hierfür eine Möglichkeit. Der wichtigste Standard hierfür ist der CDM, in dessen Rahmen Certified Emission Reductions (CER) generiert werden. In Abbildung 2 sind die unter dem CDM zugeteilten Zertifikate und deren geographische Verteilung dargestellt. Sie zeigt, dass 58% aller ausgegebenen CERs aus China und 28% aller CERs aus Indien stammen. Dies verdeutlicht, dass bereits in der Vergangenheit eine starke Präferenz für die Entwicklung von Projekten in diesen Ländern vorherrschte, da der Prozess bis zur Ausgabe von Zertifikaten mindestens zwei Jahre dauert.

Abbildung 2: Verteilung der ausgegebenen CERs über Regionen

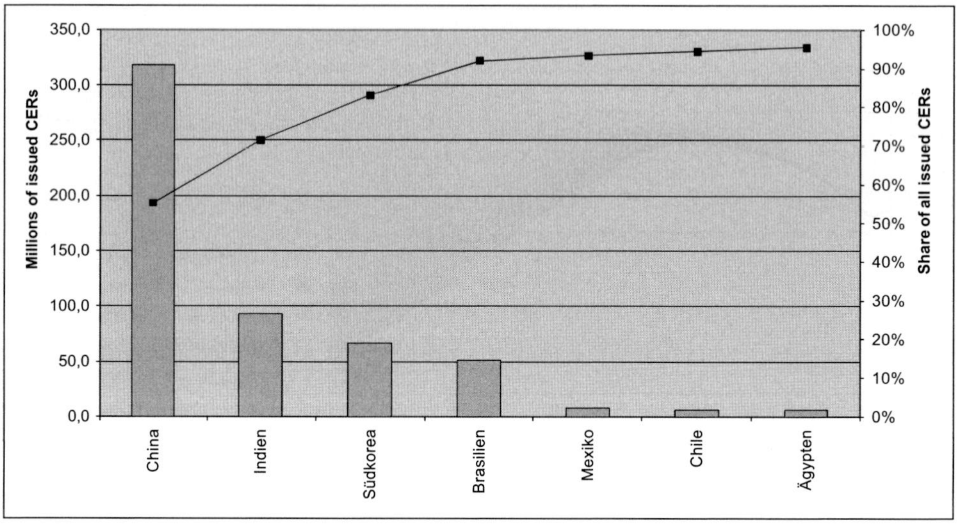

Quelle: UNEP RISOE Datenbank[5]

Aus Investorensicht sind diejenigen Projekte, welche obige Zertifikate generieren, potenzielle Carbon Investments, also Projekte, die eine Einkommensquelle durch den Verkauf von Zertifikaten ermöglichen. Angesichts der kumulierten Anzahl von bisher 380 Millionen ausgegebenen Zertifikaten in China und Indien und einem CER-Spot-Preis, der sich im ersten Quartal 2011 oberhalb von 11 EUR bewegte,[6] wird der enorme Beitrag, den der CDM über die Ausgabe von CERs liefert, deutlich.

Carbon Investments bilden eine Untergruppe von Offshore Investments, daher werden im nächsten Abschnitt allgemeine Aspekte einer Auslandsinvestition erläutert, bevor auf die Spezifika der CO_2-Komponente für ein Projekt eingegangen wird.

3 Risiken und Parameter von Offshore Investments

Im Rahmen eines Offshore Investments, also einer Investition außerhalb des Heimatlandes, sind Investoren spezifischen Risiken ausgesetzt. Hierbei unterscheiden sich die Risiken eines Carbon Investments nicht grundsätzlich von denen einer anderen Investition. Lediglich durch den Bezug der CO_2-Zertifikate entsteht eine zusätzliche Komplexität.

[5] Online unter http://www.uneprisoe.org/.

[6] Online unter http://www.bluenext.fr/statistics/graphs.html.

- *Regulatorische Risiken*: Jede Investition ist davon abhängig, dass sich die Umgebungsvariablen für einen Investor nicht nachteilig verändern. Im Rahmen einer Due Diligence im Vorfeld einer Transaktion werden daher sämtliche regulatorische Aspekte eines Projektes eingehend überprüft.
- *Counterparty Risiko*: Für einen Investor ist es von sehr großer Bedeutung, dass sämtliche an einer Transaktion teilnehmenden Unternehmen ihre Aufgaben gemäß ihrer Vorgaben und im Interesse der gemeinsamen Unternehmung durchführen. In der Praxis wird daher auf ausreichende Erfahrungswerte der Counterparty geachtet.
- *Zeitliches Risiko*: Die Rentabilität eines Projektes hängt maßgeblich von den Zeitpunkten des Einganges von Zahlungen ab. Eine verspätete Fertigstellung einer Anlage kann daher einen signifikanten Einfluss auf den Projekterfolg haben.
- *Besteuerung*: Die Umsätze aus Stromverkauf unterliegen der Besteuerung des Gastgeberlandes der Investition. Neben differierenden Steuersätzen in verschiedenen Ländern sind vor allem mögliche Steuervorteile, die das Gastland gewährt, von integraler Bedeutung.
- *Dividendenpolitik*: Abhängig von der gewählten Finanzierungsstruktur eines Projektes kann die Möglichkeit der freien Ausschüttung von Dividenden beschränkt sein. Dies liegt vor allem in den in einigen Ländern erforderlichen hohen Rücklagen, die das Projekt für die finanzierende Bank bilden muss, begründet.
- *Währungsschwankungen*: Die Praxis zeigt, dass Investoren die Rendite ihrer Investments in ihrer Heimatwährung berechnen. Währungen aus Schwellenländern sind jedoch zum Teil starken Schwankungen unterworfen. Die Berechnung dieser Schwankungen und deren Prognose stellen daher für die Investitionsentscheidung eine entscheidende Größe dar.
- *Währungssicherung*: Um den Einfluss von Währungsschwankungen auf die Rendite gering zu halten, kann ein Währungs-Hedge erworben werden, der die Volatilität der Zielwährung gegenüber der Heimatwährung begrenzt. Der Abschluss eines solchen Vertrages ist jedoch mit Kosten verbunden, und nicht jede Währung ist potenziell sicherbar, oder aber die Zeiträume, die ein Hedge abdecken kann, sind nicht in jedem Fall ausreichend.
- *Kapitalexport*: Auch wenn eine Investition rechnerisch eine interessante Rendite generiert, kann eine Dividende auch Restriktionen zum Kapitalexport unterliegen. Für diesen Fall werden Gewinne generiert, über die der Investor nicht frei verfügen kann.
- *Steuereffiziente Strukturen*: Durch die Ausnutzung von Doppelbesteuerungsabkommen ist es möglich, Dividenden in das Heimatland des Investors zu transferieren, ohne diese zuvor doppelt zu versteuern.

4 Carbon Investments

4.1 Grundlegende Parameter eines Carbon Investments

Im Folgenden wird eine Investition in ein CO_2-Zertifikate generierendes Projekt aus Sicht eines institutionellen Investors, als Referenzszenario für die Diskussion der spezifischen Chancen und Risiken, verwandt. Beispielhaft kann hierbei eine Investition in einen Windpark oder aber ein Biomasse verbrennendes Kraftwerk gesehen werden.[7] Die Investorenperspektive ist hierbei stark durch den generierbaren Cashflow geprägt. Es wird davon ausgegangen, dass die Investition auf Basis einer Stand-alone-Betrachtung bewertet wird. Der Investor erwirbt ein Projekt also lediglich, um seine Rendite zu maximieren, in diesem Fall den Net Present Value, den Wert aller abdiskontierten Zahlungen der Zukunft, oder die Internal Rate of Return (IRR), dem Zinssatz, bei dem der Kapitalwert einer Investition gleich null ist.

In der Praxis zeigt sich, dass vor allem der Vergleich der IRR für eine Investitionsentscheidung von Relevanz ist. Hierbei werden die zukünftigen Dividenden über die Lebenszeit einer Anlage und der Anschaffungspreis gegenübergestellt. Die Dividende ist der Free Cashflow eines Projektes nach Dividendenbesteuerung, bereinigt um den Wechselkurs. Der Abdiskontierungssatz, der Auszahlungen und Einzahlungen gleichstellt, ist die IRR. Das vereinfachte Schema der Berechnung des Free Cash Flows ist für den Investor das folgende:

+	Umsatz aus Stromverkauf
+	Umsatz aus dem Verkauf von CERs
–	Materialaufwand
–	Personalaufwand
–	sonstige Aufwände
–	Fremdkapitaldienst
–	Ertragssteuern
+/–	Veränderungen im Anlagevermögen
=	Free Cashflow

[7] Ein Beispiel findet sich unter http://cdm.unfccc.int/Projects/DB/DNV-CUK1165487562.94/view.

Typischerweise werden Carbon Investments mit einer Projektfinanzierung ausgestattet. Das bedeutet, dass das Projekt die Finanzierung des Fremdkapitals aus sich heraus tragen muss. Fremdkapitalquoten liegen hierbei zwischen 50% und 70% und werden entweder im Zielland der Projektaktivität durch lokale Banken bezogen oder aber durch Förderbanken oder andere staatliche Schemata aus den Industrieländern. In der Regel beträgt der Zeitraum für die Rückzahlung des Fremdkapitals zwischen 10 und 15 Jahren, was dazu führt, dass Cash Yields, also der jährliche Cashflow nach Ablösung des Schuldendienstes, gegen Ende der Projektaktivität sehr stark ansteigt. Je höher demnach die Fremdverschuldung eines Projektes ist, desto stärker differieren die Cash Yields über den Zeitablauf. Ein Investor mit einer Präferenz für gleichbleibende Cash Yields wird demnach für eine geringere Verschuldung optieren. Da hierdurch der Steuervorteil einer Fremdkapitalaufnahme verloren geht, geht dies zu Lasten der Rendite. Einen direkten Einfluss auf die Rendite stellen auch die Eintrittszeitpunkte dar, welche gemäß spezifischer Risikovorgaben der Investoren differieren. Ein sehr früher Einstieg in ein Projekt kann hierbei eine hohe Rendite generieren, korrespondiert jedoch auch mit höheren Risiken. Aufgrund langer Laufzeiten von Projekten von bis zu 25 Jahren ist es für einen Investor zudem nicht zwangsläufig notwendig, sehr früh in ein Projekt einzusteigen, da er dennoch in der Lage ist, seine benötigte Rendite zu generieren.

4.2 Chancen und Risiken von Carbon Investments

4.2.1 Beitrag aus Stromverkauf

Bei der Berechnung der Rendite eines Carbon Investments ist vor allem der Verkauf von Strom der entscheidende Aspekt. Aufgrund der Standorte der Investments in Schwellenländern sind in der Regel die Wachstumsraten der Industrie sehr hoch, und die Investitionen in Energieerzeugung können nicht in jedem Fall mit diesem Wachstum auf gleichem Niveau einhergehen. Aus Investorensicht generieren diese Szenarien den Vorteil, dass davon auszugehen ist, dass der Stromverkaufspreis auch über die langen Laufzeiten mindestens über die zu erwartende Inflationsrate erhöht wird. Hierbei ist zu beachten, dass es im Gegensatz zu der Regelung in Deutschland über das Erneuerbare-Energien-Gesetz in der Regel stärkerer privatwirtschaftlicher Verhandlungen bedarf. So gibt es zum Beispiel in Indien Tarife, welche dem Verkäufer von grünem Strom eine Abnahme durch den Regulator zu erhöhten Preisen ermöglichen, dennoch ist der Abschluss eines Power Purchase Agreements zwischen einem Projekt und einem großen industriellen Konsumenten eines der am häufigsten verwandten Konstrukte. Für einen Investor ist die Entscheidung für oder wider einen staatlich regulierten Tarif besonders wichtig. Spekuliert er auf hohe zukünftige Wachstumsraten, ist der Abschluss eines privaten Vertrages vorteilhaft, rechnet er eher konservativ, bietet sich ein regulierter Tarif an. Weiterhin ist die Laufzeit eines Vertrages von entscheidender Bedeutung. Im Falle eines langfristigen Abschlusses eines Vertrages hat das Projekt Sicherheit über die erzielten Umsätze, ist jedoch am Beispiel eines Biomasseprojektes, das Rohstoffe für die Verbrennung im Rahmen der Betriebstätigkeit einkaufen muss, vom Verlauf der Kosten für den Einkauf der Biomasse stark abhängig. Möglichkeiten für die Risikomitigation bilden hierbei eine Koppelung des Stromverkaufes direkt an die Einkaufspreise, an stark korrelierte Rohstoffe oder auch an die Inflation.

4.2.2 Beitrag aus Zertifikateverkauf

Grundsätzlich muss jedes Projekt seine Eligibilität für den Erhalt von CERs nachweisen, die sogenannte Additionality. Dies kann über verschiedene Argumentationsstränge geschehen, von denen die finanzielle Additionality das wichtigste Instrument darstellt. Hierbei werden die Renditen eines Projektes mit und ohne den Erhalt der Zertifikate gegenübergestellt. Erreicht die Internal Rate of Return eines Projektes die bedingt durch lokale Zinssätze, Inflation und Referenzinvestitionen definierte Hürde nicht, kann das Projekt die Zuteilung von CERs beantragen. Das Ziel ist es also, dem Projektbetreiber durch die Zuteilung von Zertifikaten einen finanziellen Anreiz zu geben, zum Beispiel Erneuerbare Energien unter dem CDM zu fördern.

Abbildung 3: CDM-Zyklus zur Generierung von CERs

Quelle: Günther/Ewald (2010), S. 1.093

Der Beitrag von CERs ist vor dem Hintergrund der sehr langen Projektzyklen, die für die Modellierung von Carbon-Projekten notwendig sind, besonders aufwendig zu antizipieren. Von großem Einfluss sind zudem politische Entscheidungen im Hinblick auf die Verwendung der erzeugbaren Zertifikate.[8] So ist ein CER nicht in jedem Fall im Rahmen des Europäischen Emissionshandelssystems (EU ETS) handelbar. Für den Fall, dass ein solches Zertifikat nicht importierbar ist, sind erzielbare Preise aufgrund geringerer Nachfrage niedriger, was eine entsprechende Implikation auf die Rendite nach sich zieht. Signifikant an dem Verkauf von Zertifikaten, die in einem Schwellenland generiert werden, ist, dass diese in der Regel in Euro fakturiert werden. Somit ist der resultierende Cashflow für einen im Euroraum beheimateten Investor von Währungsschwankungen frei. Ein weiterer wichtiger Aspekt im Bezug auf Zertifikate ist der sehr langwierige Prozess der Registrierung eines Projektes, der im Zuge der Projektentwicklung durchgeführt wird, wie in Abbildung 3 zu sehen ist.

Bemerkenswert an diesem Prozess ist, dass die Backlogs, also die Verzögerungen in der Bearbeitung zwischen Validierung und Registrierung durch die UNFCCC gemäß UNEP Risoe Datenbank bis zu 36 Monate betragen können. Das heißt, dass die Voraussetzungen für den Erhalt von Zertifikaten über einen sehr langen Zeitraum nicht geklärt sein können. Dies stellt für einen Investor ein Problem für die Simulation möglicher Renditen dar. Die UNFCCC versucht aktiv, das Problem des Backlog durch effizienzsteigernde Maßnahmen zu beseitigen.

Für die Planung der Cashflows sind in der Praxis vor allem die in obiger Graphik genannten Aspekte relevant, die nach der Registrierung durch die UN stattfinden. In der Phase der Projektumsetzung generiert das Projekt Strom und wird nach einer gewissen Zeit überprüft. In diesem Monitoring wird ermittelt, wie viel CO_2 das Projekt in der abgelaufenen Periode eingespart hat. Die entsprechende Anzahl an Zertifikaten wird dann in der Folge dem Projekt zugeteilt. Auch in diesem Projektschritt sind Verzögerungen möglich. Aus Investorensicht relevant ist hierbei das unterschiedliche Timing der Zahlungsströme aus Strom- und Zertifikateverkauf. Während die Erlöse aus dem Stromverkauf in der gleichen Periode anfallen, können die Erlöse aus dem Zertifikateverkauf aufgrund des Monitoring erst in der Folgeperiode ausgeschüttet werden.

Auf der Verkaufseite hingegen bestehen die Optionen von Investoren in langfristigen Lieferverträgen zu geringeren Preisen oder dem Versuch, jedes Jahr nach Erhalt der Zertifikate einen möglichst hohen Preis am Spotmarkt zu erzielen. Zusätzliche Komplexität in der Preisfindung entsteht durch den Einfluss der Politik und hier vor allem der großen Klimakonferenzen wie etwa in Cancún in 2010. Signale der Politik, die erlaubten Emissionsgrenzen zu senken, resultieren in höheren Preisen für Zertifikate. Auch im Hinblick

[8] Siehe auch: Blyth u.a. (2009) und Blyth u. a. (2007).

auf die Verwendbarkeit einzelner Zertifikate aus bestimmten Technologien sind politische Impulse von großer Bedeutung. So wurden zahlreiche Industriegasprojekte nachträglich als nicht eligibel für den Erhalt von Zertifikaten eingestuft. Auch im Hinblick auf die Zukunft des CDM sind einige Aspekte für die Handhabung durch Investoren relevant. So muss ein Projekt vor dem Ende des Jahres 2012 registriert sein, um in der Zukunft CERs generieren zu können, die in jedem Fall im EU ETS verwendbar sind.[9]

5 Ausblick zur Weiterentwicklung von Carbon Investments

Zusammenfassend stellt die CO_2-Komponente einen sehr attraktiven Beitrag zur Rentabilität eines Projektes dar. Aufgrund der mit dem CDM-Zyklus verbundenen hohen Komplexität und der schwierigen Prognostizierbarkeit der Erlöse sind Carbon Investments zur Zeit vor allem für stark spezialisierte Investoren von großem Interesse.

Im Rahmen der notwendigen Maßnahmen zur Erreichung des 2-Grad-Ziels ist neben staatlichen Investitionen vor allem privates Kapital und insbesondere das der institutionellen Investoren von großer Relevanz. Aufgrund der weitreichenden Erfahrungen, die einige institutionelle Investoren mit ihrem Engagement im Bereich von Erneuerbaren Energien oder aber auch auf Aktienbasis mit relevanten Schwellenländern gemacht haben, sind Carbon Investments als neue Asset-Klasse eine logische Erweiterung des Spektrums für Investoren. Die Länder, in denen Carbon Investments möglich sind, bieten für viele Investoren eine sehr gute Option, da sie durch eine Investition von den großen Wachstumsmöglichkeiten profitieren können und zudem durch den Verkauf von Zertifikaten einen Teil der Rendite in Euro generieren können. Um das Engagement der institutionellen Investoren noch stärker zu stimulieren und die angesprochenen, geforderten 100 Mrd. EUR zu mobilisieren, sind jedoch die derzeitigen Umgebungsvariablen noch zu unvorhersehbar. So sind zahlreiche Institutionen wie etwa die UNEP FI oder die Kreditanstalt für Wiederaufbau (KfW) verstärkt auf der Suche nach Instrumenten oder Strukturen, um die Investitionsvoraussetzungen zu verbessern.[10] Sollte dieses gelingen, wird diese Asset-Klasse, die für spezialisierte Investoren bereits zum jetzigen Zeitpunkt sehr interessant ist, in der Zukunft auch für sehr große Kapitalströme geeignet sein und so zur Transformation in eine Low Carbon Economy bei gleichzeitiger Verbreiterung der Anlagehorizonte beitragen.

[9] Siehe auch Matsuhashi u.a. (2004).

[10] Siehe auch Matsuhashi u.a. (2009).

Literatur

Blyth, W./Bradley, R./Bunn, D./Clarke, C./Wilson, T./Yang, M. (2007): Investment risks under uncertain climate change policy, in: Energy Policy 35 (11), S. 5.766-5.773 (doi:10.1016/j.enpol.2007.05.030)

Blyth, W./Bunn, D./Kettunen, J./Wilson, T. (2009): Policy interactions, risk and price formation in carbon markets, in: Energy Policy 37 (12), S. 5.192-5.207 (doi:10.1016/j.enpol.2009.07.042)

Fassin, Y. (2009): The stakeholder model refined, in: Journal of Business Ethics 84 (1), S. 113-135 (doi:10.1007/s10551-008-9677-4)

Guenther, E./Ewald, M. (2010): Clean development mechanism, in: WISU. Das Wirtschaftsstudium, 39 (8-9), S. 1.092-1.093

International Energy Agency (2010): Energy Technology Perspectives 2010. Scenarios & Strategies to 2050, Paris

International Energy Agency (2010): World Energy Outlook 2010, Paris

Kang, X./Melas, D. (2010): A fresh look at the strategic equity allocation of european institutional investors, in: MSCI Barra Research Insights (1)

Mathews, J. A. (2008): How carbon credits could drive the emergence of renewable energies, in: Energy Policy 36 (10), S. 3.633-3.639 (Doi: 10.1016/j.enpol.2008.05.033)

Mathews, J. A./Kidney, S./Mallon, K./Hughes, M. (2010): Mobilizing private finance to drive an energy industrial revolution, in: Energy Policy 38 (7), S. 3.263-3.265 (doi:10.1016/j.enpol.2010.02.030)

Matsuhashi, R./Fujisawa, S./Mitamura, W./Momobayashi, Y./Yoshida, Y. (2004): Clean development mechanism projects and portfolio risks, in: Energy 29 (9-10), S. 1.579-1.588 (doi:10.1016/j.energy.2004.03.060)

Matsuhashi, R./Shinozaki, H./Yoshida, Y. (2009): A study on measures to activate CDM taking project risks into consideration, in: Journal of Environmental Informatics 14 (2), S. 110-116 (doi:10.3808/jei.200900160)

Hürden und Treiber für Investitionen in Erneuerbare Energien in Subsahara-Afrika

Remco Fischer/Paul Clements-Hunt

1 Einleitung

Subsahara-Afrika (SSA)[1] hat mit nur 26% die weltweit niedrigste Zugangsrate bei der Versorgung mit elektrischem Strom. Im ländlichen Raum sind es nur 8%, wobei 85% der Bevölkerung den Energiebedarf auf der Basis von Biomasse abdeckt. Dieser Zustand ist mitverantwortlich dafür, dass sich die Armutsverhältnisse nicht verbessern: 70% der Haushaltseinkommen werden für Energie (Diesel, Kerosin, Kohle etc.) verbraucht, was mit starker Abholzung einhergeht – 0,4 Mio. Hektar Wald werden jedes Jahr in Afrika gerodet.[2] Das Kochen mit Biomasse ist nicht nur teuer und ineffizient, sondern auch höchst gefährlich: Der Einsatz von rudimentären Kochöfen in Innenräumen und die verursachte Luftverschmutzung werden voraussichtlich in Afrika mehr als 1,5 Mio. vorzeitige Todesfälle bis zum Jahr 2030 zur Folge haben.[3] Selbst in urbanen Verhältnissen mit Zugang zu elektrischem Strom führen häufige Stromausfälle zu hohen Kosten: Der gesamtwirtschaftliche Aufwand von Stromausfällen in der Region liegt typischerweise zwischen 1 und 4% des Bruttoinlandsprodukts (BIP).[4]

Während die Länder Subsahara-Afrikas in der Zeit von 1998 bis 2008 beim BIP und bei der Energienachfrage insgesamt durchschnittliche Wachstumsraten von über 10% erreichten, wuchs das Angebot stromnetzbasierter Energie im gleichen Zeitraum im Durchschnitt nur um 5%.[5] Um der steigenden Nachfrage gerecht zu werden und das Wirtschaftswachstum zu unterstützen, muss die Energiewirtschaft in Afrika jedes Jahr ca. 7.000 Megawatt (MW) neuer Erzeugungskapazität installieren. Die dafür nötigen Investitionen werden voraussichtlich 41 Mrd. USD pro Jahr beanspruchen, was ungefähr 6,4% des BIP entspricht. Aufgrund hoher Ausgaben für den laufenden Betrieb der vorhandenen Infrastruktur allerdings entsteht eine große Finanzierungslücke im Stromsektor. Deshalb bleibt für die Finanzierung neuer Investitionsgüter und die Entwicklung neuer Infrastruktur, die notwendig ist, um die Versorgungskrise im Energiesektor zu bekämpfen, wenig finanzieller Spielraum. Sofern nicht stärkere öffentliche Verpflichtungen und wirksame politische Maßnahmen ergriffen werden, um aktuelle Trends umzukehren, wird die Hälfte der Bevölkerung in SSA noch bis 2030 ohne Strom sein. Außerdem wird der Anteil der Bevölkerung, der auf traditionelle Brennstoffe für den häuslichen Energiebedarf angewiesen ist, der höchste im weltweiten regionalen Vergleich bleiben.[6]

---

1 In diesem Beitrag wird die Republik Südafrika nicht zur Ländergruppe Subsahara-Afrika gezählt.

2 Ram (2006), S. 2.

3 UNEP (2011), S. 19.

4 African Development Bank (2010).

5 African Development Bank (2010).

6 UN-Energy/Africa (2011).

Die schwierige Situation hinsichtlich der Energiesicherheit in SSA steht in deutlichem Kontrast zum lokal verfügbaren Reichtum an natürlichen Ressourcen. Die Region birgt ein enormes Potenzial für die Stromerzeugung aus Erneuerbaren Energien (EE). Die meisten Länder der Region könnten den momentanen Energiebedarf problemlos mithilfe EE decken[7] – insbesondere unter Berücksichtigung der Potenziale für Wasserkraft (schätzungsweise rund 1.750 Terawattstunden [TWh]), Geothermie (schätzungsweise 9.000 MW), Wind, Biomasse und Solarenergie. Aber bis heute sind die Potenziale und Vorteile der Erneuerbaren Energien nicht annähernd in angemessener Weise ausgeschöpft worden. Der modulare Aufbau von Verteilungssystemen Erneuerbarer Energien beispielsweise ist für abgelegene und ländliche Gebiete, die nicht auf herkömmliche Stromnetze zugreifen können, besonders geeignet.[8] Wichtig erscheint auch, dass durch den Einsatz von EE viele Länder aus ihrer Abhängigkeit von teuren und volatilen Importen fossiler Brennstoffe befreit werden können und darüber hinaus der Region Zugang zu den wirtschaftlichen Chancen der internationalen CO_2-Märkte verschafft werden kann. Dieser Beitrag analysiert vor diesem Hintergrund, warum Vorabinvestitionen, die insbesondere aus dem privaten Sektor nötig sind, um diese Chancen zu nutzen, trotz immenser Potenziale bisher nur sehr zögerlich realisiert worden sind.

Risiko und Rendite als wichtige Faktoren des Anlegerverhaltens

Finanzielle Rendite und Risiko sind keine eigenständigen Kategorien. Projektträger sowie Kreditgeber und Investoren müssen einen Ertrag erzielen, der proportional zur Höhe des vermeintlichen Risikos steht. Wie bei allen anderen Projektarten und Investitionen werden Vorhaben in EE eher und häufiger vorgenommen, wenn das erwartete Investitionsrisiko bei einem gegebenen Ertragsniveau reduziert bzw. die Renditenerwartungen bei einem gegebenen Risikoniveau erhöht werden. Das beeindruckende Wachstum im Bereich der nachhaltigen Energieinvestitionen im letzten Jahrzehnt ist von entsprechenden Veränderungen oder Korrekturen im Risiko-Rendite-Profil solcher Vorhaben bedingt worden.

Geographisch gesehen hat dieses rasche Wachstum allerdings sehr differenziert und in unterschiedlicher Ausprägung stattgefunden. Insbesondere SSA gehört, trotz erheblicher Ressourcen im Bereich der Erneuerbaren Energien und eines extrem hohen Elektrifizierungsbedarfs, zu den Regionen mit besonders geringer Entwicklung. Dieser Beitrag gibt deswegen Antworten auf folgende Fragen:

---

[7] Deichmann/Meisner u.a. (2010).

[8] African Development Bank (2010).

- Warum haben es die Länder Subsahara-Afrikas bis jetzt nicht geschafft, die Stromerzeugung aus erneuerbaren Energiequellen auszuweiten? Was macht das Risiko-Rendite-Profil von Investitionen in EE in dieser Region unattraktiv?
- Was kann man von den bescheidenen Erfolgen einiger weniger afrikanischer Länder lernen?

Abschnitt 2 gibt einen Überblick über die wesentlichen Entwicklungen auf den Strommärkten der Region im letzten Jahrzehnt. Vor diesem Hintergrund wird in Abschnitt 3 dann die Analyse dessen vorgestellt, was private Investitionen beim Auf- und Ausbau im Bereich der Erneuerbaren Energien befördert bzw. behindert.

2 Allgemeine Trends in der Stromerzeugung

Insgesamt ist die stromnetzrelevante Stromerzeugung von 1998 bis 2008 in den Ländern Subsahara-Afrikas um beeindruckende 70% (von 73 auf 123 TWh) gestiegen, was einer durchschnittlichen jährlichen Wachstumsrate von 6% entspricht. Gekoppelt mit einem Bevölkerungswachstum von 30% in eben diesen Ländern im gleichen Zeitraum ergibt sich als Gesamtergebnis eine Steigerung von 31% in der Pro-Kopf-Erzeugung von Elektrizität. Trotz der niedrigen Ausgangsposition von nur 128 Kilowattstunden (kWh) durchschnittlicher Pro-Kopf-Erzeugung und 73 TWh gesamter Stromerzeugung in 2008, sind diese Entwicklungen ermutigend. Im Vergleich dazu wuchs beispielsweise die gesamte Stromerzeugung in Lateinamerika und der Karibik im gleichen Zeitraum „nur" um 44%. Der Ausbau der Elektrizitätsversorgung in der Region hat allerdings sehr ungleichmäßig verteilt stattgefunden, wie in Abbildung 1 dargestellt.

Das beobachtete Wachstum im Bereich der Erneuerbaren Energien über den gleichen Zeitraum war ebenfalls vergleichsweise stark. Die gesamte Stromerzeugung aus erneuerbaren Ressourcen stieg von 1998 bis 2008 um 72% (von 45 auf 78 TWh pro Jahr). Dies bedeutet, dass 66% des gesamten neuen, zusätzlich generierten Stroms in der Region nach 1998 aus erneuerbaren Quellen gewonnen wurde. Allerdings basiert der Großteil dieses Wachstums im Wesentlichen auf einer Ausweitung der Stromerzeugung aus Wasserkraft. Obwohl es sich bei der Wasserkraft um eine Quelle Erneuerbarer Energie handelt, ist es doch auch eine konventionelle, herkömmliche Art der Stromerzeugung, die im Vergleich zur Energiegewinnung aus fossilen Brennstoffen wirtschaftlich konkurrenzfähig ist. Entsprechend kann diese Technologie relativ einfach eingesetzt und finanziert werden. Die Nutzung von Wasserkraft kann allerdings erhebliche Umweltschäden und soziale Konflikte bedingen, insbesondere beim Einsatz großer Staudämme. Außerdem kann diese durch Trockenheit und Dürren erheblichen Ressourcenrisiken ausgesetzt werden, die gerade in SSA und im Zusammenhang mit dem Klimawandel eine besondere

Relevanz erlangen.[9] Obwohl innovativere Formen der Energiegewinnung aus Erneuerbaren Energien große Potenziale und geringere soziale und ökologische Folgekosten aufweisen und für viele afrikanische Länder mit knappen hydrologischen, aber großen Wind-, Solar- und Biomasseressourcen eher als geeignet erscheinen, sind diese Alternativen in der Region bisher weitgehend vernachlässigt worden.

Abbildung 1: Stromerzeugung pro Kopf

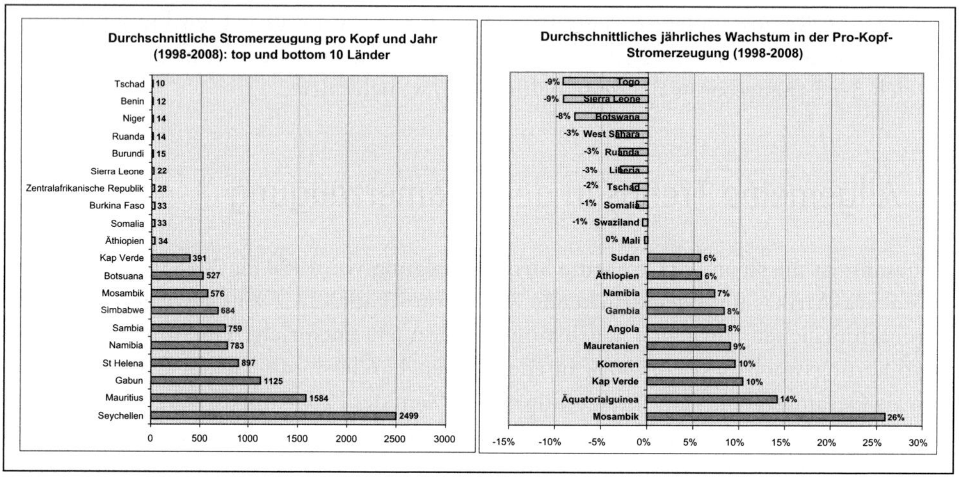

Quelle: US Energy Information Administration (2011)

Der aktuelle Stand der netzbasierten Stromerzeugung aus anderen erneuerbaren Quellen in der Region ist insignifikant. Nach Angaben der US Energy Information Agency wird diese Art der Stromgewinnung nur in wenigen Ländern, darunter Kenia, der Elfenbeinküste, Senegal und Kap Verde, in erwähnenswerter Größenordnung eingesetzt.[10] Das einzige Land, in dem im Laufe des letzten Jahrzehnts die Stromerzeugung aus Erneuerbaren Energiequellen (ohne Wasserkraft) eine bedeutendere Rolle gespielt hat, ist Kenia, wo im Jahr 2008 ein Fünftel (21%) des generierten Stroms aus solchen Quellen kam, während alle Erneuerbaren Energien einschließlich der Wasserkraft 62% erreichten.[11] Trotzdem lassen die verfügbaren Daten aus der aktuellen Pipeline des Clean Development Mechanism (CDM) ein seit 2008 gestiegenes Interesse an der Nutzung nicht Wasserkraft-basierter Erneuerbarer Energien auch in mehreren anderen Ländern des afrikanischen Kontinents erkennen.[12]

9 UNESCA & UNEP (2007).

10 UNESCA & UNEP (2007).

11 Vgl. www.eia.gov, International Energy Statistics 2011.

12 UNEP RISOE (2011).

Abbildung 2: Potenzielle Gesamtkapazität Erneuerbarer Energien in der 2011 CDM-Pipeline per Land

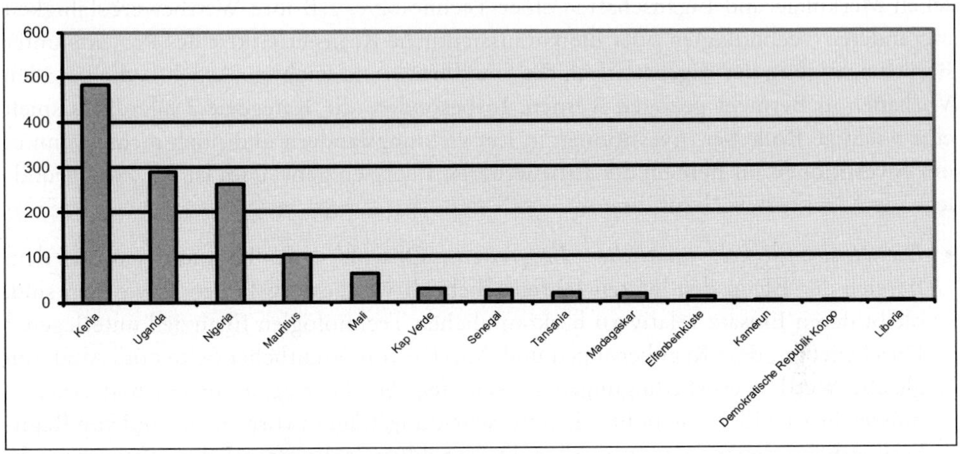

Quelle: UNEP Risoe (CDM Project Pipeline) (2011)

Die nur marginale Nutzung innovativer Technologien im Bereich der Erneuerbaren Energien, trotz großem Potenzial und Bedarf, wirft wichtige Fragen auf. Im Folgenden werden diese anhand eines Überblicks der Hürden, denen die Befürworter solcher Technologien und ihre Geldgeber gegenüberstehen, erörtert und diskutiert.

3 Hürden und Treiber für Investitionen in Erneuerbare Energien in Subsahara-Afrika

3.1 Investitionen in Entwicklungsländern

Bei sämtlichen Investitionsvorhaben können solche Faktoren und Variablen als Hürden oder Treiber angesehen werden, die zu einer Verschiebung oder Veränderung des entsprechenden Risiko-Rendite-Profils führen. Investitionsfaktoren können wie folgt eingeordnet werden: (1) solche, die in Zusammenhang mit der jeweiligen Technologie oder dem Standort des Projekts stehen; (2) solche, die aus Beziehungen zu Projektpartnern und anderen relevanten Stakeholdern resultieren, und (3) solche Faktoren, die sich aus dem legalen und sozioökonomischen System vor Ort ergeben, wie zum Beispiel das allgemeine wirtschaftliche Umfeld, die institutionelle Landschaft, der Grad der politischen Stabilität sowie die Zuverlässigkeit lokaler Gesetzgebung und Regulierung.

Diese Kategorien spielen eine wichtige Rolle in allen kommerziellen Investitionsvorhaben, und deren Berücksichtigung ist gängige Praxis in jeder Projektprüfung. Die technischen Merkmale und Eigenschaften einer Technologie, z.B ihre Wettbewerbsfähigkeit mit anderen Technologien oder die voraussichtliche Realisierbarkeit des Projekts unter Berücksichtigung der Eigenschaften des Standortes, sind wichtige Aspekte, die bei allen Vorhaben in Betracht gezogen werden. Insbesondere die Kategorie 3 allerdings spielt eine wichtige Rolle bei Investitionen in Entwicklungsländern und noch mehr, wenn es um Investitionen im Bereich der Erneuerbaren Energien geht. Dies ist auf zwei grundlegende Aspekte zurückzuführen:

- *Die Notwendigkeit staatlichen Eingreifens*: Obwohl viele Technologien aus dem Bereich der EE in den letzten Jahren erheblich wettbewerbsfähiger geworden sind, bleibt deren Einsatz relativ zu herkömmlichen Technologien finanziell unterlegen.[13] Dies bedeutet, dass Regulierungen und Anreize von öffentlicher Seite nötig sind, um gleiche Wettbewerbsbedingungen zu schaffen. Solche Regulierungen und Anreize müssen letztendlich von politischen Entscheidungsträgern vorgegeben und von Regulierungsbehörden umgesetzt werden. Diese Schlüsselrolle öffentlicher Akteure macht es unerlässlich, dass Projektträger und Investoren darauf vertrauen können, dass solche Anreize mittelfristig Bestand haben und dass die handelnden Institutionen glaubwürdig und zuverlässig sind.
- *Staatliche Intervention in Entwicklungsländern*: In Entwicklungsländern weisen öffentliche Institutionen und Rechtssysteme insgesamt häufig nicht die nötige Zuverlässigkeit oder Fähigkeit auf, Rechtssicherheit und eine transparente und effektive Regulierung des privaten Sektors im Allgemeinen und die notwendigen Anreize für EE im Besonderen mittel- bis langfristig zu gewährleisten.

Es ist deshalb nicht überraschend, dass Privatsektorinvestitionen im Allgemeinen und die Ausweitung der Stromerzeugung aus erneuerbaren Energiequellen im Speziellen überwiegend aufgrund von Problemen in der öffentlichen Verwaltung und Gesetzgebung vor Ort scheitern. Konkreter scheint es drei Faktoren zu geben, die das Investitionsniveau und Kapazitätswachstum im Bereich der EE in Entwicklungsländern maßgeblich beeinflussen: (1) das Kostenniveau und die Rentabilität der Energiegewinnung aus EE, (2) die Struktur, Regulierung und Ausgestaltung des lokalen Energiesektors und (3) das regionale Risikoprofil, sowohl für Privatsektorinvestitionen im Allgemeinen als auch spezifisch im Bereich der EE. Auf diese drei Faktoren wird im Folgenden eingegangen.

[13] REN21 (2010), S. 26.

3.2 Die Rentabilität Erneuerbarer Energien

Das Risiko-Rendite-Profil einer Investition wird unmittelbar beeinflusst durch die finanzielle Rentabilität der zugrunde liegenden Technologie und das Ausmaß, in dem sie im Wettbewerb mit anderen Technologien konkurrenzfähig ist. Generell ist die Stromerzeugung aus Erneuerbaren Energien teurer als solche aus herkömmlichen, üblicherweise fossilen Quellen. In einem subsaharischen Kontext kommen zusätzliche Aspekte hinzu, die die Wettbewerbsfähigkeit erneuerbarer Technologien spezifisch weiter verschlechtern:

- *Die Kosten für die Stromerzeugung per se und das allgemeine Armutsproblem*: Generell kann festgestellt werden, dass das Kostenniveau der Stromerzeugung in der Region außergewöhnlich hoch ist. Dies ergibt sich aus einer Kombination (1) kleiner Strommärkte und dem daraus resultierenden Mangel an Skaleneffekten, (2) der allgemeinen Abhängigkeit lokaler Elektrizitätssysteme von teuren Erdölimporten und (3) anderer Ineffizienzen wie das niedrige historische Investitionsniveau. Investitionen fehlen nämlich nicht nur für die Errichtung neuer Kapazitäten, sondern auch bei der Instandhaltung und Wartung existierender Systeme, woraus sich Beeinträchtigungen und oft massive Verluste bei der Stromerzeugung und -verteilung ergeben: Die durchschnittlichen Kosten der Stromerzeugung in der Region belaufen sich auf 0,18 USD pro kWh bei einem durchschnittlichen effektiven Tarif von 0,14 USD. Im Vergleich dazu liegen die entsprechenden Tarifwerte in Südasien beispielsweise bei 0,04 USD pro kWh und bei 0,07 USD in Ostasien.[14] Angesichts der akuten Notwendigkeit einer schnellen Expansion des Zugangs zu elektrischer Energie, insbesondere für die überwiegend arme Bevölkerung, liegt es nahe, dass Aspekte der Kostenminimierung und -effizienz für Entscheidungsträger höchste Priorität genießen, stärker vielleicht als in weniger armen Regionen. Dieses Bild kann sich in ländlichen Gemeinden allerdings ändern, die sich weit entfernt von der zentralen Stromnetzinfrastruktur befinden: Hier sind Erneuerbare Energien häufig die wirtschaftlichste Option, da sie sich oft modular und netzunabhängig aufbauen und betreiben lassen.[15]

- *Die Kapitalintensität Erneuerbarer Energien im Kontext schwieriger Investitionsrisiken*: In weiterentwickelten Volkswirtschaften sind EE als Ergebnis von Innovation und den Auswirkungen langfristig steigender Preise für fossile und nukleare Brennstoffe zunehmend konkurrenzfähig. Hierbei ist festzustellen, dass diese Wettbewerbsfähigkeit auf dem relativ günstigen OPEX-Profil (Operational Expenditure) entsprechender Technologien beruht, sprich einer relativ geringen Höhe bei den laufenden Betriebsausgaben. Beim CAPEX-Profil (Capital Expenditure) hingegen, das die

[14] African Development Bank (2010).

[15] Deichmann/Meisner u.a. (2010).

Anfangsinvestitionen für Kapitalanlagen umfasst, weisen die Erneuerbaren Energien eine höhere Kapitalintensität und entsprechend höhere Kapitalkosten auf als konventionelle Technologien. Die lokalen Umstände in vielen Ländern Subsahara-Afrikas bringen es mit sich, dass beim Vergleich verschiedener Investitionsoptionen eher solche mit einem günstigen CAPEX- und einem ungünstigen OPEX-Profil favorisiert werden als umgekehrt. Diese regionalen Umstände beinhalten in erster Linie die Vielfalt investitionsrelevanter Risiken (länderspezifische, rechtlich-regulatorische, handelswirtschaftliche und marktbedingte), die in SSA und anderen Entwicklungsländern vergleichsweise stark ausgeprägt sind (vgl. hierzu Abschnitt 3.4). Hohe Risikoeinschätzungen treiben die Renditeerwartungen lokaler sowie internationaler Investoren unmittelbar in die Höhe und mit ihnen die resultierenden Kapitalkosten. Dies führt dazu, dass Projektentwickler und andere Stakeholder von kapitalintensiven Energieoptionen abgeschreckt werden und zu weniger kapitalintensiven tendieren. Darüber hinaus stehen einigen Ländern in der Region ausreichende Vorkommen fossiler Brennstoffe oder ein entsprechender, wenn auch vielleicht kurzfristiger, Zugang zu Importen aus Nachbarländern zur Verfügung, was dazu beiträgt, die OPEX-typischen Vorteile Erneuerbarer Energien tendenziell zu vernachlässigen.[16]

- *Öffentliche Subventionen für Stromerzeugung aus fossilen Brennstoffen*: Derartige Subventionen verschlechtern die Wettbewerbsfähigkeit erneuerbarer Energieoptionen zusätzlich, solange diese nicht in den Genuss entsprechender öffentlicher Unterstützung gelangen.[17] Die Weltbank geht von einer globalen Größenordnung für solche Subventionen von 100 bis 200 Mrd. USD pro Jahr aus. Solche Subventionen können eine breite Palette von Ausprägungen annehmen: direkte Übertragungen aus Haushaltsmitteln, steuerliche Anreize, Ausgaben im Bereich von Forschung und Entwicklung, Haftpflichtversicherungen, Finanzierung von Pachten und Wegerechten, Übernahme von Entsorgungskosten bzw. -verpflichtungen und Garantiebürgschaften, um Projektfinanzierungen zu erleichtern oder Treibstoff-Preisrisiken zu mildern.[18]
- *Die externen Umweltkosten von CO_2-Emissionen*: Technologien für EE können herkömmliche Technologien übertreffen, allerdings nur, wenn der Vergleich auf einer Gesamtkostenbasis erfolgt und wenn die ökologischen und sozialen Kosten in der Vergleichsanalyse berücksichtigt werden. In vielen Ländern wird dies durch die Einführung eines CO_2-Preises – sei es auf der Grundlage einer Kohlenstoffsteuer oder eines Emissionshandelssystems – bereits umgesetzt. Solche Maßnahmen sind in Entwicklungsländern politisch nur schwer zu rechtfertigen; dies liegt insbesondere daran, dass die Armutsbekämpfung als politische Priorität mit der Internalisierung solcher Kosten in Konflikt steht, da die ökologischen Kosten von CO_2-Emissionen global,

[16] KfW (2005).

[17] UNEP (2011).

[18] Beck/Martinot (2004).

während die Kosten einer solchen Internalisierung von der lokalen Bevölkerung getragen werden müssen. Ein weicherer, alternativer Ansatz besteht darin, einen CO_2-Preis als Anreiz nur bei Kohlenstoffreduktionen zu gewähren, wie im Falle des Clean Development Mechanism (CDM) des Kyoto-Protokolls, eher als durch ein System, das auch Sanktionen auf bestehende oder zunehmende Kohlenstoffemissionen etabliert. Bis heute hat kein afrikanisches Land einen systematischen CO_2-Preis eingeführt, der durch die Internalisierung CO_2-relevanter Umweltkosten realistischere und faire Wettbewerbsbedingungen zwischen konventionellen und erneuerbaren Energietechnologien ermöglichen würde.

- *Hohe Transaktionskosten*: Die relativ hohen Transaktionskosten im Bereich der Erneuerbaren Energien ergeben sich aus den Eigenschaften und dem relativ kurzen Track-Record der entsprechenden Technologien; man kann feststellen, dass diese von den örtlichen Gegebenheiten in Ländern Subsahara-Afrikas noch besonders verschärft werden:
  - EE-Projekte sind in der Regel kleiner als solche herkömmlicher Art, was automatisch die Transaktionskosten erhöht, die generell als fix gelten. Die Transaktionskosten pro kW für ein zentrales Kohlekraftwerk zum Beispiel sind niedriger als die vergleichbaren Kosten, die sich aus der Summe einer Vielzahl von Kleinprojekten für eine vergleichbare Kapazität ergeben. Vor die Wahl gestellt, reagieren Investoren bei den Letzteren entsprechend vorsichtig.[19] In Subsahara-Afrika präsentieren sich viele, wenn nicht die meisten Möglichkeiten für die Entwicklung Erneuerbarer Energien in Form kleinerer Projekte.
  - EE-Projekte benötigen oft zusätzliche Angaben, die nicht ohne Weiteres verfügbar sind, einschließlich historischer Wetterdaten wie die standortrelevante Windstärke und -häufigkeit, Sonneneinstrahlung und Niederschlag etc. Während solche Daten in entwickelten Ländern normalerweise zugänglich sind, ergibt sich bei ihrer Verfügbarkeit in Entwicklungsländern oft eine Lücke.
  - Bei Projekten im Bereich der Erneuerbaren Energien werden des Weiteren häufig zusätzliche Zeit und Arbeitsaufwand benötigt, z.B. zur Klärung von Finanzierungsfragen oder notwendigen Bewilligungen. Der Grund ist die mangelnde Vertrautheit mit den Technologien oder Unsicherheiten in Hinblick auf die Leistungsfähigkeit der Anlagen (teilweise auch, weil die benötigten Angaben über die Verfügbarkeit von Ressourcen fehlen). Aus diesen Gründen sind die Transaktionskosten für solche Projekte – einschließlich der Bewertung der Ressourcen, Planung generell, dem Einholen von Bewilligungen, der Entwicklung von Projektvorschlägen, der Ausarbeitung von Finanzierungsalternativen und dem Aushandeln von

[19] UN Technical Cooperation, Capacity-building for Rapid Commercialisation of Renewable Energy, from http://esa.un.org/techcoop/flagship.asp?Code=CPR97G3.

Stromübernahmeverträgen – in der Regel viel größer als bei konventionellen Kraftwerken. In der Praxis jedoch könnte ein Teil der Transaktionskosten unnötig hoch sein, zum Beispiel wegen übertrieben aufwendiger Anforderungen bei Anschluss an Verbundstromnetze und hoher Gebühren für technische Überprüfungen und Inspektionen.

3.3 Die Struktur des Energiesektors

Der Mangel an Stromerzeugung aus Erneuerbaren Energien oder die nicht umweltverträgliche Art der Stromerzeugung ist nur eine von vielen Herausforderungen, mit denen lokale Energieakteure in vielen Entwicklungsländern gegenwärtig konfrontiert ist. Die Notwendigkeit, sich aus kohlenstoffintensiver Produktion und anderen wenig nachhaltigen Alternativen bei der Stromgewinnung hin zu CO_2-armen und nachhaltigeren Optionen zu bewegen, ist eine neue Herausforderung und muss im Kontext generellerer Entwicklungen im Energiesektor gesehen werden. Auch muss berücksichtigt werden, mit welchen sonstigen Anstrengungen viele Länder in der Region auf „unmittelbarere" Herausforderungen reagieren.

Akutere Herausforderungen umfassen insbesondere: (1) den beschränkten Abdeckungsbereich der Energieinfrastruktur und die niedrige Penetrationsrate bei der Stromversorgung; (2) eine große Lücke bei den Erzeugungskapazitäten; (3) das Veralten der eingesetzten Technologien und den schlechten Zustand der gesamten Energieinfrastruktur; (4) das niedrige Niveau der Ressourceneffizienz, welches zu hohen Kosten führt, die oft durch Subventionen aus bereits angespannten öffentlichen Haushalten ausgeglichen werden müssen; und (5) die Manipulation der Strompreise aus politischen Gründen.[20] Das grundlegende Problem kann meistens auf die allgemeine Ineffizienz sowie die abgewirtschafteten und nicht nachhaltigen Finanzen der staatlichen Versorgungsbetriebe und den daraus resultierenden Mangel an Investitionen zurückgeführt werden, sei es für entsprechenden Expansions- oder Sanierungsbedarf. Ein typischer Ansatz der vergangenen Jahre, dieser Problematik im Energiesektor zu begegnen, besteht in einem Reformprozess mit Elementen der Dezentralisierung (horizontal, vertikal oder beides) und der Privatisierung. Dieser Ansatz wurde vor allem durch folgende Erwartungen motiviert: (1) Verbesserungen in der Effizienz, sowohl hinsichtlich der Ressourcen als auch in der Verwaltung; (2) vermehrte Investitionen in Technologien und Infrastruktur; und (3) mehr Wettbewerb auf dem Energiemarkt.

[20] Bacon (1995); World Energy Council (1998); Patterson (1999), S. 203; International Energy Agency (1999), S. 106.

Es wird allgemein erwartet, dass Dezentralisierung und Privatisierung insgesamt einen Erneuerungsprozess auslösen, der zu einer breiteren Marktabdeckung und einer größeren Reichweite bei der Versorgung führt, eine bessere Servicequalität und niedrigere Preise mit sich bringt und zu mehr Nachhaltigkeit und einer besseren Tragfähigkeit bei den öffentlichen Finanzen führt. Solche Reformen des Energiesektors beinhalten typischerweise mehrere Komponenten, insbesondere: (1) Einführung von Wettbewerb, um die Leistung in Bezug auf Effizienz, Kundenorientierung und Innovation zu verbessern, (2) Umstrukturierung der Stromversorgungskette durch die Entflechtung vertikal oder horizontal verbundener Unternehmen, um Wettbewerb überhaupt zu ermöglichen, (3) Privatisierung der entflochtenen Stromerzeuger und -netzbetreiber unter breitem Streubesitz und (4) Aufbau von Regulierungsmechanismen des Strommarktes, die transparent und unabhängig durch eine Agentur implementiert und überwacht werden.[21]

3.3.1 Leichter Zugang zu Stromnetzen und Energiemärkten

Inwieweit die oben dargestellten Reformprozesse des Energiesektors zu den erwarteten Ergebnissen führen, ist nicht Gegenstand dieses Beitrags. Aber es scheint, dass solche Reformen fundamentale Auswirkungen auf die Entwicklung Erneuerbarer Energien haben: In vielen Entwicklungsländern wird die konventionelle Marktstruktur von einem staatlichen Energieversorger dominiert, der mit einem rechtlich abgesicherten Monopol ausgestattet eine vertikal integrierte Wertschöpfungskette betreibt, die sämtliche Bereiche von der Stromerzeugung- und Übertragung, Endverteilung und Kundendienst umfasst[22] – ein System, welchem inhärent die Flexibilität fehlt, zu fairen Bedingungen auch dritten und privaten Stromerzeugern einfachen Netz- und Marktzugang zu ermöglichen. Von entscheidender Bedeutung ist hierbei, dass es oft derartige private Unternehmen und unabhängige Stromerzeuger (IPPs) sind, die die Fähigkeit und Know-how haben, nicht nur rasch Investitionen auf den Weg zu bringen sowie den Aufbau und den Betrieb von neuen Energie-Infrastruktur-Anlagen voranzutreiben, sondern auch in der Lage sind, dabei die spezifischen Technologien aus dem Bereich der EE zu berücksichtigen. Hier muss allerdings bedacht werden, dass unabhängige Stromerzeuger eben nicht nur Fähigkeiten oder zwangsläufig ein Interesse ausschließlich im Bereich der EE haben, sondern auch im gleichen oder sogar höheren Ausmaß bei der konventionellen Stromerzeugung. Reformen des Energiesektors können zwar förderlich oder sogar eine wesentliche Voraussetzung sein für einen steigenden Anteil Erneuerbarer Energien. Wenn dies

[21] Bacon/Besant-Jones (2002).

[22] Bacon/Besant-Jones (2002).

aber nicht mit einer Reihe von dedizierten Anreizen zugunsten EE ergänzt wird, kann es auch zu kontraproduktiven Ergebnissen führen. Dies wird insbesondere in Subsahara-Afrika offenkundig, wo Reformen im Energiesektor zu vermehrter Aktivität unabhängiger Stromerzeuger geführt haben, allerdings im Bereich der fossilen Stromerzeugung.[23]

Zugang zum Energiemarkt für unabhängige und gegebenenfalls private Stromproduzenten scheint also eine notwendige, nicht aber zwangsläufig hinreichende Bedingung für eine beschleunigte Entwicklung Erneuerbarer-Energie-Systeme in Entwicklungsländern zu sein. Der wesentliche Grund hierfür geht zurück auf die in Abschnitt 3.2 ausgeführte, weiterhin bestehende finanzielle Unterlegenheit der Technologien im Bereich Erneuerbarer Energien.

Die vermeintliche Unterlegenheit basiert ausschließlich auf kurzfristigen finanziellen Überlegungen und berücksichtigt nicht die langfristigen gesellschaftlichen Nutzen und Kosten verschiedener Energieoptionen. Hier sprechen insbesondere die folgenden Aspekte für eine verstärkte Nutzung Erneuerbarer Energien: die Notwendigkeit einer strategischen Orientierung des Energiemix angesichts knapper werdender fossiler Ressourcen; ihre oft überlegene Konkurrenzfähigkeit – langfristig gesehen – auf der Grundlage des günstigeren OPEX-Profils; die Eigenschaft, dass Erneuerbare-Energie-Systeme modular aufgebaut werden können und dass sie für die Teilnahme an internationalen CO_2-Märkten infrage kommen. Diese Aspekte können öffentliche Interventionen zugunsten entsprechender Technologien rechtfertigen, was angesichts ihrer Unterlegenheit im Kurzfristigen als notwendig erscheint.

3.3.2 Öffentliche Intervention für gleiche Wettbewerbsbedingungen

Es gibt eine Vielzahl von Mechanismen, die für die Schaffung gleicher Wettbewerbsbedingungen eingesetzt werden können. Die Frage, welche spezifische Kombination von Instrumenten am effektivsten und effizientesten zu den gewünschten Ergebnissen führt, hängt ab von den lokalen sozioökonomischen Rahmenbedingungen, der naturgegebenen Ausstattung mit EE, der lokalen Angemessenheit zur Verfügung stehender Technologien sowie den nationalen Energiezielen.[24] Tabelle 1 zeigt die wichtigsten Kategorien öffentlicher Förderinstrumente und erläutert, inwieweit diese in Afrika zur Anwendung kommen.

Es scheint, dass zwei grundlegende Bedingungen erfüllt sein müssen, um der systematischen Erweiterung erneuerbarer Energiekapazitäten den Weg zu ebnen:

[23] UNESCA & UNEP (2007).

[24] UN-Energy/Africa (2011), S. 27.

1. *Leichter Marktzugang*: Der Rechtsrahmen für den Energiesektor muss einfachen Zugang zu den Stromnetzen zu fairen Bedingungen für private Unternehmen und unabhängige Stromproduzenten (IPP) ermöglichen. Diese Bedingung kann auch im Fall einer monopolistischen Struktur erfüllt werden, wenn Zugang über langfristige und zuverlässige Power Purchase Agreements gewährleistet wird. Es kann allerdings angenommen werden, dass die Wahrscheinlichkeit und die Zuverlässigkeit eines einfachen Marktzugangs – und letztlich entsprechender Investitionen – im Falle eines dezentralen und liberalisierten Energiesektors höher sind.

2. *Gleiche Wettbewerbsbedingungen*: Leichter Marktzugang muss durch Maßnahmen ergänzt werden, die die finanzielle Wettbewerbsfähigkeit erneuerbarer Alternativen auch auf kurzer Sicht verbessern. Internationale Emissionshandelssysteme wie auf der Grundlage des Clean Development Mechanism (CDM) können Anreize schaffen, haben aber historisch nur eine kleine Rolle spielen können, wodurch Anreizen auf nationaler Ebene die entscheidende Rolle zukommt. Die alleinige Existenz von Förderinstrumenten reicht allerdings nicht aus; entscheidend ist, dass private Investoren Vertrauen gewinnen in die Zuverlässigkeit dieser Interventionen, insbesondere auf mittlere bzw. lange Sicht (vgl. hierzu auch 3.4).

Tabelle 1: Öffentliche Instrumente für die Förderung Erneuerbarer Energien

Design	Auswirkungen auf das Rendite-Risiko-Profil von Erneuerbare-Energie-Projekten	Anwendung in Entwicklungsländern, insbesondere in Afrika
Nationale Ziele für die Nutzung Erneuerbarer Energien		
Ziele sind nicht ein Instrument, sondern zentraler Bestandteil der Strategie, die durch den Einsatz von Instrumenten umgesetzt wird.	Ziele sind ein zentraler Bestandteil einer jeden Strategie, da sie es relevanten Akteuren ermöglichen (1) zu erkennen, „wohin die Reise geht", und (2) damit in die Zuverlässigkeit der dann eingesetzten Förderinstrumente vertrauen zu können.	Mehr als 25 Entwicklungsländer haben Ziele für Erneuerbare Energien definiert, darunter 13 Länder in Afrika, acht Länder in Subsahara-Afrika (ohne die Republik Südafrika mit einzubeziehen).[a]
1. „Feed-in-Tariffs" und andere Output-basierte Anreize		
Attraktive, verpflichtende und festgelegte Tarife für den Verkauf von Strom aus Erneuerbaren Energien in Verteilungsnetze: Den „Anbietern", die verpflichtet sind, zu diesen speziellen Bedingungen einzukaufen, ist es respektiv erlaubt, die zusätzlichen Kosten durch eine relativ kleine Abgabe auf alle Verbraucher umzulegen.	Feed-in-Tariff-Instrumente können durch zwei Effekte das Risiko-Rendite-Profil von Investitionsvorhaben im Bereich Erneuerbarer Energien entscheidend verbessern: (1) die Höhe der festgelegten Tarife ermöglicht üblicherweise die Kostendeckung und eine angemessene Marge; (2) die Tatsache, dass Tarife klar über mittelfristige Zeiträume festgelegt sind, annulliert gänzlich das Marktrisiko.	Bis Anfang 2010 hatten mehr als 30 Jurisdiktionen in Entwicklungsländern, entweder auf nationaler oder regionaler Ebene, Feed-in-Tariff-Instrumente eingeführt. In Subsahara-Afrika ist dies bisher nur in Mauritius (1988), Uganda (2007), Kenia (2008) und Tansania (2008) geschehen.[b]

Design	Auswirkungen auf das Rendite-Risiko-Profil von Erneuerbare-Energie-Projekten	Anwendung in Entwicklungsländern, insbesondere in Afrika
2. Quotensysteme wie Renewable Portfolio Standards (RPS)		
Verpflichtung der Stromerzeuger und/oder Versorgungsunternehmen, einen festgelegten Anteil von Strom aus erneuerbaren Energiequellen zu produzieren oder anzubieten bzw. zu verteilen: Solche Verpflichtungen, wenn sie mit Systemen handelbarer „Renewable Energy Credits“ oder „Renewable Obligation Certificates“ verbunden werden, können die makroökonomischen Kosten der Erweiterung entsprechender Kapazitäten für Erneuerbare Energien reduzieren, in dem Flexibilität gewährleistet wird bezgl. der Frage, wo und von wem Erneuerbare Energie erzeugt wird (sie kann demnach dort erzeugt werden, wo es am billigsten ist).	Quotenregelungen implizieren, dass: (1) ein festes Nachfrageniveau nach Technologien aus dem Bereich der Erneuerbaren Energien und entsprechenden Projekten aufrechterhalten wird, sodass Skaleneffekte erzielt werden, die wiederum Marktrisiken reduzieren. (2) zusätzlich zu Einnahmen aus dem Stromverkauf durch Erneuerbare-Energie-Projekte Einnahmen aus dem Verkauf von resultierenden Zertifikaten („Credits“ oder „Certificates“) erzielt werden können, was einen zusätzlichen Ertrag bei gleichbleibendem Risikoprofil darstellt.	Bis Anfang 2010 hatten nur neun Jurisdiktionen in Entwicklungsländern quotenbasierte Regelungen zur Förderung Erneuerbarer Energien eingeführt; die meisten von ihnen in einer Reihe indischer Bundesstaaten. Förderinstrumente dieser Kategorie sind in Subsahara-Afrika bisher nicht anzutreffen.
3. Einführung eines CO_2-Preises zur Internalisierung der Umweltkosten von Treibhausgasemissionen		
Ein Preis für das Recht, die Atmosphäre mit Treibhausgasen zu belasten, kann sowohl durch das Einführen einer Kohlendioxidsteuer als auch durch die Errichtung eines Emissionshandelssystems implementiert werden.	Durch den Zwang zur Internalisierung der Umweltkosten werden faire Wettbewerbsbedingungen zwischen erneuerbaren und konventionellen Energietechnologien geschaffen, da eine realistischere, vollständigere Kosten-Nutzen-Analyse erfolgt. Die risikobereinigte Rendite von Investitionen in Erneuerbare Energien steigt relativ zu denen konventioneller Art, da die Kosten, die sich aus einem CO_2-Preis ergeben, nur von letzteren getragen werden müssen. Unter einem Cap&Trade-System oder einem internationalen Offsetmechanismus kann ein CO_2-Preis neue Einnahmequellen für nachhaltige Energieprojekte eröffnen.	Derzeit werden nur in wenigen Jurisdiktionen Preise für die Emission von Treibhausgasen erhoben. Insbesondere hat bisher kein Entwicklungsland und entsprechend auch kein Land in Afrika einen solchen eingeführt. Mehr als 4.200 CDM-Projekte sind in der globalen Pipeline, die voraussichtlich etwa 2,9 Milliarden „Certified Emissions Reductions“ (CERs) bis 2012 generieren werden. Allerdings ist die gegenwärtige Verteilung der Projekte mit 75% der registrierten Projekte im asiatisch-pazifischen Raum und weniger als 1% in Afrika südlich der Sahara ausgesprochen unausgeglichen.[c]

[a] REN21 (2010).
[b] REN21 (2010).
[c] UNEP RISOE (2011).

Bisher scheinen die meisten Länder in Subsahara-Afrika bei den beiden oben genannten Bedingungen kaum Fortschritte erreicht zu haben.

1. Wenn man Reformprozesse im Energiesektor weltweit vergleicht, muss man feststellen, dass diese Region am langsamsten Reformen hin zu einem höheren Grad an Liberalisierung und Dezentralisierung umgesetzt hat.[25] Wo Reformen in Afrika zur Implementierung von IPPs geführt haben, haben sie zudem eher große und zentrale Systeme der Stromerzeugung auf der Basis von Wasserkraft oder fossilen Brennstoffen begünstigt. Des Weiteren haben sich die meisten Reformbemühungen in erster Linie auf den Bereich der Teilprivatisierung konzentriert, im Wesentlichen im Bereich der sogenannten Commercialisation, wo Managementverträge mit privaten Akteuren und Tarifreform im Vordergrund stehen. Liberalisierungs- und Dezentralisierungsbemühungen hin zu mehr Wettbewerb scheinen hingegen nur nachrangig angegangen worden zu sein; dabei sind es gerade diese Reformkomponenten, die letztlich den Marktzugang für IPPs verbessern können.

2. Wie aus Tabelle 1 ersichtlich ist, haben viele Länder in der Region zwar nationale Ziele für den Ausbau Erneuerbarer-Energie-Systeme aufgestellt und ihre Bedeutung für die nationale Entwicklung und Armutsbekämpfung anerkannt. Allerdings ist bisher meist versäumt worden, die nötigen Fördermaßnahmen und Anreize zu implementieren. Solche Länder allerdings, die bei der Ausweitung der Erneuerbaren Energien eine führende Rolle in der Region eingenommen haben, scheinen dies tatsächlich durch die Umsetzung konkreter Maßnahmen und Instrumente erreicht zu haben, die über rein politische Ansagen hinausgehen. Dazu gehören die Länder Kenia, Uganda und Mauritius und einige wenige andere.

Kenia ist bei der Erzeugung von Strom aus Erneuerbaren Energien (ohne Berücksichtigung der Wasserkraft) der unangefochtene Vorreiter in der subsaharischen Region. Dies ist vor allem auf die groß angelegte Nutzung von Geothermie im Rift Valley zurückzuführen, welche bereits in den 1980er Jahren begann. Kenia ist eines von nur sehr wenigen Ländern in der Region, das ein System von Feed-in-Tariffs eingeführt hat, das gezielt die Stromerzeugung aus Geothermie, Wind, Biogas und Kleinwasserkraft fördert.[26] Es hat den Energiesektor auch dergestalt reformiert, dass ein leichterer Zugang und – im Rahmen eines Single-Public-Buyer-Schemes – mehr Wettbewerb unter unabhängigen Stromerzeugern ermöglicht wird. Da die Feed-in-Tariffs erst 2008 eingeführt wurden, scheint es jedoch, dass in Kenia die frühen positiven Entwicklungen durch die bloße Verfügbarkeit von bemerkenswerten geothermischen Ressourcen erklärt werden kann und nicht so sehr durch die Einführung einer unterstützenden Politik. Allerdings scheinen die aktuellen

[25] UNESCA & UNEP (2007); Bacon/Besant-Jones (2002).

[26] REEEP, Policy DB Details: Cape Verde (2010), www.reeep.org//index.php?id=9353&text=policy-database&special=viewitem&cid=123.

Trends in der kenianischen CDM-Pipeline anzuzeigen, dass sich seit der Einführung der Einspeisevergütung Aktivitäten im Bereich der Erneuerbaren Energien beschleunigt haben: Während in 2008 die insgesamt installierte Stromerzeugungskapazität in Kenia 750 MW Wasserkraft und 115 MW anderer Erneuerbarer Energien umfasste, gab es in 2011, nur drei Jahre später, in der kenianischen CDM-Pipeline bereits Projekte mit einem potenziellen Kapazitätsvolumen von 575 MW. In 2011 befinden sich fast ein Drittel aller subsaharischer CDM-Projekte aus dem Bereich der Erneuerbaren Energien in Kenia, darunter das bemerkenswerte 310-MW-Windparkprojekt am Lake Turkana.

Uganda punktet sowohl in Bezug auf das potenzielle Kapazitätsvolumen in der aktuellen CDM-Pipeline als auch bei der vergleichsweise fortgeschrittenen Politik zur Förderung Erneuerbarer Energien. Bemerkenswert ist, dass ein breites Spektrum an Energieträgern (Wind, Photovoltaik, Biomasse, Biogas und Deponiegas) mit einbezogen, zwischen mehreren Größenklassen bei Wasserkraftprojekten differenziert und sowohl jährliche als auch kumulierte Obergrenzen für jede Technologie festgesetzt wurden. Zusammen mit der Errichtung eines wirksamen institutionellen Rahmens für die Regulierung und Förderung von CDM-Projekten[27] scheinen diese Maßnahmen seit ihrer Implementierung 2008 den Ausbau der Erneuerbaren Energien maßgeblich zu beschleunigen: 2008 hatte Uganda eine installierte Gesamtleistung von 550 MW, von der 350 MW auf Wasserkraft beruhten. Bereits 2011 gibt es in der CDM-Pipeline Erneuerbare-Energie-Projekte mit einem potenziellen Volumen von 300 MW. Eins dieser Projekte ist allerdings das kontrovers diskutierte Bujagali-Staudammprojekt, das eine Leistung von 250 MW aufweist.

Die in *Mauritius* beobachtete Erfahrung bei der Verbunderzeugung mit Biomasse ist eine der Erfolgsgeschichten im afrikanischen Energiesektor: Seit 2002 erreichte die Stromerzeugung auf der Basis von Biomasse aus den Zuckerplantagen einen Anteil von 40% am gesamten nationalen Strombedarf.[28] Dies ist darauf zurückzuführen, dass das Land über einen Zeitraum von fast zwei Jahrzehnten durch Instrumente der Einspeisevergütung die Stromerzeugung auf Bagassebasis maßgeblich gefördert hat.[29]

Alle übrigen Länder in der Region, die zumindest ansatzweise Kapazitäten Erneuerbarer-Energie-Erzeugung entwickelt haben,[30] erreichten dies ebenfalls als Ergebnis unterstützender öffentlicher Maßnahmen und einer Öffnung der Stromnetze für unabhängige Erzeuger (IPPs). In allen anderen subsaharischen Ländern hat allerdings, obwohl vieler-

[27] UNEP Finance Initiative (2011).

[28] AFREPREN, Potential and Status of Biomass Cogeneration, www.afrepren.org/cogen/documents/one_stop_info/Potential%20and%20Status%20of%20Biomass%20Cogeneration.pdf.

[29] AFREPREN/FWD (2009).

[30] Tansania, Kap Verde, Nigeria, Senegal, Mali, Elfenbeinküste.

orts Ziele aufgestellt wurden, sowohl das Fehlen konkreter Unterstützungsmaßnahmen als auch die nur langsame Einleitung von Reformprozessen dazu geführt, dass bisher kaum Fortschritte zu verzeichnen sind.

3.4 Investitionsrisiken bei Erneuerbaren Energien

Neben dem Fehlen fairer Wettbewerbsbedingungen ist es die Anhäufung von Risiken, die Investitionen in Entwicklungsländern erschwert, insbesondere auch im Bereich Erneuerbarer Energien. Erstens ist das allgemeine Risiko hinsichtlich der Neuartigkeit entsprechender Technologien besonders ausgeprägt, da Entwicklungsländer in der Regel keinen entsprechenden Track-Record noch die nötige fachliche Kompetenz in diesen Technologien aufweisen. Zweitens wird dieses Risiko durch andere Risikokategorien verstärkt, die insbesondere in Entwicklungsländern anzutreffen sind: Dazu gehören politische und regulatorische Risiken, Refinanzierungsrisiken sowie kommerzielle Risiken, die sich aus der schlechten Bonität staatlicher Versorgungsbetriebe ergeben, die meistens die Zahlungs- und Abnahmeverpflichtungen gegenüber Stromerzeugern innehaben. Wie bereits erläutert, wird die schlechte Bonität oft durch schlechte Abrechnungs- und Inkassosysteme erklärt sowie durch gedrosselte Innovationsanstrengungen und Strompreise, die weder Kosten noch Nachfrage widerspiegeln, da sie aus politischen Gründen bestimmt werden.[31] Die Anhäufung dieser Risiken erhöht die Renditeerwartungen von Investoren prohibitiv, was die Entwicklung insbesondere regenerativer Energien hemmt, da diese besonders kapitalintensiv sind (vgl. hierzu 3.2).

Entsprechend der Einschätzung des Umweltprogramms der Vereinten Nationen (UNEP)[32] lassen sich die wichtigsten Risikokategorien, die das Investitionsklima in Entwicklungsländern, einschließlich derjenigen in Subsahara-Afrika, prägen, wie folgt gliedern.

3.4.1 Allgemeine politische Risiken

Allgemeine politische Risiken umfassen u.a. die Gefahr von Enteignung, Vertragsbruch, Krieg und innerer Unruhe. So vage und allumfassend diese Kategorie auch sein mag, muss sie doch als kritisch eingestuft werden: für ausländische Investoren wird dieser Aspekt oft als ein früher Selektionsfilter bei vielen Entscheidungsprozessen behandelt und behindert sehr häufig als kategorisches Ausschlusskriterium die Umsetzung sonst als vielversprechend geltender Vorhaben.[33] Anhand eines Indikators, der die Länderratings

[31] African Development Bank (2010).

[32] UNEP & Partners (2009).

[33] Baldwin (2006).

in Bezug auf *Länderrisiko* und *Geschäftsklima* zusammenfasst, wird in Abbildung 3 dargestellt, wie die Länder in Subsahara-Afrika gegenwärtig eingestuft werden, wobei eine Skala von 0 bis 12 benutzt wird: Der Großteil der analysierten Länder (34) findet sich in den beiden niedrigsten Kategorien wieder, während fünf Länder[34] sich in der drittschlechtesten Kategorie (von sechs Kategorien) wiederfinden. Nur drei Länder[35] erreichen die zweithöchste Kategorie. Die Multilaterale Investment Guarantee Association (MIGA) bietet gegen solche Risiken Versicherungsschutz an.

Mehrere Studien weisen auf die enge Kausalität zwischen allgemeinem politischen Risiko und der Qualität der öffentlichen Verwaltung (einschließlich der politischen Stabilität) und dem Niveau privater Investitionen hin, insbesondere wenn es um ausländische Direktinvestitionen geht.[36] Bei einem Vergleich der gesamten Region mit anderen Makroregionen der Welt wird Subsahara-Afrika als die am stärksten risikobehaftete eingestuft.[37]

Abbildung 3: Absolute durchschnittliche Pro-Kopf-Infrastrukturinvestitionen mit privater Beteiligung (1998-2008) per Risikokategorie der Länder (in USD)

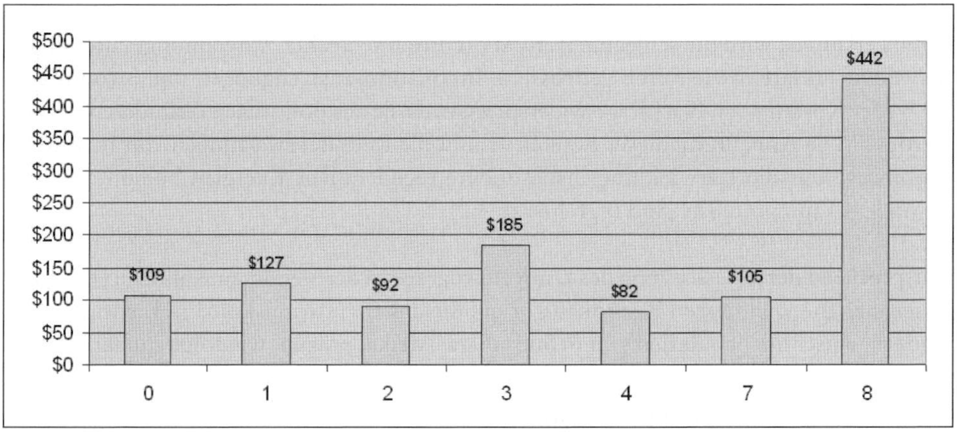

Quelle: Weltbank (2011) und Coface (2011)

3.4.2 Low-carbon-policy-Risiko

Ein spezifischeres politisches Risiko bei Erneuerbare-Energie-Projekten liegt in der Gefahr, dass die politischen Entscheidungen und öffentlichen Förderinstrumente (vgl.

[34] Cape Verde, Senegal, Gabon, Benin, Lesotho.

[35] Botswana, Mauritius, Namibia.

[36] Ramcharran (1999); Aysan/Ersoy (2007).

[37] Ferrari/Rolfini (2008).

hierzu 3.3.2), die die entsprechenden Investitionen untermauern, rückgängig gemacht werden. Dieses Risiko, spezifisch für den Bereich Erneuerbarer Energien, ergibt sich aus der oben genannten finanziellen Unterlegenheit solcher Projekte und der daraus resultierenden Abhängigkeit von staatlichen Fördermechanismen. Im Fall, dass solche Anreize eingestellt oder rückwirkend verändert oder aufgehoben werden, muss damit gerechnet werden, dass Projekte für Erneuerbare Energien plötzlich unrentabel werden. Das Low-carbon-policy-Risiko ist die Komponente unter den allgemeinen politischen Risiken, die speziell für Projekte aus dem Bereich der EE eine Rolle spielt; es betrifft die Frage, wie glaubwürdig und verlässlich die notwendige öffentliche Förderung ist und wie effektiv sie von staatlichen Stellen umgesetzt wird.[38]

Dieses Risiko ist auch in industrialisierten Regionen beobachtet worden, wo die deutsche, spanische und tschechische Einspeisevergütung z. B. plötzlich nach unten korrigiert oder gelegentlich vollständig beendet bzw. rückwirkend rückgängig gemacht wurde. Angesichts der politischen Instabilität und dem häufigen Fehlen einer angemessenen Um- bzw. Durchsetzung von Gesetzen und den nachgelagerten Regulierungen in vielen Entwicklungsländern muss festgestellt werden, dass selbst dann, wenn eine unterstützende Politik für EE in Kraft gesetzt wurde, private Investitionen nur dann zum Tragen kommen, wenn die Kontinuität dieser Politik gewährleistet werden kann. Die Einrichtung von Regulierungsagenturen, die zu einem gewissen Grad bzw. gänzlich von politischen Instanzen unabhängig und damit in geringerem Maße politischer Taktik ausgesetzt sind, kann zur nötigen Kontinuität und Stabilität solcher Förderregelungen beitragen.[39]

3.4.3 Währungsrisiken

Das Währungsrisiko ist eine triviale, aber kritische Risikoklasse, vor allem in Entwicklungsländern, die von volatilen Währungen und schwachen Finanzmärkten gekennzeichnet und deswegen insbesondere bei Infrastrukturvorhaben von ausländischer Finanzierung abhängig sind. Währungsrisiken sind besonders relevant für Projekte, die zur Versorgung der lokalen Bevölkerung mit öffentlichen Gütern wie Strom oder Wasser erforderlich sind und deswegen in der Regel Cashflows in lokaler Währung erwirtschaften, während Schuldendienst oder Dividendenzahlungen in harter, ausländischer Währung geleistet werden müssen. Es gibt des Weiteren einen Mangel an kommerziellen Märkten für Risikosicherungsinstrumente für solche Währungen, die international nicht bzw. kaum gehandelt werden. Diese Lücke wurde teilweise durch den sogenannten Currency Exchange Fonds geschlossen. Aber selbst dieses nicht vollständig kommerzielle, entwicklungspolitische Instrument kommt nicht in allen Ländern Subsahara-Afrikas zum Einsatz.

[38] Helm/Hepburn/Mash (2003).

[39] Kirkpatrick/Parker (2005).

4 Schlussfolgerung

Afrikas Energiebedarf in Kombination mit den beträchtlichen und ungenutzten Ressourcen im Bereich Erneuerbarer Energien, die zur Verfügung stehen, deutet darauf hin, wohin sich der Kontinent bei der Entwicklung seiner Energiewirtschaft und Infrastruktur entwickeln sollte. Der zügige Ausbau der Kapazitäten für EE in der Region bietet die Chance, mehrere Probleme zu lösen und gleichzeitig eine Reihe Chancen zu nutzen und wichtige Ziele zu erreichen:

- die Gewährleistung eines schnell steigenden Stromversorgungsgrads auch in abgelegenen Gemeinden, die nicht an Stromverbundnetze angeschlossen sind;
- eine Verringerung der aktuellen Abhängigkeit von teuren Importen fossiler Brennstoffe;
- eine Verringerung des Versorgungsrisikos auch im Falle von Ländern, die stark von staudammbasierter Wasserkraft abhängig und somit der Gefahr von Trockenheit und Dürre ausgesetzt sind, welche in vielen Teilen der Region erheblich ist;
- eine Steigerung privater Investitionen in innovative Energieoptionen, darunter aus dem Ausland, durch die Inanspruchnahme internationaler CO_2-Märkte.

Während Optionen aus dem EE-Bereich zumindest kurzfristig weiterhin teurer als konventionelle sind, gibt es bewährte Maßnahmen, die ergriffen werden können, sodass auch Entwicklungsländer von dem langfristigen Nutzen der Erneuerbaren Energien profitieren können. Öffentliche Anreize auf lokaler Ebene können wirksame Hebel für private Investitionen darstellen, insbesondere wenn sie sorgfältig mit der Reform des Energiesektors kombiniert werden. Allerdings müssen Anreize konkret sein und über vage politische Aussagen hinausgehen. Darüber hinaus ist es von zentraler Bedeutung, dass öffentliche Unterstützungsmaßnahmen mittel- bis langfristig zuverlässig sind, was angesichts der ausgeprägten politischen und regulatorischen Risiken in der Region als besondere Herausforderung gesehen werden muss. Diese Art lokaler Probleme und Mängel kann jedoch, zumindest teilweise, mit internationaler Unterstützung überbrückt werden. Internationale Instrumente zur Begrenzung von Länderrisiken spielen bereits bei der Mobilisierung privater Investitionen in risikoreiche Regionen eine wichtige Rolle. Hinzu kommen die Chancen, die sich aus dem internationalen Emissionshandel ergeben und die resultierende Investitionserträge auf ein Niveau heben können, welches höhere Risiken rechtfertigt.

Letztendlich ist ein ernsthaftes öffentliches Engagement auf nationaler Ebene erforderlich sowie das grundlegende Verständnis auf lokaler als auch internationaler Ebene, wie private Investitionen funktionieren und wie sie effektiv gefördert und durch intelligente öffentliche Intervention mobilisiert werden können.

Literatur

AFREPREN/FWD (2009): The Role of Feed-in Tariff Policy in Renewable Energy Development in Developing Countries: A Toolkit for Parliamentarians, Nairobi

African Development Bank (2010): Committee of Ten Policy Brief: Financing of Sustainable Energy Solutions, Tunis-Belvedère

Aysan, Ahmet/Ersoy, Zeynep (2007): What Types of Perceived Governance Indicators Matter the Most for Private Investment in Middle East and North Africa, in: Economics Bulletin 5 (8), S. 1-16

Bacon, Robert (1995): Privatization and Reform in the Global Electricity Supply Industry, in: Annual Review of Energy and The Environment 20 (1), S. 119-143

Bacon, Robert/Besant-Jones, John (2002): Global Electric Power Reform, Privatization, and Liberalization of the Electric Power Industry in Developing Countries, Washington DC

Baldwin, Leigh (2006): Political Risk in Sub-Saharan Africa, in: Infrastructure Journal Online 41, S. 35-38

Beck, Fred/Martinot, Eric (2004): Renewable Energy Policies and Barriers, Cleveland

Deichmann, Uwe/Meisner, Craig u.a. (2010): The Economics of Renewable Energy Expansion in Rural Sub-Saharan Africa, Washington DC

Ferrari, Fabrizio/Rolfini, Riccardo (2008): Investing in a Dangerous World: a New Political Risk Index, Rome

Helm, Dieter/Hepburn, Cameron/Mash, Richard (2003): Credible Carbon Policy, in: Oxford Review of Economic Policy 19 (3), S. 438-450

International Energy Agency (1999): Electricity Market Reform: An IEA Handbook, Paris

KfW (2005): Financing Renewable Energy: Instruments, Strategies, Practice Approaches, Frankfurt/Main

Kirkpatrick, Colin/Parker, David (2005): Towards Better Regulation? Assessing the Impact of Regulatory Reform in Developing Countries, Manchester

Patterson, Wait (1999): Transforming Electricity: the Coming Generation of Change, London

Ram, Babu (2006): Renewable Energy Development in Africa – Challenges, Opportunities, Way Forward, www.worldenergy.org/documents/congresspapers/275.pdf

Ramcharran, Harri (1999): Foreign Direct Investment and Country Risk: Further Empirical Evidence, in: Global Economic Review 28 (3), S. 49-59

REN21 (2010): Renewables 2010 Global Status Report, Paris

UN-Energy/Africa (2011): Energy for Sustainable Development: Policy Options for Africa, Addis Ababa

UNEP (2011): Towards a Green Economy: Pathways to Sustainable Development and Poverty Eradication – A Synthesis Report for Policy Makers, Genf

UNEP Finance Initiative (2011): And Yet It Moves, Genf

UNEP & Partners (2009): Catalysing Low-carbon Growth in Developing Economies: Public Finance Mechanisms to Scale Up Private Sector Investment in Climate Solutions, Genf

UNEP RISOE (2011): CDM Pipeline Overview, http://cdmpipeline.org/publications/CDMpipeline.xlsx

UNESCA & UNEP (2007): Making Africa's Power Sector Sustainable: An Analysis of Power Sector Reforms in Africa, Addis Ababa

World Energy Council (1998): The Benefits and Deficiencies of Energy Sector Liberalisation, Volume I, London

Einsatz öffentlicher Instrumente bei der Finanzierung von Erneuerbare-Energien-Projekten in Schwellen- und Entwicklungsländern

Jan G. Andreas

1 Notwendige Investitionen in Erneuerbare Energien in Schwellen- und Entwicklungsländern

Die Energiesituation der Entwicklungs- und Schwellenländer[1] ist durch vielfältige Herausforderungen gekennzeichnet, welche einen erheblichen Ausbau von Erneuerbarer Energie (EE) erfordern. Zum einen hat nach wie vor ein wesentlicher Anteil der Bevölkerung in Entwicklungsländern keinen Zugang zu Elektrizität und verwendet darüber hinaus nicht nachhaltige und zum Teil gesundheitsschädliche Energieträger. Neben einer Energieversorgung der Bevölkerung ist es aber auch entscheidend, dass die Wirtschaftssektoren ausreichend Zugang zu Energie haben, da dies Voraussetzung für wirtschaftliche Entwicklung und Reduzierung der Armut ist.

Verbunden mit dem notwendigen Ausbau der Energieinfrastruktur stellt sich insbesondere die Frage nach der Form der Energieerzeugung. Aktuell entstehen mehr als die Hälfte der weltweiten Treibhausgase bei der Erzeugung und Verwendung von Energie. Die Forderung nach einer emissionsarmen Energieerzeugung ist bereits im Generellen eine globale Herausforderung, im Speziellen aber vor allem für die Entwicklungsländer. Denn auch wenn diese hinsichtlich der Höhe der Emissionen aktuell und auch zukünftig eine große Bandbreite aufweisen, kann das 2-Grad-Ziel nicht ohne die Entwicklungsländer erreicht werden. Das Potenzial möglicher Treibhausgaseinsparungen steht dabei jedoch begrenzten finanziellen Ressourcen gegenüber, weshalb die erforderlichen Investitionen in EE in Entwicklungsländern nur durch finanzielle Unterstützung der Industrieländer möglich sein werden.

Auch wenn unterschiedliche Aussagen hinsichtlich der konkreten Höhe bestehen, ist es unstrittig, dass es erheblicher Investitionen zur Verringerung der Emissionen in Entwicklungsländer bedarf. Die Weltbank geht davon aus, dass hierfür in den nächsten zehn Jahren zusätzliche Investitionen in Höhe von 85-200 Mrd. USD jährlich notwendig sein werden. Ab dem Jahr 2020 müssen diese nach Einschätzung der Weltbank auf 107-144 Mrd. USD pro Jahr steigen, um sich bis zum Jahr 2030 auf ein jährliches Investitionsvolumen von 139-175 Mrd. USD zu erhöhen.[2] Die EU-Kommission rechnet vor, dass ab dem Jahr 2020 insgesamt für Mitigation und Adaptation[3] 104-118 Mrd. EUR notwendig werden, wovon 94 Mrd. EUR in den Bereich der Mitigation fallen.[4] Die United Nations Framework Convention on Climate Change (UNFCCC) erklärt, dass von den ab dem

---

[1] Im Folgenden unter Entwicklungsländer zusammengefasst.

[2] World Bank (2010).

[3] Mitigation = Verringerung der Treibhausgase; Adaptation = Anpassung an den Klimawandel.

[4] European Commission (2009).

Jahr 2030 jährlich zusätzlichen Investitionen in Höhe von 200 Mrd. USD für Maßnahmen zur Reduzierung der Treibhausgase die EE einen Anteil von 67 Mrd. USD pro Jahr betragen müssen.[5]

Dem erheblichen Bedarf an einer Ausweitung von Investitionen von EE in Entwicklungsländern stehen dabei die derzeit begrenzt vorhandenen Finanzierungsquellen gegenüber. Laut Weltbankberechnungen sind zur Zeit rund 10 Mrd. USD für Maßnahmen zur Mitigation und Adaptation vorhanden, wovon 8 Mrd. USD für den Bereich der Mitigation verwendet wird und zum Großteil aus Erlösen des CO_2-Zertifikatemarktes stammen.[6] Es wird somit deutlich, dass eine erhebliche Finanzierungslücke zwischen den notwendigen und den tatsächlich vorhandenen Finanzierungsmitteln besteht. Es stellt sich folglich die Frage, wie diese Finanzierungslücke geschlossen werden kann, um die erforderlichen Investitionen in EE in Entwicklungsländern durchführen zu können.

2 Einsatz öffentlicher Instrumente zur Mobilisierung von EE-Investitionen

Die aufgezeigte Lücke bei der Finanzierung von Investitionen in EE in Entwicklungsländern kann nicht allein durch öffentliche Mittel geschlossen werden. Vielmehr sind die Investitionen in EE davon abhängig, dass sich vor allem der Privatsektor in ausreichendem Umfang an der Finanzierung beteiligt. Es muss daher Aufgabe und Ziel von öffentlichen Akteuren sein, im Zusammenspiel mit privaten Finanzierern die öffentlichen Instrumente derart zu gestalten, dass sie ein maximal mögliches Leverage von öffentlichen Finanzierungsmitteln durch private Finanzierungsmittel erreichen. Es erfordert somit ein wirksames Zusammenspiel zwischen öffentlichen und privaten Instrumenten.

Grundsätzlich lassen sich öffentliche Instrumente in zwei verschiedene Kategorien unterscheiden: zum einen Instrumente, welche auf die Etablierung übergeordneter Rahmenbedingungen für die Finanzierung von EE ausgerichtet sind. Hierzu gehören z.B. Steuern auf Emissionen, Einspeisetarife, Cap&Trade-Systeme, aber auch Regulierungen zum Netzzugang oder allgemeine Informationskampagnen zur Förderung des Einsatzes von EE.

Daneben existieren Instrumente, welche darauf ausgerichtet sind, spezifische Hindernisse bei der Finanzierung von Investitionen in EE zu überbrücken. Hierzu gehören die sogenannten öffentlichen Finanzierungsinstrumente, mit denen Finanzierungshürden

[5] UNFCCC (2007).

[6] World Bank (2010).

sowohl bei Eigenkapital- als auch Fremdkapitalfinanzierungen entlang der Innovations- und Diffusionskette (von Forschung & Entwicklung bis zur kommerziellen Marktreife) überwunden werden sollen. Im Folgenden werden diese dargestellt und ihre Verwendbarkeit zur Förderung der Finanzierung von Investitionen in EE in Entwicklungsländern aufgezeigt.

3 Ausgewählte öffentliche Finanzierungsinstrumente

Die Finanzierung von EE in Entwicklungsländern steht einer Vielzahl an teilweise nicht überbrückbaren Hürden gegenüber. Hierzu gehören fehlende Regulierungen, die relativ hohen Investitionskosten, eine Vielzahl an Finanzierungsrisiken und dem gegenüber limitierte Erträge, aber auch fehlendes Know-how auf Investoren- und Finanziererseite. Zur Förderung von EE in Entwicklungsländern bedarf es daher Interventionen auf verschiedenen Ebenen. Neben der Schaffung langfristiger, stabiler und investitionsfördernder Regulierungen und Rahmenbedingungen (etwa Ausbau der Stromnetze und Zugangsmöglichkeiten) sowie Weiterbildung und Personal- und Organisationsentwicklung kann der Einsatz geeigneter öffentlicher Finanzierungsinstrumente dazu beitragen, den erforderlichen Ausbau von EE zu unterstützen.

Öffentliche Finanzierungsinstrumente sind zwar nicht in der Lage, die Ursachen von Projektrisiken zu beheben, jedoch können sie dafür sorgen, dass die damit verbundenen finanziellen Folgen für die Finanzierer abgeschwächt werden. Während öffentliche Finanzierungsinstrumente in den Industrieländern vor allem zur Förderung von noch nicht marktreifen Technologien eingesetzt werden, kommen sie in Entwicklungsländern auch dann zum Einsatz, wenn es sich bereits um bewährte, marktreife Technologien handelt, diese aber vom Markt noch nicht aufgenommen werden (können). Denn derzeit ist der Privatsektor in den Entwicklungsländern nicht bereit, die notwendigen Investitionen in EE durchzuführen, da die erwarteten Erträge nicht die damit verbundenen Risiken widerspiegeln. Zwar kann die Gesetzgebung dafür sorgen, dass sich die Erträge aus der Investition in EE erhöhen, etwa durch Einspeisetarife oder Steuervergünstigungen. Neben der Ertragskomponente ist es aber entscheidend, dass auch die Risikokomponente bei der Schaffung von Anreizsystemen einbezogen wird.

Ein Teil der Antwort ist der Einsatz zielgerichteter öffentlicher Finanzierungsinstrumente, da sie in der Lage sind, ein ausgewogenes Risiko-Ertrags-Verhältnis herzustellen. Hierzu gehören neben Investitionssubventionen auch Förderung der Finanzierungen durch entsprechende Förderprogramme sowie der Einsatz von Instrumenten zur Risikoreduzierung. Der Einsatz öffentlicher Finanzierungsinstrumente kann dann wirksam sein, wenn er die wesentlichen Kriterien von Investitionsentscheidungen adressiert: die Verringerung der Risiken und/oder die Erhöhung der Erträge.

Da der Finanzierungsbedarf der EE-Investitionen nicht alleine durch öffentliche Mittel abgedeckt werden kann, ist es entscheidend, dass öffentliche Finanzierungsinstrumente derart strukturiert und eingesetzt werden, dass sie möglichst hohe private Investitionen auslösen. Im Folgenden werden ausgewählte öffentliche Finanzierungsinstrumente zur Finanzierung von EE in Entwicklungsländern dargestellt und ihre Anwendung im Zusammenspiel mit privaten Finanzierern erläutert. Tabelle 1 zeigt eine Auswahl an derzeit in der Praxis beobachteten öffentlichen Instrumenten bei der Finanzierung von EE in Entwicklungsländern. Da es bei ihrer Verwendung besonders darauf ankommen wird, mit welchem Hebel sie private Investitionen auslösen können, wird auch das mögliche Leverage-Potenzial der einzelnen Instrumente aufgezeigt.

Tabelle 1: Auswahl öffentlicher Finanzierungsinstrumente

Instrument	Verwendung	Leverage-Potenzial
Kreditlinien, Direktkredite	• keine/nicht ausreichende langfristige Refinanzierungsmittel der aufnehmenden Bank • Schaffung vergünstigter Zinskonditionen durch zinsgünstige Refinanzierung • Schließen von Finanzierungslücken durch Direktkredite	2-4-fach
Garantien, Versicherungen	• Reduzierung bestimmter Risiken (z.B. politische Risiken) • Verringerung der Kapitalkosten • Absicherung von Erträgen (z.B. Einspeisetarife)	6-10-fach
strukturierte Fonds	• gleichzeitige Bereitstellung verschiedener Instrumente • Schließen von Finanzierungslücken (Eigenkapital, Fremdkapital) • Erschließen von privaten Finanzierungsquellen (private/institutionelle Investoren)	2-10-fach

3.1 Förderung der Finanzierung von EE mit Kreditlinien und Direktkrediten

Kreditlinien werden von Finanzinstituten (FI)[7] im Rahmen von Investitions-, aber auch Betriebsmittelfinanzierungen zur Verfügung gestellt. Je nach Laufzeit können diese in kurz-, mittel- und langfristige Kreditlinien unterschieden werden. Die Refinanzierung dieser Kreditlinien erfolgt in unterschiedlicher Form, etwa durch das Passivgeschäft des FI oder durch die Aufnahme von Interbankenkrediten. In letzterem Fall nimmt das FI

[7] Finanzinstitut wird hier als Sammelbegriff für Kredit gewährende Institute verwendet.

zur Refinanzierung ihres Kundengeschäftes gleichfalls Kreditlinien in Anspruch (Refinanzierungskreditlinie), welche ihr von anderen refinanzierenden FIs zur Verfügung gestellt werden. Ausgestaltung und Laufzeit sind dabei individuell und abhängig von Angebot und Nachfrage auf dem Interbankenmarkt.

Abbildung 1: Refinanzierung durch Interbankenkredite

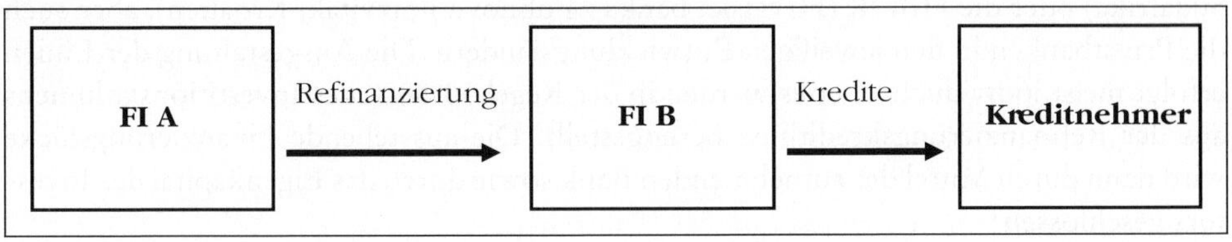

Refinanzierungskreditlinien werden nicht nur zur kommerziellen Investitionsfinanzierung eingesetzt, sondern auch im Rahmen der Finanzierung von EE-Projekten in Entwicklungsländern. Sie kommen insbesondere dann zum Tragen, wenn die finanzierende Bank über keine oder nicht ausreichende Refinanzierungsmittel verfügt. Dies ist etwa dann der Fall, wenn – wie oft beobachtet – die Refinanzierung der Bank im Wesentlichen kurzfristig erfolgt (etwa über Sicht- und Spareinlagen) und sie somit nicht in der Lage ist, langfristige Finanzierungen herauszureichen, ohne ein substanzielles Fristentransformationsrisiko einzugehen.

Abbildung 2: Förderung der EE durch Refinanzierungskreditlinien

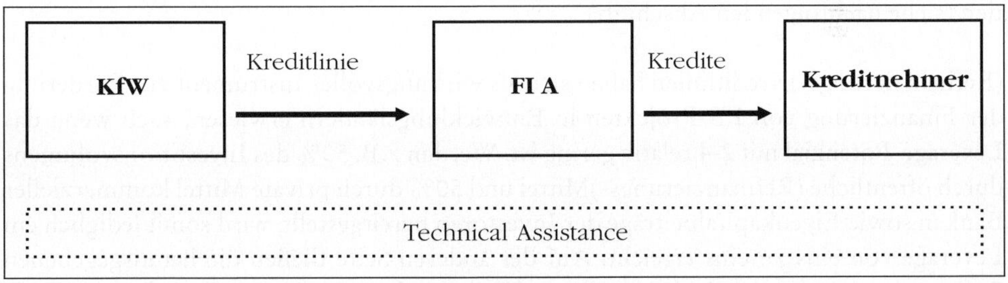

Die Bereitstellung einer mittel- bis langfristigen Refinanzierungskreditlinie kann somit die Refinanzierungsproblematik lösen und die Bank in die Lage versetzen, auch langfristige Kredite herauszulegen. Dies ist insbesondere deswegen entscheidend, da es sich bei der Finanzierung von EE-Projekten um Infrastrukturinvestitionen handelt, welche durch lange (Amortisations-)Laufzeiten geprägt sind. Die Bereitstellung von langfristigen Refinanzierungskreditlinien kann auf der einen Seite somit das Refinanzierungsproblem lösen, auf der anderen Seite kann sie aber auch Investitionsanreize setzen, indem im Vergleich zum Markt günstigere Refinanzierungsbedingungen vereinbart werden. Hierdurch können gezielt Investitionen in Erneuerbare Energien gefördert werden, da bei Weiterreichung der günstigeren Refinanzierungskosten den Kreditnehmern vergleichsweise günstige (Zins-)Konditionen angeboten werden können und letztendlich die Rentabilität der Investition erhöht wird. Bereitsteller dieser Refinanzierungskreditlinien sind in der Regel bilaterale und multilaterale Entwicklungsbanken wie die Kreditanstalt für Wiederaufbau (KfW), Agence Française de Développement (AFD) oder die Weltbank. Auf der anderen Seite zählen zu den aufnehmenden Banken sowohl die entsprechenden staatlichen Entwicklungsbanken wie die IDC (Industrial Development Corporation, Südafrika) oder die HBOR (Hrvatska banka za obnovu i razvitak, Kroatien), aber auch die Privatbanken in den jeweiligen Entwicklungsländern. Die Ausgestaltung der Linien erfolgt meist individuell, aber es werden in der Regel 50-80% des Investitionsvolumens aus der Refinanzierungskreditlinie bereitgestellt. Die ausstehende Finanzierungslücke wird dann durch Mittel der aufnehmenden Bank sowie durch das Eigenkapital des Investors geschlossen.

Neben einem unterschiedlichen Anteil am Gesamtvolumen der Investition kann die Bereitstellung von Mitteln aus der Refinanzierungskreditlinie auch in unterschiedlicher Rangfolge erfolgen. Die Rückzahlung einer im Rang nach gelagerten (Re-)Finanzierung erfolgt somit erst dann, wenn der Kapitaldienst für die vorrangig zur Verfügung gestellte Finanzierung bedient worden ist. Durch die Nähe zum Eigenkapital können durch nachrangige Linien somit bestehende Eigenkapitallücken geschlossen werden. Dieses Instrument ist insbesondere dann wirkungsvoll, wenn kommerzielle Banken zwar an der Finanzierung einer Investition in Erneuerbare Energien interessiert sind, jedoch nur einen Teil des Finanzierungsrisikos übernehmen können. Ein weiteres wirkungsvolles Instrument zur Übernahme von Finanzierungsrisiken ist die Bereitstellung von Garantien (siehe nachfolgenden Abschnitt).

(Refinanzierungs-)Kreditlinien haben sich als wirkungsvolles Instrument zur Förderung der Finanzierung von EE-Projekten in Entwicklungsländern erwiesen, auch wenn das Leverage-Potenzial mit 2-4 relativ gering ist. Werden z.B. 50% des Investitionsvolumens durch öffentliche (Refinanzierungs-)Mittel und 50% durch private Mittel kommerzieller Banken sowie Eigenkapitalbeiträge der Investoren bereitgestellt, wird somit lediglich ein Leverage von eins zu eins erreicht. Auf der anderen Seite fließen die herausgegebenen Refinanzierungsmittel jedoch bei planmäßigem Verlauf wieder an die refinanzierende Bank zurück, sodass diese Mittel erneut eingesetzt werden können, um weiteren Leverage zu erzeugen. Die Implementierung erfolgt in der Regel zusammen mit der Bereitstellung von Mitteln für die Technical Assistance, also eine subventionierte Unterstützung der Bank bei der Einrichtung der Kreditlinie, der Kreditvergabe sowie des Monitoring und Reporting. Diese Mittel sind in der Regel nicht revolvierend, tragen jedoch dazu bei, Know-how auf die finanzierende Bank zu übertragen und somit nachhaltiges Wissen zu etablieren (siehe Abschnitt 4). Neben der Durchleitung von öffentlichen Mitteln durch lokale Banken kann die Bereitstellung von öffentlichen Mitteln auch durch Direktkredite erfolgen. Die Vergabe von Direktkrediten aus öffentlichen Mitteln erfolgt insbesondere dann, wenn es sich um großvolumige, komplexe Investitionen handelt (typischerweise im Rahmen von Projektfinanzierungen).

Vorstellung: KfW – Regional Facility for Renewable Energies and Energy Efficiency

Im Auftrag der Deutschen Bundesregierung und unter Federführung des Bundesministeriums für Wirtschaftliche Zusammenarbeit hat die KfW die Regional Facility for Renewable Energies and Energy Efficiency (die „Facility") aufgelegt, um Investitionen in Erneuerbare Energien durch zinsgünstige Kredite zu fördern. Die Facility vergibt Kreditlinien an private Banken in Südosteuropa, wodurch diese zinsgünstige Finanzierungen von EE anbieten und refinanzieren können. Aufnehmende Banken der Facility waren u.a. die privaten Banken Cacanska Banka Serbia und Raiffeisen Bank Kosovo. Insgesamt wurden zwischen 2008 und 2010 durch die Partnerbanken rund 40 Mio. EUR Kredite vergeben, welche zu einer durchschnittlichen Energieeinsparung von 25% und in Folge zu einer jährlichen CO_2-Reduzierung von rund 10.000 Tonnen geführt haben.

Flankierend zu der Implementierung der Kreditlinien finanzierte die KfW weiterhin Maßnahmen der Technical Assistance. Die Beratung und Weiterbildung der Banken durch nationale und internationale Beratungsunternehmen wie z.B. die International Advisory Services der Frankfurt School of Finance & Management beinhaltet u.a. Training zu finanziellen und technischen Aspekten bei der Finanzierung von EE und Energieeffizienz als auch Unterstützung bei der Implementierung der Kreditlinie und Vermarktung der neuen Kreditprodukte.

3.2 Risikoabbau durch Garantien und Versicherungen

Bei der Bereitstellung von (öffentlichen) Garantien verpflichtet sich der Garantiegebende, für einen bestimmten Erfolg einzustehen und bei Eintritt des Garantiefalls insbesondere den Schaden zu übernehmen. Im Rahmen der Finanzierung von EE entsteht dann ein Schaden, wenn die Rückzahlung der Finanzierung nicht oder nur teilweise erfolgt. Werden Garantien zur Absicherung von Bankkrediten ausgestellt, übernimmt der Aussteller der Garantie somit in Höhe der Garantie ganz oder teilweise das Kreditrisiko, da er für den Fall des Risikoeintritts die finanzierende Bank kompensiert. Die Höhe des Garantiebetrages kann grundsätzlich prozentual oder absolut auf den garantierten Kredit bezogen sein und beinhaltet weitere Parameter, darunter ausstehende Darlehensforderungen sowie etwaige Verwertungserlöse des finanzierten Assets.

Die Bereitstellung von öffentlichen Garantien erweist sich bei der Finanzierung von EE in Entwicklungsländern immer dann besonders wirkungsvoll, wenn die finanzierende Bank zwar über ausreichende und fristenkongruente (Re-)Finanzierungsmittel verfügt, sie jedoch nicht bereit und in der Lage ist, das gesamt Finanzierungsrisiko zu übernehmen. Die Gründe hierfür können vielfältig sein, häufig jedoch ist es das fehlende Wissen über diese (neue) Form der Energieerzeugung. Es kann grundsätzlich konstatiert werden, dass viele Banken in Entwicklungsländern ihr Grundgeschäft beherrschen, also das Herauslegen von kurz- und langfristigen Finanzierungen, jedoch vielfach zurückhaltend bei der Finanzierung von EE sind, da die damit verbundenen Risiken nicht in vollem Umfang eingeschätzt werden können. Hinzu kommt, dass die Finanzierung von EE-Projekten oftmals Pilotvorhaben sind, sodass keine ausreichende Historie und Referenzinvestitionen vorhanden sind. Es ist daher verständlich, dass die Risikobereitschaft der finanzierenden Bank eingeschränkt ist. Die Bereitstellung von Garantien schafft somit die Möglichkeit, die Banken von einem Teil des Finanzierungsrisikos zu entlasten.

Grundsätzlich kann die Ausgestaltung öffentlicher Garantien unterschiedlich erfolgen je nach Investitionsgut und Marktbedingungen. Die Höhe der Garantie kann daher zwischen 20-80% variieren. Weiterhin sind Garantien in der Lage, unterschiedliche Formen der Finanzierung abzusichern. Neben der Absicherung von Bankkrediten können Garantien auch zur Absicherung von Eigenkapitalfinanzierungen, Gründungs- und Wachstumsfinanzierung, Risikokapitals sowie von Anleiheemissionen verwendet werden. Es erfolgt dabei im Gegensatz zur Kreditlinie und Direktkrediten kein direkter Mittelabfluss, sondern lediglich die Übernahme einer Eventualverbindlichkeit. Der Garantiegeber muss jedoch zur Abdeckung der Eventualverbindlichkeiten einen entsprechenden Kapitalstock bereithalten, um die möglichen Kosten der Garantieübernahme abdecken zu können. Diese ergeben sich aus dem Barwert der zu erwartenden Inanspruchnahme der Garantie abzüglich der anteiligen Verwertungserlöse bei Liquidation des finanzierten Assets. Für risikoreiche Projekte können daher die Kosten für eine Garantie im Bereich von 10-15% des Kredites liegen und somit zu einem Leverage-Effekt von 6-10x führen. Je nach Ausgestaltung sind öffentliche Garantien daher im Vergleich zu Kreditlinien zu einem größeren Leverage-Effekt in der Lage.

Neben dem Einsatz von Garantien sind auch Versicherungslösungen geeignet, Risiken bei der Finanzierung von EE abzubauen. Während bei einer Garantie mindestens drei Vertragspartner involviert sind (Finanzierer, Investor, Garantiegeber), sind es beim Einsatz von Versicherungen lediglich zwei Vertragspartner: der Versicherungsgeber und der Versicherungsnehmer. Der Einsatz von Versicherungen ist insbesondere dann sinnvoll, wenn es um die Absicherung von politischen Risiken geht. Dies ist u.a. dann entscheidend, wenn die Profitabilität der Investitionen von bestimmten Gesetzen abhängt. Das politische Risiko liegt somit darin begründet, wie wahrscheinlich bestehende Gesetze über die Laufzeit des Projektes Bestand haben werden und damit das Projekt rentabel werden lassen. Denkbar sind Versicherungslösungen daher besonders in Ländern mit Einspeisetarifen. Das Erneuerbare-Energien-Gesetz (EEG) in Deutschland etwa garantiert den Investoren eine bestimmte Einspeisevergütung für eine Laufzeit von 20 Jahren. Hierdurch konnten erst die erheblichen Investitionen in EE in Deutschland ausgelöst werden, da die (immer noch) unprofitablen Investitionen in EE so profitabel wurden. Das politische Risiko besteht nunmehr darin, ob der deutsche Gesetzgeber dieses Versprechen einhalten und auch noch in 15-20 Jahren die von ihm zugesagte Einspeisevergütung zahlen wird.

Übertragen auf die Finanzierung von EE in Entwicklungsländern bedeutet dies, dass hier dem Investor ein ähnlicher, langfristiger Komfort gegeben werden muss. Bestehen in dem Entwicklungsland Einspeisetarife, mit denen das Projekt rentabel und somit attraktiv für private Investoren wird, können Versicherungen dazu beitragen, das politische Risiko abzubauen. Der Versicherungsfall würde somit dann eintreten, wenn Gesetzesänderungen oder -abschaffungen dazu führen, dass der Umsatz des Projektes nicht mehr für eine Profitabilität der Gesamtinvestition ausreicht. Die Versicherung würde dann die Differenz aus der vormals garantierten Einspeisevergütung und des tatsächlichen Abnahmepreises zahlen. Zwar ist beim Einsatz von Versicherungslösungen ein exaktes Leverage-Potenzial schwer zu ermitteln, jedoch gehen verschiedene Studien von einem Leverage-Potenzial von bis zu 10x aus.

Vorstellung: International Finance Corporation (IFC) – Partial Credit Guarantees

Im Rahmen ihres „Sustainable Energy Finance Program (SEFP)“ bietet die IFC Garantien für Kredite an, mit denen Investitionen in EE in Entwicklungsländern erfolgen. Begünstigte der Garantien sind lokale FI, welche neben der Reduzierung des Kreditrisikos auch Maßnahmen der Technical Assistance erhalten. Die Höhe der Garantien kann bis zu 50% betragen.

Die ebenfalls zur Weltbankgruppe gehörende Multilateral Investment Guarantee Agency (MIGA) bietet darüber hinaus Garantien zur Absicherung nichtkommerzieller Risiken wie z.B. Unruhen, Krieg oder Enteignungen bei Investitionen in Entwicklungsländern. Zu den geförderten Maßnahmen gehören insbesondere Infrastrukturmaßnahmen im Energiesektor.

Abbildung 3: IFC Partial Credit Guarantee Scheme

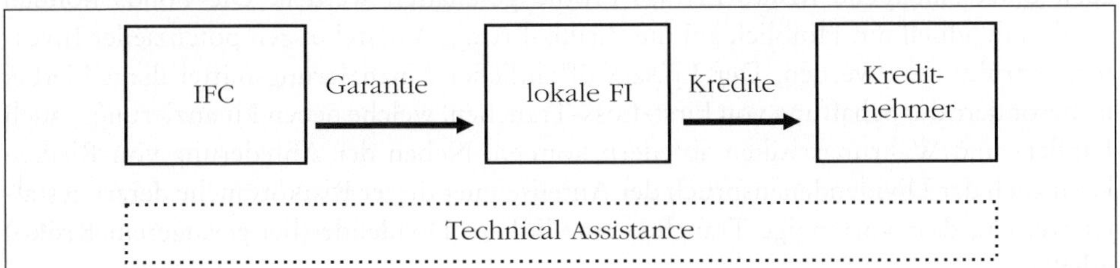

3.3 Einsatz von strukturierten Fonds

Bis heute haben sich mehrere große multilaterale und eine Vielzahl von bilateralen Fonds etabliert, welche ihren Investitionsschwerpunkt auf die Klimafinanzierung gelegt haben. Die meisten dieser Fonds operieren zwar außerhalb des UNFCCC-Mandats, legen aber zum Teil Rechenschaft ab oder arbeiten in Abstimmung mit der UNFCCC. Zu den multilateralen Fonds gehören z.B. der Clean Technology Fund (CTF), welcher von der Weltbank gemanaged wird, oder der Global Energy Efficiency and Renewable Energy Fund (GEEREF) der Europäischen Investitionsbank (EIB). Während GEEREF als globaler Dachfonds strukturiert ist, welcher in Private-Equity-Fonds investiert, stellt der CTF verschiedene Finanzierungsinstrumente zur Verfügung, um Investitionen in Stromversorgung, Transport sowie Energieeffizienztechnologien zu fördern. Die Finanzierungsmittel des CTF werden dabei von der Weltbank sowie von den regionalen Entwicklungsbanken abgerufen und zusammen mit eigenen Mitteln sowie Drittmitteln an die Kreditnehmer vergeben.

Die Besonderheit des Einsatzes von Fonds als öffentliches Finanzierungsinstrument im Vergleich zu anderen Instrumenten ist die Möglichkeit, diese individuell zu strukturieren und gleichzeitig verschiedene Finanzierungsinstrumente innerhalb eines übergreifenden Fondsmodells zu vereinen. Öffentliche Finanzierungsinstrumente können im Rahmen von Fondsmodellen daher gleichzeitig sowohl zur Förderung der Eigenkapital- als auch der Fremdkapitalfinanzierung eingesetzt werden. Durch die flexiblen Ausgestaltungsmöglichkeiten und den Einsatz verschiedener Finanzierungsinstrumente sind strukturierte Fonds daher besonders in der Lage, bestehende Finanzierungslücken zu schließen und entlang der Innovations- und Diffusionskette zu agieren. Darüber hinaus ist die Auflegung von strukturierten Fonds aber auch dazu geeignet, bereits bei der Bereitstellung von Finanzierungsmitteln ein direktes Zusammenspiel öffentlicher und privater Akteure zu ermöglichen und damit auch den Einsatz öffentlicher und privater Finanzierungsinstrumente.

Ein wesentlicher Grund hierfür ist die Möglichkeit, Fonds mit unterschiedlichen Risikoprofilen zu strukturieren, indem verschiedene Risikotranchen installiert werden. Durch die Aufteilung des Fonds in unterschiedliche Risikotranchen, etwa in Tranche A, B und C, sowie in Verbindung mit unterschiedlichen Dividendenansprüchen können weiterhin auch unterschiedliche Risiko-Ertrags-Profile geschaffen werden. Die Fonds können somit individuell mit Hinblick auf die Risiko-Ertrags-Vorstellungen potenzieller Investoren strukturiert werden. Der Einsatz öffentlicher Finanzierungsmittel dient hierbei insbesondere der Schaffung von First-Loss-Tranchen, welche neben Finanzierungs- auch Länder- und Währungsrisiken abfedern können. Neben der Abfederung von Risiken kann auch der Dividendenanspruch der Anteilseigner dieser Risikotranche derart gestaltet werden, dass vorrangige Tranchen eine höhere Dividende (bei geringerem Risiko) erhalten.

Anzahl und Struktur der vorrangigen Tranchen kann individuell erfolgen. Denkbar sind hierbei sogenannte Mezzanintranchen (Tranche B), welche vorrangig zur First-Loss sind, aber im Rang nachgelagert zu weiteren Tranchen (Tranche C und folgende). Mezzanintranchen zeichnen sich neben einem höheren Risikoprofil auch durch einen höheren Dividendenanspruch aus, während nachfolgende Tranchen das geringste Risikoprofil im Fonds haben, dafür aber auch geringere Dividendenansprüche. Investoren in nachgelagerte Tranchen C und folgende erhalten trotzdem eine vergleichsweise hohe Dividende, da die Risiken durch die Tranchen A und B abgefedert werden. Denn diese werden im Falle des Risikoeintritts zuerst abgewertet, bevor die Risiken auch auf die Tranche C und folgende durchschlagen. Ein gutes Beispiel für die Auflegung eines strukturierten Fonds mit unterschiedlichen Risikotranchen und sowohl öffentlichen als auch privaten Investoren stellt der Global Climate Partnership Fund (GCPF) dar.

Vorstellung: Global Climate Partnership Fund (GCPF)

Der GCPF ist eine gemeinsame Initiative des Bundesministeriums für Umwelt, Naturschutz und Reaktorsicherheit (BMU), KfW, der Europäischen Investitionsbank (EIB) und der International Finance Corporation (IFC). Der in verschiedene Risikotranchen strukturierte Fonds stellt sowohl Finanzierungsmittel als auch Mittel für die Technical Assistance (Weiterbildung, Personal- und Organisationsentwicklung) zur Verfügung. Das Konzept des GCPF basiert auf dem European Fund for Southeast Europe (EFSE), welcher durch ein Portfolio mit unterschiedlichen Risikotranchen und privaten als auch öffentlichen Investoren gekennzeichnet ist.

Das geplante Gesamtvolumen des GCPF beträgt ca. 240 Mio. USD, von denen 30 Mio. USD als sogenannte First-Loss/A-Tranche dienen und vom BMU gezeichnet werden. Zeichner der B-Tranche sind die KfW sowie weitere Entwicklungsbanken mit einem Volumen von ca. 30 Mio. USD. Durch den Einbau einer A- und B-Tranche sollen durch den Fonds auch Mittel privater Investoren für die Tranche C mit einem Zielvolumen von 180 Mio. USD eingeworben werden. Als Finanzierungsinstrumente setzt der GCPF auf das Bereitstellen von Kreditlinien, welche Finanzinstituten in Entwicklungsländern zur Verfügung gestellt werden, sowie auf Direktkredite. Während die Kreditlinien dazu dienen sollen, dass die refinanzierten Institute (Kredit-)Produkte für Investitionen in EE in kleinen und mittleren Unternehmen (KMU) und privaten Haushalten sowie in einzelne EE-Projekte entwickeln, sind die Direktkredite auf größere Investitionen in Unternehmen, aber auch auf umfangreichere EE-Projekte ausgerichtet. Der Fonds ist somit nicht nur auf einzelne EE-Großprojekte ausgerichtet, sondern vielmehr darauf, die Verwendung von EE in der Breite des Industrie- und Privatsektors zu fördern. Die bisherigen Zielländer des Fonds sind Brasilien, Chile, China, Indien, Indonesien, Mexiko, Marokko, Philippinen, Südafrika, Tunesien, Türkei, Ukraine und Vietnam.

Abbildung 4: Global Climate Partnership Fund (GCPF)

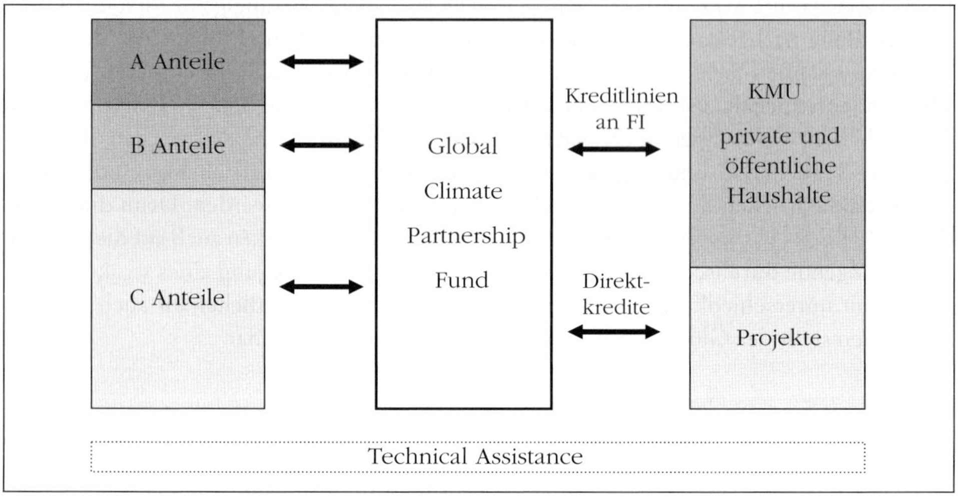

4 Nachhaltige Finanzierungsinstrumente durch Technical Assistance

Neben der Bereitstellung von ausreichenden (Re-)Finanzierungsmitteln ist es bei der Finanzierung von EE in Entwicklungsländern entscheidend, auch das Know-how auf die finanzierenden Akteure zu übertragen. Diese Maßnahmen werden unter dem Begriff „Technical Assistance" (TA) zusammengefasst. Sie werden häufig im Zusammenspiel mit öffentlichen Finanzierungsinstrumenten eingesetzt. Die Finanzierung der TA erfolgt dabei in der Regel auf Basis von Beihilfen bzw. nicht zurückzahlbaren Subventionen und wird von spezialisierten nationalen und internationalen Beratungsgesellschaften durchgeführt.

Zu den TA-Maßnahmen gehört in erster Linie das Vermitteln von finanziellem und technischem Wissen für die Finanzierung von EE-Investitionen, aber auch die Beratungsleistungen bei der Beurteilung einzelner Investments (z.B. Finanzierung von Windparks). Weitere Maßnahmen sind Unterstützungsleistungen bei der Implementierung von Kreditlinien und Garantien sowie das Marketing und der Vertrieb der Kredite. Durch gezielte (Aus-)Bildungsprogramme und On-the-Job-Trainings können so nachhaltige Strukturen geschaffen und Investoren, Projektentwickler als auch die finanzierenden FI in die Lage versetzt werden, weitgehend eigenständige Investitionsentscheidungen zu treffen. Insbesondere der Aus- und Weiterbildung der FIs kommt eine wichtige Rolle zu, da sie einen entscheidenden Anteil an der notwendigen Finanzierung von EE-Investitionen tragen. Programme für FIs sind daher in der Regel umfangreich, haben aber bestimmte Kernkomponenten, zu den sowohl Marktforschung, Produktentwicklung und Marketing, Training und Beratung bei der Finanzierungsstrukturierung, aber auch die Vermittlung von technischem Know-how gehören.

Oftmals werden Beratungsleistungen aber bereits vor der Bereitstellung und Implementierung von öffentlichen Finanzierungsinstrumenten in Anspruch genommen. Dies dient in erster Linie der Vorbereitung des Einsatzes öffentlicher Instrumente, indem etwa lokale Marktgegebenheiten untersucht und daraus Rückschlüsse für das Design von Instrumenten, aber auch für die Gestaltung erforderlicher TA-Maßnahmen gezogen werden. Mithilfe von TA werden somit nicht nur die entsprechenden Instrumente implementiert, sie dient auch der Entwicklung neuer Programme und Instrumente.

5 Ausblick zum Einsatz öffentlicher Finanzierungsinstrumente

Das Zusammenspiel von öffentlichen und privaten Finanzierungsinstrumenten kann dazu beitragen, bestehende Finanzierungslücken zu schließen und die Kosten bei Investitionen in EE in Entwicklungsländern zu verringern. Zum einen können geeignete Instrumente Finanzierungskosten zu senken und zum anderen mittel- und langfristig zu technologischen Fortschritten und zu einer Verringerung der Investitionskosten führen.

Damit Finanzierungsinstrumente erfolgreich eingesetzt werden können, ist es jedoch entscheidend, dass sie nicht isoliert, sondern im Gesamtkontext der lokalen Rahmenbedingungen angewendet werden, zu denen insbesondere unterstützende Regulierungen wie z.B. Einspeisetarife oder Steuervergünstigungen gehören. Des Weiteren sollten sie so strukturiert werden, dass sie entlang der gesamten Finanzierungskette wirken können, welche sowohl die öffentlichen und privaten Finanzinstitutionen als auch private Investoren und Technologieunternehmen umfasst.

Das Auflegen von strukturierten Fonds ist ein innovatives Finanzierungsinstrument, da zum einen verschiedene Finanzierungsinstrumente kombiniert und zum anderen, gleichzeitig Finanzierungsmittel von öffentlichen und privaten Akteuren eingeworben werden können. Wichtig dabei ist jedoch, dass diese transparent gestaltet werden, insbesondere im Hinblick auf die Zugangsmöglichkeiten, da die Entwicklungsländer derzeit noch einer Vielzahl von unkoordinierten Finanzierungsquellen gegenüberstehen. Neben einem transparenten und programmatischen Ansatz ist es beim Einsatz von öffentlichen Instrumenten auch entscheidend, dass sie lediglich die Finanzierungslücken adressieren und nicht private Investoren verdrängen.

Initiativen wie das GET FiT (Global Energy Transfer Feed in Tariffs) der Deutschen Bank zeigen, dass ein Zusammenspiel öffentlicher und privater Finanzierer auch auf der Regulierungsebene möglich sein kann. Denn um die bestehende Finanzierungslücke zwischen den notwendigen und den zur Verfügung stehenden Finanzierungsmitteln zu schließen und den Privatsektor zu mobilisieren, bedarf es in Zukunft innovativer Finanzierungsinstrumente auf allen Ebenen.

Literatur

European Commission (2009): Stepping up international climate finance, Brüssel

UNFCCC (2007): Investment and Financial Flows to Address Climate Change, Bonn

World Bank (2010): Making the Most of Public Finance for Climate Action, Washington, D. C.